中国红十字年鉴

2004/2005

创刊号

台海出版社

▲在中国红十字会第八次全国会员代表大会上，国家主席、中国红十字会名誉会长胡锦涛接见与会代表。

▲2004年10月27日，中国红十字会第八次全国会员代表大会在北京隆重召开。

在中国红十字会第八次全国会员代表大会上，国务院副总理吴仪为先进集体颁奖。

在中国红十字会第八次全国会员代表大会上，全国人大常委会副委员长、中国红十字会名誉副会长何鲁丽、傅铁山为先进集体颁奖。

在中国红十字会第八次全国会员代表大会上，中共中央组织部部长贺国强为先进个人颁奖。

在中国红十字会第八次全国会员代表大会上，全国人大常委会副委员长、中国红十字会名誉副会长司马义·艾买提、韩启德为先进个人颁奖。

▶ 中国红十字会会长彭珮云在中国红十字会第八次全国会员代表大会开幕式上。

◀ 在中国红十字会第八次全国会员代表大会上，中国红十字会第七届副会长江亦曼投票。

▶ 在中国红十字会第八次全国会员代表大会上，中国红十字会第七届常务副会长王立忠投票。

▲ 在中国红十字会第八次全国会员代表大会上，中国红十字会新、老会领导合影。

▲ 中国红十字会第八次全国会员代表大会新当选的部分常务理事合影。

▶ 中国红十字会第八次全国会员代表大会分组讨论。

◀ 在中国红十字会第八次全国会员代表大会上新当选的中国红十字会会长彭珮云（左二），常务副会长江亦曼（右二）、副会长苏菊香（左一）、副会长兼秘书长郭长江（右一）。

▲中国红十字会建会一百纪念大会在人民大会堂举行。

▲ 国务院副总理吴仪在中国红十字会建会一百周年纪念大会上讲话。

▲ 中国红十字会会长彭珮云等在中国红十字会百年成就展览会开幕式上。

▲ 《人民日报》以专版、评论员文章的形式庆祝中国红十字会建会百年及中国红十字会第八次全国会员代表大会召开。

◀庆祝中国红十字会建会一百周年出版物。

▶ 国务院副总理吴仪、中国红十字会会长彭珮云会见参加中国红十字会建会百年活动的红十字会与红新月会国际联合会、红十字国际委员会的代表。

▲ 在中国红十字会建会百年活动中，会长彭珮云代表中国红十字会接受香港特别行政区红十字会的贺礼。

▼ 在中国红十字会建会百年活动中，会长彭珮云代表中国红十字会接受澳门特别行政区红十字会的贺礼。

◀ 著名画家石虎举办画展并向红十字会捐画。

▶ 中国红十字会第七届常务副会长王立忠会见参加中国红十字会建会百年活动的红十字会与红新月会国际联合会秘书长马库。

▲ 庆祝中国红十字会建会一百周年红十字之友联谊会。

▲ 纪念中国红十字会建会百年书法美术展在北京炎黄艺术馆开幕。

▼ 中国红十字会会长彭珮云看望参加庆百年笔会的艺术家。

◀ 会领导观看百年笔会作品。

◀ 中国红十字会第八届常务副会长江亦曼、副会长苏菊香、副会长兼秘书长郭长江会见日本红十字会代表团。

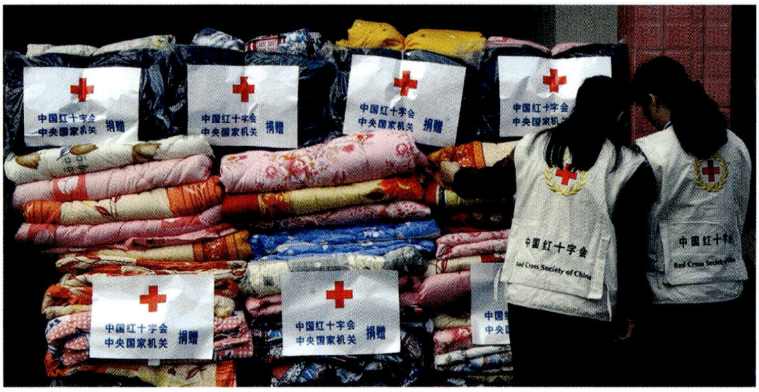

▲ 中国红十字会总会机关募集的救灾物资运抵灾区。

▲ 中国红十字会常务副会长江亦曼在湖南看望受灾群众。

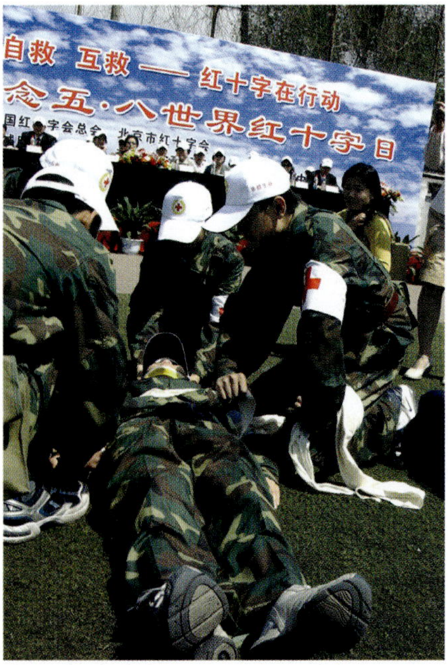

◀ 五八世界红十字日救护演练现场。

▲ 海峡两岸红十字青少年夏令营在台湾开营。

▲ 中国红十字会第七届副会长江亦曼在2004年5月召开的造血干细胞资料入库10万人份新闻发布会上为造血干细胞捐献者颁奖。

▼ 中国红十字会常务副会长江亦曼与艾滋病患者亲切交谈。

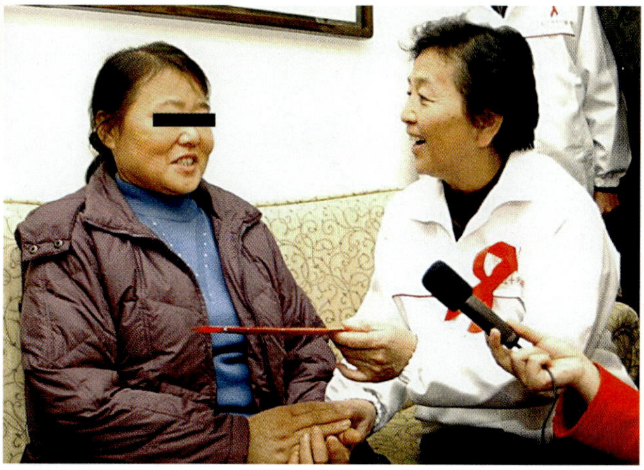

▲ 国际献血志愿者招募大会期间，与会者放飞风筝为志愿者祝福。

▲ 无偿献血者在献血者日参加纪念活动。

◀ 国际献血志愿者招募大会。

◀ 中国红十字会会长彭珮云在印度洋海啸救援工作表彰大会上讲话。

▶ 印度洋海啸救援工作表彰大会上受奖单位代表领奖。

▲ 中国红十字会向受灾国捐赠善款。

▼ 中国红十字会印度洋海啸救援考察组出发前会领导送行。

▲ 中国红十字会印度洋海啸救援工作组在印尼。

▼ 中国红十字会印度洋海啸救援工作组在斯里兰卡。

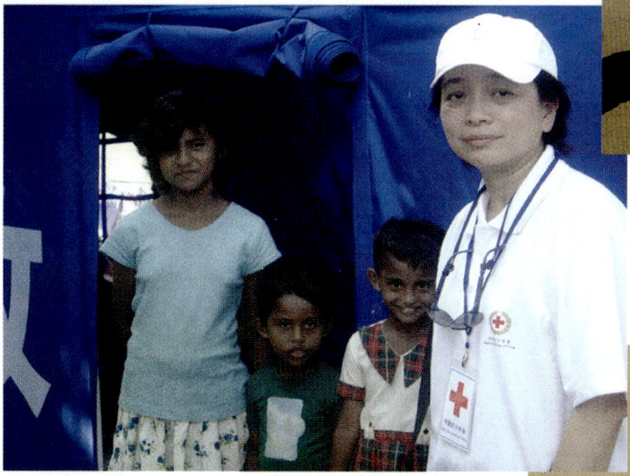

▲ 中国红十字会印度洋海啸救援工作组在泰国。

▲ 中国红十字会印度洋海啸救援工作组在印尼援助物资交接现场。

◀ 印度洋海啸孤儿阳光中国行。

◀ 中国红十字会会长彭珮云向捐赠单位颁发“博爱”牌匾。

▲ 中国红十字会会长彭珮云代表中国红十字会接受中石油捐款。

▲ 中国红十字会会长彭珮云代表中国红十字会接受中远集团捐款。

▲ 中国红十字会副会长兼秘书长郭长江向捐赠单位中国电信颁发证书。

◀ 中国红十字会常务副会长江亦曼接受国家邮政局捐款。

▲中国红十字会副会长苏菊香接受中国佛教协会百寺千僧大法会的捐款。

▲中国红十字会事业发展部部长蓝军接受单位捐款。

▲ 全国政协委员、中国红十字会理事、中国红十字会博爱大使关牧村和全国政协委员、著名相声演员姜昆到总会为海啸灾区捐款。

▲ 前来捐款的儿童。

▲ 中国红十字会开通的捐助热线。

◀ 中国红十字会常务副会长江亦曼在募捐现场与前来捐款的小朋友亲切交谈。

▶ 曲艺义演现场。

◀ 中国红十字会与国家体育总局联合举办的国家乒乓球和与羽毛球募捐义赛场景。

▲ 来自中国---演艺界大型赈灾义演现场。

◀ 同一首歌义演现场。

▲ 蕉荫著本草 （中国画） 刘大为 作

▲ 救死扶伤（书法） 赵朴初 作

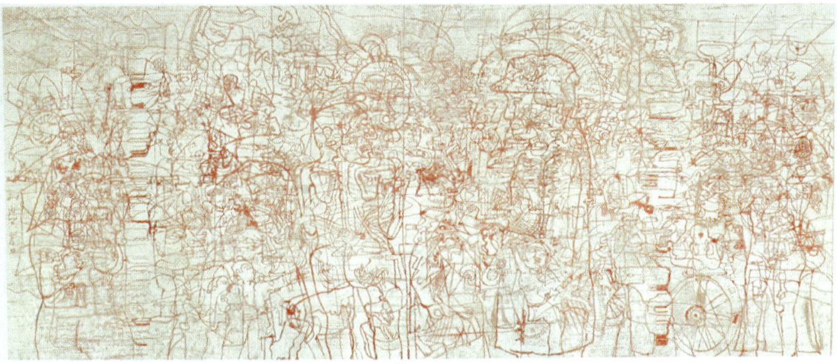

▲ 红实图（中国画） 石虎 作

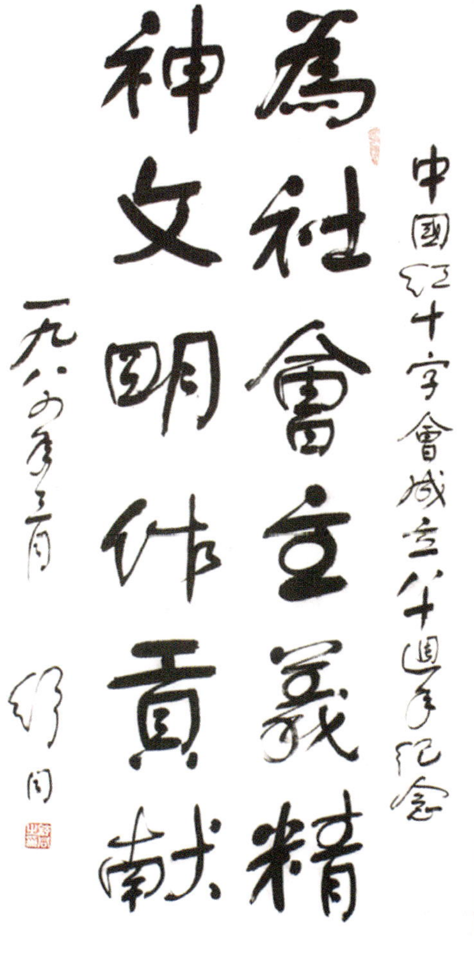

▲ 贺八十周年（书法）舒同 作

▲ 牡丹（中国画） 李蝉 作

以上均为中国红十字会收藏的捐赠作品

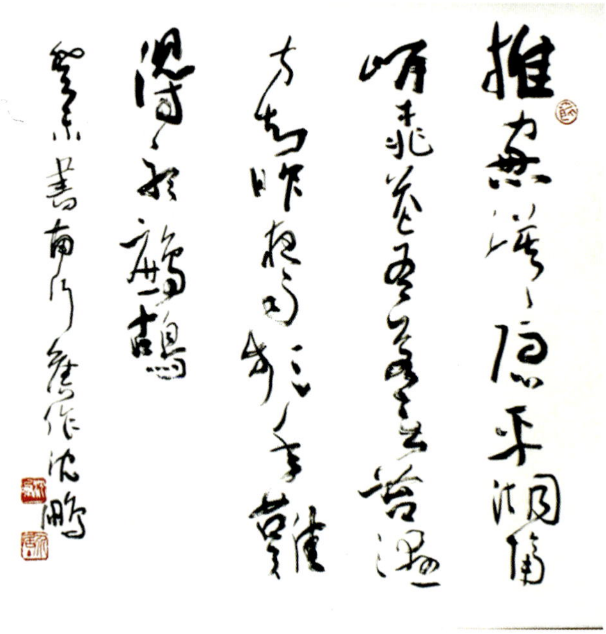

▲南行（书法） 沈鹏 作

▲牵牛花（中国画） 齐良芷 作

▲博爱矜慈（书法） 李铎 作

▲水牛图（中国画） 黄胄 作

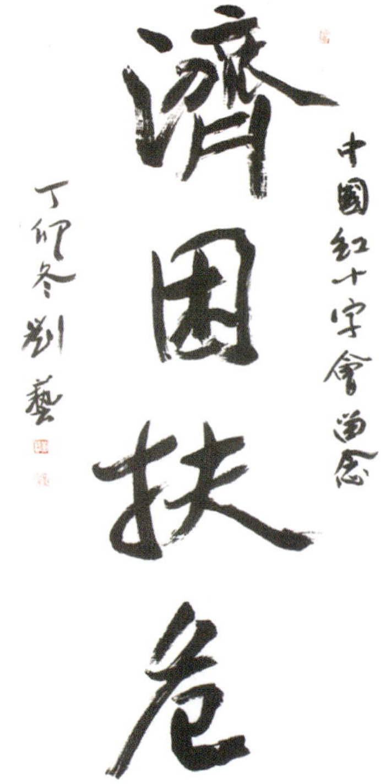

▲济困扶危（书法） 刘艺 作

以上均为中国红十字会收藏的捐赠作品

编辑说明

一、《中国红十字年鉴》是中国红十字会总会根据中国红十字事业发展的需要决定编辑出版的。自2005年3月1日中国红十字会总会发出《关于编辑出版〈中国红十字年鉴·2004/2005创刊号〉的通知》（红事字〔2005〕20号）后，各级红十字会积极配合《中国红十字年鉴·2004/2005创刊号》的选题、组稿、撰写、编辑、出版、发行工作，谨此表示衷心谢意。

二、《中国红十字年鉴·2004/2005创刊号》为中国红十字会自1904年建会101年以来的第一部大型的重要文献汇编。调研了若干的年鉴，包括年鉴编辑出版的规模和体例，先后通过上网查询、到各类书店和图书馆走访，咨询有关出版单位、印刷厂以及承办过年鉴的公司，大致有三类年鉴样式：1. 编年史类；2. 大事记类；3. 百科书类。作为一部发行至海内外的公开出版物，《中国红十字年鉴·2004/2005创刊号》综合了众多年鉴编年史、大事记、百科书的体例和特点，它既是全面反映中国红十字会百年历程的编年史，也是综合反映开创中国特色红十字事业新局面的大事记，可谓一部红十字工作的百科书。

三、中国红十字年鉴编委会由中国红十字会领导、中国红十字会总会机关各部门及直属单位主要负责人、省级（含港澳）红十字会常务副会长或专职副会长、行业红十字会负责人组成。中国红十字年鉴编委会负责领导、组织协调和审稿工作。中国红十字年鉴编辑部设在中国红十字会总会报刊社，使用“中国红十字年鉴编辑部”印章。

四、中国红十字年鉴编辑部的编辑出版工作流程为：供稿单位或个人署名提供纸介质和电子版的原稿后，经年鉴编辑部登记初审并作稿笺，保存原稿，精编至二校后进入复审，划分章节，呈现版式，统筹页码，再做三校和大样。这时的大样，由年鉴编辑部确定章节和认定版式后复核送审，除了其中纯技术性原因年鉴编辑部予以增删和修改以外，供稿单位或个人对署名文稿的内容文责自负。年鉴编辑部将以上总目录和文稿提交编委会整体认定并终审，批准出版发行。

五、《中国红十字年鉴·2004/2005创刊号》共包括10大篇章，其中《纵览篇》、《文献篇》、《纪事篇》、《专业篇》、《人名篇》、《研究篇》、《数据篇》、《资讯篇》，既有全面反映中国红十字会百年历程的编年史，也有综合反映开创中国特色红十字事业新局面的大事记，而《总会篇》和《分会篇》中涉及年度工作所收词条与篇目的时间要求，一般起始于2004年1月，截止于2005年2月。为了方便各级红十字会开展工作以及查找本年鉴的词条和篇目，本年鉴各大篇章中凡涉及到的各级红十字会和人名的排列顺序，基本上是按照中国红十字会总会行政区划与发文规定的顺序排列的。

六、《中国红十字年鉴·2004/2005 创刊号》涉及面广，时间跨度大，编者的历史知识和专业水平有限，缺点和错误在所难免，欢迎各界读者和专家批评指正。对《中国红十字年鉴·2004/2005 创刊号》的意见和建议请按如下办法联系。

单位/部门：中国红十字会总会报刊社
转中国红十字年鉴编辑部
联 系 人：李兰颂　傅　虹　冯志国
电话/传真：010－65249584
地　　址：北京市东城区干面胡同43号104室
邮政编码：100010
电子信箱：zhnj2004@yahoo.com.cn

目　录

一　纵　览　篇

百年会史

二　文　献　篇

中共中央、全国人大、国务院、全国政协领导的讲话、致信、题词

法律、法规

重要文件

中共中央、全国人大、国务院及各部委有关红十字会工作的文件

中国红十字会有关文件

三 纪 事 篇

大 事 记

重大活动及会议

印度洋海啸救援

全国政协委员考察红十字会工作

四 专 业 篇

专业会议介绍

中国红十字会总会机关及直属单位

六　分　会　篇

省、自治区、直辖市红十字会

铁路、商业系统红十字会

生产建设兵团红十字会

特别行政区红十字会

七 人 名 篇

中国红十字会历届领导人名单

人 物 志

人 名 录

八　研　究　篇

理论与实践

调查与研究

先进经验

九　数　据　篇

人、财、物数据资料

募集捐赠款物数据资料

十 资 讯 篇

公共词条与篇目

国际委员会与国际联合会

中国红十字会总会及省、自治区、直辖市、铁路、商业系统、生产建设兵团、特别行政区分会联络方式

纵览篇

▲ 救死扶伤（书法） 赵朴初 作

▲蕉荫著本草 （中国画） 刘大为 作

▲ 红实图（中国画） 石虎 作

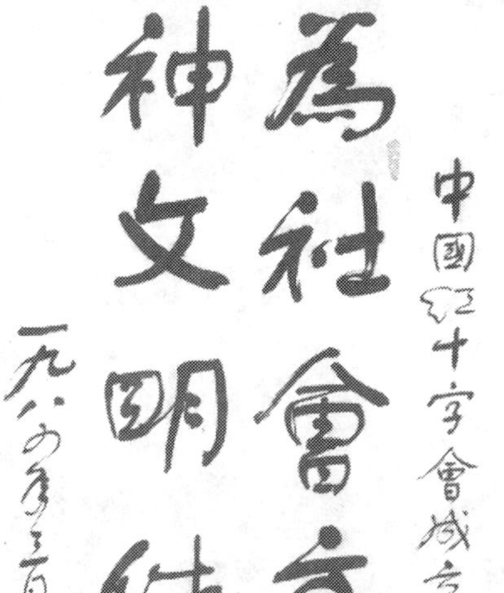

◀ 贺八十周年（书法）舒同 作

◀ 牡丹（中国画） 李蝉 作

以上均为中国红十字会收藏的捐赠作品

百年会史

概 述

前 记

2004年3月10日，中国红十字会成立100周年。

中华民族人道理念世代久远，可追溯到2000多年前。孔子、孟子是中国儒家学说的创始人，其“人之初，性本善”，“仁者爱人”，“己所不欲，勿施于人”，“不追穷寇，不伐丧”等仁爱思想始终影响着民族发展。此后，诸子百家，志士仁人的思想、哲理也无不放射出人道主义的光彩，并被代代承传，发扬光大。同时，各类人道慈善组织也层出不穷，又各尽所能地相互帮助。

红十字运动起源于欧洲。19世纪的欧洲处在腥风血雨之中，人道行为成为广泛需求。1859年6月，在意大利的索尔弗里诺战场，有4万多人伤亡，当时路过此地的瑞士一位银行家的儿子亨利·杜南被战场惨状震惊，随即组织村民进行救助。1862年11月，杜南撰写并自行出版了《索尔弗里诺回忆录》，提出了救护伤兵的设想，1863年2月，成立了伤兵救护国际委员会（1875年改名为红十字国际委员会）。当时有关国际会议决定：敦促各国建立伤兵救护委员会，不仅救护伤兵的机构和人员应该中立化，就是伤兵本人也应中立化。采用白底红十字臂章作为志愿救护人员的识别标志。1864年8月，第一个《关于改善战地陆军伤者境遇之日内瓦公约》面世，得到国际社会广泛的拥护，同时也传到了中国。

一、晚清时期（1904年—1911年）

清朝封建帝国，对外经历了第一次鸦片战争，并被迫签订了丧权辱国的《南京条约》，对内血腥镇压太平天国农民大起义之后，又连续不断地受到西方列强的侵略和掠夺，日益走向没落，致使国势日衰、民穷财尽，中国人民陷入了深重的苦难之中。

（一）万国红十字会上海支会成立

19世纪60年代诞生于欧洲的人道主义组织——红十字会，到了19世纪90年代就已引起我国有识之士的注意。1895年前后，我国开始了关于红十字会的宣传，中国出版最早的《申报》先后发表了《创立红十字会说》、《中国亟宜创设红十字会说》等文章和社论。1897年冬，我旅日大阪侨商孙淦呈请清政府在我国设立红十字会。

闭关锁国的满清政府对于红十字会这样一个外来的新生事物，能够较早地观察认识到它的价值，采取了积极的态度。清光绪二十五年（1899年），各国政府代表在荷兰举行会议，清政府派驻俄使臣杨儒为代表参加会议。这次会议将日内瓦红十字会原约

（即陆战条约）推之于水战，仍以救病扶伤为宗旨。杨儒和各国代表均在和约上签字画押，以表支持。1904 年（清光绪三十年）2 月 10 日，清政府出使美、秘、古、墨大臣梁诚经过考察，奏文对万国红十字会的了解已相当全面，还结合国内情况，提出了建会的中肯意见。梁诚还将日内瓦公约条款、各国入会年份、美国红十字会章程等译成汉文，作为附件一并呈上，请外务部照会瑞士国政府，声明愿入红十字会联约的缘由。清政府很重视这份奏章，外务部复经驻日、俄、英使臣交涉，敕驻英使臣张德彝："特命尔为全权大臣办理入会事宜，会商大瑞士国驻英使臣，知照总会补行画押，尔其敬谨将事，毋负委任。"

1904 年，日俄两国为争夺在我国的权益，于我东北境内爆发了日俄战争。是年 2 月 6 日，日本舰队袭击沙俄占领下的我国旅顺口。2 月 10 日，两国正式宣战，日本派船载送其侨民回国，他国侨民亦先后脱离战地，唯我东北同胞蒙受战火煎熬，迁徙流离，呼救无门。

清政府虽宣布中立，但清政府前往东北接运难胞的船只，仍不准驶进港口，清上海记名海关道沈敦和（仲礼）、前四川川东道任锡汾、直隶候补道施则敬等激于义愤，于当年 3 月 3 日发起成立东三省红十字普济善会，"专以救济被难人民为事"。3 月 5 日，《申报》载文称："普济善会，特中国红十字会之先声耳。"当时清政府在上海任商约大臣的工部尚书吕海寰、上海记名海关道沈敦和与上海官绅、各国驻沪机构代表商议，着手组织万国红十字会上海支会。

1904 年 3 月 10 日下午，中、英、美、法、德五国董事会集于上海英租界公共工商局议事。沈敦和介绍了东北灾民情况。经过商量，确定成立万国红十字会上海支会，设董事 45 人，其中西董 35 人，以李提摩太为首；华董 10 人，以沈敦和、吕海寰为首。会后电商日、俄两交战国，允准我支会派人前往战地开展救赈工作。

在战场区域成立十多个地方分会，参与救助。

3 月 17 日，中西办事各董初次会议于英按察使署，议定司理财务、代理银行、刊发捐册、接收捐款、申谢捐助、拨款救济、设牛庄分会和京津代理等事项。

4 月 10 日，《申报》向社会各界发出《劝捐万国红十字会经费，申报馆协赈所谨启》。

7 月 30 日、31 日，《申报》连载《上海万国红十字会暂行简明章程》八款。

万国红十字会上海支会是日俄在我国领土上交战，我国人民处于呼救无门的国际环境和历史背景下出世的。

在千万同胞处于水深火热的困苦逆境时，上海热心人士以救难救亡为己任，联合各方，起而自救，我人首倡，各界响应，在国际社会和我国人民中树立起人道主义形象。

（二）救助难胞

日俄战争爆发后，我东北同胞饱受战祸之苦，处于水深火热之中，上海万国红十字会组织营救。依靠当地外籍人士和地方人士，在战区全面开展了救伤、救难、救灾工作。

（三）设立分会

举设总办和办事人员，组织战灾救援工作。先由万国红十字会上海支会电商营口地方官员谈国桓与英教士魏伯诗德，随着两军战线推移，先后在牛庄、辽阳、沈阳、铁岭、开原、海城、安署河、吉林、沟帮子、新民屯等27处设立分会，为救助难民海陆中转接运。又在烟台、塘沽、山海关等处设立分会，急赈东北战地难民22万余人。

（四）举办医院

在牛庄借爱尔兰会华医院为牛庄分会总医院，其余如营口等处均设有分会医院。至9月12日，治愈受伤者已达300人，妇孺居其大半，医治无效而死者20人。营口医院医伤救治达26000人，使大灾之后幸免大疫。

（五）救难民出险

被难商民华工，分别自水陆营救出险的有2万余人。设栖流公所（难民收容所）。先后在牛庄、辽阳、法库门等处设栖流公所，共收留38000多人。

（六）救助失业工人

9月18日，奉天将军知照红十字会，言有无数华人，前为俄人雇用，或工作于铁路，或工作于煤矿，今皆失业乏食，请设法运归等语。两周内，经新民屯分会转山海关分会，资遣回家13万人。

（七）放赈救荒

“奉天难民3万余人，均属嗷嗷待哺。”设粥厂；发放棉衣8000余件；筹备银两，购运药品、棉衣、粮食，放赈救荒，划区办赈。查灾人员走屯（补、堡、团）入户，至1906年9月17日，在东北辽阳等23个府、州、县，计查1778个屯的灾民46890户，均给赈无遗，合计受赈者达234211人。

（八）资遣安置

1905年春，经各方计议将各栖流所难民遣回田里，及时耕作。但灾民既无庐舍，又无粮种、耕具，且播种以至收获，其间青黄不及之时，如何生活，应悉为预筹。对栖流所14000人，红十字会拨银4万两，每户编茅为舍，助银10两，加备家具、农具银5两。奉天难民4万人，则由官府助以房室耕具，红十字会助以粮食，共同加以安置。

万国红十字会上海支会及其战区各分会，救助战灾，历时三载。对东北灾民救难出险、救伤治病、收容资遣、赈济安置总人数达46.7万余人，因伤病不治而死者仅331人。整个救赈工作，计接受中外筹拨募款银541900两，政府拨库帑银10万两，除运送出险难民及红十字会公务人员火车、轮船、电讯费用，国家免费达60余万元、银5000两外，共支银599400两，所有参与红十字会活动的清政府要员及中西各董，红十字会均未支付薪水和车马费用，纯属义务服务。

救难人员，肩负军营、前敌、中外交涉之劳，在战区、灾区，出入烽火，出入锋镝，有的九死一生，屡濒于危，终能坚忍耐劳，救伤救难，将数十成流离失所的灾民救出水火，使全国人民晓然于红十字会，对其救死扶伤、扶危济困的精神无不同声钦感。他们立下的丰功伟绩，将永远受到国人的歌颂。

（九）改名大清红十字会

1907年7月21日（光绪三十三年六月十二日），吕海寰、盛宣怀奏请皇太后、皇上，试办中国红十字会，1908年5月，清廷核定照准“著徐世昌查明具奏该部知道钦此”。上海万国红十字会结束，改名为大清红十字会，吕海寰、盛宣怀监临会务。

1910年1月（清宣统元年），吕海寰向清政府递呈，详叙世界各国红十字会实施日内瓦陆战、海战公约及万国红十字会上海支会救助东北日俄战灾业绩情况，并拟订红十字会试办章程。

1910 年 2 月 27 日，清政府委派盛宣怀充任红十字会会长，同意签署《1906 年 7 月改善战地陆军伤者病者境遇之日内瓦公约》。红十字会总部设在京城，负责培训军队救护人员，制订红十字标志、勋章及使用规定。5 月 20 日，清政府批准认可红十字会的社会地位。

（十）创建医院、学堂、参加治病救灾

万国红十字会上海支会建立后，在救助东北日俄战灾中发挥了重大作用，已为社会所一致认同。红十字会的主持者为巩固初基，着手创设医院和培养医学人才，以推进我国红十字事业的发展。

1909 年，沈敦和等用救助东北日俄战灾余款，于上海沪西徐家汇路购地 14 亩多，办总医院。

1910 年夏，于总医院旁建楼房一所，办医学堂。皖北旱灾，继以大疫，死亡甚众。红十字会急派医生偕同同济德文医学堂及本会学生组织救疫医队，由江趋丹率领，携带救疫药械，冒暑驰往皖北、江苏等地，竭力抢救，合计治愈 67580 人。红十字会又组织义赈会，募集捐款 170 万元，于灾后散放赈济，成绩昭然。

二、民国初期（1912 年—1931 年）

（一）定名中国红十字会

1911 年 10 月 10 日（宣统三年辛亥八月十九日），以推翻清王朝、建立民国为目的的辛亥革命在武昌起义成功。

辛亥革命事起，“大清红十字会”改为“中国红十字会”，为顺应历史潮流所作此举措，这标志着中国红十字会由此跨进了一个新的历史时期。

（二）辛亥革命战事救护工作

武昌起义后，很快得到各省响应，革命浪潮席卷全国，各地起义新军与清军的抗争迭起，战火蔓延各省。开展战事救护，仅仅红十字会救护人员，显然不敷调遣，欲求部署快速，组织完备，急需借重各国教会及教会医院，作为本会临时救护机构，会同协办救护事宜，筹集捐款，组织救护医队，开赴战地，并在各地设立分会或临时医院，就地开展施救工作。同时董事会并议决征集会员充实捐款，以捐 25 元为正会员，200 元以上为特别会员，1000 元以上为名（荣）誉会员。制造佩章，刊印凭照，由理事长签发。旬日之间，会员增至千余人，中国红十字会明定会员制度，征求会员，以这年为始。

（三）武汉和其他地区的救护工作

武昌起义战事发生后，红十字会上海总办事处即组织医队，举上海总医院柯师医生为队长，开赴武汉，于汉口俄租界列尔宾路，利用万国医院新落成院舍，创设临时医院。部署略定，医生即率领医学生，携带担架进入前线，抢救伤兵，往返以数十次计。

1911 年 11 月 22 日，清两江总督张人骏部固守南京，民军——江浙联军进攻南京。红十字会派救护队从上海到南京，与当地医务人员联合，开展救护工作。

湖南、湖北、浙江、江西等地有红十字会办的医院和救护队救治受伤兵民。

辛亥战事，总会及各地分会计治愈伤病军民一万多人。

（四）搜埋战殁遗尸

汉宁血战，伏尸遍野，鸟啄犬食，惨不

忍睹。红十字会组织掩埋队，前往收葬。南京掩埋队在凤台关等地掩埋遗尸。共约葬700具，均立石碑，永留纪念。

辛亥革命为我国社会从封建王朝进入民主共和之始，在我国历史上开天辟地，光耀千古。中国红十字会各医队于辛亥革命起义战事的硝烟弹雨中，舍己救人，疗伤埋亡，功绩卓著。

大总统孙中山致总会的电文如下：

红十字会沈仲礼君鉴：个电悉。查民国军兴以来，各战地将士赴义捐躯，伤亡不鲜，均赖红十字会，救护掩埋。善功所及，非特鄂省一役而已。文实德之……该会热心毅力，诚无可表德之外。应即令由内务部准予立案，以昭奖劝等因。

（五）癸丑之役救护、赈济

1. 救护与尸体掩埋

1913年7月，国民党发动反对袁世凯的“二次革命”。这次军事行动以江西和南京为中心，被称为“赣宁之役”。又由于是年为癸丑年，故又称“癸丑之役”。

赣浔（九江）独立，皖苏响应，各地战事一触即发，中国红十字会上海总办事处召开第六次常议会，决定救护事宜，并电告各地分会一起行动。

总会与有关地方分会于救护同时，还组织掩埋队进入战区，对因战或遇难兵民遗尸随时掩埋。

南京分会从随阵掩埋到清理郊野，历时3个月，计掩埋尸棺7350具，为3327冢（墓），立碑18座，碑文刻“南京癸丑掩埋阵亡军士纪念碑”、“南京癸丑掩埋军民纪念碑”，碑文右上刻该墓群搜埋遗尸处所、尸骸棺数、冢数，碑文左下方刻“中华民国二年十一月吉日，中国红十字会南京分会敬立”，以垂永久。

2. 救济难民

8、9月份上海、江苏等地开战后，大批难民流离失所，无家可归，红十字会救助难民近2万人。总计，中国红十字会支出救护费用近10万元，皆由社会各界赞助。

中国红十字会于癸丑之役的救护工作是立体的、全方位的。用当时组织者的话说：于救护，闻警报，早经出发，则部署惟恐不先；赴战地，寻觅伤残，则救护惟恐不勇；葬骸骼，消弭疫疠，则掩埋惟恐不周；设医院，以救伤治病，则救治惟恐不力；于救民，对无辜被难人民，则运以火车，济以轮船；居以留养院；散放衣食，以赈饥寒，组织平粜，嘉惠穷黎；资遣难民，安定社会，种种举措，不一而足。于救伤、救难、救灾，独力是任，誉以救民水火，“慈航普渡，”谁曰不宜！

（六）会务活动

1. 第一次会员大会

1912年9月30日下午，中国红十字会于上海南京路议事厅召开中国红十字会第一次会员大会。出席大会的会员代表及有关方面人士1352人。大会先由会议主席沈敦和报告会务，会议公举常议员朱佩珍、施则敬等34人；并参照东西各国成法，制定《中国红十字会章程》（六章二十条）。

新推举的常议员集会，公举中华民国大总统袁世凯、副总统黎元洪为中国红十字会名誉正、副总裁，吕海寰为会长，沈敦和为副会长，江绍墀为理事长，并公电政府，明令公布。1912年11月21日，新成立的常议会第二次会议议决，中国红十字会总办事处设于上海九江路望平街东首28号。

2. 统一大会

1912 年 10 月 31 日下午二时，中国红十字会于上海黄浦滩汇中旅馆五楼大会堂召开中国红十字会统一大会。

出席会议代表 100 余人，除各分会代表外，外交部、内务部、陆军部、海军部、奉天、江苏都督、上海交涉使、中国红十字会总会和上海总办事处代表出席会议，中华民国副总统、中国红十字会名誉副总裁黎元洪向大会致祝词。

中国红十字会会长吕海寰、副会长沈敦和相继致欢迎词，宣明开会宗旨，宣传红十字会博爱、恤兵大旨，中国红十字会统一要义。会议就《红十字会筹款方法》、《女界赞助红十字会并筹款法》、《分会组织法》、编辑宣传红十字会印刷品等问题展开了讨论。

会议议决，总会设于北京，总办事处设于上海。正会长驻总会，专任对外及对政府交涉，总办事处以副会长为首，会同理事长，办理日常筹募款项、联络分会、征集会员及其他会务，重要事项先交常议会通过施行。各省分会则随时与总办事处函电接洽。

中国红十字会统一大会的召开，解决了中国红十字会在当时情况下的领导多头，管理混乱的问题；对于在战时情况下，各地自创自立的分会，建立联系，进行整顿；也向国际社会宣示，中国红十字会只有一个总会。因此，统一大会的召开，其现实意义和历史意义是深远的。

3. 第二届会员大会

1922 年 6 月 25 日，中国红十字会于上海总商会议事厅召开第二届会员大会。全国 22 个省、3 个特别区有分会 217 处，共 19 省、区 143 处分会代表出席了大会，达总数五分之三以上。27 日，大会讨论常议会提交的《中国红十字会章程修正草案》，全案通过。29 日，大会选举常议员 48 人；公推代表 10 人起草《分会通则》二十八条，交常议会通过后施行。7 月 6 日，第一次常议会选举王一亭为中国红十字会常议会议长，盛竹书为副议长。7 月 8 日，第二次常议会选举汪伯棠（大燮）为中国红十字会会长，蔡耀堂（廷干）为驻京副会长，杨小川（成）为驻沪副会长，电请大总统任命。

4. 领导、体制、人事更替

中国红十字会建立初期，主要实行总会与分会两级体制，总会领导分会，各分会地位平等。

1907 年，改名大清红十字会后，由清政府委派首任会长。1912 年，第一次会员大会后，首设名誉正、副总裁（为国家领导人担任）；次设会长、副会长；上海总办事处下设常议会，推举议长；常议会下设理事长。1912 年，统一大会议决，总会设北京，总办事处设上海。正会长驻北京，专任对外及对政府交涉；副会长及常议会驻总办事处，办理筹捐款项、联络分会、征集会员及其他会务。1928 年，政府定都南京，北京总会改为北平分会，上海总办事处执行总会事务。1920 年，常议会议长沈敦和逝世。

5. 发展组织

1911 年，辛亥革命战争期间，于苏、皖、浙、闽、湘、鄂、川、鲁、粤、桂等省区和香港建分会 50 余处。

1912 年，各省分会 60 个，会员近 2000 人。1920 年，分会 74 个，会员 26000 余人。

1922 年，分会 217 个。

1923 年，分会 248 个，会员约 40000

人。

1924年，分会263个。

1925年，分会316个。

1913年7月，总会承认北京女界红十字会，章仲和夫人为理事长。

1911年，中国红十字会董事会议决：捐1000元以上为名（荣）誉会员，200元以上为特别会员，25元为正会员，并制造佩章，刊印凭照，由理事长签名发给。

1919年，在军界、政界、华侨、社会各界征集扩充会员。

6. 开展宣传

中国红十字会建会以来，利用各种媒体、场合、方式，开展宣传活动，发展红十字事业。

1911年，与电车公司商议，在车上免费为红十字会募捐悬挂宣传牌。

1913年，癸丑之役，上海新新舞台演剧20日助赈。1920年，八省水旱巨灾，亦商请沪上各舞台著名艺员演剧助赈。

1920年，八省水旱巨灾，各处调查灾情实况，印成宣传材料，散发张贴。1921年10月10日，红十字会月刊第一期出版。1924年，举行20周年纪念大会，发刊纪念册等。

7. 表彰奖励、抚恤悼亡

辛亥、癸丑两役，总会中西执事人员卓著勋劳。总会拟予奖励，但议员均不肯接受。1914年9月22日，常议会做出表彰奖励议案。各议员名列奖案者，概辞，遂各赠荣誉会员。1917年，对救护青岛兵灾及六省兵灾出力有功人员，亦各赠荣誉会员。

对各地分会，予以精神褒嘉。

对因公积劳已故而有贡献的中西人员，予以抚恤追念。

（七）救助战灾、支援北伐

1. 救助战灾

国民党“二次革命”失败后，随着各省地方势力坐大和北洋军内部派系分裂，中国开始形成军阀割据局面。1915年12月12日，袁世凯恢复帝制，遭到各省反对。从1916年到1930年，从各省讨袁战争起，到国民党北伐战争前后，在中国大地上，军阀战争频频发生，兵连祸结，给人民造成严重灾难。中国红十字会及各地分会为救伤救灾发挥了重要作用。

2. 赈灾

1914年到1923年间，匪灾蔓延豫省与皖省等地，总会急电各分会，就地组织医队，救护掩埋，处理善后。

1923年5月6日，津浦路北上客车遭遇大股山匪，罹灾者山中受难达五旬之久。总会总医院牛院长率领医队，由沪出发。初驻枣庄车中，组织临时医院，后又借用中兴煤矿新医院，并入山救疗。中外旅客仅死3人，其余均于6月24日脱险。

3. 支援北伐

1926年12月，宋庆龄女士与北伐军一起到达武汉，与何香凝女士一道组织红十字会，发动慰问伤兵运动，策划战时救济工作。配合和推动北伐革命战争。

1927年至1928年，中国红十字会屡接国民革命军军事委员会电请，组织医队、救护队，驰赴前线；总会在沪各医院收治战地伤兵，开展战勤服务。

（八）开展卫生公益事业

在社会缺医药，传染病流行，医疗卫生事业未普遍建立的民国时期，救疫治病，已成为中国红十字会的常务。总会与各分会在这方面做了很多工作，取得了很大成绩。

1913 年，上海总办事处与哈佛医院订立合同，中国红十字会上海总医院由哈佛医院包办 5 年。1921 年，总医院收回自办。

在 1913 年，以沪南十六铺第四医院为南市医院。1925 年扩大规模。

1916 年，总会医学堂与哈佛医学堂合办，学生倍增。添建学生宿舍一幢，上下 20 余室，费用 15000 元。

1929 年，总会设护士夜校。

（九）开展防疫

总会上海时疫医院创建于 1908 年，每年夏秋间开诊 3、4 个月，1922 年增建病室。

1926 年，上海时疫流行，总会复添设时疫医院分院。

1914 年到 1926 年间，在沪、宁、皖及华北地区白喉、天花及水灾引发的时疫流行，总会组织救疫医队分赴各地，诊治灾民。

1928 年 12 月，总会各医院设公共卫生指导科，承担公共卫生事务。

1931 年，将吴淞防疫医院移交上海海港检疫所。

（十）社会救护

1918 年，欧洲大战协约国战胜，上海举行提灯会三日，群众兴高采烈。总会组织临时救护队，于南京路、黄浦滩、法大马路等处设救护点八处，遇有受伤者送就近救护点，先行包扎，再送医院疗治。备用汽车五辆，分头逡巡。

（十一）救助遭受自然灾害灾民

辛亥革命至“九一八”前，中国大地不仅兵连祸结，盗匪横行，而且自然灾害频仍，水、旱、风、火迭见。中国红十字会只要接获灾情信息，几乎无灾不救，无役不从，成为灾区人民希望所在。

（十二）国际交往

1912 年 5 月 17 日，第九届万国红十字联合大会在美国华盛顿举行，中国红十字会派代表参加会议。中国红十字会代表福开森在大会发言中谈到辛亥革命的胜利时说：“中国各处光复时，本会办理救护。”“如遇某境内有战事，即嘱该境分会便宜行事，无须请示总会。”他的发言受到到会者欢迎，“以为中国红十字会所行之法，甚合机宜。”中国红十字会代表根据帝国主义在我国享有治外法权的情况，向大会提案称：“无论何处，若有他国分会或议事部设于治外法权所在国内，只可在居境内附托办事并须听后所居国红十字会指示，尚有应与万国红十字会往来事件，应由所居国总会转递。”这件提案被接受后，交万国红十字会议事部“慎重审查”。这次大会“有数国新会初次派遣代表莅会，其中惟有中国红十字会为全场所极为注意。”

中国红十字会作为国际红十字运动的成员，在对外进行人道主义援助方面，一直采取积极态度。1914 年 11 月，第一次世界大战爆发，中国红十字会捐款 8000 元（银元）。日本鹿儿岛发生地震，中国红十字会捐款 2000 元（银元）。

1923 年 9 月 1 日，日本关东地区发生大地震（8.2 级），中国红十字会组派医疗队。医疗队在余震不断的情况下坚持工作 20 多天，于 10 月 14 日返国。医疗队共花费 17000 余元，到 12 月底，全国共有 50 多个分会捐款大洋 23376.945 元。日本政府于 11 月 27 日派代表团来华道谢。

三、抗日战争时期（1932 年—1945 年）

中国红十字会是在连年战火和各种自然灾害的不断侵袭中诞生和发展起来的。到 1930 年，中国红十字会的地方组织已在全国大多数省市建立起来，红十字会的影响日益深入人心。

中国红十字会在 1931 年“九一八”事变后开始把主要力量投入战地救护和对战区难民的救济工作，并逐步把整个工作转移到为抗日军民服务的轨道上来。

1937 年 7 月，日军大举进攻卢沟桥，中国抗日民族解放战争全面展开。在西南地区，由于抗战动员的深入发展，大批爱国青年纷纷聚集到红十字旗帜之下，志愿参加为抗日将士服务的医疗救护队伍，从而使我国红十字组织随着抗日战争的全面展开，也进入了一个蓬勃发展的新阶段。

从“九一八”事变中国人民的局部抗战开始，到 1945 年取得抗日战争胜利的 14 年里，中国红十字会的各级组织及广大会员，在极端困难的条件下，前赴后继，艰苦奋斗，在各个时期，都发挥了自己作为一个国际性人道主义组织应有的作用，为夺取抗战胜利和减轻抗日军民的苦难，做出了积极的贡献。

（一）从“九一八”到“七七”事变

1931 年 9 月 18 日晚上，日本关东军突然向中国东北军驻地北大营和沈阳城发动进攻，制造了震惊中外的“九一八”事变。仅仅 4 个月，便全部侵占了我国的东北三省。紧接着，日军又在上海不断寻衅，挑起事端，制造了“一·二八”事变。驻上海的十九路军被迫奋起抵抗，从而爆发了中国军民英勇的淞沪抗战。

（二）整顿发展组织　增强红十字会实力

“九一八”和“一·二八”事变之后，反对日本帝国主义侵略成为中国人民的普遍要求。

中国红十字会一面主动配合有关部门，组织动员人员、物资，大力开展战地救护和社会赈济服务工作；一面积极进行自身建设，完善领导机构，健全规章制度，兴办医疗救护实体，发展基层组织和会员，努力增强综合实力，以便迎接和更好地完成面临的光荣而艰巨的任务。

1930 年，总会奉命修改会章，进行“彻底改组”。1931 年，内政部、外交部拟定了管理红十字会法规，转呈立法院审核。1933 年，国民政府派王正廷为会长，并将中国红十字会改名为中华民国红十字会。

1934 年，总会召开了改组后的第一届理监事会议，推举王正廷为会长，史量才、刘鸿生为副会长，蒋介石为名誉会长，总会还依据会章和政府的管理法规，先后制定了《中华民国红十字会管理条例实行细则》、《中华民国红十字会各地方分会立案办法》以及《中华民国红十字会团体会员暂行规则》等规章，使总会及各地分会在工作中有所遵循。

1935 年 7 月，《中国红十字会月刊》出版发行，这份月刊一直办到 1940 年，共出版了 60 期。

1936 年 6 月 30 日，立法院修正并通过了《中华民国红十字会管理条例》。内容包括总会领导机构设在南京等。

1937 年 6 月 1 日起，总会职员在履行公务时，统一着用中山装。同年，总会还采用换发图记的办法，对全国各地分会进行一次检查整顿。到本年 10 月基本完成换发登记工作。

在这个时期，由总会及各地分会管理的医疗救护事业，也有较大发展。据 1937 年统计，全国已有各种类型的医疗机构 262 处。其中规模较大、设备技术条件较好的，主要是总会直属的三所医院（均在上海市），如早年创办的总会第一医院，到 1935 年已发展成为一个具有内、外、妇、儿等科的综合医院，该年度全院共收住院患者 4900 多人，门诊部共接诊患者 95545 人。还有不少分会，组织起一些青壮年会员，进行必要的培训，建立起救护队、担架队、掩埋队等，准备随时应召执行支前、赈灾等应急任务。

各个红十字会医院大都奉行救死扶伤、扶危恤贫的人道主义宗旨，殚精竭虑为患者服务，有的还为贫苦患者实行医药费减免。

（三）第一次全国会员代表大会及三次征求会员工作

中国红十字会创立 30 年，“历经国内革命之战及各省之内战，……更应付‘九一八’及‘一·二八’等事变，……总、分各会几无一日不在救护兵民伤亡之准备中……无时不从事于赈灾防疫及协济邻国灾荒等事业。”

为了讨论解决红十字会工作面临的认识度不足，组织发展缓慢，会员人数少，资力薄弱等问题，总会于 1943 年 9 月 24 日至 28 日，在上海召开了中华民国红十字会第一次全国会员代表大会。参加这次大会的除总会代表外，还有各地 100 处分会的代表 226 人，代表全国 400 多处分会的 10 万多红十字会会员。大家欢聚一堂，通报情况，交流经验，并就一些取得共识的重大问题做出了如下决议：

1. 遵照国民政府公布之《中华民国红十字会管理条例》及行政院公布之《中华民国红十字会管理条例施行细则》，通过了《中华民国红十字会章程》及所属各地分会的章程。

2. 降低会费，发展青年会员，增设妇女部，训练救护人才和储备救护物资。

3. 在首都及其他重要城市，设立规模完善之医院，并附设救护及赈济机构。

大会最后发表《宣言》，号召各地分会及全体会员认真领会贯彻大会精神，以便担负起并完成好平时的赈灾济贫和战时救护伤病兵民、赈济战区难民等任务。

“九一八”事变后，红十字会面临的任务极其繁重而又紧迫，征求会员壮大红十字队伍已经到了刻不容缓的地步。从 1933 年底到 1937 年初，总会经过认真地研究准备，有计划地集中开展了三次征求会员工作，为全力投入抗日救护和赈济工作打下了良好的基础。

（四）赈灾救济

在军民奋起抗日的紧急关头，中国红十字会总会以及上海、华北等地分会开展了对抗日军民和战区难民的救护和救济工作。

总会首先组建救护总队，下设支队，分赴各战区。

战区各分会也积极动员起来，参加了各项救护和赈济服务活动。

随着日军侵略的不断深入和扩大，中国红十字会所担负的赈济任务也更加繁重。根据时局发展的需要，总会于 1936 年春，延揽各医药团体及公团代表，组织起救护委员会。

由于帝国主义在华经济势力的扩张，官僚资本对国民经济的控制和掠夺，中国国民经济处于凋敝状态。加以连年不断的自然灾害，更使农村经济陷于破产的境地。广大农民饥寒交迫，流离四散，家破人亡，饿殍载道。

中国红十字会及时行动，大力投入赈灾工作。积极组织医疗防疫人员，奔赴灾区，施医舍药，防治伤病；多方筹募，为解除和减轻灾民的苦难做出了积极的贡献。

日本帝国主义为了把中国变成它的殖民地，以1937年7月7日卢沟桥事变为开端，发动了蓄谋已久的全面侵华战争。

7月8日，中国共产党发表抗日宣言，号召全国人民团结起来，筑成民族统一战线的坚固长城，把日本侵略者驱逐出中国。

日本侵略军所到之处，烧杀抢掠，残暴至极，无数城市和乡村变成废墟，千百万中国人民惨遭杀害。敌人的凶恶残暴，激起了全国人民的无比愤怒。中国红十字会广泛组织医护人员，直接为抗日军民服务，取得了举世瞩目的成就。

（五）淞沪抗战中的救护工作

1937年，“八一三”淞沪抗战爆发，中国红十字会仓促担负起救护使命，会同上海有关团体成立了“上海市救护委员会”，下设救护队10个，急救队12个，临时救护医院24所。

自1937年8月14日至1938年4月30日，上海救护医院收容伤病兵民共19539人，救护队从前线送伤病兵民共43446人。

南京沦陷后，日本侵略军烧、杀、淫、掠，在一个多月里进行了灭绝人性的血腥大屠杀，被杀害的中国同胞不下30万人，尸横遍地，惨不忍睹。南京市红十字会分会80多位员工和会员，奋不顾身，对伤员、难民进行救护，掩埋死难者的尸体。两个掩埋队在6个月内共埋葬军民尸体22683具。在金陵女子大学内设施粥站，向妇孺难民施粥，每日数千人次。在下关设红十字诊所，为无钱就医难民义诊，在下关与浦口间设船只摆渡，难民无钱则免费渡江。

（六）总会迁重庆后的会务活动

1938年10月，广州、武汉先后陷落，国民党政府撤到四川重庆。总会为办事需要设总办事处于香港九龙，由理监事会主持。经总会常务理监事会几度讨论，为便于推进工作，决定将总会迁移重庆，于1940年4月1日开始办公。

总会在战时，实行会长理事制，一切重大事项分别取决于理监事联席会议，而以会长王正廷为主席，日常事务则由秘书长潘小萼处理。

总会机关除设一、二、三处外，还设有：临时救护委员会，经济委员会，医务委员会和购料委员会。

（七）组织发展

1937年，全国共有分会464处。总会迁移重庆后，很多地方分会因处于沦陷区而断绝信息，仍能与总会保持联系者，仅有分会72处。总会在西南各省、市、县，积极组织新的分会，并尽量联系扶植原有分会，使之坚持工作。

这时，凡接近战地的分会，均组织救护队，从事救护伤病兵民。后方分会，除推行经常的赈救工作外，都有空袭救护的准备，以应非常事变的来临。

1943年，国民党政府颁布红十字会战时组织条例，行政院任命蒋梦麟为会长，胡兰生为秘书长。

到抗战胜利时，川、黔、滇、陕、豫、鄂、湘、赣、浙、闽、粤、桂、甘等省所设分会，共计90处，设有医院32所，诊疗所29所，救护队41个。

抗战时期分会分布及所属单位情况：

省别	分会数	医院数	诊疗所数	救护队数
四川	33	8	15	12
贵州	2	1		
云南	5	1	1	
陕西	3	1		
河南	20	8	2	8
湖北	3	1	1	
湖南	5	4	3	4
江西	2	1	1	1
浙江	1	1	1	
福建	4	2	1	
广东	6	3	3	10
广西	5	2	2	1
甘肃	1	1	1	

（八）开展红十字周活动

总会从1941年起每年举办红十字周活动，以扩大征求会员并筹措资金。第一届红十字周于1941年元月1日至10日举行。总会召开记者招待会，《大公报》等新闻单位记者30余人到会。

首届红十字周，征得会员2万余人，会费收入45029元。刘峙、李宗仁等人为荣誉会员。特别会员有孙科、周恩来、梁寒操等160余人。

各届红十字周活动期间，重庆、昆明、贵阳、成都等地方分会组织活动时，地方报纸及时给予报道。为完成征集会员计划，每届红十字周都聘请一些名人，担当征集队队长。

1941年到1947年，除1945年停办一届外，共举办七届红十字周活动。1941年至1944年的四届红十字周发展会员42069人。

出版《红十字月刊》、《会务通讯》等各类刊物。

（九）归侨和沦陷区救护

太平洋战争爆发后，各地侨胞相继归国，总会担任部分接运侨胞工作，并在贵阳设立归侨招待所。归侨因旅途辛劳，不免发生疾病，及时为之救治。

总会于1941年2月18日召开第60次常议会讨论决议与赈济委员会协商办法，解决沦陷区难民救济事宜。

沦陷区红十字会除接受总会和国际国内赈济款物外，各地分会亦开展募捐活动，并设医院、诊疗所，办理医疗、防疫。

（十）救护总队的成立及其活动

1938年春，总会为配合长期抗战，于汉口成立中国红十字会救护总队，协助军队治疗伤病，开展战地保健防疫。

1938年6月，救护总队部迁移长沙。10月又撤至祁阳（湘江上游的一个小县城）。1939年3月辗转迁移到贵阳图云关。

图云关距市中心四公里，是黔桂、湘黔公路上的一个必经关口。救护总队部、战时卫生人员训练所及其实习医院，国际援华医疗队等，就在这块土地上“安家落户”了。救护总队在这里指挥着全国各战区150多个救护队的工作。数千名伤员在这里得到康复，数千名军医和数百名专业卫生员在这里经过培训。上千吨海外捐助的医药卫生器材集中在这里，又从这里被送到全国各地。一部分药品器材从这里送到八路军、新四军的抗日根据地。

救护总队第29及第35救护队在陕甘宁边区进行医疗服务。

1941年，救护总队决定调整组织为10个医疗大队，50个中队。

1943年初取消救护委员会，救护总队直接由总会指挥。

1945年，救护总队实施裁编，设4个大队。第一大队设于昆明，任西南区的救护指挥；第二大队设于湖北恩施，任西北区的救护指挥；第三大队设于福建邵武，任东南区的救护指挥；预备大队设于贵阳，以资策应。

（十一）人道主义的信条

为有效指挥全国各地救护工作，林可胜总队长为总队部工作人员制订了充分体现人道主义精神的八条救护信条：具丰富情感，抱牺牲志愿，本博爱襟怀，献科学身手，作精密准备，求迅速效率，保伤病安全，增人类幸福。

救护总队集中了不少优秀的专家、学者和医务工作者，有留学英国、美国、德国、日本的医学博士，也有来自国内协和、同济、湘雅等医学院的高材生。他们以自己的技术知识，奉献于以人道主义为宗旨的红十字救护事业。

抗战期间，红十字工作人员在救护工作岗位上壮烈殉职的有45人（内一名国际友人），积劳病故的有69人（内一名国际友人）。

中国红十字会救护总队1938年由武汉迁到长沙，与卫生署合办战时卫生人员训练所，招收社会上医护人员及流亡青年，进行短期救护训练后，编成医护卫生队，派赴全国各战区担负伤兵及民众的救护工作。中共党员郭绍兴任救护总队部的视导员及卫生人员训练所的教员。

1938年夏，我八路军驻湘代表徐特立指示，建立中国共产党红十字会支部，宣传我党抗日民族统一战线政策，发动党员及民先队员、医务人员积极投入抗战救护工作，组织和动员医务人员及输送医药物资到解放区。

1938年秋，救护总队及战时卫生人员训练所撤至桂林。

1939年春，救护总队部及卫生人员训练所迁至贵阳图云关。

（十二）国际交往

中国代表参加第十六届红十字与红新月国际大会。

第十六届国际红十字大会，1938年夏在英国伦敦举行，中国政府代表和红十字会代表7人参加大会，参加这次大会的共有58个国家的代表团。国际红十字会协会主席在6月20日大会的报告中提及："去年中日战争发生，国际红十字会为之呼吁，响应者有12国，募捐结果几两倍救济西乱之捐款，红委会为此派员驻华，以利工作进行。"中国红十字会代表向大会所提报告书强调："自去年卢沟桥事起，战争之烈，为远东有史以来所未有。红十字会一面竭力扶助受伤士兵民众，一面倡办救济难民。中国红十字会组织救护委员会，在各地前方，同时组织救护车队、救急队等。中国红十字会根据人道立场，尽力设法减少人民痛苦，惟责任极重，恐非一朝一夕所能完成，敬愿国际同情之士，继续援助，诚不独人民之幸，亦世界和平之福也。"各国代表听取报告后，深切感动。这次大会对于抗日战争期间国际红十字组织持续有效的援华，起到很大的推动作用。

（十三）国际援华医疗队

抗日战争开始后，在空前的民族灾难面前，在医疗救护工作中，得到国际红十字组织和友好国家在医药和人力上的大量援助。来自加拿大、美国、奥地利、英国、印度、波兰、保加利亚等国的医务工作者，在我国发挥了很大的作用，有的还献出了宝贵的生命。各国援助的款项和医药器材、救护车辆等，对中国红十字会担负的医疗救护任务起了巨大的作用。1942 年至 1945 年，中国红十字会收入约 6 亿 8 千 5 百万元（法币），其中 90% 以上为外援。英国红十字会等所提供的援助主要是款项，美国红十字会主要援助医药器械。

由英国医药援华会组成国际援华医疗队，在保加利亚医生卡内蒂和波兰医生弗位脱率领下，于 1939 年秋到达贵阳市郊图云关中国红十字会救护总队部。他们以图云关为基地，分散到救护总队下属若干医疗队，深入到各战区，为抗日战士治病治伤，培训卫生人员。

一支由外籍人员组成的医疗队开到第四大队所在的金城江，队长叫贝尔（中国名白尔），德国籍共产党员。

1939 年冬天，奥地利外科医生纪端德等组成第四十医疗队，转战晋陕地区，开展医疗工作。

高田宜，英国人。她来中国前，曾在印度热带病研究所工作。到中国后，分配到救护总队部工作。当她得知日本侵略军投掷细菌弹，给中国人民造成巨大灾害，她要求参加到广西的医疗队，去治疗传染病。临行前，因感冒而匆忙地打了防疫针，不料引起反应，不到 24 小时就不幸去世，为中国人民的抗战事业，贡献了自己年轻的生命。当晚正是 1942 年“三八”国际妇女节前夕。同事们把她葬在图云关的小墓地里，竖了一块碑，刻上她的英文和中文名字。

扬托·卡内蒂（中文名字：甘扬道）从索非亚大学医学院毕业不久，响应国际医药援华会的招募，于 1939 年与傅拉都医生带领 12 名医生共同组成医疗队来到中国。

这支医疗队，在香港受到宋庆龄的接待，被安排在中国红十字会救护总队工作。卡内蒂担任一个中队的队长，还兼任救护总队部的顾问。

卡内蒂几次带医疗队到湖南战地工作，后来又到滇缅公路沿线进行救护。他是医疗队里的共产党组织的负责人之一。曾两次去重庆八路军办事处，带去医疗队的捐款，周恩来勉励他们努力工作。

罗尔夫·贝克尔（中国名：白乐夫），1938 年参加西班牙反法西斯国际纵队，任战地医生，战事失败后流亡伦敦。1939 年，他响应英国援华医疗委员会的号召，来华支援抗日战争，辗转广西、湖南、河南、云南前线，做出了可贵的贡献。抗战胜利后，贝克尔进入解放区继续为中国人民服务，1948 年离华，定居民主德国。新中国成立后，他曾三次来华访问。1959 年，中国红十字会授予他“名誉会员”称号。

（十四）援华医疗队名单

Dr. S. FLATO 斯·弗拉托医生（波兰　傅拉都）

Dr. V. TAUBENFLIGEI 维·陶本弗利盖尔医生（波兰　陶维德）

Dr. F. KRIEGEL 弗·克里格尔医生（波兰　柯理格）

Dr. W. JUNGERMAN 沃·云格尔曼医生

（波兰　戎格曼）

Dr. L. KAMIENIECXI 列·卡梅涅茨基医生（波兰　甘理安）

Dr. M. KAMIENIECXI 玛·卡梅涅茨基夫人（波兰　甘曼妮）

Dr. Y. KRANZDORF 雅·克兰兹多尔夫医生（罗马尼亚　柯烈然）

Mrs. KRANZDORF 克兰兹多尔夫夫人（罗马尼亚　1943 年病逝于中国）

Miss. E. MARKUS 艾·玛库斯小姐（德国）

Dr. G. SCHON 捷·舍恩医生（匈牙利　沈恩）

Dr. J. KANETTI 扬·卡内蒂医生（保加利亚　甘杨道）

Dr. H. BAER 赫·贝尔医生（德国　贝尔）

Dr. D. JANCU 达·杨库医生（罗马尼亚　杨固）

Dr. W. FREUDMANN 沃·弗雷德曼医生（奥地利　富华德）

Dr. A. VOLOKINE 亚·沃罗金医生（苏联　何乐经）

Dr. C. COUTELLE 卡·考泰勒医生（德国　顾泰尔）

Dr. H. KENT 亨·肯特医生（奥地利　肯德）

Dr. R. BECXER 罗·贝克尔医生（德国　白乐夫）

Dr. F. KISCH 弗·基什医生（捷克）

Dr. F. JENSEN 弗·严森医生（奥地利　严斐德）

Dr. WANTOCH 王道医生（奥地利　1945 年逝于重庆，葬于南岸墓地）

弗里茨·严森（中国名：严斐德）奥地利人，外科医生兼作家。1938 年，参加西班牙国际纵队。1939 年，同贝克尔等来华支援中国抗日战争。新中国成立后，他写了大量报道和文章歌颂中国的社会主义建设。1955 年，他在赴万隆会议途中因“克什米尔公主”号飞机失事而遇难。抗战期间，他在救护总队做了大量工作。

1985 年，在纪念反法西斯战争胜利 40 周年的日子里，中国共产党贵阳市委员会和贵阳市人民政府决定，在图云关建造国际援华医疗队纪念碑，中英文对照的碑文是：“为支援中国抗战，英国伦敦医药援华会组成医疗队，于 1939 年来贵阳，为中国人民抗击日本侵略者做出贡献。兹刻碑以志不忘。”碑上刻有援华医疗队名单。

（十五）参加第十七届红十字与红新月国际大会

1945 年，第十七届国际红十字大会在日内瓦举行。中国红十字会秘书长胡兰生出席大会并在大会上作了题为《贡献抗日贡献和平》的报告。报告强调：“吾人身经中国遭受战祸之苦难，而我国红十字会于此大苦难中，历经八年之奋斗，使能于内求民族生存，外维世界和平之抗战过程中，完成战时救护工作之重大使命，首应代表中国全体遭受苦难之军民，向各友邦红十字会致衷心感谢之忱。”

在这次大会前，中国红十字会代表先在巴黎参加国际红十字协会顾问会议和理事会议，由于中国红十字会在国际红十字运动中的作用日益显著，理事会选举中国红十字会会长蒋梦麟博士为副主席，这是中国红十字会第一次担任这一职务。

四、解放战争时期（1946 年—1949 年）

1945 年 8 月 15 日，日本天皇裕仁宣布无条件投降。中国人民经过艰苦卓绝的八年浴血奋战，付出了巨大的民族牺牲，终于迎来抗日战争的最后胜利。

自 1945 年 9 月抗日战争结束至 1949 年 10 月中华人民共和国成立，中国红十字会处于复员建设时期。政府重新任命红十字会领导人，各地分会普遍恢复，工作重点由抗战救护转为和平建设之社会服务。

（一）总结抗战工作　奖励有功人员

为夺取抗日战争的胜利，中国各族人民进行了长期艰苦卓绝的斗争，做出了巨大的牺牲，军民伤亡人数在 2100 万人以上，财产损失和战争消耗达 1000 亿美元。战争期间，中国红十字会广大会员在总会和分会的号召下，积极组织人员，开展战场救护，办理民众医疗救济，充分发挥了红十字会的特殊作用。总会将《中国红十字会战时工作概况》刊印公布，在国外广泛宣传。

为表彰成绩卓著的有功之人员，总会制定了《奖励参加抗战有功人员暂行办法》，对在前方救护壮烈牺牲者或有特殊劳绩而病故者，总会报请国史馆及红十字国际协会载入史册，或转请政府予以褒奖。

（二）调整总会组织　制定工作规则

抗日战争胜利后不久，国民党挑起内战，全国进入解放战争时期，当时中国红十字会由中华民国军事委员会改属行政院主管。按照行政院于 1945 年 12 月 8 日公布的《复员期间管理中华民国红十字会办法》，红十字会在业务上受社会部、卫生署和善后救济总署的指导与监督。1946 年 1 月 1 日，行政院聘任了中国红十字会总会领导人及理事、常务理事。会长为蒋梦麟，秘书长为胡兰生。

1946 年初，国民政府还都南京。中国红十字会总会亦由渝迁宁。设会址中山路 275 号三楼。

复员期间，总会机构仍保持会长、副会长制，以理事会为最高权力机构，取消监事会。办事机构由原来的二个处，扩充为四处二室：第一处，下设人文、事务两课；第二处，下设分会、编宣两课；第三处，下设青年、妇女两课；第四处，下设医务、材料两课；秘书室，下设机要、视导两课；会计室，下设账务、审计两课。

为适应形势需要，中国红十字会将工作中心由战时救护，转变为和平建设之社会服务。总会强调红十字会的组织基础是分会与会员，基本财源是基金，故把建设分会，征集会员，筹集基金作为工作的重点，以增强红十字会的实力。

总会每年召开二至三次理事会和常务理事会，以研究会务。1947 年 11 月 13 日，总会召开理事会，讨论中国红十字会的社会地位、体制与会务工作原则，通过了草拟的红十字会法及为此向国民政府的提案。

（三）恢复分会，接管东北和日本赤十字社台湾支部

抗战前，全国红十字分会多密集沿海各省，大部分因沦陷而工作停顿。战时，在西南地区新发展一批分会，抗战结束时与总会保持联系的分会有 90 处。

复员期间，为促进分会的恢复和重建，总会在上海、汉口、北平、广州、重庆设立 5 个区办事处，由各区办事处分辖数省的分会。

为了使恢复和新建分会工作有序地进行，总会规定，战前原有而战后需恢复的市、县红十字分会，恢复前须填调查表，详实呈报抗战期间情况及今后工作计划，经总会核查确无附逆行为且符合条件，由总会颁发聘书及立案证书，然后召开分会会员大会，宣布恢复。

工作从1946年3月开始到年底，重建和恢复分会70多个。到1948年12月，全国有分会194个，支会10个。

东北地区在1931年“九一八”事变前，已有红十字分会52个，按当时的省籍计：热河省8个，辽宁省15个，吉林省18个，黑龙江省11个。1934年，伪满洲国创设财团普济会，日本赤十字社在东北设立满洲委员本部。1938年，伪满洲国正式组建赤十字社，继承上述两机构之财产与事业，在长春设伪满赤十字社总部。1946年9月，中国红十字会总会奉行政院令，联络当地人士，组织由25人组成的“接管东北敌伪赤十字社资产事业委员会”，办理接管事宜。但因蒋介石发动内战，接管工作受阻，仅在长春、沈阳、铁岭、绥中、北镇5个城市改组成立了红十字分会。

台湾岛在日本占领时期，设有日本赤十字社台湾支部，由台湾总督府总务部负责指导业务。在台北设有支部事务所，下有台南、台北、台中、高雄、新竹5个赤十字州部。台北有一所医院，台南、高雄各有一个赤十字诊所。其他各县市则在地方行政机关内附设有赤十字事务所，全台会员约50万人，其中纳30元以上的正会员约10万人。1946年9月，行政院令中国红十字会总会也负责接管。次年6月，台湾改为省制，总会派于恩德视导去台湾，联络当地人士，先行组织“接管台湾赤十字社资产事业委员会”。1947年11月28日，在台北市改组成立台湾红十字分会，并制定《台湾分会所属支会暂行组织规程》，会长蔡培炎，会址在台北市郑州街67号。

（四）征集会员，筹募红十字事业基金

征募工作当时是红十字会的一项重要工作。1946年5月19日，总会理事会决定在全国开展征募运动。“征”为征集会员，“募”是募捐红十字事业基金。复员期间的红十字会员分三种，其名称按一次缴纳会费数额分：名誉会员5万元；特别会员1万元；团体会员为10万元。会费的半数缴总会作备用金，余留作分会备用金。为加强组织发展工作，总会和各分会于每年10月1日至10日，同时在全国举行“红十字周”活动。总会还编印散发《红十字会征募手册》等宣传材料。区分红十字分会等级的标准为：征得会员3万人以上的为甲级分会；征得会员1万人以上3万人以下的为乙级分会；征得会员1千人以上万人以下的为丙级分会。各地分会均把征集会员作为增强实力，提高等级、充实经济的大事。1948年10月统计，全国共征得会员376315人，大大增强了自身的实力。

40多年来，中国红十字会经济来源系随灾害之发生，救济之需要，而奔走呼吁筹募，甚感工作被动和乞助之苦。复员期间，总会策划筹募红十字事业基金，制定了《红十字会统一募捐办法》。募捐分为三种：临时的——在国内外或当地发生灾难急需救济款时发动募捐；定期的——除年年征求会员时收入会费外，每年规定某月为募捐期，由分会发动有组织征募；随时的——凡热心红十字事业之人士随时可向红十字会募捐。

各地政府组织筹募红十字事业基金委员会及劝募队。

（五）遍设红十字医院与诊疗所

抗战期间为救护伤病的需要，中国红十字会组建了大批医疗救护队。据 1946 年 1 月的统计，共有 40 个医疗队分布在 10 个省。

总会经与行政院善后救济总署研究决定，这些医疗救护队在当地进行医疗保健工作的同时，进行调度与裁并，经过一年时间的调整，全部改成为地方医院或诊所。

转建中的医院、诊所、急救站等，大部分都由地方分会主办。它们所从事的医疗服务，除酌收挂号费外，医药等原则为免费，必需收费项目的价格也低于地方公共卫生机构的标准。因之，复员期间红十字医院、诊疗所成了各地分会进行社会服务的重要设施之一，是民众迫切需要且受益人数众多的仁爱设施，成为这一时期红十字会工作的一大特色。其经费均由总会适当给予补助。

至 1948 年底，全国共有红十字医院 46 个、红十字诊疗所 89 个，分布在长江、黄河南北及沿海许多城市。

（六）赈济灾民与贫困户

抗战胜利之后，赈灾救济、安抚民众生计之事仍然频繁。中国红十字会除广设医院和诊所为灾民医药救护外，同时积极开展受天灾袭击的平民赈济工作。红十字旗帜常出现在贫病交加的灾民之间，人们把红十字会称作“难民之友”、“灾难的救星”。

1946 年至 1947 年，总会曾 15 次拨款赈济灾民。

红十字会也最重视冬令救济。一般由分会自筹经费酌情救济，遇有特殊灾情，总会则及时把救济总署拨给的救济物品分发有关分会开展救济。

（七）迎接解放

1948 年底，南京政府官员纷纷撤离。总会多数职员坚持留在南京，迎接解放。1948 年 12 月 23 日，总会通知各地分会在“服务社会，博爱人群”的宗旨下，“应适应社会的需要，积极参加当地之灾难救济工作，以减免人民的痛苦。”

正是在这种形势面前，部分地区的红十字会坚持开展为战争遇难者的救护。

五、社会主义改造与建设时期（1950 年—1966 年）

（一）1949 年 4 月 23 日，中国人民解放军解放了国民党的统治中心——南京

10 月 1 日，中华人民共和国宣告成立，在我国土地上已经成立 45 年的中国红十字会总会机构，少数上层人士赴台，胡兰生秘书长留在上海。总会留在南京的职工组织成立职工会，以中国红十字会职工会的名义对外联络，积极靠拢人民，受到南京市军管会的赞扬。

1949 年 5 月 30 日，中国红十字会总会向解放区分会发出《解放区分会目前会务注意要点》的通知，强调：“解放区各地分会在新工作纲领未公布前，应恪守博爱人群、服务社会之宗旨。”

上海解放后，在南京的总会人员迁往上海，与总会设在上海的办事处合并。

10 月 1 日，中华人民共和国宣告成立，中国人民革命的胜利和新中国的诞生，揭开了中国历史的新篇章，中华大地呈现出万象更新的局面。中国红十字会总会及许多分会同仁积极要求中央政府接管领导中国红十字会。不久，总会接到上海军管会转来通知：

周总理指示，让红十字会总会迁移北京改组，由卫生部和中国人民救济总会共同负责红十字会改组工作，并让胡兰生、朱子会二人先去北京商谈迁移及改组事宜。5月初，胡、朱二人赴京，中国人民救济总会秘书长伍云甫接见并告之：根据周恩来总理指示，救济总会与外交部、卫生部等有关部门商议，关于红十字会的事，提出四点意见：

1. 鉴于红十字会特性及历史状况，采取改组而不是接管方式，将旧中国红十字会改为新中国红十字会；

2. 总会搬迁北京，现有总会职工除不愿赴京者外，全部留用；

3. 总会所有资财要妥善保管，不得随意处理；

4. 将北京东城干面胡同22号房屋（民国初期设在北京的中国红十字会总会旧址）腾让出来，作为总会迁京后的会址。7月，中国红十字会总会全部迁到北京，准备协商改组，迎接新生。

（二）协商改组会议的召开

1950年8月2日，中国红十字会的协商改组会议，也是中华人民共和国成立后第一次全国代表大会在北京开幕。总会原有理事及职工代表9人参加会议。卫生部、外交部、内务部、民族事务委员会、侨务委员会、救济总会、全国总工会、全国妇联、青联、文联、北京市人民政府等均派负责人员出席会议。卫生部副部长苏井观、救济总会秘书长伍云甫、中国红十字会总会秘书长胡兰生等组成主席团，主持会议。

会议经过充分讨论酝酿，通过了新会章，选举产生了第一届理事会，于8月3日闭幕。会议主席团向政务院报告了改组经过，并报道会议通过的章程和理事会名单。周恩来总理审阅了报告，亲笔修改了会章，明确规定中国红十字会为全国性人民卫生救护团体。9月6日，政务院行文批准了章程和领导人名单，李德全任会长，副会长四人：彭泽民、熊瑾玎、刘鸿生、胡兰生（兼秘书长），副秘书长二人：林士笑、倪斐君。除领导人员外，理事会成员具有广泛的代表性和很高的权威性，他们当中有：陈其瑗、傅连璋、杨静仁、朱学范、曹孟君、吴晗、梅兰芳、康克清、周鲠生、龚普生、谢雪红等。

胡兰生在会上作了会务报告，概述了中国红十字会46年来走过的道路，到1949年4月统计，中国红十字会的会员人数为38万余人。

卫生部部长、中国红十字会会长李德全在讲话中肯定了中国红十字会过去的工作成绩，并从人民群众对医疗救护的需要出发，对改组后中国红十字会的任务提出了明确的要求。她指出：“现在，中国革命基本上已经取得全面胜利，并且开始转入和平建设时期。为了保证生产任务的完成，推广卫生医药事业，已经成为红十字会的重要工作之一。为了使新型的红十字会能发挥其应有的极大的作用，应该改变旧的机构和工作方针，要建立起新的革命的人道主义思想，全心全意为广大工农兵群众服务。”

伍云甫在讲话中就红十字会的今后任务提出了具体意见：“1. 红十字会是人民团体，其所起的作用，应成为政府与人民结合的桥梁，利用它的地位，适当地动员及组织人力、财力、物力，协助政府医治战争创伤，救济人民灾难，其工作之进行应是依靠人民，而又为人民服务。2. 红十字会的原则一向是标榜中立的，但在事实上由于过去统治者对红十字会的控制和利用而不能实现中立。我认为中立应有稳固的立脚点，这就是人民的立。人类历史和文化都是人民创造出来的，没有人民就没有历史和文化。因此，我们要揭穿假的中立，站稳人民立场，确立人民观点。3. 对外救护工作，不仅是有救济的观点，而且应有反对侵略、保卫世界和平的观点，对正在进行民族解放斗争的国家以及进行其他革命斗争的国家，我们有救灾助人的义务。4. 过去红十字会是靠外国捐助物资的，今天的观点应转变，我们不希望靠外国物资作救济工作，我们要靠人民大众和政府的补助，我们要靠自力更生，不争取外援，对外来物资要加以区别，善意的外援可以接受，不利于中国人民的外援不接受。5. 红十字会的发展步骤：先整顿旧有组织，对旧有会员加以训练教育，建立人民的观点，以便开展新的工作。工作先从城市做起，而后乡村，采取由近及远，由小到大的做法，先搞医疗卫生，而后搞社会福利救济工作。”

这次协商改组会议为中国红十字会开始走上新的航程奠定了基础。

政务院总理办公室1952年4月30日政文齐字第20号通知：“关于中国红十字会总会的工作，奉总理指示：改归中央卫生部直接指导和联系。”

协商改组会议通过的中国红十字会新会章，共分六章二十五条。

（三）地方红十字会组织的整顿和发展

中国红十字会总会在协商改组并成立新的领导机构之后，开展了地方分会的改组。1950年9月，与总会保持联系的地方分会有89个。

12月，总会补发各地分会的经费为1.5亿元。1951年补发各地分会行政经费和业务经费4.5亿元。这些经费帮助各地分会广泛开展了业务活动。到1957年，各地共建立分会75个。这时，“分会”的名称已经取消，改称省、市、县红十字会。省级红十字会逐步建立，总会直接领导分会的体制也在逐步改变为业务工作上的指导。到1964年，在我国大陆，除西藏、青海、宁夏、甘肃、新疆、贵州六省（区）外，普遍建立了省级红十字会，市、县级红十字会达300多个，会员人数达500多万人（其中红十字青少年会员为79万多人）。

（四）深入开展医疗卫生救护工作

协商改组会议刚刚结束，中国红十字会总会就制订了《9月至12月工作计划大纲》，将旧分会整顿和旧会员登记、分会干部培训、整理分会医院等列入计划并认真加以实施。《计划大纲》创造性地提出“开展农村巡回医疗服务工作”，并很快取得可喜的成绩和经验。

人民群众成了国家的主人，在工农业生产中表现了极大的热情。但是，在很多地方，人们不时受到各种疾病的威胁，却得不到及时的医疗和救护。中国红十字会总会和各级组织适应这种需要，在全国范围内逐步开展了医疗卫生救护工作。

改组前由红十字会开办的医院、诊所、护校等单位，改组后得到人民政府的扶持和整顿，可以更好地为人民服务。1952年，总会与苏联红十字会合作筹划，在北京建设苏联红十字医院。这所医院于1957年移交我国改名为友谊医院。

为了深入农村、工地开展群众性的医疗卫生工作，中国红十字会除了正常医疗门诊工作外，还组织医疗救护人员以医防服务队的形式到治淮工地、自然灾害地区、老革命根据地、少数民族地区，直接为群众防病治病。

1951年1月19日，总会组织成立第一医防服务大队（下属5个队），1745人从南京出发，开赴皖北、凤台等治淮工地，为民工和当地居民服务。同时还开展传染病、地方病的调查与防治，开展多种形式的卫生宣传，以提高群众预防疾病的能力，后转至河南临颍县开展工作。

1951年11月，第二医防服务大队成立，共有医护和后勤人员249人。这个大队分为二路，一路到达江西老革命根据地；另一路去海南岛工作，为当地人民防病治病。1953年12月，第一、第二医防服务大队集中到河南开封市，改编为三个医防服务大队，分赴华北、西北、中南三个大区。1954年1月16日至25日，由各大区卫生部门领导的医防服务大队的工作基本结束。

（五）组织国际医防服务队赴朝

朝鲜战争爆发后，由于美国的入侵，战火很快蔓延到我国边境。中国人民志愿军肩负着抗美援朝、保家卫国的神圣使命，跨过鸭绿江，投入了反侵略的战斗。中国红十字会总会和各地分会，为了履行革命人道主义的光荣职责，纷纷要求组织医防服务队，为前线的伤病员服务。

中国红十字会总会于1951年1月22日向全国发出通知，号召全体会员和工作人员，在自觉自愿的基础上，踊跃报名参加抗美援朝医疗救护工作。到3月5日，全国18个分会报名人数已达833人。

经组织学习后，编为二个国际医防服务大队：第一大队担任一般的医疗及防疫工作，下辖10个队；第二大队担任手术工作，下辖4个队。3月10日下午，中国人民保卫和平反对美国侵略委员会等单位联合举行欢送大会。大会在北京饭店举行，出席大会的有各民主党派、各人民团体和中央人民政府机关的代表一千多人。大会由中国人民保卫和平反对美国侵略委员会副主席陈叔通主持并致词。中国红十字会会长李德全宣读了国际医防服务队全体人员名单，把队旗授给两位大队长和14位队长，16面红十字大旗在雄壮的军乐声中显得格外鲜艳。

3月10日晚，中国人民抗美援朝总会、中国人民救济总会、中央卫生部、军委卫生部、中国红十字会总会联合举行盛大宴会，为国际医防服务队全体人员送行。3月17日，第一、第二国际医防服务大队出发，陈叔通、李德全、彭泽民、伍云甫、曹梦君等到火车站欢送。

陈叔通在欢送大会上说："我代表中国人民保卫世界和平反对美国侵略委员会向光荣的国际医防服务全体同志致以崇高的敬礼。事实说明我国的医务工作者在抗美援朝的爱国行列中是决心和全国各界人民并肩前进的。国际医防服务队的组成，是中国人民的深厚的国际主义精神的具体表现，是中国医务工作者的革命人道主义精神的伟大实践。"

李济深在讲话中说："国际医防服务队是中国人民志愿部队、朝鲜人民军和朝鲜人民的福音，你们的坚持工作，将是国际主义和革命人道主义最辉煌的标志。"

李德全在讲话中号召："我以中国红十字会会长的名义向你们授旗，同时宣布中国红十字会国际医防服务队正式成立。这个组织的成立，标志着新生的人民的中国红十字会已经迈上了一个新的阶段，能够依靠群众，组织群众的力量，来担负新中国红十字会的中心任务，来实现祖国的建设方针，来为人民的崇高理想而斗争。”

蔡畅在讲话中表示：“用最大的热忱来欢送你们，并向你们致敬！我们在后方支持你们这个伟大的行动。”

由天津市医务工作者组成的第三国际医防大队于5月25日出发，各界群众千余人冒雨到车站送行。经过4、5两个月的组织，以成都、重庆、杭州、太原、皖南、济南、北京等地155名医护工作者组成的第四、第五国际医防服务大队，于6月28日从北京出发，陈叔通主持了欢送仪式。第五大队宋儒耀教授代表全体队员讲了话。以青岛、唐山、广州等地医务工作者55人组成的第六国际医防服务大队于7月11日从北京出发，李德全会长等到车站热烈欢送。9月27日，国际医防服务第七大队117人由天津出发。

志愿医疗手术总队总队长黄家驷在文章中写道：“在抗美援朝保家卫国的伟大运动中，很多医务工作者发扬国际主义精神，纷纷报名参加志愿医疗手术队，走上前线为中国人民志愿军和朝鲜人民军服务。他们在工作中，都表现出积极认真的精神。”

中国红十字会组织的七个国际医防服务大队666名医务人员在朝鲜前方为志愿军、朝鲜人民军以及被俘的伤病员进行了出色的医疗救护工作，获得祖国人民的称赞。30名队员于1952年1月29日荣获朝鲜最高人民会议功劳章，这些队员是：薛炳坤、吴云田、祖厚吾、张书绅、张大焰、任志勤、徐培君、杨荣恩、定淑敏、韩文娟、刘大汉、陈玲直、苏经美、张兴樵、朱四维、高玲珍、李鸿驹、黄崇诚、顾雅、雷新宝、杨濂儒、孙宗贻、胡国治、刘毓秀、何玉琴、谢宝义、柴元庆、唐兆甫、郜静霞、邢玉亭。

其间，中国红十字会还协助国际红十字组织开展对双方被俘人员的探视等人道主义活动。

（六）宣传工作

红十字会改组以后，在着手组织和开展各项工作的同时，重视和加强宣传工作。《新中国红十字》月刊于1950年9月30日创刊发行。这本综合性机关刊物，既是新的刊物，也是早在1914年创刊的《中国红十字杂志》的继承。她的办刊方针是：根据“预防为主”的卫生工作方针与“动员和组织人民实行自救助人”的救济福利方针，协助各级人民政府，面向人民大众，宣传并推动防疫、卫生、医药及救济福利事业的发展。

1954年9月8日，在北京举行中国红十字会成立50周年纪念大会，李德全会长发表讲话，回顾中国红十字会走过的道路，特别强调了在改组后所取得的成就。为纪念中国红十字会成立50周年，中央邮电部发行纪念邮票一枚，绿色，左上角有一个红十字标志，画面是两个红十字急救员的形象。

1958年10月11日，中央宣传部批复：“同意将《中国红十字》（月刊）和《讲卫生》（月刊）合并，改名为《爱国卫生》（半月刊）。唯编辑方针应明确规定以宣传爱国卫生运动为主，不必强调宣传红十字会的方针政策。”

中国红十字会和各地分会在改组后的最初几年内，各项工作都开展得很活跃，很有生气，取得了有目共睹的成就。总会每年都召开一次理事会议，及时总结报告工作，计划安排下年度的工作。中国红十字会在改组一周年和二周年时都举行了隆重的纪念活动。1951年9月30日，李德全会长及全体同志在改组一周年和国庆前夕上书毛主席，报告一年来各项工作取得的成绩并表示做好今后工作的信心。10月6日，中共中央办公厅秘书室复信："主席阅后特嘱我们函谢各位的盛意。"1952年9月，为纪念中国红十字会改组两周年，中央人民政府副主席宋庆龄题词。

中国红十字会会长李德全在纪念中国红十字会改组两周年时，回顾了过去两年来所取得的工作成就，她在一篇专文中写道："中国红十字会总会从改组的时候开始，就产生了为人民服务的新中国红十字的组织和事业。两年来，我们红十字会工作者，以崭新的战斗的姿态，站在自己的岗位上，和全国人民同心协力，参加了我们伟大祖国的建设。组织建设经历了整顿和发展两个阶段，取得了预期的效果。医药卫生防治救护等工作是两年来的中心事业。"

（七）群众性现场救护

救护问题得到总会和各级红十字会组织的重视。1951年11月，总会与全国总工会、全国妇联、全国青联、全国学联、中华医学会联合发出关于开展现场急救训练的通知。为此，总会编辑出版《急救》一书。1952年8月，总会又编写出版了《急救教材挂图》。

1953年1月，总会根据各地经验，制订并颁发急救训练组织方案，明确规定训练对象以工人、农民、学生、卫生防疫人员、民兵为主。

1956年5月，总会出版《红十字卫生员救护常识》，7月，出版《防空和战场救护常识》。同年，在沈阳召开工作会议，推广卫生救护工作经验。

1956年6月，总会发出关于开展水上救护工作的通知，要求各地培训人员，积极开展水上救护工作。1957年4月，总会与国家体委等9个单位联合发出通知，强调水上救护工作的重要，并提出了具体要求。

（八）积极参加群众卫生运动

1955年冬，根据周总理指示精神，中国红十字会和中国人民救济总会由分工协作关系而改为合署办公，同时明确中国红十字会的工作以国际为主，包括对外救济，而国内的福利救济工作则协助有关部门进行。

1956年4月中旬，在北京召开的中国红十字会全国工作会议，讨论了今后的工作任务和1956年工作计划要点。

1956年4月3日，李德全会长在《中国红十字》月刊发表题为《发挥红十字会在群众卫生工作中的作用》的文章，强调今后国内工作的任务是："动员和组织广大群众参加业余卫生活动，普及卫生知识，提高人民的健康水平，加强卫生国防，在军事行动及自然灾害来临时自救助人。"这篇文章说明，在新的阶段里，红十字会的工作逐渐走上了较为单一化的道路。

1957年4月3日到10日，总会在北京召开工作会议，总结交流了基层组织建设的经验，并确定了"有重点有计划稳步前进的工作方针"。"重点"是"建立组织、发展会员"和"卫生救护训练"，一段时间内，中国红十字会国内的主要工作就和爱国卫生运动的内容结合在一起了，本身的特点就不明显了。

1960年6月31日，中华人民共和国卫生部和中国红十字会总会联合发出《关于开展红十字会工作的通知》。通知明确提出：红十字会的国内工作重点应放在城市，应以开展群众卫生运动为中心。在各级爱国卫生运动委员会和卫生部门的统一领导和安排下，积极搞好除四害、讲卫生、消灭疾病的群众卫生运动；进行卫生宣传、卫生救护、防空防毒防原子的训练、家庭护理、卫生防疫、输血的宣传和组织以及举办业余中初级医护卫生教育工作等；适当发展会员；各级红十字会组织，应与各级爱国卫生运动委员会组织结合，共同拟定工作计划，开展工作；中国红十字会的章程将在适当时候做适当修改。

这个文件的下达和执行，使中国红十字会国内工作的重点以及机构等都发生了很大的变化，不仅自身的特点在淡化，而且使红十字会在一定的意义上成了爱国卫生运动委员会的附属机构。

1960 年 12 月 19 日，卫生部办公会议决定，中国红十字会总会与卫生部有关部门合署办公，总会国际联络部与卫生部国际联络室合署办公，其他国内工作部门与爱委会合署办公。此后的相当长时间内，红十字会的国内工作任务是："动员并组织群众参加除四害、讲卫生、消灭主要疾病的群众卫生运动。"把经过训练的卫生员组织成队，以适应平时和战时的需要。

1965 年，中央调整总会领导，钱信忠任会长，副会长伍云甫、刘清扬、熊瑾玎、赵朴初、彭炎、孟谦；秘书长彭炎（兼），副秘书长倪斐君。

（九）国际交往

中国红十字会于 1950 年 8 月协商改组之后，对外交往迅速发展，取得巨大成就。

为恢复中国红十字会在红十字国际组织中的合法席位，协商改组会刚结束，9 月 5 日，总会电告国际红十字会协会，要求恢复中国红十字会的合法席位，并派代表参加 10 月召开的协会第 21 届理事会。1950 年底，红十字国际委员会主席吕格来华访问，与李德全会长等进行了会谈。1952 年，我国外交部长周恩来代表中华人民共和国政府发表声明，承认 1949 年有关改善战地伤病者境遇等 4 个日内瓦公约。同年 7 月，我国政府和红十字会两个代表团出席在加拿大多伦多召开的第 18 届国际红十字大会。大会承认中国红十字会是中国惟一合法的全国性红十字会。这是新中国在国际组织中恢复的第一个合法席位。

在第 18 届国际红十字大会上，中国红十字会代表团，经过坚决反复的斗争，挫败了某些国家使台湾的所谓红十字会代表参加大会合法化的图谋，迫使其退出了大会。中国政府代表在发言中谴责美国在朝鲜屠杀和虐待战俘，滥炸和屠杀和平居民以至在朝鲜和我国东北进行细菌战的罪行，并主张采取措施，维护日内瓦公约的尊严。1953 年 5 月 19 日至 22 日，国际红十字会与红新月会协会第 22 届理事会在日内瓦召开。中国红十字会李德全会长率代表团参加会议。会议一致通过中国红十字会的一项提案：要求朝鲜谈判双方按照日内瓦公约的原则，在合理的基础上，迅速解决战俘遣返的问题，从而实现朝鲜停战，获致远东和平。

（十）协助日侨回国

中国红十字会协助大批日侨回国，为打开中日友好大门做出了贡献。

新中国成立后，留居中国的日本侨民共 34000 多人，其中有 5000 多妇女与中国人结婚，还有一大批失去父母的日本孤儿，为善良的中国人民收养。

1949 年至 1952 年，中国红十字会已协助日侨520多人分批回国。由于中、日两国当时还没有建立外交关系，大多数日侨还是难以返回自己的祖国。

1952年7月，由中国红十字会、外交部、公安部、总理办公室等部门组成了中央日侨事务委员会，拟定出协助日侨归国的计划。日本政府委托日本红十字会、日本和平联络委员会组成代表团到中国商谈有关事宜。代表团于1953年1月31日抵达北京。中国红十字会代表团与日本团体代表团举行会谈。中方首席代表廖承志在发言中指出："日本军国主义政府过去的八年侵华战争，对于我国人民曾经造成了令人难忘的灾害，而其结果对于日本人民更造成了未能解脱的重重苦难。但是，中日两国人民都是爱好和平的，我们同情日本人民今天的处境及其为争取独立、民主、和平而奋斗的努力。

"这次中国红十字会欢迎贵代表团来到北京，正是为了协商解决来船手续及积极协助愿意回国的日侨能够回去，并尽可能解决与此有关的各项具体问题。"

"现在中国的日侨大致有三万左右，各地有关部门正在办理日侨的回国申请，并按照一般外侨申请回国办法办理手续。"

日方岛津忠承团长表示："廖团长关于日侨回国经费及携带物品问题的宽大处理，我们非常感激。过去日本在中国所犯的罪恶使中国人民受到很大牺牲，对此我特别表示抱歉。"会谈结束后，日本代表团成员认为"很解决问题"，"中国真有大国风度"。中、日红十字会双方代表团还就来船手续和各项具体问题举行了两次会谈，均取得了一致意见。3月5日，中、日红十字会双方一致通过《关于商洽日侨回国问题的公报》。3月6日，日本团体代表团满载着中国人民的友好情谊启程回国。

1953年3月3日至16日，第一批1936名日侨回国。

1953年11月到1964年10月，中国红十字会先后14批收集并送还在华死亡的日本人遗骨3374具和14个骨灰盒。

（十一）协助被宽赦的日本战争犯罪分子归国

1954年8月19日，中央人民政府革命军事委员会总政治部发布了对西井建一等417名犯有各种罪行的前日本军人予以宽赦的命令。中国红十字会为了协助他们回国，电告日本红十字会等团体联络事务局，日本轮船"兴安丸"于9月20日到达我国塘沽新港。中国红十字会天津分会组织欢送。

1956年3月，日本红十字会副会长率代表团应邀访问我国，3月1日去太原探视日本战犯，对战犯们所受到的人道待遇深表满意。

1956年6月，我国全国人民代表大会常务委员会特别做出关于处理在押日本战争犯罪分子的决定。最高人民法院特别军事法庭对这些犯罪分子做出了严正而又宽大的处理。对极大部分犯罪较轻和悔改较好的战争犯罪分子免予起诉，予以释放。中国红十字会协助释放的战争犯罪分子回国，并与日本红十字会等团体签订了协议，到1957年5月，先后分四批共协助1024名日本战争犯罪分子回国。中国红十字会还与日本红十字会签订协议，帮助留在中国的日侨回国探亲。1956年7月到1957年5月，共有1082名在华日本妇女和他们的子女，在中国红十字会的协助下去日本探亲，与阔别多年的家人团聚。

（十二）中国红十字会代表团访日受到

热烈欢迎

中国红十字会代表团访问日本，打开了中日双方交往的大门。1954 年 8 月，在日本红十字会、日中友协、日本拥护和平委员会、日本和平联络委员会等友好团体及日本人民的共同努力下，作为对中国红十字会协助日本侨民及前日本军人回国的感谢，日本政府批准日本红十字会邀请以李德全为团长、廖承志为副团长的中国红十字会代表团访问日本。

日本许多团体参加组成的“促进邀请中国红十字会代表访问日本协议会”，于 11 月 18 日在东京举行会议，总结了欢迎中国红十字会访日代表团的工作，20 多个群众团体的代表参加了会议。会议确定：所有参加协议会的团体努力进行邀请中国贸易代表团访问日本，继续接运在华日侨回国，并由西园寺公一等 10 人组成小组委员会，拟定有关进行新工作的具体方案。

中国红十字会代表团在红十字会与红新月会协会 11 月 11 日到 13 日举行的第二十三届理事会执行委员会第二次会议上，就中国红十字会代表团访问日本作了发言，受到热烈欢迎。

（十三）接待旅日华侨回国　妥善安置烈士遗骨

日本友好团体在中国协助日侨归国后，从 1953 年 9 月开始，分批协助数千名旅居日本的华侨回到自己的祖国。直到 1958 年，抗日战争期间被侵华日军抓到日本北海道煤矿当劳工的山东省高密县农民刘连仁，由于忍受不了非人的折磨而逃入山林野居 13 年后，被当地猎人发现。在日本友好团体协助下，很快回到祖国与家人团聚。日本侵华期间被抓捕到日本的大批华工，有 7000 多人在残暴的虐待下被夺去了生命，他们的遗骨散失在日本各地。日本京都东本愿寺大谷莹润法师（参议员）和日本友好团体，于 1953 年 2 月成立了“中国殉难者慰灵实行委员会”。在十分困难的条件下，经过 10 年的努力，将一具具中国人的遗骨收集起来，分 10 批送还中国。日本红十字会等友好团体组织在我国人民面前表示衷心的歉意。这也是全体日本人民的衷心谢罪，并表示日本与中国人民应该团结在一起。

（十四）积极开展人道主义救助活动

中国红十字会对于在朝鲜战争和中印边界武装冲突中的被俘人员，进行了及时的医疗救护和遣返等工作。中国红十字会组织的国际医防服务队在朝鲜北部一个志愿军俘虏营里为被俘人员随时医伤治病。一个英俘在写给中国红十字会的护士和医生们的信中称：“表示对各位医生和护士的谢意。将把许多愉快的回忆带回去，告诉英国的人民，并且把中国人民的高尚品德和善意也告诉他们。我希望中国人民在未来的年代里将继续进行这种对世界人民的良好的工作。”

1951 年 10 月 13 日夜里，美军飞机轰炸朝鲜北部某俘虏营驻地，炸死炸伤当地居民及英国俘虏 21 名。该俘虏营 1362 名美、英俘虏通过他们的和平委员会，由主席、副主席、秘书和委员联名向全世界人民发出呼吁。呼吁书称：“美国飞机这次轰炸造成相当大的死伤和很大破坏，这个城市绝未有任何军事目标，我们被俘后，受到各种优待和中国人民志愿军所得到的一样。”

朝鲜停战并遣返被俘人员以后，1954 年，中国红十字会接受拒绝遣返的联合国军被俘人员 27 人，安排他们在中国学习和工作。以后，根据去留自愿的原则，陆续协助

25人回国。

1956年3月1日，中国红十字会协助前联合国军土耳其士兵乃加梯·欧斯土鲁经香港回国。

1963年4月10日至5月25日，中国红十字会协助在中印边界武装冲突中被俘的印度军队人员3211名回国，并送还尸体9具和骨灰4盒。

1957年至1966年，中国红十字会还进行了多次营救工作。主要是：1961年3月，中国渔民20人被越南当局扣留，经过营救，他们全部返回祖国；1962年9月，我国一艘渔轮被美国轮船撞沉，经营救，17人安全回国，一人失踪；1966年12月，我国渔民48人在北部湾被美军劫走，经营救，全体渔民于次年1月安全返回祖国。

1953年，中国红十字会根据日内瓦公约的原则精神，对美军虐杀战俘的暴行作了详细调查，并证实：1950年11月到1953年7月，美军残杀中国人民志愿军被俘人员共计2600多人。美军还对战俘非法审讯，生活上和精神上进行虐待，强迫劳动和扣留，无所不用其极。同时，中国红十字会就美军对中国人民志愿军被俘的伤病人员的医疗暴行，组织各科专家作了调查，证实：美军对被俘伤病员进行了大量错误医疗，造成严重后果。中立国监察委员会经过调查证实：美军阻挠和限制联合红十字会小组朝中代表进行工作。中国红十字会根据调查事实，在红十字会与红新月会协会的有关会议上向全世界揭露和谴责了美军违反日内瓦公约的罪行。

（十五）友好往来

1953年1、2月间，荷兰、英国、比利时沿海地区遭受暴风袭击，灾情严重。中国红十字会与中国人民救济总会等联合致电慰问，并筹募人民币23亿9千余万元（旧人民币），捐赠给灾民。同年11月11日，印度发生严重水灾，中国红十字会与中国人民救济总会联合捐款15亿元（旧人民币）。1956年3月，中国红十字会为意大利寒潮灾民捐款2万元（人民币），为匈牙利水灾灾民捐款5万元（人民币），为黎巴嫩地震灾民捐款3万元（人民币）。7月9日，希腊发生地震，中国红十字会捐款1万瑞士法郎。这一年共对外捐赠14次，共计人民币355800元。1957年5月，中国红十字会为伊朗地震灾民捐款15000元（人民币），为印尼水灾灾民捐款11000元（人民币），为保加利亚水灾灾民捐款100000元（人民币）。

六、“文化大革命”时期（1967年—1977年）

1966年6月，“文化大革命”开始。中国红十字会总会和各级组织，被认为带有所谓“封、资、修”的色彩而受到巨大冲击，总会的国内工作部门和各地组织陷入瘫痪，最后被迫撤销，大批工作人员下放干校或调离，除坚持国际工作外，国内的各项工作完全陷入停顿状态。中国红十字组织及其所从事的人道主义事业，在这场史无前例的浩劫中蒙受了灾难和挫折。

（一）出席国际会议

1966年10月4日至8日，红十字会与红新月会协会第86次执委员在日内瓦举行。中国红十字会副秘书长王敏率代表团参加会议。

第二十一届国际红十字大会于1969年9月6日至13日在土耳其的伊斯坦布尔举

行。大会在美国操纵下公然邀请台湾红十字会出席，妄图制造“两个中国”，干涉中国内政。中国红十字会为此表示极大的愤慨和强烈抗议，拒绝参加这次大会，并严正声明：对大会通过的一切决议将不受约束，也不承担任何义务。

1973年11月2日至7日和11月8日至15日，第三十二届红十字会协会理事会和第二十二届国际红十字大会先后在伊朗的德黑兰举行，109个国家和179个国家红十字会代表团，共650人到会。我国派出以我驻伊朗大使陈辛仁为团长的7人政府代表团和以中国红十字会常务理事欧阳竞为团长、秘书长王敏为副团长的5人红十字会代表团出席了会议。我代表团在相隔数年后重新参加国际红十字大会，受到各方面的重视和欢迎。我国代表在大会讨论各项议题时，积极发言阐明我们的观点和主张，起到了应有的作用。在第三十二届红十字会协会理事会议上，选举协会领导成员时，中国红十字会当选为执行委员。

1974年10月24日至26日，红十字会协会第90次执委会在日内瓦举行。中国红十字会秘书长王敏率代表团参加会议，在会上就召开和平大会的问题发言阐明了我国的原则立场。

1975年10月28日至11月1日，在日内瓦举行红十字会协会第三十三届理事会。96个国家的红十字会代表团300多人出席会议。以欧阳竞为团长的中国红十字会代表团出席会议，并就所讨论的问题发了言。

（二）互访

1966年到1975年，日本红十字会代表团、刚果红十字会代表团、瑞典红十字会秘书长、阿尔及利亚红十字会代表团、土耳其红新月会代表团、罗马尼亚红十字会代表团先后访华。红十字国际委员会主席纳维尔和夫人应邀于1971年9月14日到25日对我国进行访问，先后参观了北京、上海、杭州、无锡等地的工厂、学校、农村。李先念副总理会见了客人。

在这期间，中国红十字会代表团先后访问非洲数国和罗马尼亚、土耳其等国，受到各国红十字会组织的欢迎。

（三）对外援助

20世纪60年代到70年代，世界各地特别是第三世界国家自然灾害不断，战争时有发生，使那里的人民陷入深重的苦难之中。中国红十字会对受灾人民及时伸出救援之手，给予力所能及的人道主义援助。1966年到1977年，中国红十字会共向138个受灾国人民提供了169次援助，款物合计达1亿多元人民币。受援国遍布世界各地，通过这些援助，密切和加强了我国和有关国家人民之间的友谊。

七、改革开放初期（1978年—1985年）

以林彪和江青为首的两个反革命集团相继被粉碎，标志着“文化大革命”灾难的结束。1978年12月18日至22日，中共十一届三中全会在北京召开，全党工作重点转移到社会主义现代化建设上来，各条战线拨乱反正，政治、经济形势和社会风气迅速好转。中国红十字会的国内工作很快恢复，各个方面也出现了重新发展的好势头。

持续十年的“文化大革命”，给党、国家和各族人民带来了严重的灾难。这场内乱阻碍了社会主义建设的进程，使国民经济比例关系严重失调，经济效益全面下降，人民生活水平长期得不到提高，人们思想极端混乱，科学、文化、教育事业受到极大破坏。在这期间，中国红十字会的国内工作被迫停顿，大部分组织机构尤其是地方各级组织被撤销，红十字会所从事的人道主义事业遭到了严重的破坏。

（一）恢复国内工作

1978年1月27日，中国红十字会给卫生部写了《关于国内工作和体制问题的意见》的报告，提出在对外开放的一些重点城市恢复红十字会的工作。红十字会的具体任务是在当地党委统一领导下，协助卫生部门，进行爱国卫生运动、群防群治、输血和战备救护训练（包括在中学青少年中进行训练）。

根据国务院国发〔1978〕63号文件的精神，中国红十字会总会决定立即恢复建立国内工作机构，并组织人员到第一批恢复红十字会工作的十个城市调查了解情况，督促、帮助各地尽快恢复建立红十字会组织并开展工作。

1979年2月20日至24日，中国红十字会在北京召开了改组后的第三次全国代表大会。出席会议的有来自国务院有关部委、民主党派、人民团体、解放军三总部和已经恢复组织的11个省、市的地方红十字会代表65人。钱信忠会长在会上作了《为新时期的人民卫生救护事业努力奋斗》的工作报告，杨纯副会长作了关于修改中国红十字会章程的说明。会议总结了中国红十字会过去所做的贡献和经验：

1. 救死扶伤，实行革命的人道主义是中国红十字会的崇高宗旨，并以此来指导国际活动，为人民造福；

2. 中国红十字会是开展人民外交的一个渠道；

3. 中国红十字会是卫生部门开展群众卫生救护工作的助手，今后要继续发挥这个助手的作用，为提高人民卫生救护知识水平，进一步做出贡献；

4. 发动群众、组织群众，建立起一支群众性卫生救护队伍；

5. 红十字会工作能够取得成绩，在于党和政府的领导，有关部门的大力支持协助，以及红十字会本身有一批热情积极的干部。

会议在工作报告中重点揭露了“文化大革命”对红十字会工作的干扰和破坏，并对今后的工作提出了要求：必须坚决贯彻党的十一届三中全会的精神，使红十字会在人民外交和人民卫生救护事业中充分发挥作用；加强国际联系，促进国际交流；积极协助卫生部门进行输血的宣传、动员、组织工作，开展群众性救护训练以及其他群众性卫生工作；小学和中等学校的红十字青少年工作要继续开展。

会议对章程的修改，着重强调中国红十字会今后的主要任务是为社会主义建设服务。关于组织机构，主要是恢复总会的名称，明确总会对地方红十字会是指导关系，地方红十字会应在当地党政机关直接领导下工作。

大会选举产生第三届理事会。在三届一次理事会上，选举了常务理事会、会长、副会长并决定了正、副秘书长。会长为钱信忠。

会议期间，廖承志副委员长、陈慕华副总理接见出席“三大”的全体代表。

1979年12月，中国红十字会在上海召开工作会议，北京、上海、天津、广西、福建五个省、市、自治区和南京、杭州、武汉、长沙、广州、南宁、西安、沈阳、昆明九个市的红十字会负责人参加了会议。会议认为，第三次代表大会以后红十字会工作有了进展，总会和地方做了不少工作。但各地的发展情况不平衡，有的地方组织建设和业务工作做得较好，有的地方虽已恢复组织，但业务开展得不多，有的连组织恢复工作也没有做好。凡恢复工作做得好的地区，一是得到地方党政领导的支持；二是有热心红十字会工作的干部的积极努力。会议认为，要继续搞好组织恢复并开展业务活动，扎扎实实地做好几件事，并强调指出国内工作和国际活动都要围绕四个现代化这个中心，为“四化”服务，做出成绩。

（二）组织建设初见成效

到1983年底，北京、上海、天津等17个省、市、自治区以及广州、杭州等9个市已先后恢复建立红十字会并开展工作。会员人数最多的是上海市红十字会，基层红十字组织数最多的是辽宁省红十字会，大学红十字会组织最多的是江苏省红十字会，中小学红十字会组织最多的是上海市红十字会，厂矿车间红十字会组织最多的是辽宁省红十字会，完成训练任务较好的是武汉、上海、杭州、北京、辽宁、广东等红十字会。

到1984年底，全国已有26个省、市、自治区恢复和建立了红十字会。

（三）救护训练和输血工作

各地红十字会积极克服训练场地、物资、人员和经费等困难，协同有关部门，大力开展救护训练工作。1983年，总会与北京市心血管医疗中心联合举办了第一次心肺复苏训练班，邀请美国心脏协会专家讲授心肺复苏技术，各地142人参加了训练班，为在我国推广和开展心肺复苏技术培训了师资。

为使广大红十字会员不仅在平时遇到伤害事故和自然灾害时能进行急救护理，而且在战时也能进行自救和伤病员救护，还开展了国防救护训练，即防空、“三防”（防原子、化学和细菌武器）及战伤救护训练。

为配合群众性卫生救护训练的开展，总会与部分省、市红十字会引进了心肺复苏训练使用的人体模型，使该模型在国内开始研制生产。总会还出版了《防空和战伤救护常识》、《救护常识》、《现场心肺复苏普及教材》，拍摄了《水上救护》、《救护演习》影片。一些地方红十字会编印了许多供训练使用的教材。

输血工作是平时医疗和战时抢救伤员的一项重要工作。实行公民义务献血制度是改变我国输血工作落后面貌，解决医疗用血紧张和战备用血的根本办法。1978年，国务院批转卫生部《关于加强输血工作的请示报告》，明确指出：“红十字会要积极协助卫生部门搞好输血和义务献血的宣传、动员、组织工作。”总会和地方红十字会在输血献血方面做了大量工作。

为了推动输血工作的开展，从1979年到1984年，总会多次举办输血技术训练班，并到国外进修、考察和参加会议，邀请外国输血专家来华讲学。中国红十字会通过国际红十字会的渠道，加强了我国输血工作与日本、澳大利亚等先进国家的联系，促进了我国输血事业的发展。

（四）红十字青少年工作

随着各地红十字会的恢复发展，红十字青少年组织也逐步地恢复和发展。1984年底，全国已有4965所大中小学恢复或建立红十字组织，青少年会员发展到41万人，占红十字会员总数的四分之一。

广大红十字青少年积极热情地参加丰富多彩的红十字活动，活跃在校园内外，宣传卫生知识，治疗小伤小病，协助校医防治学生的常见病。他们还积极开展为孤寡老人、烈军属和残疾人服务活动，出现了许多“送温暖小组”。红十字青少年已成为各地“学雷锋树新风”、“五讲四美三热爱”、“文明礼貌月”活动中的生力军。

总会和各地红十字会举办了多种形式的夏令营，受到学生和学校的欢迎。1984年7月14日，中国红十字会举办的大学生夏令营在上海第一医学院开营。夏令营在上海、杭州两地举行，组织营员们学习会务。

经国务院批准，中国红十字会总会于1985年4月25日至5月9日，先后在广州、上海、杭州、北京市举办红十字青少年国际联欢活动，邀请朝鲜、日本等国家或地区红十字青少年代表参加。对促进国际间红十字青少年之间的友谊，相互交流工作经验，起了很大作用。

红十字青少年工作的初步开展证明，在学校中开展红十字活动，是培养青少年树立救死扶伤、助人为乐的高尚道德品质的好方法，是协助学校贯彻党的教育方针，培养德、智、体全面发展人才的一条途径。

（五）宣传工作及《中国红十字》杂志复刊

由于中国红十字会的国内工作停顿时间较久，人们对红十字会的印象已经淡漠，有的甚至认为红十字会可有可无，对它的重要性认识不足。为了使社会各界和广大群众正确认识和了解红十字会，恢复它在人民群众中应有的崇高声誉，一方面靠红十字会卓有成效地开展工作，同时还要不断加强宣传。正是在这种情况下，《中国红十字》杂志于1980年7月复刊。

这次复刊后的《中国红十字》，作为中国红十字会的机关刊物旨在为发展红十字事业服务，内容主要介绍红十字知识，报道国内外红十字活动，并以大量篇幅宣传急救、献血、医疗卫生知识，它不仅是各级红十字会组织和会员的朋友，也是希望了解红十字活动和得到科学卫生知识的广大群众的朋友。1982年，已在全国29个省、市、自治区发行，并与100多个国家红十字会交流。1982年8月，《中国红十字》出版第100期。

1984年，中国红十字会成立80周年。为开展纪念和宣传活动，总会编写出版了《中国红十字会成立八十周年纪念画册》，发行明信片、纪念邮票，许多知名画家为纪念活动作画题词。6月15日，总会在北京饭店隆重庆祝中国红十字会成立八十周年。

1985年9月30日，《新中国红十字》杂志出版35周年举行纪念会。

（六）参加社会主义精神文明建设

1981年2月25日，全国总工会、共青团中央、全国妇联等九个单位联合倡议，在全国范围开展以讲文明、讲礼貌、讲卫生、讲秩序、讲道德和心灵美、语言美、行为美、环境美为内容的“五讲”、“四美”文明礼貌活动。2月28日，中宣部、教育部、文化部、卫生部、公安部联合发出关于开展文明礼貌活动的通知。这是我国社会主义精神文明建设的一项重要活动。党的第十二次全国代表大会以后，“五讲”“四美”活动又与各地开展热爱祖国、热爱社会主义、热爱共产党的“三热爱”活动相结合，而成为一个统一的活动。并根据学雷锋的传统做法，规定每年3月为“全民文明礼貌月”。

作为“中央五讲四美三热爱活动委员会”成员之一的中国红十字会总会，于1981年3月7日和1982年2月22日，两次发出通知，要求各级红十字会积极投入这项活动。

1982年9月，党的“十二大”提出：在建设社会主义物质文明的同时，要加强社会主义精神文明的建设。社会主义精神文明建设的主要内容与中国红十字会所开展的各项工作密切相关，我们的各项活动，如卫生、献血知识的宣传，急救技术的普及，兴办医疗卫生和社会福利事业；各种社会服务活动，如敬老助残、助人为乐、查人转信等都是直接服务于群众的社会主义精神文明建设的重要内容。从总会到各级地方红十字会组织，积极宣传“十二大”精神，并积极创办具有红十字特点的卫生与社会福利事业，开展各种社会服务活动，为建设社会主义精神文明，发挥了重要作用。

北京、上海、天津、沈阳、南京等红十字会在敬老助残方面都做了不少工作。

1981年我国举办残疾人年活动，各级红十字会都积极参与了这一活动。各地红十字会因地制宜办起了红十字门诊部、体检队、康复医院、药材公司等各具红十字特色的事业，广大红十字会干部和会员利用“五八”世界红十字日开展纪念活动，利用节假日开展各种形式的敬老助残、助人为乐的社会服务活动，收到了很好的社会效益。

（七）协助政府安置印支难民

1979年，越南大批驱赶在越华侨，在国际上引起很大震动。联合国难民署就被驱赶的难民安置问题在日内瓦召开会议，中国政府接受安置25万印支难民的任务。国务院成立了由民政部长程子华任组长、中国红十字会副会长杨纯任副组长及有关部委参加的安置难民领导小组，国务院指示中国红十字会协助政府做好接待难民的有关工作。

中国红十字会总会要求有安置印支难民任务的地方红十字会，协助政府和有关部门到难民安置点了解情况，慰问难民。特别要了解那里的医疗、卫生、防疫工作情况，做好防病和卫生宣传工作。做好接待红十字国际组织视察和接受补充救济的准备工作，圆满完成难民安置任务。

根据总会指示精神，广西壮族自治区、广东省、云南省、福建省等地红十字会组织医疗队为难民服务。

1979年10月，在国际红十字会协会大会上，杨纯副会长介绍了中国红十字会安置印支难民的安置情况，并就印支难民的救济问题发出呼吁。大会对中国红十字会积极妥善安置难民的人道主义精神十分赞赏。

（八）建筑友谊大厦——训练中心

为了发展我国的红十字事业，总会准备建立急救训练中心。1979年，国际红十字会与红新月会协会秘书长毕尔到中国访问，了解了总会的这一设想，认为十分必要。1982年，瑞典红十字会来华访问，提议将急救训练中心改为训练中心，并表示愿意协助建设。国际红十字会协会、瑞典红十字会与我国红十字会达成协议，由瑞典提供150万瑞士法郎（合人民币135万元），中国提供225万元共同筹建中国红十字会训练中心。日本红十字会陆续提供5000万日元（约合人民币45万元）的室内设备。澳大利亚红十字会、突尼斯总统夫人先后捐款资助。这座凝聚着国际红十字会之间友谊的大厦，在1984年6月13日破土动工。

经过建设工人2年多辛勤劳动，训练中心大楼于1986年9月16日建成，并隆重举行落成典礼。训练中心为培训卫生救护人员和红十字会干部，促进中国红十字事业的发展提供了良好条件，而且将进一步增进中国红十字会同各国红十字会间的交流与友谊。

（九）援非募捐

1984年，非洲36个国家遭受旱灾，1亿5千万人受到饥饿的严重威胁，无数老人、妇女、儿童在饥饿和死亡的困境中挣扎。非洲的深重灾难引起了国际社会的特殊关注。39届联大通过《关于非洲紧急情况宣言》，要求国际社会增加对非洲的粮食和其他紧急用品援助。1985年3月5日，国务院批转外交部、经贸部、财政部《关于1985年我对非洲提供救灾援助的请示》。根据国务院批示，中国红十字会总会于1985年3月28日发出《关于为非洲灾民开展社会募捐的通知》，"建议于今年4~5月份开展为非洲灾民募捐的活动。"

为支援非洲灾民，为发扬人道主义和国际主义精神，一场前所未有的募捐活动在全国24个有红十字会组织的省、自治区、直辖市的大城市广泛展开，这一年，我国向非洲提供12万吨救灾粮。向非洲受灾国捐赠了约68万元的食品、药品和现款。

这次募捐活动的主题是"为了非洲的旱灾灾民"。总会和各级红十字会得到了中央和地方各级政府部门及群众团体的积极支援和密切配合。中国红十字会名誉会长赵朴初6月30日在亲笔捐款条上写道："兹在我接受的庭野和平奖金内提出2万元捐献给中国红十字会作福利之用。"这次募捐活动，是中国红十字会自1950年改组以来第一次开展的规模较大的全国性社会募捐活动。截至9月23日，总会共收到各地捐款共计13870146.33元人民币。

9月30日，总会在北京举行新闻发布会，曲折副秘书长发布了援非募捐的新闻，并代表红十字会向捐款援助非洲灾民的社会各界广大群众，向支持这次募捐活动的各级政府和有关部门以及工作人员，致以诚挚的感谢和崇高的敬意。

（十）国际交往

1978年，针对文化大革命所造成的混乱而进行的拨乱反正，已经取得很大成就。随着国内组织和国内工作的逐步恢复和发展，对外交往也很快发展起来。

1979年10月4日到6日，国际红十字会协会第一届大会和代表会议在日内瓦举行，中国红十字会副会长杨纯率代表团出席会议，并在大会上就和平问题和难民问题发言，阐明我国的观点，受到好评。

1981年11月7日到14日，第二十四届国际红十字大会和第二次红十字会协会大会在菲律宾的马尼拉举行。卫生部部长、中国红十字会会长钱信忠率中国政府代表团和中国红十字会代表团参加会议。我国代表在大会上发言，分别介绍我国执行日内瓦公约的情况以及安置印支难民和救灾成绩，收到良好反映。

1983年10月8日到14日，杨纯副会长率代表团参加在日内瓦召开的红十字会协会第三届大会和国际红十字代表会议。

1984年9月2日到7日，中国红十字会顾锦心副会长率代表团参加在芬兰和瑞典召开的第二届世界红十字与红新月和平大会。

1979到1984年，中国红十字会先后10

多次组团出访美国、日本、联邦德国、泰国、瑞士、突尼斯等国，受到各国红十字会的欢迎和热情接待。1983 年，中国红十字会与日本红十字会共同签订五年交流计划，使两国红十字会间的互访和交流得以逐年进行，加强了双方的友谊。

1979 年到 1984 年，中国红十字会先后邀请并接待了国际红十字会协会主席、秘书长和日本、美国等 20 个国家和地区的红十字会代表团访华。

（十一）对外援助

1979 到 1984 年，在我国经济还比较困难的情况下，中国红十字会每年都向若干国家提供人道主义援助。据不完全统计，在此期间共向 47 个国家和地区提供 69 次援助：美金 111.3 万元，人民币 78 万元以及 40 万法郎、6.4 万英镑，还有其他物资如药品、粮食、毛毯、针织品等。受援方包括亚非的近三十多个国家和地区。

八、改革开放发展时期（1986 年—1994 年）

随着改革开放的全面进行，我国红十字事业经过六年多的恢复和发展，各项工作都取得了成绩和进展。1985 年 5 月 27 日至 29 日，中国红十字会在北京召开了全国工作会议，充分地交流各地开展工作的经验并为第四次全国代表大会的召开做准备。

（一）全国代表大会

5 月 31 日至 6 月 1 日，中国红十字会第四次全国代表大会在北京隆重召开。大会讨论通过了钱信忠会长代表三届理事会所作的工作报告，总结过去六年来的工作，提出了今后中国红十字会工作的指导思想和任务，使我们的各项工作不但有了明确的奋斗目标，而且有了具体的行动纲领。

这次代表大会之后，我国红十字事业走向一个开拓性发展的新阶段。

大会讨论通过的《中国红十字会章程》共有五章二十一条，较上届的会章有一些重要的修改。关于中国红十字会的性质，新会章改为："中国红十字会是中华人民共和国全国性的卫生救护和社会福利团体。"新会章明确地把"社会福利团体"作为红十字会的性质之一，这就更加拓宽了红十字会的工作领域。将"中国红十字会以实行革命人道主义为宗旨"改为"中国红十字会以实行人道主义为宗旨"。

大会通过了《关于第三届理事会工作报告的决议》和《关于中国红十字会章程的决议》，选举了由 63 名理事组成的第四届理事会。6 月 2 日，举行四届一次理事会议，推选了中国红十字会第四届领导人。推举朱学范、赵朴初、钱信忠为名誉会长，选举崔月犁为会长，谭云鹤等四人为副会长。

第四次全国代表大会对组织建设、输血与卫生救护训练、红十字青少年工作、医疗卫生和社会福利事业、宣传、国际工作等方面分别提出了近期的目标和长远的努力方向，并且响亮地提出开创红十字会工作的新局面，逐步探索具有中国特色的社会主义红十字工作道路。第四次全国代表大会在中国红十字会发展的历史上具有重大的意义。实现了工作重点由国际向国内的转移，国内工作由恢复走向发展。在我国进一步改革开放，加快社会主义现代化建设的大好形势下，中国红十字会的各项人道事业走向新的发展阶段。

1990 年 2 月 15 日至 17 日，中国红十字会第五次全国代表大会在北京召开，谭云鹤副会长代表四届理事会作题为《振奋精神，群策群力，把建设有中国特色的红十字事业继续推向前进》的报告。大会批准了这个报告，并选举产生了新一届的理事会理事88人。推举朱学范、赵朴初、钱信忠、崔月犁为名誉会长；谭云鹤为顾问。选举陈敏章为会长；顾英奇为常务副会长。

“五大”是中国红十字会历史上的一次重要会议。

大会对“四大”通过的中国红十字会章程作了部分修改。

中国红十字会的性质修改为：中国红十字会是中华人民共和国全国性的人民卫生救护和社会福利团体；中国红十字会参加国际红十字组织活动。把开展适合青少年特点的红十字活动列为中国红十字会的一项任务。增加了有关的台湾事务服务工作。

会议对原章程“组织”一章的部分条款作了较大修改，为进一步加强总会机关的领导班子，明确常务理事的职责与分工，修改后的章程第三章第十二条规定：“中国红十字会总会机关由专职驻会常务副会长、副会长和正、副秘书长组成执行委员会，对常务理事会负责，主持日常工作。驻会常务副会长任执行委员主任委员，其他专职副会长和正、副秘书长为委员。”还对红十字会的经费来源以及其他有关问题也作了适当修改。

代表大会确定今后一个时期中国红十字会工作的基本指导思想是：坚持改革开放，继续探索建设具有中国特色的红十字会，使中国红十字会成为在社会主义精神文明和物质文明建设中，在人民外交和统一祖国大业中，独立自主开展工作的社会团体。同时，明确了中国红十字会在这一时期的工作目标，“五大”决定把继续以组织建设为重点和逐步建立全国城乡的群众性自救互救网络、自助互助网络为重点。其他工作主要为：推广无偿献血；试建由红十字会主管的血站；加强红十字会系统参与救灾工作的程序化、规范化建设；逐步建立红十字会系统的备灾救灾体制；积极兴办事业实体；加强红十字工作的法制建设等。

（二）组织发展和自身建设

1985年，中国红十字会召开“四大”时，全国会员数仅为187万，不到全国总人口的0.2%，到1990年召开“五大”时，会员增至850万，但也不足全国总人口的1%，据此，我们在社会各阶层、各行业广泛吸收接纳会员，迅速壮大队伍，仍是一项艰巨的任务。

中国红十字会在“四大”提出了工作由国际向国内转移之后不久，明确提出了“国内工作以组织发展为重点”；在“五大”又强调“继续以组织建设为重点”。随着红十字会队伍的迅速壮大，五届二次理事扩大会议进一步提出“组织机构是龙头和司令部，因此建立健全组织机构是当前主要任务之一”。为适应国家深化改革的形势，1993年，总会制定的《中国红十字会九十年代工作纲要》，对组织建设又提出了新的目标：建成全国性的组织网络，形成自身的体系。这一系列的决策有力地推动组织建设迅速发展，一年上一个新的台阶。

（三）组织发展和农牧区红十字会工作

为了加快组织建设，不断扩大会员队伍，中国红十字会坚持在组织发展中开展活动，以开展活动促进组织发展。

各级组织，不仅按国家行政区域划分的省、地、县、乡、村逐步向下延伸，而且逐步向国家机关和行业系统发展，个别特殊行业也在建立红十字会组织。

“四大”以前，大陆仅有26个省（自治区、直辖市）恢复建立红十字会。1988年4月海南省建立后，大陆30个省、自治区、直辖市已全部恢复和建立了红十字会。

“五大”以后，在巩固发展城市红十字会组织的同时，全国卫生、民政、教育、林业、铁路、公安、交通、民航、石化、煤矿、旅游、园林、电业、邮电等行业系统都先后建立了红十字组织。中国人民解放军的部分大专院校和医院以及河南、陕西、四川等地的部分寺庙也建立了红十字会。武汉、沈阳市还在个别监狱建立了红十字会。

河南省于1988年最早实现县以上全部建立红十字会，山东省于1988年最早实现会员逾百万。

农业是我国国民经济的基础，全国十一亿人口，有八亿多生活在农村和牧区，广大农牧人民群众的生活比较贫困，医疗卫生条件也比较薄弱。客观情况表明，农村很需要红十字会，红十字会也很需要农村。从1989年起，总会把发展农村红十字会工作列入议事日程。

“五大”以后，农牧区红十字会的工作有了较大发展，农村红十字会工作在帮助缺少劳力户的收耕、敬老助残、卫生救护、促进物质文明和精神文明建设等方面，发挥了积极作用。

（四）落实“三列”，抓好班子建设

落实“三列”，即逐步解决各级红十字会的机构、编制和经费。加强组织机构建设，是发展红十字事业的迫切需要。“五大”前后，总会反复强调要重视和加强各级红十字会的自身建设。1991年合肥会议后，总会下发了《关于地方红十字会机构、编制、经费来源和办公设施配备的意见》。总会于1993年下发了《关于对省、自治区、直辖市红十字会领导班子组成的意见》，以加强地方红十字会的建设。到1993年底，全国有26省（自治区、直辖市）的现任政府领导担任了红十字会的会长。

（五）提高干部素质、推行目标管理

鉴于各级红十字会不断补充新的力量，加上领导班子成员经常更换，各级红十字会把不断提高专职干部的业务水平和工作能力，作为一项迫切性任务常抓不懈。层层举办培训班，研讨会，采取走出去、请进来等方法，取长补短，共同提高。1990年，全国各地共轮训2000多人次。总会自“四大”以后，先后举办组织建设、卫生救护、赈灾、宣传、台湾事务等专业培训班和研讨会，平均每年三期以上。

各地红十字会在加强自身建设中，注意改进工作方法，提高工作效率。

总会在五届三次理事扩大会上，要求各地结合实际，试行和推广目标管理，收到了好的效果。目标管理要求会长（大多数是政府领导）签署责任书，以便得到政府领导的重视和支持，把红十字会工作排上日程。目标管理使每项工作都有专人负责，这样就使红十字会的工作与有关政府职能部门的理事挂上了钩，较好地发挥了理事的作用。目标管理使软任务变成看得见、易考评的硬指标，增大了红十字会干部的自身压力。由于横向间有可比性，又使压力变成动力，较好地调动了红十字会干部的积极性。实行目标管理，使各级红十字会组织自身建设向着科学化和规范化的方向发展，促进了红十字事业的发展。

（六）群众性卫生救护

1986年10月，中国红十字会四届二次理事会议首次提出：要确立一个战略目标，即经过若干年的努力，在社会上逐步形成一个群众性卫生救护网。“五大”把建设群众性卫生救护网络这一战略目标正式确立下来，即：经过二三十年的努力，逐步建立遍布全国城乡的群众性自救互救网络。

中国红十字会倡导和实践的群众性自救互救网络，不是政府卫生行政部门“三级医疗卫生预防保健网”的重复，是延伸到城镇居委及楼门大院，农牧区田间地头，厂矿作业的车间和作业班组，延伸到人身伤害事故的现场。

它的特点是现场的、群众性的和初级的。其最终目的，是在凡有人身伤害事故的现场，都有经过培训的红十字救护员进行现场救护，以减轻各种灾害、伤害给群众造成的苦难。

（七）卫生救护培训

开展群众性卫生救护知识培训，是建立群众性自救互救网络的一项基础性工作。红十字会开展卫生救护知识培训的主要内容是，四项技术（包扎、止血、固定、搬运）和心肺复苏技术，并根据不同人群，有针对性地增加中国传统医学的急救内容。

1987年2月6日，中国红十字会总会与卫生部、公安部、铁道部、交通部、中国民航局、国家旅游局以及煤炭工业部、石油工业部、地质矿产部等十一个部（局）联合发出《关于开展群众性卫生救护训练的通知》之后，由原来主要在行政区划里的城、镇、学校等开展的卫生救护知识训练，向多行业展开。总会先后组织人员统一制订训练大纲，编写初级卫生救护教材，积极指导各地开展卫生救护培训工作。

通过努力，北京、武汉、沈阳等大中城市的群众性自救互救网络已基本形成。1990年以后，乡镇及农牧区的救护工作迅速发展。

在行业系统，机动车驾驶员的卫生救护培训开展得最好，继山东、江西省之后，1991年全国各地普遍展开，从培训时间及内容到初训、复训和验收已基本上达到制度化、规范化。

经红十字会培训并发有合格证书的红十字救护员，以年超过200万人的数目递增，他们活跃在脆弱人群和易发生伤害事故的行业，降低了各种伤害、事故的致残和死亡率。在突发事件和自然灾害中，减轻了群众的疾苦，促进了安全生产和弘扬了人道主义。事实说明，中国红十字会建设群众性自救互救网络的指导方针、内容形式，既符合国际红十字运动的基本原则和精神，又适合中国国情，是具有中国特色红十字事业的一个重要方面。

总会于1992年3月14日在人民大学举行“非血缘关系供者骨髓移植工作新闻发布会”，在社会上产生了积极反响。为使这项工作顺利开展，总会与有关部门共同成立中国非血缘关系供者骨髓移植领导小组和协作组，具体办事机构设在总会血液事业部，建立了“中华骨髓库”——非血缘关系骨髓移植供者检索库。

“中华骨髓库”的建立，填补了我国非血缘关系骨髓移植供者的空白。

（八）促进公民献血向无偿献血的方向发展

1978年，国务院批转卫生部《关于加强输血工作的请示报告》后，卫生行政部门和红十字会共同努力，使中国的输血工作逐步由个体供血制向公民义务献血制过渡，并正在向无偿献血的方向发展。

1984 年，参与输血工作被纳入中国红十字会的议事日程，各地利用报纸、广播、电视等宣传媒介，广泛宣传血液生理知识、公民义务献血及无偿献血的意义。

总会会同卫生部于 1986 年 10 月召开了“第一届全国输血工作会议”。1992 年 4 月 25 日，又联合召开了“全国无偿献血促进大会”；同年与卫生部联合下发了《关于红十字医院、血站命名的暂行规定》。1992 年 11 月，总会、卫生部又在厦门市召开了“第二届全国输血工作会议”。

上海、北京、天津、大连等市，在全面实行公民义务献血制度的基础上，向公民无偿献血的方向发展。1986 年，北京、上海等地已开展大规模无偿献血活动，北京丽都饭店成为全国第一实现指标数全部无偿献血的企业单位。到 1993 年，全国已涌现出 91 位无偿献血金杯奖获得者。徐州、上海、北京自 1989 年开始，先后跨入年无偿献血超万人的城市。上海市推行多种方式的储血制度，使无偿献血占全市用血量的比例上升到 30% 以上。为更好地参与血液管理，总会于 1993 年初成立了血液事业部。

（九）赈灾救济

中国红十字会的救灾工作有着悠久的历史。1987 年，通过参与对大兴安岭森林火灾的救助，中国红十字会的救灾工作进入了“自筹款物、自组队伍、独立工作”的阶段。同时，举办全国性红十字会救灾工作研讨会，通过学习和培训，增强了广大红十字会干部的救灾观念，提高了主动参与救灾的意识，基本上掌握了灾情预报、灾害救助、救灾款物的分发程序以及使用和审计要求。到 1991 年，中国红十字会的救灾工作步入程序化、规范化和制度化的轨道。

多年来，总会一直关注各地的灾情。1987 年，大兴安岭地区的火灾；1988 年，云南澜沧地区的地震；1989 年，四川等省部分地区的龙卷风、山西雁北的地震；1990 年，浙江、福建、江苏的台风；1992 年，江西、湖南的水灾；1993 年，云南地震以及广东等地的水灾，总会均不同程度地参与救助，为灾民解决了一些应急问题。

1991 年，中国大陆灾情频仍，多灾并发，绝大部分地区不同程度地遇到灾害。入夏以后，安徽、江苏等十几个省相继遭受百年未遇特大洪灾，灾区人民蒙受了巨大损失。总会立即成立抗洪救灾领导小组，发出紧急通知，要求全国各级红十字会全力以赴投入抗洪救灾斗争，并向重灾区紧急拨款，分发救灾药品和物资，不失时机地向红十字会与红新月会国际联合会两次发出紧急呼吁，国际联合会共募集国际救灾款达 1000 万瑞士法郎。

总会及各地红十字会及时向灾区发放、接转大量应急药品、净水设备、消杀药剂、医用帐篷、被褥等救灾物资，使 6000 多万灾民得到救助。还协同各级卫生部门，先后组织 18000 多支医疗队，派出 87000 多名红十字医务人员，在十分艰苦的条件下，医治灾民 224 多万人次。总会还派员参加国家救灾防病领导小组，随同国务委员李铁映赴灾区防病防疫现场办公，帮助灾区解决实际问题，为确保大灾之后无大疫做出了贡献。

红十字会的抗洪救灾工作，得到了政府许多部门和社会各界，特别是卫生、港务、海关、卫生检疫、民航、铁路、公交、运输等部门的鼎力相助，为红十字会救灾工作提供了诸多方便，保证了救灾物资及时、安全中转。

抗洪救灾期间，总会于 1991 年 8 月 2 日，在中华全国新闻工作者协会新闻发布厅举行了“中国红十字会抗洪救灾新闻发布会”，向国内外通报了中国红十字会参与救灾工作的情况。1991 年 10 月 20 日到 28 日，孙柏秋副会长率团专程赴香港、澳门答谢各界同胞的赈灾义举。

（十）社会募捐

1986 年 6 月，总会制订并报国务院备案的《中国红十字会向社会募捐和接受捐助暂行条例》正式颁发，对红十字会开展社会募捐的依据、目的、方法、注意事项以及对募捐款的使用等均作了具体规定。

各地按照募捐条例的规定，采取多种形式，通过多种渠道，适时开展募捐活动。

同年，总会与外交部、中国民用航空局、国家旅游局、中国银行联合发出《关于在部分民航机场、涉外宾馆、货币兑换处等公共场所试设红十字募捐箱的通知》，先在北京、上海等六个城市设立固定募捐箱，以后逐步在其他城市和有关场所设立，取得一定经济效益。

中山市自 1988 年开始，每年阴历正月初七定为“慈善万人行”活动日，广泛开展社会募捐，到 1993 年已连续举行六次“慈善万人行”，规模一年比一年大，募捐款额一年比一年多，社会影响一年比一年好。当中山市举行第六次“慈善万人行”活动时，中国红十字会五届四次理事扩大会议与会代表亲临其境，并加入了“慈善万人行”的队伍，代表们还参观了该市红十字会用募捐款兴办的社会公益事业。

（十一）发展备灾事业

多年救灾工作的实践和中国灾害频发的实际，使中国红十字会认识到，要提高救灾效能，必须做到未雨绸缪，防患于未然。故在中国红十字会第五次全国代表大会上提出：以自力更生为基础，积极争取国际支援，逐步建立备灾救灾体制。之后，总会认为只有建立自己的备灾基地，才能提高救灾工作的应急能力和效能，并提出按我国大陆地理分布，建立七个区域性备灾救灾中心的计划。

筹建备灾救灾中心的计划，得到红十字会与红新月会国际联合会的重视，并帮助中国红十字会向有关国家红十字会呼吁。日本、加拿大、美国、德国等红十字会分别予以捐助。1992 年，日本红十字会援建的杭州备灾救灾中心投入使用。1993 年，德国红十字会援建的湖北孝感备灾中心竣工；加拿大红十字会援建的沈阳、成都备灾救灾中心和合肥、南京两个省级备灾中心及美国、日本红十字会分别援建的广州、西安备灾救灾中心先后破土动工。备灾救灾中心所建地红十字会在当地政府的大力支持下，与市政建设、规划、环卫、园林、消防、电业等部门横向协调，建好备灾救灾中心。与此同时，总会还提倡地方红十字会自筹资金，建设备灾仓库。备灾救灾中心的建成，填补了中国红十字会备灾工作的一个空白，对于建立备灾救灾网络体系具有重要意义。

区域备灾救灾中心隶属于总会，并坚持自主经营，独立核算，自负盈亏，集储运、培训、加工为一体，走自我发展的道路。为使备灾救灾中心沿着规范化的轨道发展，总会于 1993 年 10 月 5 日专门制订下发了《中国红十字会备灾救灾中心建设与管理暂行规定》。于1993年初将社会福利部改名为社会赈济部。

中国红十字会是中国国际十年减灾委员会的成员，也是国内能够独立实施境外捐赠、救助的社会团体，在国家救灾备灾中占有重要位置，但中国红十字会的整体备灾救灾实力仍显得不足，加强救灾备灾工作，还是中国红十字会的一项艰巨任务。

到1996年，红十字会备灾救灾工作网络初步形成。

（十二）社会服务

1950年改组中国红十字会时，章程规定：中国红十字会是一个人民卫生救护团体，受此局限社会服务工作几乎没有开展。1978年至1985年期间，红十字会国内工作恢复早的地区，在开展群众性卫生救护工作的同时，组织红十字会会员为群众办好事，开展社会服务，扩大红十字会影响。“四大”把中国红十字会的性质修订为人民卫生救护和社会福利团体，并强调指出：要充分发挥群众组织的优势，发动群众，互助互爱，为政府分忧，为群众解难，为四化服务。

1986年10月，总会机关成立了社会福利部。1987年9月，总会在天津召开了社会福利工作座谈会，提出红十字会的社会服务活动，要向经常化、制度化、规范化、网络化发展。

1987年8月，总会与民政部联合发出《密切配合充分发挥红十字会的作用，做好社会福利工作》的通知。1990年，“五大”把“经过二、三十年的努力，逐步建立遍布全国城乡的群众性自助互助网络”作为战略目标确定下来。

红十字会所开展的群众性社会服务活动，与民政部门的社会服务工作有相互配合的一面，也有独立工作的一面。红十字会开展的自助互助活动立足于经常，服务原则是根据人道奉献精神，力所能及地为群众排忧解难，服务的主要对象是散居在社会上的孤老病残人员和烈军属，服务的主要内容是帮助群众解决燃眉之急，可以广泛动员和联合社会力量，并积极创造条件，向创建社会公益事业的方向发展。

在发动红十字会会员开展群众性社会服务的基础上，各地红十字会重视联合发动社会力量，并在坚持传统服务项目的同时，对新形势下社会服务内容和形式进行了探索。红十字会所从事的群众性社会服务，由零星、单一的服务，向综合化、经常化、社会化方向发展。

（十三）红十字青少年工作

总会于1988年下半年成立了红十字青少年部，统一指导全国的红十字青少年工作。1993年3月，改为组织与青少年部。

“四大”以来，红十字青少年工作十分活跃，红十字青少年组织和会员蓬勃发展。到1993年，全国共有3万多所学校成立红十字会，拥有750万青少年会员。

1989年6月总会和国家教委制定下发《学校红十字会工作暂行规程》，对学校红十字会的性质、宗旨、任务、领导机构等做出了明确规定。这个规程的贯彻实施，标志着我国红十字青少年工作开始步入规范化的轨道。

各级红十字会和各级各类学校红十字会纷纷举办各种形式的青少年夏令营，并把参观浏览、文艺演出、演讲、救护表演等内容融进夏令营，使夏令营活动内容充实，富有教育意义。

1991年7月4日至9日，总会和国家教委联合在山东青岛召开了红十字青少年工作会议。提出了红十字青少年工作要在“五个结合”上下功夫，即：红十字会的宗旨教育与国情教育、爱国主义教育、传统教育相结合；卫生救护工作与学校卫生保健工作相结合；学校建会与各校的实际情况相结合；开展活动与学校其他群众组织的活动相结合；扩大国际友好交往与做好国内工作相结合。

几年来，总会先后举办了“红十字会务与卫生救护知识竞赛”、“我与红十字”征文、“居安思危、有备无患”绘画竞赛与画展等大型活动。一些省或大、中城市的红十字会，也经常举办与红十字内容有关的，有助于开发青少年智力的演讲、征文、绘画、书法、摄影、手工制作、歌舞、诗歌朗诵等比赛活动。

在总会和各地外事部门的指导下，许多学校红十字会积极参加国际红十字青少年之间的友好交往活动。采用相互通信、手工制作和交换其他纪念品等形式，增进了国际红十字青少年间的友谊和了解。

（十四）宣传工作

中国红十字会“四大”和“五大”，均把宣传工作列入重要议程，并提出“面向基层、面向社会、面向群众和拓展阵地，坚持经常、注重质量、提高效果”的方针，多角度、多侧面、广泛地宣传红十字会的人道主义宗旨、奉献精神和会务知识，扩大了红十字会的社会影响。

1. 展览、影视、书刊和报纸

举办展览和比赛是宣传红十字事业的一种有效方法。1987年总会举办以人道主义为主题的摄影比赛和《首届红十字美术、书法、摄影展览》，共有500余件作品参展。1989年，中国红十字会成立85周年之际，总会在北京举办了中国红十字会图片展览。

自1986年以来，总会与有关部门一起制作了多部影视片，向社会宣传红十字会的工作和历史。有总会与科学电影厂摄制的资料片《红十字运动》，电视短剧《妈妈，你在哪里》，电视片《闪光的红十字》，与山东电视台录制的电视连续剧《刘连仁》，广西南宁红十字会摄制的《溺水救护》，电视片《中国红十字会走向世界》等等。有关省、市红十字会与当地电视台联合制作节目在电视台播放，如天津市红十字会在天津电视台创办了《闪光的红十字》专题栏目，山西省和上海市红十字会也在当地电视台开辟专题栏目。新疆维吾尔自治区红十字会于1992年成立了全国红十字会系统的第一家红十字影视制作中心。

1986年10月，《中国红十字报》创刊。1993年1月《中国红十字》杂志更名为《博爱》杂志。《中国红十字报》和《博爱》杂志，已成为指导各级红十字会工作、宣传公众的重要舆论工具，在理论探讨、经验交流、信息传播、动态反映、表扬先进、促进国际交流与合作方面都发挥了较好作用。

各地红十字会创办红十字小报，以及时交流信息和经验，对工作起到了推动作用。1993年，全国省、市级红十字会办的报纸已达到16家。各级红十字会都注意编印简报和信息，分送红十字会系统和有关政府领导及政府职能部门，用于沟通情况，求得支持。1993年12月，出版发行了《中国红十字会历史资料选编1904年—1949年》一书，对研究红十字会历史起着积极作用。

2. “五八”世界红十字日纪念活动

5 月 8 日是国际红十字运动的创始人亨利·杜南的诞生日，也是红十字国际委员会规定的“世界红十字日”。每到 5 月 8 日这一天，全世界的红十字工作者都采用不同的方式来纪念这个光辉的日子。我国红十字会自 1985 年起开展与“世界红十字日”有关的宣传咨询活动。

1987 年，总会决定在全国以“红十字活动周”的方式，举办大型纪念活动，主题是“为了儿童健康”。5 月 8 日，总会与中国邮票博物馆联合举办为期 5 天的“首次国际红十字邮票展览”并发行了首日封，展出了 131 个国家和地区的 400 多枚邮票和纪念封。各地红十字会也开展了多种多样的纪念活动。广大红十字会会员和志愿工作者走上街头，散发宣传材料，有的进行义诊和健康咨询，以各种方式纪念世界红十字日。

此后，总会和各地红十字会每年都举行大的纪念活动。1991 年，世界红十字日的主题是“保护战争受害者”。为了向世界展示中国政府和人民热爱和平、反对战争，尊重人权、崇尚人道的愿望，总会与农工民主党、卫生部、全国妇联、中华全国总工会共同举办了以“保护战争受害者”为主题的歌颂和平、友爱、人道和爱的奉献的大型纪念活动。4 月 29 日晚，在长城上，1500 名护士组成“烛光之链”，表达了中国人民热爱和平的愿望。8 日晚，举行“爱的奉献”大型文艺晚会，共同赞颂人道主义精神，祝愿世界和平。

（十五）立法工作

中国红十字会的立法工作，在 1985 年制定的《中国红十字会 1986—1990 年五年规划》中提出，搜集国内国际的历史和现实资料，做红十字会立法的准备工作。五届理事会和执行委员会，把中国红十字会的立法工作，提到了重要议事日程。

制定中华人民共和国红十字会法是履行日内瓦公约和适应国际红十字运动发展的需要。中华人民共和国于 1956 年 12 月 28 日加入日内瓦公约，1983 年 9 月 2 日加入日内瓦公约两项附加议定书。中国红十字会于 1985 年当选为红十字会与红新月会国际联合会执行理事，1989 年成为联合会副主席，是国际红十字组织的重要成员，中国红十字会若不立法，按照日内瓦公约开展活动难以得到法律的确认与保障。红十字会与红新月会国际联合会在全世界已有 150 多个成员国，其中绝大多数国家制定了红十字会法。中国红十字会立法已十分必要。

制定中华人民共和国红十字会法，也是国内红十字事业发展的需要。中华人民共和国成立以来，中国红十字会在政府的领导下，虽然有很大发展，取得了显著成绩，但红十字会的性质、任务、地位、作用等尚未以法律形式加以明确，影响到红十字事业的发展，制约着红十字会某些特殊作用的发挥，在国家深化改革，法制建设不断健全，人民群众法制意识不断增强的形势下，红十字会的立法工作已刻不容缓。

为抓紧立法工作，加强政策研究，1990 年 10 月，总会成立了政策研究室，具体负责立法工作。1991 年 6 月，《中华人民共和国红十字会法（草案）》及立法说明，经卫生部报国务院法制局。1993 年 6 月 11 日，国务院第五次常务会议审议并原则通过《中华人民共和国红十字会法（草案）》。1993 年 10 月 31 日，《中华人民共和国红十字会法》经第八届全国人大常委会第四次会议正式通过，并以中华人民共和国主席第十四号令颁布施行。

《中华人民共和国红十字会法》的颁布施行是划时代的事件。从此，结束了中国没有红十字会法的历史，标志着中国红十字事业进入了新的发展阶段，对中国红十字事业的发展有着深远影响。《中华人民共和国红十字会法》分总则、组织、职责、标志、经费与财产、附则，共六章，二十八条。就中国红十字会的宗旨、性质、任务和红十字标志等做了明确规定。

中国红十字会总会向全国各级红十字会发出《关于认真学习宣传红十字会法的通知》，要求各级红十字会认真组织广大会员学习宣传红十字会法，总结历史经验，联系本地实际，增强法制观念，掌握法律武器，把红十字事业推向前进。1993 年 11 月 2 日，中国红十字会总会在京举行了新闻发布会，介绍制定《中华人民共和国红十字会法》的背景、主要内容及重要意义。

总会将我国立法部门翻译的《中华人民共和国红十字会法》英文本通报红十字会与红新月会国际联合会和红十字国际委员会。

（十六）海峡两岸红十字工作

1979 年 2 月，在中国红十字会第三次全国代表大会上，钱信忠会长表示：渴望早日与台湾红十字组织的同仁们欢聚，愿意同台湾红十字组织同仁一道，为祖国的统一大业贡献力量，并欢迎台湾红十字组织同仁和台湾同胞到祖国内地参观、游览、探亲、访友。7 月，中国红十字会总会致电台湾红十字组织表示，查找亲朋下落是台湾和大陆骨肉同胞的共同愿望，建议与台湾红十字组织就查人转信和家人团聚、探亲等问题进行商谈。1980 年 10 月 4 日，钱信忠会长再次发表谈话，愿与台湾红十字组织共携手，为促进祖国和平统一大业出力，并建议：

（1）中国红十字会总会愿同台湾红十字组织就查人转信进行合作。

（2）中国红十字会总会愿意为台湾同胞与祖国内地的亲友联系、团聚提供帮助。

（3）相互选派代表团进行访问，增进相互了解和发展红十字会业务。

1. 机构设置与工作范围

“四大”之前，总会成立对台工作小组。1988 年初，正式成立台湾事务服务部；1990 年 10 月，改名为台湾事务部。

中国红十字会从人道主义的角度出发，积极开展台湾事务工作，在祖国和平统一大业中发挥了重要作用。台湾事务工作的范围不断拓宽，从查人转信、接待探亲台胞，处理探亲衍生事宜、内地公民赴台咨询，发展到处理海难事件、对私渡者的双方遣返见证和红十字会业务的合作交流等。在实现两岸的直接对话、商谈方面发挥了非常重要的作用，为祖国和平统一的进程做出了贡献。

为了沟通两岸的民间来往，1987 年初，总会利用与台湾红十字组织的间接联系，在全国范围内开展了大规模的查人转信工作。各地红十字会根据总会通知，当年即查到台胞在大陆亲属 57 人，接转并处理大陆查找在台亲属的信件 18000 件。到 1988 年 11 月底，总会共受理两岸查人信件、表格 223000 宗，其中 4350 宗有结果，为 13060 多名台胞、台属找到了失散几十年的亲人。

中国红十字会的查人转信工作适应了台湾当局开放台胞回大陆探亲新形势的发展，为两岸失散几十年的亲人查找到了音讯，建立了联系，从而使更多的台湾同胞能回大陆与亲人团聚。

1990 年 4 月 16 日，中国红十字会副秘书长曲折与台湾红十字组织副秘书长常松茂关于台湾来大陆探亲的一名病人的关照通了电话，这是两岸红十字组织的领导人第一次直接通话联系。

1990 年初，台湾红十字组织负责人徐亨通过他在上海的老朋友、民革监委谭敬传话表示："若大陆红十字会长向其邀请，他愿应邀访问大陆。"1990 年 4 月 6 日，陈敏章会长以个人名义邀请台湾红十字组织负责人徐亨访问大陆。经多次联系和协商，徐亨、常松茂一行于 5 月 24 日至 6 月 10 日，顺利访问大陆，首开两岸红十字组织直接接触的记录，双方就处理与红十字组织业务有关的问题达成五项口头协议，标志着两岸红十字组织交往的开始。同年 7 月，台湾红十字组织秘书长陈长文、副秘书长常松茂应顾英奇常务副会长的邀请，访问大陆。由于陈长文先生身兼数职，又是在台"国是会议"结束之后来访，所以备受瞩目。陈长文此次来大陆，对促进海峡两岸实质性交往起了积极作用。

2. 金门协议

海峡两岸红十字组织代表韩长林、陈长文等于 1990 年 9 月中旬在金门就双方参与见证其主管部门执行海上遣返事宜举行工作商谈，经充分交换意见后，达成协议（金门协议）。

金门协议和第一次见证遣返。两起惨剧。1990 年 7 月 22 日，在福建省平潭县沃前镇光裕村前海面，我渔民和公安人员发现被台湾军方单方面遣返的"闽平渔"5540 号渔船。船舱里面共有 25 具中年男性尸体及 1 名幸存者。8 月 13 日，台舰艇在押送另一只私渡船"闽平渔"5202 号遣返时，在距台湾 13 海里处，不慎撞翻渔船，船上 50 人，29 人被救起，21 人下落不明。

金门协议的签定。两起严重事件使台湾当局受到舆论的强烈谴责，不得不请台湾红十字组织出面，与大陆红十字会联系要求参与遣返见证。8 月 21 日，台湾红十字组织与中国红十字会联系，要求具体商谈遣返见证事宜。中国红十字会答复：一定要当面商谈，双向遣返。9 月 1 日，台湾红十字组织电告中国红十字会，表示希望在金门举行会谈。1990 年 9 月 11 日，总会派秘书长韩长林等 5 名代表乘"厦渔 507 号"船，上午 10 时 15 分到达金门料罗湾新湖渔港。5 名代表成了两岸隔绝 42 年后，第一次登上台湾当局控制的"军事禁地"的大陆人员。经会谈，双方达成双向遣返见证协议，即著名的"金门协议"。协议公布后，在海内外产生很大反响。台新闻界认为，"这次商谈使两岸关系跳出低谷、初见曙光，""为 40 年来一大突破。"

第一次见证遣返。根据协议，双方商定 1990 年 10 月 8 日实施第一次遣返，地点在马祖岛，甲方首席代表是中国红十字会副秘书长曲折和福建省红十字会副会长计克良，乙方首席代表是台湾红十字组织秘书长陈长文、副秘书长常松茂。首批遣返 55 名大陆私渡人员。

3. 赴台处理"闽狮渔"事件

1991 年 7 月 21 日下午 3 时许，福建省石狮市祥芝乡"闽狮渔"2294 号和 2295 号两艘渔船 18 名渔民在台湾西北 30 海里处捕鱼作业，与台湾高雄"三鑫财"号渔船发生民事纠纷，台湾飞机、军舰齐出动，并开枪打伤一渔民。尔后，将两艘渔船和18名渔民强行押到台中港。

7月25日晚，大陆国台办致函台湾海基会，希望台湾方面确保18名渔民的人身自由与安全，尽快将大陆渔民及渔船送返大陆。

8月3日，国台办将上述决定电传函告台湾海基会。双方最后商定，中国红十字会副秘书长曲折、政策理论研究室副主任庄仲希和两名记者范丽青、郭伟峰于8月12日赴台作为期3天的“人道探视”。

在台湾，曲折代表中国红十字会总会并受福建分会委托发表谈话：“亲莫大于骨肉，痛莫大于分离。18位渔民的亲属和父老乡亲热切盼望亲人早日平安归来。人同此心，心同此理。我们将不负厚望，竭尽绵薄之力，真切地表达亲人的思念和慰问，充分地表达中国红十字会总会、福建省分会的关切。希望此行能给18位渔民带来亲情的温暖，能对他们早日与家人团圆有所助益，并希望能得到台湾各界人士和有关方面的理解，并向一切关心18位渔民，并给予帮助的台湾同胞和各界人士致以崇高的敬意。”

21日上午，曲折、庄仲希在陈荣杰、许惠佑陪同下去台中看守所看望渔民。双方就如何送回渔民的方式，达成协议：

（1）由海基会派一艘客船将11位渔民从金门送到厦门。

（2）大陆渔民所拥有的“闽狮渔”2294号、2295号两艘渔船也由海基会雇人同时开回厦门。

（3）大陆渔民的返回时间，由海基会视天气和海象状况尽快安排进行，并提前48小时告知。

（4）1992年1月27日，因台中“高等分院”判决“闽狮渔案”，7名渔民分别获判无罪、缓刑、公诉不受理确定，7名被扣滞台长达半年的大陆渔民终于取道香港回到大陆与亲人团聚。

4. 华东地方洪涝灾害

1991年，华东地区发生百年未遇的特大洪涝灾害，在台湾红十字组织的动员组织下，台湾同胞共捐款、物折合人民币1.8亿元。为感谢台湾各界同胞，总会组成了以副会长孙柏秋为团长的赴台答谢访问团，于1992年8月17日至8月25日，对台湾进行了为期一周的访问。

在台期间，孙柏秋一行除举行了隆重的答谢茶会和告别晚宴，答谢台湾各界的赈灾义举外，还拜会了台湾红十字组织和海基会，就两岸红十字组织的赈灾配合、专项业务交流取得了共识；拜会了台湾六大企业、财团机构，面谢他们的赈灾义举；介绍了大陆的社会和经济发展情况；访问了台湾省台中市、高雄市红十字组织及慈晖育幼院；探视了新竹“大陆同胞收容中心”的同胞，带去了家乡亲人的问候。所到之处，均受到台湾同胞和各界热情、友好的欢迎与隆重的接待，新闻媒体踊跃报道，在全岛引起轰动。

（十七）国际交往

1. 积极参加国际红十字组织的活动

1985年10月20日至24日，在日内瓦举行了第四届红十字会与红新月会协会国际大会。由谭云鹤副会长率领的中国红十字会代表团参加了会议，10月21日会议举行了无记名投票，中国红十字会以104票（最多票）当选为执行理事。当时当选的还有其他15个执行理事国。这一事实表明，我国的国际声望日益提高，随着中国红十字会的国内工作不断恢复和发展，作为执行理事，我国红十字会在以后的国际红十字运动中起到了更积极的作用。

1986年9月16日，国务院总理赵紫阳在中南海紫光阁会见第四次来访的国际红十字会与红新月会协会主席德拉马塔，并就中国红十字会的地位和作用发表讲话。1992年9月11日，国务院总理李鹏在中南海紫光阁会见了来华访问的红十字国际委员会主席科纳里奥·索马鲁加，双方进行了亲切友好的谈话。

1985年以来，中国红十字会代表团出访和各国红十字会代表团来访日益增多。中国红十字会代表团先后应邀访问了匈牙利、加拿大、美国、韩国等几十个国家的红十字会或红新月会。

同时，在这一时期，中国红十字会先后邀请并接待了联邦德国、苏联、加拿大、土耳其及香港等国家和地区的红十字会代表团访华。

通过互访增进相互了解，加深了双方的友谊。

1986年10月举行的第二十五届国际红十字大会上，把国际红十字运动正式定名为“国际红十字与红新月运动”。

1988年11月，在巴西的里约热内卢召开的第六届红十字会与红新月会协会大会上，中国红十字会代表团提出的两项议案，均得到通过。

国际红十字会与红新月会协会第七届大会于1989年10月15日在日内瓦举行。大会的主要任务是换届选举协会新的领导机构，讨论通过90年代发展战略。谭云鹤作为“协会90年代战略委员会”成员之一，在讨论制订90年代发展战略的过程中起到了重要作用。10月23日，中国红十字会的代表谭云鹤副会长当选协会副主席。1992年4月，鉴于谭云鹤已不再担任中国红十字会的副会长，改由常务副会长顾英奇担任协会副主席。

1993年10月25日至28日，红十字会与红新月会国际联合会第九届大会在英国伯明翰召开，以中国红十字会常务副会长顾英奇为团长的中国红十字会代表团出席了会议。此次会议的主要内容包括：选举该组织领导机构、审议1994～1995年战略工作计划。10月26日，中国红十字会以102票再次当选为该组织执行理事会成员。红十字会与红新月会国际联合会主席马里奥·维拉罗尔·兰德尔再次当选为主席。

2. 组织国际技术交流

自80年代后期到90年代初，中国红十字会举办了一系列的技术交流和各种国际性讲习班。

1987年5月11日至17日举办了国际人道主义法讲习班，10月19日至31日举办了首届中医急救技术讲习班。

1990年6月11日至21日，国际红十字会与红新月会协会同中国红十字会在北京举办国际红十字与红新月运动知识讲习班、中国红十字会救灾工作研讨班，10月19日至23日，在北京举行了国际红十字人类白细胞抗原研讨会。

1991年，中国红十字会与红十字国际委员会、中国人民解放军总政治部联合在西安政治学院举办了武装冲突法讲习班；“中国红十字展览”于9月22日在意大利国际红十字博物馆隆重开幕，这是中国红十字会首次举办这样的展览。

3. 承办第四届亚太区域红十字会与红

新月会大会

红十字会与红新月会第四届亚太区域大会于1993年5月24日至29日在北京召开。全国人民代表大会常务委员会委员长乔石，国务委员彭珮云，中国红十字会会长陈敏章、常务副会长顾英奇、副会长孙柏秋、秘书长曲折，红十字会与红新月会国际联合会主席马里奥·维拉罗尔·兰德尔，红十字会与红新月会常设委员会主席博塔·赛因——韦特根斯泰因亲王，红十字国际委员会副主席克劳迪奥·卡拉什，红十字会与红新月会国际联合会代理秘书长乔治·韦伯，中华人民共和国外交部部长助理秦华孙出席了开幕式。中华人民共和国主席江泽民给大会发来贺信。顾英奇当选为本届大会主席。乔石委员长在开幕式上致词。陈敏章代表中国红十字会致欢迎词。会议从第二天起，分三个委员会（备灾、发展和卫生）进行。出席这次会议的31个国家的代表98人，观察员33人。大会于闭幕前签署了《北京宣言》——致力于解决本地区面临的主要问题、相互交流经验、相互援助的合作计划。与会代表一致认为，宣言的签署对提高亚太区域国家及地区红十字会的合作与整体作用，加强这一地区的抗灾能力，减轻人类所遭受的苦难，将起到积极作用。

（十八）援外和外援

中国红十字会从80年代初期开始，对外积极履行了人道主义援助的义务，每年都在20起左右。据1987年到1989年统计，5年共向64个国家和地区提供498万元人民币和98.5万美元（包括物资折款）的援助。

1991年夏、秋，我国南方地区发生严重的洪涝灾害，中国红十字会及时发出呼吁，在红十字会与红新月会国际联合会的协调下，挪威、奥地利、加拿大、美国、韩国、瑞士以及台湾、香港、澳门等30多个国家和地区共捐款折合人民币1.04亿元，捐物折合人民币2.3亿多元。全部物资都及时分发到各灾区，这些款物对于受灾地区的群众起到很大的作用。

九、依法建会时期（1995年—2004年）

1994年4月，中国红十字会第六次全国会员代表大会在北京召开，全国政协副主席钱正英当选为中国红十字会会长，国家主席江泽民受聘担任中国红十字会名誉会长。

（一）组织建设

1995年底，中国红十字会在全国已拥有基层组织15.6万个；会员2240万人，其中红十字青少年会员890万人。

1995年4月11日—14日，中国红十字会第六届理事会第二次会议在南京市召开。中国红十字会会长钱正英就关于建设中国红十字事业与建设有中国特色的社会主义的关系；发展步骤和当前的主要任务；独立自主、自成体系开展工作等三个方面的问题进行了阐述。

1996年底，中国红十字会在全国的组织发展情况如下：

基层组织　15.3万个

会员　1348万人

红十字青少年会员　933万人

中国红十字会第六届理事会第三次会议1996年3月在上海召开。会议通过了《中国红十字会基金管理办法》的决议；并增补更换了部分理事。

中国红十字基金会、中央电视台、光明

集团于1997年9月12日至10月27日共同主办“97年复明行动”，组成的志愿医疗队，到西藏拉萨市以及山南、林芝地区的6个县工作了45天，以百分之百的复明率，为508例白内障患者作了人工晶体置换手术；还诊治其他眼病患者589例，受到西藏人民的热情赞誉。

1997年4月，中国红十字会第六届理事会第四次会议在福建省厦门市召开。会议原则通过了《中国红十字会红十字标志标明性使用规定》、《中国红十字会募捐和接受捐赠工作条例》。同时，有关香港红十字会的三项决议得到一致通过，这些决议分别是《中国红十字会第六届理事会第四次会议关于接纳香港红十字会为中国红十字会分会的特别决议》、《中国红十字会第六届理事会第四次会议关于增补郑栋材先生、林胡秀霞、董赵洪娉女士为第六届理事会理事的特别决议》、《中国红十字会第六届理事会第四次会议关于修改〈中国红十字会章程〉第34条的特别决议》。

香港红十字会成立于1950年，原为英国红十字会的分会。1976年香港立法局通过法例，赋予香港红十字会法人地位，确认香港红十字会为一个可自行管理会务及财政的社会服务团体。

1997年7月1日，我国政府对香港恢复行使主权，中国红十字会与香港红十字会在回归后的相互关系及有关事宜也随之列入议事日程。香港红十字会会长邵逸夫先生致函中国红十字会会长钱正英：正式申请于1997年7月1日起，加入中国红十字会。同时中国红十字会也接到英国红十字会的正式通报：已批准香港红十字会于1997年6月30日24时脱离英国红十字会。

1997年4月25日，在日内瓦召开的国际联合会执行理事会第三十九次会议上，中国红十字会正式公布：于1997年7月1日起正式接纳香港红十字会为中国红十字会的一个享有高度自治的地方分会的决议。中国红十字会圆满解决香港红十字会的回归问题得到国际联合会、国际委员会及全体与会代表的高度赞扬。

1997年，全国人大八届五次会议决定成立重庆直辖市。重庆市红十字会因而成为省级分会。至此，中国红十字会已有31个省级分会组织。

中国红十字会第六届理事会第五次会议于1998年3月31日至4月3日在云南昆明市召开。会议通过了《学习贯彻十五大精神，积极推进两个转变，建构有中国特色红十字事业的基本框架》的工作报告。

中国红十字会在全国开展了基层组织与会员的普查工作。普查结果：截至1998年12月底，中国红十字会拥有基层组织12万个；会员1800多万人。

1999年中国红十字会在组织建设方面取得重要成就：4月，完成总会机关的机构改革。10月10日，在北京召开了中国红十字会第六届理事会第六次会议，做出了关于接纳澳门红十字会为中国红十字会享有高度自治权分会的特别决议。

1999年10月11日至13日，中国红十字会第七次全国会员代表大会在北京召开。全国人大常委会副委员长彭珮云当选为中国红十字会会长。国家主席江泽民继续受聘为中国红十字会名誉会长。“七大”是全面贯彻《中华人民共和国红十字会法》，加速发展中国红十字事业的一次大会。国家主席江泽民、副主席胡锦涛，国务院副总理李岚清、钱其琛等领导人接见与会代表。江泽民主席赞扬“红十字事业是崇高而伟大的事业”，并指出“随着我国改革开放的进一步发展，中国红十字事业前景将更加广阔”。朱镕基总理在贺信中称赞中国红十字会协助政府做了大量工作，“赢得了良好的声誉和社会各界的支持，产生了积极的影响。”李岚清副总理指出：“中国红十字事业是我国社会主义事业的一个组成部分。红十字会从事的人道主义社会救助工作，有其独特的优势，我们要利用和发挥红十字会的优势，为我国各族人民造福，为建设有中国特色社会主义伟大事业服务……这是国家的需要，人民的需要，也是时代的需要。”国家领导人的讲话、贺信，充分肯定了中国红十字会在国家两个文明建设中的地位及作用，对广大红十字工作者是极大的激励和鼓舞。

会议听取并通过了顾英奇代表第六届理事会所作的工作报告；修改了《中国红十字会章程》；制定了《中国红十字会2000—2004年工作规划纲要》；选举产生了第七届理事会和常务理事会；通过了关于增补澳门红十字会左立基、曹国希先生为第七届理事会理事的特别决议。

截至1999年12月底，中国红十字会拥有基层组织8.2万个；会员2026万人。

1999年12月20日，中华人民共和国政府恢复对澳门行使主权。依据澳门基本法、国际红十字运动的基本原则和有关章程规定及中国红十字会与葡萄牙红十字会、澳门红十字会达成的协议，澳门红十字会在同日脱离葡萄牙红十字会并加入中国红十字会，继香港特别行政区红十字会之后，成为中国红十字会又一个享有高度自治权的地方分会。

1999年12月26日，中共机构编制委员会办公室以中编办字〔1999〕136号文件理顺了总会的管理体制，即“将中国红十字会总会由‘卫生部代管’改由国务院领导联系”。这是《中华人民共和国红十字会法》颁布施行之后的又一重大事件。

1. 2000年，组织建设取得了明显进展。

(1) 理顺省级红十字会管理体制的工作

总会的管理体制理顺之后，及时召开了座谈会，并辅以其他有效措施，大力推动地方红十字会该项工作的进程。截止到年底，已有北京、天津、内蒙古、吉林、新疆、云南、广西、青海、重庆、广东、安徽、湖南、四川、河北、辽宁、贵州等16个省（自治区、直辖市）红十字会理顺了管理体制。

(2) 全面加强自身建设

部分省（自治区、直辖市）及地县级红十字会，抓住“七大”之后的有利时机，召开了会员代表大会，进行了换届的工作，对本地各级红十字会专职干部进行了培训，实行了目标管理。

各地新建基层组织的工作都有新的进展。

截止到5月，全国共有基层组织8万个，会员2026万人。

(3) 会费收缴管理及红十字志愿工作者工作

5月，总会在山西太原召开了“中国红十字会组织工作座谈会”，与会代表对会费收缴及志愿服务工作进行了研讨。

继续加强会费管理。到年底，共有北京、天津等11个省（自治区、直辖市）红十字会向总会缴纳会费近 15 万元。

2. 2001 年组织工作。

(1) 基本理顺了省级红十字会的管理体制

理顺红十字会管理体制工作得到了政府的支持。2001 年 2 月，中国红十字会第七届理事会第二次会议在北京召开。李岚清副总理在致信中指出："在新的世纪，希望中国红十字会坚持依法治会，加快理顺管理体制，坚持以改革促发展，建立充满生机与活力、密切联系群众、体现自身特点的组织机构和运行机制。"中国红十字会会长彭珮云，中国红十字会常务副会长王立忠等对理顺省、市、县三级红十字会管理体制问题做了详细阐述、提出明确要求。

截至 2001 年，新增黑龙江、上海、江苏、浙江、福建、江西、四川、河南、湖北、海南、西藏、宁夏 12 个省（自治区、直辖市）红十字会理顺了管理体制。理顺管理体制为红十字会依法建会、依法治会、依法兴会、充分发挥政府助手作用，为推动红十字事业的长远发展奠定了坚实基础。

(2) 自身建设

根据中央编办发〔2001〕34 号文件要求，总会机关完成了机构改革。内设机构调整为：办公室、赈济救护部、事业发展部、联络部等机构；内设 15 个处、室。业务工作也做了相应的调整。

(3) 组织工作

2001 年，全国有基层组织 70612 个，会员 1941 万人；志愿工作者 29 万人；修订后的《中国红十字会会费管理办法》从 2001 年 5 月 1 日起施行。各级组织加强了收缴会费的工作，总会收缴会费比上一年度增加 12%。

3. 2002 年组织工作。

(1) 理顺省级红十字会管理体制的工作

中国红十字会七届三次理事会议提出理顺计划单列市、省会城市红十字会管理体制的工作目标。2002 年，召开了"中国红十字会理顺管理体制座谈会"，总结理顺管理体制后对促进红十字事业发展的经验，研究加快理顺管理体制问题。

截至 2002 年底，已经有 29 个省级、10 个计划单列市和省会城市红十字会理顺了管理体制，75 个地（市、州、盟）和 175 个县（区、市、旗）红十字会理顺了管理体制。内蒙古、吉林全部地、市、州、盟和新疆 80% 的市、地、州以及内蒙古 60% 的县级红十字会理顺了管理体制。

(2) 组织发展

截至 2002 年底，全国共有基层红十字会组织 66100 多个，会员 1750 多万人，志愿工作者 31 多万人。

(3) 干部培训

2002 年，中国红十字会在北京举办"中国红十字会领导干部培训班"。各省、自治区、直辖市红十字会的专职副会长及秘书长（办公室主任）参加了培训。北京、天津、重庆三个直辖市红十字会也结合当地实际开展了干部培训工作。据统计，2002 年全国共举办各种干部培训班 364 期，培训干部 17675 人次。

(4) 法规建设

1995 年中国红十字会第六届二次理事会议通过了《关于中国各级红十字会使用统一的名称和标志的特别决议》。决议规定"红十字会的名称和红十字标志作为中国各级红十字会统一使用的名称和标志"。

1996 年 1 月 29 日，国际院总理李鹏、中央军委主席江泽民签署发布中华人民共和国国务院、中华人民共和国军事委员会第 194 号令，颁布《中华人民共和国红十字标志使用办法》，并自签发之日起实施。

云南、黑龙江、四川、河南、山西、湖北、吉林、湖南等省也相继颁布实施红十字会法的地方法规。这些地方法规就红十字会开展募捐、执行救助任务中优先通行、经费来源、有关税费优惠等予以具体规定。

1997 年 7 月 21 日至 24 日，总会与全国人大教科文卫委员会联合在北京召开红十字会法实施情况座谈会。全国人大常委会副委员长吴阶平，中国红十字会会长钱正英、常务副会长顾英奇、副会长曲折出席了会议。

1998 年 11 月 5 日，全国人大法工委与中国红十字会共同举办《中华人民共和国红十字会法》颁布实施五周年纪念座谈会。全国人大常委会副委员长彭珮云出席了会议。

1999 年，中国红十字会第七次全国会员代表大会召开，江泽民发表讲话指出："红十字事业是崇高而伟大的事业，""所有从事红十字会工作的同志，都要热爱红十字事业，做到爱岗敬业，乐于奉献，开拓进取。各级政府和社会各界要关心和支持红十字会的工作，落实《中华人民共和国红十字会法》，把我国的红十字事业办得更好。"

总会一方面与全国人大有关部门进行协商，争取在法律、政策方面推进红十字会法的贯彻实施，一方面以文件、会议、考察等多种形式促进红十字会法的贯彻落实。

全国人大常委会副委员长、中国红十字会会长彭珮云先后对北京、重庆、辽宁、天津、山西、浙江等地红十字会进行了工作考察，着重了解依法建会的情况，并与当地的人大、政府领导商谈，敦促各地贯彻执行红十字会法。同时，中国红十字会执行委员会成员分别带队，先后赴有关省、区、市进行调研，加快理顺红十字会管理体制的步伐。

各地红十字会与当地的人大、政府密切合作，开展了执法检查、纠正乱用红十字标志现象等一系列工作，其中，重点是依法促进红十字会的自身建设。自 1993 年红十字会法颁布以来，多数省（自治区、直辖市）人大已经制定了实施办法。

经过总会的努力争取，财政部、国家税务总局联合制定财税字〔2000〕30 号文件，文中规定：企业等社会力量向红十字事业的捐赠，在计算缴纳企业所得税和个人所得税时准予全额扣除。这项政策将鼓励社会力量为红十字事业捐赠的积极性。

人事部同意与总会联合表彰红十字会系统先进工作者、劳动模范和先进集体。

2001 年，总会号召全国开展清理、整顿滥用红十字标志及名称工作。

辽宁、青海省"人大"通过当地的《实施中华人民共和国红十字会法办法》；上海市人大常委会出台了《上海市遗体器官捐献条例》，明确上海市红十字会在这项工作的职责。

财政部、国家税务总局下发了《关于企业等社会力量向红十字事业捐赠有关所得税政策问题的通知》。财政部票据中心为总会印制了接收捐赠专用发票。

（二）贯彻实施红十字会法

2001 年，各级红十字会利用"五八"世界红十字日、《中华人民共和国红十字会法》颁布纪念日、全国普法宣传日等各种时机宣传红十字会法。

10月31日，总会与司法部联合召开纪念红十字会法颁布施行8周年暨“四五”普法动员电视电话会议。中国红十字会总会、司法部、全国人大教科文卫委员会、全国人大法工委、国务院法制工作办公室领导参加会议。

2002年，中国红十字会全面宣传贯彻红十字会法，在推动地方政府立法，配合人大和政协开展执法检查和视察，进行普法教育等方面都取得了可喜成绩。

各级红十字会积极配合同级人大、政协对红十字会法的执行情况进行检查和视察。中国红十字会总会配合全国人大教科文卫委员会对广西壮族自治区、海南省进行执法调研；配合全国政协社会和法制委员会组织全国政协委员视察天津市贯彻落实红十字会法情况；组织在京理事视察了北京市通州区贯彻落实红十字会法的工作。

2003年10月31日，中国红十字会总会、全国人大教科文卫委员会、全国政协社会和法制委员会、司法部、国务院法制办公室联合召开了纪念红十字会法颁布十周年电视电话会议。

通过积极开展法制宣传教育。利用纪念会、动员会和法律知识竞赛等各种方式，促进红十字会法的贯彻落实。

（三）争取落实政策工作

在红十字会法颁布后，总会就已经开始做争取政策的工作。“七大”之后，中国红十字会加大了争取政策的力度，仅2002年，就依法争取到国家财政、卫生、民政、海关、统计等五项发展中国红十字事业的政策：

1. 财政部为支持中国红十字会总会开展人道主义救助工作，发出《财政部关于中国红十字会总会使用彩票公益金的函》（财综〔2002〕30号）。从2002年起，在国家第十个五年计划期间，中央财政从统筹的彩票公益金中安排3.37亿元人民币，支持中国红十字会开展备灾救灾、卫生救护、中国造血干细胞捐献者资料库建设工作。

2. 中国红十字会总会与卫生部联合发出《关于加强中国造血干细胞捐献者资料库（中华骨髓库）建设的通知》（红赈字〔2002〕28号）。

3. 中国红十字会总会与民政部发出《关于开展社区红十字服务工作的通知》。

4. 海关总署办公厅发出《关于将海关没收的侵权货物用于救灾工作的通知》（署办发〔2002〕49号），增加了红十字会的救助实力。

5. 中国红十字会的各项统计报表经国家统计局审核备案后，纳入了国家统计工作范畴。

（四）备灾救灾与社会服务

1995年，我国共有28个省、自治区、直辖市遭受了多种自然灾害的袭击。交通、通讯、电力、水利、医疗、卫生等基础设施受损严重，直接经济损失达600多亿元。

灾情发生后，中国红十字会救灾防病领导小组立即下达紧急通知，要求各级地方红十字会迅速投入救灾防病工作，随即向重灾区拨出230万元救灾款。7月18日，正式向国际联合会发出紧急救援呼吁，同时向香港红十字会、台湾红十字组织通报灾情。

经国际联合会的积极协调，中国红十字会得到了各国家红十字会和政府的大力支持；同时，得到香港、澳门红十字会和台湾红十字组织以及境内外各团体的热情捐助。截至1995年12月31日，收到捐助款物折合人民币7603.9万元，加之总会动用的紧急救灾款230万，共7833.9万元。这些救灾款物使177.3万灾民受益。

中国红十字会已建成的杭州、孝感、沈阳三个区域级备灾救灾中心在1995年救灾中，不仅承担了制作救灾棉衣棉被，转运救灾物资的任务，还因地制宜，根据自己的特点开办经济和社会性的经营活动。总会所属的成都、广州、西安三个区域备灾救灾中心和江苏、安徽、上海、内蒙古、广西、西藏、云南等7个省级备灾救灾中心正在建设之中。

为了加强对备灾救灾中心的管理，总会于1995年12月8日至10日在广州召开了“中国红十字会备灾救灾中心工作座谈会”，与6个区域级备灾救灾中心所在地的省（区）级红十字会就备灾救灾中心的权利和履行的义务签订了协议书。

3月，中国红十字会代表参加了在马来西亚吉隆坡召开的“亚洲地区国家红十字会备灾战略研讨会”。

5月，中国红十字会的代表出席了由国际募捐组织、香港社会福利会联合在香港举办的“首届东亚地区募捐研训班”。

从1996年开始，由中国红十字会和红十字会与红新月会国际联合会共同认可的国际审计机构对中国红十字会所接收的红十字会与红新月会国际联合会救灾款使用情况进行审计。1996年我国多灾，全国27个省（自治区、直辖市）受灾人口达2亿人。

1995年7月和8月，中国红十字会为受灾严重的湖南、湖北、贵州、安徽、浙江、江西等12个省向红十字会与红新月会国际联合会发出紧急呼吁；还及时向香港红十字会、台湾红十字组织通报灾情。

截至1996年底，中国红十字会与红十字会与红新月会国际联合会、香港红十字会、台湾红十字组织为12省水灾灾区募集款物4288000美元，约合人民币35595000元。

此外，中国红十字会直接接收香港红十字会捐助18690000元（人民币）和台湾红十字组织捐助2025000元（人民币）。

在救灾中，各地方红十字会自筹款物总价值6575万元。

中国红十字会与卫生行政部门密切合作，共同组派医疗防疫队消毒环境、净化水源、医治伤病人员，确保大灾之后无大疫发生，并与国际联合会、日本红十字会及香港红十字会、台湾红十字组织的救灾代表密切合作，使得救灾工作圆满成功。

1996年，中国红十字会建设的广州、成都、西安三个区域性备灾救灾中心及云南省备灾救灾中心全面完工，随即开始在救灾中发挥作用。中国红十字会与红十字会与红新月会国际联合会合作，11月在北京举行了“首期国际救济代表预备人员培训班”。在云南昆明市举办“东亚地区社区备灾工作研讨会”。6月、9月，中国红十字会两次派员赴日本参加在那里举办的国际救灾代表培训班和亚太地区红十字会救灾网络会议。

1996年12月，中国红十字基金会在北京正式成立。宋平、赵朴初、钱正英等领导出席成立大会。基金会聘请宋平为荣誉会长；中国红十字会常务副会长顾英奇出任会长；推荐选举组成基金会高级顾问团、理事会、常务理事会、监事会等机构。至1996年底，基金会已收到捐赠款物2000多万元。

1997年全国有25个省、自治区、直辖

市遭受不同程度的自然灾害，直接经济损失达1100亿元。

总会向灾区投入169万元款物。各地红十字会用于救灾款物价值总计达到9600万元。本年度的救灾工作继续得到红十字会与红新月会国际联合会的大力帮助，共计投入救灾款物总额692.3万元。

备灾网络的建设进一步深入，江苏省和上海市红十字会备灾救灾中心竣工。

1997年，总会协同红十字会与红新月会国际联合会委托的普华国际会计公司对国际联合会援助中国红十字会的1995年水灾，1996年水灾、云南地震、内蒙古地震及火灾、广东备灾救灾中心5个项目进行审计并获得通过。

3月，红十字会与红新月会国际联合会备灾部和国际联合会亚洲地区代表团一行来华考察中国红十字会备灾救灾工作，并与中国红十字会商讨建立计算机网络项目的事宜。

7月，中国红十字会代表应邀参加联合国人道事务部在泰国曼谷召开的“灾情反应协调研讨会”，同时参加了红十字会与红新月会国际联合会亚洲地区代表团召开的“亚太地区红十字会灾害反应工作网络会议。”

1998年，河北省张家口市的6.2级地震，西藏、青海等特大雪灾，长江、松花江、嫩江流域的特大洪水灾害，云南省宁蒗地区的6.2级地震等，多种灾害接连发生，中国红十字会全力以赴地开展了救灾工作。两次向红十字会与红新月会国际联合会及我国的台、港、澳地区的红十字组织发出救援呼吁，并动员全国各级红十字会全力投入到救灾工作中。中国红十字会本年度接受来自红十字会与红新月会国际联合会的捐款额合计为1700多万瑞士法郎（约合人民币1.0827亿元）。

香港、澳门同胞多次为灾区捐助款物，合计达1.38亿元人民币。台湾红十字组织也为支援大陆灾区的救灾工作提供了价值852万元人民币的物资。

中国红十字会大规模的募捐活动得到了新闻界的积极响应。张家口地震发生后，《人民日报》支持中国红十字会的救灾募捐工作，在头版公布中国红十字会的救灾捐赠专用账号。8月16日，中国红十字会与中央电视台、中华慈善总会一起举办了“我们万众一心”赈灾义演晚会。国务院办公厅8月19日代表国务院总理朱镕基致函包括中国红十字会在内的主办单位，高度赞扬抗洪赈灾义演晚会成功。9月19日，中国红十字会与全国政协、国家民政部、中华慈善总会联合举办了“同舟共济重建家园”义演晚会。各新闻媒体给予中国红十字会救灾活动以极大关注，大量的新闻报道有力推动了中国红十字会募捐工作的开展。

中国红十字会的救灾工作还得到社会各界的大力支持：中国国际航空公司、国家邮政总局、中国邮电电信总局先后为中国红十字会的救灾工作提供了免费服务。

1998年，中国红十字会为张家口地震募得9000万元，为西藏、青海雪灾募得1000万元，为长江、松花江、嫩江流域水灾募得8.02亿元，为云南宁蒗地震募得300多万元，全年总计约9亿元，创中国红十字会救灾历史的最高记录。国家审计署对中国红十字会1998年的救灾款物的使用进行了重点审计，给予了较高的评价。

中国红十字会作为国家救灾防病工作领

导小组成员，与卫生部门合作派出9000多支医疗队前往灾区参加防病防疫工作，为确保灾区大灾后无大疫做出了积极贡献。中国红十字基金会向灾区转赠了价值3000多万元的食品和药品。12月2日至3日，中国红十字会“1998年抗洪抗震救灾总结表彰大会”在北京召开。

为提高救灾管理工作的质量，5月在香港召开了17个省市红十字会参加的救灾工作研讨会。6月在北京举办了黄河流域11个省市红十字会参加的赈灾管理培训班。9月对总会的救灾物资采购办法进行了修订，进一步完善了这项制度，对救灾款物的募集、使用、管理起到了重要作用。

在救灾行动方面，中国红十字会主要完成了三项工作：

一是继续完成1998年度救灾捐款的使用计划。包括：红十字会与红新月会国际联合会的两批捐款共724万元人民币，为湖北、湖南等省购买救灾物资、备灾物资的计划；香港特别行政区红十字会捐款3300万元人民币在内蒙古、四川等8省区恢复重建的计划；德国戴姆勒——克莱斯勒公司捐赠的1300万元人民币在湖北、湖南恢复重建的计划。二是为灾区筹集救灾款物。1999年，中国以水灾为主的自然灾害仍然比较严重，共有近30个省市、3.5亿人口受灾。中国红十字会在6月和8月，分别向全国各省级红十字会下发了《关于做好1999年备灾救灾工作的通知》和《关于进一步做好救灾工作的通知》。8月5日，通过红十字会与红新月会国际联合会发出了救助呼吁，得到了积极的响应和支持。各国红十字会通过国际联合会向中国红十字会提供了5批折合2479万元人民币的救灾款和救灾物资。与此同时，中国红十字会还将灾情向中国的台湾红十字组织、香港特别行政区红十字会予以通报，香港特别行政区红十字会提供了860万元的援助，用于为灾民购买粮食，台湾红十字组织提供了价值140万元人民币的救灾物资，澳门红十字会提供了价值15万元人民币的救灾物资。另外，美国霍普基金会、环球教育基金会、美国世界儿童基金会等慈善团体共捐赠了价值1906万元人民币的救灾物资。三是为台湾“921”大地震灾区募集汇出了1343万元人民币的救灾款并储备了价值500万元的救灾物资。

三项合计，1999年，中国红十字会共募集、使用了12128万人民币的救灾款物。

2000年的救灾工作，一是管理制度的完善和管理干部的培训，二是对当年灾区的救助行动。

制定了《中国红十字会自然灾害和突发事件救助规则》和《中国红十字会备灾救助中长期规划》，拟定了《中国红十字会地震灾害应对预案》，并与民政部、国家地震局、国家经贸委就此建立了工作联系。

总会于2000年4月、6月举办了两期救灾工作培训班，共培训省、地级红十字会专职干部130余人。上海、湖北等地也进行了同样的培训工作。

救助行动方面，主要进行了两项工作：是1998年8个重灾省份重建项日的收尾工作。二是备灾建设继续发展。为适应规范化管理的需要，总会对6个区域备灾救灾中心进行了调研。地方红十字会的备灾中心的建设也取得了新的成绩：天津市建成了市级备灾中心1个，区县、乡镇级备灾中心41个，救灾备灾网络初具规模；上海市各区县红十字会都建立了救灾募捐站，建成了区、乡、村三级救灾网络；湖北省红十字会建成了4个地级备灾中心；云南省红十字会建成了10个地级备灾中心。各地大中城市红十字会和备灾救灾中心按照总会的部署，以备灾中心为依托，开展了募集备灾衣物的工作，均取得了成功。

许多地方红十字会还开展了募集备灾基金的工作。

2001年我国31个省、自治区、直辖市均发生了不同程度的自然灾害。以内蒙古、新疆雪灾和广西水灾为重，中国红十字会在内蒙古、新疆和广西三个自治区的灾害援助中，使404万人受益，约占受灾人口的12%。

内蒙古和新疆的雪灾是几十年未遇的，总会接到灾情报告后，动用救灾紧急备用金以解燃眉之急；向红十字会与红新月会国际联合会发出了呼吁，并得到了各省（自治区、直辖市）红十字会的积极响应和支持，中国红十字会总会协同有关方面先后分7批22人次，深入灾区了解灾情，落实救助方案。两自治区红十字会也迅速行动，在本辖区内积极开展募捐和发放救灾款物的工作。据统计，中国红十字会共筹集了国内外赈济款4787万元，用于两自治区灾害救助。

2001年6、7月间，广西壮族自治区的水灾灾区山洪暴发、江河泛滥。灾害发生后总会及时派出人员赴灾区考察，向广西灾区提供价值27.5万元的大米、药品和帐篷。香港红十字会为灾区提供了价值73.16万元人民币的大米、棉被等救灾物资。

各级红十字会在元旦、春节期间对受灾户、特困户开展慰问，为千家万户送去了红十字会的人道爱心。据27个省级红十字会不完全统计，各地共投入2710万元人民币，援助了50万人。

2001年，总会和各省级红十字会对6个区域性备灾救灾中心和省级备灾救灾中心，进行了管理工作调研。

2002年，我国部分地区连降大到暴雨，造成25个省、自治区、直辖市大面积的洪涝灾害，使人民生命和财产遭受重大损失。中国红十字会全力投入救灾工作，为灾区群众解难。2002年救灾工作特点：准备充分，决策及时，救助有效，灾区群众受益面大。

中国红十字会制定了《洪涝灾害救助预案》，在人、财、物等方面作出部署，举办两期“救灾干部培训班”，为有效实施水灾救助工作打下良好工作基础。

灾情发生后，中国红十字会总会立即发出《关于积极开展灾害救助工作的通知》，及时向联合会发出救助呼吁。中国红十字会总会先后派出31个救灾工作组，赴13个省（自治区、直辖市）灾区考察灾情、慰问受灾群众、发放救灾物资。彭珮云会长亲自赴陕西、湖南省考察指导救灾工作。

各级红十字会迅速组织救灾，在第一时间把救灾物资送到群众手中，深受灾区群众欢迎。各级红十字会与当地卫生部门合作，共同组织841支红十字救灾医疗队深入灾区，为灾区群众提供医疗和卫生防疫服务约260万人次。

2002年，中国红十字会在国内外募集救灾款物价值2亿元人民币。其中捐款为5800万元，捐物价值1.42亿元。中国红十字会总会通过25个省级红十字会，向受灾地区发放救灾粮6588吨，棉被130062床，帐篷1175顶，净水剂10吨和衣服等生活用品。全国有近1000万人受益。

中国红十字会的救灾工作得到了民政、

海关、交通、工商、税务、解放军、武警部门及新闻媒体等部门的指导、支持和配合。

（五）“红十字博爱送万家”活动

中国红十字会总会自1998年开始至2002年连续5年开展“红十字博爱送万家”活动活动。2002年，中国红十字会总会加大送温暖的力度，共筹措180万元资金，各地红十字会开展“送温暖”活动共筹集款物2890万元，救助14.5万户，受益人口58万人次。

中国红十字会总会与民政部联合发出《关于开展社区红十字服务工作的通知》，确定社区红十字服务的基本原则、目标和任务。黑龙江、四川、河南省政府转发了这一“通知”。

（六）卫生救护

1995年，中国红十字会发出了《全面开展卫生救护工作的通知》，强调重视红十字卫生救护工作。

7月，中国红十字会派团参加了在香港举行的“亚太地区青少年卫生救护比赛”。

中国红十字会与台湾红十字组织合作于5月22日至28日在福建举办了水上救护技术讲习班，台湾红十字组织为讲习班派出师资，并捐助了一批水上救护器材。

11月，中国红十字会代表团应台湾红十字组织邀请赴台参加水上救护研讨会，考察台湾的水上救护工作。同期与卫生部、北京市文教办、北京市教育局、上海市卫生局联合组团赴台湾进行卫生救护和学生寄生虫病普查考察。

中国红十字会于12月4日至7日在江苏省昆山市召开了“全国红十字（会）医疗机构负责人座谈会”，会后制定出《红十字（会）医疗救护机构管理规定》。

中国红十字会是国际联合会亚太地区艾滋病特别工作组成员。1995年，中国红十字会先后参加了在北京召开的“国际艾滋病对策研讨会”和在上海召开的“控制艾滋病研讨会”。7月，中国红十字会派代表出席了在吉隆坡召开的“亚洲地区红十字会艾滋病工作组第二次会议”和“妇女与艾滋病会议”，并争取到国际联合会的宣传援助。利用这笔援助，于10月在新疆举办了“青少年戒毒和性卫生教育培训班”。11月，中国红十字会派团参加了在印度尼西亚召开的“亚洲地区红十字会艾滋病工作组第三次会议”及“艾滋病与青少年同龄教育研讨会”。

中国红十字会在艾滋病预防教育方面与澳大利亚红十字会进行了合作。两国红十字会在云南建立了艾滋病预防教育合作项目。

1996年中国红十字会先后制定了《红十字急救员持证规定》、《红十字急救员现场救护原则》等文件，发出了《关于借鉴北京市建筑系统经验在全国建筑系统开展救护工作的通知》。卫生救护工作着重抓了建筑、交通、旅游等行业的自救互救培训工作。

1月，中国红十字会总会在重庆市召开了救护培训机动车驾驶员现场交流会。全国28个省、自治区、直辖市红十字会与公安部门的代表参加了会议，对强化两系统的合作起到重要作用。

1月，国际联合会驻亚洲地区代表团卫生顾问库特先生应邀访问中国红十字会，考察评估了四川省重庆市，安徽省合肥市和滁州市，湖北省武汉市4个红十字会的卫生救护工作。

3月，中国红十字会派员参加在老挝召

开的红十字会与红新月会国际联合会亚洲地区急救工作研讨会。

4 月，中国红十字会在武汉市举办全国卫生救护与管理研讨会。

中国红十字会与澳大利亚红十字会合作建立的云南省艾滋病预防教育合作项目开始起动。云南省红十字会编写了《艾滋病预防青年同伴教育手册》，举办了 8 期培训与调查学习班，有 100 多人参加培训，对 900 多人进行了调查。

5 月，红十字会与红新月会国际联合会亚洲红十字会艾滋病工作组第四次会议在北京召开。红十字会与红新月会国际联合会的代表及来自 12 个国家和地区红十字会及红新月会代表 23 人参加了会议。

11 月，云南省红十字会和妇女联合会组成的考察团得到英国救助儿童会资助，赴泰国考察了艾滋病与预防情况。

12 月，中国红十字会派员出席在越南胡志明市召开的“亚洲国家红十字会艾滋病工作小组第五次会议”和“ART 活动评估研讨会”。

1997 年为提高紧急救护水平，增进培训质量，中国红十字会与公安部联合签发《关于红十字会参与自然灾害和突发事件救护救助活动时具有优先通行权的通知》，以确保各级红十字会组织在从事社会救援和现场救护时能迅速到达现场。总会下发《红十字急救员持证规定》，对急救人员如何参加培训、复训和从事现场救护时应遵循的原则，提出了明确的要求。

红十字会与红新月会国际联合会卫生代表 9 月来华，考察中国红十字会福建、安徽两省的卫生救护工作。10 月，香港警官学校访问团访问中国红十字会，先后在北京市、江苏省镇江市举办了两次讲座，并向达到一定救护技术水准的学员颁发了香港、加拿大急救学会的证书。

中国红十字会与澳大利亚红十字会合作，在云南省开展的“艾滋病预防青年同伴教育”项目有了明显进展。云南省红十字会 1997 年编印 15 万份宣传品；并开展宣传咨询，制作电视专题节目，举办艾滋病预防教育培训班，在艾滋病的预防、教育、控制等方面做了大量工作。

中国红十字会于 1997 年 1 月派团赴越南，考察越南红十字会艾滋病预防工作。又先后参加了 5 月在泰国清迈召开的国际联合会地区代表团第六次艾滋病工作小组会议和艾滋病预防工作研讨会，10 月在菲律宾马尼拉召开了亚洲地区红十字会艾滋病工作小组会议及亚太地区艾滋病国际大会。

澳大利亚红十字会派出驻云南省艾滋病预防项目工作组来华考察合作项目，并进行工作访问；在广西壮族自治区南宁市举办“艾滋病预防项目计划和预算培训班”，并参加了中国预防医学科学院举办的“艾滋病预防研讨会”。

6 月，红十字会与红新月会国际联合会亚洲地区代表团艾滋病工作组秘书安琪拉女士来华访问，考察中国红十字会艾滋病预防项目活动。

1998 年，中国红十字会的卫生救护工作继续在相关行业中普及，建筑和公路的救护网络得到了进一步发展。为提高红十字会系统救护工作的应急能力，中国红十字会与邮电部联系开通急救专用号码，正式批准中国红十字会先在北京使用“999”电话号为救护专用号码。1999 年 9 月 9 日上午 9 点在北京市红十字会紧急救援中心正式开通。

红十字会与红新月会国际联合会与中国红十字会在卫生救护工作上的合作有所加强。红十字会与红新月会国际联合会与中国红十字会共同举办的亚太地区卫生规划会议5月在北京召开。红十字会与红新月会国际联合会卫生代表考察了上海市红十字会的社区卫生救护工作。中国红十字会派团出席了2月在尼泊尔加德满都举行的红十字会与红新月会国际联合会亚太地区卫生救护研讨会。

中国红十字会与澳大利亚红十字会合作的云南省“艾滋病预防青年同伴教育”项目开展顺利。1998年，云南省红十字会在昆明、曲靖、思茅等地市红十字会开办了艾滋病预防教育核心主持人培训班。云南省红十字会全年开办培训班100期，接受培训的人员达到2000多人。使这项教育活动形成了规模，取得了社会效益。中国红十字会继在广西、新疆开展艾滋病预防教育核心主持人培训班后，又在海南省、福建省、吉林省开展了艾滋病预防教育的新项目。

北京师范大学、北京火车站、云南省昆明市先后举办活动，宣传预防艾滋病的知识，倡导不歧视艾滋病感染者，以科学态度对待艾滋病。

1999年，为解决基层救护培训教材不足的问题，中国红十字会总会与黑龙江省红十字会联合出版发行了《初级卫生救护教材》。

艾滋病预防控制工作按照红十字会与红新月会国际联合会的要求，制定了中国红十字会《关于预防控制艾滋病的五年战略计划》。

1999年12月1日世界艾滋病日期间，中国红十字会向各地红十字会发出通知，要求根据当地情况开展宣传活动，并在北京举办了以“关注青少年，预防艾滋病”为主题的报告会及系列宣传活动。

中国红十字会总会于2000年9月在昆明市召开了全国救护工作会议。会议对救护工作的现状和发展前景进行了总结和研讨，对总会拟定的《中国红十字会关于广泛深入开展救护工作的意见》、《中国红十字会紧急状况下救护现场预案》、《中国红十字会救护培训大纲》三个指导性文件进行了讨论。总会主编并出版了危急应变指南一书《自救与救人》；录制并发行了《生命·争分夺秒》的救护技术科普光盘，该光盘由彭珮云会长题写片名。

中国红十字会总会对全国的红十字医疗救护机构进行了摸底统计，为今后的管理工作打下了基础。

群众性卫生救护知识培训工作有新的发展。中国红十字会总会与中国商业联合会商定，在商业系统开展救护知识培训活动。各地红十字会继续以机动车驾驶员为重点对象开展救护知识培训工作，在此基础上部分地区将培训对象扩展到了公安、交警、铁路、建筑等十几个行业。

“生命工程”的内涵有了新扩展和新特色：北京市红十字会建成了“999”紧急救援中心；山西、内蒙古、上海、湖北等地积极行动，组织专家和医疗队，广泛施医，并配合宣传活动展开医疗服务和卫生防病知识普及，效果卓著。

2000年，中国红十字会积极开展预防艾滋病的宣传，3月—11月，先后6次派员参加了有关预防艾滋病的会议。11月，召开了部分省、区红十字会预防艾滋病工作座谈会。11月26日，在北京举办了“预防艾滋病，男士责无旁贷”主题报告会，首都45所高校的500多名大学生到会聆听报告。

2001年，总会与政府14个有关部门联合下发了《中国红十字会关于广泛深入开展救护工作意见的通知》，以推动各行业卫生救护工作的开展；与中国商业联合会合作启动了该系统红十字紧急救护，方便了群众，宣传了红十字会。

山西省、天津市、上海市等红十字会在操作推动行业、企业等领域的卫生救护展开培训、考核工作，取得了一定成效。

2001年7月，中国红十字会、红十字会与红新月会国际联合会在云南省昆明市召开“湄公河流域红十字艾滋病预防控制与关怀研讨会”。会议发出了“湄公河流域红十字会艾滋病预防控制与关怀研讨会行动呼吁书”。12月1日“世界艾滋病日”，中国红十字会在北京、长春、福州、南宁、海口、昆明、乌鲁木齐7个城市同时举办了以“预防艾滋病，你我同参与”为主题的大型气球放飞仪式。

中国红十字会2001年累计举办开展的“青年同伴教育”艾滋病预防项目青年培训班935期，培训22333人。

2002年，各地继续落实中国红十字会总会等15部门《关于印发〈中国红十字会关于广泛深入开展卫生救护工作的意见〉的通知》精神，力争政府的支持，已有24个省、自治区、直辖市红十字会转发了15部门文件。

15部门文件的落实推动了红十字会系统救护培训工作的开展，本年度全国培训救护员共计267万人次。各地抓住这一发展机遇，争取有关政策的支持，为开展救护培训打好基础。2002年，有20个省级红十字会已陆续获得当地政府财政和物价部门批准，享受到救护培训收费的优惠政策。

各地红十字会还注意发展行业救护培训工作。2002年，全国培训机动车驾驶员75万人次，林业、建筑、公安、地矿、煤炭、电力等行业的救护培训人员都有所增长。铁路系统红十字会积极在一线员工中开展救护培训，在旅客列车上举办救护培训班，721名列车员经培训上岗。兰州铁路局红十字会完成了全局客运系统的救护培训工作，保证每个列车班组中有2名经救护培训的乘务员。

“红十字顾客紧急救护系统”项目在北京、天津、上海、广州、深圳等大城市的2000家大型商业企业、体育健身场所、物业管理中心安装，并逐步投入使用。

中国红十字会在全国开展艾滋病预防同伴教育和关爱项目。2002年“世界艾滋病日”的当天，中国红十字会总会、红十字会与红新月会国际联合会东亚地区办事处、北京市红十字会联合举行“正视艾滋病，告诉你、我、他——红十字在行动”大型主题宣传活动，提倡关心艾滋病病毒感染者及艾滋病病人。

全国有4个直辖市和19个省、自治区的部分地区红十字会开展了遗体器官捐献工作，上海市、山东省、宁波市、贵阳市制定了遗体捐献的地方法规，明确了红十字会的职责。中国红十字会总会在上海召开了遗体捐献工作研讨会。

（七）南丁格尔与南丁格尔奖章

费劳伦斯·南丁格尔（1820年5月12日——1910年8月13日）生于意大利中部的历史名城佛罗伦萨，后来随家迁居英国。幼年时就怀有一颗仁慈而美好的心灵。她鄙弃养尊处优和无聊的社交生活，不顾父母的反对，毅然于1850年离家去普鲁士学习护理，接受短期的医护训练。1853年受聘担任伦敦患病妇女护理会的监督职务。

1854年到1856年间的克里米亚战争中，英国战地医院管理不善，条件极差，又没有护士护理伤病员，士兵死亡率高达50%多。南丁格尔得此消息后，即率领38名护士抵达前线，在四所战地医院里进行服务。当时前线药品缺乏，水源不足，卫生极差，但她毫不气馁，竭力排除种种困难，为伤病员解决必需用品和食品，组织士兵家属协同工作，增加他们的营养，从而使战地医院面貌改观。在短短的半年时间里，就使伤病员的死亡率下降到2.2%，她的功绩顿时传播四海。

南丁格尔在克里米亚战地为伤病员所做的忘我奉献，激励了后来不久成立的红十字会的成员。他们主张的人道宗旨，已生动而具体地体现于南丁格尔的战地活动实践中。因此，在她生前，红十字国际委员会在1907年的伦敦大会上就设立南丁格尔奖章，作为鼓励各国护士的国际最高荣誉奖。1912年，即南丁格尔死后第二年，在华盛顿举行的第九届红十字国际大会上正式确定颁发南丁格尔奖章，基金由各国红十字会认捐。具体颁发任务委托给在日内瓦的红十字国际委员会。

按照奖章条例，南丁格尔奖章系奖励“毕业护士和志愿助手，他们是红十字会或红十字会附属医护单位的积极分子或定期支持者。他们在战时或平时，以特别的勇气和献身精神为伤病员服务，因而建立了优异功绩”。在从事积极救助而牺牲的上述人员，亦可在“死后”追赠南丁格尔奖章。

南丁格尔奖章，在正常情况下，每两年颁发一次，每次最多颁发50枚奖章。至今为止，我国共有38名优秀护理工作者荣获此奖。

按照章程规定，受奖人名单公布后，要在当年举行隆重的授奖仪式，由国家元首或该国红十字会会长亲自颁发奖章，广泛进行宣传，鼓舞广大护理人员。

第29届以来中国护士南丁格尔奖章获得者名单：

第29届（1983年）：

王琇瑛　女，1908年生，原中华护理学会副理事长

第30届（1985年）：

司堃范　女，1930年生，原北京市红十字朝阳医院外科护士长

梁季华　女，1916年生，原广州市红十字医院护理部主任

杨必纯　女，1940年生，四川省泸州市红十字医院护理部副主任

第31届（1987年）：

史美黎　女，1936年生，上海市红十字医院胸外科护士长

陈路得　女，1914年生，原天津医学院附属医院顾问

张云清　女，1925年生，辽宁省肿瘤医院副主任护师

第32届（1989年）：

林菊英　女，1920年生，原中华护理学会理事长

周娴君　女，1931年生，湖南省湘西自治区人民医院副院长

孙秀兰　女，1942年生，河北省唐山市红十字儿童急救中心护士长

陆玉珍　女，1934年生，上海市遵义

医院护理部主任

第 33 届（1991 年）：

吴静芳　女，1926 年生，河南省商丘地区医院护理部主任

第 34 届（1993 年）：

李桂美　女，1937 年生，青岛市传染病医院护士长

张水华　女，1933 年生，宁夏医学院附属医院护理部主任

张瑾瑜　女，1926 年生，福建省肿瘤医院护理部主任

第 35 届（1995 年）：

孙静霞　女，1914 年生，江苏省常州市第一人民医院护理部顾问

邹瑞芳　女，1930 年生，浙江省湖州市第一人民医院护理部主任

第 36 届（1997 年）：

汪赛进　女，1923 年生，安徽省护理学会荣誉理事长

关小瑛　女，1928 年生，原天津市护理学会理事长

陆　冰　女，1932 年生，上海市第六人民医院护理部主任

孔芙蓉　女，1936 年生，河南省护理学会副理事长

黎秀芳　女，1917 年生，解放军兰州军区总医院专家组成员

第 37 届（1999 年）：

曾熙媛　女，1933 年生，原中华护理学会理事长

王桂英　女，1920 年生，原天津市护理学会理事长

秦力君　女，1943 年生，原解放军总医院护理部主任

第 38 届（2001 年）：

吴景华　女，1932 年生，宁夏回族自治区护理学会副理事长

王雅屏　女，1945 年生，北京市红十字会急诊抢救中心副院长

李秋洁　女，1949 年生，哈尔滨医科大学附属二院护理部主任

第 39 届（2003 年）：

叶　欣　女，1956 年生，广东省中医院二沙岛分院急诊科护士长

钟华荪　女，1947 年生，广东省护理学会副理事长、省人民医院护理部主任

李淑君　女，1963 年生，解放军第二炮兵总医院口腔科护士长

姜云燕　女，1976 年生，解放军喀喇昆仑模范医疗站护士长

苏雅香　女，1945 年生，贵州省护理学会理事长

巴桑邓珠　男，1951 年生，四川省甘孜州人民医院副院长

章金媛　女，1929 年生，江西省南昌市第一人民医院原护理部主任

梅玉文　女，1939 年生，天津市护理学会名誉理事长

李　琦　女，1942 年生，上海市第二人民医院原护士长

陈　东　女，1944 年生，北京佑安医院护理部主任

（八）推动无偿献血

中国红十字会在 1995 年“五八世界红十字日”前夕，与卫生部联合下发《关于开展第四届全国无偿献血宣传周的通知》，组织全国性的宣传活动；摄制了两部以无偿献血为主题的电视宣传广告在中央电视台播出。

1995 年，中国红十字会继续执行与日

本红十字会的血液事业6年合作项目；参加在泰国举行的亚太地区红十字会输血安全会议；8月，中国红十字会在青岛召开了国际无偿献血工作研讨会。

同年，香港联心会通过香港红十字会向中国红十字会转赠价值500万元人民币的4部日本丰田采血车，以帮助中国红十字会推广无偿献血。这些采血车是李嘉诚先生、已故的梁琚博士和王泽生夫人捐献的。7月12日，中国红十字会在北京举行了捐赠仪式，香港红十字会主席郑栋材先生、香港联心会主席马天兢女士、中国红十字会常务副会长顾英奇、副会长孙柏秋出席。

12月，中国红十字会在北京人民大会堂召开了“全国第四届无偿献血先进城市及先进个人颁奖大会”。国务委员彭珮云，全国政协副主席、中国红十字会会长钱正英，卫生部部长陈敏章等为26个无偿献血先进城市和79名先进个人颁发了奖状、奖杯。

为推广无偿献血活动，中国红十字会总会与卫生部于1996年4月17日联合发出通知：确定每年5月的第二个星期日到第三个星期日为无偿献血宣传周。旨在“全民动员，无偿献血，人人参与，无私奉献”。

推出了以“推动无偿献血，保障输血安全”为主题的五城市无偿献血巡回宣传活动，出动了由香港红十字会转赠香港各界捐助的采血车从北京出发，途经天津、济南、徐州、郑州等城市，沿途边进行无偿献血的宣传，边进行流动采血，采血近500人份，得到各地的积极响应。

这一年，中国红十字会更加注重与先进国家和地区进行无偿献血的交流与合作，促进血液事业的发展。

根据与香港红十字会合作协议，香港红十字会输血服务中心组织管理与专业技术培训与互访，一同协商双方血液事业合作交流计划。7月，中国红十字会派员参加香港红十字会和红十字会与红新月会国际联合会驻亚洲地区代表团共同召开的“无偿献血的募集和保留研讨会”。

应台湾血液基金会董事长林国信邀请，中国红十字会副会长孙柏秋11月率团赴台湾考察输血机构，探讨双方血液事业的合作。

为表彰无偿献血的先进个人和集体，1997年10月29日，中国红十字会总会和卫生部在北京人民大会堂召开第五届全国无偿献血表彰大会，为无偿献血贡献突出的112名先进个人、45个先进城市、10个先进组织颁奖。为进一步推动无偿献血工作的深入开展，中国红十字会总会于5月在重庆市召开了“中国红十字会无偿献血工作经验报告会”等。

年内，中国红十字会以《中国红十字报》为媒介，在全国范围内举办了“达纳康杯无偿献血知识竞赛”活动。

根据中国红十字会与日本红十字会的合作计划，中国红十字会组织人员赴日本进修；同时，中国红十字会还组织人员赴香港红十字会输血服务中心考察。3月，根据中日红十字会血液事业交流计划，中国红十字会副会长孙柏秋率代表团考察了日本红十字会血液工作。日本红十字会会长藤森先生会见了代表团。11月，中国红十字会派员出席在泰国召开的第一届亚太地区红十字会血源招募及献血员保留大会。

1998年，“五八”世界红十字日期间，中国红十字会召开首批志愿无偿献血者座谈会。

由中国红十字会参与修订的《中华人民共和国献血法》经第八届全国人民代表大会常务委员会第二十九次会议通过，于1998 年 10 月 1 日在全国开始实施。为配合这部法律的实施，中国红十字会在此法实施前后开展了宣传推广活动：

"献血——生命的呼唤"图片展览于 9 月 15 日至 19 日在北京中国革命历史博物馆举行，展览介绍了我国的第一部献血法《中华人民共和国献血法》，我国目前的献血机构及对献血违法行为的处罚规定，适量献血无损健康等知识及世界一些国家血液事业发展的状况。

9 月 18 日，中国红十字会总会、中华全国总工会、全国妇女联合会、共青团中央、中国输血协会联合发出"无偿献血倡议书"，号召社会各界更好地贯彻《中华人民共和国献血法》，积极行动起来带头无偿献血。

中国红十字会在 1998 年进一步加强了国际及地区间的输血技术交流。3 月，中国红十字会与香港特别行政区红十字会正式签署了无偿献血合作计划。5 月，中国红十字会组织第四批专业技术人员赴香港红十字会血液中心学习。9 月，根据中日两国红十字会血液交流计划，赴日本考察研修。11 月，中国红十字会派团赴泰国参加亚太地区红十字会与红新月会第二届输血工作研讨会。

1999 年 12 月 24 日，中国红十字会总会与卫生部、解放军总后勤部在北京联合召开了全国无偿献血先进表彰大会。有 611 人获得无偿献血金杯奖、48 个城市获得无偿献血先进城市奖、13 个单位获得无偿献血先进奖、28 个单位和个人获无偿献血促进奖。

经过两年的筹备，由香港特别行政区红十字会捐资援建的中国红十字会北京无偿献血室于 6 月 26 日开业，正式接待无偿献血者和献血咨询人士。

中国红十字会常务副会长王立忠参加了世界卫生日"血液安全从我做起"的主题宣传活动和纪念会，并通过各地红十字会积极开展这项活动。

2000 年 4 月，中国红十字会接待了台湾红十字组织血液事业代表团。7 月，组团赴日本进行血液事业访问。10 月，派员参加了在泰国举行的亚太地区无偿献血招募研讨会。

2001 年 12 月 13 日，中国红十字会总会与卫生部、解放军总后勤部卫生部在广州市联合举办了 1999—2000 年度全国无偿献血表彰大会。会上有 1163 名个人荣获奉献奖（金奖 288 人、银奖 233 人、铜奖 642 人），深圳等 49 个城市荣获先进奖，对 17 个部队先进单位和 56 个荣获促进奖的单位及个人进行了表彰。

同年，全国已有 75 个城市实现临床用血 100% 来自无偿献血。

2002 年，中国红十字会总会召开无偿献血宣传与推动工作研讨会，明确中国红十字会在我国无偿献血事业中的地位和作用，各级红十字会积极配合政府开展无偿献血的宣传和表彰活动。天津、江苏、福建、广西等省（区、市）及青岛市红十字会配合政府开展无偿献血表彰工作。

（九）中国造血干细胞捐献者资料库

中国造血干细胞捐献者资料库亦称"中华骨髓库"，其前身是 1992 年经卫生部批准建立的"中国非血缘关系骨髓移植供者资料检索库”。当时在北京、上海、辽宁、浙江、厦门、西安由当地红十字会组织协调相关的血液中心、医学院校的 HLA 实验室等六个单位形成协作组开展工作，后因资金不足等原因，使得这次工作进展缓慢，只有上海红十字会坚持下来并于 1996 年首例配型移植成功。

为了扩大中国造血干细胞捐献者资料库容量，造福于社会，总会于 1997 年向卫生部呈报了《中华骨髓库发展规划》，2000 年 11 月，卫生部对中国红十字会总会《关于中国造血干细胞捐献者资料库有关问题的请示》作了批复，同意改为现名。

中国红十字会第七届理事会决定克服困难，创出红十字会工作的品牌，积极创造条件，扩容资料库，加快造血干细胞捐献者资料库的建设。建库工作得到了国务院有关部门以及社会各界的大力支持和关注。成立了中国造血干细胞捐献者资料库工作委员会和专家委员会。2001 年 5 月，成立的宣传活动组委会，在近两年的工作中开展了大量的宣传活动。2001 年 12 月，中央编办批准中国红十字会总会成立中国造血干细胞捐献者资料库管理中心，负责全国造血干细胞捐献者资料库工作体系的管理。

中国造血干细胞捐献者资料库管理中心为贯彻落实中国红十字会总会和卫生部联合下发的《关于加快中国造血干细胞捐献者资料库及分库建设的通知》，解放思想、开拓进取、加大宣传、规范管理、积极培训、认真指导，管理中心先后制定了《中国造血干细胞捐献者资料库管理办法（试行）》、《中国造血干细胞捐献者资料库质量控制实验室规则》、《中国造血干细胞捐献者资料库 HLA 组织配型实验室规则》等一系列规范性的文件，认定了中国造血干细胞捐献者资料库质量控制实验室。开展了国际间的工作交流，举办了分库的管理人员和网络系统操作人员的培训班。国家财政支持上亿元彩票公益金用于检测费和资料库建设。北京、辽宁、江苏、陕西、深圳等省、市政府十分关注红十字会建立分库的工作，在编制、人员、经费上给予了积极支持。

目前，全国已有 30 个省、自治区、直辖市建立了分库，深圳市也建立了分库，认定了一批定点的 HLA 组织配型实验室。中国造血干细胞捐献者资料库网络系统已正常运行。管理中心和各省级分库通过举办不同形式的宣传活动、新闻媒体的大力宣传报道、设立热线电话服务和网上报名，向社会广泛宣传建立中国造血干细胞捐献者资料库的社会意义和救助患者的作用。中央电视台节目主持人、中日友好医院医务人员、强生公司全体员工等社会公众积极报名登记抽血检测。民建中央的企业界会员、美国强生公司、美国福特基金会和社会各界人士积极给予捐款资助。目前，已有十几万名志愿者报名登记，提前两年完成了 11.3 万人份 HLA 分型数据入库。管理中心及其分库已为患者检索服务近千人次，近百份志愿者与患者的 HLA 分型相匹配，其中已有 81 位志愿者为患者成功捐献了造血干细胞并进行了移植手术，为挽救患者的生命发挥了重要作用。

（十）抗击非典

2003 年 4 月，面对突如其来的非典疫病灾害，中国红十字会依据《中华人民共和国红十字会法》，以保护人的生命和健康为宗旨，在党中央、国务院的坚强领导下，发扬“人道、博爱、奉献”的红十字精神，全力投入防治非典工作，较好地完成了国务院指定的接受抗击非典社会捐赠的任务。

截至7月30日，中国红十字会总会和地方红十字会共接受境内外捐赠的款物折合人民币6.85亿多元。总会根据国务院防治非典指挥部关于款物分配的精神，尊重捐赠者的意愿并参考各地疫情，及时将社会捐赠款物分配到北京、天津、河北、山西、内蒙古、广东等地，有效地支持和配合了当地防治非典的工作。分会接受的款物基本上用于本省（区、市）防治非典的工作，也有一些省际间的支援。

中国红十字会总会多次组织向战斗在防治非典第一线的单位及医护人员进行转赠及慰问活动。在“五一二”国际护士节，中国红十字会会长彭珮云率慰问组前往北京解放军小汤山医院，向战斗在防治非典第一线的解放军小汤山医院医护人员转赠款物。总会党组书记、中国红十字会常务副会长王立忠和其他会领导先后到北京的阜外医院、朝阳医院、中日友好医院和宣武医院等定点收治非典病人的医院和北京防治非典指挥部、中国疾病预防控制中心、中国军事医学科学院等单位以及北京市环卫工人、新闻工作者等群体进行转赠并慰问。总会还赴天津、河北、山西、内蒙古等四个省转赠捐赠款物，并检查指导当地红十字会接受社会捐赠工作。

总会在获悉广东省中医院二沙岛分院护士长叶欣在抗击“非典”第一线以身殉职的感人事迹后，向红十字国际委员会追加推荐叶欣为第39届南丁格尔奖章候选人，获得批准。

（十一）红十字青少年

截至1995年底，全国544所大专院校、11273所中学、27655所小学建立了红十字青少年组织。先后组团赴奥参加“国际青少年学习与友好夏令营”，赴汉城参加韩国红十字会汉城分会组织的“汉城第五届红十字青少年国际和平夏令营”。

1996年，中国红十字会红十字青少年工作的重点是：加强精神文明建设，突出提高青少年的思想道德教育，提高其素质。

7月24日，以“青少年志愿者与志愿服务”为主题的“1996年国际红十字青少年夏令营”在山东烟台市举办。来自丹麦、德国等12个国家和地区的红十字青少年和中国红十字青少年参加了夏令营活动。

8月，11名中国红十字青少年组成的代表团应邀前往泰国，参加第七次亚太地区红十字青少年夏令营。

1997年，中国红十字会红十字青少年工作日趋规范，各地红十字会正在逐步成立学校工作委员会，以使红十字青少年工作循序渐进，逐步走向正规。

中国红十字会各级地方红十字会开展了不同主题的夏令营、征文、绘画、知识竞赛、演讲以及社会服务等红十字青少年活动，积极开展国际间红十字会青少年的交往。

北京市红十字会选派了4名红十字青少年，代表中国红十字会前往德国诺里斯达兹市参加由德国红十字会举办的第17届国际红十字青少年急救比赛，在分项比赛中获得了“保护儿童”项目的特别奖。

9月中国红十字会派员参加了在澳大利亚举办的主题为“联系未来”青少年会议和在日本举行的“1997年红十字青少年国际交流”活动。

应台湾红十字组织的邀请，中国红十字会秘书长李长明率领红十字青少年代表团一行 36 人于 8 月前往台湾，参加 1997 年海峡两岸红十字青少年夏令营。

1998 年，红十字会在各高等院校中，积极发挥社团作用，参与了献血、军训、社会实践、防病治病等项工作。

8 月，中国红十字会在吉林省长春市、吉林市举办了主题为“人道主义与红十字青少年”的“1998 年国际红十字青少年夏令营”。中国红十字会委托天津市红十字会组团参加了土耳其红新月会举办的“青少年与健康”国际夏令营活动。

1999 年，中国红十字会把学校红十字青少年活动作为学校开展道德教育的一种重要的辅助形式和措施，得到了进一步加强。总会和地方红十字会组团参加了韩国、越南红十字会举办的国际红十字青少年夏令营及土耳其红新月会举办的国际青少年和健康夏令营。

全国拥有红十字青少年会员 918 万人。

2000 年为进行国际交流活动，总会派员参加了在澳大利亚举办的国际青少年会议和在泰国举办的第八届亚太地区青少年联谊会；分别组团参加了在德国、韩国、马来西亚等国举办的国际夏令营。

2001 年，红十字青少年会员已经占会员总数的 50%。辽宁、浙江、重庆等省市红十字会与教育部门联合成立学校红十字青少年工作委员会。总会与国家教育部联合对学校红十字会工作进行调研，依照红十字会法对《学校红十字工作暂行规程》进行了修订，2002 年 3 月，正式颁布《学校红十字会工作规则》。

2002 年，各地认真贯彻中国红十字会和教育部联合下发的《学校红十字会工作规则》。天津市红十字会成立了“天津市大中专学校红十字会工作委员会”。山西、广西两省级红十字会联合教育厅成立了红十字青少年工作委员会。各级红十字会组织、红十字青少年参加有红十字特色的夏令营、知识竞赛和各种书法、绘画、征文比赛及卫生救护、健康讲座等活动，丰富了第二课堂的内容。同时组织广大红十字青少年参与社区红十字服务、预防艾滋病知识宣传、捐献造血干细胞及无偿献血活动，有力地配合了学校德育教育。北京、天津、江苏等地开展的“红十字标准校”创建活动，促进了《学校红十字会工作规则》的贯彻落实。

（十二）宣传工作

1995 年 10 月，中国红十字会在湖南省张家界市召开了全国宣传工作会议。来自全国各地方红十字会的 130 多名宣传干部出席了会议。会议强调了宣传工作的基本方针，与会代表就宣传工作情况进行了交流，曲折副会长在会上讲话。

在国际人道主义法传播方面，中国红十字会和红十字会与红新月会国际委员会驻东亚地区代表处合作，1995 年 7 月 31 日到 8 月 4 日在山西省太原市举办了红十字会专职干部“国际红十字与红新月运动知识培训班”。11 月，中国红十字会协助国际委员会东亚代表处在广州海军舰艇学院举办“中国人民解放军第三期武装冲突法海军军官讲习班”，40 名海军校级军官参加讲习班。

中国红十字会和红十字国际委员会驻东亚地区代表处、香港红十字会、澳门红十字会共同举办有 760 万少年儿童参加的全国绘画征文竞赛，在香港、澳门举行的颁奖活动上，香港红十字会会长邵逸夫、澳门红十字会会长左立基接见了获奖少年。以这次竞赛获奖绘画和征文印制的宣传册同时出版，并在第26届国际红十字大会上散发。

1995年，世界红十字日的活动主题是“人人享有尊严——尊重妇女”。中国红十字会向红十字会与红新月会国际联合会、红十字国际委员会推荐中国红十字会会长钱正英作为中国知名女士，成为国际联合会、国际委员会送往联合国第四次世界妇女大会的宣传材料之一。

1996年9月，中国红十字会报刊暨宣传网络工作会议在新疆乌鲁木齐市召开，全国26个省、自治区、直辖市红十字会的宣传干部参加了会议。

红十字会与红新月会国际联合会驻亚洲地区代表国际联合会亚太部中国项目活动官员6月访问中国红十字会，与中国红十字会就建立计算机数据库工作进行商谈。作为国际联合会“全球性救灾管理发展网络”项目的一部分，年内总会开通电子邮件通讯，并在计算机国际互联网络上建立了主页。

11月，中国红十字会邀请中央电视台记者专程前往日内瓦，对红十字会与红新月会国际联合会、红十字国际委员会、瑞士红十字会进行了采访。

1997年的宣传工作力度和质量有较大的提高，宣传工作作为“前导工程”得到了一定的发展。1997年，中国红十字会为“世界红十字日”制定的主题是“集善款、做善事、博爱助人”。

1997年宣传干部培训班暨宣传工作表彰会于8月在吉林长春市召开。会上表彰了在宣传工作中做出突出成绩的先进红十字会。9月，红十字国际委员会通过中国红十字会与中国人民解放军空军联合在上海为空军军官举办“中国人民解放军第四期武装冲突法讲习班”，红十字国际委员会东亚地区代表处代表隋纳启先生及特邀的澳大利亚教员前往授课。

中国红十字会编译出版了《国际红十字与红新月运动基本文件汇编》。此书全面收入了有关国际红十字与红新月运动的重要文件，反映了国际红十字与红新月运动的历史、原则、法规。

第二次红十字会与红新月会国际联合会亚太地区红十字会宣传官员研讨会4月在马来西亚召开，中国红十字会派出代表参加了此次会议。

中国红十字会在1998年度加大了人道主义传播工作的力度，7月，中国红十字会在上海举办国际联合会地区代表团东亚地区宣传官员研讨会，共同开展理论研究。

红十字国际委员会东亚地区办事处主任古浩德先生于5月、6月两次访问中国红十字会，就合作开展有关国际红十字运动基本知识的传播工作，达成1998—2001年的合作协议。

中国红十字会在红十字会与红新月会国际联合会的支持帮助下开始建立计算机救灾网络。本年度总会机关计算机局域网基本建成。6月，中国红十字会派员参加在香港主办的亚太地区红十字会与红新月会计算机互联网工作小组第三次工作会议。10月，派员出席了国际委员会和澳门红十字会在澳门联合举办的红十字运动基本知识传播培训班。

10月，中国红十字会在山西省太原市举办全国宣传工作论坛。

在红十字国际委员会的大力支持下，中国红十字会编辑印刷了《红十字运动基本知识传播手册》一书。本年度“五八”世界红十字日主题宣传口号为“集善款、做善事、博爱助人”，各地红十字会根据这一主题，开展各项活动，广泛宣传红十字基本原则，取得较好成效。

3月17日，与法制日报社联合举办了纪念《中华人民共和国红十字会法》颁布五周年的知识竞赛及颁奖活动。

1999年，根据国际红十字组织提出的“人道的力量——迎接新世纪”的宣传主题，中国红十字会总会和天津市红十字会共同在世界红十字日于天津黄崖关长城举办了隆重的庆典。庆典以向特困生发放救助金、红十字青少年向红十字会与红新月会国际联合会赠画、现场无偿献血以及丰富多彩的文体表演等活动，生动地表现了红十字会的社会作用，形象地宣传了红十字会的人道主义宗旨。

本年度中国红十字会所有重要工作被国内外新闻媒体广泛报道，仅总会的新闻报道就达150多条（次）。

总会与中国电视艺术家协会合作的《中国红十字》电视片制作完成，并举行了首映式，制作了发行带。

7月13日，与中国国际法学会、中国联合国学会联合举办了“国际人道主义法研讨会”，纪念日内瓦四公约签订50周年。

与加拿大使馆、宝姿国际时装公司联合举办的“爱心与时尚”义演，取得了良好的社会影响和经济效益。

中国红十字会与红十字国际委员会达成的有关传播国际人道法和红十字运动基本知识的合作计划（1998—2001）在1999年里全面展开。其中，广西、新疆、天津、河南4省（直辖市、自治区）红十字会分别获得由总会和红十字国际委员会联合颁发的一、二、三等传播奖。

各地各级红十字会根据自身的条件和工作需要，采取多种形式，宣传红十字会的宗旨、性质、任务、社会作用等会务知识。一些基层红十字会开展了社区服务、义诊、献血、募捐等活动，以实际工作进行形象生动的宣传。

2000年4月份，总会筹资30万元，编辑出版了大型画册《南丁格尔在中国》，该画册被《人民画报》社列为国际书展评奖书目；6月份，筹资8万元，与中央电视台合作录制了《圣洁的红十字》专题晚会并向国内外播放；5月8日，总会在人民大会堂召开纪念座谈会暨《南丁格尔在中国》大型画册首发式。全国人大常委会副委员长、中国红十字会会长彭珮云发表了讲话，全国人大常委会副委员长、中国红十字会名誉副会长王光英，前中国红十字会会长钱信忠莅临会议。中国红十字会常务副会长王立忠、副会长孙爱明、秘书长苏菊香、副秘书长汤声闻及在京理事参加了会议。6月份，8集专题电视片《中国红十字》在中央电视台播放，该片荣获行业电视“华药杯”二等奖和中国电视金鹰奖；12月，改版后的中国红十字会网站正式开通。

将宣传和公益活动性质的业务相结合，以业务带动宣传，以宣传推动业务，形成良性互动，获得双重收获，是宣传工作的新发展。上海的“千万人帮千家”、福建的“救两条性命，还一家幸福”、重庆的“五个一百名”的救助募捐成果，是这种成功的典型。

2001年，由于中国红十字会各项业务的广泛展开，宣传工作开展得有声有色。全年各主要媒体报道总会组织的活动约400篇。

"五八"世界红十字日期间，全国开展"捐献造血干细胞，关爱生命，展示人道力量"为主题的宣传咨询活动。总会组织演出了"爱心的呼唤"文艺晚会；中央电视台《欢聚一堂》特别节目；接受中央电视台《东方时空》采访40名员工成为中国造血干细胞捐献者资料库志愿捐献者；"12·1"世界艾滋病日在全国范围内举行的"预防艾滋病，你我同参与"为主题的气球放飞宣传活动；中央电视台教育频道播出电视系列片"家庭急救"；举办"关爱生命"大型公益晚会。

11月10日，以"发展科学、维护和平"为主题的第13届国际科学与和平周开幕，中国红十字会荣获特别贡献奖。总会与中国少年儿童基金会共同举办的"让世界充满爱"全国青少年征文比赛被列为本届国际科学与和平周的系列活动之一。

2001年，在红十字国际委员会的支持下，传播红十字基本知识的工作更加普及。全国红十字会系统已有近30%专职干部接受培训。年初，总会在重庆召开传播表彰会议，重庆红十字会荣获一等奖，上海市、江西省红十字会获得二等奖，辽宁、湖北、四川红十字会获得三等奖。这项工作引起法律、学术界与中国人民解放军的关注与参与，红十字国际委员会对总会的传播工作表示满意和赞赏，总会与红十字国际委员会又续签3年合作计划。

2002年，在开展经常性宣传活动中，坚持以活动促宣传，通过重要节日宣传红十字会的工作，通过广播、电视和报刊宣传红十字会的备灾救灾、卫生救护、社区服务、无偿献血、中国造血干细胞捐献者资料库建设等业务工作。总会在各种媒体上共发布新闻391条。

国家主席、中国红十字会名誉会长江泽民会见红十字国际委员会主席克伦贝格尔，人民日报、中央电视台和各大网站都以头条新闻和重要版面报道。

台湾华航空难发生后，中国红十字会向台湾红十字组织发出慰问电并协助搜集空难遗物，中央电视台和各大媒体也进行了报道。2002年，中国红十字会的水灾救助工作，各主要新闻媒体进行了全面、及时的宣传报道，围绕"红十字博爱送万家"活动、"五八世界红十字日"、"世界艾滋病日"、红十字会法等展开宣传活动。

2002年中国红十字会的筹资工作有了新举措。中国红十字会总会成立筹资与宣传处，召开中国红十字会筹资工作研讨会，组织开展大型宣传活动，动员企业为红十字会募捐。2002年，中国红十字会从国内外共募集到2亿多人民币的捐助款物，其中水灾救助募捐款物1亿元，国家海关总署捐赠罚没的部分知识产权侵权物资价值1亿元，中国平安保险公司捐赠平安捐血车价值1000万元。

2002年中国红十字会向红十字会与红新月会国际联合会发出救灾呼吁，得到国外红十字会捐助，完成呼吁额110%。中国红十字会总会机关工作人员填写18000封劝募函寄往全国大中型企业，收到捐赠款物价值600万元人民币。募集款物超过1000万元人民币的有北京、上海、辽宁、陕西省（市）红十字会；安徽、广西、四川、湖南省（区）红十字会募集价值300多万元人民币的款物。募捐工作首次出现了国内募捐超过国外的局面，接收国内和国外款物的比例为6.2∶1。

传播红十字运动基本知识是中国红十字会与红十字国际委员会的合作项目，受到红十字国际委员会的高度重视，并得到国家主席、中国红十字会名誉会长江泽民称赞。

2002 年是中国红十字会与红十字国际委员会签订 2002—2004 年合作计划的第一年，中国红十字会举办了地区性的传播培训班，在香港、澳门举办传播骨干队伍培训班，修改并向全国发放《国际红十字与红新月运动基本知识传播手册》。福建、北京、青海省（市）红十字会分获 2002 年传播奖第一、二、三名。

（十三）中国红十字会庆祝建会 100 周年

2004 年 3 月 10 日，是中国红十字会建会 100 周年纪念日。当天上午，在中国红十字会总会机关举行了隆重的升国旗、会旗仪式和纪念建会 100 周年座谈会。中国红十字会会长彭珮云出席座谈会并发表讲话。中国红十字会常务副会长王立忠、中共中国红十字会总会党组书记江亦曼、中国红十字会副会长孙爱明、秘书长苏菊香、副秘书长汤声闻参加了升旗仪式和座谈会。当日，红十字国际委员会主席、红十字会与红新月会国际联合会主席发来了贺信，新华社、中央电视台、中国国际广播电台及地方近 30 多家新闻媒体就此事作了报道，《人民日报》发表了评论员文章。

（十四）海峡两岸红十字工作

台湾与大陆同是中国的领土，海峡两岸人民同是中华民族的血肉同胞，但由于历史造成的原因，海峡两岸长期处于隔绝状态。从 20 世纪 80 年代中期开始，中国红十字会把台湾事务工作列入重要议事日程，积极沟通与彼岸红十字组织的联系。海峡两岸红十字组织的合作与交流，既与海峡两岸架起了一座人道桥梁，为保护两岸人民群众的利益、缓和两岸关系发挥了特殊作用，也为实践和丰富红十字运动的基本原则做出了独特贡献。

中国红十字会 1995 年受理查人个案 599 宗，其中台湾寻大陆个案 29 宗，查寻有结果 4 宗；大陆查寻台湾 570 宗，查寻有结果 270 宗。为私渡去台人员转递“红十字通信”120 封。

台湾红十字组织副会长陈长文先生于 8 月，负责人徐亨先生、秘书长常松茂先生于 10 月先后到中国红十字会访问。10 月 19 日，中国红十字会会长钱正英会见了徐亨先生一行。

8 月 7 日至 14 日，“海峡两岸红十字青年夏令营”在湖北省宜昌市举行。台湾红十字组织常务监事彭锦昌率台湾 35 人参加了夏令营。

5 月 24 日至 30 日，福建省红十字会秘书长何钟生等率 18 名罹难者家属赴台处理 1994 年 11 月 7 日船难事件的善后工作。

1996 年，中国红十字会共受理查人个案 341 宗，其中台湾查寻大陆个案 23 宗，大陆查寻台湾个案 310 宗。查寻结果 561 宗，台湾查寻大陆 17 宗，大陆查寻台湾 544 宗。

为私渡去台人员转递“红十字通信”等信件 187 封，处理各地来函 275 封。

1997 年 9 月，应中国红十字会邀请，以秦慧珠女士为团长的台湾台北市社会福利代表团访问大陆。中国红十字会常务副会长顾英奇，副会长孙柏秋、曲折，秘书长李长明会见秦慧珠一行。5 月 12 日至 23 日，台湾“中华血液基金会”董事罗光瑞一行三人应邀参加了中国红十字会无偿献血工作经验报告会，并访问重庆、宜昌、武汉、北京、上海等地。常务副会长顾英奇在北京会见了代表团。

本年度，中国红十字会共受理查人个案405宗，查到结果602宗；转递“红十字通信”254份，处理各地有关台湾事务来函160份。

1998年4月，应台湾红十字组织负责人徐亨的邀请，中国红十字会常务副会长顾英奇率团赴台湾访问。海峡两岸红十字组织就加强赈灾、扩大红十字青少年活动、卫生救护培训等多方面的交流与合作进行磋商，达成了五点共识。

1999年，台湾“9·21”地震灾害引起了全国人民的关注。灾害发生后，中国红十字会立即致函台湾红十字组织慰问受灾同胞，表示愿意全力以赴提供一切可能的援助，并决定立即捐赠首笔救灾款10万美元和价值50万元人民币的物资。随后，中国红十字会开通热线，公布专项救灾账户，接收国内外各界捐赠。与此同时，根据灾情的发展和救灾工作的需要，中国红十字会总会和部分地方分会先后组建了由专家和医护人员组成的8支医疗队，随时准备赴台工作。同时，在广州、福州、厦门设立了三个物资中转站并储备了价值500万元人民币的救灾物资备用。在救灾物资和工作人员不能抵达台湾的情况下，中国红十字会将募集的163万多美元的救灾款分5批汇往了台湾红十字组织，支持其救灾工作。

此外，中国红十字会根据与台湾红十字组织签署的《金门协议》，继续参与海峡两岸的私渡人员和刑事嫌疑犯或刑事犯的遣返见证工作，共6批1166人。

2000年8月，海峡两岸红十字青少年夏令营在山东举行，来自台湾的6名工作人员和30名红十字青少年参加了这项活动。

向台湾红十字组织转赠地震救灾捐款共计331.7万美元。处理台港澳地区寻人个案449宗，结案212宗。

2001年7月初，中国红十字会副秘书长汤声闻赴台处理“广源轮”在台湾海域遭受台风沉没伤亡及生还人员善后事宜，得到台湾红十字组织的积极帮助，工作顺利完成。

8月初，应台湾红十字组织的邀请，大陆红十字少年代表团，赴台湾参加2001年海峡两岸红十字少年夏令营。

9月，在台湾遭受“百合”台风袭击时，中国红十字会总会致电台湾红十字组织表示慰问。

四川、上海、江苏三省市分会组团赴台湾进行了工作考察和交流。

2002年，中国红十字会与台湾红十字组织的交流与合作进一步增强。10月，以陈长文先生为团长的台湾红十字组织代表团，对中国红十字会和上海市、湖北省分会进行工作访问。陈长文先生来访，进一步加强了两岸红十字组织的交流与合作；救灾期间，台湾红十字组织为内地水灾提供10万美元的援助。

2002年5月，台湾华航客机失事坠毁，造成重大伤亡，中国红十字会总会致电表示慰问，并积极开展救助工作，在接到台湾红十字组织请求协助打捞遇难者尸体和残留物后，中国红十字会会同有关部门将打捞的12具尸体及时移交台方。6月18日，海峡两岸红十字组织代表在福建石狮祥龙码头交接华航客机残留物12件。

依照金门协议，2002年遣返见证海峡两岸私渡人员和刑事犯、刑事嫌疑犯共计9批1430人，处理查人转信1059件。

（十五）国际交往

作为国际红十字运动的重要成员，中国红十字会重视与国际红十字组织的交往与合作，国际联合会、国际委员会也十分重视发展与中国红十字会的关系。同时中国红十字会与各国红十字会或红新月会间积极开展交流与合作。

联合国第四届世界妇女大会及非政府组织论坛于1995年在北京召开。中国红十字会作为东道国的非政府组织积极参与了有关活动。中国红十字会副会长孙柏秋是第四届世界妇女大会非政府组织论坛会议中国组委会会员，中国红十字会成功举办了《妇女与红十字人道主义救助活动》专题研讨会。就如何在人道主义救助中发挥妇女的作用、保护战争中受害的妇女儿童、减轻灾害对妇女的损害、妇女与家庭救护、少数民族妇女的救助、国际救援活动中的妇女、战争遗留的查人转信等国际间关心的问题进行了热烈地探讨。驻会新闻媒体对专题会进行了专门报道。中国红十字会应邀派出4位代表，以观察员身份出席了此次世妇会非政府组织论坛。中国红十字会代表团受到第四届世妇会中国组委会的表彰。

中国红十字会会长钱正英应韩国红十字会邀请，于10月23日至11月1日率中国红十字会代表团参加韩国红十字会成立90周年庆祝活动。韩国总理李洪九、副议长李汉东先生会见了钱正英会长。访问期间，两国红十字会签署了《中韩两国红十字会六年合作计划协议书》。

7月3日至10日，顾英奇常务副会长率中国红十字会代表团一行6人赴日本进行友好访问。

11月，中国红十字会常务副会长顾英奇率中国红十字会代表团赴日内瓦参加国际联合会第36次执理会、国际联合会第10届大会、第26届红十字与红新月国际大会。

11月9日，顾英奇常务副会长率团顺访丹麦红十字会。12月，在出席国际大会期间，顾英奇副会长与罗马尼亚红十字会会长尼古拉·尼克阿拉先生进行会谈，签署了《1996—1999年中罗红十字会双边合作与交流协议书》。

1月，曲折副会长率中国红十字会考察团一行8人，访问了瑞士红十字会、土耳其红十字会。考察有关红十字标志使用立法等方面的情况。2月，中国红十字会派出考察团赴日本、韩国考察红十字标志使用立法情况。

5月4日，中国红十字会副会长孙柏秋率团赴日内瓦参加国际联合会执行理事会第35次会议。与国际联合会秘书长乔治·韦伯先生、国际委员会副主席罗斯利斯伯格先生进行了会谈。

中国红十字会副会长孙柏秋应奥地利红十字会邀请，于5月访问了奥地利。

5月10日，中国红十字会秘书长李长明率团出席国际联合会、韩国红十字会在汉城共同举办的“亚太地区红十字与红新月志愿工作者大会”。

6月21日至28日，李长明秘书长率中国红十字会代表团应邀访问朝鲜红十字会。

本年度，中国红十字会共接待各姊妹红十字会及红十字国际组织来访团组59批，188人。应中国红十字会的邀请，德国红十字会、巴基斯坦红新月会、蒙古红十字会、澳大利亚红十字会、罗马尼亚红十字会、土耳其红新月会、新加坡红十字会、喀麦隆红十字会、韩国红十字会以及国际联合会秘书长乔治·韦伯先生，国际委员会副主席瑞尼·桂桑女士等来华访问。

1995年，中国红十字会向日本等20个国家提供了43万美元的捐款；向日本、白俄罗斯、扎伊尔、朝鲜等7个国家提供了价值118.25万元人民币的援助物资。

1996年，中国红十字会、红十字会与红新月会国际联合会、红十字国际委员会及各姊妹红十字会、红新月会之间交往频繁。泰国红十字会常务副会长兼主席诗琳通公主应中国政府邀请于8月访华，22日访问中国红十字会。钱正英会长、顾英奇常务副会长亲切会见了诗琳通公主一行。诗琳通公主向钱正英会长转交了泰国红十字会捐助中国水灾地区的50000美元捐款。

5月28日，国际联合会秘书长乔治·韦伯先生和亚太部部长塔尔伯特先生在结束朝鲜红十字会之行后访问了中国红十字会，与中国红十字会举行了工作会谈。

5月，李长明秘书长率团出席在日内瓦召开的国际联合会第37次执理会会议，应邀访问奥地利红十字会和土耳其红新月会，9月又应邀访问了澳大利亚、新西兰红十字会。就加强双方交流与合作等问题进行了工作会谈。

中国红十字会常务副会长顾英奇9月应邀率代表团访问罗马尼亚、马其顿、瑞典三国红十字会。11月，赴日内瓦参加国际联合会执理会第38次会议；并访问瑞士红十字会和英国红十字会。

中国红十字会副会长曲折应邀率中国红十字会代表团于6月访问了越南红十字会和泰国红十字会。

中国红十字会1996年向24个国家提供了56.1万美元的捐款；向4个国家提供了价值135万人民币的物资援助。

12月，中国红十字会与国际委员会合作在重庆市举行了“国际寻人工作研讨班”。

1996年度，中国红十字会国际交往频繁，接待57个代表团，245人次。应中国红十字会邀请，国际联合会、国际委员会，朝鲜、日本、瑞士、挪威、韩国等国家和地区的红十字会访问了中国红十字会。

1997年11月，在西班牙塞维利亚召开的国际联合会第十一届大会上，挪威红十字会会长海伯格女士当选为国际联合会主席，中国红十字会在本届会议上当选为国际联合会卫生与社会福利委员会成员。中国红十字会常务副会长顾英奇率中国红十字会代表团出席此次会议。同时，代表团还参加了在此前召开的国际联合会第四十次执行理事会和随后召开的红十字与红新月代表会议。

6月，在中国红十字会副会长孙柏秋率领下，中国红十字会代表团一行6人应邀赴日内瓦参加国际联合会召开的“中国备灾救灾工作圆桌会议”，12个捐款国家和地区红十字会的代表参加了会议。

9月，中国红十字会新任副会长彭玉率代表团访问了国际联合会秘书处和国际委员会总部。参观了两个国际红十字组织及亨利·杜南学院，并与国际联合会、国际委员会就加强合作与交流等问题进行了友好会谈。

9月，应意大利“天下一家”组织邀请，中国红十字会副会长孙柏秋一行4人赴意大利考察儿童康复项目活动，并顺访意大利红十字会。

国际联合会为支持中国红十字会建立计算机通讯网络系统，派出国际联合会通讯联络部主任贝雷克先生专程来华，就此项目与中国红十字会有关人员进行讨论，制定实施计划。

1997年，红十字国际委员会首次聘任中国红十字会工作人员——中国红十字会国际部副部长任浩担任国际委员会东亚地区代表处代表。

中国红十字会注重发展与各国姊妹会之间的双边关系。4月，中国红十字会常务副会长顾英奇在率团赴日内瓦参加国际联合会第39次执行理事会期间，应邀访问德国红十字会。

6月，中国红十字会副会长孙柏秋一行6人赴日内瓦参加圆桌会议途中应邀访问了印度红十字会。

1997年，中国红十字会接待各国69个代表团243人次；有30个团组147人次出访。

1997年，中国红十字会向尼泊尔、伊拉克、莫桑比克、伊朗等30个国家红十字会提供了50多万美元捐款和157万元人民币物资的援助。

1998年，国际联合会主席海伯格、秘书长乔治·韦伯、副秘书长玛格丽特女士，先后顺访中国并与中国红十字会领导进行工作会谈。

9月，中国红十字会常务副会长顾英奇应邀率团访问美国红十字会和加拿大红十字会，并与加方就双边交流合作项目进行了会谈。

11月，中国红十字会副会长王立忠率代表团参加了在越南河内举行的第五届亚太地区红十字会与红新月会会议。中国红十字会代表团作为上届会议的东道主，主持了第一次全体会议，并积极参与了大会和分委员会的工作。会议通过了指导未来四年地区工作的指导性文件《河内宣言》。香港红十字会主席杨铁梁先生、秘书长方敏生女士作为中国红十字会代表团成员出席会议。

国际委员会东亚地区代表团团长古浩德先生5月访问总会。国际联合会亚太部主任东浦洋先生5月访问中国红十字会，与中国红十字会秘书长李长明举行了工作会谈；中国红十字会副会长王立忠会见了东浦洋先生。澳大利亚红十字会主席格林先生应邀访问中国红十字会。

8月，古巴红十字会代表团访问北京、浙江等地。

9月，中国红十字会应邀派员参加了在日内瓦召开的国际联合会“卫生与社区服务委员会”会议。

10月下旬至11月上旬，以中国红十字会副会长王立忠为团长的中国红十字会代表团赴日内瓦出席联合会第12届大会和第27届红十字与红新月国际大会。中国红十字会代表团和参加国际大会的中国政府代表团响应大会“动员人道的力量，改善易受损人群的境遇”的号召，向大会提交庄严承诺。

1999年3月，红十字会与红新月会国际国际联合会在北京举办东亚/东南亚地区后勤工作研讨会。中国红十字会副会长曲折率团出访日本和韩国红十字会。6月，中国红十字会副会长孙柏秋率团访问朝鲜红十字会。红十字会与红新月会国际联合会在北京召开有关中国、蒙古和朝鲜红十字会的合作工作会议。中国红十字会常务副会长顾英奇率团访问俄罗斯和保加利亚红十字会；中国红十字会秘书长孙爱明访问蒙古红十字会并参加东亚地区红十字会秘书长会议。

7月，红十字会与红新月会国际联合会主席海伯格博士访问北京。韩国红十字会秘书长率团访问中国红十字会。葡萄牙红十字会会长苏亚雷斯夫人率团访问中国红十字会。孙爱明秘书长率团参加澳门红十字会成立79周年的庆祝活动。王立忠副会长出访瑞士和挪威。越南红十字会代表团访华。8月，联合会在北京举办东亚/东南亚地区志愿工作研讨会。9月，斯洛伐克红十字会会长率团来访。11月，罗马尼亚红十字会会长访华。

1999年，中国红十字会在争取和接受外界援助的同时，向23个遭受战乱和自然灾害的国家的红十字会和政府提供总额为1537万元人民币的救济物资和捐款，体现了中国红十字会的国际人道主义义务和奉行国际红十字运动基本原则的精神。

2000年，中国红十字会的对外交往工作十分活跃。共接待境外和台、港、澳地区红十字组织的来访团组和个人共66批380人次，组团出访26批143人次。其中，比较重要的出访和接待工作有：

2月，国际联合会东亚地区办事处在北京成立，联合会秘书长沙佩戴尔为此访华；中国红十字会会长彭珮云会见了沙佩戴尔一行；总会协助联合会举办了东亚五国秘书长会议，苏菊香秘书长参加了会议。

3月，国际委员会亚洲/拉美地区总代表莫诺来访，分别与中国红十字会、外交部和解放军的有关领导进行会谈。

4月，新西兰红十字会前会长率团访华。

5月，中国红十字会会长彭珮云率团访问了韩国红十字会，两会签署了《2001—2006年的合作协议》。

5月，接待了由会长藤森昭一率领的日本红十字会访华代表团，彭珮云会长会见了代表团一行，两会签署了《2001—2006年的合作协议》。

6月，接待了由副会长许海龙率领的朝鲜红十字会代表团，加强了两会的友谊。6月下旬至7月上旬，王立忠常务副会长率团访问了罗马尼亚、斯洛伐克，与罗马尼亚红十字会签署了友好交流协议，与斯洛伐克红十字会签署了第一个合作协议。

8月，中国红十字会秘书长苏菊香率团参加了IFRC第十三届卫生会议并对国际联合会、国际委员会和瑞士红十字会进行了工作访问。

9月，荷兰红十字会秘书长访华。

10月，孙爱明副会长率团访问越南和巴基斯坦红十字会。

11月，挪威红十字会秘书长访华。

11月底，国际联合会亚太部主任东浦洋访问中国红十字会，王立忠常务副会长会见了东浦洋先生。12月，王立忠常务副会长作为主要陪同人员随司马义·艾买提国务委员访问伊拉克，并拜访了伊拉克红新月会，向对方转交以中国红十字会名义捐赠的15万元救济物资。

2000年，中国红十字会向越南、柬埔寨等30个国家或地区提供了35次共计80万美元的救灾款和16万美元的救灾物资。

4月下旬，在北京召开了国际与台港澳工作研讨会，这是中国红十字会历史上首次以对外联络工作为专题召开的全国性会议。会议总结了多年来的对外联络的工作经验，制定了《地方分会对外开展交流合作的若干意见》。依据这个文件，总会指导、协调各地分会和对外交往工作，并协助各地分会建立对外交往渠道，指导和协调一些双边的合作项目。

2001 年，总会共接待来访 99 批 437 人次；组团出访 37 批 185 人次。总会向 21 个遭受战乱和自然灾害的国家红十字会、政府提供总额为 73 万美元的救济款及总价值 52 万元人民币的救济物资援助。

2001 年 11 月，在瑞士日内瓦召开了红十字会与红新月会国际联合会第 13 届大会上，中国红十字会以高票当选领导委员会成员。中国红十字会在国际联合会第 13 届大会上，敦促国际红十字运动的全体成员，共同面对挑战，利用作为世界上最大和最有影响的人道主义组织的优势，宣传人道主义的原则，为消除仇恨和暴力做出贡献。

红十字会与红新月会国际联合会主席阿斯特丽·海贝格访华。中国红十字会会长彭珮云、常务副会长王立忠分别会见海贝格主席。海贝格主席考察了北京、上海和江苏省市分会。红十字会与红新月会国际联合会秘书长沙佩戴尔访问中国红十字会，彭珮云会长会见沙佩戴尔秘书长；沙佩戴尔秘书长访问新疆等 6 个分会。彭珮云会长率团访问红十字会与红新月会国际联合会总部和红十字国际委员会。

2001 年，中国红十字会总会在北京举办了红十字会国际研讨会和东亚地区红十字会合作会议及秘书长会议；在昆明召开了“湄公河流域红十字会艾滋病预防控制和关怀研讨会”，促进了地区间合作。总会邀请参加朝鲜战争的美国老兵代表与我国参加抗美援朝老战士交流座谈，在中美两国产生了很好的影响，国内外新闻媒体纷纷报道。

9 月 11 日，美国发生恐怖主义袭击事件后，中国红十字会在反对和谴责恐怖主义暴力的同时，向美国红十字会表示并协助美国红十字会做好中国遇难家属的有关工作。中国红十字会捐款 3 万美元救助在巴基斯坦境内的阿富汗难民。

中国红十字会 2002 年三次派团参加红十字会与红新月会国际联合会领导委员会会议，积极参与领导委员会方针政策和重要工作的决策。

2002 年 11 月 27 日，红十字国际委员会主席克伦贝格尔应中国红十字会邀请访华，国家主席、中国红十字会名誉会长江泽民会见了他。会见时，江主席表示，中国政府一向重视人道主义工作，重视并支持红十字事业。江泽民肯定了中国红十字会与国际委员会的合作。

2002 年水灾救助工作中，国际联合会及其东亚地区办事处积极为灾区募集款物，支持救灾工作。

2002 年 5 月，全国人大常委会副委员长、中国红十字会会长彭珮云率中国红十字会代表团应邀出访澳大利亚和新西兰两国红十字会，进一步加强中国红十字会同太平洋地区国家红十字会的友好合作关系。

11 月，王立忠常务副会长率团参加在菲律宾马尼拉召开的第六届亚太地区红十字会会议，并同其他会议代表共同签署《马尼拉行动计划》。中国红十字会成为该行动计划执行工作组的成员。

中国红十字会有计划地引进外援项目：加拿大红十字会援助西北五省区视力复明、卫生、艾滋病项目；挪威红十字会援助四川省甘孜地区组织建设、卫生项目；瑞士、荷兰红十字会援助西藏卫生、备灾救灾项目；澳大利亚红十字会援助云南和新疆艾滋病预防等内容的合作项目；欧盟等捐款者在广西、湖南开展了改水改厕项目，并努力争取在山西、宁夏、陕西等地区建立新的合作项目。

2002 年，中国红十字会共接待 59 个来自国际红十字组织和各国红十字会的代表团 212 人。中国红十字会还组团访问了越南、柬埔寨、挪威、斯洛伐克、匈牙利、美国、日本、韩国等 17 个国家，向 18 个遭受自然灾害、疫病和灾难国家的红十字会和政府提供了总价值 390 万元人民币的捐款和救济物资。

（兰虹志　袁天义　梁少华）

编　年
（1904 年—2004 年）

1904 年

1. 2 月，日俄战争在我国旅顺爆发。为救援东北战地难民，上海沈敦和等人，商准各国领事，联合英、法、德、美各中立国人士，于 3 月 10 日组织成立万国红十字会上海支会（中国红十字会前身），并于 5 月 29 日订立暂行章程。

2. 设立分会于东北的牛庄、辽阳、新民屯、开源、奉天（沈阳）、海城、铁岭等处，救灾民出险，资遣回籍，达 13 万人。

1905 年

万国红十字会上海支会及其各分会募集巨款，于沈阳、承德、辽阳、营口等 27 处设点急赈东北战地难民 22 万余人。

1906 年

1. 美国旧金山地震，万国红十字会上海支会捐银 2 万两助赈。

2. 7 月 6 日，清政府派驻英公使张德彝赴瑞士签订日内瓦红十字公约。

1907 年

万国红十字会上海支会改名大清红十字会，吕海寰为会长。

1908 年

创设时疫医院于上海（天津路 316 号），时值上海疫病流行。

1909 年

吕海寰、吴重熹会奏中国红十字会试办章程（6 条），请旨立案。

1910 年

1. 盛宣怀继任会长。

2. 在上海创设总医院，附设医学堂落成。

1911 年

1. 辛亥革命爆发，大清红十字会正式

定名为中国红十字会，并组织董事会，公举沈敦和为总董，制订会员制度。

2. 设临时医院于武汉，并成立三支医疗队从事战地救护工作。

1912 年

1. 中国红十字会加入日内瓦国际红十字会，得到瑞士红十字国际委员会正式承认。

2. 9 月 30 日，在上海召开全国第一次会员大会。制定会章并组织常议会，选举常议员 34 人。公举中华民国大总统、副总统为中国红十字会名誉正、副总裁。吕海寰为正会长，沈敦和为副会长兼常议会会长，江绍墀为理事长。10 月 31 日召开统一大会，议决总会设在北京，总办事处设于上海。

3. 推举张德彝、蔡揆、黄鼎、福开森参加在美国华盛顿召开的第九届万国红十字会联合大会。

4. 浙江东南部地区发生严重水灾，本会急组放赈、掩埋、防疫三队，赈济灾民 2 万余人，医疗病民 3000 多人。

1913 年

1.《中国红十字会杂志》第一号创刊。

2. 北京女界中国红十字会分会成立。

3. 救护癸丑淞沪及南京战役伤者，掩埋尸体，急赈徐州各处兵、旱灾区。

1914 年

1. 第一次世界大战爆发，本会捐助赈灾。

2. 理事长江绍墀辞职，推举赵洪藻为理事长。

1915 年

上海、浙江、江西等地风、水为灾，本会募集巨款，大举放赈。

1916 年

1. 医学堂停办。

2. 讨袁战争中救护滇、黔、浙、蜀、桂、粤六省兵灾，各省先后成立分会协同工作。

1917 年

1. 政府特颁红十字会条例。

2. 救护京、津及湘、赣、粤、闽各省兵灾，救赈皖北、京直水灾，组织安徽义赈会。

1918 年

1. 理事长赵洪藻辞职，推朱煜为理事长。

2. 本会派参战（第一次世界大战）救护医队赴海参崴。

3. 救治浙江宁波、绍兴各地时疫；救护湘省兵灾水灾。

1919 年

1. 派王培元出席 12 月在日内瓦召开的第一次红十字会国际联合会并加入各国红十字会协会。

2. 沈敦和辞去副会长职，政府任蔡廷干为副会长。

3. 理事长朱煜辞职；推吴宝义继任。旋又辞职，改推唐元湛为理事长。

4. 救护西伯利亚俄国难民，救助德、奥华侨返国；救赈江、浙、皖、鄂四省水灾。

1920 年

1. 中国红十字会派王培元代表参加 9 月 1 日在日内瓦召开的第十次国际红十字大会。

2. 本会创办人沈敦和副会长逝世。

3. 会长吕海寰辞职，政府令汪大燮为会长，公推吕海寰为名誉会长。

4. 改订组织分会章程 24 条，增设各省分会 24 处，征集会员 5300 余人。

5. 救赈南北八省（直、鲁、豫、晋、陕、湘、闽、浙）水旱巨灾。

1921 年

1. 推庄籙为理事长。

2. 增设各省分会 14 处，全国会员达 26000 人。

3. 救赈湘、皖、苏水、旱、兵灾。

4. 10 月 10 日，《红十字会》月刊第一期出版。

1922 年

1. 6 月 25 日，在上海召开第二次全国会员大会，修正章程，改选议员，选出议员 48 人，公举王大燮为会长，蔡廷干为驻京副会长，杨晟为驻沪副会长，推庄籙为理事长。

2. 11 月，王培元、杨晟赴巴黎出席红十字会国际联合会。

3. 救赈广东、浙江等地区水灾；救治皖北时疫。

1923 年

1. 9 月，日本发生大地震。派理事长庄籙、医务长牛惠霖率医队赴东京救护，赠日本药品、捐助金并资助华侨返国。

2. 救护俄国难民。

3. 全国会员近 4 万人。

1924 年

1. 选举颜惠庆为会长，蔡廷干为驻京副会长，杨晟为驻沪副会长。

2. 举行中国红十字会建会 20 周年大会纪念活动，发刊纪念册，征求纪念会员。

1925 年

1. 本会捐 3000 法郎赈助玻利维亚巨灾。

2. 奉直之战，分会参加救护。

1926 年

本会派任哲英女士出席 11 月在东京召开的国际红十字会远东第二次大会。

1927 年

北伐战争，组织救护队，并在上海各医院收容伤兵。

1928 年

1. 常议会改选颜惠庆为会长；王正廷、虞和德为副会长。

2. 国府定都南京，北京总会改为北平分会，上海总办事处执行总会事务。

1929 年

理事长庄籙辞职，公推王培元代理。增聘 18 人为常议员，常议会设立临时执行委员会。

1930 年

1. 在上海召开全国第三次会员大会。

2. 奉命修改会章，彻底改组。

1931 年

长江大水灾，组织医防队，赴汉口工作。

1932 年

1. 山海关失陷，组织华北救护委员会，救护长城前线抗日军队伤兵。

2. “一·二八”沪战爆发，组织救护总队，下设支队，分赴战地工作，设立临时伤兵医院40余所，难民收容所5处。

3. 成立特组救护队，到苏州、宜兴一带工作。

4. 联合上海各善团，组织赈济东北难民联合会，拨助药物款项。

5. 上海总医院、北市医院、南市医院，分别改名为第一、二、三医院。

1933 年

9月在上海召开各地分会代表会议，重行改组，选举王正廷为会长，并推行第一次征求会员运动。

1934 年

举行理事联席会议，公推王正廷为会长，史量才、刘鸿生为副会长，蒋中正为名誉会长，黄绍雄、吴铁城、颜惠庆、虞洽卿为名誉副会长，聘曹云祥为秘书长。

1935 年

1. 8月1日召开第二次征求会员大会，400余处分会征得会员68326名。

2. 中华民国红十字会管理条例修正公布。

3. 急赈鲁、鄂、皖、赣、晋、豫七省水灾。美国红十字会捐汇国币10万元助赈。

1936 年

1. 成立经济、救护、设计三个委员会。

2. 绥远战事发生，派庞京周赴绥办理，同时成立中国红十字会华北临时分会。

3. 上海市各界成立救护事业协会。

1937 年

1. “七七”卢沟桥事变爆发，北平分会暨华北救护委员会举办战地救护训练，加紧救护工作。

2. 召开第三次征求会员大会，添设团体会员（永久会员、维持会员）两种。

3. “八一三”，沪战爆发，中国红十字会成立战时救护委员会，后改为救护总队。救护工作全面展开。北平成立救护事业总管理处。

4. 总会集合旅沪各国名流，组织“中国红十字会上海国际委员会”，募集1000万元作为救护费用。

1938 年

1. 国际红十字会第16届大会在伦敦举行，本会派常委林康候出席。中国红十字会当选国际红十字会执行委员。

2. 本会派代表徐传宝出席在巴黎召开的红十字会国际联合会。

3. 战时卫生人员救护训练所在长沙成立，由林可胜博士主持。

4. 苏联红十字会、美国总统罗斯福，

美国作家史沫特莱以及印度、捷克、英国救济中国难民委员会等纷纷捐款和药品并派医务团援助中国抗日军民。

5. 1938—1939 年间，派医疗队分赴江西及延安等地协助新四军及八路军对军民进行医疗。

1939 年

1. 救护总队在贵阳成立，推行野战区救护工作。

2. 助赈黄河大水灾。

3. 为支援中国的抗日战争，英国援华医疗队来到救护总队部基地贵阳图云关。

1940 年

1. 总会迁渝（重庆）办公。成立驻沪办事处，扩增仰光、昆明二办事处。

2. 组织 8 个直属医疗队，加紧重庆地区空袭救护工作。

1941 年

1. 举行第一届红十字周活动（至 1946 年共举办五届）。

2. 救护委员会取消，救护总队部直承总会指挥。

1942 年

将 8 个直属医疗队陆续扩充为医防服务队 40 个，分驻各地区分会工作。

1943 年

1. 颁布本会战时组织条例，行政院聘蒋梦麟为会长，胡兰生为秘书长。

2. 国民政府军事委员会颁布《战时监督红十字会暂行办法》，受制军事委员会。

3. 重庆医院落成开幕，调整救护总队部业务。

4. 开展后方城市公共卫生及民众医疗工作。

1944 年

1. 国内各抗日战场开始反攻，红十字会医疗队配合开展活动。

2. 急救湘、桂、黔战线上后撤的伤兵难民。

3. 重庆医院与中央医院合并定名为重庆中央医院。

1945 年

1. 日本无条件投降，抗战胜利，本会工作转入复员善后及社会服务工作。

2. 胡兰生秘书长赴日内瓦出席各国红十字会代表会议及第 18 次理事会议；蒋梦麟会长当选为本届大会副主席。

3. 与中国护士学会联合办私立蜀中高级护士职业学校（附设在重庆医院内）。

4. 救护总队部组设流动手术医院，加强野战救护。

1946 年

1. 1 月，总会由重庆迁回南京。理事会制定复员期间初步工作实施计划纲要。

2. 行政院颁布《复员期间管理中华民国红十字会办法》，以行政院为主管官署。

3. 会长由蒋梦麟蝉联，取消监事会，理事会议为最高决策机关。

4.《会务通讯》与《救护通讯》合并，出版《中国红十字》月刊。

5. 在上海、北平、汉口、广州、重庆设立办事处，督导各大地区内分会之恢复与设立（除上海外，均于当年结束工作）。

6. 青年红十字服务团正式成立。

1947 年

两广及四川发生水灾，本会在京、沪两地募捐港币 1100 余元及布匹（做成衣服）分送两地灾民。

1948 年

试办红十字少年会。

1949 年

1. 4 月 23 日，南京解放。总会少数人员去美国、台湾，大部分人员迁上海。

2. 10 月 1 日，中华人民共和国成立，总会一面维持各分会机构之存在，一面集中全力于总会的改组和改造工作。

1950 年

1. 3 月，上海举行工作检讨会议，推举代表团到北京，向中央人民政府反映改组要求。

2. 总会 7 月由上海迁京。

3. 8 月 2—3 日，在北京召开由政府、群众团体、红十字会代表参加的改组中国红十字会协商会议（改组后的第一次全国代表大会），产生了新的领导人和章程。会长李德全，副会长彭泽民、刘鸿生、熊瑾玎、胡兰生；秘书长胡兰生（兼）；副秘书长林士笑、倪斐君。

4. 8 月，中国红十字会代表倪斐君访问朝鲜。

5. 9 月 30 日，《新中国红十字》杂志出版创刊号。

6. 10 月，李德全、伍云甫参加在摩纳哥举行的 21 届国际红十字会协会理事会，中国红十字会当选执委。

7. 组织“皖北、苏北、河北灾民寒衣劝募总会”，以协助解决灾民的寒衣。

8. 12 月 18 日，中国红十字会医防服务队干部训练班在南京开学。

1951 年

1. 1 月 22 日，总会向全国各地分会发出通知，组织国际医防服务队赴朝鲜进行救护工作。3 月 10 日，举行欢送中国红十字会国际医防服务队第一、第二大队赴朝大会。

2. 9 月 8 日，总会举行庆祝改组一周年纪念大会。

3. 9 月 30 日，李德全会长及全体同志上书毛泽东祝贺国庆；毛泽东阅后特嘱中央办公厅函谢（10 月 6 日）。

4. 组织第一医防服务队分赴治淮工地，为民工进行卫生保健工作。

5. 11 月，组织第二医防服务队分赴灾区、江西老根据地和海南岛少数民族地区参加医疗卫生工作。

6. 11 月，会同中华全国总工会、全国妇联、全国青联、全国学联及中华医学会发出联合通知，号召各地开展急救训练。

1952 年

1. 我国外交部长周恩来代表中华人民共和国发表声明，承认 1949 年有关改善战地伤员境遇的四个日内瓦公约。

2. 7 月 26 日，我国政府和红十字会两个代表团，参加在加拿大多伦多召开的第 13 届国际红十字大会。大会承认中国红十字会是中国唯一合法的全国性红十字组织。

这是新中国成立后，在国际组织中得以恢复的第一个合法席位。

3. 在中小学建立红十字青少年组织并开展活动。

4. 宋庆龄、张澜、郭沫若、马叙伦、何香凝、梅兰芳、贺诚、万石珊为纪念红十字会改组两周年题词。

5. 国际医疗服务队第一、七大队模范工作者荣获朝鲜最高人民会议功劳章。

6. 12 月 15 日，中国红十字会全国工作会议在北京开幕，谢觉哉、彭泽民等出席会议。

1953 年

1. 3 月，中国红十字会与日本红十字会、日本和平联络会、日本友好协会三团体组成的代表在北京签订协助在华日侨回国的协议。

2. 根据朝鲜军事停战协定，选派代表赴朝参加联合红十字会小组，协助遣返战俘。

3. 5 月，会长李德全率代表团参加在日内瓦召开的国际红十字与红新月会协会第 22 届理事会。

4. 常务理事苏井观率代表团出席在日内瓦召开的国际红十字协会执委会第二次常务会议。

5. 12 月 15 日，李德全会长访问印度。

1954 年

1. 1 月 16—25 日，本会新编三个医防服务大队分赴华北、西北、中南三个大行政区工作。

2. 2 月 16 日，苏联红十字医院在北京落成并举行开幕典礼，彭真、吴玉章、李德全、伍修权，苏联驻中国大使尤金等出席。

3. 9 月 8 日，总会在京举行中国红十字会成立 50 周年纪念大会，李德全、徐运北、胡兰生等及会员 4000 多人参加，中央邮电部发行纪念邮票一枚。

4. 10 月 30 日—11 月 12 日，中国红十字会代表团一行 10 人首次访问日本，这是战后去日本访问的新中国的第一个代表团，团长李德全，副团长廖承志。

1955 年

在国务院召开的会议上，周恩来总理指示救济总会与红十字会合署办公，红十字会的工作以国际为主，对内主要是急救训练和群众卫生等。

1956 年

1. 4 月，《新中国红十字》杂志改名为《中国红十字》杂志复刊。

2. 4 月中旬，卫生部与总会在北京联合召开工作会议，讨论和研究如何开展红十字会工作。

3. 5 月 10—12 日，彭炎等参加在日内瓦召开的国际红十字协会第 75 次执委会。

1957 年

1. 1 月，第 19 届国际红十字大会在印度新德里召开，我国派以潘自力为团长的政府代表团和以李德全为团长的红十字会代表团出席会议，会议期间粉碎了美国制造“两个中国”的阴谋。

2. 取消“分会”名称，改称省、市、县红十字会。

3. 北京苏联红十字医院移交我国，改名为北京中苏友谊医院。

4. 4月3—10日，在北京召开全国工作会议，讨论如何加强红十字会工作；《光明日报》发表《发挥红十字会的作用》的社论。

5. 12月6日，李德全、廖承志率中国红十字会代表团第二次访日。

1958年

1. 4月15日，在中国红十字会的协助下，被日本抓去当劳工的山东高密县农民刘连仁回国。

2. 总会国内工作部门（组训部、宣传部）与中央爱卫会办公室合署办公，《中国红十字》与《讲卫生》月刊合并为《爱国卫生》。

1959年

1. 4月，总会决定撤销基层委员会，以红十字卫生站为基层会员活动中心。

2. 4月，周恩来总理对红十字会工作批示："根据需要与可能适当发展。"

1960年

4月，与卫生部联合发出开展红十字会工作的通知。

1961年

10月，在北京召开第二次全国代表大会，修改会章，选举领导人，会长为李德全，副会长伍云甫、赵朴初、熊瑾玎；秘书长彭炎，副秘书长倪斐君。

1962年

1. 5月，与卫生部向各省、市、自治区卫生局、红十字会发出通知，提出开展各项工作的意见和安排。

2. 6月，与卫生部向14个省、市卫生局、红十字会发出《关于加强开展群众性的爱国卫生运动和国防卫生救护训练，健全和建立红十字卫生站、队的紧急通知》。

1963年

1. 3月，召开部分城市红十字工作座谈会。

2. 4月，国务院编制委员会发出对地方红十字会编制意见的通知，分别通知各省编制人数，全国总数为302人。

1964年

1. 3月，召开工作会议，伍云甫在报告中肯定了红十字会工作是国际、国内、平时、战时工作的需要，有计划、有重点的"根据需要与可能适当发展"是正确的。

2. 与卫生部联合发出《关于加强输血管理工作的通知》以及《关于地方红十字会工作的意见的通知》。

1965年

1. 调整总会领导，会长为钱信忠，副会长伍云甫、刘清扬、熊瑾玎、赵朴初、彭炎、孟谦；秘书长彭炎（兼），副秘书长倪斐君、王敏。

2. 在沈阳召开工作会议，推广卫生救护工作经验。

3. 在广西南宁市召开水上救护经验交流会。

1966—1973年

"文化大革命"期间，红十字会国内各项工作陷入停顿，国际工作仍继续开展，主要是国际救济工作。

1973 年

11 月，中国红十字会代表团参加在德黑兰召开的国际红十字协会第 32 届理事会和第 20 次国际红十字大会。

1974 年

10 月 24 日—26 日，中国红十字会秘书长王敏率代表团参加在日内瓦召开的红十字会协会第 90 次执委会。

1975 年

10 月 28 日—11 月 1 日，以欧阳竞为团长的中国红十字会代表团参加在日内瓦召开的协会第 33 届理事会。

1978 年

1. 4 月 10 日，国务院以国发〔1978〕63 号文件向全国各省、自治区、直辖市及各部委批转卫生部、外交部《关于恢复红十字会国内工作》的报告。

2. 广州、长沙、天津、北京、上海、杭州、武汉、南京、沈阳、西安、南宁 11 城市恢复建立红十字会。

1979 年

1. 2 月 20 日—24 日，第三次全国代表大会在北京召开，出席代表 65 人，选出第三届领导人，会长为钱信忠，副会长：杨纯、沈其震、赵朴初、彭炎、熊天荆、龚普生、孟谦、工肇元、邓启修、魏龙骧、顾锦心、王仪、刘鹏飞、王敏。秘书长王敏（兼)，副秘书长吴日承。

2. 12 月 8 日—11 日，在上海召开红十字会工作会议。

3. 协助我国政府安置印支难民，至 1979 年底接待和安置被越南当局驱赶来华的难民 21 万余人。

1980 年

1. 5 月，中国红十字会代表团访问美国；8 月，美国红十字会协会主席霍兰率团访华。

2. 7 月 20 日《中国红十字》杂志复刊。

1981 年

1. 2 月 14 日—17 日，中国红十字会在北京举行三届二次理事会议。其时，全国已恢复省、直辖市、自治区红十字会 11 个，省辖市和县区级红十字会 67 个，街道、工厂、学校、农村及按行业建立的基层组织 6700 多个。

2. 3 月 7 日，总会发出关于开展“五讲四美”活动的通知。

3. 11 月 7 日—14 日，第 24 届国际红十字会大会在菲律宾首都马尼拉举行，卫生部长兼中国红十字会会长钱信忠率中国政府代表团和中国红十字会代表团出席大会并发言。

1982 年

1. 5 月，中国红十字会代表团访问阿尔及利亚、突尼斯、摩洛哥三国红新月会。

2. 8 月 12 日—19 日，首次中国红十字青少年夏令营在北京举行，116 名红十字青少年和 60 多名红十字工作者参加。

3. 10 月—11 月，中国红十字会副会长杨纯一行四人对南斯拉夫、瑞士、瑞典进行友好访问。

1983 年

1. 2月19日，中国红十字会代表团访问斯里兰卡。

2. 4月4日，在北京召开三届三次理事会。

3. 7月11日，中国红十字会与中华护理学会在人民大会堂隆重召开第29届南丁格尔奖颁发大会，向我国首次获奖的王琇瑛颁发奖章和奖状。

4. 8月11日—18日，总会在青岛市举办中国红十字会卫生保健教师夏令营。

5. 9月，山东省红十字会在总会协助下，创办我国第一所老年人大学。

6. 11月30日—12月14日，中国红十字会代表团访问缅甸红十字会。

1984 年

1. 3月13日，举行中国红十字会训练中心奠基典礼。

2. 6月25日，中国红十字总会在北京饭店隆重集会庆祝中国红十字会成立八十周年，并开展其他纪念活动。

3. 7月5日—11日，中国红十字总会在无锡举办志愿工作者夏令营。

4. 7月14日，中国红十字总会在上海第一医学院举办大学生夏令营。

5. 8月16日—26日，以杨纯副会长为团长的中国红十字会代表团访问朝鲜。

6. 9月2日—7日，副会长顾锦心率团出席在芬兰举行的第二届世界红十字与红新月和平大会。

7. 12月8日，中国红十字会总会致电台湾红十字组织慰问海山煤矿惨遭不幸的矿工家属。

1985 年

1. 4月，中国红十字会向全国发出通知，各地红十字会为遭受旱灾的非洲灾民开展募捐。

2. 5月31日—6月1日，在北京召开中国红十字会第四次全国代表大会，通过了上届理事会的工作报告和新的《中国红十字会章程》；选举了四届理事会，推举朱学范、赵朴初、钱信忠为名誉会长；选举崔月犁为会长，谭云鹤、章明、沈辰、何理良、蔡壬癸为副会长；秘书长：蔡壬癸（兼）；副秘书长：范雨田、曲折。

3. 6月22日，总会在北京饭店举行颁奖大会，向荣获第30届南丁格尔奖章的优秀护理工作者司堃范、梁季华、杨必纯颁发奖章和奖状。

4. 10月20—24日，谭云鹤副会长率代表团参加在日内瓦举行的第四次红十字会与红新月会协会大会，并以最多的票数当选为执行理事。

1986 年

1. 4月24日—26日，谭云鹤副会长率团出席在日内瓦召开的红十字会与红新月会协会执行理事会第17次会议。

2. 5月18日—26日，我代表团访问匈牙利红十字会，并参加国际红十字会在匈牙利尼古拉斯举办的第九届（红十字活动、卫生与健康、环境保护）电影节，中国红十字会拍摄的电视剧《妈妈，你在哪里》被授予最高特别奖。6月20日，总会举行授奖仪式，表彰该剧组人员。

3. 6月12日，颁布《关于向社会募捐

和接受捐助的暂行条例》。

4. 8月15日，国际援华医疗队纪念碑揭幕仪式在贵阳举行。

5. 9月16日，赵紫阳总理会见国际红十字会与红新月会协会主席德拉马塔并就红十字会的工作发表讲话。

6. 9月16日，总会举行训练中心落成典礼，中顾委副主任宋任穷剪彩，协会主席德拉马塔等参加典礼。

1987 年

1. 1月5日，经中宣部批准，《中国红十字报》正式创刊，在国内外公开发行。

2. 5月11日，总会举办首届国际人道主义讲习班，雷洁琼副委员长等出席开幕式。

3. 6月12日，总会在人民大会堂举行第31届南丁格尔奖授奖大会，乌兰夫、郝建秀、康克清、班禅额尔德尼·却吉坚赞等出席，陈路德、史美利、张云清获奖。

4. 总会组织医疗队赴遭受火灾的大兴安岭开展救护工作。

5. 7月19日—24日，首届国际红十字青少年夏令营在昆明市举办，美国、日本、奥地利、印度及中国13个省、市红十字青少年代表参加。

1988 年

1. 1月7日，中国红十字美术、书法、摄影展览在中国美术馆举行。

2. 4月24日，总会与外交部、国家教委、国家体委等发起参加的'88国际体育援助计划活动在我国拉开序幕。

3. 11月21日，总会与红十字国际委员会在京召开“国际人道主义法圆桌会议”研讨会。

4. 12月21日，山东曲阜市红十字诊所所长姜健被美国红十字会授予国际人道奖。

1989 年

1. 5月，首都各界开展各种活动，纪念中国红十字会诞生85周年，总会与全国体育总会、中国足协联合举办足球义赛，谭云鹤副会长向中国女子足球队颁发会章与会徽，赵朴初为中国红十字会85周年题词，邮电部发行红十字纪念邮票一枚。

2. 5月13日，首届高校部分学生在天安门广场开始静坐绝食，中国红十字会积极协助有关方面做好卫生救护工作，受到政府和各界人士的好评。

3. 7月20日，中国红十字会总会在人民大会堂举行第32届南丁格尔奖章暨首届无偿献血杯奖颁奖仪式。全国政协主席李先念讲话并颁奖，李铁映、赵朴初、陈敏章等出席；林菊英、陆玉珍、周娴君、孙秀兰荣获南丁格尔奖章，刘光震、潘得全等七人荣获金杯奖。

4. 10月15日，谭云鹤副会长率团抵日内瓦参加国际红十字会与红新月会协会第七届大会，谭云鹤当选为协会副主席。

1990 年

1. 2月16日—17日，中国红十字会第五次全国代表大会在京举行，通过了谭云鹤副会长作的工作报告和修改后的《中国红十字会章程》及《1990—1994年中国红十字会五年工作规划提要》，推举朱学范、赵朴初、钱信忠、崔月犁为名誉会长；谭云鹤为顾问。陈敏章为会长；顾英奇为常务副会长；张得江、邹时炎、郝长元为副会长；孙柏秋为专职副会长。韩长林为秘书长，曲折为副秘书长。国家主席杨尚昆、国务委员李铁映等接见全体代表。

2. 6月3日，陈敏章会长在训练中心会见台湾红十字组织负责人徐亨和秘书长常松茂。

3. 9月中旬，海峡两岸红十字组织在金门商谈达成有关海上遣返协议。

4. 9月，中国红十字会图片展览首次在意大利红十字国际博物馆展出。

1991 年

1. 5月，中国红十字总会与农工民主党、卫生部、全国总工会、全国妇联在北京隆重举行“1991年世界红十字日和国际护士节”大型纪念活动。

2. 5月8日，美国红十字会 HLA 实验室主任李政道博士应中国红十字会邀请来华进行学术访问。

3. 7月18日，第33届南丁格尔奖章暨第二届无偿献血金杯奖颁奖大会在京举行，万里、李铁映为南丁格尔奖章获得者吴静芳和金杯奖获得者魏凤英等34人颁奖。

4. 7、8月，我国安徽、江苏等地发生特大水灾，中国红十字会积极参与抗洪救灾活动。8月2日总会在北京举行抗洪救灾新闻发布会。

5. 8月12日，中国红十字会副秘书长曲折等一行赴台探视因“7·21”渔事纠纷事件而被台方扣押的18位渔民，几经周折之后，8月20日抵达台北。

6. 至12月5日，红十字会国际联合会及港台红十字组织捐给中国红十字会的救护车，已达157辆，价值1500多万元人民币。

1992 年

1. 中国红十字会在北京举行新闻发布会，我国将开展非血缘关系供者骨髓移植工作。

2. 常务副会长顾英奇接任红十字会与红新月会国际联合会副主席。

3. 中国红十字会与卫生部首次联合举行“全国无偿献血促进大会”，全国政协副主席赵朴初、钱正英、国务院副秘书长徐志坚，卫生部副部长、常务副会长顾英奇，顾问谭云鹤等出席大会。

4. 6月23日，美国红十字会国际人道主义服务奖颁奖仪式在总会举行，常务副会长顾英奇为张振坤颁奖。

5. 红十字国际委员会主席索马鲁加访华，李鹏总理会见索马鲁加主席。

6. 中国红十字会向波黑提供5万美元人道主义援助。

1993 年

1. 4月11日，中国铁路红十字会在杭州举行成立大会，这是继煤炭、邮电等大行业系统建立的又一支红十字组织。

2. 5月24日—30日，第四届亚太区域红十字会与红新月会大会在北京召开，共有60多个国家和地区派出了130多名代表和观察员出席会议，中国红十字会常务副会长顾英奇、副会长孙柏秋、秘书长曲折参加会议。乔石委员长出席开幕式，会议通过《北京宣言》。

3. 第34届南丁格尔奖章暨第三届无偿献血金杯奖颁奖大会6月16日在中南海怀仁堂隆重举行，乔石委员长出席大会并向获南丁格尔奖的李桂美、张水华、张瑾瑜和

50 名无偿献血金杯奖获得者颁奖。

4. 10 月 25 日，红十字会与红新月会联合会第九届大会在英国伯明翰市开幕，148 个国家的红十字会与红新月会以及有关国际组织的代表团出席了会议。以常务副会长顾英奇为团长的中国红十字会代表团出席会议。中国红十字会再次当选为执行理事会成员。

5. 10 月 31 日，《中华人民共和国红十字会法》经第八届全国人民代表大会常务委员会第四次会议讨论通过，并公布施行。

1994 年

1. 2 月，中国红十字会秘书长曲折率大陆红十字青少年代表团抵台，参加两岸红十字青少年夏令营活动。

2. 3 月 30 日，总会组织《中华人民共和国红十字会法》知识竞赛活动，参加人数逾 80 万人。11 月 15 日，竞赛抽奖、颁奖大会在京隆重举行。

3. 4 月 23 日，中国红十字会第六次全国会员代表大会暨中国红十字会成立九十周年纪念大会在北京隆重召开。国家主席江泽民在中南海接见了会议代表，并与全体代表合影留念。国家主席江泽民被聘请为中国红十字会名誉会长；赵朴初、王光英、李沛瑶、钱信忠、崔月犁、陈敏章为中国红十字会名誉副会长；选举全国政协副主席钱正英为中国红十字会会长，顾英奇为常务副会长，范宝俊、杨崇春、林炎志、孙柏秋（专职）为副会长；由钱正英会长提名李长明为秘书长。

4. 5 月 2 日至 5 日，中国红十字会副会长孙柏秋率代表团赴法国巴黎参加了红十字会与红新月会国际联合会第 33 届执行理事会会议和庆祝国际联合会成立 75 周年纪念活动。

5. 5 月 17 日至 20 日，中国红十字会首届无偿献血经验交流暨研讨会在大连市举行。

6. 5 月，“首届全国红十字好新闻评奖”活动在北京举行。

7. 10 月 24 日至 31 日，中国红十字会代表团出席红十字会与红新月会国际联合会执行理事会第 34 次会议。

8. 11 月 2 日至 4 日，中国红十字会常务副会长顾英奇、秘书长李长明率代表团赴港，参加香港红十字会举办的“华南赈灾工作答谢会”。

9. 11 月，全国人大教科文卫委员会组织的执法检查团赴天津、河北两地检查执行《中华人民共和国红十字会法》的情况。

10. 12 月 17 日，中国红十字会在北京举办 1994 年赈灾汇报会。

1995 年

1. 6 月 29 日，国家主席、中国红十字会名誉会长江泽民接见我国获第 35 届南丁格尔奖的孙静霞和邹瑞芬。

2. 中国红十字会与红十字国际委员会驻东亚地区代表处、香港地区红十字会、澳门地区红十字会共同举办的全国绘画征文竞赛，获得圆满成功。11 月 20 日，在北京举办了绘画获奖者和竞赛组织奖的颁奖仪式。12 月，少年征文获奖者应邀前往香港、澳门参加颁奖活动。香港地区红十字会会长邵逸夫、澳门地区红十字会会长左立基接见了获奖少年。以这次竞赛获奖绘画和征文印制的宣传册，同时出版，并在第 26 届国际红十字大会上散发。

3. 中国红十字会积极参加了第四届世界妇女大会及政府组织论坛，并成功的主持了“妇女在人道主义救援活动中的作用”的 NGO 论坛。

1996 年

1. 1月29日，国务院总理李鹏、中央军委主席江泽民签署发布中华人民共和国国务院、中华人民共和国军事委员会第194号令，颁布《中华人民共和国红十字标志使用办法》，并自签发之日起实施。

2. 中国红十字会第六届第三次理事会1996年3月在上海召开，通过了《中国红十字会基金管理办法》的决议。

3. 1996年12月，中国红十字基金会在北京正式成立。

4. 中国红十字会与卫生部于1996年4月17日联合发出通知：确定每年5月的第二个星期日至第三个星期日为无偿献血宣传周。

5. 11月，中国红十字会常务副会长顾英奇赴日内瓦参加国际联合会执理会第38次会议，并访问瑞士红十字会和英国红十字会。

1997 年

1. 7月1日，我国政府对香港恢复行使主权，香港红十字会成为中国红十字会的一个享有高度自治的地方性红十字会，其名称为“中国香港特别行政区红十字会”，简称“香港红十字会（中国红十字会分会）”。

2. 9月2日，中国红十字会在北京人民大会堂为第36届国际南丁格尔奖章获得者颁奖，分别是汪赛进、陆冰、孔芙蓉、关小瑛、黎秀芳。

3. 9月12日至10月26日’97复明行动·中国红十字基金会赴西藏志愿医疗队到西藏山南、林芝地区的6个县工作了45天，以百分之百的复明率，为508例白内障患者做了人工晶体置换手术。

4. 中国红十字会向30多个国家红十字会提供了50多万美元捐款和价值157万多元人民币物资的援助。

1998 年

1. 中国红十字会六届理事会第五次会议于3月31日至4月3日在云南省昆明市召开。

2. 4月，应台湾红十字组织徐亨会长的邀请，中国红十字会常务副会长顾英奇率团赴台湾访问。

3.《中华人民共和国献血法》经第八届全国人民代表大会常务委员会第二十九次会议通过，于1998年10月1日颁布并在全国开始实施。

4. 11月，王立忠副会长率代表团参加了在越南河内举行的第五届亚太地区红十字会与红新月会会议。

5. 12月2日至3日，中国红十字会“1998年抗洪抗震救灾总结表彰大会”在北京召开。

6. 1998年，国际联合会主席海伯格、秘书长韦伯、副秘书长玛格丽特女士，先后应邀顺访中国并与中国红十字会领导进行工作会谈。

7. 中华人民共和国国家民族事务要员会授予中国红十字基金会赴西藏志愿医疗队，李兰颂、刘平、周军、冯永明为全国民族团结进步模范集体和个人称号。

1999 年

1. 3 月，中华人民共和国主席、中国红十字会名誉会长江泽民在对瑞士进行国事访问期间，在日内瓦会见了红十字会与红新月会国际联合会秘书长乔治·韦伯。

2. 台湾“9·21”地震灾害引起了全国人民的关注。灾害发生后，中国红十字会立即捐赠首笔救灾款 10 万美元和价值 50 万元人民币的物资。随后，在广州、福州、厦门设立了三个物资中转站并储备了价值 500 万元人民币的救灾物资备用。

3. 春节前夕，总会投资 100 万元，由会领导亲自带队，在 1998 年水灾重灾区的湖北、湖南等 10 省区同时开展了对重灾户的春节送温暖活动。

4. 10 月 11 日至 13 日，在北京召开了中国红十字会第七次全国会员代表大会。国家主席、中国红十字会名誉会长江泽民，国家副主席胡锦涛，国务院副总理李岚清等会见了出席大会的全体代表。国务院总理朱镕基向大会发来了贺信。

5. 组织完成了第 37 届南丁格尔奖章候选人的评选推荐和颁奖工作，秦力君、王桂英、曾熙媛获此殊荣。国家主席、中国红十字会名誉会长江泽民为获奖者颁奖。

6. 按照红十字会与红新月会国际联合会的要求，制定了中国红十字会《关于预防控制艾滋病的五年战略计划》。

7. 总会与中国电视艺术家协会合作的《中国红十字》电视片制作完成，并举行了首映式，制作了发行带。

2000 年

1. 国家税务总局、财政部联合制定财税字〔2000〕30 号文件，文中规定：企业等社会力量向红十字事业的捐赠，在计算缴纳企业所得税和个人所得税时准予全额扣除。这项政策将鼓励社会力量向红十字事业捐赠的积极性。

2. 制定了《中国红十字会自然灾害和突发事件救助规则》和《中国红十字会备灾救助中长期规划》，拟定了《中国红十字会地震灾害应对预案》。

3. 总会主编并出版了危急应变指南一书《自救与救人》，录制并发行了《生命·争分夺秒》的救护技术科普光盘，该光盘由彭珮云会长题写片名。

4. 将“中华骨髓库”更名为“中国造血干细胞捐献者资料库”。

5. 5 月 8 日，总会在人民大会堂召开纪念座谈会暨《南丁格尔在中国》大型画册首发式。

6. 2 月，国际联合会东亚地区办事处在北京成立。

7. 5 月，与日本红十字会签署了 2001—2006 年的合作协议。

8. 2000 年，向越南等 30 个国家或地区提供了共计 80 万美元的救灾款和 16 万美元的救灾物资。

9. 7 月，中国红十字会会长彭珮云访问香港、澳门特别行政区红十字会，并出席两个分会的周年庆祝活动。

10. 2000 年，共计处理台港澳地区寻人个案 449 宗，结案 212 宗。

2001 年

1. 6 月 26 日，中国红十字会在北京人民大会堂举行第 38 届南丁格尔奖章颁奖大会。国家主席、中国红十字会名誉会长江泽民为获得南丁格尔奖章的吴景华、王雅屏、李秋洁颁发奖章。

2. 2001 年，中国红十字会总会与政府 14 个有关部门联合下发了《中国红十字会关于广泛深入开展救护工作的意见》的通知，以推动各行业卫生救护工作的开展。

3. 北京市红十字会于 2001 年 9 月 19 日正式启动“999”紧急救援系统。

4. 中国红十字会总会决定重新启动“中国造血干细胞捐献者资料库”。4 月 23 日，“中国造血干细胞捐献者资料库”工作委员会会议在北京召开。总会成立了“中国造血干细胞捐献者资料库宣传活动组委会”。

5. 6 月 28 日，中国红十字会参与遣返大陆劫机犯罪嫌疑人见证。

6. 6 月 28 日，大陆劫机犯罪嫌疑人张文虎遣返回大陆。

7. 2001 年“红十字会博爱送万家”活动在北京启动。

8. 中国红十字会会长彭珮云亲切会见红十字会与红新月会国际联合会主席海贝格女士。

9. 2001 年底，经中央编办批准总会成立“中国造血干细胞捐献者资料库管理中心”。

2002 年

1. 中国红十字会总会与人事部联合表彰红十字会系统先进个人、先进集体。

2. 2002 年“红十字博爱送万家”活动启动。

3. 11 月 27 日，国家主席、中国红十字会名誉会长江泽民会见红十字国际委员会主席克伦贝尔。2002 年，中国红十字会与卫生部联合下发《关于加快中国造血干细胞捐献者资料库及分库建设的通知》，制定《中国造血干细胞捐献者资料库管理办法（试行）》等一系列规约性文件及相关配套措施。

2003 年

1. 2 月，紧急救助新疆地震灾民。

2. 4 月 25 日，国务院明确中国红十字会为接受防治非典社会捐赠单位之一，中国红十字会积极努力，共接受捐赠 6. 85 亿元人民币。5 月 12 日，中国红十字会会长彭珮云去小汤山医院慰问。

3. 7 月 21 日中国红十字会总会通过红十字会与红新月会国际联合会发布了救助我国水灾的国际呼吁。

4. 8 月 5 日，中国红十字会在人民大会堂举行第 39 届南丁格尔奖颁奖大会，中共中央总书记、国家主席胡锦涛出席大会并为获奖者颁奖。

5. 9 月，中央任命江亦曼担任中国红十字总会党组书记。

6. 10 月 8 日—15 日，彭珮云会长率中国红十字会代表团访问美国红十字会。

7. 10 月 31 日《中华人民共和国红十字会法》颁布实施十周年电视电话会议在北京召开。全国人大常委会副委员长顾秀莲、中国红十字会会长彭珮云、全国人大教科文卫委员会副主任桑国卫、全国政协社会和法制委员会副主任江蓝生、司法部副部长段正坤、国务院法制办副主任汪永清、中国红十字会常务副会长王立忠、中国红十字会总会党组书记江亦曼、中国红十字会副会长孙爱明、秘书长苏菊香、副秘书长汤声闻、常务理事陈伟雄和吴明江出席会议。彭珮云会长作了重要讲话，常务副会长王立忠主持会议。

8. 11月4日—6日，红十字会与红新月会国际联合会东亚地区领导人会议在北京召开。

9. 12月9日—11日，中国红十字会会长彭珮云赴福建省福州市出席海峡两岸遣返专用船“海峡号”授匾仪式，并向专用船全体官兵授予亲笔题写的“海峡号”牌匾。

10. 12月29日，中国造血干细胞捐献者资料库管理中心在人民大会堂举行新闻通报会，宣布原计划在2005年建设10万人份数据资料库的目标提前两年实现。

2004年

注：本年度内容见纪事篇之“2004年大事记”。

（兰虹志　袁天义　梁少华）

新中国成立后中国红十字会第一次至第八次全国会员代表大会工作报告

中国红十字会第一次全国会员代表大会工作报告

伍云甫

（1950年8月）

中国红十字会成立已有四十六年，经过多少次改朝换代，并受历代反动统治的控制，致使其工作不能充分发展，但因其具有民间服务性，人民需要它，故至今仍然存在。今后政府一定会加以扶持，使其充分发挥为人民服务的作用。

中国红十字会目前组织机构是极不健全的，许多工作也在停顿状态中，但中国目前状况则极需要红十字会这样民间的组织来医治战争创伤及救济人民的灾难，极需要有在人民政府领导下的新的红十字会出现，因此有改组旧有的红十字会的必要，务须使其组织健全，工作加强以适应新的需要。从长远着想，这与全国人民的经济建设工作亦有密切关系。改组的方式是经红十字会、卫生部及救总的协商，同意召开调整红十字会的协商会议（即今日的会议），到会的有中央政府有关部会代表、全国性群众团体的代表、前红十字会全体理事及职工代表以及北京市政府的代表。这些代表就范围来说是全国性的，就性质说是多方面的，因此这个协商会议是有足够代表性和权利来进行红十字会改组工作的。此外，我愿就红十字会工作有关的问题提几点意见，以备讨论参考：

（一）红十字会是人民团体，其所起的作用：应成为政府与人民结合的桥梁，利用它的地位，适当地动员及组织人力、财力、物力，协助政府医治战争创伤，救济人民灾难，其工作之进行应是依靠人民，而又为人民服务。

（二）红十字会的中立性：红十字会的原则一贯是中立的，但在事实上由于过去统治者对红十字会的控制和利用而不能实现中立。我认为，中立应有稳固的立脚点，这就是人民立场。人类历史和文化都是人民创造出来的，没有人民就没有历史和文化。因此，我们要揭穿假的中立，站稳人民立场，确立人民观点。

（三）与国外救护工作的关系：对外救护的工作，不仅是有救济的观点，而且应有反对侵略，保卫世界和平的观点。对正在进行民族解放斗争的国家，以及进行其他革命斗争的人民，我们有救灾助人的义务。

（四）对外物资接受问题：过去红十字会是靠外国捐助物资的，今天观点应转变，我们不希望靠外国物资作救济工作，要靠人民大众及政府的补助。我们要靠自力更生，不争取外援。对外来物资要加以区别，善意的外援可以接受，不利于中国人民的外援不接受。

（五）红十字会发展步骤：1. 先整顿旧有组织：对旧有会员加以训练教育，建立人民观点，以便开展新的工作。2. 工作地区：先从城市做起，而后乡村。因城市较集中，乡村较分散，应采取由近及远，由小而大的做法。3. 业务方面：包括医疗卫生及社会救济福利工作，先搞前者，而后后者。

（六）红十字会将来与卫生部救总分工问题：鼓励卫生部发动民间力量，开展医疗卫生工作，协助救总推行救济工作。

中国红十字会第二次全国会员代表大会工作报告

李德全

（1961年10月27日）

各位代表：

中国红十字会全国代表会议，是一次很有意义的会议。它对红十字会今后的工作，将起重要的作用。我在这里，热烈地欢迎大家来参加这次会议，并且代表中国红十字会理事会，向会议提出这个报告。

中国红十字会，是一个在中华人民共和国政府领导下的群众团体。它在国内，进行群众卫生工作；在国际上，它与各国红十字会和国际红十字组织有着广泛联系。这个团体成立于1904年，1912年得到红十字国际委员会的承认，1919年加入了红十字会协会。解放后，1950年4月，我国政府向红十字会的国际组织宣布，中华人民共和国政府是代表中国人民的惟一合法政府，取消国民党反动集团在国际红十字组织中的代表资格。同年9月中国红十字会改组，组织了新的领导机构，制定了新的会章，并且得到中央人民政府政务院的批准。同时，红十字会国际组织承认了改组后的中国红十字会，是惟一代表中国的红十字会组织。中国红十字会，在解放前，处于反动政府统治之下，不可能从人民的利益出发进行活动。直到改组以后，才在共产党和人民政府的领导下，为人民做了不少工作。现在，谨就我会过去的工作情况，和对今后工作如何继续开展，报告如下，请大家予以审查。

一

中国红十字会在改组后的十一年中，随着我国社会主义建设的发展，人民生活水平的提高，国内工作的内容逐渐丰富，地方组织逐渐增加。到1960年底，我会的地方组织，已由改组时的80个，增加到376个，其中有省、自治区、直辖市红十字会组织20个，市、县红十字会组织356个。据不完全统计，红十字会员由改组时的30多万名，增加到了500多万名，训练了红十字卫生员180多万名，建立红十字卫生站5万多个。这些组织在各级卫生部门的具体领导下，遵循党和国家各个时期卫生工作的方针政策，进行了各项活动。

我会在改组初期，一方面抓紧进行整顿旧有的组织，把各地红十字会原有的医疗机构组织起来，积极配合国家医疗部门，担任部分医疗保健工作；一方面组织了多种形式的红十字医疗服务队，到需要的地方，为工农兵服务。红十字会的医防服务队，在水利建设工地，如整治淮河、荆江分洪等；在铁路建设工地，如成渝铁路、丰沙铁路等；在工厂、矿山，以及在江西老革命根据地和海南岛少数民族地区，进行了医疗、防疫、卫生宣传、改善环境卫生和妇幼卫生等工作。后来，在城市街道、厂矿、学校和农村中逐步发展了会员，建立了基层组织，在较多的方面开展了工作。

开展卫生宣传，普及卫生知识，是我会的一项经常工作。各地红十字会经常举办各种卫生知识、救护技术的训练班和讲座，吸引红十字卫生员和会员参加学习，提高其卫生知识和救护技术水平。然后，再发动红十字卫生员和会员，以多种多样的方式，向周围群众进行宣传活动，如串门宣传，出黑板报，组织小型卫生展览，进行街头讲演，等等。各地红十字会还利用电台广播，放映卫生电影，印刷卫生标语和招贴画，出版卫生小册子和各种宣传品，组织卫生知识报告会等，来普及群众卫生知识。通过这些活动，培养群众的卫生习惯，启发群众搞好个人卫生和环境卫生。在开展“除四害”、讲卫生的群众卫生运动方面，红十字会也起了很好的作用。由于许多红十字卫生员和会员，在学习了“除四害”、讲卫生的知识和技术以后，加强了责任感，懂得了“除四害”、讲卫生的方法。因此，在群众卫生运动中，能积极响应号召，带头参加“除四害”以及个人卫生、家庭卫生、环境卫生等活动。不少地方的红十字卫生员和会员，在突击运动中，在医务卫生人员的指导下，一方面以身作则带动群众成立各种突击队，分片包干清除垃圾，突击死角，帮助老弱户清扫房屋；一方面帮助和指导群众如何搞好卫生，如何消灭“四害”和控制其孳生条件。为了使卫生工作保持经常化，还帮助群众制定卫生制度，定期进行卫生检查。

在防病、防伤、保健和急救工作方面，红十字卫生站根据季节的变化和当地具体情况，协助医疗卫生机构，进行了各种防病、防伤的宣传，地方病、慢性病和寄生虫病的查治，传染病的疫情报告和隔离消毒，家庭护理、预防接种，以及小伤、小病的临时急救和简易治疗等工作。这些工作有助于医疗机构及时掌握疫情，控制传染病的流行，加速治疗效果，并减少医务人员的忙乱和减轻门诊负担。因此，有的城市在推行分级分工划区医疗服务以后，已将红十字卫生站与地区医院和地段门诊部密切结合起来，把她当作基层组织看待，使她成了地段医务人员深入基层进行工作的落脚点和联系群众的桥梁。在输血的宣传和组织工作上，有些地方红十字会已根据当地需要，发动会员参加输血员的行列，并建立了专门管理输血的组织，负责对输血员的管理和教育。这项工作，对于支援当地医疗机构抢救重危病人起到了良好的作用。

此外，中小学校的红十字青少年工作，也有了迅速的进展，受到教育部门和学校的欢迎。1956 年只有 42 个市、县红十字会，在当地部分学校里，发展了 7 万多名红十字青少年，训练了 1.5 万多名红十字卫生员，到 1957 年底，红十字青少年就发展到了 18 万多名。这些红十字青少年，由学校医务室或保健老师领导，平时在学校里宣传卫生知识，培养学生卫生习惯，必要时，帮助保健人员进行健康检查，砂眼和牙齿的矫治，外伤急救，疾病防治等工作，有时也组织起来到街道上进行卫生宣传，劝阻随地吐痰等活动。

1958 年以后，我会的工作在总路线、大跃进、人民公社三面红旗的照耀下，增加了新的内容。当时城市和农村广泛建立了公共食堂、托儿所、幼儿园等集体福利事业单位，广大群众对于卫生的要求普遍有所提高，各地红十字会便积极配合有关部门对炊事人员、保育人员、基层保健员、饲养员、积肥员、理发员等，大量地进行了卫生知识训练，使他们在各自的岗位上，结合自己的工作，加强卫生措施，以保证群众的健康。有的地方红十字会，按照当地的需要，还举办了中级卫生人员的训练。在这个时候，我国的群众卫生工作，已经在爱国卫生运动委员会的组织领导下蓬勃发展。爱国卫生运动委员会的组织遍及全国，并且深入基层。面对这种情况，必须考虑红十字会的组织和工作，如何才能更好地适应形势，如何才能避免机构和工作的重复。因此，经过研究并向中央请示，确定了我会的工作，重点放在城市，根据需要与可能适当发展。并遵照这个精神，提出了红十字会应当从组织到工作，与爱国卫生运动委员会密切结合。1959 年 3 月，总会发出了给河南等省、区并抄报各省、市、区红十字会的批复，1960 年 4 月，又与卫生部发出了给各省、市、区红十字会、卫生厅、局的联合通知，要求把群众卫生运动作为红十字会的主要工作，红十字会的组织与爱国卫生运动委员会集合起来。大多数地方红十字会，在这些文件发出前后相继采取了措施。红十字会在爱国卫生运动中进一步贡献出了它的力量。

以上是国内工作情况。在国际方面，本会也做了许多工作。

中国红十字会是国际红十字组织的成员，目前并担任红十字会协会的执行委员，也是国际灾害救济咨询委员会和红十字青少年咨询委员会的委员。在历次红十字国际会议上，我会代表团曾多次发言，阐明我国的和平外交政策，揭露帝国主义的侵略战争暴行，支持社会主义和其他国家关于维护和平、发展各国人民间友好合作的主张，并对美帝国主义制造“两个中国”的阴谋进行了坚决斗争。在抗美援朝时期，我会曾派遣医防服务队去朝鲜，对朝鲜军民进行医疗援助；朝鲜停战后，参加联合红十字小组，协助战俘遣返工作。从 1953 年起，我会接受政府委托，协助在中国的日本侨民回国，至今已有3万多人。此外，被我国政府宽释的日本战犯1000余人，也已在中国红十字会的协助下返回日本。

我会救济了38个国家遭受自然灾害和帝国主义侵略战争灾害的灾民和难民，救济款共达人民币250多万元，接受救济的国家遍及亚洲、非洲、拉丁美洲和欧洲。我会还办理国际间下落不明人员的调查和国际间的转递信件、包裹等服务工作。从1954年以来，仅仅处理日本查人信件即达2万多件。我会派代表团访问了10个国家，并且接待了11个国家的红十字会代表团。我国的红十字青少年也曾参加了10多次国外红十字会举办的国际展览会，并且同国外红十字青少年交换了礼品2000多件、信件1000多封和纪念册等。我会还就我国社会主义建设的伟大成就，特别是群众卫生运动的成就，向国外进行了宣传报道。我会在国际上所进行的以上这些工作，对增进各国人民之间的友谊，反对侵略战争和维护世界和平，做出了一定贡献。

二

从上述情况看，我会过去所做的工作是有成绩的，在进行这些工作的时候，还取得了不少经验，同时也存在一些问题。首先是机构方面的问题。各地方红十字会近两年来有了较大变化，不少地方红十字会机构已经与卫生部门合署，但在合署以后，有的工作开展得较好，有的则较差或者没有开展。目前地方红十字会的情况大致有三种类型。一种是保留了编制和干部，工作还在继续进行；一种是保留了编制和干部，但工作处于半停顿或停顿状态；还有一种是只保留红十字会名义，机构、编制已撤销，人员已调走工作已停止。出现后两种情况的原因，主要是近两年来总会领导思想不明确，在国内工作部门与中央爱国卫生运动委员会办公室合署的期间内，没有开过理事会，也没有开过工作会议，对国内工作缺乏统一计划和安排，缺乏调查研究和总结经验，总而言之，既缺乏原则指示又缺乏具体领导。这是总会应该深刻检讨和坚决改正的。

红十字会的机构与卫生部门密切结合，是可以加强领导，统一领导，简化机构，统一使用干部，便于进行工作的。例如，有的地方红十字会，与卫生部门密切结合以后，在统一领导、计划、安排之下，把红十字会的卫生站，作为卫生部门医疗保健网的最基层组织。他们总结了几条好处：（一）能更好地组织红十字会的会员、卫生员，开展各项群众卫生活动，红十字会的会员和卫生员，成为群众卫生运动的骨干力量；（二）能及时得到基层医疗部门的业务领导和技术指导，使红十字卫生站更加巩固，红十字会会员、卫生员的卫生知识与技术不断提高；（三）基层医疗机构便于做好预防工作，做到及时而准确地掌握疫情，控制和消灭传染病；（四）地段医师深入基层时“有了抓头”有了助手，有利于提高工作效率。但是有的地方红十字会和卫生部门仅有机构的结合，工作上没有统一计划和安排，因此，不仅看不到结合的好处，还往往把红十字会的工作挤掉，并使卫生部门对红十字会工作感到重复和负担。所以，机构结合问题，不只是形式上的结合，而且应当是工作内容上的结合。这是一条重要的经验。

其次，是基层组织方面的问题。本会的

基层组织长期以来，与红十字卫生站存在着脱节现象。红十字卫生站是基层组织领导下的一个业务活动单位，基层组织的主要活动是在红十字卫生站，但红十字卫生站只有受过卫生救护训练的红十字卫生员参加，会员活动被安置在卫生站之外这就形成了会员人数比卫生员多，活动却比较少，卫生员的作用很突出，而会员显不出作用。这个问题虽曾一再强调要解决，由于受基层组织的形式所限制，始终解决不了。目前，各地红十字会基层组织的形式，仍有这样几种：第一种，在基层组织之下设立红十字卫生站，会员活动由基层组织负责安排，卫生员活动则放在卫生站。这样做，使得基层组织和红十字卫生站形成两套组织，产生了组织重复以及会务与业务工作分割的矛盾。第二种，是只设立红十字卫生站不建立基层组织，只有卫生员在卫生站活动，而没有会员活动。这样做，一方面看不出会员的作用，同时对红十字会工作通过会员来进行的群众性特点也没有了。第三种，是基层组织和红十字卫生站结合在一起，会员和卫生员都在卫生站活动，这种形式是比较合适的，即使基层组织与红十字卫生站合而为一。简化了组织又使红十字会的会员、卫生员同在一个组织里，便于统一领导和开展活动。这种形式实际上红十字卫生站就是红十字会的基层组织，是会员和卫生员的活动中心。红十字会基层组织和红十字卫生站需要结合起来，这也是一条重要的经验。

此外，在训练工作方面，问题是训练结束之后，受过训练的人，是不是可以脱产工作。近两年来，有的地方红十字会把红十字卫生员加以培训，使他们成了脱产的卫生工作人员，还有的开展了中级卫生人员如医士、护士的训练工作。根据现在的情况看，红十字会是可以举办这种训练的。但是，训练后建立红十字保健站，把训练出来的人作为脱产干部放在红十字保健站，红十字保健站在红十字会直接领导下，担任防病治病工作，这种做法，是值得研究的。红十字会是群众性的卫生救护团体，其工作是业余性质的，如果建立红十字保健站，设脱产人员，则人员编制、经费开支，以及红十字保健站的业务领导与管理等问题都不是红十字会本身可以解决的。有的地方红十字会，已经因此增加了负担，发生了困难。以上这些问题和经验必须重视，红十字会的工作，要达到更加踏实和讲究实效的目的，那就一定要加强调查研究，认真总结经验，正确地解决存在的问题。

三

本会国内工作今后如何开展，根据过去的工作情况、经验和存在的问题，并且考虑到国际活动和国内卫生工作的要求，兹提出以下几点意见：

（一）红十字会的国际工作，是很重要的。现在全世界大多数国家都有红十字会，参加红十字国际组织的已有 80 多个国家。所以，红十字会在国际上的联系非常广泛。同时，红十字会所进行的工作，有利于增进各国人民之间的友好互助与合作，有利于反对侵略战争和维护世界和平。但红十字会的国际工作是和国内工作结合进行的。国内工作和国际工作有着密切关系。国际工作必须有国内工作的配合，脱离了国内工作，国际活动就很难进行。从国内来看，红十字会的活动对群众卫生工作是有益的。它在普及群众卫生知识，开展群众卫生运动，为提高人民健康水平服务，为社会主义建设服务方面，能起一定的作用。因此，本会的国内工作必须继续开展，现在我国各项工作的总方针是调整、巩固、充实、提高。在这个总方针之下，本会的国内工作又应当有重点地开展。在1959年总会的批复和1960年总会与卫生部的联合通知中，都曾提出红十字会的工作重点应在城市。这个精神在今后一个时期内，仍然是适用的。目前，为了保证重点，更好地贯彻调整、巩固、充实、提高的方针，更好地满足国际活动的要求，需要选择一些主要城市，作为开展工作的重点城市。例如北京、上海、天津、南京、苏州、无锡、武汉、广州、佛山、杭州、重庆、成都、昆明、郑州、洛阳、哈尔滨、长春、沈阳、鞍山、旅大、长沙、南昌、济南、西安、兰州等城市（包括郊区），必须把红十字会的工作做好。不属于这些城市的其他在全国全省有名的农村人民公社，也必须做好红十字会的工作。上述地区以外的地区，现在已有红十字会的，其工作可根据当地需要与可能继续进行；没有红十字会的，暂时不建立新的红十字会组织。

（二）本会国内工作的内容，过去包括了卫生宣传、训练、救护、防疫以及参加群众卫生运动和家庭护理、输血的宣传组织工作等等。这些工作今后都应当继续做。其中动员并组织会员和群众参加“除四害”、讲卫生、消灭主要疾病的群众卫生运动，是一件极为重要的任务。红十字会这个群众性的卫生救护团体，必须在群众卫生运动中起到应起的作用。应当要求会员搞好个人卫生、环境卫生，并且帮助群众搞好卫生；要求会员在群众卫生运动中做带头的人，争取成为卫生模范。卫生救护训练，是红十字会的经常工作之一。根据本会的性质，卫生救护训练的举办，应当是群众性的，业余的，接受训练的人是不脱产的。卫生救护训练是一种初级卫生人员的训练。至于医士、护士等中级卫生人员的训练，如受卫生部门或有关单位的委托，可以举办，但在训练后，必须由当地卫生部门或有关单位负责分配他们的工作。输血的宣传组织工作，目前只有少数地方红十字会在做，可以继续做；多数地方红十字会还没有做，如限于条件，不能做，则暂时不做。此外，国防卫生救护训练（防空、防毒、防原子的训练）在必要的城市可以举办，并且可以结合民兵工作进行。以上所有的工作如何做法，要按照当地的实际情况和卫生部门的安排来决定，并且必须注意巩固成绩，提高质量，实事求是，不可求大求全，脱离实际，使工作浮在表面，见不到效果。

（三）本会国内工作是通过会员来进行的。过去已经吸收了不少会员，今后仍然要吸收会员，但要按照1960年本会与卫生部的联合通知中提出的原则，根据需要与可能，适当发展，会员的对象主要是医药卫生人员、受过卫生训练的群众、群众中的卫生积极分子、中等学校和小学校的学生红十字会的会员，都要是热心群众卫生工作的人。同时，除了个人会员，还可以吸收团体会员。吸收团体会员，是为了红十字会在进行工作时能更方便些，能得到更多的帮助，能增加红十字会工作的力量。这种力量，是一种有组织的力量，是不同于社会上的个人的力量的。红十字会在国内进行的工作，是群众卫生工作，因此，团体会员的对象应当以医药卫生团体、单位为主。团体会员是以团体、单位的名义入会的，它以团体、单位的名义和红十字会发生联系，它的成员就是红十字会会员，可以不再履行个人入会的手续。在会员工作中，要坚持入会自愿，退会自由，入会手续力求简便，入会者提出申请，经批准后，登记入册即可，不必发会员证。已经吸收了会员，就要把会员工作做起来，充分发挥他们的作用。对所有会员，除了卫生技术人员以外，必须加强经常性的卫生知识的宣传教育工作；能够参加训练的，最好是分期分批地给以卫生救护训练。团体会员和个人会员中的卫生技术人员，要在会员的训练和卫生知识宣传工作中起积极的作用。

总之，不要为了大造声势，追求数字，让会员徒有虚名，使吸收会员的工作流于形式。此外，会员的会费，可以根据实际情况减收或者免收，团体会员一律不收会费。会员缴纳会费是出于自愿的。会费收入，可以把会费用作卫生站的活动经费。这一笔费用的账目必须公开，定期向会员报告或者公布。

（四）本会的基层组织，过去称为基层委员会。为了解决基层组织与红十字卫生站之间的矛盾，在1959年总会的批复函件中，提出本会的基层组织应紧密地与卫生部门的基层组织结合，红十字会不单独设立基层委员会，并确定以红十字卫生站为会员活动中心。1960年总会与卫生部的联合通知中，也提出红十字会的基层组织应与爱国卫生运动委员会的基层组织结合，会员以红十字卫生站为活动中心。近两年来，不少地方红十字会已按照这个精神，改变了基层组织形式。根据实践的结果，今后，可以在城市的区（或办事处）、农村人民公社、工厂、矿山、学校等单位，建立本单位的红十字会，由会员代表大会选举单位红十字会委员会。在居民委员会、生产大队、车间、矿井、班级，建立红十字卫生站，由本站范围内的会员、卫生员选举红十字卫生站委员会。工矿学校等单位红十字会的建立，还应视会员和红十字卫生员人数的多少而定；会员和红十字卫生员人数少的单位，可以只建立红十字卫生站，不建立单位的红十字会。建立红十字卫生站，必须有会员、红十字卫生员共三人以上。红十字卫生站是本会的基层组织，会员和红十字卫生员同在这个组织里，在统一领导、计划和安排之下，进行各项活动。原来由基层委员会办理的会务活动，如吸收会员、组织会员学习等等，也都由红十字卫生站来做。这样就可以简化组织，避免重复，便于开展工作。红十字卫生站的组织是群众性的，它不同于政府卫生医疗单位的行政机构。如果在本地区、本单位的行政系统下，已经有保健站之类的机构，红十字卫生站应同保健站结合在一起，不另搞一套组织，但以红十字会名义进行的工作，仍应按照红十字卫生站的组织原则办事。红十字卫生站委员会委员是不脱产的，它的领导人员可由保健站领导成员兼任，或选政治质量好的委员担任，以保证组织上的纯洁。如红十字卫生站的会员、卫生员不足7人，则不设委员会，只选举主任1人，在上级红十字会和本单位的行政领导下进行工作。

（五）各级地方红十字会的组织机构，近年来变化很大，应予以适当整顿：（1）要重新研究充实领导人员。在重点城市红十字会的领导成员中，还必须有能适应国际活动需要的人。（2）要有做红十字会工作的干部。凡是红十字会工作的重点地区和单位，红十字会的工作一定要有人经常地具体地抓，不能无人过问。省、自治区、直辖市和省、自治区以下大城市的红十字会，可根据精简的原则，设一定编制，配备工作人员。一般市、县可以不设编制，由当地卫生部门指派人员专作或兼作红十字会工作。重点城市红十字会原来有编制但人员已调走的，应予调回；编制已撤销的，能恢复即应予以恢复，不能恢复也应由当地卫生部门指定专作红十字会工作的干部。（3）红十字会的国内工作不能离开各级卫生部门的领导，而且必须列在各地卫生工作总的计划之内。因此，红十字会与卫生部门在组织上和工作上密切结合，做到统一领导，统一计划和安排，是开展红十字会工作的重要条件。特别是市、县以下的红十字会和红十字卫生站，更应当与卫生部门结合在一起。各级地方红十字会在过去几年中，有的已与爱国卫生运动委员会合署，有的已与卫生厅（局、科）合署，有的已与卫生教育所（馆）或防疫站合署，还有的是与两个三个单位合署。合署后，有的是全部机构和干部重新混合组织和安排工作，有的是保留了作红十字会工作的专门单位。今后，红十字会的机构，仍可与有关卫生部门合署，不便合署的也可单独设立。合署的原则是，不论与哪个卫生部门合署和如何合署，都一定要能够加强红十字会的领导，简化组织，便于进行工作。以上三项究竟如何办理，由当地红十字会请示领导研究决定。有的地方实行所谓“大统一，小安排”的办法，则在工作和人员上，能统一的则统一，不能统一的则另作专门的安排，这种方法是可以采取的。总之，各级地方红十字会的机构、编制、人员、经费等问题，都要在当地得到适当解决。

（六）各级地方红十字会的组织与工作的安排，要因地制宜，适应各地的需要与可能。这就要把一段原则同实际情况结合起来加以研究，做出决定，制定计划，请当地党政领导批准，然后实行。而计划的制定和执行，要做好深入细致的调查工作，才不致脱离实际，脱离群众。我们的一切措施，都应当是符合实际，符合群众要求的。因此，开展红十字会工作，有一个十分重要的观点，即从群众的生产、生活出发，为群众的生产、生活服务。这是我们国家进行卫生工作的基本观点，红十字会的国内工作，也必须从这个观点出发。做红十字会工作的干部，必须努力学习政治和业务，树立为群众生产、生活服务的思想。

各位代表，这次会议对本会工作的继续开展是很重要的。通过会议，我们回顾了过去的工作情况，并将健全组织，充实领导机构，明确工作的做法。我们相信，今后在国际和国内的大好形势之下，在三面红旗的光辉照耀下，在中央和各级党政的领导之下，在各有关部门的支持与协作之下，切实贯彻调整、巩固、充实、提高的方针，认真实行调查研究和走群众路线的工作方法，红十字会一定能进一步发挥作用，把工作做得更好。

中国红十字会第三次全国会员代表大会工作报告

钱信忠

（1979 年 2 月 20 日）

各位代表、各位同志：

中国红十字会的代表会议，已经十七年没有开过了。今天，我们非常高兴，在粉碎“四人帮”以后，正当全党把工作着重点转移到社会主义现代化建设上来的时刻，召开中国红十字会第三次代表会议。现在，我向会议做工作报告。讲三个问题：（一）红十字会过去的工作和经验：（二）林彪、“四人帮”对红十字会的干扰、破坏；（三）在社会主义现代化建设中，红十字会要做出更多的贡献。

一、中国红十字会为人民外交和人民卫生救护事业做出了贡献，积累了经验

中国红十字会成立于 1904 年，解放后，1950 年通过协商会议，进行改组，成为中华人民共和国的人民卫生救护团体。1961 年召开第二次代表会议，巩固和发展了红十字会工作。改组后的中国红十字会，在国际和国内都做了很多工作。抗美援朝时期，派遣了国际医防服务大队去朝鲜服务，战争结束，参加了国际联合红十字小组，协助战俘遣返工作。以后，协助管理不愿遣返的战俘，协助遣返日侨、日本战犯回国和日侨妇女回国探亲；搜集送回日本人遗骨；替美国战犯转送包裹，协助其家属来华探监；遣送中印边境自卫反击战中的印度战俘；营救在巴西受难的我工作人员等等。同时，还做了很多国际间的查人转信，红十字青少年国际交流，与国际红十字组织和外国红十字会友好往来。做了大量的国际灾害救济工作，对 90 个国家和地区捐助了人民币 9800 多万元，为越南抗美救国提供过人民币 1600 多万元援助。

在国内，我会曾组织医疗队，为治黄、治淮等水利工程人员和群众服务，到少数民族地区和老解放区为群众防病治病。1953 年到 1966 年，建立了省、市、自治区红十字会 25 个，市、县红十字会 300 多个，发展会员 500 多万人，建立基层组织 5 万多个。各地红十字会举办了救护训练，参加了爱国卫生运动、进行了卫生知识宣传、急救、自然灾害救护、疾病预防、小伤小病护理、家庭护理、妇幼卫生、计划生育、学校红十字青少年活动以及输血的宣传、动员工作。总会和地方红十字会还编印出版了大量工作资料、宣传资料、训练教材、宣传画、展览图片、教学挂图和杂志刊物。我们所做的这些工作，对开展我国人民与各国人民的往来和增进友谊，对普及和提高我国人民群众的卫生救护知识，保护人民健康，都起到了积极的有益的作用，深受人民的欢迎和政府的赞扬。

中国红十字会成为我人民卫生救护团体，其工作内容和方法对我们来说是一个新的课题。这就要求我们在实践中，边做边学，取得经验，加深认识。经过 10 多年的有成效的工作，在“文化大革命”中，又受到林彪、“四人帮”的干扰、破坏，我们对红十字会工作有了正反两方面比较深刻的体会。

（一）“救死扶伤，实行革命的人道主义”是中国红十字会的崇高宗旨。中国红十字会以毛主席的指示“救死扶伤，实行革命的人道主义”作为宗旨，指导国际和国内活动，为人民造福。人民群众称赞红十字会的工作，是因为他们见到红十字会所做的工作体现了毛主席的思想，是为人民谋福利的。毫无疑问，中国红十字会的宗旨，是无产阶级的，是大公无私的，是符合人民的要求、为人民服务的，它将继续鼓舞着我们努力向前。

（二）中国红十字会是开展人民外交的一个渠道。中国红十字会参加了红十字国际组织，与许多国家红十字会建立了联系，通过国际联系，开展人民外交活动，成为我国人民外事活动的一条渠道。一方面，通过国际讲坛，阐明我国政府和人民的主张，广交朋友；另一方面，进行国际救济，支援各国人民，增进友谊；再一方面，外国红十字会的某些业务技术，可供借鉴，我们可以学习外国好的经验，引进先进技术，为我所用。

（三）中国红十字会是卫生部门开展群众卫生救护工作的助手。红十字会协助卫生部门，在群众中进行宣传、普及卫生救护知识，开展爱国卫生运动、急救训练、动员献血以及群防群治等，是有成效的。我们将继续发挥这种助手作用，为提高人民卫生救护知识水平，进一步做出贡献。

（四）中国红十字会发动群众、组织群众，建立起一支群众性卫生救护队伍。我们在开展各项卫生救护活动中，特别注意动员群众，组织群众，挖掘蕴藏在群众中的潜力。注意吸收各种医药卫生组织作为团体会员，同时也注意吸收积极分子个人入会。我们把会员组织起来，去带动他们周围的群众，就能使工作做得更加广泛、深入。

（五）红十字会工作取得成绩，在于党和政府的领导，有关部门的大力支持协助，而红十字会本身有若干热心，肯干的干部，勤勤恳恳，不怕辛苦，不怕困难，努力工作，是基本的不可缺少的因素。我们永远不忘记伟大领袖毛主席、敬爱的周总理和朱委员长的亲切关怀。当我们缅怀革命导师和老一辈无产阶级革命家的时候，心情异常激动。我们不会忘记，毛主席在红十字会改组后不久，曾询问我会工作情况，当时会员很少，毛主席问了会员数字后，说“还要多一些”。毛主席对红十字会的外事活动，作过多次重要批示。我们不会忘记，周总理对红十字会倾注的心血。他亲自领导改组红十字会，亲笔在章程上写明中国红十字会是人民卫生救护团体，给红十字会规定了性质和工作方针。1955 年，他指示红十字会工作以国际为主，国内工作与卫生工作相结合，有多大力量做多大事。1959 年，他又确定了红十字会国内工作根据需要可适当发展。正是由于毛主席和周总理重视和关怀，使我们得到了鼓舞，为党、为人民做出了贡献。

二、揭批林彪、“四人帮”对红十字会的干扰、破坏

林彪、“四人帮”对国家外事工作和卫生工作的干扰、破坏，使红十字会遭到了一场浩劫。他们以极“左”面貌出现，什么“黑线专政”，什么“封、资、修”，给红十字会戴帽子、打棍子。1969 年，他们以下放干部为名，要将红十字会总会“连锅端”，由于外交部不同意，才留下少数人应付外事工作。1974 年红十字会拟恢复部分国内工作，“四人帮”的党羽刘湘屏硬是不准，竟与周总理要开展红十字会工作的指示对抗，说什么早已明确，红十字会国内工作不搞了。就这样，在他们的破坏之下，红十字会的国内工作根本不可能恢复。由于林彪、“四人帮”的干扰，1966年以后，我会国际工作，除国际救济外，其他大为减少，有些甚至停顿了下来。国内工作完全不能开展，损失严重。总会国内工作部门和地方红十字会机构被撤销，人员被调走，房屋被移交，家具被分散，器材物资被拿走，档案、资料、图书被当作废纸卖掉、烧毁。从总会直到基层组织，被他们咒骂为“庙小妖风大”。甚至有的红十字卫生站，也被诬蔑为“老爷卫生站”，是“黑线专政”，糊上封条，贴上“砸烂城市老爷卫生站”的大字报，站长被抄家、撤职、批斗，责令劳动改造。做红十字工作的群众积极分子，竟遭到如此严重的政治、经济、人身摧残。我会的工作绝不是什么“黑线专政”。从改组开始，我们的工作就是遵循毛主席的革命路线，按照党和国家的方针政策进行的。必须肯定，这是一条红线，一直贯穿在中国红十字会的工作中。中国红十字会，也绝不是什么“封、资、修”的东西。旧红十字会经过改组、整顿，已成为新社会主义的人民团体。她是由中国人民自己组成的，在国际上是独立的、自主的，不受国际的支配。她是为人民谋利益的。这样的红十字会，是广大人民的红十字，是社会主义革命和建设中，中国人民所需要的红十字会。林彪、“四人帮”对红十字会的肆意诬蔑，混淆黑白，颠倒是非，丝毫改变不了红十字会的性质，抹杀不了红十字会的工作成绩。所有林彪、“四人帮”的修正主义谬论，必须彻底批透。他们对红十字会的干扰、破坏，必须彻底清算。一些被“四人帮”搞乱了的思想，必须拨乱反正。一切加在红十字会头上的诬蔑不实之词，必须全部推倒。对于因做红十字会工作而遭到“四人帮”陷害打击的同志，包括群众积极分子必须平反、昭雪。

三、在社会主义现代化建设中，红十字会要做出更多的贡献

华主席继承毛主席遗志，粉碎了“四人帮”，全国人民欢欣鼓舞，团结战斗，抓纲治国，全国政治、经济形势大好。1978年4月10日，国务院发出第63号文件，批转了卫生部、外交部《关于恢复红十字会国内工作的报告》。文件发出后，总会立即恢复了国内工作机构，调配了干部，派出人员分赴一些地区了解情况，着手筹备召开代表会议。一些地方红十字会也恢复了组织机构，开展了业务活动，国际活动和国内工作相互配合，中国红十字会又获得了新生。党的十一届三中全会，号召今年起把全党工作的重点转移到社会主义现代化建设上来，号召安定团结，发扬民主，实事求是。我们今后的工作，必须坚决贯彻执行党的十一届三中全会的精神。全国要有一个安定团结的局面，红十字会也要安定团结。团结起来向前看，团结起来搞四个现代化。要识大体，顾大局，“文化大革命”以来红十字会的问题，要把账算在林彪、“四人帮”身上，同心同德，做好工作。我们的组织原则是民主集中制。要注意发扬民主，调动积极性。今后，总会要多做调查研究、交流经验的工作。地方红十字会在地方党和政府的领导下，根据国务院的指示，可以因地制宜地开展工作。我们的国内工作停了十二年，这期间各方面都有很大变化，适应新的情况，新的要求，恢复工作等于重新创业，就要调查，摸清情况，加以研究，从实际出发，进行工作，开展活动。中国红十字会今后的工作就应当是：按照党和政府的要求，结合过去的经验和当前的实际，开展国际活动，做好国内工作，国际国内工作互相配合，为加快实现四个现代化，做出应有的贡献。

在国际活动方面，今后的任务是：要配合国际斗争，团结一切可以团结的力量，结成广泛的反霸统一战线。积极支援第三世界国家和人民，做好与第二世界国家和人民交朋友的工作，反对苏修霸权主义。加强国际联系，促进国际交流、输血、急救等，是许多国家红十字会的传统业务，我们可以通过红十字的国际联系，搜集国外资料，派人出国考察，参加业务学习班，出席国际专业会议，引进技术，为我国医药卫生现代化服务。做好国际救济工作，增进我国政府和人民同受灾国政府和人民的友谊。积极参加红十字国际会议，加强同红十字会协会、红十字国际委员会和各国红十字会的联系往来，广交朋友，增进友谊，交流经验，互相促进。

国内工作今后任务，按照 1978 年国务院 63 号和 242 号文件规定进行，认真做好。开展卫生科学知识的宣传普及工作。各地红十字会要同有关部门、单位协作，采取通俗文字、幻灯图片、电影广播等多种形式，向会员和群众进行各种卫生科学知识的普及，以提高人民群众讲卫生的水平。开展群众性防病治病、计划生育、家庭护理等活动。各地红十字会要协助有关部门、单位开展家庭护理等工作，要动员会员去关心照顾一些老人、病人，做一些社会服务工作，为人民做好事，这是红十字会员崇高、光荣的使命。进行献血的宣传、动员、组织工作。我国的输血和血液工作，远远落后于世界先进水平。输血的技术，组织领导以及宣传教育等方面，都存在一些问题。尤其是血源不足，采血阻力很多，大都是无组织的个人献血，献血队伍不纯，血液质量低劣，严重影响了目前医疗和血液制品的需要。这种状况，必须迅速改变，经过广泛深入的宣传、动员，改革规章制度，整顿献血队伍，逐步做到有计划的在集体组织中发展献血队伍，才能适应血源的需要。过去，红十字会做了一些献血宣传工作，有的地方红十字会担负了献血队伍部分组织、管理工作，积累了一些经验。输血工作在国际上，有 95% 以上的国家，由红十字会参与办理，有 20 多个国家由红十字会负主要责任。红十字会国际组织也搞输血技术、情报工作，召开输血专业会议。输血工作在国际范围内，已成为红十字会的一项专业。国务院 1978 年 242 号文件规定，中国红十字会在国内，要积极协助卫生部门，进行献血的宣传、动员、组织等工作，这是我们一项光荣而艰巨的任务。我们要切实执行国务院文件中交给我们的任务。关于这项工作，在当地卫生部门党委的领导下，积极主动与血站、中心血库取得联系，进行研究，提出计划，具体落实。各地红十字会要同有关部门一起，做出从现在起到 1980 年、1985 年的规划，尽快实现有组织的集体的义务献血。救护训练工作，应继续办好。过去红十字会在国防救护训练，即防空、“三防”（防原子、化学、细菌武器）以及战伤救护训练、民兵急救训练等方面配合有关部门，工作是有成效的，今后应继续广泛开展。要做到平时遇到伤害事故和自然灾害，能进行急救护理，为人民群众的健康、工作、学习和生产服务；在战时能进行群众性的自救和伤病员救护，为战争服务。输血和救护训练，都是平时和战时结合的工作。平时需要，战时更需要。必须看到战争总有一天要打起来，要有高度的战备观点，尽早做好准备。红十字会的活动之一是为战争服务，这在国际公约中是有规定的。我国政府是批准了这项国际公约的。在将来的战争中，宣传、动员、组织献血和救护工作，就是我们为战争服务的内容。积极协助有关部门，加紧在人民群众中开展献血宣传，动员、组织和救护训练工作，这是红十字会义不容辞的责任。

小学和中等学校的红十字青少年工作要继续开展。地方红十字会也要做国际工作。一方面，做好本地区工作，支持国际工作。另一方面，还有具体的国际工作要做，如接待外宾，办理国际救济物资，供给对外宣传材料，红十字青少年国际交往等等。地方红十字会必须在外事部门和总会的安排下妥善完成涉外任务，切实做好开放点的红十字工作。

红十字会的基层组织，过去是红十字卫生站，办理基层的卫生、防疫和小伤小病处理。现在城市、农村的情况都有变化，有了红医站、合作医疗站等卫生防治组织。在恢复红十字会工作时，要积极支持这些基层卫生组织。可以动员他们参加红十字会为团体会员，挂上红十字会标志，把基层卫生工作做得更好，而不要打乱现有的体制。要把广大群众，特别是退休工人、教师、医护人员等吸收为会员，组织他们为人民群众做好事。先做好现已恢复红十字会的北京、天津、上海、南京、杭州、广州、武汉、沈阳、西安、长沙、南宁等 11 个市的工作，这是很重要的一步。今明两年，一定要把 11 个市的红十字会工作做好，一定要搞出成绩来。一个市也要先从几个单位，几条街道，一片、几片搞起，把工作扎扎实实地搞好。有了样子，工作就能逐步推开。总之，现在的这 11 个市，必须根据国务院、卫生部的文件、总会的通知以及这次会议的精神，在精简的原则下，健全精干的组织机构，充实积极热心的工作人员，落实任务、经费，制订计划，把工作迅速地、扎扎实实地开展起来。红十字会要和有关部门，有关人士搞好关系，使他们关怀和支持红十字会的工作。理事会要按时开会，讨论工作。红十字会的干部要到群众中去，和群众打成一片，有事同群众商量。各位代表，同志们，我们红十字会的工作人员，都是新长征革命队伍中的战士。我们要把革命精神和科学态度结合起来，要脚踏实地地去干，为加快实现新时期总任务，做出更多的贡献而努力奋斗。

各位代表，这次会议，没有台湾省红十字会的代表参加。我们渴望早日和台湾省红十字会的同事们欢聚，欢迎他们来参加下一次中国红十字会全国会员代表大会，欢迎他们和我们一起，为祖国的统一和现代化建设做出贡献，欢迎他们和台湾省同胞们到祖国内地来参观、游览、探亲、访友，中国红十字会总会愿意给予帮助。

中国红十字会第四次全国会员代表大会工作报告

钱信忠

（1985 年 5 月 31 日）

各位代表，各位同志：

我受第三届理事会的委托，向大会做工作报告，请予审议：

六年来工作回顾

这次大会距第三次代表大会已经六年了。第三次代表大会是在国内红十字会工作刚刚恢复不久召开的，会议提出“按照党和政府的要求，结合过去的经验和当前的实际，开展国际活动，做好国内工作，国际国内互相配合，为加快实现四个现代化做出应有的贡献”。六年来，各级红十字组织在当地党委和政府领导下，遵循代表大会精神，克服种种困难，开展了许多有利于社会、有利于人民的工作，取得了显著的成绩。为我国的四化建设和增进同各国红十字会的友谊，为维护和平做出了自己的贡献。

一、积极恢复组织，大力发展会员

从1978年4月国务院批准中国红十字会恢复国内工作至今，共有26个省、自治区、直辖市恢复了红十字会，并恢复和建立了193个市、县（区）级红十字会和25868个红十字基层组织，其中厂矿1185个，街道859个，学校4965个（包括53所大学和残疾人学校），财贸单位819个。全国现在已有红十字会会员187万多人。其中团体会员62万多人，红十字青少年会员41万多人。红十字会基层组织的恢复、建立和积极发展会员很重要，体现了红十字会的群众性，为中国红十字会开展国内外工作提供了组织保证。

二、积极开展急救和输血工作

群众性的卫生救护训练已较普遍地纳入各级红十字组织的常规工作。各地克服训练场地、物资和经费等种种困难，协同有关部门，分级负责，大力开展卫生救护训练工作。到去年为止，接受各种训练的已达658万多人次。1983年，总会与北京市心肺血管医疗研究中心联合举办了我国第一次心肺复苏训练班，邀请美国心脏协会专家来华讲授心肺复苏技术。到1984年底，已有14个省、市红十字会共培训了37630人次。总会和部分省、市红十字会还引进了心肺复苏训练使用的人体模型。这种模型国内已有单位研制并开始生产。为配合训练工作，总会出版了《防空和战伤救护常识》、《救护常识》、《现场心肺复苏普及教材》、拍摄了《水上救护》、《救护演习》影片，一些地方红十字会也编印了供训练用教材。得到瑞典、日本等红十字会资助的中国红十字会训练中心正在北京兴建，可望1986年建成使用。

根据国务院有关文件精神，几年来，红十字会在献血工作方面做了大量工作。有些地方红十字会参加了当地的公民义务献血委员会领导小组或办公室工作，参与义务献血的宣传教育、组织整顿、血源管理和举办输血人员技术训练班。从1979年到去年，我们派出12批36名输血技术人员和管理干部到国外进修、考察和参加国际输血会议。邀请16批80名外国输血专家来华讲学。中日两国红十字会输血合作研究，取得了双方都比较满意的研究成果。中国和澳大利亚两国红十字会合作，在天津血站扩建成分输血部分和在天津医疗器械三厂扩建生产血袋设备的工作即将完成，为了做好输血的宣传和训练工作，总会还出版了《临床输血指南》，举办了输血技术学习班，与卫生部联合召开了输血工作座谈会。

三、青少年工作有了发展

现在全国已有4965所大中小学恢复或

新建红十字会组织，红十字青少年会员已发展到41万多人。他们接受卫生救护训练，活跃在校内外，带头打扫卫生，宣传卫生知识，治疗小伤小病，协助校医防治学生的常见病，热情地为孤寡老人、烈军属和残疾人服务。一些红十字青少年工作开展较好的学校，有意识地寓教育于红十字会活动之中，把红十字青少年工作作为贯彻党的教育方针的一个重要方面列入学校计划。总会和各地红十字会每年举办的夏令营活动深受社会的欢迎。我国红十字青少年也参加不少国际活动。1984年，我国红十字青少年参加国际儿童画比赛，获得了世界奖和亚太地区奖。今年是国际青年年，我国邀请了协会和亚太地区10个国家和地区的21名青少年领导人和代表来我国参加北京、上海、广州和杭州的红十字青少年活动。有些地方红十字会成立了学校工作委员会。四川省红十字会还成立了以青少年为主体的志愿工作者团体——红十字青少年协会。总会为帮助红十字青少年的学习，出版了《红十字青少年辅导教材》，并编印了《国际红十字青少年活动资料选编》。

四、创办了一批卫生和社会福利事业

一些地方红十字会因地制宜，举办了卫生和社会福利事业，开展了为社会服务的活动。由红十字会主办或参加的门诊部、红十字卫生站、家庭病床、学校体检队、医疗卫生咨询站、社区服务站、残疾人福利站、聋哑人婚姻介绍所和老年人大学等都收到了很好的社会效果。上海市红十字会申请专款，给各居委会购置了轮椅车，为老弱病残就医提供了方便。总会还将日本电视广播公司捐赠的轮椅车发给了一些地方红十字会使用。武汉市、江苏省江阴县、沈阳市铁西区等地红十字会得到了各界的支持捐助，为孤、残、老人、儿童和离退休职工兴办了各种福利事业，为开展群众性的互助互救活动走出了第一步。一些地方发生水灾、火灾和滑坡等自然灾害，红十字会会员们除了进行慰问和救护活动外，还解囊捐助。为了使捐助活动有章可循，总会制定了接受社会捐助条例，连同会费交纳、使用条例一起颁发各地试行。

五、宣传工作取得了较大成绩

为了使社会和广大会员认识和了解红十字会的宗旨、性质和任务以及普及卫生救护知识和交流经验，6年来，编印有关会务知识方面的小册子7种共35万多册，业务知识的学习小册子7种共40万册。摄制电影4部，录像片2部，幻灯片4组2400套，展览图片1组2万套。《中国红十字》杂志于1980年7月复刊，到1984年底，已出版54期，总印数近90万册。这本杂志主要在国内发行，还与100多个国家红十字会交换。1985年开始向国外发行，已有一些国外订户。地方红十字会也都编印了红十字小报、会务和卫生书刊，摄制电影、录像和照片等等。总会和各地红十字会几年来，还在中央和地方的报刊、电台、电视台上报道和宣传了我们的工作成绩和经验以及各方面的好人好事，显示了红十字活动在社会精神文明建设中的作用。1984年，总会和各地红十字会广泛开展了关于纪念中国红十字会成立80周年的庆祝集会和宣传活动。总会专门编辑出版了画册、明信片、纪念邮票和《中国红十字会的八十年》等小册子，扩大了红十字会对内对外影响。

六、国际交往日益发展

六年来，中国红十字会遵循我国外交路

线，逐步地加强了国际往来和交流。积极地参加了国际会议，加强了同3个红十字国际组织和100多个外国红十字会、红新月会的联系。中国红十字会组团出访65批164人次，访问了30个国家和地区。同时，我们接待了22个国家和地区、2个国际组织的代表团，共76批333人次。此外，还接待了来华顺访我会的外宾221批（次）1195人。对外援助和接受外援是红十字会的传统工作之一。几年来，中国红十字会向遭受自然灾害的66个国家提供了价值约1000万美元的现款和物资援助。最近几年，非洲旱灾严重，各级红十字会根据国务院批示精神，今年在一些大中城市进行了一次募捐活动，引起了社会各界强烈的反响，表达了中国人民对非洲人民的友谊，对我国人民也是一次现实的国际主义教育。六年来，我们也接受了800多万美元的国际援助，用于安置在我国的27万印支难民，扩建为难民服务的海南岛兴隆农场红十字医院和救济四川、陕西、广东水灾灾民等。我们还与国际红十字组织合作，办理国际间查人工作。1980年至1984年，各类查人来信7537件，帮助328人重新同他们的亲属取得了联系。一些地方红十字会也注意开展了这方面工作，并取得了一些成绩。1979年，协助遣返了被俘越南武装人员1636人，接收了越南送回的我国被俘人员238人。移交了日本“阿波丸”轮船死亡人员的遗骨、遗物和在沈阳发现的日本人的遗骨。上述各项外事工作都是与有关部门和地方红十字会共同完成的。

回顾过去，要充分肯定我们的成绩；展望未来，要看到我们存在的问题和不足之处。主要的问题是红十字会工作的指导思想还不够明确。中国红十字会的具体任务是什么，同有关部门如何配合协作等方面还存在不少问题。各地工作发展还很不平衡，有些地区工作更活跃些。在组织建设方面，除少数省尚未恢复红十字会组织需要尽快恢复外，不少地方红十字会虽然组织名称恢复了，但没有编制，没有必要的活动经费，工作难以开展。有些地方上面机构虽然有了，但基层红十字会组织没有恢复或刚刚恢复，还很不健全。“挂牌”单位如何起作用，没能很好究。发展会员特别是团体会员方面，有的地方工作较粗，没有认真贯彻自愿原则，作用不大。特别是总会未能很好地深入基层调查研究，及时总结交流推广各地的经验，指导各地红十字会工作。这些都有待今后很好去研究解决。

今后任务

当前，全国政治经济形势很好，农村的改革正在继续深入健康地发展；以城市为重点的经济体制改革正在有步骤地全面展开，3年内将要取得显著成效，各行各业都在积极探索如何建设具有中国特色的社会主义。在这种形势下，我们认为，中国红十字会工作的指导思想和任务是：在各级党委和政府的领导下，认真贯彻党的十二届三中全会的决议，实事求是，从实际出发，以改革的精神，努力发展群众性的卫生救护和社会福利事业，积极贯彻对外开放的政策，开创红十字会工作的新局面。经过几年的努力，把中国红十字会办成具有中国特色的社会主义的红十字会，为四化建设服务，为统一祖国大业服务，为世界和平和人类进步做出贡献。

我国是发展中的社会主义国家，中国红十字会是人民卫生救护和社会福利团体。我们必须争取政府和有关部门的支持和配合，自觉地为人民谋福利，积极主动地开展符合红十字宗旨的各项工作。群众迫切需要解决而政府有关部门顾不上、管不到的事情很多，我们要充分发挥红十字组织群众性的优势，发动群众，互救互助，为政府分忧，为群众解难，为四化建设服务。为此，我们应当着重抓好下列工作：

一、积极做好组织建设工作和提高会员素质

根据工作需要，积极地、有计划、有步骤地恢复和发展红十字会组织。就全国范围说，目前，发展组织的重点仍在大、中城市。争取在一定时间内把中等以上城市的红十字会组织普遍恢复和建设起来，并有步骤地建立基层红十字组织，指导他们积极开展工作。对已建立的和需要建立的县级红十字会组织，要热情支持，积极指导，注意总结他们的经验。各级红十字会组织都应做到：有机构、有专职人员、有经费、有活动。要做到建立一个，增加一份作用。要根据需要，继续在工矿企业、街道、旅游点、运动（游泳）场和其他公共活动（商店、影剧院等）场所建立和发展红十字会基层组织。中、小学红十字青少年组织要进一步巩固并逐步发展。大学的红十字会基层组织，在不断总结经验的基础上适当发展。要根据会章要求积极发展红十字会会员。发展会员要本着自愿原则，正式办理入会手续，会员要有活动，起作用。要在会员中经常进行会章教育。对现有的团体会员要普遍进行一次整顿，克服有的团体会员单位的成员还不知道自己是团体会员的情况。要注意在离退休干部（特别是医务人员）中多发展一些会员，或吸收他们做志愿工作者，为红十字事业贡献余热。各级红十字会组织应按中央关于干部四化条件，积极选拔和培养符合开展红十字会工作新局面需要的年轻干部。

二、积极做好输血与卫生救护训练工作

1978 年国务院 242 号文件，规定红十字会担任献血的宣传、动员和组织工作，并负责输血的国际技术交流。我国医疗用血量每年递增 8% 至 10%。实行公民义务献血制度，这是一项长期而又艰巨的任务。目前，献血方面问题不少，医疗用血还很紧张。为此，各级红十字会必须把公民义务献血的宣传工作作为一项重要任务抓好。要宣传普及血液生理知识，使广大群众都了解适量献血不妨碍健康的科学道理。鼓励无偿献血，表扬做出优异成绩的单位和个人，逐步树立起献血光荣的社会风尚。卫生救护训练是红十字会的传统工作之一，应继续加强。随着形势的发展和病种组成的改变，今后的卫生救护训练除继续普及创伤救护、水上救护和中毒等抢救外（广西、云南前线还要抓战伤救护的训练），要加强心肺复苏的技术训练，训练对象要逐步扩大到服务人员、汽车司机、人民警察等。受过训练的人要发结业证书和证章，并制定管理制度。总会将编审统一的各种训练教材。我们将继续积极地通过红十字会的渠道，引进技术，派人出国考察、学习和出席国际专业会议等，为我国医药卫生事业现代化服务。

三、继续做好红十字青少年工作

红十字青少年工作，在培养青少年卫生习惯，搞好学校卫生、环境卫生，培养青少年共产主义道德品质，发扬爱国主义和国际主义精神，以及增进同各国红十字青少年友谊等方面，有丰富的活动内容。我们要不断总结经验，提高各中、小学红十字青少年组织的活动能力，使活动规范化、制度化、多样化、知识化、趣味化、适应青少年的特点，成为培养人才，促进精神文明建设的重要阵地。各地可继续举办一些红十字青少年的智力竞赛和夏令营。

四、积极发展医疗卫生和社会福利事业

现在一些地方红十字会创办了一些卫生和社会福利事业，初见成效。但还很少，经验也不多。我们要本着改革的精神，根据需要与可能，因地制宜、量力而行的原则，积极地兴办更多的符合红十字会宗旨的卫生和社会福利事业。要加强管理，因陋就简，勤俭持家，要讲求经济效益，为兴办红十字事业积累资金。为了筹备兴办社会福利事业的基金，在坚持自愿的原则下，经党政领导机关批准，适当开展募捐活动，建立红十字基金或专项基金。兴办医疗卫生和社会福利事业，管理形式应灵活多样，可以自己单独办，也可以合办。对于只用红十字的名义无红十字会活动的所谓“挂牌”单位，希望各地红十字会研究改进，发挥他们应有的作用。有条件的地方可参照北京市的做法，积极办好街道红十字卫生站。北京市人大常委会决定，红十字卫生站业务上受区红十字会和区卫生局领导，给编制，给经费。人员来源除培训年轻人外，积极动员离退休的医务人员参加卫生站工作，提高了医疗质量，保证了技术骨干来源，方便了群众，很受群众欢迎。

五、加强宣传工作

随着红十字会组织建设的发展和业务的开展，宣传工作必须进一步加强。总会要做好国内外宣传工作，快速传递信息。要把《中国红十字》月刊办成大家喜欢购读的刊物。要宣传红十字会的性质、任务和作用，介绍各地开展红十字会活动的经验，宣传卫生救护、输血等卫生常识，也要宣传救死扶伤，扶危济困，敬老助残，助人为乐等方面出现的好人好事。同时还要结合临时任务，积极进行宣传工作，形式要多样化。宣传工作，除各级红十字会专职人员做，还要发动会员做，特别是注意积极取得新闻界、文艺界的支持。这样，我们的宣传力量就大了。总会准备在今年下半年召开全国宣传工作会，总结经验，改进工作。

六、积极开展国际工作

国际工作要积极贯彻我国外交路线，坚持对外开放政策，进一步加强计划性、目的性，主动地多做工作，增进同各国红十字会之间的友谊，为世界和平，为争取建设社会主义的和平环境，为四化建设贡献力量。积极参与国际会议，加强同国际红十字会组织和各国红十字会的联系往来，广交朋友，增进友谊，交流经验，互相促进。积极参加国际红十字会组织的各种性质的工作和活动，扩大中国红十字会在国际组织中的影响。开辟更多的国际渠道，进行技术交流与合作，为国内建设服务。各省、自治区、直辖市红十字会，经地方政府同意可积极参加当地的对外友好合作。加强援外救济和接受外援工作的主动性和计划性。

七、争取各级党委和政府的领导，改进工作作风，深入调查研究

现在我们国家要做的事很多，党委和政府的领导都很忙，我们要主动向他们汇报工作，争取支持，主动和有关部门搞好关系，协商共事。许多地方红十字会长是由当地政府领导同志兼任，实践证明，对开展红十字会工作十分有利。卫生、民政、教育、财政、人事、文化、体育、外事以及新闻宣传等有关部门对红十字会的工作都给予了很大支持。借此机会，我代表红十字会理事会，向他们表示衷心地感谢！并希望在今后的工作中，继续得到他们更多的支持。在红十字会工作中，有许多有待解决的问题，还会遇到许多新的困难，我们必须改进工作作风，深入基层，调查研究，实事求是，一切从实际出发，振奋精神，艰苦奋斗，坚忍不拔，开拓前进。各级领导都应亲自抓一两个点，在实践中了解新情况，研究新问题，积累新经验，交流推广，表扬先进，把红十字会工作越做越活。按照会章规定，要定期召开理事会，向理事会报告工作，重大问题都要通过理事会讨论决定。

各位代表、各位同志：这次大会，我们给台湾省红十字会分配了代表名额，并发电报请他们出席大会。我们盼望早日和台湾省红十字会的同事们接触，共商红十字事业。中国红十字会随时欢迎台湾红十字会的同事们和同胞们到祖国大陆来参观、访问、探亲、访友。

同志们：红十字事业是一项人道主义的崇高事业，从事这项工作是艰巨的、光荣的，她受到了全社会的尊重和支持。我们相信，这次代表大会之后，在党的十二届三中全会精神鼓舞下，在各级党委、政府的领导和支持下，经过广大的红十字会干部、全体会员和志愿工作者的共同努力，我国的红十字事业一定能开创出一个新局面，逐步探索出一条建设具有中国特色的红十字工作的道路，为社会主义四化建设做出更多贡献！

中国红十字会第五次全国会员代表大会工作报告

谭云鹤

（1990年2月15日）

各位代表、各位同志：

现在，我受中国红十字会第四届理事会的委托，向大会做工作报告，请予审议。

过去五年工作的基本总结

从中国红十字会第四次全国会员代表大会到现在，已近五年了。在此期间，我国社会主义现代化建设事业蓬勃发展，改革开放政策更加深入人心，各条战线都取得了巨大的成就，整个国家的面貌发生了深刻的历史性变化。党的十三届五中全会，充分肯定了党的十一届三中全会以来的各项方针政策，实事求是地估计了当前我国经济工作面临的困难和克服困难的有利条件，在深刻总结经验的基础上，提出了进一步治理整顿、深化改革的一系列正确措施，为我们指明了今后的发展方向。这次会员代表大会的主要任务，就是结合红十字会实际，进一步贯彻落实党的十三大和十三届五中全会的精神，认真回顾和总结过去五年的工作，提高认识，统一思想，振奋精神，群策群力，把建设具有中国特色的红十字事业继续推向前进。

五年来，中国红十字会及其各级组织在国务院和各地政府领导下，认真贯彻执行了中国红十字会“四大”确定的指导思想、工作方针和中国红十字会1986至1990年五年规划设想，围绕建设具有中国特色的红十字会这一目标，解放思想，积极探索，勇于进取，艰苦奋斗，较好地完成了第四届会员代表大会提出的各项任务，出现了前所未有的好形势。“四大”以来的五年，是我国红十字事业崛起并取得突破性进展的五年，它标志着我国红十字事业进入了新的发展阶段。

一、红十字会工作的新进展

——组织建设稳步向前发展。到1988年，我国大陆的30个省、自治区和直辖市全部恢复和建立了红十字会。截止到1989年9月底统计，地（市、州、盟）红十字会由1985年109个发展到315个县（市、旗）级红十字会由1985年108个发展到1484个基层红十字会由1985年25868个发展到87000多个；会员由1985年的187万发展到850万人。同时，还涌现出一大批热心红十字事业的志愿工作者。红十字组织和会员在全国的覆盖面扩大到现在的规模，在我国红十字会发展史上是空前的，既体现了红十字会的群众性，又为形成全国性的卫生救护网、社会服务网提供了组织保证。收缴会费工作已从试点向普遍收费发展。全国不少地方已形成每年“五八”世界红十字日期间收缴会费的制度。

“四大”以来，有490个地方红十字会和基层组织、3333名会员分别由总会授予先进集体和先进会员的光荣称号。山东曲阜红十字诊所所长姜健继荣获美国红十字会1988年“国际人道主义服务”荣誉奖后，1989年又作为红十字会系统的惟一代表当选为全国先进工作者，光荣地出席了“全国劳动模范、先进工作者表彰大会”。部分省、自治区、直辖市红十字会开始在农（牧）区进行了建会试点工作。总会对山东、山西、内蒙古、北京等地的12个县（市）的35个村进行了调查研究，并于1989年9月在山西晋城市召开了“全国农村（牧区）工作座谈会”，明确了在农（牧）区建会的重大战略意义及应采取的方针、步骤。这对农（牧）区建会工作将起到积极的推动作用。为了提高红十字会干部素质，总会举办了6期共270人参加的红十字会专、兼职干部学习班。不少地方也举办了各种类型的红十字会干部培训班。

——群众性卫生救护训练工作蓬勃开展。1986年10月四届二次理事会提出经过20至30年的努力，在全国城乡逐步建成群众性救护网络的战略设想。为贯彻落实这一战略设想，1987年，总会先后同国务院11个部（委、局）联合下发了关于开展群众性卫生救护训练的通知之后，在煤炭系统，特别是山东省枣庄、兖州及辽宁省抚顺煤矿成绩比较突出。其他行业的卫生救护工作也有了程度不同的开展。如黑龙江省伊春林业局、胜利油田钻井公司、江苏镇江的公安系统、北京西城区和兰州市的消防队等。天津市政府把完善急救网络、建立群众陆的红十字急救队伍列为政府为人民要办的10件大事的内容，并在公用、铁路、民航、公安系统举办了各种类型的训练班。各级红十字会与有关部门密切配合，从条条、块块两方面着手，积极开展四大救护技术、心肺复苏术、水上救护、家庭保健等训练。据统计，五年来，接受卫生救护训练的有600多万人次，普及一般卫生知识2000多万人次。1988年总会下发了《卫生救护训练大纲（草案）》并编写了救护训练初、中级教材。

各地也结合各自的特点编辑了不少有关急救方面的小册子和录像带。总会与北京科学教育电影制片厂合作拍摄了3部关于现场急救的科教片，还从国外购买了数百具心肺复苏人体模型，供各地培训使用。

——积极开展公民义务献血活动。1987年5月，总会发出了《关于公民义务献血的倡议书》。同年7月，与卫生部共同制定了《无偿献血奖励办法（试行稿）》近几年，北京、上海、江苏、安徽、贵州、云南等地组织了大规模的义务献血和无偿献血活动，许多领导同志亲自带头献血，收到了很好的效果。1989年7月，全国政协主席李先念向刘广震等7名同志颁发了“首届无偿献血金质奖杯”。上海市政府已规定适龄人员均有献血的义务，这是全国献血工作向法制化方向发展的开端。

——群众性社会福利工作取得新成绩。1987年，总会与民政部联合发出了《密切配合充分发挥红十字会的作用》的通知，对开展群众性社会福利工作起到了重要的推动作用。红十字会的社会服务活动重点是散居在社会上的孤老病残和烈军属。上海、北京、天津、南京等地采取了一些行之有效的方法，使社会服务做到了经常化、制度化。据不完全统计，5年来，参加社会服务活动的会员有136．4万人次，为孤老病残人、烈军属服务有595．5万人次。过去的几年，总会和各级红十字会配合民政部门积极参与了救灾活动。部分省（市）红十字会还支援了其他地方的救灾工作。总会自1987年以来，先后向各地拨发救灾款140多万元。各地在“88体育援助”为儿童健康募捐活动中，共募集1200多万元。这笔钱将全部用于开展儿童健康福利工作。近年来，各级红十字会创办了一些符合红十字宗旨的医药、卫生或福利事业实体，个别办得比较好，如武汉市、北京西城区、天津河北区等。红十字会兴办事业，直接为社会提供服务，同时为红十字事业的发展注入了新的活力。

——在城市学校中进一步开展了红十字活动。1986年，总会与国家教委联合发出《关于在学校中积极开展红十字青少年活动》的通知之后，许多地方成立了红十字青少年学校工作委员会。据统计，现在全国已有12855所大、中、小学恢复或建立了红十字会组织；红十字青少年会员已发展到239．3万人。红十字青少年会员经过培训成为学校卫生保健工作的骨干，带头讲卫生，为同学治疗小伤小病；在校外热情地为孤寡老人、烈军属和残疾人服务。不少学校已把红十字青少年工作作为贯彻教育方针的一个重要方面，列入学校工作计划，寓教育于红十字活动之中。几年来，除总会举办有中外红十字青少年参加的国际夏令营外，各地也注意采用多层次、自费公助等方式，不拘一格，就近、就地举办了很多小型多样、生动有趣的夏令营。

——发挥了宣传工作在红十字事业中的重要作用。各级红十字会注意加强和改进宣传工作，特别是注意利用报纸、广播、电视等工具，取得了良好的社会效果。几年来，报纸、电视、广播电台有关红十字会的消息增加很多。每年“五八”世界红十字日期间，各地普遍开展的丰富多彩的纪念活动影响较大，仅1988年参加这一纪念活动的就有600多万人。5年来，总会共印制宣传画30万张，宣传卡20万张。总会与山东电视台合拍的电视连续剧《刘连仁》，在纪念

“七七”抗战胜利50周年时，在中央电视台播放。电视剧《妈妈你在哪里》和电视片《水上救护》分别荣获国际红十字电影节最高特别奖和二等奖。总会举办了以人道主义为题材的摄影、美术、书法、国际红十字邮票等展览，并与海鹰服务总社共同举办了“海峡两岸骨肉情”大型文艺晚会。此外，编印了一些小型宣传画页；编辑出版了《红十字手册》、《输血献血290问。《中国红十字》杂志和《中国红十字报》在宣传人道主义精神，普及医药卫生知识和促进精神文明建设方面发挥了积极的作用，并且几年来从未刊登过任何有精神污染的东西。部分省、自治区、直辖市自办或同有关部门联办的报纸，在报道会务活动，交流经验，向社会宣传，推动红十字会工作等方面均起到了有益的作用。

——在台湾事务方面做了大量工作。自1987年台湾当局开放民众赴大陆探亲以来，总会共收到23万多件查人信件、表格，已整理成查人个案11万余宗。其中，台湾查大陆个案6万5千宗，1万余宗已有结果；大陆查台湾个案4万5千余宗，2600余宗已有结果，并已有4万余名台胞、台属与亲人取得了联系。一些报刊、杂志、电台、电视台免费刊登、播放了寻人启事，取得了较好的效果。随着探亲台胞的不断增加，出现了台胞的伤、病、亡等问题，几年来，总会和地方红十字会共处理此类事件1830宗。为进一步做好沿海地区台胞的医疗救护工作，总会向福建、浙江两省红十字会拨款21万元，帮助建立了平潭、惠安、石浦三个红十字救护站。

——对外交往进一步扩大。5年来，我会派出30个代表团（组）对25个国家和地区红十字会进行了访问和考察。接待了近40个协会、国际委员会、有关国家红十字会和一些民间友好团（组）的来访，就双边合作和发展国际红十字运动交换意见。同时，总会还积极参加了国际青少年夏令营、红十字电影节、美术摄影比赛、国际红十字展览等活动。并举办了中医急救技术讲习班、亚太地区输血会议以及请外国专家讲学的输血专业班。此外，总会积极为地方红十字会的对外交往开辟途径，疏通渠道。通过国际交往，宣传了我会，加深了了解，增进了友谊。在对外援助方面，5年来，我会向受灾国政府或红十字会提供了135次援助。其中，物资77次，现金58次，总计人民币1587万元。同时，我会也多次接受了国外的援助，总计人民币约783．8万元，美元398．4万元。

1985年，中国红十字会当选协会执行理事后，积极参加各种国际会议，并利用各种机会反复阐述我们对发展国际红十字运动的观点、建议，使我会的一些重要意见得到国际上的重视，提高了我会国际上的知名度，中国红十字会已成为国际红十字运动中比较活跃的一员。在这个基础上，1989年10月在协会第七届大会上，我国代表当选为协会副主席，进一步提高了中国红十字会在国际红十字运动中的地位。近年来，我会协同外交部、总政治部安排红十字国际委员会的代表探视了被俘越南武装人员，与红十字国际委员会共同举办了国际人道主义法讲习班。委员会在沟通海峡两岸红十字会联系方面做了不少工作，并在人员培训和物资设备方面为我会提供了一些帮助。

各位代表：去年春夏之交北京和部分省（市）发生了一场政治大风波，总会、北京市红十字会及各地红十字会面对这场风波，遵循人道主义宗旨，为了缓和矛盾，平息事态，开展了大量的救护工作。仅北京一地，先后救护了近万人次学生，无一人死亡。各级红十字会在这场风波中经受了一次严峻的考验，既贯彻了党和政府的总精神，又维护了红十字会的形象，较好地完成了历史赋予红十字会的这一光荣而艰巨的任务，得到了国务院领导同志、社会各界和广大人民群众的赞扬。

二、几点基本经验

回顾“四大”以来，中国红十字会发展的艰辛历程，有哪些最基本的经验呢？

最根本的一条就是认真贯彻党的十一届三中全会所重新确立的思想路线，实事求是，一切从实际出发，从红十字会来说，就是要善于把国际红十字会共同的人道主义宗旨和七项基本原则同社会主义中国的实际情况结合起来，同中央、国务院的指示精神结合起来，同当前全国人民的中心任务结合起来，改革不适合中国国情的东西。这样，红十字会才有生命力。红十字会“四大”明确指出，把中国红十字会工作的重点放在国内工作上，确定我国红十字会是全国性的卫生救护和社会福利群众团体，明确指出了中国红十字会是政府的助手，她区别于政府有关部门的特点是她的群众性，即群众性的、现场的、初级的卫生救护活动和群众性的社会服务活动。这都是精神文明建设的组成部分，对于改善人际关系，保护人民身体健康，促进生产力的发展有重要意义。在“四大”工作报告中，首次指出要在自己的实践活动中，逐步建立具有中国特色的红十字会的任务。“实事求是”“一切从实际出发”说起来好像很容易，实际做起来要经过多次的反复，甚至是失败的教训，才能使自己的主观认识同客观实际逐步接近或基本符合。探索具有中国特色的红十字会，这条路现在还没有走完，但已有了一个良好的开端。我们相信，只要继续遵循党的这条正确的思想路线，勇于开拓，善于总结经验教训，我们就会继续胜利前进。

从我们“四大”前的组织十分薄弱的状况出发，这几年来我们始终坚持以组织建设为重点，现在看来是正确的、必要的。因为号称全国性的群众团体，如果没有广泛的基层组织和广大会员，是不可能成为名符其实的全国性群众团体的。并且鉴于当时我国红十字会组织的基础主要在城市，经验也主要是城市方面的。因此，我们除争取全国30个省、市、自治区都把红十字会建立起来外，着重抓大中城市的红十字会基层组建工作。为此，我们在南京召开了全国组织工作座谈会，使这几年的城市工作有了进一步的发展。为今后逐步把我国红十字会工作的重点转向农（牧）区，近两年在总会的倡导下、各地或多或少、或深或浅地进行了农（牧）区建会的试点工作。我们相信，再经过一段时间，当我们取得了在农（牧）区建会的比较成熟的经验之后，全国将有先有后逐步把工作重点转向农村。那时，我国红十字会的发展将面向一个更广阔的领域。当然，就是那时，我们也绝不应放松城市的工作，而要使之继续扩大和深入，防止抓了一面，丢了另一面。

从我党有着长期群众工作经验的实际出发，在红十字会组织建设上，我们没有采取国外的一般做法，而是个人申请，然后登记造册，并按照基层单位（学校、街道、企事业等）组织起来开展活动。基层以上组织一般都由政府负责同志牵头，吸收各有关部门及红十字会专兼职干部共同组成理事会。实践证明，这便于取得政府领导同志和有关部门的理解和支持，有利于红十字会工作的开展，这些也是具有中国特色的。

在卫生救护工作上，我们没有抄袭外国的做法，不去办目前红十字会办不了的正规医院、高级护校等。而是把重点放在现场的、初级的、群众性的卫生救护工作上。并且近几年来，我们从不分对象、不看情况的千篇一律的训练的束缚中解脱出来，逐步按照不同情况、各有侧重的原则进行，并强调了增加中医急救的内容，因此取得了较好的效果。在1986年10月全国理事会议上，又根据各地每年训练人数不少，但成效不明显的情况，提出了一个长远的战略目标即经过20年的努力，有计划、有步骤地在全国城乡形成一个急救网络的设想。为了实现这个造福人民，造福子孙后代的战略目标，我们采取条块结合的办法，一方面会同国务院11个部门联合发文，在各个系统开展卫生救护训练；一方面，又由各级地方组织按照市、区、街道、居民委组织训练。现在，条条方面已经在几个部门开始展开，块块的有计划训练在部分城市也已取得了初步的进展。

在社会福利方面，我们从敬老院、社会福利院、盲聋哑学校等社会福利事业单位均由政府有关部门主管的实际出发，强调提出了我们的工作重点是那些散居在社会上的孤老残疾、烈军属等，并在实践中不断总结和推广了这方面经验，如几包几固定、一条龙服务等等。这是符合我国当前情况的。对于政府主管部门办的福利事业单位，在过年过节时，当然也可以去搞点可能的慰问服务活动。

在红十字青少年方面，我们强调了分年级训练不同内容及走向社会、为社会服务，把它作为贯彻教育方针，开展第二课堂活动，培养一代新人的一个渠道，受到了国家教委的重视和大力支持。并且逐步使学校红十字青少年工作的发展同整个教育事业发展的要求同步。在举办冬、夏令营方面，总结推广了各地的经验，提倡自费公助，不拘一格，突破了传统的完全依靠政府拨款的做法，大大地拓宽了冬、夏令营的路子，使更多的红十字青少年受益，这是一个成功的经验。

红十字会兴办事业问题，是红十字会逐步走上独立自主发展的必由之路，是一个长期的奋斗目标。现在要兴办事业，不仅资金困难，而且有许多限制。一方面十三大提出群众团体要走独立自主发展的道路，一方面又遇上整顿经济秩序，各方面限制很严。但是，最近中央规定工、青、妇等群众团体可以举办事业实体，所以我们要尽力去争取。还有一点，就是将来办的事业多起来了，我们不得不用一部分精力去管理。但我们始终不要忘记，我们是群众团体，我们的主要工作是群众性的卫生救护和社会福利工作，不能迷失了这个大方向。

这几年的基本经验是不是这几个方面，大家还可以提出修改补充意见，使之更加切合实际。总之，几年来工作所取得的进展，无一不是贯彻党的实事求是，一切从实际出发的思想路线的结果，无一不是改革开放的结果，无一不是国际红十字人道主义宗旨同社会主义中国的实际相结合的结果。回顾过去的工作，我们之所以取得这些成绩，主要是各级党政领导的重视、支持，是卫生部、外交部、国家教委、民政部、国务院台办、总政治部等有关部委和社会各界的大力帮助，以及各级红十字会专（兼）职干部（包括志愿工作者）和广大会员共同努力的结果。借此机会，请允许我代表第四届理事会，代表总会，向热情支持红十字事业的各级党政领导、各有关部委领导、向为开创红十字会工作新局面而努力奋斗的红十字会干部、广大会员表示衷心地感谢。

在肯定工作成绩的同时，也应看到我们的工作还存在许多不足之处，就全国来说，组织发展较快，工作开展较好的地区还是少数；初步开展工作但不经常的地区居多；还有一些地方，组织发展了，但基本没有开展什么活动。这种状况的出现，主客观原因都有，不同的地区有不同的原因。作为总会，注意了分类指导，但具体措施不够，工作还不够深入，一些地方的好经验、好典型还不能得到及时的总结和推广。红十字会工作条理化还不够，对红十字会理论方面的深入研究和探讨更为不够。近几年来，总会虽然陆续制定下发了一些条例、规定，但还不配套；红十字会更没有立法。一些地方红十字会的体制、人员编制、活动经费等解决的还不好。也有少数红十字会干部精神状态不够振作，知难而进的劲头不那么足，对上述我国红十字会的基本方向的贯彻有时候还显得不那么坚定。这些都影响了工作的开展，需要在今后工作中认真解决。

今后五年工作的目标、方针和任务

各位代表、同志们：

关于下一个五年规划已有一个草案提交代表大会审议。下面，我仅对几个问题作一点说明，请各位代表一并考虑。

坚持四项基本原则和改革开放是我国人民的历史选择，不然，我们国家就不会有这10年的经济发展和社会进步。党的十三届五中全会作出的各项决定，对巩固和发展国家的稳定局面，保证改革开放和社会主义现代化建设事业健康发展具有十分重大的意义，从而也为我国红十字事业的发展提供了更为良好的前景。党的十三大报告指出：在体制改革中，要理顺党、政、群关系，要使群众团体按照自己的特点独立自主地开展工作。红十字会改革的主要内容就是根据十三大报告精神，进一步明确红十字会的社会职能，理顺红十字会同党和政府的关系，增强基层红十字会的活力，改革红十字会的组织制度和活动方式，实现红十字会组织和工作的群众化、社会化。理顺红十字会同党和政府的关系，一方面是如何加强党和政府对红十字会的领导。红十字会的工作要经常向政府有关部门请示，汇报，以便在政府的统筹和领导下进行；另一方面，要按照红十字会章程独立自主地开展工作。我们在工作中既要增强自己的自主意识，还要善于处理好各方面的关系。只有这样，才能更好的发挥党和政府的助手作用。

今后我国红十字会工作的基本指导思想是：坚持建设具有中国特色的社会主义道路，坚持四项基本原则，坚持改革开放，继续探索建设具有中国特色的红十字会，把我国红十字会建设成为党和政府领导的，在社会主义精神文明和物质文明建设中，在人民外交和统一祖国大业中，继续发挥重要作用，独立自主开展工作的社会团体。为此，要继续抓好“一个重点”（即以组织建设为重点），“两个网络”（即经过20—30年的努力，逐步建立遍布全国城乡的群众性自救互救网络和群众性的自助互助网络）的中心工作，努力开创中国红十字事业的新局面。为了实现上述奋斗目标，我们应当着重抓好以下工作。

一、继续以组织建设为重点

今后红十字会组织建设应采取积极稳步的方针，重点放在基层，既应采取积极态度，又要防止片面追求数量。要支持建一个，发挥一个的作用，建一批，巩固一批，以促进红十字会组织健康地向前发展。由于各地组织建设的发展情况很不平衡，因而各地要区别不同情况，提出不同要求，加强分类指导。就全国来说，下个五年内争取地级建会90%以上，县级建会70%以上是可能的。城市街道、工厂、企业、公安、铁路、航运、旅游、服务等各行各业都要继续扩大红十字会基层组织的覆盖面。县级以上红十字会可普遍地建立志愿工作者组织，受同级红十字会领导。在中国广大农牧区开展红十字会工作，是我们建设具有中国特色的红十字会的重要组成部分。几年来，已有部分省市开始在农牧区进行了试点工作，取得了一些经验。但就全国来说，面还不够宽，工作还不够深。今后几年应按照晋城会议精神，进一步扩大试点面，不断总结经验，这样我们才有可能在三年之内把全国红十字会建设的重点，有先有后地真正转向农牧区这一伟大战略目标。各级红十字会组织要重视收缴会费工作，要有计划、有步骤地在下一个五年内争取实现全部会员都缴纳会费。要建立会费管理制度，增加会费使用的透明度。

二、进一步扩大卫生救护网络

各地开展卫生救护工作要因地制宜，条块结合，块块为主，先从城市搞起。在5年内，希望京、津、沪及计划单列市市区基本上要形成粗线条的网络，其他的省、自治区也要选择几个市搞一部分急救网络的试验，以便逐步推广。各地进行救护训练要坚持“服务中心，保护生命，简明实用，各具特色”的方针。训练的时间、方式可以灵活多样，但是训练质量必须严格验收，不可搞表面文章，走过场。用20—30年左右建立起群众性的现场急救网络，是就全国来说的。至于各行业、各系统以及各省、自治区、直辖市在时间上可能长一些或短一些。具体到一个单位，当然时间会更短一些。为实现建立全国急救网络的战略目标，各地要制定出本地区的具体实施步骤。这样，才能经过几个五年从点点滴滴到星罗棋布，逐步联网成片。要进一步加强公民义务献血和无偿献血工作。各级红十字会要以各种形式向社会各个阶层宣传血液生理知识，使越来越多的人用自己的鲜血来丰富社会主义精神文明建设的内容。对无偿献血要大力提倡，并做到真正“无偿”。有条件的地方也可以像江苏徐州市那样，试行从个体献血直接向无偿献血过渡。要认真贯彻执行无偿献血奖励办法，争取20—30年实现全国无偿献血。总会将与卫生部协商，着手制订国家献血、输血条例，使我国输血事业向法制化方向发展。关于血站，我们认为，有的地方如红十字会有力量管，卫生部门也同意，可以试行由红十字会主管的办法。但必须在当地卫生部门统一领导之下，统筹安排，接受监督。

三、进一步做好社会福利工作

红十字会的社会福利工作，要以社会需要为出发点，着重抓好社会服务的覆盖面，由点到面，从面到网，并逐步做到经常化、制度化。有一定基础的大中城市在巩固发展几包几固定的同时，要进一步深化服务内容，创新服务方式。工作基础较薄弱的市、县要在节假日慰问活动形成制度的基础上，对散居在社会上的孤老病残和烈军属逐步做到定人、定时、定点、定内容服务。在开展社会福利工作中，要注意主动和民政部门以及工、青、妇、残联、老龄委等群团组织的工作融为一体，统筹安排，各有侧重。总会准备在调研和试点的基础上，于1990年拟出建立社会服务网的具体标准，供各地参照执行。各地红十字会要按照总会下发的《救灾工作暂行规定》，协助政府切实做好救灾工作。要努力做到哪里有严重灾情，哪里就有红十字会的活动。在救灾工作中要不断总结经验，逐步建立红十字会系统参与救灾的考察、监督、检查制度，使救灾工作程序化、规范化。

四、积极兴办事业实体

当前，我国经济建设已经发生了深刻变化，红十字会要扎扎实实地为群众多办些好事、实事，没有一定的物质基础是不行的。各级红十字会要根据党的十三大精神和我会的章程，继续兴办和办好已有的各种事业实体。各地要从实际情况出发，因地制宜地办一些花钱少、社会效益和经济效益较高的小型服务型或生产经营型实体。逐步改变过去那种坐等政府补助，给多少钱，办多少事的被动局面。红十字会兴办事业实体必须遵守国家的法律、法令和政策，对选项、用人、管理等方面严格把关。各级红十字句应遵循“决心要大，路子要正，步子要稳，工作要细”的原则，切实抓好这项工作。

五、认真做好红十字青少年工作

各级红十字青少年组织开展工作时，要贯彻总会与国家教委联合下发的《红十字青少年组织规程》。红十字会组织要配合教育部门不断丰富红十字青少年活动的内容和完善活动方式。要使红十字助人为乐、救死扶伤的人道主义精神与学生的思想品德教育相结合；使卫生救护训练与卫生保健相结合；使社会服务与劳动教育相结合；使红十字青少年活动与学校教育工作相结合。总会鼓励和支持开展国内校际间红十字青少年友好交流活动。并有计划、有组织地开展国际红十字青少年间的友好交往。有计划地推广多层次、多途径、自费公助等方式，就近、就地举办小型多样、生动有趣的夏（冬）令营，以便更多的青少年能参加到这项有意义的活动中来。

六、进一步加强宣传工作

宣传工作要面向基层，面向群众，面向社会；要拓展阵地，坚持经常，注重质量，提高效果。特别要注意多向各级领导及有关部门领导汇报，介绍红十字会情况，以取得了解和支持。要积极争取新闻单位的大力支持，使之对红十字会的宗旨、性质、任务以及活动情况、工作成绩、出现的好人好事及时进行宣传报道。同时，还要努力做好会务知识、国际人道主义法、卫生防病、治病知识等方面的宣传工作。在宣传手段上，有条件的地方要努力多制作一些形象直观的宣传材料，如图片、幻灯、电影、录像等。每年“五八”世界红十字日和中国红十字会建会90周年（1994年）前后，各地要因地制宜开展大规模的宣传活动。《中国红十字》杂志和《中国红十字报》要进一步丰富内容，提高质量。要健全通讯员队伍，改进和加强报刊的发行工作，增强报刊的指导性、知识性、群众性、可读性。使报刊真正成为交流经验、褒扬先进、普及知识、探讨理论、推动红十字活动开展的有力工具。

七、把台湾事务工作做得更好

随着海峡两岸形势的缓和，台湾同胞来大陆探亲、旅游等人数逐年增多，台湾当局又有限度地开放大陆同胞赴台访问、奔丧、探病，在人员往来中，继之而来的许多衍生问题，使台湾事务服务工作面临着更为艰巨的任务。为此，我们要在党和政府主管部门的领导下，同有关部门密切配合，把查人工作、医疗服务、死亡处理、遗产继承等工作做好，在祖国统一大业中充分发挥红十字组织的独特作用。

八、积极开展国际间的友好交流

要进一步加强对国际红十字运动的调查研究，熟悉她的历史，了解和掌握她的现状和发展趋势，深化参与国际红十字运动的程度，充分发挥我会作为协会副主席的积极作用，以推动国际红十字运动的健康发展。要利用各种机会和途径拓展中国红十字会在国际红十字运动中的活动范围，不断扩大我会在国际上的影响。地方红十字会已与有关国家地方分会建立友好关系的，要继续加强联系，增进友谊，扩大合作，促进国内工作的发展。今后总会还将创造条件，促进地方红十字会同有关国家地方分会建立友好关系。要进一步加强卫生救护、输血、备灾救灾等方面的国际技术交流和社会福利、组织建设、宣传、青少年等方面的经验交流。我们要继续向遭受各种自然灾害的国家提供必要的物质和道义的援助。同时，也要通过各种途径，积极争取各类外援。

九、加强红十字会自身的建设

红十字事业的理论研究是红十字会工作的重要一环。只有红十字运动的实践活动，没有对实践活动的理论认识和理论指导，红十字会工作就不会提高到一个新的水平。各级红十字会组织首先是总会要充分认识有关红十字会理论、政策研究工作的重要性，切实把它摆上议事日程。总会拟抽出专人，并紧紧依靠热心红十字理论研究工作的红十字会专（兼）职干部和社会力量，选择一些对红十字事业发展有重大意义的理论课题，深入调查研究，在总结实践经验的基础上，探索具有中国特色的红十字事业的发展道路。在全国进行治理整顿，深化改革的形势下，红十字工作必须与法制建设结合进行。必须用立法的形式对红十字会在整个社会中的地位、作用、权利、义务与有关部门的关系，以及开展群众性现场救护训练、兴办社会福利事业实体等做出明确的规定，以保证红十字事业的健康发展和依法开展活动。现在总会已起草了《中华人民共和国红十字会法（征求意见稿）》，先发各地征求意见，拟在条件成熟时报请全国人大常委会审批。

党的十三届四中、五中全会关于加强廉政建设、克服“官气”、“机关化”倾向的精神，对于红十字会更为需要。各级红十字会组织要深入调查研究，改进工作作风，深化参与社会活动的程度和范围，不断提高红十字会的社会知名度和在人民群众中的影响。要根据机构改革和领导班子成员的变动，及时调整充分发挥理事会的作用。要继续对各级红十字会专（兼）职干部进行培训，建设一个热心红十字事业、政策水平高、活动能力强、具有开拓精神、年龄结构合理的领导班子和一大批有无私奉献、志愿献身于红十字事业的红会专（兼）职干部队伍和志愿工作者队伍，以保证整个红十字事业的稳定性和连续性。

各位代表、同志们：

在过去的几年中，我们与台湾红十字会的同仁合作，为促进两岸交流，改善两岸关系做出了积极努力。我们盼望早日和台湾红十字会的同仁直接接触，共商有关人道主义宗旨的红十字会业务范围内的事宜。我们殷切希望两岸红十字会能够继续通力合作，为进一步推动海峡两岸的交往做出更大的贡献。我国红十字会发展历史的事实说明，红十字事业是一项伟大而崇高的事业。红十字会是造福于人民，为统一祖国大业服务，促进世界和平和人类进步事业的社会团体。今后随着改革开放不断发展，人民生活水平和精神文化需求的提高，我国红十字会将在社会主义物质文明和精神文明建设中发挥更加重要和独特的作用。

今后五年红十字会工作的目标和任务是光荣而艰巨的。我们相信，这次会员代表大会之后，只要我们认真贯彻十三届五中全会精神，坚定不移地坚持改革开放方针，积极争取各级党政领导、社会各界和广大人民群众的支持，紧紧依靠各级红十字会组织、红十字会专（兼）职干部、志愿工作者和广大红十字会员的努力，振奋精神、同心同德、群策群力，艰苦奋斗，就一定自能够在开拓具有中国特色的红十字会道路上，为我国人民和社会主义事业做出新的贡献。

中国红十字会第六次全国会员代表大会工作报告

顾英奇

（1994 年 2 月 23 日）

各位代表、各位同志：

我受中国红十字会第五届理事会的委托，向中国红十字会第六次全国会员代表大会做工作报告，请予审议。

四年来工作的回顾

从中国红十字会第五次全国会员代表大会到现在已经历时四年了。邓小平同志建设有中国特色的社会主义理论和党的基本路线指引下，我国加快了深化改革和现代化建设的步伐。中国红十字会抓住机遇，开拓进取，使各项工作取得了长足的进步。概括地说，过去的四年，是红十字事业取得突破性进展的四年。

——《中华人民共和国红十字会法》的颁布实施，为发展红十字事业奠定了坚实的基础。

五届理事会和执行委员会，把中国红十字会的立法工作提到了重要议事日程，在国家立法机关的高度重视和大力支持下，正式起草了《中华人民共和国红十字会法》（草案），经国内外考察论证，反复斟酌修改，报送国务院第五次常务会议审议原则通过后，又几经讨论修改，报全国人大，于1983 年 10 月 31 日第八届全国人大常委会第四次会议正式通过，并以第14号国家主席令颁布施行，实现了广大红十字工作者和全体红十字会会员几十年来的夙愿。

红十字会法是依据国际红十字运动的基本原则，结合我国的实际情况制定的，总结了几十年来红十字会的工作经验，是红十字工作者集体智慧的结晶。《法》中关于中国红十字会宗旨和性质的确认，也是我们认识上的一个飞跃。“五大”以后，我们进行的备灾救灾实践，非血缘关系骨髓移植供者检索工作，海峡两岸红十字组织的直接交往等，都超出了“人民卫生救护和社会福利团体”的范畴；如果继续沿用原来的概念，既不符合我们的实际，也制约着红十字事业的发展。同时，经过近年来的探索，我们感到“人道主义”的外延很大，为了较准确体现红十字会的特性，故在拟定法律条文时，从人道主义救助的角度，对红十字会的宗旨和性质重新进行了规范，为红十字事业向更广阔的领域发展，提供了法律依据。

红十字会法体现了国家对红十字事业的高度重视和支持，在二十八条中，有十二条涉及政府对红十字会的支持和保护。在机构与编制、财产与经费、权利与职责、红十字会与政府的关系，以及独立自主开展工作等关键问题上用法的形式给予确认，为中国红十字会更好地生存和发展提供了法律保障。红十字会法还对红十字标志作了专门规定，并将由国务院制定了红十字标志使用条例，这对纠正滥用红十字标志，维护红十字标志的尊严，对保障红十字会工作人员在紧急状态下履行职责将发挥重要作用。

红十字会法颁布后，总会及时召开了新闻发布会并发出学习、宣传、贯彻的通知，各地利用新闻媒介，开展了多种形式的宣传活动，迅速掀起了学习、宣传的高潮，并结合本地实际，采取较大举措，出现了贯彻实施红十字会法的好势头。江苏金坛、盐城等地利用红十字会法解决了“三列”问题，全国约有三分之二以上的省、自治区、直辖市着手制定贯彻落实红十字会法的实施办法。五届理事会怀着十分喜悦的心情，荣幸地向第六次全国会员代表大会宣布一件最感光荣的大事，那就是依据红十字会法第十条的规定，按照国际惯例，聘请国家主席江泽民同志担任中国红十字会名誉会长，江主席已经接受了聘请，这是对全体红十字工作者和2000万红十字会员的莫大鼓舞！它体现了国家对红十字事业的极大关怀和支持，必将对推动中国红十字运动的发展产生积极影响。红十字会法的颁布实施，开创了中国红十字会有法可依的新的历史时期，是对国际红十字运动的一大贡献，是中国红十字运动发展史上的里程碑。

——备灾救灾工作取得了可喜的进展。

五届理事会从中国红十字会的人道主义救助性质出发，结合我国幅员辽阔，人口众多，自然灾害频发的实际，认为：中国红十字会的主要任务，应该是改善最易受损害群体的境况，及时进行工作重点的转移，把备灾救灾工作摆在首位。总会参照《红十字会与红新月会灾害救济原则和条例》，制定并下发了《中国红十字会参与自然灾害救济工作的暂行规定》及实施细则，对红十字会干部进行救灾知识培训和救灾工作的指导。四年来，各级红十字会投入了大量人力和物力，积极参与了台风、洪水、干旱、地震、冰雹等较大自然灾害的救助，用争取到境外约4亿元人民币的捐助，为6000万灾民解决燃眉之急，并为灾区群众进行生产自救和重建家园提供了款物支援。特别是在1991年华东地区百年未遇的洪涝灾害的救助中，更显示了红十字会的作用。全国各地红十字会纷纷开展募捐支援灾区，协助卫生行政部门派出18000多支红十字医疗队，救治了224万余名灾区伤病员；灾区各级红十字会领导、工作人员及红十字会员，全力投入灾民救助工作；总会先后两次向国际联合会呼吁，接受境外援助的总值，约占全国接受境外援助的40%。为夺取抗洪救灾斗争的胜利和实现大灾之后无大疫做出了重要贡献，以崇高的人道主义业绩载入了中国红十字运动的史册，在群众的心中留下了闪光的红十字形象。

在多年救灾工作的实践中，我们逐步完善灾情预报，救灾款物的接收、转运和分发，以及救助、救护程序和接受监督审计等方面的制度，使红十字会救灾工作基本步入了规范化和制度化的轨道。同时，通过救灾也使我们深刻认识到，红十字会只有建立自己的备灾基地，才能提高应急能力和救灾效能，履行红十字会人道救助的崇高职责。为此，总会把备灾工作提到重要位置，1991年提出按我国大陆地域分布，建设7个区域备灾救灾中心的计划，受到国际联合会的关注和各省政府的支持。由日本和德国红十字会援建的杭州和孝感备灾救灾中心已投入使用，由加拿大、美国和日本红十字会援建的其余几个备灾救灾中心正在加紧筹建；与此同时，内蒙古自治区和武汉市等地红十字会，已经建成或正在筹建备灾仓库。近年来我们在备灾救灾中心的管理方面进行了探索，根据其宗旨、任务、管理体制、运行机制等，制定了管理办法，备灾工作正向着形成自身特色和逐步提高快速反应能力的方向发展。

——红十字会在台湾事务中发挥了特殊作用。

为了适应海峡两岸形势的发展，我们及时沟通并实现与台湾红十字组织的直接联系。1990年5月，陈敏章会长以个人名义发出邀请，总会接待了台湾红十字组织的徐亨会长等来访，就有关问题达成了5项口头协议，从此，两岸红十字组织开始了直接接触。9月总会派员进入台湾地区进行谈判并签订了《金门协议》。台湾舆论界认为，这是“40年来一大突破”。这个形式上的民间协议，得到了两岸有关方面的共同认可，是处理两岸具体事务的第一个可遵循的文件；1991年8月，曲折副秘书长等赴台，处理“闽狮渔”事件，是两岸隔绝42年后，红十字会的代表作为大陆公务人员首次赴台办理公务，在海内外引起强烈反响；1992年8月，孙柏秋副会长率团赴台，答谢台湾同胞赈济1991年华东水灾的义举，揭开了两岸红十字组织双向交流新的一页；1993年夏在大陆举办的闽台红十字青少年夏令营和194年初在台湾举办的海峡两岸红十字少年冬令营，标志着两岸红十字组织的双向交流进入了实质性阶段。许多地方红十字会，也积极参与了台湾事务工作，特别是福建省在两岸有关人员的见证遣返工作中出色地完成了任务，为促进两岸的交流做出了贡献。台湾事务工作，是中国红十字会在特殊历史条件下，协助政府开展的一项特殊性业务，对祖国和平统一大业做出了贡献，发挥了不可替代的作用。

——积极参与国际红十字运动，国际影响日益扩大。

中国红十字会1985年任联合会执行理

事，1989 年当选副主席，1993 年 10 月再次当选红十字会与红新月会国际联合会的执行理事会成员。4 年来，我们分别以联合会副主席和执行理事的身份，参与了国际联合会《九十年代战略工作计划》等一系列文件或决策的研定。经五届四次理事会通过的《中国红十字会九十年代工作纲要》，联合会多次予以肯定。因为它对我会自身建设发展是一个指导性文件，对国际联合会也是重要的支持，它也显示了中国红十字会在 100 多个联合会成员中是一个重要的成员。

1993 年 5 月，总会受联合会的委托，在北京成功地举办了第四届亚太地区红十字会与红新月会大会，会议期间，我们首先倡议并最终促成了《北京宣言》的签订，这是迄今亚太地区红十字大会第一个具有历史意义的文献，会议以良好的组织工作、周到的会务安排、热情友好的接待活动，展示了中国红十字会的实力和精神风貌，给各国客人留下了美好印象。同时，还参加戒毒、预防艾滋病等国际会议。所有这些，都说明近年来中国红十字会以积极的姿态、较强的能力和务实的作风，主动参与了国际红十字运动。

“五大”以来，我们积极开展与各国红十字会和国际红十字组织的双边、多边交流，发展了同许多国家红十字会相互间的友好合作关系，先后 36 次组团出访，并邀请接待了 67 批来访团（组）。在中韩两国建交前我会就组团出访了韩国红十字会，通过互访，增进了了解与友谊，较好地发挥了人民外交的作用。同时，还努力从事国际间的血液技术等方面的交流，积极参与国际人道主义救援工作。

——组织发展和自身建设成效明显。

几年来，我们把发展组织和壮大会员队伍作为重点任务之一常抓不懈，截止 1993 年底，全国 99% 的地（市、州、盟）和 91. 5% 以上的县（市、旗）建立或恢复了地方红十字会，基层组织发展到 15 万个，红十字会员发展到 2000 万。红十字组织和会员按行政区域增长的同时，逐步向行业系统发展，中国铁路系统和武警医务系统先后成立了红十字会。在自身建设方面总会先后下发文件，要求县级以上地方各级红十字会，配备专职干部，并请各级现职领导出任红十字会的会长；强调“三列”的落实，抓紧干部的培训，发挥理事和志愿工作者的作用等。许多地方都实现了总会的要求，继黑龙江省全面实现“三列”之后，新疆、内蒙古、河南、吉林等省（区）也有较大突破，红十字会专职干部数量增加，素质也有较大提高；许多地方红十字会会长都由当地现职领导担任，积极支持、推进了当地红十字事业多层次推行目标责任制，完善工作制度，保证了各项工作的落实；不少地方的志愿工作者，已成为发展红十字事业的重要力量。

红十字会法的颁布施行，更加肯定了红十字会的社会地位。最近，中央编制委员会重新把中国红十字会列为中央和国务院直属的 18 个全国性社会团体之一，并规定参照国家公务员制度实行机构改革和管理。

——卫生救护工作产生良好的社会效益。

红十字会所从事的卫生救护工作，主要是开展现场的、群众性的初级卫生救护，是卫生行政部门“三级医疗预防保健网”的补充和延伸。“五大”确定了“经过 20 年至 30 年的努力，逐步建立遍布城乡的群众性自救互救网络”的战略目标，围绕这一目标，多方面开展工作，促进了自救互救网络建设。京、津、沪等大中城市，建起了以卫生站为依托，连接街道居委会及楼门大院的红十字救护网络。农村、牧区的卫生救护工作，也朝着网络化方向迈进，内蒙古哲里木盟、陕西汉中、黑龙江密山市以及宁夏盐池县、青海海南自治州等地的农牧区，都活跃着红十字救护员。同时，开滦等矿务局每个作业班组都有红十字救护员。自救互救网络建设，逐步向行业系统推进，林业、民航、铁路、公交、电力、消防、旅游等行业都有较大发展。近年来，机动车驾驶员的卫生救护训练，在公安、交通部门的密切配合下，取得了突出成绩，经过卫生救护培训的机动车驾驶员遍布各地。与此同时，自救互救网络向公路沿线延伸，湖南、湖北、安徽、江西、江苏等十几个省，在辖区内的国道线和主要公路沿线，建立了红十字救护站（点），有效地降低了因交通事故造成的致残和死亡率。

自1990年以来，我们先后两次组织了南丁格尔奖章的申报和颁奖工作，我国人大常委会万里委员长向吴静芳，乔石委员长向李桂美、张水华和张瑾瑜颁发了南丁格尔奖奖章。受卫生部委托，少数地方红十字会还开展了人体组织、器官和遗体捐献的动员、组织和登记工作，受到有关部门的关注。

——积极参与血液事业。

国际上95%以上国家的红十字会参与血液事业管理，多年来，中国红十字会就参与公民义务献血的组织、宣传和动员。“五大”以后，我会为参与血液事业和推动我国血液事业的发展，做了大量的工作，进行了不懈努力，我们反复与政府有关职能部门协商，会同卫生部联合下发关于推进献血方面的文件，并与卫生部共同举办第二届全国输血工作会议等。由于得到了卫生行政部门的理解和支持，1993年以卫生部第29号部长令发布的《采供血机构和血液管理办法》中指出：“红十字会经批准可设置血站”。红十字会法规定：红十字会“参与输血献血工作，推动无偿献血”，明确了红十字会在我国血液事业中的地位。

1992年以来，中国红十字会先后两次开展全国性的无偿献血宣传周活动，广泛宣传无偿献血的意义和血液知识，介绍国外红十字会管理血液事业的概况，有效地推动了无偿献血工作的开展。无偿献血金杯奖获得者从1989年的7人增加到1993年的94人，徐州市已连续5年无偿献血超万人，本溪市决心通过5年的努力实现无偿献血；与此同时，积极主动参与血液事业，截止目前，红十字会的血液中心或中心血站（有当地编委批文）已达46所；我们还努力争取外援，如得到了香港等红十字会的大力支持，逐步改善红十字会血站的条件，仅去年一年就为20多所血站配备了价值550万元人民币的设备。红十字会血站的建立，推动了无偿献血，吉林通化、辽源、浑江和山东日照等红十字会血站经过两年的努力，已使无偿献血者达到献血总人数的60%以上，并向着成为推动无偿献血基地的方向发展。

受卫生部委托，中国红十字会开展了非血缘关系骨髓移植供者检索工作。1992年3月开始筹建“中华骨髓库”，先后在北京、上海、沈阳、杭州、西安等地成立了协作组，现已基本具备开展工作的条件。“中华骨髓库”建成后，将给全世界华人白血病患者带来福音，填补我国人道领域里的一项空白。

——群众性社会服务有所发展。

过去，我们曾经把社会福利作为红十字会的主要任务之一，但是我会不是福利部门，也缺乏实力，尽管投入了不少精力，收效并不理想。实践使我们认识到，红十字会应从人道救助团体的性质出发，力所能及地开展社会服务活动。云南昆明、贵州都匀、海南兴隆等地红十字会积极探索新形势下社会服务的形式和内容，联合社会力量解决社区孤、老、病、残人的特殊困难，受到群众欢迎和政府的肯定。近年来，红十字会开展的社会服务活动，呈现出向公益事业发展的趋势。广东省中山市红十字会用“慈善万人行”的捐款，建立了启智儿童学校、老年颐乐楼、血站等公益设施，今年春节期间又募集 3900 万元，准备建立“博爱”医院；上海市红十字会从抓少年和老年两个社会人群入手，参与社会保障工作，在全市建立 25 家老年护理医院，联合市保险公司等单位推行《中小学生和幼儿园儿童住院医疗保险》，总会和中国人民保险公司向全国推广了他们的做法。

与此同时，为增强社会服务的实力，浙江等地先后成立了红十字基金会，总会也经国家批准，成立了中国红十字基金会，并已开始运转。

——红十字青少年工作蓬勃发展。

“五大”之后，各级红十字会和教育部门更加密切配合，把红十字青少年活动作为贯彻国家教育方针的一个重要方面，积极发展了学校红十字组织。到 1993 年底，全国共有 35802 所大、中、小学校成立了红十字会，拥有 710 万青少年会员。各级各类学校红十字会，按照《关于进一步加强全国红十字青少年工作意见》和《学校红十字工作暂行规程》的要求，开展了内容新颖、形式多样、师生喜闻乐见的活动。一些大、中城市红十字会与教育部门联合举办演讲、征文等活动，开展红十字卫生救护训练和卫生保健工作；广大红十字青少年遵照“救死扶伤、扶危济困、敬老助残、助人为乐”的方针，开展社会服务；各地纷纷举办各种类型的红十字青少年夏（冬）令营。通过开展健康有益的活动、弘扬了国际主义、爱国主义和人道主义，为培养造就一代新人做出了贡献。

——宣传工作形式多样，效果明显。

五届理事会十分重视宣传工作，认为宣传工作是让社会理解红十字会，扩大红十字会影响的重要手段。几年来，采取有效措施，重视并加强了宣传工作的力度。每年围绕“五八”世界红十字日的主题，从总会到地方都组织多种形式的纪念和庆祝活动，形成声势浩大的宣传周期。利用影像进行宣传。总会和各地每次举办重大活动，都通过广播电台、电视台随时报道。许多地方自己动手或与电影制片厂合作，拍摄科教片、纪录片进行专题宣传。电视片《中国红十字会走向世界》，曾在中央电视台连续播放。有些地方红十字会，如天津市、山西省等地相继在当地电视台开辟专题栏目，拓宽宣传的渠道。

重视宣传阵地，注意办好报刊。《中国红十字报》和《博爱》杂志经扩版改刊，质量逐步提高，在宣传报道红十字会工作，理论研讨和信息传播等方面发挥较好作用。在办好报刊的基础上，总会先后 3 次邀请首都 10 余家新闻单位组团，深入基层巡回采访报道，扩大了宣传的覆盖面。地方红十字会也做了大量工作，并收到好的效果。重视和加强对红十字会历史及理论研究，组织力量编辑出版了《中国红十字会历史资料选编》和《中国红十字会的九十年》，开展了“中国特色红十字会内涵”的讨论，对总结历史和指导未来将发挥重要作用。同时，配合各专项业务工作，出版大量红十字读物、画册、折页等，广泛地宣传红十字会。近年来，我们把传播国际人道主义法列为重要任务之一，与红十字国际委员会合作，为军队和一些大专院校等单位举办了两期讲习班，促进了国际人道主义法在我国的传播。

——兴办符合宗旨的福利事业和经济实体，增强工作活力。

各级红十字会和广大干部在实践中认识到，要弥补红十字会活动经费的不足，应走兴办实体、服务社会、增强实力、发展事业之路。在深化改革的形势下，根据中共中央关于发展第三产业的决定的精神，参照许多国家红十字会的经验，总会号召各地在兴办福利事业的基础上，创造条件兴办经济实体，推广了武汉、沈阳、莱芜等地的经验，并对红十字会实体的发展方向，以及用人、选项、财务管理等提出了具体要求，强调红十字会实体的盈利，要坚持来源于社会，服务于社会的原则。山东济南、广西北海和甘肃平凉等地红十字会过去因经费限制，开展工作较少，通过兴办实体增强了经济实力，为群众办了不少好事实事。经济实体为发展红十字事业注入了生机和活力。

总之，4年来，我们较好地完成了“五大”提出的各项任务，开拓了人道主义工作的领域，取得了令人瞩目的成就。其主要原因是：在国家深化改革、扩大开放的大背景下，我们抓住有利时机，解放思想，更新观念，开拓进取，如把立法工作当作百年大计，加紧了立法工作的进程，从立法到颁布施行仅用两年多的时间。在几年的实践中，我们对红十字会的性质和宗旨进行了再认识，拓宽了人道主义工作的领域；借鉴国际通行作法，紧密联系自身实际，制定了《中国红十字会九十年代工作纲要》，明确了主要任务和战略目标，减少了被动性和随意性，增强了主动性和计划性；广大干部和会员把“要想有地位，必须有作为”作为座右铭，凭着对事业的执著追求，艰苦奋斗、勇于奉献，克服诸多困难，做出了成绩，以实际行动争取到了群众的理解与信任、政府的重视与支持；同时，狠抓组织机构和会员队伍的建设，发挥了广大干部和会员的作用，为红十字事业的发展打下了比较坚实的基础。

通过近年来的探索和实践，使我们体会到，在建立社会主义市场经济体制的新的历史时期，更需要发挥红十字会的作用，在传播人道、奉献、博爱精神，维护社会稳定，增进人民团结，救灾赈济，参与社会保障事业，促进精神文明建设等方面，红十字会都能够有所作为。在肯定成绩的同时，应清醒地看到存在的问题。就全国来讲，红十字事业发展还不平衡，主要表现在：许多地方“三列”还没有落实；自身建设抓得不够得力；在条件基本相同的情况下，工作实效相差比较悬殊；有的地方尚不能独立自主地开展工作，红十字会法颁布实施后，不去主动地运用法律解决问题。在救灾方面，因通讯等条件的限制，在信息反馈等方面还不够及时，在审计方面还存在一些困难和问题，有待于今后进一步克服和解决。

今后5年的方针和主要任务

各位代表、各位同志：

“五大”结束了中国红十字会没有法的历史，“六大”将依法开创中国红十字事业的新局面。随着国家改革开放的深入和市场经济的发展，中国红十字会将面临着更加艰巨的任务。今后五年，将是中国红十字事业发展的关键时期。为此，我代表五届理事会对今后的工作方针和主要任务提出如下建议：

一、深入持久地学习宣传、贯彻落实红十字会法

立法不易，贯彻落实法更难。各级组织和广大干部，要下大力气深入持久地学习宣传、贯彻落实红十字会法，正确领会其精神实质，减少工作的随意性，增强依法履行职责，依法办事的自觉性；采取多种形式，通过多种渠道广泛深入地宣传，加快普及红十字会法的步伐；坚持把宣传贯彻实施红十字会法与解决红十字会的突出困难相结合；红十字会法是国家法，因此实施红十字会法人大、政府责无旁贷，人大既是立法机关，也是检查监督实施的机关，政府是执法机关，同时也有检查监督实施法的责任。各级红十字会既要积极配合各级人大、政府监督检查红十字会法的实施，又要依法争取各级政府解决机构编制、保证活动经费、扶持红十字事业实体等依法建立健全各级红十字组织，五年内基本实现全国县级以上按行政区域建立地方各级红十字会，并使机构编制、人员和经费到位；宣传红十字标志的作用以及正确使用的意义，待红十字标志使用条例颁布后，逐步清理滥用和不正确使用红十字标志的现象；总会要组织力量与国家有关部门协商，与立法机关密切配合，制定与红十字会法配套的条例及实施细则，同时，依照红十字会法，把以往的各种规定、规章和条例进行重新修订。各省、自治区、直辖市红十字会的主要领导要亲自过问，并抽出得力人员或组成专门班子，积极争取并协助当地政府，人大等有关立法部门，尽早制定当地贯彻落实红十字会法的实施办法。通过上下一齐努力，在全国范围内基本建立起与红十字会法相配套的法律、法规体系。

二、继续贯彻《中国红十字会九十年代工作纲要》和《北京宣言》

《纲要》提出了中国红十字会九十年代战略目标：增强综合实力，提高自我完善自我发展能力；形成自身网络的组织体系，独立自主地开展工作；改善最易受损害群体的境况，逐步拓宽人道领域中的社会救助范围；进一步发挥中国红十字会在国际红十字运动中的作用。在我国最易受损害群体是：那些受各种自然灾害侵害，社区生活困难（孤、老、病、残和妇女、儿童）的人群，那些生活工作在工厂、矿山、田间、公路、铁道沿线，易受伤害的人群，那些生活在经济文化落后地区的贫困人群，以及其他有特殊困难的人群。各级红十字会都要根据《纲要》精神，紧密结合本地实际，界定本地区最易受损害群体的范畴，对目标进行科学分解，制定切实可行的措施，分步骤、分阶段实现《纲要》所提出的各项任务。

在依法做好各项业务工作的同时，要努力巩固和发展“五大”期间新开辟的备灾、血液事业、骨髓移植检索等项工作，加紧完成备灾救灾中心建设，发扬自力更生精神，再建几个省级的备灾救灾中心或仓库，逐步完善备灾救灾中心的管理体制和运行机制；积极参与血液事业，坚持因地制宜，量力而行，稳步发展的原则，建设红十字会血站和血液中心，协助政府加强无偿献血的法规建设，大力推动无偿献血；继续做好非血缘关系供者骨髓移植的检索工作，使“中华骨髓库”早日正常运转；主动参与宣传戒毒和防治艾滋病的工作，配合政府有关部门控制艾滋病在我国的蔓延；同时根据形势发展和社会需求，随时介入人道主义工作的新领域。

要努力扩大经费来源的渠道，红十字会法已有明确规定，政府拨款是红十字会经费来源之一，要努力争取落实，同时还要依法争取政府扶持红十字会兴办各类实体的优惠政策，坚持来源于社会、用于社会的原则，因地制宜，积极办好经济实体，建好管好基金会，适时开展募捐活动，增强从事人道主义救助的经济实力。增进同红十字会与红新月会国际联合会、红十字国际委员会的联系与合作，加强对国际红十字运动的研究，利用担任联合会执行理事国的有利条件，积极主动地参与国际事务，扩大国际交往，履行国际人道主义职责，加强同亚太区域国家红十字会，在信息和技术交流以及赈灾等方面的配合，为实现《北京宣言》提出的“合作的战略”，以及“发展、备灾、卫生”三个具有内在联系的中心问题等任务，贡献我们的力量。地方红十字会可根据自己的条件，在总会的指导下，同本地区与国际间友好城市的红十字会建立和发展联系。要重视和加强学校红十字青少年工作；增进与台湾红十字组织的业务交流与合作；坚持面向基层、面向社会、面向世界的宣传方针，加强国际人道主义法的宣传和普及，采取灵活多样的形式，大力宣传中国红十字会，动员更多的人关心支持和参与红十字事业。

三、加强自身体系和组织网络建设

各级红十字会要搞好内部机构的改革和管理，引进竞争机制，增强内部活力。要重视和加强对红十字会专职干部的培训，在搞好培训的基础上，加强人才的储备，省级红十字会争取建立干部培训中心，采取多种形式，对县级红十字会专职干部进行轮训。努力建设一支思想作风好、懂业务、会管理的干部队伍；各级领导要关心红十字会专职干部的成长，帮助他们解决工作和生活中的实际困难和问题，调动干部的积极性；要加强对红十字会基层组织和会员的管理，坚持巩固、发展、积极稳妥和确保质量的方针，壮大组织、发展会员并强化会员的组织观念，增强红十字意见。

四、努力建设有中国特色的红十字会

建设有中国特色的红十字会，需要中国特色红十字会理论的指导。各级红十字组织和红十字会的广大干部，都要深入实际，调查研究，重视和加强对红十字会理论的研究。要研究中国特色红十字会的内涵，如在市场经济条件下如何更好地发挥红十字会的作用，红十字会的机构模式，红十字会的工作和政府、社会及群众之间的结合点，以及与各部门之间的工作关系等等。经过近几年来的讨论和研究，我们把建设有中国特色红十字事业的理论雏形，初步归纳为以下几个方面：

（一）性质宗旨：中国红十字会是从事人道主义工作的社会救助团体；坚持发扬人道主义精神，保护人的生命和健康，促进和平进步事业；

（二）发展道路：研究国际通行作法，紧密联系自身实际，沿着法制化的轨道，建设有中国特色的红十字会；

（三）和政府的关系：红十字会遵守国家的宪法和法律，发挥人道领域里政府的助手作用，独立自主地开展工作，并接受政府的监督；政府对红十字会给予支持和资助保障红十字会依法履行职责；

（四）主要任务：为改善最易受损害群体的境况，我们要建立备灾救灾体系，参与自然灾害和突发事件的救助；开展群众性卫生救护，减少因各种意外伤害造成的人员致残和死亡；参与血液事业管理，推动无偿献血；开展与人道主义有关的工作，随时介入新的服务领域；

（五）组织模式：按行政区域和行业系统发展组织，县以上按行政区域建立地方各级红十字会；各级现职领导出任红十字会会长；红十字会开展活动以基层组织和会员为基础；

（六）国际性：在对外交往中，坚持独立、平等、互相尊重的原则，积极发展同国际红十字组织和各国红十字会的友好合作关系，促进和平进步事业。以上几点供大家在研究时借鉴，并在实践中不断发展和完善，以便逐步形成中国特色红十字事业的理论体系。

各位代表、各位同志：

《中华人民共和国红十字会法》为中国红十字事业开辟了广阔的发展前景。让我们遵循圣洁的宗旨，坚定奉献精神，高举人道旗帜，沿着法制化轨道，创造更加辉煌的明天。

中国红十字会第七次全国会员代表大会工作报告

顾英奇

（1999年10月11日）

各位代表：

现在，我受中国红十字会第六届理事会的委托向大会做工作报告，请予审议。

1994年4月召开的中国红十字会第六次全国会员代表大会（以下简称“六大”）迄今已经五年多了。五年多来，随着我国改革开放不断深化、社会主义现代化建设不断取得新成绩，我国的红十字事业也得到了发展壮大。在这样的历史背景下，中国红十字会第七次全国会员代表大会胜利召开了。本次大会的指导思想是：高举邓小平理论伟大旗帜，认清形势，振奋精神，抓住历史机遇，加大改革力度，深入贯彻《中华人民共和国红十字会法》（以下简称红十字会法），坚持依法建会，依法治会，依法兴会，把有中国特色的红十字事业全面推向21世纪。下面分两部分报告。

一、五年来的主要成就及基本经验

过去的五年，是中国红十字运动沿着法制化轨道快速发展的五年，使我会依法履行职责、积极参与国家两个文明建设取得明显成果的5年，也是各级党委、人大、政府、政协及社会各界关心支持红十字事业的5年。

（一）依法建会的主要成就

5年来，第六届理事会及其常务理事会在钱正英会长领导下，遵照国家主席、中国红十字会名誉会长江泽民的指示和“六大”的决议，在组织指导全国各级红十字会宣传贯彻红十字会法，依法履行职责，建设有中国特色的红十字事业等方面，做了许多工作，为中国红十字会的发展，以新的面貌迈向21世纪，奠定了良好的基础。

1. 法制建设和组织建设取得了进展

第六届理事会依据红十字会法的规定，结合我国实际，总结各地经验，确定了依法治会的基本思路和依法建会的方略，概括起来，即一、二、三、四、六。一是一个目标，即建设有中国特色的红十字事业；二是实现性质任务和组织体制的两个转变；三是创建救援、生命、爱心三项社会工程；四是加强理论、组织、业务和基金四项内部建设；六是从理论基础、法制建设、组织体制、内部业务、社会工程、资金筹集六个方面建构有中国特色的红十字事业的基本框架。使中国红十字事业沿着法制建设的轨道健康发展。许多省、自治区、直辖市制定了实施红十字会法《办法》或《条例》等地方性法规，为贯彻落实红十字会法发展红十字事业创造了良好条件。天津、北京、上海、内蒙古、江西、四川、黑龙江、河南、云南、山西、湖南、湖北、吉林、河北、浙江、安徽、新疆等省（区、市）以及武汉、济南、（按颁布时间顺序排列）等地制定了当地实施红十字会法的地方法规。全国人大和许多地方人大积极开展执法检查和调研，推动了红十字会法的贯彻。

国务院、中央军委于1996年1月颁布了《中华人民共和国红十字标志使用办法》，明确了红十字标志是红十字会的专用标志和武装力量医疗机构的特定标志。这使清理滥用、误用红十字标志有了好的开端。湖北、山西、辽宁等地方政府还给红十字会干部颁发了“执法证”。

中央机构编制委员会以中编办发［1995］52号文，批准总会机关的机构改革方案。中组部和人事部以组通字［1996］48号文，批准中国红十字会总会机关参照《国家公务员暂行条例》实施管理，并通知各省、自治区、直辖市，要求各级地方红十字会机关均参照《国家公务员暂行条例》进行管理。

第六届理事会始终坚持改革在计划经济条件下形成的组织体制，争取各级政府依法理顺红十字会管理体制，确定红十字会机构和编制，改善红十字会办公条件，增拨经费，解决红十字会实际困难和问题，积极支持、扶持红十字事业。天津、北京、内蒙古、吉林、新疆、云南、青海、广西、重庆等近三分之一的省级红十字会，以及长春、乌鲁木齐等市红十字会，在机构改革中，当地政府依据红十字会法使红十字会机构单独建制，由同级政府直接管理（上海、黑龙江、广东等地方红十字会机构单独建制的改革方案已报当地编办）；贵州、甘肃、上海、山西、安徽等省红十字会机关内设机构得到加强；也有部分地级和少数县级红十字会机构实现了单独建制或设置。

据统计，大部分省级红十字会办公条件不同程度的有所改善，绝大部分省会城市红十字会经费有所增加。

围绕转变运作机制和体现社团性能进行探索及规范，许多地方红十字会坚持依法按章办事，理事会和常务理事会充分发挥了作用。吉林、广东、江苏等省红十字会的重大事项均由常务理事会研究决定；大多数省级红十字会开展了组织整顿，强化了会员意识，增强了红十字会的活力。多数省级红十字会对专职干部进行业务等方面的培训，提高了干部队伍整体素质。通过组织整顿，截至1998年底，全国有红十字会会员1800万人，其中青少年会员800多万人，基层组织12万个，分布于城镇街道、农村、学校、厂矿。这些都是开展红十字工作的基本力量。

2. 三项红十字博爱系列社会工程（以下简称“三项工程”）和其他业务工作深入发展

五年来，我会倡导和兴办的“三项工程”，即救援工程、生命工程和爱心工程，以积极参加国家的救灾和扶贫行动，参与初级卫生保健事业和建立城乡社会保障体系，救助易受损害人群为目标，取得了可喜进展。在开展传统业务的同时，不断拓展工作领域，以丰富多彩的实践，展现了社会救助团体的新形象。总会管理的6个区域性备灾救灾中心和安徽、江苏、内蒙古、云南、西藏、上海等省级红十字会管理的各灾救灾中心都已全部运营；部分有条件的市、县级红十字会也建立或设有备灾中心或备灾仓库，如湖南省约80%的县级红十字会有备灾仓库。这些“中心”和“仓库”作为救援工程的基地，提高了红十字会的救灾应急能力和救助效能，全国红十字系统备灾救灾网络的建设正在逐步落实。

为救助国内各种自然灾害的受灾群众，发挥红十字会优势，依法开展募捐活动。据不完全统计，从1994年到1998年总会及地方各级红十字会，从国内外募集救灾款物折合人民币共12．6亿元。自1996年以来连续3年国内募捐额超过了境外的捐赠，说明社会各界通过红十字会参与社会救助意识的增强、综合国力和人民生活水平的提高。这些款物都及时投放到灾区，仅198年就使3500万受灾群众得到救助，为灾区紧急救助和重建做出了贡献，起到政府在人道领域工作中的助手作用。特别是去年的张家口地区的地震和长江、嫩江、松花江流域的洪水灾害，我会各级组织发扬“团结、实干、开拓、高效”的会风和“人道、博爱、奉献”的红十字精神，进行了大规模地募捐和救助活动，各地红十字会发扬“无灾区支援灾区，轻灾区支援重灾区”和“一方有难、八方支援”的互助精神，受到国务院领导同志多次表扬和广大灾区人民的好评。我会投放到灾区的救济款物，经国际红十字组织和国家审计部门历次考察和审计，都确认使用正当，符合要求和规定，得到国际联合会的赞扬。国家审计署审计长李金华在向全国人大预算委员会报告救灾款使用情况时，称赞“中国红十字会和民政部去年对救灾款项的使用正当。这些机构在去年洪灾期间发挥了异常突出的公共机构作用”。

今年9月21日，我国台湾发生大地震后，我会随即做出反应，对在地震中受难同胞表示深切同情和关注，并作了多种准备进行救援，目前虽然台湾红十字组织只接受了10万美元捐款，表示不需物资和救护医疗队，但我们的救护医疗队、救援物资已准备好，昨天我们又汇出20万美元，这项救助工作还要继续克服困难做下去，下一批捐款还要继续寄去。这里要特别指出，香港红十字会在救灾工作中做出的突出贡献，他们在云南丽江、河北张北地震和长江、嫩江、松花江水灾中都投入了很大的力量，对一些地方红十字会备灾基建也给予了积极支持，非常难能可贵。他们不畏艰辛和勤奋敬业的精神，值得全国红十字会同仁学习。

各地红十字会发挥自身优势，实施生命工程。上海市红十字会的老年护理医院，北京市的红十字会的“光明眼科诊所”，苏州市红十字会老年康复医院，中国红十字基金会的“97复明行动”，鹤岗等地红十字会医院以面向社会、服务病人等活动，弘扬了红十字精神；山东省日照市等一些地方红十字会管理的血站，对推动无偿献血起到了良好作用。

卫生救护培训和群众性初级救护工作，也是生命工程的重要内容。各地红十字会在巩固机动车驾驶员、公安干警、煤矿行业卫生救护培训的同时，扩展到建筑、旅游等行业和社区。各地以重庆市红十字会为榜样，加强了这项工作。目前，全国绝大部分旅游区设有红十字救护站，多数省级红十字会在公路沿线建立了救护点。5年来共培训9000万人次，在事故发生时能够及时进行现场救护，对降低各类事故的死亡率和残疾率做出了贡献。面对最易受损害人群，在全国6个省开展了艾滋病防治教育，培训红十字青少年骨干5600人。

本届理事会期间，举办了第35、36、37届南丁格尔奖章颁奖大会，国家主席、我会名誉会长江泽民亲自为获此殊荣的护士颁奖，在国内外反响强烈，对我国护理事业建设是一个极大的推动。

各级红十字会依据红十字会法和《中华人民共和国献血法》的有关规定，努力参与献血工作，推动无偿献血，协助各级人民政府开展无偿献血的宣传、组织和动员以及表彰先进工作者。吉林省的6个城市及本溪、深圳、青岛、大庆、徐州等市红十字会在这方面的工作卓有成效，曾获得无偿献血先进城市奖杯。在香港特别行政区红十字会的支持下，中国红十字会北京无偿献血室落成。完成了“中华骨髓库”建设的整体规划并获卫生部批准。

许多地方红十字会发动社会力量，兴办公益事业，发展爱心工程，继中山市之后，北京等地建立弱智儿童学校；上海发起的学生及儿童医疗保险在全国不少地方推广；江苏宿迁市红十字会举办的“孤儿红恤班”，有来自3个省的92名学生，其中1名考取研究生，33名考上中专以上院校，他们以红十字会为家，有的已经回报社会。许多地方红十字会发挥志愿工作者和红十字青少年的作用，为散居在社会上的孤、老、病、残以及下岗职工等人群，开展多种形式的“送温暖”“献爱心”活动，许多地方红十字会组织癌症患者于手术、化（放）疗后参加积极向上的康复健身、文明活动，充实了爱心工程。沈阳、广州、哈尔滨、杭州、兰州、银川、海口以及安阳、内江、宝坻、邹城、邳州等地方红十字会，在这方面都做了不少开创性的工作。

我会倡导并创建的“三项工程”，以及地方红十字会围绕“三项工程”创造性举办的“母亲”“复明”等工程，以实实在在的人道主义救助行动，弘扬了红十字精神，产生了“启迪爱心，净化灵魂”的社会效应，促进了社会公德、职业道德、家庭美德建设，成为社会主义精神文明建设的组成部分。

各级各类学校红十字会在学校德育工作中发挥着重要作用，涌现出西安98中学、扬州中学、宜昌五中等一大批先进典型。广大红十字青少年是红十字会开展活动的重要力量。

红十字志愿工作者队伍建设，在一些地方取得了宝贵经验。

许多地方红十字会为积蓄社会救助力量，在筹集资金方面积累了经验。如中山、厦门等地红十字会举办“万人行”筹集善款，不少地方红十字会设置募捐箱、建立基金会或“救助基金”、兴办社会福利事业和经济实体以及积极收缴会费、争取政府优惠政策和拨款等，通过多种渠道，采取有效措施，增强了红十字会的经济实力。多数省（区、市）的各级红十字会，去年从社会募集的款物超过了以往的任何一年。仅广东省各级红十字会接受捐赠就超过 1 亿元人民币。武汉、乌鲁木齐、沈阳等地方红十字会，在这方面都做了不少开创性的工作。

3. 国际交往日趋活跃，台港澳事务有新进展

5 年来，我会根据独立、平等、相互尊重的原则，广泛开展对外交往与合作。1994 年至 1997 年期间，中国红十字会是红十字会与红新月会国际联合会（以下简称联合会）执行理事会成员，参与了重大问题决策。与红十字国际委员会（以下简称委员会）和联合会保持了密切联系，开展多个项目的合作。先后与 35 个国家红十字会进行交流并互访，还与部分国家红十字会签订有合作协议，其中高层会晤和协商合作增多，20 多个国家红十字会主要领导人来访。向 30 多个国家红十字会提供了人道主义救援，接受了 20 多个国家和地区红十字会的援助。在总会指导下，各地红十字会与许多国家红十字会的地方红十字组织进行了相互交流。国际交往向实质性合作迈进了一大步，在国家两个文明建设中发挥了应有作用。

与台湾红十字组织的交往亦有加强。在原有 5 点口头协议的基础上，1998 年 4 月又达成了 5 点共识，在卫生救护训练、血液事业和灾害救助等方面进行了有效合作。每年两岸都进行红十字青少年活动的交流。几年来，在福建省红十字会积极协助下，按照“金门协议”圆满完成两岸遣返 10540 人的见证工作。

随着我国政府对香港恢复行使主权，按照红十字运动七项基本原则中的“统一性”原则，中国红十字会接纳香港红十字会为一个高度自治的分会。第六届理事会圆满地完成了这一重大历史任务，被国际红十字组织誉为是对国际红十字运动的一个创造性贡献。

我会与澳门红十字会一直保持着友好的来往。去年 11 月，就迎接澳门回归祖国涉及双方的相关事宜，中国红十字会领导与澳门红十字会代表团在北京举行了坦诚、友好的会谈，今年 5 月 8 日签署了《会谈纪要》。刚刚闭幕的中国红十字会第六届理事会第六次会议，通过了接纳澳门红十字会为我会高度自治分会的特别决议，该决议自 1999 年 12 月 20 日生效。

4. 宣传工作为扩大红十字会影响发挥了重要作用

各地红十字会努力开辟各种宣传渠道，不断改进宣传手段和方法，如天津等地方红十字会在当地电视台开办“红十字”专题节目，每周都有播出，收到良好的社会宣传效果。建立通讯网络，通过新闻媒体、舆论工具、举办有影响的活动，采取召开座谈会、报告会，举办培训班等形式，宣传红十字会法和我会的活动，以及国际人道主义法等，使社会进一步了解红十字会的宗旨、性

质、职责及作用。

在取得上述成绩的同时，我们也清醒地看到，发展中国红十字事业还面临着不少问题和困难。由于宣传力度不大，社会对红十字会和红十字会法的认知程度不高，红十字会法的全面贯彻落实还存在很大差距；由于管理体制不顺，制约着红十字事业的发展；红十字会干部队伍整体素质有待提高，会员组织工作不够规范；中国红十字会的现状，与拥有12亿多人口的社会主义大国的地位还不相称。

（二）依法建会的基本经验和体会

1．红十字会法是发展中国红十字事业的根本保障

“六大”以来，各级红十字组织在深入学习、宣传、贯彻红十字会法的过程中，对红十字会法的历史意义有了更深刻的认识和切身体会。红十字会法的明显特征是：既与国际法和国际惯例接轨，又把国际红十字运动的基本原则和发展趋势与我国的实际需要有机地结合起来；既体现了国家的意志（许多授权性条款赋予了红十字会权利），又规范了政府的行为。它是一部改革性和前瞻性都较强的法律，是发展红十字事业的根本保障。红十字会法把“为了保护人的生命和健康，发扬人道主义精神，促进和平进步事业”确定为中国红十字会宗旨。将红十字工作的意义提到了人类和平和社会进步的高度，扫除了人们对红十字工作的陈旧观点，使红十字精神成为我国社会生活中一项重要的道德准则，从思想认识上为发展红十字事业开拓了新的思路。

按照红十字会“是中华人民共和国统一的红十字组织，是从事人道主义工作的社会救助团体”的性质，规范工作任务和管理体制，是依法建会的重要环节。红十字会法对我会的定性，大大拓宽了红十字会的工作领域，第六届理事会依此决定，以改革的精神，实现性质任务和组织体制的转变，推进了红十字事业的发展。“遵守宪法和法律，遵循国际红十字运动确立的基本原则；依照中国参加的日内瓦公约及其附加议定书和中国红十字会章程，独立自主地开展工作”是我会的工作原则。我国政府尊重红十字运动基本原则，支持红十字会独立自主地开展工作，是红十字会自成体系地开展人道主义的救助等活动得到了确认。

各级政府的支持是红十字会开展活动的重要保障。红十字会法把人民政府对红十字会工作的“支持和资助”“保障和监督”，红十字会“协助”人民政府“开展与其职责有关的活动”，规范为红十字会与人民政府的关系，这说明红十字会与人民政府有十分紧密的联系。为红十字会与外交、民政、卫生、教育、台办、编办、组织、人事、海关、财政、工商、税务、审计、公安、交通以及军队等部门建立密切联系与合作提供了法律保障，也为上述各部门支持、资助、保障和监督红十字会工作提供了法律依据。

加强红十字会机构建设并配备专职工作人员，是我会依法履行职责，开展工作所必需。红十字会法规定：“县级以上按行政区域建立地方各级红十字会，根据工作需要配备专职工作人员”。把红十字运动的统一性和普遍性原则变成法律条文，使中国红十字组织得到快速发展。

2．必须处理好6个方面的关系

在依法建会中，我们注重了处理好6个关系。即：①改革与发展的关系。改革是发展的动力，发展是改革的目的，两者相辅相

成；红十字会法是一部改革性很强的法律，主要体现在性质任务的改变，组织体制应当与之相适应。这本身就是改革。②坚持七项基本原则与坚持党的领导的关系。红十字会法第4条的规定，是正确处理这个关系的依据，“遵守宪法”的本身就体现了党的领导。③国家对红十字会“定性”与我会工作“定位”的关系。红十字会法规定我会是从事人道主义工作的社会救助团体，这是国家对我会的“定性”；但人道主义工作是泛社会化的概念，社会救助范围极为广泛，我会不可能承担起所有的社会救助任务，应根据社会分工和我会的特性把工作“定位”于“改善易受损害群体的境况”上，以“保护人的生命和健康”为主要任务。④我会与政府及其职能部门的关系。政府是执行红十字会法的主体，红十字会是依法履行职责的社团；红十字会是政府开展人道主义工作的助手，工作涉及政府多个职能部门，必须紧密配合并取得他们的支持和资助，才能得到发展。⑤总会、省（区、市）红十字会和省会城市红十字会相互间的关系。这三级红十字会在依法建会和推进红十字事业过程中处于重要位置，要首先建设好，才能发挥首脑、枢纽和骨干作用，以带动红十字事业全面发展。⑥国内工作和国际工作的关系。要以做好国内工作为根本，扩大我会的国际影响；要善于借鉴国际经验和借助国际力量来发展和完善国内工作。只有正确处理6个关系，才能推进建设有中国特色的红十字事业健康快速发展。

3. 依法实现两个转变，当前最重要的是理顺我会的管理体制

按照国际惯例，根据发展和需要，国家把是中国红十字会性质由“人民卫生救护团体”改为“全国统一的，从事人道主义工作的社会救助团体”。第六届理事会依此决定“实现性质任务和组织体制的转变”，其实质是改革在社会主义计划经济体制下形成的管理体制，这是红十字会依法履行职责的基本条件和组织保障，是现阶段贯彻红十字会法的重要环节。事实证明，哪里的红十字会的管理体制理顺了，哪里的政府支持、资助、保障、监督红十字会工作的力度就大，红十字会独立自主地开展工作的能力就强，红十字会干部的积极性发挥就好，社团运作机制体现的就明显，工作有声有色，事业快速发展。我们坚信，理顺管理体制是依法办事，是改革，我们的目标一定会达到。

4. 坚持有为才能有地位，有了地位更要有所作为，就能开创工作新局面，使红十字事业持续发展

第六届理事会号召各级红十字组织及广大干部，把“有为才能有地位，有地位更要有所作为”作为座右铭，收到了良好成效。大量事例说明，要争取红十字会有较高的社会地位，我们必须刻苦工作，做出工作实绩，才能取得政府和社会各界的信任。云曙碧精神的重要一点就是作为争取地位。吉林省红十字会开展社会救助工作创造了优异成绩，政府领导认为：“红十字会是投入少，产出多的单位”，很快解决了红十字会机构和编制问题；云南省红十字会近年来发挥自身优势，争取到1亿多元人民币的外援，为社会办了许多好事，政府呼吁社会各界“支持红十字会工作就是支持政府的工作”，并为红十字会创造了良好工作条件，红十字会又有了个更大的作为。许多红十字组织及干部，做到了以优异成绩开创新局面，有了地位后，再创辉煌，使红十字事业

步入良性循环发展的轨道。

在过去的五年中，红十字会广大专兼职干部勤奋工作，无私奉献，以坚忍不拔的毅力，克服困难，以开拓进取的精神创造了许多新鲜经验，为红十字事业的蓬勃发展做出了突出贡献。我们相信，在新一届理事会带领下，一定会继续艰苦奋斗，使红十字事业在今后五年有更快更大的发展。

二、今后五年的目标和任务

各位代表，本次代表大会的任期从现在到2004年，是20世纪之末和21世纪的开端，是我国社会主义现代化建设实现由第二步战略目标进入第三步战略目标的关键时期。从目前国内外环境看，我们依法建设有中国特色红十字事业虽然存在不少困难，但有利条件很多，形势很好。

（一）面向新世纪的形式

建设有中国特色红十字事业是建设有中国特色的社会主义伟大事业的组成部分，必须紧紧跟随国家改革开放和进行现代化建设的步伐，积极推进红十字会工作。我国是一个发展中国家，幅员辽阔，人口众多，多种自然灾害频繁发生，易受损害群体的人口数量也多，人道主义社会救助工作任务十分繁重，对红十字会提出了新的要求。

党的十五大确定的面向21世纪的方针政策，给建设和发展有中国特色红十字事业提供了更充分的依据。十五大提出的“发扬社会主义的人道主义精神”，是对社会主义公共生活领域里的一般道德要求，其中包括尊重人，关心人，帮助人，特别要关心保护儿童，尊重妇女，尊敬老人，关心和帮助鳏寡孤独和残疾人。国际红十字运动提出的“改善易受损害群体的境况”与上述十五大精神是一致的。

十五大确定的社会保障工作，需要国家和社会力量结合进行。这对我会既是机遇，又是挑战。我们要有紧迫感，提高竞争意识，坚持以法为本，全面快速发展人道领域的社会救助和服务工作。红十字运动的宗旨、原则和发展趋向，与十五大提出的“国与国之间应超越社会制度和意识形态的差异，相互尊重，友好相处，要寻求共同利益的汇合点，扩大互利合作，共同对付人类生存和发展所面临的挑战”的国际交往方针相一致。我会要更加积极主动地开展国际交往与合作。特别是十五大提出的要“依法治国”的伟大号召，为全面贯彻实施红十字会法创造了良好的大环境。

国际形势发展为红十字组织提出了新的要求。今天世界上对人道援助的需求不是减少，而是有所增加。红十字会是从事人道主义工作的社会救助团体，历史悠久，具有广泛的社会及群众基础，是国际三大组织（联合国、奥林匹克运动、红十字运动）之一。她所奉行的七项基本原则涵盖了世界上各种不同文化的共同点，能为文化和社会制度不同的国家所接受；能够协助政府做一些政府不便出面的特殊工作；可以发动和组织各国红十字会相互支援。红十字会工作由战争救护，发展到救灾备灾与突发事件救助并重，救济与服务并重，把改善易受损害群体的境况作为基本任务。国际红十字组织热切希望中国红十字会迅速发展壮大起来，在世界上特别是在亚洲的红十字工作中不断扩大影响力，我们要奋发自勉。

（二）基本目标和主要任务

基于上述情势，第六届理事会认为，今后五年是发展壮大中国红十字事业的关键时期。我们一定要抓住机遇，努力推进中国红十字事业向深度和广度发展。为此，第六届理事会建议本届代表大会的奋斗目标是：全面贯彻落实红十字会法，坚定不移地推进改革与发展，到2004年中国红十字会诞生100周年时，有中国特色的红十字事业有较大发展；理顺总会、省级及省会城市红十字会的管理体制，机构实现单独建制；使中国红十字会作为国家法定的“从事人道主义工作的社会救助团体”的形象更加鲜明和深入人心，作为政府开展人道主义工作助手的任务更加明确和具体；在实现社会主义现代化建设第二步战略目标中发挥更大的作用，进一步提高在国际红十字运动中的地位。

要实现上述目标，必须发挥红十字会固有的历史责任和作用，凸显自身的特殊性，履行法律赋予的职责。就是要按照国际惯例和红十字会的传统做法，从事人道主义的救援、救护和救助工作；就是要按照国际人道主义法（四部日内瓦公约和两个附加议定书）的有关规定，承担在特殊情况和突发事件中以及政府不便出面办理的有关事宜；就是要依据红十字会法和有关法律（如防空法、献血法等）的规定，实施相关工作。为实现上述目标，各级红十字会要以红十字会法为依据，努力完成下列各项任务：

1. 加强理论建设

我们要认真组织红十字会内外的专家学者和研究人员，加强红十字理论的研究，把红十字运动的理论纳入社会科学的范畴，以指导全国红十字工作，提高广大红十字工作者的理论水平，使红十字会人员的行动更具自觉性，增大社会宣传的力度。

2. 要加强依法建会，依法治会和依法兴会

红十字会法是我会生命力之所在，是立会之本，是治会之纲，是指导和保障我会各级组织进行改革和发展的动力和依据，在任何时候和任何情况下，我们都要坚定不移地学习、宣传、普及红十字会法，配合各级政府贯彻落实红十字会法，始终不渝地坚持依法治会，依法兴会。要使红十字会法产生广泛的社会效应，必须配合各级人大加大执法监督力度，必须争取各级人大、政府指定与之相配套的法规。我们要努力争取国务院及国务院有关部门及早制定颁布红十字会法实施细则及相关规定；积极促进全国各省（自治区、直辖市）都制定出实施红十字会法的地方法规，形成中国红十字法律体系，使各项工作都有法可依。同时，我们也必须提高贯彻红十字会法的自觉性，依法履行职责。

3. 要加强组织建设

争取在一、二年内，省、计划单列市和省会城市红十字会机构要基本实现单独建制；在今后5年内，有一部分市、县级红十字机构实现单独建制；逐步完善社团运作机制，强化会员意识；大力培养和发展志愿工作者。

4. 要加强“三项工程”和其他业务建设

“三项工程”包含了红十字会从事的救援、救护、救助等人道主义工作。“三项工程”要以改善最易受损害群体境况为目标，结合国家减灾、扶贫攻坚计划，区域卫生规划，城乡社会保障工作，针对社会热点和难点，深入发展。要积极探索总结“三项工程”的内涵、管理体制、运作机制和发展后劲，使“三项工程”向着规范化的方向深入发展。各地红十字会要根据实际，抓出

特色，干出成绩，总结经验，逐步推广。各级红十字会都要加强“三项工程”和其他业务建设，包括备灾、救灾、卫生救护、推动无偿献血、参与社区服务活动、传播国际人道主义法等传统业务，结合本地实际，在巩固发展传统业务的同时，拓展新的领域。建立规范性的工作方法，配备和运用现代化的工作手段，提高工作效率。

5．多渠道筹集资金

为使“三项工程”和其他业务建设得以顺利开展，并使经常性活动有比较稳定的经济来源，县以上特别是省会城市以上红十字会都应依据红十字会法第 20 条的规定积极筹募资金；建立红十字基金；依法收缴会费；开展经常性募捐活动，接受国内外捐赠；举办事业实体，争取优惠政策，强化资产增值；以自身的作为争取政府拨款。集腋成裘，逐步发展。

6．要加强干部队伍的建设

“政治路线确定之后，干部就是决定的因素”。能否实现上述目标和任务，建设一支高素质的干部队伍至关重要。各级红十字会干部尤其是领导干部，要具有为人道主义事业献身精神和开拓工作新局面的能力。今后，要引进竞争机制，要按照公务员的标准和要求选配红十字会专职人员，现有的工作人员要加强理论和业务学习，提高政治素质和业务素质，树立强烈地事业心和责任感。红十字会是国际性组织，在国际社会中具有很高的地位和很大的影响力。中国红十字会要更加积极主动地参与国际红十字运动，“根据独立、平等、互相尊重的原则，发展同各国红十字会和红新月会的友好合作关系”。

各位代表，中国红十字会已经走过了95 年的历程，在旧中国，为劳苦大众做了大量好事，新中国成立后，为医治战争创伤和社会主义建设做出了积极贡献，特别是改革开放以来，在两个文明建设中发挥了特殊作用。时代在前进，社会在发展，科学技术的日新月异，使人类物质生活更加美好，但各种人为和自然灾害的频繁发生，又给人类不断带来新的苦难。人道主义救助工作需要继续大力加强，红十字运动必将继续蓬勃发展。现在国内外环境对发展中国红十字事业极为有利。我们要有更大的作为，也一定会有更大的作为。让我们在党的十五大精神指引下，以这次大会为契机，迈出新的坚实步伐，为国家两个文明建设做出更大的贡献，以无愧于时代和这次代表大会赋予我们的神圣职责，以更加辉煌的业绩迎接中国红十字会建会 100 周年。

中国红十字会第八次全国会员代表大会工作报告

王立忠

（2004 年 10 月 27 日）

各位代表：

我代表中国红十字会第七届理事会，向大会做工作报告，请予审议。

中国红十字会第八次全国会员代表大会是进入新世纪我会召开的一次会员代表大会，也是在中国红十字会建会一百周年时召开的一次重要会议，是一次承前启后、继往开来的大会。大会的主题是：以邓小平理论和“三个代表”重要思想为指导，认真学习贯彻党的十六大和十六届四中全会精神，坚持以人为本、全面协调可持续的科学发展观，服从服务于国家的中心工作；全面贯彻执行《中华人民共和国红十字会法》（以下简称红十字会法），大力弘扬“人道、博爱、奉献”的红十字精神，改善最易受损害群体的境况，建设充满生机与活力、密切联系群众、符合自身特点的从事人道主义工作的社会救助团体；解放思想、实事求是，与时俱进、开拓创新，努力开创中国特色红十字事业新局面，为实现全面建设小康社会的宏伟目标做贡献。

过去五年工作回顾

中国红十字会第七次全国会员代表大会（以下简称七大）以来的五年，是全国人民在党中央和国务院的坚强领导下，在党的十五大、十六大精神指引下，战胜各种困难，继续沿着中国特色社会主义道路胜利前进的五年。五年来，国民经济持续快速健康发展，改革开放取得丰硕成果，社会主义民主政治和精神文明建设成效显著，人民生活总体上达到小康水平。五年来，各级党委和政府为发展红十字事业提供了良好的环境。中国红十字会顺应时代要求，围绕中心、服务大局，把国际红十字运动基本原则与中国实际相结合，坚持依法建会、依法治会、依法兴会，依法全面履行职责，圆满完成了七大确定的目标和任务。我们的工作取得了显著成绩。七大以来的五年，是中国红十字会历史上发展最快最好的时期之一。

一、理顺管理体制取得重大进展，发展红十字事业的法律法规及政策措施更加完善

第七届理事会、常务理事会和执行委员会（以下简称执委会）始终把理顺红十字会的管理体制当作一件大事来抓。彭珮云会长多次对理顺管理体制工作发表讲话，阐明理顺红十字会管理体制的重要性、必要性及法律、政策依据。她和执委会成员通过多种方式大力推进这项工作。在理顺总会和地方各级红十字会管理体制的过程中，得到了党中央、国务院和地方党政领导及有关部门的支持。继吉林省、内蒙古自治区全部理顺地级红十字会管理体制后，北京、上海和河北编制部门分别下发文件，要求理顺本市区（县）和本省地级红十字会管理体制。截至2004年8月（统计数字截止时间以下同），总会和全国31个省级红十字会，20个副省级城市和省会城市红十字会，以及100多个地级、200多个县级红十字会理顺了管理体制。

全国人大教科文卫委员会和全国政协社会和法制委员会先后对安徽、广西、海南和天津、山西、云南等省、自治区、直辖市贯彻红十字会法的情况进行执法调研和考察。内蒙古、辽宁、山东等20多个省级人大、政协对红十字会法执行情况进行了检查和考察。五年来，又有江苏、陕西、重庆等11个省、自治区、直辖市人大常委会制定了实施红十字会法的办法或条例。截至目前，全国共有28个省、自治区、直辖市制定了实施红十字会法的地方法规。经过多年的努力，我国发展红十字事业的法律法规体系已经基本形成。

红十字会工作得到了党和政府的关心和支持。国务院领导同志先后三次听取总会的汇报，研究解决影响中国红十字事业发展的有关问题。中央编办和国家财政、税务、人事、卫生、教育、民政、海关、外交等有关部门，先后就理顺总会管理体制、企业等社会力量向红十字事业捐赠享受税收优惠、表彰全国红十字会系统先进集体和先进工作者、开展初级卫生救护培训、红十字青少年工作、社区红十字服务等方面制定了24项支持红十字事业的政策文件。财政部从2002年至“十五”末期，安排3.37亿元彩票公益金支持我会开展人道主义救助工作，是建国以来政府资助红十字会最多的一笔专项经费。海关总署决定将没收的侵权货物交给我会用于赈济救助工作，增强了我会的救助实力。全国31个省、自治区、直辖市红十字会都不同程度地争取到当地政府和有关部门的政策和资金支持。

二、参与自然灾害和突发事件救助成效显著

——备灾救灾工作更加规范，救助实力不断增强。总会先后制定了《中国红十字会自然灾害与突发事件救助规则》、《中国红十字会备灾救灾中长期规划》。许多灾害多发地区的红十字会制定了救灾预案。总会下大力气抓了备灾救灾管理工作的培训。加强了对备灾救灾中心（仓库）的管理，建立健全物资采购、存储、分发等规章制度。在海关总署以及彩票公益金备灾救灾项目的支持下，总会的六个区域性备灾救灾中心新增救灾物资价值1.13亿元，大大提高了灾害救助的应急能力。

——全力以赴参与灾害救助。每当自然灾害发生时，地方红十字会尽量做到第一时间为灾区群众送去粮食、衣物和药品。总会先后3次发起全国性募捐活动，2次向红十字会与红新月会国际联合会（以下简称国际联合会）发出救灾呼吁，筹集款物救助灾区群众。五年来，全国各级红十字会共接受国（境）内外捐赠款物价值人民币14.2559亿元，救助5632万灾区群众。我会救灾款物的使用，多次接受国家审计署及国际联合会的审计，均得到充分肯定。

——“红十字博爱送万家”已成“品牌”。自1998年以来，每年元旦、春节期间开展“红十字博爱送万家”活动。六年来，全国各级红十字会共投入1.6亿元，为81.8万户、327万困难群众送去了温暖。受益群众主要是农村、灾区和城市下岗职工中的特困家庭，遍及西部、少数民族地区和革命老区。

——积极参与突发性公共卫生事件的救助。2003年上半年，面对突如其来的非典疫情，各级红十字会按照党中央、国务院的统一部署，积极投入抗击非典斗争。全国广大红十字工作者，不怕疲劳、连续作战，不怕牺牲，深入一线。我会作为国务院确定的四个接受社会捐赠部门之一，共接受社会捐赠款物6.85亿元，并及时进行处理分配，有力地支持和配合了抗击非典的斗争，受到政府的表彰。

三、救护培训工作迈上新台阶，人道服务领域有了新突破

——群众性初级卫生救护工作进一步发展。2001年，总会与14个部门联合发出了《关于广泛深入开展救护工作的意见》，28个省、自治区、直辖市政府转发了这个文件。许多地方根据当地实际，在初级卫生救护培训中增加了有关地震灾害预防、中毒抢救、家居安全等培训内容，拓展了培训领域。地方和行业红十字会按照统一教学计划、统一教材、统一质量标准、统一考核发证的要求开展了培训，坚持初级卫生救护工作与安全生产相结合、与职业培训相结合、与精神文明建设相结合、与发展会员相结合。全国共培训红十字救护员1000万人次。省级红十字会全部启动了为期3年的救护师资培训项目，共举办了175期培训班，培训师资6000多名。

——中国造血干细胞捐献者资料库建设取得突破性进展。2001年，这项工程重新启动。通过艰苦努力，广泛宣传，得到了政府及社会各界的关心支持。在编制和财政等部门的支持下，中国造血干细胞捐献者资料库管理中心成立。全国共建立28个省级分库，25个HLA定点组织配型实验室和1个质量控制实验室。HLA分型资料入库数突破17万人份，为1300多位患者成功配型，有130位捐献者为患者捐献了造血干细胞。今年6月，重庆市的捐献者吴渝为一位美籍华人成功地捐献了造血干细胞，开了中国大陆为海外华人捐献造血干细胞的先河。

——社区红十字服务工作逐步开展。总会与民政部联合下发了《关于开展社区红十字服务工作的通知》和《关于开展全国社区红十字服务示范活动的意见》，明确了社区红十字服务的原则、目标、任务、方法和措施。各地根据本地实际推进社区红十字服务工作，一些地方开展了创建示范市、示范社区的活动。

——无偿献血工作不断深入。依据红十字会法和献血法，各级红十字会广泛开展了无偿献血的宣传、动员工作，和政府一起对无偿献血先进单位和个人进行表彰奖励。五年来，表彰全国无偿献血先进个人6917名、无偿献血先进单位219个、无偿献血先进城市176个。

——预防艾滋病宣传和关爱艾滋病患者和感染者的工作已成为人道救助领域的一项重要工作。这项工作是国际联合会近年来大力提倡的。中国红十字会作为国务院防治艾滋病工作委员会成员积极参与了此项工作。全国有16个省、自治区、直辖市红十字会举办了1930期预防和控制艾滋病培训班，培训人员16万多人次。云南省红十字会开展的“青年同伴教育”项目受到联合国秘书长科菲·安南的称赞。

——遗体捐献登记工作取得新进展。24个省、自治区、直辖市的55个城市红十字会开展了遗体捐献登记工作。9个省、自治区、直辖市人大制定了遗体（器官）捐献的地方法规，8个省、自治区、直辖市政府制定了规章或规范性文件。共有66，595人进行登记，实现捐献的有4，358例。一些地方红十字会还建立纪念碑（林）对捐献者进行纪念。此项工作受到群众的欢迎，得到当地政府的肯定和支持。

——南丁格尔奖章获得者颁奖工作反响强烈。根据红十字国际委员会（以下简称国际委员会）的规定和要求，我会积极推荐人选参加了第38届和第39届的评选工作，共有13名优秀护士获得南丁格尔奖章。特别是第39届，我国有10名护士获奖，是我会参加该项评选工作以来获奖人数最多的一次，其中一名是我会临时补报并获批准的在抗击非典斗争中以身殉职的叶欣同志。江泽民同志和胡锦涛同志分别出席这两届南丁格尔奖章颁奖大会并为获奖者颁奖。广大护理工作者受到了极大鼓舞。

——人道领域的服务工作不断拓展。许多地方红十字会坚持从实际出发，因地制宜，发挥自身优势，突出特色，不断拓展人道领域的服务工作，创立新的“品牌”。如上海市红十字会与市教委、市卫生局联合创建的“上海市少年儿童住院互助基金”，共为50多万人次的患病少儿支付了3.8亿元人民币的医疗费用，以实际行动为群众排忧解难，受到社会的广泛称赞。北京市红十字会最近也开展了这项工作。

四、宣传工作形式多样，营造了良好的舆论氛围

——积极争取宣传部门的支持。我会的宣传工作得到了中央宣传部的支持，中央主要新闻媒体加大了对红十字会工作的宣传报道力度。各级地方红十字会也积极争取同级党委、政府及宣传部门的支持，采取多种形式加强红十字会的宣传工作。

——结合重要节日集中宣传。在每年的“五八”世界红十字日、红十字会法颁布日等都集中开展宣传。总会在红十字会法颁布实施八周年和十周年之际，与有关部门一起，两次召开全国电视电话会议。许多省级红十字会不仅邀请当地人大、政府、政协及有关部门的领导参加，还将电视电话会议向下延伸，促进了红十字会法的普及。

——以活动促进宣传。我会多次组织了全国性宣传活动。各级红十字会紧紧围绕保护人的生命和健康——“红十字在行动”，开展了形式多样的宣传活动。结合救灾、抗击非典、捐献造血干细胞等工作，新闻媒体进行大量报道，增进了社会对红十字会的了解。总会和地方各级红十字会以中国红十字会建会一百周年为契机，大力宣传红十字事业，开展“做实事，庆百年”的系列纪念活动。总会编辑出版了《中国红十字会百年》画册和《奋进中的红十字事业》、《百件实事迎百年——红十字在行动》等一批书刊。许多省级红十字会也编辑出版了介绍本会历史和工作的书籍。总会和各地丰富多彩的庆百年活动，在社会上产生了广泛的影响。——地方各级红十字会加大了宣传工作的投入，加强了宣传队伍的建设，促进了宣传工作。《中国红十字报》、《博爱》杂志以及红十字会网站在宣传工作中发挥了积极作用。

——传播工作持续开展。传播日内瓦公约及其附加议定书，是日内瓦四公约缔约国政府和红十字会或红新月会必须履行的义务。按照我会与国际委员会的协议，在香港和澳门分会的积极支持下，共举办了7期全国性和地区性的传播培训班，培训红十字会专职干部300多人次。传播工作正向红十字青少年、红十字志愿工作者扩展。这项工作受到了国际委员会主席雅各布·克伦贝格尔的高度评价。

加强宣传和传播工作，不仅扩大了我会影响，也为政府支持红十字会工作、社会各界了解参与红十字会工作营造了良好的舆论氛围。

五、基础建设明显加强，为红十字事业发展提供了保证

在大力推进理顺管理体制的同时，我会十分重视基础建设。从总体上看，五年来，各级红十字会的基础建设明显加强。

——拓宽筹资渠道，增强救助实力。为适应社会主义市场经济的要求，总会和地方红十字会积极探索利用红十字会的无形资产进行筹资的新路子。纪念中国红十字会建会一百周年系列活动按照这一思路运作，取得了良好的效果。通过开展经常性募捐活动、创办符合红十字会宗旨的实体等途径争取社会捐赠，增强了救助实力。

——机关建设明显加强。本届理事会反复强调要重视加强机关建设。目前，已有

27 个省级红十字会机关实施了“三定”方案，其中 20 个省级红十字会建立了党组。在加强领导班子建设的同时，加强了机关干部队伍建设、业务建设和制度建设。总会和许多地方红十字会机关的办公条件、经费状况得到较大改善。

——干部队伍的整体素质有所提升。针对理顺管理体制后干部队伍变化较大的实际情况，总会把提高专职干部的思想政治水平和业务工作能力提上了重要议事日程。通过总会和省级红十字会的分级培训，使省级红十字会的专职领导干部和全国 90% 的专职红十字会干部接受了培训。七大以来，先后有许多年轻干部走上了各级红十字会的领导岗位，有一批应届大学毕业生充实到各级红十字会，优化了干部队伍的年龄、知识结构，增添了新生力量。干部的精神面貌发生了可喜变化，工作效率明显提高。

五年来，总会和人事部两次联合表彰红十字会系统先进集体和先进工作者，极大地调动了红十字会系统专职工作人员的积极性。总会和 8 个省级红十字会分别被同级机关工委评为精神文明先进单位，15 个省级红十字会在救灾及抗击非典斗争中被当地党委和政府授予先进集体。

——更加重视制度建设。几年来，总会和许多地方红十字会在党的建设、行政管理、业务工作等方面建立健全各项规章制度，为加强机关建设、发展红十字事业提供了制度保证。

——重视理事会及会员、志愿工作者队伍建设。五年来，有 28 个省级红十字会相继召开会员代表大会，选举产生了新一届理事会和常务理事会。许多地方红十字会按期召开理事会和常务理事会，研究决定红十字会的重大问题，并通过组织理事参加调查研究等活动，发挥理事的作用。许多地方对基层红十字组织和会员进行重新登记，同时做好发展工作。现在，全国共有基层红十字组织 7 万多个，会员 2000 多万（包括红十字青少年 1030 万），志愿工作者 40 多万。

——红十字青少年活动有效开展。总会与教育部修订了《学校红十字会工作规则》，联合下发了《关于进一步推进学校红十字会工作的意见》。有 19 个省、自治区、直辖市成立了学校红十字工作委员会，加强了对红十字青少年工作的领导。许多学校红十字会配合素质教育，开展了适合青少年特点的形式多样的活动。一些地方开展的红十字示范校活动逐步规范化、制度化。

六、国际和地区间交流与合作不断加强，与港澳分会合作密切，与台湾红十字组织保持良好交往

——积极参与国际红十字运动，多边合作取得明显实效。2001 年我会再次以高票当选国际联合会领导委员会成员，在国际联合会决策机构中发挥了积极作用。与国际联合会东亚地区办事处保持多方面的良好合作关系。我会先后参加了第 27 届和 28 届红十字与红新月国际大会，大力宣传我国改革开放的成就和我会开展人道主义救助工作的成绩，主动做出承诺，展示良好形象。我会先后承办了湄公河流域防治艾滋病会议、无偿献血招募者国际大会等，扩大了国际影响。按照惯例，五年来我会向国际委员会和国际联合会缴纳会费 94 万多瑞士法郎，以我国政府名义向国际委员会捐款 255 万瑞士法郎。此外，为支持国际联合会的发展工作，我会三次向其提供 450 万元人民币的专项捐款。

——双边交流活跃，实质性合作增加。在备灾救灾、无偿献血、社区服务、红十字青少年工作、艾滋病控制预防及国际事务等方面，总会广泛开展与各国红十字会或红新月会的交流与合作。先后与18个国家红十字会或红新月会签订或续签了合作文件。总会和省级红十字会共接待国外来访团组835批3178人次；组团出访295批1632人次。充分利用我会是国际红十字运动成员及对外交往广泛的特点，广泛开展对外交流与合作，为西北地区和经济较落后的地区争取合作项目。几年来，总会共引进合作项目17个，涉及14个省、自治区、直辖市，总计金额7800万元人民币。一些地方红十字会也引进了合作项目。我会还积极开展国际人道主义救援工作，共向53个遭受战乱和自然灾害的国家红十字会或红新月会捐赠了266.5万美元和价值1719万元人民币的物资。通过项目的实施，加强了总会和地方红十字会自身的能力建设。——对外交往工作进一步规范。随着改革开放的深化和我国综合国力及国际地位的提高，我会的对外交往不断扩大。根据这一新的形势和实际工作的需要，总会进一步加强了对地方红十字会对外交流与合作的指导。通过召开专项工作会议并发放有关文件，提高地方红十字会对外事工作的认识，同时也对对外交往与合作的程序和规则提出了具体要求，保证了对外交往工作有序地进行。

——与港澳分会的合作更加密切。继1997年7月香港特别行政区红十字会成为我会高度自治的分会后，1999年底，随着澳门回归祖国，澳门特别行政区红十字会也成为我会高度自治的分会。总会邀请港澳分会作为中国红十字会代表团的成员出席了红十字与红新月国际大会等会议。港澳分会与总会和内地红十字会相互交流频繁，合作富有成效。每逢内地发生大的自然灾害，港澳分会都踊跃捐赠，为灾区的救助工作做出了积极贡献。港澳分会先后在18个省、自治区、直辖市投入救灾和开展项目的款物价值人民币14419万元，开展各类项目达240个。——与台湾红十字组织保持良好交往。两岸同仁在发生灾害时互相支援，在红十字青少年、救护培训、血液事业等方面保持了良好交往。在查人转信以及处理“广源轮”海难、“华航”客机失事等突发事件善后事宜中互相协作。1999年台湾发生“9·21”大地震，我会积极募捐，为其提供了331万美元的救助。根据《金门协议》，五年来，共双向遣返50批8729人。在促进祖国统一大业中发挥了应有的作用。

以上成绩的取得，是党中央、国务院正确领导的结果，是各级党委、政府及社会各界大力支持的结果，是历届红十字会老领导、老同志关心的结果，也是全国广大红十字工作者、会员和志愿工作者不懈努力的结果。在此，我代表中国红十字会第七届理事会，向他们表示衷心的感谢和崇高的敬意！

在充分肯定成绩的同时，也应清醒地看到工作中存在的问题。一是红十字会的社会知晓率还不够高。由于向社会的宣传力度不够，社会上许多人甚至一些地方的领导对红十字会还了解甚少。二是组织建设还不适应形势和任务的需要。未能很好地体现社会化、开放性的特点。三是救助实力与实际需要差距很大。经常稳定的筹资渠道还没有完全建立起来，与我会在国际上的地位也不相称。四是各地红十字会工作发展很不平衡。这些问题的产生，既有历史遗留和体制上难以避免的因素，也与我们工作还没有做好有关，需要切实加以改进。

基本经验

在多年的实践中，中国红十字会积累了宝贵的经验，主要是：

一、必须坚持以邓小平理论和“三个代表”重要思想为指导，牢牢把握建设中国特色红十字事业的正确方向

建设中国特色红十字事业是建设中国特色社会主义伟大事业的组成部分。中国红十字会是从事人道主义工作的社会救助团体，其宗旨是“保护人的生命和健康，发扬人道主义精神，促进和平进步事业”。坚持用邓小平理论和“三个代表”重要思想指导红十字会工作，是实践红十字会宗旨、发展红十字事业的必然要求。我们开展救灾、救护、救助工作，符合中国先进生产力发展的要求；倡导“人道、博爱、奉献”的红十字精神，与中国先进文化的前进方向是一致的；为“改善最易受损害群体的境况”而工作，是为了中国最广大人民的根本利益。我们必须始终坚持以邓小平理论和“三个代表”重要思想统领红十字会工作，保证中国特色红十字事业沿着正确的方向不断向前发展。

二、必须依法建会、依法治会、依法兴会，积极争取党和政府的支持

红十字会法是中国红十字会的建会之基、治会之本、兴会之纲。坚持依法建会、依法治会、依法兴会，是贯彻依法治国方略对红十字会提出的要求，是红十字事业蓬勃发展的保证。首先要争取各级党委和政府的支持，依法理顺红十字会的管理体制，使红十字会成为独立自主地开展工作的社会团体，这是发展红十字事业的必要条件。大量事实证明，理顺红十字会管理体制，有利于确立红十字会在社会生活中应有的地位，有利于政府支持和资助红十字会，保障红十字会依法履行职责，并对红十字会开展的活动进行监督，有利于红十字会与有关部门协调配合，有利于红十字会对外交往与合作，也有利于充分调动红十字会干部的积极性和创造性。红十字事业的发展离不开各级党委、人大、政府、政协的支持。必须根据红十字会法的规定，积极争取政府对红十字会给予支持和资助，保障红十字会依法履行职责，并对红十字会工作进行监督；积极争取人大、政协对贯彻执行红十字会法的情况进行检查、督促。要充分运用红十字会法赋予我会的权利，按照有关的法律法规和政策，做好工作，应对挑战。

三、必须发挥优势、服务大局，在人道救助领域发挥政府的助手作用

中国红十字会是国际红十字运动的重要成员，历史悠久，有着光荣的传统和崇高的声誉，拥有遍及全国的基层组织及广大会员和志愿工作者。应当充分发挥自身的优势，服从和服务于国家的大局，在人道救助领域发挥政府的助手作用，为全面建设小康社会贡献力量。我国是一个自然灾害频发的国家，还有几千万贫困人口和数量众多的老弱病残等困难人群，红十字会要以备灾救灾为首要任务，大力开展人道救助工作，替政府分忧，为群众解难。我们不仅要做好传统的各项业务工作，还要努力开拓新的工作领域。

四、必须充分发挥地方和行业红十字会

的积极性和创造性，因地制宜地开展工作

中国红十字会是中华人民共和国统一的红十字组织。县级以上按行政区域建立的地方各级红十字会，在工作上接受上级红十字会的指导，其人、财、物等实行属地管理。加之我国幅员辽阔，各地的经济社会发展水平不同，群众的需求不同，红十字会的工作基础也不同。各地红十字会必须根据当地的实际情况，选择群众急需、政府关注的事情，创造性地开展人道救助工作，努力创造自己的“品牌”。行业红十字会也要结合本行业的特点开展工作。总会要加强对地方红十字会、行业红十字会的分类指导，使整体推进与重点突破相结合。只有这样，红十字会工作才能收到更好的实效，得到广大群众的认同和政府的支持，中国红十字事业才能不断发展。

五、必须加强自身建设，把红十字会建成充满生机与活力、密切联系群众、符合自身特点的社会救助团体

必须依据红十字会法和章程，在理顺管理体制的同时，进一步健全组织机构，积极探索和推进工作机制的创新，善于动员社会力量，使红十字会工作更加社会化；同时要加强内部管理，不断完善规章制度，使各项工作进一步规范化、制度化。

加强自身建设的关键，是建设一支爱岗敬业、乐于奉献、勇于开拓、精通业务、廉洁公正、会做群众工作的干部队伍。加强领导班子建设，要选拔德才兼备、年富力强、勇挑重担、有较强组织协调能力的同志主持日常工作，建设一个团结、实干、高效、廉洁的领导班子。还要大力弘扬求真务实、开拓创新、艰苦创业、奋发图强的精神。有了一个好班子、一支好队伍、一种好精神，我们就一定能克服各种困难，不断开创红十字事业的新局面。

这五条基本经验，也是建设中国特色红十字事业的重要指导原则，必须在实践中长期坚持并继续丰富和完善。

今后五年工作的目标任务

今后五年，国家正处于一个必须紧紧抓住并且可以大有作为的重要战略机遇期。中国红十字事业也处在深化改革、加快发展的关键阶段，既面临着良好的发展机遇，也面临着严峻的挑战。今后五年工作的指导方针是：坚持用邓小平理论和“三个代表”重要思想统领红十字会工作，把发展作为第一要务，弘扬“人道、博爱、奉献”的红十字精神，以“动员人道力量，改善最易受损群体境况”作为工作的出发点和落脚点，服从服务于党和国家的中心工作，在社会主义物质文明、政治文明、精神文明建设中积极发挥作用；认真贯彻实施红十字会法，把红十字会法作为建会之基、治会之本、兴会之纲。坚持依法建会、依法治会、依法兴会。争取各级政府支持和资助红十字会，保障红十字会依法履行职责，并对红十字会开展的活动进行监督，把红十字事业纳入当地社会经济发展总体规划；坚持以人为本，树立和落实科学发展观，用改革的精神推动工作，着力从体制、机制上解决红十字事业发展中的突出问题，坚持在继承中创新，在改革中发展；坚持动员社会力量，合理利用社会资源，努力形成社会化、开放式的工作格局。加强自身建设，积极推进机制创新，把中国红十字会建设成为充满生机与活力、密切联系群众、符合自身特点的从事人道主义工作的社会救助团体；坚持遵循国际红十字运动基本原则，积极参与国际红十字运动，扩大对外交流与合作，努力提高中国红十字会在国际红十字运动中的地位，发挥更大的作用；坚持从实际出发，竭力为群众办实事、办好事、求实效。发挥各级红十字会的积极性和创造性，因地制宜地开展工作。注重突出重点与整体推进相结合，加强分类指导，推动各地红十字会工作协调发展。

今后五年的奋斗目标是：全面贯彻实施红十字会法，理顺地级红十字会管理体制，积极推进县级红十字会理顺管理体制；大力加强红十字会基层组织建设，到 2009 年，基层组织发展到 36 万个以上，其中学校红十字会争取达到 25 万个；各级红十字会专职人员根据工作需要有所增加；会员队伍发展到 5000 万人以上，其中青少年会员达到 2000 万人以上；红十字会志愿工作者队伍突破 100 万人；提高救灾、救护、救助能力，每年筹措救灾救助款物力争达到 3 亿元人民币，参加初级卫生救护培训人数超过人口总数的 1%，大力推进社区红十字服务工作，中国造血干细胞捐献者资料库有效库容量超过 45 万人份；继续加强与港、澳分会和台湾红十字组织的合作；积极推进国际与地区间交流与合作，在国际红十字运动中发挥更大作用。红十字会系统广大干部、会员和志愿工作者要以更加饱满的热情、坚强的毅力和必胜的信心，努力克服困难，创造新的辉煌。第七届理事会制定了《中国红十字事业 2005—2009 年发展规划（草案）》，请大会审议。通过后，要认真贯彻落实。

未来五年，要着力抓好以下几方面工作：

一、树立和落实科学发展观，推动红十字事业快速、健康、持续发展

党的十六大明确提出了在 21 世纪头 20 年全面建设小康社会的目标和任务。十六届三中全会进一步明确提出了“坚持以人为本，树立全面、协调、可持续的发展观，促进经济社会和人的全面发展”的科学发展观。牢固树立和落实科学发展观，对于实现全面建设小康社会进而实现社会主义现代化的宏伟目标，具有重大而深远的意义。中国红十字会必须自觉运用科学发展观来指导工作，把维护好、发展好、保护好人民群众的根本利益作为出发点和落脚点，着眼于保护人的生命和健康，尤其要关注最易受损害的人群，深入持久地开展人道主义救助工作。坚持围绕经济建设这个中心，协助政府发展社会救助事业，维护社会稳定，促进社会和谐。积极创造条件，加强农村和贫困地区的红十字会工作，为促进城乡协调发展和区域协调发展尽一份力量。要按照党的十六届四中全会的要求，立足现实、着眼长远，抓住重点、整体推进，不断研究新情况、解决新问题、创建新机制、增长新本领，不断提高构建社会主义和谐社会的能力。要以改革的精神推动工作，着力从体制、机制上解决红十字事业发展中的突出问题，坚持在继承中创新，在改革中发展，推动中国红十字事业快速、健康、持续地发展。

二、深入持久地宣传红十字会法，进一步提高对新时期发展红十字事业重要意义的认识

在我国众多的社会团体中，截至目前，全国人大常委会仅为工会和红十字会制定了专门法律。红十字会法规定了红十字会的宗旨、性质、职责、权利和工作的基本原则等，是建设中国特色红十字事业的法律保障。红十字会法涉及政府许多部门，与社会方方面面相关，各级红十字会要及时向同级党政领导汇报红十字会法的贯彻执行情况，争取他们对红十字事业的重视和支持；向社会各界宣传红十字会法，争取广大群众进一步理解、支持和参与红十字事业。广大红十字工作者要成为学法、懂法、守法、用法的模范，担负起宣传红十字会法的使命，不断提高全社会对红十字会的认识，为建设中国特色红十字事业营造良好的社会氛围。

多年的实践证明，红十字会在救助易受损害群体，促进经济发展和社会稳定等方面发挥了积极作用。在新世纪新阶段，我国更加对外开放，国内改革发展稳定的任务更加繁重，要求各级红十字会进一步发挥红十字会的作用。中共中央总书记、国家主席、中央军委主席、中国红十字会名誉会长胡锦涛同志指出："当前，全党全国人民正在为全面建设小康社会、加快推进社会主义现代化而团结奋斗。中国红十字会作为重要的社会团体，在这个历史进程中是可以大有作为的。"

国务院总理温家宝同志在致中国红十字会建会一百周年的贺词中强调指出："红十字事业是崇高的事业，是造福民众的事业。""在新的历史时期，希望中国红十字会继续发扬光大红十字精神，全面履行《中华人民共和国红十字会法》赋予的职责，为中华民族的伟大复兴和维护世界和平做出更大的贡献。"国务院副总理吴仪同志指出："红十字会在开展人道主义救助工作，维护国家改革、发展、稳定大局和'三个文明'建设中，发挥了独特优势，起到了积极作用，已经成为社会主义现代化建设和全面建设小康社会的一支重要力量。大力发展红十字事业，是贯彻落实'三个代表'重要思想、坚持以人为本、树立和落实科学发展观、构建社会主义和谐社会的需要，符合广大人民群众的愿望。"这充分体现了党和国家对红十字事业的高度重视和殷切期望。我们一定要充分认识发展红十字事业的重要意义，不断增强责任感和使命感，努力做好红十字会工作。

三、全面履行红十字会法赋予的职责，不断创造新的业绩

红十字会法赋予我会七项职责。国际联合会《2010 战略》提出了四项核心任务，即对运动基本原则和人道主义价值的宣传、对灾害的反应、对灾害的预防、社区卫生和关怀。根据这一战略，结合中国的实际，七届理事会把开展备灾救灾、初级卫生救护、社区红十字服务、传播工作、推动无偿献血、红十字青少年活动作为六项主要业务。这是对六届理事会提出的救援、生命和爱心"红十字博爱系列社会工程"的继承和发展。我们要继续做好这些工作，不断提高工作质量。近年来，根据社会需求，红十字会不断拓展了人道救助领域，特别是造血干细胞捐献者资料库建设、预防艾滋病宣传和关爱艾滋病患者、遗体捐献登记等工作，得到了社会的赞誉和政府的支持。在新世纪新阶段，红十字会应当服务国家的大局，根据群众的需求，积极拓展人道主义救助工作，不断创造新的业绩。

四、加强国际和地区间交流与合作，在国际红十字运动中发挥应有的作用；加强与港澳分会和台湾红十字组织的密切合作

红十字会是当今三大国际组织之一，中国红十字会是国际红十字运动的重要成员。

红十字会受日内瓦四公约的保护，在协助政府处理战争遗留问题、广泛开展民间外交、参与突发事件的救助等方面，具有其他组织不可替代的作用。在新的历史时期，我们要积极参与国际红十字运动，根据“独立、平等、互相尊重”的原则，积极发展与红十字国际组织和各国红十字会或红新月会的友好交流与合作。充分发挥我会作为国际联合会领导委员会成员的作用。利用红十字与红新月国际大会等国际舞台，宣传我国改革开放的成就，宣传国家对红十字事业的重视和支持，宣传中国红十字会的进步与发展，提高我国的国际地位，为维护世界和平，促进各国共同发展做出自己的贡献。要争取更多的国际合作项目，竭力为困难群众办好事、办实事。对项目要进行严格管理，包括财务管理，提高社会信誉。要发挥总会和各级红十字会的积极性，上下齐心协力，密切合作，共同做好项目工作。

要继续加强与港澳分会的密切合作关系，不断拓展合作领域，相互借鉴学习，促进共同发展。继续保持与台湾红十字组织的良好交往，为促进祖国统一大业做出积极的努力。

要借鉴国外境外的有益经验，促进国内红十字会工作。大力培养红十字会的外事工作干部，注意吸纳社会上外事工作人才作为志愿工作者，参与我会外事工作。

五、加强自身建设，增强综合实力，树立良好形象

要切实加强各级红十字会的机关建设。随着理顺管理体制工作的不断推进，要加强领导班子建设，争取有关部门选配好主持日常工作的一把手；领导班子要起模范表率作用。要加强机关党的建设，建立健全党的组织，认真贯彻党的路线方针和政策，发挥基层党组织的战斗堡垒作用和党员的先锋模范作用。加强思想、作风、纪律、廉政等方面的建设，努力提高机关的战斗力和凝聚力。加强制度建设，建立和不断完善各项规章制度，以制度管人、管事。还必须处理好坚持国际红十字运动基本原则与坚持党的领导的关系，处理好我会与政府及其职能部门的关系，处理好总会和省、自治区、直辖市红十字会以及省级红十字会和省会城市红十字会相互间的关系，处理好国内工作与国际工作的关系。

要加强干部队伍建设。干部队伍的素质对红十字会工作至关重要。要加强对干部的教育培训和实践锻炼，努力创建学习型集体，争做学习型个人。要加强作风建设，大兴调查研究之风。要加强红十字运动理论研究，增强工作的自觉性、创造性和系统性。要努力拓宽干部交流渠道，不断优化干部队伍结构。

要巩固和扩大基层组织。基层组织是我会工作的基础。要加快发展社区等红十字基层组织，摸清会员队伍的现状，加强与会员的联系，积极发展新的会员和团体会员，扩大红十字组织的覆盖面。要充分动员和组织社会上热心人道主义事业的力量，发展和壮大红十字志愿工作者队伍，积极推进机制创新，形成全社会共同参与红十字事业的社会化、开放式的工作格局。

要积极探索适应社会主义市场经济的筹资新路子。要善于利用红十字会的无形资产开展筹资工作，加大以项目筹资的力度，依法开展经常性募捐活动。加强对红十字会创办的福利事业的指导和管理，为开展社会救助工作和发展红十字事业提供帮助。

总会和省级红十字会要在提高宏观指导和分类指导的能力上下功夫，努力为地方和基层红十字会开展工作提供服务。基层红十字会要充分发挥贴近群众的优势，增强为困难群体办好事、办实事的能力。

各位代表，回顾过去，成绩显著，展望未来，任重道远。我们要紧密地团结在以胡锦涛同志为总书记的党中央周围，高举邓小平理论和“三个代表”重要思想伟大旗帜，弘扬求真务实、开拓创新、艰苦创业、奋发图强的精神，齐心协力，继往开来，大力推进中国特色红十字事业，为全面建设小康社会，为实现中华民族的伟大复兴，为人类和平进步事业做出新的更大的贡献！

文献篇

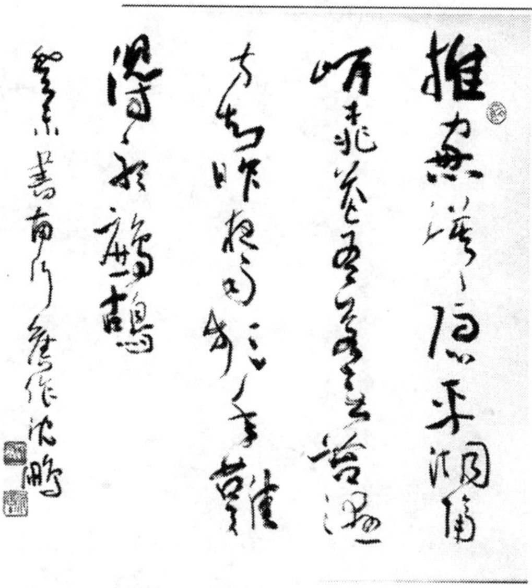

▲ 南行（书法） 沈鹏 作

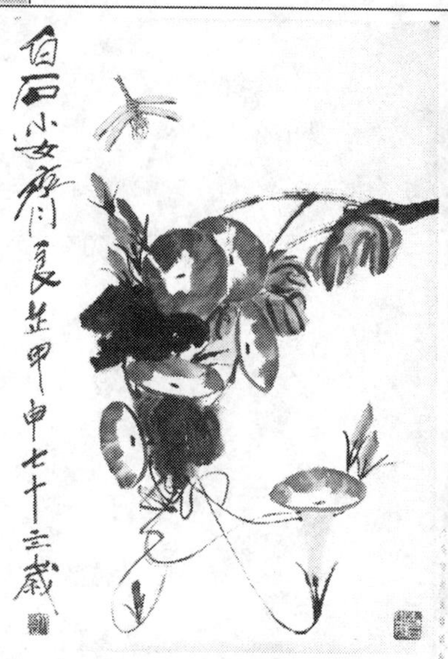

▲牵牛花（中国画） 齐良芷 作

▲ 博爱矜慈（书法） 李铎 作

▲ 水牛图（中国画） 黄胄 作

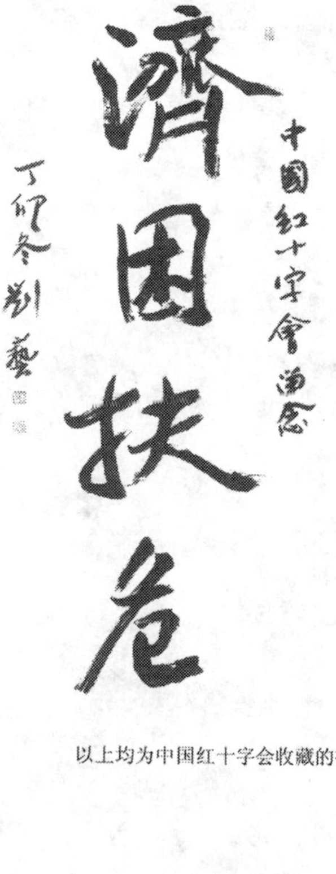

▶济困扶危（书法） 刘艺 作

以上均为中国红十字会收藏的捐赠作品

中共中央、全国人大、国务院、全国政协领导的讲话、致信、题词

在中国红十字会第六次全国会员代表大会上的讲话、致信、题词

江泽民在接见中国红十字会第六次全国会员代表大会暨中国红十字会成立九十周年纪念大会代表时的讲话

（1994年4月23日）

同志们：

今天，我很高兴与大家见面。

值此中国红十字会成立九十周年暨第六次全国会员代表大会开幕之际，我代表党中央、国务院向这次会议表示热烈的祝贺！向你们并通过你们向辛勤工作在全国红十字战线上的干部和2000万会员，表示亲切的问候和崇高的敬意。

中国红十字会作为国际性的从事人道主义工作的社会救助团体，按照国际红十字与红新月运动的七项基本原则，九十年来为人民做了大量好事，为国家的发展做出了不少贡献，以实际行动赢得了广大群众的尊敬和支持。

红十字事业是一项崇高的社会事业，对建设社会主义物质文明和精神文明有着积极的促进作用。改革开放以来，在党和政府的关怀支持下，中国红十字会根据新的实践要求，开展了卓有成效的人道主义工作，充分发挥了政府的助手作用，在社会上产生了广泛而良好的影响，走出了有中国特色的发展红十字事业的新路。可以坚信，随着改革的深化和社会主义市场经济的发展，中国红十字事业的发展前景将会越来越广阔。希望各级政府和社会各界都要积极支持红十字会的工作。红十字会各级组织和广大会员，要努力宣传和贯彻实施《中华人民共和国红十字会法》，注意借鉴国外经验，紧密结合我国实际，解放思想，实事求是，开拓进取，勤奋工作，为开创有中国特色的红十字事业的新局面，为促进世界和平与人类进步事业做出更大的贡献！

中国红十字会名誉会长江泽民的题词

发展红十字事业为世界和平与人类健康作出更大贡献

江泽民

一九九四年四月二十二日

李鹏给中国红十字会第六次全国会员代表大会暨中国红十字会成立九十周年纪念大会的贺信

时值中国红十字会第六次全国会员代表大会暨中国红十字会成立九十周年纪念大会召开之际，我代表党中央、国务院向大会表示祝贺，并向所有为红十字事业做出贡献的人们表示亲切的问候。

中国红十字会是一个很重要的人道主义组织，九十年来，特别是新中国成立以来，在中国人民与世界人民交往中发挥重要的作用。红十字会人道、公正、中立、独立、统一、志愿和普遍的七项基本原则，在国内外已有广泛的群众基础。我相信，在我国改革开放的形势下，红十字会必将在两个文明建设中发挥更大的作用。

我衷心希望我国的红十字事业更加蓬勃发展，希望全社会和各级政府都来关心、支持这项崇高的事业，认真实施《中华人民共和国红十字会法》，为红十字运动做出更大的贡献！

李　鹏

一九九四年四月二十三日

彭珮云在中国红十字会第六次全国会员代表大会暨中国红十字会成立九十周年纪念大会上的讲话

（1994 年 4 月 23 日）

同志们：

今天中国红十字会第六次全国会员代表大会在这里隆重开幕。我代表国务院向大会表示热烈祝贺！向全国广大红十字会专（兼）职干部和 2000 万会员致以亲切的问候！

中国红十字会自 1904 年成立以来，走过了九十年漫长的历程。1950 年中国红十字会协商改组后，作为从事人道主义工作的社会救助团体，为人民办了大量好事。中国红十字会是我国在国际组织中最早恢复合法席位的团体之一，它以其特殊的身份广泛开展民间外交活动，在国际舞台上为宣传新中国，发挥了重要作用。

近几年来，在党和政府的关怀下，中国红十字事业蓬勃发展，在开展备灾救灾、社会服务、群众性卫生救护、推动公民无偿献血和建立中华骨髓库、培养红十字青少年等方面成绩显著。红十字会在开展各项活动的同时，倡导关心他人、助人为乐和奉献精神，促进了社会主义精神文明建设。红十字会在沟通海峡两岸关系方面做了有益的工作，并通过积极开展与各国红十字会和国际红十字组织的双边、多边交流，增进了国际间友好交往与合作。去年 5 月，中国红十字会受国际联合会的委托，在北京成功地举办了第四届亚太地区红十字会与红新月会大会，并通过了具有历史意义的《北京宣言》，充分显示了我国红十字会在国际红十字运动中的重要作用。

1993年10月31日，第八届全国人大常委会正式通过了《中华人民共和国红十字会法》，这体现了国家对红十字人道主义事业的高度重视和支持，为我国红十字事业的发展，以及与国际红十字运动接轨提供了法律保证，标志着我国红十字事业进入了新的历史阶段。

红十字事业是一项造福人类的崇高而伟大的事业，有着广阔的发展前景，需要更多的人积极参与、无私奉献。我希望各级政府、社会各界继续关心和支持红十字事业，也希望各级红十字会和广大会员结合中国实际，借鉴国外有益经验，更好地履行红十字会的职责，恪守“人道、廉洁”的职业道德，发扬“团结、实干、开拓、高效”的工作作风，为“改善最易受损害群体的境况”、促进社会进步做出更大的贡献。

同志们：当前我国经济发展，政治稳定，民族团结，社会进步，全国人民正在邓小平同志建设有中国特色的社会主义理论指引下，抓住机遇、深化改革、扩大开放，促进发展和保持稳定。在这个新的历史时期，让我们为祖国的繁荣、人民的幸福，为开创具有中国特色的红十字事业的新局面，为促进世界和平、人类进步而努力奋斗！

最后，祝大会圆满成功！

谢谢大家。

钱正英在中国红十字会第六次全国会员代表大会暨中国红十字会成立九十周年纪念大会上的讲话

（1994年4月25日）

各位理事、各位代表：

历时三天的中国红十字会第六次全国会员代表大会经过大家的共同努力今天胜利闭幕了。在此，我向这次成功的盛会表示热烈的祝贺！大家对我信任，选举我任中国红十字会会长，一方面感到责任重大，深恐力不胜任，同时也向大家表明努力做好工作的决心，并向大家表示诚挚的谢意！

这次会议是一次重要会议，在中国红十字会历史上是一个里程碑。江泽民主席担任中国红十字会名誉会长，充分体现了国家对红十字事业的高度重视与支持。会议不仅依据《中华人民共和国红十字会法》修改了《中国红十字会章程》，而且回顾过去，总结经验，展望未来，明确了努力方向，为今后进一步拓宽人道领域的工作，开创我国红十字工作的新局面奠定了坚实的基础。

上届理事会在前任会长陈敏章同志的领导下，在执委会同志、全体理事和广大红十字会干部、会员的勤奋工作下，以求真务实、开拓进取的精神，借鉴国外经验，结合我国实际，取得了很大成绩。通过红十字会法的颁布实施，基本解决了大家多年关注的许多重大问题，为红十字组织的壮大、事业的发展奠定了基础。作为红十字战线上的一名新成员，必须加强学习，和大家一起共同努力，力求我国红十字工作再上一个新台阶。

中国红十字事业是一项造福于人类的神圣事业，需要得到社会各界更多的理解、支持和参与。这次会议选举了新的理事会，为红十字事业的发展增添了新的力量。我希望各位理事、各位代表及全国广大红十字会干部和会员，要借这次会议的东风，继续掀起学习、宣传、贯彻和落实红十字会法的热潮，领会红十字会法的精神实质，提高依法履行职责的自觉性，使红十字会法真正深入社会、家喻户晓；要尽快制定红十字会法实施细则及相关条例和法规，建立红十字会法的法规体系；要认真贯彻《中国红十字会九十年代工作纲要》和《北京宣言》的精神，制定切实可行的措施，为进一步“改善最易受损害群体的境况”，拓宽人道领域的社会服务，发挥中国红十字会在国际红十字运动中的作用做出积极的努力。

同志们：我们的事业崇高而又伟大，任务光荣而又艰巨，让我们在红十字旗帜下，在我国建设有中国特色的社会主义的进程中，团结一致，齐心协力，抓住机遇，锐意进取，为弘扬人道主义、促进世界和平和人类进步事业做出新的贡献！

谢谢大家。

在中国红十字会第七次全国会员代表大会上的讲话、致信

江泽民接见中国红十字会第七次全国会员代表大会代表并发表重要讲话

中共中央总书记、国家主席、中国红十字会名誉会长江泽民，中共中央政治局常委、国家副主席胡锦涛，中共中央政治局常委、国务院副总理李岚清 1999 年 10 月 11 日在京接见了参加中国红十字会第七次全国会员代表大会的全体与会代表发表了重要讲话。他首先代表党中央、国务院祝贺中国红十字会第七次会员代表大会召开，并向为我国红十字事业做出贡献的 1800 万会员表示诚挚的问候。

江泽民指出，我们刚刚隆重庆祝了新中国成立五十周年。五十年来，我国红十字会事业与祖国一同发展，取得了显著的成绩。中国红十字会是从事人道主义工作的社会救助团体，已有 95 年的历史，在国内外享有良好的声誉。中国红十字会协助政府做了大量有益的工作。比如，在 1998 年的严重洪涝灾害和地震、雪灾的救助工作中，中国红十字会为灾区募集款物 9 亿多元，使 3500 万人受益，得到社会的高度赞扬，也受到红十字会与红新月会国际联合会的高度评价。

江泽民说，红十字事业是崇高而伟大的事业，它所倡导的人道主义精神和为社会奉献的精神，符合社会主义精神文明的要求。

随着我国改革开放和现代化建设的发展，中国红十字事业的前景将会越来越广阔。所有从事红十字会工作的同志，都要热爱红十字事业，做到爱岗敬业，乐于奉献，开拓进取。各级政府和社会各界要关心和支持红十字会的工作，落实《中华人民共和国红十字会法》，把我国的红十字事业办得更好。

朱镕基致中国红十字会第七次全国会员代表大会的贺信

值此中国红十字会第七次全国会员代表大会召开之际，我代表国务院向大会表示祝贺，并向所有工作在红十字战线上的人们表示亲切的问候！

中国红十字会作为从事人道主义工作的社会救助团体，协助政府做了大量的自然灾害和突发事件的救助工作，做出了重要贡献。

中国红十字会成立至今已有95年，特别是新中国成立以来，积极开展民间交往工作，协助政府做了大量的国际救助和人道工作，成为国际红十字运动的一支重要力量，赢得了良好的声誉和社会各界的支持，产生了积极的影响。

祝愿中国红十字会在我国改革开放和社会主义现代化建设，以及国际人道主义工作方面进一步发挥重要作用。

总理　朱镕基

一九九九年十月十一日

李岚清在中国红十字会第七次全国会员代表大会上的讲话

（1999年10月11日）

同志们：

值此建国50周年，世纪交替之际，中国红十字会第七次全国会员代表大会召开了。刚才，国家主席、中国红十字会名誉会长江泽民同志发表了重要讲话，这是对红十字会工作的最大支持和鼓舞，我们要认真学习，贯彻落实！现在，我代表国务院向大会表示祝贺！并向全国广大红十字工作者和会员致以问候！

红十字会是近代社会出现的一个重要的人道主义救助团体。自1863年创立后，经历了136年，现在红十字会已发展到全球176个国家，其工作活动，从战场救护扩大到自然灾害救助和各种社会救济及服务，成为保护人的生命和健康、维护世界和平的一个重要的国际组织。历史证明，红十字运动是一项崇高的社会事业，具有强大的生命力。

当今世界更需要红十字会。冷战结束后，发生世界大战的因素有所减少，但因领土、主权、种族、宗教等方面矛盾，以及霸权主义和强权政治，引起的局部战争或武装冲突仍连绵不断；加之全球生态恶化，自然灾害和疾病增多，经济发展不平衡等等原因，世界上遭受苦难的人（包括难民、灾民和绝对贫困人口）增多，对人道援助的需要有增无减。红十字会作为传统的人道主义的社会救助组织，必然要向前发展，承担起更多的任务。

1993 年 10 月 31 日颁布施行的《中华人民共和国红十字会法》规定：中国红十字会以“保护人的生命和健康，发扬人道主义精神，促进和平进步事业”为宗旨，“是从事人道主义工作的社会救助团体”。这既符合国际红十字运动的要求，又切合我国进行社会主义现代化建设的实际。五年来，中国红十字会第六届理事会和全国各级红十字组织，在钱正英会长的领导下，认真贯彻红十字会法，努力建设有中国特色的红十字事业，取得了显著成绩。去年，在救助张家口张北地区地震灾害和南北“三江”洪水灾害中，显示出异常突出的作用，受到国际红十字组织和国内人民的普遍称赞。事实证明，红十字会从事的人道主义社会救助工作，有其独特的优势。我们要利用和发挥红十字会的优势，为我国各族人民造福，为建设有中国特色社会主义伟大事业服务。

中国红十字事业是我国社会主义事业的一个组成部分。我希望各级党政领导和社会各界人士，都能认真贯彻执行红十字会法，把红十字会工作纳入两个文明建设之中，使红十字会能够独立自主地开展工作；希望各级政府对红十字会的机构设置、人员编制、干部队伍建设、开展工作等方面给予切实的、强有力的支持。各级红十字组织、广大红十字工作者和会员，要坚持以改革促发展，齐心协力，再接再厉，开拓进取，开创新的工作局面。这是国家的需要，人民的需要，也是时代的需要。

最后，祝大会圆满成功。

李岚清给中国红十字会第七届理事会第二次会议的致信

（2001 年 2 月 21 日）

中国红十字会：

1999 年 10 月，中国红十字会第七次全国会员代表大会以来，在新一届理事会的领导下，中国红十字会认真贯彻《中华人民共和国红十字会法》，积极参加我国社会主义物质文明和精神文明建设，在开展救灾备灾、群众性卫生救护、社区服务、红十字青少年活动和推动无偿献血等方面的工作中，都取得了可喜的成绩。同时，积极参与国际红十字运动及国际人道主义救援活动，展示了我国良好的国际形象。在新的世纪，希望中国红十字会坚持依法治会，加快理顺管理体制，坚持以改革促发展，建立充满生机与活力、密切联系群众、体现自身特点的组织机构和运行机制，努力为我国人民服务，积极参与国际红十字运动，为人类和平进步事业做出新的贡献。

彭珮云在中国红十字会第七次全国会员代表大会闭幕式上的讲话

（1999 年 10 月 13 日）

各位理事、各位代表：

在举国上下隆重热烈庆祝中华人民共和国成立 50 周年之际，在人类即将跨入 21 世纪的时候，具有重要意义的中国红十字会第七次全国会员代表大会，今天就要胜利闭幕了。我对这次跨世纪盛会的圆满成功表示热烈的祝贺！

感谢理事们对我的信任，选举我担任中国红十字会会长。我深感责任重大，决心与大家一道，认真学习、宣传、贯彻、执行《中华人民共和国红十字会法》（以下简称红十字会法），依法履行职责，努力工作，为发展我国红十字事业贡献自己的一份力量。

大会期间，国家主席、中国红十字会名誉会长江泽民、国家副主席胡锦涛、国务院副总理李岚清、钱其琛等党和国家领导人在百忙之中接见了会议代表；朱鎔基总理给大会发来贺信；江泽民主席和李岚清副总理发表了重要讲话；充分体现了党和政府对红十字事业的关心、重视和支持。国家领导人的讲话、贺信都充分肯定了中国红十字会的重要作用和重要贡献，也对我们提出了殷切的希望和要求，使我们备受鼓舞，深受教育。我们一定要认真学习、深刻领会讲话精神，决不辜负党中央、国务院对我们的期望。

中国红十字会第六届理事会在钱正英会长的领导下，遵照第六次全国会员代表大会的决议，在组织指导全国各级红十字会宣传贯彻红十字会法，坚持依法建会，依法治会，依法兴会，建设有中国特色的红十字事业，以及开展与台港澳红十字组织及国际红十字组织、各国红十字会、红新月会交往合作等方面，做了大量有益的工作，为我国红十字会的发展奠定了良好的基础，赢得了社会的赞誉。我们第七届理事会决心在以往工作的基础上，承前启后，继往开来，将我国红十字事业继续推向前进。

当今世界，由于种种原因，对人道援助的需要有增无减。本次代表大会和本届理事会的任期正处在世纪之交，处在我国社会主义现代化建设的关键时期。我们既面临良好的机遇，也面临严峻的挑战。我们要以邓小平理论和中国共产党第十五次代表大会精神为指导，全面贯彻执行红十字会法，坚定不移地推进改革和发展，以改善最易受损害群体境况为目标，切实加强三项红十字博爱工程和其他业务建设，争取到2004年中国红十字会诞生一百周年时，有中国特色的红十字事业有较大的发展，为我国社会主义两个文明建设、为世界和平和人类进步事业做出更大的贡献！

为进一步做好红十字会工作，我们所有从事红十字会工作的同志要像江泽民主席指出的那样，“要热爱红十字事业，做到爱岗敬业、乐于奉献、开拓进取”。要健全各级红十字会决策机构和执行机构，培养一支思想好、作风正、业务精、会管理、善于发动和组织群众的干部队伍，抓好基层组织、会员队伍和志愿工作者队伍建设。要把“有为才能有位，有了地位更要有所作为”作为座右铭，以优异的成绩证明红十字会在我国社会生活和国际人道主义工作中具有不可替代的地位和作用。红十字会所从事的工作涉及面广，需要社会各界更多的理解、支持和参与。我们要主动向党委、人大、政府、政协汇报请示工作，加强与政府各有关职能部门的协调配合，加大向社会宣传的力度，为红十字事业的发展创造更好的外部环境。我们也希望各级政府和社会各界关心和支持红十字会的工作，希望各级政府对红十字会的机构设置、人员编制、干部队伍建设、开展工作等方面给予切实的、强有力的支持，使红十字会能够独立自主地更好地开展工作。

同志们，我们所从事的红十字事业是一项崇高而伟大的事业，任务光荣而又艰巨。让我们大家发扬“团结、实干、开拓、高效”的会风和“人道、博爱、奉献”的红十字精神，认真贯彻党中央、国务院的指示和中国红十字会第七次全国会员代表大会的决定，齐心协力，再接再厉，努力开拓我国红十字事业的新局面！

在中国红十字会第八次全国会员代表大会上的讲话、致信

胡锦涛在接见中国红十字会第八次全国会员代表大会代表时的讲话

（2004 年 10 月 27 日）

同志们：

在中国红十字会成立 100 周年和中国红十字会第八次全国会员代表大会召开之际，我代表党中央、国务院，向大家表示热烈的祝贺！向为红十字事业的发展做出显著成绩的先进集体和先进个人，表示崇高的敬意！向全国广大红十字会会员，表示诚挚的问候！

红十字事业是一项造福人类的崇高事业。红十字会作为国际人道主义组织，在发扬人道主义精神、保护人的生命和健康、促进人类和平与进步事业等方面发挥着积极作用。中国红十字会成立 100 年来，为祖国、为人民做了大量卓有成效的工作。特别是改革开放以来，中国红十字事业取得了长足发展，为社会主义物质文明、政治文明、精神文明建设做出了重要贡献。

当前，全党全国各族人民正在为全面建设小康社会、加快推进社会主义现代化而团结奋斗。中国红十字会作为重要的社会团体，在这个历史进程中是可以大有作为的。希望红十字会认真贯彻“三个代表”重要思想，按照科学发展观的要求，大力弘扬人道、博爱、奉献精神，在协助政府开展人道主义援助和促进经济社会发展等方面继续发挥积极作用。希望广大红十字工作者进一步增强光荣感和责任感，关爱社会、关爱生命，爱岗敬业、乐于奉献，为全面建设小康社会、推进人类和平与进步事业做出自己的贡献。

各级党委和政府要进一步加强对红十字会工作的领导，认真贯彻红十字会法，切实帮助解决红十字事业发展中遇到的困难和问题，充分发挥红十字会的积极作用，努力开创我国红十字事业的新局面！

最后，预祝大会取得圆满成功！

吴仪在中国红十字会第八次全国会员代表大会上的致辞

（2004 年 10 月 27 日）

同志们：

在中国红十字会建会 100 周年之际，中国红十字会第八次全国会员代表大会隆重召开了。刚才，中共中央总书记、国家主席、中央军委主席、中国红十字会名誉会长胡锦涛，中共中央政治局常委、国务院总理温家

宝，中共中央政治局常委、国家副主席曾庆红等领导同志亲切接见了会议代表。胡锦涛同志发表了重要讲话，代表党中央、国务院向大会的召开表示了热烈的祝贺，向全国广大红十字工作者、会员和志愿者，向香港、澳门特别行政区红十字会和台湾红十字组织，向长期支持中国红十字事业的社会各界人士和有关国际组织的友人，表示了亲切的慰问，并对发展我国红十字事业提出了希望，这是对我国红十字事业的最大支持和鼓舞。

中国红十字会作为人道主义社会救助团体，100年来始终发扬“人道、博爱、奉献”的红十字精神，无论是战争年代，还是和平时期，都不畏艰险，积极参与人道主义救助工作，履行人道主义救助职责，经受住了战乱、灾害、突发事件的严峻考验，为社会、为人民、为国家做出了不可磨灭的贡献，谱写了感人至深的篇章；在相关领域的国际交流与合作中，发挥了重要作用，产生了重要的国际影响，赢得了国际社会的广泛赞誉。

中国共产党和中国政府历来十分关心红十字事业，始终重视指导、扶持和推动红十字运动的发展。1993年，《中华人民共和国红十字会法》公布施行，标志着中国红十字事业走上了法制化轨道，进入了新的发展时期。中国红十字会第七次全国会员代表大会召开以来的5年间，在党和政府的关心、重视和支持下，中国的红十字事业又有了新的发展。中国红十字会遵循国际红十字运动基本原则，认真贯彻红十字会法，服务于全面建设小康社会大局，做了大量富有成效的工作：积极参与自然灾害的救助，培训红十字救护人员，参与无偿献血的宣传动员工作，组织开展预防控制艾滋病的“青年同伴教育”活动，配合学校开展健康教育和素质教育，加快中国造血干细胞捐献者资料库建设，努力推动捐献遗体工作，兴办老年公寓、康复医院、弱智儿童学校、抗癌乐园等，在人道主义救助工作领域较好地发挥了政府的助手作用。特别是在去年抗击非典的斗争中，中国红十字会按照党中央、国务院的部署，积极宣传非典防治知识，接受社会捐赠并及时分发捐赠款物，为抗击非典做出了突出贡献。中国红十字会还积极参与国际红十字运动，开展国际合作，并向遭受战乱和自然灾害的国家提供国际人道主义救援。

实践证明，红十字会在开展人道主义救助工作，维护国家改革、发展、稳定大局和“三个文明”建设中，发挥了独特优势，起到了积极作用，已经成为社会主义现代化建设和全面建设小康社会的一支重要力量。大力发展红十字事业，是贯彻落实“三个代表”重要思想、坚持以人为本、树立和落实科学发展观、构建社会主义和谐社会的需要，符合广大人民群众的愿望。希望各级党委、政府及有关部门继续支持红十字事业，把红十字工作纳入“三个文明”建设之中，支持红十字会依法理顺管理体制，帮助红十字会解决发展中的实际困难和问题。希望全社会更加关心、支持红十字会的工作，积极参与人道主义救助事业。

希望中国红十字会在新一届理事会的领导下，认真贯彻落实红十字会法，坚持依法建会、依法治会、依法兴会。要以保护人的生命和健康、改善最易受损害群体境况为目标，进一步弘扬“人道、博爱、奉献”的红十字精神和求真务实、开拓创新、艰苦创业、奋发图强的精神，充分发挥自身优势，当好政府在人道主义救助领域的助手，继续做好人道主义救助工作。要积极探索并建立充满生机与活力、符合自身特点的组织机构和运行机制，努力建立适应社会主义市场经济体制的募捐和筹资渠道，广泛宣传和动员更多的人支持和参与红十字事业。要继续按照国际红十字运动基本原则，积极开展同国际红十字组织和各国红十字会与红新月会的交流与合作，更加广泛地参与到国际红十字运动中去，更加广泛地争取国际红十字组织对我国的支持，促进我国红十字事业不断发展。

同志们，让我们高举邓小平理论和“三个代表”重要思想伟大旗帜，紧密团结在以胡锦涛同志为总书记的党中央周围，为全面建设小康社会，实现中华民族的伟大复兴，促进世界和平与发展做出新的更大的贡献!

祝大会圆满成功。

彭珮云在中国红十字会第八次全国会员代表大会闭幕式上的讲话

（2004 年 10 月 29 日）

各位理事、各位代表:

在纪念中国红十字会诞生 100 周年之际，具有重要意义的中国红十字会第八次全国会员代表大会，今天就要胜利闭幕了。我对这次大会的圆满成功表示热烈的祝贺!

我们开了一个很好的大会。党中央和国务院对我们这次大会的召开高度重视。大会开幕式前，胡锦涛、温家宝、曾庆红等党中央、全国人大、国务院、全国政协的领导同志接见了大会全体代表，胡锦涛同志发表了重要讲话。吴仪、贺国强等同志出席了开幕式。吴仪同志代表党中央、国务院在开幕式上致辞。胡锦涛同志的重要讲话和吴仪同志的致辞充分肯定中国红十字会成立 100 年来为祖国、为人民做了大量卓有成效的工作，特别是改革开放以来，为维护国家改革、发展、稳定大局和“三个文明”建设做出了重要贡献；指出在全面建设小康社会、加快推进社会主义现代化的历史进程中，中国红十字会可以大有作为并对进一步做好红十字会的工作提出了殷切的希望和明确的要求。这是对我们极大的鼓舞和鞭策。胡锦涛同志出任中国红十字会名誉会长，司马仪·艾买提、何鲁丽、韩启德、傅铁山、黄孟复、张怀西同志出任中国红十字会名誉副会长。这是对我们极大的支持。

参加这次大会的正式代表共 740 人，是历届代表大会代表人数最多的一次。香港、澳门特别行政区红十字会的 9 位代表出席了大会。我们这次大会，得到了党中央、国务院及各有关部门、全国各地方及社会各界的积极支持。有 40 多名省部级领导出席了大会。来自各级红十字会的专兼职干部、会员和志愿工作者代表以及社会各界关心、支持红十字事业的人士 3，000 多人出席了开幕式。代表们认真审议了七届理事会工作报告、中国红十字事业 2005—2009 年发展规划、中国红十字会章程修改草案，一致通过了这三份文件。第八届理事会选举产生了新一届领导机构。与会代表一致认为这次大会是一次承前启后、继往开来的大会，鼓舞士气、催人奋进的大会。大家密切联系实际，积极建言献策，共商发展大计，进一步增强了光荣感和责任感，增强了齐心协力推进红十字事业发展的决心和信心。

感谢理事们对我的信任，再次选举我担任中国红十字会会长。我深知大家的期待，也深感责任的重大。我将和新一届理事会成员一起，忠实地履行《中华人民共和国红十字会法》（以下简称红十字会法）和《中国红十字会章程》所赋予的职责，继承和发扬多年来特别是七大以来取得的成绩和积累的经验，尽心竭力做好工作，进一步开创中国特色红十字事业的新局面。

党的十六大提出了全面建设小康社会的奋斗目标，要求在本世纪头20年，集中力量，全面建设惠及十三亿人口的更高水平的小康社会。十六届三中全会提出了坚持以人为本，树立全面、协调、可持续的发展观，促进经济社会和人的全面发展。十六届四中全会再一次强调必须坚持立党为公，执政为民，始终保持党同人民群众的血肉联系；提出要坚持最广泛最充分地调动一切积极因素，不断提高构建社会主义和谐社会的能力；要高度重视和关心欠发达地区、比较困难的行业和群众，在全社会大力提倡团结互助、扶危济困的良好风尚，形成平等友爱、融洽和谐的人际环境。这都为新世纪新阶段红十字会工作进一步指明了方向和任务。我们一定要认真学习、深刻领会、坚决贯彻落实党的十六大和十六届三中全会、四中全会精神，在协助政府发展社会救助事业、维护安定团结、建设和谐社会等方面更好地发挥作用。

我国正处于并将长期处于社会主义初级阶段，当前又处于改革发展的关键时期，社会利益关系更为复杂，新情况新问题层出不穷。我国农村至今还有2，900万人口尚未脱离贫困，城市还有2，200万人口难以维持最低生活水平；我国又是一个自然灾害频发的国家；有许多困难的群众需要关怀和救助。国际上，影响和平与发展的不确定因素在增加，世界还很不安宁，加之各国经济发展很不平衡，全球生态恶化，自然灾害和疾病增多，世界上遭受苦难的人也需要人道援助。中国红十字会作为从事人道主义工作的社会救助团体、国际红十字运动的重要成员，应当清醒地认识到新的形势和任务对我们提出了更高的要求，我们应当在我国社会生活和国际红十字运动中发挥更大的作用。我们一定要认真贯彻落实胡锦涛同志讲话和吴仪同志致辞的精神，始终牢记“保护人的生命和健康，发扬人道主义精神，促进和平进步事业”的宗旨，认真实施红十字会法和中国红十字事业2005—2009年发展规划，为全面建设小康社会，加快推进社会主义现代化，维护世界和平与促进共同发展贡献力量。

红十字会有着自己鲜明的特点和优势。红十字会是国际性的人道主义组织。中国红十字会与国际红十字组织和各国红十字会或红新月会有着友好合作的关系。红十字会以“动员人道力量、改善最易受损害人群的境况”为工作目标，有广阔的工作领域和空间。中国红十字会历史悠久，成绩卓著，有良好的社会声誉，拥有巨大的无形资产。这些特点和优势为红十字事业的发展提供了十分有利的条件。我们应当充分认识并善于利用这些特点和优势，推动我国红十字事业快速、健康、持续发展。

建设中国特色的红十字事业是建设中国特色社会主义伟大事业的组成部分。为了更好地发挥红十字会的作用，必须把中国红十字会建设成为充满生机与活力、密切联系群众、符合自身特点的社会团体。

要使红十字会充满生机与活力，就必须服从国家的大局，适应群众的需求，充分发挥红十字会自身的特点和优势，使红十字会成为政府在人道主义救助工作领域的得力助手，党联系群众的桥梁与纽带。中国红十字会虽然已经有100年的历史，但是由于种种原因，社会知名度还不够高，救助实力还不强，体制、机制还不健全，各地分会发展还不平衡，工作中还存在很多困难。我们必须正视困难，克服困难。既要积极争取政府的支持、资助、保障和监督；又要主动开拓，奋力拼搏，创造性地开展工作，打造自己的“品牌”，而不能消极等待，无所作为，墨守成规。我们不仅要做好传统的各项业务工作，还要积极开拓新的工作领域，为人民多做实事好事。只有在实践中不断自我完善，不断开拓创新，不断作出新的业绩，红十字会才会充满生机与活力，作出更大的贡献，受到国家的重视和群众的欢迎。

红十字会要在社会生活中发挥更大的作用，最重要的是要密切联系群众。必须牢记全心全意为人民服务的宗旨，始终保持与人民群众的血肉联系，一切为了群众，一切依靠群众。要经常深入基层，倾听群众的呼声，了解群众的疾苦，急群众之所急，帮群众之所需，真心实意地为群众谋利益。这是我们的工作目的，也是我们的力量之源，胜利之本。要发展更多的红十字会会员，壮大红十字志愿工作者队伍，搞好红十字会的基层组织建设，紧密团结和依靠社会上热心于红十字事业的人士，调动广大人民群众的积极性、创造性，共同做好红十字会工作。

作为一个社会团体，红十字会应当有符合自身特点的科学的管理体制和社会化、开放式的运行机制。实践证明，只有理顺了管理体制，使红十字会依法独立自主地开展工作，才能更好地发挥红十字会的作用，调动红十字会工作人员的积极性，创造性，提高工作效率。在理顺管理体制的同时，必须积极探索和推进工作机制的创新。只有建立了社会化、开放式的运行机制，才能更好地动员社会上人道的力量，齐心协力开辟红十字事业的美好前景。

为了建设中国特色红十字事业，必须切实加强红十字会自身建设。要加强领导班子建设，实施人才强会战略，努力建设一支热心红十字事业，爱岗敬业、乐于奉献、勇于开拓，精通业务、廉洁公正、会做群众工作的红十字会专职干部队伍，使干部都能真正认识到自己所从事的是一项崇高而伟大的事业，自觉自愿地为它奋斗；同时，要切实加强能力建设，努力造就一批能开拓中国特色红十字事业的社会活动家。

在今天这个特殊的时刻，我想起了国际红十字运动的创始人——亨利·杜南先生。这位瑞士银行家的儿子，把全部身心都投入创立红十字运动之中，自己却因为为红十字事业奔波而破产。一百多年来，杜南先生所创立的伟大事业凝聚了遍及全球180多个国家的几代红十字人，他们用汗水与鲜血、青春与生命同战争、瘟疫、灾害和贫穷相抗争，融会成一个多世纪以来人类文明史上波澜壮阔的画卷！我想起了中国红十字运动的创始者们。一百年前，在那个满目疮痍、民不聊生、动荡不安的时代，这些红十字先驱们在战区出入烽火，在灾区出入瘟疫，屡屡濒于危难之中，却始终坚忍耐劳，无私无畏，并由此开启了中国红十字会一百年的辉煌！我也想起了李德全等老会长以及云曙碧等一大批先进的红十字人，是他们在新中国，在改革开放的年代，艰苦奋斗，无私奉献，锐意改革，谱写了中国红十字会壮丽的新篇章。作为一名100年后接过红十字这面神圣旗帜的人，我感到很光荣，很自豪。我坚信，有党和政府的关怀和支持，有红十字会法的保障，有社会上热心于人道主义事业的各界人士的参与，有一支经过实际工作锻炼的专职干部队伍，有2000多万红十字会会员和几十万志愿工作者，有多年来积累的成功经验，只要我们坚持正确的方向，弘扬人道、博爱、奉献的红十字精神，发扬“求真务实、开拓创新、艰苦创业、奋发图强”的作风，兢兢业业、扎扎实实地工作，我们的事业一定会得到更快更好的发展，中国红十字会的明天一定会更加光辉灿烂。谢谢大家！

在纪念中国红十字会建会一百周年大会（座谈会）上的讲话、致辞、贺信、题词

温家宝致中国红十字会建会一百周年的贺词

（2004年5月8日）

值此中国红十字会建会一百周年之际，谨致衷心的祝贺！并向广大红十字工作者、会员及志愿工作表示亲切的问候和崇高的敬意！

一百年来，中国红十字会弘扬人道、博爱、奉献的红十字精神，无论是战争年代，还是和平时期，都不畏艰险，积极参与人道主义救助工作，经受了战乱、灾害、突发事件的严峻考验，谱写了可歌可泣、感人至深的光辉篇章，对国家、对社会、对人民做出了不可磨灭的贡献。他们出色的工作赢得了社会各界和国际舆论的广泛赞誉。

红十字事业是崇高的事业，是造福民众的事业。中国共产党和中国政府历来高度重视红十字事业，积极扶持和推动红十字运动的发展。在新的历史时期，希望中国红十字会继续发扬光大红十字精神，全面履行《中华人民共和国红十字会法》赋予的职责，为中华年民族的伟大复兴和维护世界和平做出更大的贡献。

吴仪在中国红十字会建会一百周年纪念大会上的讲话

（2004年5月8日）

各位来宾、各位朋友，同志们：

值此世界红十字日之际，中国红十字会召开建会100周年纪念大会，很有意义。我代表国务院向致力于中国红十字事业的广大红十字工作者、会员和志愿者表示热烈的祝贺并致以崇高的敬意！向香港、澳门特别行政区红十字会和台湾红十字组织的同仁们致以亲切的问候！向红十字国际委员会、红十字会与红新月会国际联合会及各国红十字会或红新月会的朋友们致以良好的祝愿！

100年前，在国际红十字运动的影响下，中国红十字会应运诞生。100年来，中国红十字会奉行国际红十字人道主义理念，不断发扬光大“人道、博爱、奉献”的红十字精神，无论是在战时、灾时，还是在平

时，始终不分种族、民族，不分宗教、信仰，致力于“改善最易受损害群体境况”。特别是新中国成立后，在党和政府的关心支持下，中国红十字会得到了前所未有的发展，在开展人道主义救助、救护、救援等方面做了大量卓有成效的工作：建立了较为完善的备灾救灾网络和群众性自救互救网络，传播国际人道法和红十字基本知识，普及卫生救护和防病知识，开展卫生救护、预防艾滋病宣传等方面的培训，开展社区红十字服务，开展有益于青少年身心健康的红十字青少年活动，参与和推动无偿献血工作，建立中国造血干细胞捐献者资料库，协助政府参与突发事件的救助，进行国际人道主义援助，促进国际交流与合作，加强与港澳台的联系，等等。特别是在去年抗击非典的斗争中，中国红十字会按照党中央、国务院的部署，积极宣传预防非典知识，接受社会捐赠并及时分发了捐赠款物，为夺取抗击非典斗争的阶段性胜利做出了重要贡献。长期以来，中国红十字会以其突出的业绩和奉献，在国内外赢得了广泛的赞誉。

中国红十字会诞生100年来，在奋斗中前行，在人民的沃土中发展壮大。今天，中国红十字会已经成为我国社会主义现代化建设的重要力量。大力发展中国红十字事业，是全面建设小康社会的需要，是人民群众的要求，是时代发展的要求。我们将一如既往地重视、关心和支持红十字事业，积极理顺红十字会的管理体制，努力帮助解决红十字会的实际困难和问题，充分发挥红十字会的优势和独特作用，保护好、发挥好红十字会的积极性。希望中国红十字会遵循人道、公正、中立、独立、志愿服务、统一和普遍的国际红十字运动基本原则，坚持依法建会、依法治会、依法兴会，积极探索并加紧建立充满生机与活力、符合自身特点的运行机制，充分发挥自身优势和独特的作用，为中华民族的伟大复兴做出更大的贡献！

彭珮云在纪念中国红十字会建会一百周年座谈会上的讲话

（2004年3月10日）

今天，是中国红十字会建会一百周年的日子。一百年来，中国红十字会遵循国际红十字运动的基本原则，弘扬“人道、博爱、奉献”精神，无论是在战争年代，还是在和平时期，无论是在灾害横行的时候，还是在严重的突发事件面前，都为人民群众做了大量好事，涌现了许许多多的动人事迹。新中国成立以后，中国红十字会在协助政府处理战争遗留问题，开展民间外交，沟通海峡两岸关系等方面还发挥了其他组织不能替代的作用。改革开放以来，中国红十字事业有了长足的发展。1993年10月31日《中华人民共和国红十字会法》（以下简称“红十字会法”）颁布施行。中国红十字会坚持依法治会，在备灾救灾、普及卫生救护和防病知识、推动无偿献血、建设造血干细胞捐献者资料库、开展红十字青少年活动、传播国际人道法和红十字运动基本知识以及参加国际人道主义救援工作等方面都付出了艰辛的努力，取得了可喜的成绩，在人道主义救助工作领域发挥了政府的助手作用，在社会上赢得了广泛的赞誉。

在纪念中国红十字会建会一百周年之际，我谨向关心和支持红十字会的各级党委、人大、政府、政协和社会各界表示衷心的感谢！向全国各级红十字组织、广大红十字工作者、会员和志愿工作者致以节日的祝贺！向香港、澳门特别行政区红十字会、台湾红十字同仁致以节日的问候！向红十字国际委员会、红十字会与红新月会国际联合会及各国红十字会或红新月会表示良好的祝愿！

中国红十字会虽然已经有一百年的历史，但从某种意义上说，目前仍处于开创时期。各地红十字会的工作发展还很不平衡；红十字会的管理体制还没有完全理顺，组织建设还不健全，工作人员的素质有待提高；红十字会的社会知名度还不高，救助实力还不强。

回首百年，功绩显著；展望未来，任重道远。我们要以纪念红十字会百年华诞为契机，认真总结经验，奋发进取，求真务实，努力开拓红十字事业的新局面。要大力宣传、全面贯彻“红十字会法”，把红十字会建设成为充满生机与活力、密切联系群众、符合自身特点的从事人道主义工作的社会救助团体，为“保护人的生命和健康，发扬人道主义精神，促进和平进步事业”作出更大的贡献。希望各级党委、政府及有关部门依据“红十字会法”继续支持、资助、保障、监督红十字会的工作。希望全社会更加关心、支持红十字会，积极参与帮助城乡困难群体的人道主义救助事业。

（2004 年 3 月 10 日）

彭珮云在中国红十字会建会一百周年纪念大会上的讲话

（2004 年 5 月 8 日）

尊敬的让·德古登先生、马库·尼斯卡拉先生，吴仪副总理、何鲁丽副委员长、周铁农副主席；

同志们、朋友们：

今天是 5 月 8 日世界红十字与红新月日，是世界红十字与红新月大家庭的共同节日。今年，也是中国红十字会建会一百周年。我们在此欢聚一堂，共同庆祝世界红十字与红新月日，纪念中国红十字会建会一百周年，回顾历史，展望未来，意义非同寻常。此时此刻，我和大家一样，心情感到无比喜悦和激动。

首先在此，我代表中国红十字会向全国各级红十字组织、广大红十字工作者、会员和志愿工作者致以节日的祝贺！向前来参加今天大会的红十字会与红新月会国际联合会、红十字国际委员会以及友好国家的红十字会或红新月会的领导人、国际组织代表及社会各界的朋友们表示热烈的欢迎！

国务院总理温家宝同志为中国红十字会建会一百周年发来了贺词，国务院副总理吴仪同志今天亲临纪念大会，这充分体现了党和国家对红十字事业的高度重视和关怀。中央和国务院有关部门以及兄弟社团的领导同志在百忙中来参加会议，体现了对红十字事业的关心和支持。我代表中国红十字会向一直关心和支持红十字会工作的各级党委、人大、政府、政协及社会各界表示衷心的感谢！

中国红十字会成立于 1904 年 3 月 10 日。在灾难深重的旧中国，中国红十字会就在人道救助领域开展了卓有成效的工作。那时，红十字会的工作人员和许多献身于红十字事业的仁人志士，冒着枪林弹雨，活跃于战区救护伤员和平民百姓，或者奔走于灾区赈济救助灾民，在极其艰难的社会条件下履行人道主义使命。

新中国成立后，中国红十字会在周恩来总理的亲自关怀和主持下，进行了协商改组。1952 年，第 18 届国际红十字大会承认中国红十字会是中国唯一合法的全国性红十字会。中国红十字会是新中国在国际组织中恢复合法席位的第一个组织。

改革开放以来，中国红十字事业得到了长足的发展。特别是 1993 年全国人大常委会颁布实施《中华人民共和国红十字会法》以来，中国红十字会深入学习宣传贯彻红十字会法，坚持依法建会、依法治会、依法兴会，各项工作取得了显著的成绩。

中国红十字会的一百年，是从无到有、从小到大、自强不息、不断前进的一百年；中国红十字会的一百年，是为国分忧、为民解难、艰苦奋斗、无私奉献的一百年。

中国红十字会组织不断发展壮大。目前，全国县以上按行政区域都建立了红十字会，另有两个全国性行业（铁路和商业）分会。拥有遍及全国的 7 万多个基层组织，2000 多万名会员、40 万名志愿工作者。1997 年和 1999 年，香港、澳门相继回归祖国，同时圆满解决了香港、澳门特别行政区红十字会作为隶属于中国红十字会且享有高度自治权的地方分会的相关问题，受到国际联合会的称赞。

中国红十字会参与了国内历次重大自然灾害的救助工作。从 1987 年到 2003 年，中国红十字会总会共募集到境内外捐助款物折合人民币 28.6 亿多元，对 1 亿多受灾群众进行了救助。同时初步建成了红十字会备灾救灾体系。

我会在许多行业和群体中开展了初级卫生救护知识培训工作。近十年来，全国共培训红十字救护员 1000 多万人次。我们积极推动无偿献血工作，与卫生部定期开展无偿献血评奖表彰活动。我会受政府委托，负责建设中国造血干细胞捐献者资料库，经过几年的努力，全国已建立起 27 个省级分库、25 个组织配型试验室和 1 个质量控制试验室，建成了数据传输网络系统。到目前为止，中国造血干细胞捐献者资料库已有 13 万人份的捐献者资料经检测入库，为国内及 10 多个国家和地区的患者或医院提供检索服务 5000 多人次，有 1300 多份志愿者与患者的 HLA 分型相合，成功移植 118 例。资料库的建成为白血病等患者带来了生的希望。我们在全国

各级各类学校中开展了红十字青少年活动，配合学校的德育工作和健康教育，培养青少年的公德意识和卫生习惯。我们十分重视艾滋病预防和关爱艾滋病患者工作，在云南等 15 个省（区、市）开展了预防艾滋病的“青年同伴者教育”项目。该项目曾受到联合国秘书长科菲·安南的称赞。

我会积极响应党中央、国务院的号召，连续六年在元旦、春节期间开展了“红十字博爱送万家”活动，共投入 1.6 亿元人民币，对 80 万户贫困家庭进行了慰问。许多地方红十字会根据当地群众的需求和自身能力，采取多种形式开展了面向困难群众的

社区红十字服务工作，相继办起了老年公寓、护理院、康复医院、弱智儿童学校、孤儿之家、抗癌乐园等等，为他们提供人道救助服务。

在协助政府应对突发公共卫生事件中我会也发挥了重要作用。在2003年抗击非典斗争中，我会根据党中央和国务院的部署，认真做好接受社会捐赠和宣传预防非典知识的工作。全国红十字会系统共接受国内外社会捐赠的款物折合人民币达6.85亿多元，并及时处分捐赠款物，主动接受监督。

我会在沟通海峡两岸关系中发挥了特殊作用。上个世纪八十年代末，我会通过红十字国际委员会与台湾红十字组织取得了联系。从查人转信到直接对话，从签订《金门协议》到参与两岸遣返见证作业，逐步建立了两岸红十字组织的密切合作关系。1991年8月，总会派员赴台探视“闽狮渔”事件的大陆渔民，是海峡两岸隔绝42年后大陆人员首次赴台处理公务。自1994年以来，多次举办海峡两岸红十字青少年夏（冬）令营，增进了台湾青少年对祖国大陆的亲情和认知感。近年来，还圆满参与了“广源轮海难”、“华航空难”等事件的善后处理事宜。

红十字会作为国际性的、从事人道主义工作的社会救助团体，还在许多方面发挥了其他组织不能替代的特殊作用。

一是协助政府处理战争遗留问题。例如，在中日邦交正常化之前，协助大批日侨与战俘回国、接受日本移交中国劳工遗骨；在抗美援朝战争中组织国际医疗大队，参与战俘的探视和交换；在中印、中越自卫反击战时参与了战俘的探视和交换等特殊的人道主义工作。

二是广泛开展民间外交。新中国成立初期，红十字会是我国对外交往的重要渠道。中国红十字会通过参加国际大会、参与国际红十字组织的工作以及与其他国家红十字会交往等途径，向国际社会广泛宣传介绍新中国。中国红十字会利用自己的特殊身份先后与一些国家的红十字会建立了民间交往关系，为我国与这些国家之间建立正式外交关系做出了积极的努力。

我会积极开展与红十字国际委员会、红十字会与红新月会国际联合会以及友好国家红十字会或红新月会的交流与合作。每年投入600多万元人民币对遭受战乱和自然灾害的国家进行人道主义援助。

在我国，“红十字”这个闪耀着人道主义光芒的名字，已经深深植根于民众，植根于中华大地。“红十字”已成为全球信赖与安全的标志，成为人类和平与进步的希望。我们今天纪念她，就是要让所有的人都知道，并永远记住一种精神——这就是“人道、博爱、奉献”精神；我们今天纪念她，就是要激励全国的红十字工作者、红十字会员、志愿者继续艰苦奋斗、奋发图强，使红十字精神发扬光大。

中国红十字会虽然已经走过了一百年的风雨历程，但由于历史发展进程中的曲折，从某种意义上讲，现在还处于开创时期。今天我们站在新世纪新阶段的起点上，国际国内形势的发展为我们提供了前所未有的广阔而缤纷的舞台，也向我们提出了新的更高的要求，我们要以昂扬的斗志、饱满的热情，将中国特色红十字事业继续向前推进，在人道主义救助领域为全面建设小康社会、为中华民族的伟大复兴做出更大的贡献，同时要更加积极参与国际红十字运动，发挥与我国国际地位相称的影响和作用。为此，我们将继续遵循国际红十字运动基本原则，认真贯彻《中华人民共和国红十字会法》，坚持以人为本的科学发展观，更好地服务大局、服务社会、服务民众。要加快理顺红十字会的管理体制，努力建立充满生机与活力、密切联系群众、符合红十字会特点的组织机构和运行机制，以更加开放的社会化的组织架构，广泛吸纳社会上热心人道主义工作的人士参与红十字会工作，大力发展志愿工作者队伍，增强红十字事业的力量；要强化宣传和传播手段，充分利用“红十字”这一巨大的无形资产，提高知名度和公信力，扩大社会影响；要十分重视加强自身建设，注重人才培养，提高红十字会工作人员的综合素质，不断学习新知识，总结新经验，解决新问题，以永不停息的进取精神，大胆开拓，求真务实，为红十字事业的发展提供强有力的组织和人才保障。

今年世界红十字与红新月日的主题是“停止歧视”，我们要积极响应。我们将一如既往地尽最大可能向国外遭受战争或自然灾害的人们提供人道主义援助，无论其种族、性别、年龄、肤色、出身、能力或残疾贫弱，我们都应伸出无私的援助之手，以维护人类尊严，促进世界和平。在国内，我们要认真履行红十字会法赋予的七项职责，尽最大可能帮助那些面临特殊困难的群众，用我们的真情和付出，把温暖和关爱洒向每一个角落。

同志们，我们的事业是崇高而伟大的事业！我坚信，有党和国家的关心与扶持，有广大红十字工作者、红十字会员、志愿者的努力与奉献，有社会各界朋友的支持与帮助，有红十字国际委员会、红十字会与红新月会国际联合会和各国红十字会或红新月会的合作，中国的红十字事业一定会迎来更加光辉灿烂的明天！

谢谢大家！

题　　词

人道　博爱　奉献
贺中国红十字会成立一百周年

何鲁丽
二〇〇四年三月

以博爱之心，做慈善之事，行人道之举。

顾秀莲
二〇〇四年三月

博爱百年　弘扬人道主义

傅铁山
二〇〇四年四月十三日

奉行人道宗旨　救助弱势群体
纪念中国红十字会成立一百周年

周铁农
二〇〇四年三月

弘扬人道博爱奉献
贺中国红十字会100周年

徐匡迪
二〇〇四年三月二十三日

弘扬人道主义　推进博爱精神
贺中国红十字会成立一百周年

张怀西

二〇〇四年三月

纪念中国红十字会建会一百周年
承前启后 继往开来 开创红十字事业新局面

彭珮云
二〇〇四年三月

博爱铸辉煌 奉献洒人间
庆祝中国红十字会建会一百周年

钱正英
二〇〇四年三月

认真地遵循红会宗旨 出色地完成红会任务
庆祝中国红十字会成立一百周年

钱信忠
二〇〇四年三月

其 他

吴仪在中国红十字会第三十九届南丁格尔奖章颁奖大会上的讲话

（2003年8月5日）

同志们：

今天，我们在这里举行隆重的颁奖大会，为10名获得第三十九后南丁格尔奖章的优秀护理工作者颁奖。国家主席胡锦涛亲临大会颁奖，这既是对获奖者的巨大鼓励，也是对广大护理工作者和红十字工作者的巨大鼓舞。我代表党中央、国务院向获奖者表示热烈的祝贺，向所有辛勤工作在人道救护服务领域的护理工作者、红十字工作者，表示诚挚的慰问。

南丁格尔奖章是红十字国际委员会设立的表彰护士的国际最高荣誉奖。南丁格尔作为护理与人道服务领域的杰出代表，她的人道、博爱、奉献的精神，一直被全世界广大护理工作者传颂，成为他们追求的崇高境界，许多护理工作者和人道服务工作者都努力学习并不断弘扬着南丁格尔的精神。我国有124万多名护士，她们工作在全国各地的护理岗位上，为人们解除病患，被人们称为“白衣天使”。已经获南丁格尔奖章的38名护士就是她们中的优秀代表。特别是在这次抗击SARS的危难关头，广大护理工作者不顾个人安危，挺身而出，把保护人民群众身体健康和生命安全放在第一位，以无私奉献的精神、良好的职业道德、高度的责任心和精湛的技术，方救治病人做出了卓越贡献，以自己的行动实践了“三个代表”的重要思想，向党和人民交上了一份满意的答卷，受到了人民群众的广泛赞誉。这说明我们护理工作者队伍是值得信赖的，是经得起考验的。

江泽民同志曾经指出：“红十字事业是崇高而伟大的事业。”发展红十字事业是国家的需要，人民的需要，也是全面建设小康社会的需要。红十字会是从事人道主义工作的社会救助团体，她遵循国际红十字运动的基本原则开展工作。多年来，中国红十字会不断拓展人道服务的领域，在救灾、救助、救护等工作中，积极协助政府，做出了显著的成绩。在这次抗击SARS的斗争中，中国红十字会再次发挥自己特有的作用，做了大量工作，特别是在接受社会捐赠中，取得了突出成绩，得到社会各界的一致好评。希望各级党委和政府关心和支持红十字会的工作，帮助他们解决工作中的困难和实际问题，为他们更好地发挥作用创造必要的条件。

当前，学习贯彻“三个代表”重要思想的新高潮正在全国兴起。希望广大护理工作者、红十字工作者认真贯彻胡锦涛总书记“七一”讲话精神，始终把群众利益放在第一位，自觉将“三个代表”重要思想贯穿于人道服务领域的各项工作之中，以叶欣等获奖者为榜样，进一步发扬南丁格尔精神，为保护人民生命健康，促进和平进步事业，做出更大贡献。

彭珮云在2001—2003年度全国无偿献血表彰大会上的讲话

（2004年10月21日）

同志们，朋友们：

今天，卫生部、中国红十字会总会、中国人民解放军总后勤部卫生部在这里隆重召开2001－2003年度全国无偿献血表彰大会，表彰过去三年中为无偿献血工作做出突出成绩的单位和个人。有4964名同志获得无偿献血奉献奖，比上一届增加327%；79个城市获得无偿献血先进省市奖，比上一届增加63%；277个单位和个人获得无偿献血促进奖，其中179人过去已经获得全国无偿献血奉献奖金奖又继续无偿献血6次以上；17个单位获得无偿献血先进部队奖。首先，我代表中国红十字会向受到表彰的单位和个人表示热烈的祝贺和崇高的敬意！向为我国无偿献血事业的发展辛勤工作的同志们表示衷心的感谢！

卫生部、中国红十字会总会从1989年举办第一届全国无偿献血先进表彰大会以来，今年已经是第八届。这一届也是获奖单位和人数最多的一届。通过全社会的共同努力，全国临床用血的85%来自公民无偿献血。河南全省和山东省的绝大部分城市都实现了临床用血全部来自无偿献血，走在全国的前列。特别是全国已有39个城市取消了指令性计划献血指标，实现了临床用血全部来自自愿无偿献血。继深圳市、青岛市、徐州市、遵义市之后，近几年又有石家庄市、大同市、鸡西市、荆门市、郴州市、银川市、喀什地区等都实现了这一目标，跻身全国无偿献血先进省市的行列。许多地方无偿献血工作逐步从城市向农村拓展，河南省、秦皇岛市、阳江市、荷泽市、台州市、郴州市、东海县、仙居县等地积极发动农民参与无偿献血，使这项工作有了新的进展。

刚才，几位同志的发言，反映了我国无偿献血事业令人振奋的进展和工作中取得的成功经验，反映了受表彰的先进单位和个人无私奉献的崇高的精神境界，值得我们大家尊敬和学习。献血法颁布实施六年来，无偿献血事业之所以能取得显著的成绩主要是因为：一、政府领导高度重视，将无偿献血工作纳入政府的重要议事日程，作为保障人民身体健康、促进社会文明进步的大事来抓，认真贯彻实施献血法，而且领导同志带头献血，起表率作用。二、各级献血办、采供血机构和红十字会的工作人员，爱岗敬业、勤勤恳恳、开拓进取，努力做好无偿献血的宣传、组织和服务工作，不断提高工作水平。三、加大了宣传力度，采取多种形式，宣传实行无偿献血制度的重要意义、无偿献血的科学知识和先进典型，特别是充分发挥了新闻媒体的作用。四、全社会以多种方式广泛参与和支持。国家工作人员、解放军指战员、高等学校师生、医务工作者发挥了模范带头作用。在无偿献血活动中涌现了大量的好人好事。今天受表彰的单位和个人就是他们中间的优秀代表。我们应当认真总结推广无偿献血工作中的好经验，广泛宣传无偿献血活动中的好人好事，推动无偿献血事业更快更好地发展。

中国红十字会依据红十字会法和献血法积极参与推动无偿献血工作，动员和组织红十字会基层组织和广大会员与志愿工作者带头献血，开展无偿献血的宣传工作。今年4月，我会同红十字会与红新月会国际联合会、世界卫生组织等国际组织联合在北京召开了第九届志愿无偿献血者招募国际大会。来自50个国家和地区的182位代表参加了大会，交流了经验，对推动各国无偿献血事业的发展产生了积极的影响。多年来，中国红十字会与日本红十字会、香港特别行政区红十字会、台湾血液基金会等组织开展了血液项目的交流，每年在全国选派有关人员出去向同行学习，对无偿献血工作起到了促进作用。

我国自1998年10月1日起全面实施献血法以来，无偿献血工作取得了可喜的成绩。但是从全国来看，要实现临床用血全部来自无偿献血的目标还需要经过艰苦的努力。目前我国尚有15%的临床用血来自有偿供血。一些地方仍旧由政府下达指令性计划献血指标，存在只注意单纯完成计划指标，不注重广泛深入地进行宣传动员的现象，由此带来了种种的弊端。部分农村地区无偿献血工作严重滞后。一些地方还存在“血头”、“血霸”的非法活动。

近年来，艾滋病在世界上迅速蔓延，在我国也呈现明显上升的趋势，给我国人民的健康和生命安全带来了严重的威胁，要求我们加快无偿献血工作的步伐。我们必须清醒地认识我们面临的形势和任务。各级红十字会要坚持不懈地依法积极参与推动无偿献血，协助政府力争再用几年时间在全国实现临床用血全部来自无偿献血。红十字会参与无偿献血工作的重点是宣传推动，不断扩大无偿献血者的队伍。要动员红十字会基层组织和会员、志愿工作者积极参与宣传推动无偿献血的工作，针对工人、农民、干部、学生等各类不同的社会群体，开展多种形式有针对性的宣传活动，使无偿献血成为公民的自觉行动。要把宣传推动无偿献血同宣传预防艾滋病的工作结合起来，动员全社会的力量坚决遏制艾滋病等疾病经采供血液途径传播；同宣传捐献造血干细胞的工作结合起来，为白血病等患者造福。同时希望政府与有关部门在无偿献血工作中更加重视发挥红十字会的作用。

同志们，中国红十字会将坚持以保护人的生命和健康为宗旨，努力实践“三个代表”重要思想，认真落实以人为本、全面协调可持续的科学发展观，为推动无偿献血事业的深入发展而努力奋斗。

祝大会圆满成功，谢谢大家！

法律、法规

法律、法规

中华人民共和国
红十字会法

（1993 年 10 月 31 日第八届全国人民代表大会常委会第四次会议通过　1993 年 10 月 31 日中华人民共和国主席令第 14 号公布　自公布之日起施行）

第一章　总　　则

第一条　为了保护人的生命和健康，发扬人道主义精神，促进和平进步事业，保障红十字会依法履行职责，制定本法。

第二条　中国红十字会是中华人民共和国统一的红十字组织，是从事人道主义工作的社会救助团体。

第三条　中华人民共和国公民，不分民族、种族、性别、职业、宗教信仰、教育程度，承认中国红十字会章程并缴纳会费的，可以自愿参加红十字会。

第四条　中国红十字会遵守宪法和法律，遵循国际红十字和红新月运动确立的基本原则，依照中国参加的日内瓦公约及其附加议定书和中国红十字会章程，独立自主地开展工作。

第五条　人民政府对红十字会给予支持和资助，保障红十字会依法履行职责，并对其活动进行监督；红十字会协助人民政府开展与其职责有关的活动。

第六条　中国红十字会根据独立、平等、互相尊重的原则，发展同各国红十字会和红新月会的友好合作关系。

第七条　中国红十字会使用白底红十字标志。

第二章　组　　织

第八条　县级以上按行政区域建立地方各级红十字会，根据实际工作需要配备专职工作人员。

全国性行业根据需要可以建立行业红十字会。

全国建立中国红十字会总会。

第九条　各级红十字会理事会由会员代表大会民主选举产生。理事会民主选举产生会长和副会长。

各级红十字会会员代表大会闭会期间，由理事会执行会员代表大会的决议。

理事会向会员代表大会负责并报告工作，接受其监督。

上级红十字会指导下级红十字会工作。

第十条　中国红十字会总会设名誉会长

和名誉副会长。名誉会长和名誉副会长由中国红十字会总会理事会聘请。

第十一条 中国红十字会总会具有社会团体法人资格；地方各级红十字会、行业红十字会依法取得社会团体法人资格。

第三章 职 责

第十二条 红十字会履行下列职责：

（一）开展救灾的准备工作；在自然灾害和突发事件中，对伤病人员和其他受害者进行救助；

（二）普及卫生救护和防病知识，进行初级卫生救护培训，组织群众参加现场救护；参与输血献血工作，推动无偿献血；开展其他人道主义服务活动；

（三）开展红十字青少年活动；

（四）参加国际人道主义救援工作；

（五）宣传国际红十字和红新月运动的基本原则和日内瓦公约及其附加议定书；

（六）依照国际红十字和红新月运动的基本原则，完成人民政府委托事宜；

（七）依照日内瓦公约及其附加议定书的有关规定开展工作。

第十三条 红十字会有权处分其接受的救助物资；在处分捐赠款物时，应当尊重捐赠者的意愿。

第十四条 在自然灾害和突发事件中，执行救助任务并标有红十字标志的人员、物资和交通工具有优先通行的权利。

第十五条 任何组织和个人不得拒绝、阻碍红十字会工作人员依法履行职责。

在自然灾害和突发事件中，以暴力、威胁方法阻碍红十字会工作人员依法履行职责的，比照刑法第一百五十七条的规定追究刑事责任；阻碍红十字会工作人员依法履行职责未使用暴力、威胁方法的，比照治安管理处罚条例第十九条的规定处罚。

第四章 标 志

第十六条 红十字标志具有保护作用和标明作用。

红十字标志的保护使用，是标示在武装冲突中必须受到尊重和保护的人员和设备。其使用办法，依照日内瓦公约及其附加议定书的有关规定执行。

红十字标志的标明使用，是标示与红十字活动有关的人或者物。其使用办法，由国务院规定。

第十七条 因宗教信仰使用红新月标志的，其使用办法适用红十字标志的使用规定。

第十八条 军队使用红十字标志，依照日内瓦公约及其附加议定书的有关规定执行。

第十九条 禁止滥用红十字标志。

对于滥用红十字标志的，红十字会有权要求其停止使用；拒绝停止使用的，红十字会可以提请人民政府按照有关法律、法规的规定予以处理。

第五章 经费与财产

第二十条 红十字会经费的主要来源：

（一）红十字会会员缴纳的会费；

（二）接受国内外组织和个人捐赠的款

物；

（三）动产和不动产的收入；

（四）人民政府的拨款。

第二十一条 国家对红十字会兴办的与其宗旨相符的社会福利事业给予扶持。

第二十二条 红十字会为开展救助工作，可以进行募捐活动。

第二十三条 红十字会接受用于救助和公益事业的捐赠物资，按照国家有关规定享受减税、免税的优惠待遇。

第二十四条 红十字会建立经费审查监督制度。

红十字会的经费使用应当与其宗旨相一致。

红十字会对接受的境外捐赠款物，应当建立专项审查监督制度。

红十字会经费的来源和使用情况每年向红十字会理事会报告。

第二十五条 红十字会的经费使用情况依照国家有关法律、法规的规定，接受人民政府的检查监督。

第二十六条 任何组织和个人不得侵占和挪用红十字会的经费和财产。

第六章　附　　则

第二十七条 本法所称“国际红十字和红新月运动确立的基本原则”，是指1986年10月日内瓦国际红十字大会第二十五次会议通过的“国际红十字和红新月运动章程”中确立的人道性、公正性、中立性、独立性、志愿服务、统一性和普遍性七项基本原则。

本法所称“日内瓦公约”，是指中国加入的于1949年8月12日缔结的日内瓦四公约，即：《改善战地武装部队伤者病者境遇之日内瓦公约》、《改善海上武装部队伤者病者及遇船难者境遇之日内瓦公约》、《关于战俘待遇之日内瓦公约》和《关于战时保护平民之日内瓦公约》。

本法所称日内瓦公约“附加议定书”，是指中国加入的于1977年6月8日缔结的《1949年8月12日日内瓦四公约关于保护国际性武装冲突受难者的附加议定书》和《1949年8月12日日内瓦四公约关于保护非国际性武装冲突受难者的附加议定书》。

第二十八条 本法自公布之日起施行。

中华人民共和国
红十字标志使用办法

（1996年1月29日中华人民共和国国务院、中华人民共和国中央军事委会员令第194号发布　自发布之日起施行）

第一章　总　　则

第一条 为了维护红十字标志的严肃性，正确使用红十字标志，依照红十字会法的有关规定，制定本办法。

第二条 红十字标志是白底红十字。

第三条 红十字标志是国际人道主义保护标志，是武装力量医疗机构的特定标志，是红十字会的专用标志。

除本办法规定的外，禁止任何组织或者个人使用红十字标志。

第四条 红十字标志具有保护作用和标

明作用，二者不得混淆使用。

第五条 地方各级人民政府依照本办法对本行政区域内红十字标志的使用实施监督管理。

地方各级红十字会应当协助本级人民政府对红十字标志的使用实施监督管理。

第二章 红十字标志的保护性使用

第六条 红十字标志的保护性使用，是指在武装冲突中，冲突各方对依照本办法的规定佩带红十字标志的人员和标有红十字标志的处所及其物品、医务运输工具，必须予以保护和尊重。

第七条 红十字作为保护性标志使用时，不得在标志上添加任何内容。

红十字作为保护性标志使用时，用在旗帜上的，红十字不得触及旗帜的边缘；用在臂章上的，红十字应当置于臂章的中间部位；用在建筑物上的，红十字应当置于建筑物顶部的明显部位。

红十字作为保护性标志使用时，应当在尽可能远的地方或者不同的方向得以辨认；在夜间或者能见度低时，应当以灯光照明或者用发光物装饰。

第八条 在武装冲突中，下列人员可以使用保护性红十字标志：

（一）武装力量医疗机构的医务人员和工作人员；

（二）红十字会的工作人员和医务人员；

（三）经国务院或者中央军事委员会批准的国际红十字组织和外国红十字组织的工作人员和医务人员；

（四）军用的和民用的医务运输工具上的医务人员和工作人员；

（五）经国务院或者中央军事委员会批准的国内外的志愿救助团体人员和民用医疗机构的医务人员。

第九条 在武装冲突中，下列机构或者组织及其处所、物品、医务运输工具可以使用保护性红十字标志：

（一）武装力量的医疗机构；

（二）参加救助活动的红十字会；

（三）经国务院或者中央军事委员会批准的国内外的志愿救助团体和医疗机构；

（四）经国务院或者中央军事委员会批准的国际组织。

第十条 使用保护性红十字标志的人员，必须随身携带由国务院或者中央军事委员会授权的部门签发的身份证明。

第十一条 武装力量医疗机构的人员、处所及其物品、医务运输工具，和平时期可以使用保护性红十字标志作为标记。

第三章 红十字标志的标明性使用

第十二条 红十字标志的标明性使用，是指对与红十字活动有关的人或者物的标示。

第十三条 红十字作为标明性标志使用时，在红十字下方必须伴以红十字会的名称或者名称缩写，并不得将红十字置于建筑物顶部。

红十字会的工作人员、会员和其他有关人员履行职责时，应当佩带标有红十字的小尺寸臂章；不履行职责时，可以佩带标有红十字的小尺寸胸针或者胸章。

第十四条 下列人员可以使用标明性红十字标志：

（一）红十字会工作人员；

（二）红十字会会员；

（三）红十字青少年会员。

第十五条 下列场所可以使用标明性红十字标志：

（一）红十字会使用的建筑物；

（二）红十字会所属的医疗机构；

（三）红十字会开展符合其宗旨的活动场所。

第十六条 下列物品、运输工具可以使用标明性红十字标志：

（一）红十字会的徽章、奖章、证章；

（二）红十字会的印刷品、宣传品；

（三）红十字会的救灾、救护物资及运输工具。

第十七条 在本办法规定的范围以外需要使用标明性红十字标志的，由红十字会总会批准。

第四章 红十字标志的禁止使用

第十八条 红十字标志不得用于：

（一）商标或者商业性广告；

（二）非红十字会或者非武装力量的医疗机构；

（三）药店、兽医站；

（四）商品的包装；

（五）公司的标志；

（六）工程设计、产品设计；

（七）本办法规定可以使用红十字标志以外的其他情形。

第五章 罚 则

第十九条 对违反本办法的规定，有下列情形之一的，红十字会有权予以劝阻，并要求其停止使用；拒绝停止使用的，红十字会可以提请人民政府责令停止使用：

（一）红十字会的工作人员、会员、红十字青少年会员以外的人员使用标明性红十字标志的；

（二）非红十字会使用的建筑物及其他场所使用标明性红十字标志的；

（三）非红十字会的医疗机构使用标明性红十字标志的；

（四）不属于红十字会的物品、运输工具等使用标明性红十字标志的；

（五）有违反本办法规定使用红十字标志的其他情形的。

第二十条 违反本办法第十八条的规定，擅自使用红十字标志的，由县级以上人民政府责令停止使用，没收非法所得，并处1万元以下的罚款。

第二十一条 阻碍红十字会工作人员依法履行职责的，依法给予治安管理处罚或者追究刑事责任。

第二十二条 武装力量中的组织和人员有违反本办法规定行为的，由军队有关部门处理。

第六章 附 则

第二十三条 本办法有关红十字标志保

护性使用的规定未尽事宜，依照日内瓦公约及其附加议定书的有关规定执行。

前款日内瓦公约及其附加议定书是指《中华人民共和国红十字会法》第二十七条规定的公约和议定书。

第二十四条 本办法自发布之日起施行。

中国红十字会章程

（二〇〇四年十月二十九日中国红十字会第八次全国会员代表大会通过）

第一章 总 则

第一条 为发展中国特色红十字事业，依照《中华人民共和国红十字会法》，制定本章程。

第二条 中国红十字会是中华人民共和国统一的红十字组织，是从事人道主义工作的社会救助团体，是国际红十字运动的成员。

第三条 中国红十字会以发扬人道、博爱、奉献的红十字精神，保护人的生命和健康，促进人类和平进步事业为宗旨。

第四条 县级以上〔含县级（下同）〕按行政区域建立红十字会，根据工作需要配备专职工作人员。

第五条 各级红十字会协助人民政府开展与自己职责有关的活动，接受同级人民政府对红十字会的支持、资助和监督。各级人民政府保障红十字会依法履行职责。

第六条 中国红十字会遵守国家宪法和法律，遵循国际红十字运动确立的人道、公正、中立、独立、志愿服务、统一及普遍七项基本原则，依照日内瓦公约及其附加议定书、《中华人民共和国红十字会法》和本章程，独立自主地开展工作。

第七条 中国红十字会根据独立、平等、互相尊重的原则参与国际红十字运动，发展同有关国际组织和各国红十字会或红新月会的友好合作关系。

第八条 地方各级红十字会和全国性行业红十字会是中国红十字会的分会；上级红十字会指导下级红十字会的工作；下级红十字会向上级红十字会报告重要事项。

第九条 中国红十字会总会（以下简称总会）具有社会团体法人资格，地方各级红十字会、行业红十字会依法取得社会团体法人资格。

第十条 中国红十字会总会会址设在北京。县级以上地方各级红十字会会址设在同级政府所在地。

第十一条 县级以上各级红十字会机关工作人员参照《国家公务员暂行条例》管理。

第十二条 县级以上各级红十字会对为红十字事业做出显著贡献的集体、红十字会工作人员、会员和志愿工作者及社会各界人士给予表彰奖励；对为红十字事业做出重大贡献者，按有关规定授予荣誉称号。

第二章 职责与权利

第十三条 红十字会在和平时期履行下列职责：

（一）宣传和执行《中华人民共和国红

十字会法》和《中华人民共和国红十字标志使用办法》，纠正滥用红十字标志现象；

（二）开展救灾的准备工作，建设和管理备灾救灾设施；在自然灾害和突发事件中，开展救护和救助工作；根据自然灾害和突发事件的具体情况，由总会向国内外发出呼吁，依法接受国内外组织和个人的捐赠；地方各级红十字会在辖区内发出呼吁，依法接受国内外组织和个人的捐赠，及时向灾区群众和受难者提供急需的人道主义援助；

（三）开展卫生救护和防病知识的宣传普及；在易发生意外伤害的行业和基层组织开展初级卫生救护培训，组织群众参加意外伤害和自然灾害的现场救护；

（四）协助各级人民政府开展无偿献血的宣传推动工作，与各级人民政府共同对先进单位和个人进行表彰奖励；

（五）开展社会服务及社区红十字服务工作；组织会员、志愿工作者在社区开展社会服务、宣传培训、募捐救助活动；

（六）推动遗体（器官）捐献工作；开展预防控制艾滋病宣传和健康教育、关心爱护艾滋病病毒感染者、患者及其他救助工作；开展其他人道救助工作；

（七）开展有益于青少年身心健康的红十字青少年活动；

（八）宣传日内瓦公约及其附加议定书、红十字与红新月运动七项基本原则；

（九）建设和管理中国造血干细胞捐献者资料库；开展捐献造血干细胞的宣传动员、组织工作；

（十）依法开展募捐活动；在公共场所设置红十字募捐箱并进行管理；依照法律法规自主处分募捐款物；

（十一）兴办符合红十字会宗旨的社会福利事业；

（十二）参加国际人道主义救援工作；开展与国际红十字组织和各国红十字会或红新月会及其他国际组织的交流与合作；

（十三）完成人民政府委托事宜。

第十四条 依据日内瓦公约及其附加议定书，红十字会在战时和武装冲突时期履行下列职责：

（一）组织红十字救护队，参与战场救护；

（二）在武装部队中依法开展传染病的防治工作；

（三）对战区平民进行救助；

（四）协助战俘、被监禁者及难民与家人取得联系，转交钱物，并为此建立必要的通信渠道；

（五）参与探视和见证交换战俘。

第十五条 执行人道主义救助任务的红十字会工作人员，在战争和武装冲突中受日内瓦公约及其附加议定书的保护，在自然灾害和突发事件中受国家有关法律法规的保护。

第十六条 在自然灾害和突发事件中，佩戴红十字标志的人员和标有红十字标志的物资、交通工具优先通行。

第十七条 在自然灾害和突发事件中，为执行救助任务的需要，红十字会救援人员优先使用公共通信工具。

第十八条 红十字会兴办的社会福利事业按照国家有关规定，享受税收优惠政策。

第十九条 红十字会接受的国（境）外组织和个人捐赠的救灾物资，按照国家有关规定享受减税、免税优惠。有关部门优先安排运输和办理有关放行手续。

第二十条 红十字会开展活动和宣传工

作，广播、电视、报刊、网络等新闻媒体应积极支持。

第三章　会员与志愿工作者

第二十一条　中华人民共和国公民，不分民族、种族、性别、职业、宗教、信仰、教育程度，遵守《中华人民共和国红十字会法》，承认本章程，自愿缴纳会费的，可以申请加入红十字会。

第二十二条　红十字会会员分为个人会员和团体会员。

公民以个人身份加入红十字会的为个人会员，在校学生加入红十字会的为红十字青少年会员；机关、企业事业单位及有关团体加入红十字会的为团体会员。

第二十三条　个人入会由本人自愿申请，经所在地基层红十字组织批准，报县级以上红十字会备案，发给会员证，成为红十字会会员；对红十字事业做出较大贡献的单位和个人，县级以上红十字会可以直接吸收为会员。机关、企业事业单位及有关团体加入红十字会，须提出书面申请，由县级以上红十字会批准，发给证书和标牌，成为红十字会团体会员；团体会员单位应有专人负责红十字会工作。

第二十四条　对中国红十字事业做出贡献的中外人士，可以授予荣誉会员称号。荣誉会员称号由县级以上红十字会批准，并授予同级红十字会荣誉会员称号。

第二十五条　会员的权利：

（一）参加红十字会的有关活动、会议及专业培训；

（二）有选举权、被选举权和表决权；

（三）对红十字会工作提出建议和批评；

（四）佩戴红十字标志；

（五）其他合法权益。

团体会员的权利由该单位法定代表人行使。

第二十六条　会员的义务：

（一）学习、宣传和贯彻《中华人民共和国红十字会法》、《中华人民共和国红十字标志使用办法》；传播国际人道法和红十字运动的基本知识；

（二）遵守《中国红十字会章程》；

（三）按期缴纳会费；

（四）完成红十字会交办的任务；维护红十字会的合法权益。

第二十七条　会员有退会的自由。会员退会，经原批准机关审核，收回会员证及标牌；个人会员退会的，需报原备案机关备案。

会员有下列原因之一视为自动退会：

（一）连续两年不参加红十字会活动；

（二）连续两年不缴纳会费；

（三）团体会员法人撤销、合并、解散。

第二十八条　中外人士，不分职业、种族、宗教，遵守中国法律、法规，志愿提供人道服务，不计报酬，均可成为红十字志愿工作者。

各级红十字会应积极发展红十字志愿工作者队伍，为志愿工作者提供必要的工作条件，组织其开展人道主义服务工作。

志愿工作者应遵循红十字会宗旨，发扬红十字精神，参与红十字会的活动，提供志愿服务。

第四章　全国组织机构

第二十九条　全国会员代表大会

中国红十字会的最高权力机关是全国会员代表大会。全国会员代表大会每五年召开一次，由中国红十字会理事会召集，如遇特殊情况可提前或延期召开。

全国会员代表大会的代表由总会和地方红十字会推选的会员代表以及与有关部门协商产生的代表和特邀代表组成。代表比例由常务理事会根据会员人数和红十字事业发展需要决定。

全国会员代表大会的职权是：

（一）选举中国红十字会理事；

（二）修改《中国红十字会章程》；

（三）审议批准理事会的工作报告；

（四）审议批准理事会提交的工作规划；

（五）决定中国红十字会的重大事项。

第三十条　中国红十字会设名誉会长、名誉副会长和名誉理事，根据工作需要，可以设顾问。名誉会长聘请国家主席担任。

第三十一条　理事会

理事会在全国会员代表大会闭会期间执行其决议。理事会任期五年，下一次全国会员代表大会召开时换届。理事构成及比例由常务理事会根据需要决定。

理事会会议由常务理事会召集，每年召开一次。其职责是：

（一）聘请名誉会长、名誉副会长；

（二）选举常务理事；

（三）选举会长、常务副会长、副会长；

（四）根据会长提名，决定秘书长；

（五）增补、更换或罢免理事；

（六）审查批准常务理事会的工作报告并向全国会员代表大会报告工作；

（七）制定发展红十字事业的大政方针、长远规划和年度工作计划；

（八）决定其他重大事项。

第三十二条　常务理事会

常务理事会对理事会负责并接受其监督。常务理事会由理事会选举产生的常务理事组成。常务理事会会议每年召开两次，由会长或常务副会长召集并主持。其职责是：

（一）依照《中华人民共和国红十字会法》和本章程的规定，向理事会推荐名誉副会长的人选；

（二）提出修改章程的议案；

（三）审议年度工作报告、计划；

（四）审议总会接受捐赠款物的使用情况；

（五）向理事会提出更换、增补及罢免理事的议案；

（六）批准成立全国性行业红十字会；

（七）聘请名誉理事；

（八）决定其他重要事项。

第三十三条　执行委员会

执行委员会对常务理事会负责。执行委员会由驻总会机关的专职常务理事组成。常务副会长任执行委员会主任并担任中国红十字会法定代表人。执行委员会的职责是：

（一）执行会员代表大会、理事会和常务理事会的决议，主持总会日常工作；

（二）负责编制总会经费预算，审核总会年度财务决算；

（三）指导全国红十字会的工作；

（四）管理总会的动产和不动产；

（五）承担总会的民事、法律责任；

（六）负责对外交流与合作；

（七）聘请顾问；授予名誉会员；

（八）批准成立专门委员会；

（九）完成理事会和常务理事会交办的其他事宜。

第五章 地方、行业和基层组织机构

第三十四条 地方红十字会

各级地方红十字会的权力机关是同级会员代表大会。各级地方红十字会会员代表大会每五年召开一次，由同级红十字会理事会召集，如遇特殊情况可提前或延期召开。

各级地方红十字会建立理事会和常务理事会，任期五年。有3名以上（含3名）专职常务理事的红十字会，可设执行委员会，主持日常工作。

省、地、县级红十字会名誉会长由同级领导担任，并由同级理事会聘请。

第三十五条 行业红十字会

全国性行业成立的红十字会为中国红十字会的行业红十字会，由中国红十字会常务理事会批准。其工作机构设置和人员配备，由行业红十字会常务理事会根据工作需要决定。

行业红十字会按照红十字运动七项基本原则，依照《中华人民共和国红十字会法》，遵循本章程，结合本行业特点开展工作。

第三十六条 基层组织

乡镇、街道、企业、事业单位和学校建立的红十字会为基层组织。村民委员会、居民委员会以及企业、事业单位的科室、车间、学校的年级建立的红十字组织为会员小组。红十字会基层组织和会员小组的主要职责是：宣传普及红十字知识，开展人道主义的救助活动，进行初级救护培训及健康教育。

第三十七条 省、地、县级红十字会会长一般应推选同级领导担任，其工作变动时应及时改选。常务（专职）副会长和正、副秘书长应保持相对稳定。

第六章 特别行政区组织机构

第三十八条 特别行政区红十字会为中国红十字会享有高度自治的地方分会。

第三十九条 特别行政区分会依照红十字运动七项基本原则，结合特别行政区实际独立自主地开展工作。

第四十条 特别行政区分会可参照本章程，依据特别行政区法律法规自行制定其组织规程或组织条例，并报总会备案。

第七章 经费和财产

第四十一条 红十字会经费的主要来源：

（一）红十字会会员缴纳的会费；

（二）接受境内外组织和个人捐赠的款物；

（三）动产和不动产的收入；

（四）人民政府的拨款；

（五）其他合法收入。

第四十二条 各级红十字会建立经费审

查监督制度；接受审计部门审计和相关部门监督。

对会费的使用和管理，按《中国红十字会会费管理办法》的规定执行。

对接受境内外组织和个人定向捐赠款物的使用和管理，按《中国红十字会募捐和接受捐赠工作条例》的规定执行。

第四十三条 红十字会的经费和财产受法律保护，任何组织和个人不得侵占和挪用。

第四十四条 总会建立中国红十字基金会，地方红十字会依照相关法规建立红十字基金会或设立专项基金。

第八章 标志会徽会旗

第四十五条 中国红十字会使用日内瓦公约规定的白底红十字标志。其使用方法依照《中华人民共和国红十字标志使用办法》和《中国红十字会红十字标志标明性使用规定》的规定执行。

第四十六条 中国红十字会的会徽为金黄色橄榄枝环绕的白底红十字。

第四十七条 中国红十字会的会旗为白色旗帜正中央印制中国红十字会会徽。

第四十八条 全国各级红十字会统一使用白底红十字标志和会徽、会旗。

红十字标志、红十字旗、中国红十字会会徽和会旗（样式附后）以及会员证、团体会员标牌、荣誉证书等的制作按照中国红十字会的有关规定执行。

第九章 附 则

第四十九条 本章程所称“日内瓦公约”，是指中国加入的于1949年8月12日缔结的日内瓦四公约，即：《改善战地武装部队伤者病者境遇之日内瓦公约》、《改善海上武装部队伤者病者及遇船难者境遇之日内瓦公约》、《关于战俘待遇之日内瓦公约》和《关于战时保护平民之日内瓦公约》。

本章程所称日内瓦公约“附加协议书”，是指中国加入的于1977年6月8缔结的《1949年8月12日日内瓦四公约关于保护国际性武装冲突受难者的附加议定书》和《1949年8月12日日内瓦四公约关于保护非国际性武装冲突受难者的附加议定书》。

本章程所称国际人道法，是指在战争或武装冲突中，依据条例和惯例，以保护不直接参与军事行动（如平民百姓）或不再参加军事行动（如军队的伤、病员和俘虏）的人员为目的、规定各交战国或武装冲突各方之间交战行为的原则、规则和制度的总体。

第五十条 中国红十字会英文译名为：“ Red Cross Society of China ”。

第五十一条 地方和行业红十字会的名称为：在行政区域名称或行业名称后加“红十字会”；对外交往中的称谓为：在行政区域名称或行业名称前加“中国红十字会”，在行政区域名称或行业名称后加“分会”，英文译名为：“Red Cross Society of China * * * Branch ”。

第五十二条 基层组织的名称为：乡

镇、街道、企业、事业单位和学校名称后加“红十字会”。

红十字会员小组的名称为：单位名称后加“红十字会员小组”。

第五十三条 特别行政区红十字会的名称为：“中国＊＊特别行政区红十字会”[英文译名：The Red Cross of the＊＊Special Administrative Region of the People's Republic of China] 简称：“＊＊红十字会（中国红十字会分会）”[英文译名：＊＊Red Cross (Branch of the Red Cross Society of China)]。

第五十四条 本章程自通过之日起生效，并报国务院备案。

第五十五条 本章程的修改权属中国红十字会全国会员代表大会，解释权属中国红十字会总会。

第五十六条 省、自治区、直辖市和新疆生产建设兵团红十字会及行业红十字会可依据本章程制定实施办法，并报总会备案。

中华人民共和国献血法

（1997年12月29日第八届全国人民代表大会常务委员会第二十九次会议通过 1997年12月29日中华人民共和国主席令第93号公布 自1998年10月1日起施行）

第一条 为保证医疗临床用血需要和安全，保障献血者和用血者身体健康，发扬人道主义精神，促进社会主义物质文明和精神文明建设，制定本法。

第二条 国家实行无偿献血制度。

国家提倡18周岁至55周岁的健康公民自愿献血。

第三条 地方各级人民政府领导本行政区域内的献血工作，统一规划并负责组织、协调有关部门共同做好献血工作。

第四条 县级以上各级人民政府卫生行政部门监督管理献血工作。

各级红十字会依法参与、推动献血工作。

第五条 各级人民政府采取措施广泛宣传献血的意义，普及献血的科学知识，开展预防和控制经血液途径传播的疾病的教育。

新闻媒介应当开展献血的社会公益性宣传。

第六条 国家机关、军队、社会团体、企业事业组织、居民委员会、村民委员会，应当动员和组织本单位或者本居住区的适龄公民参加献血。

现役军人献血的动员和组织办法，由中国人民解放军卫生主管部门制定。

对献血者，发给国务院卫生行政部门制作的无偿献血证书，有关单位可以给予适当补贴。

第七条 国家鼓励国家工作人员、现役军人和高等学校在校学生率先献血，为树立社会新风尚作表率。

第八条 血站是采集、提供临床用血的机构，是不以营利为目的的公益性组织。设立血站向公民采集血液，必须经国务院卫生行政部门或者省、自治区、直辖市人民政府卫生行政部门批准。血站应当为献血者提供各种安全、卫生、便利的条件。血站的设立条件和管理办法由国务院卫生行政部门制定。

第九条 血站对献血者必须免费进行必要的健康检查；身体状况不符合献血条件的，血站应当向其说明情况，不得采集血液。献血者的身体健康条件由国务院卫生行政部门规定。

血站对献血者每次采集血液量一般为200毫升，最多不得超过400毫升，两次采集间隔期不少于6个月。

严格禁止血站违反前款规定对献血者超量、频繁采集血液。

第十条 血站采集血液必须严格遵守有关操作规程和制度，采血必须由具有采血资格的医务人员进行，一次性采血器材用后必须销毁，确保献血者的身体健康。

血站应当根据国务院卫生行政部门制定的标准，保证血液质量。

血站对采集的血液必须进行检测；未经检测或者检测不合格的血液，不得向医疗机构提供。

第十一条 无偿献血的血液必须用于临床，不得买卖。血站、医疗机构不得将无偿献血的血液出售给单采血浆站或者血液制品生产单位。

第十二条 临床用血的包装、储存、运输，必须符合国家规定的卫生标准和要求。

第十三条 医疗机构对临床用血必须进行核查，不得将不符合国家规定标准的血液用于临床。

第十四条 公民临床用血时只交付用于血液的采集、储存、分离、检验等费用；具体收费标准由国务院卫生行政部门会同国务院价格主管部门制定。

无偿献血者临床需要用血时，免交前款规定的费用；无偿献血者的配偶和直系亲属临床需要用血时，可以按照省、自治区、直辖市人民政府的规定免交或者减交前款规定的费用。

第十五条 为保障公民临床急救用血的需要，国家提倡并指导择期手术的患者自身储血，动员家庭、亲友、所在单位以及社会互助献血。

为保证应急用血，医疗机构可以临时采集血液，但应当依照本法规定，确保采血用血安全。，

第十六条 医疗机构临床用血应当制定用血计划，遵循合理、科学的原则，不得浪费和滥用血液。

医疗机构应当积极推行按血液成份针对医疗实际需要输血，具体管理办法由国务院卫生行政部门制定。

国家鼓励临床用血新技术的研究和推广。

第十七条 各级人民政府和红十字会对积极参加献血和在献血工作中做出显著成绩的单位和个人，给予奖励。

第十八条 有下列行为之一的，由县级以上地方人民政府卫生行政部门予以取缔，没收违法所得，可以并处10万元以下的罚款；构成犯罪的，依法追究刑事责任：

（一）非法采集血液的；

（二）血站、医疗机构出售无偿献血的血液的；

（三）非法组织他人出卖血液的。

第十九条 血站违反有关操作规程和制度采集血液，由县级以上地方人民政府卫生行政部门责令改正；给献血者健康造成损害的，应当依法赔偿，对直接负责的主管人员和其他直接责任人员，依法给予行政处分；构成犯罪的，依法追究刑事责任。

第二十条 临床用血的包装、储存、运输，不符合国家规定的卫生标准和要求的，由县级以上地方人民政府卫生行政部门责令改正，给予警告，可以并处1万元以下的罚

款，

第二十一条 血站违反本法的规定，向医疗机构提供不符合国家规定标准的血液的，由县级以上人民政府卫生行政部门责令改正；情节严重，造成经血液途径传播的疾病传播或者有传播严重危险的，限期整顿，对直接负责的主管人员和其他直接责任人员，依法给予行政处分；构成犯罪的，依法追究刑事责任。

第二十二条 医疗机构的医务人员违反本法规定，将不符合国家规定标准的血液用于患者的，由县级以上地方人民政府卫生行政部门责令改正；给患者健康造成损害的，应当依法赔偿，对直接负责的主管人员和其他直接责任人员，依法给予行政处分；构成犯罪的，依法追究刑事责任。

第二十三条 卫生行政部门及其工作人员在献血、用血的监督管理工作中，玩忽职守，造成严重后果，构成犯罪的，依法追究刑事责任；尚不构成犯罪的，依法给予行政处分。

第二十四条 本法自 1998 年 10 月 1 日起施行。

中华人民共和国 公益事业捐赠法

（1999 年 6 月 28 日第九届全国人民代表大会常务委员会第十次会议通过）

目 录

第一章 总 则

第一条 为了鼓励捐赠，规范捐赠和受赠行为，保护捐赠人、受赠人和受益人的合法权益，促进公益事业的发展，制定本法。

第二条 自然人、法人或者其他组织自愿无偿向依法成立的公益性社会团体和公益性非营利的事业单位捐赠财产，用于公益事业的，适用本法。

第三条 本法所称公益事业是指非营利的下列事项：

（一）救助灾害、救济贫困、扶助残疾人等困难的社会群体和个人的活动；

（二）教育、科学、文化、卫生、体育事业；

（三）环境保护、社会公共设施建设；

（四）促进社会发展和进步的其他社会公共和福利事业。

第四条 捐赠应当是自愿和无偿的，禁止强行摊派或者变相摊派，不得以捐赠为名从事营利活动。

第五条 捐赠财产的使用应当尊重捐赠人的意愿，符合公益目的，不得将捐赠财产挪作他用。

严格禁止血站违反前款规定对献血者超量、频繁采集血液。

第六条 捐赠应当遵守法律、法规，不得违背社会公德，不得损害公共利益和其他公民的合法权益。

第七条 公益性社会团体受赠的财产及其增值为社会公共财产，受国家法律保护，任何单位和个人不得侵占、挪用和损毁。

第八条 国家鼓励公益事业的发展，对公益性社会团体和公益性非营利的事业单位给予扶持和优待。

国家鼓励自然人、法人或者其他组织对公益事业进行捐赠。

对公益事业捐赠有突出贡献的自然人、法人或者其他组织，由人民政府或者有关部门予以表彰。对捐赠人进行公开表彰，应当事先征求捐赠人的意见。

第二章 捐赠和受赠

第九条 自然人、法人或者其他组织可以选择符合其捐赠意愿的公益性社会团体和公益性非营利的事业单位进行捐赠。捐赠的财产应当是其有权处分的合法财产。

第十条 公益性社会团体和公益性非营利的事业单位可以依照本法接受捐赠。

本法所称公益性社会团体是指依法成立的，以发展公益事业为宗旨的基金会、慈善组织等社会团体。

本法所称公益性非营利的事业单位是指依法成立的，从事公益事业的不以营利为目的的教育机构、科学研究机构、医疗卫生机构、社会公共文化机构、社会公共体育机构和社会福利机构等。

第十一条 在发生自然灾害时或者境外捐赠人要求县级以上人民政府及其部门作为受赠人时，县级以上人民政府及其部门可以接受捐赠，并依照本法的有关规定对捐赠财产进行管理。

县级以上人民政府及其部门可以将受赠财产转交公益性社会团体或者公益性非营利的事业单位；也可以按照捐赠人的意愿分发或者兴办公益事业，但是不得以本机关为受益对象。

第十二条 捐赠人可以与受赠人就捐赠财产的种类、质量、数量和用途等内容订立捐赠协议。捐赠人有权决定捐赠的数量、用途和方式。

捐赠人应当依法履行捐赠协议，按照捐赠协议约定的期限和方式将捐赠财产转移给受赠人。

第十三条 捐赠人捐赠财产兴建公益事业工程项月，应当与受赠人订立捐赠协议，对工程项目的资金、建设、管理和使用作出约定。

捐赠的公益事业工程项目由受赠单位按照国家有关规定办理项目审批手续，并组织施工或者由受赠人和捐赠人共同组织施工。工程质量应当符合国家质量标准。

捐赠的公益事业工程项目竣工后，受赠单位应当将工程建设、建设资金的使用和工程质量验收情况向捐赠人通报。

第十四条 捐赠人对于捐赠的公益事业工程项目可以留名纪念；捐赠人单独捐赠的工程项目或者主要由捐赠人出资兴建的工程项目，可以由捐赠人提出工程项目的名称，报县级以上人民政府批准。

第十五条 境外捐赠人捐赠的财产；由受赠人按照国家有关规定办理入境手续；捐赠实行许可证管理的物品，由受赠人按照国家有关规定办理许可证申领手续，海关凭许可证验放、监管。

华侨向境内捐赠的，县级以上人民政府

侨务部门可以协助办理有关入境手续，为捐赠人实施捐赠项目提供帮助。

第三章 捐赠财产的使用和管理

第十六条 受赠人接受捐赠后，应当向捐赠人出具合法、有效的收据，将受赠财产登记造册，妥善保管。

第十七条 公益性社会团体应当将受赠财产用于资助符合其宗旨的活动和事业。对于接受的救助灾害的捐赠财产，应当及时用于救助活动。基金会每年用于资助公益事业的资金数额，不得低于国家规定的比例。

公益性社会团体应当严格遵守国家的有关规定，按照合法、安全、有效的原则，积极实现捐赠财产的保值增值。

公益性非营利的事业单位应当将受赠财产用于发展本单位的公益事业，不得挪作他用。

对于不易储存、运输和超过实际需要的受赠财产，受赠人可以变卖，所取得的全部收入，应当用于捐赠目的。

第十八条 受赠人与捐赠人订立了捐赠协议的，应当按照协议约定的用途使用捐赠财产，不得擅自改变捐赠财产的用途。如果确需改变用途的，应当征得捐赠人的同意。

第十九条 受赠人应当依照国家有关规定，建立健全财务会计制度和受赠财产的使用制度，加强对受赠财产的管理。

第二十条 受赠人每年度应当向政府有关部门报告受赠财产的使用、管理情况，接受监督。必要时，政府有关部门可以对其财务进行审计。

海关对减免关税的捐赠物品依法实施监督和管理。

县级以上人民政府侨务部门可以参与对华侨向境内捐赠财产使用与管理的监督。

第二十一条 捐赠人有权向受赠人查询捐赠财产的使用、管理情况，并提出意见和建议。对于捐赠人的查询，受赠人应当如实答复。

第二十二条 受赠人应当公开接受捐赠的情况和受赠财产的使用、管理情况，接受社会监督。

第二十三条 公益性社会团体应当厉行节约，降低管理成本；工作人员的工资和办公费用从利息等收入中按照国家规定的标准开支。

第四章 优惠措施

第二十四条 公司和其他企业依照本法的规定捐赠财产用于公益事业，依照法律、行政法规的规定享受企业所得税方面的优惠。

第二十五条 自然人和个体工商户依照本法的规定捐赠财产用于公益事业，依照法律、行政法规的规定享受个人所得税方面的优惠。

第二十六条 境外向公益性社会团体和公益性非营利的事业单位捐赠的用于公益事业的物资，依照法律、行政法规的规定减征或者免征进口关税和进口环节、的增值税。

第二十七条 对于捐赠的工程项目，当地人民政府应当给予支持和优惠。

第五章 法律责任

第二十八条 受赠人未征得捐赠人的许可，擅自改变捐赠财产的性质、用途的，由县级以上人民政府有关部门责令改正，给予警告。拒不改正的，经征求捐赠人的意见，由县级以上人民政府将捐赠财产交由与其宗旨相同或者相似的公益性社会团体或者公益性非营利的事业单位管理。

第二十九条 挪用、侵占或者贪污捐赠款物的，由县级以上人民政府有关部门责令退还所用、所得款物，并处以罚款；对直接责任人员，由所在单位依照有关规定予以处理；构成犯罪的，依法追究刑事责任。

依照前款追回、追缴的捐赠款物，应当用于原捐赠目的和用途。

第三十条 在捐赠活动中，有下列行为之一的，依照法律、法规的有关规定予以处罚；构成犯罪的，依法追究刑事责任：

（一）逃汇、骗购外汇的；

（二）偷税、逃税的；

（三）进行走私活动的；

（四）未经海关许可并且未补缴应缴税额，擅自将减税、免税进口的捐赠物资在境内销售、转让或者移作他用的。

第三十一条 受赠单位的工作人员，滥用职权，玩忽职守，徇私舞弊，致使捐赠财产造成重大损失的，由所在单位依照有关规定予以处理；构成犯罪的，依法追究刑事责任。

第六章 附则

第三十二条 本法自1999年9月1日起施行。

基金会管理条例

（2004年2月11日国务院第39次常务会议通过 2004年3月8日中华人民共和国国务院令第400号公布 自2004年6月1日起施行）

第一章 总则

第一条 为了规范基金会的组织和活动，维护基金会、捐赠人和受益人的合法权益，促进社会力量参与公益事业，制定本条例。

第二条 本条例所称基金会，是指利用自然人、法人或者其他组织捐赠的财产，以从事公益事业为目的，按照本条例的规定成立的非营利性法人。

第三条 基金会分为面向公众募捐的基金会（以下简称公募基金会）和不得面向公众募捐的基金会（以下简称非公募基金会）。公募基金会按照募捐的地域范围，分为全国性公募基金会和地方性公募基金会。

第四条 基金会必须遵守宪法、法律、法规、规章和国家政策，不得危害国家安全、统一和民族团结，不得违背社会公德。

第五条 基金会依照章程从事公益活

动，应当遵循公开、透明的原则。

第六条 国务院民政部门和省、自治区、直辖市人民政府民政部门是基金会的登记管理机关。

国务院民政部门负责下列基金会、基金会代表机构的登记管理工作：

（一）全国性公募基金会；

（二）拟由非内地居民担任法定代表人的基金会；

（三）原始基金超过2000万元，发起人向国务院民政部门提出设立申请的非公募基金会；

（四）境外基金会在中国内地设立的代表机构。

省、自治区、直辖市人民政府民政部门负责本行政区域内地方性公募基金会和不属于前款规定情况的非公募基金会的登记管理工作。

第七条 国务院有关部门或者国务院授权的组织，是国务院民政部门登记的基金会、境外基金会代表机构的业务主管单位。

省、自治区、直辖市人民政府有关部门或者省、自治区、直辖市人民政府授权的组织，是省、自治区、直辖市人民政府民政部门登记的基金会的业务主管单位。

第二章 设立、变更和注销

第八条 设立基金会，应当具备下列条件：

（一）为特定的公益目的而设立；

（二）全国性公募基金会的原始基金不低于800万元人民币，地方性公募基金会的原始基金不低于400万元人民币，非公募基金会的原始基金不低于200万元人民币；原始基金必须为到账货币资金；

（三）有规范的名称、章程、组织机构以及与其开展活动相适应的专职工作人员；

（四）有固定的住所；

（五）能够独立承担民事责任。

第九条 申请设立基金会，申请人应当向登记管理机关提交下列文件：

（一）申请书；

（二）章程草案；

（三）验资证明和住所证明；

（四）理事名单、身份证明以及拟任理事长、副理事长、秘书长简历；

（五）业务主管单位同意设立的文件。

第十条 基金会章程必须明确基金会的公益性质，不得规定使特定自然人、法人或者其他组织受益的内容。

基金会章程应当载明下列事项：

（一）名称及住所；

（二）设立宗旨和公益活动的业务范围；

（三）原始基金数额；

（四）理事会的组成、职权和议事规则，理事的资格、产生程序和任期；

（五）法定代表人的职责；

（六）监事的职责、资格、产生程序和任期；

（七）财务会计报告的编制、审定制度；

（八）财产的管理、使用制度；

（九）基金会的终止条件、程序和终止后财产的处理。

第十一条 登记管理机关应当自收到本条例第九条所列全部有效文件之日起60日内，作出准予或者不予登记的决定。准予登记的，发给《基金会法人登记证书》；不予登记的，应当书面说明理由。

基金会设立登记的事项包括：名称、住所、类型、宗旨、公益活动的业务范围、原始基金数额和法定代表人。

第十二条 基金会拟设立分支机构、代表机构的，应当向原登记管理机关提出登记申请，并提交拟设机构的名称、住所和负责人等情况的文件。

登记管理机关应当自收到前款所列全部有效文件之日起 60 日内作出准予或者不予登记的决定。准予登记的，发给《基金会分支（代表）机构登记证书》；不予登记的，应当书面说明理由。

基金会分支机构、基金会代表机构设立登记的事项包括：名称、住所、公益活动的业务范围和负责人。

基金会分支机构、基金会代表机构依据基金会的授权开展活动，不具有法人资格。

第十三条 境外基金会在中国内地设立代表机构，应当经有关业务主管单位同意后，向登记管理机关提交下列文件：

（一）申请书；

（二）基金会在境外依法登记成立的证明和基金会章程；

（三）拟设代表机构负责人身份证明及简历；

（四）住所证明；

（五）业务主管单位同意在中国内地设立代表机构的文件。

登记管理机关应当自收到前款所列全部有效文件之日起 60 日内，作出准予或者不予登记的决定。准予登记的，发给《境外基金会代表机构登记证书》；不予登记的，应当书面说明理由。

境外基金会代表机构设立登记的事项包括：名称、住所、公益活动的业务范围和负责人。

境外基金会代表机构应当从事符合中国公益事业性质的公益活动。境外基金会对其在中国内地代表机构的民事行为，依照中国法律承担民事责任。

第十四条 基金会、境外基金会代表机构依照本条例登记后，应当依法办理税务登记。

基金会、境外基金会代表机构，凭登记证书依法申请组织机构代码、刻制印章、开立银行账户。

基金会、境外基金会代表机构应当将组织机构代码、印章式样、银行账号以及税务登记证件复印件报登记管理机关备案。

第十五条 基金会、基金会分支机构、基金会代表机构和境外基金会代表机构的登记事项需要变更的，应当向登记管理机关申请变更登记。

基金会修改章程，应当征得其业务主管单位的同意，并报登记管理机关核准。

第十六条 基金会、境外基金会代表机构有下列情形之一的，应当向登记管理机关申请注销登记：

（一）按照章程规定终止的；

（二）无法按照章程规定的宗旨继续从事公益活动的；

（三）由于其他原因终止的。

第十七条 基金会撤销其分支机构、代表机构的，应当向登记管理机关办理分支机构、代表机构的注销登记。

基金会注销的，其分支机构、代表机构同时注销。

第十八条 基金会在办理注销登记前，

应当在登记管理机关、业务主管单位的指导下成立清算组织，完成清算工作。

基金会应当自清算结束之日起15日内向登记管理机关办理注销登记；在清算期间不得开展清算以外的活动。

第十九条 基金会、基金会分支机构、基金会代表机构以及境外基金会代表机构的设立、变更、注销登记，由登记管理机关向社会公告。

第三章 组织机构

第二十条 基金会设理事会，理事为5人至25人，理事任期由章程规定，但每届任期不得超过5年。理事任期届满，连选可以连任。

用私人财产设立的非公募基金会，相互间有近亲属关系的基金会理事，总数不得超过理事总人数的三分之一；其他基金会，具有近亲属关系的不得同时在理事会任职。

在基金会领取报酬的理事不得超过理事总人数的三分之一。

理事会设理事长、副理事长和秘书长，从理事中选举产生，理事长是基金会的法定代表人。

第二十一条 理事会是基金会的决策机构，依法行使章程规定的职权。

理事会每年至少召开2次会议。理事会会议须有三分之二以上理事出席方能召开；理事会决议须经出席理事过半数通过方为有效。

下列重要事项的决议，须经出席理事表决，三分之二以上通过方为有效：

（一）章程的修改；

（二）选举或者罢免理事长、副理事长、秘书长；

（三）章程规定的重大募捐、投资活动；

（四）基金会的分立、合并。

理事会会议应当制作会议记录，并由出席理事审阅、签名。

第二十二条 基金会设监事。监事任期与理事任期相同。理事、理事的近亲属和基金会财会人员不得兼任监事。

监事依照章程规定的程序检查基金会财务和会计资料，监督理事会遵守法律和章程的情况。

监事列席理事会会议，有权向理事会提出质询和建议，并应当向登记管理机关、业务主管单位以及税务、会计主管部门反映情况。

第二十三条 基金会理事长、副理事长和秘书长不得由现职国家工作人员兼任。基金会的法定代表人，不得同时担任其他组织的法定代表人。公募基金会和原始基金来自中国内地的非公募基金会的法定代表人，应当由内地居民担任。

因犯罪被判处管制、拘役或者有期徒刑，刑期执行完毕之日起未逾5年的，因犯罪被判处剥夺政治权利正在执行期间或者曾经被判处剥夺政治权利的，以及曾在因违法被撤销登记的基金会担任理事长、副理事长或者秘书长，且对该基金会的违法行为负有个人责任，自该基金会被撤销之日起未逾5年的，不得担任基金会的理事长、副理事长或者秘书长。

基金会理事遇有个人利益与基金会利益关联时，不得参与相关事宜的决策；基金会理事、监事及其近亲属不得与其所在的基金会有任何交易行为。

监事和未在基金会担任专职工作的理事不得从基金会获取报酬。

第二十四条 担任基金会理事长、副理事长或者秘书长的香港居民、澳门居民、台湾居民、外国人以及境外基金会代表机构的负责人，每年在中国内地居留时间不得少于3个月。

第四章 财产的管理和使用

第二十五条 基金会组织募捐、接受捐赠，应当符合章程规定的宗旨和公益活动的业务范围。境外基金会代表机构不得在中国境内组织募捐、接受捐赠。

公募基金会组织募捐，应当向社会公布募得资金后拟开展的公益活动和资金的详细使用计划。

第二十六条 基金会及其捐赠人、受益人依照法律、行政法规的规定享受税收优惠。

第二十七条 基金会的财产及其他收入受法律保护，任何单位和个人不得私分、侵占、挪用。

基金会应当根据章程规定的宗旨和公益活动的业务范围使用其财产；捐赠协议明确了具体使用方式的捐赠，根据捐赠协议的约定使用。

接受捐赠的物资无法用于符合其宗旨的用途时，基金会可以依法拍卖或者变卖，所得收入用于捐赠目的。

第二十八条 基金会应当按照合法、安全、有效的原则实现基金的保值、增值。

第二十九条 公募基金会每年用于从事章程规定的公益事业支出，不得低于上一年总收入的70%；非公募基金会每年用于从事章程规定的公益事业支出，不得低于上一年基金余额的8%。

基金会工作人员工资福利和行政办公支出不得超过当年总支出的10%。

第三十条 基金会开展公益资助项目，应当向社会公布所开展的公益资助项目种类以及申请、评审程序。

第三十一条 基金会可以与受助人签订协议，约定资助方式、资助数额以及资金用途和使用方式。

基金会有权对资助的使用情况进行监督。受助人未按协议约定使用资助或者有其他违反协议情形的，基金会有权解除资助协议。

第三十二条 基金会应当执行国家统一的会计制度，依法进行会计核算、建立健全内部会计监督制度。

第三十三条 基金会注销后的剩余财产应当按照章程的规定用于公益目的；无法按照章程规定处理的，由登记管理机关组织捐赠给与该基金会性质、宗旨相同的社会公益组织，并向社会公告。

第五章 监督管理

第三十四条 基金会登记管理机关履行下列监督管理职责：

（一）对基金会、境外基金会代表机构实施年度检查；

（二）对基金会、境外基金会代表机构依照本条例及其章程开展活动的情况进行日常监督管理；

（三）对基金会、境外基金会代表机构违反本条例的行为依法进行处罚。

第三十五条 基金会业务主管单位履行下列监督管理职责：

（一）指导、监督基金会、境外基金会代表机构依据法律和章程开展公益活动；

（二）负责基金会、境外基金会代表机构年度检查的初审；

（三）配合登记管理机关、其他执法部门查处基金会、境外基金会代表机构的违法行为。

第三十六条 基金会、境外基金会代表机构应当于每年 3 月 31 日前向登记管理机关报送上一年度工作报告，接受年度检查。年度工作报告在报送登记管理机关前应当经业务主管单位审查同意。

年度工作报告应当包括：财务会计报告、注册会计师审计报告，开展募捐、接受捐赠、提供资助等活动的情况以及人员和机构的变动情况等。

第三十七条 基金会应当接受税务、会计主管部门依法实施的税务监督和会计监督。

基金会在换届和更换法定代表人之前，应当进行财务审计。

第三十八条 基金会、境外基金会代表机构应当在通过登记管理机关的年度检查后，将年度工作报告在登记管理机关指定的媒体上公布，接受社会公众的查询、监督。

第三十九条 捐赠人有权向基金会查询捐赠财产的使用、管理情况，并提出意见和建议。对于捐赠人的查询，基金会应当及时如实答复。

基金会违反捐赠协议使用捐赠财产的，捐赠人有权要求基金会遵守捐赠协议或者向人民法院申请撤销捐赠行为、解除捐赠协议。

第六章 法律责任

第四十条 未经登记或者被撤销登记后以基金会、基金会分支机构、基金会代表机构或者境外基金会代表机构名义开展活动的，由登记管理机关予以取缔，没收非法财产并向社会公告。

第四十一条 基金会、基金会分支机构、基金会代表机构或者境外基金会代表机构有下列情形之一的，登记管理机关应当撤销登记：

（一）在申请登记时弄虚作假骗取登记的，或者自取得登记证书之日起 12 个月内未按章程规定开展活动的；

（二）符合注销条件，不按照本条例的规定办理注销登记仍继续开展活动的。

第四十二条 基金会、基金会分支机构、基金会代表机构或者境外基金会代表机构有下列情形之一的，由登记管理机关给予警告、责令停止活动；情节严重的，可以撤销登记：

（一）未按照章程规定的宗旨和公益活动的业务范围进行活动的；

（二）在填制会计凭证、登记会计账簿、编制财务会计报告中弄虚作假的；

（三）不按照规定办理变更登记的；

（四）未按照本条例的规定完成公益事业支出额度的；

（五）未按照本条例的规定接受年度检查，或者年度检查不合格的；

（六）不履行信息公布义务或者公布虚假信息的。

基金会、境外基金会代表机构有前款所列行为的，登记管理机关应当提请税务机关责令补交违法行为存续期间所享受的税收减免。

第四十三条 基金会理事会违反本条例和章程规定决策不当，致使基金会遭受财产损失的，参与决策的理事应当承担相应的赔偿责任。

基金会理事、监事以及专职工作人员私分、侵占、挪用基金会财产的，应当退还非法占用的财产；构成犯罪的，依法追究刑事责任。

第四十四条 基金会、境外基金会代表机构被责令停止活动的，由登记管理机关封存其登记证书、印章和财务凭证。

第四十五条 登记管理机关、业务主管单位工作人员滥用职权、玩忽职守、徇私舞弊，构成犯罪的，依法追究刑事责任；尚不构成犯罪的，依法给予行政处分或者纪律处分。

第七章 附 则

第四十六条 本条例所称境外基金会，是指在外国以及中华人民共和国香港特别行政区、澳门特别行政区和台湾地区合法成立的基金会。

第四十七条 基金会设立申请书、基金会年度工作报告的格式以及基金会章程范本，由国务院民政部门制订。

第四十八条 本条例自 2004 年 6 月 1 日起施行，1988 年 9 月 27 日国务院发布的《基金会管理办法》同时废止。

本条例施行前已经设立的基金会、境外基金会代表机构，应当自本条例施行之日起 6 个月内，按照本条例的规定申请换发登记证书。

重 要 文 件

中共中央、全国人大、国务院及各部委有关红十字会工作的文件

国务院办公厅转发中国红十字会总会《关于进一步加强红十字会工作意见》的通知

（国办发〔2004〕85 号）

各省、自治区、直辖市人民政府，国务院各部委、各直属机构：

中国红十字会总会《关于进一步加强红十字会工作的意见》已经国务院同意，现转发给你们，请认真贯彻执行。

附：

中国红十字会总会《关于进一步加强红十字会工作的意见》

（2004 年 11 月）

党和政府一贯高度重视、积极扶持和推动中国红十字事业的发展。自新中国建立特别是改革开放以来，红十字事业逐步走上法制化管理轨道，红十字会的管理体制和运行机制逐步理顺，救灾救助网络不断完善，国际交流与合作日益扩大，开展了大量卓有成效的人道主义救助工作，为保障人民群众的生命安全和身体健康，维护国家改革、发展、稳定大局，增进同国际社会的交往，促进人类和平与进步事业，发挥了十分重要的作用。为贯彻落实《中华人民共和国红十字会法》（以下简称《红十字会法》），推进我国红十字事业的发展，充分发挥各级红十字会的作用，现就进一步加强红十字会工作提出如下意见：

一、充分认识红十字会的地位和作用

国际红十字运动以“人道、公正、中立、独立、志愿服务、统一、普遍”为基本原则，以保护人的生命和健康，保护人类尊严，促进人与人之间的相互了解、友谊和合作，促进持久和平为宗旨。中国红十字会奉行国际红十字运动的基本原则和宗旨，弘扬“人道、博爱、奉献”的红十字精神，致力于“动员人道力量、改善最易受损害群体的境况”，协助政府开展人道主义救助工作，是我国社会主义现代化建设的重要力量。大力发展红十字事业，是实践“三个代表”重要思想，树立和落实以人为本、全面协调可持续科学发展观的必然要求，是国家的需要、人民的需要，也是时代发展的

需要，对加强社会主义物质文明、政治文明和精神文明建设协调发展，构建社会主义和谐社会，实现全面建设小康社会的目标，具有重要的意义和作用。地方各级人民政府要高度重视、关心和支持红十字会工作，把支持红十字事业的发展作为义不容辞的重要责任，要明确一名负责同志联系红十字会工作。要认真贯彻落实《红十字会法》，保障各级红十字会依法独立自主地开展工作。要把支持红十字事业发展的工作摆到重要议事日程，纳入地方经济社会发展计划。要与转变政府职能紧密结合起来，切实加强红十字会工作，充分发挥红十字会在协助政府开展人道主义援助和促进经济社会发展等方面的积极作用。要充分调动社会各方面的积极性，形成全社会支持红十字会工作的良好局面。

二、切实加强对红十字事业的扶持

要加大对红十字事业的支持力度，切实帮助解决红十字事业发展中遇到的困难和问题。帮助并鼓励红十字会继续做好备灾救灾、社会募捐、初级卫生救护培训、社区红十字服务、宣传推动无偿献血、中国造血干细胞捐献者资料库建设、预防宣传艾滋病防治知识和关怀艾滋病病毒感染者及患者、红十字青少年活动以及国际和地区间交流与合作等公益性工作。根据外交工作需要，对红十字会参与国际人道主义救助工作以及开展民间外交的经费给予支持。要依法将资助红十字事业的经费纳入各级财政预算，支持红十字会的人道主义救助工作和有关公益性工作。

对红十字会兴办与其宗旨相符的社会福利事业和社区红十字服务项目，要按照有关规定给予政策优惠和扶持；对红十字会的救灾救助物资，要按照法律和行政法规的有关规定优先运输、优先放行，并减免有关费用。要积极支持红十字公益性宣传。

三、切实帮助红十字会提高救助能力

要帮助各级红十字会建立有效筹资机制，不断增强救助能力。支持红十字会依据《红十字会法》和《中华人民共和国公益事业捐赠法》的有关规定募集资金，支持红十字会拓宽民间捐资、社会募捐和国际捐赠等各种筹资渠道。要支持红十字会建立公开、公平、公正、高效的救灾救助制度，根据“尊重捐赠者意愿”的原则依法处分救灾救助物资，有关部门按规定做好监督和检查工作。

在国家灾害救助体系建设中要充分考虑红十字会的作用，支持红十字会加强备灾救灾基础设施和救灾救助网络建设，帮助红十字会完善应急反应机制，形成协助政府做好救灾救助的工作体系。

四、大力加强红十字会组织机构和干部队伍建设

要支持红十字会加强干部队伍和组织机构建设，提高依法履行职责以及开展各项活动的能力和水平。要按照《红十字会法》的规定和《中共中央办公厅国务院办公厅关于印发〈21个群众团体机关机构改革意见〉的通知》（中办发〔2000〕31号）的要求，进一步完善红十字会机关管理体制。要加强各级红十字会领导班子建设，帮助红十字会加强干部队伍建设，注意吸收红十字会主要负责人参加有关协调机构和会议活动。要帮助解决好各级红十字会工作人员参照公务员管理的问题，为各级红十字会推荐得力的干部，并加强对干部的培训，不断提高干部的思想政策水平和业务能力，努力建设一支爱岗敬业、乐于奉献、勇于开拓、精通业务、廉洁公正、会做群众工作的干部队伍。要充分发挥各级红十字会理事会、基层组织、会员和志愿工作者的作用，广泛动员社会力量，合理利用社会资源，形成优势互补、有效合作、共同提高的社会化工作机制，努力把红十字会建成充满生机与活力、密切联系群众、符合自身特点的从事人道主义工作的社会救助团体。

五、努力推动国际和地区间交流与合作的深入开展

要充分发挥红十字会在开展民间外交方面的独特优势，继续鼓励和支持红十字会积极参与国际红十字运动，加强与国际红十字组织、各国红十字会和红新月会及其他国际组织的交流与合作，扩大合作规模和领域，努力引进资金、技术和项目，切实保障项目的实施，并配合国家外交工作需要积极向遭受战乱和自然灾害的国家和地区提供国际人道主义救助。

要支持红十字会按照“一国两制”的方针，进一步密切与香港、澳门特别行政区红十字分会的交流与合作，加强与台湾红十字组织的交流与合作，继续发挥红十字会在祖国统一大业中的特殊作用。

《关于表彰全国红十字会系统先进集体和先进工作者的决定》

（国人部发〔2004〕88号）

各省、自治区、直辖市人事厅（局）、红十字会：

在党中央、国务院的领导和关怀下，全国各级红十字会及广大红十字工作者，以邓小平理论和“三个代表”重要思想为指导，全面贯彻党的十六大精神，树立和落实科学发展观，坚持依法建会、依法治会和依法兴会，扎实工作、无私奉献，充分发挥了在人道主义救助工作领域政府助手的作用，涌现出一大批先进集体和先进个人。

为表彰他们的模范事迹，弘扬“人道、博爱、奉献”的红十字精神，人事部、中国红十字会总会决定：授予北京市西城区红十字会等29个集体“全国红十字会系统先进集体”荣誉称号；授予斯日古楞等10名个人“全国红十字会系统先进工作者”荣誉称号。被授予“全国红十字会系统先进工作者”荣誉称号的个人享受省部级劳动模范和先进工作者待遇。希望受到表彰的先进集体和个人珍惜荣誉，发扬成绩，戒骄戒躁，再立新功。

全国各级红十字会和全体红十字工作者要以受表彰的先进集体和个人为榜样，在以胡锦涛同志为总书记的党中央领导下，高举邓小平理论和“三个代表”重要思想伟大旗帜，解放思想，实事求是，开拓创新，与时俱进，不断推进中国红十字事业的发展，为全面建设小康社会、实现中华民族的伟大复兴而不懈奋斗。

附：1. 全国红十字会系统先进集体名单（略）

2. 全国红十字会系统先进工作者名单（略）

二〇〇四年十月十九日

《关于表彰全国红十字会系统先进集体和先进工作者的决定》

（人发〔2002〕31 号　2002 年 3 月 22 日）

各省、自治区、直辖市人事厅（局）、红十字会：

新中国成立后，特别是改革开放以来，在党中央、国务院的领导和社会各界的支持下，我国红十字事业蓬勃发展。1993 年 10 月 31 日《中华人民共和国红十字会法》的颁布施行，是我国红十字事业发展史上的一个里程碑。从此，全国各级红十字会组织和广大红十字工作者，以邓小平理论为指导，认真学习、努力实践江泽民同志“三个代表”重要思想，坚持依法建会、依法治会和依法兴会，抓住机遇，开拓进取，把国际红十字运动的基本原则与中国社会主义建设的实际相结合，积极探索建设有中国特色的红十字事业。在自身建设、备灾救灾工作、群众性卫生救护知识培训、社区服务、开展红十字青少年活动、推动无偿献血、进行社会救助、台湾事务工作以及对外交往等方面都取得了显著成绩，涌现出一大批先进集体和先进工作者。

为表彰他们的模范事迹，进一步弘扬“人道、博爱、奉献”的红十字精神，人事部、中国红十字会总会决定：授予北京市红十字会等 31 个单位“全国红十字会系统先进集体”荣誉称号；授予杨有平等 30 位同志“全国红十字会系统先进工作者”荣誉称号。被授予“全国红十字会系统先进工作者”荣誉称号的人员，享受省部级劳动模范和先进工作者待遇。

受到表彰的先进集体和先进工作者，有的从事红十字工作几十年，为红十字事业辛勤耕耘；有的锐意进取、开拓创新；有的埋头苦干，无私奉献；有的多方筹资，开展社会救助活动，把党和政府的关怀送到千家万户。他们以优异的成绩和良好的作风，赢得了广大人民群众的信赖和赞誉，展现了新时期红十字工作者高尚的思想品质和良好的精神风貌。

人事部、中国红十字会总会号召各级红十字会组织和全体红十字工作者向受到表彰的先进集体和先进工作者学习。学习他们开拓进取、不断创新、与时俱进的改革精神；学习他们心系群众、爱岗敬业、奉献爱心的高尚情操；学习他们艰苦奋斗、不辞辛劳、扎实工作的优良作风。希望受到表彰的先进集体和先进工作者把荣誉作为新的起点，谦虚谨慎，戒骄戒躁，再接再厉，为红十字事业做出新的更大的贡献。

全国各级红十字会组织和全体红十字工作者要以先进模范为榜样，高举邓小平理论伟大旗帜，紧密团结在以江泽民同志为核心的党中央周围，以“三个代表”重要思想为指导，齐心协力，努力拼搏，为建设有中国特色的红十字事业，为社会主义两个文明建设做出新的更大的贡献，以优异的成绩迎接党的十六大的胜利召开。

附件：1. 全国红十字会系统先进集体名单（见本年鉴人名篇）

2. 全国红十字会系统先进工作者名单（见本年鉴研究篇）

中央机构编制委员会办公室《关于印发〈中国红十字会总会机关主要职责、内设机构和人员编制方案〉的通知》

（中央编办发〔2001〕34号）

中国红十字会总会：

《中国红十字会总会机关主要职责、内设机构和人员编制方案》经中央机构编制委员会办公室审核，并报中央编委领导批准，现予印发。

附：

《中国红十字会总会机关主要职责、内设机构和人员编制方案》

（2001年10月12日）

根据《中共中央办公厅、国务院办公厅关于印发〈21个群众团体机关机构改革意见〉的通知》（中办发〔2000〕31号）精神，中国红十字会总会机关主要职责、内设机构和人员编制方案确定如下：

一、职责调整

中国红十字会总会机关的主要职责，在1995年“三定”方案规定基础上增加两项：

（一）指导中国红十字会地方分会开展全国性活动。

（二）负责建设和管理“中国造血干细胞捐献者资料库”。

在改革中要改进运行机制，一是通过人道主义的救助活动，为政府分忧，为群众解难。二是加强调查研究，组织经验交流；大力开展公益活动，以活动树“品牌”。三是发扬红十字会的优良传统和作风，大力弘扬“人道、博爱、奉献”的精神，把工作重点放到基层。

二、主要职责

中国红十字会是从事人道主义工作的社会救助团体。中国红十字会总会由国务院领导联系。其机关主要职责是：

（一）组织贯彻实施《中华人民共和国红十字会法》，执行《中国红十字会章程》，指导地方红十字会分会开展全国性活动，推动中国红十字会各项工作的开展。

（二）开展救灾的准备工作；在自然灾害和突发事件中，对伤病人员和其他受害者进行救助。

（三）开展人道领域内的社区服务和社会公益活动；组织开展群众性初级卫生救护训练，参加国际人道主义救助工作。

（四）开展与国际红十字组织和各国红十字会或红新月会的友好合作与交流；宣传国际红十字和红新月运动的基本原则和日内瓦公约及其附加议定书，并依照有关规定开展工作。

（五）开展有益于青少年身心健康的、弘扬人道主义精神的红十字青少年活动。

（六）依据《中华人民共和国红十字会法》和《中华人民共和国献血法》的规定，推动无偿献血工作，建设和管理“中国造血干细胞捐献者资料库”。

（七）按照“一国两制”的原则，加强

与香港、澳门特别行政区红十字会的交往与合作；协助政府开展对台工作，开展两岸红十字组织的交流、合作。

（八）完成政府交办和委托的其它工作。

三、内设机构

中国红十字会总会机关内设4个部门和机关党委。

（一）办公室（对外可使用“人事部”印章）

负责总会工作综合协调、会议组织、文电处理、秘书事务、机要保密、安全保卫、档案管理、来信来访、计算机网络建设等工作；负责总会机关机构编制和人事管理；负责总会资产和财务管理，指导、监督直属单位的财务工作；依法管理中国红十字会总会接受的国内、国外组织与个人捐助款项。

（二）赈济救护部

组织开展救灾的准备工作，统筹总会救灾、备灾设施的建设和管理；指导地方红十字会分会救灾、备灾设施的建设工作；负责组织培训救灾骨干队伍，在自然灾害和突发事件中组织开展救护和救助，根据灾情向国内外发出呼吁，提供人道主义援助；开展群众性初级卫生救护训练，组织群众参加意外伤害和自然灾害的现场救助；组织会员和志愿工作者开展社区服务及其他人道主义服务活动；推动无偿献血，指导冠名红十字会的医院、血站、卫生站的业务建设，负责“中国造血干细胞捐赠者资料库（中华骨髓库）”的建设和管理等工作。

（三）事业发展部

负责组织开展对国际红十字运动及中国红十字事业发展的有关政策、理论的研究，组织起草红十字工作的有关重要文件；宣传、检查、督促、指导《中华人民共和国红十字会法》和《中华人民共和国红十字标志使用办法》的实施；负责传播日内瓦公约及其附加议定书、红十字与红新月运动七项基本原则，组织、开展重大宣传活动；负责指导地方红十字会分会的组织建设与志愿工作者队伍建设；组织红十字青少年活动；负责对挂靠在总会的符合红十字宗旨的社会福利事业单位和经济实体的管理等工作，依法接受国内外组织和个人的捐赠。

（四）联络部

负责红十字组织对外及香港÷澳门特别行政区和台湾地区交往、合作事宜；负责中国红十字会参与国际红十字与红新月运动的具体事宜；协助政府依照日内瓦公约及其附加议定书的有关规定开展工作；负责联系国际人道主义救助工作；实施对外捐助；负责总会与有关国际组织、各国红十字会或红新月会的交流与合作；指导地方红十字会开展对外合作与交流言协助政府开展对台工作，处理有关事务，促进两岸红十字组织的交流、合作。

机关党委。负责机关和在京直属单位的党群工作。

四、人员编制和领导职数

中国红十字会总会机关人员编制为60名（其中行政编制45名，财政补贴事业编制15名）。

领导职数：会长1名（兼），常务副会长1名，副会长1名，秘书长1名，副秘书长1名；部门正、副领导职数9名（含机关党委专职副书记1名）。

离退休干部工作机构和人员编制保持稳定。

财政部、国家税务总局《关于企业等社会力量向红十字事业捐赠有关问题的通知》

（财税〔2001〕28 号　2001 年 3 月 8 日）

各省、自治区、直辖市、计划单列市财政厅（局）、国家税务局、地方税务局、红十字会：

为鼓励企业等社会力量向红十字事业的捐赠，财政部、国家税务总局联合下发了《关于企业等社会力量向红十字事业捐赠有关所得税政策问题的通知》（财税〔2000〕30 号）。为更好地贯彻落实此项政策，现就有关问题通知如下：

一、关于“红十字事业”的认定

县级以上（含县级）红十字会，按照《中华人民共和国红十字会法》和《中国红十字会章程》所赋予的职责开展的相关活动为“红十字事业”。具体有以下十项：

（一）红十字会为开展救灾工作兴建和管理备灾救灾设施；自然灾害和突发事件中，红十字会开展的救护和救助活动。

（二）红十字会开展的卫生救护和防病知识的宣传普及；对易发生意外伤害的行业和人群开展的初级卫生救护培训，以及意外伤害、自然灾害的现场救护。

（三）无偿献血的宣传、发动及表彰工作。

（四）中国造血干细胞捐赠者资料库（中华骨髓库）的建设与管理，以及其他有关人道主义服务工作。

（五）各级红十字会兴办的符合红十字会宗旨的社会福利事业；红十字会的人员培训、机关建设等。

（六）红十字青少年工作及其开展的活动。

（七）国际人道主义救援工作。

（八）依法开展的募捐活动。

（九）宣传国际人道主义法、红十字与红新月运动基本原则和《中华人民共和国红十字会法》。

（十）县级以上（含县级）人民政府委托红十字会办理的其他“红十字事业”。

二、对受赠者和转赠者资格的认定

鉴于现阶段各级地方红十字会机构管理体制多元化的情况，为使接受的捐赠真正用于发展红十字事业，维护国家正常的税收秩序，对受赠者、转赠者的资格认定为：

（一）完全具有受赠者、转赠者资格的红十字会

县级以上（含县级）红十字会的管理体制及办事机构、编制经同级编制部门核定，由同级政府领导联系者为完全具有受赠者、转赠者资格的红十字会。捐赠给这些红十字会及其“红十字事业”，捐赠者准予享受在计算缴纳企业所得税和个人所得税时全额扣除的优惠政策。

（二）部分具有受赠和转赠资格的红十字会

由政府某部门代管或挂靠在政府某一部门的县级以上（含县级）红十字会为部分具有受赠者、转赠者资格的红十字会。这些红十字会及其“红十字事业”，只有在中国红十字会总会号召开展重大活动（以总会文件为准）时接受的捐赠和转赠，捐赠者

方可享受在计算缴纳企业所得税和个人所得税时全额扣除的优惠政策。除此之外，接受定向捐赠或转赠，必须经中国红十字会总会认可，捐赠者方可享受在计算缴纳企业所得税和个人所得税时全额扣除的优惠政策。

三、接受捐赠的红十字会应按照财务隶属关系分别使用由中央或省级财政部门统一印（监）制的捐赠票据，并加盖接受捐赠或转赠的红十字会的财务专用印章。

四、为增强中国红十字会总会的协调及救助能力，县级以上（含县级）红十字会将接受的捐赠资金（不包括实物部分），按10%的比例逐笔上交中国红十字会总会，上交资金全部用于“红十字事业”。

五、任何组织和个人不得侵占和挪用向红十字事业的捐赠。对违反本办法，骗取所得税税前扣除或伪造捐赠票据者，按国家有关法律法规处罚。

财政部、国家税务总局、海关总署《关于发布〈扶贫、慈善性捐赠物资免征进口税收暂行办法〉的通知》

（财税〔2000〕152 号　2001 年 1 月 15 日）

国务院各部委、各直属机构，各省、自治区、直辖市人民政府：

经国务院批准，现将《扶贫、慈善性捐赠物资免征进口税收暂行办法》印发，请遵照执行。

附：

《扶贫、慈善性捐赠物资免征进口税收暂行办法》

第一条　为促进公益事业的健康发展，规范对扶贫、慈善事业捐赠物资的进口管理，根据《中华人民共和国公益事业捐赠法》有关规定，制定本办法。

第二条　对境外捐赠人无偿向受赠人捐赠的直接用于扶贫、慈善事业的物资，免征进口关税和进口环节增值税。

第三条　本办法所称扶贫、慈善事业是指非营利的扶贫济困、慈善救助等社会慈善和福利事业。

第四条　本办法所称境外捐赠人是指中华人民共和国关境外的自然人、法人或者其他组织。

第五条　本办法所称受赠人是指：

（一）经国务院主管部门依法批准成立的，以人道救助和发展扶贫、慈善事业为宗旨的社会团体。

（二）国务院有关部门和各省、自治区、直辖市人民政府。

第六条　本办法所称用于扶贫、慈善公益性事业的物资是指：

（一）新的衣服、被褥、鞋帽、帐篷、手套、睡袋、毛毯及其他维持基本生活的必需用品等。

（二）食品类及饮用水（调味品、水产品、水果、饮料、烟酒等除外）。

（三）医疗类包括直接用于治疗特困患者疾病或贫困地区治疗地方病及基本医疗卫生、公共环境卫生所需的基本医疗药品、基本医疗器械、医疗书籍和资料。

（四）直接用于公共图书馆、公共博物馆、中等专科学校、高中（包括职业高中）、初中、小学、幼儿园教育的教学仪器、教材、图书、资料和一般学习用品。

（五）直接用于环境保护的专用仪器。

（六）经国务院批准的其他直接用于扶贫、慈善事业的物资。

前款物资不包括国家明令停止减免进口税收的二十种商品、汽车、生产性设备、生产性原材料及半成品等。捐赠物资应为新品，在捐赠物资内不得夹带有害环境、公共卫生和社会道德及政治渗透等违禁物品。

第七条　进口的捐赠物资，由受赠人向海关提出免税申请，海关按规定负责审批并进行后续管理。经批准免税进口的捐赠物资，由海关进行专项统计。

第八条　进口的捐赠物资按国家规定属配额、特定登记和进口许可证管理的商品，受赠人应向有关部门申请配额、登记证明和进口许可证，海关凭证验放。

第九条　经批准免税进口的捐赠物资，依照《中华人民共和国公益事业捐赠法》第三章有关条款进行使用和管理。

第十条　免税进口的扶贫、慈善性捐赠进口物资，不得以任何形式转让、出售、出租或移作他用。如有违反，按国家有关法律、法规处理。

第十一条　（一）外国政府、国际组织无偿捐赠的扶贫、慈善物资按《中华人民共和国海关法》和《中华人民共和国增值税暂行条例》有关规定继续执行，不适用本办法。

（二）经国务院特别批准的免征进口税的捐赠物资，不适用本办法。

第十二条　本办法由财政部会同国家税务总局、海关总署解释。

第十三条　海关总署根据本办法制定具体实施办法。

第十四条　本办法自发布之日起施行。

财政部、国家税务总局《关于企业等社会力量向红十字事业捐赠有关所得税政策问题的通知》

（财税〔2000〕30号　2000年7月12日）

各省、自治区、直辖市、计划单列市财政厅（局）、国家税务局、地方税务局：

根据国务院决定精神，为支持红十字事业发展，现对企业等社会力量向红十字事业捐赠的有关所得税政策问题通知如下：

企业、事业单位、社会团体和个人等社会力量，通过非营利性的社会团体和国家机关（包括中国红十字会）向红十字事业的捐赠，在计算缴纳企业所得税和个人所得税时准予全额扣除。

本通知自2000年1月1日起执行。

中央机构编制委员会办公室《关于理顺中国红十字会总会管理体制的通知》

（中编办字〔1999〕136号　1999年12月29日）

中国红十字会总会：

为了推动和协调《中华人民共和国红十字会法》的贯彻实施，便于你会开展国际交往，在国际上发挥积极的影响和作用，有利于中国红十字会依照红十字会法和章程，独立自主地全面开展工作，有利于加强政府对红十字会工作的领导和协调，经报请中央编委领导批准，将中国红十字会总会由“卫生部代管”改由国务院领导联系，其机关党的工作由中央国家机关工委领导、干部按中组部有关规定进行管理、经费列国管局。

维持原来外事工作归口外交部、对台工作由中台办指导的管理关系不变。

中华人民共和国新闻出版署《关于对中国红十字总会归口管理报刊的复函》

中国红十字会总会：

红报刊字〔2000〕63号、卫办新发〔2000〕第132号均已收悉。

根据中编办《关于理顺中国红十字会管理体制的通知》（中编办字〔1999〕136号）的精神，同意原由你会主办、卫生部主管的《中国红十字报》和《博爱》杂志由你会主管主办。卫生部不再做其主管单位。其他登记项目不变。

请到北京市新闻出版局办理变更手续。

中共中央组织部《关于党政机关领导干部兼任中国红十字会领导职务的答复》

（干办字〔1998〕15号）

中国红十字会总会党组：

红党字［1998］第006号文收悉。

经研究，同意你们关于党政机关领导干部可以兼任中国红十字会领导职务的意见。党政机关领导干部兼任地方各级红十字会和行业红十字会领导职务问题，可由地方各级党委和行业党委根据工作需要研究确定。

民政部《关于救灾募捐义演等有关问题的通知》

（民办发〔1998〕9号　1998年9月3日）

各省、自治区、直辖市民政厅（局），各计

划单列市民政局：

根据《国务院办公厅关于加强救灾捐赠管理工作的通知》（国办发明电［1998］14号）精神，为了进一步加强对救灾募捐义演、义卖、义诊、义展、义赛、义画、义拍等活动的管理，维护捐赠者和受捐赠者的合法权益，并确保救灾募捐义演等活动合法有序，现就有关问题通知如下：

一、救灾募捐义演活动的审批程序

必须按照国务院1997年发布的《营业性演出管理条例》和民政部1994年发布的《社会福利性募捐义演管理暂行办法》的规定，严格履行报批手续。举办者必须向当地县级以上人民政府民政部门提出申请，经民政部门核准报同级文化行政部门批准后方可举办。

二、救灾募捐义演活动的申报内容

民政部门接受申办者提交申请书时，必须要求申办者同时提供资信证明、接受单位的认定材料、演出计划、演出地点、演出场次、演出时间、演出票价、必要费用开支预算、所得善款额度、公证部门同意公证的证明等材料。

三、救灾募捐义演的经费预算决算

举办义演所得收入，除去必要的费用开支以外，其余收入必须全部移交受捐者，受捐者要单独设立账户，专账管理，并给捐赠者开具收据和捐赠证书，捐赠款物的数额要向社会公布。捐赠义演等活动的全过程必须经公证部门公证，举办者必须按照国家财会制度进行结算，并由审计部门进行全面审计，将决算报告报原审批部门。

四、其他救灾募捐活动

救灾募捐义卖、义诊、义展、义赛、义画、义拍等活动必须严格管理，参照救灾募捐义演规定由各级民政部门从严审核。同时，义卖、义拍活动审核后要经工商部门批准；义展活动审核后要经文化部门批准；义赛活动审核后由体育行政部门批准。

五、监督检查

救灾募捐义演、义卖、义诊、义展、义赛、义画、义拍等活动必须在法律范围内进行。凡经批准举办的义演、义卖、义诊、义展、义赛、义画、义拍等活动必须在举办现场公示批准文本，否则按非法募捐行为处理。

对于非法举办救灾募捐义演、义卖、义诊、义展、义赛、义画、义拍等活动的，由公安部门予以制止，并依法严肃查处；对以义演、义卖、义诊、义展、义赛、义画、义拍等名义诈骗钱财的，由公安、司法部门依法严厉惩处。

各级民政部门负责检查募捐义演、义卖、义诊、义展、义赛、义画、义拍等款物的落实情况，捐赠者和受捐赠者不得挪用捐赠款物，违者由民政部门会同有关部门坚决依法查处。

侵吞募捐义演款物的，依据《营业性演出管理条例》第四十六条规定，由文化部门会同民政部门责令举办者将违法所得送交受捐者，并处违法所得3倍以上5倍以下的罚款；情节严重的，由原发证机关责令停业整顿直至吊销相关的许可证；构成犯罪的，依法追究刑事责任。

侵吞义卖、义诊、义展、义赛、义画、义拍等募捐款物的，由民政部门报同级人民政府会同公安、体育、工商等有关部门给予严肃处理。

在救灾募捐义演、义卖、义诊、义展、义赛、义画、义拍等活动中进行非法募捐的社会团体，民政部门要依据《社会团体登记管理条例》的有关规定予以处理。

监察部门对机关和事业单位侵吞救灾捐赠款物的，要及时通报上级监察部门，对主要负责人和直接责任人给予行政处分。

国务院办公厅《关于加强救灾捐赠管理工作的通知》

（国办发明电〔1998〕14 号　1998 年 8 月 23 日）

各省，自治区、直辖市人民政府，国务院各部委、各直属机构：

今年我国长江、松花江流域发生严重洪涝灾害，全国各族人民、港澳台同胞、海外侨胞十分关心灾区人民，纷纷慷慨解囊，掀起了捐款捐物献爱心的热潮，充分体现了中华民族“一方有难，八方支援”的传统美德。广泛开展的社会捐赠活动，将对帮助灾区人民克服困难、重建家园起到重要作用。但在救灾捐赠活动中也出现了一些诸如募捐渠道混乱，捐赠款物分配多头等问题，个别地方甚至出现了以救灾募捐名义进行诈骗活动的现象，这些问题如不及时解决，不仅会挫伤社会各界的捐赠积极性，严重影响救灾捐赠工作的正常进行，而且会扰乱正常的社会秩序，影响整个救灾工作的正常有序开展。为切实组织好救灾捐赠工作，加强对救灾捐赠款物的管理使用，现就有关问题通知如下：

一、救灾捐赠工作要有领导。有组织地规范进行。各地、各部门要切实加强对救灾捐赠工作的领导，把救灾捐赠工作作为夺取抗灾救灾全面胜利的重要措施来抓，统筹安排，精心指导，周密部署。救灾捐赠工作由民政部门统一组织，各系统、各部门只能在本系统、本单位内组织救灾捐赠活动。除中国红十字会外，未经民政部门同意，任何个人、任何单位不得在社会上开展任何形式的救灾募捐活动。义演、义卖、义诊等救灾募捐活动，必须按照国务院 1997 年发布的《营业性演出管理条例》和民政部 1994 年发布的《社会福利性募捐义演管理暂行办法》的规定，严格履行报批手续。江西、湖南、湖北、安徽、福建、广西、黑龙江、吉林、内蒙古等重灾省（区）的各级民政部门要有专门机构负责接收省内外的救灾捐款。其他省份的民政部门也必须组织好救灾捐赠工作。任何系统开展救灾捐赠工作，都必须坚持自愿原则，不得搞行政命令、硬性摊派。

二、要切实管好用好救灾捐赠款物。接收救灾捐赠必须做到手续完备、专账管理、专人负责、账款相符、账目清楚。接收的每一笔捐款，都要当面点清，开具收据。救灾捐赠款物要坚持专款专物专用、集中使用、统一制定分配方案、分头组织实施的原则。定向捐赠的款物，必须按捐赠者意愿使用，非定向捐赠的款物，除少量用于紧急转移安置灾民生活所需外，要重点用于帮助灾民重建或新建家园。

中央和国家机关有关部门、非重灾省区及全国性民间组织要将救灾捐赠的接收情况及时报民政部，由民政部负责统计汇总，并按照国务院确定的原则，根据灾情统筹平衡，制定非定向捐赠款物的分配方案，由各部门、各单位具体组织实施。

国有企业救灾捐赠（包括现金和实

物），按现行财税制度规定，在年度应纳税所得额3%以内的部分可以从应纳税所得额中抵扣，超过年度应纳税所得额3%以上的部分只能从税后企业工资基金结余和福利费中列支。所有国有企业都必须严格执行国家财税法规，不得将救灾捐赠抵扣营业收入，不得因此影响各项税收的缴纳。

重灾省（区）的各级民政部门统一接收本行政区域内外的救灾捐赠，制定分配使用方案，报同级政府批准后组织实施，同时将方案报上级主管部门。

三、加强对救灾捐赠工作的监督、检查。捐赠款物的接收、分配、使用情况要及时向社会公布，自觉接收公众监督。救灾捐赠工作的主管部门要及时查处和取缔各种形式的非法募捐活动。新闻媒介要充分发挥舆论监督作用，揭露救灾捐赠工作中的违纪、违法现象。

审计、监察部门要对救灾捐赠工作跟踪检查、审计，发现问题及时处理。公安、司法部门要坚决打击借募捐名义从事诈骗活动等救灾捐赠工作中的违法犯罪行为。

财政部、国务院关税税则委员会、国家税务总局、海关总署《关于印发〈关于救灾捐赠物资免征进口税收暂行办法〉的通知》

（财税字〔1998〕98号　1998年6月29日）

民政部、中国红十字会、中华全国妇女联合会：

经国务院批准，现将《关于救灾捐赠物资免征进口税收的暂行办法》印发给你们，请按照执行。

关于救灾捐赠物资免征进口税收的暂行办法

第一条　为有利于灾区紧急救援，规范救灾捐赠进口物资的管理，制定本办法。

第二条　对外国民间团体、企业、友好人士和华侨、香港居民和台湾、澳门同胞无偿向我境内受灾地区捐赠的直接用于救灾的物资，在合理数量范围内，免征进口关税和进口环节增值税、消费税。

第三条　享受救灾捐赠物资进口免税的区域限于新华社对外发布和民政部《中国灾情信息》公布的受灾地区。

第四条　免税进口的救灾捐赠物资限于：

（一）食品类（不包括调味品、水产品、水果、饮料、酒等）；

（二）新的服装、被褥、鞋帽、帐篷、手套、睡袋、毛毯及其他维持基本生活的必需用品等；

（三）药品类（包括治疗、消毒、抗菌等）、疫苗、白蛋白、急救用医疗器械、消杀灭药械等；

（四）抢救工具（包括担架、橡皮艇、救生衣等）；

（五）经国务院批准的其他直接用于灾区救援的物资。

第五条　救灾捐赠物资进口免税的审批管理：

（一）救灾捐赠进口物资一般应由民政部（中国国际减灾十年委员会）提出免税申请，对于来自国际和友好国家及香港特别行政区、台湾、澳门红十字会和妇女组织捐赠的物资分别由中国红十字会、中华全国妇女联合会提出免税申请，海关总署依照本规定进行审核并办理免税手续。免税进口的救灾捐赠物资按渠道分别由民政部（如涉及国务院有关部门，民政部应会同相关部门）、中国红十字会、中华全国妇女联合会负责接收、管理并及时发送给受灾地区。

（二）接受的捐赠物资，按国家规定属配额、特定登记和进口许可证管理的商品，应向有关部门申请配额、登记证明和进口许可证，海关凭证验放。

第六条 各地区、各有关部门要加强管理，不得以任何形式将免税进口的救灾捐赠物资转让、出售、出租或移作他用，如违反上述规定，由海关按《中华人民共和国海关法》有关条款规定处理。

第七条 外国政府、国际组织无偿捐赠的救灾物资按《中华人民共和国海关法》第三十九条和《中华人民共和国增值税暂行条例》第十六条有关规定执行，不适用本办法。

第八条 本办法由财政部会同国务院关税税则委员会、国家税务总局、海关总署负责解释。

第九条 本办法自发布之日起施行。

财政部、国家税务总局《关于对社会团体收取的会费收入不征收营业税的通知》

（财税字〔1997〕63 号 1997 年 5 月 21 日）

最近，一些地方和部门要求对社会团体收取的会费收入是否应征收营业税问题予以明确。经研究，通知如下，请遵照执行。

一、社会团体按财政部门或民政部门规定标准收取的会费，是非应税收入，不属于营业税的征收范围，不征收营业税。

二、社会团体会费，是指社会团体在国家法规、政策许可的范围内，依照社团章程的规定，收取的个人会员和团体会员的款额。

三、本通知所称的社会团体是指在中华人民共和国境内经国家社团主管部门批准成立的非营利性的协会、学会、联合会、研究会、基金会、联谊会、促进会、商会等民间群众社会组织。

四、各党派、共青团、工会、妇联、中科协、青联、台联、侨联收取的党费、会费，比照上述规定执行。

中共中央组织部、人事部《关于印发中国红十字会总会机关参照〈国家公务员暂行条例〉管理的实施方案的通知》

（组通字〔1996〕48 号）

各省、自治区、直辖市党委和人民政府，中国红十字会总会党组：

中央已决定，在国家行政机关有计划、有步骤地推行国家公务员制度的同时，各级红十字会机关参照《国家公务员暂行条例》进行管理。现将《中国红十字会总会机关参照〈国家公务员暂行条例〉管理的实施方案》印发给你们。

中国红十字会总会机关参照《国家公务员暂行条例》管理的工作，按照本方案执行。地方各级红十字会机关参照《国家公务员暂行条例》管理的工作+，由各省、自治区、直辖市党委组织部会同有关部门，按照本方案规定的原则，结合本地区红十字会的实际情况，制定具体实施办法，经同级党委审批后组织实施。实施办法报中央组织部、人事部备案，并抄送中国红十字会总会。

红十字会机关参照《国家公务员暂行条例》管理，是红十字会机关干部人事制度改革的一项重要工作。各级党委要切实加强领导，严格执行《中华人民共和国红十字会法》、《中国红十字会章程》和有关规定，及时研究和解决实施工作中出现的问题，做好思想政治工作，保证参照管理工作顺利进行。要通过这项工作，进一步加强机关工作人员的教育、培养和管理，不断提高人员素质，提高工作效率，更好地发挥红十字会在保护人的生命和健康、发扬人道主义精神、促进和平进步事业中的作用。

中共中央组织部人事部
1996 年 11 月 7 日

中央机构编制委员会办公室《关于印发〈中国红十字会总会机构改革方案〉的通知》

（中编办字〔1995〕52 号）

中国红十字会总会：

《中国红十字会总会机构改革方案》经中央机构编制委员会办公室审核，并报国务院领导批准，现予印发。

附：

《中国红十字会总会机构改革方案》

（红字〔1995〕第 062 号　1995 年 4 月 19 日）

根据《中共中央关于印发〈关于党政机构改革的方案〉和〈关于党政机构改革方案的实施意见〉的通知》（中发〔1993〕7 号）和中央机构编制委员会第五次会议确定的社团机构改革的原则，中国红十字会总会机构改革方案确定如下：

一、机构改革的指导思想

中国红十字会总会的机构改革，要全面贯彻《中华人民共和国红十字会法》，按照《中国红十字会章程》有效地开展工作，本着“明确职能、理顺关系、分类归口、提高效率”的原则，调整并精简内设机构和人员编制，使各项工作适应改革和发展的需要，努力建设具有中国特色的红十字会。

二、主要工作任务

中国红十字会是中华人民共和国统一的红十字组织，是从事人道主义工作的社会救助团体。中国红十字会总会由卫生部代管。其主要工作任务是：

1. 制订中国红十字工作的方针、政策，指导全国各地红十字会加强自身建设、组织建设和开展各项工作。

2. 开展备灾救灾工作，在自然灾害和突发事件中，对伤病人员和其他受害者实施救助；参加国际人道主义救援工作。

3. 开展人道领域内的社会服务和社会公益活动。组织开展群众性初级卫生救护训练和现场急救；推动全国无偿献血和非血缘关系骨髓移植工作的发展。4. 组织红十字青少年开展社会主义精神文明和弘扬人道主义活动。

5. 与红十字国际组织和各国红十字会建立关系、友好往来，开展人道领域方面的技术交流与合作。

6. 向国内外宣传国际红十字和红新月运动确立的基本原则和日内瓦公约及其附加议定书、《中华人民共和国红十字会法》、中国和国际红十字运动等。

7. 协助政府开展对台工作，促进两岸红十字组织的交往与合作。

8. 完成政府委托的其他有关事宜。

三、内设机构

根据上述主要任务，中国红十字会总会机关内设四个部、室和机关党委

1. 办公室

负责总会机关有关工作的综合协调；负责秘书、机要、保密、档案、文电处理，综合性会议和较大型活动的组织；负责总会机关和事业单位机构编制和人事管理；负责机关、事业单位财务及国内外捐助款项的管理、指导与审计工作；负责对挂靠在总会的企事业单位的管理工作。

2. 国内工作一部

负责统筹并指导各备灾中心的建设和管理，组织培训救灾骨干队伍，加强备灾工作；负责自然灾害发生后的灾情调查、积极参与救助灾民；负责向红十字国际组织和海内外通报灾情，发出争取援助的呼吁，组织社会募捐；负责赈灾款物的分配、救灾物资的采购，与财务部门共同进行赈灾财务管理及内部审计。

开展群众性初级卫生救护训练，普及卫生防病知识，在全国建立红十字自救互救网络；指导红十字会医院、血站、卫生站的建设；宣传和推动无偿献血，开展非血缘关系骨髓移植检索工作，管理中华骨髓库；负责人体器官捐献的动员、组织及有关的国际交流与合作等

3. 国内工作二部

负责指导各级红十字会的组织发展与建设、会务知识的普及教育、专（兼）职干部的培训，会费的收缴、使用、管理的监督指导；组织红十字青少年的国内外活动与交往；进行中国红十字事业发展的方针及理论、国际国内红十字运动的历史、现状及未来的研究；组织起草红十字工作的有关方针、政策性文件，宣传、检查、督促、指导红十字会法的实施；指导全国红十字会系统的宣传工作，组织全国性的重大宣传活动；向国内外宣传中国和国际红十字运动，对报刊社进行政策督导。

4. 联络部

负责中国红十字会参与国际红十字运动的具体事宜；协助政府开展民间外交捐助；负责与有关国际组织、各国红十字会的联系、交流与合作；统筹安排各业务部门涉外工作；搞好年度外事计划的制定，落实互访活动的组织安排与翻译工作。加强与港、澳、台红十字组织的交往、合作；检查指导地方红十字会有关港、澳事务工作，促进红十字活动的双向交流；组织港、澳、台情调研，协助政府处理有关事

5. 机关党委

负责机关和事业单位党的组织、思想、作风建设、纪检、监察和机关党委日常事务；领导机关工会、共青团工作。

四、人员编制和领导职数

中国红十字会总会机关定编73名（其中行政编制45名，全额拨款事业编制28名），离退休干部工作人员编制3名单列。领导职数：会长1名（兼）、专职副会长3名（其中1名兼任秘书长）；副秘书长1名；部、室正、副领导职数9名（其中副局级领导职数5名，含机关党委专职副书记1名）。

五、事业单位和编制

中国红十字会总会直属事业单位3个，自收自支事业编制157名，其中：

1. 中国红十字会总会机关服务中心自收自支事业编制20名；

2. 中国红十字会总会报刊社自收自支事业编制40名；

3. 中国红十字会总会训练中心自收自支事业编制97名。

民政部、财政部《关于社会团体收取会费的通知》

（民社发〔1992〕27号 1992年10月4日）

各省、自治区、直辖市民政、财政厅（局）：

为了使社会团体合理收取会费，并加强对会费的管理，特作如下通知：

一、在中华人民共和国境内组织的，经社团登记管理机关核准登记的各种协会、学会、研究会、联合会、联谊会、促进会、商会等社会团体，方可收取会费。

社会团体会费，是指社会团体在国家法规、政策许可的范围内，依据社会团体章程规定，收取的个人会员和团体会员的款额。

社会团体收取会费，应坚持取之有度，用之得当的原则。

二、社会团体收取会费的标准，应根据为会员提供服务的合理开支需要，结合会员的受益程度制定。

社会团体收取会费的标准，应由社会团体理事会或常务理事会通过，经业务主管部门审核后，报社团登记管理机关审定。

社会团体收取会费标准变更时，应按上述程序核定。

全国性社会团体收取个人会员的会费标准：普通会员年度会费不得超过10元（永久性会员除外）；全国性社会团体收取团体会员的会费标准：企业会员单位自有资金500万元以上的，年度会费不得超过300元；自有资金1000万元以上的，年度会费

不得超过 500 元；自有资金 2000 万元以上的，年度会费不得超过 1000 元；自有资金 5000 万元以上的，年度会费不得超过 2000 元。事业单位和社会团体年度会费不得超过 300 元。

跨省（自治区、直辖市）性社会团体收取会费的标准，可参照全国性同类社会团体的会费标准执行。

地方性社会团体如何收取会费，可参照本通知规定，由省、自治区、直辖市民政部门会商财政部门制定具体办法。

外籍会员的会费标准，可参照国际惯例确定。

三、社会团体会费，个人会员应由个人负担，不得由所在单位支付；团体会员会费，企业应从自有资金中开支；事业单位从预算包干结余（收支结余）中开支；社会团体从自有资金中开支。

社会团体的会费，应用于围绕团体宗旨开展业务活动，支付专职工作人员的工资、福利和办公开支，不得挪作他用。

社会团体收取会费，必须使用由财政部门监制、民政部门统一印制的“社会团体会费收据”。

社会团体必须建立健全财务制度，配备专职或兼职财会人员，设立会费收支账册，加强会费收支管理，并接受财政部门的监督。

社会团体如违反本通知有关规定收取会费，会员有权拒付。

四、社会团体每年应向其理事会公布会费的收支情况，并在年检时向社团登记管理机关报告，接受监督。社团登记管理机关根据工作需要，可随时检查社会团体的会费收支情况。

社会团体有下列情形之一者，属乱收会费，社团登记管理机关可分别给予罚款、没收非法所得会费、停止活动的处罚：

（一）违反本通知规定，擅自提高会费标准的；

（二）不使用本通知规定的会费票据而收取会费或涂改、转让、伪造收费票据的；

（三）未按本通知规定使用会费的；

（四）其他违反本通知规定的行为。

五、本通知自 1993 年 7 月 1 日起执行。

中国红十字会总会与有关部委联合发的文件

中国红十字会总会、中华人民共和国民政部《关于表彰全国社区红十字服务示范市（区）的决定》

红赈字〔2005〕16 号

中国红十字会总会与民政部于 2003 年 6 月联合印发《关于开展全国社区红十字服务示范活动的意见》后，“红十字关爱进社区”及社区红十字服务示范市（区）的创建活动在全国展开。基层红十字会积极参与创建活动，付出了辛勤努力，做出了积极贡献，取得了突出成绩。为了表彰他们的工作业绩，弘扬他们的进取精神，促进社区红十字服务工作更加普遍、深入地开展，中国红十字会总会和民政部决定，对福建省厦门市等 28 个市（区）社区红十字服务工作授予全国社区红十字服务示范市（区）称号并予以表彰：

一、全国社区红十字服务示范市 6 个

福建省厦门市、河北省保定市、四川省宜宾市、辽宁省营口市、新疆维吾尔自治区昌吉市、浙江省温岭市。

二、全国社区红十字服务示范区 22 个

北京市：东城区、西城区、宣武区、崇文区、通州区；

天津市：河西区；

上海市：徐汇区、嘉定区、静安区、南汇区；

内蒙古自治区赤峰市：松山区；

江苏省南京市：玄武区、秦淮区、下关区、建邺区、白下区、江宁区；

江苏省无锡市：南长区、惠山区；

河南省焦作市：解放区；

江西省赣州市：章贡区；

福建省厦门市：思明区。

以上表彰的 28 个示范市（区），是社区红十字服务示范创建活动中的优秀典型。希望受表彰的市（区）把荣誉作为新的起点，不断努力，再创佳绩。

各地社区要向受表彰的示范市（区）学习，学习他们实践“三个代表”重要思想，坚持围绕中心、服务大局的政治坚定性；学习他们热爱红十字事业的执着精神；学习他们以人为本、求真务实的科学态度；学习他们关爱困难群体、甘于奉献、不畏困难、开拓进取的敬业品质，积极开展示范市（区）创建活动，使社区红十字服务工作在推进社区建设中发挥政府助手作用，为建立社会主义和谐社会、实现小康社会的宏伟目标做出更大的贡献。

二〇〇五年二月十六日

中国红十字会总会、卫生部《关于加强中国造血干细胞捐献者资料库（中华骨髓库）及分库建设的通知》

（红赈字〔2002〕28 号）

各省、自治区、直辖市红十字会、卫生厅（局）：

20 多年来的实践证明，造血干细胞移植是治疗白血病等疾病的有效手段，建立造血干细胞捐献者资料库是这种治疗手段必备的辅助支持系统。目前，美国、加拿大、法国、德国、荷兰、日本等国家相继建立了造血千细胞供者资料库（骨髓库），并且通过国际互联网帮助病人查找供者。我国台湾已有 21 万供者的资料，至今，已有 80 余名台湾同胞向祖国大陆患者捐献了造血干细胞。作为造血干细胞移植的主要对象白血病患者，每年新增 4 万人以上，其中 50% 以上是青少年和儿童。目前，全国虽然有近 10 万名志愿者报名捐献造血干细胞，但因组织管理体系和技术保障体系尚在建设和完善中，因此还未建立起全国联网的造血干细胞资料库。

为此，中国红十字会总会在国务院领导的关怀下，受国家卫生部的委托，负责中国造血干细胞捐献者资料库（中华骨髓库）的建设和管理。各地红十字会和卫生行政部门在这项工作上要提高认识、加强领导、密切配合、积极行动，争取政府和社会的支持，加速中国造血干细胞捐献者资料库的建设。为使中国造血干细胞捐献者资料库的建设统一化、规范化、科学化、制度化，现将有关事宜通知如下：

一、中国造血干细胞捐献者资料库由中国红十字会总会统一规划布局、统一机构名称、统一工作程序、统一检测标准、统一资料管理。

二、经中央编办批准，中国红十字会总会建立中国造血干细胞捐献者资料库管理中心（以下简称“国家级管理中心”），负责造血干细胞捐献者资料库总体规划的制定和实施；指导和管理全国造血干细胞捐献者资料库等工作。

三、中国造血干细胞捐献者资料库设立专家委员会，负责中国造血干细胞捐献者资料库的技术指导。

四、有条件的省、自治区、直辖市红十字会可建立“中国造血干细胞捐献者资料库xx省分库”，同时设立相应的管理机构，即中国造血干细胞捐献者资料库xx省管理中心（以下简称“省级管理中心”），并报“国家级管理中心”备案。

五、“省级管理中心”负责向社会征集志愿捐献者和统一管理本省志愿捐献者的HLA（人类白细胞抗原）分型资料；为临床提供造血干细胞资料检索等工作。

六、“省级管理中心”按“国家级管理中心”要求，建立全国统一的电子网络管理系统，及时向“国家级管理中心”报送HLA分型数据资料。

七、国家血液检定机构或受其委托的机构负责对中国造血干细胞捐献者资料库各省分库HLA组织配型实验室的质量控制和技术指导。

八、“省级管理中心”可通过招标方式，在提出申请的、符合国家卫生行政部门标准的实验室中推荐HLA组织配型实验室，经国家血液检定机构或受其委托的机构认定、省级卫生行政部门批准，并报“国家级管理中心”备案后，可作为中国造血干细胞捐献者资料库定点HLA组织配型实验室。

九、中国造血干细胞捐献者资料库及省级分库面向省级以上卫生行政部门审定的造血干细胞移植医院提供HLA分型检索配型服务。

中国红十字会总会、民政部《关于开展社区红十字服务工作的通知》

（红赈字〔2002〕100号　2002年12月16日）

各省、自治区、直辖市红十字会，民政厅（局）：

根据党的十六大报告中关于“加强公共服务设施建设，改善生活环境，发展社区服务，方便群众生活”的精神和《中共中央办公厅、国务院办公厅关于转发（民政部关于在全国推进城市社区建设的意见）的通知》（中办发〔2000〕23号）的要求，以及红十字会与红新月会国际联合会关于将“社区卫生和关怀”列入四项核心工作之一的号召，各地红十字会积极配合政府，在城市社区建设中，开展多种形式的符合红十字会宗旨的社区红十字服务活动，为提高广大居民群众的生活质量，救助弱势群体，促进社会稳定发挥了积极的作用。“扎根基层、服务社区”已成为各级红十字会当前和今后一项重要工作。但从全国来看，红十字会参与社区建设工作发展还不平衡。为使红十字会工作更好地融入社区，服务社区，

现就有关事项通知如下：

一、社区红十字服务工作的基本原则、目标和任务

社区红十字服务工作是政府社区建设工作的一个补充。红十字会在各级政府的支持、指导下，依照《中华人民共和国红十字会法》和《中国红十字会章程》，以社区为依托，以红十字会会员和热心公益事业的广大志愿者为服务主体，以社区居民特别是弱势群体为服务对象，开展社会服务、宣传培训、募捐救助等人道主义工作。

（一）基本原则

1. 以人为本、服务弱势——坚持以解决政府关注的难点和群众关心的热点问题为主社会上的弱势群体和广大居民提供人道主义服务。

2. 政府支持、突出特色——在各级政府部门的支持和指导下，根据社区建设的发展需要，选准、选好切入点，开展具有红十字会特色的社会救助与服务活动。

3. 因地制宜、资源共享——根据自身条件和当地实际，充分利用社区服务中心和社区居委会的资源，组织开展群众性的宣传、培训等公益活动。

4. 健全队伍、规范管理——在各级红十字会领导下，街道红十字会专（兼）职人员负责社区红十字服务工作，建立以红十字会会员和志愿者、社区居委会、社区群众广泛参与的红十字服务体系，明确服务对象和服务项目，组织开展服务活动，制定相应的规章制度，逐步形成从上到下的红十字救助和服务网络。

（二）目标和任务

1. 总体目标

到2010年，省、市、县级红十字会都要开展服务社区工作。省、市级红十字会主要抓总体规划、示范指导和推广进度，并且建立信息服务网络；区、县级红十字会重点抓组织管理与具体实施，逐步实现社区红十字服务工作的规范化和网络化。

2. 基本目标

（1）2004年前，各级政府将红十字会工作列入社区建设规划；各省、自治区、直辖市所属市、县级红十字会开展这项工作的进展为：东部地区实现60%以上，中部地区实现40%以上，西部地区实现30%以上；以后逐年增加10%。

（2）各省会城市和计划单列市要先行一步，在2004年前全部开展试点和推广工作。有条件的城市可根据国务院11个部委发出的《关于加快发展城市社区卫生服务的意见》（卫基妇发〔2002〕186号）参与社区卫生服务，创办社区卫生服务机构，也可将原有的红十字社区卫生服务站（点）按照11个部委《意见》的要求进行改造、充实并开展服务活动。

（3）开展“红十字关爱进社区”活动。以现有的备灾救灾中心、服务站、工作站、活动站、卫生站等为基地，开展保健、咨询、登记、募集、租借、义卖、帮困、扶老、助残等项服务；利用社区资源，进行红十字会基本知识传播，开展群众性的卫生救护培训和造血干细胞捐献宣传工作，参与无偿献血、艾滋病预防、遗体捐献等科学知识的宣传普及活动。尚无活动基地的可联合有关部门创造条件开展救助服务活动，同时要

不断扩大服务队伍，增加服务项目，拓宽服务范围，增强服务技能，改进服务设施，提高服务质量，发挥红十字会在社区的救灾、救护、救助等人道主义的服务作用。

3. 主要任务

（1）社会服务

在对孤、老、病、残、困等弱势群体进行帮困救助的同时，面向广大群众，开展符合红十字会宗旨的便民、利民、助民活动。集中人力、物力、财力，充实服务设施，把公益性无偿服务、互助性低偿服务、市场性有偿服务结合起来，形成多层次、多类型、广覆盖的社区红十字服务网络，并且持久、稳定地开展下去。

（2）宣传培训

采取多种形式，宣传红十字会知识，动员社会各界关心和支持红十字事业。招募具有专业技术特长的志愿者，组织开展院前救护、居家护理、卫生保健、家庭安全等知识的培训，使社区居民增强自我保健知识，掌握自救互救技能，提高身心健康水平和生活质量。

（3）募捐救助

采取多种形式，开展募捐、租借、义卖活动，并遵照捐赠者意愿及义卖收入用于救助灾区和最需要帮助的困难群体。

二、开展社区红十字服务工作的总体要求

（一）加强领导，协调互动将募集的款物和租借服务

各级民政部门作为推进社区建设的职能部门，要支持社区红十字服务工作，充分发挥红十字会人道主义社会救助团体在社区建设中的作用，将社区红十字服务工作纳入城市社区建设规划和社区工作的内容，并加以指导，协调各方，疏通渠道，为顺利开展社区红十字服务工作，实现基本目标和总体目标搭建工作平台。社区居委会对社区红十字服务工作给予具体指导和帮助。

各级红十字会把服务社区工作纳入议事日程，并作为一项重要工作去抓。已经开展这项工作的，要建立健全检查指导、监督保障、总结表彰和定期向政府部门通报的工作制度；尚未开展起来的，要制定计划、研究措施，为尽快开展社区红十字服务工作创造必要条件。要对红十字会会员、志愿者进行业务培训，使其明确职责，拓宽社区工作知识范围，提高社区服务管理水平，把社区红十字服务工作与社区精神文明建设紧密地结合起来，形成街道红十字会、社区居委会、红十字服务基地和驻地各行各业、广大居民群众齐抓共管、协调互动、优势互补的工作关系，为社会的不断进步和人民群众的幸福生活创造一个良好的服务环境。

（二）注重创新，力求发展

在开展社会服务、宣传培训、募捐救助工作的同时，还要随着本地经济条件和居民需求的变化，大胆探索、勇于实践，选择多种形式、拓宽工作内容、更新服务项目，并使社区红十字服务工作理念、工作方法、服务内容既适合社区整体工作的发展，又根据群众的需求不断创新。

推进社区红十字服务工作要坚持从实际出发，合理制定计划，落实整体规划；结合本地特色，进行分类指导。制定、实施计划和整体规划要做到短期与中、长期相结合，以可持续发展为着眼点；以困难群体的需求为服务内容；以群众满意为服务标准；整体工作以加强社区建设、稳定社会秩序、提高群众生活质量为目的。大、中城市的社区资

源相对充裕，应在服务内容上形成各自的特色；小城市社区应结合实际在服务管理上寻求突破。要集中人力、物力、财力，抓一、二个示范区或示范点，以点带面，逐步推开。充分利用民政部命名的全国社区建设示范城的优势，开展社区红十字服务示范活动。采取多种形式，广泛筹集资金，为深入持久地开展社区红十字服务工作创造有利条件，并加强对服务基地及红十字活动专项款物的监管工作，保证社区红十字服务工作规范有序地进行。

（三）总结表彰，激励先进

要建立以服务时间和服务业绩为主要内容的考核奖励制度，制订评选奖励标准，大力宣传社区红十字服务工作中涌现出的先进人物和先进集体，特别要注意发展和培育社区红十字志愿者队伍，并在思想上激励他们，生活上关心他们，工作上爱护他们，努力为他们开展工作创造必要条件。最大限度地调动居民群众参与社区红十字服务的积极性和创造性，努力满足社区群众多层次的需求。

各地在依法开展社区红十字服务的同时，坚持“一手抓推进，一手抓研究”的工作思路，注重抓基础工作，解决关键问题。抓推进要由点到面、从大中城市向小城市直至覆盖全国；抓研究要解决不断出现的新情况、新问题，使社区红十字服务这项利国利民的人道主义事业深入持久、扎实有效地开展下去。为全面建设小康社会，加快推进社会主义现代化，开创中国特色社会主义事业新局面做出更大的贡献。

中国红十字会总会、教育部《关于印发〈学校红十字会工作规则〉的通知》

（红事字〔2002〕9号 2002年2月21日）

各省、自治区、直辖市红十字会，教育厅(教委)：

现将《学校红十字会工作规则》印发给你们，请结合素质教育的实施，因地因校制宜，在大、中、小学校施行。1988年制定的《学校红十字会工作暂行规程》同时废止。

附：

学校红十字会工作规则

第一条 为加强学校社会主义精神文明建设，贯彻国家的教育方针，全面推进素质教育，根据《中华人民共和国红十字会法》、《中共中央国务院关于深化教育改革全面推进素质教育的决定》和《中国红十字会章程》，结合学校实际，制定本规则。

第二条 学校红十字会是以学生为主体、师生员工共同参加的中国红十字会的基层组织。在学校领导和教育行政部门、上级红十字会指导下，开展符合红十字会宗旨的活动。

第三条 学校的师生员工，凡符合《中国红十字会章程》的规定，由本人申请，校红十字会批准，均可成为红十字会个人会员。在校学生加入红十字会的为红十字青少年会员。

入会者，登记备案，发给“会员证”和“会员证章”。

第四条 会员享有和承担《中国红十字会章程》规定的权利和义务。毕业转学或参加工作（调动工作）的会员，凭原会员证到新单位红十字会报到，登记注册，不需再办理入会手续。转入单位没有建立红十字组织的，可保留会籍。

第五条 学校红十字会的名称为：在“红十字会”前冠以学校名称。学校红十字会可根据学校结构和会员人数情况设不同层次和类型的分会及会员小组。

第六条 学校红十字会的最高权力机构是会员代表大会。

会员代表大会一般每2年召开一次，必要时可提前或延期召开。其职权是：

（一）选举学校红十字会理事会；

（二）听取和审查理事会工作报告和财务报告；

（三）决定其他重大事项。

第七条 学校红十字会的领导机构是学校红十字会理事会。理事会由校级领导、学校有关部门负责人和红十字青少年会员代表组成。会长由校级领导出任，副会长由学校有关部门负责人出任。秘书长、副秘书长由会长提名，理事会决定，负责日常工作。

第八条 学校红十字会的基本任务是：

（一）学习、宣传《中华人民共和国红十字会法》、《中华人民共和国红十字标志使用办法》和红十字运动基本知识；

（二）配合学校素质教育，培养学生的创新精神和实践能力，使广大红十字青少年成为受益者、服务者和参与管理者，促进学生德智体美全面发展；

（三）根据青少年的不同年龄、不同知识层次，开展思想品德、卫生与健康等相关知识教育。组织与专业有关的社会调查、社会实践和社区志愿服务活动；

（四）在校内外广泛开展体现人道精神的救死扶伤、扶危济困、敬老助残、尊师爱幼等助人为乐的活动；

（五）根据青少年的年龄特点开展形式活泼的、有益于青少年身心健康的夏（冬）令营活动；

（六）开展与各国红十字青少年之间的友好交往活动；

（七）教职员工会员除参加学校红十字会统一组织的活动外，要具体指导青少年会员的日常活动。

第九条 各级教育行政部门和红十字会共同成立红十字会学校工作委员会，指导学校红十字会开展工作；学校要把红十字会工作列入学校工作议事日程。

学校红十字会理事会要定期研究红十字青少年工作，使其活动制度化、规范化、知识化、趣味化，符合学校实际，富有教育意义，促进青少年身心健康成长。

学校红十字会应设立红十字活动场所。学校红十字会应与共青团、少先队和学生会等群众组织密切配合，开展活动。

第十条 学校红十字会的经费除来源于会费外，学校应给予补助。

第十一条 会员应按《中国红十字会会费管理办法》缴纳会费。青少年会员按年度缴纳会费，数额不限，原则上不超过5元，其他会员年度会费不超过10元，会费由学校红十字会负责收缴、使用和管理，

80%留学校红十字会，20%缴纳上级红十字会。会费使用情况，定期向学校红十字会理事会报告。

第十二条 被评为先进会员的师生员工，应享受学校相应的荣誉待遇，由学校记入人事档案。

会员工作突出或做出重大贡献，可报请上级红十字会授予荣誉称号。

第十三条 本规则自发布之日起施行。原中国红十字会总会、国家教育委员会1988年6月21日颁布的《学校红十字会工作暂行规程》同时废止。

人事部、中国红十字会总会《关于做好全国红十字会系统先进集体和先进工作者、劳动模范评选工作的通知》

（人发〔2001〕101号）

各省、自治区、直辖市人事厅（局）、红十字会：

为进一步调动红十字会系统广大工作人员的积极性，更好地发挥先进模范人物的骨干带头作用，实践江泽民同志“三个代表”重要思想，推动红十字事业的深入发展，人事部、中国红十字会总会决定，今年评选表彰一批全国红十字会系统先进集体和先进工作者、劳动模范。这是新中国成立以来在全国红十字会系统首次进行的表彰活动，具有重大的社会影响，为做好工作，现将有关事项通知如下：

一、评选范围及表彰名额

先进集体评选范围是：全国红十字会系统中的各级单位。

先进工作者、劳动模范评选范围是：全国红十字会系统的专职工作人员（不含离退休人员）。已获得省部级以上先进工作者、劳动模范荣誉称号的人员不参加本次先进工作者、劳动模范的评选。

31个省、自治区、直辖市红十字会先进集体各1个，先进工作者或劳动模范各1名。

二、评选方法及程序

评选工作由红十字会和人事部门共同负责组织。在评选中要严格掌握条件（附件2），好中选优。充分发扬民主，坚持群众路线，自下而上逐级推荐审核。

（一）申报先进集体需填写《全国红十字会系统先进集体呈报审批表》一式三份。经所在地区红十字会、人事部门核查后，逐级推荐上报；由省级红十字会和人事厅（局）审核，报评选表彰工作领导小组批准。

（二）申报先进工作者、劳动模范需填写《全国红十字会系统先进个人呈报审批表》一式三份。审查、报批手续及方法与先进集体的审查、报批程序及方法相同。

（三）呈报审批材料要求填写完整，内容真实，主要事迹突出，文字简练。先进集体事迹材料限2500字左右，先进工作者、劳动模范事迹材料限2000字左右。均采用第三人称写法。所有材料于今年10月底前报评选表彰工作领导小组。

三、奖励办法

（一）被授予“全国红十字会系统先进集体”称号的单位，由中国红十字会总会和人事部颁发奖牌。

（二）被授予全国红十字会系统先进工作者、劳动模范的人员，由中国红十字会总会和人事部颁发奖章和证书。

四、组织领导

为了加强对评选表彰工作的组织领导，人事部和中国红十字会总会联合组成全国红十字会系统先进集体和先进个人评选表彰工作领导小组（名单详见附件1）。领导小组下设办公室，办公室设在中国红十字会总会办公室（人事处），负责评选表彰的具体工作（联系电话：65251014　地址：北京市东城区干面胡同53号　邮编：100010）。

表彰全国红十字会系统先进集体和先进工作者、劳动模范是一项政策性很强的工作，各地人事部门、红十字会的领导要高度重视，精心组织，严格把关，确保评选质量，突出评选表彰工作效果。通过评选表彰活动，大力宣传先进集体和先进工作者、劳动模范的典型事迹和"人道、博爱、奉献"的红十字精神，在全国红十字会系统广泛开展学先进、赶先进、争当先进的良好风气，促进广大红十字会工作者的思想作风建设和职业道德建设，为建设有中国特色的红十字事业做出新的贡献。

附件：

一、全国红十字会系统先进集体和先进个人评选表彰工作领导小组成员名单

组　长：王立忠（中国红十字会常务副会长）

副组长：尹蔚民（人事部副部长）

成　员：苏菊香（中国红十字会秘书长）刘海库（人事部公务员管理司副司长）

二、全国红十字会系统先进集体、先进个人评选条件

（一）先进集体评选条件

1. 领导班子讲学习、讲政治、讲正气，坚持党的基本路线，模范贯彻执行党和国家的方针、政策，遵守法律法规；团结协作，求真务实，清正廉洁，充分发挥红十字会系统工作人员的积极性，密切联系群众，具有较强的凝聚力和战斗力；发扬"人道、博爱、奉献"的红十字精神，认真宣传、维护《中华人民共和国红十字会法》，在全国红十字会系统堪称楷模。

2. 注重两个文明建设，为红十字事业发展和当地经济建设作出突出成绩；职工队伍政治、业务素质较高，有良好的工作作风和奋发向上的精神状态，能出色完成各项工作任务；近10年来因事迹突出，曾受过中国红十字会总会、地方政府或有关部门的表彰、奖励。

（二）先进个人评选条件

1. 坚持党的基本路线，遵纪守法，爱岗敬业；为红十字事业发展无私奉献，做出突出成绩，在红十字会系统有一定影响的优秀工作者。

2. 从事红十字会工作3年以上；认真宣传《中华人民共和国红十字会法》，自觉遵守《中国红十字会章程》，自觉树立和维护红十字会的良好形象；坚持原则，团结同志，办事公道，清正廉洁。

三、全国红十字会系统先进集体呈报审批表（略）

四、全国红十字会系统先进个人呈报审批表（略）

二〇〇一年九月二十五日

中国红十字会总会、教育部、公安部、民政部、国土资源部、建设部、铁道部、交通部、卫生部、民航总局、国家林业局、国家旅游局、国家安全生产监督管理局、中国电力企业联合会、中国商业联合会《关于印发〈中国红十字会关于广泛深入开展救护工作的意见〉的通知》

（红一字〔2001〕44 号　2001 年 8 月 24 日）

各省、自治区、直辖市红十字会，教育、公安、民政、国土资源、建设、铁道、交通、卫生、民航、林业、旅游、安全生产监督管理局（厅、委），电力企业、商业联合会：

中国红十字会是以人道主义为宗旨的社会救助团体，致力于保护人的生命和健康，在政府有关部门多年的支持下，认真开展了救护知识的培训和防病知识的普及工作，为维护生产作业人员健康，提高大众健康水平作出了积极贡献。特别是《中华人民共和国红十字会法》颁布以来，在教育、公安、民政、国土资源、建设、铁路、交通、卫生、民航、林业、旅游、安全监管、电力、商业等有关部门的大力支持下，各级红十字会和广大红十字工作者，认真履行《中华人民共和国红十字会法》赋予的“普及卫生救护和防病知识，进行初级卫生救护培训，组织群众参加现场救护”职责，积极开展救护培训工作，取得了“与安全生产相结合、与职业培训相结合、与精神文明建设相结合、与发展红十字组织相结合”的成功经验，倡导了“人道、博爱、奉献”的精神，为我国的精神文明和经济建设做出了积极贡献。

我国自然灾害多发，各种生产第一线的意外突发事件及生产事故经常发生，中国红十字会开展的救护工作为减少事故和自然灾害造成的损失、保护生产力起到了积极的作用，是实践江泽民总书记关于“三个代表”和“以德治国”重要思想的具体体现。

2000 年 4 月，李岚清副总理在听取中国红十字会工作汇报时指出：“红十字会的工作非常重要，红十字会组织的群众性救护活动很好，一是培养助人精神，二是学习卫生救护常识，要大力提倡，进一步普及”。李副总理的讲话对救护工作提出了新的要求。去年 9 月，中国红十字会召开了全国救护工作会议，会议制定了今后救护工作的奋斗目标，即经过若干年的努力，在有人身伤害事故的现场，就有经过红十字会培训的红十字救护员开展现场救护。会议通过的《中国红十字会关于广泛深入开展救护工作的意见》符合各部门的安全生产的要求，有利于保护广大第一线人员的健康，完善安全生产措施。红十字会开展的救护工作，必将在我国今后的经济建设和社会发展中发挥积极的作用。现将《中国红十字会关于广泛深入开展救护工作的意见》发给你们，请积极配合，认真贯彻执行，有关部门要给予大力支持，红十字会要切实组织、开展好救护工作，为我国的经济建设和人类健康事业，为红十字人道主义事业做出更大的贡献。

附：

中国红十字会《关于广泛深入开展救护工作的意见》

现场救护是红十字运动的起源，是红十字会与红新月会国际联合会四项核心任务之一；是《中华人民共和国红十字会法》赋予红十字组织的七项职责之一，也是中国红十字会“生命工程”的重要内容。我国红十字组织依法开展现场救护及培训工作，经过培训的红十字救护员在参与自然灾害救助、处理突发事件、保障安全生产、普及救护知识、提高群众自救互救能力方面发挥了积极作用，为保护人的生命和健康作出了贡献。

我国属自然灾害多发国家，各种灾害、突发事件、意外伤害、生产事故时常威胁着人的生命与安全。开展现场群众性初级的救护工作对减少上述伤害而致的死亡和伤残将起到积极的作用。人们越来越迫切地要求了解和掌握自救互救技能。李岚清副总理曾指出：“红十字会的工作非常重要，红十字会组织的群众性救护活动很好，一是培养助人精神，二是学习卫生救护常识，要大力提倡，进一步普及”。李副总理的指示，对我们的工作提出了新的要求。为贯彻李副总理的指示精神，落实《中国红十字会 2000－2004 年工作规划纲要》，大力开展全民参与的救护普及培训，拓宽工作领域，进一步提高红十字会救护整体水平和群众自救互救能力，在有人身伤害事故的现场，就有经过红十字会培训的红十字救护员参加现场救护，根据《中华人民共和国红十字会法》提出以下指导意见。

一、指导思想

贯彻《中华人民共和国红十字会法》中关于“为了保护人的生命和健康，发扬人道主义精神，促进和平进步事业”的宗旨；实现红十字运动七项基本原则和红十字会与红新月会国际联合会确定的“改善最易受损害群体的境况”的工作目标；大力开展全民参与的救护普及培训，为我国的社会和经济发展服务。

二、工作目标与任务

1. 2004 年前，救护普及人数达到当地人口总数的 0.5－1%。在乡镇、街道的每个红十字基层单位有 2—3 个红十字救护员。

2. 扩大培训范围，在现有行业救护培训的基础上，协调有关部门，在 2004 年前再拓展 2－3 个行业的救护培训。

3. 到 2004 年，在救护工作开展较好的省、自治区、直辖市及省辖市和一些行业系统中达到每 150—300 个人中有一名接受过救护培训并考核合格的红十字救护员。4. 5 年内在省级红十字会建立 2—3 个全国区域性救护培训基地（依托区域性备灾救灾中心和红十字医疗机构）。

5. 加强开展救护工作的指导，规范培训教材。研究制定指导全国不同区域和不同层次的救护培训大纲，实行全国统一的救护培训师资标准及红十字救护员证件。

6. 制订总会及地方红十字会在紧急状况下组织红十字救护员配合医务人员进行现场医疗救护预案。

7. 有条件的地方开办以“一老一小”

为服务对象的康复机构以及进行残疾儿童的教育和康复等项目。

三、措施和要求

（一）提高认识，加强领导

救护工作是红十字会的传统业务和主要工作之一。普及卫生救护和防病知识，进行初级卫生救护培训，提高群众自救互救能力，组织群众参加现场救护是《中华人民共和国红十字会法》赋予各级红十字会的职责。要全面理解救护工作的含义，它不仅是一般的救护和防病知识的普及，而且是社会主义精神文明建设、提高人口素质、促进安全生产和红十字社会服务的重要内容之一。

（二）加强管理、抓出实效

各级红十字会要有相应的职能部门或人员负责此项工作，要将此项工作列入年度计划和工作规划，实行目标管理责任制，明确分工，落实责任，抓出成效。总会将加强分类指导和检查，定期举办全国或区域性救护工作经验交流会及研讨会，总结经验，发现典型，推动工作。对工作中成绩突出的红十字会专职人员要给予奖励，推动救护工作全面发展。

（三）加强同政府及其他组织的协调与合作

各级政府有关部门对红十字会开展的：救护工作应予以支持。各级红十字会要加强同政府有关部门的协调及情况沟通，争取支持。严格执行国家的有关法律、法规，接受有关部门的监督审计。要协调有关团体和组织，深入社区开展卫生救护知识的普及，促使普及救护知识成为社区工作的重要内容之一。加强同其他组织的合作，争取共同发展。

（四）严格规范培训，确保培训质量

总会和省（自治区、直辖市）红十字会要积极建立救护培训基地，发挥指导和辐射作用。省级红十字会要特别重视师资培训，建立一支高素质的、稳固的师资队伍。地市级以下红十字会由各省根据实际情况分级管理。各级红十字会要按总会要求做到四统一，即：统一教学计划，统一教材，统一质量标准，统一考核发证。在保护人的生命和健康方面发挥现场急救的作用。

（五）加大宣传和传播人道主义精神的力度

各级红十字会要注重救护工作的宣传，注意把开展救护培训同传播人道主义精神、同发展和壮大红十字组织、同职业培训、同精神文明建设结合起来。通过举办救护培训，扩大红十字会的影响，提高红十字会的声誉。

（六）加强与有关国家红十字会的合作与交往，及时吸取先进技术和经验，不断提高救护培训的水平。

中华全国总工会、共青团中央、全国妇女联合会、中国红十字会总会、中国输血协会《无偿献血倡议书》

10月1日，《中华人民共和国献血法》正式实施。国家实行无偿献血制度，这是关系到我国输血、献血制度的全面改革和人民健康的大事，标志着我国的血液事业从此走向法制化管理的轨道。

无偿献血是健康适龄的志愿者捐献自身少量的血液、血浆或血液成分而不收取任何报酬的行为。是人间传递真情的红色纽带，更是中华民族团结互助传统美德的具体体现。无偿献血者不仅用自己的热血拯救了同胞的生命，也用自己的博大情怀倡导了一种助人为乐的社会风尚。

在全国各族各界人民的共同努力下，近年来，我国的无偿献血事业得到了发展，涌现出一大批无偿献血的先进个人和单位。但是，随着我国医疗事业的发展，需要安全的、足够的血液拯救患者，需要我们携起手来，共同参加到无偿献血的行列中，为国家无偿献血制度的确立和实施铺垫基石。

为了更好地宣传贯彻《中华人民共和国献血法》，我们特向全国广大职工、共青团员、各界妇女、红十字会会员及广大输血工作者倡议如下：

一、积极投身到宣传《中华人民共和国献血法》的活动中，向人民群众宣传施行《献血法》的重要性和紧迫性。使群众明了国家实行无偿献血制度的最大受益者是民众本身；血液是可以再生的，科学献血不仅无损健康，更有利于体内新陈代谢，有益身心的科学道理，帮助人民群众消除观念上的障碍，树立正确的献血观。

二、从自身做起，带头无偿献血。各级干部更要身体力行，用涓涓热血、殷殷深情去救助那些危难中的同胞，在我国献血新旧体制的转变时期，发扬“人人为我，我为人人”的相互精神，协助国家确立无偿献血制度，用我们的爱心，去营造一个充满“人道、博爱、奉献”精神的美丽家园。

一九九八年九月十八日

中共中央宣传部、全国人大教科文卫委员会、国务院法制办、教育部、民政部、司法部、文化部、卫生部、解放军总政治部、国家广播电影电视总局、中华全国总工会、共青团中央、中华全国妇女联合会、中国红十字会总会《关于学习宣传和贯彻实施〈中华人民共和国献血法〉的通知》

（1998 年 4 月 4 日）

各省、自治区、直辖市、计划单列市党委宣传部、人大常委会、政府法制局（办）、教委（教育厅、高教厅）、民政厅（局）、司法厅（局）、文化厅（局）、卫生厅（局）、各军区、各军兵种、各总部、国防科工委、军事科学院、国防大学、武警部队政治部、广播电影电视厅（局）、总工会、团委、妇女联合会、红十字会：

《中华人民共和国献血法》（以下简称《献血法》）已于 1997 年 12 月 29 日由第八届全国人民代表大会常务委员会第二十九次会议审议通过，并经国家主席江泽民签署公布，将于 1998 年 10 月 1 日起施行。

《献血法》的公布实施是我国血液管理工作的一件大事，为加强我国采供血工作的监督管理提供了法律依据，标志着我国血液工作开始进入全面依法管理的新阶段。《献血法》对于提高血液质量，预防和控制经血液途径传播的疾病（如乙肝、丙肝、梅毒、艾滋病等），保障献血者和用血者的身体健康，保证医疗用血需要，促进临床合理、科学用血和血液事业的发展；对于进一步弘扬人道主义精神，加强和促进精神文明建设都将产生重大的深远的影响。

为做好《献血法》的学习宣传和贯彻实施工作，现将有关事项通知如下

一、各省、自治区、直辖市及计划单列市和各有关部门要把学习、宣传和贯彻实施《献血法》列入议事日程，作为当前的一项重要任务抓紧抓好。各级党委宣传部门要加强对学习、宣传《献血法》工作的领导，把《献血法》的学习、宣传纳入精神文明建设内容来抓。各级人大有关专门委员会应积极参与并加强对《献血法》学习、宣传和贯彻实施工作的指导和监督。各新闻单位要将《献血法》列入宣传工作计划。宣传部门、司法行政部门应将学习、宣传《献血法》列入 1998 年普法学习的内容之一。卫生行政部门应将学习、宣传和贯彻实施《献血法》作为今年工作的重点，列人工作计划，作出具体安排，并配合司法部门，依法严厉打击非法采供血液活动，严惩“血头”、“血霸”。各有关部门应互相支持，密切配合，认真部署，做好《献血法》的宣传、普及工作。

二、学习宣传和贯彻实施《献血法》要与贯彻落实国务院 208 号令《血液制品管理条例》和卫生部关于血液管理工作的规章、标准、规程相结合。认真落实血液管理“三统一”的原则（即以省、自治区、直辖市为区域，实行统一规划采供血机构、统一管理血源、统一采供血和合理用血的原则），切实保证血液及血液制品质量，保障人民身体健康，使我国血液管理工作再上一个新台阶。

三、各级地方人民政府和卫生行政部门要把无偿献血宣传活动当作一项长期的工作来抓，要结合每年五月国际红十字日，广泛深入开展无偿献血宣传月活动。今年 9 月要掀起一个宣传高潮，为《献血法》的顺利实施作好舆论准备。宣传的重点是无偿献血光荣，科学献血无损健康。地方各级红十字会应积极参与无偿献血宣传活动；各级地方人民政府和各高等院校应积极配合无偿献血宣传活动，做好国家公务员、高等院校学生无偿献血的宣传、动员和组织工作；解放军三总部有关部门做好现役军人的无偿献血宣传、动员、组织工作；以保证无偿献血制度实施初期临床用血的需求。

四、学习和宣传《献血法》应采取多种形式。如在报刊、电台、电视台开辟专题、专栏或对有关人士进行专访，召开专家、学者、各界人士座谈会，举办知识竞赛等群众喜闻乐见的形式。通过宣传，使《献血法》的重要意义、基本内容和献血的生理知识家喻户晓，深入人心，形成全社会重视、支持和积极参与无偿献血的局面，真正体现无偿献血互相帮助、无私奉献的精神。

五、《献血法》是我国血液管理工作的重要法律依据。卫生部将按照《献血法》的要求，尽快完善配套的法规和规章，保障《献血法》的全面实施。各省、自治区、直辖市及有立法权的城市也应结合贯彻实施《献血法》的需要和本地的实际情况安排好地方无偿献血立法工作，抓紧制定与贯彻实

施《献血法》密切相关的地方性血液管理法规。

六、为全面搞好《献血法》的学习、宣传和贯彻实施工作，卫生部将会同有关部门适时检查学习、宣传、贯彻实施《献血法》的情况。各级卫生行政部门要主动协调有关部门，加强协作，密切配合，共同做好贯彻实施《献血法》的工作。各地要及时总结好做法、好经验，使学习、宣传贯彻《献血法》工作落到实处。

卫生部、中国红十字会总会《关于下发〈红十字(会)医疗机构规章〉的通知》

(1996 年 12 月 19 日中国红十字会总会、卫生部发布)

各省、自治区、直辖市卫生厅（局）、红十字会：

为进一步加强对红十字（会）医疗机构的规范化建设，使其更好地从事人道主义服务事业，特根据有关文件和全国的实际情况制定了《红十字（会）医疗机构规章》，现发给你们，请遵照执行。

本规定由中国红十字会总会监督检查执行情况，并负责解释。

附：

《红十字（会）医疗机构规章》

(1996 年 12 月 19 日中国红十字会总会、卫生部发布)

一、总　　则

第一条　为了进一步加强对红十字（会）医疗机构的规范化建设，根据《中华人民共和国红十字会法》、《中国红十字会章程》和卫生部、中国红十字会《关于红十字医院、血站命名的暂行规定》的有关规定制定本规章。

第二条　红十字会医疗机构是指由红十字会主办的医疗机构；红十字医疗机构是指以红十字命名或冠以红十字名称的医疗机构。红十字会医疗机构是红十字会的基层事业单位，是从事人道主义医疗服务的机构。

第三条　红十字（会）医疗机构所从事的人道主义服务工作（救护培训以及紧急救护）是红十字运动的重要组成部分。

二、条件和义务

第四条　遵守《中华人民共和国红十字会法》，承认《中国红十字会章程》，愿意为红十字事业作贡献，履行红十字会义务，并经所在地卫生行政部门正式审批允许执业的医疗机构，都可以向同级红十字会提出命名申请。具体审批手续按卫生部、中国红十字会总会红卫字1992第（081）号《关于红十字医院、血站命名的暂行规定》执行。

第五条 红十字（会）医疗机构在履行人道主义义务、从事人道主义服务时，必须坚持红十字运动的人道、公正、中立、独立、志愿服务、统一、普遍的七项基本原则，遵循人道主义宗旨。

第六条 红十字（会）医疗机构要积极为最易受损害的人群服务，优先照顾救助因战争、灾害和意外伤害而蒙受苦难的人群。

第七条 红十字（会）医疗机构要有良好的服务质量和优秀的管理水平。

第八条 要求以红十字命名的红十字医疗机构，必须具有一定的影响，在征得所属主管部门或省级卫生行政部门批准后，向省级红十字会提出命名申请，由省级红十字会提出审定意见后报中国红十字会总会审核批准。

要求以红十字命名的省级以下的医疗机构由省级红十字会审批。

第九条 由红十字会创办和管理的红十字医疗机构，命名时在地区名称后加“红十字会”字样；由政府或某些部门主管并申请命名的医疗机构，命名时在地区名称后加“红十字”字样。

第十条 由海外侨胞和台港澳同胞个人投资、捐助而创办的医疗机构，要求以红十字命名时由省级以上红十字会审批。

第十一条 定期缴纳会费是红十字（会）医疗救护机构的义务，缴纳办法按中国红十字会总会红青字（1994）第240号《关于下发（中国红十字会会费缴纳使用和管理条例）的通知》执行。

三、组　织

第十二条 各级红十字会医疗机构隶属同级红十字会和卫生行政部门领导，红十字医疗机构应接受红十字会人道主义服务方面的指导。

第十三条在自然灾害和突发事件中，根据红十字会的人道主义宗旨，开展积极有效的人道主义救援工作。红十字会医疗机构应服从卫生行政部门的指挥，各级红十字会应积极配合卫生行政部门开展救援工作。

第十四条 红十字会医疗机构可设理事会，由该单位的领导和热心红十字事业的知名人士组成；红十字医疗机构可根据需要设立相应的组织。

第十五条 红十字会医疗机构可设立专门或与机构本身科室合署的红十字会办公室，配备相应的工作人员。

第十六条 各级红十字组织可对所辖红十字会医疗机构进行考核，考核优秀者予以奖励，不合格者，按管理权限予以处罚。考核评比办法，红十字会总会将另行颁发。各级红十字会有权取消红十字会医疗机构所冠以的红十字会名称。

四、职责权利

第十七条 宣传、贯彻、执行《中华人民共和国红十字会法》。

第十八条 红十字会医疗机构应当积极参加当地红十字会组织的各项活动红十字会汇报开展红十字工作的情况。

定期向当地红十字会汇报开展红十字工作的情况。

第十九条 大力宣传并弘扬红十字精神，协助红十字会开展现场、群众性、初级的救护技术培训，进行以人道主义为宗旨的义诊，开展卫生咨询和健康教育活动等。

第二十条 红十字（会）医疗机构可参加国内外红十字组织安排的技术合作与交流。

第二十一条 红十字（会）医疗机构可以依照《中华人民共和国红十字会法》的有关规定接受国内外的捐赠。

第二十二条 依照《中华人民共和国红十字会法》，参与红十字会组织的其他各项活动和工作。

五、经　　费

第二十三条 经费来源

1. 政府拨款；
2. 业务收入；
3. 捐赠；
4. 会费；
5. 其他收入。

第二十四条 建立严格的收支制度，接受有关部门的审查监督。

六、附　　则

第二十五条 本规定与以往总会颁布的文件相抵之处，按本规定执行。

第二十六条 本规定解释权在中国红十字会总会。

第二十七条 本规定自公布之日起施行。

卫生部、中国红十字会总会《关于红十字医院、血站命名的暂行规定》

（红卫字〔1992〕第 081 号　1992 年 6 月 6 日）

各省、自治区、直辖市卫生厅（局）、红十字会（红十字会与红新月会联合会）：

根据日内瓦公约的有关规定和卫生部、中国红十字会总会红组字（1992）第 016 号文件精神，为维护红十字的严肃性，使红十字医疗机构、血站命名制度化、规范化，特制定本暂行规定。

第一条 红十字医院、血站的名称

凡以红十字命名的医院、血站，一律在地区名称（或系统名称）后加“红十字”和医院或血站名称。

第二条 医院、血站申请冠以红十字名称的条件

凡经政府主管部门批准的医院、血站符合下述条件之一，并遵守红十字会章程，忠诚红十字事业，履行红十字义务，遵守国家有关政策、法规者，可以志愿申请命名。

1. 由红十字会创办（包括历史上创办）的医院、血站。

2. 由政府主管部门正式批准隶属于红十字会的医院、血站。

3. 国内、外红十字会提供资助援建的医院、血站。

4. 红十字会与卫生行政部门共同建立并有红十字会参与管理的医院、血站。

5. 历史上与红十字会关系密切或对红十字事业做过特殊贡献的医院、血站。

第三条 医院、血站冠以红十字名称的申报、审批手续

1. 符合申请条件的医院、血站，属红十字会系统的，直接向当地县级或设区的市级红十字会提出命名申请；属卫生行政部门与红十字会合办的，在征得卫生行政部门的正式批准后，向当地县级或设区的市级红十字会提出命名申请。

2. 县级或设区的市级红十字会在接到命名申请后，按使用红十字名称的条件，提出审定意见并向省级红十字会呈报书面请示，由省级红十字会审核批复，并报同级卫生行政主管部门和中国红十字会总会备案。

3. 县级或设区的市级红十字会接到省级红十字会批复后，方可正式发文答复提出申请的医院或血站。

4. 对过去已用红十字或红十字会命名的医院、血站，由各级红十字会根据第二条的规定进行清理，符合条件的要补办有关手续。

第四条 红十字医院、血站的义务

1. 凡以红十字命名的医院、血站，均应接受当地红十字会的工作指导，定期向当地红十字会汇报开展红十字工作的情况。

2. 积极参加当地红十字会组织的各项活动。

3. 在自然灾害或突发事件时，根据当地政府和红十字会的要求，开展积极、有效的人道主义援助工作。4. 向当地红十字会提供发展红十字事业的资金，特别是红十字血站要提供用于宣传、动员、组织献血活动的专项费用。

5. 红十字医院要积极宣传并弘扬红十字精神，协助当地红十字会开展卫生救护培训、义诊和卫生咨询等工作。

6. 红十字血站以实行人道主义为宗旨，认真落实输血工作“三统一”，树立高度的工作责任感，保证供血质量。

7. 红十字血站要积极宣传和严格执行卫生行政部门制定的标准和管理要求，大力推行无偿献血，把无偿献血作为血站工作的重点。

第五条 红十字医院、血站的权利

1. 可参加国内、外红十字会组织的技术协作与交流学习、出国考察、进修，引进先进的管理经验，利用红十字会渠道开展单位间的国际交往，培养人才。

2. 可接受红十字会提供的国内、外援助。

3. 对各级红十字会的工作提出批评和建议。

第六条 凡不符合上述规定而以红十字命名的医院、血站，由当地红十字会提出取消命名的审查意见，经省级红十字会核准后，报同级卫生行政主管部门和中国红十字会总会备案，由当地红十字会督促执行。

取消红十字命名换用其他名称的医院、血站，需报卫生行政主管部门批准。

中国红十字会总会、民政部《关于密切配合、充分发挥红十字会的作用，做好社会福利工作的通知》

（红总发〔1987〕22 号 1987 年 8 月 28 日）

各省、自治区。直辖市民政厅（局）、红十

字会（红十字会与红新月会联合会），各计划单列市（区）民政局、红十字会：

中国红十字会是全国性的人民卫生救护、社会福利团体，也是有145个国家参加的国际红十字会与红新月会协会的执行理事。1950年，中国红十字会改组以后，为医治战争创伤，提高人民的健康水平，做了不少有益于人民群众的工作。1985年，中国红十字会召开了第四次全国代表大会，各项工作又有了较大的发展。现在29个省、自治区、直辖市都已经恢复或新建了红十字会组织，会员总数已达376万人。目前，红十字会的工作重点是在大中城市，部分省、自治区已开始逐渐向农村发展。红十字会“四大”在会章中，正式确定中国红十字会为全国性的人民卫生救护和社会福利团体，把社会福利工作提到了更重要的地位。各级红十字会配合政府和民政等部门，发动街道、服务行业红十字会组织的广大会员和学校的红十字青少年以及更多的红十字志愿工作者，开展了广泛的敬老助残、扶危济困、助人为乐的社会服务活动。有些地方已做到了定人、定点、定时、定内容的包户、包人服务，为社会上的孤老、残疾人、孤儿等解决了不少困难。在发生自然灾害时，各地红十字组织本着人道主义宗旨，组织人力、物力、发动募捐，救助受灾群众，协助政府进行了力所能及的工作。

红十字会工作的积极开展越来越多地得到了政府和人民的欢迎和支持。去年赵紫阳总理在接见外宾时指出：“政府一向重视和支持作为中国政府助手的红十字会的工作。”“中国国家大，是发展中国家，有许多事政府管不过来，顾不上，需要中国红十字会帮助，希望红十字会在这方面发挥更大作用。”中共中央在精神文明建设的决议中强调：“在社会公共生活中，要大力发扬社会主义人道主义精神，尊重人、关心人，特别要注意保护儿童、尊重妇女、尊敬老人、尊敬烈军属和荣誉军人，关心帮助鳏寡孤独和残疾人。”中国红十字会的各级组织，有广泛联系群众的有利条件，在上述方面，配合政府已经做了一些工作，今后还可以发挥更多的作用。因此，我们希望各级民政机关，广大民政干部同各级红十字会组织之间要相互加强联系，在救灾、社会救济和进一步开展为孤老残幼社会服务活动中，充分发挥红十字会助手作用，把我国的社会福利工作做得更好，为人民造福，促进两个文明的建设。

卫生部、中国红十字会总会《无偿志愿献血奖励办法（试行稿）》

（〔87〕卫医字第10号　1987年6月8日）

各省、自治区、直辖市卫生厅（局）、计划单列市、海南行政区卫生局；各省、自治区、直辖市红十字会，计划单列市、海南行政区红十字会：

无偿志愿献血是救死扶伤的高尚行为，是无私奉献精神的体现，是社会主义精神文明建设的重要标志之一。为表彰无偿志愿献血者，特制定本奖励办法（试行）。

一、奖励办法

（一）无偿志愿献血者，发给无偿志愿献血卡（内注有献血数量，年、月、日，采血单位〔并加盖公章〕，采血员姓名），并授予无偿志愿献血纪念章一枚。

（二）无偿志愿献血累计满1升者，授予无偿志愿献血铜质奖章一枚。

（三）无偿志愿献血累计满1.6升者，授予无偿志愿献血银质奖章一枚。同时授予中国红十字会荣誉会员光荣称号，发给荣誉会员证书和证章。

（四）无偿志愿献血累计满2.4升者，授予无偿志愿献血金质奖章一枚。

（五）无偿志愿献血累计满3.4升以上者，授予无偿志愿献血奖杯。

（六）无偿志愿献血者本人及其不享受公费医疗和劳保医疗待遇的直系亲属（不符合献血条件者）。因伤病需要用血时，凭无偿志愿献血卡由供血单位提供与本人无偿志愿献血等量的血液或血液成分，持供血单位的发票，到采血单位报销。

二、几项说明

（一）无偿志愿献血系指献血者在献血单位和本人工作单位均不领取营养费，各种补助费和其他报酬者。

（二）各种奖章、奖杯和无偿献血卡，由中国红十字会总会设计式样，统一制作（全国通用），由县及县以上公民义务献血办公室（血站）到省、自治区、直辖市红会领取下发。制作的工本费由采血单位支付。

（三）无偿志愿献血奖励的铜质奖章、银质奖章、金质奖章、奖杯，每种每人只发给一次。

（四）中国红十字荣誉会员证书、证章，由中国红十字会统一设计制作，由县及县以上红会到省、自治区、直辖市红会领取下发，制作工本费由采血单位支付。

（五）无偿志愿者献血后，由采血单位免费提供一餐适当的点心、饮料。

三、本办法奖励的无偿志愿献血者，系指从一九七八年起执行国发〔1978〕242号文件以来符合条件的无偿志愿献血者。本办法也适用于华侨、港澳同胞及外籍在华人员。

外交部、中国民用航空局、国家旅游局、中国银行、中国红十字会总会《关于在部分民航机场、外宾宾馆、货币兑换处等公共场所试设红十字募捐箱的通知》

（红总字〔1986〕第14号　1986年5月8日）

各有关省、自治区、直辖市人民政府外办、民航管理局、旅游局、中国银行分行、红十字会：

随着我国对外开放工作的开展，每年各国来华访问旅游者不断增加，曾发生过外国人在离境前不愿将剩余的人民币和外汇券带回其本国，又找不到适当地方捐献，只好回国后请我国使馆转捐给红十字会等情况。有的外国人建议在适当地方设立红十字募捐箱，我们也认为这种做法既能满足外宾尽人道主义的愿望，减少外宾带出零星人民币或外汇券的不便，又能增加红十字活动经费，发展红十字事业。根据中国红十字会章程有关向社会募捐的规定，并参照各国红十字会的习惯做法，决定以红十字会的名义在外国人出入境的少数民航机场，宾馆、货币兑换处等公共场所试设固定的红十字募捐箱。

附：

中国红十字会总会《试设红十字募捐箱的暂行规定》

（1986 年 5 月 8 日）

随着我国对外开放工作的开展，每年来华访问、旅游人员不断增加，为满足部分外宾尽人道主义的愿望，解决外宾出境时零星人民币、外币带出的不便，根据中国红十字会章程有关向社会募捐的规定，并参照各国红十字会的习惯做法，现决定在部分城市的有关场所试设固定的红十字募捐箱，现将有关事宜规定如下：

一、设立募捐箱的城市和地点

先在北京、上海、广州、西安、南京、桂林等六个城市的机场、宾馆及外币兑换处等公共场所设立固定的红十字募捐箱。以后其他城市和场所如需要设立，应报中国红十字会总会批准。

二、募捐箱式样

募捐箱由中国红十字会总会提供统一式样，由设立城市的红十字会制作并使用。

三、募捐箱的管理和捐款的使用原则

募捐箱由有关单位负责放置和妥善管理。红十字会指定专人同有关单位一起定期开箱，点收捐款。捐款用于红十字会的卫生救护、社会救济和社会福利事业，不得挪作他用。募捐箱具体管理办法请各市红十字会与省、自治区、直辖市红十字会及有关部门和单位协商并试行。

四、各地设立募捐箱的数目开始不宜过多，以便不断总结经验。

国家体委、民政部、劳动人事部、教育部、卫生部、中国红十字会总会、中国盲人聋哑人协会、全国总工会、共青团中央《关于积极地、有计划地开展伤残人体育活动的通知》

（〔83〕体群字 107 号　1983 年 12 月 20 日）

各省、市、自治区体委，民政厅（局），劳动人事厅、局（劳动局），教育厅（局），卫生厅（局），红十字会，盲人聋哑人协会，工会，团委，火车头体协，银鹰体协，水利电力体协，各体育学院：

今年 10 月在天津举办了全国伤残人体育邀请赛。有 13 个省、市、自治区 168 名运动员参加了田径、游泳、乒乓球三个项目的比赛。这是我国建国以来规模最大的一次伤残人运动会。

运动会期间召开了全国伤残人体育工作者和伤残运动员代表大会，明确了伤残人体育工作的方针、任务，成立了中国伤残人体育协会。中国红十字会总会会长、卫生部顾问钱信忠同志担任协会主席。

伤残人体育是社会主义体育事业的组成部分。发动和组织伤残人锻炼身体，参加体育比赛，不仅可以增进身体健康，恢复增强肢体和内脏器官功能，而且可以扩大生活领域，丰富生活内容，增添生活乐趣，鼓舞他们增强生活的勇气和信心，为四化建设贡献力量。因此，开展伤残人体育活动是一项很重要的工作，各部门应予以重视，加强领导，把伤残人体育进一步开展起来。

首先，要广泛宣传伤残人体育的重要意义，宣传在社会主义制度下党和政府对伤残人的照顾和关怀，唤起各部门、各方面，以及整个社会都来关心和支持伤残人参加体育活动。

其次，要积极筹建地方和基层伤残人体育协会，把各方面的力量都组织起来，有计划地开展活动，组织比赛。明年拟举办全国伤残人运动会，各地应做好充分准备。

第三，这是一项新的工作，基础差，底子薄，一方面缺乏经验，另一方面还存在很多困难，需要全社会各有关部门从人力、物力和财力等方面给以大力支持。各体育场、馆要为伤残人开展体育活动，组织体育比赛提供方便，尽可能优待伤残人参观比赛，有条件的地方应划出区域或设置专门席位。

现将钱信忠、徐寅生、钟师统等同志的讲话，协会领导人名单，协会委员名单，协会章程等有关文件发给你们，请参照执行。

教育部、卫生部、国家体育运动委员会、国家基本建设委员会、文化部、中央广播事业局、共青团中央、全国妇女联合会、保卫儿童全国委员会、中国红十字会总会《关于贯彻执行〈保护学生视力工作实施办法（试行）〉的联合通知》

（〔82〕教体字001号）

我国的社会主义现代化建设，要求各级各类学校认真贯彻德、智、体全面发展的教育方针，培养大量又红又专、体魄健全的人才和劳动后备军。

近年来，学生中近视眼发病率有明显增高，视力下降情况比较突出，严重影响着教育方针的全面贯彻落实和为四化建设培养合格人才，这个问题必须予以高度重视和切实解决。

近视眼是学生中的一种常见病。虽然发病原因比较复杂，但是经验证明，只要在各级政府的统一领导下，教育、卫生、体委、建委、文化、广播事业、共青团、妇联、保卫儿童委员会、红十字会等部门密切配合，宣传动员，组织全社会各方面的力量，认真贯彻预防为主的方针，采取积极的防治措施，减轻学生学习负担，加强进行保护视力的教育，改善学习条件，积极开展体育活动，增强学生体质，学生近视眼的发生是可以得到控制或减少的。

为了有效地保护学生视力，预防近视，使青少年健康成长，特制定本办法。

一、各级教育、卫生、体委等部门应有领导分管、专人负责保护学生视力工作。由教育部门牵头，会同卫生、体委等部门协商研究，统一计划，统一布置，统一检查，统一总结。

二、学校应把保护学生视力工作列入学校工作计划，指定一名校长负责，做到期初有计划，期中有检查，期末有总结；并把保护学生视力工作作为学校评先进集体、优秀教师条件之一。

班主任应把保护学生视力工作作为自己的工作职责之一，及时掌握学生视力情况，积极配合学校卫生人员、保健教师做好保护视力工作。

各科教师应重视教学卫生，改进教学方法，提高教学质量，严格按照教学计划、教学大纲的规定组织教学活动，不得用各种形式任意增加课时和在节假日补课。学校卫生人员、保健教师，每学期应制订保护学生视力工作计划及措施，并与班主任及有关人员密切协作，认真做好保护学生视力工作。

三、学校的教学用房（教室、阅览室、实验室）要符合卫生标准。不符合卫生标准的教学用房要逐步进行改造。新建、改建教学用房的建筑设计应符合国家设计标准规范中有关卫生要求。

教学用房应根据所处地区纬度和气候条件选择最好朝向。一般可朝南或东南。有条件的可争取双侧采光。单侧采光的教学用房，光线应从左方射入，进深不大于窗上缘至室内地面高度的二倍。

教学用房的自然采光要求光线均匀。采光系数（窗的透光面积与室内地面面积之比）应不低于一比六。窗外不应有高大的遮挡物。自然采光条件较差的教学用房要采取增加侧窗或天窗、亮瓦等办法改善。确实无法改善的应增加人工照明。

教学用房人工照明的灯具要合理布置，使照度均匀。灯的悬挂高度距桌面不低于一点七米。每个桌面上的照度不低于一百勒克斯。（按新的卫生标准要求，不低于150勒克斯——编者）

教学用房的墙面、天棚宜用浅淡颜色，并应定期粉刷。室内要经常打扫，保持墙面、门窗、玻璃、灯具的清洁。室内不要张贴过多的标语、图片。

黑板应经常保持乌黑或墨绿，避免直射和反射眩光。教师板书要工整，字体不要过小。

四、课桌椅应符合卫生标准，并按学生身高配置，要定期调换学生的座位。

五、注意改进教学方法、减轻学生学习负担，切实控制学生学习时间。每日学习时间（包括自习）与课外活动小学生不超过六小时，中学生不超过七小时，大学生不超过八小时。学校应作出规定，适当控制学生课外作业的分量。

学校应保证学生课间休息，督促学生参加课间活动，教师不得任意延长上课时间或用各种方式变相占用学生课间休息。

六、认真上好体育课，坚持开展课外体育活动，积极施行《国家体育锻炼标准》，做好广播体操，保证每日一小时的体育锻炼，对体弱学生也要组织开展适宜的体育活动。

要教育学生认真做好眼保健操。学生每日上下午各做眼保健操一次。

为了保证上述体育活动的开展，学校要有相应的体育场地和必要的体育设施。

七、保证学生睡眠时间，每日小学生不少于十小时，中学生不少于九小时，大学生不少于八小时。学生宿舍应规定晚间熄灯制度。

八、有计划地开展预防近视眼的教育，培养学生良好的用眼卫生习惯，要做到：读写姿势端正、眼睛距书本一市尺；看书、写字半小时到一小时要休息片刻；不躺在床上看书，不在行进的车中看书，不在暗弱或强光下看书、写字。

小学生使用的铅笔要色泽饱和，浓淡适中，勿削过细过尖。学生书写字体不宜过小。注意抓好保护学龄前儿童视力，培养幼儿用眼的卫生习惯。

九、学校要经常向学生家长宣传保护视力的重要性和方法，使家长为学生创造良好的学习条件，改进家庭的采光和照明，督促学生遵守合理的生活制度。

十、各校外教育机构及图书馆、阅览室等，也应按照要求为学生学习、阅读或从事实验等提供必要的照明条件。

十一、出版部门对供学生阅读的教科书、图书、期刊、画报、报纸等出版物要注意印刷清晰、字体图文不能过小。

十二、报刊、电影、电台、电视台等宣传部门要采取多种形式，广泛宣传预防学生近视眼的重要意义和科学方法，以引起社会各方面的重视。

十三、学校要定期检查学生视力，详细纪录，及时统计分析、研究近视原因。对一点五至一点零正常视力的学生，要积极预防，控制新发病。

要认真总结、有计划地推广安全可靠、行之有效、简便易行的矫治方法，在治疗中，重点应是零点四至零点九（小学），零点六至零点九（大、中学）的学生。

十四、卫生防疫站要对学校做好经常性和预防性卫生监督、预防近视工作的技术指导和学生视力监测工作。卫生防疫站、有关专业防治科研机构、医学院校应把学生近视眼防治工作列为重点科研课题之一，有计划、有步骤、有组织地开展工作；同时，有责任定期举办各种类型的预防近视学习班和进修班，提高各级学校卫生人员的业务水平。

眼科专业人员要参加和指导防治学生近视眼工作。

十五、本办法由教育部、卫生部、国家体育运动委员会、国家基本建设委员会、文化部、中央广播事业局、共青团中央、全国妇女联合会、保卫儿童全国委员会、中国红十字会总会联合颁布试行。

中国红十字会有关文件

第 28 届红十字与红新月国际大会召开，我国政府及我会作出承诺

第 28 届红十字与新月国际大会召开

2003 年 12 月 2 日，作为红十字与红新月运动发源地的日内瓦，迎来了第 28 届红十字与红新月国际大会。

4 年一度的国际大会是红十字与红新月运动的最高审议机构。运动各成员的代表与

日内瓦公约缔约国代表一道参加大会，讨论共同关心的人道主义事务。

第 28 届红十字与红新月国际大会的主题是“维护人类尊严”。以王立忠常务副会长为团长的中国红十字会代表团出席了大会并在一般性辩论中发言，指出和平与发展仍是当今世界主流。但是，人道主义也面临许多挑战。中国红十字会希望与各位大会代表交流经验，并结合本国实际，在人道主义事务中做出应有的贡献。特别是在救助灾害和疾病的受害者方面加强红十字会与政府的合作，明确各自的职责。中国红十字会在第 27 届大会上所做的备灾和传播承诺已经圆满完成，在这次大会上还要做出新的承诺，包括社区服务、灾害管理、传播和急救培训。

以中国常驻日内瓦联合国机构和其他国际组织代表沙祖康大使为团长的中国政府代表团也在大会上发言，表明中国政府全面尊重并履行国际人道法义务和支持国际红十字与红新月运动人道主义工作的立场。中国政府代表团还承诺支持中国红十字会依照《中华人民共和国红十字会法》开展传播人道法、救灾备灾、公共卫生和社会救助等工作。

继上届国际大会的做法，第 28 届国际大会号召参加会议的各国政府和红十字会代表团围绕“维护人类尊严”主题，就减轻武装冲突和灾害、疾病给人类带来的痛苦做出新的承诺。在大会结束时，共收到了 191 个代表团做出的 360 项承诺。内容涉及失踪人员、武器控制、减灾备灾、疾病预防控制等多个方面。

第 28 届国际大会最重要的议程是讨论和通过《“维护人类尊严”宣言》和《人道主义行动议程》。在大会召开前，负责组织国际大会的红十字与红新月常设委员会就邀请一些有代表性的重要国家驻日内瓦的大使组成专门工作组对这两个文件进行多次磋商。尽管如此，在大会期间，各代表团，特别是专门设立的起草委员会仍然对不长的案文字斟句酌，反复修改。经过 4 天通宵达旦的磋商，最终于 12 月 6 日上午通过了这两份文件。值得一提的是，文件通过后，仍有政府代表团声明对文件部分内容提出保留，要求记录在案。

《“维护人类尊严”宣言》强烈表达了《日内瓦公约》缔约国和红十字与红新月运动对一切武装冲突、灾害和疾病的受害者的境遇的极度关切；呼吁对国际人道法的尊重；减轻人们遭受武装冲突、灾害和疾病影响的易受损程度；维护人类尊严；倡导宽容、反对歧视、尊重差异。

《人道主义行动议程》关注现今世界损害人类尊严的因素以及最为紧迫的人道主义挑战，包括在武装冲突中失散亲属的痛苦；拥有、使用和滥用武器所造成的生命代价；自然灾害给易受损人群带来的危害和影响；艾滋病和其他疾病引起的羞辱、歧视现象。在这四个工作方面提出以行动为导向的具体目标，以及各国政府和国际红十字与红新月运动各成员共同维护人类尊严的行动机制。

中国红十字会的代表在分委员会的会议上发言介绍了 2003 年上半年在中国发生的非典以及中国红十字会抗击非典的工作，受到了与会者的好评。

在国际大会前，代表红十字与红新月运动最高机构的代表会议于 11 月 30 日至 12 月 2 日举行。会议全面审议了国际大会的相关文件，并以隆重的仪式颁发了亨利·杜南奖章。2003年共有4人荣获这一代表运动最高荣誉，他们中有从二战时期就参加红十字工作的原红十字国际委员会代表；有在发展和传播国际人道法方面做出突出贡献的学者；也有长期担任国家红十字会领导，在国内和国际工作中功绩卓著的志愿工作者和专职人员。

中国红十字会代表团参加联合会第14届大会

2003年11月28日，以王立忠常务副会长为团长的中国红十字会代表团在瑞士日内瓦出席了红十字会与红新月会国际联合会第14届大会。代表团成员包括秘书长苏菊香等总会工作人员。香港特别行政区红十字会总监林胡秀霞、副秘书长黄莫辉和澳门特别行政区红十字会主席黄如楷作为中国红十字会代表团成员一同参加了会议。

根据国际联合会章程，每2年召开一次的大会是联合会的最高机构。大会的职能是制定联合会的重要方针政策、接纳新成员、选举联合会主席和领导委员会、任命秘书长、批准工作计划和预算等。

11月28日上午，来自178个成员国红十字会和红新月会的近800名代表经过严格的安检措施，进入日内瓦国际会议中心。在简短的开幕式上，来自南非SOWETO地区红十字会的合唱团表演了极具非洲风情的歌舞。25名合唱演员全部是业余表演者，他们的正式职业是艾滋病患者的家庭护理员。他们的年龄和身段早已不再年轻，但他们极具感染力的歌声和动人心魄的节奏让人难以忘怀。

大会由联合会主席托罗（西班牙籍）主持。会议首先审议了接纳新成员的议题。根据红十字运动章程，一个国家红十字会若想加入联合会首先必须得到红十字国际委员会的承认。而在这之前，该红十字会需要满足和达到10项条件，其中包括其所在国家政府应是日内瓦公约的缔约国、该红十字会应宣布信守红十字基本原则以及运动和联合会的章程、会员向所有国民开放、服务和活动覆盖该国境内的所有地区等。本次大会审议的加入申请来自库克群岛红十字会、哈萨克斯坦红新月会和密克罗尼西亚联邦红十字会。在全体与会者的热烈掌声中，大会正式接纳了这3个国家红十字会，从而使红十字与红新月运动的成员数达到了181个。

鉴于联合会原任秘书长迪迪埃·沙佩戴尔在2003年6月辞职，在联合会主席的提议下，领导委员会临时任命时任芬兰红十字会秘书长的马库·尼斯卡拉代理秘书长职务，同时开始着手寻聘新的秘书长。经过委托国际猎头公司的帮助，最后从100多个候选人中确定7人入围。2003年10月召开的领导委员会通过了由联合会主席为首的选拔小组的最终提名，同意把马库·尼斯卡拉作为唯一的候选人向联合会大会提名。11月28日，大会一致同意任命马库·尼斯卡拉为联合会的新任秘书长。

马库·尼斯卡拉2003年58岁，参加红十字会已经有33年。70年代末，他曾作为联合会代表在赞比亚、坦桑尼亚和津巴布韦工作过，80年代中期他曾担任联合会秘书处的欧洲部主任，自1988年开始，他一直担任芬兰红十字会秘书长。联合会主席托罗认为尼斯卡拉具有长期丰富的红十字会工作经验，是联合会秘书长的最佳人选。

联合会目前所经历的财政困难成为本届

大会与会者关注的焦点之一。由于美国红十字会自2000年开始以对新标志问题得不到解决而不满为理由已经连续4年拒绝向联合会交纳会费，导致联合会财政遇到空前困难。按照联合会大会通过的各国红十字会交纳会费的标准，美国红十字会的年度会费额度占总会费预算的四分之一，约合800万瑞士法郎。连续拖欠4年，使联合会的正常预算极度捉襟见肘，储备基金基本告罄。面对窘境，联合会秘书处不得不大幅度削减支出，减少活动并大量裁员。大会在通过秘书长提出的2004－2005年工作计划和工作预算的同时，敦促秘书长进一步开源节流，同时呼吁美国红十字会以联合会的团结和工作为重，尽快补交拖欠会费。

中国红十字会代表团积极地参加了领导委员会和联合会大会的讨论，在发言中，鼓励联合会依据《2010战略》的精神，以与时俱进和不断创新的态度，扬长避短，开展符合自身特点的工作，并希望联合会在40年后的今天能以令人信服的业绩争取重新获得诺贝尔和平奖。在分工作组的会议上，香港分会的代表介绍了中国红十字会2003年防治非典的工作，特别介绍了香港特别行政区红十字会的经验，得到了与会各国红十字会代表的高度评价。

附1：

中国政府在第28届红十字与红新月国际大会上的承诺

兹承诺，在2004－2007年：

一、履行日内瓦四公约及其附加议定书等中国批准、加入的国际人道法文书的有关规定。

二、加强国际人道法传播，包括在军队中进行人道法教育。

三、推进灾害紧急救援体系建设，制定省、地、县三级政府的救灾应急预案。

四、加强公共卫生能力建设，促进经济和社会的协调发展。进一步健全传染病监测、预防、治疗和信息通报网络。

五、执行《中华人民共和国红十字会法》。

六、支持中国红十字会在传播人道法、救灾备灾、公公卫生和社会救助等方面的工作。

七、发展与红十字国际委员会、红十字会与红新月会国际联合会的合作关系。继续与红十字国际委员会就其在北京设立地区代表处问题进行磋商，并争取达成一致。

中国政府出席第28届红十字与红新月国际大会代表团团长

中国常驻联合国日内瓦办事处代表沙祖康大使

二〇〇三年十二月四日

附2：

中国红十字会在第28届红十字与红新月国际大会上的承诺

兹承诺，2004年－2007年中国红十字会将：

一、提高各级分会救灾能力，加强对红十字会工作人员的救灾培训工作。每年都要举办救灾培训班或研讨会，培训的目的是查找问题并寻求解决办法。

二、加强红十字会救灾工作的筹资能力和渠道，为更多的灾民服务。

三、鼓励和帮助省级分会建设备灾救灾中心。

2007年的评估标准：

·总会每年举办1－2期救灾培训班或研讨会，每期参与人数约70人。

·灾害易发省份的红十字会每年最少要搞一次救灾培训班，接受培训人员在50人以上。

·每年举办专题研讨会筹资办法和途径。逐年增加国内筹款（物）与国外筹款（物）的比例，减少对境外资金的依赖性。

·在两个省建立社区备灾、救灾试点工作。

兹承诺，在2004－2007年：

中国红十字会将在全国培训合格的红十字救护员，普及救护知识。

2007年的评估标准：

·救护培训普及人数达到当地人口总数的0.5%—1%以上。

·在乡镇、街道的每个红十字基层单位有2－3名红十字救护员。

·在开展救护培训的省、自治区、直辖市及省辖市和一些行业中每150－300人中有一名接受过救护培训并考核合格的红十字救护员。

兹承诺，在2004年－2007年：

一、加强社区红十字服务工作的交流与研讨，推动红十字社区服务示范市、示范区创建活动，使红十字会社区服务工作逐步从大、中城市向中、小城市扩展。

二、支持和帮助地方分会建立社区红十字卫生站（或服务站、工作站）。

三、开展对社区红十字卫生站（或服务站、工作站）站长管理技能和志愿者服务技能的培训。

四、为孤儿、老年人、重症患者、残疾人、特困家庭提供经常性的服务和帮助。

五、在社区开展募捐、义卖活动，将募集、租借、义卖款物用于需要帮助的家庭和受灾地区群众。

六、利用社区一切可以利用的条件，对社区群众开展院前救护、居家护理、卫生保健、家庭安全等知识的培训，增强居民自我保健意识，掌握自救互救技能，提高身心健康水平。同时进行红十字运动、备灾救灾、预防艾滋病、无偿献血、遗体捐献、干细胞捐献等知识的宣传。

2007年的评估标准：

·总会每年举办1－2次（省级、省会城市、计划单列市）研讨会或培训班，受训40人以上。

·争取2007年全国50%县以上红十字会开展服务社区工作。

兹承诺，在2004－2007年：

中国红十字会将继续与红十字国际委员

会合作，在红十字会系统、社区、学校和部队中传播国际红十字红新月运动基本知识和国际人道法。

2007 年的评估标准：

·与红十字国际委员会的 2002－2004 年传播合作计划圆满完成。

·制定并执行 2005 年以后与红十字国际委员会的传播合作计划。

·组织和举办一系列包括全国性和区域性的传播人员培训班。

·培训传播骨干，支持他们组织本地区的传播工作。

·用中文翻译、编写并印发针对不同传播对象的教材（包括音像教材）。

·将一些重要教材翻译成少数民族文字印发。

·与红十字国际委员会签署《探索人道法》项目的合作计划。在学校传播国际人道法。

·继续协助红十字国际委员会在中国武装部队内开展各种形式的有关国际人道法的传播和培训工作。

中国红十字会出席第 28 届红十字
与红新月国际大会代表团团长

王立忠

二〇〇三年十二月四日

中国红十字会总会机关参照《国家公务员暂行条例》管理的实施方案

为加强中国红十字会总会机关建设，进一步提高机关工作人员素质和机关工作效能，有效地遵循国际红十字运动的基本原则，更好地发挥中国红十字会总会的职能作用，根据《中华人民共和国红十字会法》和《中国红十字会章程》及有关规定，参照《国家公务员暂行条例》和《国家公务员制度实施方案》（国发［1993］78 号），结合中国红十字会总会机关的实际情况，制定本方案。

一、实施范围

中国红十字会总会机关中除工勤人员以外的工作人员，参照《国家公务员暂行条例》进行管理；在红十字会总会机关兼任领导职务的人员，实行所在部门、单位的人事管理制度。

中国红十字会总会所属事业单位，不列入参照《国家公务员暂行条例》管理的范围。

二、职务设置

中国红十字会总会机关设置领导职务序列和非领导职务序列。

选任的领导职务，按照《中国红十字会章程》和有关规定设置，序列为：副会长、会长。非选任的领导职务的领导职务序列为：副处长、处长、副部长（副主任）、部长（主任）、副秘书长、秘书长。设置其他名称的领导职务，与上列职务层次相对应。

非领导职务序列为：办事员、干事、副科级干事、正科级干事。如确因工作需要设置少量司、处级干事，职数由人事部商中央组织部确定。

领导职务和非领导职务，要在确定职能、机构、编制的基础上，在规定的职数限额内设置。任用领导职务和非领导职务人员，要严格任职条件，并按照管理权限和审批程序办理。

三、职级对应

中国红十字会总会机关工作人员职务与级别的对应关系是：

（1）部长（主任）：六至八级；

（2）副部长（副主任）、处长：七至十级；

（3）副处长：八至十一级；

（4）正科级干事：九至十二级；

（5）副科级干事：九至十三级；

（6）干事：九至十四级；

（7）办事员：十至十五级。

与上述职务相对应的其他职务，适用上述规定。

中国红十字会总会会长、专职副会长、秘书长、副秘书长和党组书记、副书记、成员，分别按干部管理权限审批确认的职级对应级别。

中国红十字会总会机关工作人员的级别，按管理权限由任免机关根据上述规定的职务与级别的对应关系，按照《机关工作人员工资制度改革方案》（国发［1993］79号）和《机关工作人员工资制度改革实施办法》（国办发［1993］85号）规定的定级办法确定。

四、工资制度及工资套改

中国红十字会总会机关列入参照《国家公务员暂行条例》管理范围的人员，实行职务级别工资制。工资套改和晋升的具体办法，按照《机关工作人员工资制度改革方案》和《机关工作人员工资制度改革实施办法》执行。

中国红十字会总会机关工人（包括技术工人和普通工人），分别实行岗位技术等级（职务）工资制和岗位工资制。其工资套改和晋升及机关退（离）休人员增加退（离）休费的具体办法，分别按照上述工资制度改革文件的有关规定执行。

五、招考与选调

中国红十字会总会机关录用工作人员，采用招考与选调两种方式。部分工作岗位可实行聘用制。

录用科级以下（含科级）工作人员，实行公开招考或有限竞争性考试，按照德才兼备的原则择优录用。考试录用的方法和程序，参照国家公务员考试录用的有关规定办理。

副处级以上（含副处级）职位出现空缺时，可以从内部晋升，也可以从党政机关、人民团体、企事业单位中，经过严格考核，择优选调符合任职条件者担任，还可以采用公开招考的办法择优任用。

招考和选调工作人员，须在核定的编制员额和上级批准的增员指标内进行，并按管理权限和审批程序办理。

六、其他制度

中国红十字会总会机关工作人员的职位分类、考核、奖励、纪律、职务升降、职务任免、培训、交流、回避、工资保险福利、辞职辞退、退休、申诉控告等，参照《国家公务员暂行条例》的有关规定执行。

七、实施办法和步骤

中国红十字会总会机关参照《国家公务员暂行条例》管理的工作，结合机构改革和工资制度改革，有计划、有步骤地组织实施。

实施工作分以下三个阶段进行：

（一）准备阶段。组织工作班子；制定实施办法；培训工作骨干；进行参照《国家公务员暂行条例》管理的目的、意义和基本内容的宣传教育；搞好现有机关工作人员基本情况的调查摸底。

（二）实施阶段。具体按以下步骤进行：

1. 在机构改革的基础上，按规定合理设置领导与非领导职位，制定职位说明书，明确职责任务及任职资格条件。

2. 在严格考核的基础上，按照任职资格和条件，调整配备人员。按照有关规定和管理权限，审批确定工作人员级别，实施职级工资制，实现机关工作人员向参照国家公务员制度管理的过渡。同时妥善安置分流出机关的人员。

3. 按照本方案确定的原则和有关规定，结合机关实际，参照执行《国家公务员暂行条例》各项管理制度及其细则，逐步建立健全符合本机关性质特点的人事管理制度，并组织实施。

（三）总结检查阶段。在职位分类、人员过渡等实施工作完成后，认真进行总结和检查。重点总结检查职位设置、领导和非领导职务的任命、级别确定、职级工资制的实施情况等，巩固和完善实施的成果，对存在的问题，认真分析研究，制定改进措施。总结检查情况向有关部门写出报告。

八、组织领导

中国红十字会总会机关参照《国家公务员暂行条例》管理的工作，在总会党组领导下进行，具体工作由总会人事部门负责。

本方案由中共中央组织部和人事部负责解释。

中共中央组织部办公厅
1996年11月15日印

中国红十字基金会章程

（2005年3月）

第一章　总　　则

第一条　本基金会的全称是：中国红十字基金会；简称为：中国红基会。英文译名为“Chinese Red Cross Foundation”，缩写为“CRCF”。

第二条　本基金会属于公募基金会。本基金会面向公众募捐的地域范围是：国内外。

第三条　本基金会的宗旨：贯彻执行《中华人民共和国红十字会法》，发扬人道、博爱、奉献的红十字精神，保护人的生命和健康，为红十字事业筹集资金和物资，构建红十字社会公益服务体系，开展人道主义救助工作。

第四条　本基金会的原始基金数额为人民币800万元，来源于企业和有关人士的捐赠。

第五条 本基金会的登记管理机关是民政部，业务主管单位是中国红十字会。

第六条 本基金会的住所：中国北京市东城区干面胡同53号。

第二章 业务范围

第七条 本基金会公益活动的业务范围：

（一）呼吁社会各界积极参与红十字救死扶伤、扶危济困、敬老助残、助人为乐等人道主义救助活动，为社会公益事业作贡献；

（二）开展与国际友好团体、个人及港、澳、台同胞和海外侨胞的友好往来和相互合作；

（三）根据需要，依法在有关国家和地区设立分支机构或代表机构，不断拓展海外业务和项目合作；

（四）弘扬中华民族爱老敬老的传统美德，通过各种有效形式，积极兴办老年福利事业，倡导社会新风，促进社会文明；

（五）积极促进和创办群众医疗救护事业，救死扶伤，为受损害人群减轻痛苦；

（六）支持和兴办具有红十字特色的教育事业，为贫困学生就学提供和创造机会；

（七）开展适合自身特点的其他社会救助活动；

（八）通过各种直接和间接形式，积极向社会募捐款物，增加基金来源；

（九）采取多种合法有效的方式，实现基金的保值增值。

第三章 组织机构、负责人

第八条 本基金会由9至25名理事组成理事会。本基金会理事每届任期五年，任期届满，连选可以连任。

第九条 理事的资格

（一）具有独立民事行为能力；

（二）热心基金会所从事的公益事业；

（三）具有与理事工作相适应的工作阅历和工作经验；

（四）能够尽职尽责，保障捐赠财产的使用符合捐赠人的意愿和基金会的公益目的，保障基金会财产的安全及保值增值；

（五）廉洁奉公，办事公道。

第十条 理事的产生和罢免

（一）第一届理事由业务主管单位、主要捐赠人、发起人分别提名并共同协商确定；

（二）理事会换届改选时，由业务主管单位、理事会、主要捐赠人共同提名候选人并组织领导小组，组织全部候选人共同选举产生新一届理事；

（三）罢免、增补理事应当经理事会表决通过，报业务主管单位审查同意；

（四）理事的选举和罢免结果报登记管理机关备案。

第十一条 理事的权利和义务

（一）参与基金会的领导工作；

（二）对基金会的重大决策有表决权；

（三）对基金会运作有建议权；

（四）有履行本章程规定的权力和责任的义务。

第十二条 本基金会的决策机构是理事

会。理事会行使下列职权：

（一）制定和修改章程，决定机构的使命、战略和目标；

（二）选举和罢免理事长、副理事长、秘书长；

（三）决定重大业务活动计划，包括资金的募集、管理和使用计划；决定机构资产运作的原则、策略、途径和重大投资事项，对资产安全负责；

（四）审查机构年度财务报告；

（五）制定机构政策和重要管理制度；

（六）决定设立办事机构、分支机构、代表机构；

（七）决定由秘书长提名的副秘书长和各部门主要负责人的聘任；

（八）听取、审议秘书长工作报告，检查秘书长的工作，给予秘书长工作支持并评估其绩效；

（九）决定基金会的分立、合并或终止；

（十）决定其他重大事项。

第十三条 理事会每年至少召开两次会议。理事会会议由理事长负责召集和主持。

有1/3理事提议，必须召开理事会会议。如理事长不能召集，提议理事可推选召集人。召开理事会会议，理事长或召集人需提前五日通知全体理事、监事。

第十四条 理事会会议需有三分之二以上理事出席方能召开；理事会决议须经出席理事过半数通过方为有效。

下列重要事项的决议，须经出席理事表决，三分之二以上通过方为有效：

（一）章程的修改；

（二）选举或罢免理事长、副理事长、秘书长；

（三）章程规定的重大募捐、投资活动；

（四）基金会的分立、合并。

第十五条 理事会会议应当制作会议记录。形成决议的，应当当场制作会议纪要，并由出席理事审阅、签名。理事会决议违反法律、法规或章程规定，致使基金会遭受损失的，参与决议的理事应当承担责任。但经证明在表决时反对并记载于会议纪要的，该理事可免除责任。

第十六条 本基金会设监事1－2名。监事任期与理事相同，期满可以连任。

第十七条 理事、理事的近亲属和基金会财会人员不得任监事。

第十八条 监事的产生和罢免：

（一）监事由主要捐赠人、业务主管单位分别选派；

（二）登记管理机关根据工作需要选派；

（三）监事的变更依照其产生程序。

第十九条 监事的权利和义务

监事依照章程规定的程序检查基金会财务和会计资料，监督理事会遵守法律和章程的情况。

监事列席理事会会议，有权向理事会提出质询和建议，并应当向登记管理机关、业务主管单位以及税务、会计主管部门反映情况。

监事应当遵守有关法律法规和基金会章程，忠实履行职责。

第二十条 在本基金会领取报酬的理事不得超过理事总人数的三分之一。监事和未在基金会担任专职工作的理事不得从基金会获取报酬。本基金会为非专职理事和监事提供必要的工作费用，费用包括交通费、办公费、调研费、差旅费等。理事和监事的工作费用列入本基金会的管理行政费用。

第二十一条 本基金会理事遇有个人利益与基金会利益关联时，不得参与相关事宜的决策；基金会理事、监事及其近亲属不得与基金会有任何交易行为。

第二十二条 理事会设理事长、副理事长和秘书长，从理事中选举产生。

第二十三条 本基金会理事长、副理事长、秘书长，必须符合以下条件：

（一）在基金会业务领域内有较大影响；

（二）理事长、副理事长、秘书长最高任职年龄不超过70周岁，秘书长为专职；

（三）身体健康，能坚持正常工作；

（四）具有完全民事行为能力。

第二十四条 有下列情形之一的人员，不能担任本基金会的理事长、副理事长、秘书长：

（一）属于现职国家工作人员的；

（二）因犯罪被判处管制、拘役或者有期徒刑，刑期执行完毕之日起未逾五年的；

（三）因犯罪被判处剥夺政治权利正在执行期间或者曾经被判处剥夺政治权利的；

（四）曾在因违法被撤销登记的基金会担任理事长、副理事长、或者秘书长，且对该基金会的违法行为负有个人责任，自该基金会被撤销之日起未逾五年的。

第二十五条 担任本基金会理事长、副理事长或者秘书长的香港居民、澳门居民、台湾居民以及外国人，每年在中国内地居留时间不得少于三个月。

第二十六条 本基金会的理事长、副理事长、秘书长每届任期五年，连任不超过两届。因特殊情况需超届连任的，须经理事会特殊程序表决通过，报业务主管单位审查并经登记管理机关批准同意后，方可任职。

第二十七条 本基金会理事长为基金会法定代表人。本基金会法定代表人不兼任其他组织的法定代表人。

本基金会法定代表人应当由中国内地居民担任。

本基金会法定代表人在任期间，基金会发生违反《基金会管理条例》和本章程的行为，法定代表人应当承担相关责任。因法定代表人失职，导致基金会发生违法行为或基金会财产损失的，法定代表人应当承担个人责任。

第二十八条 本基金会理事长行使下列职权：

（一）召集和主持理事会会议；

（二）制定理事会工作计划并付诸执行，检查理事会决议的落实情况；

（三）代表基金会签署或授权签署重要文件；

（四）章程和理事会赋予的其他职权。

第二十九条 本基金会副理事长、秘书长在理事长领导下开展工作，秘书长行使下列职权：

1. 主持开展基金会的日常工作，组织实施理事会决议；

2. 拟定资金的筹集、管理和使用计划；

3. 拟定基金会的重要管理规章制度，报理事会审批；4. 提议聘任或解聘副秘书长以及各部门主要负责人，由理事会决定；

5. 决定各部门专职工作人员的聘用，推荐和领导一支有社会责任和有效能的秘书处管理团队；

6. 章程和理事会赋予的其他职权。

第三十条 根据工作需要，本基金会设立名誉会长、名誉副会长和名誉理事，不享有决策权。

第四章　财产的管理和使用

第三十一条　本基金会为公募基金会，本基金会的收入来源于：

（一）组织募捐的收入；

（二）自然人、法人或其他组织自愿捐赠；

（三）投资收益；

（四）其他合法收入等。

第三十二条　本基金会组织募捐、接受捐赠，应当遵守法律法规，符合章程规定的宗旨和公益活动的业务范围。

第三十三条　本基金会组织募捐时，应当向社会公布募得资金后拟开展的公益活动和资金的详细使用计划。重大募捐活动应当报业务主管单位和登记管理机关备案。

本基金会组织募捐，不得以任何形式进行摊派及变相摊派。

第三十四条　本基金会的财产及其他收入受法律保护，任何单位、个人不得侵占、私分、挪用。

第三十五条　本基金会根据章程规定的宗旨和公益活动的业务范围使用财产；捐赠协议明确了具体使用方式的捐赠，根据捐赠协议的约定使用。

接受捐赠的物资无法用于符合本基金会宗旨的用途时，基金会可以依法拍卖或者变卖，所得收入用于捐赠目的。

第三十六条　本基金会财产主要用于：

（一）开展红十字救助活动；

（二）兴办和资助医疗、教育、老年、扶贫等社会福利事业。

第三十七条　本基金会的重大募捐、投资活动是指：

（一）赈灾、救灾；

（二）开展社会性救助活动；

（三）兴办和资助公益性社会福利事业。

第三十八条　本基金会按照合法、安全、有效的原则实现基金的保值、增值。

第三十九条　本基金会每年用于从事章程规定的公益事业支出，不得低于上一年总收入的70%。

本基金会工作人员工资福利和行政办公支出不得超过当年总支出的10%。

第四十条　本基金会开展公益资助项目，应当向社会公开所开展的公益资助项目种类以及申请、评审程序。

第四十一条　捐赠人有权向本基金会查询捐赠财产的使用、管理情况，并提出意见和建议。对于捐赠人的查询，基金会应当及时如实答复。

本基金会违反捐赠协议使用捐赠财产的，捐赠人有权要求基金会遵守捐赠协议或者向人民法院申请撤销捐赠行为、解除捐赠协议。

第四十二条　本基金会可以与受助人签订协议，约定资助方式、资助数额以及资金用途和使用方式。本基金会有权对资助的使用情况进行监督。受助人未按协议约定使用资助或者有其他违反协议情形的，本基金会有权解除资助协议。

第四十三条　本基金会应当执行国家统一的会计制度，依法进行会计核算、建立健全内部会计监督制度，保证会计资料合法、真实、准确、完整。

本基金会接受税务、会计主管部门依法实施的税务监督和会计监督。

第四十四条 本基金会配备具有专业资格的会计人员。会计不得兼出纳。会计人员调动工作或离职时，必须与接管人员办清交接手续。

第四十五条 本基金会每年1月1日至12月31日为业务及会计年度，每年3月31日前，理事会对下列事项进行审定：

（一）上年度业务报告及经费收支决算；

（二）本年度业务计划及经费收支预算；

（三）财产清册。

第四十六条 本基金会进行年检、换届、更换法定代表人以及清算，应当进行财务审计。

第四十七条 本基金会按照《基金会管理条例》规定接受登记管理机关组织的年度检查。

第四十八条 本基金会通过登记管理机关的年度检查后，将年度工作报告在登记管理机关指定的媒体上公布，接受社会公众的查询、监督。

第五章 终止和剩余财产处理

第四十九条 本基金会有以下情形之一，应当终止：

（一）完成章程规定的宗旨的；

（二）无法按照章程规定的宗旨继续从事公益活动的；

（三）基金会发生分立、合并的。

第五十条 本基金会终止，应在理事会表决通过后15日内，报业务主管单位审查同意。经业务主管单位审查同意后15日内，向登记管理机关申请注销登记。

第五十一条 本基金会办理注销登记前，应当在登记管理机关、业务主管单位的指导下成立清算组织，完成清算工作。

本基金会应当自清算结束之日起15日内向登记管理机关办理注销登记；在清算期间不开展清算以外的活动。

第五十二条 本基金会注销后的剩余财产，应当在业务主管单位和登记管理机关的监督下，通过以下方式用于公益目的：

（一）资助兴办的公益福利事业；

（二）捐赠给中国红十字会。

第六章 章程修改

第五十三条 本章程的修改，须经理事会表决通过后15日内，报业务主管单位审查同意。经业务主管单位审查同意后，报登记管理机关核准。

第七章 附 则

第五十四条 本章程经2005年3月25日理事会表决通过。

第五十五条 本章程的解释权属于理事会。

第五十六条 本章程自登记管理机关核准之日起生效。

中国红十字会会费管理办法

（红二字〔2001〕19 号　2001 年 5 月 1 日）

第一条　为加强中国红十字会会费的收缴、使用与管理，根据《中华人民共和国红十字会法》和《中国红十字会章程》及国家有规定，制定本办法。

第二条　按期缴纳会费是会员应尽的义务；会员缴纳的会费，是红十字会经费的主要来源之一。

第三条　会费的收缴、使用与管理应坚持取之有度、用之得当的原则。

第四条　个人会员会费，由基层红十字会收缴；团体会员会费，由审批发放团体会员证书的红十字会收缴。

第五条　个人会员的会费标准：成人会员年度会费不超过 10 元；青少年会员年度会费不超过 5 元。

第六条　团体会员的会费标准：单位职工人数 200 人以下的，年度会费不超过 300 元；200－500 人的，年度会费不超过 500 元；500－1000 人的，年度会费不超过 1000 元；1000－2000 人，年度会费不超过 1500 元；2000 人以上的，年度会费不超过 2000 元。

第七条　具有红十字会基层组织和团体会员双重身份的单位，在单位缴纳团体会员会费的同时，个人会员还应按规定缴纳个人会员会费。

第八条　个人会员和团体会员自愿缴纳会费超过年度会费标准的，应予以鼓励，并视情况给予奖励。

第九条　个人会员会费应由个人负担，不得由所在单位支付。团体会员会费，应从企业管理费或自有资金中开支。

第十条　会员连续两年不按期缴纳会费的，视为自动退会，应予以注销。

第十一条　基层红十字会应将收缴会费的 20% 缴纳上一级红十字会，80% 留本级红十字会。县、地、省级红十字会应将收缴会费的 30% 逐级缴纳上一级红十字会，70% 留本级红十字会。省级红十字会向总会缴纳会费的时间，应在当年 12 月底以前。全国性行业建立的行业红十字会，比照省级红十字会的比例和做法，向总会缴纳会费。

第十二条　会费应用于开展与红十字会宗旨相一致的各项活动，不得挪作他用。

第十三条　会费使用须经各级红十字会执行委员会或办事机构领导集体研究决定。

第十四条　各级红十字会应建立会费收缴、使用与管理制度。设专人负责会费收缴、使用与管理工作，建立收支明细账目。每年将会费收支情况向理事会报告。

第十五条　地方各级红十字会要接受上一级红十字会对会费收缴、使用与管理工作的监督和检查。

第十六条　各级红十字会应将年度会费收缴、使用与管理情况报上一级红十字会。对会费收缴、使用与管理工作开展好的红十字会，上一级红十字会应予以奖励。

第十七条　本办法解释权属中国红十字会总会。

第十八条　本办法经第七届常务理事会第二次会议通过，自 2001 年 5 月 1 日起施行。1997 年 4 月 14 日制定的《中国红十字会会费收缴与管理办法》同时废止。

关于进一步推进红十字志愿服务工作的意见

（红事字〔2002〕15 号　2002 年 2 月 16 日）

各省、自治区、直辖市红十字会，铁路系统红十字会：

志愿服务作为一项重要的社会公益事业在世界各国特别是发达国家已蓬勃发展，甚至成为一种时代发展潮流，这为红十字志愿服务工作带来了历史性的机遇，同时也提出了新的挑战和更高的要求。根据《联合会志愿工作政策》（红十字会与红新月会国际联合会1999 年10 月大会通过）的规定，结合我国的具体实际，红十字志愿服务是指红十字会的会员和志愿工作者，出自完全自愿的动机，不谋取任何经济、物质的好处，用自己的经验、技能和时间，为最易受损害群体提供的服务。这种奉献行为符合《中华人民共和国红十字会法》和《中国红十字会章程》的有关规定，也符合国际红十字运动的原则。为做好这项工作，现提出如下意见：

一、明确意义，把握方向，提高推进志愿服务的思想认识

志愿服务是红十字运动七项基本原则之一，是红十字运动的基本价值观和态度，是人道、博爱、奉献精神的集中体现，是实践红十字运动志愿服务基本原则的重要途径和方式。实践证明，开展志愿服务活动，有利于吸引社会各界人士参加红十字活动，使我们的事业植根于广大民众之中；有利于解决红十字会人力财力不足的矛盾，调动社会力量为民重服务，合理配置资源；有利于弘扬人道、博爱、奉献精神和中华民族的传统美德，改善人际关系，净化社会风气，促进社会主义精神文明建设。

二、加强领导，制定规划，加大推进志愿服务的工作力度

各级红十字会特别是省级红十字会要高度重视志愿服务工作。在推进志愿服务的工作中，各级红十字会的主要领导要亲自过问，经常给予关注和指导，分管领导要切实负起责任，把工作落到实处。充分发挥各级领导的组织、指导和服务作用。各级红十字会要把志愿服务工作作为一项长期的目标，摆上重要议事日程。在调查研究的基础上，制定中长期的工作规划和年度实施计划。制定规划要立足长远，具有前瞻性；实施计划要着眼于现实，注重可操作性。要帮助和指导基层红十字会组织开展志愿服务工作，并及时发现问题，总结经验，使志愿服务工作有计划、有步骤地进行。

三、健全组织，壮大队伍，形成推进志愿服务的整体合力

各级红十字会在加强机关建设的基础上，要积极发展会员和志愿工作者，把会员和志愿工作者队伍作为开展志愿服务的载体，形成网络，在提高质量、发挥作用上下功夫。积极发展会员，既要积极发展个人会员，又要积极发展团体会员。充分体现红十字会作为群众团体的社会性特点，拓展范围，面向社会，辐射城乡，强化会员意识，增强组织活力。积极吸收志愿工作者，充分体现红十字会作为群众团体的广泛性特点，招募不计报酬、短期或长期、志愿参加红十字会活动的社会各界人士，作为红十字志愿工作者。有条件的地方可设立专门委员会，规范对红十字志愿工作者的招募、管理、组织、培训、使用。

四、开展活动，分类指导，营造推进志愿服务的社会氛围

红十字会志愿服务工作的生命力在于开展活动。要紧密联系红十字会的宗旨，配合红十字会中心工作，围绕“博爱系列社会工程”，根据各地实际，定期、不定期地开展形式多样的服务群众、奉献社会的活动。在活动中发展，在实践中提高。开展志愿服务活动应当因地制宜，形式多样，切实可行。从开展志愿服务的模式上分，有条件、有基础的地方，可以组织会员和志愿工作者开展多种形式的志愿服务活动；力量薄弱的地方，可以联合其他团体、行业共同开展志愿服务活动；可以组织会员和志愿工作者参与社区服务，将红十字志愿服务工作纳入社区建设，等等。从开展志愿服务的内容上分，有提供技能的服务，有提供知识的服务，有提供时间的服务，等等。无论何种模式，何种内容的服务，都要突出红十字会的特色，体现红十字会的精神，扩大红十字会的社会影响，争取更多的人理解和支持红十字事业。

五、更新理念，共享资源，拓展推进志愿服务的工作思路

红十字运动所倡导的志愿服务，是一种无私奉献的价值理念，也是一种适应时代发展的社会实践，它对人类社会的文明和进步起到了积极的作用，而社会实践也为它注入了新鲜的经验和内容。我们要拓展思路，开阔眼界，共享成功的资源和理念。比如，要适应社会主义市场经济的特点，确保志愿服务工作不得替代或有损有偿服务；对会员和志愿工作者开展的志愿服务工作要提供必要的条件；对合理的开支应予以报销；用志愿服务的时间来衡量会员和志愿工作者为社会所创造的价值和财富；以及青年志愿者具有创新意识的“志愿服务时间储蓄制度”，等等。在借鉴中学习，在继承中发展，审时度势，与时俱进，红十字运动所倡导的志愿服务将会发挥越来越大的作用。

六、循序渐进，持久发展，创造推进志愿服务的崭新业绩

《中华人民共和国红十字会法》和《中国红十字会章程》对志愿服务都做了规定，从法律和制度上为我们开展志愿服务工作做出了规范并提出了保障。各地在开展志愿服务工作中取得了一些成绩，积累了一些经验。但从总体上讲，我们的志愿服务工作发展很不平衡，还面临一系列问题，如公众对红十字志愿服务了解还不深入，参与意识不强，缺乏足够的资金支持，缺乏政策法规的指导；在志愿工作者队伍的招募、培训、管理、使用以及理论研究等方面还缺乏广度和深度。

建立社会主义市场经济体制对红十字会的工作提出了新的要求，红十字会必须服务于社会主义市场经济体制的建设，同时也必须主动与此相适应，实现自身的新发展。激烈的市场竞争将给我国社会带来许多变化，同时也需要构建与之相适应的思想道德体系，发挥制衡和调适的功能。红十字会在这方面可以大有作为，红十字会开展的志愿服务活动是可以发挥独特作用的。要清醒地认识形势，把握机遇，迎接挑战，扎扎实实做好志愿服务工作，循序渐进，持久发展，不断总结经验，以崭新业绩，迎接中国红十字会建会100周年。

中国红十字会红十字标志标明性使用规定

（1997年4月4日中国红十字会第六届理事会第四次会议通过）

第一条　依据《中华人民共和国红十字标志使用办法》制定本规定。

第二条　中国红十字会使用的标明性红十字标志为加名称的白底红十字标志，红十字由五个相等的正方形组成。

红十字标志的常用式样见附件（共八种）。

第三条　下列人员可以使用红十字标志：

（一）各级红十字会专（兼）职工作人员；

（二）红十字会会员；

（三）红十字青少年会员；

（四）红十字会志愿工作者；

（五）红十字会雇用的人员。

第四条　下列场所可以使用红十字标志：

（一）红十字会机关使用的建筑物；

（二）红十字会的医院、血站、救护站（点）；

（三）红十字会的备灾救灾中心、仓库；

（四）红十字会兴办的其他社会公益事业单位；

（五）红十字会开展赈济、救护、募捐等活动的场所。

第五条　下列物品和运输工具可以使用红十字标志：

（一）红十字会的宣传印刷品、办公用品、纪念品；

（二）红十字会的徽章、臂章、奖章、证章、证书；

（三）红十字会的救护器械、器材；

（四）红十字会用于备灾救灾的衣、食、药品等物资的包装；

（五）红十字会用于救助的运输工具；

（六）红十字会开展募捐活动的物品。

第六条　红十字标志的使用方法：

（一）红十字会会员、红十字青少年会员、红十字志愿工作者和红十字会专（兼）职工作人员平时可佩戴红十字会会徽或穿着印有红十字装饰图案的服装；执行救助任务的红十字会人员应佩带红十字臂章、胸章或穿着印有红十字标志的制服；

（二）红十字会的机构、医院、血站、备灾救灾中心（仓库）、救护培训中心挂长方条形或矩形标牌，底色为白色，红十字在上部，下面用黑色字标明单位全称，各级红十字会的备灾救灾中心（仓库）、救护培训中心用中国红十字会会徽作标记，会徽在正面墙壁上方显著位置，会徽下方用醒目字体标明单位名称；

（三）红十字会的赈灾、救护车辆（含飞行器、船艇），在车身后玻璃下方正中位置喷涂白底红十字，驾驶室两侧车门喷涂红十字，红十字下方标明红十字会名称；车顶的警灯、警报器按公安部门的规定安装，境外捐助车辆的警灯、警报器和车身喷字的，维持原样，驾驶室两侧车门喷涂红十字并标明红十字会名称；救灾和紧急救护临时雇用的车辆均按本规定张贴标明性红十字标志，悬挂红十字会会旗；

（四）使用民族文字的地区，在单位标牌和胸章、臂章上可加用民族文字；

（五）经批准冠名红十字会（或红十字）医院、血站等事业单位挂矩形标牌，标牌底色为白色，红十字在中央，单位名称环绕红十字，用黑色字标明；

（六）红十字会的各级团体会员单位，分别由各级红十字会授予矩形挂牌，其形状与冠名红十字会单位的挂牌相同，名称由国家或地区名称加红十字会团体会员单位组成；

（七）红十字会所属企业单位及挂靠单位平时不得使用红十字标志，在执行人道主义救助任务和参加红十字会活动时，使用红十字标牌、红十字旗、红十字会会徽进行标明；

（八）大型集会、文艺演出的各种体育竞赛场馆由红十字会设置救护站，用红十字旗或红十字标牌标明；红十字会举办的会议，主席台上方挂红十字会会徽，会场内摆放会旗和红十字旗；

（九）红十字会的宣传印刷品、办公用品、纪念品可直接印制红十字和红十字会会徽；红十字会用于救护、赈济的器械、器材和衣服、食品、药品等物品的包装应直接印制或用不干胶贴的红十字标志标明；

（十）中国红十字会总会批准开展的义卖活动，其义卖品可用红十字标志标明。

第七条 红十字徽章、臂章、奖章、证章、证书按总会统一设计模式，由各省、自治区、直辖市、副省级城市红十字会制作；带有红十字的特殊标记、吉祥物等由中国红十字会总会制作。

第八条 本规定的解释权归中国红十字会总会。

第九条 本规定由中国红十字会理事会通过并报国务院备案后实施。修改时同。

第十条 本规定于一九九七年十一月一日起施行。此前总会的各种文件凡与本规定不一致者，以本规定为准。

图案说明：

1. 全部标牌均为白底，十字为正红色，字为黑色；

2. 比例尺寸按图中标示；

3. 图5，两个圆为红色，红十字上部为汉字，标明省（自治区、直辖市）红十字名称，民族文字的使用按地方法规执行；十字下部为英文译名，内容必须为“中国红十字会××省（自治区、直辖市）分会”，外形作成正方形；作胸章适当大些，作臂章适当小些。

4. 图6，（1）矩形标牌；（2）长方形标牌。民族文字的使用按地方法规执行。

5. 图8，红十字应醒目，“红十字募捐箱”用中英文两种文字标明；底座用金属材料，箱体用有机玻璃材料，要求玻璃明亮，底座装饰讲究，锁及安全措施应在暗处，英文字样为：

HELP THE RED CROSS HELP THE NEEDY

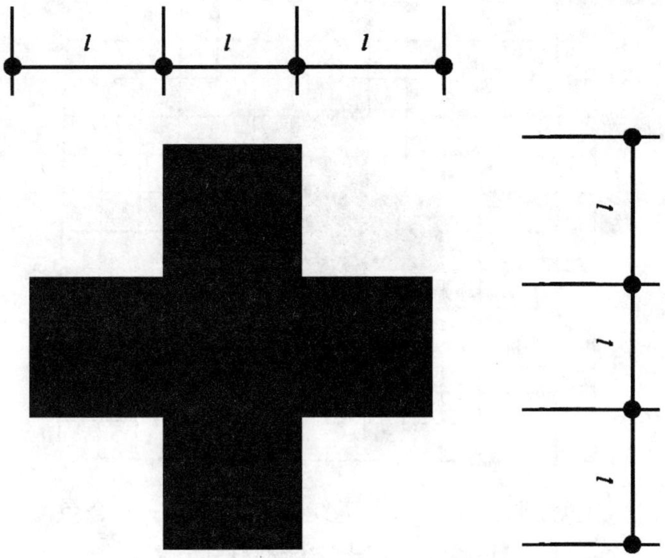

图 1　红十字标准样式

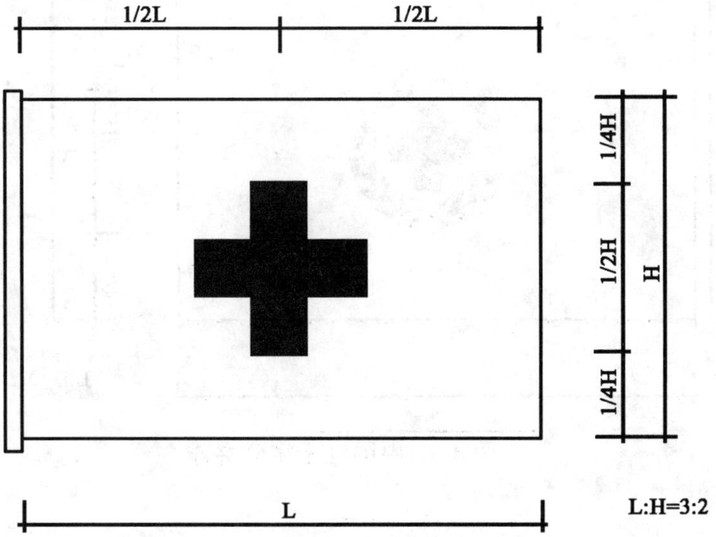

图 2　红十字会旗

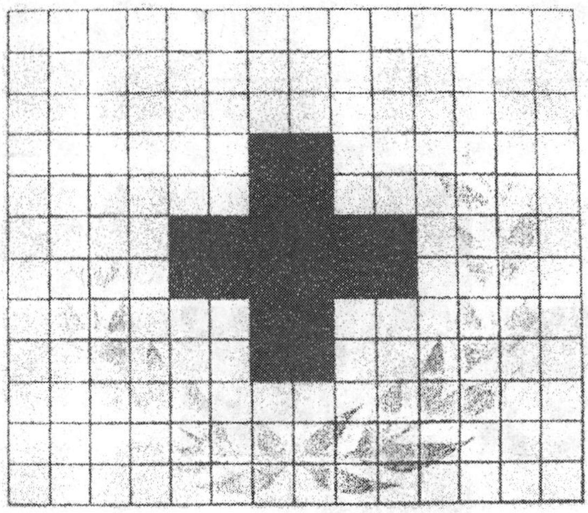

颜色注明：十字——正红色 橄榄枝——金色

图 3 红十字标准样式

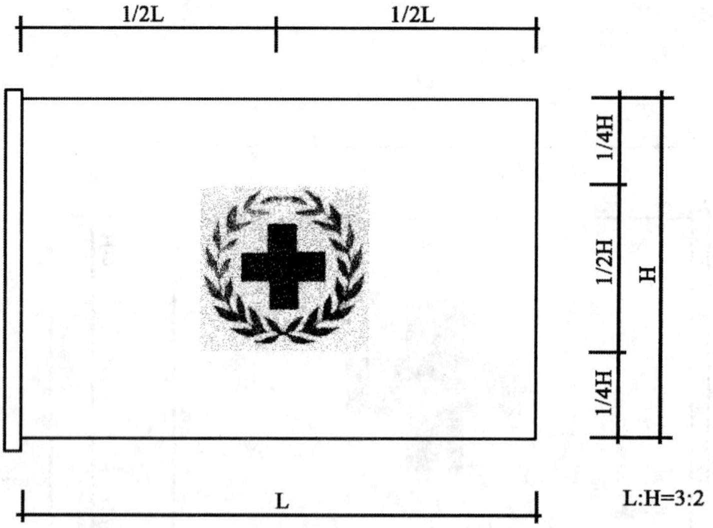

图 4 中国红十字会会旗

图 5　红十字胸章、臂章

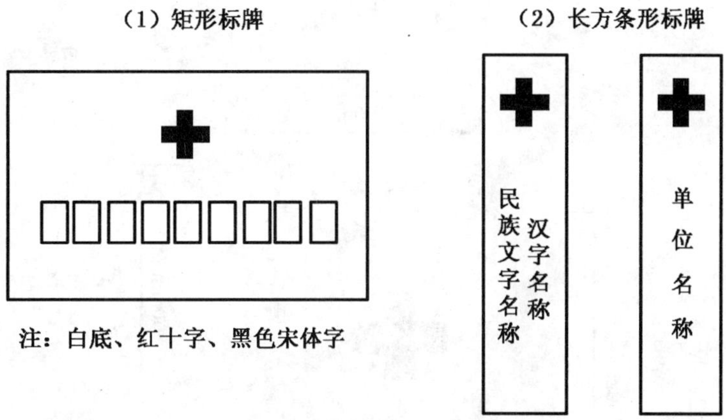

图 6　红十字会机构等单位标牌样式

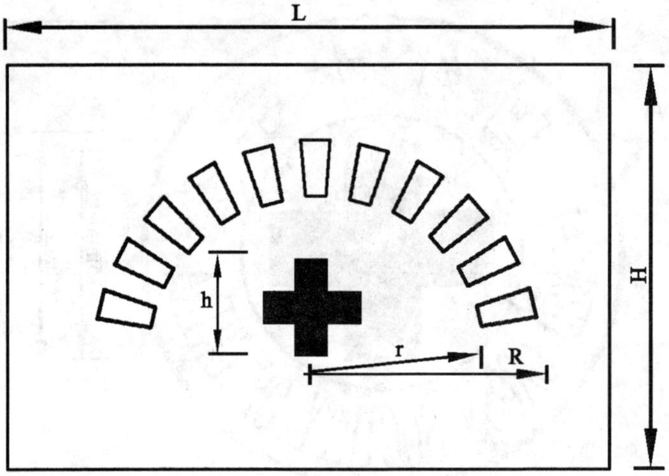

注：H：L=2：3
R：r=3:2
h=1/2r

图 7　冠名红十字会、红十字会团体单位标牌

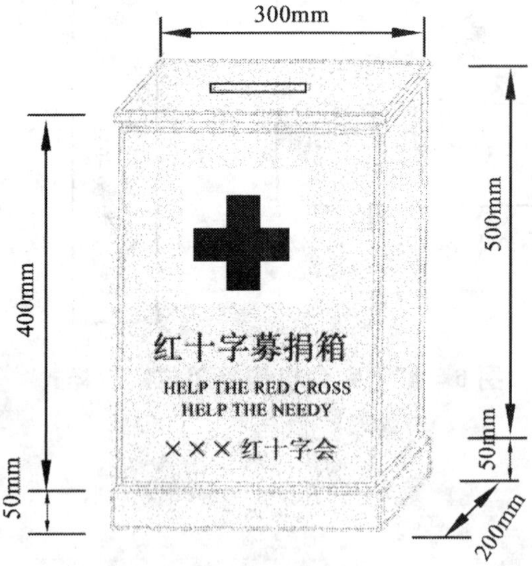

图 8　红十字募捐箱

中国红十字会募捐和接受捐赠工作条例

（1997年7月7日中国红十字会第六届理事会第四次会议通过）

第一条 为增强红十字会社会救助工作能力，依据《中华人民共和国红十字会法》有关规定，参照《红十字与红新月灾害救济原则与条例》有关精神，制定本条例。

第二条 在自然灾害和突发事件中开展救助工作；建立专项公益事业；开展社区服务及救助、赈济准备工作，可以进行募捐活动。

第三条 可向国内企事业单位、团体、组织、个人和社会各界以及在遵守国际红十字运动规定范围内，向国（境）外有关团体、组织、人士进行募捐，也可接受他们捐赠的款物。

募捐和接受捐赠包括动产和不动产。

第四条 可采取劝募、义演、义卖以及举办大型活动等形式进行募捐。

可在机场、车站、码头、宾馆饭店、旅游景点以及商场等公共场所设置红十字募捐箱，进行募捐。

第五条 募捐和接受捐赠的红十字会，对捐赠者应当坚持自愿的原则；尊重捐赠者的意愿。

接受无指定专项用途的捐赠款物，可作为红十字会的经费，用于发展红十字事业，按红十字会的有关规定管理使用。

第六条 募捐和接受捐赠的款物，要“专款专用”、合理分发使用；接受国（境）外捐赠的款物设立专项账户；均开具捐款收据，办理捐物手续。

第七条 根据救助工作需要，地方各级红十字会可在本地区域内开展募捐活动：省（自治区、直辖市）红十字会可在国内发出募捐的呼吁、并报总会备案；总会可向全国或部分地区红十字会发出开展募捐活动的通知。

第八条 建立常设或临时募捐机构，实施募捐和接受捐赠工作。

第九条 对确属不适用救助对象需要的定向捐赠物品，按国际惯例，经征得捐赠人同意。报请上级红十字会批准，可将其变卖，所得款项仍用于原救助对象。

第十条 为自然灾害和突发事件进行募捐和接受捐赠的款物，在紧急救助阶段结束之后，剩余的款物纳入救灾基金进行管理，其使用办法按《红十字与红新月灾害救济原则与条例》第30条规定执行。

第十一条 接受、转赠、使用捐赠款物的红十字会，建立监督、审计制度。

（一）接受上级红十字会或当地政府有关部门的监督、审计；

（二）每年向同级理事会报告；

（三）国（境）外捐赠的款物，接受国际红十字组织的监督、审计。

第十二条 做好募捐的发动、接受、转赠等环节的宣传报道工作。

通过书面或新闻媒体向捐赠者反馈募捐和接受捐赠款物使用情况的信息。

对捐赠数额较多（包括物资折价）的，可举行捐赠仪式、颁发证书。

第十三条 捐赠物资的转送及其所需费用：

（一）转送捐赠物资应及时、有效，转

送救助物资的红十字会人员及其转送用于救助的物资和交通工具依据红十字会法享受优先通行权利；

（二）争取当地政府免收转送捐赠物资的运输、公路、储存等费用；

（三）可向当地政府申请资助；

（四）根据红十字会与红新月会国际联合会规定和国际惯例，可从募捐款中提取3～5%的管理费支付。

第十四条 每年年底各省（自治区、直辖市）红十字会汇总省内红十字会募捐和接受捐赠款物的数额（按当地价格折合），填报“中国红十字会募捐和接受捐赠情况统计表”，上报总会备案。

第十五条 各省、自治区、直辖市红十字会可依据本条例制定实施办法。

第十六条 本条例解释权归中国红十字会总会。

第十七条 本条例自1997年7月7日起施行，此前总会的相关文件与本条例不一致者，以本条例为准。

第十八条 本条例由中国红十字会理事会制定，修改时同。

中国红十字会理事会组织规程（暂行）

（1998年4月3日第六届理事会第五次会议通过）

第一章 总 则

第一条 为加强理事会建设，使中国红十字运动沿着法制化轨道健康发展，依据《中华人民共和国红十字会法》和《中国红十字会章程》，制定本组织规程。

第二条 理事会由全国会员代表大会民主选举产生；实行民主集中制原则。

第三条 理事会在全国会员代表大会闭会期间是最高决策机构，负责执行全国会员代表大会的决议。

第二章 组 织

第四条 理事会设常务理事会、执行委员会、专门委员会。

第五条 理事会理事候选人应来自社会各界、行政区域、有关行业及单位，并有相对比例。

理事候选人来自社会各界、有关行业及单位者，由总会与理事候选人所在单位协商产生；来自行政区域者，由该区域的地方红十字推荐产生；执行委员会可直接推荐理事候选人若干名。

理事候选人由全国会员代表大会理事资格审查委员会负责审核，提交全国会员代表大会选举。

第六条 每届理事会任期五年，下一次全国会员代表大会召开时换届。

第七条 理事会会议由常务理事会负责召集，每年召开一次，因特殊情况，可提前或推迟。

第八条 在理事会闭会期间，由会长、常务副会长、副会长和正、副秘书长组成常务理事会；常务理事会会议由会长或常务副会长召集，每年不少于二次。

第九条 常务理事会下设执行委员会；

执行委员会由驻总会机关的常务副会长、副会长和正、副秘书长组成；常务副会长任执行委员会主任委员，其他成员为委员。

第十条 理事会下设：

（一）备灾救灾财务委员会；

（二）政策法规咨询委员会；

（三）红十字青少年工作委员会；

（四）推进无偿献血委员会；

（五）志愿工作者委员会；

（六）卫生救护工作委员会。

上述各委员会委员由理事和经理事会聘任的非理事人员组成，在常务理事会领导下开展工作。

第三章 理事会职责

第十一条 负责召集全国会员代表大会；向全国会员代表大会报告工作。

第十二条 制定中国红十字会工作方针政策、长期目标规划和年度工作计划；决定其他重大事项；监督指导各级红十字会贯彻全国会员代表大会决议。

第十三条 审查常务理事会的工作报告；审查执行委员会的备灾救灾财务工作报告。

第十四条 聘请名誉会长和名誉副会长；选举会长、常务副会长、副会长；根据会长提名决定秘书长、副秘书长人选；审议更换、增免理事。

第十五条 在特殊情况下，可修改《中国红十字会章程》个别条款，提交下次全国会员代表大会确认。

第十六条 向全国会员代表大会负责并接受其监督。

第四章 常务理事会职责

第十七条 执行全国会员代表大会和理事会决议；检查、指导各级红十字会贯彻执行全国会员代表大会和理事会决议。

第十八条 向理事会提交红十字会工作方针政策、长期目标规划和年度工作计划草案。

第十九条 向理事会报告工作。

第二十条 向理事会推荐聘请名誉会长、名誉副会长的人选；提出选举会长、副会长的人选。

第二十一条 聘请名誉理事；向理事会提交需更换、增免理事的议案。

第二十二条 在特殊情况下，可向理事会提交修改《中国红十字会章程》的特别议案。

第二十三条 研究决定重要会务工作；遇重大事项，在特殊情况下可先决定，再向理事会报告。

第二十四条 向理事会负责并接受其监督。

第五章 执行委员会职责

第二十五条 执行全国会员代表大会和理事会决议；指导地方红十字会及行业红十字会工作。

第二十六条 执行常务理事会决定；向常务理事会负责并接受监督。

第二十七条 领导总会机关日常工作；负责联系、协调中国红十字会与国（境）

外的国际红十字组织以及各国和地区红十字组织的交往与合作，与国内相关部门、行业及单位的各项业务来往。

第二十八条 向常务理事会提交需研究决定各事项的草案。

第六章 理事条件和更换

第二十九条 遵守国际红十字运动七项基本原则，贯彻红十字会法，执行中国红十字会章程，自愿为红十字事业服务。

第三十条 担任社会公职的理事应是在职的有关领导；工作在社会各界的理事，应具有较高社会知名度；行政区域及行业的理事，应是这些行政区域及行业红十字会的会长或副会长。

第三十一条 因理事工作变动等原因，由原理事单位在理事会召开之前提前一个月提出理事更换人，并报总会。

第三十二条 理事在任期间连续三年不参加理事会会议者，自动取消理事资格。

第七章 理事职责

第三十三条 参与制定红十字会工作方针政策；参加理事会会议及理事会工作；对理事会建设提出意见和建议。

第三十四条 监督检查红十字会工作。

第三十五条 有选举权、被选举权和表决权。

第三十六条 维护理事会团结和统一，执行理事会决议；担任社会公职的理事，更要自觉执行红十字会法和维护红十字合法权益，按社团机制参与运作红十字会工作。

第三十七条 按照理事会决议，每年为红十字会解决一些实际问题；定期参加红十字会活动。

第八章 附 则

第三十八条 各省（自治区、直辖市）红十字会可依据此组织规程制定其理事会组织条例或办法，并报总会备案。

第三十九条 本组织规程解释权归中国红十字会总会。

第四十条 本组织规程自理事会通过之日起施行。

关于认真贯彻国务院通知精神积极开展艾滋病预防宣传工作的通知

（红赈发〔2004〕号）

各省、自治区、直辖市红十字会，铁路、武警系统红十字会：

2004年2月日，国务院办公厅下发了《国务院关于切实加强艾滋病防治工作的通知》（国发〔2004〕7号文件），明确指出了自1985年我国首次报告艾滋病病例以来，艾滋病在我国的流行呈快速上升的趋势，艾滋病防治工作面临严重挑战。我国正经历艾滋病局部流行并向其他一些地区扩散的严重趋势，造成艾滋病流行蔓延的社会因素仍广泛存在，我国艾滋病流行蔓延的势头还没有得到有效的遏制。为有效遏制艾滋病疫情快速上升的趋势，切实加强艾滋病防治工作，向全国发出了动员令，号召各地区、各部门及全国各族人民在党中央、国务院的正确领导下，制定防治规划、明确相关政策、落实防治措施、开展健康教育、加强患者救治。并就加强组织领导，明确职责任务；坚持预防为主，实施综合治理；加强疫情检测，规范疫情报告；落实救治政策，做好药品供给；加大投入力度，保障防治经费；开展关怀救助，加强病人管理和开展国际合作，提高防治水平诸方面提出了明确的要求。

中国红十字会是从事人道主义工作的社会救助团体，是政府在人道领域的助手。

关于规范红十字会系统开展对印度洋海啸灾区捐赠活动的通知

(2005年1月2日　红赈字〔2005〕1号)

各省、自治区、直辖市红十字会，新疆生产建设兵团红十字会，铁路、商业系统红十字会：

2004年12月26日，印度洋发生强烈地震并引发海啸，给东南亚、南亚和非洲等许多国家带来了严重灾难。灾情牵动着中国人民的心，我国政府已向受灾国提供了大量救灾援助并派出救援队。中国红十字会也已分三批通过双边及多边渠道将筹集的66万美元救灾款转至受灾国。并积极响应国际联合会呼吁，于2004年12月30日向全国红十字会系统发出紧急募捐的呼吁。

近日，国内外企业和广大群众纷纷向灾区捐款，为规范捐赠活动，民政部已以民电（2005）第1号文发出紧急通知，现就中国红十字会系统接受捐赠的有关问题通知如下：

1. 各级红十字会要紧急行动起来，依据《中华人民共和国红十字会法》独立自主地积极开展募捐活动。

2. 切实加强对募捐活动的管理。各级红十字会为印度洋海啸灾区开展的捐款活动应接受中国红十字会总会的统一领导。接受的捐赠款应由各省级（行业）分会及时、逐级统计，将捐赠款如数上缴中国红十字会总会，由中国红十字会总会统一处分。各级红十字会募集的善款不需移交其他组织或通过其他组织转交。

3. 各级红十字会要坚持公开、公正、透明的原则，及时向社会公布接受捐赠办法，严格管理，手续完备，出具合法、有效的捐赠收据和感谢信，尊重捐款人（单位）的意愿，公布捐赠情况，接受社会监督。

4. 各级红十字会要积极收集捐赠活动中的好人好事、感人事迹，收集社会知名人士参与捐赠活动的情况，并及时以书面材料上报总会，以便宣传。

5. 为加强信息沟通，务请各省级红十字会自2005年1月4日起，每日12时前将当日接受捐赠款情况填表传总会赈济救护部，并及时将募集款汇至中国红十字会总会。

中国红十字会第六届理事会第四次会议《关于接纳香港红十字会为中国红十字会分会的特别决议》

鉴于自1997年7月1日中华人民共和国政府将恢复对香港行使主权，设立香港特别行政区。根据国际红十字运动的“统一性”原则，香港红十字会正式向中国红十字会申请香港红十字会在此之前将脱离英国红十字会，于1997年7月1日起加入中国红十字会，成为中国香港特别行政区红十字会。

中国红十字会第六届理事会第四次会议审议通过：

自1997年7月1日起接纳香港红十字会为中国红十字会的一个享有高度自治的地方红十字会，其名称为“中国香港特别行政区红十字会”〔英文：The Red Cross Of the Hong Kong Special Administrative Region Of the People's Republic of China〕简称：“香港红十字会分会”〔英文：Hong Kong Red Cross（Branch of the Red Cross Society of China)〕。

中国红十字会第六届理事会第六次会议《关于接纳澳门红十字会为中国红十字会高度自治分会的特别决议》

（1999年10月10日）

鉴于自1999年12月20日中华人民共和国政府恢复对澳门行使主权，设立澳门特别行政区。根据国际红十字运动的“统一性”原则，澳门红十字会正式向中国红十字会申请：澳门红十字会将在1999年12月19日24时脱离葡萄牙红十字会；于1999年12月20日零时加入中国红十字会，成为中国红十字会澳门特别行政区红十字会。

中国红十字会第六届理事会第六次会议审议，根据《中华人民共和国澳门特别行政区基本法》和国际红十字运动基本原则中的“统一性”原则，一致通过决定：自1999年12月20日起接纳澳门红十字会为中国红十字会的一个享有高度自治权的地方红十字会，其名称为“中国澳门特别行政区红十字会〔英文：The Red Cross of the Macau Special China〕”简称：“澳门红十字会（中国红十字会分会)”〔英文：Macau Red Cross（Branch of the Red Cross Society of China)〕。

海峡两岸红十字组织在金门商谈达成有关海上遣返协议（金门协议）

（1990年9月20日）

海峡两岸红十字组织代表韩长林、陈长文等于本年九月中旬在金门就双方参与见证其主管部门执行海上遣返事宜举行工作商谈，充分交换意见后，达成协议。协议如下：

一、遣返原则：

应确保遣返作业符合人道精神与安全便利的原则。

二、遣返对象：

（一）违反有关规定进入对方地区的居民（但因捕鱼作业遭遇紧急避风等不可抗力因素必须暂入对方地区者，不在此列）。

（二）刑事嫌疑犯或刑事犯。

三、遣返交接地点：

双方商定为马尾—马祖（马祖—马尾），但依被遣返人员的原居地分布情况及气候、海象等因素，双方得协议另择厦门—金门（金门—厦门）。

四、遣返程序：

（一）一方应将被遣返人员的有关资料通知对方，对方应于二十日内核查答复，并按商定的时间、地点遣返交接。如核查对象有疑问者，亦应通知对方以便复查。

（二）遣返交接双方均用红十字专用船，并用民用船只在约定地点引导。遣返船、引导船均悬挂白底红十字旗（不挂其他旗帜，不使用其他的标志）。

（三）遣返交接时，应由双方事先约定的代表二方签署交接见证书。

五、其他：

双方应尽速解决有关技术问题，以期在短期间内付诸实施。如有未尽事宜，双方得另行商定。

中国红十字事业2005—2009年发展规划

（2004年10月29日中国红十字会第八次全国会员代表大会通过）

目 录

21世纪头二十年，对我国来说，是一个必须紧紧抓住的重要战略机遇期。中国红十字会作为重要的社会团体，在这个历史进程中是可以大有作为的。过去五年，中国红十字会坚持以邓小平理论和“三个代表”重要思想为指导，工作取得了显著成绩。今后五年，中国红十字会将处于深化改革加快发展的关键阶段，面临着良好的机遇和严峻的挑战。要坚持用邓小平理论和“三个代表”重要思想统领红十字会工作，树立和落实以人为本、全面协调可持续的科学发展观，抓住机遇，迎接挑战，与时俱进，求真务实，开拓创新，艰苦创业，奋发图强，充分发挥自身优势，当好政府在人道主义救助领域的助手，努力开创中国特色红十字事业的新局面。为全面建设小康社会推进人类和平进步事业作出贡献。依据党和国家在这一时期的战略部署、《中华人民共和国红十字会法》（以下简称红十字会法）赋予的职责以及红十字会与红新月会国际联合会《2010 战略》的要求，制定中国红十字事业 2005－2009 年发展规划。

一、指导方针和总体目标

1. 今后五年，发展中国红十字事业的指导方针是：

——坚持用邓小平理论和“三个代表”重要思想统领红十字会工作，把发展作为第一要务，弘扬“人道、博爱、奉献”的红十字精神，以“动员人道力量，改善最易受损群体境况”作为工作的出发点和落脚点，服从服务于党和国家的中心工作，在社会主义物质文明、政治文明、精神文明建设中积极发挥作用。

——坚持依法建会、依法治会、依法兴会。认真贯彻实施红十字会法，把红十字会法作为建会之基、治会之本、兴会之纲。争取各级政府的支持和资助，保障红十字会依法履行职责，并对红十字会开展的活动进行监督，把红十字事业纳入当地社会经济发展总体规划。

——坚持以人为本、全面协调可持续发展的科学发展观，用改革的精神推动工作，着力从体制、机制上解决红十字事业发展中的突出问题，坚持在继承中创新，在改革中发展。

——坚持动员社会力量，合理利用社会资源，努力形成社会化、开放式的工作格局。加强自身建设，积极推进机制创新，把中国红十字会建设成为充满生机与活力、密切联系群众、符合自身特点的从事人道主义工作的社会救助团体。

——坚持遵循国际红十字运动基本原则，积极参与国际红十字运动，扩大对外交流与合作，努力提高中国红十字会在国际红十字运动中的地位，发挥更大的作用。

——坚持从实际出发，竭力为群众办实事、办好事、求实效。发挥各级红十字会的积极性和创造性，因地制宜地开展工作。注重突出重点与整体推进相结合，加强分类指导，推动各地红十字会工作协调发展。

2. 今后五年，发展中国红十字事业的总体目标是：

全面贯彻实施红十字会法，理顺地（市）级以上红十字会管理体制，积极推进县级红十字会理顺管理体制；大力加强红十字会基层组织建设，到 2009 年，基层组织发展到 36 万个以上，其中学校红十字会争取达到 25 万个；各级红十字会专职人员根据工作需要有所增加；会员人数达到 5000 万人以上，其中青少年会员达到 2000 万人以上；红十字会志愿工作者队伍突破100万人；提高救灾、救护、救助能力，每年筹措救灾救助款物力争达到3亿元人民币，参加初级卫生救护培训人数超过人口总数的1%，大力推进社区红十字服务工作，中国造血干细胞捐献者资料库有效库容量超过45万人份；继续加强与港、澳分会和台湾红十字组织的合作；积极推进国际与地区间交流与合作，在国际红十字运动中发挥更大作用。

二、推动法制建设 争取政策支持

3. 全面贯彻实施红十字会法及相关法律法规

全国红十字会系统要切实把学习、宣传、贯彻实施红十字会法、《中华人民共和国红十字标志使用办法》（以下简称红十字标志使用办法）及地方人大制定的实施红十字会法办法或条例列入重要议事日程，带头学法、懂法、守法、用法，履行法律赋予的职责。还要重视学习宣传和贯彻执行与红十字事业相关的法律法规以及规范社会团体公益事业的法律法规。要制定新的五年普法宣传教育规划，纳入当地“五五”普法宣传教育总体规划。要积极向各级党政领导、有关部门广泛宣传普及红十字会法，争取各级政府的支持、资助、保障、监督。

4. 进一步健全法律法规体系

尚未制定实施红十字会法办法或条例的省、自治区红十字会，要配合当地人大尽快制定。总会和各省、自治区、直辖市红十字会及有立法权的城市红十字会，要积极争取并配合国务院相关部门及地方政府制定与红十字会法相配套的行政法规和地方性法规、政府规章和规范化文件。推动有关遗体（器官）捐献的立法进程。

5. 加大执法检查力度

积极争取并配合当地人大、政协及政府相关部门，经常开展实施红十字会法、红十字标志使用办法及地方实施红十字会法办法或条例的执法检查和视察；自觉接受社会监督。

6. 积极争取政策支持

充分利用好现有政策，积极争取新政策，为红十字事业营造良好的政策环境。关注国家改革发展的大局，及时了解、认真研究相关社会经济领域的政策，积极争取相关部门制定有利于红十字事业发展的政策。

三、理顺管理体制 加强组织建设

7. 理顺管理体制，健全组织机构

五年内，理顺地（市）级以上红十字会管理体制，积极推进县级红十字会理顺管理体制并探索不同的模式。人口大县、灾害频发的县级红十字会要率先理顺管理体制。县级以上红十字会要切实加强组织建设，积极争取必要的条件，努力做到有编制、有机构、有人员、有经费、有办公地点，逐步形成机构健全、队伍精干、独立工作、运转良好的工作机制。

8. 加强基层建设，促进组织发展

在城市社区、农村、机关、厂矿建立健全基层红十字组织。全国红十字基层组织平均每年增长10%以上。创造条件，加强农村和贫困地区的红十字会工作，经过试点，积累经验，逐步推广。积极发展行业红十字会并加强管理。总会和省级红十字会要着重加强对基层组织工作的调查研究和指导。积极促进和发展省际间红十字会的对口支援、项目合作与经验交流。

9. 巩固和发展红十字会员队伍

摸清会员队伍的现状，强化会员意识，巩固和发展会员队伍。全国红十字会会员人数平均每年增长10%以上。加大会费收缴力度，规范收缴工作，修订《中国红十字会会费收缴使用管理办法》，各级红十字会按规定逐级缴纳会费。

10. 加强红十字青少年工作

积极推动各级各类学校建立红十字组织，到2009年，争取50%以上的学校成立红十字组织，成立学校红十字工作委员会，制定《学校红十字工作委员会工作职责》，对学校红十字工作实行科学化、制度化、规范化管理。组织开展创建红十字示范校、标兵校活动。青少年会员增加1倍，达到2000万人以上。

学校红十字青少年工作要与爱国主义教育、未成年人思想道德建设教育结合起来，对青少年会员传播国际人道法和红十字运动基本知识，进行“人道、博爱、奉献”的红十字精神教育和健康教育，开展初级卫生救护培训，组织符合红十字会宗旨、有利于青少年身心健康、丰富多彩的宣传、服务、救助活动。

11. 壮大红十字志愿工作者队伍

广泛吸收热心红十字事业的人士加入红十字志愿工作者队伍。五年内，全国红十字志愿工作者人数突破100万。

制订《中国红十字会志愿工作者管理办法》和《发展红十字志愿工作者工作规划》，规范志愿工作者的招募、培训、使用、管理和奖励办法，统一标志、证书、证章，充分调动志愿工作者的积极性和创造性。经常组织具有号召力和社会影响力、受群众欢迎的红十字志愿服务活动，有效地发挥红十字志愿工作者的作用。

四、强化宣传工作
弘扬红十字精神

12. 拓宽宣传领域，提高宣传效果

加大对“人道、博爱、奉献”红十字精神的宣传力度，把弘扬红十字精神、宣传红十字运动基本知识、传播国际人道法与社会主义精神文明建设、思想道德建设紧密结合，积极争取各级党委、政府支持、将红十字会工作纳入当地精神文明建设规划。

加强新闻舆论宣传工作，充分发挥电视、广播、报纸、杂志、网络等媒体的作用，争取媒体宣传的优惠政策，与媒体保持良好的合作关系。在新闻工作者队伍中积极发展红十字志愿工作者。

搞好宣传品的开发、制作。开展具有知识性、趣味性和广泛适应性的宣传活动，努力创作文艺精品，扩大宣传效果，增强感染力，提高红十字会的知名度、社会信誉度和群众满意度。积极探索运用市场化运作方式，拓宽宣传渠道和宣传方式。

总会和省级红十字会建立新闻信息发布制度。

加强对外宣传，不断扩大中国红十字会的国际影响。

13. 加强宣传阵地和队伍建设

办好《中国红十字报》、《博爱》杂志及地方红十字报刊，提高报刊质量，增强可读性。充分发挥红十字网站作用，广交红十字网友，提高红十字网站社会点击率。使之成为广大会员、志愿工作者的信息中心和服务站。省级红十字会要加强宣传阵地建设，实现全国红十字系统宣传信息畅通。

加强红十字会宣传队伍的能力建设。认真研究宣传工作的内容和方法，开展工作研讨与经验交流，培训骨干，提高宣传工作策划能力和整体水平，使红十字工作者成为红十字精神的传播者、倡导者。宣传工作要有专人负责，有必要的经费投入。

14. 积极开展红十字理论研究

对国际红十字运动与中国红十字运动进行理论研究和探讨，逐步形成中国特色红十字事业的理论体系。特别要加强对红十字工作实践的理论研究，善于用理论指导实践。

五、突出救灾工作　提高应急能力

15. 切实做好备灾救灾工作

要把备灾救灾作为红十字会的首要任务抓紧抓好。适应国家对灾害救援的要求，规范备灾救灾管理，提高备灾救灾管理水平，加大救灾工作力度，努力成为非政府组织中的主要救援力量。

16. 完善自然灾害和突发事件应急反应机制

建立快速高效的灾害救援反应机制，落实《中国红十字会总会自然灾害与突发事件应急预案》。省级红十字会制定相应的应急预案，形成自下而上报灾、自上而下指导、各地互相支援、快捷高效的救灾工作体系。及时配合政府处理好重大突发性事件。

17. 加强应对自然灾害和突发事件的能力建设

加强红十字会备灾救灾网络建设。总会建立中国红十字会备灾救灾仓库，加强对六个区域性备灾救灾中心的指导和管理。

有条件的省级红十字会建立备灾救灾中心，灾害频发的地（州、市）红十字会因地制宜地建立备灾救灾中心或仓库。加强制度建设和分级管理，有效发挥备灾救灾中心（仓库）的作用。举办救灾培训班和研讨会，提高分会备灾救灾、自救互救及应对突发事件的能力。

18. 做好募捐救助工作

及时向社会通报情况，动员社会各界关注和支持红十字会的救灾工作。适时呼吁国际救助。认真执行公益事业捐赠法及有关规定，建立公开、透明、公正、高效的救灾物资采购制度。接受并积极配合审计部门的审计评估和社会监督，维护红十字会的信誉。

19. 规范救灾信息管理

提高处理自然灾害和突发事件的信息搜集和管理水平，建立总会、省、地、县级红十字会的救灾信息传递系统，确保救灾信息畅通、迅速和准确。

六、深化救护救助工作　拓展社会服务领域

20. 广泛开展初级卫生救护培训，普及群众性防病救灾知识

到2009年，参加初级卫生救护培训人数超过当地人口总数的1%。直辖市和省会

城市及部分行业达到每150—300人中有一名培训合格的红十字救护员。乡镇、社区的红十字基层组织有2-3名红十字救护员。组织群众开展意外伤害和自然灾害的现场救护。

21. 把“红十字博爱送万家”活动做实、做大、做持久

各级红十字会要深入持久地开展“红十字博爱送万家”活动，坚持以社会募集为主，争取政府配套为辅，结合各地实际，针对群众需求的热点、政府关心的重点、社会关注的焦点开展这项活动。要逐步扩大救助范围，让更多需要帮助的人从中受益。依照公平、公正、公开原则选择救助对象和发放救助物资。

22. 把“红十字关爱进社区”活动做深、做细、做扎实

贯彻落实总会与民政部联合印发的《关于开展社区红十字服务工作的通知》和《关于开展全国社区红十字服务示范活动的意见》，广泛开展社区红十字服务工作。要逐步形成多类型、广覆盖、以社区红十字服务站（点）为载体的服务网点，开展普及红十字知识、卫生保健、预防艾滋病等基本知识的宣传和防灾避险、自救互救、居家护理等技能的培训，开展对困难群体的救助活动。社区红十字服务工作，可以综合运用公益性无偿服务、互助性低偿服务、市场性有偿服务等不同方式，增强可持续发展的能力。各级红十字会要加强指导检查和宣传培训，及时总结和交流经验，使社区红十字服务工作逐步从大、中城市向中、小城市扩展，从城市社区向农村基层延伸。

搞好社区红十字服务示范市（区）创建活动。到2009年，各省级红十字会有3-5个地、县级市（区）达到国家级社区红十字服务示范标准，副省级城市和省会城市基本上达到国家级或省级示范标准。

23. 把“中国造血干细胞捐献者资料库”做成惠及患者、造福社会的生命希望之库

加快中国造血干细胞捐献者资料库的建设，继续争取政府和社会各界广泛支持，扩大造血干细胞捐献者队伍。到2009年，省级红十字会要全部建立分库。提高造血干细胞捐献者资料库的科技含量，积极推动支撑资料库健康发展的科学研究工作，推广应用先进适用的研究成果。优化HLA定点组织配型实验室的结构和布局，加强质量控制实验室建设。做好供者和受者的服务工作。

24. 推动无偿献血宣传和表彰工作

通过广泛、深入的宣传，扩大无偿献血者队伍。与政府共同开展无偿献血表彰活动。

25. 关爱艾滋病患者和艾滋病病毒感染者，搞好青年同伴教育

落实国务院《关于切实加强艾滋病防治工作的通知》及总会《关于积极开展预防艾滋病工作的意见》，开展预防艾滋病宣传及关怀艾滋病患者和艾滋病病毒感染者的人道服务工作。把预防艾滋病工作列入议事日程，及时总结经验，加以推广，使“青年同伴教育”逐步扩展到全国。

26. 积极推动遗体（器官）捐献工作

已开展这项工作的红十字会要协同有关部门制定和完善地方法规和政府规章，依法做好规范遗体（器官）捐献登记和接收的服务管理工作。争取更多人志愿参与遗体（器官）捐献活动，为捐献者建立荣誉纪念碑、林，用以安抚亲属、感召社会、激励后人。

27. 加强对各级红十字（会）医疗机构的指导，规范冠名工作，开展符合红十字会宗旨的服务活动。

七、建立与完善社会化工作机制 营造良好公益环境

28. 汇聚社会人道力量，建立与完善社会化工作机制

进一步转变观念，积极探索和建立区别于政府部门的、充满生机与活力的运行机制。广泛动员和充分利用各种社会资源，争取社会各界广泛参与人道救助事业。争取党委、政府及有关部门的支持，努力完成并积极争取政府委托的项目。积极与企事业单位开展合作项目，帮助捐赠单位树立公益形象。加强与其他社团的联系与合作，实现优势互补、资源共享，共同开展有利于广大群众的公益活动。重视与社会知名人士、志愿者、捐赠者、受益人之间的沟通，对其善举给予表彰和鼓励，并及时反馈有关情况，征求意见和建议。

29. 改善常务理事会、理事会的结构，形成充分发挥常务理事、理事作用的工作机制。总会及省级红十字会根据工作需要成立专门委员会。

30. 突出特色、打造精品

突出以人为本理念，树立精品意识。加强活动策划，提出有创意、感动人、吸引人的口号，打造符合红十字会宗旨、凸显地方特色、深受百姓欢迎的精品，提高红十字会公益形象。聘请社会名人出任形象代表，为特色活动制作鲜明的标志，扩大知名度。

八、拓宽筹资渠道 增强救助实力

31. 争取各级政府支持

积极争取各级政府支持，切实帮助解决红十字事业发展中遇到的困难和问题。争取各级政府支持红十字会依法开展募捐工作，接受捐赠，独立处分救助物资。今后五年，总会继续争取国家彩票公益金和海关罚没的侵权物资用于救助赈济。

32. 依法开展筹资工作，拓宽筹资渠道

依法开展筹资工作，提高红十字会的救助实力。积极探索对外开放和社会主义市场经济条件下筹资的新路子，广泛建立筹资渠道，与大型企业、民营企业、跨国公司，各类商会、协会建立稳定的合作关系，发挥行业红十字会在筹资工作中的作用，争取更多稳定的救助资金。鼓励民间捐资，保护群众捐赠热情，在城市居民中募集多余衣被及生活用品，集腋成裘；兴办符合红十字会宗旨的服务设施和实体。

要充分利用红十字会的无形资产，维护红十字会的权益。

33. 改进筹资方式，做好项目工作

通过举办义演义卖等大型公益活动，开展面对面、电话、手机短信、信函、网络等方式筹资，实行筹资方式多样化。

善于通过项目运作方式筹集资金，不断开发引进既符合群众要求和捐助者意愿，又得到政府支持的品牌项目。加强项目策划，用好的项目吸引社会资源支持公益事业，激发公众自觉自愿的捐助行为。建立科学规范的项目管理制度，保证项目的社会效应。

34. 加强筹资工作的能力建设

发挥基金会等筹资机构的作用，鼓励各地红十字会建立救助、救济、互助等类基金。培养一支有现代公益意识、较强策划能力和一定专业知识的筹资队伍。

35. 加强监督，维护红十字会的信誉

建立、健全社会捐赠公开制度，自觉接受组织监督、舆论监督和社会监督，接受并配合审计部门的审计。尊重捐赠者意愿，管好用好各类基金、救助金，及时向捐赠者反馈所捐款物的去向和用途。建立公开、透明、公正、高效的物资采购制度，维护红十字会的信誉。

九、扩大国际与地区间交流与合作 加强与港澳分会和台湾红十字组织的密切合作

36. 加强国际交流与合作

与红十字国际组织、各国红十字会或红新月会以及其他国际组织开展多边和双边交流与合作，积极参与国际红十字运动。信守并落实中国红十字会在红十字与红新月国际大会上的承诺，认真履行我会作为红十字与红新月国际联合会领导委员会成员的职责。主动配合国家外交需要，发挥我会在民间外交中的独特作用，完成政府交办的人道主义工作。

做好现有的国际合作项目，扩大合作规模和领域。努力为西部地区、经济欠发达地区和东北老工业基地引进国际合作项目，提高项目质量和效益。有重点地开展与发展中国家红十字会间的项目合作。

加强对分会外事工作的指导、协调和服务工作。重点加强对周边国家、发展中国家、主要捐助国红十字会和红十字国际组织的交往。提高外事工作人员的综合素质，开拓对外联络工作新局面。

37. 根据总会分别与香港、澳门特别行政区红十字会签署的《会谈纪要》的规定，进一步密切与港、澳分会之间的合作。为港、澳分会与内地分会之间的合作创造有利条件，使之共同发展，共同提高。

38. 加强与台湾红十字组织的交流与合作。继续开展两岸红十字青少年交流，备灾救灾、无偿献血、捐献造血干细胞、传播国际人道法等方面的合作，不断丰富活动内容、增进活动效果。

十、加强自身建设 提高综合素质

39. 加强党的领导，抓好领导班子建设

省级红十字会机关建立党组，发挥党组的领导核心作用。各级红十字会机关建立党的基层组织，发挥党的基层组织的战斗堡垒作用和共产党员的先锋模范作用。

加强领导班子自身建设，特别要配备好一把手，积极争取把德才兼备、年富力强、有较强组织协调能力的干部选拔到各级红十字会领导岗位上，使领导班子成为团结实干、高效廉洁的坚强集体。

40. 完善管理制度，健全激励机制

健全和完善救灾、救护、救助及加强自身建设的各项管理制度，保证各项工作有章可循。

红十字会机关内部实行目标管理制度，

上下级红十字会之间签订目标责任书。争取将政府支持红十字会工作的情况列入各级政府目标管理体系之中。

健全激励机制，开展评选先进工作者、优秀会员、志愿者之星、“十佳”等争先创优活动，营造积极向上、团结和谐的工作氛围。

全国红十字会各项统计信息联网，务求统计数字及时、准确、真实。

41. 实施人才强会战略

重视发现人才、用好人才、引进人才、培养人才，建设一支热爱红十字事业、爱岗敬业、乐于奉献、勇于开拓、精通业务、廉洁公正、会做群众工作的干部队伍。

制定红十字会系统培训规划，编写《中国红十字会干部培训手册》。总会负责对省级红十字会领导、省级和省会城市及副省级城市红十字会业务骨干、红十字系统师资队伍的培训和指导。统一制定教学计划、教学大纲和培训标准。省级红十字会根据实际需要制定培训规划，有计划、有步骤地开展对地、县级和基层红十字会工作人员的培训。

加强红十字会干部队伍的能力建设，提高红十字会干部的思想政治水平、学习能力、实践能力、创新能力和社会活动能力。优化红十字会干部队伍的年龄、知识、专业结构，争取红十字会工作人员逐步达到大专以上文化水平，建立充满生机与活力的人才工作机制。

42. 发扬志愿奉献的精神和求真务实的作风，认真研究解决影响红十字事业深入发展的实际问题，办实事、求实效、寻思路、谋发展。

红十字事业是崇高而伟大的事业。我们要承前启后，继往开来，与时俱进，开拓创新，为发展中国特色的红十字事业和实现全面建设小康社会的奋斗目标而努力奋斗。

叁

纪事篇

蕉荫著本草 （中国画） 刘大为 作

▲ 救死扶伤（书法） 赵朴初 作

▲ 红实图（中国画） 石虎 作

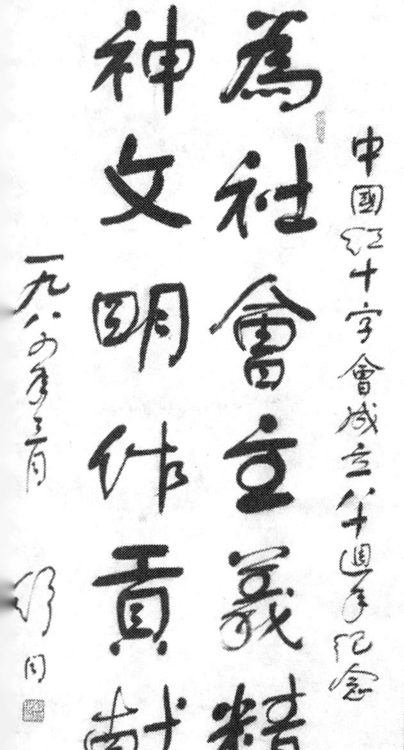

◀ 贺八十周年（书法）舒同 作

◀ 牡丹（中国画） 李蝉 作

以上均为中国红十字会收藏的捐赠作品

大 事 记

2004 年大事记

1 月 4 日 – 11 日 总会党组书记江亦曼等赴湖北、湖南、江西参加总会送温暖活动。

1 月 4 日 – 11 日 副秘书长汤声闻等赴广东、广西、云南参加总会送温暖活动。

1 月 4 日 – 12 日 副会长孙爱明等赴四川、重庆、贵州参加总会送温暖活动。

1 月 5 日 – 13 日 常务副会长王立忠等赴山东、河南、陕西参加总会送温暖活动。

1 月 6 日 – 13 日 秘书长苏菊香等赴浙江、江苏、福建参加总会送温暖活动。

1 月 16 日 “红十字之友”联谊会在北京贵宾楼举行，全国人大常委会副委员长司马义·艾买提、中国红十字会会长彭珮云，中国红十字会常务副会长王立忠、总会党组书记江亦曼、中国红十字会副会长孙爱明、秘书长苏菊香、副秘书长汤声闻参加了联谊会。

2 月 8 日 中国红十字会七届五次常务理事会在总会新办公楼会议室召开，常务理事彭珮云、王立忠、孙爱明、苏菊香、汤声闻、吴明江、陈伟雄、肖小堂、阎青春、孙志筠、张芯（杨贵仁委托）以及总会党组书记江亦曼出席了会议。会议由彭珮云会长主持。

2 月 10 日 – 13 日 总会机关搬迁至北新桥新址办公。

2 月 12 日 在中国红十字会总会训练中心 401 会议室召开《中国红十字会历史资料选编》编审会，审议该书编写中的有关问题。中国红十字会常务副会长王立忠、总会党组书记江亦曼、中国红十字会副会长孙爱明、秘书长苏菊香、副秘书长汤声闻等参加了会议。

2 月 13 日 – 20 日 中国红十字会会长彭珮云率团对香港、澳门特别行政区红十字会进行了工作访问。中国红十字会副秘书长汤声闻陪同前往。

2 月 15 日 – 17 日 中国红十字会秘书长苏菊香陪同红十字会与红新月会国际联合会东亚办事处主任亨利考察广西壮族自治区改水改厕项目。

2 月 17 日 中国红十字会总会召开会议，讨论百年活动在人民日报刊登纪念专版的有关事宜，中国红十字会常务副会长王立忠、总会党组书记江亦曼、中国红十字会副会长孙爱明、秘书长苏菊香、副秘书长汤声闻及各部（室）负责人参加了会议。会议由孙爱明主持。

2 月 23 日 中国红十字会秘书长苏菊香与荷兰红十字会项目代表阿里进行工作会谈。

2 月 26 日 – 27 日 中国红十字会工作会议在江西省南昌市召开。会议总结了

2003 年工作，围绕中国红十字会建会百年纪念活动和召开第八次全国会员代表大会的重点，部署 2004 年工作，交流工作经验。中国红十字会会长彭珮云、中国红十字会常务副会长王立忠、总会党组书记江亦曼、中国红十字会副会长孙爱明、秘书长苏菊香、副秘书长汤声闻等出席了会议。各省级红十字会及港、澳分会代表 82 人参会。

2 月 28 日　中国红十字会副秘书长汤声闻出席了《LADY 格调》杂志社主办的“LADY NIGHT 爱心之夜”慈善晚会，并代表中国红十字会接受现场拍卖所得的 5 万余元捐赠款。

3 月 1 日　中国红十字会副会长孙爱明、秘书长苏菊香会见了沙特阿拉伯红新月会会长及国际部长。

3 月 1 日　中国红十字会秘书长苏菊香等会见了红十字国际委员会参加合作会议的代表。

3 月 2 日 –5 日　红十字会与红新月会国际联合会在北京召开合作会议。中国红十字会总会党组书记江亦曼代表中国红十字会出席了开幕式并发表讲话。中国红十字会副会长孙爱明、秘书长苏菊香等出席会议。

3 月 3 日 –12 日　常务副会长王立忠出席全国政协十届二次会议。

3 月 5 日 –14 日　3 月 5 日、6 日上午和 8 日、10 日、14 日下午，中国红十字会总会党组书记江亦曼旁听全国人大十届二次会议。

3 月 11 日　中国红十字会总会党组书记江亦曼、中国红十字会副会长孙爱明、秘书长苏菊香、副秘书长汤声闻等会见了来访的韩国红十字会会长李润求等。

3 月 15 日　中国红十字会会长彭珮云、常务副会长王立忠、总会党组书记江亦曼、中国红十字会副会长孙爱明、秘书长苏菊香出席中国残疾人基金会成立二十周年纪念大会。

3 月 18 日　中国红十字会副秘书长汤声闻等出席了在王府井大饭店召开的中国红十字会“爱心中转站”新闻发布会，启动全国 8 个省、市募集旧衣物活动。

3 月 21 日 –25 日　中国红十字会总会在广西桂林举办“中国红十字会救灾备灾研讨培训班”，副会长孙爱明出席会议并讲话。

3 月 22 日　侨联主席林兆枢、秘书长李祖沛到中国红十字会总会拜会总会党组书记江亦曼。

3 月 23 日 –25 日　中国红十字会副秘书长汤声闻等赴云南昆明考察云南肾脏病医院。

3 月 24 日 –29 日　中国红十字会总会党组书记江亦曼参加国家机关党工委组织的省部级“树立和落实科学发展观”专题研讨班。

3 月 26 日　中国红十字会会长彭珮云在北京饭店贵宾楼会见并宴请了联合国秘书长的亚洲地区艾滋病顾问萨迪克女士及 WHO 驻华官员。中国红十字会常务副会长王立忠、总会党组书记江亦曼、中国红十字会秘书长苏菊香等参加了会见。

3 月 29 日　平安保险公司向捐献造血干细胞者提供保险捐赠仪式在人民大会堂举行。中国红十字会会长彭珮云、常务副会长王立忠、总会党组书记江亦曼、中国红十字会副会长孙爱明、秘书长苏菊香、副秘书长汤声闻出席仪式。

3 月 31 日　中国红十字会总会召开处

级领导职位竞争上岗动员大会。常务副会长王立忠主持会议，总会党组书记江亦曼作了动员，副会长孙爱明、秘书长苏菊香等出席会议。

3月31日 中国红十字会副秘书长汤声闻等赴广州进行调研。

4月3日-7日 由红十字会与红新月会国际联合会和世界卫生组织主办，中国红十字会承办的第九届志愿无偿献血者招募国际大会在北京召开。全国政协副主席张思卿、中国红十字会会长彭珮云、常务副会长王立忠、总会党组书记江亦曼、中国红十字会副会长孙爱明、秘书长苏菊香、副秘书长汤声闻等出席了开幕式。来自50个国家和地区的182名代表（其中国内代表84人）参加了会议。

4月5日 中国红十字会副秘书长汤声闻等会见并宴请了香港血液中心主任连智杰、林翠卿和香港特别行政区红十字会在红十字会与红新月会国际联合会的代表卢婉芬。

4月6日-7日 中国红十字会副会长孙爱明等参加国务院召开的全国防治艾滋病工作会议。

4月7日 中国红十字会秘书长苏菊香与红十字会与红新月会国际联合会驻东亚地区办事处主任亨利商谈共同参加在上海举办的亚太经社理事会的相关事宜。

4月10日-16日 中国红十字会总会党组书记江亦曼等赴上海市红十字会进行工作调研。

4月19日 中国红十字会秘书长苏菊香在总会会见并宴请了由江苏省红十字会负责接待的德国勃兰登堡分会代表团一行5人。

4月21日 庆祝中国红十字会建会一百周年“百年红十字 百家书画情”大型书画笔会在人民大会堂举行。中国红十字会会长彭珮云、常务副会长王立忠、中国红十字会总会党组书记江亦曼、中国红十字会副会长孙爱明、秘书长苏菊香、副秘书长汤声闻等参加了书画笔会。在京的李铎、王成喜、齐良芷等百余位画家参加笔会并现场作书画百余幅。

4月22日-5月2日 中国红十字会总会党组书记江亦曼等率中国红十字会代表团赴瑞士参加领导委员会会议，并于会前访问瑞士红十字会、红十字会与红新月会国际联合会和红十字国际委员会。

4月25日-28日 中国红十字会秘书长苏菊香参加在上海举办的第60届亚太经社会会议。

5月7日 中国红十字会常务副会长王立忠等参加了北京市红十字会在龙潭湖公园举办的“博爱在京城”大型系列募捐救助活动。

5月7日 中国红十字会常务副会长王立忠、总会党组书记江亦曼与红十字国际委员会副主席让·德古登、红十字国际委员会东亚地区代表团团长傅天羽、传播代表任浩会谈。

5月7日 中国红十字会常务副会长王立忠、总会党组书记江亦曼与红十字会与红新月会国际联合会秘书长马库和夫人，亚太部部长西蒙、驻东亚办事处主任亨利会谈。

5月8日 中国红十字会建会一百周年纪念大会在人民大会堂召开。国务院总理温家宝为中国红十字会建会一百周年发来贺词，国务院副总理吴仪出席纪念大会并发表重要讲话。中国红十字会会长彭珮云出席会议并发表重要讲话。会议由中国红十字会常务副会长王立忠主持。中国红十字会总会党组书记江亦曼、副会长孙爱明、秘书长苏菊香、副秘书长汤声闻出席了纪念大会。来自全国14个省（区、市）的红十字会会长和30个省（区、市）红十字会副会长、秘书长、香港特别行政区红十字会会长董赵洪娉、澳门特别行政区红十字会主席黄如楷、红十字国际委员会副主席让·德古登、红十字会与红新月会国际联合会秘书长马库以及有关社会各界人士共700多人参加了纪念大会。

5月8日 中国红十字会会长彭珮云观看了话剧《以红十字的名义》，总会党组书记江亦曼陪同观看。

5月8日 中国红十字会常务副会长王立忠与日本红十字会会长滕森昭一、组织推进部部长五十岚清、国际部企划处官员滕田大辅在总会会谈。

5月8日 中国红十字会在中国大饭店举行招待会，招待来京参加中国红十字会百周年纪念活动的外宾和港、澳特别行政区分会的代表。中国红十字会会长彭珮云、常务副会长王立忠、中国红十字会总会党组书记江亦曼、中国红十字会副会长孙爱明、秘书长苏菊香、副秘书长汤声闻等出席了招待会。

5月8日－12日 “百年红十字 博爱誉中华——中国红十字会百年成就展”在人民大会堂举办。中国红十字会会长彭珮云、常务副会长王立忠、总会党组书记江亦曼出席了剪彩仪式并为展览剪彩，中国红十字会副会长孙爱明、秘书长苏菊香、副秘书长汤声闻出席了剪彩仪式。来自全国14个省（区、市）的红十字会会长和30个省（区、市）的红十字会副会长、秘书长参加了剪彩仪式并参观了展览。山东省红十字会向展览会赠送了由百名书画家绘制的“百年辉煌”百米长卷。

5月9日 中国红十字会会长彭珮云、常务副会长王立忠、副会长孙爱明、秘书长苏菊香参加了北京市红十字会举办的“红十字工作国际研讨会——准备和应对大都市突发事件和重大事件”。来京参加中国红十字会百周年纪念活动的外宾和港、澳特别行政区分会的代表出席了研讨会。

5月9日－12日 中国红十字会总会赈济救护部部长史解放及社区服务处处长雷淑敏与香港特别行政区红十字会胡郭秀萍、苏婉娴、邹秉熙对河北省承德市和沧州市红十字会农村社区工作进行考察。

5月10日 中国红十字会常务副会长王立忠与韩国红十字会会长李润求在总会会谈，韩国红十字会副会长李思生、中央委员会委员韩金顺、国际部部长林荣勋等参加会谈。

5月10日 中国红十字会总会党组书记江亦曼与蒙古红十字会会长路桑在总会会谈，蒙古红十字会办公室主任乌托冈、国际部官员安德克等参加会谈。

5月10日 外交部部长助理沈国放在外交部分别会见了参加“五八”活动的红十字国际委员会和红十字会与红新月会国际联合会的代表，中国红十字会秘书长苏菊香参加了会见。

5月10日 红十字国际委员会副主席让·德古登、红十字国际委员会驻东亚地区代表团团长傅天羽和传播代表任浩、加拿大红十字会秘书长等访问云南省红十字会。

5月10日 中国红十字会副会长孙爱

明、副秘书长汤声闻和由澳门特别行政区红十字会主席黄如楷率领的澳门红十字会代表团一同赴山西省考察中国红十字会的定点扶贫县浑源县的“博爱小学”。

5月11日 中国红十字会常务副会长王立忠与葡萄牙红十字会会长布雷托、澳门特别行政区红十字会副会长左立基在总会会谈。

5月11日 中国红十字会总会党组书记江亦曼与朝鲜红十字会常务副会长白永浩在总会会谈。朝鲜红十字会副秘书长明炳光、后勤保障部官员金英二等参加了会谈。

5月12日 中国红十字会秘书长苏菊香与加拿大红十字会秘书长皮埃尔·杜普利斯会面。

5月13日 中国红十字会常务副会长王立忠、副会长孙爱明等参加在总会举行的“与海关总署签订合作备忘录”签字仪式。

5月14日－20日 中国红十字会常务副会长王立忠在国家行政学院参加了中组部举办的省部级领导干部灾害应急管理专题研讨班。

5月16日－20日 中国红十字会副会长孙爱明等赴河北省就筹备中国红十字会“八大”会议进行调研。

5月16日－21日 中国红十字会副秘书长汤声闻等赴辽宁省就筹备中国红十字会“八大”会议进行工作调研。

5月22日－27日 中国红十字会总会党组书记江亦曼等赴云南省对省红十字会和筹备“八大”会议进行工作调研。

5月24日－28日 中国红十字会2004年国际红十字运动基本知识传播培训班暨评估表彰会在湖北省宜昌市举办。中国红十字会副秘书长汤声闻出席会议。红十字国际委员会驻东亚地区代表团团长傅天羽、传播代表任浩、红十字会与红新月会国际联合会驻东亚地区办事处主任阿里斯戴尔·亨利等参加会议。

5月24日－6月7日 中国红十字会会长彭珮云率团访问奥地利红十字会、约旦红新月会和荷兰红十字会。中国红十字会秘书长苏菊香等随团出访。

5月25日 红十字会与红新月会国际联合会驻东亚地区办事处卫生代表奥德瑞来总会商谈艾滋病项目，红十字会与红新月会国际联合会驻东亚地区办事处主任亨利等参加会谈。

5月29日－30日 中国红十字会常务副会长王立忠等参加在京举办的红十字会与红新月会国际联合会2003年水灾评估会。

6月1日－13日 中国红十字会常务副会长王立忠等率中国红十字会代表团出访智利、古巴红十字会。黑龙江省红十字会副会长王振川等随同出访。

6月7日－11日 中国红十字会社区红十字志愿服务培训班在云南省昆明市举办。中国红十字会副会长孙爱明，云南省红十字会党组书记、常务副会长詹海峰等出席并讲话。民政部社区工作专家于燕燕就中国社区建设的形势与任务等进行了授课。上海、江苏、广西、四川、云南等五省（区、市）红十字会分别作了经验介绍。香港特别行政区红十字会青年及义工事务主任陈锦全先生就香港红十字会社区服务与志愿工作的开展情况作了专题介绍。来自全国31个省（区、市）红十字会的70余名代表参加了培训班。培训期间，代表们考察了云南省红十字会社区志愿服务工作。

6月15日 中国红十字会常务副会长

王立忠、副秘书长汤声闻等会见香港友好人士梁洁华女士。

6月16日 中国红十字会会长彭珮云、秘书长苏菊香等赴河北省石家庄市参加河北省红十字会第三次会员代表大会。

6月18日–22日 中国红十字会常务副会长王立忠等带领“2004年第二期红十字博爱送万家”慰问小组赴辽宁省开展送温暖活动。副秘书长汤声闻等参加了慰问活动。

6月19日–23日 中国红十字会副会长孙爱明等带领“2004年第二期红十字博爱送万家”慰问小组赴吉林省开展送温暖活动。

6月20日 中国红十字会总会党组书记江亦曼等会见瑞士红十字会国际部长SCHENKER。

6月22日–26日 中国红十字会总会党组书记江亦曼带领“2004年第二期红十字博爱送万家”慰问小组赴黑龙江省开展送温暖活动。秘书长苏菊香等参加了慰问活动。

6月25日 中国红十字会常务副会长王立忠等出席了中国青年志愿者北京拔萃双语学校培训基地挂牌仪式。

6月25日 中国红十字会副秘书长汤声闻等与中国国际工程咨询公司负责人关于总会备灾物资储备库立项工作进行会谈。

6月27日–7月5日 中国红十字会副秘书长汤声闻率团赴日本参加“花冈事件”慰灵活动。

7月1日 中国红十字会机关党委召开庆祝中国共产党成立83周年暨先进党支部、优秀共产党员、优秀党务工作者表彰大会。中国红十字会常务副会长王立忠，中国红十字会总会党组书记、中国红十字会副会长江亦曼，中国红十字会副会长孙爱明，总会机关党委书记、中国红十字会秘书长苏菊香出席会议。总会机关各部门、直属单位和离退休干部支部的全体党员、入党积极分子近100人参加了大会。

7月1日 中国红十字会副会长孙爱明等与澳大利亚红十字会血液中心首席执行官罗伯特·海赛勒进行工作会谈。

7月9日 中国红十字会秘书长苏菊香等与红十字会与红新月会国际联合会东亚地区办事处主任亨利、救灾代表尼斯云就备灾救灾、艾滋病项目、合作项目财务管理程序等方面进行工作会谈。

7月10日 中国红十字会总会档案搬至新办公楼。

7月10日–17日 中国红十字会秘书长苏菊香率团参加在泰国曼谷召开的第十五届世界艾滋病大会，并于7月15日顺访泰国红十字会和红十字国际委员会驻东亚地区办事处。

7月14日 中国红十字会副会长孙爱明等会见了挪威船级社副总裁魏武德及其公司大中国区项目协调主任邝荣权，双方就在我国西部地区开展改水合作项目进行了商谈。

7月15日 中国红十字会副会长孙爱明等与欧盟代表DAVID HILLS、红十字会与红新月会国际联合会东亚地区办事处尼尔斯进行会谈。

7月20日 中国红十字会常务副会长王立忠、副会长孙爱明听取近期灾情汇报并研究救灾工作。

7月23日 中国红十字会副会长孙爱明、秘书长苏菊香听取了湖南省红十字会副会长彭力夫关于湖南省受灾情况的汇报。

7月24日－8月1日 中国红十字会总会赈济救护部部长史解放等赴云南、广西灾区考察灾情。7月26日，考察组一行在云南省德宏州盈江县支那乡灾区受到了中共中央政治局常委、国家副主席曾庆红，国务院副总理回良玉等领导的接见，曾庆红副主席肯定了红十字会在救灾工作中的作用，勉励大家要重视并发挥红十字会的作用。

7月25日－29日 中国红十字会副会长孙爱明等赴湖南省灾区考察灾情。

7月27日 中国红十字会总会党组书记江亦曼、中国红十字会副秘书长汤声闻出席了在中国美术馆举办的石虎画展。

7月27日－28日 中国红十字会总会党组书记江亦曼等赴山西省浑源县对国务院指定我会的扶贫县进行调研并亲送挂职扶贫干部鲁京城同志赴任。中国红十字会副秘书长、总会扶贫办主任汤声闻等一同前往。

8月1日 中国红十字会总会党组书记、中国红十字会副会长江亦曼出席石虎画展颁奖仪式，并接受石虎捐赠总会的《红实图》，为其颁发证书。副秘书长汤声闻等参加颁奖仪式。

8月9日 中国红十字会常务副会长王立忠、中国红十字会总会党组书记江亦曼、中国红十字会副会长孙爱明、秘书长苏菊香、副秘书长汤声闻出席了在总会召开的“救灾新闻通报会”。

8月9日－12日 中国红十字会总会在北京顺义顺鑫绿色度假村召开“八大”主要文件征求意见座谈会。中国红十字会会长彭珮云，常务副会长王立忠，中国红十字会总会党组书记、中国红十字会副会长江亦曼，中国红十字会副会长孙爱明，秘书长苏菊香，副秘书长汤声闻等一同出席。

8月12日 中国红十字会“百年红十字 百年书画情”书法艺术展览在炎黄艺术馆举行。中国红十字会会长彭珮云，常务副会长王立忠，中国红十字会总会党组书记、中国红十字会副会长江亦曼，中国红十字会副会长孙爱明，秘书长苏菊香，副秘书长汤声闻出席开幕式。王立忠发表讲话，孙爱明主持了开幕式。

8月15日－17日 中国红十字会副秘书长汤声闻等赴浙江省考察灾情。

8月18日－20日 艾滋病项目工作研讨会在山西省召开，来自14个省、市红十字会的45名代表参加了会议。中国红十字会秘书长苏菊香在会上讲话。

8月20日 中国红十字会常务副会长王立忠，总会党组书记、中国红十字会副会长江亦曼向国务院副总理吴仪同志汇报工作。

8月20日 中国红十字会副会长孙爱明、秘书长苏菊香听取了荷兰红十字会项目代表阿里就“能力建设”项目有关情况的说明。荷兰红十字会项目代表威尔玛参加了会谈。

8月23日－27日 中国红十字会常务副会长王立忠等赴安徽省考察灾情并发放救灾物资。

8月25日－27日 中国红十字会秘书长苏菊香等陪同澳门特别行政区红十字会主席黄如楷、理事长曹国希赴浙江省考察灾情。

8月29日－9月2日 中国红十字会总会党组书记、中国红十字会副会长江亦曼率中国红十字会代表团访问了蒙古红十字会。

8月30日－9月2日 中国红十字会副

秘书长汤声闻等赴福建参加海峡两岸私渡人员遣返作业，并察看了闽东的灾情。

8月31日－9月7日 以秘书长金铁石为首的朝鲜红十字会代表团应邀访华。中国红十字会常务副会长王立忠、秘书长苏菊香与代表团进行了会谈。代表团访问了北京、大连和沈阳。

9月2日－11日 中国红十字会秘书长苏菊香等率中国红十字会代表团访问日本、美国骨髓中心。

9月2日－10日 美国红十字会官员梯姆等二人来华对山西、宁夏红十字会的合作项目进行考察。

9月5日 中国红十字会副会长孙爱明会见了由辽宁省红十字会邀请来访的斯洛伐克特雷比绍夫分会的访问团。

9月6日 中国红十字会总会党组书记、中国红十字会副会长江亦曼出席中国红十字基金会北京拔萃双语学校开学典礼并讲话。

9月6日－17日 中国红十字会副会长孙爱明率等中国红十字会代表团对德国、塞黑红十字会就其备灾救灾工作开展情况进行考察。

9月7日－19日 瑞士红十字会会长瑞诺等一行来华访问，重点对瑞士红十字会在西藏与我会开展的合作项目的实施情况进行了实地考察。9月7日及17日，中国红十字会会长彭珮云会见并宴请了瑞诺等人。中国红十字会常务副会长王立忠、副会长江亦曼、秘书长苏菊香参加了会见和宴请。中国红十字会常务副会长王立忠、副会长江亦曼与代表团进行了会谈。

9月8日 中国红十字会常务副会长王立忠等赴山东省曲阜市参加中国红十字会曲阜医院挂牌仪式。

9月12日－18日 中国红十字会常务副会长王立忠等率中国红十字会代表团访问了韩国红十字会。

9月12日－22日 中国红十字会副秘书长汤声闻等率中国红十字会代表团对芬兰、葡萄牙红十字会就卫生救护工作开展情况进行考察。浙江省红十字会副会长张国强等随团出访。

9月13日 中国红十字会网上募捐项目在中国工商银行网站开通。

9月13日－15日 红十字会与红新月会国际联合会东亚地区办事处在北京召开中国预防艾滋病项目会议和项目合作会议。中国红十字会常务副会长王立忠、秘书长苏菊香分别出席有关会议。

9月21日－23日 中国红十字会秘书长苏菊香赴贵州省参加总会报刊社举办的全国报刊工作会议并讲话。

9月23日 中国红十字会常务副会长王立忠会见了红十字国际委员会前主席索马鲁加率领的瑞士“重建道德”基金会访问团。

9月23日 中国红十字会常务副会长王立忠参加国家安全生产电视电话会议。

9月24日 中国红十字会常务副会长王立忠，中国红十字会总会党组书记、中国红十字会副会长江亦曼，中国红十字会副秘书长汤声闻出席了在北京赛特饭店召开的“健康援助——红十字在行动”活动的启动仪式。

9月25日－28日 中国红十字会常务副会长王立忠等带队赴重庆灾区考察灾情、慰问受灾群众并分发救灾物资。

9月25日－28日 中国红十字会副会

长孙爱明等赴四川灾区考察灾情、慰问受灾群众并分发救灾物资。

9月26日－27日 中国红十字会秘书长苏菊香参加中国和平统一促进会第七届理事大会。

10月8日－15日 中国红十字会总会党组书记、中国红十字会副会长江亦曼率团赴瑞士参加红十字会与红新月会国际联合会的领导委员会会议。

10月9日 中国红十字会第七届常务理事会第六次会议在总会召开，会长彭珮云亲自主持。中国红十字会常务副会长王立忠，总会党组书记、中国红十字会副会长江亦曼，副会长孙爱明，秘书长苏菊香，副秘书长汤声闻出席会议。会议向常务理事报告了七届五次理事会筹备情况和召开“八大”的有关问题，并审议了《中国红十字会第七届理事会工作报告》、《中国红十字事业2005－2009年发展规划》、《〈中国红十字会章程〉修改草案》三个主要文件的准备情况以及第八届理事会人员组成的情况。总会各部室负责人参加了会议。

10月10日－11日 中国红十字会会长彭珮云出席天津市实施红十字会法十周年大会，中国红十字会副秘书长汤声闻陪同出席。

10月11日－13日 中国红十字会常务副会长王立忠等赴新疆参加区红十字会第三次会员代表大会。

10月20日 中国红十字会副会长孙爱明在北京商务会馆参加了由国务院防治艾滋病工作委员会主办的HLA技术工作交流会。

10月20日－21日 中国红十字会总会党组书记、中国红十字会副会长江亦曼等赴广东省参加省红十字会第五次会员代表大会。

10月21日 中国红十字会常务副会长王立忠在总会会见了美国国立卫生研究院赵同茂教授。

10月21日 2001－2003年度全国无偿献血表彰大会在京召开，中国红十字会会长彭珮云、常务副会长王立忠、副会长孙爱明等出席了大会。

10月22日 中国红十字会副会长孙爱明等会见了西班牙驻华使馆国际合作处项目官员洛佩斯、乔宇。

10月25日 《百年红十字　博爱书画情》艺术画册首发仪式在人民大会堂举行。中国红十字会会长彭珮云、常务副会长王立忠、副会长孙爱明、秘书长苏菊香、副秘书长汤声闻等领导出席了首发式。

10月25日－29日 香港特别行政区红十字会会长董赵洪娉、总监林胡秀霞、李思泌、马罗玉明、秘书长陈启明，澳门特别行政区红十字会主席黄如楷、理事长曹国希、陆佩琪、宋文珠等来京参加中国红十字会第八次全国会员代表大会。

10月26日 中国红十字会第七届理事会第五次会议在京举行。彭珮云、王立忠、江亦曼、孙爱明、苏菊香、汤声闻、陈伟雄、孙志筠、吴明江等89位常务理事和理事出席了当天的会议。第七届理事会第五次会议就中国红十字会第八次全国会员代表大会筹备工作有关情况、第七届理事会工作报告（草案）、2005－2009年发展规划（草案）、中国红十字会章程（修正案）、“八大”主席团成员组成作了说明。会议通过了关于确认江亦曼为第七届理事、常务理事、副会长的决议，还通过了关于向“八大”作工作报告、中国红十字事业2005－

2009 年发展规划、修改中国红十字会章程、召开第八次全国会员代表大会、“八大”主席团成员组成、“八大”代表资格和理事候选人审查委员会组成的决议案。

10 月 27 日 –29 日 中国红十字会第八次全国会员代表大会在北京召开。胡锦涛、温家宝、曾庆红、吴仪等党和国家领导人亲切接见了与会代表并合影留念，胡锦涛发表重要讲话，吴仪在“八大”开幕式上致辞。中国红十字会会长彭珮云，常务副会长王立忠，总会党组书记、中国红十字会副会长江亦曼，副会长孙爱明，秘书长苏菊香，副秘书长汤声闻出席会议。大会审议通过了中国红十字会第七届理事会的《工作报告》、《中国红十字事业 2005 – 2009 年发展规划》以及《中国红十字会章程修正案》等相关文件。选举产生了新一届领导班子，彭珮云再次当选为中国红十字会会长，江亦曼当选为中国红十字会常务副会长，朱庆生、姜力、赵沁平、肖捷、沈国放、苏菊香（专职）、郭长江（专职）当选为中国红十字会副会长。国家机关有关部委、民主党派、军队、社团领导，红十字国际委员会、红十字会与红新月会国际联合会和香港特别行政区、澳门特别行政区分会代表、主席团成员等 146 人在主席台就座，各地代表及有关人员 3000 余人参加了开幕式。大会取得了圆满成功。

10 月 28 日晚 在人民大会堂举行了“永恒的爱——中国红十字会建会 100 周年纪念演唱会”，出席“八大”会议的代表观看了演出。

11 月 8 日 –9 日 中国红十字会会长彭珮云、副会长郭长江赴内蒙自治区呼和浩特市出席内蒙古自治区红十字会第二次会员代表大会。

11 月 9 日 – 10 日 中国红十字会常务副会长江亦曼等前往山西参加省红十字会第五次会员代表大会。

11 月 10 日 全国社区红十字服务示范市（区）评审工作会议在京召开，中国红十字会副会长苏菊香和顾问孙爱明、汤声闻等出席了会议。

11 月 11 日 – 22 日 以中国红十字会顾问汤声闻为组长，北京市红十字会、上海市红十字会、福建省红十字会有关人员为成员组成的全国社区红十字服务示范市（区）评审小组赴河北省保定市、江西省赣州市、浙江省温岭市进行评审工作。赈济救护部部长史解放参加了河北省保定市的评审工作。

11 月 13 日 中国红十字会会长彭珮云会见了泰国友好人士常念周。常务副会长江亦曼等参加了会见。

11 月 14 日 中国红十字会常务副会长江亦曼会见了由乌克兰红十字会会长伊万由斯金科为团长的代表团。副会长苏菊香、郭长江等参加了会见。

11 月 15 日 – 21 日 以中国红十字会顾问孙爱明为组长，总会赈济救护部社区服务处、北京市红十字会、天津市红十字会有关人员为成员组成的全国社区红十字服务示范市（区）评审小组赴内蒙古自治区呼和浩特市和赤峰市、辽宁省营口市进行评审工作。

11 月 22 日 常务副会长江亦曼、副会长苏菊香、郭长江会见了应邀来访的以日本红十字会组织发展部部长五十岚清为团长的日本红十字会代表团。

11 月 24 日 中国红十字会常务副会长江亦曼和副会长郭长江看望第八届中国红十字会名誉副会长黄孟复、张怀西。

11 月 24 日 –12 月 5 日 以中国红十字会顾问孙爱明为组长，总会赈济救护部社区服务处、北京市红十字会、天津市红十字会、上海市红十字会有关人员为成员组成的全国社区红十字服务示范市（区）评审小组赴北京、天津、上海市进行评审工作。

11 月 24 日 –12 月 6 日 以中国红十字会顾问汤声闻为组长，总会赈济救护部社区服务处以及江苏省红十字会、福建省红十字会、新疆维吾尔自治区红十字会有关人员为成员组成的全国社区红十字服务示范市（区）评审小组赴新疆维吾尔自治区昌吉市、福建省厦门市、江苏省南京市、无锡市进行评审工作。

11 月 25 日 中国红十字会常务副会长江亦曼看望第八届中国红十字会名誉副会长司马义·艾买提、韩启德。副会长苏菊香、郭长江参加看望韩启德。

11 月 26 日 中国红十字会会长彭珮云、常务副会长江亦曼、副会长苏菊香出席中国造血干细胞捐献者资料库入库数据 20 万人份新闻通报会。

11 月 28 日 中国红十字会常务副会长江亦曼、副会长苏菊香、郭长江等参加了总会在湖南省长沙市举办的“世界艾滋病日”主题宣传活动。

12 月 3 日 中国红十字会副会长苏菊香等会见台湾红十字组织高雄分会代表团。

12 月 6 日 –9 日 中国红十字会会长彭珮云、副会长苏菊香参加海南省红十字会换届大会。

12 月 6 日 –16 日 中国红十字会副会长郭长江率中国红十字会代表团赴瑞士对红十字国际委员会、红十字会与红新月会国际联合会及瑞士红十字会进行学习访问，并在回程中顺访了泰国红十字会。

12 月 14 日 中国红十字会常务副会长江亦曼、副会长苏菊香会见了国际委员会亚太地区总代表瑞托和法律顾问罗纳。总会联络部部长王小华及多边合作处调研员周阿燕等参加了会见。12 – 15 日，瑞托和罗纳与外交部就国际委员会在京设办事处一事进行了会谈。

12 月 15 日 中国红十字会副会长苏菊香等会见了欧盟人道主义办公室中国事务协调项目代表希尔及联合会东亚地区办事处主任亨利。

12 月 16 日 中国红十字会常务副会长江亦曼与联合会东亚地区办事处全体人员进行联谊活动。

12 月 18 日 –22 日 香港特别行政区红十字会举办“两岸红十字百年精英荟萃”系列活动。大陆、香港、澳门、台湾四地红十字组织共派出 12 只代表队赴港。大陆北京、上海、南京、广州、龙岩五个城市红十字会代表队参加“急救及灾害应变比赛”，南京市红十字会代表队取得了第三名的成绩。中国红十字会会长彭珮云等出席了开幕式，观看了比赛并为获奖者颁奖。

12 月 26 日 –27 日 中国红十字会常务副会长江亦曼出席甘肃省红十字会第四次会员代表大会。

12 月 27 日 中国红十字会副会长苏菊香、中国红十字会顾问孙爱明、汤声闻等出席在总会召开的全国社区红十字服务示范活动评审工作会议。会议听取了 5 个评审小组赴 14 个省、自治区、直辖市对 34 个申报示范市（区）开展评审工作的情况汇报，研究审议了各评审组提出的评审意见。

12 月 27 日 中国红十字会常务副会长

江亦曼分别致电印度尼西亚、斯里兰卡、泰国、印度等国家红十字会对遭受地震和水灾的灾民表示慰问。同日以中国红十字会名义向红十字会与红新月会国际联合会捐款 15 万美元。

12 月 28 日 中国共产党中国红十字会总会党员大会在京召开，选举产生了总会直属机关党委会、纪委会。

12 月 29 日 中国红十字会会长彭珮云视察中国造血干细胞捐献者资料库管理中心工作，常务副会长江亦曼、副会长苏菊香、郭长江陪同视察。

12 月 30 日 中国红十字会发出为印度洋海啸开展募捐工作的呼吁，开通捐款热线，开始值班。同日，以中国红十字会名义向红十字会与红新月会国际联合会再次捐款 15 万美元，向印度尼西亚、斯里兰卡红十字会分别捐款 10 万美元，向印度、泰国红十字会分别捐款 5 万美元，向缅甸、马来西亚红十字会（红新月会）和马尔代夫政府分别捐款 2 万美元。

（总会办公室）

重大活动及会议

中国红十字会建会百年庆典

中国红十字会庆祝百年华诞

3 月 10 日，是中国红十字会建会 100 周年纪念日。当天上午，中国红十字会总会机关举行了隆重的升国旗、会旗仪式和纪念建会 100 周年座谈会。中国红十字会会长彭珮云出席座谈会并发表讲话。中国红十字会常务副会长王立忠、中共中国红十字会总会党组书记江亦曼、中国红十字会副会长孙爱明、秘书长苏菊香、副秘书长汤声闻参加了升旗仪式和座谈会。

上午 9 时，总会机关全体工作人员及总会直属单位领导在总会机关新办公楼前列队举行升国旗、会旗仪式，汤声闻主持升旗仪式。伴随着雄壮的国歌乐曲，五星红旗冉冉升起，随后两面中国红十字会会旗在“爱的奉献”乐曲声中徐徐升起同五星红旗一起高高飘扬。

10 时整，建会 100 周年座谈会在国歌声中开始，并由工作人员宣读了国际红十字运动七项基本原则。孙爱明主持了座谈会。

彭珮云在座谈会上发表讲话说，今天，是中国红十字会建会 100 周年的日子。100 年来，中国红十字会遵循国际红十字运动的基本原则，弘扬“人道、博爱、奉献”精神，无论是在战争年代，还是在和平时期，无论是在灾害横行的时候，还是在严重的突发事件面前，都为人民群众做了大量的好事，涌现了许许多多的动人事迹。新中国成立以后，中国红十字会在协助政府处理战争遗留问题，开展民间外交，沟通海峡两岸关系等方面还发挥了其他组织不能替代的作用。改革开放以来，中国红十字事业有了长足的发展。1993年10月31日，《中华人民共和国红十字会法》颁布施行。中国红十字会坚持依法治会，在备灾救灾、普及卫生救护和防病知识、推动无偿献血、建设造血干细胞捐献者资料库、开展红十字青少年活动、传播国际人道法和红十字运动基本知识以及参加国际人道主义救援工作等方面都付出了艰辛的努力，取得了可喜的成绩，在人道主义救助工作领域发挥了政府助手作用，在社会上赢得了广泛的赞誉。

王立忠在座谈会上讲话说，中国红十字会在我国人民遭受战乱和煎熬的岁月中诞生，在寻求民族振兴的奋斗中成长，随着国家对中国红十字会的改组而获得新生，在改革开放的新时期逐步成长发展，已走过了100年的风雨历程，显示出越来越强大的生命力。中国红十字会从1904年成立到现在，发展成为今天一个拥有遍及全国县以上区域的7万多个基层组织，遍及全国的2000多万名会员、40万名志愿工作者的国家红十字会。中国红十字会以脚踏实地的工作，人道、博爱、奉献的红十字精神，为保护人的生命和健康，为维护我国改革、发展、稳定的大局，为物质文明、政治文明、精神文明建设做出了贡献，得到了党和政府以及全社会的赞誉。红十字会是政府人道领域工作的助手，已成为全面建设小康社会的重要力量。以往的工作和业绩已载入史册，新世纪、新形势也向红十字会提出了新的要求，我们既面临着良好的发展机遇，也面临着严峻的挑战。2月10日，吴仪同志在听取我会工作汇报时说："希望中国红十字会不断加强自身建设，加强国际交流与合作，继续履行《中华人民共和国红十字会法》和《中国红十字会章程》赋予的职责，做好备灾救灾工作，普及卫生救护和防病知识，传播红十字运动知识，推动无偿献血工作、社区红十字服务和学校红十字青少年活动，协助政府做好公共卫生和应对突发事件等方面的工作。"这是吴仪副总理对全国各级红十字会和红十字会干部、会员的鼓励、鞭策、希望和要求，我们要认真贯彻落实。王立忠说，我们要积极投入到全面建设小康社会的伟大实践中去，为国民经济和社会发展服务，要面向社会、面向群众，解放思想，实事求是，与时俱进，求真务实，努力塑造"全国统一的""从事人道主义工作的社会救助团体"的光辉形象；要认真研究和探索当今红十字运动发展中面临的问题，尤其要抓好自身建设，包括人才队伍建设，把各级红十字会建设好。在彭会长和理事会的带领下把工作做得更好。

座谈会上，中共中国红十字会总会党组书记江亦曼宣读了《人民日报》3月10日当天第一版评论员文章《发扬光大红十字精神——祝贺中国红十字会成立100周年》。

红十字国际委员会发来的贺信由苏菊香当场宣读。红十字会与红新月会国际联合会东亚地区办事处代表马拉特宣读了联合会的贺信。外交部、卫生部、民政部、共青团中央、全国妇联、宋庆龄基金会、中国残联、中国侨联、青基会等单位的负责同志或代表到会祝贺，共青团中央书记处书记杨岳代表共青团中央致词。

中国红十字会前几任老领导谭云鹤、顾英奇、王仪、王敏、蔡壬癸、孙柏秋、曲折、范雨田及参加1950年中国红十字会协商改组会议代表、老会员朱子会高兴地到会祝贺，谭云鹤代表老领导讲了话；总会机关全体人员和直属单位领导出席了座谈会，中国造血干细胞捐献者资料库管理中心主任洪俊岭代表直属单位发了言。

汤声闻就中国红十字会百年系列纪念活动做了介绍，特别介绍了当日各媒体的反映和各分会的活动。

（李兰颂　冯志国）

发扬光大红十字精神

——祝贺中国红十字会成立一百周年

《人民日报》评论员文章

今年3月10日是中国红十字会成立100周年的日子。作为从事人道主义工作的社会救助团体，100年来中国红十字会发扬人道、博爱、奉献的红十字精神，对社会、对人民、对国家作出了不可磨灭的贡献，书写了可歌可泣、感人至深的历史篇章。

1863年，国际红十字运动在瑞士诞生，以弘扬人道主义为宗旨，奉行人道、公正、中立、独立、志愿服务、统一和普遍的基本原则，以动员人道力量，改善易受损人群的生活为目标开展工作，在国际社会享有盛誉。1904年，中国红十字会成立，红十字运动开始在中国兴起，作为人道主义组织，经受了战乱、灾害、突发事件的严峻考验，在艰苦卓绝的条件下为救助受灾同胞、受伤爱国将士和受灾海外侨胞做了大量工作。新中国成立后，中国红十字会进行了协商改组。1952年7月，我国政府和红十字会代表团出席第十八届国际红十字大会，大会承认中国红十字会是中国唯一合法的代表，成为新中国在国际组织中第一个恢复合法席位的团体。以后，中国红十字会多次被选为红十字会与红新月会国际联合会领导委员会成员，成为国际红十字运动的重要成员。

中国共产党和中国政府历来高度重视红十字事业，指导、扶持和推动了中国红十字运动的蓬勃发展。在改革开放的新时期，我国经济的快速发展和社会全面进步为中国红十字运动的发展壮大提供了历史性机遇。在党和政府以及社会各界的大力支持帮助下，中国红十字会规模进一步扩大，实力进一步增强，积极参与自然灾害救助，履行人道主义救助职责，替政府分忧，为灾民解难，作用与职能日益突出。《中华人民共和国红十字会法》的颁布施行，为中国红十字会行使权力、开展工作提供了有力的法律保障，推动了红十字运动的发展。

1987年以来，中国红十字会接受境内外捐款27.66亿元，救助受灾群众1亿多人；1999年来，投入1.4亿元为70多万贫困户送去救助款物。在建立群众性自救互救网络、进行卫生救护培训、推动无偿献血、预防艾滋病、建立造血干细胞捐献者资料库以及抗击非典疫情等方面，中国红十字会都积极参与，发挥了重要作用，赢得社会各界和国际舆论的广泛赞誉。在此过程中，红十字精神得到弘扬和升华，成为社会主义精神文明建设的重要内容。数十年来，相关领域的国际交流与合作也取得新的进展，在提供国际救助，处理战争遗留问题，交换战俘，见证遣返偷渡、私渡人员，处理涉台海空难事件等方面，中国红十字会均发挥了不可替代的作用，产生了重要的国际影响。

红十字事业是崇高而伟大的，是造福民众的事业，是中国特色社会主义事业的组成部分，是建设社会主义物质文明、政治文明、精神文明和全面建设小康社会的重要力量。在新的历史时期，中国红十字会一定能够继续发扬光大红十字精神，积极履行救助职责，广泛开展民间外交，为我国的改革发展稳定，为中华民族的伟大复兴和维护世界和平做出更大的贡献。

彭珮云在纪念中国红十字会建会一百周年座谈会上的讲话

（全文见本年鉴文献篇）

红十字国际委员会主席的贺信

尊敬的会长女士：

值此中国红十字会建会百年之际，我谨代表红十字国际委员会向贵会所有会员、志愿工作者及工作人员致以诚挚的祝贺。

中国红十字会自建立之日起一贯在诸多领域积极努力，尤其在救灾备灾、紧急救护、社区服务与卫生、无偿献血、人道价值传播、红十字青少年，以及援助国内外贫困人群等领域取得了巨大成就。在此我向所有为取得这些成就做出过贡献和仍在努力做出贡献的人们致以崇高的敬意。

对红十字原则和理念的无私奉献已成为中国红十字会越来越突出的特点。中国红十字会不断发展自身组织能力，已经成为国际红十字与红新月运动中积极的一员。

中国红十字会与红十字国际委员会的合作由来已久，尤其值得一提的是中国红十字会在宣传国际人道法知识和红十字与红新月基本原则方面的不懈努力。中国红十字会圆满履行了在第27届红十字与红新月国际大会上做出的承诺以及在“传播中国”项目中取得的非凡成就，这些仅仅是贵会为实现国际红十字与红新月运动使命取得的卓越成就中的几个。

请允许我代表我个人和红十字国际委员会祝愿中国红十字会的人道事业在未来取得更大的辉煌。

会长女士，请接受我最崇高的致意。

雅各布·凯伦伯格

2004年3月10

红十字会与红新月会国际联合会主席的贺信

中国红十字会的领导、员工以及志愿者们：

值此中国红十字会百年华诞之际，向你们致以最热烈的祝贺，本人深感不胜荣幸。过去的一个世纪中，动乱、天灾、贫困不可计数，贵会一贯积极应对。如今新世纪之初，中国以充满生机与活力的姿态展现在世人面前，但要改善最易受损人群的生活，仍任重道远。

我相信中国红十字会已做好充分准备面对这些挑战。在未来的岁月中，你们在国际舞台上也将扮演重要的角色。我衷心希望贵会与国际联合会间的紧密合作能够得到进一步巩固。

预祝贵会百年庆典圆满成功，前途辉煌。

胡安·曼纽尔·苏埃雷兹·托罗

2004 年 3 月 10 日

中国红十字会建会 100 周年纪念大会在京举行

温家宝发来贺词吴仪出席会议并讲话

新华社北京 5 月 8 日电 中国红十字会建会 100 周年纪念大会 8 日在北京人民大会堂举行。国务院总理温家宝向大会发来贺词，国务院副总理吴仪到会并讲话。全国人大常委会副委员长何鲁丽，全国政协副主席周铁农，中国红十字会名誉副会长王光英、会长彭珮云出席会议。红十字国际委员会、红十字会与红新月会国际联合会及有关国家红十字会的代表到会祝贺。

温家宝在贺词中向广大红十字会工作者、会员及志愿者表示亲切的问候和崇高的敬意。他指出，中国红十字会 100 年来弘扬人道、博爱、奉献的红十字精神，积极参与人道主义救助工作，经受了战乱、灾害、突发事件的严峻考验，对国家、对社会、对人民做出了不可磨灭的贡献，赢得了社会各界和国际舆论的广泛赞誉。他强调，红十字事业是崇高的事业，是造福民众的事业。中国共产党和中国政府历来高度重视红十字事业，积极扶持和推动红十字运动的发展。在新的历史时期，希望中国红十字会继续发扬光大红十字精神，全面履行《中华人民共和国红十字会法》赋予的职责，为中华民族的伟大复兴和维护世界和平做出更大的贡献。

吴仪在充分肯定中国红十字会取得的成绩和作出的奉献后指出，中国红十字会诞生 100 年来，在奋斗中前行，在人民的沃土中发展壮大。今天，中国红十字会已经成为我国社会主义现代化建设的重要力量。吴仪强调，要一如既往地重视、关心和支持红十字事业，理顺红十字会的管理体制，努力帮助解决实际困难和问题，充分发挥红十字会的优势和独特作用，保护好、发挥好红十字会的积极性。希望中国红十字会遵循人道、公正、中立、独立、志愿服务、统一和普遍的国际红十字运动基本原则，坚持依法建会、依法治会、依法兴会，积极探索并加紧建立充满生机与活力、符合自身特点的运行机制。

彭珮云回顾了中国红十字会艰苦奋斗、无私奉献的百年历程，以及在开展人道主义救助、救护、救援等方面发挥的重要作用，表示将继续遵循国际红十字运动的基本原则，更好地服务大局、服务社会、服务民众，将中国特色红十字事业继续推向前进。

吴仪在会前接见了红十字国际委员会副主席让·德古登、红十字会与红新月会国际联合会秘书长马库·尼斯卡拉，十几个国家红十字会的代表及香港、澳门特区红十字会的代表。

温家宝致中国红十字会建会一百周年的贺词

（全文见本年鉴文献篇）

吴仪在中国红十字会建会一百周年纪念大会上的讲话

（全文见本年鉴文献篇）

彭珮云在中国红十字会建会一百周年纪念大会上的讲话

（全文见本年鉴文献篇）

在中国红十字会建会一百周年纪念大会上的致辞

红十字国际委员会
副主席　让·德古登

中国国务院副总理吴仪女士，
中国红十字会会长彭珮云女士，
副会长先生，
亲爱的红十字同仁们和朋友们：

今天，我既愉快又荣幸地代表红十字国际委员会主席凯伦博格先生以及红十字国际委员会的其他同事来到这里参加此次庆典。请接受我们对中国红十字会百年庆典最热烈的问候和最诚挚的祝贺。

中国红十字会的百年华诞的庆典活动选择在世界红十字与红新月日这一天召开，具有尤其特别的意义，更坚定了我对红十字运动团结精神的信心，正是这种团结精神使我们运动对各种自然和人为灾害受害者的援助取得了尤其独特而显著的成效，而对这些人群的帮助恰是我们运动的责任。

贵会建会百年，所经历的沧桑变故难以尽述。早在一个世纪前，为使中国人民免受日俄战争涂炭，沈敦和先生和他的亲友成立了“万国红十字会上海支会”。从那时起，贵会不计其数的志愿者便开始了关爱伤病员和其他易受损群体的工作。

中国红十字会拥有2000多万会员和志愿者，当之无愧地成为世界上最大的国家红十字会。中国红十字会开展工作的范围广泛，涉及救灾备灾、社区卫生保健、人道价值推广、国际人道法和七项基本原则的传播等多项工作。每当灾害发生时，中国红十字会的工作人员和志愿者一般都会在第一时间抵达事故现场。尤其值得一提的是，贵会会员和志愿者，尤其是医生和护士，积极投身于2003年抗击急性呼吸系统综合症（SARS）的斗争，特别要纪念2003年3月25日由于照顾SARS病人而被病魔夺去生命的叶欣女士。

在现有保护和促进人类尊严的法律法规中，《国际人道法》是专门为保护和援助武装冲突的受害者而制订的。在现今世界依然肆虐的许多武装冲突中，《国际人道法》依然是战争受害者寻求保护的主要法律依据。在日内瓦召开的第28届红十字与红新月运动国际大会上，中国和中国红十字会都做出了承诺，再次重申，中国决心坚持《国际人道法》和运动的基本原则，并积极传播这方面的知识。中国政府承诺支持中国红十字会传播《国际人道法》。中国红十字会也从自身角度出发承诺宣传推广红十字运动的知识。

众所周知，红十字国际委员会在曼谷设有常驻代表团，东亚地区事务目前由该团管理，委员会一直希望能够在北京设立东亚地区代表团。中国政府在27届大会上的承诺中也提及了该地区委员会的设立问题。红十字国际委员会相信，该代表团在中国的成立，将协调红十字国际委员会与中国政府之间包括人道外交领域在内的合作关系，进而促进我们与中国红十字会的合作。

当前，如果我们希望红十字与红新月运动在国际人道事务中扮演主要角色，我们需要进一步紧密合作。因此红十字国际委员会即使在和平时期也不断动员国家红十字会/红新月会参与人道行动，改进在她的专长领域内与国家红十字会/红新月会的合作，藉此加强与国家红十字会/红新月会的沟通。

我们与中国红十字会的合作，尤其是《国际人道法》传播领域的合作便可证明这一点。中国红十字会和中国政府同样是本着这种国际团结的精神，不断地加大对红十字国际委员会的支持力度，以保护和援助其他国家冲突中的受害者。对此我们表示衷心的感谢。

最后，请允许我表达红十字国际委员会对中国红十字会最热切的祝愿，祝中国红十字事业，中国红十字会工作人员和志愿者为实现“人道”和“团结”的共同理想所做的工作取得不断的胜利。

（2004年5月8日）

在中国红十字会建会一百周年纪念大会上的致辞

红十字会与红新月会国际联合会
秘书长　马库·尼斯卡拉

中国国务院副总理吴仪女士和其他政府部门的代表，

中国红十字会会长彭珮云女士，

中国红十字会的志愿工作者和工作人员，

红十字与红新月运动和其他国际组织的代表，

亲爱的同事和朋友们：

今天在这里参加中国红十字会建会100周年的庆祝活动，我感到非常荣幸和高兴。我们庆贺中国红十字会所取得的种种成就，她为减轻人类痛苦和改善最易受损人群的生活而表现出来的奉献精神，她对我们红十字与红新月运动所信奉的人道价值观和原则一贯持有的决心和高度的责任感。

在中国，中国红十字会一直是一个家喻户晓并受到尊敬的团体。她的工作依赖于遍布各个省和地区的2000万红十字会员、志愿者和工作人员为弱势群体服务的奉献精神。在这个幅员辽阔的国家里，红十字的工作网络深入每一个角落。

中国红十字会拥有许多引以自豪的成就。在她漫长的历史中，中国红十字会每年都为千百万遭受各种灾害，例如水灾、干旱和地震等灾害的人民提供救助。作为政府的伙伴，她的作用是重要的，并且在灾害准备和救助方面建立起较强的能力。中国红十字会的卫生救护工作也有着很长的历史和传统

——包括急救、以社区为基础的卫生和动员献血工作。近年来，她还加强了针对艾滋病的工作并且在这个领域赢得了国际社会的好评。在2003年，中国红十字会在支持政府防治“非典”疫病方面发挥了突出的作用。

今天的中国正在经历飞速的变化。中国红十字会在迈入第二个百年之际，需要适应并应对人民群众不断变化的需求和现实。尽管国家比以往更加富强，但仍有不少地区存在弱势人群，改善他们的生活境遇依然是一项重要工作。与此同时，中国红十字会的自身也在不断发展之中，脱离卫生部门代管、理顺管理体制的工作进展顺利；在继续做好传统工作的同时，更加注意开展适应社区需要的新的业务工作；与其他姐妹国家红十字会和团体的国际合作也得到进一步的加强。面对新的百年将带来的人道主义挑战，中国红十字会正在检查调整自身各级组织机构和业务工作，做好应对挑战的准备。

我在这里要对中国红十字会为红十字与红新月运动这一世界上最大的人道主义网络所做出的贡献表示感谢。1993年，中国红十字会在北京主办了第四届亚太地区红十字与红新月会会议。今天，作为联合会领导委员会的成员，中国红十字会为国际联合会的领导和决策做出重要贡献。中国红十字会还经常在其他国家红十字会面临灾害的时候提供可贵的援助，从而体现出团结精神。

我还想强调指出的是，今天——5月8日是世界红十字与红新月日。这是一个世界上181个国家共同庆祝的日子。今年的主题是“停止歧视”。我们呼吁所有国家红十字会与政府一道在今后的12个月的时间里，共同努力，反对歧视和羞辱，并采取有效措施鼓励对多元文化的包容和尊敬。

最后，我想用这样的话来结束我的讲话：迈入101周岁的中国红十字会在精神上青春依旧，我相信她的未来会无比辉煌。我期待着进一步加强中国红十字会与国际联合会的各个成员间的紧密合作，包括与常驻北京的东亚地区代表团和设在日内瓦的联合会总部之间的紧密合作。我们今天共同庆祝中国红十字会已经取得的伟大成就，更加祝愿它在应对未来人道主义的挑战中取得更大的成功。

谢谢大家。

（2004年5月8日）

黄晴宜代表社会团体向中国红十字会建会一百周年纪念大会的致贺信

各位领导、同志们：

今天，我们欢聚一堂，隆重纪念中国红十字会建会一百周年。在此，我谨代表各兄弟社团，向中国红十字会建会一百周年致以热烈的祝贺！向开拓进取、无私奉献的广大红十字会工作者、红十字会会员和志愿工作者表示崇高的敬意！

红十字事业是一项崇高而伟大的事业。红十字会以动员人道力量、改善最易受损害群体的生存与发展为目标，遵循“人道、公正、中立、独立、志愿服务、统一和普遍”的国际红十字运动七项基本原则，在战争、自然灾害以及突发事件的救助工作中发挥了积极的作用。

中国红十字会作为国际性的、从事人道

主义工作的社会救助团体，在百年的发展历程中，大力弘扬“人道、博爱、奉献”精神，以服务民众为宗旨，在相关领域积极开展人道救助工作，为社会做了大量的好事、实事、善事。新中国建立后特别是改革开放以来，在党和政府的坚强领导和高度重视下，在社会各界的大力支持和参与下，中国红十字会坚持以邓小平理论和“三个代表”重要思想为指导，认真履行《中华人民共和国红十字会法》所赋予的神圣职责，解放思想、与时俱进、开拓创新、奋发有为，在积极配合政府参与自然灾害救助、大力开展群众性卫生救护知识培训和社区红十字服务、有效组织红十字青少年活动、推动无偿献血工作、热心关爱艾滋病患者、建立造血干细胞捐献者资料库等方面发挥了重要作用，取得了显著成绩，为促进社会主义物质文明、政治文明和精神文明的协调发展，维护改革发展稳定的大局做出了重要的贡献。同时，中国红十字会在协助政府处理战争遗留问题，积极开展民间外交，促进与海峡两岸的交流与合作，参加国际人道主义救援工作等方面发挥了不可替代的独特作用，赢得了国内和国际社会的广泛赞誉。

作为兄弟社团，在新世纪新阶段，我们愿与红十字会进一步加强合作、共同努力，整合优势、携手并进，为实现全面建设小康社会的宏伟目标做出新的更大的贡献！

衷心祝愿中国红十字事业的明天更加辉煌灿烂！

（2004 年 5 月 8 日）

庆百年系列活动

百年庆典系列活动要目

成立于 1904 年的中国红十字会，一百年来，遵循红十字与红新月运动的七项基本原则，弘扬“人道、博爱、奉献”的红十字精神，无论是在战争年代，还是在和平时期，无论是在灾害横行的时候，还是在严重的突发事件面前，都为人民群众做了大量好事，涌现了许许多多的动人事迹。新中国成立后，特别是 1993 年 10 月《中华人民共和国红十字会法》颁布施行以来，中国红十字会坚持依法建会、依法治会、依法兴会，在人道领域发挥了政府助手的作用，赢得了社会的广泛赞誉。

纪念中国红十字会成立一百周年，中国红十字会在全国范围内开展了丰富多彩的百年庆典系列活动，其中“百件实事迎百年——红十字在行动”活动尤为广泛突出。该活动集中展示了全国各地红十字会“七大”以来认真履行《中华人民共和国红十字会法》赋予的光荣职责，结合实际、因地制宜、积极主动地广泛开展工作，为困难群众排忧解难所做的好事和实事。

百年庆典系列活动的翔实内容还可见于本年鉴各篇章中，如：“百年会史概述”和“百年会史编年”在“纵览篇”中，“百年会史名录”在“人名篇”中，“百年红十字·百家书画情”的珍品在彩页中收藏和展示，“百年选百题·百题贺百年”的主要篇章在“研究篇”中有所揭示。为了避免词条和篇目在具体内容上的重复，又保证百年庆典系列活动予以完整记载，这里着重列出了“百件实事迎百年——红十字在行动”活动中130件实事的要目：

中国红十字会总会：

1. “红十字博爱送万家”活动；

2. 中国造血干细胞捐献者资料库建设；

3. 灾害救助活动；

4. 救护培训；

5. 开展关爱东北三省困难群众活动；

6. 修建农村环保型卫生旱厕项目；

7. 彩票公益金项目；

8. 抗击“非典”；

9. 处理8.26事件。

北京市红十字会：

10. 为老党员送医送药；

11. “999复明工程”；

12. 博爱助学送温暖活动；

13. “博爱在京城”活动。

天津市红十字会：

14. 红十字关爱进社区入农户；

15. 红十字开发性扶贫工程；

16. 使用海关捐赠物资开展救助活动；

17. 红十字青少年敬老奉献服务遍津门；

18. 建立全国首家“流动血库”“流动骨髓库”；

19. 博爱助学募捐活动；

20. 天津市遗体捐献者纪念园落成；

河北省红十字会：

21. 开展下乡义诊为民办实事活动；

22. 博爱送老夕阳更红活动；

23. 送医送药到社区。

山西省红十字会：

24. 开展中日友好交往合作；

25. 开展红十字义诊服务；

26. 助残日助残活动；

27. 开展志愿捐献遗体工作；

28. 募捐筹款救助孤儿；

29. 救护培训；

30. 太原市开展“健康光明红十字行动”。

内蒙古自治区红十字会：

31. 复明扶贫行动；

32. 创建内蒙古自治区红十字急救输送中心；

33. 牧区创建“红十字医疗站”；

34. 积极参与灾后重建工作；

35. 加强备灾救灾设施建设；

36. 救助贫困学生；

37. 积极开展预防艾滋病教育。

辽宁省红十字会：

38. 开展洒向人间都是爱活动；

39. 开展沐浴在爱的“家庭”里活动；

40. 举办“我看见了春节晚会”活动；

41. 为特殊儿童构筑“爱心家园”。

吉林省红十字会：

42. 结对帮扶，红十字温暖低碘患者；

43. 开展爱心工程，光明的使者活动。

黑龙江省红十字会：

44. 帮助待业青年就业；

45. 红十字关爱进社区；

46. 开展慰问日孤养父母活动；

47. 开展“复明工程”活动。

上海市红十字会：

48. 建立少儿住院互助基金；

49. 恢复重建红十字卫生站；

50. 建立“红十字助老博爱基金”；

51. 开展遗体捐献工作；

52. 开展千万人帮千家活动。

江苏省红十字会：

53. 百万元救助病人活动；

54. 开展社区红十字服务工作；

55. 募集450万元药品救助30名白血病患者；

56. 筹集50万元在睢宁县邱集镇实施扶贫项目；

57. 宿迁县红十字会建立“孤儿红恤班”；

58. 南京市3000人登记捐献遗体和器官；

59. 建立儿麻康复中心——希望之家。

浙江省红十字会：

60. 象山县红十字台胞医院开展对台服务工作；

61. 开展爱心牵手学子助学活动；

62. 博爱救助进乡村；

63. 建实体办实事救助弱势群体。

安徽省红十字会：

64. 开展遗体（器官）捐献接受工作；

65. 红十字关爱进社区；

66. 开展96399热线服。

福建省红十字会：

67. 开展生命救助活动；

68. 见证遣返。

江西省红十字会：

69. 莘莘学子家境贫，红十字会助学结硕果；

70. 关爱群众服务社区；

71. 开展“人道救助一元捐”活动。

山东省红十字会：

72. 青岛市红十字会建立扶贫济困血库；

73. 泰安市在泰山南天门设立红十字救护站；

74. 开展支援特困农民参加新型合作医疗活动。

75. 济南市槐荫区红十字会开展救助孤残活动。

河南省红十字会：

76. 以一村一会一站为依托，为农村弱势群体造福；

77. 播撒爱的阳光——郑州市红十字会救助白内障患者；

78. 焦作市解放区社区开展红十字服务工作；

79. 河南省红十字会与香港天邻基金会联合开展“医疗事工”活动。

湖北省红十字会：

80. 开展“6.23”海难事件的善后处理工作；

81. 卫生救护培训；

82. “98”特大水灾救助；

83. “五八”世界红十字日举行“关爱重症患儿”活动。

湖南省红十字会：

84. 欧盟援建生态旱厕湖南5000农户受益；

85. 弘扬人道主义精神，关爱艾滋病感染者；

86. 开展艾滋病防治宣传活动；

87. 开展“曙光行动”用爱心托起明天的太阳。

广东省红十字会：

88. 募集救助资金，帮助困难群体；

89. 开展托起夕阳红事业的明天活动；

90. 建立清远博爱学校。

广西壮族自治区红十字会：

91. 开展灾害救助工作；

92. 艾滋病预防宣教项目；

93. 建设农村生态旱厕项目；

94. 援建博爱小学项目；

95. 卫生救护培训。

海南省红十字会：

96. 开展资助孤儿与特困生入学活动；

97. 资助改善少数民族地区教学条件；

98. 开展艾滋病预防青年同伴教育活动。

四川省红十字会：

99. 开展救助贫困先心病患儿活动；

100. “复明8号”工程使552名白内障患者重见光明；

101. 搭建社会爱心救助造血平台；

102. 开展苏州——内江助学帮困活动；

103. 开办心语中心，开展艾滋病宣传教育。

重庆市红十字会：

104. 开展城市困难群众子女助学工程；

105. 开展为特困人群募捐救助活动；

106. 卫生救护培训。

贵州省红十字会：

107. 开展浓浓爱心，助残济贫活动；

108. 救助自然灾害；

109. 救护培训进社区。

云南省红十字会：

110. 开展预防艾滋病工作；

111. 开展备灾救灾工作；

112. 建立云南省红十字老年公寓；

113. 红十字国际委员会/云南省红十字会假肢康复合作项目。

西藏自治区红十字会：

114. 开展爱心救助活动。

陕西省红十字会：

115. “红十字祛痨救助工程”惠及特困山区人民；

116. 开展卫生救护培训；

117. 开展救助孤寡老人活动；

118. 开展情系特困生，资助献真情活动。

甘肃省红十字会：

119. 募资建校，造福桑梓；

120. 免费为贫困村民进行健康体检；

121. 利用实施援助项目，切实解决群众困难；

122. 平凉市红十字会救助工作规模大，社会效益好。

青海省红十字会：

123. 开展雪域高原的光明使者活动；

124. 开展脆弱群体的求助工作；

125. 开展自然灾害的救助工作。

宁夏回族自治区红十字会：

126. 积极参与改善贫困地区基础教育环境工作；

127. 多方呼吁寻求援助，改善基层医疗条件；

128. 开展卫生救护培训工作。

新疆维吾尔自治区红十字会：

129. 为癌症患者提供帮助；

130. 开展预防艾滋病活动。

（兰虹志）

中国红十字会第八次全国会员代表大会

中国红十字会第八次全国会员代表大会在京开幕

胡锦涛会见与会代表并发表重要讲话　温家宝曾庆红参加会见

新华社北京10月27日电　中国红十字

会第八次全国会员代表大会27日在北京开幕。中共中央总书记、国家主席、中央军委主席胡锦涛会见与会代表并发表重要讲话。他希望中国红十字会认真贯彻“三个代表”重要思想，按照科学发展观的要求，大力弘扬人道、博爱、奉献精神，在协助政府开展人道主义援助和促进经济社会发展等方面继续发挥积极作用；希望广大红十字工作者进一步增强光荣感和责任感，关爱社会、关爱生命，爱岗敬业、乐于奉献，为全面建设小康社会、推进人类和平与进步事业做出自己的贡献。

中共中央政治局常委、国务院总理温家宝，中共中央政治局常委、国家副主席曾庆红参加了会见。

上午9时，胡锦涛等党和国家领导人来到人民大会堂北大厅，同代表们亲切握手，并合影留念。

在热烈的掌声中，胡锦涛发表了重要讲话。他说，在中国红十字会成立100周年和第八次全国会员代表大会召开之际，我代表党中央、国务院，向大家表示热烈的祝贺，向为红十字事业的发展作出显著成绩的先进集体和先进个人表示崇高的敬意，向全国广大红十字会会员表示诚挚的问候。

胡锦涛指出，红十字事业是一项造福人类的崇高事业。红十字会作为国际人道主义组织，在发扬人道主义精神、保护人的生命和健康、促进人类和平与进步事业等方面发挥着积极作用。中国红十字会成立100年来，为祖国、为人民做了大量卓有成效的工作。特别是改革开放以来，中国红十字事业取得了长足发展，为社会主义物质文明、政治文明、精神文明建设做出了重要贡献。

胡锦涛强调，当前，全党全国各族人民正在为全面建设小康社会、加快推进社会主义现代化而团结奋斗。中国红十字会作为重要的社会团体，在这个历史进程中是可以大有作为的。胡锦涛要求各级党委和政府进一步加强对红十字会工作的领导，认真贯彻红十字会法，切实帮助解决红十字事业发展中遇到的困难和问题，充分发挥红十字会的积极作用，努力开创我国红十字事业的新局面。

中共中央政治局委员、国务院副总理吴仪代表党中央、国务院在开幕式上致辞。她对中国红十字会成立100年来特别是第七次全国会员代表大会以来所作的贡献给予充分肯定，强调中国红十字会已经成为社会主义现代化建设的一支重要力量。吴仪指出，大力发展红十字事业，是贯彻落实“三个代表”重要思想，坚持以人为本、树立和落实科学发展观、构建社会主义和谐社会的需要，符合广大人民群众的愿望。各级党委和政府及有关部门要继续支持红十字事业，全社会要更加关心红十字会工作，积极参与人道主义救助。

吴仪希望中国红十字会以保护人的生命和健康、改善最易受损害群体境况为目标，大力发扬求真务实、开拓创新、艰苦创业、奋发图强的精神，当好政府在人道主义救助领域的助手。要积极探索并建立充满生机与活力、符合自身特点的组织机构和运行机制，继续按照国际红十字运动的基本原则，积极开展同国际红十字组织和各国红十字会与红新月会的交流和合作。

参加会见和出席开幕式的领导同志还有：贺国强、王刚、司马义·艾买提、何鲁丽、韩启德、傅铁山、唐家璇、华建敏、黄孟复、张怀西、李蒙和彭珮云。

开幕式上，人事部和中国红十字会总会联合表彰了 29 个先进单位和 10 名先进个人。

胡锦涛在接见中国红十字会第八次全国会员代表大会代表时的讲话

（全文见本年鉴文献篇）

吴仪在中国红十字会第八次全国会员代表大会上的致辞

（全文见本年鉴文献篇）

周强代表人民团体在中国红十字会第八次全国会员代表大会上的贺词

值此中国红十字会第八次全国会员代表大会召开之际，我谨代表中华全国总工会、共青团中央、全国妇联、中国文联、中国作家协会、中国科学技术协会、中华全国归国华侨联合会、中国法学会、中国人民对外友好协会、中华全国新闻工作者协会、中华全国台湾同胞联谊会、中国国际贸易促进委员会、中国残疾人联合会、中国人民外交学会、宋庆龄基金会、黄埔军校同学会、欧美同学会、中国职工思想政治工作研究会、中华职业教育社、中华全国工商业联合会等二十个社会团体向大会致以热烈祝贺！向开拓进取、无私奉献的广大红十字会工作者、会员和志愿工作者致以崇高的敬意！

红十字事业是一项崇高而伟大的事业。红十字会以动员人道力量、改善最易受损害群体的境况为目标，遵循“人道、公正、中立、独立、志愿服务、统一、普遍”的国际红十字运动基本原则，在战争、自然灾害以及突发事件的救助工作中发挥了积极的作用。

红十字会是当今三大国际组织之一，中国红十字会是国际红十字运动的重要成员。中国红十字会作为从事人道主义工作的社会救助团体，在百年发展历程中，大力弘扬“人道、博爱、奉献”精神，以服务民众为宗旨，在相关领域积极开展人道救助工作，为社会做了大量的好事、实事、善事。新中国成立后，特别是改革开放以来，在党和政府的坚强领导和高度重视下，在社会各界的大力支持和参与下，中国红十字会坚持以邓小平理论和“三个代表”重要思想为指导，认真履行《中华人民共和国红十字会法》所赋予的神圣职责，解放思想，开拓创新，在积极配合政府参与自然灾害救助、大力开展群众性初级卫生救护知识培训、社区红十字服务、红十字青少年活动、推动无偿献血工作、热心关爱艾滋病患者、中国造血干细胞捐献者资料库建设等方面取得了显著成绩，为促进社会主义物质文明、政治文明和精神文明的协调发展，为维护改革发展稳定的大局做出了贡献。同时，中国红十字会在协助政府处理战争遗留问题，积极开展民间外交，促进与海峡两岸的交流与合作，参与国际人道主义救援工作等方面发挥了不可替代的独特作用，赢得了国内和国际社会的广泛赞誉。

新世纪新阶段，让我们紧密地团结在以胡锦涛同志为总书记的党中央周围，高举邓小平理论和“三个代表”重要思想伟大旗帜，认真贯彻落实党的十六大和十六届四中全会精神，进一步加强合作、共同努力，整合优势、携手并进，为实现全面建设小康社会的宏伟目标做出新的更大的贡献！

预祝大会取得圆满成功！

祝愿中国红十字事业的明天更加辉煌灿烂！

红十字国际委员会主席克伦贝格尔先生致中国红十字会第八次全国会员代表大会的贺信

尊敬的彭珮云会长：

我谨代表红十字国际委员会向中国红十字会第八次全国会员代表大会的成功召开表示衷心的祝贺。

2004 年对中国红十字会有着特殊的意义，既有建会一百周年庆典，又有第八次全国会员代表大会的召开。这次会议对于一个运转良好的国家红十字会非常重要。

中国红十字会和红十字国际委员会之间保持着多年的出色合作，我们尤其赞赏中国红十字会在传播国际人道法和红十字与红新月基本原则方面的不懈努力。

我感谢为中国红十字会服务的所有人，对即将离任的同仁，我感谢他们为中国红十字会所做的重要贡献；对继续留任的同仁，我感谢他们确保了中国红十字会组织和事业得以持续发展。

我欢迎大会即将选出的中国红十字会新一届领导，他们的参与和思维有助于中国红十字会作为一个公正、有效的人道组织，在一个和平与繁荣的未来，继续服务于中国人民。

我诚挚祝愿中国红十字会继续维护我们共同的理念：人道和团结。

请接受我崇高的敬意。

红十字国际委员会主席

克伦贝格尔

2004 年 10 月 18 日于日内瓦

红十字会与红新月会国际联合会主席托罗先生致中国红十字会第八次全国会员代表大会的贺信

尊敬的彭珮云会长：

我谨代表红十字会与红新月会国际联合会，向中国红十字会第八次全国会员代表大会的召开，表示热烈的祝贺与支持。

贵会的领导肩负着承袭百年人道援助历史的重任，继往开来发展本国策略，指导中国红十字会在第二个百年中为自然灾害的受害者提供救助，并为改善国家卫生和社会福利事业做出贡献。

中国红十字会自 1919 年加入国际联合会以来，在过去的 85 年中在国际联合会内一直发挥着重要的作用。中国红十字会的代表为国际联合会卫生和救灾方面的全球战略和政策的发展做出了、并将继续做出巨大的贡献。

从更具体的角度来说，国际联合会东亚地区代表团与中国红十字会的同事们紧密合作，通过定期交流，加深了友谊，为更好地相互理解提供了机会。

中国红十字会在国内和国际事务中的作用不断增强。作为人道救助组织，它必须面对新世纪的要求。干细胞研究等医药科学的发展和非典、艾滋病等新疾病的出现都要求红十字会调整其工作，以帮助大众更好地了解和应对这些问题。由于更好地理解了备灾对保护社区免受灾害影响的作用，一些以社区为基础的活动得到了开展，在灾害来临之前便协助减轻了灾害的影响。同时，中国红十字会与其他姐妹红十字会和红新月会合作，继续引进其他红十字会和红新月会的成功工作。

毫无疑问，在下一个百年以至今后多个世纪中，中国红十字会将通过其不断扩展的由分会、会员和志愿者组成的网络，与各地社区和政府协调合作，加强公众预防疾病传播和应对紧急事件和灾害的能力，继续促进中国的全面发展。

祝贺中国红十字会成立百年，并且有更美好的未来！

您诚挚的

胡安·M·苏亚雷斯·戴尔·托罗

2004 年 10 月 14 日于日内瓦

中国红十字会第八次全国会员代表大会主席团成员名单和大会执行主席及秘书长、副秘书长名单

（2004 年 10 月 26 日）

主席团成员共计 50 人（以姓氏笔划为序）：

王　昕（女）　王　强　王立忠
王军民　王树培　王振川
王琼瑛（女）　邓本太　冯炯华
甘　霖（女）　刘晓峰　刘鸿庥（女）
刘新文（女）　孙士彬（女，满族）
孙安民　孙志筠（女）　孙爱明
成　武　江亦曼（女）　汤声闻
吴明江　吴锡军（女）
库热西·买合苏提（维吾尔族）
张立军　张甫元　张国强
张俊芳（女）　李　斌（女）　李　膺
杜汝波　杨贵仁　汪毅夫
肖小堂　苏菊香（女）
阿勒布斯拜·拉合木（哈萨克族）
陈伟雄　陈勋儒
宝音德力格尔（蒙古族）
胡振鹏　赵玉哲　赵继修
郭长江　崔玉英（女）　阎青春
彭珮云（女）　蒋大国（女）　谢小军
谢丽娟（女）　腾卫平　雷于蓝（女）

大会执行主席：彭珮云　王立忠
江亦曼　孙爱明

大会秘书长：苏菊香

大会副秘书长：汤声闻

王立忠在中国红十字会第八次全国会员代表大会预备会上的讲话

（2004 年 10 月 26 日）

各位代表、同志们：

中国红十字会第八次全国会员代表大会明天就要召开了，这次大会非常重要，规模是空前的，七百多名代表来自全国各地和有关行业部门，大家精神饱满，意气风发，体现了红十字事业的生机与活力。为了开好这次有意义的大会，我代表第七届理事会，就“八大”的筹备情况及相关事项做以下通报。

一、关于大会的重要意义、主题和任务

依据《中华人民共和国红十字会法》（以下简称红十字会法）和《中国红十字会章程》的规定，全国会员代表大会每五年召开一次，每届理事会任期五年。第七次全国会员代表大会是 1999 年 10 月召开的，到今年 10 月任期届满，因此，今年 10 月将召开第八次全国会员代表大会。这次大会是中国红十字会进入新世纪召开的第一次全国会员代表大会，今年又恰逢中国红十字会建会 100 周年，也是中国红十字会总会从“由卫生部代管”改由国务院领导联系后的第一次换届大会。开好“八大”，对于加强红十字会的组织建设和思想建设，对于动员全国各级红十字会和广大会员、干部全力投入全面建设小康社会和构建社会主义和谐社会的伟大事业，对于新时期、新阶段建设中国特色红十字事业都具有十分重要的意义。

“八大”的主题是：以邓小平理论和“三个代表”重要思想为指导，坚持以人为本、全面协调可持续的科学发展观，服从服务于国家的中心工作。全面贯彻执行红十字会法，大力弘扬“人道、博爱、奉献”的红十字精神，改善最易受损害群体的境况，建设充满生机与活力、密切联系群众、符合自身特点的从事人道主义工作的社会救助团体。解放思想、实事求是，与时俱进、开拓创新，努力开创中国特色红十字事业新局面，为实现全面建设小康社会的宏伟目标贡献力量。

这次大会的主要任务是：一、听取、审议并通过第七届理事会的工作报告，审议并通过《中国红十字事业 2005 - 2009 年发展规划》和新修改的《中国红十字会章程》；二、选举产生新一届领导集体，即：第八届理事会、常务理事会和会长、常务副会长、副会长，根据章程规定由会长提名决定秘书长。八届理事会产生后将召开八届理事会第一次会议。大会期间还将和人事部联合表彰全国红十字会系统先进集体和先进个人。

二、关于文件的起草情况

七届常务理事会和执行委员会对筹备“八大”非常重视，在今年年初召开的七届五次常务理事会和工作会议上，对筹备“八大”都提出了明确要求。今年 3 月初，执行委员会将筹备工作提到议事日程，成立了筹备工作小组，4 月初，总会向各省、自治区、直辖市红十字会，铁路、商业系统红十字会发出做好“八大”有关筹备工作的通知，同时成立了工作报告、五年规划、章程修改三个文件起草小组，4 月中旬到 6 月中旬，会领导分别赴 5 个省、直辖市进行调研，8 月 9—12 日在京召开 14 个省级红十字会领导座谈会并书面征求其他省级红十字会的意见。10月9日召开七届六次常务理事会，对会议文件等筹备方面的工作进行了讨论并审议，今天上午召开的第七届理事会第五次会议又对提交“八大”的主要文件进行了审议。

工作报告、五年规划（草案）、章程（修改草案）三个主要文件的起草、修改是在彭会长的亲自领导下、执委会多次研究并广泛听取各方面意见的基础上完成的。文件的起草经过下发通知，收集意见，实地调研，草拟提纲，召开座谈会，书面征求京内外单位和老干部意见等多个程序。3份主要文件从草拟提纲到征求意见稿、直到现在发给各位代表的大会材料，共10易其稿，最后形成了发给各位代表的“八大”大会文件。

三、关于会务的筹备情况

党中央、国务院对我们这次会议非常重视。吴仪副总理及中央组织部、中央办公厅、国务院办公厅有关负责同志就“八大”筹备的主要工作专门听取了汇报，就有关问题进行了协调并做出指示。国务院已同意“八大”于2004年10月27—29日在北京召开。为扩大红十字会的社会影响，开幕式于27日上午在人民大会堂大礼堂举行，规模3000余人。开幕式前党和国家领导人接见与会代表并与大家合影。其他各次会议在京西宾馆举行。

目前，“八大”的主要议程、邀请国家领导人接见及出席会议等各项请示以及其他事项，已得到中办、国办批准，同时也按有关规定与有关部门、单位和个人进行协商沟通。刚刚结束的“八大”主席团会议，通过了大会执行主席、秘书长、副秘书长名单，通过了大会的日程安排和选举办法，目前“八大”会务的各项筹备工作已经就绪。

四、关于会议代表的产生

总会对出席全国会员代表大会的代表人选，进行了专题研究，下发文件对代表条件、产生办法和名额分配提出了要求。这次大会代表的产生主要从体现社会性、普遍性以及先进性的特点考虑，代表总数是740人。其中：

1. 地方红十字会代表468人，主要是结合各地会员数量，各地、各行业红十字会根据工作需要与基层协商推荐代表候选人，由省级红十字会常务理事会确定上报总会。

2. 七届常务理事、中央国家机关及相关单位代表77人，按照工作需要和协商的原则产生。

3. 特邀代表9人，主要是在红十字事业中做出突出成绩的同志，其中有全国红十字会系统的人大代表，造血干细胞捐献第一人，献血状元，南丁格尔奖章获得者等。

4. 总会机关及直属单位的代表25人。

5. 全国红十字会系统先进集体代表和先进个人39人。

6. 列席代表122人，主要包括红十字国际委员会、红十字会与红新月会国际联合会的代表，京内理事单位和相关单位领导，总会离退休和直属单位工作人员等。

出席大会的740名代表，都通过了“八大”代表资格审查委员会的审查。

五、关于大会主席团的组成

本次大会按照惯例，成立大会主席团。经第七届理事会第五次会议通过，大会主席团成员有以下几部分人员组成：一是各省、自治区、直辖市红十字会，新疆生产建设兵团红十字会和铁路、商业两个行业红十字会的会长或常务副会长共34名；二是国家机关、军队、社会团体及企事业单位代表中协商产生3名；三是中国红十字会第七届常务理事12名，四是拟任第八届会领导1名，合计50名。大会设执行主席4名，秘书长1名，副秘书长1名。

六、关于换届的人事安排

根据红十字会法关于“中国红十字会总会设名誉会长和名誉副会长。名誉会长和名誉副会长由中国红十字会总会理事会聘请”的规定，经七届常务理事会推荐，并经中央批准，我会将聘请国家主席胡锦涛同志担任中国红十字会名誉会长。根据红十字会法和章程规定经七届常务理事会推荐，根据工作需要并经中央批准，第八届理事会拟聘请6位名誉副会长，有关人选已征得本人和全国人大、全国政协同意。他们是全国人大常委会副委员长司马义·艾买提、何鲁丽、韩启德、傅铁山和全国政协副主席黄孟复、张怀西。

中央编办已批准我会领导班子职位的设置为：会长1名（兼）、常务副会长1名、副会长2名及秘书长1名。经中央同意，彭珮云同志为会长候选人。为了加强与红十字会工作密切部门的联系与合作，第八届常务理事会增设5名兼职副会长，兼职副会长单位是：卫生部、民政部、教育部、财政部、外交部。经与以上单位协商，各推荐1位副部长级干部，他们是卫生部朱庆生、民政部姜力、教育部赵沁平、财政部肖捷、外交部沈国放，现已经中央批准。

七、关于第八届理事会和常务理事会的组成情况

（一）第八届理事会构成原则。为适应新形势、新任务的要求，有利于建设充满生机与活力、密切联系群众、符合红十字会自身特点的社会团体，使新一届理事会充分体现群众性、广泛性、社会性的特点，第八届理事会组成方案注意了以下几点：一是坚持机构设置的效能原则，吸收省级红十字会的会长、常务副会长（专职）为理事；二是为争取政府部门的支持，吸收中央国家机关有关部门及军队为理事单位；三是为争取社会广泛参与，增加企事业单位、社会团体和社会知名人士为理事单位和理事。

（二）第八届理事会构成。八届理事会扩大了规模，由原来的118人增加到170人，其结构是：红十字会系统专、兼职人员107人，占理事会构成的62.9%；中央国家机关有关部门和军队24人，占理事会构成的14.1%；社会团体、新闻媒体及社会知名人士21人，占理事会构成的12.4%；企业单位18人，占理事构成的10.6%。

（三）第八届常务理事会的组成。第八届常务理事会拟由15人组成。其中，总会领导5人，兼职副会长5人，另5名常务理事单位是：中宣部、中编办、海关总署、中国国际航空公司、招商银行。

八、大会的开法及要求

本次代表大会将召开三次全体会议，其他时间为分组会议。

第一次全体会议是大会开幕式。开幕式之前，党和国家领导人接见与会代表并与代表合影，胡锦涛主席作重要讲话。开幕式上，共青团中央领导将代表人民团体致贺词，宣读红十字国际委员会和红十字会与红新月会国际联合会的贺信，吴仪副总理代表党中央国务院致辞。与人事部联合表彰先进集体和先进个人。

开幕式之后，作七届理事会工作报告以

及作五年发展规划（草案）及章程修改草案的说明。

第二次全体会议是选举产生第八届理事会，选举大会之后，通过致离任理事的感谢信。之后，八届理事会召开第一次会议选举新一届常务理事会和会长、常务副会长、副会长，根据新任会长提名通过秘书长人选。审议通过聘请名誉会长、名誉副会长的决议案，通过致江泽民同志的感谢信和致第七届离任名誉副会长的感谢信。

第三次全体会议是大会闭幕式，主要通过工作报告、五年发展规划和章程三个决议案，新任会长讲话，新任常务副会长作大会总结。

“八大”的筹备工作已经圆满完成，明天将要召开中国红十字会第八次全国会员代表大会。这次代表大会是继往开来、共商红十字会发展大计的大会，任务很艰巨。希望与会代表认真学习领会国家领导人讲话，听取、审议会议主要文件，积极参加大会和分组讨论，要集中精力，紧紧围绕会议主题，积极发言。各组召集人要主持好会议，还要注意归纳讨论情况，作好汇报。同时，要自觉遵守会议各项规定，服从大会统一指挥。

大会组织工作由大会秘书长苏菊香和副秘书长汤声闻同志全面负责，设有会务组和秘书组，有事请与他们联系。大会具体要求，特别是明天上午的安排，负责会务的同志还要作详细说明。

让我们大家共同努力，把“八大”开好。

中国红十字会第八次全国会员代表大会《关于通过第七届理事会工作报告的决议》

（2004年10月29日）

中国红十字会第八次全国会员代表大会听取、审议并原则通过中国红十字会常务副会长王立忠同志代表第七届理事会所作的《与时俱进　艰苦创业　为全面建设小康社会作贡献》的工作报告。大会授权第八届常务理事会根据代表们的意见修改后正式下发。

大会认为，七大以来的五年是我国红十字会历史上发展最快最好的时期之一。工作报告紧紧围绕党和国家的中心工作，紧密结合国家全面建设小康社会的宏伟目标和红十字会的实际，适应时代发展的要求，对新世纪、新阶段建设中国特色红十字事业具有很强的指导意义。

大会号召：中国红十字会各级组织、广大会员和志愿工作者，要紧密团结在以胡锦涛同志为总书记的党中央周围，高举邓小平理论和“三个代表”重要思想伟大旗帜，认真贯彻十六届四中全会精神，弘扬求真务实、开拓创新、艰苦创业、奋发图强的精神，齐心协力，继往开来，大力推进中国特色的红十字事业，为全面建设小康社会，为实现中华民族的伟大复兴，为人类和平进步事业做出新的更大的贡献！

王立忠在中国红十字会第八次全国会员代表大会上的工作报告

（全文见本年鉴纵览篇）

江亦曼关于制定《中国红十字事业 2005—2009 年发展规划（草案）》的说明

（2004 年 10 月 27 日）

各位代表：

现在由我作关于制定《中国红十字事业 2005－2009 年发展规划（草案）》（以下简称规划草案）的说明。

一、起草规划草案的指导思想

《中国红十字事业 2005——2009 年发展规划》是贯彻落实科学发展观，实现红十字事业今后五年发展宏伟蓝图的指导性文件。

制定规划坚持以邓小平理论和“三个代表”重要思想为指导，认真贯彻落实以人为本，全面协调可持续的科学发展观与红十字会法，服从服务于党和国家的中心工作，着力从体制、机制上解决红十字事业发展中的突出问题，把中国红十字会建设成为充满生机与活力、密切联系群众、符合自身特点的从事人道主义工作的社会救助团体。争取形成全社会支持红十字事业的新局面，使中国红十字事业在今后五年迈上一个新台阶，为全面建设小康社会发挥更大的作用。

二、规划草案的起草过程

总会 3 月份全面启动“八大”筹备工作，成立了各主要文件筹备小组。5 月初，起草小组初步讨论了规划草案的基本框架，随即进行收集材料和调查研究。在广泛吸纳各地意见和建议的基础上，结合执委会、总会机关各部门和直属单位提出的意见，于 6 月中旬拟出起草提纲，经过会长办公会多次讨论和反复修改，于 7 月上旬写出规划草案初稿。8 月中旬彭会长主持召开 14 个省、自治区、直辖市红十字会负责人座谈会征求意见。同时，总会以书面形式向全国其他 17 个省、自治区、直辖市，新疆生产建设兵团，铁路、商业系统红十字会广泛征求意见。此后，执行委员会又根据各地的意见进行了修改。9 月初，总会将征求意见稿呈送常务理事征求意见。10 月 9 日经七届六次常务理事会讨论后又进行了反复修改，形成现在的规划草案（审议稿），共 10 易其稿。七届五次理事会同意提交大会审议。

在起草规划草案时，我们注意做到以下几点：

（一）服从国家的战略部署，使红十字事业发展规划符合国家国民经济与社会发展规划的总体要求。顺应国际红十字运动的发展趋势，实现我会在第 28 届红十字与红新月国际大会上作出的承诺。

（二）在第七届理事会工作的基础上向前发展，强调既要继承以往成功的经验，做好具有传统优势的工作，又要根据新形势、新任务，不断有所创新，与时俱进，突出时代特色。

（三）提出今后五年中国红十字事业发展的总体目标，为便于操作，对各项工作能量化的尽量量化，不能量化的则作出定性规定。在制定量化指标时，主要考虑以下几点：一是务实，指标应该是经过努力可以达到的；二是由于各地发展不平衡，只提出对全国的总体要求，没有将指标分解到各省；三是尽量使任务与指标不过于微观和琐碎，以利于充分发挥地方红十字会的积极性和创造性。

（四）坚持突出重点、分类指导。规划草案针对工作中存在的薄弱环节，特别突出了理顺管理体制、加快组织发展、强化宣传工作、突出救灾工作、深化救护救助工作、加大筹资力度、建立社会化工作机制等内容，力求使规划重点突出，任务明确。规划草案注意从实际出发，分类指导。既提出对全国红十字系统普遍性、统一性的要求，同时强调充分调动各级红十字会的积极性，根据不同地区的实际情况，因地制宜地开展工作。

三、规划草案的基本架构

一般来说，规划主要有两种写法，一种是主体结构分为指导思想、工作任务、主要措施三个部分，这种写法会出现由于工作项目比较多，工作任务部分显得较为庞大，与其他两部分不相协调的现象；另一种写法是将工作任务和主要措施分解到每一项工作内容中，每个部分在结构上相对比较均衡。

在参阅、比较了相关部门规划的整体架构的基础上，经过多次推敲，确定了规划草案目前的基本架构，即引言、指导方针和总体目标、基本任务及措施三个大的方面。基本任务及措施由九个方面组成。每一个方面既有任务又有措施。这样布局使指导方针和总体目标比较突出，每一项工作领域中任务和措施比较明确。

四、规划草案的主要内容

（一）关于引言

主要对过去五年红十字事业的发展给予总体评价；分析当前面临的形势；提出今后五年发展的指导思想以及制定规划的基本依据。

（二）关于指导方针和总体目标

1. 指导方针是统领全局工作的方针。主要是做到六个坚持即：①坚持用邓小平理论和“三个代表”重要思想统领红十字会工作；②坚持全面贯彻实施红十字会法；③坚持以人为本、全面协调可持续发展的科学发展观；④坚持社会化、开放式的工作格局；⑤坚持遵循国际红十字运动基本原则，扩大对外交流与合作；⑥坚持从实际出发发展红十字事业。

2. 总体目标是今后五年要努力实现的目标。红十字会法已经颁布十年，针对近几年各级红十字会依法理顺管理体制的实际情况和今后事业发展需要，规划强调了五年内理顺地（市）级以上红十字会管理体制，积极推进县级红十字会理顺管理体制。为了大力加强红十字会基层组织建设，按照每年发展1万个基层组织计算，提出了到2009年，基层组织发展到36万个以上，其中学校红十字会争取达到25万个；五年中红十字会专职人员根据工作需要有所增加。按会员每年递增10%计算，五年内会员人数达到5000万人以上，其中青少年会员达到2000万人以上。规划还提出大力发展志愿工作者队伍，志愿工作者五年内增加1.5倍，突破100万人。为进一步提高救灾、救护、救助能力，根据近年来国家彩票公益金和海关对红十字会救助工作的支持，以及各地红十字会募捐救助的实际情况，规划提出全国每年筹措救灾救助款物力争达到3亿元人民币。根据中国红十字会在国际大会上的承诺和初级卫生救护培训工作的进展情况，确定五年内初级卫生救护培训人数超过人口总数的1%。规划提出大力推进社区红十字服务工作，扩展红十字会人道工作领域，开展社区红十字服务示范工作的争创活动，提出五年内省级红十字会有3－5个地、县级市（区）达到全国社区红十字服务示范标准。根据中国造血干细胞捐献者资料库2010年要达到50万人份有效库容量的规划，提出五年检索入库有效库存量超过45万人份的目标。规划还对加强与港、澳分会和台湾红十字组织的合作，推进国际与地区间交流与合作，发挥中国红十字会在国际红十字运动中的作用提出了要求。

（三）关于基本任务及措施

基本任务及措施按工作内容划分为九个方面：

1. 在法制建设方面，提出加强对红十字会法及相关法律法规的学习、宣传，通过健全法律法规体系、加大执法检查力度、积极争取政策支持等措施来促进对红十字会法的全面贯彻实施。

2. 在组织建设方面，提出五年内理顺地（市）级红十字会管理体制，积极推进县级红十字会理顺管理体制，探索不同的模式；通过巩固和发展红十字会员、志愿工作者队伍和加强红十字青少年工作等不断促进组织发展。

3. 在宣传与传播工作方面，明确提出宣传与传播的内容，拓宽宣传领域，加强宣传阵地与队伍建设，不断提高宣传与传播的效果。

4. 在备灾救灾工作方面，提出把备灾救灾作为红十字会的首要任务，不断完善自然灾害和突发事件应急反应机制，通过加强应对自然灾害和突发事件的能力建设、做好募捐救助工作和规范救灾信息管理，不断提高救灾的应急能力。

5. 在救护救助工作方面，提出要继续广泛开展初级卫生救护培训，把“红十字博爱送万家”、“红十字关爱进社区”、“中国造血干细胞捐献者资料库”等品牌工程做深、做细、做扎实；进一步做好推动无偿献血宣传和表彰工作、关爱艾滋病患者和病毒感染者、推动遗体（器官）捐献等人道救助服务工作。

6. 在建立与完善社会化工作机制方面，强调要广泛动员和充分利用各种社会资源，积极探索和建立充满生机与活力的运行机制，不断营造良好的公益环境。

7. 在筹资方面，提出要拓宽筹资渠道，改进筹资方式，尤其是要加强项目筹资工作，探索市场化运作机制，加强筹资工作的能力建设。

8. 在对外交往方面，强调要做好现有的国际合作项目，扩大国际与地区间交流与合作；进一步加强与港澳分会和台湾红十字组织的密切合作。

9. 在加强自身建设方面，强调要加强党的领导、抓好领导班子建设、完善管理制度、实施人才强会战略等措施，尤其是在选好一把手、干部培训、选人用人等方面提出了具体的要求。

以上情况，特此说明。

中国红十字会第八次全国会员代表大会《关于通过〈中国红十字事业2005—2009年发展规划〉的决议》

（2004年10月29日）

中国红十字会第八次全国会员代表大会，讨论、审议并原则通过第七届理事会提交的《中国红十字事业2005—2009年发展规划（草案）》（以下简称发展规划）。大会授权第八届常务理事会根据代表们的意见修改后正式下发并组织实施。

大会认为，发展规划是中国红十字会全面深入贯彻《中华人民共和国红十字会法》，根据新世纪、新阶段国家全面建设小康社会的形势和建设中国特色红十字事业的实际所制定的。发展规划指导思想明确，目标具体，措施得当，是建设中国特色的红十字事业的纲领性文件。

大会要求全国各级红十字会要认真贯彻落实发展规划，同时要结合各地实际，制定本地的实施计划并认真组织实施。大会相信，全面落实发展规划，必将推动中国红十字事业在新世纪、新阶段向更深更广的领域发展，为全面建设小康社会做出更大贡献！

中国红十字事业2005—2009年发展规划

（全文见本年鉴文献篇）

中国红十字会第八次全国会员代表大会《关于通过修改后的〈中国红十字会章程〉的决议》

（2004年10月29日）

中国红十字会第八次全国会员代表大会，讨论并审议了第七届理事会提交的《中国红十字会章程（修改草案）》，原则通过修改后的《中国红十字会章程》，大会授权第八届常务理事会根据代表们的意见修改后正式下发。

大会认为，新的《中国红十字会章程》依据《中华人民共和国红十字会法》，是对过去五年各级红十字会依法建会、依章办会经验的总结，符合新世纪、新阶段依法建会、依法治会、依法兴会的实际，对加强各级红十字会的组织建设，建设中国特色红十字事业，必将发挥重要作用。

大会要求，全国各级红十字会要认真组织学习贯彻落实新的《中国红十字会章程》，依法按章加强自身建设，为把中国红十字会建设成为充满生机与活力、密切联系群众、符合自身特点的从事人道主义工作的社会救助团体而努力奋斗！

孙爱明关于修改《中国红十字会章程》的说明

（2004年10月27日）

各位代表：

我受第七届理事会的委托，向会议作关于修改《中国红十字会章程》的说明。

一、修改章程的必要性

现行的《中国红十字会章程》是1999年10月第七次全国会员代表大会通过的。实践证明，现行章程对指导我国红十字事业的发展起到了积极的作用。五年来，我国的政治经济和社会生活发生了深刻变化，红十字事业也有很大的发展，省级红十字会已全部理顺了管理体制。党的十六大提出了全面建设小康社会的宏伟目标，红十字会作为党和政府在人道领域工作的助手，要服从、服务于国家大局，围绕党和政府的中心工作发挥积极的作用。现行章程的部分条文已不适应新形势、新任务的需要。因此，修改章程是必要的。

二、修改章程的指导思想和依据

坚持以邓小平理论和“三个代表”重要思想为指导，认真贯彻党的十六大及十六届四中全会精神，依据《中华人民共和国宪法》、《中华人民共和国红十字会法》、《中华人民共和国红十字标志使用办法》以及国际红十字运动七项基本原则，参照民政部制定的“社会团体章程示范文本”，在总结七大以来工作实践和自身建设经验的基础上，进一步解放思想，实事求是，与时俱进，开拓创新，力求使修改后的章程更适应新世纪、新阶段建设中国特色红十字事业的需要，把各级红十字会建设成为充满生机与活力、密切联系群众、符合自身特点的从事人道主义工作的社会救助团体。

三、修改章程的原则

既要保持章程的稳定性和权威性，又要对不适应新形势、新任务的部分内容进行修改、完善，并使章程具有指导性、可操作性。凡可改可不改的不改，条件尚不成熟的暂不改。

四、修改章程的主要过程

今年5月上旬，章程修改工作小组在认真研究、采纳各地红十字会对章程修改意见的基础上，提出了章程修改的原则、思路和框架，经执委会讨论后形成初稿。8月份，将章程修改稿下发各地红十字会征求意见。9月份，又书面征求了常务理事意见，8易其稿形成了章程修改草案。10月9日，召开七届常务理事会审议并原则通过。10月26日提交七届五次理事会讨论，同意提交第八次全国会员代表大会审议。

五、章程修改的主要内容

目前，章程修改草案共九章五十六条，比现行章程增加了两章，九条。将现行章程组织机构一章扩展为三章，将职责与权利由现行章程的第四章调整为修改草案的第二章。共修改了55处。在各章间调整了7条，删除1条。增加8款，删除2款。

1. 总则部分

增写了中国红十字会“是国际红十字运动的成员”，在中国红十字会宗旨中增写了“发扬人道、博爱、奉献的红十字精神”。将有关地方各级红十字会的机构设置、人员配备和工作人员参照公务员管理条文调整到总则中，以利于依法建会。

2. 部分条文的修改

（1）充实了地方组织的内容，进一步规范了各级红十字会的组织和行为。这次章程修改的重点是“组织机构”一章。根据近年来各级红十字组织建设的发展，将组织机构由一章扩展为三章，即：第四章全国组织机构；第五章地方、行业和基层组织机构；第六章特别行政区组织机构；使各级红十字会的组织制度和组织机构更加清晰，职责更加明确。

（2）为了加强志愿工作者队伍建设，将现行章程“会员”一章改为“会员与志愿工作者”。增加了“中外人士，不分职业、种族、宗教，遵守中国法律、法规，志愿提供人道服务，不计报酬，均可成为红十字志愿工作者”、“各级红十字会应积极发展红十字志愿工作者队伍，为志愿工作者提供必要的工作条件，组织其开展人道主义服务工作”以及“志愿工作者应遵循红十字会宗旨，发扬红十字精神，参与红十字会的活动，提供志愿服务”的内容。同时，增加了“对中国红十字事业做出贡献的中外人士，可以授予荣誉会员称号”的条款。

（3）将红十字会的职责细化为“和平时期职责”和“战时和武装冲突时期职责”两条。根据新形势新任务的要求，在总结经验的基础上，增加了开展社区红十字服务工作、推动遗体（器官）捐献工作、开展预防控制艾滋病宣传和健康教育、关心爱护艾滋病病毒感染者和患者、建设和管理中国造血干细胞捐献者资料库等职责。

（4）在第七章第四十二条增加了“各级红十字会接受审计部门审计和相关部门监督”的条文，以利于加强对经费的管理，增加透明度，提高社会信誉度。

（5）对附则的修改。一是增加了对国际人道法的界定和解释；二是进一步明确了章程的备案部门。

3. 对章程的结构和部分文字进行了调整、修改。

以上情况，特此说明。

中国红十字会章程

（全文见本年鉴文献篇）

中国红十字会第八届理事会第一次会议《关于聘请名誉会长的决议》

（2004 年 10 月 29 日）

根据《中华人民共和国红十字会法》第二章第十条关于“中国红十字会总会设名誉会长和名誉副会长。名誉会长和名誉副会长由中国红十字会理事会聘请”的规定，中国红十字会第八届理事会第一次会议聘请中华人民共和国主席胡锦涛同志为中国红十字会名誉会长。

中国红十字会第八次全国会员代表大会《致江泽民同志的感谢信》

敬爱的江泽民同志：

您好！根据《中华人民共和国红十字会法》和《中国红十字会章程》的规定，经中央批准，中国红十字会于 1994 年聘请您担任了名誉会长。十年来，在您的亲切关怀和支持下，中国红十字事业发生了巨大变化。到今年 10 月中国红十字会第七届理事会任期已届满。经国务院批准，中国红十字会第八次全国会员代表大会于10月27－29日在北京召开。代表大会选举产生了新一届理事会，根据国际惯例并经中央批准，聘请现任国家主席胡锦涛同志担任了中国红十字会名誉会长。

您在担任中国红十字会名誉会长期间，亲自签发了《中华人民共和国红十字标志使用办法》，两次接见出席全国会员大会的代表并发表重要讲话，四次出席表彰南丁格尔奖章获奖者大会，亲自为南丁格尔奖章的获奖者颁奖。您会见来访的红十字国际委员会主席克伦贝格尔，在出访瑞士期间，参观红十字运动博物馆，会见红十字国际委员会和红十字会与红新月会国际联合会的领导人。所有这些都展现了您崇高的人道主义情怀，表明了党和国家重视、支持红十字事业的鲜明态度，对建设中国特色红十字事业产生了极大的推动作用，在国际红十字运动中产生了良好的影响。您的每一次重要讲话，对我们都是极大的鼓舞和鞭策，增强了我们做好红十字会工作的信心和力量。

十年来，各级红十字会积极协助政府开展人道领域的工作，共募集捐赠款物折合人民币26.9亿元，对近亿人次的灾区群众进行了救助。防治非典斗争中发放宣传材料1，200万份，接受国内外社会捐赠的款物折合人民币达6.85亿多元。共培训红十字救护员1000多万人，有效地减少了意外伤害事故造成的死亡和残疾。重新启动了中国造血干细胞捐献者资料库的建设，现已有19万份合格的捐献者资料入库，查询成功1300人次，成功移植130例。在16个省、自治区、直辖市开展了预防艾滋病的“青年同伴教育”等项目，共培训16万多名宣传预防艾滋病的骨干。24个省、自治区、直辖市的55个城市红十字会开展了遗体捐献登记工作。积极开展社区红十字服务，为老弱病残等困难群众提供救助。自1999年中国红十字会开展“红十字博爱送万家”活动以来，已累计投入1.6亿元，为327万困难群众送去党和政府的温暖与关怀。

根据“红十字会法”的规定和“一国两制”的方针，香港、澳门回归祖国后，香港、澳门特别行政区红十字会成为中国红十字会享有高度自治的分会。中国红十字会与香港、澳门分会保持了密切的合作关系，交流频繁。香港、澳门分会每当内地发生自然灾害和突发事件时，都在救助工作中发挥了积极作用。我会与台湾红十字组织在赈灾、血液事业、红十字青少年工作、卫生救护和私渡人员遣返见证方面有着良好的协作关系。

中国红十字会积极参与国际红十字运动。同红十字国际委员会和红十字会与红新月会国际联合会以及各国红十字会有着良好的合作关系，合作项目达17个，涉及14个省、自治区、直辖市，总计金额7800万元人民币。2001年，中国红十字会再次当选为国际联合会领导委员会成员。

中国红十字会在维护国家改革发展稳定和社会主义物质文明、政治文明和精神文明建设中发挥了很好的作用，已经成为全面建设小康社会的重要力量。在沟通海峡两岸关系，促进祖国和平统一大业中也发挥着独特的作用。在国际红十字运动中的地位和影响得到进一步提升。

敬爱的江泽民同志，在中国红十字会第八次全国会员代表大会召开之际，全体代表并代表全国2000多万红十字会会员，向您表示衷心的感谢！并致以崇高的敬意！

在新世纪发展中国特色红十字事业的征途中，我们一定遵循您关于“发展红十字事业为世界和平与人类健康做出更大贡献”的题词精神和关于“红十字事业是崇高而伟大的事业，它所倡导的人道主义精神和为社会奉献的精神，符合社会主义精神文明的要求。随着我国改革开放和现代化建设的发展，中国红十字事业的前景将会越来越广阔”的论述以及“所有从事红十字会工作的同志，都要热爱红十字事业，做到爱岗敬业，乐于奉献，开拓进取。各级政府和社会各界要关心和支持红十字会的工作，落实《中华人民共和国红十字会法》，把我国的红十字事业办得更好”的嘱托，紧密团结在以胡锦涛为总书记的党中央周围，认真贯彻《中华人民共和国红十字会法》，大力发展红十字事业，为实现全面建设小康社会的伟大目标，为人类和平进步事业做出更大贡献！

衷心祝您健康长寿！

中国红十字会第八次全国会员代表大会

（总会代章）

二〇〇四年十月二十九日

中国红十字会第八届理事会第一次会议《关于聘请名誉副会长的决议》

（2004 年 10 月 29 日）

根据《中华人民共和国红十字会法》第二章第十条关于“中国红十字会总会设名誉会长和名誉副会长。名誉会长和名誉副会长由中国红十字会理事会聘请”的规定，中国红十字会第八届理事会聘请全国人大常委会副委员长司马义·艾买提、何鲁丽、韩启德、傅铁山，全国政协副主席黄孟复、张怀西六位同志为中国红十字会名誉副会长。

《致中国红十字会第七届离任名誉副会长的感谢信》

值此中国红十字会第八次全国会员代表大会召开之际，我们谨以大会的名义，向您致以亲切的慰问和崇高的敬意！

我们非常感谢您多年来重视、关心、支持红十字事业的发展，特别是担任中国红十字会名誉副会长以来，出席红十字会的重大活动，积极推动红十字会法的贯彻落实，为发展红十字事业进行协调、呼吁，为建设中国特色红十字事业做出了贡献。中国红十字事业凝结着您的心血，我们将永远铭记您的功绩。

我们相信，您将一如既往地关心和支持红十字事业的发展。我们一定不辜负您的期望，认真贯彻落实红十字会法，积极投入全面建设小康社会的伟大事业，为维护国家改革发展稳定的大局，为人类和平进步事业做出新的更大的贡献！

祝您

工作顺利，身体健康！

中国红十字会第八次全国会员代表大会

（总会代章）

二〇〇四年十月二十九日

《致中国红十字会第七届理事会离任理事的感谢信》

值此中国红十字会第八次全国会员代表大会召开之际，我们谨以大会的名义，向您致以亲切的慰问和诚挚的敬意！

七大以来的五年，是我国开始全面建设小康社会和社会主义市场经济体制逐步完善的五年，是全国人民在党中央和国务院的坚强领导下，战胜各种困难，继续沿着中国特色社会主义道路胜利前进的五年，也是中国红十字会在党和政府关心支持下，在七届理事会和彭珮云会长的领导下，把国际红十字运动基本原则与中国的实际相结合，围绕中心，服务大局，坚持依法建会、依法治会、依法兴会，依法全面履行职责，圆满完成七大提出的奋斗目标和工作任务，取得显著成绩的五年。

您在担任中国红十字会第七届理事会理事期间，积极参与对红十字会工作的决策，参加红十字会的活动，为建设中国特色红十字事业出主意、想办法，尽职尽责，带领广大红十字工作者和会员，认真学习、宣传、贯彻落实红十字会法和中国红十字会章程，发扬“团结、实干、开拓、高效”的作风，弘扬“人道、博爱、奉献”的红十字精神，为建设中国特色红十字事业，为国家社会主义物质文明、政治文明和精神文明建设做出了积极贡献。中国红十字会的每一项成绩都凝结着您辛勤的心血和汗水，中国红十字事业的发展史上铭记您的功绩。

中共中央总书记、国家主席胡锦涛同志在接见“八大”代表时指出：“中国红十字会成立一百年来，为祖国、为人民做了大量卓有成效的工作。特别是改革开放以来，中国红十字事业取得了长足发展，为社会主义物质文明、政治文明、精神文明建设作出了重要贡献。当前，全党全国各族人民正在为全面建设小康社会、加快推进社会主义现代化而团结奋斗。中国红十字会作为重要的社会团体，在这个历史进程中是可以大有作为的。”胡锦涛主席要求：“各级党委和政府要进一步加强对红十字会工作的领导，认真贯彻红十字会法，切实帮助解决红十字事业发展中遇到的困难和问题，充分发挥红十字会的积极作用，开创我国红十字事业的新局面。”今年5月8日，国务院总理温家宝同志在给中国红十字会成立一百周年的贺信中指出：“红十字事业是崇高的事业，是造福民众的事业。在新的历史时期，希望中国红十字会继续发扬光大红十字精神，全面履行《中华人民共和国红十字会法》赋予的职责，为中华民族的伟大复兴和维护世界和平做出更大的贡献。”随着我国社会主义市场经济体制的进一步完善，中国红十字事业有着广阔的发展前景。

虽然您因为工作变动等原因已经离开中国红十字会理事的职位，但我们相信，您一定会一如既往地关心和支持红十字事业。让我们共同努力，为推动中国特色红十字事业的新发展，为全面建设小康社会和实现中华民族的伟大复兴，为人类和平进步事业做出新的更大的贡献！

祝您

工作顺利，身体健康！

中国红十字会第八次全国会员代表大会

（总会代章）

二〇〇四年十月二十九日

江亦曼在中国红十字会第八届理事会第一次会议上的讲话

（2004年10月29日）

各位理事：

第八届理事会第一次会议已经完成了各项议程。大会一致通过聘请国家主席胡锦涛同志担任中国红十字会名誉会长，司马义·艾买提、何鲁丽、韩启德、傅铁山、黄孟复、张怀西六位同志担任中国红十字会名誉副会长。大会选举产生了中国红十字会新一届常务理事会和新一届领导集体。彭珮云同志当选为第八届中国红十字会会长。大会闭幕式上，新任会长彭珮云同志将要作重要讲话，对如何贯彻落实中央领导同志讲话和做好新时期红十字会工作，开创中国特色红十字事业新局面提出希望和要求。这里，我谨代表新一届常务理事会表个态：

首先，感谢理事们的信任，选举我们担任第八届常务理事会的成员。我们从当选常务理事的这一时刻起，就意味着我们担负起一种责任，这就是为推动中国红十字事业不断向前发展的历史责任，为改善最易受损害群体的境况不懈奋斗的神圣使命。我们深感责任重大，我们一定不辜负大家的期望，在彭珮云会长的领导下，严格遵守章程规定，认真履行职责，对理事会负责并接受理事会的监督。对中国红十字会重大事项实行科学决策和领导，竭尽全力做好工作。常务理事会闭会期间，由驻总会机关的专职常务理事组成的执行委员会要对常务理事会负责，认真执行常务理事会的决议，当好常务理事会决策的参谋和助手，主持好总会的日常工作。我们要进一步加强自身建设，始终保持与各级红十字会、广大红十字会员、志愿工作者以及广大人民群众的密切联系，深入实际调查研究，努力发挥总会对全国红十字会工作的指导作用。

第二，我们要更加热爱红十字会工作，进一步发扬光大“人道、博爱、奉献”的红十字精神，努力做合格的红十字人。红十字会是一个具有140年历史的国际人道主义组织，中国红十字会是红十字会与红新月会国际联合会领导委员会成员，在国际红十字运动中享有很高的声誉。我们从事的红十字事业是崇高而伟大的事业。在历史长河中，中国红十字会积极发挥在人道救助领域中政府的助手作用，在我国具有深厚的社会基础和群众基础，已成为我国社会主义精神文明建设的生力军，成为全面建设小康社会的重要力量。作为这一崇高而伟大事业中的一员，我们要用自己勤奋、敬业、务实、高效的工作，为在新世纪新阶段取得中国红十字事业的新发展做出不懈的努力。

第三，我们要坚持解放思想，实事求是，与时俱进，创造性地开展工作。党的十六大提出全面建设小康社会的奋斗目标，十六届四中全会提出了“要坚持最广泛最充分地调动一切积极因素，不断提高构建社会主义和谐社会的能力”的要求。本次代表大会也确定了中国红十字会在新世纪新阶段的大政方针。我们要认真贯彻党的十六大和十六届三中、四中全会精神，自觉服从服务于党和国家工作的大局，深刻领会党和国家领导人对中国红十字事业的一系列重要指示，坚持依法治会、按章办事，贯彻落实中国红十字事业 2005—2009 年发展规划确定的各项任务。我们要继承和发扬多年来特别是“七大”以来取得的成绩和积累的宝贵经验，为贯彻执行红十字会法，为发展红十字事业，为最易受损害群体提供人道救助服务，为不断提高红十字会人道主义社会救助团体形象，带领全国各级红十字会大胆实践，创造性地工作，努力开创红十字会事业的新局面。

本届理事会由各级红十字会、各个行业和部门的代表组成，都是关心支持人道主义事业的人士。理事会的职责是带领全国红十字系统贯彻党的路线、方针、政策，把党的路线、方针、政策与红十字会的宗旨、任务有机地结合起来。在本届理事会任职的五年间，有关红十字会事业的全局性问题、红十字会工作的重大事项，都需要理事会研究，做出决定。理事会肩上的担子是很重的。许多理事都担任着繁重的社会工作和领导工作，特别是地方红十字会的会长大都担任着当地党政领导的重要职务，但是，我们都是为了一个共同的事业——红十字事业从不同的地方、行业、部门走到一起来的，尽管工作岗位、担任职务各不相同，但我们都是中国红十字会的理事。希望大家认真履行红十字会理事的职责，在各自的岗位上，积极争取政府对红十字事业的支持、资助、保障和监督，争取社会各界对红十字会的理解、支持和参与，为红十字事业的发展做出贡献。让我们在各个地方、各行各业、各个部门共同为中国红十字事业在新世纪新阶段的新发展而努力奋斗！

各位理事：我们国家正处在全面建设小康社会的伟大时代，伟大的时代呼唤我们创造更加辉煌的业绩。让我们在以胡锦涛同志为总书记的党中央领导下，高举邓小平理论和“三个代表”重要思想伟大旗帜，“坚持以人为本，树立全面、协调、可持续的发展观”，万众一心，齐心协力，艰苦奋斗，为建设中国特色红十字事业，为人类和平进步事业而奋斗！

中国红十字会第八届理事会常务理事、理事名单

常务理事 14 名（以姓氏笔画为序）：

马须伦	马蔚华	田玉萍（女）
朱庆生	刘石桥	江亦曼（女）
苏菊香（女）	肖　捷	沈国放
赵沁平	柳　丁（女）	姜　力（女）
郭长江	彭珮云（女）	

理事 163 名（以姓氏笔画为序）：

马云海（回族）	马延军（女，回族）	马国安（回族）
马须伦	马蔚华	井顿泉
方　娅（女）	方南亭	毛三元
王　刚	王　名	王　昕（女）
王　绚（女）	王　强	王东生
王军民	王建共	王树培
王珍军	王振川	王铁成
王瑞华	邓本太（藏族）	冉茂民（土家族）
冯丹龙（女）	冯炯华	冯晋生
史　敏（女）	叶迪奇	尼玛（女，藏族）
甘　霖（女）	田玉萍（女）	关牧村（女，满族）
刘　霞（女）	刘大为	刘广义
刘石桥	刘红路	刘承恩
刘顺妮（女）	刘晓峰	刘鸿庥（女）
刘琳娜（女）	刘新文（女）	孙士彬（女，满族）

孙安民　孙常玲(女)　朱文奇
朱庆生　江亦曼(女)　牟信勇
阮　姮(女)　闫志壮　吴亚东
吴明山　吴锡军(女)
库热西·买合苏提(维吾尔族)
张　波(女)　张　焕(女)　张心宝
张占弄　张立明　张甫元
张国强　张学军　张建康
张俊芳(女)　张桂华(女)　张淑琴(女)
张雪平(女)　张道宏　李　刚
李　援　李　斌(女)　李　膺(回族)
李东明　李玉堂　李宗达
李金元　李晓明　李晓林
李雪奴(女)　李善友　李新彦
杜汝波　杨　烁　杨国庆(藏族)
杨哲慧(女)　杨铁暉　杨绵绵(女)
汪毅夫　沈如林　沈国放
肖　冬(女)　肖　捷　苏　铁
苏菊香(女)　勒布斯拜·拉合木(哈萨克族)
陆应江　陆彩荣　陈　桦(女)
陈伟清(女)　陈传誉　陈守信
陈勋儒　陈重华(女)　参木群(女,藏族)
宝音德力格尔(蒙古族)　忽　杰
林方略　林胡秀霞(女)罗治雄
罗春风　罗慧芬(女)　范世康
郎　昆　郑军健(瑶族)侯炳文
姜　力(女)　姜　军　施兴明
柳　丁(女)　胡振鹏　赵　昆
赵　辉(女)　赵玉哲　赵沁平
赵国卫　赵继修　徐火周
桂　忠(蒙古族)　莫丽燕(女)　袁　利(女)
郭长江　郭振家　高建慧(女)
崔玉英(女,藏族)　崔济哲　曹　亚(女)
曹国希　曹跃进　梅葆玖
黄如楷　黄行光　黄毅敏
彭珮云(女)　景　莹(女)　曾廷全
程幼东　董赵洪娉(女)蒋大国(女)
谢小军　谢丽娟(女)　韩丽娟(女)
鲁松庭　滕卫平　詹海峰
雷于蓝(女)　熊仿杰　臧爱民(女)
潘连生　戴肖峰　濮存昕

中国红十字会名誉会长、名誉副会长和会长、常务副会长、副会长及秘书长名单

名 誉 会 长：胡锦涛
名誉副会长：司马义·艾买提　何鲁丽(女)
韩启德　傅铁山　黄孟复
张怀西
会　　　长：彭珮云(女,兼)
常务副会长：江亦曼(女)
副　会　长：朱庆生　姜　力(女)　赵沁平
肖　捷　沈国放　苏菊香(女,专职)　郭长江(专职)
秘　书　长：郭长江（兼）

彭珮云在中国红十字会第八次全国会员代表大会闭幕式上的讲话

（全文见本年鉴文献篇）

江亦曼在中国红十字会第八次全国会员代表大会闭幕式上的总结讲话

（2004 年 10 月 29 日）

各位理事、各位代表：

经过全体代表们的共同努力，中国红十字会第八次全国会员代表大会圆满完成了各项议程，今天就要胜利闭幕了。刚才，彭珮云会长作了重要讲话。我代表大会主席团和新选举出的第八届理事会，对全体与会代表及工作人员付出的辛勤劳动表示衷心地感谢！现在，我就大会的有关情况作简要总结：

一、对大会的基本评价

（一）这次大会是中国红十字会在新世纪新阶段召开的一次重要会议，也是在中国红十字会成立一百周年召开的一次全国会员代表大会。中共中央总书记、国家主席胡锦涛，国务院总理温家宝，国家副主席曾庆红，国务院副总理吴仪，中组部部长贺国强，中央办公厅主任王刚；全国人大常委会副委员长司马义·艾买提、何鲁丽、韩启德、傅铁山；国务委员唐家璇，国务委员兼国务院秘书长华建敏；全国政协副主席黄孟复、张怀西、李蒙等领导同志在大会开幕前亲切接见代表并合影留念，胡锦涛同志发表了重要讲话。吴仪、贺国强、司马义·艾买提、何鲁丽、傅铁山、唐家璇、华建敏、黄孟复，国务院副秘书长徐绍史等领导同志出席了大会开幕式，吴仪同志代表党中央、国务院致辞，并为红十字会系统的先进集体和先进个人颁奖。八届一次理事会聘请胡锦涛同志担任第八届中国红十字会名誉会长，聘请司马义·艾买提等 6 位领导同志担任第八届中国红十字会名誉副会长，选举彭珮云同志担任第八届中国红十字会会长。全体与会代表感到无比激动，十分振奋和无上光荣。认为这次会议召开得隆重、热烈，规格之高，规模之大，令人激动和振奋，充分体现了党和国家对红十字会工作的高度重视，是对广大红十字会会员、专兼职干部和志愿工作者的极大鼓舞和鞭策，极大地增强了大家的使命感和责任感，坚定了做好红十字会工作的决心和信心。对于深入贯彻落实红十字会法，动员全国各级红十字会以崭新的精神面貌投入到全面建设小康社会的伟大事业具有十分重要的意义。

（二）这次大会充分体现了红十字事业在继承中发展的特点。几天来，代表们认真听取并审议通过了王立忠同志代表第七届理事会所作的《与时俱进　艰苦创业　为全面建设小康社会做贡献》的工作报告，审议并原则通过了《中国红十字事业 2005—2009 年发展规划》和修改后的《中国红十字会章程》。认为工作报告以“三个代表”重要思想和党的十六大精神为指导，围绕党和国家的中心工作，全面回顾了过去五年的工作，科学总结了基本经验，提出了今后五年工作的目标和任务。观点鲜明，内容充实，思路清晰，重点突出，符合红十字会工作的实际，适应时代发展的要求，体现了与时俱进的精神，是指导建设中国特色红十字事业的重要指导文件。《中国红十字事业 2005—2009 年发展规划》，贯彻落实“三个代表”重要思想和以人为本，全面协调可持续的科学发展观，勾画出新世纪新阶段发展红十字事业的宏伟蓝图。方针明确，要求具体，重点突出，凸显红十字会工作优势和特色，对调动各级红十字会，专兼职干部、广大会员和志愿工作者为全面建设小康社会努力奋斗，将起到十分重要的作用。修改后的《章程》，既保持了章程的连续性、稳定性，又体现了时代性、可操作性。代表们认为，根据变化了的形势和面临的任务，对章程结构进行调整，增加和修改部分条文，进一步体现了红十字会宗旨、规范了各级红十字会的组织和行为，将对推动红十字事业的发展起到重要的保障和指导作用。

大会充分肯定了第七届理事会在彭珮云会长的领导和以王立忠常务副会长为首的执委会的努力下，解放思想、实事求是、与时俱进、开拓进取所取得的显著成绩。对所有担任七届理事会的理事表示崇高的敬意和衷心地感谢。代表们相信第八届理事会和常务理事会及新一届领导集体一定会在第七届理事会工作的基础上，承前启后，继往开来，把建设中国特色红十字事业的各项工作继续推向前进。

（三）这次大会是一次共谋发展的盛会。代表们认真学习了党和国家领导人的重要讲话，审议会议文件，讨论研究问题，踊跃发言。站在新世纪新阶段党和国家的大局和建设中国特色社会主义伟大事业的高度，观察国际和中国红十字运动，并联系本地区、本部门的工作实际，结合国内外形势的发展，为发展中国特色红十字事业献计献策。代表们在充分肯定三个报告的基础上，也提出了许多很好的修改意见，对今后的工作提出了很多积极的建议。这次大会，是深入贯彻红十字会法，服从服务于全面建设小康社会的宏伟目标，开创中国特色红十字事业新局面的动员令，必将在中国红十字运动史上产生深远影响。

同志们认为，这是一次鼓舞士气、催人奋进的大会，是承前启后、继往开来的大会，是团结胜利的大会。

二、主要收获

代表们反映，会议收获大，感受多。主要收获是：

首先是深切感受到党和国家对中国红十字事业的高度重视和支持，受到巨大的鼓舞和鞭策。胡锦涛主席亲切接见了会议代表，并发表重要讲话，充分肯定了红十字事业是一项造福人类的崇高事业。红十字会在发扬人道主义精神、保护人类生命和健康、促进人类和平与进步事业等方面发挥着积极作用。中国红十字会为祖国、为人民做了大量卓有成效的工作。为社会主义物质文明、政治文明、精神文明建设作出了重要贡献。要求各级党委、政府要进一步加强对红十字会工作的领导，同时对各级红十字会提出了殷切的希望。吴仪副总理在致辞中强调中国红十字会为社会、为人民、为国家作出了不可磨灭的贡献，谱写了感人至深的篇章。要求各级党委政府及有关部门继续支持红十字会工作，把红十字会工作纳入三个文明建设之中，支持红十字会依法理顺管理体制，帮助红十字会解决发展中的实际困难和问题。她希望各级红十字会认真贯彻落实红十字会法，坚持依法建会、依法治会、依法兴会。弘扬“人道、博爱、奉献”的红十字精神和求真务实、开拓创新、艰苦创业、奋发图强的精神，充分发挥自身优势，当好政府在人道主义领域的助手。代表们说，党和国家领导人的重要讲话，既体现了党中央、国务院对中国红十字事业的高度重视和支持，对各级党委政府提出了明确要求，也对各级红十字会提出了殷切期望，是对红十字系统广大干部、会员和志愿工作者的最大支持和鼓舞！纷纷表示一定要按照胡主席提出中国红十字会“是可以大有作为”的指示精神，坚定信心，求真务实，尽职尽责，开拓创新，为中国红十字事业做出新贡献。

第二，明确必须以科学发展观来指导红十字会工作。讨论中，许多代表讲到，党的十六届三中全会提出了坚持以人为本，树立全面协调可持续的科学发展观，强调要统筹城乡发展、统筹区域发展、统筹经济社会发展、统筹人与自然和谐发展、统筹国内发展和对外开放。十六届四中全会确定了当前和今后一个时期加强党的执政能力建设的指导思想、总体目标、主要任务，提出必须坚持以保持党同人民群众的血肉联系为核心，要坚持最广泛最充分地调动一切积极因素，不断提高构建社会主义和谐社会的能力的要求。中国红十字会从保护人的生命和健康的宗旨出发开展的各项人道主义工作，有利于扩大党执政的社会基础和群众基础，密切同人民群众的联系，有利于促进改革开放、促进社会和谐稳定，有利于促进社会主义物质文明、政治文明和精神文明建设。各级红十字会必须自觉运用科学发展观来指导工作，不断推动红十字事业的发展。要牢固树立以人为本的观念，一切为了群众，一切依靠群众，维护好、发展好、保护好人民群众的根本利益，特别要关注最易受损害群体的境况。要坚持以发展为第一要务，促进经济社会协调发展，协助政府搞好社会救助事业，保持社会稳定，促进社会和谐。要努力做好农村和欠发达地区的红十字会工作，为促进城乡协调发展和区域协调发展尽一份力量。要不断提高同国际社会交往的本领，把国内工作与国外工作结合起来。

第三，认识到必须坚定不移地依法建会、依法治会、依法兴会，把红十字会建设成充满生机与活力、密切联系群众、符合自身特点的社会救助团体。通过总结“七大”以来卓有成效的工作，代表们进一步体会到：红十字会法是立会之基，是发展红十字事业的根本保障。只要我们坚持依法建会、依法治会、依法兴会，努力依法履行职责，我们的事业就一定会发展壮大。五年来的实践使我们认识到理顺各级红十字会管理体制是红十字事业发展的基础。通过艰苦不懈努力，我们就一定能够实现理顺管理体制的目标。代表们认为，全面推进依法治会，是中国红十字会贯彻依法治国基本方略的具体实践。从法律的制定到法律的贯彻执行是一个艰难的过程，我们要坚定不移地贯彻施行红十字会法，努力克服前进道路上的困难，不断争取建设中国特色红十字事业的新成就。

刚才彭会长作了一个十分重要的讲话，她全面分析了我们面临的形势和任务，深刻阐述了进一步提高对红十字会认识的必要性及怎样把红十字会建设成为充满生机与活力、密切联系群众、符合自身特点的社会团体的问题，对提高红十字干部队伍的素质提出了新的要求。代表们感到起点高、立意新，听后使人豁然开朗，明确了工作的方向。

彭会长曾经讲过，中国红十字会虽然已经走过了一百年的风雨历程，但由于历史发展进程中的曲折，从某种意义上讲，还处于开创时期。这就是说，中国红十字会有着悠久光荣而辉煌的历史，这只能代表过去，必须不断开创新的局面，创造更多的业绩，才能不辱使命，为国家、为人民做出新贡献。今天我们站在新世纪新阶段的起点上，国际国内形势的发展为我们提供了前所未有的广阔而缤纷的舞台，也向我们提出了新的更高的要求，我们应当清醒地看到，我们面临的任务仍十分艰巨，省地级红十字会理顺管理体制后急需配备好得力干部，不断加强自身的能力建设；要进一步加快推进理顺地市管理体制的步伐，积极推进理顺县级管理体制；要依法争取政府的政策支持，为发展红十字会工作创造更好的政策环境；要积极参与自然灾害、突发事件的救助，进一步开拓人道主义救助服务领域和各项人道领域的社会服务工作。我们必须以昂扬的斗志、良好的精神状态，不断开拓创新，把中国特色的红十字事业继续推向前进。

第四，明确了中国红十字会在新世纪新阶段的工作任务。今后五年，中国红十字会将处于深化改革加快发展的关键阶段，既面临着良好的机遇，也面临着严峻的挑战。要坚持用邓小平理论和“三个代表”重要思想统领红十字会工作，弘扬“人道、博爱、奉献”的红十字精神，以“动员人道力量，改善最易受损群体境况”作为工作的出发点和落脚点，服从服务于党和国家的中心工作，在社会主义物质文明、政治文明、精神文明建设中积极发挥作用。

与会代表一致认为，要按照党的十六大和十六届三中全会、四中全会精神的要求，结合国家“十一五”计划的要求，全面完成“八大”确定的各项目标任务。随着国家进一步改革开放、社会主义市场经济体制的逐步完善和政府职能的转变，我们面临激烈的竞争局面，面临着人力资源、经费和宣传传播三个方面的挑战。我们一定要用发展的办法解决前进中的问题，努力探索建立充满生机与活力、密切联系群众、符合红十字会特点的组织机构和运行机制，以更加开放的社会化的工作格局，广泛吸纳社会上热心人道主义工作的人士参与红十字会工作，大力发展志愿工作者队伍，增强红十字事业的力量和实力；要始终把备灾救灾工作作为重中之重，不断拓展社会救助和社会服务工作，要强化宣传和传播手段，充分利用“红十字”这一巨大而宝贵的无形资产，提高知名度和公信力，扩大红十字会的社会影响；要十分重视干部的培养教育，提高红十字会工作人员的综合素质。

我们深知，要想使“人道、博爱、奉献”的红十字精神不断发扬光大，使红十字事业不断得以传承发展，必须经过一代又一代红十字人的艰苦奋斗。就像接力赛一样，第七届理事会已经经过拼搏，取得优异成绩，把接力棒交到第八届理事会手里，我们感到责任重于泰山。我们要继续用拼搏的精神，作好今后五年的工作，以更加优异的成绩把接力棒传下去！

今天上午，中组部沈跃跃副部长就“八大”换届选举工作作了重要说明。她说，由于年龄原因，王立忠同志、孙爱明同志不再担任红十字会领导职务。她高度评价了王立忠、孙爱明同志为红十字会工作做出的努力，工作卓有成效。由于年龄原因，汤声闻同志也不再担任领导职务。对他们做出的贡献和创造的经验以及打下的良好的工作基础，表示衷心的感谢。我们一定要进一步发挥老领导的作用，把红十字事业不断推向前进！

三、对贯彻大会精神的要求

关于今后的工作，在工作报告、五年规

划及彭珮云会长的讲话中都已提出明确要求，我们要积极贯彻、认真落实，下面我主要讲一下大会的传达贯彻问题。

首先，要切实抓好对“八大”的学习、宣传工作。各地要认真研究和制定分级传达“八大”精神的方案，一是要尽快向当地党政领导主要负责人或常委会以及有关部门领导汇报“八大”会议的盛况，认真传达胡主席的重要讲话、吴仪副总理的致辞和彭珮云会长的讲话精神，传达大会通过的三个主要文件和换届选举的情况。争取党政领导对红十字事业的支持，解决红十字工作中存在的困难和问题。国务院办公厅将决定在会后很快转发关于进一步加强红十字会工作的意见。山东省已决定在全省农村合作医疗工作会议上传达“八大”精神，研究提出进一步发展红十字事业的具体政策措施。二是各级红十字会要认真召开理事会，传达会议精神，组织红十字会专职干部集中学习“八大”主要文件，通过召开工作会议或层层举办干部培训班等形式，学习好、领会好“八大”精神，用“八大”精神统一红十字系统的思想和行动。结合各自的实际，提出贯彻落实“八大”精神的具体措施。三是要采取多种行之有效的宣传方式和手段，开展多种形式的宣传活动，向广大会员和志愿工作者进行传达，积极向社会宣传红十字会在贯彻落实科学发展观和维护社会和谐稳定方面的特殊作用，动员更多的人参与红十字运动。

其次，要抓住机遇，切实抓好贯彻落实工作。各地能不能紧紧抓住八大召开的有利时机，把红十字事业大大推进一步，关键是要抓紧、抓实。特别在理顺地市级管理体制的问题上一定要锲而不舍地抓落实。“八大”通过的五年发展规划是一个全国性的规划，各级红十字会特别是省级红十字会要根据规划要求，制定本地区发展红十字事业的规划。要采取切实措施，保证规划确定的各项目标顺利实现。各地要紧密结合本地区、本行业、本部门的实际，解放思想，大胆开拓，创造性地开展工作，为实现“八大”确定的任务和目标而努力奋斗。会后，三个主要文件将经修改后尽快下发。总会将组织力量，深入调查研究，同大家一同学习贯彻大会精神，并进行督促检查工作。

同志们，再过两个月就进入 2005 年，2005 年是贯彻落实“八大”精神的第一年，抓好开局之年的工作十分关键。大会之后，总会将拟定中国红十字会 2005 年工作要点，经常务理事会批准后下发。各地要认真作好 2004 年的工作，参照“2005 年工作要点”结合本地实际，制定好明年的工作计划，抓住重点，攻破难点，取得实效。

第三，要高度重视各级红十字会的自身建设，加强基层基础工作。要完成“八大”确立的各项任务，必须建立一支爱岗敬业、乐于奉献、勇于开拓、精通业务、廉洁公正、会做群众工作的干部队伍。各地要结合学习十六届四中全会精神，按照彭珮云会长的讲话要求，进一步密切同人民群众的联系，一切为了群众，一切依靠群众，倾听群众的呼声，为群众多办实事、好事。尤其是要把各级红十字会领导班子建设成政治坚定、求真务实、开拓创新、勤政廉政、团结协调的领导集体。要加强各级红十字机关党的建设，充分发挥党的基层组织的战斗堡垒作用和党员的先锋模范作用。要充分发挥理事、常务理事的作用，与他们保持密切的联系。为他们服好务。目前，各级红十字会的工作发展很不平衡，特别是基层红十字会的工作还存在很多薄弱环节，一些基础性的工作还不够规范，要大力加强基层基础工作，加强制度建设，切实把红十字事业推向前进。

各位代表，隆重、庄严、催人奋进的代表大会即将结束，光明、灿烂的美好前景在我们前头，红十字的神圣事业是我们终生追求的事业，建设中国特色的红十字事业任重道远。我们要缅怀红十字事业先驱们的业绩和英名，谱写更加伟大的新篇章。让我们高举邓小平理论和“三个代表”重要思想的伟大旗帜，紧密团结在以胡锦涛同志为总书记的党中央周围，在第八届理事会和彭珮云会长的领导下，全面贯彻落实红十字会法和中国红十字会第八次全国会员代表大会精神，全力投入全面建设小康社会的伟大事业，为建设中国特色红十字事业，为人类和平进步事业做出新的更大贡献！

印度洋海啸救援

出版画册

《印度洋海啸大救援——中国红十字在行动》画册序一

彭珮云

2004 年 12 月 26 日，印度洋发生地震引发大海啸，这场灾难夺去了几十万人的生命，使数百万人无家可归。

灾难发生后，作为国际红十字运动的重要成员和人道主义救助工作领域助手的中国红十字会，紧急动员民众，开展了一场大规模的国际救援行动。在短短一个多月的时间里，中国红十字会总会和地方各级红十字会共接受民间捐款 3.8 亿元。这是迄今为止中国红十字会建会以来开展的规模最大、效果最好的一次国际募捐救援行动。充分体现了中华民族扶危济困的传统美德和中国人民对友好邻邦的深情厚义及崇高的国际人道主义精神。

现在，各受灾国灾后重建工作已经开始。我们将在国际红十字组织和受灾国以及我驻外使馆的帮助下，参与受灾国的灾后重建工作，承担一些重建项目，比如：建学校、卫生院、孤儿院、友谊村等，使这些项目成为中国人民的博爱情怀及中国人民与受灾国人民友谊的永久的见证。

《印度洋海啸大救援——中国红十字在行动》画册和光盘，生动真实地记录了中国红十字会在这次国际救援行动中所做的工作，生动地展现了中国人民的国际人道主义精神。让我们牢记国际红十字运动的宗旨与使命，在我国社会生活和国际红十字运动中发挥更大的作用。

《印度洋海啸大救援——中国红十字在行动》画册序二

江亦曼

2004年12月26日，印度洋风平浪静，波光粼粼。人们在沙滩上尽情地享受着海水的美丽与阳光的温暖。谁也不会想到，一场巨大的灾难正张开黑色狰狞的翅膀，悄无声息地向他们逼近。

一切是那样的突然，由地震引发的海啸在平静的海面上掀起滔天巨浪，以每秒几十米的速度向毫无准备的沿岸扑来，屋倒塌了，道路冲毁了，惊慌失措的人们瞬间被卷入汹涌的波涛中……

这场猝不及防的灾难，夺去了几十万人的生命，使数百万人失去房屋，失去财产，变得一无所有。

这场令世界震惊的灾难，牵动着中国政府和中国人民的心。中国红十字会作为国际红十字运动的重要成员和中国政府在人道救助工作领域的助手，迅速做出反应，第一时间向各受灾国红十字会发去了慰问电，并立即向海啸灾区捐款66万美元。

随着灾情的不断扩大，受灾人数的急剧增加，在国务院统一部署下，12月30日，中国红十字会向全国民众发出了紧急募捐呼吁，并通过各新闻媒体向社会公布了捐赠热线和接受捐赠的开户行和账号。

募捐呼吁书发出后，捐赠热线的铃声此起彼伏，在一个月的时间里，中国红十字会总会共接到救灾热线咨询电话2万余个。几乎一夜之间，带有红十字标志的募捐箱便遍及全国各地，前来捐款的人排起了长队。

与此同时，中国红十字会成立了为印度洋海啸灾区募捐工作指挥部。位于北京市东城区北新桥三条8号的中国红十字会总会驻地成了国内外关注的热点，设在这里的热线电话成了中国民众和印度洋海啸灾区的爱心连线。中央电视台等多家新闻媒体把摄像机、照相机架到了总会募捐办公室，一个个动人的故事，一幅幅感人的画面，通过电视屏幕、报刊、网络传遍海内外……

截至2005年4月26日，中国红十字会共为印度洋海啸灾区募集善款3.8亿元，已向11个受灾国和国际红十字组织提供了1432.2万美元的援款、价值3077万元人民币的物资以及国航提供的价值450万元人民币的包机运输费用，累计超过1.54亿元人民币。

为了将募集到的资金用到最需要、最关键的紧急救援和灾后重建中，中国红十字会先后派出3个考察组分赴印度尼西亚、斯里兰卡和泰国考察灾情。

中国红十字会将根据灾区重建工作的整体计划，确定若干重点项目，陆续将募集的全部善款用于这些重点项目和救援活动。

这场声势浩大的国际救援行动，是中国红十字会救援史上浓墨重彩的一页。我们编辑出版《印度洋海啸大救援——中国红十字在行动》画册和光盘便是对这场救援行动的真实记录。

我相信，历史将铭记中国人民在这场灾难发生后所表现出来的国际人道主义精神和博爱情怀。

情况通报

关于中国红十字会为印度洋地震海啸灾区募捐、救援情况的通报

郭长江

（2005年2月27日）

2004年12月26日，印度洋因强烈地震引发海啸，给东南亚、南亚和非洲等地区的一些国家带来严重灾难。中国红十字会作为国际性人道救助组织的重要成员和中国政府在人道主义工作领域的重要助手，遵循红十字运动的宗旨，紧急开展国际救援工作。一个月来，主要开展了三个方面的工作。

一、启动紧急救援工作

灾难发生后，我会在彭珮云会长的领导下，立即采取紧急行动，于海啸发生后次日，就以常务副会长江亦曼的名义，代表中国红十字会向各受灾国红十字会或红新月会发去慰问电，紧急调拨15万美元，通过红十字会与红新月会国际联合会（以下简称国际联合会）发往各受灾国红十字会或红新月会。30日、31日，中国红十字会又先后拨出51万美元，从多边和双边渠道拨付受灾国红十字会或红新月会。两次共捐助66万美元。国际联合会和受灾国红十字会或红新月会对中国红十字会迅速有效的行动给予了很高的赞誉。

12月30日，我会决定响应国际联合会的呼吁，向全国发出紧急募捐呼吁，开通捐赠热线电话，公布募捐账号，并实行24小时值班。同时，成立了以常务副会长江亦曼为主要负责人的中国红十字会海啸救援指挥部，明确了各部门的责任和分工，建立了每日例会制度，密切关注灾情，统筹全国红十字系统的募捐工作。总会除每天向政府有关部门通报捐款数量，定期向媒体介绍接受募捐情况外，还及时向国务院和外交部分别呈报两份报告，报告募捐、救援工作进展情况，及下段工作安排，先后向各省级红十字会发出了《关于规范红十字会系统开展对印度洋海啸灾区捐赠活动的通知》、《关于加强印度洋海啸灾害捐款管理的通知》等四个通知，有效地指导各地红十字会的募捐活动。

为了尽快将民间捐款送往受灾国，2004年1月6日，我会将募集到账的民间捐款折合200万美元捐赠给了印尼、斯里兰卡、泰国、马尔代夫四国红十字会或政府用于紧急救援工作。

与此同时，我会还做好了组建红十字医疗队的各项准备工作，并将我会接受的首批价值1077余万元人民币的救灾物资，包括帐篷、毛毯、服装、发电机、食品、矿泉水、净水宝、家用电器等运抵印度尼西亚灾区。中国国际航空公司为保证完成此次运输任务，调整了其他营业航班，为红十字会救灾提供了450万元人民币的包机运输费用。

二、开展大规模募捐活动

总会向全国发出紧急募捐呼吁后，国家领导人带头捐款，社会各界踊跃捐款、奉献爱心，充分表达了中国人民“一方有难，八方支援”的传统美德和国际人道主义精神以及对灾区人民的深情厚意。

自2004年12月31日在总会设立接受捐款点以来，每天到总会捐款的人员络绎不

绝，其中既有在职工作人员、离退休干部，也有下岗职工；有演艺界、书画界和体育界的名人，也有普通群众；有国有企事业单位，也有民营企业家；有白发苍苍的老人，也有幼儿园的小朋友，等等。1 月 5 日，中国远洋运输（集团）总公司在捐赠现场向中国红十字会捐赠了 1000 万元人民币。1 月 6 日，中国石油天然气集团将集团所属各公司百万职工的捐赠善款 1200 多万元交到我会；辽宁铁岭惠源集团董事长惠学新夫妇以个人名义捐款 500 万元。1 月 10 日，网易公司的创始人丁磊以个人名义捐款 120 万美元（折合人民币 1000 万元）。1 月 13 日，国美电器捐赠 1000 万元发起“让世界充满爱”援建海啸受灾国孤儿院计划。更有成千上万普通群众从并不宽裕的工资、务工收入和退休金中捐款，奉献爱心。

我会先后多次组织大型活动，掀起募捐高潮。1 月 1 日，我会与国家宗教局、中国佛教协会共同举办了“海峡两岸百寺千僧千万救苦救难大法会”募捐赈灾活动。1 月 6 日，我会与外交部、民政部等部门在北京工人体育馆联合举办了《中国人爱心大行动——为印度洋海啸赈灾义演》。1 月 9 日，在北京首都体育馆举行了由我会特别支持，首都 20 家新闻单位及国内演艺界联合举办的《爱，来自中国——演艺界大型赈灾义演》。1 月 10 日，我会与中国曲艺家协会在北京民族文化宫大剧院联合举办了《笑星大义演，共同献爱心》专场相声晚会。1 月 15 日，我会与国家体育总局联合在首都大学生体育馆举办了中国国家乒乓球队和国家羽毛球队募捐义赛活动。2 月 1 日，我会与中央芭蕾舞团等单位联合举办经典芭蕾舞剧荟萃——“为印度洋海啸受灾国赈灾义演专场晚会”，演出票房收入全部捐赠给我会用于受印度洋海啸袭击的受灾国的重建工作。许多演艺界、文化界、体育界人士在这些活动中表现出很高的热情，他们不但积极参与大型义演义赛活动，还带头捐款。

一些单位和部门还结合自身特点自发组织了各种大型募捐活动，并将所得善款全部转交我会。如国家邮政局举办了《同舟共济，重建美好家园——中国救助印度洋地震海啸灾情纪念》个性化邮票首发暨捐赠仪式并捐款 200 万元人民币；中国美术家协会举办了《中国美术家协会为印度洋海啸灾区赈灾笔会》，将义卖所得 100 万元人民币捐赠我会。

截至 2 月 7 日，总会已接到救灾热线咨询电话 2 万余个。中国红十字会总会实际到账捐款已达 3.3 亿元人民币，其中，总会 1.1 亿元人民币（来自个人捐款 3953 万元人民币，约占 36%），各地方红十字会募集资金 2.2 亿余元（详见《印度洋海啸汇款总表》）。贫困地区红十字会也积极募捐进行救助，内蒙古、西藏、甘肃红十字会的募捐款额均在百万元以上。各地红十字会在募捐工作中创造了一些新颖的、行之有效的做法，为今后红十字会的募捐工作积累了宝贵的经验。据不完全统计，总会从银行、邮局、网上、现场捐款等渠道共接受捐赠 22243 笔，是迄今为止中国红十字会开展的规模最大、效果最好的一次国际募捐救援行动。中国红十字会已通过中国红十字网站陆续公布捐赠者名单 100 期。

三、积极参与灾后重建工作

为把募集到的资金用到最关键、最有意义的紧急救援和灾后重建工作中，我会一方面密切关注国际联合会对灾后重建工作的规划和总体部署，另一方面，从1月14日起陆续派出3个救援工作组分赴印度尼西亚、斯里兰卡、泰国，认真考察灾情，与受灾国红十字会协商灾后重建工作。

根据国际红十字运动的原则、红十字会与红新月会国际联合会的救助规则和受灾国的实际情况以及我会接受捐款的情况，经商请外交部，1月25日，我会召开新闻通报会，做出了进一步的救援工作部署。

1. 根据受灾国救助需求，我会决定再次提供800万美元的援助，分别捐赠给受灾国家以及国际红十字组织。

其中：印度尼西亚红十字会140万美元；斯里兰卡红十字会100万美元；泰国红十字会50万美元；印度红十字会25万美元；缅甸红十字会10万美元；索马里红新月会10万美元；塞舌尔红十字会5万美元；肯尼亚红十字会5万美元；坦桑尼亚红十字会5万美元；红十字会与红新月会国际联合会300万美元；红十字国际委员会150万美元。

至此，我会共向11个受灾国和国际红十字组织提供了1066万美元的援款、价值1077万元人民币的物资援助以及国航提供的价值450万元人民币的包机运输费用，累计超过1亿元人民币。其中，援助灾情严重的印度尼西亚红十字会共计210万美元捐款和价值1077万元人民币的物资；斯里兰卡170万美元捐款；泰国85万美元；马尔代夫52万美元。

2. 认真论证并启动灾后重建项目。我会计划在国际红十字组织和受灾国以及我驻外使馆的帮助下参与到受灾国的重建工作中去，承担一些重建项目，比如：建学校、卫生院、孤儿院、友谊村等。这些项目将使中国人民的爱心和奉献精神在受灾国留下永久的标记，见证中国人民与受灾国人民的友谊和相互关爱。由于灾后重建工作是一项长期的工作，有待于国际社会协调各方力量，提出整体重建工作计划，我会将根据重建工作的整体计划，确定若干重点项目，陆续将募集的全部善款用于这些重点项目和救援活动中。我们还将及时向社会各界公布捐款的用途、去向，接受国际社会和国内审计部门的监督，并适时组织捐赠者代表、新闻界代表去受灾国考察项目执行情况，实施监督。

1月27日，我会与博鳌亚洲论坛联合会召开了“灾后经济分析与国际合作”研讨会，常务副会长江亦曼出席了会议，并对国际社会、各国政府、民间社会如何密切合作参与灾后重建提出了建议。

四、启示和体会

在这次对印度洋海啸灾区的募捐、救援工作中，中国红十字会得到了社会各界的巨大支持和信任。社会群众捐助热情之高，是前所未有的。通过这次大规模的募捐、救援工作，我们从中得到了深刻启示。

（一）党和政府对红十字事业的大力支持，人民群众对红十字事业的信任，是做好海啸捐助工作的关键。

印度洋地震海啸灾害发生后，我国政府随即做出承诺，国家领导人带头捐款，这充分体现了我国作为一个大国的责任感，表达了中国人民的心声，同时，极大地调动了社会各界奉献爱心和踊跃捐助的热情。1月1日，民政部发出《关于开展对印度洋海啸灾区民间捐赠活动的紧急通知》，明确：按照国务院的统一部署，“各级红十字会依法开展募捐活动，并接受中国红十字会总会的统一领导。”与此同时，统一向社会公布了我会的捐赠热线和人民币及外币的捐赠账户。我国是一个发展中的国家，人民生活并不富裕，而我们的人民群众包括欠发达地区的人民群众慷慨解囊，充分体现了中华民族扶危济困的传统美德，体现了中国人民对友好邻邦的深情厚谊和崇高的国际人道精神，也体现出我们这个社会的文明进步程度。我们深深体会到，党和政府对红十字事业的大力支持，人民群众对红十字事业的信任，是做好海啸捐助的关键。

（二）提高认识，全力以赴，是做好海啸捐助工作的前提。

印度洋海啸发生后，我会执行委员会多次进行认真研究分析，提高认识。我们认识到，这次灾害是全人类的灾难，中国是一个具有人道主义精神、负责任的大国，是受灾国家的友好邻邦，中国红十字会应该把这次救灾工作提到凸显中国政府及中国人民的人道主义精神，落实国家总体外交政策的高度来认识。要抓住这次海啸救援的时机，全力以赴，充分发挥人道救助工作领域政府的助手作用。在党中央、国务院的正确领导下，中国红十字会在这次海啸救援工作中，积极主动配合国家的外交工作，创造性地开展工作，发挥了不可替代的独特作用。

（三）红十字会有遍及全国的组织网络，管理体制逐步理顺，这是做好海啸捐助工作的组织保证。

我会有遍及全国的组织网络，县级以上按行政区划建立了红十字会，城市社区、农村、学校都建有基层红十字组织。特别是1999年总会理顺了管理体制，由“卫生部代管”改由国务院领导联系后，全国各省级红十字会先后理顺了体制，一批省会城市、计划单列市和地市级、县级红十字会也理顺了管理体制。各级红十字会的机构日益健全，工作人员的积极性得到了更加充分的发挥，这是做好海啸捐助工作的组织保证。全国各级红十字会的专兼职干部和志愿工作者，一经动员，齐心协力，以其人道、博爱、奉献的红十字精神，进行艰苦细致的工作和不懈的努力，取得了十分巨大的成绩。在募集的捐款中，来自地方红十字会的捐款占捐款总数的57.7%。

（四）联合媒体，动员各界，是做好海啸捐助工作的重要经验。

在这次募捐救援工作中，中央电视台国际频道在总会设立了直播点，各媒体记者纷至沓来，掀起了为印度洋地震及海啸受灾地区募捐的宣传热潮，给予中国红十字会以有力的支持。总会及时与中央电视台等新闻媒体及相关部门联系，积极策划共同举办了多次大型募捐活动。经积极争取，邮政局、银行派人在现场接受捐款，同时开通了网上捐赠和手机募捐，为更多的群众捐赠提供了方便。总会通过中央电视台、新华社、人民日报等主流媒体及《中国红十字报》，对社会各界的捐赠热情进行了充分的报道，并多次召开捐赠仪式和新闻发布会、通报会，宣扬广大民众的爱心和企业的善举，向社会公布捐款情况和救援动态，进一步激发了社会各界和广大群众捐助的热情。

五、意见和建议

（一）按照国际惯例，国际救援行动通常是以政府援助和红十字会援助两个渠道进行。在此次募捐和救援行动中，中国红十字会充分体现出以民间渠道参加国际人道主义救援工作的独特作用。但我们也遇到一些困难和协调不顺的情况，如由于强调“归口管理”，我会组建的中国红十字救援医疗队迟迟未能启程；有的地方和部门采取行政手段干预民间募捐活动的情况时有发生；由于内部机制和手续的原因，我会运送的救援物资运抵灾区的时间晚于台湾红十字组织和香港特区红十字会；等等。上述情况在一定程度上影响了我在国际上的良好形象。我们已在给国务院及外交部的报告中反映了这个问题，希望在今后的国际救援工作中，把红十字会的救援工作纳入国家的紧急救援体系，更好地发挥红十字会的作用。

（二）当今世界，人类面临的自然灾害和突发事件中愈来愈呈现突发性强等特点。从长远看，我们应研究制定红十字会参与国际救援的规则和机制，以便在救灾、防灾、备灾中能更加独立、灵活、快速和高效地配合政府参与国际救援工作，树立我国良好形象，扩大国际影响。

纪实报道

印度洋海啸大救援纪实

2005年1月3日11时整，中国红十字会总会就印度洋海啸受灾地区援助事宜召开了紧急动员会。中国红十字会常务副会长江亦曼做动员讲话，副会长苏菊香、副会长兼秘书长郭长江、总会机关各部门并在京直属单位负责人到会。

江亦曼指出，2004年12月26日印度洋海啸发生后，总会快速反应，部署救助工作，27日向受灾国红十字会发出慰问电，30日响应国际红十字和红新月会联合会的紧急呼吁，向全国发出募捐呼吁，同时分三批通过多边与双边渠道，向受灾国提供了66万美元的捐款，其中有15万美元是总会自筹的。江亦曼强调说，国家领导人非常重视此次国际救助，并且主动通过中国红十字会捐款。中国红十字会系统各级组织以及全体工作人员要增强全局观念和大局意识，严格按照总会通知精神规范地搞好此次救助和募捐，作到快速反应，紧急行动，动员社会，广泛募捐。江亦曼对下一步工作提出要求。她说，我们要在不影响正常工作、作好元旦春节期间开展“红十字博爱送万家”活动的前提下，搞好此次援助，广泛发动募捐，尽快将收到的捐款陆续发出。针对此次国际救助，总会成立募捐领导小组，下设募捐、宣传、后勤保障组，总会机关和在京直属单位人员轮换参加每天24时值班，保证热线电话昼夜有值班员接听并负责咨询，接受募捐款项按照规定即时开好收据，保持对各省、自治区、直辖市和行业红十字会募捐情况的沟通与联络，保证信息畅通和第一时间上网，对当日工作一日一小结。

据悉，社会各界对此次开展的国际救助募捐工作表现出极高的热情。元旦放假期间，各界人士打到总会的热线电话连续不断，到总会捐款的单位和个人络绎不绝，总会和国家宗教局以及中国佛教协会联合开展的募捐法会获捐款993万元人民币。3日中午，姜昆、关牧村、李金斗、常贵田、大山等著名表演艺术家到总会捐款。中央电视台第4频道已在中国红十字会总会设立直播点，并进行即时报道。

一、全国各地红十字会为海啸灾区募捐纪实

自2004年12月30日中国红十字会总会为救助印度洋地区地震海啸灾民发出紧急募捐呼吁后，得到了各地红十字会和社会各界的积极响应。连日来，各地红十字会开展了形式多样的募捐活动。在各地红十字会的募捐点和邮局、银行出现众多前去为灾区捐款的人，天天都是为灾区捐款的高潮。到2005 年 1 月 25 日，中国红十字会收到的捐款已突破 1 亿元人民币。中国红十字会决定，将 200 万美元转交给印度尼西亚、斯里兰卡、泰国和马尔代夫四国用于救灾和重建。

二、随着募捐呼吁的发出而来的第一位捐助者

2004 年 12 月 31 日上午，北京市红十字会在接到总会的募捐呼吁后也向全市发出了为灾区募捐的呼吁。呼吁一发出，就来了一位捐款者。他拿出 1000 元钱捐给灾区。当工作人员给其出具收据询问其姓名时，他执意不肯留下姓名。在工作人员的一再坚持下，他说："如果非要留名的话，就写'一名共产党员'吧。"

当天下午，通州区潞河中学团委书记将全校师生捐献的 17114.31 元送到了市红十字会。此外，前来红十字会捐款的还有老人、小孩，抗癌乐园的癌症患者，在京打工的农民工……北京市红十字会从 1 月 4 日起，派出两辆流动募捐车到繁华地带募捐，所到之处，过往群众积极响应，踊跃捐款。短短几天就收到捐款折合人民币 5 万元。仅 7 日当天，流动募捐车就收到捐款 34514.15 元。

企事业单位及员工也纷纷捐款献爱心。中国国际贸易公司中国大饭店员工捐款 34134.8 元；SOHO 中国捐款 100 万元；现代传播集团捐款 10 万元；中国国际旅行社总会员工捐款 20 万元；银达物业捐款 20 万元；燕化集团公司捐款 20 万元；首都钢铁公司捐款 50 万元；北京图书大厦员工捐款 36768 元；北京财政局员工捐款 5 万元；中国网通北京市通信公司员工捐款 58 万多元。演艺界和书画界的人士也向灾区伸出援助之手，加入到为灾区捐款的行列。另外，北京市还组织了两场赈灾义演，百余位明星奉献爱心，两次义演募得善款 100 余万元。到 1 月 12 日，北京市红十字会接受的捐款达到了 1050 万元。

中共四川省委书记张学忠、省委副书记陶武先、李崇禧、甘道明，省委常委欧泽高、郭永祥等在省委办公厅机关为印度洋地震海啸灾区募捐的现场为灾区捐了款。出差在外的省委领导和省委机关工作人员也都电话委托在家的人代为捐款。

辽宁省副省长、省红十字会会长腾卫平代表全家人为灾区捐了款，其后还了解了省红十字会为印度洋地震海啸灾区募捐的情况。

山西省红十字会收到的第一笔善款是太原市杨锐捐助的。此后，全省为灾区的捐款高潮不断。华宇购物广场、山西红十字医院、山医大一院、太原市红十字医院、太原市红十字血液中心的医务工作者纷纷为灾区伸出了援助之手。一位中年人将 1 万元送到红十字会时，不肯留下姓名。他说："就叫'龙城一家 5 人'吧。"到 12 日，山西省红十字会系统共接受捐款 112.97 万元。

三、年龄最大的两位捐款人

在辽宁省红十字会的捐款者名单中，有两位年龄超过百岁的捐款人。101 岁的刘素清，为灾区捐了 500 元。102 岁的佟毓明，为灾区捐了 200 元。

辽宁省委党校一位不愿透露姓名的女退休干部患有脑血栓、糖尿病，长年卧床，但还是给省红十字会打来电话，捐出了200元善款。中科院沈阳金属研究所院士夫妇柯伟、李依依分别捐款1000元。

在山西省红十字会的捐款台前，来了一位年近70岁的大爷。他是冒着严寒，转乘公共汽车专程来捐款的。他捐出的是100元钱，这100元钱，代表了老人家对灾区人民的一片心意。一位行动不便的老人托邻居将500元钱送到省红十字会，表示了支持灾区人民重建家园的心意。

在北京，2005年元旦清晨，78岁的陈嘉茹老人第一个来到市红十字会机关，将自己从生活费中挤出的60元钱捐献给了灾区。81岁的药朝忠老大爷不顾年迈体弱，坚持要老伴搀扶着来到市红十字会的捐款台前捐上了400元钱。一位家住姚家园的大妈到市红十字会捐出了1万元现金却不肯留下姓名，望着在寒风中渐渐远去的身影，红十字会的工作人员感动了。

在福建省红十字会举行大型赈灾公益活动时，一位年过七旬的老人一大早就等在捐款台前，在红十字会工作人员还在布置场地时，他就找到募捐箱捐出了自己随身携带的300元钱，成为福建省大型赈灾公益活动中第一个捐出善款的人。

在广东省红十字会，来了一位70多岁的李姓残疾老太太，她是听说红十字会募捐的消息后，硬是让家人推着轮椅带她来捐款的。

在黑龙江省红十字会募捐办公室里，哈尔滨师大80多岁的离休职工谢光富为灾区捐款1万元，这是红十字会开展募捐活动后，收到的第一笔最大数额的个人捐款。谢老的家境并不富裕，他说："理应向需要帮助的人伸出援助之手，这种帮助是不分国界和种族的。"85岁的徐达老奶奶，拄着拐杖，也步履蹒跚地来省红十字会募捐办公室，捐出了自已的2000元养老金，她对红十字会工作人员说："自已少花一点，能为灾区人民多解决一点困难。"

天津市电视台著名节目主持人马玉芬已退休，当听说红十字会募捐的消息后，立即让儿子给红十字会送来100元钱捐给灾区人民。70多岁的老教授朱榍光夫妇相互搀扶着来到天津市红十字会募捐站，捐出了他们积蓄的2000元钱。河西区爱国道爱国里的郭革老人在前两天为红十字博爱助学捐款4000元后，又为印度洋海啸灾民捐款5000元。

昆明市一位名叫汤芝芬的83岁老人，由于自己行动不便，托亲友在省红十字会街头募捐点捐款500元。昆明影业有限公司人民电影院的离退休职工听到红十字会募捐的消息后，也赶到单位捐了款。

已有60多岁高龄、满头银丝的西宁特钢集团教育处退休教师胡凤云怀揣着1000元，来到青海省红十字会募捐办公室，把钱交到工作人员手中，她说："印度洋海区地震海啸使那么多的人失去了生命，这是我们人类共同的灾难，请通过你们把这点钱转交给受灾国，表达一个退休教师的心意。"另一位60多岁的大妈，把自己辛辛苦苦积攒下的1000元现金交到了省红十字会，当工作人员按规定登记她的住址和姓名时，她只说了一句话："我们工作生活在青海，就叫我青海人吧。"60多岁的韩秉信是循化县积石镇西沟村人，他专程从家乡赶往青海省红十字会，把他的1万元辛苦钱交给了省红十字会的工作人员，他说："印度洋地区的地震、海啸是人类共同的灾难，我们共同生活在一个地球上。现在他们有了这么大的灾难，我心里很难过，他们的灾难就是我们的灾难，这1万元钱是我年轻时搞副业、修公路挣的，今天，我把它捐出来，钱虽不多，但也是我对灾区的一点心意。”

广西书画家举行了赈灾义卖活动。86岁的帅立志老先生与黄云、钟锦荣、王精等40多位广西书画界的名人、名家到现场题词作画，为赈灾募集善款。

在宁夏，一位参加过辽沈、平津战役的老军人，拿着两个月的优抚金来到自治区红十字会捐款。他说：“印度洋地区遭受了这么大的灾难，生活一定有困难，我自己的能力有限，只能将刚领到的优抚金作为捐款。当年白求恩为了国际人道主义事业来到中国，现在，其他国家的人民遭受了灾难，我们也应当为那里的人民做点事。”捐完款后，他在红十字会的登记本上留了“老解放军”的签名便离去了。

西藏拉萨市城关区政府退休干部普布卓玛也到自治区红十字会捐出善款500元。

家住湖北省武汉市汉口永清路90岁高龄的杨姓老人，听说募捐的消息后特意赶到省红十字会，将1000元退休金全部捐给了灾区。

现居住在美国的北京铁路局77岁的退休干部曹琦女士给单位打来长途电话，要求先代其捐1万元给灾区，以支持灾区的重建。

四、红十字募捐箱里留下少年儿童的爱心

在山西红十字会捐款箱前，站着一位小朋友。他叫吉锐博，是一个弃婴，今年9岁。他在55岁养母刘果霞的带领下，向灾区捐献了500元的善款。

北京市西城区“雷锋小学”的学生代表在老师的带领下来到市红十字会，捐出了全校师生为灾区的一片心意2964.04元。海淀区红黄蓝多元智能幼儿园的孩子利用午休时间，在老师、家长的陪同下，到市红十字会代表全园90名小朋友为灾区的小朋友捐款1315.62元。还希望红十字会的叔叔阿姨将全园小朋友签名的横幅“海啸无情人有情”和捐款一起转交给灾区的小朋友，让他们感受到中国小朋友的关爱。刚刚参加完团中央、全国学联、正泰集团组织的“全国中学生正泰品学奖”颁奖仪式的陕西代表团的7名获奖学生也赶到红十字会，从刚获得的奖金中拿出了640元捐给了灾区。这些学生都是家住山区的贫困农家子弟。

一位住在广州市的冯姓小朋友，今年只有四岁零八个月。当他听到红十字会呼吁开展为灾区募捐时，他要求爸爸妈妈陪他到红十字会为灾区的小朋友捐款。在红十字会的捐款箱前，他由爸爸抱着，把自己存钱罐里的60多枚硬币一枚枚投入了红十字募捐箱。

在拉萨，为了灾区的小朋友，拉萨幼儿园的4岁小女孩旦真曲珍也将父母给她的100元零花钱捐给了红十字会。

辽宁省沈阳市小哈津国际幼儿园400多名小朋友将自己储蓄罐里的零钱全部捐献了出来，共计29公斤，捐款的小朋友中最小的仅3岁半。

武汉市一位不愿透露姓名的女士带着她1岁10月大的孩子为海啸灾区捐款500元。

云南省昆明市中华小学一名小学生，到省红十字会捐款1万元，成为该省红十字会目前接收到的最大一笔学生捐款。

广西南宁市滨湖小学的学生在广西红十字会和广西电视台举办的募捐晚会上进行了

演出，在寒风中表演完节目后，他们还为灾区的小朋友捐了1万元善款。

在黑龙江省红十字会募捐办公室，一位8岁的小女孩搀扶着70多岁的老奶奶，向灾区捐出了1000元善款。募捐箱里，留下了他们祖孙俩的爱心。

天津市鲲鹏小学7岁的李修文小朋友利用中午放学的时间，独自来到市红十字会捐出了自己的200元零花钱。

在吉林省红十字会办公室，一个6岁大的孩子对工作人员说："叔叔、阿姨，我要捐128元钱，这是爸爸妈妈给我的零用钱，给那些最需要帮助的人吧！"这是长春市安达街小学一年级岑家璇同学留在募捐现场感人的话语。

五、企事业单位救助灾区热情高

江苏省招商银行南京分行近日开通了国内首家"一卡通"捐款电子平台，捐款者不用到银行、邮局，而是用"网上捐款"、"电话捐款"、"招行网点自助查询机捐款"三种方式，就可以办理向红十字会的捐款手续，十分方便快捷。

云南省工商银行也开通了为灾区捐款的网上银行，人们通过工行网上银行就可以将善款快速汇往云南省红十字会救灾账户。广大爱心人士在云南全省范围内可通过该行的"金融@家"实现向中国红十字会网上捐助，而且不受时间地点限制并免收任何费用。

东风汽车股份有限公司副总经理卢锋来到湖北省红十字会，将该公司向印度洋地震海啸灾民捐赠的40万元交给副省长、省红十字会会长蒋大国。这是目前湖北省红十字会收到的最大一笔捐款。

昆明银燕航空货运有限公司、昆明华尔顿房地产开发有限公司、昆明家乐福公司、沃尔玛公司、金海马健身俱乐部昆明玛莎女子会所等负责人都带着员工，到各捐赠点奉献爱心。昆明华尔顿房地产开发有限公司周董事长表示，参与公益事业是企业文化的一个重要内容，也是每个市民应尽的职责。

新华都集团在成立10周年之际，举行了为印度洋地震海啸灾区捐款的仪式。仪式上，该集团向福建省红十字会捐赠了20万元善款。

湖北省中铁大桥局集团的职工为灾区捐了16万元。《楚天都市报》表示将拿出三个广告版面拍卖，标的30余万元全部捐给湖北省红十字会。

新年的钟声似乎并没有给人们带来应该有的欢乐和欣喜。岁末，在印度洋海岸发生的那场惊天动地的大地震、大海啸让人们震惊和心痛。这场灾难在瞬间就夺去了近15万人的生命，使无数家庭永远地失去了他们天真可爱的孩子，使无数可爱天真的孩子永远地失去了他们慈爱的双亲。

那一幅幅惊心动魄的画面，永远定格在无数善良人的脑海里，他们的心灵为之震颤，人们纷纷行动起来。

中国红十字会首当其冲！

六、一天一夜接了近千电话

2004年12月30日，中国红十字会在国内发出募捐紧急呼吁书、并通过媒体向社会公布了中国红十字会的捐赠热线和接受捐款的开户行和账号。

中国红十字会常务副会长、党组书记江亦曼，副会长苏菊香、郭长江日夜坚守岗位，运筹帷幄；总会机关各部门迅速行动，进入紧张工作状态。自募捐呼吁书发出后，中国红十字会成了人们关注的热点，设在总会机关的一部部热线电话成了连接全国各地的爱心线。

12 月 31 日，总会联络部部长王晓华 24 小时守在热线电话前，一天一夜接了近千个电话，连夫人也主动赶来帮忙；网上捐款更是异常拥挤，甚至曾一度造成网上银行堵塞；多家媒体纷纷在此架设“长枪短炮”争抢新闻；更多的则是那些默默无闻的普通百姓，他们从京城的四面八方，千方百计打听到红十字会的地址，顶着数九的寒风，或自驾车或乘公共汽车或步行，为的是送来他们对印度洋地震海啸灾民的一片真挚情意。这情意，感天动地。

一位在京城海淀区做家政保姆的中年妇女打来电话，说自从知道南亚地区发生了海啸就想能帮点忙。看电视时，眼泪都掉下来了。……钱不多，只想表达一点心意。

一位农村教师，班上 81 个孩子每人捐了一元钱。教师揣着含有孩子们体温的捐款，步行数里到县城将其汇出……

北京芳草地小学的王溪乐小朋友只有 7 岁。2 日那天，在妈妈的带领下，她先代爸爸妈妈捐了 200 元，然后又从随身带的小纸袋里倒出一堆硬币，说自己要捐 10 元钱。工作人员一数只有 7 元。一旁的母亲说，出来的匆忙，也没帮她点清楚，差的 3 元，妈妈给你垫上吧。小溪乐却倔强的说，那是我自己的钱……记者问她：你捐钱想帮他们干什么？她一脸天真地说：帮他们盖房子，那么多小朋友没地儿住太可怜了。

一位从巴西回国的女士带着她的一双儿女来了。她说，我就是想趁假期带他们过来看看，让他们感受到人与人之间的关爱，否则将来他们长大了，不管“事业”多成功，如果没有爱心，我认为都是失败的。两个孩子代表全家捐出 2500 元。

1 月 6 日，我国著名小提琴表演艺术家吕思清也代表全家捐了 1 万元。

北京大学政府管理学院副教授王丽萍通过他人给中国红十字会送来了 500 元捐款。记者电话采访她时，电话那头的一番话，让人回味良久：互相帮助，这是人类的一种本能。看着那么多人受难，自己还能这么安全健康地活着，够幸运的了。只有帮助了他们才能心安理得。构建和谐社会是人类的共同理想，而关心他人是其重要的心理基础。

七、压岁钱给小朋友建幼儿园

岁末，辽宁省委政研室干部王思宇来到省红十字会办公室捐款 1000 元，这是辽宁省红十字会收到的第一笔捐款。紧接着，沈阳师范大学全体师生员工捐款 3 万元。5 岁半的小朋友胡孟佳在爸爸的陪伴下，抱着储蓄盒来到省红十字会办公室，将她积攒的 157 元硬币投入募捐箱中。她用稚嫩的声音说，我要用我的压岁钱给灾区的小朋友们建幼儿园。之后，他的父亲也捐款 200 元。

辽宁省委书记李克强带头向灾区捐款后，第二天一早又委托省委常委、省委秘书长曾维来到省红十字会办公室，看望正在加班的工作人员，了解省红十字会的募捐情况，指出要进一步做好接收捐赠工作，并接受新闻媒体和社会各界监督。

1 月 4 日，一场由福建省红十字会牵头组织开展的以“汇聚人道力量，彰显八闽爱心”为主题的为印度洋海啸灾区募捐大型宣传活动正式拉开序幕。省政协副主席、省红十字会会长潘心城在仪式上致辞，省委书记卢展工，省政协主席陈明义，省委副书记黄瑞霖等领导出席了宣传活动，并率先为灾民捐款。活动当日省红十字会和省慈善总会现场共收到捐款130多万元。

1月4日，新年后的第一个工作日，江苏昆山市委、市政府紧急号召市民向灾区人民奉献一份爱心。当天上午，市委书记曹新平、市长张国华带头走向了募捐箱。许多在昆山创业或工作的“新昆山人”，也加入到这个行列。诺斯塑胶（昆山）有限公司的工厂经理、去年3月才由德国总部派驻昆山工作的Manfred Guggemos先生，送来了1万元捐款。

1月2日晚，全国篮球甲A联赛同时在七个赛区发起向印度洋地震海啸灾区募捐献爱心活动。当晚，新疆体育中心体育馆座无虚席。开赛前，乌鲁木齐赛区组委会官员及特邀嘉宾和球员们带头向灾区捐款。赛后，新疆红十字会党组书记、常务副会长王建共和副会长阿不都热依木·阿不都拉代表新疆红十字会接受了此次募集的20672.72元人民币、120美元。

1月3日下午，来自澳大利亚的贝弗莉女士走进广西红十字会捐出了100元人民币。贝弗莉女士是澳大利亚红十字会驻广西的项目负责人。她说：“我自己就是做救灾工作的，我十分清楚灾区多么需要这些款项，也知道这些款项越早到达灾区越好。”最令人感动的是结伴而来的一老一少。年少的是一位残疾姑娘，姓林。小林是居委会的工作人员，每月工资只有392元，捐出50元对她来说是一笔不少的开支。与小林同来的大妈姓周，她在南宁居住才1年，她捐出的是自己节省下来的钱。她告诉记者，看到电视后，便想来捐款，但苦于找不到地方，正好碰上小林，看到小林是一个残疾人还如此热心，她非常感动，不愿让小林挤公交车，一向节俭的她还特意拿出30元，搀扶着小林坐出租车过来。

1月2日，一对70多岁的老夫妻不认路，一路打了5次电话才找到江西省红十字会，并捐出了500元。一位老八路当场捐了500元。省公安厅2千多名干警捐了近5万元。到发稿时为止江西省红十字会已收到34.26万元。

河北石家庄市103岁的王香庭老人从电视里看到灾区成千上万的灾民急需救助，怜悯之心油然而生。她让其女儿电话联系，要亲自为灾区捐钱。由于行动不便，省红十字会派人到老人家，老人用颤抖的手把子女为其祝寿的钱投入募捐箱后，露出了笑容。

八、艾滋病人的心意

在山西省临汾市传染病医院，正在住院治疗的21位艾滋病患者，每人捐款20元。他们说：我们都是无辜的艾滋病患者，因病致贫，因病致困。在我们生命面临挑战的时候，是国家和社会为我们捐款捐物，为我们免费治疗。我们虽然大多是农民患者，家庭还很贫穷，拿不出许多钱去帮助受灾国人民，但我们的心是与他们连在一起的。

2005年的第一天，是毛昕宇同学的生日。早上9点多钟，毛昕宇在妈妈的陪同下来到南京市红十字会捐了500元钱。

南京宝祥金店总经理刘志荣先生也代表南京宝祥全体员工向海啸受灾地区捐助了8万元人民币。

九、佛教协会捐款936万元

2005年1月1日，“海峡两岸百寺千僧，捐款千万救苦救难”消灾祈福万人大法会在北京西山灵光寺隆重举行。中国佛教协会会长向中国红十字会捐赠善款936万元，委托中国红十字会转送受灾国家。

中国佛教协会会长一诚会长当场个人捐

款5万元、副会长圣辉主法捐款3万元、学诚大和尚捐款1万元。

十、在印度尼西亚灾区感受真情

2005年1月15日，中国红十字会救援工作组来到印度尼西亚班达亚齐灾区。一到住地放下行囊，我们分头忙起我们各自的工作。会晤班达亚齐红十字会会长，了解灾区的情况。

次日凌晨，我们匆匆吃过早饭，乘坐租用的车辆开始对灾区的实际情况进行考察，村长的大女儿主动要求给我们作向导。

在一个灾民安置地，一位妇人向我们倾诉说，她的丈夫在灾害中死去，女儿被砸伤了手臂和腿。她只有一个简单的要求：希望能给她的女儿一副拐杖。

在班达亚齐一个看守所的废墟前，持枪的警察正在废墟中搜索尸体。警察们对中国救灾工作组的到来非常欢迎，得到允许，我们随警察钻进了废墟的深处。眼前的几具被压在废墟下的尸体已腐烂得看不出人形，空气中弥漫着腐烂尸体的恶臭。其惨景让我们感到心碎……

回到村长家，女主人宰杀了两只家里养的鸡款待中国客人。要知道，大灾之后的两只鸡对一个家庭来说意味着什么？我们感受到了异国受灾人民的一种情意，使我们有了一种回到家的感觉。当我们道别离开时，全家送出了很远。我们一次次地驻足，一次次地向村长全家挥手致意，走出很远，一家人仍站在门前，依依不舍地望着……

十一、斯里兰卡海啸灾区处处飘扬红十字旗帜

中国红十字会救援工作组1月14日到斯里兰卡考察了海啸后受灾等情况。

工作小组与斯里兰卡红十字会海啸救助特别工作组主席和斯里兰卡红十字会秘书长进行了会谈。讨论了中国红十字会对斯里兰卡灾区进一步的援助，如修建中斯友谊村、社区活动中心、公共卫生设施、饮水设施等问题。

考察组查看了部分重灾区受灾情况。一些灾民，男的、女的、老的、少的在自家的废墟上搜寻着，或许是已经丢失的财物，或许是对未来生活的微小希望。在BENTOTA地区，考察组看到路边有几十个穿着红十字标志服装的年轻人正在清理废墟。他们都是大学生红十字志愿工作者，他们中的一些人已经志愿服务好些天，他们在用自己的实际行动向公众展示红十字会“人道、博爱、奉献”的精神。从灾区返回首都后，中国红十字会救援工作组再次与斯里兰卡红十字会会长举行了会谈。在斯里兰卡期间，中国红十字会救援工作组到处可以看到飘扬着的红十字旗帜，使人感到亲切和温暖，也感受到作为红十字工作者的骄傲与光荣。

在斯里兰卡期间，中国红十字会救援工作组还分别同红十字会与红新月会国际联合会和红十字国际委员会驻当地的代表团进行了交流，探讨参与斯里兰卡灾区重建工作以及双边在此次救灾活动中的合作问题。

十二、泰国基层红十字会紧急救灾显现重要作用

中国红十字会救援工作组1月19日至22日考察了泰国遭受海啸灾害的地区。

泰国红十字会赈济救护部副部长瓦塔妮女士向中国红十字会救援工作组介绍说，灾情发生后，泰国红十字会先后派出了三批红十字会医疗队在灾区开展现场医疗服务，基层红十字会的卫生站也在紧急救灾阶段发挥了重要作用。泰国红十字会向灾区及时提供了饮用水、食品、药品和其他急需的生活用品，并积极开展社会募捐活动，目前已募集了价值400余万美元的款物。此外，泰国红十字会在救灾工作中积极发挥志愿工作者的作用。海啸发生后，先后有近万名志愿工作者协助红十字会开展救助工作，其中还包括来自国外的志愿者。

21日，救援工作组在普济府先后考察了1镇2村灾害现场，在那里看到政府和红十字会等团体正紧张地开展救灾工作，对大量房屋废墟进行清理，重建工作已经开始，部分灾民已住进了政府或红十字会提供的临时房屋。普济府红十字会员和志愿工作者在救灾工作中发挥了积极作用，他们将泰国红十字会总会调拨的大量救灾物资及时发放到灾民手中。

22日，救援工作组考察了攀牙府的灾情和救灾工作。在一个灾民临时安置点，这里安置了300户灾民，他们居住在临时房屋和帐篷中。安置点设有医疗和饮食服务等设施，政府和红十字会等人道救助组织的工作人员和志愿者及时为灾民提供了各种帮助。

（李兰颂　傅　虹）

总结表彰

在印度洋海啸大救援工作表彰会上的讲话

江亦曼

各位来宾、各位获奖单位代表和个人、新闻界的朋友们：

大家好！今天中国红十字会在北京召开“印度洋海啸大救援工作表彰会”，对在海啸救援工作中募捐成绩突出的省红十字会，在海啸救援捐款中做出突出贡献的企业、单位和个人，在海啸救援募捐中提供支持和组织募捐义演、义赛的单位，以及派出大批志愿者的大学进行表彰，同时借此机会，向为海啸救援奉献爱心的社会各界表示表示衷心的感谢！

2004年12月26日，印度洋发生强烈地震引发海啸，给东南亚、南亚和非洲等国家和人民带来严重灾难，也给中国红十字会带来一次参与国际救援，彰显人道力量的机遇。在这次国际救援中，中国红十字会紧急动员，全力以赴，在政府的领导和支持下，在全社会积极参与下开展了国际救援募捐活动，创造出了前所未有的成绩。这次的国际救援募捐活动，具有国际性、民间性、多渠道的特点，是中国红十字会在改革开放以来开展的规模最大、声势最大、效果最好、募捐数量最多的一次国际救援活动。

中国红十字会作为政府从事人道救助领域的助手，通过国际民间交往的渠道，在这次为救援印度洋地震海啸灾区行动中发挥了重要作用。

一、全社会积极参与　广大群众踊跃捐款

为印度洋海啸救援募捐的呼吁发出后，社会各界到中国红十字会捐款的人络绎不绝，有时甚至排成了长龙，当时北京正遭遇10多年来最寒冷的严冬，然而刺骨的寒风没有阻挡社会各界奉献爱心的热潮。捐款的人有干部、职工，也有教师和学生；有离退休人员，也有下岗职工；有演艺界和书画界的名人，也有体育界的明星；有公司和事业单位的代表，也有民营企业家；有白发苍苍的老人、幼儿园的小朋友，也有残疾人；这些感人至深的场面至今使人难以忘怀。

中国石油天然气集团公司作为国有大型企业，积极发挥自身的优势，在很短时间内动员该公司100万员工捐款1256万元；中国远洋运输集团总公司、国美电器、网易公司、联想集团、中国电信集团等国内知名企业和大型公司也纷纷向红中国十字会捐出了巨额善款。辽宁铁岭惠源集团董事长惠学新夫妇以个人名义捐款500万元，北京世纪朝阳房地产开发有限公司棕榈泉国际公寓董事长曾伟夫妇个人捐款100万元。许多普通群众从并不宽裕的工资、退休金、务工收入中捐款，奉献爱心。

这次救援活动规模大、任务重，而我会工作人员少，在京直属单位积极派出人员积极支持，仍不能满足接收捐款和接听捐款咨询电话的需要。在有关方面的帮助下，一些大学积极动员志愿工作者参与救灾工作，先后有160名志愿工作者参加救灾热线值班和现场接受捐赠等救援活动，保证了捐款的顺利完成。

二、媒体积极支持　声势大效果好

国红十字会总会设立了直播点，及时采访募捐和救援工作，以最快的速度向国内外予以报道，直播点的设立，掀起了为印度洋地震及海啸受灾地区募捐的宣传热潮，给予中国红十字会救援募捐强有力的支持，极大地促进了募捐工作的开展。中国红十字会总会还及时与中央电视台等媒体及有关部门联系，策划共同举办大型募捐活动，先后五次组织大型活动，掀起募捐新高潮。总会与国家宗教局、中国佛教协会共同举办了“海峡两岸百寺千万救苦救难大法会”募捐赈灾活动；与外交部等在北京工人体育馆联合举办了《中国人爱心大行动——为印度洋海啸赈灾义演》；在北京首都体育馆举行了首都20家新闻单位及国内演艺界联合举办的《爱，来自中国——演艺界大型赈灾义演》；与中国曲艺家协会联合举办了《笑星大义演，共同献爱心》专场相声晚会；与国家乒乓球队和国家羽毛球队联合举办大型募捐义赛活动。许多演艺界和体育界知名人士在义演义赛活动中表现出很高的热情，他们不但积极参与义演义赛活动，还带头捐款。邮政局、银行派专人在我会协助接受捐款工作。中央电视台、新华社、人民日报等主流媒体，对社会各界的捐赠热情给予充分报道，及时宣传广大民众的爱心和企业的善举，向社会公布捐款情况和救援动态，吸引民众的视点，极大地激发了他们为国际人道主义救援奉献爱心。

三、弘扬红十字精神　全国掀起捐款热潮

空前热烈的捐款场面不仅出现在北京，在全国各地，各级红十字会积极组织，广泛动员，掀起了迄今为止规模最大、效果最好的国际募捐救援大行动。

无论在东部发达地区，还是经济欠发达的西部地区，民间捐助活动通过红十字会的努力工作和媒体的积极参与很快推向高潮，各界群众踊跃捐款，使各地红十字会为救援海啸灾区募得数额巨大的善款，极大地弘扬了“人道、博爱、奉献”的红十字精神。募捐活动中涌现出的无数感人事迹，使中国红十字会的全体工作人员深深体会到中国人民的博大胸怀和真挚爱心，也感到政府和全国人民对中国红十字会的信任和社会各界对红十字会寄予的重托。

四、相互支持相互援助　体现红十字会的关爱

中国红十字会是国际红十字运动的重要成员，是国际联合会领导委员会成员，理应在国际救援行动中发挥与我国大国地位相称的积极作用。国际红十字运动章程规定，各国红十字会应为武装冲突受难者和自然灾害以及其他灾害的灾民提供救助。

在我国遭受较大自然灾害的时候，许多国家的红十字会都给予过无私的慷慨援助，为灾区送来捐款和救灾物资，泰国诗琳通公主曾在访华期间代表泰国红十字会向我会转交救灾捐款；红十字会与红新月会国际联合会多次派救灾代表、宣传代表深入灾区，考察灾情，制定救灾计划，筹集救灾捐款。体现了国际红十字会大家庭相互支援的良好氛围。

这次印度洋海啸大救援募捐行动，体现了“人道、博爱、奉献”的红十字精神，表现了我国人民全力援助受灾国家人民的博大胸怀，体现了中国人民对受灾国家人民深厚情谊，发挥了红十字会作为政府助手及开展民间外交的作用，在国际上为我们国家赢得了良好的声誉，得到国际社会、受灾国家和人民的一直赞扬，募集的救灾款为救助灾区人民和重建家园提供了强有力的支持。

五、积极参与重建　使灾区人民受益

截至目前，中国红十字会共收到社会捐款超过3.8亿元人民币。向11个受灾国红十字会、红新月会或政府和国际红十字组织提供了万美元的救援款、价值万元人民币的物资援助，累计超过亿元人民币。其中，援助受灾最严重的印度尼西亚210万美元捐款和价值1077万元人民币的物资；援助斯里兰卡170万美元捐款；泰国85万美元；马尔代夫52万美元。

目前，中国红十字会海啸救援工作已经转入灾后的恢复、重建阶段。为把募集到的捐款用到最关键、最需要救援的和灾后重建工作中，我会将继续努力工作，密切关注红十字会与红新月会国际联合会对灾后重建工作的规划和总体部署，通过认真考察受灾国灾情，与受灾国红十字会协商灾后重建工作。

根据红十字会与红新月会国际联合会的救助规则和受灾国的实际情况，中国红十字会将按照灾区救助需求，做出进一步救援的计划，认真考察并适时启动灾后重建项目。我会计划在国际红十字组织和受灾国以及我国驻受灾国家使馆的协助下参与到灾区的重建工作中去，承担灾区一些学校、卫生院、友谊村、孤儿院的重建项目，使中国人民的爱心和奉献精神在受灾国家和人民中留下永久的标记，见证中国人民与受灾国人民的友谊和相互关爱。由于灾后重建工作是一个长期的工作，有待于国际社会协调各方力量，提出整体重建工作计划，我会将根据重建工作的整体计划，确定一些重点项目，陆续将募集的善款用于这些重点项目和救援活动中。我们将向社会各界公布捐款的用途，接受国际社会和国内有关部门的监督，并适时组织捐赠者代表、新闻界媒体代表去受灾国考察项目执行情况。

各位来宾，各位代表，这次海啸大救援行动的成功，离不开党和政府的正确领导，离不开全社会的积极参与，更离不开广大群众的无私奉献。希望全社会今后继续理解和关注红十字会，积极支持红十字会，使红十字会能为救助弱势群体做更多的好事实事。中国红十字会一定不辜负社会各界和人民群众的期望，在党和政府的领导下，以“三个代表”重要思想为指导，认真落实科学发展观，切实履行《中华人民共和国红十字会法》赋予的职责，充分发挥中国红十字会作为政府助手的作用，按照中国红十字会第八次全国会员代表大会制定的五年发展规划，为改善最易受损群体的状况，为全面建设小康社会和构建社会主义和谐社会做出积极的贡献！

谢谢大家！

全国政协委员考察红十字会工作

政协考察

全国政协委员考察云南、山西省红十字会工作

11月5至9日，在红十字会法颁布施行十周年之际，全国政协社会和法制委员会与中国红十字会总会组成联合考察组，实地考察了山西、云南两省红十字会法的贯彻实施情况。全国政协副主席张怀西参加了云南省的考察。全国政协常委、全国政协社会和法制委员会主任委员、劳动与社会保障部常务副部长、山西考察组组长李其炎，全国政协社会和法制委员会副主任委员、云南考察组组长朱治宏分别参加了山西省、云南省的考察。中国红十字会常务副会长王立忠作为全国政协委员、考察组副组长全程参加了考察。

一、抗击非典　成绩斐然

考察组一行到达山西的当晚，太原就下起了初冬的第一场雪。早晨推窗而望，到处银装素裹，玉树琼枝。踏着厚厚的积雪，考察组走访了山西省红十字会、太原市红十字血液中心、太原市第一热电厂、运城市红十字会等单位。

山西省是我国较早建立红十字会的省份之一，也是改革开放以来较早恢复红十字会工作的省份之一，历史上为山西人民做过许多好事。红十字会法颁布十年来，较好地履行了法定职责，取得了令人满意的成绩。尤其是今年非典期间，作为疫情比较严重的省份之一，山西省红十字会受政府委托，接受社会各界捐赠款物9387.86万元，占全国红十字会系统接收款物总值的13.7%，在协助政府应对突发事件中做出了应有的贡献。

在太原市红十字血液中心，李仰静主任介绍说，太原市临床用血量100%来源于无偿献血，每次献血400毫升者占献血人数的90%以上，稳固献血者达45%（国际上60%）。他们通过手机、短信等方式长期与献血者保持联络，并在元旦、春节等重要节日给献血者送去对联，给予慰问和关怀。山西省副省长、红十字会会长王昕每年带头献血，血液中心已经成为城市文明建设的一个重要部门。

无偿献血的良好态势推动了山西造血干

细胞捐献者资料库的发展，他们依托采供血业务，从无偿献血者中发展干细胞志愿捐献者。通过这种方式，不仅可以充分利用无偿献血者这一现有资源，而且通过献血化验的筛选直接降低了检测成本，入库资料流失率也可以得到有效控制。分库成立两年来，共募集登记捐献者10000余人，完成分型5000例，检索成功8例，配合临床实施进一步分型2例，目前已向总库输入分型资料1500份，初步体现了社会效益。

李其炎在考察了各项工作后感慨地说，山西省红十字会做了大量的、有成效的工作，很不容易。十六大提出全面建设小康社会的要求，三中全会又提出了科学的发展观，在如何在社会发展中提高人民的生活水平，如何帮助、救助困难群体等问题的统筹中，红十字会所发挥的作用将会越来越大。他同时希望山西省红十字会能够进一步完善工作机制，理顺管理体制，把工作做得更好。王立忠对山西省贯彻落实红十字会法，推动红十字会各项工作的发展给予了肯定。他说，红十字会法是一部很好的法律，一定要珍惜这部法律，更好地学习宣传好这部法律。更好地贯彻实施好这部法律，使山西省红十字会在法的规范下把工作做得更好。

由于有些政协委员是第一次介入到红十字会的工作中，考察途中，他们不仅认真研读会议材料，每到一处还会提出很多问题。全国知名的法学教授、民盟中央法制委员会主任黄景钧委员不断地感叹：以前真是对红十字会太不了解了，红十字会的工作太崇高伟大了，回去以后我一定要多研究红十字会，从法学的角度多研究红十字会法，多写一些文章。尽管是大寒地冻，但是一股股暖流在每个人心里涌动。

二、因地制宜　广纳外援

考察组一行的第二站是地处西南边陲的云南省。云南是一个风光秀美，自然资源、人文资源非常丰富的多民族省份，同时也是一个灾害频发、贫困人口相对较多的边境省份。它特殊的地理位置和多元的省份特点决定了云南省红十字会所发挥的独特作用。省红十字会紧紧结合当地实际，因地制宜，广泛吸收和接纳国际支持，几年来，共争取了53个外援合作项目，援助金额累计达9200万元人民币，全省救助实力得到很大的提高和增强。

针对民族众多而灾害频发、贫困人口相对较多的特点，十年来，云南省各级红十字会共募集、接收救灾款物价值2.2亿元，救助灾民及困难群众400余万人次，兴建了12个备灾救灾中心。每次较大的自然灾害发生时，红十字会储备的救灾物资总是第一时间送达灾区，灾区群众流行这样一句话："看到穿白大褂的就有救了，看到穿绿军装的就有信心了，看到红十字旗帜就有希望了。"云南省政协副主席、红十字会会长陈勋儒在向考察组介绍情况时开玩笑说，每次灾情发生后，省红十字会的张霞秘书长总是被评为"最佳上镜小姐"，上镜率远远高于他这个政协副主席。

鉴于艾滋病的危害程度在这一地区越来越严重的态势，云南省红十字会在全省范围内广泛开展了"艾滋病预防青年同伴教育项目"，对预防艾滋病的传播起到了积极作用。昆明市红十字会实施的"阳光家园"项目，为吸毒戒断者提供知识技能培训、心理咨询帮助，项目开展近1年来，工作初具成效。全国政协副主席张怀西视察后，肯定了"阳光家园"所取得的成绩，并欣然题词："远离毒品，找回自信，学习技能，重塑人生”。

为解决云南边境自卫反击战中的伤残人员及战后被遗留地雷炸伤的老百姓的困难，经总会指导和协调，今年云南省红十字会与红十字国际委员会签订了假肢合作项目协议，成立了假肢康复中心。目前该项目合作顺利，即将投入假肢生产，预计2004年1月开始为全省符合救助条件的肢残人员安装假肢。

在卫生救护培训中心，考察组一行观看了卫生救护师资培训班学员的训练。据了解，十年来，云南省各级红十字会累计培训90万人次，去年仅昆明市红十字会就培训6.3万人次。今年8月，省红十字会成立了卫生救护培训中心，启动了面向全省的卫生救护师资培训工作，努力使全省红十字卫生救护培训工作实现规范化、数据化、网络化。张怀西在仔细了解云南省的卫生救护情况后指出，云南的旅游业发展迅猛，红十字会的卫生救护工作很重要，要在原来工作的基础上再接再厉，配合全省经济发展的大局，多做工作，做好工作。

此外，考察组还访问了云南省红十字会老年公寓、备灾救灾中心、昆明市红十字会、丽江市七河红十字乡卫生院、丽江市红十字会、大理市红十字会、保山市红十字会等单位。

张怀西在考察后指出，云南省红十字会工作重点突出，针对性强，求真务实，成果明显。备灾救灾工作在云南省红十字会的救助活动中占有十分突出的地位，并且得到了社会的广泛好评和人民群众的欢迎，这是非常不容易的。他说，红十字会工作是社会主义精神文明建设的一项重要的、具体的内容，红十字会已经成为全面建设小康社会的一支重要力量，希望云南省红十字会的社会影响、社会地位在以后广泛及时的救助行动中能够不断地得以扩大和增强。朱治宏也肯定了云南省红十字会的工作成绩，尤其是云南省从实际情况出发，开展戒毒人员培训，艾滋病咨询、宣传、预防，假肢项目等方面工作非常突出。

三、施法十年　成效显著

通过考察，委员们认为，红十字会倡导的“人道、博爱、奉献”精神为我国的经济发展、社会稳定和救助易受损害群体发挥了积极的作用，红十字会是我国一个非常重要的、发挥着特殊作用的社会团体。红十字会法颁布十年来，各级红十字会依法履行职责，在发展红十字事业方面成效显著：（一）红十字会在国际事务和祖国统一大业中发挥着重要作用；（二）红十字会为我国社会主义精神文明建设做了大量工作；（三）红十字会在保护人的生命和健康方面作用突出；（四）在协助政府处理突发性事件方面发挥了作用。

四、加大执法　完善设施

通过考察，委员们认为，尽管红十字会法颁布施行十年来红十字事业有了很大的发展，但是在红十字会法的贯彻实施过程中还存在一些问题，例如对红十字会法的宣传还不够普及、以政代社的现象还存在、红十字会的基础设施和工作条件需改善等。针对这些问题，委员们提出几点建议：

（一）进一步加大对红十字会法的普及力度。今年是红十字会法颁布施行十周年，明年是中国红十字会建会一百周年，有关部门和新闻媒体要积极配合红十字会组织声势较大、生动活泼的宣传，使大家了解、认识红十字会法，以动员更多的人参与到红十字会这个“崇高而伟大的事业”中来；

（二）加大红十字会法的执法力度。红十字会法是促进我国红十字事业的一部重要法律，各级政府和有关部门是执法的主体，政府应该加强执法工作，对红十字会工作给予支持、资助、保障和监督，对于违反红十字会法的行为和侵犯红十字会合法权益的行为应该依法追究，做到“执法必严”。各级政府和部门要从实践“三个代表”重要思想的高度、落实十六大精神的高度、建设社会主义三个文明的高度、维护世界和平进步事业的高度来认识红十字会的重要作用。要支持红十字会依法理顺管理体制，切实解决影响红十字事业发展的编制、经费及办公条件等问题，进一步推动我国红十字事业的发展；

（三）红十字会的宗旨、性质以及“人道、博爱、奉献”精神与《公民道德建设纲要》的精神是一致的，是我国社会主义精神文明建设中不可缺少的重要组成部分，建议有关部门重视红十字会在我国社会主义精神文明建设中的作用；

（四）建议有关部门支持建立中国红十字会总会救灾备灾中心，以完善我国红十字会的备灾救灾体系，提高红十字会参与灾害救助的能力。

（夏洪艳）

肆

专业篇

▲ 南行（书法） 沈鹏 作

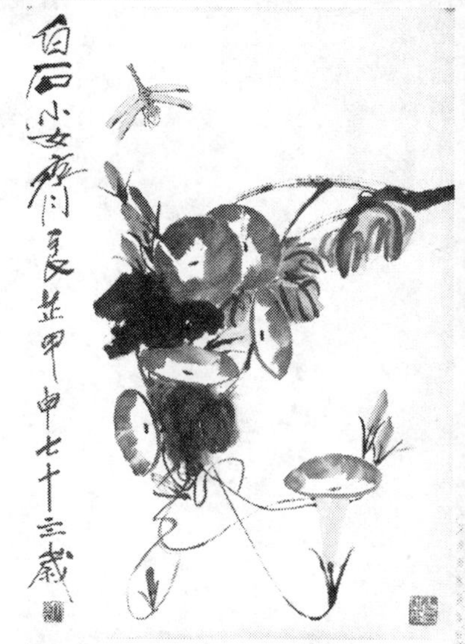

▲ 牵牛花（中国画） 齐良芷 作

▲ 博爱矜慈（书法） 李铎 作

▲ 水牛图（中国画） 黄胄 作

▶ 济困扶危（书法） 刘艺 作

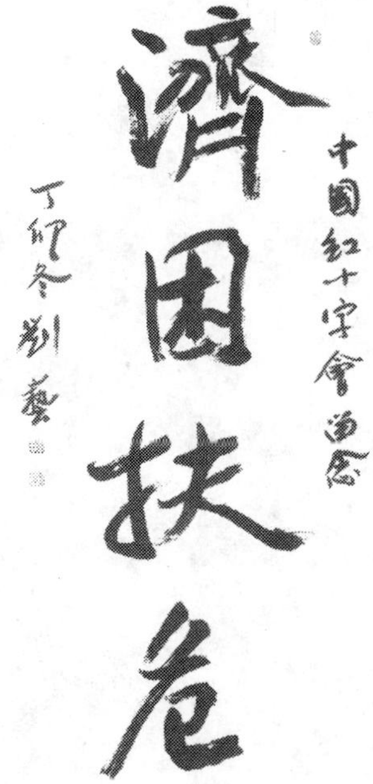

以上均为中国红十字会收藏的捐赠作品

专业会议介绍

理顺管理体制

坚定不移地依法理顺红十字会的管理体制

——在中国红十字会理顺管理体制座谈会上的讲话

彭珮云

（2002 年 12 月 19 日　北京）

（一）首先要肯定今年理顺红十字会管理体制工作取得的新进展

除绝大多数省级红十字会已经理顺了管理体制外，又有一部分计划单列市和省会城市、地（市）级红十字会理顺了管理体制。还有一些县级红十字会也理顺了管理体制。通过大家的汇报和我们平时的了解，凡是已经理顺了管理体制的红十字会都具有以下几个特点：①确立了红十字会在当地社会生活中应有的地位。这样，不仅有利于红十字会根据红十字会法独立自主地开展工作，而且能更好地发挥红十字会作为政府助手的作用。②党委、政府更加重视红十字会。管理体制理顺以后，既便于政府依法支持、资助、保障和监督红十字会的工作，也便于红十字会与各有关部门协调配合，减少了不必要的工作环节。③改善了红十字会的工作条件。增加了必要的编制和经费，工作人员、办公场所等问题都在陆续地解决。④增强了红十字会干部的使命感和责任感，激发了干部的潜能，调动了大家的积极性、创造性。理顺管理体制以后，红十字会不再是卫生部门的一个附属机构，要独立自主地开展工作，因此，对红十字会干部的要求更高了。总起来说，最主要的是，发展红十字事业有了一个更好的环境。有了这个环境，红十字会就能发挥比过去更好的作用。这也是我们理顺管理体制的目的。

（二）总结各地理顺管理体制工作的经验，概括起来有以下几点

1. 要坚定不移地依法理顺管理体制

我觉得青岛市红十字会会长臧爱民同志讲得很好，红十字会要理顺管理体制是有充分的法律和政策依据的。在我们国家制定的法律中，专门为社会团体制定的法律至今只有两部，一部是工会法，一部是红十字会法。1993 年制定这部法的时候，我在国务院分工联系红十字会，在国务院常务会议上参加过这部法的讨论。这部法是经过人大常委会通过的。这部法律对红十字会的性质、任务、职责、政府的责任、红十字会的组织建设等都有明确的规定，需要解决的重大问题都规定得很明确，对红十字事业的发展起了十分重要的作用。这部法律是根据国际红十字运动的基本原则，结合中国的实际情况

制定的。我们应该认真地、不折不扣地贯彻执行这部法律。现在依法治国，建设社会主义法治国家，应该做到有法可依，有法必依，执法必严，违法必究。所以不能认为理顺不理顺红十字会的管理体制是一件无所谓的事情。党的十六大强调要建设社会主义政治文明，加强民主法制建设，各级干部都应该有很强的法制观念。一部法律从颁布到实施可以有一段时间，因为要做些准备工作。但是红十字会法是1993年10月通过的，到明年10月就整整10年了，时间不短了。现在确实需要抓紧贯彻执行。上一届理事会为理顺管理体制做了很多工作，我们这一届也在坚持不懈地努力，应该说是有所前进，但还是不够满意。红十字会是一个从事人道主义工作的社会救助团体，不是政府的附属部门，它依法取得社会团体法人资格；红十字会又要遵循国际红十字运动确立的七项基本原则，所以它应该按照法律和章程独立自主地开展工作。这是红十字会法规定了的，同时也符合机构改革中政事分开的原则。红十字会法规定“县级以上按行政区域建立地方各级红十字会，根据实际工作需要配备专职工作人员”，并没有规定要配几个人。各地可以根据本地的实际情况来决定人员编制。理顺管理体制的具体办法、步骤也可以有所不同，但红十字会要依法成为独立的社会团体，独立自主地开展工作，这是个必须遵循的原则。所以我说最重要的经验是，要坚定不移地依法理顺管理体制。

2. 要加大宣传力度

要宣传红十字会法，宣传红十字会的章程；宣传中央领导同志历次关于红十字会工作的讲话。可以把这些内容编成一本简明扼要的书广为宣传。要按照“三个代表”重要思想和党的十六大精神，宣传做好红十字会工作的意义。我们保护人的生命和健康就是保护生产力；提倡人道、博爱、奉献精神，与建设社会主义精神文明、倡导先进文化的要求是一致的；帮助易受损害的群体，就是维护人民群众的利益。十六大要求发展城乡社会救济和社会福利事业，关心困难的群众，使他们切实感受到社会主义社会的温暖。这对社会的稳定，国家的长治久安都是非常重要的。还要宣传红十字会做了什么工作？起什么作用？为什么要理顺管理体制？理顺了有什么好处？已经理顺的有什么变化等等。要抓住一切机会，采取各种方式，经常、反复地进行宣传，争取各方面的理解和支持。

3. 要争取党委、政府领导的重视和支持，这是个关键

许多地方的经验证明，只要工作做到了，领导上弄明白了，就会支持红十字会的工作。还要主动和编办、卫生等部门多沟通，争取他们的理解与配合。

4. 红十字会干部要积极主动地、锲而不舍地做工作

事在人为。这次座谈会上，老一辈红十字工作者云曙碧同志以及辽宁、吉林、成都、佳木斯、焦作的同志都讲得很好。红十字会的干部就是要发扬无私奉献、不怕困难、顽强拼搏、坚忍不拔的精神。吉林的同志说这是“蚂蟥”精神，辽宁的同志说“小部门也要有大作为”，“给点阳光就灿烂”。我们要发扬这种精神，四处奔波，到处宣传，积极争取，不怕挫折。如果同志们都这样做工作，红十字会的工作就必定会有跨越式的发展。尽管中国红十字会已经有近一百年的历史了，但在发展的进程中有些曲

折，所以现在还处于开创时期，需要有这种精神状态。有了这种精神状态，我们就能开辟出新的天地。红十字会里也有一些同志对理顺管理体制不太积极。我们要耐心地进行说服，使他们懂得个人利益要服从红十字事业的大局。而且我们的干部是参照公务员管理，应该讲工资待遇有基本的保障。要看到红十字事业是不断发展的，我们会越干越好。事业兴旺了，各方面的条件也会好起来。

（三）关于下一步怎么做

首先，要抓紧理顺计划单列市和省会城市红十字会的管理体制。这是今年计划内的任务，现在还没有完成，还要继续努力。这些城市对全省有影响，又是对外的窗口，而且它们的条件也比较好。我看促一促就能理顺管理体制，并不太难。在抓计划单列市和省会城市的同时，还要积极推进地（市）级红十字会理顺管理体制。县一级怎么搞，要积极探索。已经有了编制的，比较好办，可以早些理顺管理体制。目前条件还不具备的要积极创造条件。上一级红十字会特别是省级红十字会，对下一级红十字会理顺管理体制的工作要负起指导和监督的责任。如果下面的腿不健全，红十字会的工作很难做到基层。希望各级政府的领导，特别是担任红十字会会长的各级领导同志，积极做好理顺红十字会管理体制的工作。理顺红十字会的管理体制已经有了充分的法律和政策依据，大家都不要再等上面的文件。要搞出样板来，用典型引路，就可以逐步推进。这也是同志们的经验。不要期望靠上级发一个命令、一个文件就能解决所有的问题。因为红十字会处在创业时期，好多人的思想一时还跟不上，再加上存在一些实际困难，所以这项工作只能逐步推进。各地的经验证明，选好专职副会长，选一个好的带头人对于做好红十字会工作很重要。因为省、自治区、直辖市的领导重视了，实际工作还是要靠主持日常工作的专职副会长来做。这个同志应该热心于红十字事业，有奉献、开拓精神。各级红十字会的编制务必坚持少而精的原则。有了编制，必须把好进入关。要选择那些适合做红十字会工作的人，而且要不断提高他们的素质。有了少而精的专职人员，再加上广泛发动志愿工作者积极参与，红十字事业就能够逐步发展壮大。

其次，已经理顺了管理体制的红十字会要巩固成绩，开拓创新，发挥带头示范作用。有一批做出了成绩的红十字会，就有了样板，就能够用事实说话，就更有说服力。我一直强调，不要只是说，而要去干，去切实帮助一个市、一个县克服困难，开展工作，总结经验。红十字会的工作真正做好了，我们的说服力就强了，就可以推动其他没有理顺管理体制的地方加快理顺，也可以说服领导来支持这项工作。

最后，要进一步做好宣传工作。明年人大、政府都要换届，有些地方的红十字会会长也可能要换，因此明年要对新一届领导人做好宣传工作，争取他们的理解和支持。后年是中国红十字会成立100周年。我们要抓住这一契机，做好红十字会的宣传工作。大家不是深感红十字会的宣传力度不够，知名度不高吗？我们应该切实加强宣传工作，同时，做好工作本身就是宣传。各地红十字会要积极主动、因地制宜、循序渐进地做好工作，既不要畏难，也不要急躁。只要我们上下共同努力，锲而不舍、踏踏实实地做好工作，红十字事业是大有希望的。

切实解决好组织建设的几个重大问题

——在中国红十字会组织工作座谈会上的讲话

彭珮云

（2000 年 5 月 30 日　太原）

去年 10 月，中国红十字会第七次全国会员代表大会开得很好。12 月，中央机构编制委员会办公室给中国红十字会总会发出了“关于理顺中国红十字会总会管理体制的通知”。经过多年的努力，总会的管理体制已经理顺了。应该说我国红十字事业的发展有了更好的大环境。我们要抓紧当前有利时机，切实解决好组织建设的几个重大问题，这对于推动我们红十字会工作的深入发展具有重要的意义。

（一）关于红十字会的管理体制问题

最近，理顺省级红十字会管理体制的工作有明显进展。

除北京、吉林等 9 个省、自治区、直辖市已经理顺以外，现在又有辽宁、四川、江苏、广东、山西、湖南、山东等省级红十字会参照总会的模式上报了机构改革方案。中编办的《通知》对于为什么要理顺中国红十字会总会的管理体制写得很明确，通知指出，这是“为了推动和协调《中华人民共和国红十字会法》的贯彻实施，便于开展国际交往，在国际上发挥积极的影响和作用，有利于中国红十字会依照红十字会法和章程独立自主地全面开展工作，有利于加强政府对红十字会工作的领导和协调”。这也是省级红十字会为什么要理顺管理体制的理由。只有把省级红十字会的管理体制理顺了，才能使中编办《通知》的精神得到贯彻，更好地发挥红十字会的作用。如果仅仅理顺了总会的管理体制，省级红十字会的管理体制仍然不顺的话，中编办《通知》的精神将难以贯彻落实，红十字会的作用也难以更好地发挥。因此，希望还没有理顺管理体制的省级红十字会要抓紧做好有关部门、有关人员的思想工作，把思想认识统一起来，同时要解决有关的机构、编制、经费等问题，力争在今年内理顺管理体制。计划单列市和省会城市条件成熟的，也希望尽早解决。

根据红十字会法第八条“县级以上按行政区域建立地方各级红十字会，根据实际工作需要配备专职工作人员”的规定，地、县级都要建立红十字会并根据实际工作需要配备专职工作人员。现在有些地、县已经独立设置了红十字会，希望继续坚持下去，努力做好工作，总结经验。

目前尚未独立设置的地、县级红十字会，基本上都挂靠在政府某一部门。但是应该明确，挂靠并不等于红十字会是政府某个部门甚至是该部门下属的事业单位的附属机构，也不是政府的一个具体的部门。红十字会应该是从事人道主义工作的社会救助团体，应该依据我国红十字会法和中国红十字会章程进行工作。县以下的基层红十字组织基本上要依靠志愿工作者开展各项活动，注意节约人力。

（二）关于会员、会费和志愿工作者队伍问题

现在我国红十字会会员人数只占全国人

口总数的五六十分之一，与一些国家相比，人数较少。我认为红十字会是从事人道主义工作的社会救助团体，应当广泛吸收会员。会员多一点，力量就大一点。红十字会法明确规定：中华人民共和国公民，不分民族、种族、性别、职业、宗教信仰、教育程度，承认中国红十字会章程并缴纳会费的，可以自愿参加红十字会。这就是对会员的要求，会员应是热心人道主义社会救助事业的人，缴纳会费是会员应尽的义务。会员可以根据自己的情况参加红十字会的活动，对会员的要求不能太高，不要像对党员、团员那样，只要热心人道主义事业就可以。如果要求过高，就会把这个社会团体局限在狭小的范围内，不利于红十字事业的发展。

现在我们的会员中，有近一半是青少年会员。我考察过红十字青少年活动，认为这项活动很有意义，与学校的德育紧密结合，有利于通过实践，培养青少年助人为乐、扶危济困的精神。这是素质教育的一部分，如果安排得好，也不会加重学生的负担。青少年也喜欢学习一些卫生救护常识和技能，参加一些有意义的活动。

这次大家专门讨论了收缴会费的问题。在韩国，会费是其经费的主要来源。他们十分重视而且用了很大力量收缴会费。他们的一些做法不一定适合我们，但是相比之下，我们对于收缴会费的问题认识不够明确，用的力量也不够。红十字会法第 20 条讲到红十字会经费的主要来源有四项，其中第一项就是红十字会会员缴纳的会费。红十字会法第 3 条规定：承认红十字会章程，并缴纳会费的可以自愿参加红十字会。这就是我们的法律依据。我们收缴会费是合法的，是会员应尽的义务和奉献爱心的具体行动，也是各国红十字会通行的做法。所以各级红十字会要依法认真做好收缴会费的工作。要做好这项工作应该注意以下几点：

（1）做好思想动员工作，提高大家缴纳会费的自觉性。这是最主要的。

（2）收费要适当，即《中国红十字会会费收缴与管理办法》（讨论稿）中所写的要坚持取之有度、用之得当的原则。这样做，会员能承受。各地情况不同，收费标准也可以不同。有的同志提出有人多缴更好，应该欢迎。请大家继续探讨。

（3）收来的钱要管好、用好，树立红十字会的良好形象，使会员认为自己缴纳的钱确实用于符合红十字会宗旨的事情上，用得正当、合理；这样他才会有进一步缴纳会费的积极性。如果我们管不好，用不好，甚至出现了一些不应该出现的事情，毁坏了自己的声誉，就很难继续收缴会费。

（4）要有一套完善的规范的会费缴纳、使用、管理的办法。作为从事人道主义工作的社会救助团体，对这方面一定要非常注意。

希望政府和有关部门依照红十字会法支持红十字会做好收缴会费工作。

我们应该进一步提高认识，大力推进志愿服务工作。动员和组织广大志愿工作者参与红十字会的工作是做好红十字会工作的一个重要保证，它对于扩人红十字运动的影响，更好地服务于最易受损害的群体，维护社会的稳定，促进社会主义精神文明建设，都具有重大意义。红十字会的工作需要大量的志愿工作者，仅靠少数专职工作人员，难以广泛深入地开展人道主义的社会救助工作。在这次会议上，江苏、上海、内蒙等地都介绍了这方面的工作经验。他们的经验使我们进一步认识到开展红十字志愿服务工作的意义，也使我们增强了信心，只要我们认识明确，方法得当，我们完全可以把红十字志愿工作者的队伍建设好。总的来看，这是我们目前工作中的一个薄弱环节，希望各地学习先进地区的经验，进一步提高认识，积极地推进这项工作。可以先试点，取得经验以后，再逐步铺开。

红十字会是一个在国际上有着悠久历史和良好声誉的人道主义团体，许多国家的红十字会都有开展志愿服务工作的经验。现在我国的志愿工作者活动正在蓬勃开展，青年志愿工作者活动开展得比较好，全国妇联也正在酝酿在广大妇女中间开展志愿工作者活动。我们是社会主义国家，我国人民有助人为乐、扶危济困的传统美德，应该把这项活动开展得比其他国家更好一些。我看了红十字会与红新月会国际联合会 1999 年 10 月大会通过的志愿工作政策，我觉得这个文件写得很好，我们可以结合我国的情况积极推行，这次会议上讨论的关于会费的管理办法和志愿工作者管理办法，在进一步修改后，可作为一个试行办法下发，先试行一段以后再进一步完善。

（三）关于红十字会的机关建设问题

管理体制理顺以后，省级、省会城市和副省级城市红十字会将相应地增加人员编制。在这个时候，我们一定要把好进人关，要按照岗位定人员，选调热爱红十字会工作、有奉献精神、有能力的人员来充实红十字会。也希望政府有关部门给予支持，帮助红十字会加强机关建设。首先是要建设一个好的领导班子，同时要建设一支好的队伍。红十字会机关的领导班子是一个地方红十字会的领导核心，机关干部就是这个地方红十字会的骨干力量。一个地方的红十字会工作开展得好不好，与这支队伍的素质如何密切相关，因此我们必须下大力气建设一支高素质的干部队伍。红十字会的所有工作人员都要有奉献精神，敬业爱岗，全心全意为人民服务；还要有开拓进取和坚忍不拔的精神，能够艰苦奋斗，开创工作新局面。因为我们还面临着许多困难，很多条件还要靠我们去争取和创造。红十字会的干部还要善于联络社会上方方面面的力量，争取更多的人来关心、支持和参与红十字会的工作，要有做群众工作的能力，有很强的协调能力。

现在全党正在深入学习江泽民同志关于“三个代表”的重要思想，我们也要按照这个思想，把我们总会、省一级红十字会、省会城市和副省级城市红十字会机关建设好，不断提高红十字会干部队伍的政治、业务素质，推动中国红十字事业向深度和广度发展，在国家两个文明建设中发挥更好的作用。

救　　灾

中国红十字会召开 2004 年洪涝灾害救助工作新闻通报会

中国红十字会负责人表示，今天，召开中国红十字会 2004 年洪涝灾害救助工作新闻通报会，目的有两个：1）通报中国红十字会执行委员会已经决定全国红十字会系统在国内发布 2004 年洪涝灾害救助呼吁；2）通报到目前为止中国红十字会开展的救助情况以及后续的救灾工作计划。希望通过宣传媒体传达给社会公众，得到社会各界的大力支持和帮助，从而进一步加大红十字会对受灾群众的救助力度，帮助他们渡过难关，尽快恢复正常生活。下面分三个方面向作以通报：

一、目前国内的基本灾情

根据国家民政部8月初的灾情通报：7月份，湖南、云南、河南、湖北、广西、重庆、四川、吉林、江苏、安徽、山东、贵州、甘肃、内蒙古等25个省（区、市）遭受暴雨洪涝以及因暴雨洪涝引发的滑坡、泥石流等灾害。受灾人口4893.3万人，因灾死亡194人，失踪63人，受伤20767人，紧急转移安置106.5万人，倒塌房屋16万间，损坏房屋64.3万间，农作物受灾面积356万公顷，绝收64.1万公顷，因灾直接经济损失158.1亿元。

今年洪涝灾害主要呈现出以下特点：一是没有发生流域性的大范围洪涝灾害，但局部极端气候事件导致山体滑坡、泥石流灾害发生频繁，人员伤亡和财产损失严重；二是灾害主要发生在山区，多为少数民族聚居区和贫困地区，灾区社会经济基础薄弱，损失成重大人员伤亡和财产损失；三是部分地区重复受灾，损失严重。如云南德宏州7月两次遭受严重灾害，均造成重大人员伤亡和财产损失。

截至7月31日统计，今年以来仅洪涝灾害造成全国农作物受灾面积527.5万公顷，其中绝收面积86万公顷；受灾人口7856.9万人，死亡462人，紧急转移安置人口144.8万人；倒塌房屋27.8万件，损失房屋104.2万间。因灾直接经济损失228.6亿元。湖南、湖北、河南、广西、云南5省受灾较为严重。

除了洪涝灾害之外，7月份还发生了的风雹灾，主要发生地在华北、西北和西南的部分地区，受灾较为严重的有河北、山西、陕西、贵州等省。农作物受灾面积104.5万公顷，绝收18.8万公顷；有1307万人受灾，死亡66人，紧急安置转移13.1万人，死亡264人；倒塌房屋14.5万间，损坏房屋148.6万件。因灾直接经济损失133.4亿元。

今年1－7月各类自然灾害造成全国农作物受灾面积1875.8万公顷，绝收175.8万公顷；受灾人口1.3亿人（次），因灾死亡737人，紧急转移安置169.9万人；倒塌房屋42.6万间，损坏房屋272.1万间。因灾造成直接经济损失449亿元。

中国红十字会总会已经先后收到24个省级红十字会的灾情报告，已经派出4个灾情考察小组分别对受灾最严重的湖南、云南、河南和广西灾区进行了考察。7月25日至29日，由我和红十字会与红新月会国际联合会、香港、澳门特别行政区红十字会以及总会有关部门人员到湖南省重灾区怀化市进行了实地考察。湖南省怀化、湘西自治州、张家界、常德、益阳、岳阳、娄底、邵阳等8个市（州）43个县（市、区）759个乡镇1200万人受灾，因灾死亡17人，受伤3505人。全省受灾人口达1572.4万人受灾，28人死亡，27人失踪，紧急转移安置近60万人；倒塌房屋4.7万间，损坏房屋20.3万间；农作物受灾面积78.8万公顷，绝收面积12.1万公顷；灾害造成直接经济损失61.4亿元。

7月26日至28日，总会和香港特别行政区红十字会的联合考察小组对河南省驻马店西平县、漯河舞阳县滞洪区及郾城县、南阳社旗县、内乡县、平顶山叶县进行实地考察。所到之处，看到大片农田及庄稼被洪水淹毁，村民住在帐篷里或搭建的窝棚里，被洪水淹没的房屋大多数正在清理当中，并有相当部分危房及倒房，水灾之后连续高温，造成低洼地段被污染的积水，散发着腥臭味，使灾区的环境更加恶劣。有的村民把抢收出来的一小部分被洪水浸泡过有些霉变的小麦还在晾晒，由于水源污染，部分村民仍靠捐赠的矿泉水维持日常生活。

二、红十字会开展的救助工作

灾情发生后，党中央和国务院高度重视洪涝灾害的预防和救助工作。中共中央总书记、国家主席胡锦涛，国务院总理温家宝等领导同志多次对救灾工作作出重要批示，国家副主席曾庆红、国务院副总理回良玉多次到重灾区进行考察并就抗洪救灾工作提出具体要求，确保做好今年防汛抗洪工作和安全度汛，妥善安排好受灾群众的生活。

中国红十字会作为从事人道主义工作的社会救助团体，救灾是我们的首要任务，坚持以人为本，从保护人的生命和健康出发，及时开展了救灾工作。7 月 22 日，总会给各地下发了《关于做好 2004 年洪涝灾害救助工作的通知》，要求各地红十字会积极投入当前的水灾救助工作，为迎接更大规模的水灾做好人力和物资准备。截至 8 月 2 日，根据中国红十字会自然灾害和突发事件救助规则，总会先后对内蒙古、云南、湖南、山东、江苏、广西、河南、湖北、贵州、四川、吉林、甘肃、重庆和安徽 14 个省区级红十字会的救灾工作给予了救助支持，总金额达 850.6 万元。其中有从我会在各地的备灾救灾中心调拨的消杀药 2641 箱、净水剂 1010 箱、棉被 6500 条、棉衣 2500 件和帐篷 50 顶，已全部发放到灾区。此外，还有约 480 万元用于采购大米或面粉，将陆续发放到灾民手中。在今年我会紧急救灾工作中，国家彩票公益金采购的备灾物资发挥了积极作用。

在整个救灾工作期间，我会一直同红十字会与红新月会国际联合会保持密切的联系，国际联合会的宣传代表已经两次到湖南灾区考察，并在国际联合会的网站上多次发表介绍中国红十字会救灾工作文章，使世界其他国家的红十字会或红新月会以及其他组织了解中国红十字会的水灾救助工作。此外，国际联合会已决定从其救灾紧急备用金中拨 20 万元瑞士法郎（约折合 125 万元人民币），用于购买粮食和棉被救助受灾群众。

在这里我特别要提到的是，内地的灾情引起了香港和澳门同胞的高度关切。总会已经受到香港特别行政区红十字会两笔赈济捐款，合计为 100 万元人民币，分别用于湖南、河南和贵州省的救助工作；此外，香港特别行政区红十字会还捐赠两批衣物，分别用于广西和云南的救助工作。澳门特别行政区红十字会前期捐赠的 156 箱衣服，价值 45.5 万元人民币，已经分别调拨给云南和江苏分发给受灾群众；另外澳门特别行政区红十字会还承诺捐款 35 万元用于内地的水灾救助工作。香港和澳门特别行政区红十字会还将有后续的行动，加大对内地灾区的救助力度。

在总会开展救灾工作的同时，受灾省份的红十字会也在积极对灾区的救助。湖南省红十字会在灾情发生后反应迅速，“6.23”灾情发生后，省红十字会启动了救灾预案，施行了 24 小时值班制度，省红十字会还自筹20万元的救灾物资下发到重灾区。7月28日，又下发物资80余万元（包括总会、香港红会、兄弟省的援助）。怀化市红十字会在第一时间赶到重灾区，查看灾情，收集灾情资料，连夜把救灾物资送到受灾百姓手中。当地红十字会积极组织募捐工作，组织会员和志愿者参与救灾。目前，受灾地区的各级红十字会已向灾区派出医疗队50支，救治伤员11200人。

云南省红十字会在7月5日接到德宏州上报的灾情，立即向总会汇报灾情，同时省会领导于7月6日亲临灾区，查看受灾现场，省红十字会及时调拨价值20多万元的消毒液、衣服、被子、矿泉水、方便面等物资，并购买了14吨大米用于救助灾民。灾害发生后，德宏州红十字会在及时向省红十字会上报灾情的同时，积极开展了募捐及救助工作。并于7月8日向州直单位发出了为灾区群众紧急募捐的呼吁，在州内开展募捐活动。7月6日至12日，已向瑞丽、陇川、盈江三县市红十字会紧急调拨了价值29万多元的棉被、军大衣、运动服、鞋、矿泉水、大米等救灾物资。

河南省红十字会高度重视今年的防汛救灾工作，在汛期到来之前就制订了救灾预案，并对全省各级红会组织进行了部署。灾情发生后，积极展开救助工作，及时向总会上报灾情，申请救灾物资；通过新闻媒体向社会公布捐赠热线，多方筹集资金，采购灾区急需的物资，迅速发往灾区。省红会和基层红会多次赶赴受灾地区考察灾情。截止7月13日，首批救灾物资：方便面4000箱、净水剂1000公斤、消毒剂1000公斤、抗菌消炎药品71箱，折合人民币：22万元。以最快的速度发放到受灾严重的漯河、平顶山和南阳市的灾民手中。目前，正在积极筹措第二批救灾物资发往灾区。全省各级红十字会已募集捐款捐物80余万元，尤其是受灾地区的舞钢市红十字会，仅一天时间就募集13万元，有力的宣传和扩大红十字会的影响，支持了灾区救助工作。

“一方有难，八方支援”是中华民族的传统美德，也是红十字会所倡导和践行的精神。北京市红十字会在开展本地区救灾的同时，还拨出15万元支援云南省红十字会开展救助工作。

灾区群众虽然得到了国家和有关社团的救助，省会得到基本安置，社会秩序良好，但由于今年灾情重，损失大，灾民生活和生产仍面临许多困难，急需全社会的关心和帮助。

三、下一步救助工作计划

7月30日，总会给各省级红十字会下发了《关于发布救助2004年洪涝灾害呼吁的通知》，号召各级红十字会积极行动起来，最大限度地动员社会资源，投入到当前的洪涝灾害的救助工作，使更多的受灾群众能够受益，为他们解决生活困难，为灾区的安定、团结做出贡献。依据《中华人民共和国红十字会法》开展募捐，今年的募捐主题是“捐一元善款，为灾民解难”。

通知要求各省、区、市红十字会要行动起来，积极开展救灾募捐工作。主要领导要亲自抓，要周密部署、精心安排，做到认识到位、组织到位和措施到位；做好宣传工作，开展各种形式的募捐活动。宣传工作要广泛、深入，体现以人为本的思想，要积极动员当地的新闻媒体和企业，为开展社会募捐筹划具体活动，形式要生动、多样、具有感召力；要积极和广泛动员社会力量，挖掘各种社会资源，拓宽募捐渠道，广泛募集款物，加大对受灾群众的救助力度，提高红十字会的救助效能，为政府分忧，为群众解难；要充分动员红十字会会员和志愿工作者参与募捐和救灾工作，发挥他们的聪明才智。不断提高红十字会救助工作的效率与质量；大力提倡非受灾的省（区、市）红十字会主动支援和帮助受灾省（区、市）红十字会开展救灾工作，并将有关情况及时报总会备案。受灾省要加大募捐力度，提高自救能力；募集的旧衣物要经过洗涤，有条件的地方要经过消毒后发给灾民，防止传染病发生；受灾省（区、市）红十字会要严格按照《中国红十字会自然灾害和突发事件救助规则》的要求，组织发放救助物资，严禁出现违规发放的现象，主动接受社会监督，配合有关部门的审计；在救灾工作中，当好政府的助手，以优异的救灾成绩，迎接中国红十字会第八届全国会员代表大会的召开。

中华民族向来有着“乐善好施，扶危济困”和“一方有难，八方支援”的优良传统，为了使受灾群众早日摆脱自然灾害给他们带来的困难，中国红十字会通过新闻媒体向社会各界呼吁“捐一元善款，为灾民解难!”同时，向社会郑重承诺：用好每一元善款，救助受灾民众并接受社会的监督。

中国红十字会将用所募集到的捐款，继续为灾区购买继续的救助物资，如粮食、衣服、棉被、净水剂、消杀药等。同时在资源允许的情况下，中国红十字会将参与部分灾区的重建工作，为灾区的重建发挥作用。

我们坚信，在党中央、国务院的坚强领导下，有全国人民的爱心帮助和支持，灾区人民一定能够战胜自然灾害，建设美好的家园。

宣　传

江亦曼在中国红十字会宣传工作座谈会上的讲话

（2003 年 9 月 26 日）

昨天，常务副会长王立忠作了很好的发言，他代表总会对中国红十字会宣传工作的重要性、取得的成绩和存在的问题及下一步怎样改进作了非常重要的讲话。红十字会与红新月会国际联合会的代表介绍了国际联合会的宣传战略。特别是听了北京、天津、上海、辽宁、山东、重庆、江苏等省、市红十字会代表的发言，非常受启发。中宣部葛伟同志到会，讲了宣传工作怎么样坚持与时俱进，更是受益匪浅。过去，我对红十字会的认识不够全面，了解得不多，总和卫生救护联系在一起。大家的发言，思考得非常深，创造了很多很好的经验。我听了以后非常有感触。我们基层的红十字会在这样一个条件下，还这样的敬业、奉献，弘扬红十字会的人道、博爱、奉献的精神，使我很受感动。当然，其他还未发言的省、市红十字会还要进行发言，有关部门还要就宣传工作发表一些讲话，大家还要进行讨论，特别是要讨论 2004 年宣传工作的指导意见，最后，孙会长还要对会议进行总结，这些都要按照程序进行。我有这么几点体会，想和大家一块儿交流。

一、关于宣传工作

（一）红十字会的宣传工作怎么能够做

到位，这是大家一直在讨论的问题，我认为有三个方面：一是要渗透；二是要结合；三是要贯穿。这对我们怎样提升红十字会宣传工作的地位至关重要。那么，所谓的渗透、结合、贯穿，实际上是两个方面的内容。

一是红十字会的宣传工作一定要服从、服务于党的中心工作，要服从、服务于各级党委、政府的中心工作，就是说，只有把宣传工作纳入到全局工作之中，我们才能够建设好红十字会。上海市红十字会的田永波、北京市红十字会的韩陆、天津市红十字会的韩军和辽宁省红十字会的刘琳娜同志的发言都谈到了这个问题。最近，我们都在学习“三个代表”重要思想，怎么能够渗透、协调到党的中心工作中，必须要和“三个代表”重要思想的学习紧密结合起来。通过学习、领会党的十六大文件和胡锦涛同志“七一”讲话精神，我认为红十字会的（人道、博爱、奉献）精神和“三个代表”重要思想是完全吻合的。这一方面，昨天，会长已经讲到了，我就不多说了。我们关心和保护人的健康，就是保护生产力、发展生产力；我们弘扬人道、博爱、奉献精神，也符合先进文化的发展方向；对于弱势群体的人道救助，与我们代表最广大人民群众的根本利益和发展好、实现好、维护好人民群众的利益是完全一致的。要想方设法把红十字会的宣传工作、宣传理念和中央所提倡的“三个代表”重要思想有机结合起来，并且渗透进去。

那么，从“三个文明”建设来看，红十字会的宗旨，完全符合中央提出来的加强“三个文明”建设的要求。从物质文明来说，不管是干细胞库建设、卫生救护、还是救灾备灾等，实际上都是为了保证物质文明的建设能够持续健康地发展。从精神文明建设来看，我们所要弘扬的红十字精神，完全和国家提出的公民道德建设是一致的。中央已经确定了 9 月 20 日是公民道德宣传日，上海市的领导班子能把红十字精神和城市的精神建设融合在一起，已经使红十字会的宣传不再局限于就事论事的宣传，而是将红十字会的理念和市委、市政府的整体部署结合在一起了。在精神文明建设当中，我们是虚功实做，我们的人道、博爱、奉献精神恰恰是和整个国家的公民道德建设、精神文明建设紧密联系在一起，我们有很多文章可做。从政治文明建设来看，党的十六大提出：政治文明就是要把党的领导、依法治国和人民当家作主结合起来。实际上，在政治文明建设中，在社会主义民主法制的建设中，一方面要扩大基层的民主政治，并通过法律形式确立下来；另一方面要随着政府职能的转变，社会团体及各种非政府组织的作用更加显现出来。关键不是领导没看到我们这些社会团体，而是我们社会团体的工作是否引起党委、政府的足够重视。我们在做渗透、结合、贯穿的工作时，一定要把宣传工作的立意定得高一些，救灾备灾、援助困难群体等都是我们具体的活动方式，最主要的是怎样把我们的理念和全党的工作重心、全党所关心的问题结合起来，这样我们的立意就高了。

（二）把宣传工作贯穿到红十字事业的全过程。在结合、渗透和贯穿中，从我们红十字会来说，从上到下都要有一个思想，就是要把宣传工作贯穿到红十字事业的全过程和贯穿到红十字会各项工作、各个环节中。宣传工作不只是事业发展部筹资宣传处的职能，应该是我们红十字会整个组织发展、事业发展、传统项目和新开拓项目中的一条主线，应该贯穿于全过程，贯彻到各个环节。大家回去以后，宣传工作的担子是非常重的。总之，能够把红十字会的宣传工作紧紧地贴到党的工作重心上，同时贯穿到红十字会工作的整个过程和各个环节，就能把宣传工作做活。

二、向谁宣传、宣传什么、怎么宣传

关于向谁宣传、宣传什么、怎么宣传的问题，提的非常好。我看了2004年宣传工作的指导意见，总的原则应该按照中宣部提出来的“三个先进”，以科学的理论武装人，以正确的舆论引导人，以高尚的精神塑造人，以优秀的作品鼓舞人。我们的宣传对象是非常广泛的。首先，应该向各级的党政领导包括人大、政协等领导宣传红十字会的宗旨、性质，面临的形势、任务，争取党政领导、人大、政协对我们工作的重视和支持。其次，要和宣传、文化部门搞好协调，使他们更加了解我们，在他们出台相关政策时，考虑到红十字会的宗旨。其三，很重要的方面就是向社会名人、企事业单位宣传，这是我们筹资的一条很重要的渠道。重庆市红十字会就能进入到旅馆里进行宣传，我们宣传的领域确实比较广。其四，要向社会宣传，真正让社会知道红十字会的作用，要通过各种传媒和各种先进的科学技术手段进行。其五，要向广大群众宣传，扩大影响，过去“有困难，找民警”，能否变成“有困难，找红十字会”。比如上海市对一超市职工的调查表明，群众对红十字会的认知程度达到了百分之七十，这是相当不简单的。从目前国内的宣传上看，在宣传对象上，我们还要把眼界放宽些。当然，还有一个外宣的问题，会长在讲话中也提到了，有一定的政治色彩。我们要坚持从以国家的根本利益、以维护国家的人权观出发。随着我国的入世、经济的全球化，将来内宣和外宣是没有严格的界限。在网络非常发达的情况下，要主动地做外宣工作。红十字会作为一个中立的组织，有着非常好的国际形象，我们可以用这块牌子，为国家树立良好的形象，这是非常重要的。至于宣传什么，大家都谈的很多，我就不更多地谈。

怎么宣传呢，中宣部葛伟处长说得非常好，宣传，就是要采取不同的对象、宣传媒体和不同的宣传内容进行。要把宣传工作提到一个比较高的层次，关键要根据不同的宣传内容，针对不同的宣传对象，这需要很好地研究。计划生育部门对宣传工作做得非常到位，不仅有一支宣传队伍，提出“三为主”的工作方针，还把宣传教育放在第一位，以宣传教育为主并设有宣传教育中心，专门制作宣传体裁的节目。我们的宣传工作要有“八靠”：一靠红十字会各级领导的重视。要把宣传意识贯彻始终。二靠活动。如一些节日、红十字日、红十字会法颁布的纪念日等一些重大的活动；又如今年的防非典就是一个非常好的机遇，搞活动一定要抓住机遇；明年的百年庆典就是一个非常难得的机遇，怎么能够抓住这个大的机遇，把红十字会的作用宣传出去，非常重要。百年是一个很难得的机遇。葛伟处长建议说“你们可以排一个很好的专题片——红十字在中国”来扩大影响，因为媒体是一个最广泛的一种宣传载体。三靠媒体。大家提到了很多，就不多说了，像江苏省红十字会和宣传部门的联席会议制度、成立新闻志愿者协会、小组等，利用媒体作宣传。四靠组织工作。红十字会人员少，不可能所有的活动都靠几个人做。一个是鉴于我们的人员，二是鉴于我们的能力，毕竟宣传工作是一门学问，我们应该做组织工作，要善于借助外力，包括宣传、策划，如果没有策划，我们费了很大的劲，起不到很好的宣传效果，我们的定位应是宣传工作的组织者，大量的工作要借助外力来做。五靠制度、靠规划。宣传工作要想做到有声有色、有条不紊，必须要有计划和规划，从总会来说，每年要有一个指导性的意见，宣传要点或者是宣传工作计划，对于各地方分会来说，也应该是这样。国际联合会提出了2010年的战略问题，我们也应该有相应的规划和计划。北京市红十字会的韩会长讲到了2008年的奥运会，虽然离我们很远，但是我们要是从现在开始入手，要有计划，不是盲目的开展。还有和相关部门的联系，包括内部宣传和业务工作联席会议制度、和外部的一些宣传。比如计划生育部门就和广播、电视、报刊、文艺团体等都签有协议、责任制，不论采取什么形式，我们最终还是要靠制度，起作用的还是制度。六靠建立一支比较宏大的志愿者队伍。这是社会团体最显著的一个特点。可以加强和企业的行业协会的联系，这是一个比较关键的问题。七靠自己的网络和队伍。现在大家都讲零时间、零距离报道，这是红十字会最大的优势，我们要打时间差，要赶在政府之前到达前沿，必须有一个零时间、零距离报道的观念，宣传工作才能做活。八靠精品意识。现在城市“一张纸”的宣传品（在农村还可以），已经不能满足需要，靠精品意识改进宣传方式，哪怕一年有一个精品都能把名字叫响。根据过去的一些经验和我们现在形势的变化，采取一些新的方法，把向谁宣传、宣传什么、怎么宣传，不断的拓宽、拓展。以上是我的第二点看法。

三、宣传工作如何坚持与时俱进

党的十六大报告对我们党的思想路线有一个开拓创新，原来党的思想路线是解放思想、实事求是，现在是解放思想、实事求是、与时俱进。与时俱进，就是党的全部理论和工作要体现时代性，把握规律性，富于创造性。这一思想路线的提出对于红十字会的宣传工作如何体现时代性，把握规律性，富于创造性，提出了一个很好的课题。我非常赞成天津市红十字会的韩军副会长讲的继承和创新的问题。虽然红十字会的历史非常悠久，但我们不能躺在悠久的历史上，而是要对百年的历史有个很好的继承，把传统继承下来，但是一定要结合市场经济、国家民主法制、改革开放的形势，更新我们的观念。要与时俱进，要把宣传作为一项文化事业来办并向文化产业的方向发展。另外，我们在加强工作研究的同时，要加强理论研究，不仅要做事，还要研究事。增加一定的理论色彩，我们的影响就会更大。与时俱进，确实有很多文章可作。现在大家讲的还是城市的（宣传），讲的还是直接受灾群众的工作。山东省红十字会的张心宝副会长已经提出了关于农村红十字会建设的问题。红十字会如何加强农村宣传工作，也是一个很重要的课题，毕竟中国绝大多数的人民在农村，我们的关注点还是应该在农村。昨天北京市红十字会的韩陆副会长说，刚一来，有一种亢奋的状态，我听了大家的发言以后，也有点亢奋的状态，红十字会的确是一个新的天地，是一个大有作为的天地，我的这些谈话纯属个人的认识和思考，本来不应该刚到红十字会来就“下车伊始”，但人在亢奋的状态下就想说话。就说这么多，不一定正确，如果有说得不对的地方请大家批评。希望老红十字会的同志多给我讲讲红十字会的历史、红十字会的现在和红十字会的未来。

社区红十字服务

孙爱明在社区红十字服务工作经验交流会上的总结讲话

（2003 年 11 月 29 日　成都）

各位代表：

中国红十字会社区红十字服务工作经验交流会经过两天半紧张的工作就要结束了。会议通过交流经验、现场参观和研讨，加深了对社区红十字服务工作重要性的认识，深刻领会了总会和民政部联合印发的两个文件的精神，统一了思想，开拓了思路，受到了启发，找到了差距，学到了经验和方法，增强了大家搞好社区红十字服务工作的信心。这次会开得很成功，达到了预期目的。

会上有 10 个省、市红十字会分别介绍了他们在开展社区红十字服务工作方面的体会和经验，参观了成都市高新区肖家河社区和宜宾市翠屏区社区红十字会的工作。回去后大家再把这些经验交流材料学一学。我讲几点意见：

一、把搞好社区红十字服务工作和理顺管理体制有机的结合起来

“七大”以后，总会领导班子的核心工作就是抓好理顺管理体制。大会、小会、各种会议都在讲，而且每年开一次理顺管理体制的研讨会。这个会结束后，还要在成都市召开省会城市、计划单列市理顺管理体制的座谈会，江书记会亲自参加这个会。理顺管理体制工作有进展，31 个省级红十字会已理顺了 30 个，占 97%，单列市和省会城市理顺了 17 个，应该说还是有很大的进展。为什么总会抓住这件事情不放，我认为这项工作是“红十字会法”所决定的，是红十字会性质所决定的，也是红十字会工作的需要。不能否认，多年来，卫生部门特别是卫生主管部门对红十字会的支持和扶持，使红十字会得到了发展。但是 1993 年“红十字会法”颁布以后，红十字会的性质从“人民卫生救护团体”改为“从事人道主义工作的社会救助团体”以后，大大拓宽了红十字会的工作领域。如果依然挂靠或依属于卫生行政部门之下，红十字会工作的发展必然受到限制。这就是“六大”所提出的红十字会工作的性质转变要求我们的体制也要转变。在卫生局下面，包括我们社区服务，开展一些和卫生相关的社区服务，可能会得到卫生部门的支持，超出这个范围，就没有能力支持你。所以我认为，理顺管理体制是一个基础性的工作。这个基础打不好，我们红十字会的工作，与时俱进和发展都会受到影响。这件事情不在我们，都在一些部门的党委和编制部门，但是我们要做工作。也不否认，红十字会部分同志对这件事情积极性并不高，有的同志认为理顺管理体制对个人没有什么关系，能有什么好处？我们也希望大家的职务都能提高，都能得到好处，但是对事业有好处的事大家应该积极去做。另外，从红十字会的性质来讲，红十字会是一个国际性的、中立性的组织，挂靠在政府的某一个部门下，也影响我们在国际上的声誉。我刚到红十字会时，听说联合会的代表到一个省红十字会去，省红十字会就在省政府大院内，联合会官员立即提出你们红十字会是独立、中立的，还是政府的？应该讲，理顺管理体制涉及到许多问题，所以，我们大家都应该做好这项基础性的工作。

二、关于开展社区红十字服务工作的条件问题

这里重点谈一谈资金问题。俗话说：理直才能气壮，财大才能气粗。红十字会筹措资金的问题是符合这两条的。红十字会的筹资有法律的保证，我们可以理直气壮的去筹资，因为“红十字会法”规定为了开展救助工作，可以开展募捐活动。现在有法的社团只有两家，一个是工会，一个就是红十字会，而依法可以筹资的社团只有红十字会。民政部也讲政府要逐渐从募捐的领域退出来，就是说以后某一个部门再和民政部联合下发文件开展募捐，难度就会越来越大。红十字会有法律，怎样把法律赋予我们的权限用得好、用得活、用到极限，作用就大了。募捐的问题总会非常重视，不但派出考察团赴国外考察，还专门召开筹资工作座谈会，很多省的同志都参加了。这里讲三个问题：

一是观念问题。我认为红十字会的有些观念还是传统的、计划经济的，和社会主义市场经济的观念还有很多不相适应的地方。刚才有的同志讲了等、靠、要的问题，这个问题在各级红十字会还有多少？我在几个会议上都讲到了河南省林县，有一条大标语，就是“观念的转变是最大的财富”。大家试想一下，中国如果不是转变了观念，如果不是在小平同志的引领下走上社会主义市场经济的道路，我们的综合国力能有今天这样强吗？大家的生活能像今天这样好吗？我们搞社区红十字服务工作也一样，比如开展一项针对空巢老人的活动，可以找企业也可以找个人捐款，组织青少年会员到老人家里，陪他聊天，这些不会花费多少钱。如果这件事情悄悄地去做，不会产生多大影响，但是与学校主管部门、与街道、与新闻媒体协作，很好地学习市场运作的有关知识，市场运作好，就会为社会所了解，得到社会的支持。如果市场运作不好，就像一粒石子掉到水里，引起很小的波纹，如果市场运作得好，就会像一块石头掉到水里，不但声响大，而且波浪大，持续的时间也长。我们开展社区服务的观念如何转变，像大家提出的开展社区服务免费和收费问题，免费的东西不一定都好，也不是唯一的办法。

二是要把筹资做成项目，要提出一个非常响亮的口号。如果我们只是提出要为社区红十字服务募捐，可能不会有人给钱。但是如果把这项工作搞成一个项目，像希望工程，像母亲水窖，等等，打出一个口号，我相信中国人都有爱心，都愿意为慈善事业贡献自己的力量。关键是能否找到这么一个口号打动社会、打动企业。所以要有一个很好的项目，形成一个品牌。像上海市红十字会开展的“千万人帮千家活动”；福建省红十字会开展的“救两条生命还一家幸福”活动就有一定的号召力，就能动员企业给我们捐款。

三是应该很好的利用红十字会的无形资产。这里也有一个解放思想的问题。企业与我们合作，也希望借我们的活动宣传他们。所以我赞成双赢或者是三赢，企业、红十字会、老百姓三方面都有益处。如果不能很好的回报企业，企业就不可能给你捐钱。在与企业合作前可以签订合同，双方达成共识。况且主动权在我们这里，一旦发现企业有损害红十字会的利益的情况，我们可以诉诸法律或者采取其他措施。红十字事业很圣洁、很崇高、很伟大，但没有人愿意与你合作也不行。利用红十字会无形资产问题，也不是一个简单的问题。比如，做一个广告牌，就可以在牌子上打出企业的名字，这并不是用于商业目的。这些都可以大胆的探索。如果不是这样，在当前社会公益募捐日益激烈竞争的形势下，我们肯定会处于落后的状态。

四是关于诚信的问题。现在国家提倡诚信的社会，我觉得红十字会应该是一个最诚信的组织。人家给你捐的钱，你要明确告诉人家你用这些钱都干了什么？不能做一锤子买卖，给钱的时候怎么都行，钱到手就我说了算，这样是不可以的。所以说，不管是救灾、救护还是救助，我们取之于民，用之于民，一定要公开、公正、透明，让捐赠者明白，让社会也明白。这样也会让人觉得把钱捐给红十字会很放心。募捐的问题，大家还是要多想点办法，多出点主意，特别是现在，中国的民营企业发展很快，但是民营企业向社会回报的力度非常小。这是一块很大的蛋糕，没人去切，也没人去吃。我们能不能想办法找这些人去合作，在社会上通过红十字会为他树立一个好的形象，这种双赢的办法也是可行的。当然，这个企业一定要是守法的企业，这是一个重要的前提。

红十字会开展社区服务，确实需要投入一些钱，我想三个渠道解决：总会努力给大家争取一些，包括彩票公益金，我们和财政部也在谈，能否谈下来我们尽力。希望大家用好现在的彩票公益金，只有这样，我们才能争取第二期的彩票公益金，要求各省一定要做到。第二，希望争取当地政府的支持。中央政府支持，地方政府也应该支持。红十字会法明确规定政府对红十字会的工作应支持、资助、保障、监督，政府应该支持红十字会，应该给红十字会一定的资金。我们要努力争取政府支持。

最后讲一讲资金的来源。广开渠道，多种形式地开展募捐工作，要发挥两个积极性：总会努力为大家创造更好的条件；地方各级分会按红十字会法赋予的职责筹措资金。这样我们红十字事业才能做大、做好，否则，只靠总会拨的钱是不能解决根本问题的。如果你的作为越大，政府对你越看重，我们要上下齐努力，调动两个积极性，把红十字事业做好做大，有为才能有位。

三、实事求是，因地制宜开展好社区红十字服务工作

现在的形势很好，总会和民政部联合印发了两个文件，有的省也与当地民政部门转发了这两个文件，有了一个很好的基础和前提。这些工作还需要抓落实，特别是要实事求是，因地制宜。各地的情况不同，社会的情况不同，经济发展的水平不同，社区所需要解决的问题也不同，各地红十字会本身的力量也不一样，要根据社区的力量，根据社区的需求实事求是地开展工作。文件印发了，但落实了多少，还有什么问题需要解决，希望大家做一些调研工作，比如当地民政部门对总会和民政部联合印发的这两个文件有什么看法，能否把我们的思想与当地民政部门的思想融合在一起；社区是怎么想的？千针万线最后都要插在社区这个针孔里。要在社区里搞出具有红十字特色的工作，一定要与居委会沟通，与他们取得共识，否则解决不了问题。所以说，调查研究除了社区老百姓的需求以外，他的主管部门的想法也要沟通。只有沟通了，才能感动他们，才能让他们了解红十字会，认识红十字会，感到红十字会做了这么多工作，从而支持红十字会的工作，各地红十字会都要做到这个程度。因地制宜要突出重点，千万不要简单的模仿，照葫芦画瓢的事是做不好的，一定要根据当地的特点。当前，社区服务工作的重点在城市，农村的工作要重视，也应该是红十字会今后发展的一个战略重点。有条件的地方可以在农村开展社区服务工作，没有条件的地方可以创造条件在农村开展社区服务工作，先把城市社区工作抓起来，然后逐渐地扩大。当然有些地方经济发展比较快，城乡差别小，农村社区红十字服务工作也要开展。还有一点，是和其他社团的关系。要与其他社团多合作，争作为，不争高低上下。看谁为社区老百姓谋的福利多，不要争你高我低。通过与社会公益社团的合作，使我们大家齐心协力把社区服务工作做好。最后，希望大家回去后要切实搞好社区红十字服务示范工作，这件事大家都很有积极性，也申报了很多的示范市、示范区。希望把这件事做实，不能搞形式主义。在验收的时候还要制定具体的规范，让老百姓得到实惠。希望能够以切切实实为目标做好示范工作。

关于下半年的工作还有一个月的时间，还有很多事情要做。世界艾滋病日的宣传活动，总会与北京和上海合作在两地分别进行，其他各地也开展了一些宣传活动。总会将在成都召开理顺管理体制工作座谈会，12月下旬还要开“送温暖”情况通报会。如果没有特殊情况，元旦过后，就要到有关的省开展“送温暖”活动。明年因为要换届，原定召开的理事会要与“八大”一起召开，总会决定明年初召开一次工作会议，对明年的工作要和大家一起讨论，作一些部署。

明年，中国红十字会将迎来百年庆典，各地红十字会是总会的分会，所以这也是大家的百年庆典。总会已成立了百年纪念活动筹备办公室，将遵循“隆重、热烈、简朴、办实事”的原则举办一系列的纪念活动。希望各地红十字会密切配合，形成合力，把纪念活动搞好。更希望各地根据实际，抓住这次百年一遇的机会，扩大影响，提高地位，开拓思路，筹办立意新、影响大、效益好的活动。通过办实事和形式多样的活动向全社会广泛深入地宣传红十字会法，宣扬红十字精神，扩大红十字会的社会影响，用实实在在的工作业绩，展示中国红十字会的风貌。

希望各位将这次交流会的精神带回去，向会领导汇报这次会议的情况。并且要认真研究出本地开展社区工作的办法，尽快着手实施，使更多的省市红十字会的社区服务工作纳入全国示范城市，成为典范。各省、自治区、直辖市红十字会要相对固定一名专门负责社区服务工作的同志，作为今后培训的人员。总会也将在以后陆续对这些人员进行培训。相信我们的社区红十字服务工作在政府的指导下，在各部门的协助和支持下会更上一层楼。

让我们再次向四川省红十字会的同志们表示衷心的感谢！

祝大家事业有成，身体健康，祝各位代表一路平安！

谢谢大家！

苏菊香在中国红十字会 2005 年工作会议暨全国社区红十字服务示范市（区）命名表彰大会闭幕式上的讲话

（2005 年 2 月 27 日）

同志们：

为期三天的中国红十字会 2005 年工作会议暨全国社区红十字服务示范市（区）命名表彰大会经过与会同志的共同努力，各项议程和任务已经顺利完成，会议开得圆满成功，达到了预期目的。现在我代表执行委员会作会议总结。

一、会议的基本情况和评价

这次会议是在全党和全国各族人民深入贯彻党的十六大和十六届三中、四中全会精神，我国国民经济持续快速增长，各项工作迈上新台阶的大好形势下召开的，是在全党开展保持共产党员先进性教育活动、促进各项事业蓬勃发展的大好形势下召开的。这次会议是一次更好地贯彻落实第八次全国会员代表大会，加快发展红十字事业的动员大会，也是一次对海啸国际救援行动进行阶段性总结、同时对社区红十字服务工作进行推动的大会。因此，这次会议意义重大。

开幕式上，中国红十字会会长彭珮云同志发表了重要讲话。彭会长充分肯定了“八大”会议以来全国红十字会工作出现的新局面。她指出，“八大”会议以后，各级党委和政府更加关心和重视红十字会工作，各级红十字会工作人员的积极性空前高涨，工作更加活跃，我们要十分珍惜目前的大好形势，继续保持和发展这个好势头，继续推动中国特色红十字事业健康、快速、持续地向前发展。彭会长特别强调要继续抓紧理顺红十字会的管理体制，为发展红十字事业创造必要的条件，要切实加强基层工作，夯实红十字会工作的基础，要建设一支精干、高效的队伍，为推进红十字事业的全面发展提供人才保障。代表们一致认为，彭会长的讲话高屋建瓴，语重心长，道理讲得实实在在，问题分析得非常透彻，为今后的工作指明了方向，使大家备受鼓舞。

江亦曼常务副会长代表常务理事会作了“工作报告”。报告全面回顾了 2004 年全国各级红十字会专兼职干部、会员和志愿工作者坚持求真务实的作风，发扬奋发进取精神所取得的骄人成绩，特别指出了全国各级红十字组织在纪念建会百周年到胜利召开“八大”会议的精神鼓舞中，在理顺管理体制、政府及相关部门重视支持、宣传工作、红十字社区服务、造血干细胞捐献者资料库的建设等重点工作取得了突破性的进展。报告还根据发展红十字事业的实践，概括总结出四条体会。同时实事求是地指出了目前发展中所面临的困难、挑战以及我们工作中存在的问题。同志们认为，江亦曼常务副会长的“工作报告”文风朴实，提炼性的内容新颖、鲜明，讲到的成绩令人鼓舞，提出：任务催人奋进，四条体会是我们工作实践的总结，有很强的真实感、指导性。2005 年的工作要点明确、具体。

同志们一致认为，彭会长的讲话和江亦曼常务副会长的“工作报告”，是贯彻科学发展观的重要文件，对于我们在新形势下发展中国特色红十字事业，做好各项工作，使红十字会在全面实现建设小康社会和构建社会主义和谐社会的进程中更好地发挥作用，具有十分重要的指导意义。

会议期间，总会和民政部联合表彰了28个社区红十字服务示范市（区）。受表彰的示范市（区）是社区红十字服务示范创建活动中的优秀典型，希望这些示范市（区）把荣誉作为新的起点，不断努力，再创佳绩。同时也希望各地社区要向受表彰的示范市（区）学习，学习他们成功的经验，积极开展示范市（区）创建活动，使社区红十字服务工作在国家社区建设中发挥更大的作用。

与会同志还听取了2004年度财务报告。在工作会议上提交财务报告，是“七大”以来的一次尝试，也是一次创新。大家反映，这样做，将进一步加大我会系统内财务工作的透明度与公开性，为更好地开展募捐，增强救助实力创造条件。这样做有利于我们依法接受政府的审计和社会监督，提高红十字会的社会公信度。

会议安排了8个地方红十字会介绍经验。8位同志从不同角度、不同侧面介绍了各自的工作成绩和经验，反映了他们开拓创新、求真务实的精神面貌，他们用出色的工作，扩大了红十字会的影响，提高了红十字会的社会地位，赢得了社会各界的广泛关注和支持，也赢得了与会同志的尊重，大家都深受感动。这些经验非常宝贵，会后，我们将把这些发言材料，编印成册，发给各地，使之能够充分发挥经验交流、相互促进和共同提高的作用。

刚才郭长江副会长作的《关于为印度洋海啸灾区募捐、救援情况的通报》，是对各级红十字会在印度洋海啸灾害的国际救援行动的一次阶段性总结。印度洋海啸的紧急救助工作对我会是一次机遇，也是一次考验，各级红十字组织、广大专兼职干部和志愿工作者在突如其来的国际灾难面前，发扬了人道、博爱、奉献的红十字精神，忠实地履行了职责，不畏艰辛，忘我工作，为树立中国负责任的大国形象、为充分表现中国人民的人道主义情怀做出了努力。这次行动考验和检验了我们这支队伍，实践证明，我们的表现是积极、突出、有作为的，我们的行动是迅速的，募捐效果是空前的，相信我们的经验在今后的救援行动中会更好地发挥作用。

会议期间，代表们参观考察了厦门市红十字会的“博爱超市”和思明区鼓浪屿服务站。大家一致认为，会议现场选得好，厦门市红十字会创建红十字示范社区的工作做得扎实有效，突出了以人为本的理念，用实际行动“动员社会力量，改善最易受损害群体境况”，实践了“三个代表”重要思想，凸显了红十字会在社区中的独特地位和作用。厦门市红十字会之所以工作这么扎实，有成效，影响这样大，一是市委、市政府对红十字会工作十分重视，十分关心，二是厦门市红十字会广大专兼职干部有良好的精神状态，他们牢记红十字会宗旨，心系困难群众，积极主动开展工作，创出了红十字会社区服务的品牌。厦门市开展社区服务的经验对全国红十字关爱进社区工作有重要的示范作用。

昨天下午，在分组讨论会上，同志们就彭珮云会长讲话和江亦曼常务副会长所作的工作报告、就如何落实2005年工作要点的措施、如何做好基层红十字会工作等问题进行了讨论。今天上午，我们又召开了两个专题座谈会，一个是各省级红十字会常务副会长座谈会，另一个是28个示范市（区）代表的座谈会，大家就各自的专题进行了讨论。

同志们精神饱满、情绪高昂、气氛活跃、畅所欲言，提出了很多很好的意见和建议。例如：用科学发展观促进红十字事业的可持续发展，加强对地方工作的指导；更新观念，创新传统的救助模式，研究建立经常性、人性化、规范化的救助机制；提高红十字会干部的素质，加大对专职干部的培训力度，把好进人关；积极开展先进性教育，解决信念问题，树立长期艰苦奋斗思想和远大志向；加强对红十字会理论的研究和加大宣传，提高红十字会的社会公信度；抓品牌，用项目促事业发展，增强实力；夯实基础，勇于创新；抓住"人道、博爱、奉献"红十字精神深入人心的教育，注重先进和榜样人物的带动作用等；社区红十字服务示范市区座谈会的代表大多来自基层，他们在会上相互学习、相互交流，开阔了眼界，增强了信心，表示今后要更加努力工作，再创佳绩。南京市红十字会提出回去后要与民政部门联合颁奖，并给表彰的示范区各奖励5万元经费，通过颁奖活动，扩大红十字会的影响，把创造示范市（区）工作再推向一个新的台阶。

二、会议主要收获

第一，必须以科学发展观来指导红十字会工作。党的十六届三中全会提出了坚持以人为本，树立全面协调可持续的科学发展观，十六届四中全会提出了必须坚持以保持党同人民群众的血肉联系为核心，坚持最广泛最充分地调动一切积极因素，不断提高构建社会主义和谐社会的能力。实践证明，中国红十字会从保护人的生命和健康的宗旨出发开展的各项人道主义工作，有利于扩大党执政的社会基础和群众基础，密切党同人民群众的联系，有利于促进改革开放、促进社会和谐稳定。与会代表在讨论中认为，我们必须自觉运用科学发展观来指导工作，要坚持以发展为第一要务，促进经济社会协调发展，协助政府搞好社会救助事业，保持社会稳定，促进社会和谐。要牢固树立以人为本的"为民"观念，维护好、发展好、保护好人民群众的根本利益，特别要关注最易受损害群体的境况。

第二，明确了2005年的工作任务。2005年是中国红十字会第八届理事会的开局之年，做好第一年的工作，完成第一年的任务，对顺利实施《中国红十字事业2005－2009年发展规划》，对完成今后五年的奋斗目标具有十分重要的意义。向这次会议提交的2005年度工作要点是根据五年发展规划制定的年度计划。要点在明确常规工作的基础上，特别强调了几项需要着力推动的工作，例如，要大力推进地市级红十字会理顺管理体制的工作；要加快改革步伐，努力形成符合社会主义市场经济和社会团体特点的运行机制；要继续加强红十字会基层组织的建设，进一步巩固和发展壮大红十字会员和志愿工作者队伍；要积极探索对外开放和社会主义市场经济条件下筹资的新路子，通过多种形式广泛建立筹资渠道，实现筹资方式多样化；要大力推进红十字青少年工作；要加强红十字会信息网络建设，等等。大家纷纷表示回去后一定要结合本地实际认真贯彻2005年度工作要点，着力抓好各项工作，稳步推进红十字事业的持续快速发展。

第三，要把实施人才强会战略，作为全会一项重大而紧迫的任务抓紧抓好。人才问题是关系党和国家事业发展的关键问题。我会在历次会议中也多次强调指出，要树立人才资源是第一资源的观念，努力建设高素质红十字会人才队伍。与会代表以对红十字事业高度负责的态度，认识红十字事业发展对人才的渴望，大家提出，人才工作要与时俱进，要根据理顺管理体制后的干部变化情况，加大对红十字专兼职干部，特别是领导干部的培训，要继续举办省级干部培训班，努力提高红十字系统干部的整体素质。根据红十字事业的特点，努力培养大批热爱红十字事业、有奉献精神、有较高管理和科学知识的社会活动家。

第四，更新观念、积极研究和探索开展基层红十字工作的新路子，不断拓宽社会救助领域。讨论中，与会代表认为，更新观念，探索新思路十分重要，只有把社区、学校、医院、企业和农村等基层组织建设好，紧紧依靠广大会员和志愿工作者，才能办好红十字会的事业，开创红十字事业的新局面。从这几年的工作实践中，我们可以看到很多地方结合实际，基层工作领域不断拓宽。山东省红十字会为贫困农民设立的补助金制度，这次受表彰的28个示范市（区）所开展的社区红十字会服务等工作，都在一定程度上为红十字会在基层开展工作开辟了新途径。社区红十字会工作，使红十字会真正面对基层和群众，充分体现了红十字人道性和普遍性的原则和人性化服务。通过抓贯彻、抓典型、抓推广、抓实效，不断推动社区红十字服务工作广泛、深入、持久地发展，融入构建社会主义和谐社会的总体目标之中是我们的努力方向，今后我们仍要不断尝试和摸索，先在一些领域稳步推进，逐渐创出真正属于自己的品牌。以观念的更新带动工作的创新，以工作的创新促进整个事业的发展。总会将召开一些专题研讨和座谈会，认真探索红十字事业发展的新路子，探索红十字在农村的发展空间，为中国特色红十字事业增添新的光彩。

三、关于会议精神的贯彻落实

我们开了一次很好很成功的会议，大家统一了思想，明确了任务，振奋了精神。我们要把这次会议精神认真贯彻落实好。首先，要继续切实抓好对“八大”会议精神的学习、宣传工作，通过召开工作会议或层层举办干部培训班等方式，学习、领会好会议精神，用“八大”精神统一红十字会系统的思想和行动。抓好对国务院办公厅通知的贯彻落实。二是各级红十字会要及时地把这次会议情况向各级党委和政府有关领导汇报。要召开会议传达这次工作会议精神。要认真组织广大干部和会员学习领会彭会长的讲话，落实江亦曼常务副会长在“工作报告”所提出的任务和要求。按照2005年度工作要点，结合本地实际，提出本地今年的工作计划。要抓住重点，攻破难点，取得实效。三是要加强调查研究，重点调研“八大”会议精神及国务院办公厅通知的贯彻落实情况；了解未理顺体制的红十字会面临的主要问题和研究解决办法；了解基层红十字会建设的新思路、筹资宣传工作长效机制的建立、志愿者队伍建设、会费收缴、信息化建设、国际合作项目的管理与交流等。希望各地也要深入调查影响本地事业发展的重大问题。总会建立联系点制度，是深入实际调研的尝试，目的是要加强总会同地方各级红十字会的沟通，深入实际了解情况，为总会决策提供可靠依据。各地的工作也要抓推动，抓落实，抓调查研究。四是要采取多种行之有效的宣传方式和手段，开展多种形式的宣传活动，积极向社会宣传红十字会在贯彻落实科学发展观和在构建和谐社会、维护社会稳定方面的特殊作用，动员更多的人参与红十字运动、支持红十字事业。

海啸募捐救援工作考验了我们红十字会这支队伍的能力，社会各界对我们的辛勤努力和奉献精神给予了极高的评价，我们要不负盛誉，一定要按照江亦曼常务副会长在座谈会上提出的要求，做好后续各项工作，特别要严格遵守国家法律法规，要把做好今后的工作提高到维护红十字精神的严肃性和荣誉的高度来认识，以高度的人道主义责任感办好这件大事。

最近，党中央举办了省部级主要领导干部提高构建社会主义和谐社会能力专题研讨班。胡锦涛总书记在研讨班上指出："要在推进社会主义物质文明、政治文明、精神文明发展的历史进程中，扎扎实实做好构建社会主义和谐社会的各项工作"。曾庆红同志对建设社会主义和谐社会理论与和谐社会建设实践作了深刻分析，对落实研讨班精神作了具体部署。党中央提出构建社会主义和谐社会的重大举措为红十字事业带来了良好的发展机遇。我们红十字会是从事人道主义工作的社会救助团体，是党和政府联系群众的桥梁和纽带，我们开展的备灾救灾工作、卫生救护工作，红十字关爱进社区和社会救助工作，就是通过我们红十字人的辛勤努力，增加社会的诚信友爱。我们致力于提高弱势群体的生活质量，激发他们对社会的热爱，增强社会的凝聚力，使维护社会安定和稳定的因素不断增加。我们红十字会系统一定要紧紧抓住构建社会主义和谐社会的机遇，认真研究总结红十字会工作在构建社会主义和谐社会中的地位和作用，找准定位，努力工作，以我们饱满的精神状态和实际行动，为构建社会主义和谐社会贡献力量。同时，在构建社会主义和谐社会的伟大进程中发展中国特色红十字事业。

同志们：我们这次会议得到了福建省委、省人大、省政府，厦门市委、市政府的关心和大力支持，福建省红十字会和厦门市红十字会也为会议的顺利进行做出了很大努力。天津天狮集团为推动社区服务工作对这次会议给予了支持。为此，让我们以热烈的掌声向他们及所有为会议付出辛勤劳动的同志们、朋友们表示衷心的感谢！

中国红十字会已经走过了一百年的风雨征程。忆往昔，峥嵘岁月；望未来，雄关漫道真如铁，而今迈步从头越！回顾中国红十字会的百年沧桑，每一位红十字人不禁热血沸腾！"红十字"这个神圣的称号赋予我们的不仅是对历史的荣耀与感慨，更重要的是责任和希望！让我们紧密地团结在以胡锦涛同志为总书记的党中央周围，高举邓小平理论和"三个代表"重要思想的伟大旗帜，巩固和发展"八大"会议以来的大好形势，统一思想，凝聚力量，开拓进取，扎实工作，为全面完成第八次全国会员代表大会确定的各项战略任务脚踏实地的一步步向前进！

最后，让我们共同祝愿中国红十字事业的明天更美好！

祝大家返程愉快！

谢谢！

无偿献血

彭珮云在2001—2003年度全国无偿献血表彰大会上的讲话

（全文见本年鉴文献篇）

彭珮云在献血员招募国际大会开幕式上的致辞

（2004年4月4日）

女士们、先生们，朋友们：

上午好！欢迎大家来到中国参加第九届无偿献血者招募国际大会。这次会议是由红十字会与红新月会国际联合会和世界卫生组织主办，国际献血员协会、国际输血协会和献血员招募协会协办，中国红十字会承办的大会，使来自五大洲的朋友们欢聚一堂，共同讨论交流宣传推动无偿献血及招募献血员的经验。我代表中国红十字会，代表2000万中国红十字会会员，对大会的召开表示最热烈的祝贺！对各国朋友和与会的各级红十字会、血液中心的代表表示最热烈的欢迎。

女士们、先生们，推动无偿献血，是为了保证医疗临床用血的需要和安全，保障献血者和用血者的身体健康，弘扬人道主义精神，促进社会文明进步。1998年中国人大审议通过了《中华人民共和国献血法》。这部法律颁布实施以来，在各级政府和有关部门的大力支持、积极努力和全社会的共同参与下，中国的无偿献血工作取得了长足的进展，全国绝大部分地区已经实现从有偿献血向无偿献血的平稳过渡。目前，中国自愿无偿献血占采集血液的比例已达61.3%。全国已有75个城市，如青岛、深圳、徐州、遵义、银川、哈尔滨的临床用血已经100%来自无偿献血。西部及少数民族地区一些城市的无偿献血工作发生了明显的变化。这些成绩的取得表明，由于政府对无偿献血工作的重视，中国红十字会等社会团体动员各界群众广泛参与，采取措施得力，无偿献血正逐渐成为人们的自觉行动，成为推动社会文明进步的标志。

宣传动员广大群众以及招募献血员推动无偿献血是红十字会宗旨所倡导的人道、博爱、奉献精神的体现。中国红十字会作为政府在人道领域工作的助手，依照《中华人民共和国红十字会法》和《中华人民共和国献血法》赋予的职责，高度重视和充分发挥红十字会在无偿献血宣传推动工作中的作用。为了做好献血员的招募工作，中国红十字会积极动员各级组织、会员和志愿者，通过广告、电视、宣传画、宣传手册等多种传媒手段和形式，宣传、普及献血的科学知识，宣传“红十字会法”和“献血法”。这些做法也是这次大会所积极倡导的。招募无偿献血员，大力推动无偿献血，符合红十字会倡导的人道、博爱、奉献精神。

《中华人民共和国献血法》明确了中国红十字会与政府部门共同开展无偿献血表彰活动，以推动无偿献血。中国红十字会、卫生部在1987年联合颁布了《无偿志愿献血奖励办法》，对在多次积极参加无偿献血的献血员、做出积极贡献的单位、城市给予表彰奖励，每两年表彰一次，注意发挥献血员的积极性和推动无偿献血的开展。这一办法明确了对献血员参加无偿献血达到8000毫升或40次、6000毫升或30次和4000毫升或20次的分别授予“无偿献血奉献金奖”、“无偿献血奉献银奖”和“无偿献血奉献铜奖”。对做出特殊贡献的单位和无偿献血总量达到临床用血量100%的城市进行表彰。这一做法调动了广大献血员的积极性，对推动无偿献血起到了重要的作用。到目前为止，中国已经召开了七次全国表彰奖励大会，受表彰的献血员2015人次；受表彰的单位74个；受表彰的先进城市168个。

今年是中国红十字会建会100周年，中国红十字会遵照国际红十字运动的宗旨，结合中国的实际，做了大量富有成效的工作。尤其是过去的2003年我们同全国人民一道战胜非典，在灾害救助方面发挥积极作用；中国造血干细胞库的建设有了长足的进展，已经提前完成入库十万份的任务；总之，我会在备灾救灾、卫生救护培训、推动无偿献血、宣传预防艾滋病及开展社区红十字服务等救灾、救护、救助领域都取得了可喜的成绩。我们将继续在政府的支持下，充分发挥红十字会在人道主义领域社会团体的优势，坚持以人为本和以经济建设为中心，牢固树立科学的发展观，促进社会物质文明、政治文明、精神文明协调发展。中国红十字会将继续大力弘扬人道、博爱、奉献的红十字会精神，继续努力宣传推动无偿献血，为宣传动员以及献血员招募营造良好的社会文明氛围做出更大的贡献。

女士们、先生们，我相信通过大会充分的交流，相互学习在无偿献血员招募方面的经验，一定会推动世界无偿献血事业的进程。我衷心希望大家在北京期间生活愉快，身体健康。

预祝大会圆满成功。

第九届志愿无偿献血者招募国际大会情况报告

（2004年5月10日）

一、会议概况

由红十字会与红新月会国际联合会和世界卫生组织主办，国际献血员协会、国际输血协会和献血员招募协会协办，中国红十字会承办的第九届无偿献血者招募国际大会于2004年4月3日至7日在北京召开。这次历时五天的主题为“多个国家，多样文化，一条生命之河——血液”的大会是一次生动活泼的、收获丰富的、使人难以忘记的会议。来自世界50个国家和地区的182位代表从世界各地汇聚北京，参加讨论交流招募无偿献血员和推动开展无偿献血的具体做法，介绍各国做好献血员招募，保证血液质量和血液安全的经验。代表中有各国红十字会和红新月会的工作人员、从事血液事业和血站工作的专业人员；国内参加会议人数84人，其中包括来自总会、卫生部、输血协会的代表和国内30个省级红十字会的专职干部30人和31个省血液中心的专业人员36人参加了会议。

全国政协副主席张思卿、中国红十字会会长彭珮云、中国红十字会常务副会长王立忠、卫生部副部长朱庆生、中国红十字会总会党组书记江亦曼和来自红十字会与红新月会国际联合会、世界卫生组织、国际献血员协会、国际输血协会和献血员招募协会的代表参加开幕式。彭珮云会长和王立忠常务副会长代表中国红十字会分别在开、闭幕式上致词。

会议以质量、动员和从有偿献血过渡到无偿献血；应用新工具：《招募献血员手册》；从有偿/家属替代献血到志愿献血的渐变，集中讨论中国经验；市场研究：献血员招募/管理/社会宣传；合作的影响；管理意外的公众献血潮六个主要议题进行全体会议发言和讨论。会议通过了红十字会与红新月会国际联合会的倡议，每年的6月14日为“世界献血员日”。今年世界献血员日的主题是：“献血，赠送生命的礼物，谢谢你们!”。

总会与香港特别行政区的代表作为第三次全体会议的主席共同主持了“中国经验”的发言和讨论。中国输血协会和来自北京、深圳、河南、福建及献血员的代表在大会上发言，介绍了我国开展无偿献血的现状和各地招募献血员的做法。来自不同的文化、经济和社会背景的与会代表，依照会议的主题，从不同的参与角度，交流经验、总结教训、分享成果。

大会还在天坛公园组织了风筝放飞和开幕式上红十字青少年歌舞表演以及参观北京市血液中心等活动，使会议内容丰富多彩。会议期间，在北京市红十字会的支持下，16名来自北京第二外国语学院和北京物资学院的志愿者热情为会议服务，受到各国代表的称赞。中国红十字会对大会的筹备以及会议的成功召开给予的支持，受到全体与会代表和联合会的好评。红十字会与红新月会国际联合会秘书长为此专门致函我会表示感谢。大会对推动无偿献血员的招募和无偿献血事业的发展产生了积极的影响。

二、主要收获

1. 做好志愿无偿献血员招募工作是开展推动无偿献血工作的关键

无偿献血员招募大会的成功召开，使人们普遍认识到，临床用血安全和采供血机构的血液质量管理工作，应该从志愿无偿献血员的招募和对献血员的关爱做起。各国家红十字会已经充分认识到做好献血员的招募工作和如何使他们继续在献血员队伍中发挥作用是十分重要的，是推动无偿献血，保证血液安全和生命健康的重要环节。

马其顿红十字会通过开展无偿献血宣传活动，使人们将参加无偿献血作为一种生活方式，因为他们知道，通过无偿献血可以挽救人的生命；尼日利亚红十字会对公众进行长期的宣传教育，请一些德高望重的人士或公众人物带头献血；英国红十字会对献血员、志愿者、献血活动的工作人员的突出贡献进行奖励并将此作为一种制度，这种做法对开展无偿献血起到很好的推动作用。

在招募工作中不仅要选择安全的（身体健康、体检合格）献血者，同时要在人群中长期开展健康教育，宣传防病知识，这样才有利于无偿献血群体的持续发展。就是说一要巩固保持现有的志愿无偿献血者队伍；二要通过我们广泛的、各种形式的宣传教育，发现新的志愿无偿献血者和群体，制定相应的招募策略，动员他们积极地加入到志愿无偿献血者的队伍中来，建立一支不断扩大的、稳定的志愿无偿献血者队伍。

会议还特别提供了英文版和中文版的《招募献血员手册》，为我会宣传推动无偿献血、做好献血员的招募工作提供了丰富的素材和经验。

2. 在开展无偿献血工作中积极发挥献血员队伍的作用

现有的、相对稳定的无偿献血者队伍是国家血液服务的支持主体，稳定的献血者通常还是最为安全的献血者。当有突发事件或灾害发生，需要有人献血时，他们是首先站出来作出反应的人群。要使他们在开展推动无偿献血工作中长期持久地发挥作用，保持稳定的献血员队伍。主要做法是使献血者得到公众认可并得到表彰奖励。如发放小的纪念品、徽章、证书也是不可缺少的鼓励方法。一些国家建立了“献血员俱乐部”，这是一种非常成功的做法。“献血员俱乐部”通过积极的活动，使献血员之间、献血员与民众之间增加了交流的机会，对保证血液质量、保障用血安全和满足血液供应起到了重要的作用，同时降低了经血液途径传播的疾病如 HIV 的感染率。

目前，我国的青岛市红十字会、深圳市红十字会等一些城市的红十字会积极组织献血员成立了“志愿无偿献血者服务队”。“志愿无偿献血者服务队”类似其他国家的“献血者俱乐部”，发挥了重要的作用。他们利用节假日或公休日到学校、社区、单位宣传献血知识、发放宣传单，到各献血点和献血车上为献血员提供各种服务。当发生紧急突发事件临床急需血液时，他们会根据需要很快地组织起来参加献血，保证血液需求。参加服务队的成员几乎都是多次积极参加无偿献血的献血员和无偿献血奉献奖的获得者，他们用自己参加献血的亲身经历，协助红十字会宣传推动无偿献血，服务社区，造福社会。

3. 加强了国际间的交流与合作

在总结大会上，与会代表就会议的主要内容和今后的工作方向进行讨论，并提出了“最终结论和建议草案”，呼吁国际联合会，各国红十字会和红新月会，世界卫生组织，各国血液部门和相关组织共同合作，特别是在宣传教育、信息交流、调查研究、质量管理等方面相互配合，以期达到在志愿无偿献血的基础上创建安全持久的血液事业这一总体目标。中国红十字会常务副会长王立忠在闭幕式致词中赞同“最终结论和建议草案”，并表示中国红十字会将为之做出积极的努力。

中国红十字会非常重视与国际及港、澳、台地区在推动无偿献血方面的交流合作。多年来，中国红十字会与日本红十字会、香港特别行政区红十字会及台湾血液基金会开展了血液项目的合作与交流。

中国红十字会将继续扩大与各国、各地区红十字会同行和其他国际组织的合作，认真学习各国的经验，认真研究献血员招募的策略，积极推进无偿献血员招募的实践。

三、体会和今后工作的打算

1. 依照《中华人民共和国红十字会法》和《中华人民共和国献血法》赋予的职责，协助政府积极参与宣传推动无偿献血是中国红十字会的业务工作之一。我们要认真学习和借鉴各国的经验、做法，各级红十字会要把宣传推动无偿献血工作摆上议事日程，认真研究如何进一步加强无偿献血宣传推动工作，加大工作力度。

2. 献血员招募工作是开展无偿献血工作的关键。红十字会宣传推动工作的立足点应是献血员的招募。通过在献血现场、学校、社区、农村各群体开展各种形式的宣传活动，组织“志愿无偿献血服务队”等固定献血员在活动中充分发挥作用，推动无偿献血工作的开展。

3. 在我国，经血液传播是艾滋病流行

蔓延的主要途径之一。做好招募献血员工作，保持稳定的献血员队伍，是保证血液质量的重要环节，也是防止经血液途径传染性疾病传播的重要环节。把宣传推动无偿献血工作同宣传预防艾滋病工作结合起来，通过各种形式宣传献血知识、预防艾滋病知识，通过开展志愿无偿献血，遏制经血液传播疾病的发生。

4. 注意在农村发展无偿献血员队伍

我国是一个农业大国，农业人口占大多数。《中华人民共和国献血法》颁布实施以来，我国已经全面实行了无偿献血制度。目前，我国大部分农村的无偿献血工作还是一个薄弱环节。在农村中宣传《中华人民共和国献血法》，宣传推动无偿献血，是形势需要，是我国输血事业拓宽领域的发展趋势。如何做好农村的无偿献血工作，招募无偿献血员，建立一支稳定的农村无偿献血员队伍，从根本上解决农村的临床用血，保证血液质量，遏制经血液传播的疾病的感染，是摆在我们面前的一项紧迫的任务。

动员中国红十字会广大基层组织和会员、志愿者，在农村中积极宣传推动无偿献血，是一项十分重要的工作。

河南省红十字会协助政府有关部门，在贫困地区、偏远山区，根据农村经济、文化相对落后，农民传统观念较深的现象，选择农民易于接受的宣传方式和手段，普及科学知识、消除思想顾虑，努力改变他们的传统观念。制定优惠的献血政策，使他们在献血后本人和家庭成员生病用血时，能减轻他们的经济负担。另外，献血宣传和献血车直接深入到村镇，对多次献血的献血员进行表彰和奖励，对于带动周围更多的人参加无偿献血是极为有效的做法。

5. 认真开展合作项目，做好同香港特别行政区红十字会的血液交流与合作。认真组织落实“中国红十字会北京无偿献血室”项目活动和协调市献血办、市中心血站开展工作有关事宜，充分发挥献血室的作用。项目省要有专人负责项目工作，按照项目要求积极开展工作。与台湾血基会保持年度的血液交流项目；认真组织赴日的血液交流培训项目。

6. 协助卫生部积极做好无偿献血先进的表彰奖励工作。指导各地红十字会认真填报材料，今年9月将召开2001至2003年度无偿献血先进集体、先进个人表彰大会。注意发现先进集体和先进个人的典型，宣传他们的事迹，推动无偿献血工作的开展。

7. 今年6月14日“世界献血员日”前，总会和卫生部联合下发通知，号召各地积极响应第九届志愿无偿献血员招募大会的倡议，利用各种形式开展无偿献血的宣传活动。

（总会救护与献血推动处）

艾滋病防治

江亦曼在2004年“世界艾滋病日”主题宣传活动仪式上的讲话

（2004年11月28日　长沙）

女士们、先生们、同志们、朋友们：

今年的12月1日是第17个“世界艾滋病日”。今年的宣传主题是“关注妇女、抗击艾滋”。在每年的“世界艾滋病日”前后，世界各国红十字会或红新月会将开展各种形式的活动纪念这个日子。今天，中国红十字会总会、红十字会与红新月会国际联合会、湖南省红十字会联合举办主题为“关注妇女、抗击艾滋——红十字在行动”的活动，以此纪念“世界艾滋病日”，唤起公众和社会对艾滋病问题给予广泛关注和参与，关注艾滋病对妇女的影响。

艾滋病是20世纪以来，人类面临的最严峻的挑战之一，它给经济的发展、社会的稳定、个人家庭的幸福带来了巨大的影响。目前，艾滋病已经传播到了世界的每个角落，并且还在进一步传播，艾滋病感染所涉及的范围远远超过十多年前人们最坏的预测，许多国家已经处于艾滋病严重流行期。2003年，我国卫生部与世界卫生组织、联合国艾滋病规划署共同对我国艾滋病开展了流行病学调查。初步分析表明，我国现有艾滋病病毒感染者84万人，其中艾滋病病人大约有8万人，我国艾滋病流行趋势还没有得到有效控制。近年来，艾滋病的流行呈快速上升趋势，流行范围广，局部地区疫情相当严重，疫情正在从高危人群向一般人群传播。艾滋病流行对一些地区经济社会发展的严重影响开始显现。我国的艾滋病防治工作正处于关键时期。

我国政府高度重视艾滋病防治工作，将它作为关系民族兴衰、社会稳定、经济发展和国家安全的战略问题纳入政府工作重要日程。2003年底，温家宝总理、吴仪副总理看望了艾滋病患者和医务人员，提出了“四免一关怀”的重要政策。2004年，国务院成立了防治艾滋病工作委员会，下发了国务院“关于切实加强艾滋病防治工作的通知”，召开了全国艾滋病防治工作会议。7月9日，温家宝总理发表了《全社会共同努力有效预防和控制艾滋病》的署名文章。这些都表明了党中央、国务院对艾滋病防治工作的重视程度和坚决遏止艾滋病流行的态度和决心。艾滋病的预防与控制工作需要全社会，包括非政府组织和全社会的积极参与。目前，由政府主导、多部门合作、全社会参与的艾滋病防治机制正在形成。

红十字会是国际人道组织。近年来，红十字会与红新月会国际联合会遵循红十字宗旨参与艾滋病预防和关爱艾滋病病毒感染者及患者的工作，加大预防艾滋病的宣传教育，积极倡导对艾滋病病毒感染者及艾滋病患者的关怀，反对歧视他们。

中国红十字会是国际红十字运动的重要组成部分，是国务院防治艾滋病工作委员会成员单位，是亚洲红十字会与红新月会国际联合会艾滋病工作网络成员，我们从实践“三个代表”重要思想、“改善最易受损害群体境况”出发，在艾滋病预防宣传及对病人的关爱方面做了大量卓有成效的工作，得到了社会各界及国际组织的认可。从1994年率先在云南开展的艾滋病预防青年同伴教育项目以来，目前已有16个省开展了预防艾滋病项目，更多的省开展了预防宣传活动。特别是近几年，总会与澳大利亚、挪威、荷兰、加拿大等国红十字会合作在几个省都开展了艾滋病项目。我们还与一些国际组织，如红十字会与红新月会国际联合会、联合国儿童基金会、世界银行等都开展了良好的合作。每年世界艾滋病日前，总会都精心安排，组织大型的宣传活动和看望慰问艾滋病感染者的活动。并向各省发出通知，做出部署。各地红十字会也都充分发挥自身优势和特点，利用我会已取得的经验和做法，开展形式多样的宣传教育和活动，为我国艾滋病防治工作做出了积极贡献，起到了政府的助手作用。像云南红十字会开展的艾滋病预防青年同伴教育项目得到了联合国秘书长科菲·安南的赞扬，新疆红十字会的项目得到了红十字会与红新月会国际联合会项目官员的好评。到2003年底，各级红十字会开展的艾滋病预防宣传及大众宣传活动受益人群已超过1000万人次。

今天，我们在这里进行主题为“关注妇女、抗击艾滋——红十字在行动”的宣传活动，一是要唤起公众对艾滋病问题的广泛关注和参与，进一步认识到艾滋病对妇女的影响，动员广大妇女行动起来，与全社会一道共同抗击艾滋病；二是呼吁社会、公众改变对艾滋病病毒感染者及患者的看法，他们是艾滋病受害者，是弱者，应该受到同情和关怀。在社会上倡导反对对艾滋病病毒感染者及患者的歧视，使他们也和正常人一样学习、工作和生活，享有应有的权利。同时，也动员他们积极参与到抵御艾滋病的队伍中，共同挑战艾滋病。三是在青年人中倡导树立健康的生活方式，让青年人远离艾滋病，使青年人成为抗击艾滋病的主要力量。

同志们、朋友们，艾滋病不仅仅是一个医学问题，更是一个社会问题。必须动员一切社会力量，共同抵御艾滋病，红十字会作为一个从事人道领域工作的组织，应在挑战艾滋病的斗争中发挥积极的作用。让我们携起手来，为人类最终战胜艾滋病做出积极的贡献。

谢谢大家！

苏菊香在中国红十字会艾滋病项目管理研讨会开幕式上的讲话

（2004年8月18日　太原）

同志们：

中国红十字会艾滋病预防项目管理研讨会今天在山西太原开幕了。首先，我代表中国红十字会总会对会议的召开表示衷心的祝贺，对各位的到来表示热烈的欢迎。国务院防治艾滋病工作委员会办公室计划督导部主任王维真专程从北京来为我们授课、山西省政府办公厅助理巡视员孙跃进同志亲临会议作指导、山西省红十字会的同行给予我们大力支持，让我们一并表示衷心的感谢。

大家知道，今年7月11至16日第15届世界艾滋病大会在泰国曼谷召开，有160多个国家近2万人参加了大会，大会的主题是“全面共享”，宗旨是促使所有的人都能获得与艾滋病有关的科学知识及预防与治疗服务和其他资源。大会强调了领导的责任，提出对不作为负责。在会上我们了解到，目前全球有3800万名艾滋病病毒携带者，去年就有290万人死于艾滋病；在亚洲艾滋病病毒以惊人的速度蔓延，全球新增的感染者中有四分之一出现在亚洲，会上安排有研讨，有交流，还有技巧培训。我、杨会新、李庆华代表中国红十字会出席会议，有关会议的详情杨会新部长还要介绍。我在这里不多说了。

在中国，自1985年我国报告首例艾滋病病例以来，艾滋病疫情在我国蔓延的很快，疫情上升趋势明显。2003 年，中国疾病预防控制中心会同有关国际组织进行了全国范围的艾滋病流行病学调查，初步分析结果表明，目前，我国现有艾滋病病毒感染者约 84 万人，其中，艾滋病病人约 8 万例，疫情波及 31 个省（自治区、直辖市）。我国艾滋病预防与控制任务十分艰巨。

面对肆虐的艾滋病，我国政府把预防与控制工作提升到关系民族兴衰、社会稳定、经济发展和国家安全的高度来认识，作为战略性问题提到重要的议事日程。我们看到近 2 年的工作力度越来越大。去年 12 月，温家宝总理、吴仪副总理看望了艾滋病患者和医务人员，提出“四免一关怀”的重要政策（对农村居民和城市经济困难的艾滋病病人免费提供抗病毒药物，对自愿进行艾滋病检测的人员免费开展咨询检测，对感染艾滋病病毒的孕妇免费提供母婴阻断药物，对艾滋病病人的孤儿免收上学费用，对艾滋病病人家庭提供经济救助）。今年 2 月，国务院成立了防治艾滋病工作委员会，3 月份，国务院下发了《国务院关于切实加强艾滋病防治工作的通知》，4 月份，国务院召开了全国艾滋病防治工作会议，会上吴仪副总理发表了重要讲话。7 月 9 日，在第 15 届世界艾滋病大会召开前夕，温家宝总理又发表了《全社会共同努力有效预防和控制艾滋病》的署名文章。文章提出了艾滋病防治工作要坚持的四个正确指导方针及重点抓好的六项工作。这些都表明了党中央、国务院对艾滋病防治工作的高度重视和坚决遏制艾滋病在我国流行与蔓延的决心。

中国红十字会是从事人道主义工作的社会救助团体，是国务院防治艾滋病工作委员会成员单位，我们从实践“三个代表”重要思想、“改善最易受损害群体境况”出发，在艾滋病预防宣传及对病人的关爱方面做了大量卓有成效的工作，得到了社会各界及国际组织的认可、赞誉。从 1994 年率先在云南开展的艾滋病预防青年同伴教育项目以来，目前已有 16 个省开展了项目，更多的省开展了预防宣传活动。特别是近几年，总会注重引进国外项目，如澳大利亚、挪威、荷兰、加拿大红十字会在几个省都开展了艾滋病项目，最近瑞典红十字会也来考察，有意与我们合作。我们还与一些国际组织，如红十字会与红新月会国际联合会、联合国儿童基金会、世界银行等都开展了良好的合作。每年世界艾滋病日前，总会都精心安排，向各省发出通知，作出部署。我会是红十字会与红新月会国际联合会艾滋病领导小组成员，在国际会议上也起着积极作用。各地红十字会也都充分发挥自身优势和特点，利用我会已取得的经验和做法，开展形式多样的宣传教育和活动，为我国艾滋病防治工作做出了积极贡献，起到了政府的助手作用。像云南红十字会开展的艾滋病预防青年同伴教育项目得到了联合国秘书长科菲·安南的赞扬，新疆红十字会的项目得到了红十字会与红新月会国际联合会项目官员的好评。这些都是我们的宝贵经验。到 2003 年底，各级红十字会开展的艾滋病预防宣传及大众宣传活动受益人群已超过 1000 万人次。

我们的工作取得了一定的成绩，但我们也面临着严峻的形势和巨大的挑战，艾滋病病毒感染者和患者人数不断增加，现已进入艾滋病发病及死亡的高峰期，艾滋孤儿问题也越来越突出，大众预防艾滋病知识知晓率仍很低，社会歧视问题还很严重，非政府组织参与、开展项目越来越活跃，对我们都是挑战，我们必须认清形势、面对挑战、找准位置，进一步提高认识，增强紧迫感和责任感，发挥我们红十字会的优势，在我国防治艾滋病工作中发挥更大的作用。

国务院下发的通知中有两处提到发挥红十字会等社团组织的作用，这是国务院对我会的信任，我们要不辜负国务院的期望，加倍努力地工作，在开展宣传教育活动中，在动员全社会健康适龄人员积极参加无偿献血，提高无偿献血率方面；在对艾滋病病毒感染者和患者的关怀方面多做工作。为贯彻落实国务院的通知，总会在4月22日向各省红十字会下发了积极开展预防艾滋病工作的意见，各地要根据意见精神，结合本地实际，提出具体安排，要以对党、对国家、对人民高度负责的精神，坚持以人为本，将艾滋病防治工作纳入重要议事日程，通过多形式、多手段，扎扎实实地做好预防宣传、关爱工作，在新的挑战面前有所作为，做出成绩。

今天我们召开的这次会议就是贯彻落实国务院通知的一个具体行动。我们要学习温家宝总理艾滋病防治工作署名文章，深刻领会文章精神，进一步提高认识，增强紧迫感和责任感；还要交流分享各地成功经验，提高各省做项目工作的能力；研究解决我会艾滋病项目管理中出现的问题；探讨如何在更广泛的领域里开展更多形式的工作，最大限度发挥红十字会在我国防治艾滋病工作中的作用，为我国的艾滋病防治工作做出更大贡献。

这次会议时间短，但内容很多，希望大家集中精力、认真学习、积极探讨、多提建设性意见。我相信，在大家的共同努力下，我们的会议一定能取得成功，我希望，通过这次会议，中国红十字会在我国防治艾滋病工作中一定会有更大作为。让我们携起手来，共同挑战艾滋病。

最后预祝研讨会圆满成功！

谢谢大家！

大型项目

造血干细胞捐献

中国造血干细胞捐献者资料库管理中心入库志愿者资料突破20万人份

在数字时代看似单纯的每一组数字的背后，也许就有着绝对超强的支撑力和民众绝对的向心力；早已经有NGO研究者说："市场充满自由；政府主导平等；社团彰显博爱。"在市场经济的条件下，由政府主张并支持，鼓励社会团体专攻社会难题，今天又有了成功信息。

中国红十字会直属中国造血干细胞捐献者资料库管理中心，于11月26日，再一次经媒体发布通报：入库志愿者资料已经突破了20万人份。

这一信息伴随网络，只在瞬间传遍世界；我们眼前也自然就发生了一连串的动情点。然而，不在现场又如何能感受得到现场的气氛呢，这里，记者向您重点描述的是新闻通报会现场分镜头——

动情点之一：谁是第 20 万个人？

他叫阎涛，现年 39 周岁，是一个绝对可以称得上帅气的人民警察，供职于黑龙江省戒毒劳教所。平日里，他所面对的人在心理和生理上多有缺陷，是一些违法者甚至于犯罪者，是世界范围内都棘手的工作。

于是，记者看到，他在现场被媒体人包围的那一刻，依然显得十分镇定。他说："捐点滴血，献博爱情，是人民警察的职责和义务所在，我一定在最需要我的时候兑现我的承诺！"是的，他的话没有人丝毫地怀疑过，他曾四次无偿献血。

中国红十字会会长彭珮云当场向他颁发了——"捐献造血干细胞荣誉证书"。

20 万志愿供者，在为无血缘关系陌路人的生命延续与生活质量时刻准备着！

动情点之二：谁和谁最想见面？

最早登台亮相的人，现在南京气象学院信息管理专业大二读书，名叫宋璟。嗬，好老成的名字，此刻的他，却颇有青春活力地向公众表示："学习上没问题，医院基本不去……"

说这话可不能开玩笑。

2002 年，江苏淮安 19 岁的宋璟，被北京大学人民医院确诊为：骨髓异常综合症。

医院方为患者向上海分库申请检索配型。很快，得到消息，不仅检索配型成功，而且供者表示同意。经过高分辨确认实验和对供患双方体检，京沪两地医院联手成功地完成了采集并移植。时间为当年的 7 月 15 日。

没有忘记这个日子的人不光是宋璟。和记物业（上海）有限公司，有一个做助理工作的年轻人，他叫王正跃，今年春天当的爸爸，他说："生的是个儿子。"他说这话的时候，欣喜之余带有几分责任的口吻，他习惯于面对责任了，而且以平静的心态去表达。

2002 年 7 月 15 日，王正跃在上海华山医院被采集了造血干细胞之后，休息一星期就上了班，又过 4 个月结的婚；再就是今年的 3 月 5 日，已是为人之父。他这样说是想表明，他捐造血干细胞是一件平常事，对身体无害。

谁和谁最想见面？此刻，31 岁的王正跃、21 岁的宋璟终于相见。两个未曾谋面、即使走在街上也绝不相识的人拥抱在一起——他们早已经是血脉相连的兄弟了。

动情点之三：谁和谁最有缘分？

辽宁辽阳灯塔市广播电视局汽车驾驶员张德柱，2003 年 5 月的一天，开汽车送同事报名捐造血干细胞，被当时的场景所感动，自己也成了一名志愿者；需求者邹隆锦，是重庆金鹏物业（集团）有限公司办公室主任，被确诊为慢性粒细胞白血病，与其亲属配型不合，于同年 7 月 18 日上网求助，并附了本人 HLA 分型报告单。三个小时后这一信息被管理中心下载，经过检索张邹二人配型相合，进入通知、认捐、实验、体检、采集、移植流程……

别看事情都凑巧，却惊动了全中国：先是解放军第三军医大学西南医院为患者确诊，再有管理中心迅速检索配型，经辽宁省分库联络供者，由沈阳医科大学第一附属医院采集，送解放军 307 医院移植……5 月的志愿者，7月的求助者，9月供患者被采集移植，一环紧扣一环，环环紧紧相连；偶然性中存在必然性，这绝对是有准备之仗。

谁和谁最有缘分？25岁的张德柱、40岁的邹隆锦，二人相见又拥抱的同时，还有一番称兄道弟不说，原来张德柱为A型血，邹隆锦为O型血，现在二人都是A型血了……真正的手足啊！世间，还有什么比这一亲缘更为纯粹的人际关系呢?!

动情点无穷：谁是第50万个人？

首例造血干细胞捐献者孙伟、首例跨国造血干细胞捐献者吴渝，是媒体频繁报道的公众人物了。他们又一次为这项工作发出呼吁。当现场主持人之一、中央人民广播电台播音主持杨曦，以捐献者身份向孙伟问话时，孙伟不无幽默地回答说：“最早我只相信，医生能把病人治好，绝对不会把健康者治坏……”在场的领导、院士、医生、记者都大笑着鼓起掌来。

在新闻发布会现场，中国工程院院士陆道培、胡亚美等应邀在每一次供患者相见时讲话，他们亲历了中国造血干细胞捐献者资料库自2001年重新启动以来，在政府有关部门和社会各界的支持下，所取得的快速的发展。他们如数家珍地讲述了一个个感人的事例，代表医生向捐献者们鞠躬，更为曾经的患者祝福。

中国红十字会常务副会长江亦曼讲话指出：这是中国红十字事业的一项重要工作，方兴未艾，任重道远。据统计，我国有近100万需要等待造血干细胞移植来救治白血病的患者，我们至少应建设50万人份以上的资料库，才能基本满足临床移植的需要。希望政府有关部门及社会各界对资料库的建设与发展给与大力支持；希望有更多的健康适龄公民参加到捐献造血干细胞志愿者的行列。

动情点无穷，用数字说话：截至11月末，中国造血干细胞捐献者资料库经过三年时间的努力，已提供检索服务5800多人次，成功配型1600多例，有184位志愿者捐献了造血干细胞，仅今年就有100位志愿者兑现了承诺；还为美、加、新、英、法、德、澳、挪、日等国家以及台湾地区的患者提供检索服务50多人次，10余位患者得到成功配型……

然而专家陈虎指出，尽管配型成功也有不幸者移植后未能奏效，移植成功率约占60~70%。他说，我们医生感谢社会的方方面面，感谢所有的志愿者，更要感谢科学，尊重和运用科学，同时期待库存稳步增容……谁是第50万个人？人们将付出更多的关爱与辛劳！

（李兰颂　冯志国）

彩票公益金项目

中国红十字会彩票公益金救护培训项目执行情况报告

（2003年度）

2003年是中国红十字会救护师资培训项目执行的第一年，是中央财政统筹安排的中国红十字会总会人道救助项目三个子项目之一。安排和执行这个项目的目的是：履行《中华人民共和国红十字会法》赋予的职责，贯彻落实中国红十字会总会、卫生部、教育部等15个部门《关于中国红十字会广泛深入开展卫生救护培训工作的通知》，为全国红十字会系统有计划的培训救护师资人才，建立和储备中国红十字会稳定的师资队伍，改变过去普及救护员培训中师资力量不足的状况，落实“四统一”的目标，推动全国红十字会系统救护培训工作的全面开展。

中国红十字会各地分会以及各级组织对执行救护培训项目有极大的积极性，认为中央财政能在公益金中拿出经费支持中国红十字会开展救护培训项目是国家对红十字会工作的极大支持。各地分会对执行项目十分重视，专门研究、落实组织、制定职责、积极开展培训项目。全国31个省、市、自治区红十字会在积极完成2003年抗击非典接受和分发款物工作的同时，基本按期完成了培训项目工作，现将有关情况汇报如下。

一、项目计划

2003年为项目第一阶段，总经费1200万元。

1. 总会本级经费为500万元——即2003年计划完成的编印教材100万元，教学挂图60万元，宣传展板157.5万元，宣传画42.5万元，举办师资提高班20万元（培训骨干师资96人），培训班100万元（培训师资800人）。

2. 31个省级分会经费为700万元举办175期师资班，培训5600名师资人员。

二、项目执行情况

1. 在2003年抗击“非典”中，中国红十字会受政府委托接受国内外政府、组织及社会捐赠，总会具体执行项目部门承担了抗击“非典”接受及分配使用捐赠款物的工作。中国红十字会总会和地方红十字会共接受境内外捐赠的款物折合人民币6.85亿元（其中总会接受了1.28亿元）。以上款物全部按捐赠者的意愿及时送到抗击“非典”一线，突如其来的抗击“非典”的工作推迟了项目的执行时间，使项目工作受到了直接的影响。一是全国抗击“非典”，项目款拨付的比较晚，年底前才逐渐到位。二是因北京存在严重的疫情使与各省人员交流受阻，无法往来沟通。影响总会本级和分会的项目执行。三是总会和各地分会赈济救护的业务部门既是主要承担抗“非典”工作部门，又是彩票公益金的执行部门之一。就是在这种困难的情况下，总会及各省级分会克服困难，努力工作，在经费尚未到位的情况下完成了教材的编写工作，同时制定教学大纲、印制救护培训师资证件，执行项目经费为732967.30元，并筹措资金购置教学模型等教具，提早做好培训开班的准备工作，在疫情缓解后的9月份即举办了中国红十字会彩票公益金师资培训项目的提高班两期，执行项目经费123790.00元，为31个省级分会培训了96名骨干师资。我会根据工作的缓急，对项目计划进行了调整，将教学挂图、宣传展板、宣传画、25期次的培训班延期安排在2004年完成。

2. 2003年项目计划经费为1200万元，为更好和快捷地开展工作，根据各省级分会的情况及时制定并下达计划指标。各省级分会项目经费已于年底前到位，江苏省项目经费2004年到位，山东省经费至今未到位。大部分省级分会在接到总会下达的计划指标数后，即先期垫付执行，在2003年完成125期培训班，但有些省级分会经费有限无力垫付，只能将项目延期至2004年。

截至2004年8月底，总会本级项目完

成22期培训班，共700名各地红十字会师资参加了培训，执行88万元；教学挂图及宣传展板制作执行计划2146210元，共执行计划3026210元。

3. 2003年年度执行项目经费为5865343.30资金的48.88%。2004年执行2003年度延期项目金额为5017624元，约占计划经费41.81%。两年共执行2003年年度项目计划经费共10882967.3元，以总经费1200万元计算，约占90.69%（不含20万元配套费所占约1.67%比例）。

培训师资人数达6684名，超计划人数188名。

三、项目质量

1. 坚持四统一的原则

总会编印制作的统一教材、教学挂图、宣传展板以及制定的教学大纲，从教学内容、质量标准、及教学计划、考核方式与标准上规范了整个教学过程，大大提高了教学水平和质量。特别是中国红十字会印制的救护师资教材，既符合专业救护知识的要求，又兼顾到群众性普及性和我国国情现状，填补了国内此类教材的空白，解决了中国红十字会缺少统一的师资培训教材的问题，受到了各地红十字会和社会的普遍好评，也受到参加培训班的香港特别行政区红十字会的救护师资人员的称赞。

2. 师资共享

为保证培训质量，在地方的师资培训班我们采取了以当地师资为主，总会及其他地方师资结合，中国红十字会救护培训师资共享和互动交流的方式，取得了满意的效果。在总会的华南地区第二期培训班上，除当地的师资和总会两名师资授课外，还请广西壮族自治区红十字会副会长方南亭（广西师资），中华急诊医学会常委、广东省红十字会师资关秉贤进行互动交流，在培训班上承担课程。这种做法集中了师资资源，弥补了某些课程授课力量不足或偏弱的缺憾，实现了教学资源的共享，保证了师资的整体水平和培训质量。

3. 注重实际操作技能

中国红十字会培训重点是现场的、初级的、群众的救护技能。我们始终强调师资培训实操课是重要环节。总会除在北京举办培训师资提高班外，每到一个地方，首先抽出时间重点训练当地的实际操作师资的授课技能。规范教学及考核方法、标准和技巧，保证师资在培训救护员的工作中实际操作课程的质量标准。注意对实际操作课程暂不具备一定的条件的红十字会提出要求，积极出谋划策争取达到标准。

4. 不断评估改进工作

每一期培训班结束，都要组织参加培训的学员召开座谈会，对培训的组织、教学、考核、授课技巧、培训班的服务等情况广泛收集意见。按照培训班的统一要求，向学员发放评估表。评估表的回收率很高，大家对彩票公益金救护师资培训班十分关注和支持，刚刚结束的华南地区培训班（湖南、湖北、广东、广西、海南）的学员192名和西南地区培训班（云南、贵州、重庆、四川、西藏）192名学员对培训班的满意率达到98%至100%，教学、教材、课程安排各项的满意率都达到97%以上。

四、项目效益

1. 项目的执行解决了各地红十字会在培训高水平师资中存在的严重经费不足的问题，一批掌握专业知识，有教学经验，热心于红十字志愿服务的教学人员在参加培训后参加师资队伍，全面提升了红十字会救护师资水平，从根本上改善了师资严重不足的现状，为救护员的普及奠定了良好的基础。

2. 项目的执行带动中国红十字会总会等“15部门文件”中提出的“统一教学计划、统一教材、统一质量标准、统一考核发证”的“四统一”目标的实现。在救护师资培训中首先完成了“四统一”，带动了救护员培训教材、教学大纲、考核标准及证书的统一工作。

3. 培训促进地区间的交流。许多师资人员在当地都有授课的经验，但因各地情况不一样，存在很多差距。特别是一些经济欠发达地区的师资人员，授课水平及质量较低，经过学习培训和师资共享等措施，特别是与先进地区师资人员的交流教学开阔了眼界，促使教学知识、理念、技巧的更新。

4. 项目执行推动了红十字会系统救护培训基地的建设，现北京、河北、内蒙古、辽宁、上海、浙江、湖南、重庆、贵州、云南10个省级分会在已成立的培训中心专门做培训工作的基础上，积极开发救护培训的功能，在很大程度上增强了培训能力。有一些基础较差的省级分会如甘肃等还筹措了部分资金购置教具（模拟人），增强教学能力。

5. 目前，社会上对救护员培训的需求越来越大，一些行业系统如石油、石化，一些外企、国有大型企业，一部分劳务输出机构，都要求红十字会对职工进行培训。公益金项目的执行，有力地支持了红十字会的这项功能，适应了社会的需求。

五、存在问题

师资培训项目的实施，为中国红十字会广泛深入开展救护培训工作创造力积极有力的条件和开拓了极好的前景。在实施过程中，总会及各地都还有一些实际的问题亟待解决。

1. 举办救护师资培训班以及开展救护员培训，需要培训场地、培训设备，尤其是教学用的模拟人等教学器具。有些省级红十字会今年刚刚理顺管理体制，机构、编制、人员、经费单列，经费不足，很难拿出经费来购买有关设备。教学设备满足不了培训班的要求，一两具时间久远的功能不全的模拟人，难以使中国红十字会统一的培训标准落实到实处，难以实施培训项目。

2. 没有固定的培训场所也是影响培训质量的重要因素。培训场所不固定，往往在有限的培训班资金中还要支付租用场地、房间等费用，并且受不固定的因素影响太大，使培训质量受到影响。

3. 在各地的培训中发现，有些学员不具备做师资的条件，掌握不好讲课技巧，也写不出合格的教案；有些学员年龄偏大，有些学员参加培训班的目的不明确。各地红十字会在选择学员时应统筹规划，推荐真正热爱红十字事业，热心奉献的红十字会专干和志愿者。

4. 师资队伍有待规范成熟。地方师资中有些是经过总会培训的，有些未经总会培训，授课水平参差不齐；有些专家级的师资，资历职称较高，但授课时使用学术语言太多，方式也较呆板，需进一步加以规范，改进教学方式；尤其是实操课程教师，讲授及考核方式、技巧都需贯彻统一标准，规范方法，希望在复训班和提高班中得到解决。

2004 年 8 月 10 日

公益金救灾备灾（救灾物资）项目执行情况报告

（2003年度）

一、项目基本情况

1. 项目单位的基本情况

中国红十字会是政府在人道救助领域的助手。《中华人民共和国红十字会法》把救灾备灾列为中国红十字会首要职责。赈济救护部是红十字会负责灾害救助工作的主要部门，也是中国红十字会公益金备灾救灾子项目的执行部门。

2. 报告期项目的基本情况

自项目执行之日起至2003年12月31日，该项目2835万元的物资采购工作已完结。根据灾情和需求，粮食已全部发放，棉被、棉衣、帐篷、净水剂、消杀药大部分发放，剩余部分存储在总会备灾中心。

二、项目执行的基本情况

1. 项目的进展和调整情况

该项目主要内容是采购救灾备灾物资，然后根据灾情和需求发放给当年中国各地自然灾害受灾地区，或是储存在总会备灾中心。物资的招标、采购工作由总会机关服务中心负责，分配计划由总会赈济救护部制定后报总会执委会确定，分发工作由受益省各级红十字会具体执行，总会赈济救护部对发放情况进行监督。在各方的共同努力下，项目进展顺利，既定方案没有调整。

2. 项目的完成情况

该项目各类物资的采购工作已全部按计划完成。截至2003年12月31日，项目共采购粮食（米、面）9477.44吨（价值1680万元），棉被39841床（价值200万元），棉衣39216件（价值200万元），帐篷1857顶（价值300.9万元），消杀药4983箱（价值139.5万元），净水剂3312箱（价值314.6万元）。其中粮食已全部发放，棉被发放了25600床、棉衣发放了23920件，帐篷发放了722顶，消杀药发放了1896箱、净水剂发放了1190箱，其余部分储存在总会的备灾中心。发放物资合计2213万元（占78%），储存物资合计622万元（占22%）。

3. 项目总投入、资金到位情况

项目采购物资款共计2835万元人民币（不含备灾中心仓储、搬运费30万元）。该款全部、按期到位，保证了项目的顺利进行。

4. 项目款物使用、结存情况

项目款已全部支出，无结存。

5. 项目主要效益情况

该项目在去年红十字会的自然灾害救助工作中发挥了重要作用。去年我会赈济救护部共收到全国22个省级红十字会的灾情报告，我们调拨公益金项目物资援助了18个省级红十字会的救助工作，使得75.16万灾民受益。

救助物资包装上均印制“红十字标志”和“国家彩票公益金资助”字样。在物资发放过程中，各级红十字会注意宣传红十字精神和福利彩票造福人民的理念，使受益群众知道物资的来源，感受到政府的关爱和红十字会人道精神。

6. 制度执行情况

为了保证公益金项目的顺利进行，总会制定了《中国红十字会总会彩票公益金管理办法》、《中国红十字会总会彩票公益金项目支出绩效考评实施办法（试行）》，赈济救护部也向项目受益省红十字会发出了《关于加强救灾物资分配管理的通知》。项目执行中，各有关部门严格按照以上办法和通知的要求执行物资的招标、采购、分配工作。

7. 项目执行中存在的问题及改进措施

救灾粮在运输中，个别批次出现破袋散漏和受潮变质的问题。我们要求供货商及时更换了有问题的粮食，保证灾民吃到放心粮。

8. 其他需要说明的问题

无。

三、项目后续工作安排及工作建议

我部将根据今年的灾情和灾区需求，继续分发存储在各备灾中心中的物资。

粮食不宜储存，一般都是在灾害发生后才进行招标采购。帐篷、棉被可以在年初招一次标，一次性采购预算所列全部物资存在备灾仓库中，根据灾情分批调拨；而粮食则要根据灾情分批多次采购。多次采购就意味着多次招标。公开招标所需时间较长，往往粮食运到灾区时已经不是最紧急阶段了。建议简化招标程序，具体做法是：一次招标分片确定多个入围供货商（如华东 1 个，华北 1 个等）；根据某一次灾害发生地区确定此次物资供货商（如山东受灾，就选择华东的供货商）；价格随行就市，体现对红十字会的一定优惠。这个办法在我会其他救助项目中已经得到实践，效果很好，确实节约了时间，使广大灾民得到了实惠。

伍

总会篇

蕉荫著本草 （中国画） 刘大为 作

▲救死扶伤（书法） 赵朴初 作

▲红实图（中国画） 石虎 作

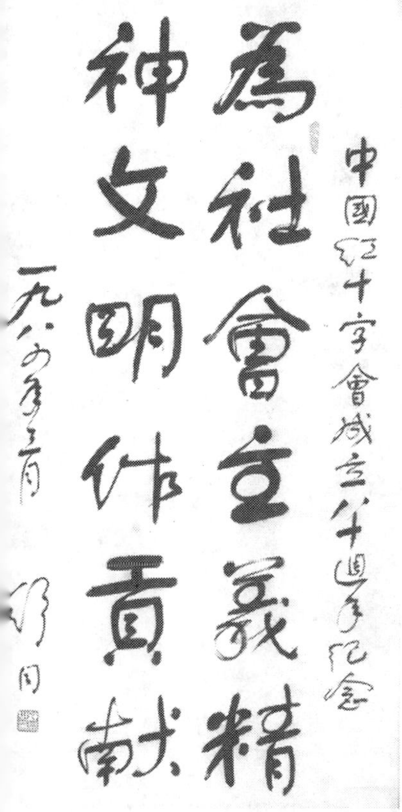

◀贺八十周年（书法）舒同 作

◀牡丹（中国画） 李蝉 作

以上均为中国红十字会收藏的捐赠作品

中国红十字会组织结构图

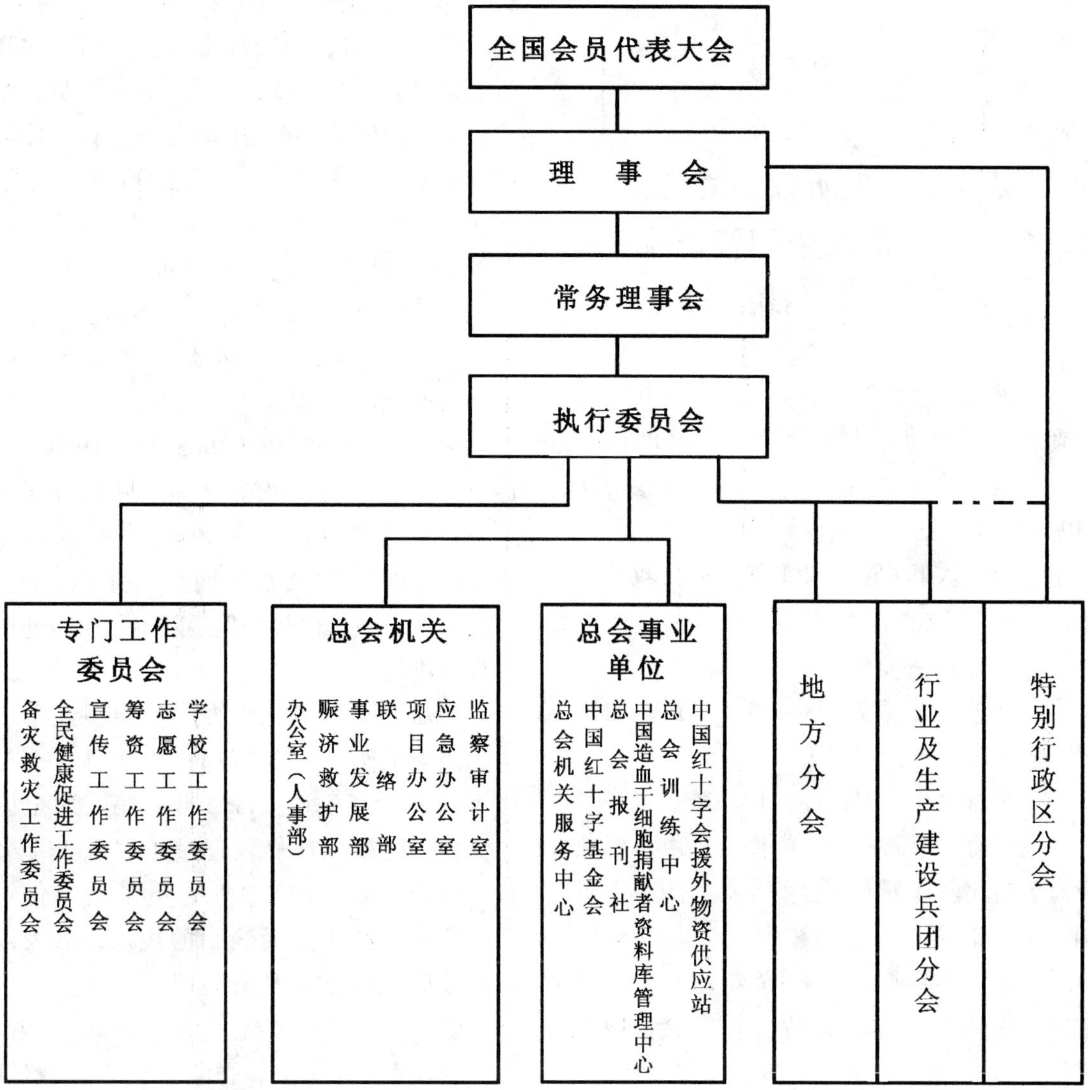

国务院领导听取汇报

工 作 汇 报

吴仪副总理听取王立忠常务副会长汇报中国红十字会有关情况（摘要）

中国红十字会常务副会长王立忠在向吴仪副总理就中国红十字会有关情况汇报时说，根据《中华人民共和国红十字会法》（以下简称“红十字会法”）的规定，中国红十字会是从事人道主义工作的社会救助团体。1999 年 12 月总会理顺管理体制，由国务院“领导联系”。

王立忠首先汇报了国际红十字运动的概况和中国红十字会的有关情况。

1904 年 3 月，为救助日俄战争受害同胞，清政府工部尚书兼上海商约大臣吕海寰及海关道沈敦和等人联合美、英、法、德四国有关人士成立了万国红十字会上海支会（中国红十字会前身）。1907 年，万国红十字会上海支会改名为大清红十字会，1911 年定名为中国红十字会，1912 年得到红十字国际委员会承认，1919 年加入红十字会与红新月会国际联合会。

1950 年 8 月，中国红十字会在周恩来总理的亲自关怀和主持下，进行了协商改组，周总理还亲笔修改了中国红十字会章程。同年 10 月，中国红十字会参加国际联合会领导委员会会议，当选为领导委员会成员，是新中国第一个被国际组织承认并接纳的社会团体。党和国家历来十分重视红十字事业，毛泽东、周恩来、李先念、邓颖超、乔石、江泽民、胡锦涛等中央领导人都多次参加红十字会的活动并作出许多指示。中国红十字会在国际红十字运动中具有良好的声誉和影响力，发挥着重要作用。1950 年以来，先后于 1950 年、1985 年、1989 年、1993 年、2001 年 5 次当选为国际联合会领导委员会成员（1989—1993 年担任国际联合会副主席）。“文革”期间，中国红十字会国内工作被迫停顿。但国际工作及对外援助依然进行。

1978 年，国务院批准恢复中国红十字会的国内工作。改革开放为中国红十字会提供了新的发展机遇。1993 年，第八届全国人大常委会第四次会议通过了“红十字会法”，使中国红十字事业走上了法制化轨道。根据“红十字会法”的规定，县级以上行政区域应建立地方各级红十字会。目前，除中国红十字会总会外，有 31 个省、自治区、直辖市分会，香港、澳门 2 个特别行政区分会，铁路和商业 2 个全国性行业分会。共有 66100 多个基层红十字组织，1750 余万名会员（其中青少年会员约 800 万），31 万名志愿工作者。2001 年 10 月，中央编委以中编办字〔2001〕34 号文件，批准了《中国红十字会总会机关主要职责、内设机构和人员编制方案》（见 P57 附件 8）。总会机关内设办公室、赈济救护部、事业发展部、联络部 4 个部门和机关党委，辖 15 个职能处室，定编 63 人。总会机关辖 5 个直属事业单位和 1 个代管社团。即机关服务中心、训练中心、中国造血干细胞捐献者资料库管理中心、中国红十字报刊社、上海援外物资供应站和中国红十字基金会。

王立忠重点汇报了改革开放以来中国红十字会开展的主要工作：（一）积极参与自然灾害的救助，替政府分了忧，为灾民解了难。（二）建立备灾救灾网络。中国红十字会在国际联合会的援助下，建立了杭州、沈阳、孝感、西安、广州、成都等 6 个区域性备灾救灾中心。天津、山西、内蒙古、上海、江苏、安徽、湖南、江西、广西、云南、西藏、青海、新疆等 13 个自然灾害多发省（自治区、直辖市）红十字会在国内外红十字会和当地政府资助下也建立了省级备灾救灾中心。（三）建立群众性自救互救网络，先后在煤炭、交通、铁路、旅游、电力、林业、建筑行业和城市社区、农牧区开展了以包扎、止血、固定、搬运和心肺复苏、中毒急救为主要内容的卫生救护知识培训。“红十字会法”颁布施行十年来，全国共培训 1000 多万人次的红十字救护员，为保护人的生命与健康及安全生产发挥了重要作用。（四）参与和推动无偿献血，与卫生部共同制订了《无偿献血表彰奖励办法》，定期开展无偿献血金杯奖和先进城市的评奖表彰活动，并加强国际间的经验交流，加快了社会无偿献血的进程。（五）代表红十字国际委员会颁发南丁格尔奖章。（六）学校红十字会工作，向青少年传授卫生救护、卫生保健常识和血液知识，组织青少年开展多种形式的红十字活动，组织港澳台及国际红十字青少年夏（冬）令营等，特别是海峡两岸红十字青少年夏令营，增强了台湾青少年对祖国大陆的认知感。与教育部联合发出《学校红十字会工作规则》，推动了这项工作的开展。（七）社区红十字服务工作，连续 6 年开展了元旦、春节“红十字博爱送万家”活动。重视预防和关爱艾滋病病人工作，通过开展无偿献血，减少通过血液传播艾滋病的途径。在云南、新疆等 15 个省、自治区、直辖市开展了预防艾滋病的“青年同伴者教育项目”，共培训 11 万多名宣传预防艾滋病的骨干。全国有 4 个直辖市和 19 个省、自治区的部分地方红十字会积极协同有关部门陆续开展了捐献遗体活动。许多地方红十字会根据本地群众的需求和自身能力，采取各种形式积极参与为困难群众服务的社区服务工作，相继办起了老年公寓、护理院、康复医院、弱智儿童学校、红恤班、抗癌乐园等，开展了多种形式的人道救助服务，为维护社会稳定，促进社会主义精神文明建设作出了积极贡献。总会和民政部联合下发了《关于开展社区红十字服务工作的通知》，将有力推动社区红十字服务工作的开展。（八）配合我国整体外交政策，中国红十字会积极开展与红十字国际委员会、红十字会与红新月会国际联合会以及有关国家红十字会或红新月会的交流与合作。先后与日本、韩国、朝鲜、德国、越南、克罗地亚、乌克兰、美国等国家红十字会签订合作协议，在救灾备灾、血液事业、社区服务、国际事务和青少年工作等方面进行交流合作，取得了较好的效果。近几年，总会加强与挪威、澳大利亚、加拿大、瑞士、荷兰5个国家红十字会、欧盟人道主义办公室及红十字国际委员会的密切合作。在开展艾滋病预防与关怀项目方面，中国红十字会不仅和澳大利亚红十字会密切合作，还扩展到联合国儿童基金会、联合国艾滋病规划署、澳大利亚国际发展署、欧洲前景集团等组织。除了总会积极争取项目外，还鼓励和支持各省红十字会开展对外交流与合作。

王立忠在汇报时还谈到了红十字会在我国社会中的特殊地位和作用：（一）协助政府处理战争遗留问题。如：协助日侨回国、接受日本移交中国劳工遗骨、协助日本战俘回国等。抗美援朝战争中组织国际医疗大队，参与停战谈判和交换战俘等。中印、中越自卫反击战时参与了战俘的探视和交换等特殊的人道工作。（二）广泛开展民间外交。通过参加国际大会，参与国际红十字组织的工作以及与其他国家红十字会的交往等途径向国际社会介绍、宣传新中国。在恢复中日邦交中红十字会做出了重要努力。对荷兰、英国、比利时、意大利、希腊、黎巴嫩、匈牙利、保加利亚、印度、伊朗等国的自然灾害进行了援助。1991年8月，为配合当时外交工作，中国红十字会派团访问韩国，对促进中韩两国人民之间的了解、发展两国间的关系起到了重要作用，是其他组织不能替代的。（三）参与突发事件的救护。由于红十字会的特殊人道地位，在发生政府不便出面处理的事件时，红十字会的特性就显示出来。（四）积极参与抗击非典斗争。在2003年抗击非典斗争中，中国红十字会根据党中央和国务院的重要指示，积极认真地做好接受社会捐赠的任务，积极宣传普及预防非典知识，得到社会广泛称赞。（五）台湾事务工作。20世纪80年代末，红十字会通过红十字国际委员会与台湾红十字组织取得了间接联系。从查人转信到直接对话，从签订《金门协议》（见P40附件5）到参与两岸遣返见证作业，建立了两岸红十字组织的密切合作关系。（六）香港、澳门特别行政区红十字会。根据红十字运动的统一性原则和“一个国家只能有一个红十字会或红新月会”的规定，通过和英国、香港红十字会，葡萄牙、澳门红十字会友好协商，顺利解决了香港、澳门特别行政区红十字会加入中国红十字会的问题。（七）中国造血干细胞捐献者资料库的建设。1992年，受卫生部委托，中国红十字会开始建立中华骨髓库，因人员、费用不落实，宣传不广泛，进展十分缓慢。2001年4月，中国红十字会第七届领导班子重视这项造福民族的事业，经过两年多来的努力，有了可喜进展。

王立忠在汇报时讲了需要政府支持、资助的主要问题：中国红十字会建会百年来已经有了大的发展，特别是改革开放以来，在党中央、国务院以及各级领导的关怀下，发挥着越来越重要的作用，红十字会已经成为政府人道领域的有力助手，时代需要红十字会更有作为。但是，目前红十字会还面临着许多困难和挑战，“红十字会法”宣传贯彻不力，红十字会社会知名度还不够高，活力和救助实力还不够强，筹资工作面临不少困难，组织机构还不够健全。这些问题严重制约着红十字事业的发展，需要政府和各级领导给予支持和帮助。鉴于中国红十字会的国内外影响和作用，我们希望中央和国务院能够发文件强调加强中国红十字会的工作（地方政府有先例），以便各级政府和全社会支持红十字事业的发展。此外，有几个具体问题请国务院领导给予支持和帮助。（一）依法理顺计划单列市、省会城市和地（市）、县级红十字会的管理体制。（二）希望新闻媒体加强对红十字会的宣传。（三）希望国务院及有关部门依法加大支持资助红十字会的力度。（四）中国红十字会总会需要建立备灾救灾中心。

王立忠围绕今后工作讲道，2004 年 3 月 10 日是中国红十字会建会一百周年，10 月将召开第八次全国会员代表大会进行换届并制定进入新世纪以后的第一个五年规划。为了更好地纪念百年、做好迎接中国红十字会第八次全国会员代表大会的工作，2 月下旬，我们将召开中国红十字会全国工作会议，在去年七届理事会第四次会议提出要求的基础上，再次部署百年纪念和筹备“八大”的事宜。今年和今后几年，中国红十字会要做好以下主要工作：（一）坚持依法建会，依法治会、依法兴会，依法履行职责。加大宣传贯彻“红十字会法”的力度，加快依法理顺红十字会管理体制的进度。（二）遵循“隆重、热烈、简朴”办实事迎百年的原则，精心组织百年纪念活动。在 3 月 10 日中国红十字会建会纪念日前后、5 月 8 日世界红十字日前后、10 月中旬第八次全国会员代表大会前后集中开展系列纪念活动，掀起中国红十字会建会百年纪念活动的三个高潮。（三）抓好抓实各项业务工作：1. 备灾救灾。2. 社区服务。3. 进一步加大宣传力度，动员社会各界支持、资助造血干细胞捐献工作。4. 加强卫生救护和健康知识的培训。5. 推动无偿献血。6. 加强国际合作与交流。7. 加强自身建设和人才队伍建设。

（2004 年 2 月 10 日）

工 作 会 议

2004 年工作会议

中国红十字会在南昌召开 2004 年工作会议

中国红十字会工作会议 2 月 26 日至 27 日在江西南昌市举行。中国红十字会会长彭珮云发表重要讲话，常务副会长王立忠代表执行委员会作 2003 年工作报告。总会党组书记江亦曼在闭幕式上讲话。江西省委副书记王君、省人大常委员副主任蒋仲平、副省长、省红十字会会长胡振鹏、省政协副主席刘运来等领导出席了开幕式。各省、自治区、直辖市、计划单列市，铁路、商业系统及香港、澳门特别行政区分会的负责人，总会有关部门、有关单位负责人共百余人参加了会议。

此次工作会议是根据中国红十字会七届理事会第五次会议决定召开的，主要议题是总结 2003 年度工作，部署 2004 年的工作。

彭珮云在开幕式的讲话中指出，中国红十字会建会一百年来，历代志士仁人，无论是在战争年代，还是在和平时期，无论是在灾害横行的时刻，还是在严重的突发事件面前，都为人民群众做了大量有益的工作。中国红十字会的丰功伟绩已载入史册。改革开放以来，中国红十字会为维护国家改革发展稳定大局，实现全面建设小康社会的总目标付出了艰辛的努力，得到了党和国家以及全社会的赞誉。中国红十字会的百年是我们的光荣，更是激励我们前进的里程碑。

她说，第七次全国代表大会以来，总会和各地分会在以往工作的基础上，励精图治，脚踏实地，埋头苦干，开拓创新，各项工作取得了新的进展，积累了许多经验，也遇到了不少新情况、新问题。为了开好第八次全国代表大会，把我国红十字事业不断推向前进，很有必要认真总结七大以来的成功经验，认真研究影响红十字事业发展的一些重大问题，包括如何理顺各级红十字会的管理体制，理顺体制后如何完善运行机制；如何把红十字会建设成为充满生机与活力、密切联系群众、符合自身特点的从事人道主义工作的社会救助团体；如何把国际红十字运动的基本原则与中国的实际情况相结合；如何充分发挥红十字会的优势和独特作用，为人道主义工作做出更大的贡献；如何加强各级红十字组织与红十字志愿者队伍建设；如何做好红十字会宣传工作和国际人道法传播工作；如何搞好募捐和救助工作，增强红十字会的实力；如何加强国际交流与合作，引进和做好国际合作项目等等。总会和各省、自治区、直辖市红十字会都要下工夫认真总结经验，研究问题，逐步掌握建设中国特色红十字事业的规律，不断提高红十字会工作的水平。要深入调查总结基层创造的经验，注意学习借鉴外国红十字会和港澳红十字会分会的经验，认真研究解决问题的对策。要组织有关专家、实际工作者研究制定新的五年发展规划。制定规划应与国家经济社会发展规划相衔接，从实际出发，充分论证，科学决策。

王立忠在报告中详细回顾了 2003 年的工作，概括总结出四点体会：（一）必须坚持用“三个代表”重要思想统领红十字会各项工作；（二）必须坚持围绕中心、服务大局，才能当好政府的助手；（三）坚持求真务实，加强调查研究，才能更好地指导红十字会工作；（四）坚持统筹协调，才能促进全面发展。

关于 2004 年的主要任务，王立忠指出，要以建会百年纪念活动为契机，以建立充满生机与活力、密切联系群众、符合自身特点的组织机构和运行机制为基础，以“动员人道力量改善最易受损害人群的生活”为重点，继续加大贯彻红十字会法的力度，加快推进理顺管理体制的步伐。2 月 10 日国务院听取了我会的工作汇报，吴仪副总理说，希望中国红十字会不断加强自身建设，加强国际交流与合作，继续履行红十字会法和《中国红十字会章程》赋予的职责，做好备灾救灾工作，普及卫生救护和防病知识，传播红十字运动知识，推动无偿献血工作、社区红十字服务和学校红十字青少年活动，协助做好公共卫生和应对突发事件等方面的工作。我们要认真贯彻落实国务院提出的要求，再接再厉，振奋精神，努力工作，全面完成“七大”提出的各项任务，迎接中国红十字会第八次全国会员代表大会的召开。

王立忠特别提出加强红十字会的人才建设问题。他强调，要不断提高红十字会干部的思想政治水平和业务能力，使红十字会的工作人员都热爱红十字事业，乐于奉献，精通业务，会做群众工作，并努力造就一批能开拓中国特色红十字事业新局面的“社会活动家”。要认真贯彻全国人才工作会议精神，依靠人才强国，依靠人才兴业，吸引多方面人才投身到红十字会工作中来。要加强对年轻干部的培养，坚持德才兼备的原则，选人不拘一格，用人用其所长，为一切有志成才的人提供更多更大的发展机遇和空间。

江亦曼在会议闭幕时作总结讲话。她说，当前，红十字事业面临着一个发展的极好机遇。一是党的十六届三中全会提出了科学的发展观和“五个统筹”发展的战略，为红十字事业的发展提供了广阔的平台和空间；二是红十字会百年纪念是难得的历史机遇；三是2月10日国务院副总理吴仪主持召开中央、国务院有关部门参加的会议，不仅充分肯定了红十字会的工作，提出了新的要求，而且对妥善解决地方红十字会管理体制、继续使用彩票公益金、建设总会备灾救灾中心、宣传工作、外事工作、推动无偿献血、海关侵权罚没物资捐赠、转发加强红十字会工作的意见等问题进行了专题研究，对红十字事业发展具有重要意义。在国家更加重视和支持红十字事业的形势下，我们应该善于抓住和珍惜这些机遇，乘势而上，以崭新的精神面貌，求真务实的工作作风，扎实工作，再创佳绩。

江亦曼要求各级红十字会认真做好会议精神的传达贯彻工作。要及时向各级党委和政府汇报这次会议情况；要召开常务理事会和理事会传达会议的主要精神，结合本地实际，制定2004年的工作计划。要坚决完成在八大前全部理顺省、计划单列市和省会城市红十字会管理体制的工作，加快理顺地市级红十字会管理体制，积极探索理顺县级红十字会管理体制问题。要切实抓好红十字会各项工作，突出重点，也要通过开展活动，打造品牌，树立形象，扩大影响。

江西、辽宁、山东、山西、北京、上海、广西、香港、澳门等红十字会在大会上介绍了他们各具特色的工作。会议期间，代表们参观了南昌市西湖区象山社区红十字服务站。红十字志愿护理服务中心主任、第39届南丁格尔奖章获得者章金媛介绍了服务站的工作。

（唐晓音）

在中国红十字会2004年工作会议上的讲话

彭珮云

（2004年2月26日）

同志们：

刚刚过去的2003年在我国历史上是不平凡的一年。面对复杂多变的国际形势，面对突如其来的非典疫情和频繁发生的自然灾害，全党和全国各族人民在以胡锦涛同志为总书记的党中央的坚强领导下，高举邓小平理论和“三个代表”重要思想伟大旗帜，认真贯彻落实党的十六大和十六届三中全会精神，万众一心，奋力拼搏，克服了重重困难，不仅夺取了抗击非典斗争的重大胜利，也取得了改革开放和现代化建设的显著成就，为全面建设小康社会创造了良好开局。

过去的一年，中国红十字会又一次经受了考验，各项工作取得了明显的进展。全国各级红十字会的广大专兼职干部、会员和志愿工作者发扬人道、博爱、奉献精神，积极投入到抗击非典和自然灾害的斗争中，认真履行《中华人民共和国红十字会法》（以下简称《红十字会法》）赋予的职能，在人道主义工作领域发挥了政府的助手作用，受到各级党和政府及广大人民群众的赞誉。中国造血干细胞捐献者资料库的建设有了长足的发展，已经提前两年完成了入库 10 万人份的任务。省级红十字会的管理体制已基本理顺。在卫生救护、推动无偿献血、预防艾滋病、社区红十字服务、红十字青少年工作、国际交流与合作等方面都取得了可喜的成绩。这些成绩是在党中央、国务院的领导的亲切关怀下，各级党委、政府和社会各界的关心与支持下取得的，也是在座的各级领导干部和广大红十字会工作人员勤奋工作、艰苦奋斗的结果。在此，我向大家表示衷心的感谢！

今年是全面贯彻十六大和十六届三中全会精神，完成“十五”计划的关键一年。中央已经先后召开了一系列重要会议，下发了多个重要文件，对当前和今后一个时期党和国家的工作作出全面部署，我们要认真学习贯彻。要牢固树立和认真落实科学发展观，把坚持以人为本和实现经济社会全面、协调、可持续发展统一起来，按照“五个统筹”的要求推进改革和发展。坚持以经济建设为中心，自觉地促进社会主义物质文明、政治文明、精神文明协调发展。坚持立党为公、执政为民，以最广大人民的根本利益为出发点和落脚点，不断满足人民群众日益增长的物质文化需要，努力解决城乡困难群众的基本生活问题，使广大人民群众从改革发展中获得更多的实惠。

刚才，王立忠常务副会长代表执行委员会所作的工作报告，讲得很具体，很全面。2004 年的工作要点也已经过执委会和常务理事会认真讨论。我完全同意。今年是中国红十字会建会一百周年，将召开第八次全国会员代表大会。这两件事是中国红十字事业的大事，全社会都会广泛关注，我们必须抓住这两个契机，把红十字事业向前推进一大步。下面，我对 2004 年的几项重点工作讲点意见。

一、全力以赴，搞好红十字会建会一百周年纪念活动，为群众办实事

中国红十字会建会一百年来，历代仁人志士，无论是在战争年代，还是在和平时期，无论是在灾害横行的时刻，还是在严重的突发事件面前，都为人民群众做了大量有益的工作。中国红十字会的丰功伟绩已载入史册。改革开放以来，中国红十字会为维护国家改革发展稳定大局，实现全面建设小康社会的总目标付出了艰辛的努力，得到了党和国家以及全社会的赞誉。中国红十字会的百年是我们的光荣，更是激励我们前进的里程碑。

今年 2 月 10 日，国务院副总理吴仪同志主持召开会议，听取了中国红十字会的工作汇报。会议认为，中国红十字会在党和政府的关心及有关部门的支持下，奉行国际红十字运动的基本原则，不断发扬光大“人道、博爱、奉献”的红十字精神，发挥人道主义社会救助团体的优势和独特作用，做了大量富有成效的工作，为国家和人民做出了贡献，在国际国内赢得了广泛赞誉。希望中国红十字会不断加强自身建设，加强国际交流与合作，继续履行《红十字会法》和《中国红十字会章程》赋予的职责，做好各方面的工作。会议要求有关部门继续支持和配合中国红十字会独立自主地开展工作，要充分考虑中国红十字会的特殊性质、地位和作用，努力帮助解决其实际困难和问题。这次会议，对进一步推动中国红十字事业的发展具有重要意义。我们一定要努力把红十字会工作推向新的高度。

建会一百周年是一次难得的历史机遇，我们要十分珍惜这个机遇。全国各级红十字会、各级领导和广大专兼职干部、会员、志愿工作者都要以此为契机，根据“隆重、热烈、简朴”办实事迎百年的原则，把建会一百周年的纪念活动搞好。要把今年作为红十字的宣传年，通过丰富多彩、生动活泼的纪念活动，宣传总会和各地分会的工作成就；宣传红十字会的百年历史，着重宣传改革开放以来红十字事业的发展；宣传红十字事业的意义和作用；宣传“人道、博爱、奉献”的红十字精神；宣传《红十字会法》和红十字运动基本知识。要精心策划，集中力量为群众办几件实事、好事，以此充分展示红十字会的形象，扩大红十字会的影响。我们的目的是经过今年一年广泛深入的宣传和扎实有效地办实事、办好事，大大提高红十字会的知名度，使更多的人了解红十字会，关心支持红十字会，参与到红十字事业中来。

为了搞好纪念活动，首先要加强领导，精心组织，做到思想认识到位、责任到位、措施到位，并根据各地情况，投入必要的经费，确保每项活动、每项工作都能按时间、高质量完成，尤其是要把影响较大的重点活动搞好。北京、辽宁、上海、江苏、重庆、贵州等中国红十字会总会所在地、发祥地和重要历史活动地，要根据自己的特点，重点组织有一定规模的纪念活动。

其次，要大力动员社会各方面的力量参加到纪念活动中来。社会上热心人道主义事业的大有人在，我们要广泛联络，积极争取，热情相待，善于调动各方面的积极性。要通过纪念活动结交更多的朋友，并争取他们成为支持红十字事业的稳定的力量。

二、认真开好第八次全国会员代表大会

今年10月，我们将召开中国红十字会第八次全国会员代表大会。“八大”是中国红十字会进入新世纪召开的第一次会员代表大会，这次会议将深入贯彻落实《红十字会法》，动员全国各级红十字会，广大专兼职干部、会员和志愿工作者以崭新的精神面貌投入到全面建设小康社会的伟大事业中。开好第八次全国会员代表大会，对于新世纪中国红十字事业的发展具有十分重要的意义，必将在中国红十字运动史上产生深远的影响。

这次大会将是一次承前启后、继往开来，共商新世纪中国红十字事业发展大计的会议。大会将全面总结第七次会员代表大会以来的工作成就和经验；制定中国红十字会进入21世纪后的第一个五年规划纲要；选举产生中国红十字会新一届理事会、常务理事会和执行委员会，确定中国红十字会新的领导班子；修改中国红十字会章程。

第七次全国会员代表大会以来，总会和各地分会在以往工作的基础上，励精图治，脚踏实地，埋头苦干，开拓创新，各项工作取得了新的进展，积累了许多经验，也遇到了不少新情况、新问题。为了开好第八次全国会员代表大会，把我国红十字事业不断推向前进，很有必要认真总结七大以来的成功经验，认真研究影响红十字事业发展的一些重大问题，包括如何理顺各级红十字会的管理体制，理顺体制后如何完善运行机制；如何把红十字会建设成为充满生机与活力、密切联系群众、符合自身特点的从事人道主义工作的社会救助团体；如何把国际红十字运动的基本原则与中国的实际情况相结合；如何充分发挥红十字会的优势和独特作用，为人道主义工作做出更大的贡献；如何加强各级红十字组织建设与红十字志愿者队伍建设；如何做好红十字会宣传工作和国际人道法传播工作；如何搞好募捐和筹资工作，增强红十字会的实力；如何加强国际交流与合作，引进和做好国际合作项目等等。总会和各省、自治区、直辖市红十字会都要下工夫认真总结经验，研究问题，逐步掌握建设中国特色红十字事业的规律，不断提高红十字会工作的水平。要深入调查总结基层创造的经验，注意学习借鉴外国红十字会和港澳红十字会分会的经验，认真研究解决问题的对策。要组织有关专家、实际工作者研究制定新的五年发展规划。制定规划应与国家经济社会发展规划相衔接，从实际出发，充分论证，科学决策。

新一届理事会的构成也要认真总结经验，充分考虑红十字会的性质和特点，注意吸收社会知名人士、著名企业家、艺术家和社会活动家参加理事会，以期发挥社会各界的积极性，挖掘各方面的潜力支持红十字事业。

三、理顺体制，完善机制，依法推进红十字事业

我想再讲一讲理顺红十字会管理体制的问题。《红十字会法》明确规定红十字会是从事人道主义工作的社会救助团体，县级以上按行政区域建立地方各级红十字会，根据实际工作需要配备专职工作人员，并指出：中国红十字会遵守宪法和法律，遵循国际红十字和红新月运动确立的基本原则，依照中国参加的日内瓦公约及其附加议定书和《中国红十字会章程》独立自主地开展工作。这是理顺管理体制的法律依据。党中央、国务院要求转变政府职能，实行政企分开、政社分开，这是理顺管理体制的政策依据。各地红十字会理顺管理体制后对红十字事业起到了极大的促进作用，这是理顺管理体制的实践依据。从红十字会的性质和职责看，红十字会应当成为机构单独设置、具有独立法人资格、能够依法独立自主开展工作的社会团体。理顺红十字会的管理体制，是红十字会依法履行职责的组织保证。

《红十字会法》颁布施行后，理顺红十字会管理体制的工作就提上了议事日程。头几年，由于种种原因，工作进展不快。2000年开始进行的群众团体机构改革为红十字会理顺管理体制带来了机遇。中办〔2000〕31号文件对群众团体机关机构改革提出了要求。根据中央的精神，我们积极开展了理顺管理体制的工作。目前，全国97%的省级红十字会和56%的计划单列市、省会城市，以及少部分地市级红十字会已经理顺了管理体制。

虽然这几年理顺管理体制的工作取得了一些成绩，但是工作中还存在着一些问题。有些省、市虽然发了文，但是落实得还不好，有的没有及时配备主持日常工作的领导干部，班子不健全；有的没有建立党组；个别地方理顺管理体制后，工作没有多大起色。这种情况需要引起我们的足够重视，尽快加以解决。

下一步要继续做好依法理顺管理体制的工作。“八大”之前，要基本理顺省级和计划单列市、省会城市红十字会的管理体制，加快理顺地（市）级红十字会的管理体制。请各省红十字会领导干部特别是会长，积极主动争取党委和组织、编制部门的重视和支持，凡是有条件的就尽快加以理顺，使红十字会能够更好地发挥作用。要有锲而不舍的精神，一个地市、一个地市地去做工作，力争有所突破。对县级红十字会如何理顺管理体制的问题，要认真调查研究，总结经验，区别不同情况，妥善处理。

理顺管理体制的目的是为了建立和完善充满生机与活力、密切联系群众、符合自身特点的组织机构和运行机制，使红十字会在人道主义工作领域更加充分地发挥政府的助手作用。理顺管理体制之后，必须抓紧完善运行机制。要提高认识，深刻理解红十字会作为从事人道主义工作的社会救助社会团体，必须建立适合自身性质和特点的运行机制，才能更好地发挥自身的优势，起到应起的作用。要根据《红十字会法》和《中国红十字会章程》，建立健全各级红十字会理事会，积极吸纳社会各界热心人道主义事业的知名人士加入理事会；要发展壮大红十字志愿者队伍，建立一支宏大的红十字志愿者队伍。总之，要坚持群众观点和群众路线，团结更多的人，群策群力，为红十字事业做贡献。要认真贯彻实施《红十字会法》以及相关的法律法规，建立健全配套的规章制度，按照社会团体的工作方式去运作，更好地为人民服务。

四、高度重视人才问题，加强红十字会系统干部队伍建设

人才问题是关系党和国家事业发展的关键问题。小康大业，人才为本。党中央、国务院提出了人才强国战略，作出了《关于进一步加强人才工作的决定》。我们要认真学习贯彻。

建设中国特色红十字事业，人才也是关键。我们必须深刻认识人才工作的极端重要性和紧迫性，切实把红十字会的人才队伍建设抓紧、抓好。各级红十字会的领导要增强责任感和使命感，亲自抓人才工作。要树立人才资源是第一资源的观念，坚决贯彻尊重劳动、尊重知识、尊重人才、尊重创造的方针。要树立科学的人才观，只要具有一定的知识或技能，能够进行创造性劳动，为推进社会主义物质文明、政治文明、精神文明建设，在建设中国特色社会主义伟大事业中做出积极贡献，都是党和国家需要的人才。要坚持德才兼备原则，把品德、知识、能力和业绩作为衡量人才的主要标准，不唯学历，不唯职称、不唯资历、不唯身份，不拘一格选人才，鼓励人人都做贡献，人人都能成才。

要紧紧抓住培养、吸引和用好人才三个环节，努力建设高素质的红十字人才队伍。各级红十字会要从实际出发，积极培养和引进急需紧缺的人才，下大力气留住人才。要以能力建设为核心，大力加强人才培训工作。通过在职自学、定期进修、岗位实践、挂职锻炼、出国深造等多种渠道和形式培养人才。重视做好各类人才的思想政治工作。要积极推进人才结构调整，使人才队伍的年龄结构、知识结构、专业结构更加合理，重点引进和培养一些高层次人才，造就一批素质优良、勇于创新的青年人才。

要创新人才工作机制，优化人才环境。以改革创新的精神建立科学合理的干部考核评价、选拔任用、分配激励等机制，着力营造有利于优秀人才大量涌现、健康成长的良好氛围，形成鼓励人才干事业，支持人才干成事业，帮助人才干好事业的环境。

五、弘扬求真务实精神，努力开创红十字事业的新局面

胡锦涛同志在中央纪委第三次全会上，从实现全面建设小康社会宏伟目标的战略高度，深刻阐述了新形势下大力弘扬求真务实精神的极端重要性。他还尖锐地批评了党员干部队伍中在坚持求真务实这个问题上存在的亟待解决的突出问题。刚才王立忠同志在工作报告中强调了要以求真务实精神推动红十字事业的发展，这完全符合党中央的要求。我们从事的人道主义工作，都是为人民、为弱势群体服务的，工作中困难也比较多，如果没有求真务实、脚踏实地、艰苦奋斗的精神，是很难干好的。我们一定要认真学习、深刻领会、坚决贯彻胡锦涛同志的重要讲话精神，始终保持奋发有为、昂扬向上的精神状态，带领红十字会干部进一步解放思想、实事求是，一步一个脚印地做好工作，扎扎实实地把红十字事业推向前进。

中国红十字会虽然已有百年历史，但是从某种意义上讲，目前仍处于开创时期。我们一定要从这个实际出发，既要增强工作的紧迫感，以只争朝夕的精神，抓住机遇，加快红十字事业的发展；又要做好长期艰苦奋斗的思想准备，老老实实地艰苦创业。

求真务实，要紧紧围绕落实中心工作来进行，最重要的是付诸实践，见诸行动，取得成效。要时时处处坚持重实际、讲实话、务实事、求实效，把工作的着力点真正放到研究解决红十字事业发展中的重大问题、紧迫问题和突出问题上，坚持以求真务实的精神去抓落实，并在抓落实的实践中不断提高坚持求真务实的自觉性和坚定性。

要大兴求真务实之风，必须认真做好调查研究工作。在新的形势下，我国红十字事业面临着许多新情况、新问题，要解决好这些问题，调查研究就显得更为重要。各级红十字会应进一步提高对调查研究工作重要性的认识，把调查研究作为转变工作作风、密切联系群众、提高干部素质、更好履行职责的重要环节。虽然各级红十字会人员少，工作多，但也要组织力量，挤出时间，深入群众，深入基层，深入实际，不断提高根据实际情况分析问题、解决问题的能力。省级红十字会要确定一些重大课题，有计划地开展系统的调查研究，并把调研成果转化为新思路、新措施，运用调研成果推动红十字会各项工作向前发展。

同志们，今年是第七届理事会任职的最后一年。各级红十字会要以饱满的热情，下大力气做好各项业务工作，圆满完成“七大”确定的各项任务，有条不紊地做好迎接“八大”、开好“八大”、贯彻“八大”精神的工作，为新一届理事会开创红十字事业的新局面打好基础。

希望各级政府及有关部门认真贯彻国务院今年2月10日会议精神，依据《红十字会法》继续支持、资助红十字会的工作。

新的一年，新的征程。我们正处在国家昌盛、民族复兴的伟大时代，回首中国红十字会百年来的奋斗历史和改革开放以来的伟大实践，面对红十字事业蒸蒸日上的大好形势，我们满怀豪情，充满信心。2004 年，我们一定要在以胡锦涛为总书记的党中央领导下，团结一致，振奋精神，开拓前进，为继续推进中国红十字事业而努力奋斗！

谢谢大家！

在中国红十字会工作会议上的报告

王立忠

（2004年2月26日）

尊敬的彭珮云会长、尊敬的江西省委王君副书记等领导同志，同志们、朋友们：

在中国红十字会建会100周年纪念日即将到来之际，我们在革命老区江西省召开中国红十字会工作会议，具有十分重要的意义。这次会议的主题是：高举邓小平理论和“三个代表”重要思想伟大旗帜，全面贯彻党的十六大和十六届三中全会精神，总结回顾2003年的工作，研究部署2004年的任务，振奋精神，求真务实，为全面完成中国红十字会第七次全国会员代表大会确定的任务而努力奋斗。

现在，我代表执行委员会做工作报告。

关于2003年的工作

2003年，在我国的发展进程中是重要又很不寻常的一年，遇到的困难比预料的大，取得的成绩比预料的好。面对复杂多变的国际形势、突如其来的“非典”疫情和频繁发生的自然灾害，全党和全国各族人民在以胡锦涛同志为总书记的党中央领导下，高举邓小平理论和“三个代表”重要思想伟大旗帜，认真学习贯彻党的十六大和十六届三中全会精神，万众一心，团结奋斗，改革开放和现代化建设取得新成就。我会以“三个代表”重要思想指导工作，兴起学习贯彻“三个代表”重要思想新高潮，并不断引向深入。各级红十字在党中央、国务院和地方各级党委、政府的关怀、支持下，在理事会和彭会长的领导下，认真贯彻落实《中华人民共和国红十字会法》（简称“红十字会法”）和七届四次理事会精神，以理顺体制、建立机制、争取政策、健全制度为工作重点，积极协助政府应对突发事件，履行人道主义救助职责，工作取得了显著成绩。

一、抗击“非典”斗争

2003年上半年，全国范围内发生了“非典”疫情。面对突如其来的灾难，中国红十字会从“发扬人道主义精神，保护人的生命和健康”的宗旨出发，按照党中央、国务院的统一部署，积极投入抗击“非典”斗争。总会审时度势，启动了灾害应急方案，及时调整工作计划，做到抗击“非典”和业务工作两手抓。坚持值班制度，接待来访群众，开通24小时热线电话，解答电话咨询，做好稳定民心的工作。传播预防“非典”知识。总会利用报刊、简报和网站进行了广泛宣传。北京市红十字会与北京电视台联合制作了抗击“非典”专题节目，为抗击“非典”一线的北京市红十字会紧急救援中心、SOS医院和重灾社区购置了300多万元的防护服、消毒药品。天津市红十字会印制宣传资料，在社区设立宣传栏，开展了为社区、街道、学校进行消毒和为居民、学生测量体温等工作。据不完全统计，全国各级红十字会共发放了1210万份宣传材料。赴抗击“非典”一线的医院慰问，表彰和激励奋战在抗“非典”一线的医护人员。接受国内外社会捐赠。作为国务院确定的四个接受社会捐赠部门之一，总会按照《国务院办公厅关于加强防治非典型肺炎社会捐赠款物管理工作的通知》精神，向各省、自治区、直辖市发出了通知，提出严格要求。总会和各地定期向社会公布接受国内外捐赠的情况，做好接受国内外捐赠工作。截至2003年7月30日，全国红十字会系统共接受到价值6.85亿元的捐赠款物，其中总会接受1.28亿元，地方红十字会接受5.57亿元。募捐超过5000万元的有北京市、河北省、山西省、吉林省、河南省红十字会。总会根据捐赠者的意愿，及时将社会捐赠款物分配到北京、天津、河北、山西、内蒙古、广东等地，有效地支持和配合了当地抗击“非典”的工作。我会还完成了香港工商界捐赠的“关怀‘非典’受难者基金”的发放工作，受到政府及社会各界好评。在抗击“非典”斗争中，吉林、山东、重庆、云南、陕西等省、直辖市红十字会被省、直辖市党委、政府评为抗击“非典”斗争先进集体。山东省暨青岛市红十字会开展支援北京用血一日捐赠活动，有效地支援了首都人民抗击“非典”的斗争。红十字会在协助政府应对突发性公共卫生事件方面发挥了重要作用。

二、自然灾害救助工作

去年我国自然灾害重于常年，部分地区发生了较为严重的地震、洪涝、干旱、风雹、雪灾等自然灾害。各类自然灾害造成全国25个省、自治区、直辖市2.84亿人受灾。因灾死亡2151人，紧急转移631万人，倒塌房屋262.1万间，直接经济损失1886.8亿元。

各级红十字会把灾区群众的安危冷暖时刻挂在心上。为减轻灾区人民群众痛苦，2003年总会四次启动救灾紧急预案，一是新疆巴楚——伽师地震，二是抗击“非典”，三是淮河、黄河流域水灾，四是甘肃、云南两省地震。先后派出18个救灾工作组，共76人次，对14个省、自治区、直辖市的灾情进行考察，并指导救灾工作。在紧急救灾阶段，总会向灾区调拨了紧急备用金和物资对重灾区群众实施了救助。

根据自然灾害严重的实际，总会果断决策向国际联合会发出呼吁，并召开“中国红十字会2003年8省水灾救助工作会议”，对执行国际联合会的水灾救助进行了部署。我会的呼吁得到瑞士、瑞典、德国、丹麦、澳大利亚、美国等6国政府和丹麦、加拿大、芬兰、日本、奥地利、土耳其、列敦支士登、澳大利亚、挪威、摩纳哥、美国等11国红十字会，以及欧盟人道主义办公室、欧洲太空中心等国际组织的响应。截至2003年底，共得到捐助543.28万元瑞士法郎，折合人民币3259.69万元。

各地红十字会按照总会通知精神积极开展救灾工作。重灾省级红十字会一边开展救灾，一边进行募捐、自救。据统计，内蒙古、黑龙江、江西、山东、河南、湖南、广西、四川、贵州、云南、陕西、新疆等12个省、自治区红十字会共募集2688.7万元的款物用于本地的灾害救助。许多省、直辖市红十字会发扬“一方有难，八方支援”的优良传统，积极开展支援重灾区红十字会的救灾工作。北京、天津、河北、辽宁、上海、江苏、浙江、福建、广东、青海等省、直辖市红十字会共向重灾区省份提供了2638万元的款物援助。北京市红十字会募集884万元的救灾款和价值40万元的救灾物资，上海市红十字会募集1000多万元的款物及15车皮的御寒衣被。香港、澳门特别行政区红十字会积极支持内地救灾，援助款物折合人民币752.4905万元。台湾红十字组织热心支持大陆的救灾工作，援助人民币82万元。兄弟省、自治区、直辖市及港澳台红十字会（组织）对重灾省红十字会的抗灾救灾工作进行了有力支援。

2003年，中国红十字会共募集到国内外救灾款物价值1.54亿元。其中，总会9810万元，地方分会5602万元。为减轻灾害给灾区人民群众造成的损失，帮助灾区人民恢复正常生活做出了积极贡献。

2004年的"红十字博爱送万家"活动，总会和地方红十字会采取多种方式"送温暖"，共募集4445万元的款物，慰问了22.2万个困难家庭，受益人口约88.8万。总会与天津、河北、内蒙古、江苏、浙江、福建、江西、山东、河南、湖北、湖南、广东、广西、重庆、四川、贵州、云南、西藏、陕西等19个省、自治区、直辖市红十字会联合慰问了12.7万贫困户、约50.8万人，为每户送去了价值200元的物品。其他省、自治区、直辖市红十字会也开展了多种形式的"送温暖"活动，受到当地政府和群众的欢迎。

三、依法理顺管理体制，加强基础建设

（一）普法和"红十字会法"纪念活动。全国各级红十字会继续落实《中国红十字会2001—2005年法制宣传教育规划》，利用"五八世界红十字日"、"红十字会法"颁布施行10周年纪念日的契机，积极开展以"红十字会法"为主要内容的普法活动。总会编印了《红十字会干部法律法规使用手册》。北京、上海市红十字会分别编印10多万册普及"红十字会法"读本，河北、新疆和福建省福州市红十字会开展了"红十字会法"知识竞赛活动，四川省红十字会将"红十字会法"知识并入政府政务网"成都通"，黑龙江省红十字会在全省小学生中开展"红十字会法"手抄报比赛等，促进了"红十字会法"的普及。

2003年10月31日，总会和全国人大教科文卫委员会、全国政协社会和法制委员会、司法部、国务院法制办公室联合召开纪念"红十字会法"颁布施行10周年电视电话会议。全国人大常委会副委员长顾秀莲及有关部门领导出席会议。彭珮云会长及相关部门领导发表重要讲话。各省、自治区、直辖市红十字会认真组织了各分会场的会议，邀请各地人大、政协、司法厅（局）、法制办有关领导参加会议。据统计，山西、辽宁、黑龙江、江苏、浙江、安徽、山东、湖北、福建、广东、广西、重庆、云南、青海、西藏等省、自治区红十字会把电视电话会议延伸到市（地）级，有些省还将电视电话会议一直延伸到了县级红十字会。

2003年11月，总会配合全国政协社会和法制委员会视察了山西、云南两省贯彻实施"红十字会法"情况。全国政协社会和法制委员会向中共中央办公厅、国务院办公厅报送了《关于"红十字会法"贯彻施行情况的调查报告》，指出红十字会是全面建设小康社会的重要力量，是我国精神文明建设的生力军，在国际组织及台港澳事务中发挥着特殊作用，提出了贯彻实施"红十字会法"存在的问题和加大贯彻落实"红十字会法”的建议。

天津、辽宁、浙江、安徽、福建、山东、云南等省级红十字会也积极争取和配合当地人大、政协开展贯彻实施“红十字会法”的执法检查或调研，促进了“红十字会法”的贯彻落实。

（二）依法理顺管理体制。总会党组和执行委员会一直把理顺体制的工作摆在十分重要的位置。去年重点抓了推动山西、甘肃两个省级红十字会和计划单列市、省会城市理顺红十字会管理体制的工作。彭珮云会长和江亦曼书记赴甘肃省进行调研，加快省委专题研究并下发文件的步伐，理顺了省红十字会的管理体制。王立忠常务副会长率队赴有关省、自治区、直辖市转送抗击“非典”款物，对理顺山西省红十字会管理体制进行督促。总会利用配合全国政协开展贯彻“红十字会法”视察，对山西省理顺红十字会管理体制进行督导。全国政协社会和法制委员会主任李其炎同志对理顺山西省红十字会管理体制，向省委主要负责同志做工作。

总会和各有关省级红十字会抓紧理顺计划单列市、省会城市红十字会和市（地）红十字会管理体制的工作。总会通过召开纪念“红十字会法”颁布施行10周年电视电话会议、全国政协委员视察工作、召开座谈会等形式推动理顺管理体制工作。会领导结合工作调研，总会机关各业务部门通过救灾、救护培训、社区红十字服务等项目的检查和调研，对理顺计划单列市、省会城市理顺管理体制工作进行具体指导。同时，总会简报、网站和红十字报刊也积极配合，刊发理顺管理体制的信息，刊登计划单列市、省会城市红十字会理顺管理体制时间表。在系统内部形成了推动理顺管理体制的氛围。

辽宁、黑龙江、山东等省红十字会主要领导找计划单列市、省会城市分管市长联系，催促理顺管理体制工作，协调解决问题。天津、辽宁、黑龙江、上海、山东、重庆、新疆等省、自治区、直辖市红十字会通过配合人大开展执法检查的形式促进理顺管理体制的工作。江西省红十字会在省委省政府的关心支持下，工作不到半年的时间，就理顺了南昌、上饶、鹰潭红十字会的管理体制。上海市红十字会召开了由人大、政府、政协各分管领导参加的理顺管理体制工作座谈会。陕西省红十字会给有关市（地）党委书记写信，催促理顺红十字会管理体制工作。

经过一年的艰苦努力，沈阳、哈尔滨、南昌、济南、青岛、郑州、长沙等7个计划单列市、省会城市红十字会理顺了管理体制。辽宁、黑龙江、河南、江西、山东、宁夏等省又有15个市（地）级红十字会理顺了管理体制。截至2003年底，全国有30个省级红十字会，19个计划单列市、省会城市红十字会，90个市（地）、200个县（市、区）红十字会理顺了管理体制。

（三）积极争取各级党委和政府支持。为加大红十字会的救助实力，扩大红十字会的社会知名度，总会重视积极争取各级领导以及党和政府各部门的支持。中共中央政治局委员、书记处书记、中宣部部长刘云山作出“要支持红十字会的宣传工作”的批示，中宣部常务副部长吉炳轩同志在两次宣传工作通气会上强调支持和重视红十字会的宣传工作。在向吴仪副总理汇报工作时，她进一步明确谈到请中宣部“对红十字会宣传工作给予支持和指导”。国家彩票公益金在2003年加大支持数额，使救灾、救护、干细胞库建设项目有了资金基础。总会与民政部联合发出了《关于开展全国社区红十字服务示范活动的意见》。进一步推动了社区红十字服务工作的开展。

（四）加强基础建设。各级红十字会依法加强基层组织和会员、志愿工作者队伍建设，健全各项规章制度，开展目标管理，使红十字会工作向着制度化、规范化的方向发展。截至目前，21 个省、自治区、直辖市的统计，共有基层组织 47581 个，会员 19547280 名，其中青少年会员 12566288 名，志愿工作者 282656 名（2002 年 31 个省、自治区、直辖市的统计，基层组织 66000 个；会员 1750 万人；志愿工作者 31 万人）。

各级红十字会坚持依法治会，积极制定人、财、物管理制度，使各项工作逐步走上规范化管理的轨道。各级红十字会机关也重视吸收大学毕业生或选调年轻的、综合素质强的干部，使红十字会干部队伍发生了可喜的变化。总会举办了第二期领导干部培训班、救灾救护业务培训班和人道法传播培训班。江苏、陕西、青海、宁夏等省级红十字会也先后举办了干部培训班。

2003 年，总会和各地红十字会紧紧围绕抗“非典”、救灾、干细胞库建设、纪念“红十字会法”颁布施行 10 周年等中心工作开展了形式多样的宣传活动，取得了好的效果。总会召开宣传工作座谈会，明确了今后一段时间宣传工作的指导思想。总会和地方各项活动的宣传报道量都有显著增加，2003 年，仅总会在各种媒体的报道就有 560 多条，红十字会的影响逐渐扩大，社会知名度和群众知晓率有提高。筹资工作也有很大进步，全国各级红十字会与社会各界紧密配合，处理分配捐赠物资坚持公正、公开、透明的原则，以诚信争取到社会广泛的支持，越来越多的人愿意为红十字救助事业捐款捐物，增强了红十字会的实力，有效地支持和促进了红十字事业的发展。

四、筹备纪念中国红十字会建会一百周年

2004 年 3 月 10 日是中国红十字会建会一百年纪念日。总会党组和执行委员会对此非常重视，研究拟定了“纪念中国红十字会建会一百周年活动”的名称和“热烈、隆重、简朴、办实事”的原则，制定印发了《中国红十字会建会 100 周年纪念活动方案》。各省、自治区、直辖市红十字会依据总会的方案和要求已经制定了本地的计划。

总会百年纪念活动将分别在 3 月 10 日中国红十字会建会纪念日前后、5 月 8 日世界红十字日前后、10 月中旬第八次全国会员代表大会前后集中开展。目前，绝大多数项目经费已经落实，一些项目已经开展。北京、辽宁、上海、江苏、重庆、贵州等历史上曾开展重要活动的地方或总会机构所在地的省、市红十字也将配合开展隆重的纪念活动。各地将通过开展办百件实事迎百年的活动，进一步发挥政府人道主义领域工作的助手作用。

五、人道主义救助工作

（一）救护工作。2003 年，各级红十字会继续贯彻落实 15 部门联合下发的《关于广泛深入开展救护工作的意见》，已有 27 个省由政府发文或省级红十字会与当地有关部门联合转发了文件，推动了救护工作的深入开展。

在国家彩票公益金的有力支持下，全国

31 个省级红十字会全部启动了为期 3 年的救护师资培训项目。总会编印了救护师资培训教材和教学大纲，举办了 2 期师资培训班，为各省级红十字会培训了 96 名师资人员。各省级红十字会严格按照总会提出的统一教学计划，统一教材，统一质量标准，统一考核发证规范培训。救护师资培训项目的实施也带动了救护员培训工作的深入开展，各地十分注重培训基地的建设。据不完全统计，截至 2003 年底，全国共举办 229 期卫生救护师资培训班，培训了 7675 名救护教师，培训红十字救护员 103.8 万人。

（二）社区红十字服务工作。2003 年，认真贯彻落实总会和民政部联合印发的《关于开展社区红十字服务工作的通知》和《关于开展全国社区红十字服务示范活动的意见》。目前已有 20 个省、自治区、直辖市红十字会就落实“通知”和“意见”与当地民政部门联合发文，增强了开展社区红十字服务工作的力度。

2003 年 11 月，总会在成都召开了“中国红十字会社区红十字服务工作经验交流会”；派出考察组借鉴香港、澳门特区红十字会和西部地区开展社区红十字服务工作情况；与香港红十字会联合在江西和河南省的 2 市 5 县开展了农村社区备灾项目。上海市红十字会投资 300 万元，对全市 500 家社区红十字卫生站配置设备并颁发铜牌，推动了社区红十字服务工作的开展。

（三）中国造血干细胞捐献者资料库建设。2003 年，中国造血干细胞捐献者资料库（以下简称“资料库”）建设在政府有关部门及社会各界的关心、支持下，有了长足的发展。截至 2003 年 12 月底，已有 11.3 万人份志愿者的数据入库，为患者和移植医院检索服务 4100 多人次，有 690 多名志愿捐献者与患者的 HLA 分型相匹配，其中 81 位志愿者为患者捐献了造血干细胞。

在“资料库”建设方面，总会和各地注意加强三个方面工作，一是配备了管理中心和各分库的领导班子。二是加大宣传力度，积极募集志愿捐献者，加快血样采集，增加入库量。上海、深圳、北京、辽宁、山东、河南、江苏、湖南、浙江、云南、海南、陕西和天津等 13 个分库都为临床提供了捐献者的造血干细胞。三是争取了资金。国家彩票公益金4550万元专项经费已经由省级财政部门转拨同级红十字会，作为省级分库传输到总库合格数据的检测经费。“资料库”和省级分库还在加大宣传工作力度、开展募捐、争取财政资助等方面积极开展工作。在向吴仪副总理汇报工作时，国务院明确表示“原则同意继续使用彩票公益金支持中国造血干细胞捐献者资料库建设。”

（四）无偿献血工作。我会认真履行了“红十字会法”和“献血法”赋予的推动无偿献血的职责。2003 年，总会主要开展了无偿献血的宣传和境内外的合作与交流。选派 3 名血液管理人员赴日本红十字会进行血液技术交流，选派 10 名血液事业管理和技术人员赴香港特别行政区红十字会学习和交流。与香港特别行政区红十字会签署了 2003—2006 年无偿献血宣传与推动合作项目协议，项目总投入为 350 万元人民币。在彭会长的支持下，我们积极推动无偿献血表彰工作。在向吴仪副总理汇报时，她明确指出“请中国红十字会总会配合卫生部、总后卫生部做好无偿献血先进单位、先进个人表彰大会筹备工作。”

（五）艾滋病预防宣传和关爱工作。我

会继续做好“青年同伴者教育”项目。云南省红十字会已将“青年同伴者教育”项目扩展到8个市（地州）。目前，全国已有吉林、辽宁、福建、河南、广西、海南、新疆等15个省、自治区、直辖市红十字会开展了“青年同伴者教育”项目，共培训学员5万多人。去年世界艾滋病日，总会在北京和上海举办了大型宣传活动，上海市2万多市民参加活动，副市长杨晓渡发表演讲，产生了良好社会反响。去年各省级红十字会也开展了形式多样的宣传咨询活动。总会是“国务院防治艾滋病工作委员会成员”。

（六）南丁格尔奖章颁奖工作。总会和各级红十字会十分重视第三十九届南丁格尔奖推荐和颁奖工作，2月下旬，总会向红十字国际委员会上报11名候选人，又根据叶欣护士长在抗“非典”斗争中的感人事迹，及时增补其为南丁格尔奖章候选人。在第三十九届南丁格尔奖章45名获奖者中，我国叶欣等10名护士获奖。8月5日，我会在人民大会堂隆重举行第三十九届南丁格尔奖章颁奖大会，中共中央总书记、国家主席胡锦涛出席大会并为获奖者颁奖。吴仪副总理出席并发表重要讲话。

除以上讲的六项工作，其他工作如遗体捐献、红十字青少年、传播人道法等工作，也取得了不同程度的进展。

六、国际交往和港、澳、台工作

2003年，我会积极开展与红十字国际组织、各国红十字会以及港、澳、台地区红十字组织和其他国际团体组织的多边和双边的合作与交流，总会共接待国外和港、澳、台地区的来访团组和个人共173批486人次，组团出访26批121人次。

（一）国际间和多边的合作。我会组团参加了第28届红十字与红新月国际大会和红十字国际组织的例会。在第28届红十字与红新月国际大会上，我会代表团与政府代表团密切配合，积极发言参与辩论和讨论，并在灾害管理、社区服务、急救培训和传播工作方面向大会做出承诺。

我会与红十字国际委员会和国际联合会的合作良好。2003年，两次派团参加联合会领导委员会的会议，参与了联合会领导委员会的工作。与东亚地区办事处的合作进一步加强。2003年11月，承办了东亚地区5国红十字会领导人会议，扩大了我国在东亚地区的影响。我会依照惯例办理了以我国政府和我会名义向红十字国际委员会和联合会的捐款和会费共计735963瑞士法郎（约合人民币450万元）。

（二）双边交往。2003年10月，彭会长率团对美国红十字会进行正式访问，签署了两国红十字会合作的谅解备忘录，为两会交流与合作搭建了总体框架。我会重视同周边国家红十字会的关系，我会共向15个遭受战乱和自然灾害的国家红十字会和政府提供了总额为66.5万美元（约合550万人民币）的救济款和物资，特别是12月26日伊朗发生强烈地震后，我会当晚即发出慰问电，捐款10万美元，受到外交部表扬。

（三）合作项目。我会在救灾备灾、血液事业、社区服务、国际事务和青少年工作等方面广泛开展了国际间的交流合作。总会加强与挪威、澳大利亚、加拿大、瑞士、荷兰5个国家红十字会、欧洲人道主义援助办公室及红十字国际委员会的密切合作，在湖南、广西、西藏、陕西、甘肃、青海、宁夏等12个省、自治区开展了多领域的合作项目。截至目前，已有24个省、自治区、直辖市红十字会通过总会，或通过其他渠道，与一些国家红十字会及分会建立友好关系，开展合作项目。

总会和有关分会加强了与外援项目国红十字会等组织的协商合作，加强对外援项目的指导。年初举办了部分省会城市参加的项目管理培训班，年底又举办了对外交流与合作培训班，彭会长亲自参加会议给予指导。目前，大多数合作项目进展顺利。这些合作项目利用国外资金和先进技术，帮助易损人群和增进自身实力方面取得了切实效果。其中云南省红十字会与红十字国际委员会的假肢厂项目、预防和关怀艾滋病的“青年同伴者教育”等项目，受到全国政协副主席张怀西的高度评价。加拿大红十字会援助西北五省区项目，挪威红十字会援助四川省甘孜地区、瑞士和荷兰援助西藏、澳大利亚红十字会援助云南和新疆等涉及急救、视力复明、组织发展和艾滋病预防教育等内容的合作项目进展顺利，有些合作项目得到进一步延伸和扩展。

（四）港、澳、台工作。我会与香港和澳门分会的合作关系进一步增强。总会邀请港澳分会的代表加入中国红十字会代表团，共同出席第28届红十字与红新月国际大会等国际会议。在抗击“非典”斗争中，香港和澳门红十字会给予了总会和各省分会很大支持，在救灾工作中香港红十字会反应迅速，及时到达灾区。在社区服务、备灾、血液工作等方面，港澳分会也给予内地分会以支持，澳门红十字会在山西、辽宁、黑龙江和新疆4省区开展了援建“博爱小学”的项目。

我会与台湾红十字组织保持了密切的合作关系。在黑龙江省首次试办了海峡两岸红十字青少年冬令营活动。抗击“非典”期间，常务副会长王立忠致函台湾红十字组织，对台湾地区“非典”疫情表示关切，并表示将尽力予以协助。8月，台湾苗栗海域发生被拐大陆女青年被台湾不法分子从私渡船只上推落下海溺水身亡的恶性事件，我会受国台办委托派员率受害者家属赴台处理后事，圆满完成任务，受到国台办的表扬。根据《金门协议》，全年共见证遣返私渡和非法入境人员23批2265人。

回顾2003年的工作，我们确实取得了很大成绩，红十字事业有了较快发展。但同时我们也必须看到存在的困难和问题。一是红十字会的社会地位和影响还不高，救助实力还不强。中国红十字会虽然建会已有一百年，“红十字会法”颁布施行也已有十年，正如彭会长说的“从某种意义上讲，还处于开创阶段”；二是红十字会的组织机构还不能适应事业发展的需要。目前，虽然省级红十字会已经基本理顺管理体制，但绝大多数市（地）红十字会理顺管理体制工作进展缓慢，县级红十字会理顺管理体制的模式还有待探索和总结；三是红十字会的干部队伍整体素质亟待提高；四是侵犯红十字会合法权益的情况还时有发生，有的地方红十字会依法开展募捐受到了干扰和限制。这些都是开创中国特色红十字事业新局面必须加以认真对待和解决的问题。

七、体会

总结2003年的工作，我们更加深深体会到：

（一）必须坚持用“三个代表”重要思想统领红十字会各项工作。“三个代表”重要思想是全党全国各项工作的指南，也是红十字会工作的指南。我会救灾工作的重点是救助受灾人员和灾区群众生活，其实质是保护灾区群众的生命和健康，从根本上讲就是保护人民群众的根本利益，是践行“三个代表”重要思想的具体体现。一年来，我们始终坚持把学习贯彻“三个代表”重要思想作为首要政治任务，用“三个代表”重要思想指导我会的工作。通过实践我们深刻认识到，只有坚持用“三个代表”重要思想统领红十字会各项工作，才能抓住根本、把握方向、取得成效，才能发挥我会作为社团应有的作用。在去年的救灾工作中，全国各级红十字会坚持用“三个代表”重要思想作指导，积极主动参与灾害救助，努力减轻灾害给灾区群众带来的困难和痛苦，使392万灾区群众得到我会的救助，为灾区稳定做出了贡献。

（二）必须坚持围绕中心、服务大局，才能当好政府的助手。贯彻落实十六大精神，推进改革发展稳定，全面建设小康社会，是新世纪、新阶段党和国家工作的大局。只有把红十字会工作放到全党全国工作的大局下来认识、把握、部署，并善于根据大局的需要来推动工作，才能找准位置、正确履行职责、充分发挥作用，增强工作的主动性和实效性。我们始终坚持在大局下行动，主动为大局服务。去年，面对突如其来的“非典”疫情，在这场事关全局的斗争中，我会各级组织和广大干部会员自觉把思想和行动统一到党中央、国务院关于防治“非典”的一系列决策和部署上来，在传播抗“非典”知识、接受募捐、慰问抗击“非典”一线的医务人员等，都始终坚持在大局下行动，服从于服务于党和国家的大局。我们把救灾当作首要任务，制定了应急方案，每当自然灾害发生时，都能及时作出反应，尽最大努力对灾区群众实施救助，替政府分忧、为群众解难，为维护稳定、促进发展做了大量工作，充分发挥了政府在人道主义工作领域的助手作用。

（三）坚持求真务实，加强调查研究，才能更好地指导红十字会工作。求真务实最重要的是付诸实践、见诸行动，把工作的着力点放到研究解决实际问题上。要做到求真务实，依法加强对下级红十字会工作的指导，就必须深入开展调查研究，这样才能把握规律性、增强主动性、减少盲目性、克服片面性。去年会领导分别带队多次到基层围绕贯彻七届四次理事会精神、理顺管理体制、筹资与宣传、社区服务、项目管理等进行专题调查研究；结合到灾区开展救灾工作和送温暖活动等开展调查研究；结合召开和举办各项业务会议进行调查研究，例如通过召开宣传工作座谈会，了解基层宣传工作情况，有针对性地加强对地方红十字会宣传工作的指导等。辽宁、福建、山东、河南、湖南、重庆、四川等省、自治区、直辖市红十字会的领导同志都坚持到基层调查研究，山东省红十字会关于农村基层红十字会工作的专题调研报告，得到彭会长的肯定。

（四）坚持统筹协调，才能促进全面发展。建设中国特色红十字事业是建设中国特色社会主义事业的一部分。创造良好的国际大环境、国内各级党政部门的支持、社会各界的参与和自身建设的加强是发展我国红十字事业的有力保障。中国红十字会作为国际性组织、国际红十字运动中有重要影响的成员，在开展灾害救助等工作方面具有独特优势。同时在开展国际合作项目中，坚持统筹协调，以项目促理顺管理体制和促进工作，壮大了红十字组织。我们在与全国人大、全国政协、国务院法制办、司法部联合召开的“红十字会法”颁布10周年电视电话会议；配合政协委员视察山西、云南的活动以及救灾、救护、社区服务、干细胞库建设等项主要工作方面，我会都争取到了党政部门的支持和参与，取得了良好的效果。在自身建设方面，我们注意抓了理顺体制、建立机制、完善政策、健全制度这些涉及红十字会全局性、长远性的大事。在理顺管理体制的基础上抓组织机构建设和运行机制探索，不断完善红十字会的法规政策体系，建立健全红十字会内部各项制度，使各项管理更加规范化、制度化。

关于2004年的主要任务

2004年，是全面落实党的十六大和十六届三中全会精神的一年，是我会全面完成“七大”任务的关键的一年。我们的指导思想是：高举邓小平理论和“三个代表”重要思想伟大旗帜，深入贯彻党的十六大、十六届三中全会精神，弘扬求真务实的作风，以建会百年纪念活动为契机，以建立充满生机与活力、密切联系群众、符合自身特点的组织机构和运行机制为基础，以“动员人道力量，改善最易受损害人群的生活”为重点，继续加大贯彻“红十字会法”的力度，加快推进理顺管理体制的步伐。2月10日，国务院听取了我会的工作汇报，“希望中国红十字会不断加强自身建设，加强国际交流与合作，继续履行《中华人民共和国红十字会法》和《中国红十字会章程》赋予的职责，做好备灾救灾工作，普及卫生救护和防病知识，传播红十字运动知识，推动无偿献血工作、社区红十字服务和学校红十字青少年活动，协助做好公共卫生和应对突发事件等方面的工作”。我们要认真贯彻落实国务院对我会工作的要求，振奋精神，再接再厉，努力工作，全面完成“七大”提出的各项任务，迎接中国红十字会第八次全国会员代表大会的召开！

一、深入贯彻十六大、十六届三中全会精神

要从十六大和十六届三中全会精神汲取营养和力量，牢固树立科学的发展观，把中国红十字事业的发展与国家改革、发展、稳定的大局结合起来，与全面建设小康社会的伟大目标结合起来。要加强红十字会工作的研究，努力探讨红十字会在“五个统筹”发展中的地位和作用，坚持“理顺体制、建立机制、争取政策、健全制度”，深化改革，推进理论创新、观念创新、机制创新和服务创新，努力把中国红十字会工作提高到一个新水平。

二、继续加大贯彻“红十字会法”的力度

要继续积极争取党委、人大、政府、政协的关心和支持，进一步深入宣传和贯彻实施“红十字会法”。要把学习宣传“红十字会法”纳入在公民中开展法制宣传教育的第四个五年规划，采取多种形式，向有关领导部门以及全社会广泛深入地宣传“红十字会法”，努力营造有利于红十字事业发展的社会和舆论氛围。通过“红十字会法”的宣传，配合人大、政协开展“红十字会法”的检查和考察活动，提高各级领导干部和群众对红十字会法的了解，对红十字会工作的了解，依法争取各级政府对红十字会工作的支持，依法维护红十字会的合法权益。

三、加快依法理顺红十字会管理体制的步伐

目前，还有1个省级红十字会和14个计划单列市、省会城市红十字会没理顺管理体制，绝大多数的市（地）、县级红十字会也没有理顺管理体制。离10月召开“八大”还有半年多的时间，各级红十字会领导、专职干部要有紧迫感，相关省级红十字会要积极出主意、想办法，再努一把力，为在“八大”之前实现全部理顺省、自治区、直辖市和计划单列市、省会城市红十字会管理体制的任务作最后冲刺。同时，要通过我们的努力，推动市（地）、县级红十字会理顺管理体制的工作有大的进展。

已经理顺管理体制的红十字会要做好理顺体制后的机关建设工作。要按照党章规定，该建立党组的要申请建立党组，不具备建立党组条件的要建立总支、支部。要落实“三定方案”和参照公务员制度管理的工作，要选好用好各级领导干部。要加强与本地党政各有关部门的联系。要建立健全各项管理制度。总之，要努力探索充满生机与活力，密切联系群众、符合红十字会自身特点的运行机制。

四、组织好中国红十字会建会百年纪念活动，多为群众办实事

按照总会的百年纪念活动总体方案的要求，结合百年纪念活动把2004年作为红十字事业的宣传年、办实事年。分别在3月、5月、9月全会行动，掀起三个宣传纪念高潮。通过举办一系列的宣传和办百件实事迎百年活动，展示红十字会在我国经济发展和社会进步中的地位和作用。要抓住契机，加强与有关部门和新闻媒体的合作，形成一定声势、生动活泼的宣传，大力宣传“红十字会法”，宣传红十字事业的意义和成就，宣传红十字“人道、博爱、奉献”精神，使更多的人了解红十字会，认识红十字会，支持红十字会。

五、做好迎接、开好和贯彻“八大”的工作

“八大”是我会进入新世纪后召开的第一次全国会员代表大会，它将掀开中国红十字会历史发展的新篇章，是我会的一件大事。全国各级红十字会要认真总结“七大”以来依法建会、依法治会、依法兴会的经验，总结把国际红十字运动基本原则与中国的实际情况相结合的经验。加强对涉及红十字事业发展重大问题的研究，为开好“八大”提供理论创新的基础。要广泛宣传“七大”以来各级红十字会依法履行职责取得的成绩，宣传红十字会在我国改革、发展、稳定中所发挥的重要作用，以争取党和政府对红十字事业的关心和支持，动员社会上更多的组织和有识之士参与到红十字会事业中来。广大干部和会员要与时俱进，开拓进取，统一思想，振奋精神，扎实工作，全面完成“七大”确定的任务，创造出新的业绩，迎接中国红十字会第八次全国会员代表大会的召开。会后，要落实学习好、贯彻好“八大”精神的工作，把中国红十字事业推向新的、更高阶段。

六、下大力气抓好体现红十字会特色的主要业务工作

继续做好备灾救灾工作。各级红十字会都要制定和完善救助预案。总会举办一期备灾救灾工作培训班，理顺总会与区域性备灾救灾中心之间的关系。积极开展国际交流与合作。

要继续贯彻15部门《关于广泛深入开展救护工作的意见》的通知，继续抓好“四统一”。尽快编印统一的中国红十字会救护员培训教材，确定教学培训计划和培训质量标准。做好全国红十字救护员统一发证工作。

要继续贯彻总会和民政部关于开展社区红十字服务的两个文件精神，积极开展“红十字关爱进社区”和争创社区红十字服务示范市（区）活动。做好农村社区备灾项目。进一步搞好“红十字博爱送万家”活动。

与卫生部及有关部门共同筹备召开第九届无偿献血者招募国际大会和2001—2003年全国无偿献血先进表彰大会，继续做好与日本、香港、台湾方面合作开展的血液事业交流项目。执行好艾滋病预防和关怀项目，继续申请新项目。举办好“世界艾滋病日”活动。

中国造血干细胞捐献者资料库管理中心要完成10万份的入库资料；要继续推动遗体捐献工作。

落实《学校红十字会规则》，成立中国红十字会学校工作委员会。认真组织好人道法传播项目。

要管好用好彩票公益金。对于总会和财政部制定的《中国红十字会总会彩票公益金管理办法》和《中国红十字会总会彩票公益金管理办法实施细则》，要建立有效的管理和执行机制、信息反馈和监督机制，用制度保证公益金项目顺利实施。

七、加强红十字会的人才建设

当今世界，人才资源已成为最重要的战略资源，是第一资源。要切实加强干部培训，加快人才培养，加强队伍建设，为事业发展提供保障。要不断提高红十字会干部的思想政治水平和业务能力，使红十字会的工作人员都热爱红十字事业，乐于奉献，精通业务，会做群众工作，并努力造就一批能开拓中国特色红十字事业新局面的“社会活动家”。要认真贯彻全国人才工作会议精神，依靠人才强国，依靠人才兴业，吸引多方面人才投身到红十字会工作中来。要加强对年轻干部的培养，坚持德才兼备原则，选人不拘一格，用人用其所长，为一切有志成才的人提供更多更大的发展机遇和空间。

八、开拓务实地进行国际交流与合作

开展国际间红十字领域高层互访交流，继续搞好与红十字国际委员会、国际联合会的交流与合作，积极参与国际联合会领导委员会的工作，履行国际联合会领导委员会成员的职责。

积极开拓对外交往渠道，扩大与其他国际组织的交流与合作。要利用红十字会的人道地位优势，搞好民间外交。同时，要积极引进和认真做好国际合作项目。要了解本地群众最迫切的要求，选好项目。要因地制宜地做好示范项目，逐步推广。要选择有助于推动市、县两级理顺管理体制和发展志愿工作者的项目。要加强对项目的全程监控，有效合理使用资金，严格财务管理，确保廉洁公正。

要按照“一国两制”原则，大力支持香港、澳门特别行政区红十字会的工作，加强与台湾红十字组织的交流与合作。

同志们，去年我们很勤奋，今年还需更努力。让我们高举邓小平理论和“三个代表”重要思想伟大旗帜，紧密团结在以胡锦涛同志为总书记的党中央周围，为推动中国红十字事业的发展，实现全面建设小康社会的伟大目标，为实现中华民族的伟大复兴做出新的更大的贡献。

2005 年工作会议

中国红十字会在厦门召开 2005 年工作会议

2 月 25 日至 27 日，中国红十字会 2005 年工作会议在厦门召开。全国各省、自治区、直辖市红十字会负责人、部分基层红十字会专职工作者及总会各部室、直属单位负责人出席了这次会议。

会议听取了中国红十字会常务副会长江亦曼作的工作报告。报告总结了中国红十字会 2004 年度的主要工作。在过去的一年里，中国红十字会各项工作稳步推进，并在理顺管理体制，争取政府相关部门重视和支持红十字会工作，扩大红十字会的社会影响，创建红十字服务示范区，加快中国造血干细胞捐赠者资料库建设等方面取得突破性进展。会议还听取了中国红十字会副会长兼秘书长郭长江关于中国红十字会为印度洋地震海啸灾区募捐、救援情况的通报和中国红十字会 2004 年度财务报告

会议对 2005 年的工作任务进行了部署。在新的一年里，将重点推进和着力加强以下几项工作：加强党的执政能力建设，扎实开展保持共产党员先进性教育，为开创红十字事业新局面提供动力；加快依法理顺管理体制的步伐；着力做好备灾救灾工作；切实加强红十字会基层工作；红十字青少年工作要有新起色；依法筹资，增强实力。

中国红十字会会长彭珮云在会上发表了重要讲话。她指出，全体红十字会专兼职工作者一定要珍惜“八大”以来的好形势，努力开创红十字会工作的新局面；要继续抓紧理顺红十字会的管理体制，为红十字事业的发展提供组织保证；要做好各项服务工作，切实加强基层组织建设；要建设一支精干、高素质的干部队伍，为红十字事业提供坚强的人才保证。她说，建设中国特色红十字事业还有很多问题有待于深入研究。红十字会干部要善于在实践中总结经验，对关系红十字事业发展的重大课题进行理论思考，努力探索在社会主义市场经济条件下发展红十字事业的新思路。

会议期间，中国红十字会与民政部联合命名表彰了首批红十字示范社区，厦门等 28 个市区红十字会获此殊荣。

闭幕式上，中国红十字会副会长苏菊香对这次会议作总结。她指出，这次会议实事求实地总结了上一年的工作，明确了 2005 年的工作任务，它不但是一次更好地贯彻落实第八次全国会员代表大会，加快发展红十字事业的动员大会，也是一次对海啸国际援助行动进行阶段性总结、同时对社区红十字服务工作进行推动的大会。各级红十字会要认真贯彻落实会议精神，把红十字事业进一步推向前进。

（吴苾雯）

在中国红十字会2005年工作会议上的讲话

彭珮云

（2005年2月25日）

同志们：

2004年，我国人民在全面建设小康社会的征程上迈出了坚实的步伐，取得了丰硕的成果。党的十六届四中全会进一步明确提出了构建社会主义和谐社会的战略任务。胡锦涛同志最近在省部级主要领导干部专题研讨班开班式上再一次强调："要在推进社会主义物质文明、政治文明、精神文明发展的历史进程中，扎扎实实做好构建社会主义和谐社会的各项工作。"他指出："我们所要建设的社会主义和谐社会，应该是民主法治、公平正义、诚信友爱、充满活力、安定有序、人与自然和谐相处的社会。"中国红十字会是从事人道主义工作的社会救助团体，理所当然地应该为推进"三个文明"建设、构建社会主义和谐社会做出自己应有的贡献。2005年是贯彻落实党的十六大，十六届三中全会、四中全会精神，全面实现"十五"计划目标的关键一年，必将为中国红十字事业的发展带来机遇，也对我们提出了新的要求。刚才江亦曼同志代表常务理事会所作的工作报告，对2004年工作做了总结，对2005年的工作做了部署。她讲得很好很全面，我完全同意。下面，我再讲几点意见。

一、一定要珍惜"八大"以来的好形势，努力开创红十字会工作的新局面

去年，围绕纪念中国红十字会建会一百周年和第八次全国会员代表大会的召开，全国各级红十字会广泛深入地开展了以"办实事迎百年"为主题的宣传活动。中国红十字会第八次全国会员代表大会得到党中央、国务院的关心和支持，胡锦涛主席在接见会议代表时发表的重要讲话和吴仪副总理的致辞，充分肯定了中国红十字会成立100年来为祖国、为人民做了大量卓有成效的工作，对进一步做好红十字会的工作提出了殷切的希望和明确的要求，对广大红十字工作者是极大的鼓舞和鞭策。胡锦涛同志出任中国红十字会名誉会长，司马义·艾买提、何鲁丽、韩启德、傅铁山、黄孟复、张怀西同志出任中国红十字会名誉副会长，充分体现了党和国家对中国红十字会的重视和支持。

"八大"以后，各级党委和政府更加关心和重视红十字会工作。去年11月，《国务院办公厅转发中国红十字会总会关于进一步加强红十字会工作意见的通知》（国办发〔2004〕85号），要求各地各部门认真贯彻执行。各地红十字会积极向当地党政领导汇报红十字会工作，争取政府制定贯彻《通知》的具体意见。山西、四川、云南、青海等省下发了文件，要求各级党委、政府和社会各界支持红十字会工作。四川、云南、湖南等省解决了长期以来影响红十字事业发展的问题。

各级红十字会工作人员的积极性空前高涨，工作更加活跃。短短几个月的时间，在认真传达贯彻"八大"精神的同时，精心组织了"红十字博爱送万家"活动，为21.4万户特困家庭每户送去了价值200元人民币的慰问物品，使85.5万人受益。特别是印度洋地区因地震引发海啸灾害后，总会和各地分会都紧紧抓住机遇，积极行动，掀起了大规模的、形式多样的募捐热潮。这一活动得到了新闻媒体和社会各界的支持。广大红十字会工作人员放弃节假日休息，不辞辛劳，做了大量深入细致的工作。短短1个多月时间内，全国红十字会系统接受民间捐款达3.3亿元人民币。在这次国际救援活动中，红十字会发挥了独特的优势和重要的作用，锻炼、考验了我们这支队伍，积累了与政府有关部门、国际红十字组织和受灾国红十字会合作的经验。

一些地方红十字会理顺管理体制后，在新一届领导班子的带领下，精神状态和工作面貌发生了可喜的变化，工作有了较大进展。在为印度洋海啸灾区募捐工作中表现很好。

同志们，当前红十字事业的大好形势来之不易。我们要十分珍惜“八大”以来出现的大好形势，继续保持和发展这个好形势。要抓住机遇，乘势而上，努力开创红十字会工作的新局面，推动中国特色红十字事业健康、快速、持续地向前发展。

二、继续抓紧理顺红十字会的管理体制，为红十字事业的发展提供组织保证

关于理顺红十字会管理体制的问题，我已讲过多次。今天再一次强调，是因为这是发展红十字事业的必要条件。实践证明，已经理顺了管理体制的地方，政府更加重视和支持红十字会的工作，红十字会的活力得到增强，工作效率明显提高，作用得到了更好的发挥。我们必须继续把抓紧理顺管理体制放在重要的工作日程上，有计划、有步骤地大力推进。

经过第六届、第七届理事会10年的艰苦努力，目前，全国31个省、自治区、直辖市红十字会已全部理顺了管理体制。32个副省级、省会城市红十字会已有20个理顺了管理体制（占62.5%），417个市（地）级红十字会已有146个理顺了管理体制（占35%），2800多个县级红十字会已有260个理顺了管理体制（占9%）。内蒙古、吉林、江西、北京已经全部理顺市（地）级红十字会管理体制。辽宁、新疆有80%以上的市（地）级红十字会理顺。河北省、上海市、天津市编委已经下发文件，目前正在积极落实之中。云南省政府下发文件，要求市（地）级红十字会在2005年底前理顺管理体制。与2003年相比，理顺管理体制的工作有了较大进展。

但是，在推进理顺管理体制的工作中还存在着许多困难和问题，我们面临的任务还很艰巨。已经理顺管理体制的红十字会中，有的还没有落实“三定”方案。近1/3的省级红十字会还没有建立党组。近1/3的副省级和省会城市、2/3的市（地）级城市、90%的县级红十字会还没有理顺管理体制。2005年，我们要继续巩固省级红十字会理顺管理体制的成果，全部理顺副省级、省会城市红十字会的管理体制，大力推进理顺市（地）级红十字会管理体制的步伐，积极研究探索县级红十字会理顺管理体制的模式和经验。

副省级城市、省会城市地位重要，又是对外开放的窗口，可以对全省发挥示范和辐射作用，而且他们也有一定的条件，应该尽快理顺红十字会的管理体制。

我想着重讲一讲为什么要理顺市（地）级红十字会的管理体制。我国大多数省、自治区、直辖市所辖区域幅员辽阔，人口众多，市（地）一级具有承上启下的重要作用。如果仅仅把省级红十字会的管理体制理顺了，市（地）级红十字会仍旧由卫生部门代管，不能独立自主地开展工作，红十字会的工作就很难落实到基层。市（地）级红十字会的管理体制理顺了，就可以加强对县级红十字会的领导，帮助和推动他们做好工作。现在省级红十字会已经全部理顺了管理体制，绝大多数的市（地）级红十字会也已经有了一定的编制（目前已经理顺管理体制的市（地）级红十字会人员编制一般在 5 人左右，多的有 8—10 人，少的有 2—3 人），具备了理顺管理体制的条件，应当推动他们依法按照社团机制独立自主地开展工作，在人道主义救助工作领域更好地发挥作用。

我们在下面调研时了解到，当前，对理顺市（地）级红十字会管理体制还存在着一些认识问题和实际困难。一是有的党政领导对理顺管理体制的必要性和重要性还认识不足；二是卫生行政部门有的同志还有不同看法，不大愿意让红十字会独立出去；三是红十字会也有少数工作人员担心独立设置以后，个人的福利待遇等会受到影响，或者习惯于依赖政府部门过日子，缺乏进取的思想；四是地方人员编制比较紧张，财政比较困难。红十字会独立设置后，在人员、经费、办公条件等方面存在一些实际困难。内蒙古、吉林、江西、北京等地的经验说明，只要我们多做工作，讲清道理，锲而不舍地争取，是能够得到党和政府及有关部门支持的，一些实际问题也能够得到妥善解决。各级红十字会的专职人员编制要坚持少而精的原则，由地方党委、政府因地制宜地确定。红十字会要学会充分发挥理事、会员和志愿工作者的作用，建立与完善社会化工作机制。要说服和教育红十字会工作人员服从红十字事业的大局，看到红十字事业的发展远景，发扬“人道、博爱、奉献”精神，决心为这项造福人类的崇高事业贡献力量。

为了加快理顺红十字会管理体制的步伐，总会要加强指导和高层协调。省级红十字会要负责积极推进、督办，争取省委、省政府及编制部门支持，逐个做好市（地）党政领导的工作，还要争取人大、政协对红十字会法实施情况进行执法检查和考察，促进各地依法理顺红十字会的管理体制。

县级红十字会原则上也应当依法理顺管理体制，这样，红十字会的工作才能更好地延伸到城市基层、特别是农村。但是，现在要理顺县级红十字会的管理体制困难较多，我们也缺乏实践经验。因此，应当加强调查研究，注意总结经验，积极创造条件，逐步推进。要区别不同情况，成熟一个理顺一个。有些地方党政领导干部对这项工作有认识，红十字会工作有一定基础，又有一定编制，就可以率先理顺。当前，重要的是要着力帮助已经理顺管理体制的县级红十字会做好工作，取得经验，培养出若干个好的典型，这样才能说服大家，由点到面，逐步推广。没有条件的要创造条件，争取逐步做到有机构、有编制、有人员、有经费、有办公地点，能够把红十字会的工作更好地开展起来。

三、做好各项业务工作，切实加强基层组织建设

这些年，无论是备灾救灾、卫生救护培训、推动无偿献血和红十字青少年等传统的业务工作，还是新拓展的造血干细胞捐赠者资料库建设、红十字博爱送万家活动、社区红十字服务、预防控制艾滋病等工作都有新的进展，有些已经创出了品牌。实践证明，只要我们奋发图强，求真务实，开拓创新，就一定会有所作为，而有为才有位。我们要认真总结经验，把各项工作做得更好。工作开展得较好的红十字会，要进一步提高工作质量和水平，使各项工作规范化、科学化、制度化。工作基础相对薄弱的红十字会要虚心学习别的地方红十字会的好经验，结合本地实际，创造条件，把工作开展起来。在做好业务工作的同时，要做好宣传和筹资工作，提高红十字会的知名度，增强救助实力。

今天我想着重讲一讲在抓好各项业务工作的同时，必须切实加强红十字会基层组织建设的问题。

红十字会服务的对象在基层，依靠的力量在基层。只有把基层组织建设好，紧紧依靠广大会员和志愿工作者，才能做好红十字会的工作，扩大红十字会的影响。红十字会的基层组织主要建在社区、学校、医院、企业和农村。我们要高度重视、切实加强红十字会基层组织建设，夯实红十字会的群众基础。

社区是城市工作的基础，是群众包括弱势群体生活的主要场所，也是红十字会进行人道主义服务工作的重要领域。做好社区红十字服务工作，对搞好社区建设，增强社区的服务功能，加强社会主义精神文明建设，缓解社会矛盾，维护安定团结，构建社会主义和谐社会，都具有重要的意义。近两年来，我们着重推动了红十字服务进社区工作。这次会议命名表彰了一批社区红十字服务示范市（区）。这些示范市（区）创造了许多经验：一是政府重视，将社区红十字服务工作纳入社区建设的总体规划。二是服务对象以弱势群体为主，开展了多种形式的助困、助学、助老、助病、助残活动，不断丰富服务内容，创新服务方式。三是建立了红十字会的服务网络与服务阵地。示范市（区）创办的红十字服务中心、红十字志愿服务站、红十字卫生站、博爱超市、募捐接收站等，已成为帮扶困难群众的阵地。四是动员和依靠红十字志愿工作者和热心社会公益事业的人士参与社区红十字服务，为他们扶危济困、奉献爱心搭建平台。五是与民政、卫生、教育、残联、老龄委等有关部门密切合作，共同搞好社区服务。各地要学习和借鉴他们的成功经验，把社区红十字会工作广泛深入地开展起来。

目前，我国有大、中、小学校约 52 万所，大中小学学生约 2.3 亿。进一步加强和改进青少年的思想道德建设，把他们培养成为中国特色社会主义事业的建设者和接班人，具有重大而深远的战略意义。红十字青少年会员占到红十字会会员总数的一半，是红十字会工作的一支生力军。开展红十字青少年活动，是中国红十字会的一项重要工作，是学校进行素质教育的一个有效途径，不仅有益于广大青少年的健康成长，还可以培养红十字事业的后备力量。我们要按照《学校红十字会工作规则》的要求，积极配合学校素质教育，针对不同年龄学生的特点与需求，开展红十字青少年活动。如，在大学生中开展无偿献血、捐献造血干细胞的宣传教育和预防艾滋病的“青年同伴教育”，鼓励他们参加社会公益活动。在中小学生中开展健康教育和道德教育，鼓励他们参加社区红十字服务活动，培养助人为乐的精神。我们要与教育部门密切配合，认真总结推广开展红十字青少年活动的经验，把这项工作做得更好。

许多医院是红十字会的团体会员，为红十字事业的发展做出过重要的贡献。红十字会开展的初级卫生救护培训、无偿献血、捐献造血干细胞、遗体捐献、社区红十字服务、南丁格尔奖获得者遴选等工作都同医院和医务人员密切相关。有些医院挂了红十字医院或红十字会医院的牌子，还有不少医院包括民办医疗机构有这样的意愿，他们认为这样做有利于加强医风医德建设、弘扬红十字精神。今年，我们要进行专题调研，研究如何把已经冠名和愿意冠名的医疗机构红十字会的工作做好，明确各自的权利和义务，更好地发挥医院和医护人员在发展红十字事业中的重要作用。

我国人口的大部分在农村，农村中需要救助的困难群众也比较多。红十字会工作应当向农村延伸，更好地为农民服务。已经理顺管理体制的市（地）级和县级红十字会要积极探索在农村建立红十字组织，开展红十字会工作的路子。现在有些地方已经取得了一些经验，如山东省红十字会通过专项募捐帮助农村中的特困群众缴纳个人应付费用，使他们能够参加合作医疗；内蒙古红十字会在农牧区创办红十字医疗站，为农牧民提供医疗保健服务等。我们要努力培养一些能起示范作用的典型，逐步加强农村红十字会工作。

我们还要在企业中建立红十字会的基层组织，可以先把那些热心公益事业，与红十字会有合作关系或与红十字会业务有关的企业吸收为团体会员。有更多的企业加入红十字会，既能扩大红十字会的影响，也有利于增强我们的救助实力。

要加强基层组织建设，就必须巩固和发展红十字会员队伍。要摸清会员队伍的现状，强化会员意识，发挥会员作用，加大会费收缴力度。还要不断壮大志愿工作者队伍。

今天，我提出切实加强红十字会基层组织建设的问题，是想引起大家的重视。希望大家把做好各项业务工作同加强基层组织建设密切结合起来。要通过深入的调查研究，发现、总结和推广基层创造的好经验，精心培养各种类型的好典型，切实加强红十字会基层组织的建设，使红十字会真正扎根于广大人民群众之中，在社会生活中发挥更大更好的作用。

四、建设一支精干、高素质的干部队伍，为红十字事业提供坚强的人才保证

加强自身建设，是做好红十字会工作的关键。各级红十字会要实施人才战略，认真抓好干部队伍建设。首先要加强领导班子建设，把好进人关口，优化人员结构，按照公开、平等、竞争、择优的原则，建立干部能上能下、人员能进能出的激励和约束机制。要把干部培训工作摆在重要位置上，通过各种方式，帮助干部不断提高综合素质，加强能力建设，使每个红十字会专职干部都能真正懂得红十字会的宗旨、性质、基本原则和职责，热爱红十字事业，掌握有关的法律政策和专业知识技能，具有高尚的品德和良好的作风，成为红十字事业的骨干力量。

建设中国特色红十字事业还有很多问题有待于深入研究。红十字会干部要善于在实践中总结经验，对关系红十字事业发展的重大课题进行理论思考，努力探索在社会主义市场经济条件下发展红十字事业的新思路。

当前，县及县以上各级红十字会的党组织和党员要积极投身保持共产党员先进性教育活动，通过教育活动，提高党员素质，加强党的基层组织建设，在建设中国特色红十字事业中更好地发挥先锋模范作用。

胡锦涛同志指出，中国红十字会作为重要的社会团体，在全面建设小康社会、加快推进社会主义现代化的历史进程中是可以大有作为的。在新的一年里，我们一定要振奋精神，开拓创新，求真务实，勤奋工作，使红十字会工作再上一个新台阶！

在2005年中国红十字会工作会议上的报告

江亦曼

（2005年2月25日）

2004年的主要工作

2004年是我国社会主义现代化建设取得丰硕成果的一年，也是中国红十字事业发展史上具有重要意义的一年。这一年，在党中央、国务院的正确领导下，全国各级红十字会坚持以邓小平理论和“三个代表”重要思想为指导，深入贯彻党的十六大和十六届三中、四中全会精神，弘扬求真务实的作风，认真组织开展了中国红十字会成立一百周年纪念活动，胜利召开了第八次全国会员代表大会，中国特色红十字事业取得显著进展。

一、成功举办建会百年纪念活动和胜利召开“八大”

总会对中国红十字会百年纪念活动做出了总体部署，各级红十字会认真组织了以“办实事，迎百年”为主题的纪念中国红十字会成立一百周年的活动。3月10日，总会召开了庆百年座谈会。5月8日，在人民大会堂隆重召开中国红十字会成立一百周年纪念大会。国务院总理温家宝向大会发来贺词，国务院副总理吴仪到会并讲话，高度肯定红十字会为国家、为人民做出的贡献。总会通过向国务院领导汇报工作，争取解决影响红十字事业发展的重大问题，加强备灾救灾、推进红十字关爱进社区等工作，以实际行动迎百年。各级红十字会都开展了隆重的百年纪念活动，上海、辽宁、北京、江苏、重庆、贵州等中国红十字会诞生地和重要历史活动地也开展了丰富多彩的纪念活动。各级红十字会通过开展复明工程、建敬老院、博爱助学、下乡义诊、博爱基金、青年同伴教育、改水改厕、少儿住院基金、千万人帮千家等活动，为老年人、孤儿、残疾人、艾滋病患者及感染者、特困学生、贫困家庭送去红十字会的关爱，以为民办实事的实际行动庆祝建会百年。

中国红十字会第八次全国会员代表大会于10月27日在北京人民大会堂隆重召开。胡锦涛主席等党和国家领导人接见与会代表。吴仪副总理代表党中央、国务院向大会致辞。胡锦涛主席充分肯定红十字事业是一项造福人类的崇高事业，要求各级党委和政府进一步加强对红十字会工作的领导，认真贯彻红十字会法，切实帮助解决红十字事业发展中遇到的困难和问题，充分发挥红十字会的积极作用。胡主席关于中国红十字会“是可以大有作为的”重要指示，使广大红十字会干部、会员深切地感受到党和政府对红十字事业的关心、重视和支持，备受鼓舞。

"八大"回顾了"七大"以来中国红十字事业取得的显著成绩，总结了红十字事业发展的基本经验，通过了《中国红十字事业2005—2009年发展规划》，选举产生了新一届理事会，实现了中国红十字会领导集体的新老交替。在中国红十字事业发展的历史进程中，"八大"是一次规模空前的大会，继往开来的大会，团结胜利的大会，具有极其重要的意义，为中国红十字事业在新时期新阶段的发展奠定了坚实的理论、思想和组织基础。

二、各项工作稳步推进

（一）救灾备灾工作成效显著。2004年我国自然灾害呈现突发、散在、时间跨度大等特点，我会配合政府的总体救灾计划，积极投入救灾工作。总会先后下发了《关于做好2004年洪涝灾害救助工作的通知》、《关于发布救助2004年洪涝灾害呼吁的通知》，向社会发出了"捐一元善款，为灾民解难"的呼吁；共派出11个救灾考察小组对河南、湖南、云南等9个受灾严重的省（市、区）进行考察，对山东、河南、湖南、四川、云南等21个省给予救助支持。全国红十字系统共投入救灾款物1.0507亿元，其中总会投入3513万元、各省投入6994万元。我会的救灾工作得到曾庆红副主席、回良玉副总理的充分肯定。各受灾省红十字会都在救灾工作中有力地发挥了政府的助手作用，在紧急救灾工作中，我会使用国家彩票公益金采购的备灾物资发挥了积极作用，大大提升了我会的快速反应能力。

在国务院的统一领导下，我会制定了《中国红十字会总会自然灾害与突发公共事件应急预案》，已经国务院同意，被纳入国家整体应急预案。我会与海关总署建立了向红十字会捐赠没收的侵权物资的固定渠道和长期合作机制。据不完全统计，海关全年共捐赠约500万元物资。我会还举办了中国红十字会备灾救灾研讨培训班，开展了建立总会备灾救灾物资库的调研考察工作。

（二）"红十字博爱送万家活动"深入开展。2004年元旦、春节期间，中国红十字会在20个省（区、市）的受灾地区和贫困地区开展了"送温暖"活动。为配合国家振兴东北老工业基地的部署，"七一"前夕，我会开展了慰问东北三省老党员、老红军、老模范、老抗联、老工人活动。2005年元旦、春节期间，我会又对14个省的贫困家庭开展了送温暖活动。一年多来，共投入近9883万元人民币，其中总会筹集150万元，使用国家彩票公益金项目经费1368万元，各省配套8365万元，使197.6万人受益。

（三）卫生救护培训卓有成效。我会认真落实15部门《关于开展救护工作的意见》的通知精神，实施了国家彩票公益金卫生救护师资培训项目。各级红十字会共举办214期救护师资培训班，培训了7000名救护师资、250万名初级救护员。江苏、重庆等省、市建立了在特殊行业开展卫生救护培训的长效工作机制。吉林省长春市、山东省青岛市等红十字会组织了卫生救护技术演练。北京市红十字会999急诊抢救中心，积极参与了"密云灯展特大事故"、"怀柔金矿毒气泄漏事故"的紧急救援工作。一些省、自治区、直辖市红十字会把卫生救护培训与社区红十字服务结合起来，增加了有关灾害预防、紧急避险、家居安全等内容，受到广大群众欢迎。

（四）推动无偿献血工作力度加大。我

会承办了第九届国际无偿献血员招募大会，开展了第一个“世界无偿献血员日”宣传活动；制作了无偿献血宣传广告片，在中央电视台三个频道连续播放；发放无偿献血宣传画3万余张；与卫生部、总后卫生部联合召开了2001—2003年度无偿献血表彰大会，对4964名先进个人和373个先进单位进行了表彰。

（五）关爱艾滋病病人和感染者的工作进一步加强。总会认真履行国务院防治艾滋病工作委员会成员职责，印发了《中国红十字会关于积极开展预防艾滋病工作的意见》，着手制定中国红十字会预防控制艾滋病五年规划（草案）；参加了第15届世界艾滋病大会；在湖南长沙举办了“关注妇女，抗击艾滋——红十字在行动”大型宣传活动。云南省红十字会的预防艾滋病“青年同伴教育”项目被誉为全球最佳执行项目，已向70万人传播了预防控制艾滋病知识和相关技能。艾滋病预防与宣传项目已在16个省、区、市红十字会深入开展。

（六）社会救助领域不断拓宽。总会举办了“健康援助——红十字在行动”活动，努力普及卫生健康知识。上海市自1996年建立中小学生和婴幼儿住院医疗基金以来，全市平均每年有200万少儿参加，覆盖率达95%以上，共为近50万人次患儿支付了3.7亿元的医疗费用。2004年9月，北京市红十字会成功地建立了中小学生、婴幼儿住院医疗互助金，仅三个月就为300多名患儿支付医疗费50多万元。深圳市红十字会启动了医疗救助专项资金。山东省红十字会为协助农村建立合作医疗制度，在17个地市的33个县为交不起个人应付资金的贫困农民设立了补助金制度，使他们能够享受合作医疗的好处。越来越多的红十字会把救助工作的重点放在关心儿童、救孤助学方面，受到社会的广泛好评。

（七）筹资工作走出新路子。我会认真探索社会主义市场经济条件下筹集资金的路子，在组织百年纪念活动、“八大”宣传等有关大型活动中，采取与公司合作的运作模式。如举办大型展览和笔会等活动，所需经费不仅全部由企业赞助，企业还向总会额外捐赠；由公司出资、经销百年纪念银币，并赠送我会2000枚；《永恒的爱》演唱会两场演出所需费用全部从社会募集。去年水灾期间，我会及时与中央国家机关工委联系，由他们发文呼吁国务院各部门为灾区捐款，先后收到捐款137万余元，衣物11.3万件，在救灾工作中发挥了重要作用。

（八）法制建设和理论研究有新进展。各级红十字会认真落实《中国红十字会2001—2005年法制宣传教育规划》，开展了法制宣传教育活动。青海省红十字会与省依法治理工作领导小组联合发出通知，把学习、贯彻红十字会法和本省实施办法列入普法依法治理阶段性考核目标。天津市红十字会召开了本市红十字会法实施办法颁布施行10周年纪念大会。总会积极争取并配合全国人大对安徽等省执行红十字会法的情况进行了调研，内蒙古、江苏、安徽、湖南、陕西、山西、青海、辽宁等省红十字会主动向地方人大或政协汇报工作，并配合他们开展了执法检查或调研。2004年，又有陕西、江苏、福建、贵州、宁夏等5省人大常委会通过了实施红十字会法的办法或条例。

我会认真开展国际人道法传播工作，举办了华北、华南地区红十字运动基本知识传播培训班暨评估表彰会，圆满完成了与国际委员会的第二个传播合作计划。理论研究迈出了新步伐。总会组织有关专家和基层红十字会开展了中国红十字事业发展战略研究和理顺县级红十字会管理体制两个课题研究。

（九）组织建设得到加强。各级红十字会普遍重视干部培训工作。辽宁、江苏、江西、四川等省红十字会举办专职干部培训班，提高红十字会干部的专业知识和领导能力。接纳新疆生产建设兵团红十字会为地方分会。全年有11个省级红十字会召开换届大会。各级红十字会积极发展基层组织、会员和志愿工作者。截至2004年12月，27个省、自治区、直辖市的统计，共有基层组织6.66万个、会员1922万人、志愿工作者35.88万人。各地认真贯彻《学校红十字会工作规则》和《关于进一步推进红十字青少年工作的意见》，开展红十字青少年工作。广西、甘肃、山东、辽宁、天津等省（区、市）红十字会选派青少年分赴马来西亚、德国、韩国、奥地利参加红十字青少年的交流活动。北京、天津、辽宁等省、市开展“红十字标准校”评比活动，已形成制度化、规范化，有力地配合了未成年人思想道德建设。许多大、中学生成为预防控制艾滋病、推动无偿献血、捐献造血干细胞的主要力量。

（十）国际和港澳台工作。2004年，我会的对外联络和交流工作十分活跃。邀请红十字国际组织和10个友好国家红十字会来华参加百年纪念大会，进行工作访问。全年共接待境外和台、港、澳地区的来访团组和个人共124批664人次，组团出访42批263人次。向19个遭受战乱和自然灾害的国家红会和政府提供总额为66万美元的捐款援助（不含印度洋海啸捐款）。

我会积极参加国际联合会领导委员会的会议，参与联合会重要事务的决策，发挥大国红十字会的重要作用。与国际联合会东亚地区办事处主任建立了定期会晤制度。认真落实人道法传播合作协议，协助中国人民解放军开展有关武装冲突法的传播和培训活动。国际委员会在云南省开展的生产假肢康复项目进展顺利。在双边交往与合作方面，彭会长率团成功地访问了约旦红新月会，为我会在中东地区和阿拉伯国家红新月会开展交流合作奠定了良好基础，意义重大。我会主要领导率团访问了蒙古、韩国、智利、古巴等国家红十字会，接待了沙特、乌克兰、瑞士等20个国家红十字会的领导人和代表。双边交流活跃，实质性合作增强。去年，引进项目4个，资金约300万元人民币。总会及内地红十字会与香港、澳门红十字会保持了良好的交流与合作。彭会长两次访问香港、澳门分会，参加了香港红十字会主办的祖国大陆、香港、澳门、台湾两岸四地12支代表队参加的“两岸红十字百周年精英荟萃”活动。香港、澳门红十字会对内地支持的力度不断加大，合作富有成效。为贯彻中央关于“多做台湾人民工作，特别是年轻人工作”的方针，总会接待台湾高雄红十字组织代表团来访，组团赴台参加2004年海峡两岸红十字青少年夏令营活动，促进了彼此的了解和友情。全年双向遣返作业9批（次），接运大陆私渡人员1440人，配合公安部门遣返台湾非法入境人员20人。

三、几项重点工作取得突破性进展

（一）省级红十字会全部依法理顺管理体制，理顺地（市）级红十字会管理体制迈出较大步伐。总会通过给省、省会城市、计划单列市党政领导写信，深入调研等方式加强对理顺体制工作的指导和督促。彭会长亲自到山西、甘肃两省考察指导，终于在“八大”前实现了全部理顺省级红十字会管理体制的目标。各省红十字会把理顺副省级城市及省会城市、地级红十字会管理体制工作摆到重要位置。北京市、上海市、河北省的编制部门下发了理顺所辖区域地级红十字会管理体制的文件。全国地、县级红十字会理顺管理体制分别比2003年增加了56个和60个。目前，全国已经有62.5%的副省级和省会城市红十字会、35%的地级红十字会、9%的县级红十字会理顺了管理体制。

（二）政府相关部门更加重视和支持红十字会工作。年初，国务院专门召开会议，听取总会工作汇报，帮助解决红十字会工作中的实际困难。外交部下发了《关于授予中国红十字会总会一定的外事审批权的通知》。教育部与我会联合下发了《关于进一步推进学校红十字会工作的意见》。民政部与我会共同开展了红十字示范社区考评验收。财政部将我会外事经费从外交部部门预算划转至我会，并积极研究红十字事业经费在政府收支科目中单列等有关问题。国家发改委同意对建立中国红十字会备灾救灾库进行论证。人事部与我会再次联合表彰红十字会系统先进集体和先进工作者。海关总署与我会签署了用侵权罚没物资支持红十字会工作的合作备忘录。国家邮政局与我会联合下发了《关于做好造血干细胞捐献者血样特快寄递服务的通知》等等。全国人大教科文卫委员会在其内部刊物刊登《关于赴安徽省调研〈中华人民共和国红十字会法〉实施情况的报告》。全国政协社会和法制委员会就建设中国红十字会总会救灾备灾中心问题向国务院领导进行专报。这些举措有力地支持和促进了红十字会工作。

（三）掀起宣传高潮，扩大红十字会的社会影响。2004年是红十字会的宣传年。宣传工作主要围绕百年纪念和“八大”进行，着重把宣传工作融入到救助行动和各项业务工作中。据不完全统计，全年在中央新闻媒体上报道200次，多角度、全方位地宣传了红十字会工作和“人道、博爱、奉献”的红十字精神。《人民日报》在百年纪念和“八大”期间两次发表评论员文章，两次对我会工作进行重点报道，还发了专版。特别是救助印度洋海啸募捐中的宣传工作的力度大，社会影响好。

（四）红十字服务示范区创建活动带动了社区红十字服务的开展。各地认真贯彻我会与民政部联合下发的《关于开展社区红十字服务工作的通知》、《关于开展全国社区红十字服务示范活动的意见》，开展红十字服务示范市（区）创建活动。总会召开了全国社区红十字工作研讨会和经验交流会，举办了志愿服务培训班；与民政部共同成立了社区红十字服务示范活动评审委员会，对14个省、34个市（区）进行考核评审。我会与民政部对首批28个示范市（区）社区给予命名表彰，推动了社区红十字事业的发展。

（五）中国造血干细胞捐赠者资料库建设快速发展。2004年，中国造血干细胞捐献者资料库管理中心加强了制度建设，建立并规范了血样特快传递通道，制发了为捐赠者提供保险、移植医院和采集医院技术服务标准等一系列文件，实行“全员全程质量控制”，使入库检测数据的数量和质量同步提高。截至2004年12月底，“资料库”已拥有24万人份志愿捐献者的资料，其中，

2004 年新入库数据 12. 8 万人份。累计为患者和移植医院提供检索服务 5800 多人次，1600 多位患者配型成功，有 200 位志愿者为患者捐献了造血干细胞。为美国、加拿大等 12 个国家以及台湾、香港地区的患者提供检索查询服务 50 多人次。重庆市吴渝同学为美籍华人成功捐献造血干细胞，是我国志愿者捐献的造血干细胞第一次走出国门。

四、“八大”以来红十字事业又呈现新局面

“八大”以来，总会党组、执委会认真学习、贯彻党的十六届三中、四中全会精神，加强对各地红十字会工作的指导和服务，强调各级红十字会要抓住机遇、开拓进取，艰苦奋斗、踏实工作，积极探索适应社会主义市场经济条件下发展红十字事业的新思路，使红十字事业呈现出新局面。

（一）掀起贯彻“八大”精神的高潮。各省红十字会积极掀起学习贯彻“八大”精神的高潮，把胡主席的讲话和吴副总理致辞及时发到各级红十字会，积极争取向各级党委和政府主要领导汇报工作，争取支持。安徽、山东、宁夏、新疆等省（区）主要领导亲自接见出席八大会议的代表并听取汇报，对贯彻落实“八大”精神作出批示。辽宁、湖南、四川、云南等省红十字会向省政府专题汇报了“八大”精神。四川省委张学忠书记要求省红十字会以一流的精神状态、做一流的工作、创一流的业绩；各级党委、政府要高度重视红十字会工作，切实解决红十字事业发展中存在的问题。内蒙古、山西、湖南、广东、海南、甘肃等省红十字会召开会员代表大会，传达贯彻“八大”精神，制定本省发展红十字事业的规划。

（二）经过努力争取，积极协调，国务院办公厅下发了《关于进一步加强红十字会工作意见的通知》。这是改革开放以来，国务院为红十字会发出的第一个文件。通知要求各级政府重视、支持红十字会工作，对各级红十字会组织、广大干部提出了明确的要求，是一个指导性很强的文件，是今后较长一个时期中国红十字事业发展的指导性文件。通知下发后，各地认真贯彻落实，推动地方党委政府制定贯彻通知的具体意见。山西、四川、云南、青海、宁夏等省、自治区政府或政府办公厅出台文件，要求各级党委、政府和社会各界支持红十字会工作。

（三）抓住机遇，开展为印度洋海啸募捐的国际人道主义救援行动。2004 年 12 月 26 日，印度洋发生强烈海啸，给东南亚、南亚和非洲等地区的一些国家带来严重灾难。我会从国际人道主义救助责任出发，立即向全国发出紧急募捐呼吁，开通捐赠热线电话，公布募捐账号，成立援助海啸指挥部，实行 24 小时值班，指导、统筹全国红十字系统救援工作。在政府支持和新闻媒体的积极配合下，掀起了一场大规模的援助海啸灾难募捐活动。截至 2 月 20 日，总会已接受捐款到账达 3. 3 亿元人民币。其中，各级红十字会募集 2. 2 亿元人民币。总会已及时向国际红十字组织和受灾国红十字会拨付 1066 余万美元的援款和 1000 余万元（人民币）的物资。组织了救援工作组分赴印度尼西亚、斯里兰卡、泰国考察灾情，参与受灾国的灾后重建工作。

这次国际救援行动，是建国以来我会开展的规模最大、成效最显著的一次行动。凸显了民间救援的力量，充分展示了中国人民的人道主义情怀，树立了良好的国际形象。

五、体会和存在问题

2004年，我们有以下几点体会：

（一）找准位置、服务大局是发展红十字事业的重要前提条件。在新的历史时期，红十字会工作只有服从、服务于党和国家工作的大局，抓住群众关注的热点、难点，积极开展工作，替政府分忧，为群众解难，才能得到党和政府及广大人民群众的支持和参与，不断推动红十字事业的发展。我们开展的救灾工作，增强了灾区群众战胜灾难的信心。我们开展的红十字博爱送万家活动，让最贫困的群众感受到国家和社会的关怀。我们开展的社会救助工作，为成千上万家庭带去关爱。我们以实际行动实践了“三个代表”重要思想和科学发展观，维护了国家改革、发展、稳定的大局。

（二）各级党委、政府的支持是完成各项任务的根本保证。2004年，总会和各级红十字会积极争取党委、政府更加重视和支持红十字会工作。中央专门研究“八大”换届的人事安排问题，国家主席胡锦涛欣然同意担任中国红十字会名誉会长，国务院领导两次听取我会的工作汇报，国务院办公厅专门下发文件，党和国家领导人两次参加中国红十字会重要活动。国管局为总会兴建新办公楼。很多省委书记、省长亲自听取红十字会工作汇报、作出重要批示、参加重要活动，对中国红十字事业给予关心、重视和支持。这是我们做好工作，完成各项任务的根本保证。

（三）目标明确、计划周密、协调一致是完成各项任务的重要保障。年初，我们确定了开展百年纪念活动和筹备召开“八大”两项重点工作，年末，我们开展了印度洋海啸救援活动。我们都制定了周密的计划，采取了有力措施，统一全系统的思想认识，做到了从总会到基层红十字会都有行动，从中央媒体到地方主要媒体都有红十字会的报道，各项工作有条不紊地开展，充分显示了全国红十字系统围绕大局，协调一致，创造性开展工作的风貌。

（四）锲而不舍、踏实工作是完成各项任务的关键。红十字会是社会团体，要做好工作，推动事业发展，各级干部必须具有锲而不舍的精神和踏实工作的态度，不怕困难、不怕挫折，善于宣传，努力协调，积极争取各方面的支持。这几年来，理顺管理体制工作是在国家压缩机构、精简编制的情况下进行的，在彭会长的领导下，我们硬是凭着锲而不舍的精神，努力依法争取，终于实现了31个省（区、市）红十字会全部理顺管理体制的目标。江西省原来的工作基础并不是很好，但他们坚持由会长出面进行高层协调，省、市红十字会做到三勤（“勤上门”、“勤沟通”、“勤汇报”），终于在2004年实现了全省11个设区的市全部理顺红十字会管理体制的整体突破。

2004年，各级红十字会、广大专兼职干部、会员和志愿工作者为红十字事业的发展克服了很多困难，付出的艰辛可想而知，锲而不舍的精神难能可贵，我代表常务理事会和总会向大家表示衷心地感谢！

在看到成绩和总结经验的同时，也必须看到工作中和事业发展中存在的困难和问题。一是组织建设还不适应形势和任务的需要。会员和志愿工作者队伍建设还未能很好地体现社会化、开放性的特点。专职干部队伍数量少，结构不合理。二是救助实力和参与国际红十字运动的能力与大国红十字会的地位和人民群众的实际需求相比差距还很大。筹资的意识还不强、筹资机制还没有真正建立。三是红十字事业发展不平衡，农村红十字会工作是薄弱环节。随着市场经济体制的健全和完善，政府职能的转变，社会组织的增加和作用的增强，我们仍面临着严峻的挑战。

2005 年的工作任务

2005 年是完成国家“十五”计划的关键之年，也是中国红十字会第八届理事会开局之年。2005 年工作的指导思想是：以邓小平理论和“三个代表”重要思想为指导，贯彻党的十六大和十六届三中、四中全会精神，树立和落实科学发展观，扎实开展保持共产党员先进性教育活动，全面落实中国红十字会第八次全国会员代表大会精神，加强自身建设，提高综合素质，努力把各级红十字会建设成为充满生机与活力、密切联系群众、符合自身特点的社会团体，为全面建设小康社会和建设社会主义和谐社会贡献力量。

2005 年工作的总体目标是：自觉服从服务于党和国家的中心工作，坚持依法建会、依法治会、依法兴会，进一步弘扬“人道、博爱、奉献”的红十字精神，加快理顺地市级红十字会管理体制，提高对自然灾害和突发事件的应急反应能力，不断拓宽人道救助领域，增强救助实力，着力解决制约红十字事业发展的重大问题，加强国际交流与合作，努力开拓各项业务工作的新局面。

2005 年的工作任务已在《中国红十字会 2005 年度工作要点》中作了部署，还要经工作会议讨论、修改。这里，我想主要强调几项需要重点推进和着力加强的工作：

一、加强党的执政能力建设，扎实开展保持共产党员先进性教育，为开创红十字事业新局面提供动力

开展共产党员先进性教育的决定是党中央做出的重大决策，事关改革开放的大局和党的执政地位的巩固。按照中央部署，2005 年 1 至 6 月份，全国县级以上单位为第一批开展先进性教育活动的单位。县级以上各级红十字会参照公务员管理，也属于第一批开展先进性教育活动的单位。省级红十字会的党组，各级红十字会的基层党组织，要充分认识开展共产党员先进性教育活动的重大意义，把思想统一到党中央的重大决策和部署上来，按照当地先进性教育的总体部署，扎实开展教育活动。要紧密结合红十字会实际，坚持在解决问题上下工夫，坚持两不误、两促进。通过先进性教育为推进红十字事业持续快速发展提供坚强的政治保证和组织保证。要用先进性教育活动成果促进红十字事业发展，用红十字事业健康发展的事实检验先进性教育活动的成效。

二、加快依法理顺管理体制的步伐

各级红十字会一定要大力做好依法理顺管理体制的工作。今年要全部理顺副省级及省会城市红十字会管理体制，并争取再理顺一批地市级红十字会管理体制。已经理顺管理体制的红十字会要尽快落实“三定方案”，配备得力干部。尚未理顺的要积极争取有关部门的支持，为早日理顺创造条件。总会将继续采取行之有效的措施对副省级城市和省会城市理顺管理体制情况进行督促。省级红十字会对理顺本省地级红十字会管理体制要切实负起责任。同时，要积极探索理顺县级红十字会管理体制的模式和经验。

三、着力做好备灾救灾工作

要始终把备灾救灾工作作为中心工作抓紧抓好。各级红十字会要认真落实《中国红十字会总会自然灾害与突发公共事件应急预案》，结合实际相应制定地方自然灾害和突发公共事件应急预案。切实把救灾备灾工作做好。要把印度洋海啸后续救援工作做好，积极主动接受各级审计部门的审计，向社会公布接受款物的使用情况。总会要结合印度洋海啸救援行动，研究建立国际救援的规则和机制。抓紧完成总会救灾备灾中心的立项工作。

四、切实加强红十字会基层工作

红十字会的依靠对象和服务对象都在基层，只有把基层的工作做好、做扎实了，各项工作才能得到落实，才能在实现小康社会中更好地发挥作用。基层主要是指城市的社区、乡镇以下的农村和医院、学校、企业等单位。我们要认真研究加强社区红十字会基层组织、农村红十字会基层组织和医院、学校、企业、厂矿红十字会基层组织的建设问题，依靠兼职干部和志愿者，大力开展红十字服务进社区的工作。积极发展农村红十字会组织，组织农民进行自救互救、自助互助。做好冠名红十字医院的管理工作，发挥冠名医院在发展红十字事业中的作用。注意吸收热心公益事业的企业和企业家加入到红十字会的队伍中来，发挥他们在救灾、社会救助和红十字社区服务中的作用。总之，我们要加强基层红十字会工作，夯实红十字会工作的基础。

五、红十字青少年工作要有新起色

各级红十字会要积极与各级教育行政部门紧密配合，根据《关于进一步推进学校红十字会工作意见》的要求，大力推进建立学校红十字会组织的工作，积极探索大学、中小学开展红十字会工作的内容和方式，充分利用学校的社会实践课时，组织适合青少年特点的活动。总会将联合教育部成立全国红十字青少年组织机构，召开中国红十字青少年工作座谈会。各级红十字会要认真总结贯彻落实《学校红十字会工作规则》、做好红十字青少年工作的经验，切实推动这项工作的开展。

六、依法筹资，增强实力

要积极探索对外开放和社会主义市场经济条件下筹资的新路子，建立多种形式的筹资渠道，实现筹资方式多样化。发展与各类企业、商会、协会的稳定合作关系，争取更多稳定的救助资金。加强项目策划，善于通过合作项目筹集资金。严格内部监督，主动接受审计部门的审计监督，增强红十字会接受和处分捐赠款物的公开性、公正性、透明性，树立红十字会良好的公益形象。为保证2005年各项任务的圆满完成，各级红十字会都要振奋精神、踏实工作，根据五年发展规划，结合本地实际，开展有特色的、创新的工作。总会将由会领导分工负责，组成督导组，加强对地方工作的指导。要加强理论研究和实践经验的总结，总会成立筹资、宣传、学校红十字工作、志愿工作者、救灾备灾、健康促进等六个专门委员会，对关系红十字事业发展的重大问题开展课题研究，为发展红十字事业提供理论和实践的支持。要加大对干部的培训力度，各级红十字会要加强干部的管理、教育和监督，要树立科学的用人观，把好干部入口关，不断提高红十字会干部的思想政治水平和业务能力，使红十字会的干部都能够热爱红十字事业，乐于奉献，精通业务，会做群众工作，成为开拓中国特色红十字事业新局面的“社会活动家”。

同志们，2005 年的工作任务是繁重的。各级红十字会一定要树立和落实以人为本、全面协调可持续的科学发展观，把开展保持共产党员先进性教育活动与贯彻落实“八大”精神紧密结合起来，把促进红十字会各项业务工作与做好政府人道领域的助手、增强党的执政能力紧密结合起来。要通过我们的工作，创造稳定、和谐、健康向上的社会氛围，为实现全面建设小康社会奋斗目标做积极贡献。

要着眼于理论发展、思路创新和实践创造，下大力提高适应社会主义市场经济体制要求的能力，开展社会救助的能力，做好群众工作的能力，开拓创新的能力和国际交往的能力，把红十字会的事情办好。让我们紧密团结在以胡锦涛同志为总书记的党中央周围，以更加饱满的精神面貌、更加扎实的工作作风，做好 2005 年的各项红十字会工作，充分发挥人道主义工作领域政府的助手作用，为全面建设小康社会和构建社会主义和谐社会做出新的更大贡献。

中国红十字会总会机关及直属单位

总会机关

办　公　室

【职责】

1. 负责总会机关和会领导的相关服务工作以及总会机关内部的协调工作；负责以总会名义与其他部门及省级红十字会的联系和沟通。

2. 负责总会重要工作、会议及大型活动的组织协调和会领导的活动安排。

3. 负责督促检查执行委员会、会长办公会决定事项以及会领导布置任务的落实。

4. 负责汇总、起草总会机关年度工作计划和总结，拟订与办公室工作相关的规章制度并督促检查其落实。

5. 负责总会机关文电处理、秘书事务、印信管理、机要保密、安全保卫、档案管理、来信来访、信息综合、计算机网络建设及总会值班室工作；指导机关服务中心文印室的业务工作。

6. 负责总会机关人事工作，指导直属单位的人事工作；负责承办与国家人事部联合表彰红十字会系统先进集体和先进工作者的工作。

7. 负责总会财务和国有资产管理工作，对直属单位的财务工作进行指导、监督。

8. 由财务总监负责对总会重要财务事项实行事前审核、事中检查、事后追踪问效。

9. 由财务总监负责监督检查有关财务

的法律、法规和制度的执行情况；参与总会财务决策的研究和制定，参加总会项目管理工作。

10. 负责总会机关离退休干部的管理和服务工作，指导直属单位的退休人员管理工作。

11. 归口联系中国红十字会总会机关服务中心和中国红十字会上海援外物资供应站的有关工作。

12. 完成领导交办的其他工作。

【概述】

在总会党组和执行委员会的正确领导下，2004年办公室全体同志坚持以邓小平理论和“三个代表”重要思想为指导，认真学习贯彻党的十六大和十六届三中、四中全会精神，坚持科学发展观，围绕中心、服务大局，团结协作、努力拼搏，较好地完成了各项任务，取得了明显成绩。

一是在两个中心任务中发挥了应有作用。积极参与了建会百年系列纪念活动；认真做好“八大”的筹备和服务等工作。在会议召开前期，我们草拟并完成了向上级的各类请示报告；草拟并下发了有关会议通知，向80余家中央和国家机关、社会团体、民主党派以及有关企事业单位发出了邀请等一系列工作；与20家主要社会团体联系向“八大”致贺，以及会场地点选定，经费筹措等。

二是注重提高服务意识，保证了机关较好运转。做好公文的核稿和公文的运行工作，2004年共受理内部公文2440件，外部文件350件，地方红十字会来文100件。全年审核公文220多件，编发简报42期，拟写各类会议纪要40件。

保密工作扎实有效。2004年，总会机关被评为中央国家机关机要文件优秀交换集体。

档案管理更加规范。加工整理档案2515卷；提供借档服务118人次，涉及303卷档案；为推进档案的数字化管理，启动了档案电子扫描工作。网站发挥了应有作用。

三是人事制度改革取得了突破性进展。加快了人事制度的改革步伐。认真落实中共中央关于《公开选拔党政领导干部工作暂行规定》和《党政机关竞争上岗工作暂行规定》等法规性文件。在机关和直属单位干部范围内，对机关8个处级领导空缺职位进行了竞争上岗。通过民主测评及公示，有2位同志被晋升为正处级领导职务，4位同志被晋升为处级非领导职务。对直属单位领导班子实施统一年度考核。

四是圆满完成评选表彰“双先”工作。表彰大会于10月同中国红十字会第八次全国会员代表大会开幕式一起在人民大会堂举行。29个全国红十字会系统先进集体和10名先进工作者受到表彰。

五是财务与资产管理上了新的台阶。加强管理，积极推进各项财政改革工作。严格经费使用审批制度、细化经费支出预算，注重经费使用效益，不断规范总会预算编制和执行中的行为，使经费管理的规范化、制度化、透明化程度明显提高。总会机关财政性资金的采购项目已全部纳入政府采购范围。统筹安排，积极争取财政支持。部门经费支出预算绝对数比上年增加。保证了总会机关搬家、百年庆典活动、八大会议等重点项目的经费，为完成全年工作计划提供了经费保证。加强总会国有资产管理工作。对总会资产进行了三次全面盘点和清查，保证了总会在迁址过程中资产的安全和完整。配合国家审计署、中国审计事务所、普华永道审计事务所等开展相关审计工作。

六是彩票公益金项目的实施得到财政部的肯定。积极组织实施彩票公益金项目管理工作。在抓彩票公益金项目制度建设的基础上，去年重点开展了2003年度彩票公益金项目支出的绩效考评工作。通过制定《中国红十字会总会彩票公益金项目支出绩效考评办法（试行）》，组织了子项目自评及项目工作总结。

七是离退休干部工作受到好评。认真落实离退休干部政治待遇。认真组织老干部学习十六届三中、四中全会精神和“三个代表”重要思想。按规定组织老干部看文件、听报告、参观、参加有关会议和活动，传达重要会议精神。

关心老同志的疾苦，坚持走访慰问制度。对生活困难的党员开展送温暖活动，深受老同志欢迎。

配合机关党委加强离退休干部党支部建设，进一步增强离退休干部党员的党员意识。加强老干部活动室建设，开展丰富多彩的活动。努力使活动室成为老干部的学习室、服务室、文体室、信息室，成为老干部之家。自活动室开放以来已有300余人次前来健身。活跃了老干部和在职职工的文化生活，促进了精神文明建设。

（边　晓）

综　合　处

【职责】

1. 承办总会机关、地方红十字会和会领导的相关服务工作。

2. 负责汇总、起草总会机关年度工作计划、总结，草拟有关规章制度。

3. 协调领导实施总会重要工作、会议及大型活动的组织协调和会领导活动安排。

4. 负责执行委员会、会长办公会的秘书工作。

5. 负责公文运转和公文质量把关；机要文件、电报的传阅与保管；档案室的管理；印信的使用与保管；重要请示、报告的起草；《中国红十字简报》的编发；大事记的收集整理；来访接待及信访处理等。

6. 协调督促检查执行委员会、会长办公会决定和会领导布置任务的落实。

7. 负责机关的保密工作。

8. 负责机关的安全保卫工作。

9. 负责总会计算机网络及总会网站建设。

10. 负责与有关部门及省级红十字会的联系与沟通。

11. 完成领导交办的其他工作。

【年度工作】

档案数字化建设。为了加强档案工作规范化建设，提高档案工作的服务水平，总会办公室及时启动了档案数字化建设工程。此项工作主要包括：档案资料的整理，档案资料的数字化扫描，档案的数据库建设，档案管理应用系统的开发等。目前，已整理档案资料4000多卷，档案资料的数字化扫描工作也已基本完成，数据库已基本搭建，档案管理应用系统也正在与机关内部办公网进行对接。待工程全部完成，可以实现机关工作人员在网上及时、快捷、方便地查询档案信息，结束传统手工查询的历史，大大提高档案信息的管理水平和利用效率。

（边　晓）

人 事 处

【职责】

1. 承办机关参照公务员管理工作。

2. 承办机关内设机构设置和人员编制的具体事宜。

3. 负责机关部门领导及以下人员的考核、录用、任免、调配、奖惩、培训、工资、福利、出国政审以及人事档案的事务管理。

4. 负责机关聘用人员（包括外聘、返聘和志愿者）的人事关系及工作补贴的审核工作。

5. 承办总会援疆和扶贫干部的呈报以及援疆和扶贫干部在工作期间应享受的保险和福利待遇的审核工作。

6. 承办直属单位机构编制工作，负责处级以上干部的考核、任免、调动、工资审核以及档案管理。指导直属单位人事工资政策及人事监督管理工作。

7. 负责与人事部联系，承办联合评选表彰全国红十字系统先进集体和先进工作者的具体工作。

8. 完成领导交办的其他工作。

【年度工作】

1. 2003 年 10 月，人事部和中国红十字会总会联合发出了《关于做好全国红十字会系统先进集体和先进工作者评选工作的通知》（国人部发〔2003〕35 号），决定在中国红十字会成立 100 周年之际，表彰一批全国红十字会系统先进集体和先进工作者。按照评选工作的要求，本着公开、公正、公平及面向基层的原则，各省、自治区、直辖市红十字会严格按照评选办法和程序自下而上逐级推荐，经各省、自治区、直辖市红十字会和人事厅（局）审核后，共推荐出 31 个全国红十字会系统先进集体候选单位和 29 名先进工作者候选人。经由人事部和总会有关领导组成的评选表彰工作领导小组审核后，决定对其中 29 个先进集体和 10 名先进工作者进行表彰，并在中国红十字会网站及报纸上予以公示。

在中国红十字会第八次全国会员代表大会上，由人事部领导宣读了《关于表彰全国红十字会系统先进集体和先进工作者的决定》，国家主席、中国红十字会名誉会长胡锦涛同志亲自为受到表彰的先进集体代表和先进工作者颁奖。

2. 2004 年 4 月，根据《党政领导干部选拔任用工作条例》和《关于党政机关推行竞争上岗的意见》精神，经总会党组研究决定，在总会机关和直属单位范围内，对机关 8 个处级领导空缺职位进行竞争上岗，以竞争上岗选拔领导干部的形式在总会为首次。竞争上岗选拔干部工作，充分体现了党组坚持贯彻执行干部“四化”方针，坚持“德才兼备、群众公认、注重实际”和“公开、平等、竞争、择优”的用人原则，加大了机关人事改革工作力度，调动了广大干部的积极性，增强了机关竞争机制。在总会党组进行竞争上岗工作动员部署后，有 23 位同志踊跃报名。经过资格审核、考试（笔试和面试）、民主测评、组织考察、任前公示等程序，有 2 位同志被晋升为正处级领导职务，4 位同志被晋升为处级非领导职务。

（肖连敏）

财务与资产管理处

【职责】

1. 负责编制总会机关的预决算；按照财政部核定的预算，统筹安排、使用各项资金，保证总会机关正常运转的资金需要。

2. 负责总会捐赠资金、预算外资金和其他资金的管理工作。

3. 对总会国有资产进行会计核算的监督，对总会委托机关服务中心负责的国有资产管理工作进行指导的监督。

4. 定期编报财务报告，如实反映财务收支状况，分析财务活动，参与财务决策。

5. 对单位的财务活动进行控制、监督，防止国有资产流失。

6. 对直属单位的财务活动进行指导和监督。

7. 对总会核拨地方红十字会的专项资金的使用进行指导和监督，配合审计部门进行审计和检查。

8. 承办上级主管部门布置的任务。

9. 完成领导交办的其他工作。

【活动及项目】

中国红十字会总会彩票公益金项目支出绩效考评实施办法（试行）（见本年鉴文献篇）

【年度工作】

中国红十字会总会2004年接受捐赠资金及彩票公益金收支情况报告（见本年鉴数据篇）

（查慧勤）

离退休干部处

【职责】

1. 贯彻落实党中央国务院有关离退休干部的方针、政策。

2. 负责组织离退休干部的政治学习、传达文件、通报重要情况和参加相关会议；协助机关党委安排离退休党支部的活动和做好政治思想工作。

3. 定期走访、慰问离退休干部，了解情况及时向上级反映他们的意见和要求，合理解决他们的实际问题。

4. 协同办公室财务与资产管理处计划使用离退休干部经费。

5. 组织离退休干部的健康休养和开展适合老人特点的文体活动。

6. 配合机关服务中心做好离退休干部的住房、用车工作。

7. 做好离退休干部逝世后的善后工作。

8. 协助离退休干部做好医疗工作。

9. 完成领导交办的其他工作。

（董永红）

赈济救护部

【职责】

1. 负责研究、拟订红十字会系统备灾救灾、卫生救护、社区服务等工作的政策性文件并指导实施。

2. 负责拟订红十字会系统备灾救灾、卫生救护、社区服务等工作计划，指导实施，监督和检查。

3. 负责收集整理红十字会系统备灾救灾、卫生救护、社区服务等工作信息。

4. 负责红十字会系统备灾救灾、卫生救护、社区服务等业务培训、考核、评审等工作。

5. 负责红十字会系统应对自然灾害和

重大突发公共事件应急反应能力建设；指导、协调各级分会开展针对自然灾害的救助和重大突发公共事件的处置能力。

6. 负责境外捐赠红十字会系统救助物资的资格审核工作；在国内自然灾害救助中，负责制定总会救灾物资的调拨计划以及海关罚没物资的接收分发等工作。

7. 组织南丁格尔奖遴选、颁奖等活动；参与推动无偿献血、艾滋病预防、遗体捐献等工作。

8. 组织开展“红十字博爱送万家”活动；负责红十字关爱进社区等工作。

9. 归口联系中国造血干细胞捐献者资料库管理中心和总会训练中心的有关工作；指导总会区域性备灾中心、命名红十字（会）医疗机构的有关管理工作。

10. 完成会领导交办的工作。

【综述】

2004 年，赈济救护部在总会党组和执委会的领导下，依照《中华人民共和国红十字会法》，解放思想，实事求是，开拓创新，与时俱进，振奋精神，努力工作，以优异成绩庆祝中国红十字会建会 100 周年和第八次全国会员代表大会的召开。2004 年开展的主要业务工作有：

（一）备灾救灾

1. 灾害救助工作取得显著成效。2004 年我国自然灾害呈现出突发（地震、暴雨、泥石流、山体滑坡等）、散在（非流域性、贫困的山区和少数民族地区）、时间跨度大（1—11 月）等特点。自然灾害给人民的生命和财产造成重大损失，受到了党中央和国务院的高度关注。执委会对救灾工作十分重视，坚持以人为本，及时组织、指导救灾工作。7 月 22 日，总会下发了《关于做好 2004 年洪涝灾害救助工作的通知》，要求各省红会积极投入当前的水灾救助工作，并做好救大灾的准备。随着各地灾情的不断发展，总会于 8 月 6 日又发出《关于发布救助 2004 年洪涝灾害呼吁的通知》，号召各级红十字会积极行动起来，依法开展募捐，最大限度地动员社会资源，使更多的受灾群众受益于红十字会开展救助工作。8 月 9 日，总会在京召开中国红十字会 2004 年洪涝灾害救助工作新闻通报会，通过新闻媒体向全社会呼吁“捐一元善款，为灾民解难”，并向社会各界郑重承诺：用好每一元善款救助受灾民众并接受社会的监督。呼吁发出后，我部安排了自 8 月 9 日至 9 月 28 日的 24 小时值班，接听救灾热线，接受社会的询问和捐款捐物。根据 27 个省级红十字会的灾情报告，总会先后派出 11 个救灾考察小组对湖南、云南、广西、河南、浙江、安徽、福建、四川、重庆等 9 个受灾严重的省（市、区）进行了救灾工作考察。根据《中国红十字会总会自然灾害和突发事件分级分类救助办法（暂行）》，先后对内蒙古、云南、湖南、山东、江苏、广西、河南、湖北、贵州、四川、吉林、甘肃、重庆、安徽、江西、福建、宁夏、浙江、新疆、山西和青海 21 个省级红十字会的救灾工作给予救助支持，总会和地方救助总金额达 1.0007 亿元。其中总会 3013 万元，各省投入 6994 万元的救灾款、物。在紧急救灾工作中，国家彩票公益金采购的备灾物资发挥了积极作用，大大提升了总会快速响应的能力，受到了灾区群众的欢迎。

2. 通过 2003 年联合会水灾救助工作检查评估促进能力提高。根据总会召开的“2003 年八省水灾救助工作会议”的要求，

2004 年 5—6 月，分别对国际联合会呼吁的 9 个受益省份组织了救助物资的发放情况的抽查。抽查的重点是欧盟援助的大米（或面粉），集中了解物资发放的最后环节，即受益村庄的发放工作。抽查的办法是查看各受益村的物资发放清单，并依据清单对部分受益户进行面对面的访问。为了体现抽查的公正、公平、统一的精神，制定了《2003 年水灾救助工作检查评估标准（试行）》，作为检查评估工作的依据。通过组织本次检查评估，使我们比较客观地了解到各级红十字会在救助物资发放过程中存在的一些问题和困难，特别是违规发放物资的问题。这有利于今后针对问题寻找解决或改进的办法。

3. 举办中国红十字会备灾救灾研讨培训班。2004 年 3 月 22 日至 26 日，在广西桂林市举办了“中国红十字会备灾救灾研讨培训班”。参加研讨的有来自全国 31 个省、市（区）红十字会的主管救灾的会长或秘书长及救灾工作专干和部分区域性备灾救灾中心主任。香港和澳门红十字会的代表应邀参加了研讨。原中国红十字会副会长孙爱明全程参加并讲话。本次研讨培训班形式新颖，大家集思广益，集中探讨了救灾救助及备灾中心仓储管理等方面的问题，分析了红十字会开展备灾救灾工作面临的机遇和挑战，提出对策和建议。省、市、区红十字会就救灾、备灾、募捐方面的工作进行了交流。研讨培训收到预期效果。

4. 对德国和塞黑两国红十字会备灾救灾工作进行考察。2004 年 9 月 6 日—16 日，原中国红十字会副会长孙爱明率团先后对德国红十字会、塞尔维亚和黑山共和国（以下简称“塞黑”）红十字会进行了工作访问，重点考察两国红十字会开展的备灾救灾工作。通过考察学习，我们比较深入地了解德国和塞黑两国红十字会的备灾救灾工作，开阔了眼界，引进了“灾害管理”的新理念，学习了成功经验，认识到存在的差距，提出了今后工作的建议。

5. 承担《中国红十字会自然灾害与突发公共事件应急预案》起草修订任务。根据国务院的统一部署，在执委会的领导下，我部承担了编写制订《中国红十字会总会自然灾害与突发公共事件应急预案》的工作。从 2 月到 9 月反复讨论修改，及时上报国务院应急预案工作组，我们的工作得到了肯定。这是红十字会指导备灾救灾工作的一个重要文件，将组织红十字会系统学习贯彻，并向社会公众宣传，提高全社会应急安全意识。

6. 与海关总署签署合作备忘录，建立了海关向红十字会捐赠物资的固定渠道和长期合作机制。2004 年通过北京、广州、浙江等海关分关向各级红十字会的捐赠 4 批次，使受灾较重的 8 个省受益，提升了红十字会的救灾救助实力。我部还与机关服务中心为各省级红十字会办理进口救助物资海关手续 6 批。

7. 筹建总会物资储备库。根据向吴仪副总理汇报的纪要和执委会要求，5 月向国家发改委汇报后，主动与中国国际工程咨询公司联系，进行立项论证调研考察等工作。

（二）救护培训

1. 贯彻《中国红十字会关于广泛深入开展救护工作的意见》的通知精神，实现目标任务要求。自 15 部门文件下发，尤其是国家彩票公益金救护项目实施以来，各级红十字会认真落实文件精神，争取当地有关部门的支持，积极实施彩票公益金项目，开展救护培训，救护培训工作有了显著发展。近几年来，中国红十字会年度救护员培训数量均超过250万以上，达到“救护普及人数达到当地人口总数的0.5—1%”，“救护工作开展得比较好的省、直辖市、自治区及省辖市和一些行业中达到每150—300人中有一名经培训合格的救护员”的目标任务要求。

2. 落实编写了全国救护员培训统一教材。我部结合各级分会开展救护培训的实际情况，认真讨论研究，调整了教材的编写内容和思路，以适合中国国情、易于群众学习操作为出发点，编写中国红十字会统一救护员培训教材。目前，救护员教材文字、图片材料已经准备完毕，经编委会审定后就可投入印制工作。为实现中国红十字会救护员培训工作“四统一”打好基础。

3. 召开救护培训工作研讨会。11月30日—12月2日，总会在南京召开“中国红十字会救护培训工作研讨会”，来自北京、天津等19个省、市、自治区红十字会的代表30人参加会议。通过大会交流和小组讨论，与会代表在认真履行“红十字会法”和“15部门文件”，积极开展救护培训工作和开展国家彩票公益金救护培训项目；把救护培训做成红十字会品牌工作；引入市场运作模式，把救护培训作为红十字会重要的筹资渠道等多方面交流了做法和经验。在救护员教材内容和认真贯彻落实“四统一”工作上达成共识。

4. 赴芬兰、葡萄牙两国红十字会进行考察访问。2004年9月12日至9月22日，原中国红十字会副秘书长汤声闻率领代表团一行7人赴芬兰、葡萄牙两国红十字会就卫生救护有关工作进行考察访问，我部2位分管人员参加。在芬兰和葡萄牙期间，参观考察了两国红十字会有关卫生救护及相关工作。与两国红十字会同仁进行了广泛接触交流，了解两国红十字会富有特色的工作（志愿工作者的组织与发展、救护培训普及与规范、红十字会的市场化经营的理念），顺利完成了考察任务。

（三）社区服务

1. 贯彻总会与民政部联合印发出的通知精神。（1）举办社区志愿服务培训班，为开展社区服务工作打基础。2004年6月8日至10日，在云南省举办首次志愿服务培训班，民政部社区工作专家和有志愿服务工作经验的省市专干授课，参加培训的20个省、区、市40多主管社区服务的人员普遍反映收获不小，并认为红十字会社区服务工作必须从抓志愿者入手。（2）鼓励和指导地方红十字会开展社区服务工作。2004年以来，各地开始把社区红十字服务工作纳入重要工作规划，不少地区红十字会采取参观考察、学习培训、研讨交流等形式推动社区红十字服务工作的开展，先后有江苏、河北、辽宁、浙江等省市召开了社区服务工作研讨会、工作会、现场会。我们借此抓住机会了解情况并给予鼓励和指导，同时宣传和介绍全国好的经验。

2. 开展示范活动推动社区服务工作。2003年总会与民政部联合印发《关于开展全国社区红十字服务示范活动的意见》后，各地结合本地情况研究贯彻落实，21个省（区、市）联合民政厅（局）开展社区红十字服务活动，并开展示范创建和逐级评审工作。“八大”之后，总会社区红十字服务示范活动评审委员会启动有关工作，组成由总会领导带队、民政部专家和有关省市红十字会参加的评审小组，对 14 个省申报全国示范市、区进行了评审。评审小组按照 28 条评审标准赴 14 个省、34 个市、区进行考核评审，通过入户问卷调查，街头走访，小组评议、反馈意见、综合结果、召开评审委员会等，完成了阶段评审工作任务。通过评审，推动了各地社区红十字服务工作的开展，促进了省级红十字会之间的学习交流。评审工作得到了民政部有关部门的指导和肯定。

（四）红十字博爱送万家

春节期间，为 20 个省、市、区的受灾地区和贫困地区的困难家庭“送温暖”，6 月份组织开展了东三省慰问“五老”（党员、红军、模范、抗联、工人）活动，受到当地政府和群众的热烈欢迎。全年使用国家彩票公益金项目经费 868 万元，各省级红十字会配套 3715 万元，174.3 万人从中受益。自 9 月开始准备 2005 年送温暖活动，制订方案，为元旦后即开始的送温暖活动创造条件。

（五）艾滋病预防关爱活动

1. 认真落实胡锦涛总书记和国务院领导的指示精神，积极参加国务院防治艾滋病工作委员会办公室会议。2004 年，总会向全国红十字会系统印发《中国红十字会关于积极开展预防艾滋病工作的意见》，贯彻国务院通知要求。积极规划和开展预防艾滋病的有关活动，制定中国红十字会预防控制艾滋病五年规划草案。参加全球基金中国 CCM 会议、中英艾滋病策略支持项目会议和联合会预防控制艾滋病经验交流会。7 月 11—16 日，原中国红十字会秘书长苏菊香带队参加了在泰国举办的第 15 届世界艾滋病大会，了解目前艾滋病在全球及亚洲地区流行的趋势以及全球对抗击艾滋病的策略和开展的工作，并在大会上介绍中国红十字会开展有关工作的情况。

2. 世界艾滋病日活动。总会、国际联合会东亚地区办事处、湖南省政府在长沙联合举办了“关注妇女，抗击艾滋——红十字在行动”大型主题宣传活动。中国红十字会常务副会长江亦曼、副会长苏菊香、副会长兼秘书长郭长江，湖南省委副书记谢康生以及联合会东亚地区办事处主任亨利，卫生部、团中央、中国人口福利基金会等领导专程到长沙参加宣传活动。江亦曼等和亨利、谢康生专门看望了一位女性艾滋病毒感染者，鼓励她积极抗击艾滋病。之后，还到湖南女子监狱看望了服刑人员和吸毒人员，观看了她们的演出，郭长江讲话，并向她们发放生活用品。此次活动是在原计划突然变化的情况下组织的，时间紧、任务重，在湖南省红十字会的大力支持下，艾滋病日的活动圆满成功。

（六）宣传推动无偿献血、遗体捐献和命名医疗机构

1. 成功召开“世界无偿献血员招募大会”。4 月 3—7 日，由红十字会与红新月会国际联合会、世界卫生组织等国际组织联合举办的国际无偿献血员招募大会在北京召开，近 50 个国家的 180 多位红十字会、红新月会和血站的代表参加了大会，中国（包括香港和澳门）的 8 位代表在大会上介绍了开展无偿献血员招募的经验和做法。我部还组织制作了宣传我国无偿献血和红十字会开展活动的中、英文版本 VCD 光碟在会议上发放，受到与会代表和联合会的好评。

2. 世界无偿献血员日活动。2004 年 6 月 14 日是世界卫生组织、红十字会与红新

月会国际联合会等国际组织联合倡导的第一个“世界无偿献血员日”，旨在对志愿无偿献血人员表示感谢，号召更多的人加入无偿献血行列。5月，卫生部和中国红十字会总会联合发文，要求在全国范围开展“世界无偿献血员日”的宣传活动。6月14日，卫生部、中国红十字会总会、中国输血协会和北京市血液中心、北京市红十字会联合在北京举行了大型宣传活动。我们还积极开展宣传推动工作，制作完成了无偿献血宣传广告片，并在9月底开始至10月中旬在中央电视台的三个频道连续播出；向全国32个省级红十字会印发32300张无偿献血宣传画。

3. 召开2001—2003年度无偿献血先进单位先进个人表彰大会。10月21日，我会与卫生部、总后卫生部联合在北京召开2001—2003年度无偿献血表彰大会，对为无偿献血做出成绩的先进单位和个人进行表彰。共有4964名个人获得奉献奖、79个省市获得先进省市奖、277个单位和个人获得促进奖、17个部队获得先进部队奖。中国红十字会会长彭珮云、卫生部常务副部长高强及有关部委领导参加大会并为获奖代表颁奖。会后，我会将领导讲话发往全国各地红十字会，要求各地认真学习、领会，依法做好无偿献血工作。

4. 命名“中国红十字会”的医疗机构。4月和9月，总会分别与云南肾脏病医院、山东曲阜医院签署协议，统一挂牌“中国红十字云南肾脏病医院”和“中国红十字会曲阜医院”。至此，中国红十字会挂牌的医疗机构共7个（血站1个）。

（七）围绕中国红十字会百年纪念活动和“八大”开展的工作

1. 成功组织百年展览等纪念活动。2004年我们按照组委会的统一安排，我部承担了展览等有关活动的筹备、联络、组织等工作。与中视翰林广告公司密切合作，投入300多万元，组织了“百年红十字、博爱誉中华”展览、书画笔会、画展、画册编印等系列活动。经过集体的努力，展览如期于5月8日—12日在人民大会堂举办，近万余群众参观展览，有的学校还组织了红十字青少年现场救护比赛，收到了宣扬红十字精神，扩大红十字会社会知名度的预期效果。“百年红十字、百家书画情”书画笔会，邀请到100多名书画家参加笔会，获赠书画作品197幅，为红十字会积累一笔财富。8月，在书画笔会的基础上又组织了“百年红十字、博爱书画情”书法美术展览。200余幅作品在炎黄艺术馆展出，得到彭珮云会长和参观者的好评。10月出版发行由彭珮云会长题写书名的“百年红十字博爱书画情”书法美术纪念册。至此，由我部承担的百年纪念活动的大型展览和笔会、展览、出版画册等系列活动圆满完成，活动经费全部依靠募捐解决。

2. 参加“两岸红十字百年精英荟萃”活动。2004年12月19—22日，由香港红十字会主办、澳门红十字会协办的“两岸红十字百年精英荟萃”活动在香港举行。香港、澳门红十字会和大陆上海、北京、南京、广州、龙岩5个城市红十字会以及台湾红十字组织都派人参加活动，彭会长亲临活动现场观看比赛演练，并为优胜队颁奖。通过形式多样的比赛、观摩、讲座等活动，促进了两岸三地红十字同仁的交流合作。

（八）项目管理

1. 彩票公益金项目（1）救灾备灾项

目：价值2835万元备灾以及668万元的送温暖物资计划、采购、分配工作，在总会办公室和机关服务中心的密切配合下，已经完成。（2）救护师资培训项目：完成了总会公益金救护师资培训2003、2004年度项目任务，指导各省级分会完成年度项目总结和项目决算的申报。该项目在总会和全国31个省、自治区、直辖市红十字会开展。财政部要求由于2003年受“非典”影响总会本级和12个省级红十字会尚未完成的项目计划和2004年度的任务一并完成。同时又新增总会本级25期培训班。我部克服困难，在东北、华北、华东等六个地区举办了师资培训班，锻炼了干部、培训了骨干队伍，为基层提供了方便，受到了欢迎。全年共举办师资培训班214期，培训师资6850人次以上。该项目年度经费741万元，使用655万元，项目执行率为88%。

2. 改厕项目：在成功和顺利实施了第一期和第二期建设农村生态旱厕项目（以下简称为“改厕项目”）后，2004年又在广西和湖南成功实施了第三期改厕计划。项目总预算为100万欧元（约合1000万元人民币），在广西和湖南两省各修建3700个生态卫生旱厕和两个农村改水工程，整个项目工期为一年。为了保证项目的顺利实施，4月14日召开专门会议，正式启动欧盟人道主义办公室（ECHO）第三期改厕项目。我们在总结前两期项目成功实施的基础上，对项目的实施提出了具体要求，强调加强管理、监督以及与政府部门的合作，争取支持。2004年11月23—27日，欧盟人道主义办公室的代表大卫·希尔先生对湖南益阳市和怀化市的改厕项目进行了实地考察，对项目的实施和所取得的效益给予很高的评价，认为这种合作模式比较理想，应当在中国其他的地方进行推广。

3. 艾滋病项目（1）加强艾滋病项目管理：8月18—20日，中国红十字会在山西太原举办该项目管理会议。北京、上海等16个省级红十字会的代表出席会议，云南、新疆、山西、辽宁、吉林省红十字会在会上介绍经验，各项目省对项目执行情况进行了回顾，交流了经验，提出了许多好的意见和建议。会议进行了专题研讨，介绍了项目管理的逻辑方法，介绍了开展青年同伴教育和如何在艾滋病感染者中以及在吸毒人员中如何开展艾滋病预防宣传教育，对进一步促进项目工作的开展具有重要的意义。（2）与国际联合会的合作：中国红十字会总会与国际联合会共同举办艾滋病预防青年同伴教育核心主持人培训班，北京（2004年10月18—26日）、昆明（2004年12月6—12月17日），共9个省（直辖市、自治区）红十字会的代表20多人参加培训。（3）与荷兰红十字会合作：在吉林、辽宁两省4个城市6所大学开展预防艾滋病青年同伴教育项目。辽宁省红十字会全年共举办56期青年同伴教育培训班和一期主持人培训班，共1140人参加培训。吉林举办75期青年同伴教育培训班和一期主持人培训班，1520人参加培训。山东、河南开展的联合会支持的青年同伴教育项目，各办了一期主持人培训班，共40人参加培训，两省办班20期，400人参加培训。

4. 血液交流项目（1）继续与香港特别行政区红十字会在黑龙江省两市和贵州省两地区开展无偿献血项目合作进展良好。（2）2004年分别组成总会及地方的7人的无偿献血宣传推动及质量控制交流团赴香港红十字会输血服务中心学习交流；8人组成的血液交流团赴台湾进行了血液交流。（3）根据我会与日本红十字会签署的血液交流计划，5名人员组成的血液代表团计划于2005年1月赴日本红十字会进行血液工作访问。（4）参加了11月15—19日亚太地区血液安全研讨会，我会用多媒体形式介绍了我国无偿献血工作的现状和红十字会开展宣传推动的活动。（5）对香港援建的北京无偿献血室进行监督和管理。为发挥献血室宣传教育的基地的功能，在大学和街道举办献血知识讲座，进行现场咨询和采血活动。共发放《献血知识问答》等宣传册5种，15000余份，进行宣传、咨询，参加者达12000人次；通过了2002—2004年（三年）无偿献血项目款项审计。

5. 挪威红十字会支持的四川甘孜项目：8月15—29日，我部派项目协调员与挪威红十字会的二名项目评估员一同前往甘孜州的4个项目县进行评估。2001—2004年，共接收项目款4082855.80元人民币，其中2004年接收项目款785175.20元人民币，开展各种培训（包括管理干部培训、会计培训、师资培训、艾滋病知识培训、卫生救护基础培训）7期，培训237人次。

6. 红十字紧急救助系统合作项目：该项目与通城广告公司合作实施三年来成绩显著。除商业系统外，2004年重点开发教委系统，建设急救箱4516个，开发各地大专院校共206所，共12个城市参与该项目。通成广告公司项目总投入4548万元，药品折合人民币273万元。项目进行救护员培训2698人次。各地红十字会积极参与，其中天津、广州、西安红十字会与教委、商委已联合发文开展项目；北京、沈阳、大连、成都、上海正在联系沟通联合发文事宜。项目的实施，扩大了红十字会的影响，取得了双赢的效益。

7. 农村社区项目：在香港红十字会支持下，组织江西、河南项目人员到尼泊尔考察农村社区备灾项目，对正在开展的项目工作有很大的促进作用。农村社区备灾项目的开展，不仅为贫困地区解决了部分百姓关心和期盼的问题，而且为项目地区红十字会增加了办公设施，改善了办公条件，锻炼了红十字会干部开展项目工作的能力。由于在开展项目合作中讲效率、守诚信，得到香港红十字会同仁的好评，多次追加经费，扩大项目范围。（1）香港支持的江西、河南、河北项目进展顺利，香港红十字会比较满意。（2）云南综合社区服务项目，已经进行了考察和选点，项目方案正在磋商之中。（3）商讨支持湖北、安徽开展项目。通过项目的开展，促成2市5县红十字会理顺了管理体制，也为项目的实施提供了组织保障。

2004年，我部在加强政治思想作风和业务能力建设上提出了目标要求并为之努力。部门全体人员注重政治理论学习，参加了会内组织的各种政治学习，学习“三个代表”重要思想以及党的十六届三中、四中全会精神，特别是《关于加强党的执政能力建设》的学习，使大家受益匪浅；党支部开展争先创优活动，发挥了战斗堡垒作用和党员的先锋模范作用；我部坚持了部务会、专题讨论等行之有效的工作制度，并着重在提高业务能力和工作质量上下功夫，提倡创新，深入调查研究，高质量完成工作任务和会领导交办的任务。全年部门人员国内出差调研共570天，平均每人2个月的工作日。

在大家的共同努力下，完成了2004年

工作任务。我们将再接再厉，在总会党组和执委会的领导下，团结一致、振奋精神、努力工作，使各项工作再上一个新台阶。

（史解放）

赈 济 处

【职责】

1. 负责红十字会系统备灾救灾工作政策、规章、文件的研究、起草、修改工作，并指导贯彻实施。

2. 负责红十字会系统应对自然灾害等重大突发公共事件应急反应能力建设；根据应急预案的要求，指导、协调各级分会开展针对自然灾害救助等重大公共事件的处置工作。

3. 负责总会备灾救灾工作计划的拟订、实施、监督、管理。

4. 负责拟订总会救灾物资的分配计划和海关罚没物资的协调管理。协助办理境外捐助物资进口的有关手续。配合接受对灾害救助相关工作的审计、检查和监督。

5. 负责红十字会系统备灾救灾信息和网络的规划与管理。

6. 按照分级负责的原则，负责红十字会救灾备灾人员的业务管理培训工作。

7. 负责指导、协调备灾救灾中心的管理工作。

8. 负责红十字会系统备灾救灾工作的考核、评审工作。

9. 承担总会应急工作办公室的日常工作。

10. 完成领导交办的其他工作。

【文件及讲话】

《中国红十字会自然灾害和突发事件救助规则》（略）。

《捐一元善款　为灾民解难——中国红十字会2004年洪涝灾害救助工作新闻通报会稿》。（见本年鉴文献篇）

【项目及活动】

2004年3月，举办了中国红十字会备灾救灾研讨培训班。

2004年5月，与海关总署签订《关于将没收的侵权货物用于社会公益事业的合作备忘录》。

（杨绪生）

救护与献血推动处

【职责】

1. 负责研究、拟定红十字会系统卫生救护等方面工作的政策性文件，并指导实施。

2. 对红十字会系统卫生救护等方面业务工作进行培训、考核、评审，负责收集整理有关信息。

3. 普及卫生救护知识，推动和指导现场的、群众的、初级的卫生救护培训工作。在重大自然灾害和突发事件的救护救助活动中，组织、动员广大红十字会员、救护员和群众进行现场自救互救。

4. 依法参与无偿献血事业的宣传与推动；和政府有关部门组织表彰活动。

5. 按照红十字国际委员会的要求，遴选南丁格尔奖章候选人，并组织颁奖活动。

6. 协助政府积极开展预防和控制艾滋病宣传教育工作。

7. 负责红十字（会）医疗机构的审核、命名工作。

8. 参与同人道主义相关的卫生、保健、救护项目，推动遗体（器官）捐献工作。

9. 归口联系中国造血干细胞捐献者资料库和总会训练中心的有关业务工作。

10. 完成领导交办的其他工作。

【文件及讲话】

1. 中国红十字会常务副会长江亦曼在2004年“世界艾滋病日”主题宣传活动仪式上的讲话（全文见本年鉴论述篇）。

2. 中国红十字会秘书长苏菊香在中国红十字会艾滋病项目管理研讨会开幕式上的讲话（全文见本年鉴论述篇）。

3. 中国红十字会关于积极开展预防艾滋病工作的意见（红赈字〔2004〕47号）（全文见本年鉴文献篇）。

【项目及活动】

1. 2004年11月28日，总会、红十字会与红新月会国际联合会、湖南省政府在湖南长沙联合举办“关注妇女，抗击艾滋——红十字在行动”为主题的宣传活动。

每年的“世界艾滋病日”宣传活动是我会的主要大型活动之一。根据领导安排，积极筹划2004年世界艾滋病日活动，于2004年11月向各省、自治区、直辖市红十字会发出通知，要求各地积极组织开展好2004年世界艾滋病日活动，宣传艾滋病预防知识、宣传红十字会开展的预防艾滋病活动。同时，积极筹划由总会主办的“世界艾滋病日”主题宣传活动方案，因故原定在河南举办的“世界艾滋病日”宣传活动改在了湖南长沙。在时间短、任务重的情况下，及时调整活动方案，准备活动有关文件和资料，邀请国家有关部门参加活动。在湖南省红十字会的支持下，总会、红十字会与红新月会国际联合会、湖南省政府联合主办的这次大型活动得以圆满举行。我会三位会领导、湖南省委副书记、国际联合会东亚地区办事处主任，以及卫生部、团中央、中国人口福利基金会的领导专程到长沙参加了活动。湖南省红十字会组织了1000多名大学生青年志愿者参加活动，活动现场设置展板242块、咨询台20处，发放宣传品12种、2.4万份。其中，总会印制宣传折页1.5万册、宣传画8000张，现场还散发了3000余个安全套。主题活动仪式后组织看望了一名女性艾滋病病毒感染者，会领导与感染者亲切交谈，并赠送了慰问金。随后，会领导等有关人员赴湖南省女子监狱看望干警和服刑人员，把预防艾滋病活动带入高墙，并为干警和服刑人员带去了生活用品，服刑人员演出了一场以预防艾滋病为主题的节目。整个活动得到了会领导和有关部门领导的好评。

2. 2004年8月18—20日，中国红十字会艾滋病预防项目管理研讨会在山西太原举行。

为进一步促进地方分会工作，加强对地方分会工作的指导，总会在山西太原召开了艾滋病工作项目管理研讨会。北京、上海、云南、新疆等16个省级红十字会的代表出席了会议。会领导出席会议并讲话，国务院防治艾滋病工作委员会办公室代表介绍了我国政府在艾滋病方面的政策和策略。云南、新疆、山西、辽宁、吉林省红十字会介绍了开展艾滋病工作的经验，代表们专题讨论了有关艾滋病工作管理方面的问题，提出了许多好的意见和建议。这对于进一步促进项目工作的开展具有重要的意义。会后编辑了我会艾滋病工作经验交流材料汇编，印发各省和有关部门。

3. 2004年7月11—16日，苏菊香副会长率我会代表参加了在泰国举行的第15届世界艾滋病大会。此会前，我会代表李庆华作为 ART 成员出席了第 16 届 ART 会议，介绍了我会的工作情况，分享各成员国家红十字会的经验。

4. 2004 年 11 月 13—23 日，我会赈济救护部李庆华参加了由卫生部组团出席的全球基金第九次理事会会议。会后，我会代表作为代表团成员在我国全球基金 CCM 会议上介绍了参加这次会议的情况。

5. 为加强我会开展艾滋病预防青年同伴教育项目的力度，培养我会的师资人员，总会与国际联合会东亚地区办事处联合举办了艾滋病预防青年同伴教育项目核心主持人培训班，分三个阶段进行。2004 年 10 月 18—26 日，2004 年 12 月 6—17 日，分别在北京、昆明举办了两个阶段的培训班，9 个省、自治区、直辖市红十字会的代表 20 人参加了培训。

6. 我会与联合会合作在河南、山东两省开展了艾滋病预防青年同伴教育项目，已在两省各举办了一期主持人培训班，40 名青年大学生接受了培训。2004 底前，两省共举办同伴教育培训班 20 期，共 400 名青年大学生参加了培训。

7. 我会与荷兰红十字会自 2003 年 10 月份开始在吉林、辽宁两省实施青年同伴教育项目以来，项目合作顺利，两省工作积极。2004 年在上述两省的基础上，支持北京、上海两市开展了一年的青年同伴教育项目，两市已于 2004 年 10 月底前顺利实施完项目，得到了荷兰红十字会项目官员的好评。吉林、辽宁两省工作力度不断加大，辽宁省红十字会全年共举办一期青年主持人培训班，56 期青年同伴教育培训班，共 1140 名青年参加了培训。吉林省红十字会全年举办了一期青年主持人培训班，75 期青年同伴教育培训班，共 1520 名青年参加了培训。

8. 参与了我会与加拿大红十字会即将在四川开展的艾滋病预防项目的前期考察准备工作，在考察期间针对即将开展的项目提出了较好的合理化建议。

9. 2004 年 4 月、9 月，总会分别与云南肾脏病医院、山东曲阜医院签署了协议，分别冠名“中国红十字云南肾脏病医院”、“中国红十字会曲阜医院”。

10. 我会与通城广告公司合作项目“红十字紧急救助系统”，该项目已实施三年，项目已在 12 个城市开展，已设急救箱 4516 个。2004 年重点在教育系统扩展项目，开发各地大专院校 206 所，项目支持我会救护员培训 2698 人次。

11. 中国红十字会总会彩票公益金师资培训项目可行性报告（全文见本年鉴论述篇）。

【年度工作】

为落实彭会长对加强红十字（会）医疗机构管理的批示，2004 年初，对全国冠名红十字（会）医疗机构进行了问卷调查，并拟出了调查报告，这是目前我会对冠名红十字（会）医疗机构的一次全面调查了解，对于加强今后这方面的工作有一定的意义。

（李庆华）

社区服务处

【职责】

1. 负责拟订社区服务工作管理制度、规划方案等政策性文件并组织贯彻实施。

2. 负责社区服务工作的调研、培训、表彰、交流和资料、信息的收集整理工作。

3. 负责指导和推动地方红十字会组织会员和志愿工作者开展社区服务工作。

4. 会同有关部室开展社区募捐、卫生救护培训、宣传无偿献血和艾滋病预防工作，为弱势人群提供救助和服务。

5. 深入地方红十字会进行调查研究，指导和推动各级红十字会开展“红十字关爱进社区”工作。

6. 组织红十字会系统社区服务工作经验交流，推广典型，指导开展创建社区红十字服务示范市、区活动。

7. 组织开展“红十字博爱送万家”活动。

8. 完成领导交办的其他工作。

【文件及讲话】

与民政部联合印发《关于开展社区红十字服务工作的通知》（红赈字〔2002〕100号）（全文见文献篇）。

与民政部联合印发《关于开展全国社区红十字服务示范活动的意见》（红赈字〔2003〕43号）（全文见本年鉴文献篇）。

【项目及活动】

1. “红十字博爱送万家”活动。

“红十字博爱送万家”活动是中国红十字会对困难群众进行人道救助的一个品牌项目。这项充分体现“三个代表”重要思想和弘扬“人道、博爱、奉献”精神的活动，已经遍及全国，对数十万户困难家庭给予了帮助。中国红十字会自1999年开始，已连续7年开展“红十字博爱送万家”活动。其中5年由红十字会自筹资金，2003年开始得到国家彩票公益金的支持，救助力度明显加大，受益人口增加，收到了良好的社会效果。7年来，全国各级红十字会募集资金1.97亿元，得到国家彩票公益金支持1668万元，使107万贫困家庭、429.56万人口受益。7年来，各级红十字会深入贫困地区，足迹遍及城市、乡村、革命老区、少数民族地区、海岛和矿山。从中国红十字会会长彭珮云，到各级红十字会的领导都分别深入到困难群众中间，用实际行动践行了“三个代表”重要思想，把党和政府的关怀，把红十字“人道、博爱、奉献”的精神送到了受助困难群众心里。

2. 全国社区红十字服务示范市、区评比表彰活动。

为了开展具有红十字特色的扶危助困、便民利民活动，把红十字关爱送进社区，充分发挥红十字会的救灾、救护、救助等人道主义服务作用，使社区红十字服务工作能够广泛、深入、扎实、持久地开展下去，中国红十字会总会和民政部联合印发了《关于开展全国社区红十字服务示范活动的意见》（红赈字〔2003〕43号）文件，各地红十字会按照文件精神，积极开展创建社区红十字服务示范市、区活动。经过全国社区红十字服务示范市、区评审委员会严格评审，有6个市、22个区被命名为首批全国社区红十字服务示范市、区。2005年2月，总会与民政部联合对28个示范市、区进行了表彰。

3. 香港红十字会援助农村社区备灾项目。

为增强农村社区群众备灾意识，掌握备灾知识，提高备灾救灾能力，推广农村社区备灾项目寻求有效途径，香港红十字会从2003年起在江西、河南、河北3个省6个县开展农村社区备灾项目。目前，已援助资金400余万元，为项目县的村民修建饮水井、提排站、救助站、兴建农田灌溉工程等。河北省的项目已经完成第一期工作，其他两省的项目正在运作中。

【年度工作】

1. 分别于2004年、2005年元旦春节期间开展“红十字博爱送万家”活动，共投入资金9000多万元，使近50多万户的120多万人口受益。

2. 2004年底，对申报全国社区红十字服务示范市、区的红十字会进行了评审，经过评审，有6个市、22个区被命名为首批全国社区红十字服务示范市、区。

3. 2004年6月8日至11日，在云南省昆明市举办了中国红十字会社区红十字志愿服务培训班。各省、自治区、直辖市红十字会的66名代表参加了培训。原中国红十字会副会长孙爱明在培训班上讲话。

4. 2005年2月，总会与民政部联合对福建省厦门市、河北省保定市、四川省宜宾市、辽宁省营口市、新疆维吾尔自治区昌吉市、浙江省温岭市共6个市；北京市的东城区、西城区、宣武区、崇文区、通州区；天津市的河西区；上海市的徐汇区、嘉定区、静安区、南汇区；内蒙古自治区赤峰市的松山区；江苏省南京市的玄武区、秦淮区、下关区、建邺区、白下区、江宁区；江苏省无锡市的南长区、惠山区；河南省焦作市的解放区；江西省赣州市的章贡区；福建省厦门市的思明区等22个区总共28个示范市、区进行了表彰。

（章红梅）

事业发展部

【职责】

1. 根据国家有关法律法规，拟订指导中国红十字运动的方针、政策和规划草案；

2. 研究国际、国内红十字运动发展史和国内各项工作发展方向；

3. 负责指导总会和地方分会传播红十字运动基本知识；

4. 为发展中国红十字事业争取有关政策；

5. 指导地方分会的组织发展和志愿工作者队伍建设以及会费收缴和管理工作；

6. 负责指导红十字青少年工作；

7. 拟订红十字会系统干部培训计划并开展培训工作；

8. 负责中国红十字会的宣传工作，配合各项业务开展宣传活动；

9. 筹划组织全国性大型募捐和筹资活动；

10. 拟订总会与以红十字（会）名义命名和使用红十字会无形资产的有关机构的合同或协议，维护红十字会权益。指导地方分会兴办符合红十字会宗旨的实体；

11. 归口联系中国红十字会总会报刊社的有关工作；

12. 完成领导交办的其他工作。

【概述】

2004年，事业发展部在执委会的正确领导下，全体同志高举邓小平理论伟大旗帜，认真贯彻党的十六大和十六届三中、四中全会精神，认真贯彻《中华人民共和国红十字会法》、中国红十字会第八次全国会员代表大会和2004年工作会议精神，紧紧围绕中国红十字会成立一百周年、筹备召开中国红十字会第八次全国会员代表大会这两项重点任务，解放思想，实事求是，与时俱进，奋发努力，团结协作，圆满完成了2004年的工作任务。

开展纪念中国红十字会建会一百周年纪念活动。从2003年开始，我们就对中国红十字会建会一百年纪念活动提出建议并就有关活动进行论证，提出了百年纪念活动方案。要求全国各省、自治区、直辖市红十字会和铁路、商业系统红十字会积极开展这一历史性的纪念活动。根据活动方案设计制作了社区招贴画发给各省会城市红十字会，以增加各地的宣传效果；配合召开中国红十字会建会一百年纪念日座谈会和纪念大会，与人民日报社联系并得到支持，由人民日报发表了评论员文章和纪念专版，并在3月10日和5月8日对红十字会工作进行了重点报道；编辑出版四本纪念图书。为全面反映中国红十字会百年来在各个历史时期为我国人民做出的好事、实事，记录中国红十字会的百年发展历史，我们与中国卫生画报社合作编辑出版了大型画册《中国红十字会百年》；收集1950—2004年的总会和地方红十字会的资料，编辑出版了《中国红十字会历史资料选编》（1950—2004）；为了全面反映“七大”以来中国红十字会各项工作的全面发展进程，我部完成了彭珮云会长《奋进中的红十字事业》一书资料收集、与社会科学文献出版社联系出版、征订发行等工作，保证在“八大”召开时每个参加会议的代表都能拿到彭珮云会长的著作。为集中展示中国红十字会总会和各地红十字会实践“保护人的生命和健康，发扬人道主义精神，促进和平进步事业”的宗旨，履行人道主义救助职责的成果，向各省、自治区、直辖市红十字会和铁路、商业系统红十字会征集了开展迎百年，开展救灾、救护、救助活动的文字和图片，编辑出版了《百件实事迎百年——红十字在行动》一书。举办了大型演唱会。为扩大红十字会的影响，我部采取与公司合作的方式，于10月27日晚在北京人民大会堂举行了“永恒的爱”大型演唱会。争取国家邮政局的支持，发行了中国红十字会百年纪念邮票、首日封并制作了邮册、邮折等。争取中国人民银行金币公司的支持发行了百年纪念银币（面值10元）。在电视台和一些刊物上争取版面宣传红十字会。与中央电视台《共同关注》栏目合作开展“心愿之旅”大型公益活动；与湖南卫视合作开展“新年星光慈善嘉年华”活动；以《红旗画刊》4个版面、《中国之翼》3个版面、《北京时间》12个版面对红十字会进行了多方面的宣传。同时，把宣传工作融入无偿献血招募大会、送温暖活动、救灾组去基层等红十字会的各项业务工作，全年共发新闻200多条。

筹备召开中国红十字会第八次全国会员代表大会。2004年，我会相继召开了中国红十字会第七届四次、五次常务理事会、中国红十字会第七届理事会第五次会议和中国红十字会2004年工作会议、中国红十字会第八次全国会员代表大会等会议。共起草会议工作报告、中国红十字事业2005—2009年发展规划、章程、讲话、各项决议及说明性文件34份；“八大”会议中的选举工作是会议的重要内容，我会首次采用电子计票系统进行计票，从制定选举办法、选票的印制发放等都作了认真的设计和统计，保证了大会选举工作的正常进行，圆满地完成了

“八大”理事的人员组成建议和大会的选举工作。

贯彻落实“红十字会法”，争取国务院的支持。为了进一步争取国务院和各级人民政府对红十字事业的支持，起草了请国务院办公厅转发关于进一步加强红十字会工作意见的初稿，在征求总会机关各部门和各省、自治区、直辖市红十字会意见的基础上，完成了征求意见稿并向党中央、国务院25个部门发出了征求修改意见的函。在吸收各部门意见的基础上，向国务院办公厅报送了关于请《国务院办公厅转发中国红十字会总会关于进一步加强红十字会工作意见》的请示。国务院办公厅于2004年11月26日发出《国务院办公厅转发中国红十字会总会关于进一步加强红十字会工作意见的通知》(国办发〔2004〕85号)。

为促进“红十字会法”的贯彻落实，配合全国人大教科文卫委员会对安徽省贯彻落实“红十字会法”的情况进行了执法调研，全国人大教科文卫委员会以情况报告的形式通报了调研情况，我们又及时转发全国人大教科文卫的调研报告，推动和指导各省红十字会配合当地人大开展执法检查工作。

加强对地方立法工作指导的力度，2004年有陕西、江苏、贵州、福建、宁夏5省人大出台贯彻实施红十字会法的地方法规，目前，已经有28个省出台地方法规。

按照全国人大、全国政协提案、议案办公室关于做好提案、议案回复工作的要求，积极与提案、议案中所涉及的部门联系、协商，起草完成了人大、政协两会代表、委员提案、议案的回复工作。

加大了依法理顺红十字会管理体制的力度。通过我部人员出差当面争取和以会主要领导的名义向26个省会城市市委书记（市长）致信等方式，讲理顺红十字会管理体制的理由，通报理顺红十字会管理体制的情况，推动了理顺管理体制的工作。到2004年底，全国已有20个副省级城市和省会城市、146个地市、260多个县级红十字会理顺了管理体制。

红十字青少年工作。为加强对学校红十字会工作的领导，推动红十字青少年工作的健康发展，经过与教育部协商，共同下发了《关于进一步推进学校红十字会工作的意见》。组织北京、天津红十字会参加了在保加利亚举办的残疾儿童书画展。组织广西、甘肃、山东、辽宁、天津红十字青少年分赴马来西亚、德国、韩国、奥地利等国参加红十字青少年的交流活动，增进了我国红十字青少年与国外红十字青少年的友好交流，开阔了红十字青少年的视野。

为了在青少年中广泛传播红十字知识和红十字精神，参与了中国青年出版社出版的中小学生思想道德建设丛书《主题日教育读本》关于“红十字日”部分内容的编写工作。

国际人道法传播。完成了与红十字国际委员会的第二个传播合作计划并得到了国际委员会的高度赞扬。在湖北省宜昌市举办了华北、华南11个省、自治区近百人参加的中国红十字会2004年红十字运动基本知识传播培训班暨评估表彰会。

筹资工作。开始尝试进行项目筹资的探索，制作百年纪念银币4万枚，需要720万元人民币。总会没有投入资金，委托上海锦元纪念章有限公司出资并总经销，该公司不仅完成了筹资、制作和发行计划，还赠送红十字会2000枚（价值36万元）；“永恒的爱”两场大型演唱会所有费用全部从社会募集。同时，我们还与361度（福建）体育用品有限公司合作开展了“爱心中转站”活动。与哈尔滨亲情制药有限公司合作开展了“健康援助——红十字在行动”。与锦昌方园合作开展了“全民健康教育——红十字在行动”项目。与北京金色蒲公英文化交流中心合作开展了“英语列车公益英语”活动。

开展理论研究。按照会领导的部署，2004年我部为探索中国红十字会在社会主义市场经济条件下的发展道路，与清华大学NGO研究所共同开展了《中国红十字事业发展战略研究》，并请清华大学NGO研究所所长王名教授为总会机关作了课题总结报告。为探索理顺县级红十字会理顺管理体制的模式，总会和5个省级红十字会初步开展了研究，为下一步更深入研究打下了基础。

（梁少华）

政策法规处

【职责】

1. 研究国际国内红十字运动发展史及发展方向、国家有关法律法规和方针政策及我国红十字会各项主要业务工作发展方向；

2. 与国家有关部门联系，争取发展红十字事业的优惠政策；

3. 参与总会法规性文件和政策的制定，为发展我国红十字事业提供法律、政策依据；

4. 配合国家有关部门进行执法检查（或调研、视察）；

5. 督促、检查、指导地方红十字会贯彻红十字会法和红十字标志使用办法；

6. 负责全国红十字会系统普法规划的制定，各地规划的督促检查、验收；

7. 负责全国代表大会和理事会主要文件的起草及会后文件的编发；

8. 承办领导交办的其他事项。

【文件及讲话】

1. 中华人民共和国红十字会法。（全文见本年鉴文献篇）

2. 中华人民共和国红十字标志使用办法。（全文见本年鉴文献篇）

3. 国务院办公厅转发中国红十字会总会关于进一步加强红十字会工作意见的通知。（全文见本年鉴文献篇）

4. 中央机构编制委员会办公室发出《关于理顺中国红十字会总会管理体制的通知》。（全文见本年鉴文献篇）

5. 财政部和国家税务总局制定了“企业等社会力量向红十字事业的捐赠，在计算缴纳企业所得税和个人所得税时准予全额扣除”的政策（财税〔2000〕30号）。（全文见本年鉴文献篇）

6. 中国红十字标志标明性使用规定。（全文见本年鉴文献篇）

7. 中国红十字会募捐和接受捐赠工作条例。（全文见本年鉴文献篇）

8. 中国红十字会理事会组织规程（暂行）。（全文见本年鉴文献篇）

9. 中共中央组织部关于党政机关领导干部兼任中国红十字会领导职务的答复。（全文见本年鉴文献篇）

10. 财政部、国家税务总局、海关总署《关于发布扶贫、慈善性捐赠物资免征进口税收暂行办法》的通知。（全文见本年鉴文献篇）

11. 中国红十字会2004年度工作计划

要点。（略）

12. 中国红十字事业 2005—2009 年发展规划。（全文见本年鉴纪事篇）

13. 中国红十字会第八次全国会员代表大会致江泽民同志的感谢信。（全文见本年鉴纪事篇）

14. 中国红十字会第八次全国会员代表大会离任理事的感谢信。（全文见本年鉴纪事篇）

15. 中国红十字会向吴仪副总理的工作汇报。

16. 把红十字会建设成为充满生机与活力、密切联系群众、符合自身特点的，从事人道主义工作的社会救助团体课题报告。

【项目及活动】

与清华大学联合开展了《如何把红十字会建设成为充满生机与活力、密切联系群众、符合自身特点的，从事人道主义工作的社会救助团体》的课题研究。

【年度工作】

（一）中国红十字会 2004 年工作会议

1. 中国红十字会 2004 年工作会议召开前完成了征求地方意见座谈会的筹备、会议记录等项工作。

2. 完成了中国红十字会 2004 年工作会议上工作报告、中国红十字会 2004 年度工作计划要点、彭珮云会长在中国红十字会 2004 年工作会议上的讲话、中国红十字会 2004 年工作会议闭幕式讲话稿和会议主持词等主要文件的起草、修改及定稿，并完成会后文件修改、汇编印制和发放工作。

3. 完成了各省、自治区、直辖市红十字会贯彻执行中国红十字会 2004 年工作会议精神情况的收集、整理上报工作。

（二）中国红十字会第八次全国会员代表大会

1. 完成了七届五次常务理事会的有关会议文件、议程及相关工作。

2. 完成了中国红十字会第八次全国会员代表大会主要文件征求意见座谈会的组织工作。

3. 完成了《中国红十字会第八次全国会员代表大会工作报告》的起草、修改、征求意见及定稿工作。

4. 完成了《中国红十字事业 2005—2009 年发展规划》。

5. 完成了中共中央总书记、国家主席、中央军委主席、中国红十字会名誉会长胡锦涛在接见中国红十字会第八次全国会员代表大会代表时的讲话，中共中央政治局委员、国务院副总理吴仪在中国红十字会第八次全国会员代表大会上的致辞，中国红十字会会长彭珮云讲话等国家领导人重要讲话的起草任务。

6. 完成了致江泽民同志的感谢信、致离任理事感谢信、“八大”闭幕式总结讲话，每次会议的议程、主持词、决议案等重要文件的起草工作。

（三）中国红十字会 2005 年厦门工作会议

1. 完成了中国红十字会 2005 年厦门工作会议上工作报告、中国红十字会 2005 年度工作计划要点、彭珮云会长在中国红十字会 2005 年工作会议上的讲话、中国红十字会 2005 年厦门工作会议闭幕式讲话稿和会议主持词等主要文件的起草、修改和定稿，并完成会后文件修改、汇编印制和发放工作。

2. 完成了各省、自治区、直辖市红十字会贯彻执行中国红十字会 2005 年厦门工作会议精神情况的收集、整理上报工作。

（四）普法及有关法律事务

1. 起草《中国红十字会2000—2003年普法依法治理工作总结》，并报全国普法办。

2. 起草关于北京市红十字会普法调研的有关文件。

3. 向各省、自治区、直辖市红十字会下发了《关于开展“一二·四”法制宣传日活动及“四五”普法验收准备工作的通知》，布置在全国红十字会系统广泛开展“一二·四”法制宣传日活动及发出了“四五”普法考核验收的通知。

4. 向各省、自治区、直辖市红十字会下发了《关于开展“四五”普法总结验收工作的通知》、验收工作指导标准和验收复习题目，要求各地红十字会全面客观地检查总结“四五”普法工作情况，总结经验，为全国“四五”普法依法治理总结表彰和“五五”普法依法治理的启动做好准备。

5. 起草《关于开展红十字名称和标志维权活动的请示》，开展了红十字名称和标志维权活动。

6. 配合全国人大对安徽省进行红十字会法执法调研。提出了执法调研提纲、与安徽红十字会和全国人大教科文卫委员会协调的工作。执法调研组撰写了调研报告在委员会内部刊物《研究与报告》上刊登，向党中央、全国人大、国务院、全国政协的高层领导反映了贯彻执行红十字会法的成绩和问题，对宣传红十字会，推动红十字会法的进一步贯彻落实起到了积极的作用。

7. 指导地方制定贯彻实施《中华人民共和国红十字会法》地方法规的工作。2004至2005年，有陕西、江苏、贵州、福建、宁夏、甘肃6省人大出台了贯彻实施“红十字会法”的地方法规。目前，已经有29个省、自治区、直辖市的人大常委会出台了贯彻实施《中华人民共和国红十字会法》地方法规。

8. 帮助浙江湖州市红十字会依法保护了红十字会的财产不被政府有关部门没收。

（五）推进理顺管理体制工作

1. 整理、统计省级红十字会理顺管理体制的最新进展情况，并草拟给18个工作开展不到位的红十字会所在省的省委书记（省长）写信，并及时跟踪反馈情况。

2. 整理、统计副省级城市、省会城市红十字会理顺管理体制的最新进展情况，并给工作开展不到位26个红十字会所在市的市委书记（市长）写信，并及时跟踪反馈情况。

3. 筹备召开中国红十字会2005年理顺地市级红十字会理顺管理体制座谈会。

（六）领导交办工作

1. 起草、修改《国务院办公厅转发中国红十字会总会关于进一步加强红十字会工作意见的通知》。3月份起草出初稿后，征求了地方红十字会的意见，机关各部室的意见，经会长办公会、执行委员会审议后形成修改稿，在常务理事会上进行了审议，按照国务院办公厅的意见，向党中央、国务院25个部门发出了征求意见的函，向国务院报了关于请《国务院办公厅转发中国红十字会总会关于进一步加强红十字会工作意见的通知》的请示，于2004年11月26日《国务院办公厅转发中国红十字会总会关于进一步加强红十字会工作意见的通知》（国办发〔2004〕85号）发出。又及时发出了《关于贯彻落实〈国务院办公厅转发中国红十字会总会关于进一步加强红十字会工作意见的通知〉的通知》。

2. 完成了领导向国务院分管我会工作的吴仪副总理汇报材料的起草、修改、印制。

3. 完成了第七届中国红十字会常务副会长王立忠在中国红十字会建会一百周年（2004 年 3 月 10 日）座谈会上的讲话起草任务。

4. 起草了总会给中央精神文明委的请示稿。

5. 负责彭珮云会长《奋进中的红十字事业》一书资料收集、与出版社联系、选定和确定出版、征订和发行事宜。

6. 参与了中国青年出版社出版的中小学生思想道德建设丛书《主题日教育读本》的关于“红十字日”部分内容的编写工作，从最初出版社给定的 200 字计划，最后完成 2000 多字。

7. 起草了第四十届南丁格尔奖章颁奖大会获奖者代表和护士代表的发言稿。

8. 起草了中国红十字会常务副会长江亦曼 2005 年 7 月在第 17 届国际慈善学者会议上的致辞。

9. 编辑了《中国红十字会第六届、七届理事会重要文件汇编》。

10. 完成了全国人大代表、政协委员提、议案的回复工作。

（梁少华　骆文娟）

筹资与宣传处

【职责】

1. 归口负责总会重大事件及纪念“五八”等活动的宣传工作；指导地方红十字会的宣传工作。

2. 负责审核、制作总会的宣传资料和纪念品；协同机关各部室开展宣传活动。

3. 归口负责总会的新闻宣传及对外宣传工作；协同联络部与国际红十字组织、各国红十字会及台、港、澳红十字组织进行信息、宣传方面的交流与合作。

4. 归口联系总会报刊社的有关业务工作。

5. 归口管理红十字会募捐工作；组织实施全国性宣传和募捐活动；指导地方红十字会的募捐工作。

6. 按合同或协议，归口管理总会直属公司及其事业单位；协同赈济、救护部有关处审核冠名中国红十字会的医院、血站等单位的合同或协议书。

7. 指导地方红十字会兴办经济实体的工作。

8. 完成领导交办的其他工作。

【活动及项目】

1. 2004 年 2 月 28 日，与东方正时文化有限公司合作，在北京嘉里中心举办“lady night”慈善拍卖会，为红十字会救助工作筹款。

2. 与 361 度（福建）体育用品有限公司合作，于 2004 年 3 月 18 日启动“爱心中转站”募集衣物活动，历时 1 个月，在北京、辽宁、上海、浙江、湖北、广东、陕西、四川 8 个省、市销售网点募集衣物，由 361 度（福建）体育用品有限公司负责清理、消毒和运输，将募集的衣物运往中国红十字会指定的灾区。

3. 4 月，与北京锦昌方园公关策划有限公司合作，启动“心灵阳光工程”，在北京大学、清华大学、人民大学、北方交通大学开展 4 场讲座，有 2000 多师生参与，并在社会上产生良好的影响。

4. 7月27日，与北京中喜时代文化有限公司合作，在中国美术馆举办著名画家石虎先生个人画展，石虎先生将这次画展的主题画《红实图》捐赠给中国红十字会。

5. 8月9日，总会发出国内救灾呼吁，印制了“捐一元善款，为灾民解难”募集招贴画，在媒体刊登呼吁书，在全国开展募款工作。

6. 9月，与哈尔滨亲情制药有限公司合作，启动“健康援助——红十字在行动”公益活动，在北京、黑龙江、辽宁等省、市进行试点，开设“健康援助站”24个，进行心血管和妇科病免费体检96256人次，为群众进行健康讲座、义诊和咨询627492人次，得到广大群众特别是下岗职工的欢迎。

除项目全部经费由企业筹措外，承办企业还要向红十字会捐款。

【年度工作】

（一）围绕“百年”和“八大”，掀起宣传高潮

1. 2004年是红十字会的宣传年。宣传工作主要围绕百年纪念和“八大”进行。为纪念中国红十字会建会100周年，2004年3月10日，人民日报发表题为《发扬光大红十字精神——祝贺中国红十字会成立一百周年》的评论员文章，刊登了彭珮云会长贺词，并辟专版宣传红十字会的百年成就；中国人民银行发行面值10元的纪念银币1枚；国家邮政局发行《中国红十字会成立100周年》纪念邮票一套一枚，面值80分，中国邮票总公司设计发行首日封一枚；总会印制《中国红十字会成立一百周年纪念邮册》；经过多年的资料收集，出版发行了《中国红十字百年》大型画册；总会于“五八”世界红十字日前夕向全国发出通知，号召开展“办实事，迎百年”主题宣传活动；在地方红十字会的积极配合参与下，总会编辑印制了《百件实事迎百年——红十字在行动》一书；总会于10月27日在人民大会堂举办了“永恒的爱——中国红十字会建会百年纪念演唱会”；在《红旗画刊》2004年第2期、《中国之翼》2004年第11期、《北京时间》2004年第3期，分别免费刊登4个版面、3个版面和12个版面，针对不同的阅读群体，以图文并茂的丰富形式，广泛宣传中国红十字会的宗旨、精神和百年业绩。

2. 为配合中国红十字会第八次全国会员代表大会的宣传报道，人民日报于2004年10月27日发表题为《坚持红十字宗旨，发展红十字事业——祝贺中国红十字会第八次全国会员代表大会召开》的评论员文章，高度评价中国红十字会“七大”以来“顺应时代要求，认真履行职责，围绕中心，服务大局，把国际红十字运动基本原则与中国的实际相结合，坚持依法建会、依法治会、依法兴会，为国家的现代化建设做出应有贡献，取得显著成绩，是中国红十字会历史上发展最快最好的时期之一”。

3. 为贯彻落实中国红十字会第八次全国会员代表大会精神，完成《中国红十字事业2005—2009年发展规划》确定的目标。事业发展部于12月9日—12日在苏州召开部分省市红十字会宣传工作座谈会，修改《关于加强和改进中国红十字会宣传工作的意见》。

4. 配合总会业务工作，开展宣传活动。与中央电视台《共同关注》栏目合作“心愿之旅”大型公益宣传活动；和湖南卫视合作开展“新年星光慈善嘉年华”宣传活

动；配合无偿献血招募大会、送温暖活动、救灾工作、红十字紧急救助系统项目等活动全年共发新闻200多条。为国际会议设计制作展版。

（二）筹资工作走出新路子（筹措资金额见财务报告）

1. 我会认真探索社会主义市场经济条件下筹集资金的路子，2004年的主要筹资工作是围绕宣传组织百年活动展开的，许多大型活动都是没有资金或经费不足，我们采取与社会广泛合作的运作模式筹措红十字事业发展资金，并在活动中动员社会各界捐款。

2. 2004年1月16日晚，在北京饭店贵宾楼举办"红十字之友联谊会"，答谢捐赠企业和长期支持红十字事业的各界朋友。有来自政府机构、企业、媒体、国际组织代表、外国驻华使馆官员等200人参加联谊会。全国人大常委会副委员长司马义·艾买提、中国红十字会会长彭珮云出席了会议。

（王　宪）

组织与青少年处

【职责】

1. 贯彻和遵守《中华人民共和国红十字会法》，执行《中国红十字会章程》；

2. 深入地方红十字会进行调查研究，指导各级红十字会的组织、会员和志愿工作者队伍的发展与建设；

3. 组织专（兼）职干部的培训；

4. 参与全国会员代表大会及理事会的有关工作；

5. 负责红十字系统表彰工作及颁发中国红十字会荣誉奖章事宜；

6. 负责检查《中国红十字会会费管理办法》执行情况；

7. 组织全国各类学校开展有益于青少年身心健康的红十字青少年活动；

8. 主办红十字青少年夏（冬）令营，组织红十字青少年进行国际国内交流；

9. 检查《学校红十字会工作规则》执行情况；

10. 负责实施"中国红十字会与红十字国际委员会签署的红十字运动基本知识传播工作合作计划"；

11. 完成领导交办的其他工作。

【文件及讲话】

1. 《中国红十字志愿工作者管理办法》（红组字〔1997〕128号）。（见本年鉴文献篇）

2. 《中国红十字会会费管理办法》（红二字〔2001〕19号）。（见本年鉴文献篇）

3. 《学校红十字会工作规则》（红事字〔2002〕9号）。（见本年鉴文献篇）

4. 《关于进一步推进红十字志愿服务工作的意见》（红事字〔2002〕15号）。（见本年鉴文献篇）

5. 《中国红十字会总会关于授予"博爱大使"有关暂行规定》（红事字〔2004〕43号）。（见本年鉴文献篇）

6. 《中国红十字会总会中华人民共和国教育部关于进一步推进学校红十字会工作的意见》（红事字〔2004〕88号）。（见本年鉴文献篇）

【项目与活动】

1. 组织建设。总会于2000年6月和2004年5月先后两次在山西召开了中国红十字会组织建设工作座谈会，并印发了《组织建设工作座谈会纪要》，要求各地按照红十字会法和红十字章程的有关规定，进一步发展组织，加强会员和志愿工作者队伍建设；要逐步将发展会员和志愿工作者以及基层组织向国有企业、个体工商业等更广阔的领域拓展；广泛吸收有志于社会公益事业的单位和个人加入到红十字会的队伍中。各级红十字会积极开展工作，通过各种宣传和活动强化会员组织观念，使会员的发展和会费收缴以及志愿工作者队伍和基层组织建设得到了长足的发展。

截至2004年12月，全国拥有基层组织82459个，专职工作人员3540人，成人会员10871905人，青少年会员12554489人，团体会员单位75456个。

2. 理事队伍。2004年，中国红十字会第八次全国会员代表大会在北京召开，组织与青少年处在分别完成了工作报告（回顾部分）和章程修改的初稿之后，又成功地参与和组织了“八大”的理事构成和选举工作。由于理事选举，我会第一次采用计算机计票系统，我们努力去学习，提前和提供计算机计票系统的计算机公司一遍一遍进行反复演练，把各种可能出现的问题尽量想到，圆满地完成了“八大”的理事选举工作。

组织与青少年处还担负与全国理事的联络和组织工作。

3. 红十字青少年。中国红十字青少年是中国红十字会的生力军，是红十字事业发展的后备力量。为进一步加大对中国红十字青少年工作的指导力度，中国红十字会总会先后与国家教育部联合下发了《学校红十字会工作规则》、《关于进一步加强学校红十字会的意见》。各省级红十字会积极争取地方政府制定与上述政策相配套的行政法规或地方法规、与政府部门联合制定红十字青少年规范化文件，对红十字青少年的组织建设、开展活动等提出了明确的目标和要求。这些政策法规的制定和完善，逐步形成了有利于中国红十字青少年工作有效开展的良好局面。目前，全国大、中、小学校中有27898所建立了红十字会，全国红十字青少年会员已发展到1255万人，占全国红十字会员总数的54%。部分省、省会城市和副省级城市学校红十字会建会率已达到70%以上。

中国红十字会目前已基本形成了以各级学校红十字工作委员会为主导、学校红十字会为基础的中国红十字青少年组织网络体系。全国学校红十字委员会是中国红十字青少年工作的最高指导机构。学校红十字会是中国红十字青少年的基层组织，以学生为主体，师生共同参加活动。在学校领导和教育行政部门、上级红十字会指导下，开展符合红十字会宗旨和具有红十字青少年特点的活动。学校红十字会会员代表大会是学校红十字会的最高权力机构，学校红十字会会员代表大会一般每2年召开一次，主要是选举学校红十字会理事会；听取和审查理事会工作报告和财务报告；决定其他重大事项。学校红十字会理事会是学校红十字会的领导机构，由校级领导、学校有关部门负责人和红十字青少年会员代表组成。学校红十字会可以建立大、中、小学生红十字分会，大、中、小学生分会是学校红十字会工作的主体，在学校红十字会秘书长指导下，独立自主地开展活动。

4. 干部培训。为了提高中国红十字会系统领导干部的理论素养、知识水平、业务本领和领导能力，中国红十字会于2001年和2002年连续两年在北京举办了中国红十字会领导干部培训班。参加两次培训共有来自31个省级红十字会的专职会领导及总会、总会直属单位处级以上领导干部131名学员。在组织与青少年处的直接组织下，总会先后邀请了中央国家机关有关部门的专家和领导为培训班授课，红十字国际委员会、红十字会与红新月会国际联合会的代表分别就国际委员会整体工作与中国红十字会的合作情况、联合会的工作情况、2010年战略、募捐工作以及国际红十字运动对国家红十字会的要求进行了生动的授课。部分省红十字会的领导与大家交流了如何当好红十字会领导的经验。

为了加大对基层红十字会专、兼职干部的培训力度，中国红十字会与红十字国际委员会先后签署了两个传播工作合作计划。在香港及澳门特别行政区红十字会的支持、帮助下，总会先后在全国举办了1期全国性和7期地区性的传播培训班，培训基层红十字会专、兼职干部872名，半数以上的省级红十字会也通过举办培训班等形式，广泛开展传播工作，有力地配合了基层红十字会专、兼职干部的培训工作。

经过两年的努力，我处完成了51万字的《中国红十字会历史资料选编》一书的录入、编辑工作，该书的出版对红十字会组织建设的发展和提高专、兼干部的素质，起到了积极的作用。

【年度工作】

1. 组织和参与了中国红十字会第八次全国会员代表大会的理事构成和理事、常务理事的选举工作。

2. 经过努力，实现了中国红十字会组织建设和红十字青少年工作经费列入国家财政预算中。

3. 与教育部共同下发了“关于进一步加强红十字青少年工作的意见”，为今后五年全国红十字青少年工作的总体发展奠定了基础。

4. 完成了与红十字国际委员会的两个传播合作计划并得到了国际委员会的高度赞扬。

5. 完成了彭珮云会长提出的发展红十字事业8个课题中的“理顺县级红十字会管理体制课题研究报告”。

6. 经过两年的努力，完成了51万字的《中国红十字会历史资料选编》一书的录入、编辑工作。

（沈南冰）

联络部

【职责】

1. 在总会党组和执委会的领导下，依照并配合国家外交工作和对台湾、香港和澳门地区工作的原则、方针、政策，根据我会的工作目标和任务，开展我会与红十字国际组织、各国红会以及台港澳地区红十字组织和其他国际团体组织的多边和双边的合作与交流工作，参加国际红十字运动的法定会议和活动，维护和提高中国红十字会的国际形象和作用，发挥我会独有的民间外交作用；

2. 负责归口管理总会的外事工作及台、港、澳事务，负责拟订总会外事工作计划、总结和相关规定，做好执委会外事工作助手。协同并配合总会机关相关业务部室，联络和引进境外各种形式的援助和技术，开展交流合作，为协助落实我会的各项重点工作服务；

3. 负责归口指导和协调各省、市、自治区分会的对外及台、港、澳地区的交流合作工作并为之服务；

4. 协助政府开展民间对外及台、港、澳地区的交往，执行政府指定或委派的人道主义工作，具体实施对外人道救援的工作；

5. 在完成上述工作任务的同时，加强外事工作的调研和有关信息的搜集、分析和报告工作；注意部内工作人员的政治理论和业务能力的培训，进一步发挥党支部的战斗堡垒和党员的先锋模范作用，提高全体工作人员的综合素质和整体工作效率。

6. 完成会领导交办的其他任务。

【概述】

2004 年，联络部在总会党组和执委会的领导下，以“十六大”精神和“三个代表”重要思想为指针，遵循国家的外交方针政策以及我会 2000—2004 年工作规划纲要以及全国工作会议制定的 2004 年工作要点，围绕百周年纪念活动和召开“八大”等中心工作，有目的、有计划地开展工作，较为圆满地完成了各项预定任务。

在 2004 年里，中国红十字会依照与时俱进、开拓创新的精神，积极开展对外联络和交流工作。从整体上来看，与国际红十字组织和其他姐妹国家红会以及香港和澳门特别行政区分会多边和双边的交往与合作十分活跃，有力地配合和促进了我会各项业务工作的发展，为协助落实备灾救灾、卫生与社区服务、传播国际人道法和红十字基本知识四项重点任务服务。特别是成功地利用了百周年纪念活动和主办“第九届志愿无偿献血者招募国际大会”的契机，较好地组织并完成了与之相关的涉外活动，提高了中国红十字会在国际运动中的影响和作用。与此同时，与港、澳分会的交往合作进一步加强，对台工作不断深化。积极执行并完成政府交办的援外、“花冈事件”庭外和解的后续事务、照料前美军俘虏和外侨生活等工作，受到各方面的好评。

（王小华）

双边合作处

【职责】

1. 开展对红十字国际组织的调研工作，及时向领导提供国际红十字运动的最新动态，提出有关意见和建议。

2. 负责中国红十字会参加红十字运动有关会议（国际大会、代表会议等）、联合会有关会议（全体大会、领导委员会会议、地区会议等）、国际委员会有关会议及其他国际会议的准备工作。

3. 负责中国红十字会与联合会、国际委员会的信件翻译、处理工作。

4. 负责中国红十字会与联合会、国际委员会人员交往时的接待与出访安排工作。

5. 负责中国红十字会与联合会的交流工作。

6. 负责与联合会秘书处的交流与合作工作，协助中国红十字会总会及地方分会有关合作项目的申报与落实工作。

7. 负责与东亚地区办事处的交流与合作。

8. 负责中国红十字会与国际委员会的交流工作。

9. 负责与国际委员会总部及东亚地区办事处的交流与合作工作。

10. 协同事业发展部完成中国红十字会与东亚地区办事处签署的传播工作合作计划；协助国际委员会在中国人民解放军开展

"武装冲突法"的传播工作。（负责与国际委员会和有关组织合作，开展传播工作。）

11. 负责中国红十字会与其他有关国际组织与团体的交流合作工作。

12. 负责指导和归口管理中国红十字会总会各业务部门以及各地分会与红十字国际组织的交流与合作，为协助落实中国红十字会重点工作服务。

13. 完成领导交办的其他工作。

【活动及项目】

由中国红十字会承办，联合会与世界卫生组织主办的第九届志愿无偿献血者招募国际大会于2004年4月1—8日在北京召开。国内外红十字会、血液服务机构及国际组织共184名代表与会。

为纪念中国红十字会建会100周年，两个国际组织和友好国家红会和港澳分会的主要领导人共44人应邀来京，参加中国红十字会在5月8日举行的纪念大会，并安排在会后对三个地方分会的访问。

作为联合会领导委员会的成员，中国红十字会常务副会长江亦曼参加了4月28—29日、10月11—13日在日内瓦召开的两次领导委员会会议。

以中国红十字会副会长郭长江为团长的代表团于12月6—16日赴日内瓦、曼谷对国际委员会总部和其东亚及东南亚地区代表团、联合会秘书处和其东南亚地区代表团、瑞士红十字会进行了学习访问。除总会领导外，来自5个省、市分会的主要领导参加了这次活动。

【年度工作】

2004年，多边合作处共组织出访16批48人次；共接待64批430人次。

（一）与国际委员会的合作情况

1. 查人转信。在国际委员会的资助和支持下，中国红十字会部分省、市、自治区红十字会查人工作培训班于11月16—28日在浙江宁波举办。处理国际委员会转来的红十字通信。共处理255封。

2. 传播工作。协调并参与中国红十字会与国际委员会2002—2004年传播合作计划的落实和2005—2007年计划的准备；协助中国红十字会参加"探索人道法"培训班，并协调项目的落实；协调在军队开展国际人道法传播，参加了三次军队传播班和研讨会。

3. 云南假肢康复中心项目。继续协调云南假肢康复中心项目。本年度共为193名患者安装了313支假肢。

4. 与政府合作。协助政府与国际委员会就在京建办事处问题进行会谈；协助政府参加国际委员会召开的保护文化遗产研讨会。

5. 2005年度南丁格尔奖的申报准备。

6. 办理中国政府和中国红十字会对国际委员会的资助。

（二）与联合会的合作情况

1. 联合会东亚地区合作会议于3月2—5日在北京召开。东亚五国红会领导人以及有关捐款国红会代表、联合会、国际委员会代表等共60人参加。中国红十字会作为东道国承担了大量会务工作。

2. 协助联合会东亚办事处于9月10—12日在北京召开了中国项目研讨会。

3. 协助中国红十字会总会各部室及分会人员参加相关国际会议。

4. 协调联合会代表赴灾区或项目所在省考察。

5. 昭宪皇后基金的申报。

6. 办理中国红十字会对联合会、马萨博基金的资助。

（三）调研工作

翻译了无偿献血经验交流材料、中国红十字会年报、联合会世界灾情报告、2010战略落实问卷、探索国际人道法教材等。编辑了中国红十字会出国访问报告汇编。

（裘海玲）

双边合作处

【职责】

1. 负责开展中国红十字会与各国红十字会及各国其他团体、组织的交流与合作。

2. 负责中国红十字会与各国红十字会人员的交往，做好接待与出访的准备、联络和落实工作。开展对各国红十字会及相关团体的调研及信息处理工作，及时向联络部、会领导提供最新资料，并根据需要提出意见及建议。

3. 负责外交部交办的有关工作和代管外籍人员的工作。

4. 负责中国红十字会与各国红十字会的来往信件的翻译及处理工作。

5. 负责指导和协调地方分会与其他国家红十字会和相关组织的交流合作项目，并协助其他部门进行对外业务交流活动。

6. 负责办理中国红十字会总会人员出访手续及国外来华人员的入境签证工作。

7. 负责中国红十字会对外援助工作。

8. 负责国际寻人转信工作。

【活动及项目】

2004年5月，“五八”世界红十字日暨“纪念中国红十字会成立一百周年”庆祝活动在北京举行。活动期间，吴仪副总理、外交部部长助理沈国放、中国红十字会常务副会长王立忠、总会党组书记江亦曼分别会见了红十字国际委员会、红十字会与红新月会国际联合会和周边及友好国家红十字会的领导人，以及香港、澳门特别行政区红十字会的代表。

【年度工作】

2004年双边合作处共组织出访11批55人次；共接待49批144人次。

（一）重要的出访和接待工作

1. 重要的出访工作。

（1）5月，彭珮云会长率中国红十字会代表团成功地访问了奥地利、荷兰红十字会和约旦红新月会。通过访问，双方交流了各自国家红会的工作情况和工作经验，加深了相互了解，密切了友好合作关系。特别是代表团访问约旦红新月会，是中国红十字会会长首次出访中东地区，意义更为重大，为今后与阿拉伯地区国家红新月会开展交流合作奠定了良好的基础。

（2）6月，常务副会长王立忠率中国红十字会代表团访问了古巴、智利两国红十字会。这也是中国红十字会多年来首次对南美和拉美地区国家红十字会进行访问。通过访问，增进了双方的相互了解，密切了友好关系，为今后进一步扩大双边合作创造了条件，填补了中国红十字会对外交往工作的空白。

（3）8月底，副会长江亦曼率中国红十字会代表团访问蒙古红十字会。蒙古是我国近邻，做周边国家红十字会工作是我会配合国家外交方针而进行的一项重要工作。江亦曼这次访问，不仅交流了工作经验，增进了相互了解和友谊，而且向蒙古红十字会表明了中国红十字会重视发展与蒙古红十字会的友好合作关系这一愿望。在访问期间，双方签署了友好合作协议。这次访问达到了预期目的。

(4) 9 月，根据中韩两国红十字会的交流协议，常务副会长王立忠率中国红十字会代表团访问了韩国红十字会。

此外，重要的出访还包括副会长孙爱明率中国红十字会备灾救灾代表团访问德国、塞黑红十字会；秘书长苏菊香率中国红十字会代表团访问日本、美国骨髓库；副秘书长汤声闻率中国红十字会卫生救护代表团访问芬兰、葡萄牙红十字会；副秘书长汤声闻代表中国红十字会参加在日本秋田县大馆市举行的死难中国劳工祭奠活动。

2. 重要的接待工作。

包括百周年纪念活动时接待日本、韩国、朝鲜、蒙古、美国、葡萄牙、荷兰、德国等国红十字会的领导人和代表；此外还接待了如沙特红新月会会长、乌克兰红十字会会长、瑞士红十字会会长（兼联合会副主席）等重要外宾和来访团组。

（二）指导和协助地方分会的对外交流合作

2004 年中，双边合作处加强了对地方分会对外交流合作工作的指导、协调和服务工作。在组团出访中，按照工作需要、公平和适当照顾理顺体制分会的原则尽量吸收地方分会同志参加代表团。与此同时，还积极指导协助地方分会与外国红十字会分会建立友好合作关系，帮助江苏、湖南、河北等省红十字会与已建立友好关系的外国分会开展交流活动，使友好合作关系落到实处，真正发挥作用。

（三）指导和协助地方分会的对外交流工作

2004 年中，双边合作处在将一些自行开发并管理的双边合作项目移交给相应业务部门的同时，继续直接负责指导和协调一些项目，并积极争取外援开展新的合作项目。例如与挪威红十字会在吉林省延边地区开展涉及组织发展和改水改厕内容的新的合作项目；促成荷兰红十字会将辽宁、吉林开展的合作项目扩展到黑龙江，同时在总会、吉林、辽宁开展能力建设项目；荷兰 ING 银行最终同意在辽宁的两个村开展改水改厕、卫生教育项目；丹麦红十字会在湖南开展农村备灾合作项目；瑞典红十字会通过联合会东亚地区办事处在河南、山东开展预防艾滋病宣传教育的合作项目。有计划地开展和引进这些外援项目，既解决了当地人民的需要，又增强了当地红十字会的实力，受到了政府和人民群众的欢迎。

（四）援外和其他政府交办的工作

1. 对外援助。2004 年，双边合作处共办理向 19 个遭受战乱和自然灾害的国家的红会和政府提供 20 笔总额为 66 万美元的捐款援助（约合人民币 545 万元），其中包括由我驻外使馆在当地采购的一笔价值 3 万美元的物资。此外，我会依照惯例办理了以我国政府和我会名义向红十字国际委员会和联合会缴纳的捐款和会费共计 854189 瑞士法郎（约合人民币 600 万元）。

2. 办理、管好护照、签证是双边合作处的重要工作之一。2004 年共办理护照 28 本，签证 120 多人次。经外交部批准，中国红十字会在 2004 年下半年获得了独立的外事审批权。

3. 接受政府有关部门的委托，承担多项工作。如作为“花岗事件”原、被告的共同委托人，继续承担“花冈友好和平基金管理委员会”办事机构负责具体事务和协助处理庭外和解方案的后续工作。

4. 继续代管居住在我国的前美军战俘和外侨的生活和医疗事务等。

（张　虎）

台港澳事务处

【职责】

1. 负责红十字会工作范围内的台、港、澳事务；

2. 负责总会、各省红十字会与台、港、澳红十字组织的联系、合作与交流；

3. 负责计划、统筹和协调地方红十字会的台、港、澳事务，并进行政策性指导；组织台、港、澳红十字运动有关情况的考察和调研；

4. 办理总会赴台湾、香港、澳门的审批手续；

5. 负责涉及台湾、香港、澳门的查人转信工作；

6. 联系见证海峡两岸遣返工作；协助处理海峡两岸突发事件。

【文件及讲话】

彭珮云会长赴香港参加两岸四地红十字百年精英荟萃活动开幕式上的讲话。

【活动及项目】

2004 年 12 月 18 至 22 日，中国红十字会会长彭珮云赴香港参加两岸四地红十字百年精英荟萃活动。内地广东、福建、江苏、上海、北京 5 个代表队，台湾 3 个代表队、港澳各 2 个代表队参加活动。

【年度工作】

2004 年台港澳处共接待来访 11 批 90 人次。组织出访 15 批 160 人次。

1. 对台工作。

2004 年，继续在国台办的具体指导下开展海峡两岸的交往与合作，完成政府交办的各项任务。按照国台办重点做好台湾中南部人士工作的要求，邀请了台湾高雄红十字会代表团一行 22 人访问总会及山东省红十字会，交流活动达到了预期目的，促进了彼此的了解和友谊。

为了具体落实中央关于多做台湾人民、特别是年轻人工作的方针原则，根据海峡两岸红十字组织的约定，8 月份组团赴台参加了 2004 年海峡两岸红十字青少年夏令营活动，来自北京、湖北、广西、海南、云南、西藏、陕西、甘肃的 36 人参加了活动。至此，全国除香港、澳门外所有省份均派红十字青少年参加过夏令营活动。夏令营活动加深了两岸年轻一代的亲情和友情，取得了很好的效果，达到了预期的目的。

自 1990 年两岸红十字组织签署《金门协议》以来，我会一直会同有关单位和部门进行两岸遣返的见证工作，这项工作获得政府相关部门的支持与好评。2004 年 8 月 30 日—9 月 2 日，汤声闻副秘书长赴福建参加了海峡两岸偷渡人员的遣返作业，他向参与此项工作的基层红十字会人员了解情况以及在工作中出现的问题和困难。2004 年共实施海峡两岸双向遣返作业 9 批（次），共接运我私渡去台人员 1440 人，遣返台湾非法入境人员 20 人（其中刑事犯刑事嫌疑犯 12 人，其他人员 8 人）。

2004 年，共处理台、港、澳地区查人转信 1379 件，其中转台湾通缉犯资料 45 件，红十字通讯 1066 件，寻人案件 268 件。

2. 对港、澳分会的工作。

根据我会与香港和澳门分会达成的协

议，双方合作关系发展相对平稳，进展顺利。香港、澳门红十字会在救灾、宣传和志愿服务等方面开展的工作有声有色，取得了有目共睹的成绩。在2月13—20日，彭珮云会长率团访问了香港及澳门红十字会。访问期间，彭珮云会长听取了两会的工作情况报告，参加了香港红十字会耆英团春节联欢和表彰活动、参观了香港红十字会输血服务中心旺角捐血站，并对澳门红十字会开展的非紧急医疗爱心护送服务进行了考察。彭珮云会长对于香港、澳门红十字会的工作给予了高度的评价。此外，在总会的协调下，上海、天津和辽宁分会也充分利用访问港、澳红十字会的机会，学习先进经验，积极开拓新思路。

为庆祝红十字运动在中国开展一百周年，促进海峡两岸红十字会会员在急救及灾难应变知识和技术方面的交流，突显红十字运动救急扶危的使命，彭珮云会长率代表团参加了由香港特区红十字会主办的包括内地、台湾、香港、澳门四地主要城市红十字会参与的两岸红十字百周年精英荟萃活动，来自祖国大陆、台湾、香港、澳门红十字会的15支代表队近120余人参加了这次活动。这是祖国大陆、台湾、香港、澳门红十字同仁第一次在一起举办交流活动，意义十分重大，活动取得了圆满成功。内地的代表通过同场竞赛和观摩，学习到台、港、澳的先进经验。

香港红十字会会长董赵洪娉和澳门红十字会中央委员会主席黄如楷分别率团参加了总会在2004年5月举办的百周年纪念活动和10月召开的第八次全国会员代表大会，期间，受到了国家领导人的亲切会见。

在救灾及项目开展方面，香港红十字会继续与总会合作，为内地灾区及贫困地区提供了极大援助；与此同时，澳门红十字会与总会在这方面的合作也逐渐加强。在2004年内地发生的水灾、台风等自然灾害中，澳门红十字会均给予了积极、快速的响应。澳门红十字会主席黄如楷和理事长曹国希等亲自赶赴遭受台风袭击的浙江温州地区考察灾情。此外，澳门红十字会先后分两批在黑龙江、山西、山东、福建、重庆、宁夏等19个省、区、市援建了20所博爱小学，黄如楷主席率团赴黑龙江、吉林、辽宁和山西，考察学校援建项目的进展情况，在当地产生良好影响。

（李立东）

直属机关党委

【职责】

中共中国红十字会总会直属机关党委在中央国家机关工委领导和总会党组指导下开展工作。主要职责是：

1. 宣传和执行党的路线、方针、政策，宣传和执行党中央、上级组织和本组织的决议，充分发挥党员的先锋模范作用，团结、组织党内外的干部和群众，努力完成本单位所担负的任务。

2. 组织党员、职工认真学习马列主义、毛泽东思想、邓小平理论和党的路线、方针、政策及决议，学习党的基本知识，学习科学、文化和业务知识。

3. 对党员进行教育、管理和监督，提高党员素质，增强党性，严格党的组织生活，开展批评和自我批评，维护和执行党的纪律，监督党员切实履行义务，保障党员的权利不受侵犯。

4. 密切联系群众，经常了解群众对党员、党的工作的批评和意见，维护群众的正当权利和利益，做好群众的思想政治工作。

5. 充分发挥党员和群众的积极性和创造性，发现、培养和推荐他们中间的优秀人才，鼓励和支持他们在改革开放和社会主义现代化建设中贡献自己的聪明才智。

6. 对要求入党的积极分子进行教育和培养，做好经常性的发展党员工作。

7. 监督党员干部和其他任何工作人员严格遵守国法政纪，严格遵守国家的财政经济法规和人事制度，不得侵占国家、集体和群众的利益。

8. 教育党员和群众自觉抵制不良倾向，坚决同各种违法违纪行为作斗争。负责违法违纪案件的查办。

9. 代管监察、审计工作。

10. 领导机关工会、共青团、妇女和统战工作，支持他们依照各自的章程独立负责地开展工作。

11. 领导直属单位党的工作。

12. 完成上级党组织和总会领导交办的其他工作。

直属机关纪委

【职责】

中共中国红十字会总会直属机关纪委在机关党委和中央国家机关纪工委领导下开展工作。主要职责是：

1. 维护党的章程和其他法规，对党员进行遵纪守法教育。

2. 检查党组织和党员贯彻执行党的路线、方针、政策和决议的情况。

3. 协助机关党委加强机关党风廉政建设的宣传教育。对党员干部廉洁自律进行监督检查。

4. 检查处理党组织和党员违反党的章程和法规的案件。按照有关规定，决定或取消对这些案件中的党员的处分。

5. 受理党员的控告和申诉。

6. 领导直属单位纪律检查工作。

纪检办公室

【职责】

在机关党委、纪委领导下开展工作，主要职责是：

1. 起草党委、纪委工作计划和工作总结及有关文件。

2. 了解掌握信息，为领导决策提供服务，发挥参谋助手作用。

3. 完成上级组织、总会党组、机关党委和纪委交办的任务，贯彻落实机关党委和纪委的各项决议。

4. 组织党员干部职工学习马列主义、毛泽东思想、邓小平理论和党的路线、方针、政策以及党的基本知识、社会主义市场经济有关理论知识等。

5. 对党员进行形势教育、思想政治教育以及党风党纪和法律知识教育。

6. 承办机关党委所属党组织、党员领导干部违法违纪案件的审理工作，并按规定程序处理。

7. 受理党员的申诉和党员的控告，认真做好来信、来访的处理工作。

8. 坚持标准、严格程序、保证质量地做好党员的发展工作。

9. 做好先进党支部、优秀共产党员的

评比表彰工作。搞好基层党组织和党员的年终统计和党费收缴工作。

10. 开展工、青、妇和统战工作。配合党政领导做好职工的思想政治工作，组织职工开展各项健康向上的文体活动，做好工会会费的收缴、职工福利、纠纷调解等工作。

11. 完成机关党委、纪委交办的工作。

监察审计室

【职责】

监察审计室在总会领导的领导下开展工作，主要职责是：

（一）监察方面

1. 负责总会机关行政监察工作，领导直属单位行政监察业务工作。贯彻执行党中央、国务院、中央纪委、监察部有关规定，监督、检查总会机关工作人员和由总会党组任命的直属单位负责人执行国家政策和法律、法规及总会党组颁发的决议和命令情况。

2. 负责调查处理总会机关工作人员及直属单位负责人违反国家政策、法律法规以及违反政纪的行为，向总会党组提出处理意见和处分建议；受理监察对象不服政纪处分的申诉，受理个人或单位对监察对象违纪行为的检举、控告。

3. 在总会党组的领导下，协助机关党委抓好反对腐败党风廉政建设。

4. 对查办案件工作中发现的管理监督等方面存在的问题，提出完善制度、加强管理，从源头上预防和治理腐败的建议。

5. 完成监察部、总会领导授权和交办的其他工作。

（二）审计方面：

1. 依照国家法律、法规和政策，以及总会的规章制度，对直属单位财务收支及相关经济活动进行内部审计监督，独立行使内部审计监督权，针对审计中发现的问题，提出改进管理、完善内部控制制度的建议和纠正、处理违反财经法规行为的意见，对总会领导负责并报告工作。

2. 经授权，对直属单位主要负责人进行经济责任审计、离任审计。

3. 作为总会的审计归口管理部门，配合外部审计机构有关工作。

4. 针对外部审计机构提出的红十字会系统存在的重要或普遍问题，开展审计调查。

5. 对审计工作的重大事项，按照有关规定向上级内部审计机构或者审计机关反映。

6. 办理审计机关、上级内部审计机构交办的审计事项。

7. 完成领导交办的其他工作。

【项目与活动】

2005 年 1 月至 6 月，总会开展了保持共产党员先进性教育活动。

根据中央的统一部署，中国红十字会总会作为第一批开展保持共产党员先进性教育活动的单位，从 1 月 24 日起，利用近 5 个月的时间，在机关和直属单位集中开展了党员先进性教育活动。通过扎扎实实的工作，达到了提高党员素质、加强基层党组织建设、更好地为最易受损害群体服务、推动红十字事业发展的目标要求，取得了实际效果。

【年度工作】

（一）深入学习中共十六届四中全会精神

中共十六届四中全会召开后，中共中国红十字会总会党组根据中央的部署和要求，对总会学习贯彻全会精神进行了认真部署，并召开全体党员大会，邀请中央党校教授就科学执政、民主执政、依法执政作辅导报告。同时，总会党组书记江亦曼对学习贯彻十六届四中全会精神作了动员讲话，起到了学习理论指导实践的带动作用。中共中国红十字会总会直属机关党委举办了学习贯彻十六届四中全会精神党组理论中心组（扩大）学习班，处级干部学习班和青年干部座谈会；各党支部按照机关党委的部署，结合本部门、本单位工作实际和党员的思想状况，采取多种形式组织党员干部学习贯彻和深刻领会十六届四中全会精神实质。党员干部统一了思想，提高了认识，坚定了建设中国特色社会主义和全面建设小康社会的信心，为牢固树立和落实科学发展观，落实红十字会“八大”确定的目标，提供了思想和组织保证。

（二）召开总会党员大会

12 月 28 日，机关党委召开了总会机关和直属单位党员大会，选举产生了新一届中共中国红十字会总会直属机关党委和纪委，配齐了“两委”书记，为做好机关党建工作提供了组织保证。

（三）召开“两优一先”表彰大会

机关党委将“争先创优”活动作为党建工作的载体认真抓好。在党支部目标考评的基础上，机关党委组织了先进党支部、优秀党员和优秀党务工作者评选活动。经过各党支部的认真评选，报总会党组审批，2005 年“七一”，机关党委召开了“两优一先”表彰大会，对 3 个党支部、9 名优秀党员和 3 名优秀党务工作者进行了表彰，用身边的先进人物和事迹教育身边的党员，起到了很好的激励作用。

总会被评为“中央国家机关文明单位”。经过中央国家机关精神文明建设领导小组现场考评，2004 年 2 月，总会机关被评为“中央国家机关文明单位”。为巩固取得的成绩，机关党委起草了创建文明单位意见，制定了贯彻落实《公民道德建设实施纲要》行为规范，为开展文明部室、文明单位创建活动，打下了基础。

（四）进行内部审计工作

2004 年共完成审计项目 5 个，其中财务收支审计 4 个，直属单位负责人任期财务收支审计 1 个。并参加了总会对报刊社领导班子及成员任期届满考核小组，对其任期内的经济活动进行审计。

工作中注意发挥内部审计“围绕中心、服务大局”的作用，使内审工作更好地为总会中心工作服务。审计中客观、公正，坚持审计质量第一，针对被审单位的不同特点，以财务收支的真实性、合法性、合规性审计为基础，对财务收支的真实性和合规性进行分析和评价，对存在的问题进行披露并提出意见和建议，较好地发挥了审计在规范管理、维护财经纪律方面的作用。任期审计侧重对财务管理、资产完整和经营成果的审计，为党组和人事部门考核干部提供参考依据。

（五）做好信访举报的核查工作

做好信访举报的核查工作，全年共收到群众信访举报 8 件，就来信反映的有关问题及时进行了调查核实，并向实名举报人反馈了调查结果。

（张 莉 曲 靖）

总会直属单位

中国红十字会总会机关服务中心

【历史沿革】

中国红十字会总会机关服务中心（对外称“机关服务局”）的前身是中国红十字会总会行政处。根据国家关于中央国家机关后勤体制改革的政策文件和总会机关机构改革方案，中心于1999年9月9日正式成立。几年来，在总会党组和执委会的正确领导和关怀下，在机关各部门的大力支持下，机关服务中心紧紧围绕总会党组中心工作任务，结合中心实际，加大改革力度，严格履行各项职能，较好地完成了总会机关的后勤保障工作。

【职责】

（一）承担总会机关的后勤服务保障工作，根据机关后勤服务工作规划和要求，与机关签订并履行服务合同；

（二）承担总会机关委托管理的部分行政事务性工作；

（三）承担总会机关交由其占用和使用的国有资产管理工作，使其保值增值；

（四）推动所属服务经营单位通过深化改革，转化机制，加强管理，改进服务，提高经济效益；

（五）完成总会交办和委托的其他工作。

【内设机构】

中国红十字会总会机关服务中心内设四个处级部门。

（一）办公室

负责机关服务中心工作的综合协调、会议组织、文电处理、秘书事务、安全、保密、档案管理等工作；负责机关服务中心人事（含退休人员）工作、财务和机关有关经费、总会机关住房公积金及住房补贴的管理；负责总会机关医疗保健、计划生育、爱国卫生、绿化、人民防空、献血等社会事务工作的管理。

（二）服务处

负责总会机关后勤服务和职工有关福利工作；负责总会机关车辆、通讯、办公用品、设备、设施及外事礼品和会议室等的管理工作；负责在京召开的全国会员代表大会等全国性会议的后勤保障工作；负责总会机关机要文件交换、信件投递、报刊收发工作；负责总会和直属单位基建项目的申请、立项工作；负责总会机关委托的房地产及其他固定资产的管理；负责总会机关和直属单位职工经济适用房的申报及管理工作；负责机关所属的房屋修缮等工作。

（三）经营处

负责救灾（备灾）物资采购招投标工作，履行《中国红十字会总会救灾物资采购管理办法》的职责；负责境内外捐赠物资的接收、转运和援外物资的采购、转运工作；负责兴办符合红十字会宗旨的经济实体；负责策划开发服务创收项目，管理所属经营创收单位等工作。

（四）文印室

负责机关各部室文件的打字、编排和印制；负责总会召开的全国性会议，举办的各类培训等文件及资料的印制；负责联系办理总会机关印刷品及出版物（除总会一报一刊）的印制。

【年度工作】

（一）2004 年

1 月，开始筹备申报“红十字扶贫开发服务中心”注册工作。11 月，经民政部批准成立了“红十字扶贫开发服务中心”。

2 月，制订周密的搬家方案，按计划总会机关顺利搬迁至新址并完成了就餐、通讯、物业管理等办公配套工作，保障了机关搬迁后工作的正常运行。

4 月，2004 年彩票公益金项目“送温暖”活动物资采购以公开招标方式进行。4 月 22 日在中国招标投标网、中国政府采购网、《中国财经报》上发布了采购公告。

5 月，①配合总会完成了“中国红十字会建会 100 周年庆典”活动的后勤保障工作。②2004 年彩票公益金项目救灾棉服、棉被采购以公开招标方式进行。5 月 27 日在中国招标投标网、中国政府采购网、《中国财经报》上发布采购公告。③国务院机关事务管理局分配总会 15 套经济适用住房，这是房改后首次配售经济适用住房，服务中心组建了配售领导小组，将房源和相关政策等张榜，同时按照国管局住房配售要求制定了《新海苑、广泉小区经济适用住房配售办法》，整个配售过程坚持公开、公平、透明、合理的原则。

6 月，2004 年彩票公益金项目救灾帐篷采购以公开招标方式进行。6 月 11 日在中国招标投标网、中国政府采购网、《中国财经报》上发布了采购公告。

7 月，2004 年彩票公益金项目救灾饮用水、环境消毒剂采购以公开招标方式进行。7 月 15 日在中国招标投标网、中国政府采购网、《中国财经报》上发布了采购公告。

8 月，①根据中编办《关于印发〈中国红十字会总会机构改革方案〉的通知》、《国务院办公厅转发国务院机关事务管理局、中央机构编制委员会办公室关于深化国务院各部门机关后勤体制改革意见的通知》和总会《关于组建中国红十字会总会机关服务中心并启用印章的通知》等文件精神，经总会党组批准，机关服务中心主要职责、内设机构和人员编制方案得到确定。②2004 年彩票公益金项目救灾粮食采购采用邀请式招标方式进行。

10 月，①顺利完成中国红十字会第八次全国代表大会的后勤保障工作。②对干面胡同 43 号院进行了房屋修缮及环境改造。

11 月，①2005 年彩票公益金项目“送温暖”活动物资采购以公开招标方式进行。11 月 9 日在中国招标投标网、中国政府采购网、《中国财经报》上发布了采购公告。②2004 年彩票公益金救护师资项目的招贴画及宣传折页采用公开招标方式进行采购。11 月 25 日在中国招标投标网、中国政府采购网、《中国财经报》上发布了采购公告。

12 月，中国造血干细胞捐献者资料库电脑网络系统技改（硬件部分）采购以公开招标方式进行。12 月 22 日在中国招标投标网、中国政府采购网、《中国财经报》上发布了采购公告。

（二）2005 年

1 月，机关服务中心配合总会机关顺利完成了“为印度洋海啸受灾国捐款”活动的现场收款、邮局汇款及后勤保障工作。

【显著业绩】

2005 年 3 月，因工作成绩突出，机关服务中心分别被北京市交通安全委员会、中央国家机关文件交换站、东城区血液管理委员会评为“2004 年度交通安全先进单位”、“2004 年度优秀交换集体”、“2004 年度献血先进单位”。

（傅　刚）

中国红十字会总会报刊社

【历史沿革】

中国红十字会总会主管主办的《中国红十字报》、《博爱》期刊、《中国红十字会年报》、《中国红十字年鉴》，由中国红十字会总会报刊社编辑出版，报刊社属中国红十字会总会京内直属单位。

自改革开放中国红十字会恢复国内工作以来，《中国红十字》期刊（后改名《博爱》）复刊于1980年，《中国红十字报》创刊于1986年，熊世琦为总会宣传部部长兼总编辑。

1993年1月1日起，经中国红十字会总会报刊社申办，中国红十字会总会报卫生部批准，中国红十字会总会报刊社由全额拨款事业单位改制为自收自支事业单位，1994年1月1日起，报刊社设立会计、出纳，财务独立核算。

1995年3月25日，中央机构编制委员会办公室以（中编办字〔1995〕52号）文件通知中国红十字会总会，同意印发《中国红十字会总会机构改革方案》，该方案“事业单位和编制”中指出：“中国红十字会总会报刊社自收自支事业编制40名。”

2000年以前，《中国红十字报》、《博爱》期刊由卫生部主管、总会主办；2000年起，经中国红十字会总会报刊社向国家新闻出版署申办，《中国红十字报》、《博爱》期刊由中国红十字会总会主管主办。

2001年由中国红十字会总会报刊社向国家事业单位登记管理局申办，被确定为事业单位法人；宗旨和业务范围是：出版红十字报刊，宣传红十字工作；经费来源：事业收入；开办资金：人民币44万元（实为报刊社当年自有资金）。

（一）《中国红十字报》：

《中国红十字报》创刊于1986年，现报头为赵朴初题写。

1986年10月5日，《中国红十字报》第1期即试刊号编辑出版，为4开4版月报，赵朴初、钱信忠、黄树则、谭云鹤题词祝贺。

1986年12月5日，由中共中央宣传部批准，《中国红十字报》第3期即创刊号编辑出版，为4开4版月报，向国内外公开发行。

1991年1月5日，即第56期起，《中国红十字报》扩为4开4版半月报。

1991年5月5日，即第64期起，《中国红十字报》扩为对开4版半月报。

1992年1月3日，即第80期起，《中国红十字报》扩为对开4版周报，杨成武、陈丕显、马文瑞题词祝贺。

1992年11月27日，即第126期起，《中国红十字报》首次试办“月末版”，至1993年下旬止。

1994年4月1日，即第194期，《中国红十字报》举办了《中华人民共和国红十字会法》知识竞赛活动，当期报纸（含试卷版）发行93.5万份，11月15，举行了颁奖仪式。

1998年9月11日，即第422期起，《中国红十字报》每逢重大活动与纪念日均出版对开1版和4版的彩色报纸，至2002年1月止。第422期《中国红十字报》彩色报纸的启动资金为中央电视台文艺中心影视部部分编导、大连市广播电视局部分领导、中央电视台首播电视剧当年获奖的单位代表以及全体个人的捐款。

2003年,《中国红十字报》每逢月末周五加至为对开8版,其中,后4版为彩色印刷的月末版加版,只在北京地区免费发放,至2003年12月止。

2004年1月30日,即第697期起,《中国红十字报》每逢月末周五为4开8版的月末版,至2004年12月止。

2005年1月7日,即第746期起,《中国红十字报》全年一版、四版套红。

(二)《博爱》期刊:

《博爱》期刊创刊于1913年,刊名为孙文题字(选自孙文为广东省中山县的题词)。

1913年5月1日,《中国红十字总会杂志》第一号即创刊号诞生,该刊载有“武昌黎副总统致南京孙大总统电:‘鄂省自起义以来。血战数十日。尸骸枕藉。无算伤残。幸赖中国红十字会。设立临时医院。救治被伤兵士。并施掩埋。兹查该会已由日本赤十字社社长松方侯爵。特派法学博士有贺长雄来沪。’”该刊还载有“日本赤十字社社长电”:‘一千九百十二年正月十二号瑞士日来弗东京赤十字社社长松方侯爵转。’另据权威资料证实:“1912年11月13日,常议会公议,每月出画报一册,以为劝捐张本,每期约需洋200元。”刊有“总会名誉会长、部分正副会长照片”,署名“第一号 中华民国二年三月上旬中国红十字会编辑部”。有编辑部就有媒体,“每月出画报一册”的时间比《中国红十字总会杂志》还要早。

1921年10月10日,《红会月刊》第一期编辑出版。

1946年,由《会务通讯》和《救护通讯》合并的《中国红十字》月刊编辑出版。

1950年9月30日,《新中国红十字》期刊出版创刊号。

1956年4月,《新中国红十字》期刊更名为《中国红十字》期刊复刊。

1958年,中国红十字会总会组训部和宣传部与中央爱国卫生工作委员会办公室合署办公,《中国红十字》期刊与《讲卫生》月刊合并为《爱国卫生》期刊。

1980年7月20日,《中国红十字》期刊复刊,为月刊,小16开,内文32页。

1992年1月15日,即总第212期起,《中国红十字》期刊由月刊改为双月刊,小16开,内文64页。

1993年1月15日,即总第218期起,《中国红十字》期刊更名为《博爱》,小16开,内文64页。

1995年1月15日,即总第230期起,《博爱》为双月刊,并改为大16开,内文64页。刊名为孙文题字。

2003年1月15日,即总第278期起,《博爱》期刊由双月刊改为月刊,大16开,内文64页,当年月平均整订户发行量为3.83万份。

(三)《中国红十字会年报》:

《中国红十字会年报》创刊于1986年。

《中国红十字会年报》为中国红十字会年度工作的集纳总成。自改革开放中国红十字会恢复工作以来,每年一册,文图并茂,已经跨越了近20年,连续编辑出版了近20期,对推动中国特色红十字事业的蓬勃发展,起到了真实记录、整体反映和广泛宣传的作用。由于文字是汉、英对照的，《中国红十字会年报》还作为对外宣传品用于对外交流以及台港澳事务交往活动中。当前，中央提出坚持以人为本思想、树立落实科学发展观、构建社会主义和谐社会等一系列指导方针，中国红十字会作为在政府人道领域的助手，进一步加强了对热爱和平、珍视和睦、促进和谐重大意义和工作进程的宣传。集纳年度工作亮点的《中国红十字会年报》起到了这一宣传作用。

《中国红十字会年报》是中国红十字会总会对外宣传的常设项目之一。主要内容为：1. 中国红十字会名誉会长、会长、常务副会长、副会长、秘书长介绍；2. 中国红十字会组织机构图；3. 中国红十字会全国会员代表大会、常务理事会及其理事会、年度工作会议情况；4. 依法兴会、组织建设、筹资与宣传、红十字青少年、传播红十字运动知识、赈济救护、社区服务、无偿献血、预防控制艾滋病与遗体捐献、造血干细胞捐献者资料库建设、台港澳事务、国际交往、总会年度接受捐赠资金及彩票公益金收支情况报告等；5. 各省、自治区、直辖市、新疆生产建设兵团红十字会，铁路、商业红十字会年度工作情况反映等。

（四）《中国红十字年鉴》：

《中国红十字年鉴》创刊于 2005 年（《中国红十字年鉴·2004/2005 创刊号》）。

《中国红十字年鉴》是中国红十字会一部大型的重要文献汇编。它既是综合反映开创中国特色红十字事业新局面的百科书，也是全面反映中国红十字会百年历程的编年史，属公开出版物，每年一部。

《中国红十字年鉴》由中国红十字会领导、总会各部门及直属单位主要负责人、省级红十字会常务副会长或专职副会长、行业红十字会负责人组成编辑委员会，负责领导、组织协调和审稿工作。编委会下设有编辑部，编辑部负责按计划开展编辑、出版等项工作。

《中国红十字年鉴》的编辑出版，不但能真实记录、整体反映各个历史阶段中国红十字事业的发展情况，而且作为宣传品它还可以起到向社会传播和宣传红十字精神，动员民众参与红十字事业的重要作用。同时，它还可以用于对外交流以及与台港澳的交往活动中。

《中国红十字年鉴》是中国红十字会总会对外宣传的常设项目之一。《中国红十字年鉴·2004/2005 创刊号》编辑体例和主要内容为：纵览篇（百年会史概述、百年会史编年、新中国成立以来中国红十字会第一届至第八届全国会员代表大会工作报告）；文献篇（中共中央、全国人大、国务院、全国政协领导的讲话、致信、题词，法律、法规，重要文件，中国红十字事业 2005－2009 年发展规划）；纪事篇（大事记、重大活动及会议）；专业篇（部分专业会议介绍，大型项目课题论证）；总会篇（名誉会长、副会长，会长、常务副会长、副会长、秘书长名单，中国红十字会会长、常务副会长在 2004 年、2005 年中国红十字会工作会议上的讲话，总会机关：办公室、赈济救护部、事业发展部、联络部、直属机关党委，直属单位：机关服务中心、报刊社、中国红十字基金会、中国造血干细胞捐献者资料库管理中心、训练中心、上海援外物资供应站）；分会篇（全国各省、自治区、直辖市红十字会，铁路系统、商业系统红十字会，新疆生产建设兵团红十字会，香港、澳门特别行政区红十字会)；人名篇（百年会史名录，人物志、人名录)；研究篇（理论与实践、调查与研究，先进经验)；数据篇（人、财、物数据资料，募集捐赠款物数据资料)；资讯篇（公共词条与篇目，总会及省、自治区、直辖市、特别行政区分会联络方式)。

【组织机构】

根据中发〔1993〕7号文件和中编委会议精神，中编办批复总会机构改革方案确定中国红十字会总会报刊社自收自支事业编制40名。按照党管干部的原则和总会规定，报刊社副处级以上干部由中共中国红十字会总会党组管理并聘用，其他人员由报刊社自行管理并聘用。

1992年10月中国红十字会总会以红办字（1992）第143号文件规定："报刊社具有独立法人地位，享有民事权利和承担民事义务，实行事业单位企业管理，自主经营，独立核算，自负盈亏。""报刊社实行社委会领导下的总编辑（兼社长）负责制和副社长、副总编辑的分工负责制。""报刊社享有劳动用工权和人事管理权，社内实行全员聘任制。"

1993年1月1日，中共中国红十字会总会党组聘任刘峰为社长兼总编辑（法定代表人)，武星户为副总编辑。

1995年3月25日，中央机构编制委员会办公室以中编办字〔1995〕52号文件发出《关于印发〈中国红十字会总会机构改革方案〉的通知》中指出："《中国红十字会总会机构改革方案》经中央机构编制委员会办公室审核，并报国务院领导批准，现予印发。"《中国红十字会总会机构改革方案》在"事业单位和编制"中指出："中国红十字会总会报刊社自收自支事业编制40名。"

1996年7月1日，中共中国红十字会总会党组聘任武星户为代社长兼总编辑（法定代表人)。

1998年5月8日，中共中国红十字会总会党组聘任李兰颂为副社长兼总编辑（法定代表人)。

1999年6月14日，中共中国红十字会总会党组聘任李兰颂为副社长兼总编辑（法定代表人)，武星户为副总编辑。

2000年10月8日，中共中国红十字会总会党组批复中国红十字会总会报刊社《关于机构设置和岗位职责的试行方案》（另有9个配套文件，即：《报刊社政治责任制》、《报刊社工作人员守则》、《报刊社工作人员请销假制度》、《报刊社财务管理暂行办法》、《报刊社增收节支暂行办法》、《报刊社职工早午餐补助暂行办法》、《报刊社职工休假暂行办法》、《报刊社职工宿舍取暖费暂行办法》、《报刊社车辆管理办法》；其中，《报刊社政治责任制》、《报刊社工作人员守则》由中共中国红十字会总会直属机关党委转发所属各支部结合实际情况学习参考)。《关于机构设置和岗位职责的试行方案》的内容是：

中国红十字会总会报刊社为正处级单位，下设科级业务部门1室4部：

1. 办公室（人事、财务、文档、稿酬、通联、后勤)，主任、副主任各1人（科级或中级)，主管若干（副科级或中级)，负责专项事务；

2. 出版部（照排、审读、摄影、网络、值班、机动)，主任、副主任各1人（主任编辑或副编审)，主管若干（中级或副科级），负责专项事务；

3. 报纸编辑部（采访、编辑、组稿、跟版、校对、清样），主任1人（主任编辑或副编审）；

4. 期刊编辑部（采访、编辑、组稿、跟版、校对、清样），主任1人（副编审或主任编辑）；

5. 经理部（发行、广告、印刷、纸张、设备、经营），主任、副主任各1人（科级或中级），主管若干（副科级或中级），负责专项事务；

按照《中国共产党章程》设立中共支部（组宣纪工青妇），选举产生支部委员会，书记及支委均为一岗双责。

2001年7月8日，中国红十字会总会报刊社向国家事业单位登记管理局申办确定为事业单位法人；法定代表人：李兰颂；宗旨和业务范围是：出版红十字报刊，宣传红十字工作；经费来源：事业收入；开办资金：人民币44万元（实为报刊社当年自有资金）。

2001年12月30日，中共中国红十字会总会党组聘任唐晓音为社长（法定代表人），李兰颂为副社长兼总编辑，肖星为副社长，武星户为副总编辑。

2002年5月27日，中国红十字会总会报刊社出台了以职工全员聘任制为原则主体的系列管理办法，主要有《报刊社岗位职责及效益工资分配暂行办法》（内含《说明》、《办公室岗位职责及效益工资分配》、《报刊编辑出版岗位职责及效益工资分配》、《综合开发岗位职责及效益工资分配》部分）。

2004年9月8日，中共中国红十字会总会党组聘任吴苾雯为社长兼总编辑（法定代表人），李兰颂为副总编辑。

【相关法规】

1. 《中华人民共和国著作权法》（1991年6月1日起施行、2001年修正）。

2. 《中华人民共和国广告法》（1995年2月1日起施行）。

3. 国务院《出版管理条例》（2002年2月1日起施行）。

4. 中共中央宣传部、广播电影电视部、新闻出版署、中华全国新闻工作者协会《关于禁止有偿新闻的若干规定》（1997年1月15日）。

5. 新闻出版署《报纸质量管理标准》（1995年3月20日起试行）。

6. 新闻出版署《〈报纸质量管理标准〉实施细则》（1995年3月20日起试行）。

7. 新闻出版署《关于严格禁止买卖书号、刊号、版号的若干规定》（1997年1月29日）。

8. 新闻出版总署关于认真贯彻落实《新闻记者证管理办法》及《报社记者站管理办法》的通知（2005年3月4日）。

9. 新闻出版总署《报纸出版管理规定》（2005年12月1日起施行）。

10. 新闻出版总署《期刊出版管理规定》（2005年12月1日起施行）。

【大型项目】

1998年12月《博爱（增刊　红十字会法版）》编辑出版（启动资金为北京市红十字会订阅4000册的费用），目录为：

1. 中华人民共和国红十字会法

2. 中国红十字会灾害救济原则与条例

3. 中国红十字会灾害救济原则与条例实施细则

4. 中国红十字会募捐和接受捐赠工作

条例

5. 红十字与红新月灾害救济原则与条例

6. 天津市实施《中华人民共和国红十字会法》办法

7. 北京市实施《中华人民共和国红十字会法》办法

8. 上海市红十字会条例

9. 内蒙古自治区实施《中华人民共和国红十字会法》办法

10. 江西省实施《中华人民共和国红十字会法》办法

11. 四川省实施《中华人民共和国红十字会法》办法

12. 黑龙江省实施《中华人民共和国红十字会法》条例

13. 河南省实施《中华人民共和国红十字会法》办法

14. 云南省红十字会条例

15. 山西省红十字会条例

16. 湖南省实施《中华人民共和国红十字会法》办法

17. 湖北省实施《中华人民共和国红十字会法》办法

18. 吉林省实施《中华人民共和国红十字会法》办法

19. 河北省实施《中华人民共和国红十字会法》办法

20. 浙江省实施《中华人民共和国红十字会法》办法

21. 安徽省实施《中华人民共和国红十字会法》办法

22. 新疆维吾尔自治区实施《中华人民共和国红十字会法》办法

23. 武汉市实施《中华人民共和国红十字会法》办法

24. 济南市实施《中华人民共和国红十字会法》办法

25. 1999 年 12 月《博爱（增刊 红十字基金版）》编辑出版（启动资金为中国红十字基金会订阅 5000 册的费用），目录为：

26. 中华人民共和国合同法

27. 中华人民共和国公益事业捐赠法

28. 民政部社会团体登记条例

29. 基金会管理办法

30. 中国红十字会章程

31. 中国红十字基金会基金管理暂行办法

32. 中国红十字基金会募捐工作实施办法（暂行）

33. 中国红十字基金会资助、奖励规定（暂行）

34. 中国红十字基金会捐赠者表彰的规定（暂行）

35. 厦门市红十字基金会章程

36. 安徽省红十字基金会章程

37. 广州市红十字备灾救济基金章程

38. 天津市红十字发展基金会章程

39. 天津市红十字发展基金会接受捐赠和实施办法

40. 辽宁省红十字救助基金使用管理办法

41. 江苏省红十字备灾救助基金使用管理办法（暂行）

42. 江苏省红十字备灾救助基金募集、表彰、管理办法（暂行）

43. 中山市红十字基金管理办法（暂行）

44. 新疆维吾尔自治区红十字基金管理办法（暂行）

45. 2001 年 4 月《博爱（增刊 修订本红十字会法版）》编辑出版（目录略）。

46. 2002 年 7 月《博爱（增刊 红十字会干部法律法规使用手册）》编辑出版，内容为（篇目略）：

（一）“四五”普法文件

（二）宪法和法律

（三）行政法规

（四）规章及规范性文件

2002 年起，由中国红十字会总会报刊社承办的总会项目“中国红十字会英文通讯”复刊出版，每两个月一期，发行至各驻华使领馆、红十字国际委员会、红十字会与红新月会国际联合会、70 多个国家和地区的红十字会与红新月会。

2002 年，中共中国红十字会总会报刊社支部被选定为中央国家机关党工委信息点。

2003 年，由中国红十字会总会报刊社承办的红十字会与红新月会国际联合会项目《红十字宣传指南》一书编辑出版（五洲传播出版社）。

2004 年中国红十字会总会报刊社受红十字国际委员会委托组织翻译出版了《国际人道法问答》中文版。

2004 年中国红十字会总会报刊社受红十字会与红新月会国际联合会委托组织翻译出版了《2004 年度世界灾害报告》。

【主要特色】

中国红十字会总会报刊社自 1988 年起开始实行了“以会议代培训”和“以培训促发展”的工作方略，并且坚持了数年，使全额拨款的编辑部改制为自收自支的报刊社，建立了较为完善的通讯报道网络和报刊发行渠道。

1988 年 8 月 26 日，全国红十字报刊通讯发行工作座谈会在江西庐山召开。

1990 年 8 月 9 日至 15 日，“中国红十字报”、“中国红十字”期刊通讯员业务讲习班在湖南张家界举行。

1991 年 9 月 13 日至 15 日，中国红十字报刊工作会议在辽宁沈阳召开，颁发了报刊工作先进集体、优秀特约记者、特约通讯员及好新闻奖。

1992 年 9 月 18 日至 21 日，中国红十字报刊工作会议在广东广州召开，颁发了报刊工作先进集体、优秀特约记者、特约通讯员及好新闻奖。

1993 年 4 月 6 日至 9 日，中国红十字报刊社第一届特约记者工作会议在浙江温州召开，颁发了报刊工作先进集体、优秀特约记者、特约通讯员及好新闻奖。

1994 年 4 月 6 日至 8 日，中国红十字报刊社第二届特约记者工作会议在广西召开。同年 10 月 21 日至 25 日，中国红十字报刊工作会议在四川召开，颁发了报刊工作先进集体、优秀特约记者、特约通讯员及好新闻奖。

1995 年 10 月 6 日至 8 日，中国红十字报刊工作会议在天津召开，颁发了报刊工作先进集体、优秀特约记者、特约通讯员及好新闻奖。

1996 年 9 月 23 日至 27 日，中国红十字会宣传论坛暨报刊工作会议在新疆召开，颁发了报刊工作先进集体、优秀特约记者、特约通讯员及好新闻奖。

1997 年 3 月 20 日至 23 日，中国红十字报刊社第三届特约记者工作会议在北京召开。同年 9 月 27 日至 30 日，中国红十字报刊工作会议在江西吉安召开，颁发了报刊工作先进集体、优秀特约记者、特约通讯员及好新闻奖。

1998年3月2日至5日，中国红十字报刊社第四届特约记者工作会议在海南召开。同年10月8日至11日，中国红十字会宣传论坛暨报刊工作会议在山西召开，颁发了报刊工作先进集体、优秀特约记者、特约通讯员及好新闻奖。

1999年9月8日至10日，中国红十字会总会报刊工作会议在上海召开，颁发了报刊工作先进集体、优秀特约记者、特约通讯员及好新闻奖。

2000年9月21日至23日，中国红十字会总会报刊工作会议在浙江宁波召开，颁发了报刊工作先进集体、优秀特约记者、特约通讯员及好新闻奖。

2001年9月5日至7日，中国红十字会总会报刊工作会议在吉林召开，颁发了报刊工作先进集体、优秀特约记者、特约通讯员及好新闻奖。

2002年5月24日至26日，中国红十字会总会报刊社新闻业务培训班在云南保山腾冲举行。同年9月24日至26日，中国红十字会总会报刊工作会议在广西桂林召开，颁发了报刊工作先进集体、优秀特约记者、特约通讯员及好新闻奖。

2003年8月19日至21日，中国红十字会总会报刊工作会议在内蒙古呼伦贝尔召开，颁发了报刊工作先进集体、优秀特约记者、特约通讯员及好新闻奖。

2004年5月31日至6月4日，中国红十字会总会报刊社新闻业务培训班在北戴河举行。同年9月21日至23日，中国红十字会总会报刊工作会议在贵州遵义召开，颁发了报刊工作先进集体、优秀特约通讯员及好新闻奖。

与此同时，中国红十字会总会报刊社还坚持发扬“在办报刊中举办好活动”和“在举办活动中办好报刊”的特色，影响较大，收益颇丰。

1991年，中国中央人民广播电台黄金时段报摘节目多次摘播《中国红十字报》刊登的消息和通讯。

1997年，中国红十字会总会报刊社举办了“达纳康杯”无偿献血知识竞赛，共销售有考卷的《中国红十字报》96万份，在北京人民大会堂召开的总结表彰大会上，全国政协副主席、中国红十字会会长钱正英向优胜奖和组织奖获得者颁奖。

2000年3月24日是《中国红十字报》第500期出版日。3月26日是中国中央电视台《正大综艺》第500期播出日，双方就国际性共同特点联袂举办庆典，出版了彩色印刷的《中国红十字报》第500期专号，录制播出了“正大综艺”第500期专辑，发行了明信片。全国人大常委会副委员长、中国红十字会会长彭珮云题词：“办好中国红十字报　为建设有中国特色红十字事业服务”；中国红十字会常务副会长王立忠致贺词：“讴歌和平发展主题　高扬人道博爱理念　祝贺《中国红十字报》出版第500期”。

2000年、2001年两年的时间里，中国中央人民广播电台黄金时段直播节目——《星空无限》和《娱乐新干线》均把当期出版发行的《博爱》期刊作为奖品用于颇有收听率的竞猜活动，中央人民广播电台每次将获奖者名单和地址传真给中国红十字会总会报刊社，再由《博爱》期刊编辑部采取邮寄的办法将奖品颁发给获奖听众（包括世界各地收听华语区域），使《博爱》期刊在更为广阔的范围内得以发行，扩大传播了中国红十字的人道主张。

2002 年 12 月中国红十字会总会报刊社组织福建省、湖北省、成都市、苏州市红十字会以中国红十字会宣传工作者代表团名义访问日本、韩国。

从 2003 年开始至今，中国红十字会总会报刊社与红十字会与红新月会国际联合会驻东亚地区代表团在《中国红十字报》第一版上不定期开办了《亚太通讯》和《焦点报道》专栏，收到很好的传播效果。

2003 年 4 月 15 日至 18 日、22 日至 25 日中国红十字会总会报刊社先后举办了两期全国红十字青少年工作论坛，来自各地的代表大多为中小学校的校长和教师，代表们在论坛中交流了各自红十字青少年工作的经验和体会。

2003 年 12 月中国红十字会总会报刊社组织福建省红十字会代表团访问法国、德国等国。

2004 年 8 月中国红十字会总会报刊社组织浙江省红十字会代表团访问澳大利亚、新西兰。

【显著业绩】

1999 年 4 月，《博爱》期刊入选中国期刊协会、中国出版对外贸易总公司在美国洛杉矶举办的中国期刊展览会。

为了展示中国改革开放以来期刊发展的成就，开拓中国出版物在美国的发行市场，扩大中国文化在美国的影响，中国期刊协会、中国出版对外贸易总公司于 1999 年 4 月在美国洛杉矶举办了中国期刊展览会。经权威部门和出版专家的严格筛选与一致认定，《博爱》期刊按照中国期刊协会征集函的要求寄出样刊后，接到通知并得到获准——以现代汉语传播人道主义、国际红十字运动和开创中国特色红十字事业新局面的最大平面媒体的独特面貌及世纪风采，与国内部分优秀期刊齐登国际期刊市场及期刊展览的大雅之堂。

【年度工作】

2004 年度，中国红十字会系统以百年庆典和八大召开为全年工作的主线，也是总会一报一刊的报道重点。中国红十字会总会报刊社始终坚持与中央保持高度的一致，努力完成总会党组交办的各项任务，不允许在报纸和期刊上出现任何政治性差错，坚持做到社会效益第一，社会效益和经济效益相统一，并以此为最大的职责所在和思想政治素质的体现，报纸和期刊通过了新闻出版总署的年检。

（一）以中共十六大精神为指导，学习实践“三个代表”重要思想，在坚持和落实科学发展观，构建社会主义和谐社会中发挥作用。在中宣部安排的马克思主义新闻观等三项教育活动中，努力落实“深入实际、深入生活、深入群众”的原则，在此基础上牢固树立新闻工作者和红十字工作者双重的职业道德和职业操守，切实理解人道救助事业的思想内涵和行为规范，以此来指导各项工作的开展，完成总会党组交办的各项任务，较好地完成了报纸和期刊的采编校印发等项任务。年内几次调整版面和开辟专栏，设立重点选题的“绿色通道”，大做文章，做好文章，为人道救助工作鸣锣开道。七届四次理事会后，报纸一版开设了“贯彻实录”系列专栏，伴随学习的深入，“会长笔谈”专栏添加了“团结、胜利、奋进”的

“与时俱进篇”和“开拓创新篇”重点选题，为兴起学习实践“三个代表”重要思想新高潮提供信息平台。

（二）将起草编辑出版大纲当作能否科学决策、组织协调、开拓创新的基本前提。继2002年6月总会报刊第一次有了较为系统的编辑出版大纲、2003年6月再次修改了这部编辑出版大纲后，2004年又予以完善，使工作思路和格局进一步明晰并且得以贯彻实施。除各时间段的工作计划和工作总结必须体现办好报刊之外，以上编辑出版大纲经社委会确认后，报、刊编辑部和出版部做到了：报纸每周开一次编前会，期刊每月开一次选题会；每月还有一次总编辑和副总编辑碰头的报纸期刊质量等级评定会。这三个会针对这三个部门的管理结果证明：用制度管人，可以管到每出现一处技术差错、即使是一个字都要受到处罚的程度，而各位采编人员每月的效益工资也从这一系列的规章制度中评定出来。还可以从中发现人才、培养人才，从而知人善任，平时井然有序，不出大纰漏，战时召之即来，比较能战斗，接受了读者和市场的检验。

（三）百年庆典。2004年3月、5月、9月建会百年形成三次高潮，报刊社策划并起草了“百年选百题·百题贺百年”征稿活动方案，经会领导批准，启事见报后，稿源随之丰富，并在3月、5月、9月三个高潮中，做专栏，发专版，较好地完成了3月10日、5月8日两大活动的报道，还以五八活动专版为基础，编辑出版了有温家宝总理、吴仪副总理、彭珮云会长讲话的单行本，由于抓住了新一届中共中央对国际红十字与红新月运动以及中国红十字会百年历史重要评价这一重点，发行了一万余册，既起到了应有的宣传效果，又在短时间内收回了成本，实现盈利。

（四）“八大”调研。根据总会筹备八大的各项要求和彭珮云会长提出的“八个如何”，报刊社调研并起草了“调研报告——七大以来从总会报刊看系统工作”，比较全面地总结和概括了报刊社近几年的工作，经社内同志多次讨论和提出修改意见，上报总会，为八大的筹备提供了有关总会报刊方面的参考和数据，与全国报刊和同类报刊做了对比，提出了在八大工作报告和五年规划纲要中写入总会报刊工作的请求和建议。

（五）2004年是《博爱》由双月刊改为月刊的第二年，编辑出版任务很重，效果和反响多是正面的，市场份额也稳中有升。2003年10月底，经总会批准，社委会筹划在2004年编辑出版《中国红十字报·月末版》，零投资、零风险，开拓并探索专业报的可读性空间，全年出版了11期。“中国红十字报·月末版”刊发的“创刊号·发刊词”基本确定了各版选题和版面风格；为避免以往简报化倾向的平淡无味，改“报信儿”为“说事儿”，使动态报道为专题研究，在标题制作和建言立论上深入挖掘，使文章愈加符合“深入实际、深入生活、深入群众”的原则。“月末版”与读者见面后受到普遍好评。

（六）2004年9月，新一届领导班子成立后即确定了“两手抓”的工作思路：一手抓报刊改版，全面提高报刊质量；一手抓经营，在稳定发行量的基础上，开拓零售市场，在搞好主业经营的基础上，开拓其他经营市场。并提出了“打造全新形象　创立报刊品牌”的工作目标，对《中国红十字报》和《博爱》期刊进行了重新定位和全面改版。首先，报刊社确立了《中国红十字报》和《博爱》期刊的市场定位。报纸的定位是：立足系统、面向国内外、具有权威性的人道主义大报。根据这个定位报刊社对版面进行了重新调整，为加强深度报道，增加新闻的可读性和深刻性，将三版调整为“特别报道”版；为加强对工作的指导性，将四版调整为“瞭望·前沿”版，这个版重点反映国际红十字运动的最新动态，最新经验和中国红十字会的品牌工作如红十字青少年、红十字进社区等。并在二版开设了“救助行动”专栏，并力争将其打造成品牌栏目。在改革内容的同时，统一了各版的版式和字体，逐步形成了自己的版面风格。为了进一步强化报纸形象并逐步向彩色化的现代报纸迈进，从2005年1月7日开始，“中国红十字报”改为全年套红出版。经过数月的探索改进，报纸已从“简报化倾向”的模式走出来，正在向“对重大问题发言，体现其权威性；提供高质量的信息，体现其指导性；用生动活泼的语言、具体感人的故事增加可读性”的方向努力。基于期刊走市场的经营思路，报刊社将“博爱”期刊定位为：面向大众的、生活情感类杂志。办刊宗旨为“关注民生、记录情感、在亲情、友情、爱情、人际之情的讲述中凸显世道人心，弘扬博爱精神”。根据“博爱”期刊新的定位，对栏目进行了重新设计，与此同时，积极发展和培养新的作者队伍。经过两个多月的筹备，2005年1月出了改版后的第一期杂志，全新改版后的“博爱”期刊从内容到包装都力图更适合市场需求。

（七）较为充分地报道了“八大”召开的盛况和各地贯彻落实“八大”会议精神的情况。根据“八大”宣传工作的需要，报刊社于10月22日和29日分别出版了两期“中国红十字报·特刊”，较为全面地报道了“八大”盛况。“八大”闭幕后，报刊社又开辟了“红十字在行动”专栏，对各地红十字会组织贯彻落实“八大”会议精神的情况及时进行了充分报道。

（八）制定了今后一段时期报刊社的经营策略。根据对市场的分析，结合报刊社的实际，制定了“发行+广告+项目+活动”四轮驱动的经营模式。这种经营模式将利用报刊的资源优势和品牌效应，在广告、发行主业创收的前提下，延伸品牌的附加值，通过报刊的无形资产创收。即，充分利用报刊社的资源优势承接总会项目；充分利用报刊的品牌优势开展各种社会活动，并以此拉动广告和发行。

（九）加强管理，报刊社制定了一系列规章制度。为体现用制度管人管事的原则，报刊社制定了一系列规章制度，已经出台并开始实施的有“报刊社财务管理规定”、“公车使用规定”、“报纸差错处罚规定”、“报纸、杂志出版流程规定”、“请假审批规定”、“取暖费补贴规定”、“电脑设备维修申报规定”、“宽带上网管理规定”等等。这些规章制度对报刊社的内部管理起到了较好的促进作用。

（十）推进报刊编辑出版发行广告工作。以筹备召开报刊工作会议为切入点，重点推进报刊发行工作。为使报刊编辑出版工作在报刊社班子交替期间正常开展，在原办法准备改和新方案未出台的情况下，仍采取用制度管人、认稿不认人的办法，坚持细化并量化管理，从而在过渡期保证了报刊编辑出版工作的有序运行。报刊改版期间，报刊社主要领导深入地方红十字会办班讲课，开门办报刊，广泛征求地方红十字会的意见和建议，以此推动报刊发行，既力争做到稳中有升，又要开拓新的报刊发行渠道，进一步扩大报刊发行领域，并在贵州遵义召开了中国红十字会总会报刊工作会议。

（十一）2004 年底至 2005 年初，报刊社参与了总会统一组织部署的对印度洋海啸的救援报道工作，连续编辑出版了两期“中国红十字报·印度洋海啸救援特刊”和“印度洋海啸大救援”画集与光盘。与此同时，接手年报和年鉴工作。年内，经几十次的反复修订和论证，提出并草拟了“中国红十字会年鉴·2004/2005 创刊号”的一系列报批文件和可行性方案，终于立项并已进入操作阶段。

（李兰颂）

中国红十字基金会

【历史沿革】

中国红十字基金会于 1996 年 12 月成立。简称：中国红基会。英文译名为“Chinese Red Cross Foundation”，英文缩写为：CRCF。

该基金会属于公募基金会。面向公众募捐的地域范围是：国内外。其原始基金数额为人民币 800 万元，来源于企业和有关人士的捐赠。

【组织机构】

该基金会的登记管理机关是民政部，业务主管单位是中国红十字会总会。中国红十字基金会第二届理事会由 9 名理事组成，他们是：王立忠、郭长江、汤声闻、江丹、王汝鹏、张峻、陈明仁、吴苾雯、龚怡怡。理事长王立忠，副理事长郭长江、汤声闻、江丹，秘书长王汝鹏，副秘书长张峻。

该基金会的内设机构有办公室、宣传部、项目合作部、财务部。

理事会是该基金会的决策机构。行使下列职权：制定和修改章程，决定机构的使命、战略和目标；选举和罢免理事长、副理事长、秘书长；决定重大业务活动计划，包括资金的募集、管理和使用计划；决定机构资产运作的原则、策略、途径和重大投资事项，对资产安全负责；审查机构年度财务报告；制定机构政策和重要管理制度；决定设立办事机构、分支机构、代表机构；决定由秘书长提名的副秘书长和各部门主要负责人的聘任；听取、审议秘书长工作报告，检查秘书长的工作，给予秘书长工作支持并评估其绩效；决定基金会的分立、合并或终止；决定其他重大事项。

理事会每年至少召开两次会议。理事会会议由理事长负责召集和主持。理事每届任期五年，任期届满，连选可以连任。

该基金会的理事长、法人代表为王立忠，于 2005 年 3 月 25 日第二届理事会第一次会议选举产生。

【相关法规】

《中华人民共和国红十字会法》

《中华人民共和国公益事业捐赠法》

《基金会管理办法》

《中国红十字基金会章程》

【大型项目】

该基金会于 1996 年 12 月成立以来，得到了党和政府的大力支持和社会各界的踊跃捐助，累计接受海内外捐赠 6378.92 万元，救助支出 4057.9 万元，其他支出 995 万元。

先后组织开展了“97 复明行动”、“顺顺千万元救助行动”、“预防贫血工程”、“捐建博爱医院”等医疗卫生领域的大型公益活动；资助拨款 225 万元，在扬州创建了“扬州世明双语学校”，在北京创建了“北京拔萃双语学校”；同时，还在扬州、杭州、北京、上海等地创建老年公寓、老年乐园、老年康复中心等老年性社会服务事业，产生了良好的社会影响。2005 年 4 月，相继启动实施了“天狮助学计划”、“红十字天使计划”等大型公益项目。

【主要特色】

中国红十字基金会的宗旨是：贯彻执行《中华人民共和国红十字会法》，弘扬人道、博爱、奉献的红十字精神，关注和保护人的生命和健康，为红十字事业筹集资金和物资，对最易受损害的人群进行人道主义救助。

基金会依据国家有关法律、法规，并根据《中华人民共和国红十字会法》和《中国红十字基金会章程》，开展公益活动，其业务范围包括：呼吁社会各界积极参与红十字救死扶伤、扶危济困、敬老助残、助人为乐等人道主义救助活动，为社会公益事业做贡献；开展与国际友好团体、个人及港、澳、台同胞和海外侨胞的友好往来和相互合作；根据需要，依法在有关国家和地区设立分支机构或代表机构，不断拓展海外业务和项目合作；弘扬中华民族爱老敬老的传统美德，通过各种有效形式，积极兴办老年福利事业，倡导社会新风，促进社会文明；积极促进和创办群众医疗救护事业，救死扶伤，改善易受损害人群的境况；支持和兴办具有红十字特色的教育事业，为贫困学生就学提供和创造机会；开展适合自身特点的其他社会救助活动；通过各种直接和间接形式，积极向社会募捐款物，增加基金来源；采取多种合法有效的方式，实现基金的保值增值。

【获得荣誉】

1998 年，中国红十字基金会获全国民族团结进步模范单位称号；中国红十字基金会赴西藏志愿医疗队李兰颂、刘平、周军、冯永明获全国民族团结进步模范个人称号。

【年度工作】

2005 年 4 月，启动实施了“天狮助学计划”，天津天狮集团捐款1000 万元，其中500 万元在西部 20 个省（区、市）援建 20 所天狮博爱小学，另 500 万元专项用于扶持少数民族地区的教育项目。

2005 年 6 月，为帮助遭受特大洪灾的黑龙江省宁安市沙兰镇中心小学异地重建，中国红十字基金会联合新京报和搜狐网向社会发出了“奉献你我一点爱心，帮受灾孩子盖一所博爱小学”的倡议，共募集捐款 120 多万元。

2005 年 6 月，中国红十字基金会首倡设立了我国第一个救助贫困白血病儿童的专项基金——“小天使基金”，以所募资金，为白血病患儿提供医疗救助。

2005 年 7 月，为帮助改善贫困地区农村的医疗卫生条件，中国红十字基金会启动推出了“红十字天使计划”大型公益项目。

出版年报、机构动态等。

（郑玉真）

中国造血干细胞捐献者资料库管理中心

【历史沿革】

中国造血干细胞捐献者资料库，简称“中华骨髓库”，前身是1992年经卫生部批准建立的“中国非血缘关系骨髓移植供者资料检索库”。2001年，在政府有关部门的支持和指导下，中国红十字会总会重新启动了建设资料库的工作。2001年4月23日，由中国红十字会等20多家单位参加的中国造血干细胞捐献者资料库工作委员会在北京成立并召开第一次会议。中国红十字会会长彭珮云任主任。2001年5月，中国红十字会总会在人民大会堂举行情况通报会，宣布重新启动中国造血干细胞捐献者资料库工作。同年12月，中央机构编制委员会办公室批准成立中国造血干细胞捐献者资料库管理中心，统一管理和规范开展招募志愿者的宣传、组织、动员、HLA（白细胞抗原）分型等活动，为患者提供检索配型、造血干细胞采集以及移植治疗相关服务。

2003年至2005年，中国造血干细胞捐献者资料库的建设得到了国家彩票公益金的支持。截至2005年3月底，全国建立了30个省级分库、25个HLA定点组织配型实验室和1个质量控制实验室；可用于为患者检索服务的HLA分型资料25万多人份；与国内外60多家医院建立了业务联系，共提供检索服务6000多人次，2000多位患者配型成功，200多位志愿捐献者为患者捐献了造血干细胞。资料库已初步显现在临床使用上的意义。资料库的建设还产生了良好的国际影响，已为来自美国、加拿大、新加坡、英国、法国、德国、澳大利亚、挪威、日本等国家和台湾、香港、澳门地区的患者提供了检索查询服务。2004年6月成功地为在美国的患者捐献了造血干细胞。

【组织机构】

（一）国家管理中心

按照卫生部和中国红十字会总会《关于加强中国造血干细胞捐献者资料库及分库建设的通知》要求，建设和管理资料库；数据管理；境内外检索查询和采集造血干细胞相关服务等。

（二）专家委员会

专家委员会由国内知名的HLA和造血干细胞移植专家组成。中国工程院院士陆道培任主任委员，下设HLA和造血干细胞移植专家工作组。在国家管理中心的领导下研究解决有关技术问题，对资料库的建设和发展提出技术指导意见。

（三）分库

到2005年3月底，中国造血干细胞捐献者资料库有30个省级分库。担负着宣传征集适龄健康公民报名加入资料库；组织采集志愿者血样；开展相关咨询服务；检索服务；志愿者再动员；组织开展采集造血干细胞相关服务等工作。

（四）HLA组织配型实验室

到2004年底，中国造血干细胞捐献者资料库有25个定点HLA组织配型实验室，主要进行志愿者的HLA检测和数据上传工作。

（五）质控实验室

质量控制实验室受国家管理中心和国家血液检定机构委托开展对各HLA组织配型实验室的标准样本鉴定和入库数据抽检。

（六）移植医院

目前，经省级卫生行政部门批准，在国家管理中心备案的造血干细胞移植医院有40多家，按照国家管理中心发布的《造血干细胞移植医院技术服务标准》开展工作。

【相关法规】

1.《关于加强中国造血干细胞捐献者资料库（中华骨髓库）及分库建设的通知》（红赈字〔2002〕28号）。

2.《关于做好造血干细胞捐献者血样特快寄递服务的通知》（国邮联〔2004〕387号）。

3.《中国造血干细胞捐献者资料库HLA配型质量控制标准（暂行）》（红库管发［2004］11号）。

4.《中国造血干细胞捐献者资料库HLA组织配型实验室规则》（2002年12月1日）。

5.《HLA高分辨分型实验室管理办法》（2004年7月26日）。

6.《采集医院（中心）技术服务标准（试行）》（2004年12月15日第三届专家委员会审议通过）。

7.《移植医院技术服务标准（试行）》（2004年12月15日第三届专家委员会审议通过）。

【大型项目】

中国造血干细胞捐献者资料库管理中心得到了国家彩票公益金1.78亿元人民币的支持（于2002至2005年使用）。国家彩票公益金成为中国造血干细胞捐献者资料库建设的主要资金来源。

2002年10月27日，中国红十字会总会与强生公司支持中国造血干细胞捐献者资料库建设的合作项目在人民大会堂举行签约仪式。全国人大常委会副委员长、中国红十字会会长彭珮云，美国强生公司董事长兼首席执行官威廉·韦尔登出席签字仪式并为该项目揭牌。双方签署合作协议书。该合作项目为期三年，三年合作中，强生公司将出资830万元人民币，用于组织、动员强生在华员工捐献造血干细胞并捐款支付该公司员工的检测费；捐款支付资料库15000人份50%的检测费；连续举办三届“强生杯捐献造血干细胞，拯救生命”好新闻作品评选活动。

2005年1月31日，首届“捐献骨髓 拯救生命”优秀新闻作品颁奖会在京召开，引起强烈的社会反响，对造血干细胞知识的宣传普及起到了积极的推动作用。

2004年3月29日，在人民大会堂中国红十字会与中国平安保险公司举行捐赠保险仪式。为2003年1月1日至2006年12月31日期间，中国造血干细胞捐献者资料库中的所有造血干细胞捐献者，无偿提供为期一年的每人总保额35万元的意外伤害及重大疾病保险。中国红十字会会长彭珮云向中国平安保险（集团）股份有限公司颁发感谢状，向马明哲董事长颁发“中国造血干细胞捐献者资料库爱心大使”聘书。

2002年，中国红十字会总会与民建中央签署合作项目，由民建企业界11家会员单位共同筹集资金成立“中华骨髓博爱基金项目”，用于中国造血干细胞捐献者资料库的建设。

为推动中国红十字事业的发展，充分调动一切社会积极力量，使更多的人关注、支持、参与中国造血干细胞捐献者资料库的建设，自2000年起，中国造血干细胞捐献者资料库就聘请国内外知名人士作为资料库的爱心大使。截至2004年底，李宁、姜昆、黄格选、康辉、顾俊、倪萍、廖昌永、周源源、温兆伦、马艳丽、孙楠、曾媛、林依伦、程前、李咏、马伊琍等知名人士成为中国造血干细胞捐献者资料库及各省级分库的“爱心大使”。他们都身体力行地参与了中国造血干细胞捐献者资料库的宣传活动。

2003年9月9日，中国造血干细胞捐献者资料库与中国电信合作开通了信息热线电话16895999。为社会各界人士开辟了一条方便、快捷的服务渠道。

【主要特色】

中国造血干细胞捐献者资料库管理中心是隶属中国红十字会总会领导的独立的法人公益事业单位。依托省红十字会建立了30个省级分库，其业务工作由国家管理中心领导。此项目成为中国红十字会的品牌工程。

组织机构从国家管理中心到地方省级分库、专家委员会、实验室、移植医院、采集中心，层级分明，通力合作，网络遍及全国各地。

2003年至2005年，中国造血干细胞捐献者资料库的建设得到了国家彩票公益金的支持。

中国造血干细胞捐献者资料库自建立以来就以服务全球华人、造福人类为己任，从无到有、从小到大，克服各种困难，迅速发展，填补了世界骨髓库缺少华人样本和配型的一大空白。为推动人类社会平等、和谐发展做出了重大贡献。

【显著业绩】

1996年9月，我国首例外周血造血干细胞在上海移植成功。捐献者孙伟和患者如今非常健康。

截至2005年5月底，中国造血干细胞捐献者资料库已在全国建立了30个省级分库、25个HLA定点组织配型实验室和1个质量控制实验室；可用于为患者提供检索服务的HLA分型资料25万人份；与国内外60多家医院建立了业务联系；共提供检索服务6000多人次，2000多位患者配型成功，256位志愿捐献者为患者捐献了造血干细胞。目前，资料库已经初步显现出其在临床上的意义。

中国造血干细胞捐献者资料库的建设还产生了良好的国际影响。近年来，与众多国家的同行人士和业界组织频繁接触，交流合作。为来自美国、加拿大、新加坡、英国、法国、德国、澳大利亚、挪威、日本等国家和台湾地区的患者提供了检索服务。2004年首次为美国患者捐献了造血干细胞。

1. 第100位捐献者。2004年4月15日，中国造血干细胞捐献者资料库迎来第100例造血干细胞捐献者。他是北京某医院医生吕建华。时任中国红十字会常务副会长王立忠向吕建华颁发了“荣誉证书”。这第100例的捐献也是中国造血干细胞捐献者资料库向中国红十字会百年诞辰献上的一份厚礼。

2. 第200位捐献者。2004年12月27日，中国造血干细胞捐献者资料库第200例造血干细胞捐献者马超在北京道培医院顺利实施造血干细胞采集。中国红十字会常务副会长江亦曼向第200名造血干细胞捐献者马超颁发了“荣誉证书”。这200例捐献者主要分布在上海、广东深圳、江苏、湖南、云南、辽宁、海南、河南、山东、浙江、北京、陕西、天津、四川、福建等18个省市分库中，捐献时间主要集中在2001年中国造血干细胞捐献者资料库重新启动后的这几年间。

3. 第10万份志愿者资料入库。2003年7月，第10万份志愿者资料入库；她是来自西安杨森的员工李巧吉，中国红十字会党组书记江亦曼为她颁发了“荣誉证书”。

4. 第20万份志愿者资料入库。2004年11月26日，中国造血干细胞捐献者资料库第20万人份数据入库。他是来自黑龙江省戒毒劳教所警察阎涛，中国红十字会会长彭珮云向他颁发了“荣誉证书”。

5. 跨国捐献。2003年6月29日，来自重庆分库的志愿者吴渝为一位美籍华人白血病患者捐献了造血干细胞，成为首例跨国捐献者。

6. 首次向香港同胞捐献造血干细胞。2005年4月6日，中国造血干细胞捐献者资料库首例向香港同胞提供造血干细胞交接仪式在北京举行。捐献者是来自江苏分库的志愿者王经。中国红十字会副会长兼秘书长郭长江向王经颁发了“荣誉证书”。

中国造血干细胞捐献者资料库的建设推动了我国HLA检测水平的提高，由2001年的一个实验室每周做4人份，到2004年每天做100人份。

中国造血干细胞捐献者资料库的建设推动了我国对造血干细胞的研究和应用。发现30多个等位基因。

中国造血干细胞捐献者资料库的建设推动了我国造血干细胞移植技术的发展和提高，2002年的移植量为31例，2003年的移植量为50例，2004年的移植量为119例。

【年度工作】

大事记：

（一）2004年

2月23日，在北京举行了全国首例医护人员捐献造血干细胞交接仪式。捐赠者是来自山东省青岛市的护士谢振华。青岛市红十字会也抓住这个有利时机，加大宣传力度，多家媒体相继报道，其中《小谢归来》获得首届好新闻评比三等奖，取得了良好的宣传效果。据资料统计，有50多名青岛市民得知这一消息后，自发地来到血液中心报名捐献了血样。

3月18日，中国造血干细胞捐献者资料库管理中心与北京电视台《真情北京》栏目组联合举办了“让生命再次拥抱”大型晚会。邀请了谢振华、北京捐献者杨曦、任炜以及众多的演艺界明星参加了晚会。

3月29日，在人民大会堂举行了中国平安保险公司向中国造血干细胞捐献者资料库捐赠保险的签字仪式。中国红十字会会长彭珮云出席并为该公司副总裁颁发了感谢状。

4月15日，第100例造血干细胞启运仪式在京举行。这也是自骨髓库重新启动以来一次标志性的仪式，标志着中国造血干细胞捐献者资料库进入了快速发展阶段。

5月26日，中国红十字会代表团参加了在日本举行的世界骨髓库大会，中国造血干细胞捐献者资料库管理中心主任洪俊岭在大会上作了题为“中国造血干细胞捐献者资料库工作情况介绍”的主题发言。与会代表对中国造血干细胞捐献者资料库的飞速发展表示惊讶。日本、韩国、澳大利亚、新西兰等国家主动提出希望和中国造血干细胞捐献者资料库建立合作关系。

6月24日，首次跨国捐献造血干细胞交接仪式在北京举行。此次交接仪式是中国造血干细胞捐献者资料库历史上的一个转折点，标志着大陆患者只能求助于境外、国外的历史画上了终止符。各大媒体相继报道，引起了强烈的社会反响。

8月18日，首届“捐献骨髓 拯救生命”优秀新闻作品评选通报会在北京举行，拉开了好新闻评比的序幕。此次活动的参评作品为从2001年至2004年8月期间所有关于造血干细胞捐献的新闻报道。2005年1月31日在北京举行了颁奖会。此次活动促进了中国造血干细胞捐献者资料库与新闻媒体的合作，扩大了宣传的范围。

10月28日，作为中国红十字会第八次全国会员代表大会特邀代表的第一例造血干细胞捐赠者孙伟、跨国第一例造血干细胞捐赠者吴渝来到北京，中国造血干细胞捐献者资料库管理中心借此机会举行了部分捐献者座谈会。媒体记者见到8年后健康的孙伟并以此为例给予了报道。

11月26日，在北京举行了中国造血干细胞捐献者资料库20万人份入库新闻通报会。中国红十字会会长彭珮云出席并向第20万名志愿者颁发了荣誉证书。标志着全年10万人份入库的目标胜利完成。在通报会上同时举行了首次供者受者“相见欢活动”，再次以鲜活的事例展示了捐献造血干细胞无损健康，同时倡导了奉献爱、给予爱的社会风气。

12月27日，举行第200例交接仪式。这是2004年资料库取得另一可喜成果，全年捐献者人数超过以前总捐献人数之合。

（二）2005年

4月6日，中国造血干细胞捐献者资料库首次向香港同胞提供造血干细胞，志愿捐献者是来自江苏省的王经。

4月25日，中国造血干细胞捐献者资料库在南京市召开第四次管理干部培训班，邀请了欧洲、日本、香港骨髓库的代表进行业务交流。

5月，中国造血干细胞捐献者资料库完成计算机网络硬件的改造工程。

（洪俊岭）

中国红十字会总会训练中心（中国红十字会宾馆）

【历史沿革】

中国红十字会总会训练中心与中国红十字会宾馆为一个单位，两个牌子。于1986年由德国、日本等6个国家红十字会组织捐资建成，是以承担亚太地区红十字卫生救护培训任务，接待国际、国内卫生组织在京召开各项大型会议的工作为主、从事社会性的对外经营为辅的服务机构。

1993年，根据中央国家机关宾馆招待所分等定级标准，国务院机关事务管理局为中国红十字会宾馆颁发了一级宾馆招待所资格证。

2002年，国务院机关事务管理局和国家发展计划委员会对当年需要重新核定登记和首次定级的50家宾馆招待所进行了等级评定。经评定，中国红十字会宾馆再次被评为国家一级宾馆招待所。

1984年6月13日，在北京市东城区干面胡同53号举行了中国红十字会总会训练中心（宾馆）奠基典礼，参加仪式的各方面代表共有170余人，中国红十字会常务副会长谭云鹤指出，训练中心（宾馆）的建成，将对中国红十字会的工作和与各国红十字会组织之间的交流合作发挥积极的作用。

1986年9月15日，举行了中国红十字会总会训练中心（宾馆）的竣工典礼。红十字国际委员会主席德拉玛他及日本、联邦德国、瑞典、芬兰、美国红十字会的代表和国家领导人宋任穷、赵朴初，北京市副市长陈浩苏等应邀参加了竣工典礼。

1986 年 10 月 11 日，中国红十字会总会训练中心（宾馆）接待了全国红十字会理事会代表。

1987 年 5 月 11 日，中国红十字会主办的《国际人道主义法》讲习班在训练中心（宾馆）举办，全国政协副主席雷洁琼及外交部国际司、解放军总政治部的代表出席了开幕式。红十字国际委员会总务部主任莫里勇，国际委员会、亚太办事处纽考姆，红十字会与红新月会协会亚太部主任西瓦拉特南，美国红十字会副主席杰拉尔逊，美国红十字会外事委员会主席舒沃兹等出席。

1987 年 8 月 1 日起，中国红十字会总会训练中心（宾馆）正式实行承包责任制。

1987 年 9 月 8 日，受卫生部委托，中国红十字会总会训练中心（宾馆）承办世界卫生组织亚太地区学术交流会。

1992 年起，中国红十字会总会训练中心成为自收自支单位。

1996 年，中国红十字会总会训练中心接待了来访的泰国公主。

1996 年，中国红十字会总会训练中心承办了省红十字会秘书长培训班。

1996 年，中国红十字会总会训练中心接待了国际红十字夏令营营员。

1998 年，中国红十字会总会训练中心承办了红十字会法颁布五周年庆典。

1998 年，中国红十字会总会训练中心承办了抗洪赈灾表彰大会。

2001 年 7 月，中国红十字会总会训练中心接待了南丁格尔奖、日本花冈劳工会、韩国访问团。

2001 年 8 月，中国红十字会总会训练中心接待了香港会议代表。

2001 年 9 月 15 日，中国红十字会总会训练中心（宾馆）举行了 15 周年店庆活动。

2003 年，中国红十字会第七届理事会第四次会议在中国红十字会总会训练中心举行。

2003 年，抗击“非典”献爱心——纪念“五八”世界红十字日，红十字行动新闻发布会在中国红十字会总会训练中心举行。

2003 年，中国红十字会总会训练中心接待了参加第 39 届南丁格尔奖颁奖典礼的代表。

【组织机构】

（一）中心历届领导：

阳照，男，正处级，1985 年 10 月任中国红十字会总会办公室主任兼中国红十字会总会训练中心主任。

袁天义，男，正处级，1985 年 12 月至 1986 年 9 月，任中国红十字会总会办公室副主任兼中国红十字会总会训练中心副主任；1986 年 9 月，任中国红十字会总会训练中心主任。

杨象乔，男，副处级，1986 年 7 月任总会训练中心副主任。

张瑾，男，副处级，1986 年 9 月任总会训练中心副主任。

陈明仁，男，正处级，1987 年 10 月至 2003 年 12 月，任总会训练中心法人代表。

王兴阶，男，正处级，1991 年 3 月至 2001 年 11 月，任总会训练中心主任。

冯瑞珍，男，副处级，2001 年 3 月 21

日，任中国红十字会总会训练中心副主任；2001年12月，担任中国红十字会总会训练中心（宾馆）法人代表；2005年3月25日，任中国红十字会总会训练中心副主任兼宾馆总经理。

杨会新，男，副司局级，2005年3月25日起，任总会训练中心主任。

唐晓音，女，副司局级，2005年3月25日起，任总会训练中心副主任。

（二）内部编制：

1983年6月14日，国家卫生部下文，同意成立中国红十字会总会训练中心，下设训练教学科、行政管理科，总编制38名。

1986年3月28日，国家卫生部批准中国红十字会总会训练中心人员编制60名。

1988年3月9日，中国红十字会总会训练中心组织机构内设5个科室，分别为：中心办公室、设备科、餐饮科、接待科。

1992年6月3日，国家卫生部下文，批准中国红十字会总会训练中心事业编制97名。

2005年10月9日，根据中国红十字会总会文件，总会训练中心内设4个处级部门，分别为：办公室、培训部、接待部、餐饮部。人员编制为97名。

【主要特色】

中国红十字会总会训练中心是隶属中国红十字会总会的独立法人公益事业单位，也是红十字会系统唯一的全国性培训基地。

救护培训：卫生救护是红十字运动的起源，宣传及普及卫生救护和防病知识，开展人道主义卫生救护活动，进行初级卫生救护培训及健康教育，组织群众参加现场救护，是红十字会的一项重要职责。作为唯一的全国性培训基地，训练中心积极将开展卫生救护培训同传播人道主义精神、发展和壮大红十字组织及职业培训、精神文明建设结合起来。通过举办救护培训，扩大红十字会的影响，提高红十字会的声誉。

近年来，各级红十字组织进行了大量的培训工作，越来越多的群众在接受培训的同时了解了红十字会。经过多年的努力，红十字救护工作有了良好的基础。但培训的覆盖面还需拓宽，接受培训的人在人群中的比例仍然比较小。

2005年4月，中国红十字会总会赈济救护部与中国红十字会总会训练中心签订了委托书，总会救护与献血推动处向训练中心下达了2004年彩票公益金项目指标。2005年4月至8月，中国红十字会总会训练中心共为9个省、市、自治区提供卫生救护师资培训11期，卫生救护师资提高班培训3期，培训人员356人。参加培训的学员来自各地方红十字会、医院、学校、企业等基层单位，通过考核成绩合格者为350人，准予发证人数335人，成绩合格率达94%。

2004年8月，中国红十字会总会培训中心宾馆大楼进行了全面装修，现有66套客房，其中：标准间57个、豪华套间4个、商务间5个，可同时接纳120人入住；大小会议室3个，多功能厅1个；餐厅内除大厅外，有豪华包间1个，中包间3个，可同时接待120人用餐。

接待服务：承接国际、国内卫生组织在京召开各种大型会议，为总会及总会直属单位对外活动提供服务，同时对外开放，接待中外来宾入住，并承办各类会议、活动等。

【年度工作】

（ ）2004年

2月10日，中国红十字会总会机关从

中国红十字会总会训练中心（宾馆）搬迁至北新桥新址办公。

8月初，中国红十字会总会训练中心暂停营业，全面装修。

11月26日，在择优、竞争、双向选择的原则下，中国红十字会总会训练中心进行了机构改革，其中6名工人被聘任为科级干部，12名职工办理了内退手续。

12月底，中国红十字会总会训练中心装修完成。

（二）2005年

1月17日，中国红十字会总会训练中心（宾馆）开始试营业，坚持以培训工作创品牌，并以对外经营创效益的经营理念，积极开展各项工作。

3月25日，根据中国红十字会总会文件精神，中国红十字会总会训练中心定为副局级单位。

4月5日，在国家彩票公益金的资助下，中国红十字会总会训练中心开设了第一期师资提高班。

5月24日，为进一步开展红十字会救护培训工作，根据中国红十字会总会执委会的决定，总会赈济救护部与训练中心签订《关于委托训练中心承担救护培训任务的协议书》。

5月30日，中国红十字会总会训练中心承办了《纪念花冈暴动60周年》活动。

6月10日，中国红十字会总会训练中心接待了参加第40届南丁格尔奖颁奖大会的代表。

（张玉玲、董晓娜）

中国红十字会援外物资供应站

【历史沿革】

中国红十字会援外物资供应站，成立于1991年7月，是中国红十字会总会在上海成立的全国第一家赈灾仓库。其主要职能是：为人道主义救助提供援外物资供应服务，并承担援外物资的采购与供应、包装与保管、储运与发放以及相关救灾供应服务。

1985年以来，中国红十字会总会委托上海市红十字会向坦桑尼亚、埃塞俄比亚、罗马尼亚、安齐拉等40多个国家和地区筹集、发运了价值近1000万元人民币的药品、医疗器械、食品、棉毯等救灾物资。此外，还办理了国外、港、台地区向我国捐赠的约100万元人民币的大米、药品、医疗设备、救灾车等接收、储存、转运等工作。上海市红十字会在办理救灾物资任务时，得到了上海县城乡建设发展总公司的支持，为红十字会救灾物资的储备、包装、运输等提供了良好的工作条件，并在海关、商检、保险、报关等联系提供了方便，缩短了救灾物资的发运时间，圆满完成了援外物资的调运任务。

1990年，为适应不断增加的援外救灾和国内救灾任务的需要，使救灾物资工作管理进一步规范化，上海市红十字会向中国红十字会总会提出了建立救灾物资供应站的请示。请示提出：在原上海县城乡建设发展总公司的基础上，由中国红十字会总会、上海市红十字会、上海县城乡建设发展总公司联合在上海创建救灾物资供应站。总会在多次专题调查研究的基础上，于1991年3月23日下达了（红联会〔1991〕第029）号文件

《关于成立救灾物资供应站的批复》，同意成立救灾物资供应站的请示。批复中明确：“供应站名称定为中国红十字会援外物资供应站，该站为隶属于中国红十字会总会的事业单位，实行企业化管理，经济上实行独立核算、自负盈亏。”总会委托上海红十字会负责供应站的日常管理和财务监督，并指派总会国际联络部副部长何竞兼任该站副站长，以协调有关事宜。总会拨款5万元以资支持。供应站在筹建工作中得到了中国红十字会总会领导的支持。

中国红十字会援外物资供应站（以下简称供应站）于1991年7月4日成立，在上海登记注册，组建了领导班子。总会任命原上海县城乡建设发展总公司总经理赵晨兼任站长及法人代表，并主持工作，上海市红十字会副秘书长潘鹤琴兼副站长、总会国际联络部副部长何竞兼任副站长。为此，时任中国红十字会秘书长韩长林、上海市卫生局局长王道民、上海市政府外事办副主任李舜善等20余个部门的领导参加了揭牌仪式，同时向新闻界宣布了中国红十字会第一个援外物资供应站在上海正式成立，从而掀开了援外任务的新篇章。

1992年1月，经总会同意供应站申请征用了上海闵行区沪青平路206弄8号（虹桥机场南大门口岸）10亩土地，总会先后投入资金580万元人民币。供应站按照“一业为主、多种经营”“以站养站”的方针开展创业工作。

1997年12月，在供应站建设救灾仓库过程中由于缺少资金，主动同上海闵浩实业有限公司（以下简称闽浩公司）合作，联合成立了上海五方航运物资储运有限公司。闽浩公司投资500万元人民币，持有55%的股权，供应站以409万元的资产投入，持有45%的股权。

1997年11月，供应站建造完成了6036平方仓库、办公楼的基础设施建设（包括两栋四层框架式5096平方米的救灾备灾仓库），为红十字事业的发展奠定了基础。1992年8月，经总会批复，供应站在上海注册成立“中国红康房地产公司”（红办字〔1992〕第005号文），后改名称为“红康实业总公司”并投资150万元人民币。

1993年2月，总会将赵晨同志正式调入供应站工作，改变了供应站三家联合模式。

1993年1月15日总会（红行字〔1993〕第011号）下达了《关于理顺中国红十字会援外物资供应站的管理关系的通知》，供应站成为总会直属的事业单位；总会（红办字〔1993〕第038号）下达了《关于中国红十字会援外物资供应站人员编制的批复》；总会（红办字〔1994〕第247号）批复，再次确定供应站是隶属于总会的事业单位，主要职权是接收、储运国内外的赈灾物资，并承办仓储、转运等任务。

2002年清理整顿：由于供应站的成立是总会批准的，不符合国家机构编制的审批程序，因此，无法作为事业法人单位进行注册登记。2002年9月10日，总会以（红办字〔2002〕70号）向中央机构编制委员会递交了《关于加强对援外物资供应站管理的情况报告》，申请补办供应站编制。

2002年8月21日，中央机构编制委员会以（中央编办复〔2002〕131号）《关于中国红十字会援外物资供应站机构编制的批复》。“经研究同意设立中国红十字会援外物资供应站，核定经费自理事业编制15

名。”

2002年10月，总会与上海闵浩实业有限公司签订了股权转让协议书，总会以320万元的资金收购了上海闵浩公司在五方公司55%的全部股份，五方公司成为总会的全资公司。

2002年12月30日总会党组以（党红组发〔2002〕20号）文件《关于杨喜兰等三同志聘任的通知》，正式聘任事业发展部副部长杨喜兰同志兼任中国红十字会援外物资供应站站长和法人代表；王惠芳同志任中国红十字会援外物资供应站第一副站长；王伟同志任中国红十字会援外物资供应站副站长。以上三同志职务聘任期为两年。

2003年8月，供应站完成了在国家事业单位法人注册登记工作，从而供应站正式列为事业法人单位，使供应站的发展逐步走上了规范化的轨道。

2003年11月，供应站完成了与闵浩公司在五方公司的股权交割程序。

【主要业绩】

供应站从1991年建站到2002年10余年来，本着“救灾如救火，救灾高于一切”的方针，接收、储存、发运完成了来自世界十余个国家和地区的近6500万元的赈灾物资，相继组织发运筹了援外物资100余万元。做到了管理严格、工作有序、无一差错，受到了总会和地方红十字会的一致好评和嘉奖。

1992年，供应站在闵行区七莘路550号莘松路，借用立交桥桥洞建成了1000平方赈灾备灾仓库，总会投资50万元人民币。

1997年，在上海虹桥机场南大门206弄8号建成二幢四层框架结构的仓库、办公楼，面积5096平方米。

1997年，红康实业总公司在上海徐汇区桂林路35号自行筹资550万元建成办公商务楼1774平方米（沪房地徐字〔1998〕第004531号）。

1998年又建成救灾物资储存仓库940平方米（沪房地闵字〔1999〕第015574号）。

1998年长江流域大水灾，供应站接受美国、德国、日本、香港、台湾等国家和地区的17批赈灾物资，价值达3085万元，先后分38批发往受灾的15个省份。接收台湾红十字组织会长徐亨、秘书长常松茂捐赠的40多辆救护车，办理好相关手续后，按照总会的安排，分发至全国20多个省市自治区。

2003年上半年，供应站受“非典”和虹桥机场东移的影响，一度房屋出租率明显下降，领导班子成员积极想办法，调整工作思路，使出租率达到了92%的好形势。

2003年，负责经营红康公司的赵晨同志通过与地方多部门的沟通，成功地改造了桂林路35号的底层商铺，增加了商铺面积60平方米，该商铺立即被工商银行租用。

【年度工作】

认真抓好制度建设。2004年7月制定了《中国红十字会援外物资供应站人事管理办法》和《中国红十字会援外物资供应站财务管理办法》，经总会批准并实施。供应站的管理工作进一步规范化和制度化。

强化预算管理。2004年，完成了五方公司的股份收购，供应站理顺了管理机制，进一步强化预算管理的力度，全力做好资产的增值、保值工作，使经营收入达到了254万元的历史新高。

2005年3月，总会以（红赈济发

〔2005〕35）号文件，给供应站下达了《关于接收储备救灾物资任务的通知》。总会将300多万元印度海啸的救灾物资帐篷、睡袋等储备在供应站。为保证救灾物资的安全，供应站重新修整了仓库，安装了远红外警示探头，加装电动门，并建立了24小时值班人员职责制度，以确保救灾物资的安全。

全体供应站员工继续做好资产的增值、保值工作。在上海有史以来最大的台风“麦莎”来临期间，全体员工加班加点，严阵以待，经受了台风的考验，保证了资产和救灾物资的安全。

（杨喜兰）

分会篇

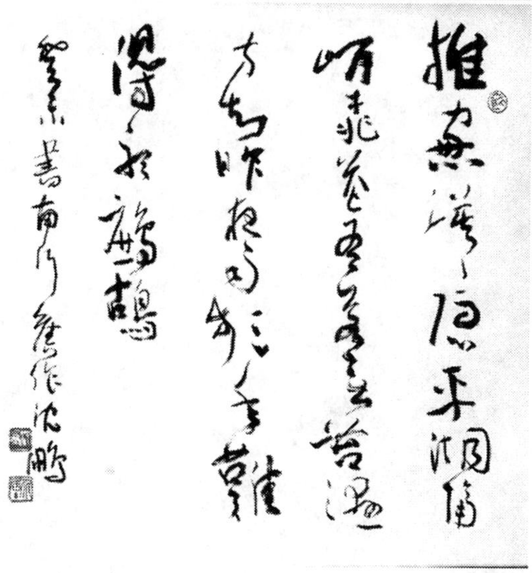

▲ 南行（书法） 沈鹏 作

▲牵牛花（中国画） 齐良芷 作

▲ 博爱矜慈（书法） 李铎 作

▲ 水牛图（中国画） 黄胄 作

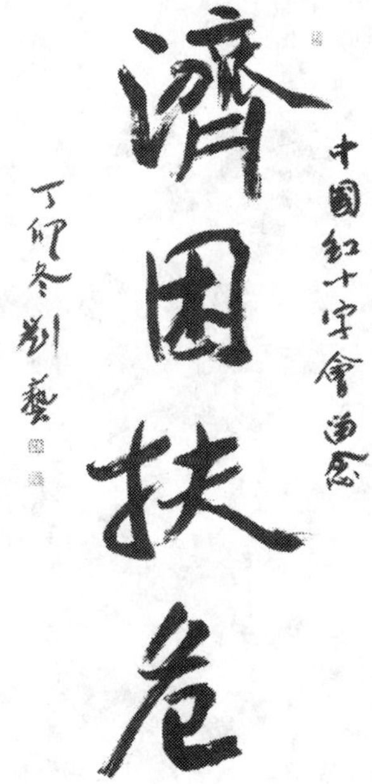

▶ 济困扶危（书法） 刘艺 作

以上均为中国红十字会收藏的捐赠作品

省、自治区、直辖市红十字会

北京市红十字会

【历史沿革】

1928年10月29日，在危难和动乱的年代，中国红十字会北平分会诞生了。建国前的红十字会，以“恤兵博爱”为宗旨，开展了战地救护、进行难民救济、筹募基金等善事。

1950年12月28日，中国红十字会北平分会正式改组为北京市红十字会，走上了改组后的新生阶段。其中的1949年至1958年，在“兴办医疗实体、参加抗美援朝、组织志愿手术队和医防服务队赴朝进行防疫、医疗和战地救护；开展募捐；建立组织、发展会员；参加爱国卫生运动，组织卫生救护训练；同时，在红十字青少年、血源管理、外事往来，接受捐赠”等方面做了很多工作。1959年到1978年，经历了与卫生教育所合署办公、“文化革命十年动乱”、党的十一届三中全会拨乱反正，红十字会的工作也经历了停止和重新恢复的过程。1980年召开的第四次会员代表大会，选出以白介夫常务副市长为会长的新的领导机构，北京市红十字会开始了红十字工作新的探索和实践；总结出“救死扶伤、扶危济困、敬老助残、助人为乐”的十六字工作方针，协助政府完成了一系列特殊任务。1993年10月《中华人民共和国红十字会法》、1996年1月《中华人民共和国红十字标志使用办法》、1994年10月《北京市实施〈中华人民共和国红十字会法〉办法》的颁布、实施，使红十字事业走上了法制化建设的轨道。1997年1月21日，北京市红十字会第七次会员代表大会召开，聘请市委、市政府的主要领导尉健行和贾庆林同志担任名誉会长，提出了“努力开创有中国特色的红十字事业”的奋斗目标；明确了“为首都两个文明建设作出更大贡献”的工作要求。在市委、市政府的关怀下，北京市红十字会于1991年与市卫生局脱离挂靠关系，1996年成立了党组，2002年被批准为正局级单位，2003年4月机关领导班子进行调整，主要领导进行更换后，理顺了机关机构设置，理顺了人员编制，理顺了机关和直属事业单位的关系。市委、市政府关于“独立设制、建立党组、提高规格”等一系列政策的有力支持；人道主义“四项工程”：即自救互救、备灾救灾、红十字青少年道德教育、社会服务工程的不断实践；组织建设、宣传传播、兴办实体、对外交流的不断规范，使北京市红十字会的工作有了大幅度的发展。2004年6月1日，北京市红十字会第八次会员代表大会召开前，在北京市委书记办公会上，市委领导专门听取了我会代表大会的筹备工作汇报，并批准了我们的会议方案，指示要把大会开成高品位、高规格的大会，这在北京市红十字会的发展史上是首次，充分体现了市委、市政府对红十字事业的关心和重视。6月8日，北京市红十字会第八次会员代表大会在京西宾馆隆重召开。来自基层红十字组织的会员代表，市委、市政府有关部、委、办、局和社会团体、企业界、志愿工作者的代表以及社会知名人士等，共266人参加了大会。中共中央政治局委员、北京市委书记刘淇，中国红十字会会长彭珮云，市委副书记、市长王岐山等领导出席了会议。刘淇书记、彭珮云会长发表了重要讲话。大会全面总结了北京市红十字会第七届理事会的工作，制定了2004——2008年发展规划，选举产生了由95名理事组成的新一届理事会，聘请市委书记刘淇、市长王岐山为北京市红十字会名誉会长，副市长孙安民当选为会长，李雪奴当选为常务副会长，韩陆、张进存当选为副会长，根据会长提名决定刘燕君为秘书长。首都的红十字事业掀开了新篇章。

【组织机构】

截至2004年底，全市有基层组织2559个，会员71.2万人（其中青少年会员24.3万人），占全市常住人口的5.08%，有志愿工作者15.8万人。全市的18个区县都建立了红十字会，各区县所辖92%的街道，77%的乡镇均建立了红十字组织。北京市红十字会成立了高等院校、职业学校、中小学校，厂矿系统、旅游系统和志愿工作者工作委员会。各级各类学校建立红十字会组织的占48.6%。

市红十字会机关设有办公室、业务部、赈济部、宣传部、联络部。下辖北京市红十字会医疗服务中心、卫生救护培训中心、宣传教育中心、紧急救援中心（999）、中国造血干细胞资料库北京管理中心、备灾救灾服务中心和少儿住院医疗互助金管理办公室等7个直属事业单位。

北京市红十字会历次代表大会一览表

届次	日期	代表	理事	常务理事	常务副会长	会长	名誉会长
第一次	1950.12.28	30人	16人	5人		严镜清	
第二次	1955.6.23	239人	17人	5人		严镜清	
第三次	1962.6.21	63人	20人	5人		严镜清	
第四次	1980.4.18	120人	22人	5人	白介夫	严镜清	
第五次	1985.11.29	204人 特邀8人	56人	10人		白介夫	严镜清
第六次	1991.11.29	211人	86人	4人	张熙增	何鲁丽	白介夫 严镜清
第七次	1997.1.21	249人	87人	8人	张熙增 李雪奴	林文漪 刘敬民	尉健行 贾庆林
第八次	2004.6.8	266人	95人	13人	李雪奴	孙安民	刘淇 王岐山

北京市红十字会组织机构一览表

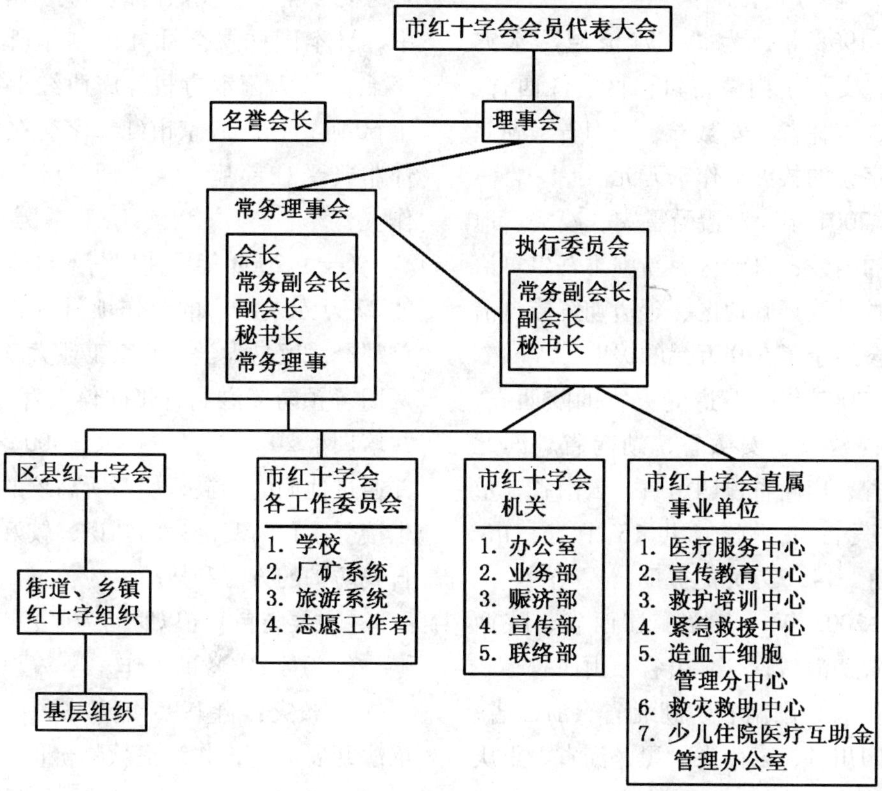

【相关法规】

1984 年 8 月 1 日，经北京市人民政府批准，《北京市街道红十字会卫生站暂行管理办法》开始执行。

1984 年 8 月 8 日，北京市第八届人民代表大会常务委员会通过了《关于加强城市街道基层卫生组织建设》的决议。

1994 年 10 月 19 日北京市第十届人民代表大会常务委员会第十三次会议通过了《北京市实施〈中华人民共和国红十字会法〉办法》。

1999 年 1 月 14 日，北京市政府发布 23 号令《北京市街道办事处工作规定》。

【大型项目】

（一）1984 年，非洲 36 个国家遭受旱灾。中国红十字会发出了《关于为非洲灾民开展社会募捐的通知》，北京市红十字会仅半个月就募集了 110 多万元，支援非洲灾民。

（二）1988 年，中国红十字会总会、外交部、国家教委、广播电影电视部、国家体委向国务院写了《关于参加 1988 年国际体育援助计划活动的请示》，国务院以国函（1988）53 号文批复同意。从 4 月至 9 月，开展了“88 国际体育援助”——国际性体育募捐活动。根据由中国红十字会总会牵头组成的国际体育援助中国组织委员会的部署和要求，北京市红十字会牵头开展了两次全市性的活动。其中：举办了义诊、义演、义卖、义赛等募捐活动，200 多万人参加募捐，募集 70 多万元。

（三）1998 年，为“三江流域”水灾开展募捐，支援了内蒙古自治区、江西省、黑龙江省、吉林省、安徽省、湖南省、湖北省等红十字会的救灾工作千万元。

（四）2001 年，对遭受雪灾、凌灾、地震等灾害的内蒙古自治区、新疆维吾尔自治区、四川省甘孜藏族地区、延边朝鲜族自治州红十字会给予了 670 万元的援助。

（五）2002 年，对遭受灾害的陕西省、贵州省、福建省、安徽省、湖南省、湖北省、江西省、广西省、四川省、云南省、重庆市、内蒙古和新疆（共 13 个省、市、区）给予了 514.1 万元的援助。

（六）2003 年，支援了江西省、陕西省、山东省、河南省、甘肃省、山西省、江苏省、安徽省、湖南省、湖北省、浙江省、贵州省、四川省、云南省、黑龙江省、重庆市和广西壮族自治区、内蒙古自治区、新疆维吾尔自治区红十字会（共 19 个省、自治区、直辖市）救灾工作，共 770.7 万元。

（七）2004 年，支援了吉林省、云南省、四川省、湖南省、贵州省、河南省、内蒙古自治区、重庆市（8 个省、市、区）红十字会的救灾工作，共 99.7 万元。按照捐赠者意愿，定向支援新疆维吾尔自治区红十字会医疗器械，价值 87000 元人民币。

（八）2002 年，汉城红十字会向北京红十字会捐赠一辆价值 6 万美元的移动救灾救助服务车，这种集救灾救助为一体的现代化快捷服务车在我国红十字会系统尚属首辆。

（九）2003 年，为支持北京市的抗击非典工作，北京市红十字会接受了国内外及社会各界捐款 2700 多万元和价值 5000 多万元的各种物资，及时送到小汤山、佑安、地坛等医院、全市的发热门诊和弱势群体中。其中，日本国株式会社丸山制作所，捐赠了 80 台高效灭菌消毒机，广西红十字会捐赠了 60 吨白糖。北京市红十字会在发放“关怀非典受难者基金”方面，做了大量的工作。

（十）2003 年，使用荷兰红十字会援助的 22 万元人民币的合作项目资金，先后在首都经济贸易大学、北京工业大学，举办了两期“预防艾滋病青年同伴教育”培训班，共培训了 20 名项目主持人，400 名宣传员，并通过他们的传播，使两所高校的千余名学生接受了预防艾滋病的知识，较好地掌握了自我防护的方法和技巧。

【主要特色】（以时间为序）

（一）救灾救助工作

1. 救灾：自 1995 年以来，市红十字会依法开展募捐，共筹集款物价值人民币 1.5 亿元，既支援了内蒙、新疆、江西等 25 个省、自治区的救灾工作，又对北京市发生的灾害和困难群众进行了救助。

2003 年 4 月，面对突如其来的非典疫情，全市各级红十字会组织，积极投入抗击非典斗争，全市红十字系统在慰问医务人员、分发救助物资、稳定群众情绪和发放“关怀非典受难者基金”方面，协助政府做了大量的工作。

2. 救助：（1）关爱农村老党员。自 1999 年起，北京市红十字会与市委组织部连续四年共同开展了为农村建国前入党的近万名老党员免费送医送药和体检活动。共集资 200 多万元，组织了 9 支医疗队，出动医务人员 500 多人次，到达 113 个乡镇，为近万人（次）的老党员进行了义诊和慰问。为行动不便的老人，送医送药到家中、炕头。原市委书记贾庆林称赞此举是为老党员“做了一件大好事”。

（2）博爱复明。1999 年 2 月，北京市红十字会开展了为北京市家庭困难无力支付手术费用的白内障患者，提供免费复明手术活动。几年来，共筹资 300 多万元，使近 800 名贫困的白内障患者重见光明。被市政府列为为市民所办实事之一。通过市、区、街乡红十字会推荐、审核、确定手术救助对象。由北京市红十字会光明眼科诊所负责患者的检查和手术。几年来，共出动流动检查车到 18 个区县义诊近百次，为各类眼疾患者义诊、检查人数达 3500 余人次，筛选出适合做白内障手术者 960 人。“复明工程”得到了国外红十字会和志愿工作者的支持。美国著名眼科专家伊丽莎白·旺博士和里查德·达密安诺医生，新西兰红十字会东西分会志愿者玛丽·简·赫里斯顿医生，先后来北京市红十字会光明眼科诊所帮助工作。

在继续作好对国内外救灾救助的同时，为加强对本市困难人群和突发意外伤害事故中造成的困难群体的救助力度，为提高红十字会的救助实力和应急能力，北京市红十字会提出并实施了赈济工作的“七个一”配套工程。(建立一支队伍：备灾救灾服务中心，一个备灾仓库，一个捐赠接受站，一套募捐工作规章制度，一个捐赠激励机制，一个网上捐赠，一个捐赠救助工作网络)。2003 年底，市编办批准成立了北京市红十字会备灾救灾服务中心（正处级事业单位。全额拨款事业编制 15 人）。争取市编办批准，建立了“备灾救灾服务中心”；建立了备灾仓库并充实了救灾物资；“北京市红十字会募捐接收站”在社区挂牌运行，方便群众捐赠物品；严格募捐工作规章制度、实施捐赠激励机制，使奉献爱心的企业和个人积极性得到发扬和延续；网上捐赠的开通，拓展了募捐工作渠道；市、区（县）、街（乡）募捐救助工作网络的建立，为红十字会实施救灾救助工作，提供了组织保障。

1995 年——2004 年北京市红十字会接受社会捐赠款、物情况统计

（单位：万元）

年份	1995	1996	1997	1998	1999	2000	2001	2002	2003	2004	总和
款	251.56		180.84	1322.66	63.33	31.7	1882.2	1031.62	2127.07	670	7309.42
物				1635.78	38.25	152.57	345.67	750.84	2602.39	584.84	6110.35

（二）北京市红十字会紧急救援中心（“999”）。是经市编办正式批准的北京市红十字会的下属事业单位；“999”是经信息产业部特别批准给中国红十字会总会用于救灾、救助、救护的特殊服务专用电话号码，北京地区率先使用。2001 年 9 月 19 日开通运行以来，本着以人为本、以病人为中心的宗旨，从近、从速、从优转送病人的基本原则，“999”已形成了以“紧急救援中心”为主，4 个分中心、6 个急救大站、45 个急救分站的急救系统。制定了 24 小时与市卫生局等有关部门的紧急突发事件上报制度，

并与110、119建立了紧急救援联动机制。共出动20万车次，救治了20余万病人。为北京市民增加了一条绿色生命通道。

“999”按照红十字会“协助政府开展人道领域救助工作”的要求，积极参与了北京地区近年来重大事故的救援工作。特别是在北京发生蓝极速网吧火灾、密云特大踩踏伤亡事故的救援和抗击非典斗争中，做出了积极贡献。

（三）志愿捐献遗体。1999年，按照北京市政府的要求，“北京市志愿捐献遗体工作管理办公室”成立，设在北京市红十字会。我会与市教委、市卫生局、市民政局、市公安局、市司法局等联合制定了《北京市志愿捐献遗体暂行办法》，并分别在协和医科大学、北京大学医学部、首都医科大学建立了三个遗体接受站。截至2004年，报名登记自愿捐献遗体者7739人，其中3298人办理了公证，累计实现遗愿者419人。为了弘扬志愿捐献遗体者无私奉献的精神，2004年，在市民政局的大力支持下，捐献遗体者纪念碑——“生命”，在北京市常青园骨灰林基地落成。

（四）造血干细胞移植。2001年4月中国造血干细胞捐献者资料库重新启动。要求我会建立“中国造血干细胞捐献者资料库北京分库”。本着充分利用社会资源、减少机构重叠的原则，我会与北京市卫生局协商后，明确了北京市红十字血液中心承担“北京分库”血样的组织分型工作。6月份，我会向市编办提出“关于成立北京造血干细胞捐献者资料库服务中心的请示”，11月市编办批准我会成立北京造血干细胞捐献者资料库服务中心，为相当于正处级的全额拨款事业单位、编制10名。

截至2004年，在造血干细胞捐献者资料库北京管理中心报名登记的志愿者血样已有33000人份，其中已完成检测HLA分型数据2万人份；有13位志愿者成功捐献了造血干细胞，为来自全国各地的白血病患者送去了重生的福音。

（五）区县红十字会机关管理体制理顺。全市18个区县红十字会于1953年陆续建立，一直与区县卫生局合署办公。1995年，市编办先后批准18个区县红十字会为独立建制的区县属副局级单位，挂靠卫生局，编制3至8人，参照公务员管理。随着红十字事业的不断发展，这种挂靠卫生局的管理体制已不适应事业发展的需要。按照《中华人民共和国红十字会法》的要求和中国红十字会总会理顺管理体制座谈会的精神，北京市红十字会在充分调研的基础上，于2004年4月6日向市编办提交了《关于理顺区县红十字会管理体制和机构规格的请示》。市编办7月29日正式下发了《关于理顺区县红十字会机关管理体制有关问题的通知》（京编办发〔2004〕38号），“将区县红十字会机关调整为区县政府直接联系的独立设置的社会团体机构，不再挂靠区县卫生局，机构规格相应调整为正处级（县红十字会机关为县属正局级），使用事业编制，编制5－10名。”为了指导区县红十字会机关理顺管理体制工作规范进行，北京市红十字会下发了《关于做好理顺区县红十字会管理体制工作的指导意见》，对区县红十字会机关的领导称谓、内设机构及工作职责提出了建议。18个区县红十字会的机构设置申请，全部得到了市编办的批复，专职干部编制共138人，新配备的常务副会长、秘书长来自区县委、区县政府各个部门，这些干部的到位提高了红十字会干部队伍的综合素质，为区县红十字会工作带来了新气象。

（六）“博爱在京城”募捐救助系列活动。北京市红十字会推出了“博爱助困、博爱助学、博爱助残、博爱助老”的系列救助活动，制定了“56130 救助计划”。并向社会发出了募捐的倡议：每 50 元钱就可以帮助一名贫困患病儿童享受每年累计最高 80000 元的住院医疗保障；每 400 元钱即可帮助一名贫困学生，使其拥有一年的学习费用；每 500 元钱可以帮助一个困难家庭暂度难关；每 2000 元钱可使一名生活困难的白内障患者享受光明；每 6000 元钱可以帮助生活困难的老人入住养老院享受幸福的晚年。此活动在社会上引起强烈反响，成为红十字会工作的品牌。“56130 救助计划”正在落实中。

“56130 救助计划”：50000：帮助 50000 名困难家庭的儿童，加入中小学生、婴幼儿住院医疗互助金，每人 50 元。6000：救助 3000 个困难家庭，每户 500 元；资助 3000 名困难学生的年度学费，每人 400 元。100：帮助 100 个困难的白内障患者免费实施复明手术，每人 2000 元。30：帮助 30 个困难的孤寡老人入住颐年养老院，每人每年 6000 元。

（七）“北京市中小学生、婴幼儿住院医疗互助金”工作。北京市中小学生、婴幼儿住院医疗互助金（简称互助金），是由农工民主党北京市委员会和北京市政协部分委员连续多年提案，经市政府批准由市红十字会和市教委、市卫生局联合开展的一项以互助共济为原则的公益性事业，于 2004 年 9 月正式启动。凡 0 – 18 岁有北京市户籍的孩子（包括已患病的孩子），每人每年交纳 50 元人民币，最高可累计享受到 8 万元的住院医疗费用保障。

此项工作，得到了市委、市政府和区县政府的大力支持：市委宣传部批示各新闻媒体加大了宣传力度；市编办批准成立了“北京市少儿住院医疗互助金管理办公室”；市财政局拨付启动经费，协调银行为各区县建立了集团账户。社会各界纷纷奉献爱心，为贫困家庭的少儿加入互助金捐款：北京市直机关的老干部捐款 4.5 万元人民币，民建北京市委组织企业家捐款 37.5 万元人民币，民进北京市委发动会员捐款 21 万元人民币。为使互助金工作成为“阳光工程”，把这件利民的好事做实、做好。我会成立了由市人大代表、市政协委员、市政府职能部门代表和加入互助金的学生家长代表等组成的“互助金工作监督委员会”，全程监督互助金工作。

（八）对外交流交往。1997 年至今，我会先后接待了来自韩国、美国、德国等 33 个国家及首都红十字会来访，共 103 个团组 894 人次；应邀组团随团出访了瑞士、法国、韩国等 18 个国家，共 41 个团组 222 人次。接待了红十字国际委员会主席和红十字会与红新月会国际联合会主席及其驻亚太地区、东亚地区办事处负责人的工作考察和交流。北京市红丨字会与韩国汉城、日本东京、美国湾区、加拿大温哥华 4 个国家首都或地区红十字会签署了双边交流协议，建立了友好关系。

由市红十字会倡导的中、日、韩首都红十字工作研讨会于 2001 年开始，连续三年分别在三国首都红十字会召开。研讨会围绕新世纪人道主义工作领域的把握；志愿者服务内容及面临的挑战等进行了广泛的交流和探讨。2004 年 5 月 9 日，成功举办了首次红十字工作国际研讨会，就红十字会在“准备和应对大都市突发事件和重大事件”中的作用和经验，进行了研讨。

根据中央“一国两制”的方针，在中国红十字会的指导下，市会分别接待了香港、澳门特别行政区红十字会和台湾红十字组织领导人的参观访问，并进行了工作交流。

通过与国（境）外红十字会和红十字国际组织的交流与合作，扩大了红十字会的国际影响，充分发挥了红十字会的民间外交作用。2003 年，市委组织部、市委公共卫生工委、市外办、市财政局大力支持，为市会解决了因公出国（境）人员审批权和因公出国（境）任务独立申报权及外事经费单列问题。使我会的对外交流交往工作更加活跃。

市红十字会注重加强外事管理工作。对每个出访团组都进行外事纪律教育和外事礼仪培训，设立了外事窗口单位。完善并制定了外事管理工作的若干规定、出国人员在外纪律等 7 个外事管理文件，编辑整理印制了北京市红十字会《出国常备手册》。

北京市红十字会对外交流交往情况（单位：人次）

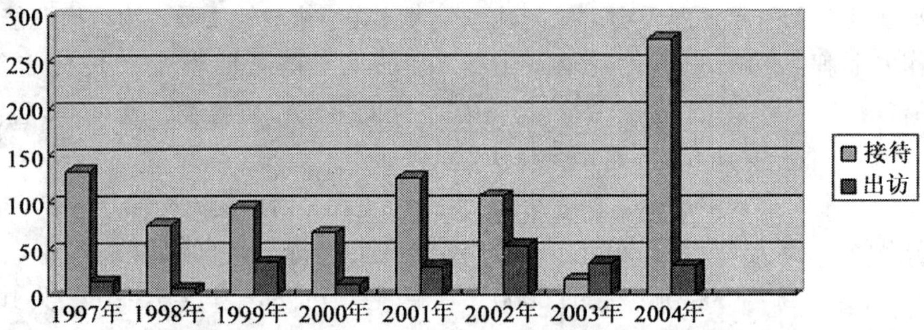

【显著业绩】

1985 年，护理工作者司堃范，由市红十字会推荐、中国红十字会审核，红十字国际委员会批准，被授予第 30 届南丁格尔奖章，受到了国家领导人的接见。

1999 年，北京市红十字会被中国红十字会总会评为“98 抗洪抗震先进集体”。被北京市委评为“第四届首都民族团结进步模范单位”。

2001 年，护理工作者王雅屏，由市红十字会推荐、中国红十字会审核，红十字国际委员会批准，被授予第 38 届南丁格尔奖章，受到了国家领导人和市委领导的接见。

2002 年，北京市红十字会荣获了中华人民共和国人事部和中国红十字会总会授予的“全国红十字会系统先进集体”称号。

通州区红十字会常务副会长兼秘书长杨有平同志荣获了“中国红十字会先进个人”称号。

北京市红十字会荣获红十字国际委员会和中国红十字会颁发的传播工作二等奖。

2003 年，北京市红十字会荣获了“首都文明单位”称号。

北京市红十字会机关干部：李雪奴、刘

娜、郭丽洁被评为首都防治“非典”工作先进个人。

护理工作者陈东，由北京市红十字会推荐、中国红十字会审核，红十字国际委员会批准，被授予第39届南丁格尔奖章，受到了国家领导人的接见。

2004年，北京市西城区红十字会荣获中华人民共和国人事部和中国红十字会总会授予的全国红十字会系统先进集体荣誉称号。

在中国红十字会与民政部联合开展的社区红十字服务示范区活动中，东城区、西城区、宣武区、崇文区、通州区获“全国社区红十字服务示范区”称号。

北京市红十字会首次组队参加了在香港举办的“两岸红十字百年精英荟萃”急救及灾难应变比赛。取得了“关怀表现金奖”和“急救及灾难应变优异奖”，

北京市红十字会荣获红十字国际委员会和中国红十字会颁发的传播工作二等奖。

【年度工作】（2004年）

在党的十六大、十六届三中、四中全会精神的指引下，在市委、市政府的大力支持下，在中国红十字会总会的指导下，在北京市红十字会第八届理事会的领导下，北京市红十字会系统的专兼职干部、广大红十字会会员和志愿工作者围绕“新北京、新奥运”的战略构想，以中国红十字会建会百年和中国红十字会第八次会员代表大会召开为契机；坚持以邓小平理论和“三个代表”重要思想为指导，以开创有首都特点的红十字事业为目标，以发展创新为动力，以依法建会、依法治会、依法兴会为保障；开拓进取、团结奋斗，圆满完成了2004年的各项任务，有些工作取得了突破性的进展。

（一）人道主义四项工程

1. 救灾救助工作：为了依法做好救灾救助工作，北京市红十字会确定了救灾、救助工作思路，即：增强救助实力和应急能力，在自然灾害和突发事件发生时，第一时刻站出来，为政府分忧、为群众解难；结合北京市的实际情况，在继续做好对国内外自然灾害救助的同时，加大对本市弱势群体和突发事件中造成的困难群体的救助力度。北京市红十字会认真研究制定了《北京市红十字会应对突发公共事件预案》和《北京市红十字会应对重大灾难紧急社会募捐预案》，积极做好协助政府开展各种公共事件救援工作的准备。

2004年末发生在印度洋沿岸的地震、海啸，引发了无国界的爱心大救援。我会响应中国红十字会的倡议，向全市发出募捐的号召。开通捐赠热线、公布捐款账号、设置募捐站、开出流动募捐车、开通网上捐赠，举办义演、笔会、义画等多途径、多形式的募捐，收到了社会各界捐款2553.09万元人民币及各种外币，全部上缴中国红十字会总会，并通过了市审计局的专项审计，荣获了中国红十字会颁发的“印度洋海啸救援最佳组织奖”。

针对北京市目前仍有23万享受最低生活保障的家庭，3.1万贫困学生，18万60岁以上困难的老年人和3.7万困难的残疾人需要帮助，北京市红十字会在全市推出了“博爱在京城”—博爱助困、博爱助学、博爱助老、博爱助残的系列救助活动。2004年我会筹集到社会各界捐赠款物折合人民币1254万元，支援云南、新疆等9个省（区）救灾款物折合人民币107万元；用于本市救灾救助款物折合人民币1072万元，使59.9

万人受益。其中：用于本市救灾 130 万元人民币，用于救助 300 多万元人民币。在元旦和春节期间的“红十字博爱送万家”活动中，市、区（县）两级红十字会共使用 521.5 万元（款物），救助了 19000 户困难家庭和困难学生，总受益人数为 57030 人。同时，还为北京西站全国五一奖牌获得者 036 候车室，捐赠了 20 辆轮椅和四副担架；向北京站、北京西站、首钢总公司等转赠了无菌卫生袋和防暑药品等。

2004 年 2 月 5 日，密云县元宵灯节发生特大踩踏事故，造成 37 人死亡，15 人受伤，善后工作难度很大。北京市红十字会紧急拨付救助款 37 万元，通过密云县红十字会协助密云县委县政府作好善后处理工作。事后，县委县政府给我们写来了感谢信，感谢红十字会给予的关心和支持，并多次表示密云县人民就是通过这件事，进一步认识了红十字会。4 月 23 日，北京市再次发生非典疫情，我会又是在第一时刻拨付 50 万元救助金，分别慰问了地坛、人民、健宫医院和北京市疾病预防控制中心的医务人员。

2. 自救互救工作：（1）卫生救护培训：市、区两级红十字会和各培训分中心，加大了开展群众性卫生救护培训工作的力度，全市全年有 17 万多人参加了普及急救知识的讲座；有 12665 人经过培训，取得急救员证书；在国家彩票公益金的支持下，举办了 4 期救护师资培训班，有 284 人经培训取得了师资证书。市红十字会卫生救护培训中心和各分中心齐心协力，除在建筑、旅游、电力、煤炭、公交等重点行业及学校、体育场馆、宾馆饭店、外资企业开展培训，又扩展到一些政府的职能部门。12 月份，我会首次组队参加了在香港举办的“两岸红十字百年精英荟萃”急救及灾难应变比赛。来自北京、上海、南京、广州、龙岩、香港、澳门和台湾等 10 个市和地区的代表队参加了比赛。有 20 多位来自红十字国际委员会、我国内地、香港、澳门和台湾地区的教授、资深医务人员、法律界人士及专家担任评委。北京市红十字会代表队取得了“关怀表现金奖”和“急救及灾难应变优异奖”，并在推展交流会上代表内地的 5 个参赛队进行了急救技术示范表演，赢得了一致好评。

（2）少儿住院医疗互助金：2004 年全市 16 个区有 66.9 万人参加了“互助金”，占少儿总数的 51.9%；“互助金”共收缴 3347.9 万元，截止到 2005 年 8 月 31 日，累计为 12698 人次支付了医疗费用，人均支付 1500 余元。其中，为 266 名先心病患儿支付了部分手术费用，人均近 6000 元；为 1284 人次白血病、血友病、再生障碍性贫血、恶性肿瘤和肾衰竭患者支付了住院和门诊费用；为 796 人次意外伤害支付了住院费用。支付万元以上的有近 250 余人次，其中有 8 名患儿支付额达到 8 万元。“互助金”起到了减轻患儿家庭经济负担的作用，得到了广大少儿家长的认同，为北京市广大少儿撑起生命的绿伞。

全市各级红十字会组织依法参与、推动献血工作，开展无偿献血的宣传，协助采血车入社区、入校园，倡导市民、大学生积极参加无偿献血。我会协助中国红十字会在北京承办了“第九届志愿无偿献血者招募国际大会”。6 月 14 日，首次“世界献血日”，与市红十字血液中心联合举办了主题为“献血，赠送给生命的礼物。谢谢你们”大型宣传活动。在市红十字血液中心大力配合下，中国造血干细胞库北京分库发展迅速。

全年报名捐献血样的有16778人，HLA分型数据18190份上传至国家管理中心（居28个分库上传数据之首），为患者提供检索服务150人次，有11位志愿者（总计15位）为北京、上海、福建等地的白血病患者成功的捐献了造血干细胞。年内，成立了“市红十字会造血干细胞捐献志愿者之家”。

设立在协和医科大学、首都医科大学和北大医学部的遗体捐献接受站，全年有911人登记捐献遗体，396人办理了公证，76人实现了遗体捐献的遗愿。为了弘扬志愿捐献遗体者无私奉献的精神，清明节前，我会在常青园骨灰林基地落成了遗体捐献者纪念碑——《生命》。

为保护人的生命和健康，各级红十字会组织在群众中大力开展防病知识和健康教育。适时发放了《防控禽流感手册》《避险逃生应急手册》和艾滋病预防宣传资料。世界艾滋病日，市红十字会同市卫生局等13家单位联合开展了“关注妇女，抗击艾滋”的大型宣传。各高校红十字会，纷纷举办形式多样的活动，对大学生们进行“预防艾滋、关注健康”的教育。设立在佑安医院的爱心家园，地坛医院的红丝带之家，成为高校大学生接受直观教育的场所，对关爱艾滋病患者及预防工作起到了积极作用。

北京市红十字会紧急救援中心（“999”），始终坚持以人为本的服务理念，积极协助政府开展急救工作。全年出车71074次，救治了72963人次。参加重大事故抢救621次，救治2300多人。如：京沈高速公路车祸，水立方工地龙卷风等事故，“999”都以最快的速度到达现场进行急救。并多次承担足球比赛、马拉松长跑等大型活动和重要会议的保健任务，进一步扩大了“999”的社会影响。

（3）红十字青少年工作：各类学校红十字会，根据不同年龄青少年的特点，积极开展救护培训、人道法传播、敬老助残、募捐、无偿献血、捐献造血干细胞等活动，对促进青少年健康成长，发挥了积极作用。

为纪念中国红十字会成立百年，举办了“飘扬的红十字”征文和文艺汇演。全市有13个区县205所中小学校组织青少年参加，共征文23400余篇，有230篇征文获奖。继续在学校中开展“十佳”、“百优”青少年评选表彰活动，命名了第八批共17所红十字学校。为促进和加强未成年人接受爱国主义教育、远离毒品、训练意外灾害避险逃生本领，市红十字会分别与中国人民抗日战争纪念馆、北京市禁毒教育基地、北京消防教育训练中心共建北京红十字青少年教育基地。

承办了中、日、韩三国首都红十字青少年夏令营。来自韩国汉城、日本东京和北京的红十字青少年共50余人，汇聚在怀柔的生存岛，参加了红十字和红新月运动的知识竞答，山地越野训练、中国传统手工艺制作等多项活动，培养了团队协作精神，增进了中、日、韩三国首都红十字青少年的友谊。

使用荷兰红十字会援助的22万元人民币的合作项目资金，先后在首都经济贸易大学、北京工业大学，举办了两期“预防艾滋病青年同伴教育”讲座，共培训了20名项目主持人，400名宣传员，通过传播，使两所高校的千余名学生接受了预防艾滋病的知识，较好地掌握了自我防护的方法和技巧。

（4）社区服务工作：按照中国红十字

会总会、民政部联合下发的《关于开展社区红十字服务工作的通知》和《关于开展全国社区红十字服务示范活动的意见》，我会与市民政局联合成立了社区红十字服务工作领导小组，转发有关文件，落实具体措施。把创建社区红十字服务示范区工作纳入市红十字会的“折子工程”和对区县红十字会目标考核管理之中。

在总结多年社区红十字服务工作的基础上，我会及时提出了红十字工作“六进社区”，下发了《开展社区红十字服务工作的具体要求》和《红十字志愿者管理办法》。募捐救助工作进社区，把筹资和救助结合起来，使救助更直接、更透明、更受群众欢迎；卫生救护培训进社区，增强安全防范意识、提高居民自救互救能力，减少灾难发生时的损失；健康教育进社区，把防病、保健知识送到群众手中，提高市民的生活质量；宣传、传播工作进社区，提高了群众对红十字会的认知率，赢得更多人的支持和参与；红十字青少年工作进社区，协助构建学校、家庭、社会相结合的教育体系；志愿服务进社区，志愿者利用自己的时间、知识、技能为市民服务，使他们生活得方便、和谐。各区县红十字会紧紧把握“以人为本、突出特色、结合实际、服务弱势”的原则，大力开展社区红十字服务活动。南丁格尔奖章获得者司堃范退休后活跃在社区，她的志愿者爱心工作室为居民提供医疗咨询和救助，在社区中传为佳话。2004年，东城、西城、宣武、崇文、通州区红十字会获“全国社区红十字服务示范区”称号。

为了创新募捐救助工作的新模式，探索新时期救助工作的长效机制，使救助工作更加人性化、经常化、更有实效性。在社区中推广建立了“红十字博爱超市”（集募捐接收站、博爱超市、志愿工作者服务站三位一体）。这种模式既尊重了被救助者的尊严，使被救助者“按需所取”，方便了救助工作的开展，又为社会各界搭建了奉献爱心的平台，实现了社会资源的良性互动。

（二）宣传和传播工作

市红十字会以“庆百年”为契机，加大红十字会法的宣传力度，举办了“红十字文化宣传年”系列活动：在《北京日报》上刊登纪念百年红十字的文章，与市邮票公司联合发行百年纪念邮票首日封，举办“飘扬的红十字”文艺汇演和诗歌朗诵会，开展“红十字在我心中”征文比赛，举办“庆百年”书画笔会，与人艺老艺术家共同创作了“以红十字的名义”——宣传造血干细胞捐献工作为题材的话剧，首次举办了“红十字工作国际研讨会”。各区县红十字会结合建会百年和“五八”世界红十字日也都举办了大型宣传活动。

市红十字会编辑、制作了《工作年报》、“八代会”画册、《避险逃生手册》、《红十字基本知识100问》、“博爱在京城”折页等10多种宣传品20多万份。以网站和各种媒体做平台，拓展了宣传渠道。发挥《北京红十字报》、红十字会网站的作用，大力宣传红十字会法、红十字会百年来的历史业绩、红十字会开展的各项工作。建立了新闻发言人制度，定期举办新闻通气会，配合中心工作，及时报道各类信息。全年，各类电视台共播放红十字工作的信息282次，报纸刊登400余条，其中，主要报纸均刊登20次以上。

认真落实中国红十字会总会与红十字国际委员会签订的协议和传播工作计划，结合

“四五”普法规划，继续广泛开展国际红十字运动基本知识和红十字会法的传播。举办了红十字运动基本知识传播培训班，全市共有20余万人参加了普及培训，431人取得了由市红十字会颁发的证书。荣获红十字国际委员会和中国红十字会颁发的传播工作二等奖。

（三）对外交往工作

全年共接待来访的交流团21批316人。其中：接待了红十字会与红新月会国际联合会东亚地区代表团，瑞士、朝鲜、日本、美国和乌克兰等50多个国家红十字会的来访和参加“第九届志愿无偿献血者招募国际大会”的200名代表。应邀组团、随团出访了瑞士、德国、罗马尼亚、法国、美国等11个国家和地区，共6个团组32人。与加拿大温哥华红十字会签署了合作备忘录；与罗马尼亚登博维察省红十字会签署了友好交流合作协议；乌克兰首都基辅市红十字会与我会达成建立友好交流合作的意向等。

（刘燕君）

附录：

北京市实施《中华人民共和国红十字会法》办法

（1994年10月19日北京市第十届人民代表大会常务委员会第十三次会议通过）

第一条 为实施《中华人民共和国红十字会法》，结合本市实际，制定本办法。

第二条 北京市红十字会发扬人道主义精神，保护人的生命和健康，为促进和平进步事业和首都经济发展服务。

全社会都应当关心和支持红十字事业。

第三条 市和区、县红十字会是中国红十字会的地方组织，是从事人道主义工作的社会救助团体，依法取得社会团体法人资格，独立自主地开展工作。

第四条 本市按行政区域建立市和区、县红十字会，配备专职工作人员。

街道、乡镇建立红十字会，根据实际工作需要配备专职或者兼职工作人员。

机关、团体、企业、事业单位根据需要建立基层红十字会组织。

上级红十字会指导下级红十字会的工作。

第五条 本市红十字会会员分为个人会员和团体会员。个人会员由本人申请，基层红十字会发给会员证；团体会员由单位申请，所在地地方红十字会发给团体会员证。

红十字会会员应当遵守《中华人民共和国红十字会法》和本办法，热心红十字事业，享受会员的合法权益，履行会员的义务。

第六条 市和区、县红十字会设名誉会长和名誉副会长。名誉会长和名誉副会长由同级红十字会理事会聘请。

第七条 本市红十字会除履行《中华人民共和国红十字会法》规定的职责外，履行下列职责：

（一）宣传、贯彻《中华人民共和国红十字会法》和本办法；

（二）依据红十字会章程吸收会员，发展组织；

（三）对容易发生意外伤害的单位进行初级卫生救护培训和组织群众参加现场救护工作；

（四）参与无偿献血的宣传和组织工作；

（五）兴办街道红十字卫生站等符合红十字会宗旨的社会福利事业；

（六）完成各级人民政府委托事宜。

第八条 各级人民政府对红十字会工作给予支持和资助，并保障红十字会依法独立自主地开展工作。

各级红十字会接受同级人民政府的检查监督；基层红十字会组织接受所在单位的检查监督。

第九条 红十字会兴办的与其宗旨相符的社会福利事业，按照国家有关规定享受减税、免税待遇，有关行政管理部门减收、免收管理费。

第十条 红十字会接受境外援助或者捐赠的物资、设备，海关按照国家规定优先办理有关手续，并依法给予减免税待遇。

红十字会接受的款物应当用于红十字事业，任何组织和个人不得侵占和挪用。

第十一条 红十字会经费的主要来源：

（一）红十字会会员按照规定缴纳的会费；

（二）接受国内外组织和个人捐赠的款物；

（三）红十字会的动产、不动产和所属企业、事业单位上缴的收入；

（四）各级人民政府的拨款。财政部门将红十字会经费列入年度预算，专款专用，并根据需要和可能增拨专项经费；

（五）基层红十字会所在单位的资助。

第十二条 市红十字会依法设立北京市红十字会基金会，所筹资金用于发展本市红十字事业。

第十三条 红十字会为开展救助工作，可以进行社会募捐活动。

红十字会可以在机场、宾馆、饭店、公园等公共场所设置红十字募捐箱，进行募捐。

红十字募捐工作，由市红十字会统一管理。

第十四条 各级红十字会应当建立经费收支、财产管理和所办社会福利单位经济活动的审查监督制度，并每年向理事会报告。

第十五条 市红十字会对在红十字事业中做出突出贡献的志愿工作者和社会各界人士，授予荣誉称号和颁发荣誉证书、证章。

各级红十字会对在红十字工作中做出显著成绩的单位和工作人员及会员，给予表彰和奖励。

第十六条 本办法自公布之日起施行。

天津市红十字会

【历史沿革】

天津市红十字会从1911年11月10日诞生之日到今天，已经走过了94年的风雨历程。天津是我国较早建立红十字会组织的地方之一。90多年来，经历了两个截然不同的社会制度。在新中国建立前的近40年中，天津市红十字会是以“恤兵博爱”为宗旨的慈善团体。当时，红十字会工作人员和一些为红十字事业而献身的志士仁人冒着枪林弹雨活跃于战区，救护伤兵和平民百姓，或奔走于灾区赈济灾民，是在极其艰难的社会条件下履行人道主义使命的。建国后，在周恩来总理的亲切关怀下，中国红十字会总会得以改组，作为地方组织的天津市红十字会于1953年3月也获得了新生。从那时起到20世纪60年代中期，天津市红十字会在中共天津市委和天津市人民政府的领导和关怀下，走上了一条健康发展之路。当时，红十字会基层组织遍及全市城乡各行各业，红十字会会员（包括红十字青少年会员）已逾百万。市红十字会作为政府的助手，在保护人的生命和健康及开展民间外交方面发挥了积极的作用。“文革”期间，天津市红十字会组织和工作被迫停顿长达10余年之久。直到20世纪70年代末期，在中共十一届三中全会召开以后，经过拨乱反正，才重新得到恢复。

1978年7月，天津市红十字会组织机构和工作恢复以后，立即着手加强组织建设。恢复后的天津市红十字会首届理事会会议于1978年9月10日召开（因红十字会工作停顿10余年，无法召开代表大会，为此恢复后的首届理事会代行了第三次会员代表大会的职权）。经过充分的酝酿和讨论，理事会一致选举白桦为天津市红十字会会长，并组成常务理事会。理事会决定：从天津市的实际出发，大力开展宣传工作，利用三年时间，把全市红十字会基层组织恢复起来，红十字会工作要做到“组织落实、人员落实、制度落实、活动落实”四个落实。

1992年9月18日至19日，天津市红十字会第四次会员代表大会召开。参加此次会员代表大会的代表共168人，其中正式代表155人，列席代表13人。参加此次会员代表大会的代表们经过认真讨论，一致通过了关于第三届理事会工作报告的决议、关于《天津市红十字会组织通则》的决议、关于《天津市红十字会五年工作规划要点》（1991—1995年）的决议。同时，经过代表充分酝酿和讨论，选举产生了新一届领导机构——第四届理事会。

在四届一次理事会上，一致通过并聘请钱其璈为天津市红十字会名誉会长。选举曲学申为天津市红十字会会长。

1993年10月《中华人民共和国红十字会法》和1996年1月《中华人民共和国红十字标志使用办法》的颁布实施，使红十字事业走上了法制化建设的轨道。1998年11月24日，天津市红十字会第五次会员代表大会召开，来自全市各有关部门、各单位和基层红十字会组织的168名代表参加大会。大会选举出68名理事组成新一届理事会。聘请俞海潮担任名誉会长，提出实施“四项工程”：百老百小博爱社会工程、保护生命工程、人道救援工程、青少年思想道德教育工程，充分发挥红十字会在精神文明建设中的作用。

天津市红十字会历次代表大会一览表

届次	日期	代表	理事	常务理事	名誉会长	会长	副会长
第一次	1951.3.30	29人	30人	6人		李允恪	宋罗岐(兼)等
第二次	1958.3.10	1884人	28人	6人		李振亚(兼)	吴士法等
第三次	1978.9.10		32人	7人	钱其璈	白桦(兼)等	赵芸一(兼)等
第四次	1992.9.18	168人	72人	3人	钱其璈 庄公惠	曲学申 赵 辉	康健等

届次	日期	代表	理事	常务理事	名誉会长	会长	副会长
第五次	1998.11.24	168 人	68 人	7 人	俞海潮 张俊芳	赵　辉	王建华、吴炳岳 韩军、黄广祥

【组织机构】

天津市红十字会现有基层组织 2918 个，会员 40 余万，志愿者单位 896 个，志愿工作者 39646 人，拥有覆盖全市 18 个区、县和教育、铁路、武警三个行业的红十字会组织网络系统。同时，在教育系统建立了红十字会学校工作委员会，18 个区、县也分别建立了区、县红十字会学校工作委员会。

天津市红十字会机关设有办公室（联络部）、赈济部、救护部、事业发展部。下辖直属事业单位中国造血干细胞捐献者资料库天津市分库管理中心。

根据《中华人民共和国红十字会法》和中国红十字会总会《理顺管理体制座谈会纪要》精神，2004 年 8 月 28 日，天津市红十字会向市编委提交了《关于我市区县红十字会机构依法独立设置的再请示》。2005 年 1 月 18 日，市机构编制委员会下发了《关于区县红十字会机关机构设置和人员编制有关问题的通知》。目前，天津市 18 个区、县红十字会机关理顺管理体制工作正在顺利进行。

【相关法规】

在纪念《中华人民共和国红十字会法》实施一周年之际，全国第一部与红十字会法相配套的地方法规——《天津市实施〈中华人民共和国红十字会法〉办法》，经天津市第十二届人大常委会第十一次会议审议通过，于 1994 年 10 月 18 日颁布施行。

《天津市实施〈中华人民共和国红十字会法〉办法》共 21 条，涉及到红十字会工作的方方面面，其中对市和区、县的机构设置、人员编制、工作人员待遇、法人资格、经费来源、兴办福利事业的政策、红十字会的权利和义务、红十字标志的使用及建立红十字基金会、表彰先进的办法等都做了明确的规定。这些内容不但全面贯彻了红十字会法，而且还结合天津市红十字会的实际情况加以补充，具有独特的适用性和严格的规范性。

【大型项目】

（一）1998 年向遭受自然灾害的省、市、自治区进行的援助：

1. 1998 年 1 至 2 月，向河北省张家口地震灾区募捐款物 3690203 元；发往西藏自治区那曲雪灾区现金、物资价值为 256850 元。

2. 8 月 11 日至 10 月 9 日，为“三江流域”水灾开展募捐，共接收社会各界捐赠款物总值 443 万元，衣物 15632 件，分别发往湖南、湖北、内蒙古、黑龙江等灾区。

（二）2001 年，紧急救助内蒙古自治区、新疆维吾尔自治区受灾地区，共募集款物总值达 1330161 余元，并募集了 20 余万件棉被、棉大衣、皮衣等物品，分 4 批运往灾区。

（三）2002 年向遭受自然灾害的省、市、自治区进行援助：

1. 向内蒙古自治区通辽市、甘肃省定西县、广西壮族自治区贺州市和重庆市接龙镇各拨付救助款 10 万元，用于建设红十字小学。

2. 为福建省建宁县全溪乡卫生院建立放射科。

（四）2003 年积极为遭受自然灾害的兄弟省市捐款捐物：

1. 2 月，向新疆维吾尔自治区伽师地震灾区捐款 10 万元，帮助修建一所小学。

2. 7 月为淮河等洪涝灾害地区募捐款物 71 万余元，购置帐篷、棉被、棉大衣、毛毯、药品等物资支援安徽、湖南、陕西三省灾区。

（五）2004 年支援了 6 个省、市救灾工作：

1. 筹措价值 80 万余元的生活必需物资，支援内蒙古自治区锡林郭勒盟地震灾区和河南省、湖北省、四川省、云南省昆明市、黑龙江省佳木斯市的水灾灾区和贫困地区

2. 筹措价值 800 余万元的 8 万套“元亨强心卡”赠送给 14 个省、市红十字会。

【主要特色】

（一）开展“红十字博爱助学”募捐活动

为了使政府对特困生的救助增加一条重要的民间筹资渠道，同时也充分发挥学校红十字会的救助职能，使红十字会成为学校助困工作的主要承担者，2004 年 5 月，经市领导批准，天津市红十字会与市委教卫工委、市教委、天津日报报业集团联合发起了“红十字博爱助学”募捐活动，并设立了市、区、县学校三级“红十字博爱助学金”。制定并下发了《关于开展红十字博爱助学募捐活动的通知》、《天津市红十字博爱助学金管理使用暂行办法》、《天津市红十字校园募捐箱管理办法》等文件。募捐活动开展以来，得到社会各界的热烈响应。市教卫系统向“市红十字博爱助学金”捐赠了 102.0098 万元；平安保险公司天津分公司、北海粮油工业（天津）有限公司、天津市公安系统青年文明号干警、各区、县、各大中专院校以及社会上的爱心人士也纷纷捐款。截至 2004 年底，天津市红十字会共接收捐款 169.3 万元。南开大学广告策划中心捐赠了价值 10 万元的首批 80 个校园募捐箱，设立在部分学校校园内。

红十字博爱助学活动已成为红十字会服务党和政府工作大局、服务学生的一个“品牌”活动，凸显了红十字会在校园助困工作中的独特作用，天津市红十字会决定将其作为“品牌”年年进行下去。2005 年，为了搞好这项活动，市红十字会在春节长假时间，与天津电视台、市残联联合举办并播出了《我们同行》大型电视公益会，中国红十字会会长彭珮云专程到会发表了热情洋溢的讲话。

（二）红十字青少年活动

天津市认真贯彻落实中国红十字会总会和国家教育部下发的《关于进一步推进学校红十字会工作的意见》及《学校红十字会工作规则》，注重发挥红十字会在学校全面推进素质教育中的重要载体作用，使红十字青少年工作成为学校整体工作的一个重要组成部分，在壮大组织、规范建设、丰富活动、创新方式上进行了积极探索，从而扩大了红十字会的影响力和号召力。自 1997 年开始，市红十字会与市教委联合在全市大中小学开展了创建红十字标准校活动，加强和规范了对学校红十字会工作的管理，建立健全了学校红十字会组织和管理机制，成立了

天津市学校红十字会工作委员会，18 个区、县也都建立了区、县学校红十字会工作委员会。红十字标准校普遍建立了四项工作制度，即：学校红十字会理事会议制度、红十字青少年活动制度、会费收缴使用管理制度、年终评比表彰制度。目前，全市 20 所大学全部建立了红十字会，绝大多数中小学校也已建立红十字会，中专校三分之二已建立红十字会，全市共发展红十字青少年会员 19 万人。经过 7 年的努力，截至目前，全市共创建市级红十字标准校 226 所，区级标准校 640 所。

2001 年，在巩固红十字标准校工作的基础上，天津市红十字会开展了创建“红十字示范校”活动。经市红十字会、市教委严格评审验收，全市共有 10 所学校被命名为“红十字示范校”。

自 2000 年起，天津市红十字会与市委教卫工委、市教委、市民政局联合发起了天津市大中小学红十字青少年敬老奉献服务基地建设活动。全市 394 所学校与 320 所养老机构签订了敬老奉献志愿服务协议，实现了让全市所有养老院都享有红十字青少年志愿服务的工作目标。在创建红十字青少年敬老奉献服务基地活动中，全市有 10 所养老院和与之对口服务的 11 所学校被评为红十字敬老奉献示范基地和示范学校。

（三）构筑红十字会农村防病健康培训指导网络

为全面提高乡村卫生人员在疫情预防和控制方面的能力、应急反应能力及参与长期疫病控制方面的能力，加拿大国际发展署和天津市红十字会共同捐赠 39 万元人民币和 9 万余元物资，在天津市武清、东丽、津南区建立了红十字会防病培训指导中心。红十字防病培训指导中心的主要功能是协助当地政府以及卫生部门组织乡村级卫生人员培训，免费发放消毒药品，对公共场所定期消毒，组织卫生宣传员深入农户宣传讲解防病知识，做到送药送卫生健康下乡，为农民群众服务。各培训中心均健全了培训制度，坚持邀请医学专家每月授课一次。培训对象以乡、街、村干部，乡村医生、校医、厂医、院内医务人员等为主，通过他们带动或推动单位、村队、社区卫生宣教工作的开展。培训内容涉及各种传染病的预防、消毒、隔离指导，多发病、常见病、慢性病的防治，群众性卫生急救技术普及和艾滋病知识预防工作。乡医有针对性地向群众宣讲通俗易懂的防病保健知识，深入生活困难、行动不便的群众家中讲解药品使用常识，提高他们预防疾病的能力，培养良好的卫生习惯。在抗击“非典”和禽流感的工作中，红十字防病培训指导中心在第一时间向 400 个行政村发放了 20 万份宣传材料，设立了 30 个红十字宣传栏。为加强辖区内的消毒工作，减少传染病的发生机率，三个区为各行政村配发喷雾器，并标有“红十字防病消毒专用”字样，乡医定期对公共场所进行消毒。红十字防病培训指导中心积极发挥红十字救助职能开展救助工作，每逢年节，红十字会工作人员都为特困家庭送去慰问金以及米、面、油等慰问品，免费为敬老院老人体检，建立健康档案，为困难群众在防控疾病方面提供力所能及的帮助。

（四）开发性扶贫工程

为帮助贫困农民摆脱困境，天津市红十字会从 1996 年开始摸索出一条新路，经与香港环球之友有限公司天津办事处积极联系，着手引进资金开展开发性扶贫工程。

1998年11月20日，经市红十字会积极努力协调，香港环球之友有限公司天津办事处与蓟县杨津庄乡政府正式签订协议，首次实施开发性扶贫工程，即：由香港环球之友有限公司为韩庄村提供697000元人民币，用于建造41座温室蔬菜大棚。其中40座大棚用于扶贫，每个大棚由一户贫困农民承包，共计40户；一个大棚用作蔬菜品种试验。此次扶贫资金分6年偿还本金，待资金收回后，再用于新的扶贫项目。

韩庄村贫困户承包蔬菜大棚后，在定期来津的美国和中方专家的指导下辛勤耕种，于1999年春节喜获丰收。他们将收获的西红柿、黄瓜等卖出，得到了第一笔收入。截至2001年5月，韩庄村承包大棚的贫困户均已摆脱困境，并开始逐年偿还扶贫本金。

天津市红十字会在全面总结经验的基础上，于2000年末至2001年初，由市红十字会领导带队相继考察了天津市部分区、县较贫困的地区，并选定在汉沽区后沽乡宝田村进行开发性扶贫试点工作。

这次市、区两级红十字会共同出资4万元，建造5个以种植葡萄为主的温室大棚，由5个有劳动能力的贫困户承包种植，乡政府具体进行指导。同时，每个承包户每年拿出一定收入款项帮助一户无劳动能力的贫困户共同脱贫。如该扶贫点试验成功，天津市红十字会将在此基础上进一步探讨开发性扶贫的可行性，争取扶贫工程有更大的发展。

（五）癌症康复委员会工作

1993年12月10日，天津市红十字志愿工作者协会癌症康复委员会成立，这是全国首家由红十字会组建的癌症康复组织。

自从河北区红十字癌症康复俱乐部于1992年10月24日成立以来，一年之间发展会员350多名。为满足全市癌症患者的需求，市红十字会成立了全市性的癌症康复组织，分别在各、区县建立癌症康复俱乐部，下设50多个活动站。截至2000年底，已有2300多名癌症患者加入了这个组织。他们坚持常年开展体育和气功锻炼，通过群体抗癌，科学抗癌，使大部分癌症患者增强了抗癌克癌的勇气，并笑对人生，延续生命。

癌症康复会经常组织会员开展各项活动，如举办康复知识讲座、文体活动，开展抗癌明星、克癌勇士评选活动，组织宣讲团到肿瘤医院为身患癌症的患者现身说法，到监狱开展帮教活动等。他们还专门成立了“生命之爱艺术团”，为社会各界举行义演，迄今已演出上百场。市红十字癌症康复会还举办了“生命之爱”艺术展，该市一批著名书画家将自己创作的艺术作品捐赠给癌症康复会。在展出的224件作品中，有百余幅作品出自癌症患者之手。

（六）建立遗体捐献者纪念园

2004年5月19日，由天津市红十字会、天津医科大学、天津元宝山庄陵园有限公司共同创建的天津市遗体捐献者纪念园在蓟县元宝山庄陵园落成。遗体捐献者纪念园坐落于天津市目前唯一的山地绿色生态陵园——元宝山庄陵园中的“归于自然”景观处。纪念园由天津市红十字会、天津医科大学、天津元宝山庄陵园有限公司三方合作共同建设，天津元宝山庄陵园有限公司无偿提供了500多平方米的建设用地和全部建设资金，总值1173.7万元。纪念园设计方案采取向社会公开征集的方式，园内的长25米、高4米的纪念碑为标志性建筑，并在以“奉献”为主题的纪念碑上镌刻209名已经实现愿望的遗体捐献者的名字。在他们当中，有著名的科学家、离休干部，也有普通的知识分子、工人、农民。纪念园周围以绿色植物和鲜花为陪衬，整个纪念园设计理念突出文化品位、观赏价值和艺术特点，该纪念园是我国目前规模最大的遗体捐献者纪念园。截至目前，天津市已有120多人领取了捐献遗体登记表。

（七）建立助困抚恤班

1997年6月12日，天津市红十字会建立了“助困抚恤班”，这是对特困生进行长期资助的一种探索形式。“助困抚恤班”建立后，分期分批接纳了社会上需要帮助的、有特殊困难的中小学生。凡经市红十字会批准的抚恤班成员，由市红十字会确定抚养人（抚养人都是志愿为困难中小学生提供长期资助的单位或各界人士），抚养人每月为抚恤班成员提供固定的救助金（每月50元～150元不等），救助金额根据被救助者家庭的实际困难情况而定。

截至目前，市红十字会建立的“助困抚恤班”已先后接纳了224名特困中小学生，有6个单位和百余名资助人提供了资助，每年资助款额已达25万余元。被救助的学生中，已有100余名高中毕业考上大学。由王本强连续多年资助的特困生盛保善在2000年的高考中，以664分的好成绩考上了清华大学。

【显著业绩】

1999年，天津市红十字会被中国红十字会总会评为“98抗洪抗震先进集体”。

2000年，天津市红十字会荣获中国红十字会总会颁发的1999年度传播红十字运动基本知识和国际人道法三等奖。

2000年，天津市红十字会荣获全国妇联颁发的“情系西部、共享母爱”援助西部爱心大使称号。

2002年，天津市红十字会荣获了中华人民共和国人事部和中国红十字会总会授予的“全国红十字会系统先进集体”称号。

2002年，天津市红十字会荣获了“文明行业”称号。

2003年，天津市红十字会被市政府评为“天津市先进社会团体”。

2004年，天津市河西区红十字会荣获国家人事部和中国红十字会总会授予的全国红十字会系统先进集体荣誉称号。

【年度工作】

（一）开展了大规模的募捐、救灾和社会救助工作

全市红十字会系统开展了大型“救灾救助基金”募捐工作，通过各种方式的大力宣传和劝募，争取社会各界的支持，共募集资金270余万元。其中大港、和平、河西、北辰4个区募捐款额超过20万元。基金的建立为长期稳定的开展救灾和社会救助工作奠定了较好的经济基础。

元旦春节期间，全市红十字会系统继续开展了以慰问困难群众为主要内容的“红十字博爱送万家”活动。各级红十字会工作人员深入社区看望困难群众，并送去关怀和温暖。全市各级红十字会共筹措资金120万元，救助了3200个困难群众家庭。

根据总会和市政府的要求，2005年，市红十字会完成了向“非典”死亡者家属和非典出院患者发放“非典受难者基金”的工作。全市共发放资金总额105.2万元。

各级红十字会继续开展了多种形式的救助困难学生的工作。市红十字会与市教卫工委、市教委、津报集团共同开展了“红十字博爱助学”募捐活动，制定了《天津市

红十字博爱助学金管理使用暂行办法》、《天津市红十字校园募捐箱管理办法》。工委、教委和各区、县红十字会、各大中专院校学生、平安保险公司的工作人员纷纷响应，掀起了募捐高潮。红十字博爱助学金实行三级管理，以统筹协调助学金的使用、发放，并自觉接受社会各界的监督。市红十字会继续开办助困抚恤班，为困难学生寻找资助人。积极与海关合作，争取到罚没侵权物资价值65万元，用于救助困难学生。一年来，全市共筹集博爱助学金337万元，资助困难学生3759人。其中，市级红十字博爱助学金共募集160余万元，发放669470元，资助特困生879人。

（二）救护培训和社区红十字服务工作

天津市各级红十字会大力开展了卫生防病知识宣传和救护培训工作。市和区、县红十字会继续在学校、企业、社区、游泳场馆等地方对群众进行现场急救知识培训。市红十字会还举办五期师资培训班，培训师资160人，在全市红十字会系统的救护培训中发挥了种子酵母作用，保证了全市大面积培训工作的开展；与市体育局联合在全市170多个游泳场所培训救生员829人；指导区、县、系统红十字会在基层广泛普及救护培训知识，各区、县都开展了大规模的救护培训。宝坻区、宁河县继续在机动车驾驶员中开展培训，已坚持数年，宝坻区累计办班56期，培训4600人，宁河县培训6000人。一年来，全市共培训4万余人次。掌握了急救知识和技能的人员在生产一线和生活现场发挥了救死扶伤的作用。

市红十字会2004年开展了“健康教育进社区”活动，共向群众发放《健康教育手册》13万份、防治“非典”宣传光盘32000张。开通了“天津市红十字会健康教育网站”。组织20支志愿者小分队分别深入社区活动，为18万群众免费查体，向2万余户家庭赠送了药品和卫生包。

市红十字会与加拿大国际发展署共同捐资兴建了3个红十字农村防病培训指导中心，举办了33期乡医培训班，发放宣传材料20万份，发放消毒药品1500箱，使万余户农民受益，提高了当地乡村卫生人员疫情预防和控制能力。

天津市各级红十字会配合政府部门积极参与推动无偿献血和防治艾滋病知识宣传工作。天津市红十字会向中国红十字会总会申报了2001至2003年度全国无偿献血先进个人和先进单位候选名单，向区、县和系统红十字会转发了中国红十字会总会《关于开展“世界艾滋病”宣传活动》的通知并提出6点要求，同时发放1400余份宣传材料。大中学校红十字会组织广大青少年学习、了解、预防艾滋病的有关知识，倡导文明科学的生活方式。

市红十字会认真贯彻中国红十字会总会和国家民政部下发的申报全国社区红十字服务示范单位的通知精神，进一步推动全市社区红十字服务工作的开展。市 红十字会建立健全了社区红十字服务工作制度，使此项工作逐步规范化。各区、县和街道红十字会建立了志愿工作者队伍、救护队、红十字市民学校、红十字募捐站，在居民中开展募捐救助、红十字精神及卫生防病知识宣传普及和各种类型的生活服务，通过“七进社区”的形式，把红十字会的工作延伸并落实到居民社区。开展社区红十字服务工作使红十字会工作在基层找到了平台和载体，成为政府社区工作的组成部分。为迎接中国红十字会总会的检查，天津市红十字会认真总结几年来社区红十字服务工作，通过检查、评审，查找不足，丰富内容，完善制度，提高水平，使社区工作又有新进展。全市评定出27个市级街、镇示范单位，授予河西区、河北区、河东区为天津市社区红十字服务示范区，并申报全国红十字服务示范单位，接受了总会评审团的验收。中国红十字会会长彭珮云在视察河西区马场街红十字社区服务工作时给予了充分肯定。《中国红十字报》介绍了他们的事迹和经验。

（三）传播工作和红十字青少年工作深入开展

市和各级红十字会2004年开展了纪念中国红十字会成立100周年系列宣传纪念活动，大力宣传新中国成立以后，特别是改革开放以来，中国红十字事业和天津市红十字事业的发展和成就，扩大社会影响，争取各方支持；大力宣传红十字会法和会务知识，宣传热爱红十字事业、奉献爱心，救助他人的典型事迹，动员更多的人投身红十字事业、大力宣传红十字会各项工作、推动募捐、社区服务、造血干细胞捐献、组织建设等中心工作的开展。

市红十字会完成了《闪光的红十字》电视专题节目的制作和播出，全年播出24次，在市级以上新闻媒体刊登新闻报道205篇。向中国红十字会总会报送了7件天津市红十字会为民办实事文字材料和照片，收录于总会印发的《百件实事迎百年》一书。制作和编辑相关录像、照片、文字材料等参与完成了《百年辉煌——中国红十字会百年成就展》参展工作。各区、县红十字会也运用多种形式开展了有效的宣传。

市和区、县红十字会继续开展“五八”世界红十字日纪念活动，通过义诊咨询、无偿献血、志愿服务、登记捐献造血干细胞等具体活动，纪念中国红十字会百年诞辰。

红十字青少年工作稳步发展。2004年年初，市红十字会与市教委联合召开了红十字青少年工作会议，深入学习贯彻《学校红十字工作规划》，总结交流经验，制定并颁发了《2004年至2010年天津市学校红十字会工作规划》。根据这一规划，至2004年底，全市18个区、县全部成立了学校红十字工作委员会，加强了对学校红十字会工作的领导。各级各类学校健全充实了红十字会机构，加强了组织建设，健全了规章制度，积极扩大会员和志愿者队伍。各校红十字会在广大青少年中积极传播国际人道法和红十字运动基本知识，推动校园精神文明建设。继续开展创建红十字标准校、示范校和红十字敬老奉献示范基地活动，全年新创建市级红十字标准校26所。继续开展“手拉手”校园助困助学活动，继续发动适龄青年积极参与无偿献血和捐献造血干细胞活动，发挥了红十字会在学校全面推进素质教育工作中的独特作用。2004年，市红十字会组织红十字青少年参加了奥地利红十字青少年夏令营友好交流活动。

（四）天津造血干细胞捐献者资料库建设成效显著

2004年，天津市造血干细胞捐献者资料库加强制度建设，强化服务意识，扩大社会宣传，争创一流成绩。在内部管理上实行了首问负责制、专人负责制、限时服务制等新制度；对外服务方面突出以人为本，为捐献者提供温暖的全程服务，坚持精神鼓励和热情服务并举；宣传方面坚持经常性宣传和开展大型活动相结合，除了利用各种媒体宣传外，一年中，先后开展了“有爱就有希望”、“奉献爱心、捐献造血干细胞、践行医学誓言”、“关爱生命、燃情津秋”等一系列大型宣传活动，使越来越多的市民、青年了解了造血干细胞知识，激发了博爱之心，并踊跃报名参与。各区、县红十字会也开展了形式多样的宣传活动。13 个区、县完成了报名采样任务。西青、河西、河北、静海、宝坻等区、县活动形式新颖，领导率先垂范，公众积极参与。截至目前，全市累计有 5700 人完成血样采集，经 HLA 分型入库资料累计达 4700 人份，有 34 位志愿者与患者 HLA 初配型基因相合，7 人成功捐献了造血干细胞。天津市成为全国 4 个提前完成总库下达任务的省级分库之一。

（宋　强）

附录：

天津市实施《中华人民共和国红十字会法》办法

（1994 年 10 月 18 日天津市第十二届人民代表大会常务委员会第十一次会议通过）

第一条　根据《中华人民共和国红十字会法》（以下简称《红十字会法》），结合本市实际情况，制定本办法。

第二条　天津市红十字会（以下简称市红十字会）是中国红十字会指导下的地方组织，是从事人道主义工作的社会救助团体。

本市公民，承认中国红十字会章程并缴纳会费的，可以自愿参加红十字会。

第三条　市和区、县红十字会是独立设置的社会团体。市红十字会指导区、县红十字会的工作。

市和区、县红十字会应当配备专职工作人员，其工作人员的使用和工资福利待遇等，按照国家和本市有关规定执行。

第四条　市和区、县根据需要可以建立行业红十字会。行业红十字会接受市和区、县红十字会的指导。

机关、团体、企业事业单位和其他组织可以建立基层红十字会。基层红十字会接受上级红十字会的指导。

第五条　市和区、县红十字会依法取得社会团体法人资格。

街道和乡、镇红十字会以及市和区、县行业红十字会，可以依法取得社会团体法人资格。

具有社会团体法人资格的红十字会，其会长是法定代表人。

第六条　各级红十字会理事会，由会员代表大会或者会员大会民主选举产生。理事会民主选举产生会长和副会长。

市和区、县红十字会可以设名誉会长和名誉副会长，由同级红十字会理事会聘请。

第七条　具有法人资格的红十字会，应当依照《红十字会法》和中国红十字会章程，独立自主地开展工作。

第八条　市红十字会根据独立、平等、互相尊重的原则，发展同香港、澳门、台湾地区红十字会以及外国地方红十字会和红新月会的友好合作关系。

第九条　市和区、县人民政府对同级红十字会给予支持和资助，保障红十字会依法履行职责，并对其活动进行监督；红丨字会协助人民政府开展与其职责有关的活动。

第十条 各级红十字会履行下列职责：

（一）开展救灾的准备工作；在自然灾害、突发事件中对伤病人员和其他受害者进行救助。

（二）普及卫生救护和防病知识，进行初级卫生救护培训，组织群众参加现场救护和初级卫生保健工作；参与输血献血工作，推动无偿献血；开展其他人道主义服务活动。

（三）培养红十字青少年，开展红十字青少年活动。

（四）根据中国红十字会总会部署，参加国际人道主义救援工作。

（五）宣传红十字会的宗旨、性质和任务。

（六）依照国际红十字和红新月运动的基本原则，完成同级人民政府和上级红十字会委托事宜。

（七）依据中国红十字会章程吸收会员，发展组织。

第十一条 红十字会经费的主要来源：

（一）红十字会会员缴纳的会费；

（二）接受国内外组织和个人捐赠的款物；

（三）动产和不动产的收入；

（四）同级人民政府的拨款；

（五）行业红十字会和基层红十字会所在部门和单位的资助。

第十二条 具有法人资格的红十字会，可以依法兴办与其宗旨相符的社会福利事业单位，各级人民政府及其有关部门应当给予扶持。

前款规定的社会福利事业单位，按照国家有关规定享受减税、免税的优惠待遇。

红十字会参与兴办的中外合资、中外合作的社会福利事业单位的进口设备、物资，海关应当按照国家有关规定办理减税、免税手续。

红十字会兴办的社会福利事业单位的隶属关系不得随意改变，其合法财产不受侵犯。

第十三条 各级红十字会为开展救助工作，可以进行募捐活动或者接受捐赠，对捐赠的财物应当建立账目，完备手续；处分捐赠财物，应当尊重捐赠者的意愿。

市红十字会可以在机场、宾馆等场所设置募捐箱，进行募捐。

为发展全市救护事业，可以建立天津市红十字基金会。

第十四条 具有法人资格的红十字会接受用于救助和公益事业的捐赠物资，按照国家有关规定享受减税、免税和优先办理手续等优惠待遇。

境外无偿援助或者捐赠的物资和设备，享受减免关税优惠的，非经海关许可不得转让或者移作他用。

红十字会用于救灾和突发事件而进口的捐赠物资，可以向海关申请快速办理进口手续。

第十五条 各级红十字会应当建立和实行经费审查监督制度。红十字会会长对本会经费的来源和使用情况，应当每年向理事会报告。

具有法人资格的红十字会，在理事会内设立财务审查委员会，对本会的经费收支、财产管理进行审查监督。

上级红十字会财务审查委员会对下级红十字会财务审查委员会进行业务指导和检查监督。

市和区、县红十字会的经费使用情况，

接受同级人民政府的检查监督；行业红十字会和基层红十字会的经费使用情况，接受所在部门和单位的检查监督。

第十六条 红十字会对其投资兴办的社会福利事业单位依法进行监督管理。

第十七条 任何组织和个人，不得侵占、挪用红十字会的财产和经费。违反的，依法承担行政责任或者民事责任；构成犯罪的，依法追究刑事责任。

因行政区划或者部门、单位变更等原因，红十字会组织变更的，其财产应当归变更后的红十字会所有。红十字会终止的，应当依法进行清算，其财产由有关部门或者单位用于发展红十字事业。

第十八条 在自然灾害和突发事件中，执行救助任务并标有红十字标志的人员和物资、交通工具有优先通行的权利，标有红十字标志的人员有优先使用公用通讯工具的权利。

任何组织和个人，不得拒绝、阻碍红十字会工作人员依法履行职责。

在自然灾害和突发事件中阻碍红十字会工作人员依法履行职责的，依照《红十字会法》第十五条的规定处罚。

第十九条 市和区、县红十字会使用白底红十字标志。除按照《红十字会法》、国务院和市人民政府有关规定可以使用红十字标志外，其他任何单位、组织和个人不得使用红十字标志；违反规定使用的，红十字会有权要求其停止使用；拒绝停止使用的，红十字会可以提请人民政府按照

有关法律、法规予以处理。

第二十条 对红十字工作做出显著成绩的先进集体和先进会员，由市红十字会给予表彰和奖励。

对本市红十字救助事业和其他人道主义服务活动做出重大贡献者，由市红十字会授予荣誉会员称号，并颁发证书、证章。

第二十一条 本办法自公布之日起施行。

河北省红十字会

【历史沿革】

河北省红十字会始建于1956年11月，挂靠省卫生厅管理，文革期间被撤销。河北省红十字会1985年恢复建制，1996年省编委核定事业编制8名。2000年11月，河北省红十字会独立建制，由挂靠省卫生厅管理改由省政府领导联系，其机关党的工作由省直机关工委领导，干部归属省委组织部管理，外事工作归口省外办，对台工作由省台办指导，事业经费由省财政全额拨款。2002年2月，省编委批准了省红十字会的“三定”方案。2002年8月，中共河北省委组织部和省人事厅批准省红十字会机关干部参照国家公务员管理。河北省红十字会2004年4月建立了党组，6月16日，召开了河北省红十字会第三次会员代表大会，大会聘请河北省省长季允石为名誉会长，选举副省长孙士彬为会长，张淑琴为专职副会长，由会长提名，李小学为秘书长。

【组织机构】

河北省红十字会机关内设一室四部：办公室、业务工作部、人事部、组织与青少年部、卫生救护部。机关人员编制12人，其中专职副会长（副厅级）1名，秘书长1名，部室负责人（处级）6名，干事2名，

工勤人员2名。机关现有办公用房700平方米左右。2003年，河北省成立了造血干细胞捐献者资料库管理中心，定编4人，为处级全额拨款事业单位。

河北省各级红十字会依法加强组织队伍建设，积极发展壮大红十字会会员和志愿工作者队伍。全省11个地级市和173个县（市、区）均建立了红十字会组织。截至2005年9月，承德、保定、秦皇岛、邯郸、张家口、沧州、邢台、唐山、衡水、廊坊10个设区市和围场县红十字会理顺了管理体制，其他市、县仍隶属同级卫生行政部门管理。全省各级红十字会共有专职工作人员80名，基层红十字会组织1844个，全省有红十字会会员22.39万人，志愿者1.9万人。

【相关法规】

1997年6月29日，河北省第八届人民代表大会常务委员会第二十七次会议通过并颁布实施了《河北省实施〈中华人民共和国红十字会法〉办法》。

【大型项目】

2004年10月，河北省启动了香港特别行政区红十字会社区备灾项目，选定围场县宝元昌村和立新村为项目试点村，港方援助项目资金65.99万元，当地配套资金39万余元。目前，项目实施进展顺利，宝元昌村钻井工程已基本完成，出水量和水质符合项目设计标准，立新村钻井工程于2005年4月开工。按要求，省红十字会举办了省、市、县及乡村师资培训班，完成了覆盖50%受益村民的备灾救灾知识培训任务，受到中国红十字会总会和香港特别行政区红十字会的充分肯定和好评，为河北省红十字会项目工作持续发展奠定了良好基础。

【主要特色】

2004年，河北省红十字会成立了新闻宣传中心，宣传工作力度明显加大，先后策划实施了以癌症患者单晓霞为典型的“让我把光明留给你——身后志愿捐献角膜万人签名活动”、“河北捐献造血干细胞第一人——周伟”等大型宣传报道活动。周伟、单晓霞因此荣获“感动河北十大年度人物”称号。唐山市红十字会组织实施了周伟捐献造血干细胞全程系列宣传活动。张家口市红十字会举行了“放飞生命——捐献造血干细胞”大型宣传活动，在当地乃至全省引起强烈反响。其他各市也策划实施了各种形式的大型宣传活动，为红十字会工作的开展营造了良好的社会氛围。另外，省红十字会与中共河北省委、省政府信息中心实行了信息联网，将各市上报信息情况列入年度考核目标，还举办了全省信息宣传员培训班。据统计，2004年度，各市上报信息187篇，省红十字会编发信息、简报及新闻媒体发稿共计401篇。

【显著成绩】

2005年被中国红十字会总会授予“印度洋海啸救援最佳组织奖”。

【年度工作】

备灾救灾工作成效显著。近年来，河北省各级红十字会以强化备灾意识、提高救助实力为着力点，不断加大社会募捐和救助力度。2004年，按照中国红十字会总会的统一部署，河北省红十字会开展了“捐一元善款，为灾民解难”活动。全省各级红十字会工作人员顶烈日、冒酷暑，走上街头，深入车站、广场、商店等人群密集地为灾区募捐。省红十字会先后组织了省会多个商家合作开展大型募捐活动，并与省直工委联合下发了《关于在省直机关组织开展向灾区募捐活动的通知》，省直60多个单位参与了募捐活动。各市也纷纷效仿，争取市直工委发文，开展募捐活动。据不完全统计，此次活动全省共募集善款79.57万元，募捐物资价值47.26万元，及时对省内受灾较重的磁县、易县进行了有效的救助，使广大灾民切实感受到了红十字会的关怀。

2004年12月26日，印度洋海啸发生后，河北省红十字会积极响应中国红十字会总会的号召，全力以赴投入海啸募捐工作。截至2005年3月2日，全省红十字会系统共计募捐1422.48万元，取得了近年来募捐工作的最好成绩，受到各级政府及社会各界的肯定，进一步提高了红十字会的社会声誉和公信度。河北省省长季允石在省红十字会海啸募捐工作汇报上批示："成绩令人鼓舞，真情感人至深，红十字人道精神可嘉，红十字会功不可没。"

"红十字博爱送万家"和扶危济困活动深入开展。在中国红十字会总会的支持下，河北省红十字会为承德、张家口受灾地区募集并捐助了价值55万元的物资和1万多件衣物，帮灾民顺利过冬。为省直团体会员单位困难职工发放"两节"救助金1.26万元。为隆尧县陈村村民董占国等三位因病致贫的患者家庭捐助3.78万元。为河北红十字沧州中西医结合医院等7所医疗单位转赠价值7.5万元的临床用药，用以救助贫困病人。在全省"推进农村小康社会建设宣讲团"宣讲过程中，为省红十字会宣讲人员派驻村曲阳县孝墓乡李家洼村捐赠1万元修路资金和价值1万多元的救助物资，慰问该村的老党员和贫困户，并组织医学专家为派驻村群众进行了义诊。各市红十字会积极探索新的社会救助渠道，张家口市红十字会在全省率先设立红十字会教育基金，用以资助被重点大中学校录取的特困学生。在张家口市首届红十字会教育基金捐赠仪式上，12名优秀特困生分别得到1000至6000元不等的资助。石家庄市红十字会募集到善款14万元和价值200万元的医疗用品，免费为700余名乙肝患者进行了检测。保定市红十字会年内开展扶危济困活动42次，对孤、老、病、残特困户进行了有效的救助。邯郸、唐山、沧州、承德、廊坊等市红十字会也开展了各具特色的"送温暖、献爱心"活动。据不完全统计，全省各级红十字会共筹措送温暖和救助款物折合人民币616.41万元，受益人口近30万人。

卫生救护培训工作全面展开。河北省红十字会认真贯彻中国红十字会总会等15部门《关于开展卫生救护工作意见》，会同省公安厅交通管理局联合下发了《河北省机动车驾驶员卫生救护培训实施方案》，及时主动与省交管部门加强沟通、增进合作，为全省机动车驾驶员卫生救护培训工作的开展创造了条件。全年完成彩票公益金项目要求的5期160人的卫生救护师资培训任务，为中国红十字会总会承办了6期220人的培训班，受到总会的好评。为促进全省卫生救护工作的广泛开展，河北省红十字会与省公安厅交管局共同印发了《关于进 步作好卫生救护培训工作》的明传电报，对全省卫生救护培训工作的进度进行了严格要求。石家庄市红十字会与市交管部门联合召开动员调度会，在市直及7个县（市、区）开展了卫生救护培训工作。保定、唐山、沧州、张家口等市红十字会也相继启动了救护培训工作。截至2004年底，全省共培训机动车驾驶员 15600 人。

造血干细胞捐献者资料库建设成效显著。为确保完成中国红十字会总会下达的造血干细胞采集任务，河北省红十字会在年初将指标分解到各市，并与各市红十字会以及省造血干细胞组织配型实验室签订了目标责任书，各市红十字会积极探索推动造血干细胞捐献的新途径，与“五八”世界红十字日、“六一四”世界献血日活动相结合，开展了一系列宣传动员活动。为尽快扩大库容，河北省红十字会及时下发了《关于在全省开展造血干细胞捐献工作的通知》，有力地推进了这项工作的深入开展。截至 2004 年底，河北省共采集造血干细胞血样 7817 人份，并做了分型检测，血样资料全部输入国家总库，输入总库资料累计达到 11509 人份。其中 38 名捐献者血样经总库认定初配成功，12 人已进行了高分辨检测。已有 2 名志愿者成功捐献了造血干细胞。2004 年 4 月，美籍华人、著名免疫学家李政道博士到河北省讲学，对河北省造血干细胞捐献工作在较短时间实现这样大的库容量给予了高度评价。

无偿献血工作再创辉煌。河北省各级红十字会认真履行推进无偿献血的法定职责，积极协助政府和卫生部门开展无偿献血工作。充分利用报纸、广播、电视等新闻媒体，广泛宣传无偿献血的重要意义，并制定了推动无偿献血的具体实施办法，使无偿献血工作不断向纵深发展。“五八”世界红十字日，省红十字会与完美公司组织 200 多人参加献血活动，并与卓达集团联合举办了“纪念世界献血日—卓达人献血献髓献爱心活动”，638 人现场自愿无偿献血，36 人抽取了造血干细胞血样。石家庄市积极推进献血模式转变，实现了由计划无偿献血向完全自愿无偿献血的转变。其他各市红十字会也采取不同形式积极推动当地的无偿献血工作。2004 年，在全国无偿献血总结表彰大会上，承德、邯郸、衡水、廊坊、秦皇岛、石家庄、唐山市获得全国无偿献血先进城市奖，另有 22 个单位获得国家无偿献血促进奖。

经过积极努力，就开展遗体捐献工作，河北省红十字会已与政府法制部门达成共识，正在进行立法的前期准备工作。唐山市的遗体捐献工作走在了全省的前列，率先制定了《唐山市公民志愿捐献遗体管理办法》。到目前为止，已有 120 名自愿捐献遗体者办理了登记和公证手续，实现遗体捐献的有 9 例。此项工作已成为唐山市精神文明建设的一个重要载体。

社区红十字服务工作发展势头良好。为推动社区红十字服务工作深入开展，河北省红十字会与省民政厅联合成立了河北省社区红十字服务示范活动评审委员会，并对保定市创建全国社区红十字服务示范市工作进行了初评，对正在创建的 60 多个社区红十字服务站进行了抽查，有力地促进了全省红十字社区创建工作。11 月，中国红十字会总会社区红十字服务示范活动评审组对保定市进行了评审，对该市红十字会在创建社区红十字服务工作中所取得的成绩给予了充分肯定。保定市被中国红十字会总会和民政部命名为全国首批社区红十字服务示范市。为更好地开展社区红十字服务工作，河北省红十字会与新华制药厂联合在全省开展了“红十字服务在社区——列克关爱糖尿病人”活动，新华制药厂向省红十字会捐赠了价值近 10 万元的药品，此次活动使红十字社区的1600多人受益。为拓展社区服务项目，帮助走失老人重返家园，河北省红十字会成立了“河北省红十字爱心助老服务中心”，积极开展为走失老人找家活动，受到社会各界的认可和好评。截至2004年底，全省各市红十字会均已完成或超额完成中国红十字会总会五年规划中社区红十字服务站创建目标。

红十字会员队伍发展和红十字青少年工作呈现勃勃生机。2004年，河北省新发展红十字会员单位326个，发展红十字会员62083人，发展志愿工作者14095人，收缴会费52.8185万元。其中，河北省红十字会在原有50个团体会员单位的基础上，新发展会员单位20个，会员人数增加近2万多人，招募红十字志愿者1100名。保定市发展会员超万人，唐山市收缴会费22万元，截至2004年底，全省累计有会员22.39万人，志愿者1.9万人，成为全省红十字事业发展一支不可忽视的重要生力军。在发展壮大队伍的基础上，河北省各级红十字会积极组织会员和志愿者开展社会公益性活动。省红十字会、省教育厅和共青团省委联合下发了《关于在全省大专院校中开展募捐衣物的通知》，活动开展不到一个月，全省各大专院校就募集衣物、被褥等用品10万余件，分别送往平山革命老区等贫困地区，救助当地的困难群众。省红十字会还组织志愿者到石家庄市平山县中学开展科技阳光活动，为老区的孩子讲授英语和计算机知识，开展红十字宣传和义诊活动，还在石家庄市区的8个液化气站设立了募捐衣物接收站。各市红十字会也充分利用会员和志愿者的专业特长，组织形式多样的红十字社会服务活动，红十字会员和志愿者作用的有效发挥，对红十字事业发展起到了积极的促进作用。

对外交流工作取得可喜进展。继2003年河北省红十字会代表团访问韩国并签署中韩两省道红十字会友好交流协议之后，2004年6月，金恪铉会长率大韩赤十字社庆尚北道支社访问团对河北省红十字会进行了为期一周的考察访问。访问期间，孙士彬会长与金恪铉会长共同签署了《中韩红十字青少年友谊交流协议》。韩国客人还考察了承德市中心血站和红十字急救中心等机构。中韩两省道红十字会同仁进行了广泛的交流，访问取得圆满成功。依据《中韩红十字青少年友谊交流协议》，大韩赤十字社庆尚北道支社事务局局长带领25名韩国红十字青少年来河北省，与省红十字会共同举办了中韩红十字青少年夏令营活动。之后，河北省红十字会组织35名红十字青少年赴韩国参加了冬令营活动。200年，河北省红十字会还派员参加了中国红十字会总会香港血液技术管理培训班，组织了两期15人赴韩国血液技术管理学习考察团，通过一系列交流，进一步增进了对国外红十字事业发展现状的了解，为加强同世界各国红十字会进一步合作奠定了良好的基础。

（刘慧君）

附录：

河北省实施《中华人民共和国红十字会法》办法

（1997年6月29日河北省第八届人民代表大会常务委员会第二十七次会议通过）

第一条 为推进红十字事业的发展，根据《中华人民共和国红十字会法》，结合本省实际，制定本办法。

第二条 凡在本省行政区域内与红十字会有关的活动，必须遵守本办法。

第三条 红十字会是以从事人道主义工作、促进和平进步事业为宗旨的社会救助团体。县级以上地方红十字会、行业红十字会依法取得社会团体法人资格，独立自主地开展工作。

第四条红十字会使用白底红十字标志。其他任何组织和个人不得滥用红十字标志。具体使用办法按照国家规定执行。

第五条 各级人民政府应当对红十字会给予支持和资助，提供必要的工作条件，并对其活动进行监督；红十字会协助人民政府开展与其职责有关的活动。

红十字会依法履行职责时，各有关部门、单位和个人应当予以配合和协助。

第六条 县级以上按行政区域建立地方红十字会，依照《中华人民共和国红十字会法》和《中国红十字会章程》的有关规定，健全理事会和办事机构，配备专职工作人员。

机关、团体、学校、企业、事业单位和乡、镇、街道可以建立基层红十字会，根据需要配备专职或者兼职工作人员。

县级以上行政区域内的行业组织可以建立行业红十字会。

上级红十字会指导下级红十字会工作，地方红十字会指导同级行业红十字会工作。

第七条 在本省行政区域内，凡承认《中国红十字会章程》，履行红十字会会员义务并按期缴纳会费的公民，均可以自愿申请加人红十字会。

机关、团体、学校、企业、事业单位可以申请成为红十字会团体会员。

第八条 红十字会履行下列职责：

（一）宣传、贯彻《中华人民共和国红十字会法》和本办法，以及与红十字会工作有关的法律、法规和规章；

（二）开展经常性的救灾准备工作。在自然灾害和突发事件中，对伤病人员和其他需要帮助的人员进行救助；

（三）普及现场卫生救护知识，提高群众性自救互救能力。组织各行业针对行业特点对有关人员进行初级卫生救护培训；

（四）参与输血献血的宣传和组织工作，推动无偿献血；

（五）开展红十字青少年活动；

（六）开展与红十字会宗旨有关的社会福利和社会服务活动；

（七）参与国际人道主义救援活动；

（八）发展同其他国家和地区红十字会、红新月会的友好往来；

（九）完成本级人民政府和上级红十字会委托的其他工作。

第九条 红十字会的经费来源：

（一）红十字会会员缴纳的会费；

（二）红十字会的动产、不动产收入和所属企业、事业单位上缴的收入；

（三）国内外组织和个人捐赠的款物；

（四）人民政府的拨款。

人民政府给红十字会拨款的数额，根据其工作需要和财力状况确定，并纳入同级财政预算。

第十条 红十字会可以兴办与其宗旨相符的社会福利事业，各级人民政府及有关部门应当给予扶持，并按照国家有关规定享受减税、免税优惠待遇。

第十一条 红十字会为开展救助工作，

可以进行社会募捐，由省红十字会根据国家有关规定统一组织和管理。

第十二条　红十字会接受的捐赠物资，按照国家有关规定享受减税、免税优惠待遇。

第十三条　县级以上红十字会按照有关规定申报批准后，可以利用募捐、捐赠等资金设立红十字基金，用于发展红十字事业。

第十四条　红十字会有权处理、分配其接受的救助物资和捐赠款物。在处理、分配捐赠款物时，必须尊重捐赠者的意愿。

第十五条　红十字会募捐和接受捐赠的款物必须用于社会救助和发展红十字事业，任何组织和个人不得侵占或者挪用。

第十六条　红十字会应当建立经费收支、财产和捐赠款物管理的审查监督制度，并接受同级人民政府和上级红十字会的监督。

第十七条　红十字会的财产和其他合法权益受法律保护。红十字会管理体制发生变更，其财产仍归红十字会所有。

第十八条　执行救护救助任务并标有红十字标志的人员、物资、交通工具，免费优先通行，公安、交通等部门应当予以配合。

第十九条　县级以上红十字会对在红十字事业中做出突出贡献的志愿工作者和社会各界人士，可以授予荣誉称号和颁发荣誉证书、证章。

各级红十字会对在红十字事业中做出显著成绩的单位和个人，应当给予表彰和奖励。

第二十条　对于滥用红十字标志的，依照《中华人民共和国红十字标志使用办法》的有关规定予以处理。

第二十一条　对于侵占或者挪用募捐、捐赠款物的，由所在单位或者有关部门责令退赔，对直接负责的主管人员和其他直接责任人员给予行政处分；构成犯罪的，依法追究刑事责任。

第二十二条　对于拒绝或者阻碍红十字会工作人员依法履行职责的，依照《中华人民共和国治安管理处罚条例》的有关规定予以处罚；构成犯罪的，依法追究刑事责任。

第二十三条　本办法自公布之日起施行。

山西省红十字会

【历史沿革】

山西省红十字会始创于1911年冬。1957年，经山西省人民政府批准，成立山西省红十字会。“文革”期间停止活动，1984年，省红十字会恢复重建后，在省委、省人大、省政府、省政协的关心、支持下，有了长足的发展。2004年11月，山西省红十字会第五次会员代表大会召开。大会全面总结了山西省红十字会第四届理事会的工作，制定了2005年至2009年发展规划，选举产生了由109名理事组成的新一届理事会，聘请山西省省长张宝顺担任省红十字会名誉会长，副省长王昕当选为省红十字会会长。

【组织机构】

山西省各级红十字会加强组织建设，完善工作机制，全省11个市及119个县（市、区）全部建立红十字会，发展基层组织2016个，会员总数达31万余人。其中有11

个市和98个县（市、区）红十字会解决了“三列”（机构、人员、经费）问题；14所大专院校、1000多所中小学校成立了红十字组织，发展青少年会员6万多人。

山西省红十字会机关设有办公室、赈济部。下辖中国造血干细胞捐献者资料库山西省分库管理中心、山西省红十字会备灾救灾中心两个直属事业单位。

根据《中华人民共和国红十字会法》、《山西省红十字会条例》和中国红十字会总会《理顺管理体制座谈会纪要》精神，山西省编委于2004年7月28日下发了《关于省红十字会调整体制的通知》，明确了省红十字会由省卫生厅代管改为由省政府领导联系，副厅级建制，独立设置党组，依法理顺了省红十字会的管理体制。2005年5月，山西省编办下发了《关于调整各市红十字会管理体制的通知》，明确规定：各市红十字会由市卫生局代管改由市政府领导联系；设会长1名，由市政府分管领导兼任，设专职副会长1名，为副处级。此举，将使山西省11个市的红十字会理顺管理体制一步到位。

山西省（地）市级红十字会名单：太原市红十字会、大同市红十字会、临汾市红十字会、运城市红十字会、长治市红十字会、晋城市红十字会、阳泉市红十字会、吕梁市红十字会、晋中市红十字会、忻州市红十字会、朔州市红十字会。

【相关法规】

1996年8月1日，山西省第八届人民代表大会常务委员会第二十三次会议审议通过了《山西省红十字会条例》并颁布实施。这个地方性法规的颁布，为《中华人民共和国红十字会法》在山西省的实施起到了重要的保障作用，标志着全省红十字会工作进入了依法建会、依法治会、依法兴会的新的发展时期。

【大型项目】

（一）1998年

1. 山西省红十字会为东北松花江流域和长江流域灾区开展募捐活动，支援灾区款物500余万元。

2. 山西省红十字会向大同市红十字会拨款3万元，用于灾害救助。

（二）1999年

1. 山西省计委拨款160余万元，建造山西省红十字会备灾救灾仓库。

2. 山西省红十字会为救助本省干旱、地震及洪涝灾区，筹募200余万元的粮食、药品、棉被、衣服等物资，使灾区10余万人口得到及时救助。

（三）2000年

1. 中国红十字会组织工作座谈会在太原召开。全国人大常委会副委员长、中国红十字会会长彭珮云及山西省副省长、省红十字会会长王昕，中国红十字会常务副会长王立忠等领导出席了座谈会。

2. 为救助山西省干旱、洪涝灾区，省各级红十字会组织筹集人民币74.59万元、物资249.08万元，出动红十字医疗队66次，救助13万余人。

3. 在山西省红十字会的积极争取下，美国视博恩公司援外医疗队赴大同市进行了为期3天的免费送医送药活动，为1059名群众义诊，免费发放3.1万元的药品。

4. 山西省临汾市红十字会配合香港“健康快车”行动开展医疗服务，免费为1000余名白内障患者进行了复明手术。

（四）2001年

山西省红十字会募集款物 128.9 万元，救助本省灾区，并向新疆灾区支援 2 万元。

（五）2002 年

1. 山西省红十字会向遭受特大暴雨袭击的陕西、重庆灾区及本省灾区援助款物 30 余万元。

2. 长治市红十字会与卫生部门联合开展了“健康快车”白内障复明行动。此次行动历时 3 个月，免费实施复明手术 1148 例。

3. 山西省红十字会与太原市红十字会联合开展向下岗职工义诊献爱心活动，捐赠药品等物资 5.75 万元。

（六）2003 年

1. 积极协助有关部门做好抗击“非典”的工作，山西省各级红十字会共接收捐赠款物 9387.86 万元，并及时将款物分发到全省防治“非典”最前沿的医疗机构、疾病控制中心等单位。

2. 在中国红十字会总会的统一安排下，山西省红十字会向全省“非典”患者及家属发放了香港工商界设立的“关怀非典受难者基金”107 万元，并协助北京市红十字会发放了 1.4 万元“非典”救助基金。

3. 受宋庆龄基金会的委托，山西省红十字会向全省因非典去世人员子女发放教育费资助 1.4 万元。

4. 山西省红十字会向运城、大同、阳泉、长治等受灾市援助 138 万余元的救灾物资。

5. 澳门特别行政区红十字会捐助 15 万元人民币，援建山西省第一所红十字博爱学校——浑源县上韩村红十字博爱学校。

（七）2004 年

1. 山西省红十字会向全省 11 个市的受灾户和城镇低保户、贫困户发放 40 万元救助物资。

2. 中国红十字会在山西召开艾滋病预防项目管理研讨会，来自北京、上海、新疆、广西、福建等 16 个省（区、市）红十字会的 50 余名项目负责人参加了研讨。2004 年 12 月 1 日“世界艾滋病宣传日”当天，中央电视台“焦点访谈”节目对山西省、太原市、侯马市红十字会积极参与预防艾滋病工作，在社区、娱乐服务场所百分之百地推广使用安全套干预活动，改变目标人群不安全性行为作了专题节目。运城市红十字会举行为艾滋病感染者救助募捐启动仪式，有 6 家企业当场捐款 10 万元。

3. 应山西省红十字会的邀请，日本赤十字社琦玉县支部于 7 月对山西省进行友好访问，并与山西省红十字会签订了 2005 年至 2007 年每年为山西省无偿培养 6 名研修生的第三个合作协议。

4. 山西省红十字会向内蒙古、四川灾区支援 30 余万元救灾物资。

5. 山西省红十字会携手太原海关，就没收的侵权货物用于社会公益事业举行了合作协议签字仪式，从而增强了红十字会救灾救助工作实力。

（八）2005 年

1. 年初，山西省各级红十字会组织积极响应中国红十字会总会发起的向印度洋海啸灾区进行援助的号召，全省红十字会系统共接受社会各界捐款 717 万元人民币，创造了山西省红十字会援外募捐工作的最佳成绩。7 月，山西省红十字会、省精神文明办公室在太原市联合召开印度洋海啸救援表彰大会，对在印度洋海啸救援工作中取得突出成绩的 51 个单位和 32 名个人予以表彰。

2. 中国红十字会基金会向山西省捐助20万元人民币，在阳曲县援建一所“天狮博爱学校”。

3. 澳门特别行政区红十字会为了解在内地援建小学的使用情况，7月派出一支由澳门在职教师及18岁以上的青年义工组成的义务工作队共21人，对山西省浑源县上韩村澳门红十字博爱小学进行了教学交流。

4. 8月，中国红十字会总会与山西省红十字会在太原市联合举办了全球基金项目预防艾滋病青年同伴教育主持人培训班。来自省城五所大专院校的近30名大学生参加了为期5天的预防艾滋病青年同伴教育主持人培训班学习。

5. 山西省红十字会向本省灾区发放11万元救助物资。

【主要特色】

2001年，山西省红十字会制定了《山西省红十字会2001—2005年法制教育规划》，启动了全省红十字系统“四五”普法工作；山西省红十字会举办了首期预防艾滋病青年同伴教育培训班，积极实施“山西省艾滋病预防控制青少年干预计划”，并在太原、大同、阳泉、临汾、晋中、长治等地的高校举办同伴教育培训班。

2004年，太原市红十字会与太原康明眼科医院共同发起了“康明眼病救助基金——健康光明红十字行动”，救助贫困地区白内障患者400名，奖励高校品学兼优的近视眼患者520名，共筹资110万元。

2005年，山西省军转办、省红十字会联合下发了《关于选拔部分优秀军转干部加强充实各市红十字会工作力量的通知》，挑选政治过硬、业务能力强、各方面素质较好的军转干部充实到各市红十字会工作。

【显著业绩】

1998年，山西省红十字会被中国红十字会总会评为宣传信息网络工作成绩优异奖。

2000年，山西省红十字会荣获红十字国际委员会和中国红十字会颁发的传播工作二等奖。

2001年，山西省红十字会荣获全省“一二·四”首届全国法制宣传日活动一等奖。

2002年，山西省晋城市红十字会荣获国家人事部和中国红十字会总会授予的“全国红十字会系统先进集体”荣誉称号。

2003年，山西省红十字会荣获山西省人事厅、省卫生厅联合颁发的“抗击非典工作先进集体”荣誉称号。

2004—2005年，山西省红十字会荣获中国红十字会总会报刊宣传组织工作一等奖。

【年度工作】

（一）继续配合山西省人大、政府加大《中华人民共和国红十字会法》及《山西省红十字会条例》的执法力度，采取多种形式促进红十字会法律、法规在全省的贯彻落实。

（二）加强组织建设工作，理顺管理体制。按照山西省编办《关于调整各市红十字会管理体制的通知》精神，积极推进市级红十字会理顺管理体制，促进县级红十字会逐步理顺管理体制。

（三）建立山西省红十字会基金会，进一步加强红十字会的救灾、救助、救护能力，拓宽筹资渠道，壮大红十字会的经济实力。

（四）进一步做好中国造血干细胞捐献

者资料库山西省分库造血干细胞工作。

（五）拟召开山西省红十字青少年工作会议。

（六）在太原、大同、阳泉等市成立了红十字社区工作示范站。

（七）创办了“山西省红十字会网站”，增强信息能力，提高宣传时效。

（八）认真做好第十批赴日研修生的派遣工作及省红十字会组团对日本赤十字社琦玉县支部的访问工作。

（九）做好阳曲县“天狮博爱学校”的建设工作。

（左 彤）

附录：

山西省红十字会条例

（1996年8月1日山西省第八届人民代表大会常务委员会第二十三次会议通过）

第一条 为推进地方红十字事业的发展，依据《中华人民共和国红十字会法》，结合本省实际，制定本条例。

第二条 红十字会以保护人的生命和健康，发扬人道主义精神；促进和平进步事业为宗旨，是从事人道主义工作的社会救助团体。

第三条 县级以上按行政区域建立的各级红十字会，是中国红十字会的地方组织，具有社会团体法人资格，依照中国红十字会章程独立自主地开展工作。

下级红十字会接受上级红十字会的工作指导。

第四条 各级人民政府应对红十字会给予支持和资助，保障红十字会依法履行职责。红十字会协助人民政府开展与其宗旨相符的活动，并接受同级人民政府的监督。

第五条 省红十字会根据。“独立、平等、互相尊重”的原则，发展同其他国家和地区红十字会和红新月会的友好合作关系。

第六条 红十字会使用白底红十字标志。红十字标志的使用范围和办法应按国家有关规定执行，其他任何组织和个人不得滥用红十字标志。红十字标志的使用由红十字会协助各级人民政府监督管理。

第七条 县级以上按行政区域建立红十字会，根据实际工作需要配备专职工作人员。

街道办事处、乡镇、机关、团体、学校、企业、事业单位可以建立基层红十字会组织。

第八条 本省行政区域内的单位和个人，承认中国红十字会章程并缴纳会费，可以自愿申请参加红十字会。

红十字会会员应遵守《中华人民共和国红十字会法》和本条例，享有会员的权利，履行会员的义务。

第九条 县级以上按行政区域建立的红十字会可以聘请名誉会长和名誉副会长。

第十条 红十字会应组织抗灾救护培训，普及自救互救知识，提高群众抗灾自救能力。

公安、铁路、交通、煤炭、电力、建筑、民航、商业、旅游以及地质勘探等容易发生意外伤害的行业的有关人员，由红十字会进行初级卫生救护培训。上述行业应将初级卫生救护培训纳入上岗培训内容。

第十一条 教育部门应根据青少年的不同年龄特征，开展卫生救助知识教育及体现人道主义精神的红十字活动。

第十二条 红十字会应参与输血献血的组织、宣传工作，推动无偿献血。

县级以上按行政区域建立的红十字会可以根据需要，经省卫生行政部门批准，兴办红十字血站、血库。

第十三条 红十字会应根据灾情预测和实际情况，筹措、储备一定数量的救灾物资，开展备灾救灾工作。

第十四条 在重大自然灾害和突发事件中，公路、铁路、航空等部门对执行救助任务并依法标有红十字标志的救援人员、物资和交通工具应优先放行，免收车辆路、桥通行费，标有红十字标志的救援人员优先使用公用通讯工具。

红十字会经批准配备的救灾救护车视同医院的专用救护车免征养路费。

第十五条 文化、广播、电视、新闻等部门应积极宣传红十字会法律、法规，支持红十字会组织开展的人道主义救助活动。

第十六条 红十字会经费主要来源：

（一）红十字会会员缴纳的会费；

（二）人民政府的拨款；

（三）接受国内外组织和个人捐赠的款物；

（四）红十字会的动产和不，动产及所属企事业单位上缴的收入；

（五）其他。

第十七条 各级人民政府对红十字会的拨款列入年度预算，并根据需要和财力情况

核拨人道主义救助专项经费，保障红十字会开展活动，并对其进行监督。

第十八条 红十字会可以依法兴办与其宗旨相符的公益福利事业，各级人民政府及有关部门应给予扶持。

第十九条 红十字会为开展救助工作，可以进行募捐活动。红十字会的募捐活动，由省红十字会统一组织、管理。

第二十条 省红十字会可以依法设立红十字基金会，筹集资金用于发展红十字事业。

第二十一条 红十字会应建立经费收支、财产管理和所办社会福利事业财务活动的审查监督制度，并每年向同级红十字会理事会报告执行情况。

县级以上按行政区域建立的红十字会经费使用情况，接受同级人民政府审计、财政部门的监督。

第二十二条 任何组织和个人，不得侵占、挪用红十字会的财产、经费和救助物款。

第二十三条 任何组织和个人，不得拒绝、阻碍红十字会工作人员依法履行职责。

第二十四条 县级以上人民政府对在人道主义救助工作中作出突出贡献的单位和个人，应给予表彰、奖励。

红十字会对在工作中做出显著成绩的会员和志愿工作者，应给予表彰、奖励。

第二十五条 违反本条例第六条规定滥用红十字标志的，依照《中华人民共和国红十字标志使用办法》的有关规定予以处理。

第二十六条 违反本条例第二十二条规定的，由当地人民政府责令限期退还，对直接责任者由所在单位或部门给予行政处分；构成犯罪的，由司法机关依法追究刑事责任。

第二十七条 违反本条例第二十三条规

定的，依照《中华人民共和国红十字会法》第十五条的规定予以处罚。

第二十八条 本条例具体应用中的问题，由省人民政府负责解释。

第二十九条 本条例自公布之日起施行。

内蒙古自治区红十字会

【历史沿革】

1919年至1920年间，在内蒙古赤峰县，由当时的赤峰电报局局长陈君甫、高等学校校长阎希圣、当过省议员的乔俊杰、秀才卢洪恩、永生利染坊的司账先生金洪才、股东马德山、掌柜李永祥7人自动发起倡议，组织了赤峰红十字会。因为红十字会是慈善团体，得到了各方面的拥护，会员人数很快增加到了一百多人。会员们共同推举乔俊杰为会长、阎希圣为副会长。正副会长选出后，即将会员名册和会员缴纳的会费一并送交中国红十字会总会。总会批准后，颁发了一枚木质钤记，上写“中国红十字会赤峰县分会钤记”，并同时发给了中国红十字会章程、分会简章及其他有关文件、书刊等。1919年农历五月初五，第一次直奉战争波及赤峰，当时赤峰红十字会刚刚成立，仓促间临时组织了一个救护队。救护队分为担架队和掩埋队，对战场上的死亡者就地雇人掩埋，对伤员则雇用民众用簸箩、门板绑成担架送到赤峰红十字分会，救治伤员30名。红十字会奉行战地救护、扶危济困的宗旨深得民心，得到了当地社会各界的拥护，会员很快发展到400多人，其他一些地区也不同程度地开展了红十字会活动。

全国解放以后，中共内蒙古自治区党委和政府对自治区的红十字事业给予了高度重视，1956年正式批准成立了内蒙古自治区红十字会。自治区人民政府副主席哈丰阿任会长，自治区卫生厅厅长胡尔钦毕力格任副会长，下设办公室、组训组、宣传组等办事机构。之后，呼和浩特、包头、赤峰、通辽、集宁等地和14个旗县相继建立了红十字会组织，发展会员2万多人。1961年至1986年，内蒙古自治区红十字会停止了活动。1987年5月，经中共内蒙古自治区党委和自治区人民政府批准，停止活动20多年的内蒙古自治区红十字会重新恢复了工作。从此，自治区红十字事业随着我国改革开放，建设具有中国特色的社会主义的巨大浪潮进入了一个崭新的发展阶段。至1990年，全区12个盟市和67个旗县及包钢、呼铁局、霍林河矿区等建立了红十字会组织，各盟市在街道、厂矿、农牧区、学校等发展基层红十字组织716个，发展会员12万多人。作为政府的助手，各级红十字会协助政府做了许多政府部门顾不过来但群众又非常需要的实事。在缺医少药的广大农牧区，红十字会协助卫生部门培训了大量不脱产的红十字卫生员，为群众义务服务，深受群众欢迎。在社会福利方面，红十字会组织会员为孤老病残者服务，救灾救济工作日趋频繁。在台湾事务服务和国际友好往来中，红十字会发挥了独特作用，先后收到查人信件300多封，受理查人个案200宗，有72宗有了结果。

1990年6月6日至9日，内蒙古自治区红十字会召开了第一次会员代表大会，参加会议的代表共计99人。大会聘请内蒙古自治区人民政府主席孔飞、人大常委会副主任许令妊、政协副主席乌兰、内蒙医学院教授陈锵为内蒙古自治区红十字会一届理事会名誉会长，选举名誉理事5名，理事53名，常务理事18名，选举云曙碧为内蒙古自治区红十字会一届理事会会长，刘广理、胡良发、杨曼、王孔运为副会长。云曙碧在会上作题为“艰苦奋斗，积极进取，努力开创我区红十字事业新局面”的报告中提出了今后红十字会工作要坚持群众路线，组织建设应稳步发展，加强卫生救护工作，积极努力做好社会福利工作，做好红十字青少年工作，充分发挥离退休人员在红十字会工作中的作用，进一步加强宣传工作的思路，为自治区红十字事业的发展明确了目标。1996年6月4日至5日，内蒙古自治区红十字会召开了一届四次理事会，会议传达了中国红十字会总会六届三次理事会议精神，总结了全区红十字会的工作，制定了今后五年工作规划，增选了自治区红十字会党组书记李淑莲为专职副会长；聘请中共内蒙古自治区党委副书记、自治区主席乌力吉为名誉会长；聘请自治区人大常委会副主任刘震乙，自治区副主席宝音德力格尔，自治区政协副主席兰乾福、杨紫珍，自治区政协副主席、佛教协会会长乌兰，内蒙古医学院教授陈锵为名誉副会长。2004年11月8日至9日，内蒙古自治区红十字会召开了第二次会员代表大会。中国红十字会会长、原全国人大常委会副委员长彭珮云，副会长兼秘书长郭长江，总会事业发展部部长蓝军，中共内蒙古自治区党委书记、自治区人大常委会主任储波，中共内蒙古自治区党委副书记、自治区人民政府主席杨晶，中共内蒙古自治区党委副书记、纪律检查委员会书记巴特，中共内蒙古自治区党委常委、秘书长任亚平，中共内蒙古自治区党委常委、组织部长陈朋山，自治区人大常委会副主任尤仁、宝音德力格尔、陈瑞清、哈斯巴根，内蒙古自治区人民政府副主席乌兰，自治区政协副主席奇英成等出席了大会。大会全面总结了“一大”以来15年一届理事会所做的工作，制定了2005至2009年发展规划。选举产生了宝音德力格尔等20名第二届常务理事、桂忠等74名理事；聘请内蒙古自治区人民政府主席杨晶、自治区红十字会原会长云曙碧为自治区红十字会名誉会长。自治区人大常委会副主任宝音德力格尔当选为二届理事会会长。聘请内蒙古自治区人民政府副主席乌兰、自治区政协副主席奇英成为名誉副会长；桂忠当选为专职副会长兼秘书长；盖文山、乌兰、郝勇、何瑞芝、云宗元、阿斯林、斯琴高娃、贾拉森8人为兼职副会长。2005年4月14日，在召开的内蒙古自治区红十字会二届二次理事会议上，增选陈华为二届理事会常务理事、秘书长。

内蒙古自治区红十字会历次代表大会一览表

届次	日期	代表人数	理事人数	常务理事人数	名誉会长	会长	专职副会长
初期	1956—1960					哈丰阿	
停止工作期间	1961—1986						

届次	日期	代表人数	理事人数	常务理事人数	名誉会长	会长	专职副会长
恢复工作期间	1987.5—1990.5	44	10		云曙碧		
第一次	1990.6.6	99	53	18	孔　飞 许令妊 乌　兰 陈　锵	云曙碧	
第二次	2004.11.8	158	74	20	杨　晶 云曙碧	宝音德力格尔	桂　忠

【组织机构】

截至2004年底，内蒙古自治区红十字会有基层组织3440个，累计发展会员48万人，志愿工作者1000多人。全区12个盟市和101个旗县都建立了红十字会组织。有20个企业、21个事业单位、22个乡镇、23个街道建立了红十字会组织，281所小学、174所中学、6所大学建立了红十字会，分别占学校数量的4.1%、10.1%、19.35%。自治区教育系统还建立了学校红十字工作委员会。

1995年5月，内蒙古自治区红十字会从卫生厅独立出来，理顺了管理体制，单位规格为正厅级，机关内设办公室、赈济救护部、组织宣传部三个处室，下设一个备灾救灾培训中心为处级事业单位。2002年机构改革时，自治区红十字会机关精简为办公室和业务处，人员编制也由原来的14人减为13人。保留备灾救灾培训中心。自治区红十字会理顺管理体制后，辖12个盟市及部分旗县（市、区）相继理顺了管理体制。截至2005年7月，全区12个盟市及满洲里市、二连浩特市两个计划单列市红十字会全部理顺了管理体制，盟市红十字会单位规格为正处级或副处级，编制5至12人不等。全区101个旗县（市区）已有80个旗县级红十字会理顺了管理体制，机构规格为正科级，编制3至7人不等。12个盟市红十字会是：呼和浩特市、包头市、乌海市、赤峰市、通辽市、鄂尔多斯市、呼伦贝尔市、巴彦淖尔市、乌兰察布市、兴安盟、锡林郭勒盟、阿拉善盟红十字会，两个计划单列市红十字会是：满洲里市、二连浩特市红十字会。

【相关法规】

1995年11月17日，内蒙古自治区第八届人民代表大会常务委员会第十七次会议通过了《内蒙古自治区实施〈中华人民共和国红十字会法〉办法》。

2002年3月20日，内蒙古自治区红十字会联合自治区教育厅、公安厅、民政厅、国土资源厅、建设厅、呼和浩特铁路局、交通厅、卫生厅、民航局、林业厅、旅游局、经贸委、煤炭安全监察局、内蒙古电力（集团）有限责任公司下发了《内蒙古自治区贯彻落实中国红十字会关于广泛深入开展救护工作的意见实施计划的通知》。

2002年9月，内蒙古自治区人民政府

办公厅印发了《内蒙古红十字会关于开展社区服务工作的意见的通知》。

2003 年 8 月，内蒙古自治区红十字会、民政厅共同印发了《关于进一步做好社区红十字工作的通知》。

2005 年 1 月 14 日，内蒙古自治区人民政府下发了《关于切实加强红十字会工作的意见》。

2005 年 3 月，内蒙古自治区红十字会、教育厅转发了《关于进一步推进学校红十字会工作的意见》的通知。

2005 年 7 月，内蒙古自治区人民政府办公厅印发了《转发红十字会关于直属机关发展会员意见的通知》。

【大型项目】

内蒙古自治区红十字会从 1987 年恢复工作后，积极协助政府开展救灾救助工作，至 1995 年底，接受中国红十字会总会分配及北京、上海等兄弟省市红十字会和社会各界捐赠的大量救灾救助款物，其中捐款为 242 万元。接收的这些救助款物全部用于解决灾区和贫困地区群众的生活困难，有力地支援了各地的救灾救助工作。

1996 年 4、5 月间，内蒙古自治区先后发生草原森林火灾和包头及毗邻地区地震灾害。灾情发生后，自治区红十字会立即行动，全力投入抗灾救灾第一线。与此同时，救灾工作得到了中国红十字会总会和红十字会与红新月会国际联合会、英国红十字会、日本红十字会及香港、台湾同胞的支持与帮助，北京、上海、湖南、吉林等兄弟省市红十字会也伸出了援助之手。全年共接受并投入的救灾款物折合人民币 581 万元，有效地解决了部分重灾民的生活困难。

1997 年 10 月，巴彦淖尔盟杭锦旗发生 5.0 级地震，11 月，伊克昭盟达拉特旗又发生了黄河冰凌水灾。对这 2 次灾害，自治区红十字会都开展了积极的救助，全年共投入救灾款物 23 万元，使部分灾民得到了红十字会的及时救助。同年，根据中共内蒙古自治区党委的安排，自治区红十字会还承担了乌兰察布盟凉城县刘家夭乡泉子沟村的包扶脱贫任务，会长云曙碧积极奔走，四处筹措资金 20 万元，为该村逐步解决了人畜饮水、通电问题，并建设了一所博爱小学，受到了中共内蒙古自治区党委、政府的表彰。

1998 年初，内蒙古自治区与河北省张北地区毗邻的乌兰察布盟、锡林郭勒盟发生地震灾。入夏以来，呼伦贝尔盟、兴安盟、通辽市、赤峰市、锡林郭勒盟又遭受了百年不遇的特大水灾。灾情发生后，自治区红十字会全面投入抗灾救灾工作。在中国红十字会总会的大力支持下，红十字会与红新月会国际联合会、香港特别行政区红十字会，及北京、广东、海南、四川、浙江、上海、江苏、陕西、山西等兄弟省市红十字会对内蒙古自治区的救灾工作给予了大力援助。由于东部区的水灾灾情十分严重，自治区红十字会参与的灾后重建成工作一直持续到 1999 年底。期间共接受救灾款 4675 万元，救灾物资 2365 万元，款物合计 7040 万元人民币，这些救灾款物全部分发到灾区。其中用 3493 万元捐款为灾区援建了 5389 户民房、24 所学校、15 所卫生院、9 个村卫生室和 1 个养老院；用 968 万元为灾民购买粮食 5657 吨；用 214 万元为援建成的卫生院配套了医疗设备、药品，还为个别盟市、旗县红十字会配备了交通、通讯设备。

2000 年的重点工作仍然是做好 1998 年水灾重建项目的扫尾工作，完成了援建项目款项的拨付和香港、珠海等红十字会对援助项目的检查验收。春节前夕，中国红十字会常务副会长王立忠率慰问组赴伊克昭盟东胜市开展“送温暖”活动，为贫困户送去价值10万元的慰问品。5月份，自治区红十字会自筹资金10万元，与北京市红十字会光明眼科诊所、美国著名眼科专家伊丽莎白·旺博士合作，在乌兰察布盟免费为40名贫困白内障患者实施了复明手术，从此拉开了“扶贫复明行动”的序幕。

2001年入冬以来，内蒙古自治区锡林郭勒盟、兴安盟、通辽市、赤峰市、呼伦贝尔盟、乌兰察布盟部分地区遭受了近50年来所罕见的特大雪灾。灾情发生后，自治区红十字会紧急行动，全力投入救灾工作。全年通过中国红十字会总会分配和自治区红十字会直接接收救灾捐款1359万元，救灾物资3491万元。其中，为灾区群众发放了价值914.26万元的10765吨救灾粮；用香港特别行政区红十字会援助的190万元和45万元两笔捐款，分别为遭受雪灾的牧民援建了380户牲畜暖棚和救助了1607名灾区中小学生；用深圳、杭州、天津等红十字会捐款200万元，在锡林郭勒盟、通辽市援建成了1所卫生院和6所小学。香港特别行政区红十字会还为重灾区的8个旗县红十字会配备工作用车，并提供工作经费和药品，组建成了8支巡回医疗队，在10个旗县、69个苏木（嘎查、村）进行了为期2个月的巡回医疗，共救治伤病员17675人。

2002年，内蒙古自治区红十字会共接受、使用救灾款359.8万元，救灾物资397万元。这些捐赠款物主要来源为：中国红十字会总会援助的物资187.7万元；北京市红十字会捐款130万元、物资36万元；香港特别行政区红十字会捐赠的救灾粮款226万元。这些救灾款物全部投入救灾救助工作，使16.8万人得到救助。

2003年4月，内蒙古自治区出现非典型性肺炎（以下简称“非典”）病例，并很快成为全国疫情最重的地区之一。为了应对突如其来的疫情，内蒙古自治区红十字会根据自治区政府和中国红十字会总会的有关要求，及时成立了预防“非典”工作领导小组，开通捐赠热线，公布银行账号。在社会各界的大力支持下，内蒙古自治区红十字会共接受国内外捐款372.7万元，各种物资1130.4万元，并及时将这些捐赠款物分配到各盟市红十字会及担负“非典”防治任务的有关医疗机构和部门。同年，在救灾救助方面，内蒙古自治区红十字会接受中国红十字会总会及香港特别行政区红十字会援助救灾款95.4万元、物资133万元。此外，自治区红十字会还组织开展了对新疆地震灾区的救助工作，全区各级红十字会工作人员带头捐款，共为新疆灾区募捐救灾款27.31万元，其中，自治区红十字会会长云曙碧个人捐款1万元。

【主要特色】

（一）开展“红十字博爱送万家”活动

为了更好地弘扬人道、博爱、奉献的红十字精神，按照中国红十字会总会的统一部署，内蒙古自治区红十字会从1999年开始，每年元旦、春节期间都要安排部署“红十字博爱送万家”活动，为灾区和贫困地区、边远农牧区群众送去米、面、肉、油和衣物等生活必需品。截至2004年底，包括中国红十字会总会分配和自治区各级红十字会募捐，内蒙古自治区开展“红十字博爱送万家”活动投入的款物超过了1000万元。

（二）援助开展卫生小项目

1. 援建卫生院医疗小项目：1999 年至 2004 年由加拿大红十字会援助内蒙古自治区红十字会 12 万加元，在乌兰察布市凉城县、鄂尔多斯市伊金霍洛旗伊金霍洛苏木开展了卫生项目的援建工作。

为了改善医疗卫生条件，解决当地群众就医难的实际问题，经自治区红十字会深入调查，利用加拿大红十字会的援助资金，分别为凉城县厂汉营乡红十字会卫生院购置了 B 超诊断仪、心电图诊断仪、显微镜、彩色电视机、录放像机、传真机、移动电话等医疗通讯设备。帮助两个卫生院培训了包括外科、内科、妇产科、儿科、放射科、中医科和病房护理等专业人员 10 余名。此外，还在当地开展了健康宣传教育活动、为农牧民义务巡诊、开展卫生救护技术培训、进行地方病防治、计划免疫、妇幼保健等项工作。通过援助项目的实施，这两个旗县的医疗服务水平和诊断水平都有了明显的提高，解决了当地群众基本的医疗卫生要求。在方便农牧民群众就医的同时，使当地群众卫生保健和防病意识得到了很大程度的提高，各级红十字会对项目的管理能力也得到了进一步加强，红十字会的人道主义精神得到了广泛传播。

2. 开展复明扶贫行动：2000 年至 2004 年，加拿大红十字会每年援助 3 万加元，在自治区有关部门和项目实施地区的大力配合下，先后共投入资金 104 多万元，分别在乌兰察布市、鄂尔多斯市、包头市、呼和浩特市、阿拉善盟、锡林郭勒盟开展了复明扶贫项目。共为 674 名白内障患者免费实施了复明手术，使他们重见了光明，有的还走上了脱贫致富的道路。该项目旨在帮助贫困白内障患者复明，术后能够从事生产劳动，走出生活困境，扩大红十字会的影响力。接受宣传教育的农牧民群众更多地了解和掌握了白内障有关常识，提高了保护眼睛的意识。经过对术后患者的回访，患者术后视力得到恢复，大都生活能够自理，并能够参加生产劳动，在很大程度上摆脱了困境。

3. 开展艾滋病预防知识宣传活动：2002 年开始，由加拿大红十字会每年援助 1 万加元，开展的艾滋病同伴教育项目，旨在通过同伴教育增强预防艾滋病的公众意识，防止青年人发生易感染艾滋病的危险行为，控制艾滋病在内蒙古地区的蔓延。为了开展好这项教育活动，自治区红十字会于 2003 年 1 月选派 8 名师资参加了总会在成都举办的培训班。同年 3 月，自治区红十字会在呼和浩特市 4 所高校举办了 4 期同伴教育培训班，培训大学生 80 人；同时还在呼和浩特市新城区的长城社区、赛罕区的农大社区开展了预防艾滋病宣传教育活动。自治区红十字会工作人员进行了授课，深入居民家中发放宣传材料，进行问卷调查，组织社区群众参观展览，观看专题教育片。通过开展丰富多彩的教育活动，使大学生和社区居民了解掌握了预防艾滋病的有关知识，达到了很好的宣传教育效果。从此，开展艾滋病预防知识的宣传与普及，成为自治区红十字会的一项经常性工作，并列入年度工作规划。

（三）开展救助贫困学生行动。内蒙古自治区是一个经济欠发达地区，全区还有许多低收入群众。一些贫困家庭的孩子因经济原因连中小学都不能读完，辍学或失学的人数比较多。另外，还有一些贫困地区和家庭生活困难的困难，因交不起学费和生活费，也面临拿着大学录取通知书不能入学的特殊情况。针对这一问题，自治区红十字会从2000年起，通过各种渠道募集资金130多万元，累计资助了3926名中小学生和100多名大学生完成了学业。

【显著业绩】

1996年3月，在中国红十字会六届三次理事会议上，总会号召全国红十字工作者学习“云曙碧精神”。云曙碧精神的内涵是：忠于党忠于人民，热爱红十字事业，以自己的形象体现红十字精神。靠高度的敬业精神，崇高的职业道德，团结群众，艰苦奋斗，执著追求，不懈努力，克服困难，使红十字事业不断开拓前进。这不仅是云曙碧会长个人的荣誉，也是自治区全体红十字会工作者的光荣。

1998年12月，中国红十字会总会授予内蒙古自治区红十字会“抗洪救灾先进集体”。

2002年3月，通辽市红十字会被国家人事部、中国红十字会总会评为“全国红十字会系统先进集体”。

2003年8月，内蒙古自治区红十字会被自治区人民政府评为“抗击非典先进集体”。

2004年4月，内蒙古自治区红十字会被中国红十字会总会授予“人道法传播三等奖”。

2004年10月，呼和浩特市红十字会被人事部、中国红十字会总会评为“全国红十字会系统先进集体”。

2004年12月，内蒙古自治区红十字会被自治区人民政府评为“抗震减灾先进集体”。

2005年2月，赤峰市松山区红十字会被国家民政部、中国红十字会总会评为“全国社区红十字服务示范区”。

2005年5月，内蒙古自治区红十字会获中国红十字会总会“印度洋海啸救援最佳组织奖”。

【年度工作】

2004年是中国红十字会历史上不平凡的一年，也是内蒙古自治区红十字会发展史上非常重要的一年。在这一年里，全区各级红十字会坚持以邓小平理论和“三个代表”重要思想为指导，积极响应自治区党委的号召，认真组织开展了“执政为民、加快发展”培训教育活动，采取多种形式组织开展了纪念中国红十字会建会一百周年活动，配合自治区人大在全区进行了红十字会法和“实施办法”执法检查，召开了自治区红十字会第二次会员代表大会，积极协助政府开展了备灾救灾和人道救助工作，圆满完成了自治区红十字会年初确定的各项工作任务。2004年完成的主要工作有：

1. 积极响应中共内蒙古自治区党委的号召，组织开展了“执政为民、加快发展”培训教育活动。

2. 圆满完成了各项业务工作。一是积极开展社会募捐活动，努力为灾区群众解难。2004年通过广泛募捐，为26万困难群众提供了生活救助；二是完成了香港特别行政区红十字会援助的备灾项目，全年举办备灾培训班637次，有2.2万农牧民群众和2.1万中小学生基本掌握了各种自然灾害的紧急避险方法和自救互救常识；三是开展了“红十字博爱送万家”活动；四是开展了卫生救护培训工作，全年培训初级救护员63361人；五是造血干细胞捐献工作进展顺利，志愿捐献造血干细胞并已抽取血样的人数超过3300人，上传中国造血干细胞捐献者资料库管理中心分型数据2000份。

3. 组织开展了一系列纪念中国红十字会建会一百周年活动。2004年3月10日，中国红十字会迎来了建会百年华诞，按照中国红十字会总会的统一部署，内蒙古自治区红十字会开展了以“办实事、迎百年”为主题的纪念活动。2004年元旦，自治区红十字会与内蒙古电视台联合制作了以“人道、博爱、奉献”为主题的大型文艺晚会，并于5月8日世界红十字日进行了重播；邀请自治区领导及有关部门领导参加了“庆祝中国红十字会建会100周年座谈会”；5月10日，自治区红十字会与呼和浩特市红十字会共同举办了声势浩大的宣传活动；连续在报纸、电台、电视台刊载、播放有关宣传红十字会工作的图片、文章和音像资料等。通过这些活动，扩大了红十字会的社会影响。

4. 积极协调自治区人大常委会，进行《中华人民共和国红十字会法》和《内蒙古自治区实施〈中华人民共和国红十字会法〉办法》执法检查。2004年5月至6月，由自治区人大常委会副主任宝音德力格尔任组长，常委会组成人员和教科文卫委员会及自治区红十字会人员组成的执法检查组先后对阿拉善盟、乌海市、包头市、锡林郭勒盟、兴安盟、呼伦贝尔市、通辽市、赤峰市等8个盟市进行了红十字会法和“实施办法”执法检查。检查结束后，宝音德力格尔亲自向自治区人大常委会报告了执法检查情况，他高度评价了全区各级红十字会在宣传红十字会法和“实施办法”，依法理顺管理体制，协助政府在开展备灾救灾、社会救助、卫生救护、社区服务、推动无偿献血、预防艾滋病工作等方面取得的成绩。他同时指出了工作中存在的问题和不足，并提出了加强红十字会工作的意见和建议。

5. 召开了自治区红十字会第二次会员代表大会。2004年11月8日至9日，内蒙古自治区红十字会第二次会员代表大会在呼和浩特市举行。中国红十字会会长、原全国人大常委会副委员长彭珮云出席大会发表了重要讲话，她对内蒙古红十字会在人道救助领域取得的突出成绩给予了充分肯定。中共内蒙古自治区党委书记储波，党委副书记、自治区人民政府主席杨晶等13位自治区领导也出席了大会。杨晶代表自治区党委、政府对自治区红十字会在“三个文明”建设中做出的突出贡献给予了很高的评价，并勉励全区红十字会工作者要在自治区红十字会二届理事会的领导下，再接再厉，为实现构建和谐社会的奋斗目标做出新的更大的贡献。

内蒙古自治区红十字会二届理事会选举自治区人大常委会副主任宝音德力格尔为新一届理事会会长，聘请自治区政府主席杨晶、原自治区红十字会会长云曙碧为名誉会长，聘请自治区政府副主席乌兰、自治区政协副主席奇英成为名誉副会长，大会选举桂忠担任专职副会长，主持红十字会的日常工作，选举自治区政府副秘书长盖文山、自治区卫生厅副厅长乌兰、自治区民政厅副厅长郝勇、自治区财政厅副厅长云宗元、自治区教育厅副厅长何瑞芝、自治区公安厅副厅长阿斯林、自治区工商联副主席斯琴高娃、自治区佛教协会代会长贾拉森为自治区红十字会兼职副会长。

会议认真总结了“一大”以来的主要工作，通过了自治区红十字会2005至2009年工作规划，实现了领导班子的新老交替。

6. 聘请“草原捐髓第一人”王海峰医生为自治区红十字会“爱心大使”。2004年11月11日，赤峰学院附属医院血液科的王海峰医生在北京为一名河北籍教师捐献了造血干细胞，成为内蒙古自治区首例造血干细胞捐献者。内蒙古自治区红十字会抓住机遇，组织了“用爱心点燃生命的希望”宣传活动，聘请王海峰为中国造血干细胞捐献者资料库内蒙古分库“爱心大使”。11月18日，内蒙古红十字会会长宝音德力格尔一行赴赤峰市举行“爱心大使”授牌仪式，中国红十字会原副会长、中国造血干细胞捐献者资料库管理中心顾问孙爱明参加了仪式。“爱心大使”王海峰以自己的切身经历和真实感受，宣传了捐献造血干细胞无损健康的知识。多家新闻媒体进行了报道，一时捐献造血干细胞成为热点新闻，聘请“爱心大使”活动对于普及造血干细胞捐献知识、争取更多的志愿者起到了积极推动作用。

7. 社区红十字服务试点工作有了新突破。为积极推动全区“红十字服务进社区”活动，自治区红十字会推荐了赤峰市松山区和呼市新城区两个社区参加全国红十字文明示范市（区）评审活动。通过总会评审组调阅资料、实地察看、入户抽查等形式，对这两个社区服务试点取得的成绩给予了充分肯定。经过严格的考核、筛选，赤峰市松山区红十字会被民政部、中国红十字会总会评为全国红十字服务示范区，受到了国家民政部和中国红十字会总会的表彰。

（胡志行、李文元）

附录：

内蒙古自治区实施《中华人民共和国红十字会法》办法

（1995年11月17日内蒙古自治区第八届人民代表大会常务委员会第十七次会议通过）

第一条 为了保护人的生命和健康，发扬人道主义精神，促进红十字事业的发展，根据《中华人民共和国红十字会法》，结合自治区的实际，制定本办法。

第二条 自治区、盟市、旗县（市、区）红十字会是中国红十字会的地方组织，是从事人道主义工作的社会救助团体。

苏木、乡镇、街道及机关、团体、企业事业单位和其他组织，根据需要可以建立基层红十字会。

全区性的行业根据需要可以建立行业红十字会。

第三条 承认中国红十字会章程，热心红十字事业，履行会员义务的中华人民共和国公民，均可以自愿参加红十字会。

第四条 自治区、盟市、旗县（市、区）红十字会是依法设置的社会团体，配备专职工作人员。基层红十字会设专职或者兼职工作人员。

第五条 上级红十字会指导下级红十字会的工作，行业红十字会同时接受同级地方红十字会的指导。

第六条 各级红十字会理事会由会员代表大会或者会员大会民主选举产生。会长和副会长由理事会民主选举产生。

自治区、盟市、旗县（市、区）红十字会设名誉会长和名誉副会长，由同级红十字会理事会聘请。

第七条 自治区、盟市、旗县（市、区）及行业红十字会依法取得社会团体法人资格，其会长为法定代表人。依照红十字会法和本办法，独立自主地开展工作。

第八条自治区各级红十字会应当履行下列职责：

（一）宣传、贯彻红十字会法和本办法；

（二）依照《中国红十字会章程》吸收会员，发展组织；

（三）积极组织对灾区、山老区、边境牧区、贫困地区进行救灾医疗服务；

（四）在学校开展红十字活动，在中小学推动红十字青少年工作，促进德育教育；

（五）参与输血献血工作，推动无偿献血，加强对红十字会血站的管理，确保血液质量；

（六）根据中国红十字会总会部署，参与国际人道主义救援工作；

（七）根据红十字会法和国务院的规定，监督检查红十字标志的使用情况；

（八）依照国际红十字运动的基本原则，完成同级人民政府和上级红十字会委托事宜；

（九）开展其他人道主义服务活动。

第九条 各级人民政府对同级红十字会给予支持和资助，保障红十字会依法履行职责，并对其活动进行监督检查；红十字会协助人民政府开展与其职责有关的活动。

在自然灾害和突发事件中，有关部门要积极支持和配合红十字会进行工作。

第十条 自治区红十字会根据独立、平等、互相尊重的原则，发展同香港、澳门、台湾地区红十字会以及各国地方

红十字会和红新月会的友好合作关系。

第十一条 红十字会经费的主要来源：

（一）红十字会会员缴纳的会费；

（二）同级人民政府的拨款；

（三）接受国内外组织和个人捐赠的款物；

（四）动产和不动产收入及所属企业事业单位上缴的收入；

（五）行业红十字会和基层红十字会所在部门和单位的资助。

第十二条 红十字会接受用于救助和公益事业的境外捐赠物资，海关按照国家有关规定给予减税、免税。

第十三条 红十字会可以兴办与其宗旨相符的社会福利事业，政府有关部门按国家税收的有关规定给予扶持。

第十四条 红十字会对其兴办的社会福利企业事业单位依法进行监督管理，其隶属关系不得随意改变，合法财产不受侵犯。

第十五条 自治区、盟市、旗县（市、区）及行业红十字会为开展救助工作，可以进行募捐或者接受捐赠。

自治区红十字会可以在适宜的场所设置募捐箱，进行募捐。

对募捐和捐赠的财物要建立严格的管理制度，并且必须用于红十字事业。处分捐赠财物应当尊重捐赠者的意愿。

第十六条 自治区、盟市红十字会可以依照《中国红十字会章程》设立红十字基金，所筹资金全部用于发展红十字事业。

第十七条 各级红十字会要建立经费监督检查制度。红十字会会长对本会经费的来源和使用情况，每年向理事会报告一次。

上级红十字会对下级红十字会专项经费使用情况进行监督检查。

各级红十字会的经费使用情况接受同级审计部门的审计监督。

第十八条 自治区红十字会对在红十字事业中做出突出贡献的志愿工作者和社会各界人士，授予荣誉称号并颁发荣誉证书、证章。

第十九条 任何组织和个人不得侵占、挪用红十字会的财产和经费以及募捐、捐赠的财物。

违反前款规定的，责令返还，对直接责任人给予行政处分；构成犯罪的，依法追究刑事责任。

第二十条 本办法自公布之日起施行。

辽宁省红十字会

【历史沿革】

1904年2月8日，日俄战争在辽宁旅顺爆发，东北人民灾难惨重。上海海关沈敦和与施子英二人恻然悯之，发起成立了“东三省红十字普济善会”。1904年3月10日，上海万国红十字会召开第一次中西董事会，决定在要冲之地牛庄（今营口）设立分会，在牛庄借爱尔兰会华医院为分会总医院。8月，设立辽阳分会，同时设医院和难民栖留所。之后，辽宁省奉天省城、新民屯、沟帮子等成立分会。日俄战争期间，在辽宁境内的红十字分会为群众做了大量救援、救护、救助方面的工作。据不完全统计，红十字会对受难人民进行医疗救护达2.6万人；资助遣返回籍者达8.5万人；战后受到赈济的灾民达3.3万余人。1929年2月5日，奉天省正式改称辽宁省。7月，中国红十字会辽宁分会成立。办公地址在沈阳民富街西157号。

新中国成立后，辽宁省红十字会于1957年2月19日在沈阳成立。由卫生、民政、公安等有关单位领导29人组成辽宁省红十字会执行委员会。

辽宁省红十字会成立时，全国正开展“除四害、讲卫生、消灭疾病”的群众卫生运动。各地红十字会都把主要力量投入爱国卫生运动中。1958年，辽宁省红十字会及时部署动员组织会员参加爱国卫生运动，促进了卫生运动的发展。1962年，针对台湾当局在美帝国主义支持下，妄图窜犯大陆进行军事冒险的形势，红十字会立即行动，大力开展群众性国防卫生救护训练。训练内容应包括卫生救护基础知识和防空、防毒、防疫（细菌），防原子等简易知识，力争做到在遇有紧急情况时，能担负起军民伤病人员的投寻、搬运和医务人员未到现场前的初级救护，疫区、毒区的消毒，以及在医务人员指导下执行其他的卫生勤务。“文革”期间，辽宁省红十字会遭到全面破坏，红十字会工作被迫停止。粉碎“四人帮”以后，1980年3月26日，辽宁省红十字会恢复工作，当年4月9日，辽宁省红十字会召开第三次会员代表大会，选举产生了以辽宁省人大常委会副主任王堃驰为会长的新的领导机构。辽宁省红十字会自1980年恢复工作以来，协助政府在备灾救灾、扶贫济困、对外交往等方面做了大量卓有成效的工作。2000年12月26日，辽宁省红十字会办事机构从省卫生厅划出，独立设置。辽宁省红十字会第六次会员代表大会于2001年11月21日在沈阳市召开，会上选举出了新一届理事会，聘请辽宁省省长薄熙来担任省红十字会名誉会长，陈素芝、徐廷生、张毓茂为名誉副会长。选举辽宁省副省长刘克田为省红十字会会长，刘琳娜当选为辽宁省红十字会常务副会长，杨笑为秘书长。在2004年3月召开的辽宁省红十字会六届二次理事会上，改选滕卫平为省红十字会会长。

辽宁省红十字会历次代表大会一览表

时间	届数	理事人数	会长（主席）	副会长、（副主席）
1957.2	第一届	29	车向忱	王　木
1962.9	第二届	21	王梓木	韩蓬台
1980.4	第三届	24	王堃骋	邓　禹
1988.12	第四届	61	王文元	李希舜
1996.10	第五届	60	张榕明	李　仁
2001.11	第六届	60	刘克田	刘琳娜
2004.3	第六届二次	60	滕卫平	刘琳娜

【组织机构】

辽宁省红十字会现有会员179.8492万人，志愿工作者6.1万人，全省100个县区建立了红十字会，同时，在高等院校、职业学校、中小学校建立了学校红十字工作委员会。

辽宁省红十字会机关设有办公室、赈济救护部、组织宣传部，下辖备灾中心、培训中心（中国造血干细胞捐献者资料库辽宁分库）等2个事业单位。至2004年底，全省已有14个市理顺了市级红十字会管理体制（沈阳、大连、鞍山、抚顺、本溪、丹东、锦州、营口、阜新、辽阳、铁岭、朝阳、盘锦、葫芦岛），21个县理顺了县级红十字会管理体制。

【相关法规】

2001年9月29日，辽宁省第九届人民代表大会常务委员会第二十六次会议通过了《辽宁省实施〈中华人民共和国红十字会法〉办法》。

【大型项目】

（一）省内救灾工作

1. 1994年7月中旬至8月中旬，辽宁省所辖14个市的大部分地区遭受了大或特大洪水和台风袭击，灾情十分严重。省红十字会会同卫生厅共向灾区派出医疗队68支，防疫队34支，发放药品22万元，发放消杀药20余万元，总救助人数达68627人次。

2. 1995年，辽宁省发生有记载以来最大的一次洪涝灾害，全省经济损失344.2亿元。省、市各级卫生部门及红十字会共组建医疗队239个，向灾区派出医疗队565队次，运送价值44万元的药品及消毒杀菌药品。

3. 1999年11月14日和24日，辽宁地区连降两场大雪和暴雪，辽南东部山区气温急剧下降，省红十字会购买了价值5万元的棉被1000条送到灾区。

4. 1999年11月29日，海城市、岫岩县发生5.6级地震，造成6000多间房屋损毁，直接经济损失达2300多万元。地震发生后，省红十字会迅速做出反应，组织了15支医疗队和预防小分队，并积极上报灾情，得到中国红十字会总会和红十字会与红新月会国际联合会救助的60余万元。

（二）向遭受灾省、自治区进行援助

1. 1991年7至8月份，我国南方部分地区发生特大洪涝灾害，辽宁省红十字会共募集人民币160万元，衣物约110万件，支援了南方灾区的重建工作。

2. 1994 年，辽宁省红十字会向南方灾区捐款 71295 元，捐衣物 2000 件。

3. 1996 年青海省发生雪灾，辽宁省各级红十字会举行开展为青海雪灾募捐衣物及生活用品活动。共募捐衣物及生活用品 100 余万件。

4. 1996 年张家口地震，辽宁省红十字会向地震灾区捐赠人民币 1 万元。

5. 1998 年全国大部分地区发生洪涝灾害，辽宁省红十字会在全省红十字会系统开展募捐活动，为灾区募集的款物折合人民币 730 万元。

6. 1999 年台湾发生地震，辽宁省红十字会通过中国红十字会总会向台湾红十字组织捐款 5 万元人民币。

7. 2003 年，新疆维吾尔自治区喀什地区发生强烈地震，辽宁省红十字会向灾区捐款 30 万元，用于灾后重建工作。

【主要特色】

（一）开展“红十字博爱送万家”活动

2001 年至今，每年的元旦、春节期间，辽宁省红十字会按照中国红十字会总会的整体部署，根据中共辽宁省委、省政府的要求，连续开展了“红十字博爱送万家”活动。

2001 年 1 月，辽宁省红十字会工作人员赴葫芦岛、锦州、朝阳、阜新四市开展“红十字博爱送万家”活动，为遭受严重旱灾的群众送去价值 40 万元的棉被、棉大衣等物品。

2002 年 1 月，辽宁省红十字会把“红十字博爱送万家”活动与省政府扶贫帮困和经常性社会救助活动结合起来，先后到抚顺市清原县、本溪市南芬区和辽阳市走访慰问贫困户和受灾户，并为他们送去了价值 6 万元的药品、2000 斤粮食和部分棉衣、棉被等物品。

2003 年，辽宁省红十字会结合本省实际，在辽阳市举行了中国红十字会 2003 年“红十字博爱送万家”活动辽宁省启动仪式，现场对部分城市低保户进行了救助，并走访了部分贫困户。此次活动共筹集了价值 50 万元的物资，受益群众达 2500 户。通过救助活动，把党和政府的关怀，把红十字人道、博爱、奉献的红十字精神送到千家万户。

（二）救助日本孤儿及中国养父母

日本侵华战争时所留下的日本遗孤，战后大多流落在中国东北，被中国养父母所收养。日本塔卡拉俱乐部中有许多日本遗孤，中日建交后返日，他们为报答中国养父母的养育之恩，向中国红十字会捐款，建立为其养父母服务的保健中心。1991 年 1 月，辽宁省设立医疗保健中心，总建筑面积 2500 平方米。中心建立后，省红十字会及该中心帮助日孤在日寻亲和到辽宁探亲访友，并在每年春节前带着慰问品对辽宁地区的部分日本遗孤及其养父母进行慰问。

（三）积极开展“三下乡”活动

辽宁省红十字会从 2001 年起，参加中共辽宁省委、省政府组织的“科技、文化、卫生”下乡活动。当时，省红十字会刚刚独设置就以积极的态度主动参与了此项活动，并把它当成密切党和群众的联系，为振兴辽宁老工业基地做贡献的政治任务来完成。每年年初，省红十字会都将“三下乡”工作列入全年工作计划之中，把省红十字会筹集的药品、衣物等送到贫困群众手中。其中，2002 年底，为彰武县送去价值 5 万元药品；2003 年底，为康平县送去价值 3 万元药品及衣物。2004 年，辽宁省红十字会被评为辽宁省“三下乡”先进集体。

（四）成立辽宁博爱特殊儿童养护中心

2002 年 5 月，由辽宁省红十字会牵头，成立了辽宁首家博爱特殊儿童养护中心，定性为社会福利机构，专门为患孤独症的儿童提供训练、康复服务。通过训练，指导孤独症儿童及其家长改善儿童现状，提高儿童适应社会能力及语言交往能力，力争使儿童尽早适应集体生活。两年来，共接收近百名特殊儿童，使多名孩子重返校园，过上和正常人一样的生活。逢年过节，省红十字还组织热心公益事业的社会各界献爱心，送去慰问品，并通过新闻媒体给予宣传报道，让全社会关注弱势群体。患儿家长和政府有关部门称赞红十字会为民做了一件好事。原中国红十字会总会副秘书长汤声闻曾经视察该中心，并对其工作给予充分肯定，认为这是红十字会工作的一个品牌，应当很好地坚持下去。

【显著业绩】

2003 年，辽宁省红十字会获辽宁省直属机关“特殊贡献奖”。

2004 年，辽宁省红十字会获得中国造血干细胞捐献者资料库管理中心“突出贡献奖”。

2004 年，辽宁省红十字会被评为辽宁省“文化、科技、卫生”下乡活动先进集体。

2005 年，辽宁省红十字会荣获中国红十字会总会颁发的“印度洋海啸救援最佳组织奖”。

【年度工作】

在中共辽宁省委、省人民政府的大力支持下，在中国红十字会总会的指导下，辽宁省红十字会系统专兼职工作者、广大红十字会会员和志愿工作者以中国红十字会建会百年和中国红十字会第八次会员代表大会召开为契机，努力开拓，扎实工作，完成了 2004 年初制定的各项工作目标。

（一）加大宣传力度，宣传工作卓有成效

2004 年是辽宁红十字会建会 100 周年，围绕建会百年，全省各级红十字会抓住机遇，开展了丰富多彩、成效显著的宣传活动，在社会上树立起红十字会的良好形象，扩大了红十字会的影响。

1. 围绕百年庆典开展多种形式的宣传活动。辽宁省红十字会在《辽宁日报》开辟专版，副省长、省红十字会会长滕卫平发表纪念文章。中共辽宁省委、省人大发信祝贺。省红十字会编辑出版了《百年红十字百年博爱情》一书。在沈阳市兴建了“风雨百年博爱园”。营口市红十字会接受了见证辽宁红十字会建会百年历史的珍贵建筑实物。辽阳市红十字会在市中心广场设纪念建筑雕塑。上半年，辽宁省红十字会还正式开通了辽宁红十字网站。制作了 10 台公共擦鞋机和 1000 把爱心公益伞，投放社会。省红十字会与省医院联合举行了大型公益活动，纪念中国红十字会建会百年。还与辽宁省教委配合，在全省评选出 100 所红十字示范学校。这些活动既办了实事，又起到了很好的宣传作用。

2. 辽宁省政协视察《中华人民共和国红十字会法》执行情况。视察中，省政协肯定了红十字事业的发展和红十字会为全省经济建设和社会发展做出的贡献，同时对红十字会工作提出了很好意见和建议。视察工作引起了省政府领导的高度重视，辽宁省省长张文岳、副省长滕卫平作了三次批示。

（二）认真履行职责，“三救”工作成绩突出

一年来，省红十字会结合辽宁省实际积极开展备灾救灾、扶贫救助、救护培训等工作，取得了突出成绩。

1. 备灾救灾工作。根据2004年洪涝灾害预测及省政府的要求，完善了省红十字会备灾救灾工作预案，从救援工作的组织、各种救助物资的储备、开展募捐及医疗队、车辆保证、宣传报道等方面做好了充分准备。

2. 开展“红十字博爱送万家”为主题的扶贫帮困活动。省红十字会筹措扶贫物资价值近300万元，对9个市的贫困地区进行扶助，走访贫困家庭。各市募集款物合人民币122.7万元，物品3600件，派扶贫医疗队156支，医务人员1480人次，诊治病人30147人次，免费发放药品13.3万元，发放宣传资料17000余份，全省共有15.5万余人受益。辽宁省红十字会争取到中国红十字会总会60万元扶贫物资，慰问救助了辽宁的老劳模、老党员中的贫困家庭。省红十字会还到对口帮扶点彰武镇扶贫帮困，送去了18万元的衣物等，帮扶了铁西孤儿之家的50名孤儿，慰问了63户日本孤儿及中国养父母。活动既为贫困群众送去了温暖，也为他们送去了党和政府的关怀。

3. 积极开展救护培训。辽宁省红十字会一年里共办了10期320人参加的救护师资培训班。为全省30所高校配备了300个急救箱，培训了460名急救员。经过培训的师资在社区、学校、行业单位和部门的培训工作中，较好地发挥了作用，仅营口市就在社区居民中培训救护员9000人。

4. 做好造血干细胞捐献工作。中国造血干细胞捐献者资料库辽宁分库按照“五个一流”的要求，积极开展工作，不断加强管理。全年入库HLA资料9010份，采集血样9000人份，检索56例，成功捐献移植6例。这项工作已成为红十字会的品牌工程，在社会上有较大的影响。如盘锦市患白血病的小女孩任爽造血干细胞移植成功后，在中央电视台《特别关注》栏目首期播出，湖南卫视等也分别给予了报道。

5. 辽宁省社区红十字服务工作启动，并召开了研讨会，建立了宣传阵地，举办了卫生知识讲座，开展了社区扶贫救助活动。营口市被评为了全国红十字示范社区。

（三）积极做好项目，对外交流与合作不断扩大

1. “艾滋病青年同伴”教育项目2004年成效显著，共在4所项目学校举办了56期青年同伴教育培训班，受训者达1128人，收到了良好的社会效果。该活动既广泛宣传了预防艾滋病常识，也使社会对艾滋病患者和艾滋病病毒感染者给予了更多的关爱。由于省红十字会出色地完成了这个项目，荷兰红十字会与辽宁省红十字会续签了2005至2008年合作项目，资金约600万元。

2. 与荷兰ING集团签订了“改水改厕”项目。荷兰ING集团捐助项目资金18万欧元，为1280户村民提供安全卫生的饮用水并修建卫生厕所，并为村民提供健康教育，以帮助他们提高生活质量。

3. 接待了日本、朝鲜、斯洛伐克、澳门等国家和地区红十字会代表团的来访，就各自的工作进行了广泛交流，增进了友谊。辽宁省红十字会还组团对香港、澳门特别行政区红十字会进行了工作访问。

（四）推进各级红十字会理顺管理体制工作，提高队伍整体素质

1. 辽宁省红十字会在全省进行了理顺县级管理体制调研，形成了调研报告，此方案被中国红十字会总会采纳并在另外两个省试点，辽宁省红十字会对中国红十字会总会制定相应政策提供了决策依据。截至2004年年底，辽宁省已有12个市级红十字会、15个县（区）红十字会理顺了管理体制。

2. 辽宁省红十字会针对多数城市已理顺管理体制，并且人员新的情况，省红十字会及时举办了全省专职红十字会干部培训班，近百人参加了培训。培训活动经过精心组织、科学安排，收到很好的效果。

3. 辽宁省红十字会机关结合工作业务加强机关人员培训，如制作电脑多媒体、数码相机使用、无纸化办公等。还加强了机关制度建设及机关行政管理。财务、档案等工作更加规范。

（杨海云）

附录：

辽宁省实施《中华人民共和国红十字会法》办法

（2001年9月29日辽宁省第九后人民代表大会常务委员会第二十六次会议通过）

第一条 为了保护人的生命和健康，发扬人道主义精神，促进和平进步事业，根据《中华人民共和国红十字会法》（以下简称“红十字会法”），结合本省实际，制定本办法。

第二条 县级以上按行政区域建立的地方各级红十字会是中国红十字会的地方组织，是从事人道主义工作的社会救助团体，在上级红十字会的指导下，协助本级人民政府开展与其职责有关的活动。

第三条 省、市、县（含县级市、区，下同）建立地方红十字会组织，独立自主地开展工作。红十字会根据实际工作需要配备专职工作人员。行业可以根据需要，建立行业红十字会，在本系统、本单位范围内开展红十字工作；乡镇、街道、企业事业单位和学校可以建立红十字会基层组织，在本地区、本单位范围内开展红十字工作。省、市、县红十字会指导本行政区域内行业红十字会和基层红十字会的工作。

第四条 省、市、县红十字会和行业红十字会依法取得社会团体法人资格。

第五条 严格执行《中华人民共和国红十字标志使用办法》，禁止任何单位和个人滥用红十字标志。医疗机构以红十字会命名或者冠以红十字名称的，必须经省红十字会批准，并报同级卫生行政部门和中国红十字会总会备案。

第六条 各级人民政府对红十字会给予支持和资助，为其开展工作提供必要的条件，保障红十字会依法履行职责，并对其活动进行监督。广播、电视、报刊等新闻单位应当采取多种形式宣传红十字会开展的公益和救助活动。

第七条 红十字会可以吸收承认红十字会章程并缴纳会费的单位和个人为红十字会员，也可以吸收热爱红十字事业，自愿为红十字会工作的社会人士为志愿工作者，协助红十字会开展人道主义救助工作。

第八条 红十字会履行下列职责：

（一）宣传红十字会的宗旨、性质和任务；

（二）依照红十字会章程发展会员，收缴会费，建立志愿工作者队伍；

（三）募集、管理救灾款物，兴建和管理救灾备灾设施；

（四）在自然灾害和突发事件中，开展救助活动，及时向灾区群众和受难者提供急需的人道主义援助；

（五）普及卫生救护和防病知识，在易发生意外伤害的行业以及社区和农村，开展初级卫生救护培训；

（六）开展红十字青少年活动；

（七）建立造血干细胞捐赠者资料库，参与、推动无偿献血和人体器官捐献工作；

（八）建立红十字救护站，组织群众参加意外伤害的现场救护；

（九）发展同香港、澳门、台湾地区红十字组织以及国外红十字会和红新月会的友好合作关系，开展寻人转信和国际间的交流互助等活动；

（十）完成人民政府委托的相关事项。

第九条　红十字会经费的主要来源：

（一）红十字会员缴纳的会费；

（二）接受国内外组织和个人捐赠的款物；

（三）红十字会的动产和不动产收入；

（四）行业红十字会和红十字会基层组织所在单位的资助；

（五）人民政府的拨款。

第十条　省、市、县红十字会可以建立红十字救助基金，专项用于人道主义救助活动。红十字救助基金的主要来源为国内外组织和个人的捐赠。

第十一条　红十字会为开展救助工作，可以进行社会募捐活动。募捐活动由省红十字会统一管理。红十字会可以在机场、车站、码头、宾馆、公园、商场等公共场所设立红十字募捐点（箱），进行社会募捐活动。

第十二条　红十字会对不适合救助对象需要的定向募捐物资，经征得捐赠者同意，报请上级红十字会批准，可以进行变卖或者义卖。变卖、义卖收入全部用于红十字事业。

第十三条　红十字会对接受的捐赠、资助、变卖或者义卖所得，应当建立账目，完备手续。在处理捐赠款物时，应当尊重捐赠者、资助者的意愿，并将款物使用结果告知捐赠者、资助者或者向社会公布。捐赠者、资助者有权向红十字会查询捐赠、资助财产的使用、管理情况，并提出意见和建议。对于捐赠者、资助者的查询，红十字会应当如实答复。

第十四条　红十字会接受用于人道主义救助和公益事业的捐赠物资，依法享受免税待遇，有关部门应当按照国家规定优先办理运输和放行等相关手续，并协助红十字会做好捐赠物资的转运工作。社会团体、企业事业单位和个人向红十字会捐赠款物，依法享受国家规定的减税、免税待遇。

第十五条　红十字会建立健全经费审查监督制度和财务管理制度，并将经费来源和使用情况以及财产管理状况等每年向理事会报告，依法接受本级人民政府财政、审计部门的检查监督。

第十六条　对正在执行救灾、救护任务并标有红十字标志和紧急救助标志的交通工具，应优先通行，免收路、桥通行费。红十字会配备的设有专门标志的救助、指挥车辆，经省交通管理部门批准，免收公路养路费。

第十七条 滥用红十字标志和未经批准以红十字会命名或者冠以红十字名称的，经当地红十字会报本级人民政府，由县以上人民政府责令其停止使用，没收违法所得，并处以1万元以下的罚款。

第十八条 侵占、挪用红十字会经费、财产以及捐赠款物的，按照有关法律、法规规定处理。

第十九条 拒绝、阻碍红十字会工作人员依法履行职责的，按照《红十字会法》第十五条第二款的规定处理。

第二十条 红十字会工作人员应当依法履行职责。对滥用职权、徇私舞弊、玩忽职守的，由其所在单位或者上级主管部门给予行政处分；构成犯罪的，依法追究刑事责任。

第二十一条 本办法自2001年11月1日起施行。

吉林省红十字会

【历史沿革】

吉林省红十字会创建于1919年，其前身是东三省红十字普济善会，至1924年共建立哈尔滨分会、长春分会、延吉分会等11个分会。在旧中国危难和动乱的年代，吉林省红十字会以“恤兵救灾”为宗旨，开展战地救护、难民救济、筹募基金等工作，力所能及地做了一些善事。“九一八”事变后，东北沦陷，各地分会事业停顿。1938年，伪满洲国成立赤十字社（即康德红十字会），并在各地设立支部和办事处。日本战败投降后，中国红十字会全面接管了伪赤十字社的产业，1946年吉林省红十字会复以长春分会名义重新开展工作。

1958年8月8日，吉林省红十字会正式成立。根据“边发展、边组织、边训练、边巩固”的方针，积极发展组织和开展群众性卫生救护训练，当年就发展会员45155人，在26个市、州、县建立了红十字会。在政府的领导下，吉林省红十字会办理并协助4批236名日侨回国。1958至1966年间，吉林省红十字会在发展会员、建立组织、参加爱国卫生运动、组织卫生救护训练，以及在红十字青少年、血源管理、外事往来、接受捐赠等方面做了很多工作，出现了可喜的局面。1966年后，吉林省红十字会工作中断，机构撤销。中共十一届三中全会后，吉林省红十字会的工作又重新恢复。1980年3月，国务院48号文件批准外交部、卫生部、中国红十字会总会《关于恢复东北三省和省会市红十字会的请示》。吉林省政府于1980年4月7日以吉政发（1980）3号文件批准恢复吉林省红十字会和长春市红十字会，工作暂由吉林省卫生厅兼做。5月，吉林省红十字会接待了日本厚生省大臣率领的“日本在东北地区死亡者家属友好访华团”，标志着吉林省红十字会开始恢复工作。1986年，吉林省编委批给吉林省红十字会行政编制两名，1988年又增加2名。吉林省红十字会开始了改革开放新形势下人道主义工作的探索和实践，以“人道、博爱、奉献”为宗旨，协助政府完成了一系列特殊工作。在中国红十字会总会的直接指导下，在中共吉林省委和省政府领导下，在社会各界的支持关心下，在全体红十字会员和志愿工作者的共同努力下，吉林省红十字会各项工作都有了较大发展，逐步发展成为扶危济困、弘扬社会主义精神文明和国际人道主义精神的一支重要社会力量。1993 年 10 月，《中华人民共和国红十字会法》和 1996 年 1 月《中华人民共和国红十字标志使用办法》的颁布实施，使红十字事业走上了法制化建设的轨道。1997 年 8 月，吉林省红十字会理顺了管理体制，开始以社会团体的身份独立自主地开展工作。理顺体制后的吉林省红十字会工作有了快速发展，广泛开展人道主义救援和服务工作，努力为群众办实事、办好事，在备灾救灾、卫生救护、无偿献血、艾滋病防治、造血干细胞捐献者资料库建设、对外交流等方面取得了较大的进展，为促进吉林省经济和社会发展，维护社会稳定做出了积极贡献。2003 年 7 月 7 日，吉林省红十字会第五次会员代表大会召开。中共吉林省委书记王云坤、中国红十字会常务副会长王立忠、吉林省副省长李斌等出席了会议。大会全面总结了吉林省红十字会第四届理事会以来的工作，提出了“与时俱进，开拓创新，扎实推进红十字事业的发展”的工作目标，明确了“为吉林省两个文明建设做出更大贡献”的工作要求，制定了以后五年的发展规划。选举产生了由 51 名理事组成的新一届理事会。大会聘请中共吉林省委书记王云坤为省红十字会名誉会长，吉林省副省长李斌当选为省红十字会会长，吉林省政协副主席孙耀廷当选为省红十字会常务副会长。

吉林省红十字会历届代表大会一览表

届次	日期	代表人数	理事人数	常务理事人数	名誉会长	会长	常务副会长
第一次	1962. 3. 9	30	18	5		徐寿轩	
第二次	1984. 8. 20	89	25	6		刘云沼	
第三次	1989. 6. 23	160	43	15	刘云沼	刘希林	
第四次	1996. 3. 19	155	59	8	张德江	张岳琦	
第五次	2003. 7. 7	139	51	15	王云坤	李　斌	孙耀廷

【组织机构】

吉林省红十字会现有基层组织 3957 个，会员 80 万人（其中青少年会员 34 万人），志愿工作者 15 万人。全省 9 个市（州）、60 个县（市、区）均建立了红十字会组织。同时，在各级各类学校、厂矿系统、卫生系统、旅游系统分别建立了红十字会工作委员会。目前，吉林省红十字会机关设有人秘处、业务处。省红十字会还直接管理中国造血干细胞捐献者资料库吉林分库。

根据《中华人民共和国红十字会法》和中国红十字会总会《理顺管理体制座谈会纪要》精神，1996 年，中共吉林省委召开常委会，专门研究省红十字会机构设置问题并形成决议：吉林省红十字会依法单独设置，实行机构、经费、编制单列，以社会团体法人资格独立自主地开展工作。1997 年 8 月，吉林省人事厅、省编委正式下发“三定方案”，明确吉林省红十字会为副厅级建制，设职能处室2个，人员编制11名，财政全额拨款。至2002年10月，全省9个市（州）红十字会机关已全部理顺了管理体制，专职副会长和秘书长配备到位。这9个市（州）红十字会是：长春市红十字会、吉林市红十字会、四平市红十字会、延边朝鲜族自治州红十字会、松原市红十字会、辽源市红十字会、通化市红十字会、白山市红十字会、白城市红十字会。

【相关法规】

1996年，吉林省人大八届二十七次会议通过了《吉林省实施〈中华人民共和国红十字会法〉办法》，该“办法”做了许多有利于红十字会工作的法律规定，如捐赠免税、车辆优先通行等。

【大型项目】

（一）1998年，为嫩江松花江特大水灾开展募捐，共募集救灾资金和物资价值5000多万元，有力地支援了受灾地区的重建工作。

（二）2000年，援助西部地区贫困家庭10万元人民币。

（三）2001年1月，向内蒙古自治区遭受雪灾和凌灾地区援助人民币60余万元。

（四）2003年，全省红十字会系统共募集款物折合人民币5千万元，有力地支持了全省“非典”防治工作。

（五）2003年至2004年，荷兰红十字会援助20万欧元，与吉林省红十字会共同开展艾滋病预防青年同伴教育项目。

（六）2004年，挪威红十字会援助50万元人民币，在吉林省延边朝鲜族自治州合作开展农村改水改厕的项目。

（七）2004年，为加强对艾滋病病人的救助工作，吉林省红十字会为吉林市艾滋病患者送去救助款240万元。

【主要特色】

（一）推出“伸出友爱手、关爱你我他”活动

为实施国家提出的振兴东北老工业基地战略目标，帮助企业下岗职工解决实际生活困难，吉林省红十字会于2004年启动了以“伸出友爱手、关爱你我他”为主题的救助下岗职工和关怀特困群众活动，全省红十字会系统通过组织募捐晚会、动员社会捐款等形式筹集资金和物资累计达400多万元，共救助因企业转制而暂时面临生活困难的下岗职工家庭30815户，为这些家庭购买大米、面粉、豆油和衣被等生活必需品；救助子女就医、就学有困难的下岗职工家庭1090户。2005年，继续在全省范围内组织开展了以“爱心献社会，真情暖人心”为主题的救助活动，广泛争取社会各方面资金和物资捐赠，用于救助生活特困的下岗职工家庭。目前，已帮助9800余户下岗职工家庭解决了部分生活难题，为吉林老工业基地的振兴发展做出了积极贡献，红十字会的工作受到社会各方面的关注和好评。

（二）探索会费收缴新路子

吉林省各级红十字会高度重视会费收缴工作，积极发展热心人道主义事业的团体会员单位，广泛吸收和组织社会各界群众参加红十字会，努力增加会费收入。延边朝鲜族自治州红十字会通过开展动员全民参加红十字会并缴纳会费活动，在全州形成了人人了解红十字会、关心支持红十字会、积极参与红十字会工作的良好社会氛围，在会费收缴工作方面探索出一条新路子。一是依靠乡镇、街道的基层红十字会组织，面向群众发

展会员和收缴会费；二是依靠各部门和各单位，面向职工发展会员和收缴会费；三是依靠红十字会工作人员，按系统、分行业、有重点地进行宣传动员，发展会员，收缴会费。他们向群众宣传红十字会所做的实事、好事，把交纳会费形成制度，使每一名会员都能自觉交纳会费。现在，延边朝鲜族自治州红十字会每年都能足额完成会费收缴工作，为红十字会在城市和乡村开展人道主义服务工作奠定了扎实的基础。延边朝鲜族自治州红十字会自1995年开展全民收缴会费以来，全州累计收缴会费300多万元。延边朝鲜族自治州红十字会还开展救灾、扶贫和助学活动5000余次，累计发放各种救济款物1000多万元，受益总人数近30万人次。红十字会在群众遇到困难的时候及时提供人道主义帮助，在全社会形成了乐于助人、奉献爱心的良好风气，提高了公众对红十字会的认知度和信任度。

（三）“我与绿色同行”红十字青少年主题教育活动

目前，吉林省共有红十字青少年会员38万人，占全体红十字会员总数的47.5%。红十字青少年工作蓬勃发展。各地红十字会会同教育部门，积极开展符合学生自身特点、丰富多彩、有益身心的活动。2004年春，为了响应中共辽源市委、市政府“美化辽源、绿化辽源”的号召，辽源市红十字会组织数千名红十字青少年在辽源市电瓷瓶厂后山上植树2万多株，在荒山上播下了绿的希望，种下了爱的种苗。结合创建“省级卫生城”活动，辽源市红十字会又组织开展了“创建绿色生态家园——革除陋习、天天环保”活动，旨在号召青少年从自身做起，从改变日常生活中的不良习惯做起，促进全社会形成保护生态环境的良好局面。辽源市红十字会通过动员红十字青少年“从我做起、从小事入手”，掀起一场向生活不良习惯宣战的革命，大力倡导健康文明的生活方式，为推动中小学校青少年素质教育工作和创建“省级卫生城”做出了贡献。

（四）推出关爱弱势群体活动，开辟社区服务新领域

吉林省红十字会认真贯彻落实中国红十字会总会、民政部《关于开展社区红十字工作的通知》精神，积极推动各级政府将社区红十字服务工作纳入当地社区建设管理规划当中，支持和帮助各级红十字会深入城市社区开展“红十字关爱进万家”活动，努力形成社区红十字救助、互助、健康服务网络。通化、辽源、四平等地红十字会根据群众需要，积极开展关爱弱势群体的活动，让红十字关爱深入社区，走进家庭。具体的做法：一是建设社区红十字卫生站，向社区低收入家庭患者免费提供简单医疗服务，为有需要的社区居民提供注射、输液等医疗服务，有的社区还为老年人举办健康知识讲座，为心脑血管疾病患者提供康复服务；二是在社区成立了“三包一定”（定人、定时、定内容、一包到底）活动小组，为所在地的孤寡老人、军烈属及残疾人服务；三是开展适合社区居民的自救互救培训，把群众性初级卫生救护培训工作引向社区，在社区开展群众性现场急救、居家护理、家庭健康和安全（防火、防煤气泄漏等）培训，把红十字会的传统业务工作与群众需求更好地紧密结合了起来。

【显著业绩】

1991年，吉林省红十字会被中共吉林省委、省政府授予“抗洪救灾先进集体”

荣誉称号。

1993年，吉林省红十字会被中共吉林省委、省政府授予“抗洪救灾先进集体”荣誉称号。

1996年，在全国首届无偿献血先进城市表彰大会上，吉林省白山、辽源、通化、吉林、白城五个城市分获金、银、铜奖。

1998年，吉林省红十字会被中共吉林省委、省政府授予“抗洪救灾先进集体”荣誉称号。

1998年，吉林省红十字会被中国红十字会总会授予“抗洪抢险模范集体”荣誉称号。

2002年，吉林省延边朝鲜族自治州红十字会荣获国家人事部和中国红十字会总会授予的“全国红十字会系统先进集体”荣誉称号。

2003年，吉林省红十字会被吉林省人民政府授予“防治非典先进集体”荣誉称号。

2004年，吉林省通化市红十字会荣获国家人事部和中国红十字会总会授予的“全国红十字会系统先进集体”荣誉称号。

【年度工作】

在中共吉林省委、省政府的大力支持下，在中国红十字会总会的指导下，吉林省红十字会系统专兼职干部、红十字会会员和志愿工作者围绕中心，服务大局，以中国红十字会建会百年和中国红十字会第八次会员代表大会召开为契机，开拓进取，团结奋斗，圆满完成了2004年的各项工作任务，红十字会工作取得新进展。

（一）救灾救助工作

1月，吉林省红十字会组织“红十字博爱送万家”活动，走访慰问全省各地下岗职工和特困户，为他们送去了价值370万元的救助物资。春节前后，各地也相继组织开展了不同形式的“送温暖”活动，延边、吉林、通化、长春等地红十字会组织开展“爱心互动”、“一帮一”、“伸出友爱手、关爱你我他”等多种形式的扶助活动。据统计，全省红十字会系统共投入“送温暖”资金500多万元，受益人数达30多万人。

2月，吉林市发生特大火灾，省红十字会紧急送去25万元现金和价值10万元的药品，救助受灾群众和武警官兵。入夏后，吉林省部分地区遭受暴雨袭击，吉林省红十字会积极投入救灾工作，及时向中国红十字会总会上报灾情，得到了总会的大力支持。中国红十字会总会先后下拨大米、大衣、棉被、帐篷等价值116万元的救灾物资，省红十字会及时将救灾款物送往灾区，缓解了灾民的燃眉之急。

6月19日至22日，吉林省红十字会举行“红十字博爱送万家”活动。吉林省红十字会会长李斌出席启动仪式并致词。中国红十字会总会向吉林省捐赠了价值53万元的物资，省红十字会又自筹10万元资金配套，购买了面粉、豆油、棉被等慰问品。这次活动时值“七一”前夕，慰问组重点慰问了曾经为共和国的创立和发展立下功勋的老劳模、老战士、老党员，在他们生活困难、急需帮助的情况下及时送去了党和政府的温暖，产生了良好的社会反响。

（二）卫生救护培训及防治艾滋病工作

为加强培训力度，扩大培训范围，提高培训质量，2004年，吉林省红十字会多方筹措培训资金36万元，在全省各地对初级卫生救护人员开展了培训。特别是吸取了年初几起重大公共安全事件的经验教训，对接受卫生救护培训人员的抢险急救能力进行了重点培训。省红十字会还选派4名骨干参加了中国红十字会总会举办的师资培训班，并在省内举办了4期师资培训班，共有80多人参加了培训，为吉林省红十字会在全省范围普及初级卫生救护工作提供了师资保障。

按照中国红十字会总会和吉林省人民政府的统一部署，吉林省红十字会积极开展艾滋病预防宣传和控制工作，为防止艾滋病在吉林省传播发挥了积极作用。2月，吉林省红十字会出资20万元，同省计生委合作对已婚育龄妇女进行免费身体检查，阻断艾滋病的母婴传播渠道；9月，为加强对艾滋病病人的救助工作，省红十字会给吉林市艾滋病患者送去救助款240万元；11月，省红十字会为吉林市船营区和永吉县的艾滋病关爱门诊捐赠了2台汽车，以解决其下乡巡回医疗无交通工具的困难。省红十字会还结合吉林省艾滋病病例分布情况和发展趋势，充分利用开展项目合作的机会，在大学生中培训艾滋病青年同伴教育主持人，共举办艾滋病青年同伴教育培训班75期，接受艾滋病预防知识培训的大学生累计达1500余人，他们直接或间接地发挥了艾滋病预防知识宣传员的作用，在高校学生和社会敏感人群中传播健康知识，告诉人们如何远离艾滋病的侵害。

（三）无偿献血和造血干细胞捐献者资料库建设

6月14日，在“世界献血员日”活动中，吉林省红十字会充分发挥宣传优势，面向公众广泛宣传《中华人民共和国献血法》，积极参与无偿献血的组织与发动，有力地推动了全省血液事业的发展。省红十字会充分利用广播、电视、报刊，开辟宣传园地，重点宣传无偿献血的知识和意义，收效很好。长春市红十字会聘请血液专家，在市内繁华地段设置咨询台，发放宣传材料，解答献血者的咨询，受到群众的广泛欢迎。

在造血干细胞捐献者资料库的建设和管理过程中，吉林省分库各项工作始终保持了高起点、高质量、高效率。中国红十字会总会对吉林省造血干细胞捐献者资料库建设给予了充分肯定和大力支持。目前，中国造血干细胞捐献者资料库吉林分库已积累了1万多名志愿者的资料，采集血样8300多人份，检测分型3650例，检测结果已全部录入到中国造血干细胞捐献者资料库。经过努力，吉林省已经成功实施造血干细胞移植3例，在救助白血病人等方面发挥了积极作用。

（四）宣传和传播工作

吉林省红十字会以“庆百年”为契机，加大红十字会法的宣传力度，举办了“红十字知识宣传年”系列宣传活动。在5月8日，省红十字会组织大型社会宣传活动，发放宣传品2万多件，还组织红十字会会员开展了纪念活动。各地红十字会也纷纷以宣传展览、咨询、义务医疗服务队、送温暖小组、专题文艺晚会、征文比赛、书画笔会等形式的活动，宣传中国红十字会百年来的发展成就，宣传红十字会博爱助人的人道、奉献精神。长春市红十字会结合百年纪念活动，深入基层举办健康知识讲座和义诊，让纪念宣传活动进一步贴近群众生活，直接为百姓服务，扩大了红十字会的社会影响。生动有效的宣传，树立了红十字会的良好形象，受到了社会各界和领导的重视，广大群众进一步理解和支持红十字会工作，积极参与红十字会倡导的各项公益活动，红十字工作出现了前所未有的大好局面。

为认真落实中国红十字会总会与红十字

国际委员会签订的协议和传播工作计划，结合“四五”普法规划，吉林省红十字会广泛开展了国际红十字运动基本知识和红十字会法的传播工作。在举办的红十字运动基本知识传播培训班上，全省共有3000余人参加了普及培训。

（五）红十字青少年工作

吉林省各类学校红十字会根据不同年龄青少年的特点，积极开展救护培训、人道法传播、敬老助残、募捐、无偿献血、捐献造血干细胞等活动，为促进青少年健康成长发挥了积极作用。2004年11月，吉林省红十字会组团参加了中国红十字会总会在日本举办的红十字青少年交流活动，促进了红十字青少年之间的友好交流。吉林省各地红十字会还会同教育部门在校园建立红十字青少年活动之家，组织红十字知识演讲比赛等，开展丰富多彩的红十字青少年活动，广受青少年的欢迎。吉林省红十字会还派人参与红十字传播工作和中国红十字会总会组织的各项国际交流活动，开阔了视野，有力地推动了各项工作的开展。长春市红十字会建立的“红十字青少年近视眼康复基地”，帮助8万余名中小学生治疗了近视，还向他们传播了红十字知识。辽源市红十字会专门成立“红十字青少年工作委员会”，使红十字青少年活动走上了经常化、制度化的轨道。

（六）专职干部的培训工作

2004年10月，吉林省红十字会举办了红十字会专职干部艾滋病预防知识培训班，全省9个市（州）红十字会的专职副会长、秘书长及省红十字会机关全体干部参加了培训。培训期间，通过学习温家宝总理关于艾滋病防治工作的署名文章、《吉林省人民政府关于切实加强艾滋病预防工作的通知》等文件，使红十字会的专职干部进一步了解和掌握了艾滋病防治工作的有关政策。培训班还向学员们介绍了开展艾滋病预防宣传、进行项目合作的相关经验，为今后进一步做好艾滋病防治工作奠定了基础。

（姚玉海）

附录：

吉林省实施《中华人民共和国红十字会法》办法

（1996年11月22日吉林省第八届人民代表大会常务委员会第二十七次会议通过）

第一条 为了保护人的生命和健康，发扬人道主义精神，促进和平进步事业，保障红十字会依法履行职责，根据《中华人民共和国红十字会法》，结合本省实际情况，制定本办法。

第二条 县级以上各级红十字会是中国红十字会的地方组织，是从事人道主义工作的社会救助团体。

第三条 县级以上按行政区域建立地方各级红十字会，根据实际工作需要配备专职工作人员。

街道、乡（镇）、机关、学校及企业事业单位等建立的红十字会是中国红十字会的基层组织。建立基层红十字会组织需由本单位提出申请，报地方红十字会批准。

全省性行业可以建立行业红十字会。

上级红十字会指导下级红十字会的工作。

第四条 省红十字会具有社会团体法人

市、县红十字会和行业红十字会可依法取得社会团体法人资格。

地方各级红十字会依法独立自主地开展工作。

第五条　本省的中华人民共和国公民，不分民族、种族、性别、职业、宗教信仰、教育程度，承认中国红十字会章程，缴纳会费的，均可自愿加入红十字会。

第六条　地方各级红十字会理事会由会员代表大会民主选举产生。理事会民主选举产生会长、副会长。理事会根据会长提名决定

秘书长；副秘书长。

理事会向会员代表大会报告工作，并接受其监督。

第七条　地方各级红十字会可设名誉会长和名誉副会长，名誉会长、名誉副会长由各级理事会聘请。

第八条　地方各级红十字会应当履行红十字会法规定的职责。

各级政府应当对红十字会工作给予支持和资助，保障、监督红十字会依法履行职责。地方各级红十字会应当协助当地政府开展与其职责有关的活动。

第九条　地方各级红十字会应当参加并做好救灾准备工作。发生自然灾害和突发事件时，当地红十字会应当及时参与组织救助，并报告上一级红十字会。

省红十字会建立备灾救灾中心，根据每年灾情预测和实际情况负责筹措并储备适量的救灾物资。

第十条　地方各级红十字会应当组织初级卫生救护培训，普及现场自救互救知识，提高群众自救能力。

公安、铁路、交通、建筑、煤炭、石油、民航、商业、旅游，以及地矿等容易发生意外伤害的行业的有关人员，由县级以上红十字会进行初级卫生救护培训，培训合格的，发放由省红十字会统一印制的培训合格证书。有关部门应将初级卫生救护培训纳入岗位培训内容，并负责培训工作的组织管理。

第十一条　地方各级红十字会应当与教育、卫生等部门密切配合，根据青少年的不同

年龄，开展相应的初级卫生救护知识教育，在学校内外开展红十字青少年活动。

第十二条　地方各级红十字会应当参与输血献血工作，推动无偿献血事业发展。

第十三条　省红十字会根据独立、平等、互相尊重的原则，发展同国外红十字会和红新月会的友好合作关系。

发展和加强同台湾、香港、澳门地区红十字组织之间的往来。

第十四条　红十字会经费来源：

（一）红十字会会员缴纳的会费；

（二）接受国内外组织和个人捐赠的款物；

（三）红十字会的动产和不动产的收入及所属企业事业单位上缴的费用；

（四）人民政府的拨款；

（五）红十字基金；

（六）其他。

第十五条　地方各级红十字会为开展人道主义救助工作，可以进行募捐活动，红十字会的募捐活动由省红十字会统一组织、管理。

第十六条　地方各级红十字会有权接受国际、国内救助和捐赠的款物，在分配捐赠款物时应尊重捐赠者的使用意愿。

第十七条 地方各级红十字会兴办的与其宗旨相符的事业，各级政府应当给予扶持，有关行政管理部门应当依照国家和省的有关规定，减免相应税、费。

红十字会的经费全部用于救灾、救济和发展红十字事业。

第十八条 地方各级红十字会接受的捐赠物资，海关、商检、检疫、交通运输等部门应当优先办理。各级政府应当协助解决救灾物资的转运。

第十九条 在自然灾害和突发事件中，执行救助任务并佩戴有红十字标志的人员及标有红十字标志的物资和交通工具优先通行。

地方各级红十字会的救灾、救护车辆免交养路费，在发生自然灾害和突发事件期间，执行救灾、救济、救护任务的车辆免交通行费。

在进行紧急救助时，佩戴红十字标志的人员有优先使用公用通讯和交通运输工具的权利。

第二十条 广播、电视、报刊等新闻单位以及有关文化单位应当宣传红十字会法律、法规，对红十字会组织开展的人道主义救助宣传活动给予支持，对需要收取费用的适当减免。

第二十一条 地方各级红十字会应当建立经费收支、财产管理以及捐赠款物专项账目的审查监督制度，每年应向理事会报告本会经费的来源和使用情况。

上级红十字会对下级红十字会专项经费和专用财产的使用，定期进行检查监督。

地方各级红十字会的经费使用情况，应当接受同级政府的审计和财政监督；行业红十字会和基层红十字会的经费使用情况，应当接受当地红十字会和所在部门、单位的检查监督。

第二十二条 任何组织和个人不得侵占和挪用红十字会的经费和财产。

第二十三条 地方各级红十字会对在人道主义救助工作中做出突出贡献的单位和个人，应当给予表彰和奖励；对为红十字事业做出突出贡献的志愿工作者和社会各界人士，可以授予荣誉称号和颁发荣誉证书、证章。

第二十四条 红十字标志的使用范围和办法，按国家有关规定执行，任何组织和个人不得滥用红十字标志。对于滥用红十字标志的，红十字会有权要求其停止使用；拒绝停止使用的，红十字会可以提请人民政府按照有关法律、法规的规定予以处理。

第二十五条 任何组织和个人不得拒绝、阻碍红十字会工作人员依法履行职责。

在自然灾害和突发事件中，以暴力、威胁方法阻碍红十字会工作人员依法履行职责的，比照刑法第一百五十七条的规定追究刑事责任；阻碍红十字会工作人员依法履行职责未使用暴力、威胁方法的，比照治安管理处罚条例第十九条的规定处罚。

第二十六条 本办法自公布之日起施行。

黑龙江省红十字会

【历史沿革】

据史料记载黑龙江省区域的红十字会始建于1918年。新中国成立后，黑龙江省红十字会成立于1955年，“文革”中工作被中断，1980年正式恢复，机构与省卫生厅合署办公，核定编制4人，1987年增编为7人。同年省编委为全省行政区划县以上（不含哈尔滨市）核定编制169人。1991年，黑龙江省当时的14个地市68个县全部成立了红十字会组织。

历届黑龙江省红十字会名誉会长、专职副会长：

1955年至1966年，会长：于天放、杜光预。

1986年至1991年，会长：李瑞、靖伯文、黄枫。

1991年至1993年，会长：戴谟安。

1993年至1998年，名誉会长：黄枫、戴谟安，会长：周铁农。

1998年至2002年，会长：王佐书，专职副会长：王振川。

2002年至2005年，会长：程幼东，专职副会长：王振川。

【组织机构】

截至2004年底，黑龙江全省红十字会员总数为681335人，其中青少年会员375548人，基层组织2557个，团体会员单位2010个。各级红十字会在建立组织、发展会员的工作中本着“在整顿中发展，在发展中完善”的原则，组织建设稳步发展，并不断延伸到机关、企业、乡镇。2002年，黑龙江省森工总局系统加入了红十字会组织。2001年6月，黑龙江省红十字会机构规格由正处级提升为副厅级，编制由7人增加到12人。设副厅级专职副会长1人，正处级秘书长1人，副处级3人，内设两个中层机构。2002年11月，专职副会长到位。2004年6月，中共黑龙江省委批准成立了省红十字会党组。并先后成立了黑龙江省红十字事业发展中心、中国造血干细胞捐献者资料库黑龙江省管理中心和黑龙江省红十字备灾救助中心三个处级事业单位，标志着省红十字会管理体制理顺工作基本完成。目前，黑龙江省13个市（地）已有佳木斯、绥化、七台河、鹤岗、大兴安岭、伊春、牡丹江、哈尔滨、鸡西9个市（地）、65个县（市）和汤源、萝北、同江、望奎、桦川、扶远、富锦、桦南、勃力9个县（市）的红十字会理顺了管理体制。

【相关法规】

为进一步贯彻落实红十字会法，黑龙江省红十字会积极协调省人大尽早制定有关红十字会法的地方条例。这项工作得到了省人大领导和有关部门的大力支持。省人大和省红十字会组成调研小组，对省内外进行了考察，起草了红十字会法地方条例，并五易其稿。1996年4月26日，黑龙江省第八届人民代表大会常务委员会第二十一次会议审议通过了《黑龙江省实施〈中华人民共和国红十字会法〉条例》。

【大型项目】

1998年水灾后，为协助政府开展重建工作，1999年，黑龙江省红十字会积极筹集资金，争取到中国红十字会总会、香港特别行政区红十字会及北京、珠海市红十字会重建项目款1524.27万元，其中：中国红十字会总会援助820万元，香港特别行政区红十字会援助574.27万元、北京市红十字会援助30万元、珠海市红十字会援助100万元。经过考察选点，立项评估，有7个新村2583户灾民得到救助，9所卫生院及4所中小学校已投入使用。

（一）中国红十字会总会投入820万元，用于合作重建新村4个（1722户）：哈尔滨市道外区龙江第一村（220 万元）、大庆市杜蒙县王府新村（200 万元）、齐齐哈尔市富拉尔基区哈拉新村（200 万元）、齐齐哈尔市泰来县创业新村（200 万元）。

（二）与香港特别行政区红十字会（投入 430.5 万元）合作重建新村 3 个（861 户）：大庆市肇源县超等乡香红成功新村 500 户（250 万元）、大庆市肇源县超等乡香红超等新村 260 户（130 万元）、鹤岗市东山区团结乡西股流香红新村 101 户（50.5 万元）。

（三）与香港特别行政区红十字会（投入 110.5 万元）合作重建卫生院 5 所：大庆市杜蒙县江湾卫生院（24.5 万元）、齐齐哈尔市依安县依龙镇香红卫生院（36 万元）、佳木斯市抚远县浓江乡香红卫生院（15 万元）、佳木斯市同江市临江乡红十字卫生院（15 万元）、哈尔滨市通河县创业乡香红卫生院（20 万元）。

（四）与香港特别行政区红十字会（投入 29.3 万元）合作重建学校 2 所：哈尔滨市木兰县第二中学（13 万元）、齐齐哈尔市富裕县绍文乡公议村香红小学（16.3 万元）。

（五）与北京市红十字会（投入 30 万元）合作重建小学 1 所：佳木斯市同江市乐业镇北京博爱小学（30 万元）。

（六）与珠海市红十字会（投入 75 万元）合作重建医院、卫生院 4 所：佳木斯市红十字医院（15 万元）、鹤岗市红十字医院（20 万元）、绥化市青冈县红十字医院（15 万元）、哈尔滨市呼兰县腰卜镇珠红卫生院（25 万元）。

（七）与珠海市红十字会（投入 25 万元）合作重建学校 1 所：哈尔滨市通河县红博中学（25 万元）。

2001 年，中国红十字会自然灾害和突发事件救助规则中明确规定了红十字会在条件和资源允许的情况下，协助政府参与灾害与突发事件后恢复、重建工作。

2001 年，香港特别行政区红十字会为黑龙江省 1998 年水灾重建的 5 所卫生院援助医疗设备 50 万元，为重建的 2 所学校援助教学设备 8 万元。

2002 年，香港特别行政区红十字会为黑龙江省 1998 年水灾重建的 5 所卫生院提供人员培训费 5 万元。

2003 年，澳门黄志成先生通过澳门特别行政区红十字会援助黑龙江省哈尔滨市木兰县木兰镇 15 万元，援建一所红十字博爱小学。2004 年 11 月，该校投入使用。

【主要特色】

（一）开展“红十字博爱送万家”活动

黑龙江省红十字会按照中国红十字会总会的部署，自 1999 年以来连续 6 年在全省范围内开展了“红十字博爱送万家”活动。6 年全省共计筹集善款近 500 万元，慰问户数达 60000 余户。

（二）开展救助先天性心脏病患者活动

2004 年，在纪念中国红十字会成立 100 周年之际，黑龙江省红十字会与哈医大二院联合开展了救助先天性心脏病患者的活动。这次救助活动对全省 20 多名适应症者进行治疗，减免费用近 40 万元。本次活动的对象主要是城市低保人员、农村贫困户及残疾人等社会弱势群体。救助方式采取经当地红十字会逐级推荐，筛选，由哈医大二院专家教授检查适合介入治疗后，方可减免部分医疗费用进行治疗。

（三）开展“百名复明工程”

为弘扬红十字的人道主义精神，为弱势群体办实事，黑龙江省红十字会“百名复明工程”于2004年启动，省内贫困地区具备白内障手术适应症且家庭无力支付手术费用的白内障患者由省红十字会提供免费复明手术。2004年，先后在绥化、伊春、哈尔滨等地为100余名白内障患者提供了免费复明手术，复明率为100%。2005年5月19日，黑龙江省红十字会“百名复明工程”再次启动。省红十字会组织省内眼科专家为佳木斯市、鹤岗市的100余名白内障患者提供了免费复明手术。目前，此项工程已完成。两年来“百名复明工程”的实施，不仅为200余名白内障患者带去了光明，也使更多的人感受到了红十字人道、奉献精神。

【显著业绩】

1994年11月，黑龙江省红十字会被中共黑龙江省委、省政府授予“抗洪救灾先进集体”。

1999年，黑龙江省红十字会荣获了中共黑龙江省委、省政府授予的“抗洪救灾先进集体”称号。黑龙江省红十字会下发文件《黑龙江省红十字会关于表彰先进集体和个人的决定》，表彰1998年在抗击百年不遇特大洪水的救灾工作中，涌现出先进集体、个人。获得支持红十字会工作的政府领导奖的有：哈尔滨市副市长程幼东、大庆市副市长魏兴柱、同江市副市长初军、呼兰县副县长王春清，哈尔滨市等11个市县获抗洪救灾先进集体称号。

2003年，黑龙江省红十字会荣获了中共黑龙江省委、省政府授予的“抗击非典”先进集体。

2004年10月，国家人事部、中国红十字会总会联合表彰了全国红十字会系统先进集体和先进工作者。黑龙江省佳木斯红十字会、伊春市红十字会秘书长周莉分别荣获全国红十字会系统先进集体和先进工作者称号。

2004年11月，黑龙江省人事厅、省红十字会联合表彰了全省红十字会系统先进集体和先进工作者。哈尔滨市、牡丹江市、伊春市、汤源县红十字会被评为先进集体；李富生、张世彤、纪元、向兴财四人被评为先进工作者。

【年度工作】

2004年，黑龙江省红十字会在中共黑龙江省委、省政府的领导下，在中国红十字会总会的指导下，以全面贯彻执行《中华人民共和国红十字会法》及弘扬“人道、博爱、奉献”的精神为主线，以突出救助最易受损害群体为重点，围绕全省经济与社会发展的大局，积极而有效地开展了形式多样的人道领域救助工作，充分发挥了红十字会人道主义救助团体的作用，取得了显著成绩。

（一）人道主义四项工程

1. 救灾救助工程。2004年，黑龙江省红十字会围绕中共黑龙江省委、省政府提出的“开展10项利民行动，办好33件实事”的要求，结合庆祝中国红十字会建会100周年开展了行之有效的救助活动。牡丹江市红十字会开展了为革命老区及贫困乡村送医送药活动，全年义诊人数达2000多人次，投入药品万余元。佳木斯市红十字会为50名特困大学生募集了4年的学习费用，每人每年6000元，现已捐助60万元。

1998年以来，黑龙江省红十字会连续6年在元旦春节期间开展“红十字博爱送万家”活动，深受地方各级政府和老百姓的欢迎。2004 年，庆祝中国共产党诞辰 83 周年，黑龙江省红十字会又在哈尔滨、牡丹江、佳木斯等 7 个市开展了以慰问生活有困难的老党员、老模范、老抗联战士为主的“红十字博爱送万家”活动。6 月 23 日、6 月 25 日，中国红十字会党组书记江亦曼一行先后在哈尔滨、佳木斯市参加了该活动物资的发放仪式。并深入到生活困难的老党员、老劳模、老抗联战士家中走访慰问，带去了慰问物资 2750 箱，价值人民币 55 万元。为把这次活动开展好，黑龙江省各级红十字会广泛动员社会各界人士积极筹款，争取到救助资金 40 多万元，使全省 5422 户贫困家庭得到救助，受益人数达 17558 人

2004 年 12 月 26 日，印度洋地区发生了震惊全球的地震海啸，面对着突发性的国际大灾难，黑龙江省各级红十字会按照中国红十字会总会的要求，积极组织开展了为灾区捐款活动。省直四大机关积极组织了为海啸灾区捐款活动。2005 年 1 月 7 日下午，中共黑龙江省委书记宋法棠，省委副书记、省长张左己等省委、省人大、省政府、省政协的领导及省直四大机关干部、离休干部 2000 余人参加了捐款献爱心活动。据统计，全省各级红十字会这次共为灾区募集捐款 240 余万元。

2. 自救互救工程。12 月 1 日第十七个世界“艾滋病日”，宣传主题是“关注妇女、抗击艾滋”。围绕这一主题，黑龙江省红十字会与省卫生、教育、计生委、妇联及新闻媒体等多部门联合开展了预防艾滋病性病的宣传教育活动。12 月 1 日，省红十字会、省红十字医疗康复中心、省红十字医院等 20 余家医疗机构和疾病控制机构在哈尔滨市繁华街道举行了大型宣传活动。省红十字会专职副会长王振川率领全体工作人员，走上街头向过往群众宣传讲解预防艾滋病知识，散发宣传画册，张贴宣传挂图，悬挂标语等。省红十字会会长程幼东参加了宣传、咨询活动，并慰问了参加活动的红十字会工作人员、医务人员、志愿工作者等。当日参加宣传的工作人员有 500 余人，设立宣传板 40 余块，挂条幅 20 余条，发放宣传单、画册 10 万余份，安全套 2 万余个，出动车辆 32 台，宣传教育面达 5 万余人。

开展建立稀有血型库活动。为解决稀有血型血液短缺和临床用血困难这一难题，哈尔滨市红十字会和血站联合成立了“RH 阴性血联谊会”，并举办了“今天你救助他人，明天会有更多的人救助你”的主题会，通过互相交流增进了爱心，挽救了许多患者的生命。

开展遗体捐献活动。哈尔滨、牡丹江、齐齐哈尔等地依靠当地红十字会的遗体接收站，广泛开展宣传，登记人数不断增加。截至目前，登记捐献者达 600 余人，400 余人在当地办理了公证手续。

开展无偿献血宣传组织动员活动是红十字会法赋予红十字会的义务。2004 年全省各级红十字会积极配合当地卫生行政部门在“三一〇”、“五八”、“六一四”等重大纪念日开展了大规模的宣传活动，收到显著效果，临床自愿无偿献血比率不断提高。2004 年，全省又有 7 个城市获得 2001 至 2003 年度全国无偿献血先进城市奖，122 人获得无偿献血奉献奖（金、银、铜奖），2 名获得无偿献血促进奖。

3. 红十字青少年工程。组织建设工作。积极开展红十字青少年工作，全面推进素质教育。2004 年，各级红十字会在开展红十

字青少年工作中，进一步完善了组织建设工作。各地相继与教育部门联合转发了省教育厅和省红十字会联合转发的《学校红十字工作规则》。

第二课堂活动。一年来，各级红十字会结合教育方针，根据当地实际开展了多姿多彩的红十字青少年活动。

4. 社区服务工程。中共十六届三中全会提出了振兴东北老工业基地的战略，为黑龙江省社区红十字服务工作的全面发展提供了良好的机遇。哈尔滨、牡丹江、佳木斯、伊春等地红十字会针对国有工业企业下岗失业人员增多的实际问题，开展了多种形式的再就业服务。牡丹江市红十字会积极与市劳动局协调争取再就业资金，并将40至50岁文化程度较高的下岗人员吸收为红十字志愿工作者，充实到社区红十字服务工作中，每人每月补助资金200元。目前，这支志愿工作者队伍已成为社区红十字服务工作的主力军。伊春市红十字会在社区开展为下岗及失业人员再就业“牵线搭桥”活动，使400名下岗人员走上新的工作岗位。哈尔滨、牡丹江市红十字会在社区成立“红十字爱心超市”，免费为下岗人员及贫困家庭发放生活必需品。鸡西市红十字会在社区开展妇女病及儿童健康普查活动等，都收到了良好的效果。

（二）宣传和传播工作

开展“庆百年”纪念活动。2004年3月10日是中国红十字会建会100周年纪念日。全省各级红十字会本着“热烈、隆重、简朴、务实”的原则，在龙江大地上开展了形式多样的纪念活动。3月10日上午，黑龙江省暨哈尔滨市红十字会在哈尔滨市道里区、动力区、南岗区开展了普及卫生健康教育及科普知识讲座、义诊咨询、送医送药、募捐救助、无偿献血等红十字工作进社区系列纪念活动。当天5所院校的100名大学生参加无偿献血活动；哈尔滨市动力区安乐街道办事处举办了“社区红十字服务站”揭牌仪式，并向该服务站及“红十字爱心超市”分别捐赠电脑及衣物、大米价值人民币3万余元。全省各级红十字会也都以不同形式举办庆祝建会百年活动，收到了良好的社会效果。佳木斯市红十字会组织了24个会员单位在市中心广场开展大规模的义诊、义卖、募捐等活动。伊春市红十字会会长发表了电视讲话，还录制了《发展中的伊春市红十字会》专题片，在市电视台黄金时间播放，产生了良好的社会影响。据统计，此次纪念活动，全省共发放宣传单10万份，开展各类救助活动达3500人次，举办各类培训5次，参加培训人员达5000余人次，义诊咨询达2万余人次。

（三）依法开展募捐活动

为增强红十字会的救助实力，黑龙江省红十字会积极响应中国红十字会总会的号召，在全省开展了“捐助一元钱，为灾民解难”的活动。8月，黑龙江省红十字会开展了“捐助一元钱，救助贫困灾区”活动。省红十字会领导带头捐款，带动了机关、所属事业单位及全省红十字会专兼干部，掀起了为灾区献爱心的热潮，共为灾区募集款物价值人民币20余万元，并于9月10日及时将募集的5万元救助物资发往受灾较重的四川省灾区。佳木斯市红十字会连续三年在“五八”世界红十字日期间开展“关爱生命，万人献爱心”活动，募集善款171万元。2004年，全省各级红十字会共募集款物折合人民币200余万元。

（四）对外交流与交往

香港无偿献血援助项目。2003 年，香港特别行政区红十字会无偿献血宣传与推动项目在黑龙江省哈尔滨、绥化市实施。此项目由香港特别行政区红十字会出资60万元，资助黑龙江省两个市三年开展无偿献血宣传与推动工作。2004 年是第一年，经过省及两市红十字会的共同努力，圆满完成了预定工作目标，为整体项目的完成打下良好的基础。

澳门援助项目。为协助政府开展重建工作，黑龙江省红十字会积极争取澳门特别行政区红十字会的支持，援助黑龙江省 15 万元，用于援建哈尔滨市木兰县木兰镇小学。经过考察、立项评估、建设，1100 平方米的教学楼于 2004 年 10 月 20 日竣工并投入使用，保证了附近5个贫困村屯的学生接受义务教育。

艾滋病预防宣传项目。经黑龙江省红十字会积极努力并与中国红十字会总会、荷兰红十字会多次商谈，荷兰红十字会决定在黑龙江省大学生及高危险期人群中开展艾滋病同伴教育宣传与预防项目，同时对红十字会工作人员进行能力建设培训，提高黑龙江省艾滋病的防控能力。此项目预计在黑龙江省实施4年，每年大约资助人民币100万元。

（五）中国红十字会会长彭珮云视察黑龙江省红十字会

2004 年9月20日，中国红十字会会长彭珮云在黑龙江省人大副主任王人生、省人大教科文卫委员会主任靳国君、省政府副秘书长韩广儒的陪同下，在黑龙江省红十字会办公大楼听取了工作汇报。9 月 24 日，中国红十字会会长彭珮云在黑龙江省人大副主任赵林茂，省政府副省长、省红十字会会长程幼东的陪同下视察了黑龙江省红十字会工作。在视察中，彭珮云对黑龙江省红十字会自机构理顺以来所取得的工作成绩表示赞赏，并提笔为黑龙江省红十字会写下了“继往开来，奋勇前进”的题词。

（六）成立黑龙江省造血干细胞分库

2001 年，黑龙江省开始筹建造血干细胞分库。2003 年 3 月，经国家造血干细胞库专家委员会考察，批准成立黑龙江省造血干细胞分库，同时确立定点 HLA 组织配型实验室设在黑龙江省血液中心。当年实现了采集血样 11000 余份，上传国家管理中心 5460 余份 HLA 分型资料。超额完成总库下达的本年度任务计划指标。2004 年 12 月，哈尔滨医科大学的在校学生孙新远的 HLA 分型与新疆的一位女孩（患者）相吻合，25 日实现成功移植，成为黑龙江省造血干细胞捐献第一人。目前，黑龙江省已有4人实现了成功移植。

（朱晓平）

附录：

黑龙江省实施《中华人民共和国红十字会法》条例

（1996 年4 月 26 日黑龙江省第八届人民代表大会常务委员会第二十一次会议通过）

第一条 为推进地方红十字事业的发展，根据《中华人民共和国红十字会法》，结合本省实际，制定本条例。

第二条 省、市（地）、县（市、区）

应建立红十字会组织。地方各级红十字会是独立设置的从事人道主义工作的社会救助团体，依法取得社会团体法人资格。

街道、乡镇、机关、企事业单位，可建立基层红十字会组织。根据需要可以建立行业红十字会组织。

上级红十字会指导下级红十字会工作。行业红十字会同时接受相应的地方红十字会的协调指导。

第三条 本省境内的中华人民共和国公民，承认中国红十字会章程并缴纳会费的，可以自愿加入红十字会。

第四条 地方各级红十字会遵守宪法和法律，遵循国际红十字和红新月运动确立的基本原则，依照《中华人民共和国红十字会法》独立自主地开展工作。

第五条 县以上（含县）各级红十字会根据工作需要配备专职人员，其人事管理比照国家公务员的有关规定执行。

基层红十字会可根据工作需要配备专职或兼职工作人员。

第六条 各级人民政府对红十字会的工作要给予支持和资助，保障红十字会依法履行职责，并对其活动进行监督。

第七条 各级红十字会理事会由会员代表大会民主选举产生。理事会民主选举产生会长、副会长，根据会长提名确定秘书长、副秘书长。理事会向会员代表大会负责并报告工作。

县以上（含县）各级红十字会可设名誉会长，由同级理事会聘请。

第八条 红十字会会员应当热爱红十字事业，遵守《中华人民共和国红十字会法》和本条例，享受会员合法权益，履行会员义务。

第九条 红十字会履行下列职责：

（一）宣传、贯彻《中华人民共和国红十字会法》和本条例；

（二）依据红十字会章程吸收会员，发展组织；

（三）在自然灾害和突发事件中，及时进入现场，报告灾情，协助政府组织抗灾救灾，并对伤病人员和其他受害者进行救助，争取国内、国外及地区红十字组织的捐助。平时做好救灾的准备工作；

（四）制定、实施本地区群众性现场初级救护的培训规划，组织、培训群众性红十字救护队，普及卫生救护和防病知识；

（五）参与组织、宣传、动员输血献血工作，推动无偿献血事业的发展；

（六）开展红十字青少年活动；

（七）开展人道主义社会救助活动，组建自救互救和社会救助网络；

（八）加强同其他国家和地区红十字会和红新月会的交往和交流，发展同全国各省、市之间的友好往来；

（九）依照国家红十字和红新月运动的基本原则，完成政府委托的事宜。

第十条 红十字会接受捐赠的款物应当用于红十字事业。在处理、分发捐赠款物时要尊重捐赠者的意愿。

第十一条 地方各级红十字会兴办与其宗旨相符的社会福利事业，人民政府及有关部门应当给予扶持。

前款规定的社会福利事业单位，按照国家税法的有关规定，可享受减、免税待遇。

第十二条 海关、检疫、交通运输及有关部门对红十字会接受或捐赠国内外的救灾物资，应当重点安排，优先办理。各级人民政府应负责解决救灾物资的转运工作。

第十三条 各级红十字会对接受的捐赠款物应建立专项账目和审查监督制度。

第十四条 在自然灾害和突发事件中执行公务时，有红十字标志的人员、物资和交通工具有优先通行的权利，并免收过桥、过路费。

第十五条 红十字标志具有保护作用和标明作用，标志的使用应按照《中华人民共和国红十字标志使用办法》执行。

第十六条 红十字会的经费来源：

（一）人民政府拨款。地方各级财政部门将红十字会经费列入年度预算，专款专用；

（二）红十字会会员按照规定缴纳的会费；

（三）接受国内外组织和个人捐赠的款、物；

（四）红十字会的动产、不动产收入，所属企事业单位上缴的收入；

（五）行业红十字会或基层红十字会所在部门和单位的资助。

第十七条 依法设立黑龙江省红十字基金，所筹资金全部用于发展红十字事业。

第十八条 红十字会开展救助工作，可以进行募捐活动，可在机场、火车站、宾馆、公园等公共场所设置募捐箱、组织募捐。募捐具体管理办法由省红十字会另行制定。

第十九条 红十字会对为红十字事业做出突出贡献的志愿工作者和社会各界人士授予荣誉称号，颁发证书、证章。对为红十字工作做出显著成绩的单位和工作人员给予表彰和奖励。

第二十条 对在自然灾害和突发事件中拒绝、阻碍红十字会工作人员依法履行职责或以暴力、威胁方法妨碍红十字会工作人员执行公务的，按照《中华人民共和国红十字会法》第十五条处罚。

第二十一条 任何组织和个人不得侵占和挪用红十字会的经费和财产以及募捐、捐赠的财物。各级红十字会建立健全经费财产管理账目并接受同级人民政府的审查监督。红十字会的经费使用情况每年向同级理事会报告。

第二十二条 违反本条例第二十一条第一款规定的，责令返回，对直接责任者由所在单位给予行政处分；构成犯罪的，依法追究刑事责任。

第二十三条 本条例由省人民代表大会常务委员会负责解释。

第二十四条 本条例自 1996 年 6 月 1 日起施行。

上海市红十字会

【历史沿革】

1911 年 8 月，中国红十字会沪城分会成立，1920 年改称为中国红十字会上海市分会。当时的主要工作内容是战地救护、灾害救济、难民收容遣返等。解放后上海市分会在防病治病、支援抗美援朝、救灾救济、红十字青少年、普及防病救护知识、遣送在华日侨及家属回国等方面做了大量卓有成效的工作。

1951 年 7 月，上海市红十字分会改组，刘鸿生任会长。1962 年 9 月，上海市红十字分会召开代表会议，正式改名为上海市红十字会，金仲华任会长。1966 年“文化大革命”发生，上海市各级红十字会组织解散。1978年4月，国务院决定上海市为第一批恢复红十字会工作的城市之一。同年9月，上海市红十字会经过调整，杨恺任会长。1981年至1985年10月，白备伍、王希孟相继担任会长。1985年12月，上海市红十字会召开第四次会员代表大会，王希孟连任会长。1990年12月，上海市红十字会召开第五次会员代表大会，谢丽娟任会长，邵浩奇任常务副会长。1996年6月，上海市红十字会召开第六次会员代表大会，聘请徐匡迪为名誉会长，谢丽娟连任会长，袁惠章任常务副会长。2001年2月，中共上海市委批准上海市红十字会由上海市卫生局代管改为上海市领导联系，作为局级单位进行管理。2002年6月，中共上海市委批准建立上海市红十字会党组和党组纪检组，熊仿杰任党组副书记、纪检组组长。2003年8月19日，上海市红十字会第七次会员代表大会召开，中共中央政治局委员、上海市委书记陈良宇，中国红十字会常务副会长王立忠，中共上海市委副书记、市长韩正等出席了大会。大会选举产生了由113名理事组成的新一届理事会，聘请市长韩正为上海市红十字会名誉会长，谢丽娟连任会长，熊仿杰任常务副会长。上海市红十字会开展的救灾、社会服务、募捐帮困、宣传、无偿献血、遗体捐献、造血干细胞捐献者资料库建设、查人转信、国内国际友好交往、红十字青少年、中小学生与婴幼儿住院医疗互助基金、组织建设等工作取得了一定的成效，为支持上海的经济建设，倡导树立良好的社会风尚，为建设社会主义精神文明，保障社会的安定团结做出了积极的贡献。

【组织机构】

上海市红十字会现有红十字会员666897人，团体会员1124个，志愿工作者2.8万余人，红十字医疗卫生机构63所，红十字基层组织3120个。市红十字会设有10个工作委员会，分别为：造血干细胞捐献工作委员会、遗体捐献工作委员会、培训工作委员会、理论研究和知识传播工作委员会、赈济工作委员会、医疗卫生工作委员会、社区工作委员会、中小学及中专职技校工作委员会、高校工作委员会、中小学生及婴幼儿住院医疗互助基金管理委员会。

上海市红十字会机关设有综合办公室、信息传播部、赈济救护部、青少年工作部、志愿服务部，下辖上海市红十字备灾救灾中心、上海市红十字培训交流中心2个直属事业单位。全市19个区、县红十字会是：黄浦区红十字会、卢湾区红十字会、静安区红十字会、徐汇区红十字会、长宁区红十字会、浦东新区红十字会、普陀区红十字会、杨浦区红十字会、闸北区红十字会、虹口区红十字会、宝山区红十字会、闵行区红十字会、松江区红十字会、嘉定区红十字会、青浦区红十字会、金山区红十字会、奉贤区红十字会、南汇区红十字会、崇明县红十字会。

在中国红十字会总会领导的关心和中共上海市委、市政府领导的高度重视下，上海市机构编制委员会发出《关于理顺区县红十字会管理体制有关问题的通知》，上海市的区、县红十字会由卫生局代管改由区、县政府领导联系，为处级单位，全市区、县红十字机关管理体制正逐步理顺中。

【相关法规】

1995年6月16日，上海市第十届人民代表大会常委会第十九次会议通过《上海市红十字会条例》。

2000年12月15日，上海市第十一届人民代表大会常务委员会第二十四次会议通过《上海市遗体捐献条例》。

【大型项目】

（一）1998年

1. 为江西、湖南、湖北、内蒙古等省（区）水灾地区援建31个项目，其中县卫生防疫站6所，县卫生院13所，小学9所，中学2所，备灾救援中心1所，总价值1179.5万元，总建筑面积36702平方米。

2. 向湖南、湖北、江西、黑龙江、安徽、福建省受灾地区援助救灾物资价值3536.62万元。

（二）1999年

1. 为台湾地震灾区募集捐款455万元；

2. 向江西、湖南、湖北、内蒙古等省（区）灾区捐赠价值40万元的小药箱；

3. 向吉林省延边雪灾地区捐赠10万元，购买食物；

4. 向江西、安徽、湖南省灾区捐赠救灾物资、药品、衣服价值280.92万元。

（三）2000年

1. 为云南省安县地震灾区捐赠救灾物资价值15万元；

2. 为湖北、江西、湖南省灾区捐款227万元，援建多所卫生院、学校；

3. 为湖南省灾区助学帮困捐款5万元，捐赠物品价值14.8万元。

（四）2001年

向江西、内蒙、湖南、宁夏等省（区）捐赠御寒衣被8500包。

（五）2002年

向全国9个省（区）的20个受灾地区发送救灾物资价值1334.67万元。

（六）2003年

1. 支援新疆维吾尔自治区地震灾区救灾款30万元，物资价值230万元；援建博爱小学1所，捐款199万元。

2. 援助甘肃省地震灾区救灾款10万元。

3. 支援山西省抗击“非典”捐款300万元。

4. 支援安徽省水灾地区救灾款30万元，物资价值241.37万元。

5. 支援湖南、江苏、山东省水灾地区救灾物资价值311.46万元。

6. 支援陕西省渭南水灾地区救灾物资价值52.34万元。

7. 援建江西省博爱楼1幢，金额30万元。

（七）2004年

1. 援助云南省德宏州泥石流灾区救灾物资价值42万元；

2. 援助湖南、安徽、贵州等8个受灾省、市救灾款物价值2671万元；

3. 慰问浙江省龙卷风灾区款物价值30万元；

4. 援助河南省红十字会价值10万元消毒用品，用于开展艾滋病特困人群关爱工作。

5. 为湖南省张家界和安徽省六安市援建博爱小学3所，总面积4200平方米，价值120万元。

6. 向安徽省沪闵博爱小学捐赠款物价值30万元，帮助该校学生添置一年文教用品。

7. 向宁夏回族自治区同心县窖山乡博爱小学捐赠棉衣价值2万元。

【主要特色】

1. 上海市中小学生、婴幼儿住院医疗互助基金。1996年成立的上海市中小学生、婴幼儿住院医疗互助基金成为上海市18岁以下的少年儿童提供了医疗保障。该基金自成立以来，上海市红十字会、市教委、市卫生局专门成立管理委员会，以红十字组织网络为依托，制定了合理的支付政策、科学的管理措施、严格的监督机制。到2004年8月底，共为55.8万人（次）患病少年儿童支付4.1亿元医疗费用，被群众誉为“生命绿卡”。

2.“千万人帮万家”活动。自1999年起开展的“千万人帮千家”（后改为“千万人帮万家”）活动，以肿瘤病患者、精神病特困患者、麻风病致残者、因病致贫特困老人和遭受意外灾害特困家庭为重点帮困对象，6年来，共为8652多万人次提供帮困款物3492.36万元，为维护社会稳定发挥了积极的作用。

3. 造血干细胞捐献者资料库建设。中国造血干细胞捐献者资料库上海分库自1997年成立以来，得到了上海广大市民的积极响应。现已拥有捐献志愿者5.1万人，是全国目前最大的造血干细胞捐献者资料分库。该分库共为1880人提供了检索，并成功实施移植手术62例。

4. 遗体捐献工作。2001年正式实施的《上海市遗体捐献条例》，是全国第一部有关遗体捐献的地方性法规。2002年3月上海市遗体捐献者纪念碑（全国首座）在青浦福寿园落成。目前，上海累计报名登记自愿捐献遗体者有20761人，实现遗愿者达3230人，为上海的医科教学提供了支持，并弘扬了移风易俗的新风尚。

5. 中日合作老年介护师资培训班。2004年与日本冈山社会福利法人旭川庄联合开办首届中日合作老年介护师资培训班，目前共开展培训班2期，共41名学员结业，学员获得由上海市红十字会、日本旭川庄联合颁发的结业证书、获上海市卫生局颁发的《继续教育应用培训证书》学分10分。上海市红十字会编印《中日合作老年介护师资培训论文集》。该项目获日本国际协力机构（JICA）资助5100万日元，制定了中日双方三年合作培训计划。该培训班促进了老年人护理的理念及技术的推广及应用。

【显著业绩】

1999年，上海市红十字会被中国红十字会总会评为“98抗洪抗震先进集体”。

2001年度，上海市红十字获红十字国际委员会和中国红十字会颁发的传播工作二等奖。

2002年，上海市红十字会荣获中华人民共和国人事部和中国红十字会总会授予的“全国红十字系统先进集体”称号。

2002年度，上海市红十字会获“上海市扶残助残先进集体”称号。

2004年，在中国红十字会与民政部联合开展的社区红十字服务示范区活动中，静安区、徐汇区、嘉定区、南汇区获“全国社区红十字服务示范区”称号。

2004年，上海市红十字会组队参加香港红十字会主办的“两岸红十字100周年精英荟萃——急救及灾难应变比赛”，获得“团体优异奖”和“个人最佳队员金奖”。

2004年，上海市南汇区荣获国家人事部和中国红十字会总会授予的全国红十字会系统先进集体称号。

2004年，上海市红十字会赈济救护部获上海市统战工作先进集体称号。

2005 年 5 月，上海市红十字会荣获中国红十字会总会颁发的“印度洋海啸救援最佳组织奖。”

【年度工作】

2004 年是中国红十字会诞辰 100 周年，也是贯彻落实中国红十字会第八次会员代表大会精神，实施上海市红十字会第七次会员代表大会提出的五年发展规划的第一年。上海市红十字会在市委、市政府领导的关心支持下，在中国红十字会总会领导的直接指导帮助下，全市各级红十字会工作者振奋精神，全面贯彻“三个代表”重要思想，以“庆百年、博爱行、办实事”的实际行动纪念中国红十字会百年诞辰，在募集资金、理顺区县红十字会管理体制、红十字卫生站建设、造血干细胞库建设、扩大少儿住院基金受益面、红十字青少年工作以及扩大国际交流项目、援建受灾省市项目等方面，办了八件实事，各方面取得了明显成效。

（一）赈济救护工作

全市各级红十字会以中国红十字会诞辰 100 周年为契机，积极开展各类募捐帮困活动，得到了宝钢集团、上海海关、上海市市级机关工委及工会等社会各界的大力支持，全年市区两级红会共募捐款 5609 万元，物资价值 3406 余万元，极大增强人道救助基金的实力，也为更多需要帮助的弱势群体送去了温暖和爱心。

1. 关爱弱势群体。在宝钢集团举行“上海市红十字会庆百年博爱行”活动开幕式，拉开全年帮困活动序幕。全市百余家企事业单位捐献款物 600 余万元。为本市伤残、患病儿童送上节日的关怀和祝福；宝钢集团支持捐资 2000 万元人民币建立了助老帮困博爱基金；与龙华古寺签订了每年 30 万元共计十年 300 万元的捐助协议，对崇明百名孤儿实施帮困助学；与百盛集团签订了每年 20 万元共计五年 100 万元的捐助协议，对本市贫困大学生进行助学帮困；“千万人帮千家”活动，对本市 2 万户特困家庭实施人道救助，帮困款物合计人民币 1000 万元。

2. 受灾地区援建工作。向云南、湖南、安徽、贵州、浙江等 8 个受灾省市发放救灾款物 13 批共计人民币 2671 万元，其中在上海市家化化妆品有限公司的支持下向四川、江西、重庆、福建受灾地区捐献消毒用品价值 2000 万元；向山西省捐赠衣被 5 车皮；对本市嘉定、青浦、闵行、长宁、普陀、浦东等地区 36 户遭受雷暴雨灾害的家庭共计救助 4.06 万元。为湖南省、安徽省援建博爱小学 3 所，总额 125 万元，建筑面积 4200 平方米，帮助 1700 名灾区学生重返校园；向沪闵博爱小学学生提供帮困助学款 15.4 万元、向师生捐衣物价值 15 万元，向宁夏博爱学校捐赠物资价值 2 万元。

向云南省援助救济物资价值 15 万元；向河南省紧急援助价值 10 万元的消毒用品用于艾滋病特困人群的关爱；并完成市政府交办关怀艾滋病患者的特殊任务。

3. 海啸赈灾捐款。截至 2005 年 2 月 3 日，上海市红十字会共接收印度洋海啸捐款 4597.93 万元，其中区县红十字会接收 2258.72 万元、市红十字会接收 2339.21 万元。捐款按规定已全部上交中国红十字会总会。

4. 红十字医疗机构。召开了上海市红十字医疗卫生机构工作会议，为规范全市 63 家红十字医疗卫生机构挂牌，统一启用上海市红十字会制作的新标牌；同复旦大学联合组织了上海市红十字青年医疗专家赴湖北开展医疗援助活动，累计义诊人数300多名，义诊手术19台；向全市32所红十字老年护理院5028名住院老人送上敬老节慰问；向肿瘤特困患者捐赠价值40万元的药品，让需要帮助的群体实实在在地感受到来自红十字的关爱。

（二）社区服务工作

为更好地贯彻落实中国红十字会总会、民政部《关于开展社区红十字服务工作的通知》的精神，将工作重点逐步向社区延伸，上海市红十字会牢牢把握全国红十字服务示范区评比的机遇，努力提高红十字社区服务质量。

1. 规范社区服务工作标准。在对全市开展社区红十字服务工作情况及红十字卫生站建设情况调研的基础上，制定了《关于加强本市红十字卫生站建设的实施意见》、《上海市红十字卫生站管理暂行办法》，将红十字社区服务工作纳入了上海市文明小区的考核标准，明确了红十字卫生站的性质、组织管理、功能定位，并对服务设施的配置提出具体要求，为开展社区服务工作制定了依据和准则。

2. 红十字服务示范区评审。在上海市工商联合会光彩计划的大力支持下募集人民币250万元，配备了500所红十字卫生站所需设备，有效加强了社区服务工作力度；举办各类培训班，共培训街道、居委、卫生站等红十字会兼职工作人员共计860人次，并在19个区县成立了由社区工作者组成的20支近300人左右的群众性红十字救护队，提高了社区红十字干部的业务水平，便于更好地为社区居民服务。经由多方专家组成的评审小组对静安、徐汇、南汇、嘉定4个区进行初步审核后下发了《关于开展社区红十字服务示范社区初审工作的通知》，并颁布《上海市红十字示范社区验收标准》，使红十字会的救灾、救护、救济工作切实融入社区。这4个区通过了中国红十字会总会及民政部进行的全国社区红十字服务示范区评审，受到中国红十字会总会和民政部的表彰。

（三）志愿服务工作

在做好造血干细胞资料库建设工作、遗体捐献工作的同时，不断创新思路，为群众带来了便利，也使得工作开展得更为规范、高效。

中国造血干细胞捐献者资料库上海分库全年造血干细胞资料库入库10508人（累计45371人），超额完成中国造血干细胞捐献者资料库总库下达的7000人份指标；全年有16人实施了移植（累计移植46人）。

全年发放宣传资料10万余份，开展宣传咨询活动50余次，开设知识讲座32场，广泛地进行了造血干细胞捐献的宣传活动。并对血检制度加以改革，使全市三个血检点全年开放血检，改变了过去每季度4次的方式，使得志愿者参加造血干细胞资料库的血检更为方便。

1. 遗体捐献工作。全年遗体捐献登记1526人，与去年同比提高30.2个百分点；实现332人。累计登记20686人，实现3132人。与福寿园联合举办“纪念中国红十字会百年诞辰——上海市红十字遗体捐献者纪念碑万人共祭月”活动，4万余名市民参加了此次活动；对本市遗体捐献者及家属发放1万余份慰问信及纪念封，向他们表达了诚挚的敬意。

建立了遗体接受站激励制约机制，初步

建立了“电话通畅、快速反应、规范管理、优化服务”的工作机制，使遗体接受站的服务更为人性化，也为遗体捐献者的家庭带去一份温馨。召开上海市遗体捐献工作现场交流会，在全市推广三级宣传服务网络，并在徐汇区试点成立了上海第一支遗体捐献志愿工作者队伍。

2. 培训工作。全年开展各类行业、救护师资、红十字医疗机构、红十字学校及社区“三位一体”培训，近50万人；组织参加香港红十字会主办的“两岸红十字100周年精英荟萃——急救及灾难应变比赛”，获得团体优异奖，个人最佳队员金奖，展示了上海市红十字会应对灾害的能力。

开办首届中日合作老年介护师资培训班，共有21名学员结业，并获由上海市红十字会、日本旭川庄联合颁发的结业证书、获上海市卫生局颁发的《继续教育应用培训证书》学分10分，编印《中日合作老年介护师资培训论文集》，促进了老年介护理念和技术的推广。

3. 规范志愿服务。起草《上海市红十字志愿工作者管理办法》，规范了志愿工作者队伍；与市卫生局联合开展第一个世界无偿献血纪念日活动；与卫生局、团市委联合开展“无偿献血高校行”活动；在申城夏季血库告急的情况下，市红十字会机关干部带头无偿献血，组织发动华山医院、宝钢红十字会参加无偿献血，并积极倡议全市市民无偿献血，有效缓解了本市用血的紧张局面。上报中国红十字会无偿献血2001—2003年度事迹材料，本市共有3单位，42个人荣获全国先进表彰。

（四）红十字青少年及少儿住院基金工作

结合中国红十字会诞辰100周年，开展了多项有益于青少年成长的活动，体现出上海市红十字会关爱生命、关爱青少年的思想。

1. 红十字青少年工作。得到市人大对红十字青少年事业的支持，将红十字青少年工作列入了《上海市未成年人保护条例》，使红十字青少年工作进一步得到保证；召开了高校、中小学校红十字工作委员会会议，通过了有关工作设想，为今后工作开展明确了方向；全年共发展青少年会员6万余名；组织青少年到罗店中学祭扫为红十字事业捐躯的烈士纪念碑；举办了“八省市（地区）红十字青少年夏令营”活动，来自云南、广西、新疆、湖南、澳门等地区100多位营员参加了此次夏令营，增进了各地区青少年之间的友谊，也增加了他们对红十字知识的了解。为进一步贯彻总会、教育部《学校红十字会规则》的精神，在南汇、卢湾区开展青少年普及现场初级急救和逃生知识、技能的培训试点工作，共培训97000多名学生，取得了一定的成效。

2. 高校红十字工作。今年在9所民办高校成立了红十字会组织，并开展了相关红十字知识培训；组织高校红十字志愿者队伍，为第7届全国大学生运动会、一大会址、脑瘫患儿等提供了一系列志愿服务，展现了高校红十字会员的精神风貌；开展了与荷兰红十字会合作项目：艾滋病同伴教育主持人培训班，从三所高校共选拔20名学生参加次次培训，并先后开展同伴教育44期，共培训880人，获得荷兰红十字会项目负责人较高评价；开展了“上海大学生预防艾滋病宣传大使‘微笑天使’、‘红丝带信使’选拔大赛”的系列活动，21所高校386名大学生报名参加了此次大赛，30 所高校 11 万余名学生观看了宣传展板，参与了座谈、知识竞赛等多种形式的宣传活动，体现出了大学生们的积极性与参与性。

3. 少儿住院基金工作。2003 学年共为 70225 人次患儿支付医疗费用 5413 余万元；在深入调研的基础上，制定《关于加强医疗费用支付管理的通知》和《少儿住院基金不予支付部分医疗项目费用的补充通知》，加强了监督检查，共查阅病史 1.8 万余份，追款 81 万余元，保障了基金良性运作。为贯彻中央农民工子女的关怀精神，市少儿住院基金将进城务工的农民工子女以及外来媳妇子女纳入基金覆盖范围，使他们也能享受到一份保障；为适应新形势下的社会需要，少儿住院基金在调研的基础上今年调整了收费标准、调整了年龄结构、调整了给付比例、增高了给付最高封顶线，并在市人大、市教委、市财政、市物价局的协助支持下，顺利完成今年收费任务，为全市 179 万多名参加住院基金的青少年提供了坚实的医疗保障。

（五）信息传播工作

以中国红十字会总会 100 周年诞辰为主线，进行多类型宣传活动，大力宣扬红十字精神，向社会各界传播人道法及红十字理念，动员更多人士参与到红十字活动之中。

1. 100 周年宣传活动。举办了纪念中国红十字会总会诞辰 100 周年纪念大会，韩正市长出席大会并作重要讲话。大会同时宣布了市红十字会为市民办八件实事项目，并在会后组织本市 8 所红十字医院 84 名专家开展大型红十字义务医疗咨询活动。本次纪念会议表彰了历年来对上海红十字事业做出贡献的志愿者和工作者，也对今后的工作提出了新的要求，取得了良好的社会效应。拍摄制作了《博爱世纪行》、《最后的奉献》等弘扬红十字人道、博爱、奉献精神的纪录片；举办了红十字博爱音乐会。

2. 红十字知识传播。全年红十字“四五”普法培训人数 7 万余人，印发普法读本 3 万本，普法画册 2 万册；红十字知识传播培训 4 千余人，传播人数 3.7 万余人。

3. 新闻报道及报刊工作。全年在各报刊、电台、电视台刊登播放有关红十字会活动新闻专题报道 500 余篇（次），为捐助白血病患者、志愿无偿献血活动等起到了较大的宣传影响作用。上海红十字报发行量超过 7 万份，并举办区县通讯员培训班，使新闻稿更为专业、来源更为广泛。上海市红十字会获总会报刊工作一等奖。

（六）组织建设工作

全年组织建设重点抓了理顺区县红十字会管理体制、加强专职干部队伍建设等工作。

1. 组织建设。在总会领导的关心，上海市委、市政府领导的高度重视下，上海市机构编制委员会以沪（2004）161 号文件形式，发出《关于理顺区县红十字会管理体制有关问题的通知》，会党组积极推动各区县红十字会理顺管理体制的工作，解决影响红十字事业发展的瓶颈问题。在对全市红十字会会员状况调查研究基础上建立了会员名册，为下一步开展会员管理工作打下基础。

2. 理事的作用得到发挥。在宝钢召开了市红十字会七届二次理事会，回顾总结了 2003 年的工作，讨论了 2004 年工作要点。各位理事和理事单位以捐款、捐物、培训等多种形式，积极参与并支持了全年“庆百年、博爱行”各项活动。

3. 干部素质提高。举办区县红十字会专职干部培训班，邀请多位专家教授进行针对性授课；组织市红十字会干部学习十六届四中全会文件精神；组织参加公务员行政许可法考核；组织市、区县红十字会干部赴江苏、浙江等兄弟省市学习先进经验，以全面提高上海市红十字工作者的工作能力。

4. 加强内部管理工作。完善党组会、会长办公会、会务办公例会等会议制度；完善采购招标、返聘工作人员、财务报销、驾驶员加班等管理制度；试点实行经费包干到部室的财务制度，对会内节约开支起到一定督促作用。

（七）交流交往工作

在原有的交流项目基础上，进一步加强国际间的友好交流活动。

1. 国际交流交往。先后组团赴德国汉堡和韩国釜山红十字会进行访问，并邀请汉堡红十字会来沪授课交流；与日本长崎县红十字会签署红十字青少年交流项目；与日本冈山社会福利法人旭川庄联合举办老年护理培训师资班，增进中日友谊、促进了老年介护工作的交流与发展；组织部分区县红十字会赴香港红十字会学习考察红十字组织建设、志愿服务、筹集资金、红十字学校等工作。全年组织出访 9 批 69 人次，接受来访 9 批 38 人次。

2. 查人转信工作。全年接到来信来访共 105 人次，发出寻人表 20 份；受理寻人表 9 份，查到 6 份。发往港澳及国际寻人表 12 份，查到 2 份；受理港澳及国际寻人标 15 份，查到 9 份。传递红十字通信 6 封，处理涉台私渡案 1 宗。

3. 国内交流交往。全年接待了来自北京、云南、江苏、浙江、贵州、江西、新疆、内蒙等兄弟省市的来访考察团，分别组团参加了九省一市和四个直辖市联谊会，交流了工作、增进了友谊。

（孔伟珉）

附录：

上海市红十字会条例

（1995 年 6 月 16 日上海市第十届人民代表大会常务委员会第十九次会议通过）

第一条 根据《中华人民共和国红十字会法》（以下简称红十字会法），结合本市实际情况，制定本条例。

第二条 本市各级红十字会是从事人道主义工作的社会救助团体。

第三条 市和区、县建立红十字会，并设置工作机构，配备专职工作人员。乡镇、街道建立红十字会，并可以根据工作需要配备工作人员。全市性行业可以根据工作需要建立行业红十字会，并配备工作人员。机关、企业、事业单位、村民委员会和居民委员会等可以建立基层红十字会。

第四条 上级红十字会指导下级红十字会的工作。本市红十字会根据红十字会法及本条例的规定，独立自主地开展工作。

第五条 本市的单位和居住在本市的公民，承认中国红十字会章程并缴纳会费的，可以自愿参加红十字会，成为红十字会的团体会员或者个人会员。

第六条 各级红十字会可以吸收自愿为红十字会工作的社会各界人士为志愿工作者，协助红十字会开展工作。

第七条 各级红十字会理事会由会员代表大会选举产生。各级红十字会的会长和副会长由同级理事会选举产生。选举方法和具体程序由市红十字会另行制定。市和区、县及全市性行业红十字会可以设名誉会长和名誉副会长。名誉会长和名誉副会长由同级理事会聘请。

第八条 市和区、县红十字会应当依法取得社会团体法人资格。

全市性行业、乡镇、街道红十字会，具备条件的可以依法取得社会团体法人资格。

第九条 根据医疗卫生单位的申请和实际需要，并报经市卫生行政管理部门同意，市红十字会可以命名医疗卫生单位为红十字单位。红十字单位应当遵守中国红十字会章程，履行红十字义务。

第十条 市和区、县红十字会的主要职责：

（一）宣传、贯彻、执行红十字会法；

（二）开展救灾的准备工作，在自然灾害、突发事件中对伤病人员和其他受害者进行救助；

（三）制定、实施本地区内群众性现场初级救护的培训规划，组织、培训群众性红十字救护队，普及卫生救护和防病知识；

（四）开展自愿无偿捐献遗体的工作，开展非血缘关系骨髓移植供者动员、宣传、组织和数据检索的工作，协助卫生行政管理部门开展输血献血工作，推动无偿献血；

（五）开展失散亲属人员的寻亲工作；

（六）培养红十字青少年，开展红十字青少年活动；

（七）在依照国际红十字和红新月运动基本原则的前提下，完成人民政府或者上级红十字会委托的事项；

（八）根据中国红十字会总会部署，参加国际和国内的人道主义救援工作；

（九）开展其他人道主义方面的工作。市红十字会负责发展与境外的红十字会和红新月会的合作交流活动，考核和命名群众性红十字救护队的工作。

第十一条 乡镇、街道红十字会在区、县红十字会指导下，负责本地区的红十字会工作，并在依照国际红十字和红新月运动基本原则的前提下，完成乡镇人民政府和街道办事处委托的有关事项。

第十二条 全市性行业和基层红十字会应当在本系统、本单位范围内开展红十字工作，并在依照国际红十字和红新月运动基本原则的前提下，完成上级红十字会委托的事项。

第十三条 红十字会经费的主要来源：

（一）红十字会会员按照规定缴纳的会费；

（二）国内外组织和个人捐赠的款物；

（三）红十字会的动产、不动产和所属单位上缴的收入；

（四）红十字会所在单位的资助；

（五）各级人民政府的拨款。

第十四条 红十字会有权接受并处理境内外组织或者个人所捐赠的救助物资。

红十字会在处理捐赠款物时，应当尊重捐赠者的意愿。接受海关规定减免税的境外捐赠的货物，不准转让，出售和移作他用，并应当在监管年限内接受海关监管。

第十五条 各级红十字会为开展救助工作，可以在本地区、行业、单位内进行募捐活动。具体办法由市红十字会另行制订。

第十六条 各级红十字会应当建立捐赠或者募捐所得款物的专项审查监督制度。

第十七条 红十字会接受用于救助和公益事业的捐赠或者募捐款物，依照国家税法有关规定享受减免税优惠待遇。

本市单位和个人向红十字会捐赠款物，捐赠者可以依照国家税法有关规定享受减免税优惠。

第十八条 在自然灾害和突发事件中，执行救助任务的人员和标有红十字标志的物资、交通工具享有优先通行的权利。在执行其他特殊任务时，使用特有灯具和红十字标志的交通工具优先通行。在进行紧急救助时，佩有红十字标志的人员有优先使用公用通讯工具的权利。

第十九条 海关、检疫、交通运输部门和其他有关部门应当重点安排、优先办理红十字会接受国内外捐赠的救灾物资的有关事项。在救灾情况下，有关部门应当协调解决救灾物资的转运。

第二十条 各级红十字会应当建立经费审查监督制度。红十字会的经费使用应当与其宗旨相一致，并依照国家有关法律、法规的规定，接受同级人民政府的监督检查。红十字会经费的来源和使用情况，每年向同级红十字会理事会报告。

第二十一条 各级人民政府应当对红十字会兴办的与其宗旨相符的社会福利事业给予扶持。

第二十二条 对为红十字事业作出突出贡献的单位和个人，由市或者区、县人民政府给予表彰、奖励。

第二十三条 各级红十字会的财产受法律保护，任何单位和个人不得侵占、截留、挪用。

第二十四条 任何组织和个人不得拒绝、阻碍红十字会工作人员依法履行职责。

在自然灾害和突发事件中，阻碍红十字会工作人员依法履行职责的，由公安部门按照《中华人民共和国治安管理处罚条例》处罚；构成犯罪的，依法追究刑事责任。

第二十五条 红十字标志的使用，按照国家有关规定执行。

第二十六条 本条例自 1995 年 8 月 1 日起施行。

江苏省红十字会

【历史沿革】

江苏省境内建立红十字会组织并开展活动已近 100 年的历史。中国红十字会早期的一些重要活动多发生在江苏。1911 年的辛亥革命、1913 年二次革命的癸丑之役、20 年代初的苏北水旱灾害、1932 年的“一·二八”淞沪抗战、1937 年日军侵华的南京沦陷等重大事件中，南京、江阴、常熟、武进、淮阴、吴江等地的红十字会都做了大量的赈济、救护及因战争、灾荒罹难者的善后处理工作。现存于南京灵谷寺公园、南通狼山等地碑记及侵华日军南京大屠杀纪念馆内的史料，均详实记载了红十字会的善举史实。新中国成立后，在抗美援朝、整治淮河、爱国卫生运动、民兵三防训练等工作中，江苏各地红十字会均开展了许多活动。

江苏省红十字会成立于 1956 年，经历了与卫生厅合署办公、“文化革命的十年动乱”、中共十一届三中全会后拨乱反正等阶段，红十字会的工作从停止到恢复。1981 年 9 月 18 日，中共江苏省委根据国务院国发〔1978〕63 号文件精神，批准恢复江苏省红十字会，经协商产生由28名理事组成的江苏省红十字会第三届理事会，盛立任会长。江苏省红十字会机关设办公室、组训部、宣传部。当时提出的主要任务是恢复、建立地市、县红十字会组织，并配合当地政府开展“五讲四美三热爱”、救护培训、扶危济困、红十字青少年，援非募捐和国际交流等活动。1993年10月31日，《中华人民共和国红十字会法》颁布实施，使红十字事业走上了法制化建设的轨道。江苏省人民政府印发了“关于进一步贯彻实施《中华人民共和国红十字会法》的通知”，提出努力为红十字会依法履行职责创造条件。1994年6月22日，江苏省红十字会第六次会员代表大会召开，大会聘请中共江苏省委书记陈焕友担任名誉会长，提出了“坚定不移地贯彻《中华人民共和国红十字会法》，认真贯彻《中国红十字会90年代工作纲要》和《北京宣言》，加强组织机构和干部队伍建设，加强调查研究并努力做好各项业务工作”的主要任务。全省各级红十字会创建了“博爱系列工程”（救援、生命、爱心工程），在社会上产生了积极的影响，展现了人道救助团体的新形象，同时弘扬了红十字精神，促进了社会主义道德建设。1996年1月29日，《中华人民共和国红十字标志使用办法》的颁布实施，体现了国家对红十字事业的高度重视和支持，为红十字标志的正确使用提供了法律保证。省人民政府办公厅印发了“关于进一步贯彻实施《中华人民共和国红十字标志使用办法》的通知”，要求各地、各部门依照规定对红十字标志使用情况进行一次全面清理，限期改正，切实纠正误用、滥用现象。2002年6月，江苏省人民政府批转“关于进一步加强红十字工作的意见”，对红十字会开展社区服务、学校红十字工作、造血干细胞捐献者资料库建设、理顺管理体制、对外交流合作等提出了明确的要求。2002年7月21日，江苏省红十字会第七次会员代表大会召开，时任中共江苏省委书记的回良玉（现任中共中央政治局委员、国务院副总理）、省长季允石、省人大常委会主任陈焕友、省政协主席曹克明和中国红十字会常务副会长王立忠等出席了大会，全国人大常委会副委员长彭珮云亲笔为大会题词。大会全面总结了江苏省红十字会第六届理事会的工作，制定了2003至2007年发展规划，选举产生了由81名理事组成的新一届理事会（后又增补2名副会长、13名理事），聘请省委书记回良玉、省人大常委会主任陈焕友为江苏省红十字会名誉会长，2004年3月，又聘请现任省委书记李源潮为名誉会长，吴锡军经选举连任会长，刘洪祺、周加才当选为常务副会长，李一宁、周和平、赵顺盘、赵庆侠、周珉、姜映梅、侯学元、黄晓平、张肖敏、杨炤明、丛建国、许仲梓、陈尧、郭兴华、黄峻、刘沈林为副会长，根据会长提名决定张立明为秘书长（2003年12月任专职副会长、党组书记），徐强为副秘书长。

【组织机构】

目前，江苏全省13个省辖市106个县（市、区）建立了红十字会，现有红十字会基层组织8000多个，会员250多万人（其中青少年会员190万人），占江苏省常住人口的3.3%，志愿工作者2万多名。

江苏省红十字会机关设有办公室、赈济救护部、事业发展部。下辖备灾救灾中心、台湾事务服务部、江苏省造血干细胞捐献者资料库管理中心等3个直属事业单位。

根据《中华人民共和国红十字会法》和中国红十字会总会关于理顺管理体制的有关文件精神，2002 年 1 月，江苏省机构编制委员会行文《关于理顺省红十字会管理体制的批复》，同意将江苏省红十字会由省卫生厅代管改由省政府领导联系，其机关党的工作由省级机关工委领导，干部按省委组织部有关规定进行管理，经费由省财政单列。2003 年 12 月，中共江苏省委决定成立省红十字会党组。在各级党委、政府的关心、重视和支持下，截至 2005 年 7 月，无锡、盐城、淮安、徐州、镇江、南京、苏州、泰州、宿迁、常州、连云港等 11 个省辖市和金坛、溧阳、句容、云龙、盐都等 5 个县（市、区）先后理顺了红十字会管理体制。

江苏省红十字会历次代表大会一览表

届次	日期	代表人数	理事人数	常务理事人数	名誉会长	会长	常务副会长	专职副会长
一	1956. 11. 7	99	33	11		盛　立		
二	1961. 11. 28	62	42	8		盛　立		
三	1981. 9. 18		28	4		盛　立		
四	1985. 7. 2	170	53	10	陈邃衡 盛　立	杨泳沂	盛天任	
五	1990. 7. 12	216	63	13	李执中 陈邃衡 盛　立	吴锡军	盛天任	
六	1994. 6. 22	218	60	13	陈焕友	吴锡军	陈　萍	
七	2002. 7. 21	214	81	19	回良玉 李源潮 陈焕友	吴锡军	刘洪祺 周加才	张立明 （2004 年补选）

【相关法规】

2004 年 6 月 17 日，江苏省第十届人大常委会第十次会议通过《江苏省实施〈中华人民共和国红十字会法〉办法》。（按照“有地方特色、可操作、讲究实效、质量更好、适度超前”的原则，在遵循《中华人民共和国红十字会法》的基础上，结合江苏省红十字事业发展的实际情况，《实施办法》对县级以上红十字会设置工作机构、配备专职工作人员和建立基层组织等方面做了具体规定。《实施办法》对各级红十字会的职责增加了新的内容，包括管理中国造血干细胞捐献者资料库江苏省分库，参与艾滋病防治的宣传、教育、关爱艾滋病患者和感染者以及协助政府有关部门开展社区服务等条款。在政府支持、资助、保障红十字会依法履行职责方面，《实施办法》规定，县级以上各级人民政府联系同级红十字会的工作，将红十字事业纳入国民经济和社会专项发展规划；对在人道主义工作中做出突出贡献的单位和个人，县级以上人民政府应当给予表彰、奖励；为了支持红十字会的社会救助事业，政府有关部门根据需要，从彩票公益金中安排一部分资金等等。

【大型项目】

（一）1998 年抗洪救灾

1998 年，河北张北地区发生地震灾害，西藏、青海部分地区发生特大雪灾；入夏以后，长江、松花江和嫩江又发生特大洪涝灾害。江苏各地红十字会开展了大规模的募捐活动，全力以赴投入救灾工作。全省红十字会募得救灾款物 4020 万元，为帮助受灾群众克服困难，支援遭受灾害的外省、自治区、市等红十字会共 455.62 万元人民币（其中：湖南省 29.61 万元、湖北省 142.99 万元、江西省 47.89 万元、安徽省 15.2 万元、广东省 24.75 万元、福建省 26.68 万元、张家口市 47.39 万元、西藏自治区 106.11 万元、吉林省 5 万元、内蒙古自治区 5 万元、黑龙江省 5 万元）。

各市红十字会直接支援外省灾区的：

1. 苏州市红十字会 1092 万元。

2. 南通市红十字会 98 万元（其中：江西省九江市 50 万元、湖北省石首市重建小学和妇幼保健站 20 万元、江西省上饶地区重建小学 28 万元）。

3. 无锡市红十字会 40.2 万元（其中：四川省云阳县 40 万元、湖北省红十字会 2000 元）。

（二）1999 年，台湾地区发生地震，江苏省各地红十字会对地震中受难同胞表示深切的同情和关注，并在全省开展了募捐活动，共募集 78.317538 万元人民币、200 美元、700 台币，分三次通过中国红十字会总会转交台湾地区灾民。

（三）2001 年初，内蒙古自治区、新疆维吾尔自治区遭受特大暴风雪的袭击，江苏省红十字会立即伸出援助之手，支援内蒙古自治区红十字会 14 万元人民币，新疆维吾尔自治区红十字会 12 万元人民币。

（四）2003 年抗击“非典”、抗洪救灾募捐和支援新疆灾区

1. 2003 年，“非典”肆虐祖国大地，江苏各地红十字会根据上级部署，全力以赴迎战“非典”，为保护人的生命和健康做出了贡献。在抗击“非典”中，全省红十字会系统共募集款物 4502.961711 万元（其中捐款 3434.924311 万元），并及时用于抗非一线。

2. 2003 年夏，江苏境内淮河流域和里下河地区发生特大洪涝灾害，江苏省红十字会及时派员深入灾区，考察救灾，同时呼吁社会捐款捐物，全省红十字会系统共募集款物 2136.495718 万元，接收总会拨发款物 531.45995 万元，并及时送往抗洪一线。

3. 2003 年 2 月，新疆维吾尔自治区发生地震灾害，江苏省红十字会及时向新疆地震灾区支援了价值 15 万元的 100 顶帐篷，省和各地红十字会开展社会募捐筹款 50 多万元，棉衣服装近 2 万件。

（五）2004 年庆百年办十件实事

为纪念中国红十字会百年诞辰，江苏省红十字会筹集资金 570 多万元，为群众办了十件实事：

1. 支持新型合作医疗：资助宿迁市宿城区 3310 位困难农民参加新型合作医疗，

帮助解决看病难的问题。

2. 慰问建国前生活困难老党员：为表达对建国前老党员的崇高敬意，在中国共产党建党 83 周年前夕，慰问了革命老区响水、滨海、阜宁三县农村建国前入党、生活较困难的 1000 名老党员，包括送医送药、义诊体检、发放慰问金及慰问品等。

3. 慰问特困教师：在教师节期间，慰问了灌云县农村 100 名特困教师，向每位教师发了慰问信和慰问金。

4. 慰问特困孤寡老人：重阳节慰问了南京市秦淮区社区红十字工作站中 67 名特困孤寡老人，给老人发放了慰问金，同时购置 40 辆轮椅赠给社区，方便老人出行。

5. 扶贫养羊项目：为帮助更多的农民脱贫，省红十字会争取到爱德基金会 50 万元的帮助，在睢宁县邱集镇扶助 500 个贫困农户养羊，并以滚动形式发展，现已收到明显效果。

6. 筹建博爱小学：省红十字会争取到香港友人的支持，资助响水县红十字会 50 万元建立一所博爱小学。该校能容纳 300 多名孤儿学习和生活，目前学校正在建设中。省红十字会将连续 5 年支持该校运转，每年资助 20 万元，共计 100 万元。

7. 改厕项目：为改善农民的生活环境，改变农民生活习惯，帮助邳州、射阳、宿城三县（区）近 300 家农户建立了家庭卫生厕所，很受农民欢迎。

8. 资助孤儿学习和生活：帮助泗阳县 200 名孤儿完成学业。

9. 资助少儿白血病患者：筹集善款 50 万元，救助 31 名困难白血病患儿。

10. 博爱送温暖：年底开展了红十字博爱送温暖活动，将筹集来的 170 多万元款物送到苏北贫困地区和受灾地区群众手中，帮助部分贫困群众过一个祥和的春节。

（六）实施救助部分白血病患者免费治疗计划

2000 年 1 月，旅美华侨杨健良博士回国发展，他用自己在一家大型医药企业做顾问的报酬，向江苏省红十字会捐赠了价值 450 万元人民币的 3 万支隆化诺干扰素，为 30 名白血病患者免费治疗，三年后这些患者均有不同程度的好转。

（七）救助城镇下岗职工和教师中的部分重病患者

2003 年，江苏省红十字会与先声药业有限公司、扬子晚报社合作建立了 100 万元的“先声医疗救助金”，救助城镇下岗职工和教师中 76 名重病患者。

【主要特色】

（一）红十字备灾救助基金

1995 年，江苏省红十字会经报江苏省人民政府同意，在全省范围内开展了“红十字备灾救助基金”募捐活动。江苏省人民政府召开常务会议专门听取了省红十字会关于建立备灾救助基金的汇报，研究开展备灾救助基金募捐活动的意见，会后发了会议纪要。接着召开了江苏省红十字备灾救助基金募捐组委会成立暨募捐动员会议，省委、省人大、省政府、省政协主要领导带头捐款，众多单位和个人纷纷响应。为规范基金的管理，经报省财政厅及省人民银行同意，江苏省红十字会制定了《江苏省红十字备灾救助基金募集、表彰、管理办法（试行)》，并成立了由省财政厅、省人民银行分行、省监察厅及个协等部门、团体代表组成的基金管理委员会，对基金进行管理监督。十年来，全省共募集备灾救助基金

4000多万元。随着红十字会社会救助面的拓展，同时也为便于向社会各界进行募捐，2005年6月，“江苏省红十字备灾救助基金”更名为“江苏省红十字人道救助基金”。

（二）设立公路沿线“红十字救护点”

为体现红十字会“保护人的生命和健康”的宗旨，自1992年起，江苏省红十字会在交通、公安部门的支持和配合下，以国道和省道沿线的乡（镇）卫生院或村卫生室为依托，先后投入200余万元建立了500多个红十字救护点。1995年，江苏省红十字会和省公安厅、交通厅联合下发了《关于在公路沿线设置红十字救护点标志牌的通知》，对公路沿线标志牌的统一规范设置和保护等作了明确的规定，并得到省交通厅的资助45万元，制作、埋设了全省统一的红十字救护点标志牌。各市红十字会制定了《红十字救护点的管理办法》进行规范管理，组织救护点的医务人员进行现场急救知识和技能的培训。各红十字救护点在交通事故现场伤员抢救、减少人员伤残和死亡方面发挥了积极作用，深受广大群众和机动车驾驶人员的欢迎。

（三）南京市捐献遗体者纪念林

“南京市红十字会捐献遗体志愿者之友”（以下简称“志友”）发起于1995年。“志友”组织积极倡导死后无偿捐献遗体供医学教学和科学研究用，提倡“三不、两献、一育”，即死后不开追悼会、不接花圈挽联、不用骨灰盒建墓土葬；献遗体供解剖，献器官供移植；骨灰用于植树育林。至2004年底，共有3164人登记捐献遗体，年龄最大的96岁，最小的18岁，已实现生前愿望捐出遗体者355人。1999年，南京市红十字会在栖霞山红景园建立了“南京市捐献遗体者纪念林”，作为捐献遗体志愿者亲属悼念和爱国主义教育基地，以弘扬捐献遗体志愿者的无私奉献精神。

（四）宿豫区“母亲工程”（孤儿红恤班）

1992年，宿迁市宿豫区红十字会动员爱心人士捐款和受益孤儿毕业后回报社会捐款，资助孤儿上学。十多年来，共资助150名孤儿学生，考上大专院校的有76人（4名研究生，其中1人考上博士生留学加拿大），已毕业和走上工作岗位的有70多人。这项活动给孤儿送去了关爱和温暖，社会反响较好。

（五）邳州市“希望之家”

1993年，邳州市红十字会通过中国爱德基金会从挪威引进资金，创办了目前我国唯一的集康复训练、文化教育、支具制作生产为一体的肢残康复机构“希望之家”，实行中心训练和社区康复相结合的全方位服务。据统计，“希望之家”从1993年至今，已为428名儿麻患者免费做了关节矫形手术，为92名腰椎严重侧弯的患儿在解放军第88医院及359医院做了矫正术，为456名下肢瘫痪的儿童制作穿戴支具2528套次，为96人反复制作穿戴背架266个，为重症瘫痪不易行走的儿麻患者提供各式轮椅252辆。“希望之家”还积极向国家和省残疾人运动协会推荐运动员，有8人入选国家轮椅乒乓球队一队，有10人入选国家乒乓球二队。在各项国际比赛中，他们共获得金牌13枚、银牌5枚、铜牌14枚。在2004年雅典残奥会上，轮椅乒乓球运动员顾改获女子组团体冠军称号。

（六）“博爱”超市

2005年5月8日，江苏省红十字会和南京市红十字会合办的“博爱超市”正式对外开放，救助对象为南京市部分特困或因意外伤害陷入困境的群众。6月27日，江苏省红十字会“网上博爱超市”正式开通。“网上博爱超市”具有便捷、直观、信息量大、更新快等优势。红十字会在网上公布求助者情况，使有爱心和奉献精神的单位和个人能便捷直观地了解信息，有意向地实施捐助。“网上博爱超市”主要面向苏北经济欠发达地区的部分特别困难或因意外伤害陷入困境的群众。救助内容分为“博爱救灾、博爱助困、博爱助学、博爱助医”四个方面，捐助者既可以直接援助到个人，也可以项目援助的形式支持某些单位和集体。捐款在网上直接捐赠，捐物可通过红十字会进行。求助的单位或个人通过当地红十字会审核后报省红十字会，并以滚动形式在“网上博爱超市”公布。灾情和突发事件需紧急救助的信息在第一时间登出。

（七）无锡、盐城市红十字会建立募捐工作长效机制

无锡、盐城市红十字会分别开展了“关爱生命、人道万人捐”和“扶贫济困、博爱万人捐”活动。无锡市红十字会自2002年开展“万人捐”活动以来，市民参与逐年递增，“关爱生命、人道万人捐”已成为无锡市文明创建工作中的特色品牌。活动提出的“一元不少，十元不多，爱心无限”的劝募口号，贴近百姓，家喻户晓。广大红十字会会员以交一次特殊会费的形式率先捐款，学校红十字青少年以“少吃一支冰棍、捐出一元钱”来奉献爱心。四年来，共募集爱心善款1788.14万元，发放人道救助金168.83万元，援助其他城市灾区款物达620万元。盐城市红十字会自2005年5月8日开始实施“万人捐”活动，今后每年开展一次。活动倡议：广大干部职工自觉自愿，踊跃捐款，社区市民积极响应，参与捐款。爱心捐款主要用于四个方面人群的慰问救助，一是农村中遭受自然灾害且生活困难的灾民；二是城市下岗职工、低保对象中的特困人员；三是白血病人以及重大病患者；四是孤儿、麻风病人和残疾人。

（八）每年开展“红十字博爱送万家”活动

为让苏北贫困地区或遭受自然灾害的群众能过上一个温暖祥和的春节，江苏省红十字会自1998年1月开始，已连续8年开展了红十字送温暖活动，共筹集近2000万元的款物送往贫困地区。红十字送温暖活动已被列入江苏省“三下乡”活动内容之一。同时，该活动也得到了江苏省军区的大力支持，每年都无偿支援运输车辆。

（九）中国造血干细胞捐献者资料库江苏省分库发展迅速

2002年10月30日，中国造血干细胞捐献者资料库江苏省分库（又称江苏省造血干细胞捐献者资料库）正式启动。江苏分库建设得到了中共江苏省委、省人民政府和各有关部门、社会各界的关心支持，在江苏省人民政府批转省红十字会《关于进一步加强全省红十字会工作的意见》、《江苏省实施〈中华人民共和国红十字会法〉办法》和省委宣传部、省红十字会联合下发的《关于加强全省红十字会宣传工作的通知》等文件中都明确指出：建设造血干细胞捐献者资料库是造福人类健康事业，体现人道主义精神的重要举措。省财政厅于2002至2005年先后拨经费1500万元，2004

年12月，江苏省编委批准成立江苏省造血干细胞捐献者资料库管理中心。在中国造血干细胞捐献者资料库管理中心的指导下，成立了江苏省分库工作委员会、管理中心和2个组织配型实验室，建立了网络系统，在全省开展了宣传、动员、报名、登记、采样、分型检测工作都取得了较好的成绩。2003、2004、2005年江苏省分库分别荣获中国造血干细胞捐献者资料库管理中心“数据入库工作先进集体”、“捐献骨髓、拯救生命”优秀新闻作品评选最佳组织奖和“优良成绩奖”。截至2005年7月，江苏省分库共采集血样标本39000余人份，入库资料26000余人份，有633名志愿者与246名白血病患者HLA初次配型相合，有33名志愿者实现了捐髓救人的愿望。

（十）宣传工作有声有色

江苏省红十字会多年来注重宣传工作，在内容、形式、手段上创新。一是争取中共江苏省委宣传部的支持，在全国率先由省红十字会与省委宣传部共同下发了《关于加强全省红十字会宣传工作的通知》；二是借助新闻媒体记者和编辑的力量，建立红十字新闻工作志愿者小组，充分发挥他们的作用。据不完全统计，近几年，省级以上新闻媒体每年为省红十字会发布新闻近400条（篇），真正做到重大活动“报纸有文、电视有影、电台有声”，被红十字会与红新月会国际联合会前主席海贝格称为“天才的创造”；三是近几年订阅《中国红十字报》、《博爱》杂志数一直在全国各省（市、区）红十字会前列，同时认真做好《江苏红十字》的编辑发行工作。不断开发社会宣传阵地资源，在公交车身、站台、福利彩票点、超市便民袋上设置红十字公益广告，其中在13个省辖市城区设置了大型户外宣传红十字会和捐献造血干细胞的公益广告牌，广告公司只收制作费。此外，江苏省红十字会组织创作发行了四首红十字歌曲（红十字颂歌、红十字工作者之歌、红十字志愿者之歌、红十字青少年之歌）录音带、VCD光盘和电视专题片等宣传品，每年的“五八”世界红十字日都举行多种形式的纪念活动。还举办了义演、义赛、义捐等多种形式的宣传活动，用富有感召力的宣传去赢得方方面面的理解和支持，增强红十字会的实力和活力，争取有利于红十字事业发展的机遇，扩大了红十字会的社会影响力。

（十一）征选“爱心大使”铸造红十字形象

为纪念中国红十字会成立一百周年，弘扬“人道、博爱、奉献”的红十字精神，提升红十字会的社会形象，争取更多的人理解和支持红十字会人道救助事业。江苏省红十字会与省精神文明建设指导委员会办公室、扬子晚报社共同举办了面向社会公开征选江苏省红十字会“爱心大使”的活动。根据群众投票推荐，产生了8名“爱心大使”，其中有企业家、书画家、国家一级演员、获得过世界冠军的运动员、著名节目主持人等。通过推荐评选，在社会上产生了强烈反响。新华社总社闻讯后，专门派出记者采访，认为江苏省红十字会此次在全国范围内征选“爱心大使”活动，意义很大，全国首创。

（十二）支援西部大开发

江苏省红十字会和苏州、盐城、南通等地红十字会帮助四川、广西、陕西、湖北、江西等省（区）建起8所“红十字博爱小学”。苏州市红十字会和四川省内江市红十字会签约缔结了友好关系，在市、县对口支援、互通信息、培训人员等方面进行友好合作，援建内江市红十字会网站建设，加大对内江市贫困学生的助学力度，加强两地红十字青少年工作和医疗卫生领域间的合作。苏州市吴中区红十字会以一个家庭认抚一个孤儿的形式资助内江资中县 49 名孤儿。昆山市红十字会每学期向内江市隆昌县捐款助学。张家港市红十字会帮助内江市威远县红十字会建立了医疗门诊部。

【显著业绩】

1991 年，江苏省红十字会抗洪救灾小组被中共江苏省委、省人民政府评为抗洪救灾先进集体。

1995 年，江苏省红十字会荣获中国红十字会总会举办的《中华人民共和国红十字会法》知识竞赛组织奖。

1997 年，江苏省红十字会荣获中国红十字会总会举办的无偿献血知识竞赛最佳组织奖。

2000 年，江苏省红十字会获得中国红十字会总会和红十字国际委员会颁发的传播工作一等奖。

2002 年，江苏省红十字会荣获国家人事部和中国红十字会总会授予的“全国红十字会系统先进集体”称号，响水县红十字会秘书长蔡丽平荣获“先进个人”称号。

2004 年，在中国红十字会与中华人民共和国民政部联合开展的社区红十字服务示范区活动中，江苏省南京市秦淮区、下关区、玄武区、白下区、建邺区、江宁区和无锡市南长区、惠山区获“全国社区红十字服务示范区”称号。

2004 年，江苏省红十字会首次组队参加了在香港举办的“两岸红十字百年精英荟萃”急救及灾难应变比赛，并荣获团体第三名（大陆地区第一名）。

2004 年，江苏省徐州市红十字会荣获中华人民共和国人事部和中国红十字会总会授予的全国红十字会系统先进集体荣誉称号。

2005 年 5 月，江苏省红十字会荣获中国红十字会总会颁发的“印度洋海啸救援最佳组织奖”。

【年度工作】

江苏省红十字会在中共江苏省委、省人民政府的领导下，在中国红十字会总会的关心指导下，发扬求真务实的作风，围绕江苏省“两个率先”的大局，以纪念中国红十字会建会百年为契机，坚持依法建会，扎实做好各项人道救助工作，热忱服务于广大人民群众，努力“替政府分忧，为群众解难”，圆满完成了2004 年的各项任务，有些工作取得了突破性的进展。

（一）积极推进依法建会，组织建设得到加强

2004 年 6 月 17 日，江苏省第十届省人大常委会第十次会议通过了《江苏省实施〈中华人民共和国红十字会法〉办法》（以下简称《实施办法》）。《实施办法》是在总结 10 年来江苏省贯彻红十字会法的成功经验和着眼于发展红十字事业的基础制定的，一方面对县级以上地方各级人民政府及有关部门保障红十字会履行职责作出了明确规定；另一方面强化了红十字会在人道救助方面的职责，具有地方特色和可操作性，为红十字会开展工作提供了法律依据和保证。《实施办法》颁布施行后，江苏省红十字会与省委宣传部、省人大教科文卫委员会、省司法厅、省政府法制办联合印发了《关于

学习宣传贯彻〈实施办法〉的通知》；与省人大教科文卫委员会共同召开了《实施办法》新闻发布会，省人大常委会和省政府领导在新闻发布会上对学习宣传贯彻《实施办法》和加大执法监督力度提出了要求。各地红十字会以座谈会、广场咨询活动、发放《实施办法》宣传手册等多种形式大力宣传《实施办法》，提高了《实施办法》的社会知晓度。

在各级党委、政府的关心、重视和支持下，全省红十字会的组织建设进一步加强。中共江苏省委书记李源潮出任省红十字会名誉会长。江苏省副省长王湛到省红十字会调研工作，对理顺红十字会管理体制和进一步做好全省红十字工作提出了指导意见。一些地方党委、政府专门听取了当地红十字会的工作汇报，提出了加强红十字工作的相关措施。中共盐城市委常委会决定，理顺所有县级红十字会管理体制，红十字会每年开展一次“博爱万人捐活动”。扬州市红十字会召开了第六次会员代表大会。中共苏州、无锡、扬州市委书记出任市红十字会名誉会长。

江苏省和各地红十字会在推进理顺管理体制和加强机关建设上取得了进展。苏州、南京和镇江市红十字会先后理顺了管理体制。江苏省红十字会在年初成立中共党组后，健全机关规章制度，增强机关干部力量，按照“三定方案”确定了一室两部内设机构，举办了全省红十字会机关干部培训班。南京市红十字会成立了党组，盐城和徐州市红十字会充实了领导班子，无锡和淮安市红十字会正逐步完善机构和配备干部。南京、盐城、徐州、苏州市红十字会办公条件有很大改善，工作经费有所增加，为红十字会开展工作创造了有利条件。

各级红十字会积极发展基层组织、会员和志愿工作者。截至2004年底，全省共有基层组织8000多个、会员250多万、志愿工作者2万多名。

（二）“办实事、庆百年”，充分发挥政府人道工作助手的作用

2004年是中国红十字会建会100周年，全省各级红十字会认真组织了以“办实事、庆百年”为主题的纪念中国红十字会成立100周年活动。江苏省红十字会通过发表吴锡军会长纪念文章、发行纪念封、发布户外公益广告、组织广场文娱宣传活动、开展义诊咨询、征选“爱心大使”、举办慈善文艺晚会、募集知名书画家作品、开展“手机捐款献爱心”等多种形式的活动，掀起了纪念宣传活动的高潮。为在“庆百年”活动中更好地帮助困难群众，省红十字会筹集570多万元资金慰问了老党员、特困教师、孤寡老人，资助了特困农民、孤儿、白血病患儿，落实了“红十字博爱送万家”等10件实事，较好地发挥了红十字会作为政府人道工作助手的作用。

各地红十字会都开展了扶贫慰问、爱心助学、医疗救助、志愿服务等形式多样的办实事活动。淮安、盐城、南通、镇江市红十字会会长发表了纪念文章或电视讲话，宣传人道主义救助工作，倡导红十字精神。南京市红十字会开展了“博爱送温暖”活动，慰问贫困农户。苏州市红十字会与电视台联合举办了“爱心拍卖”和“爱心书包”活动，通过义卖捐款帮助贫困学生和困难群众。无锡市红十字会开展了“温情共享——贫困家庭爱心援助活动”，动员社会各界向贫困家庭送去温暖和关爱。镇江、宿迁

市红十字会开展了资助残疾儿童活动。盐城、连云港市红十字会组织医疗服务队，深入贫困乡村免费为贫困农民开展义诊服务。徐州、常州市红十字会为下岗职工、孤儿、残疾人发放“红十字爱心卡”、开展“爱心联系”活动，对他们进行医疗救助。各地红十字会以救助困难群众的实际行动弘扬了“人道、博爱、奉献”的红十字精神。

（三）中国造血干细胞捐献者资料库江苏分库建设

为促进中国造血干细胞捐献者资料库江苏分库建设，江苏省及各级红十字会开展了多种形式的宣传活动，“捐髓救人、无损健康”的志愿奉献精神在社会上为越来越多的群众所接受。江苏省红十字会召开了组织配型实验室工作座谈会和中国造血干细胞捐献者资料库江苏分库工作交流会，进一步完善了工作流程，推动了全员全程质量控制和以人为本服务供者的工作，使中国造血干细胞捐献者资料库江苏分库工作更加科学化和规范化。2003 年，经中国造血干细胞捐献者资料库管理中心对两个组织配型实验室的技术考核，其质检差错率均为零。江苏分库设在江苏省人民医院 HLA 配型实验室发现并鉴定出 3 个人类白细胞抗原新等位基因，已经过美国国立卫生院基因库认证，获得了世界卫生组织 HLA 命名委员会的正式命名。江苏省编委批准成立“江苏省造血干细胞捐献者资料库管理中心”，保证了中国造血干细胞捐献者资料库江苏分库的建设。

江苏省各地红十字会积极开展动员、报名、采样工作，认真做好配型相合志愿者再动员和实现捐献志愿者的服务工作。中国造血干细胞捐献者资料库江苏分库采集血液标本和入库资料超过了原定计划，至 2004 年底，中国造血干细胞捐献者资料库江苏分库共采集血液标本 34000 多例，入库资料 21000 多例，接受医院和患者检索 225 例，有 337 名志愿者与 114 名患者 HLA 初次配型相合，其中 26 名志愿者为患者捐献了造血干细胞。

（四）推进社区红十字服务工作，创建示范区

为了推进社区红十字服务工作，江苏省红十字会与省民政厅共同转发了中国红十字会总会和中华人民共和国民政部印发的《关于开展社区红十字服务工作的通知》和《关于开展全国社区红十字服务示范活动的通知》，提出了贯彻落实的意见，成立了“江苏省社区红十字服务示范活动评审委员会”，制定了省级社区红十字服务示范区的考核标准。各地红十字会在有条件的社区设立红十字服务站，制订、健全工作制度，积极招募志愿工作者，注重发挥志愿工作者的作用，以社区服务网络为依托，因地制宜地开展爱心帮困、便民服务、健康咨询、保健护理、自助互助活动，提高了居民的生活质量，增强了社区保障功能。南通市崇川区红十字会创办了社区“博爱超市”，深受广大居民的欢迎。

南京市玄武、白下等 6 个区和无锡市南长、惠山 2 个区申报了全国社区红十字服务示范区。江苏省红十字会与省民政厅对这 8 个申报区进行了指导和检查，在无锡市南长区召开了全省社区红十字服务工作现场交流会，对以点带面推动社区红十字服务工作提出了要求。经过全国评审组考评，全国共有 28 市（区）获得“全国社区红十字服务示范（市）区”称号，江苏省 8 个申报区受到表彰。目前，全省有 46 个城区开展了社

区红十字服务工作，有21个城区开展了创建红十字服务示范区活动，建立了700多个社区红十字服务站，有47000多名社区志愿工作者开展了各种形式的服务活动。

（五）依法履行职责，其他各项业务工作也取得进展

江苏省各级红十字会积极宣传和筹资工作，扩大红十字会的知晓度，增强人道救助实力，全年投入社会救助资金960多万元、物资价值1000万元，其中全省红十字会系统募集资金870多万元、物资价值730多万元，促进了各项业务工作的开展。

1. 备灾救灾工作。2004年6、7月间，江苏省部分地区遭受强烈的龙卷风、冰雹和大暴雨的袭击。灾害发生后，江苏省红十字会多方募集救灾款106万元、救灾物资价值165万元救助灾民。各地红十字会在救灾工作中深入灾区，考察灾情，慰问灾民，及时发放救灾物资，为帮助灾区群众渡过难关做出了贡献。

2. 救护培训工作。江苏省红十字会举办了12期救护师资培训班，聘请专家讲课，严把考评考核关，392名合格学员颁发了全国统一的“救护培训师资证”。各地红十字会认真开展对机动车驾驶员的救护培训，拓展救护培训新的行业，全年对50万人次进行了初级救护培训。南京市红十字会组织7名救护员代表江苏省赴香港参加了“两岸红十字百周年急救及灾难应变精英荟萃比赛”，在12个参赛组中，江苏省参赛组获得第三名，居内地各参赛组首位。

3. 无偿献血和预防艾滋病宣传工作。在世界首个无偿献血日期间，江苏省和各地红十字会配合有关部门和单位举行了大型宣传活动，倡议无偿献血。在全国无偿献血表彰大会上，江苏省又有173人分别获得全国无偿献血奉献奖的金、银、铜奖，2个单位和3位个人获得无偿献血促进奖。在世界艾滋病日，江苏省红十字会积极开展宣传咨询活动，组织志愿工作者在街头和广场发放宣传资料1万余份。南京、镇江等市红十字会以高等院校为重点，在校园内以板报、宣传栏、讲座、万人签名等形式，开展预防艾滋病的宣传活动。常州、连云港等市红十字会协助市疾控中心免费为市民进行艾滋病检测。

4. 红十字青少年工作。江苏省红十字会与省教育厅联合转发了中国红十字会总会与中华人民共和国教育部印发的《关于进一步推进红十字青少年工作的意见》，要求各地把学校红十字会工作与实施素质教育有机结合起来，引导广大青少年树立扶危济困、助人为乐的精神。各地认真贯彻《意见》精神和《学校红十字会工作规则》，组织开展夏令营、知识竞赛、初级救护培训、敬老助残等红十字青少年活动。常州市红十字会召开了红十字青少年工作现场交流会，总结推广创建红十字青少年活动基地的经验。徐州市红十字会开展了“成长加油站——青少年社区大课堂”和“红十字杯”青少年征文活动。扬州市红十字会举办了市区中学“红十字手抄报”比赛。盐城市教育系统红十字会制订了“盐城市创建红十字示范学校标准”，推动了学校红十字会工作。

5. 国际和港澳台工作。省、市红十字会接待了德国勃莱登堡州红十字会、美国旧金山湾区红十字会、日本国红十字会代表团，组团或派员出访了美国、德国、芬兰、葡萄牙等国和香港、澳门、台湾地区，增进了与有关国家红十字会、港澳特区红十字会

和台湾红十字组织的友谊与合作。南京、苏州和南通三市红十字会分别与德国勃莱登堡州下属的三个地区红十字会建立了友好合作关系。

（六）开展赈灾募捐，援助海啸灾区

2004 年底，印度洋发生强烈地震并引发海啸，给东南亚、南亚和非洲等一些国家造成大量人员伤亡和经济损失。灾情引起国际社会普遍关注，也牵动着我国广大民众的心。根据中国红十字会总会赈灾募捐倡议，在中共江苏省委、省人民政府办公厅的关心、支持下，江苏全省红十字会系统主动服务、规范管理，采取多种形式开展募捐。截至 2005 年 5 月底，全省各级红十字会共募集捐款 3012 万多元，有力地支持了国际赈灾救援工作。

中共江苏省委书记、省人大常委会主任李源潮，省长梁保华、省政协主席许仲林等省领导和许多地方的四套班子领导带头捐款，促进了募捐活动的顺利开展。社会各界和广大群众纷纷献出爱心，慷慨解囊，涌现出许多感人事迹。苏州市红十字会系统接受社会捐款 700 多万元。无锡市红十字会与市文明办等部门共同开展的“救助海啸灾区、无锡人道万人捐”活动，社会影响较大。通过募捐，人们在电视屏幕、报纸和街头都能看见红十字标志，红十字会的公益形象在社会上得到了充分的展现。

（江建宁）

附录：

江苏省实施《中华人民共和国红十字会法》办法

（2004 年 6 月 17 日江苏省第十届人民代表大会常务委员会第十次会议通过）

第一条 为弘扬人道主义精神，保护人的生命和健康，促进和平进步事业，根据《中华人民共和国红十字会法》，结合本省实际，制定本办法。

第二条 省、市、县（市、区）按照行政区域建立的红十字会是中国红十字会的地方组织，是从事人道主义工作的社会救助团体，依法取得社会团体法人资格，独立自主地开展工作。

第三条 县级以上地方红十字会的工作机构根据需要配备专职工作人员。

乡镇、街道、企业事业单位等根据需要可以建立红十字会基层组织，并配备专职或者兼职工作人员。

上级红十字会指导下级红十字会的工作。地方红十字会指导所在行政区域内行业红十字会和基层红十字会的工作。

第四条 县级以上地方各级人民政府联系同级红十字会的工作，将红十字事业纳入国民经济和社会专项发展规划，对本地区红十字会给予支持、资助和监督，提供必要的工作条件，保障红十字会依法履行职责。红十字会应当协助同级人民政府开展与其职责有关的活动。

政府有关部门应当在各自职责范围内为红十字会开展工作创造条件。基层红十字会所在的行业和单位应当为其开展工作给予支持。

第五条 对在人道主义救助工作中做出突出贡献的单位和个人，县级以上地方各级人民政府或者红十字会应当给予表彰、奖励。

第六条 凡承认《中国红十字会章程》并缴纳会费的单位和公民可以自愿申请参加红十字会，成为红十字会团体会员或者个人会员。

第七条 各级红十字会可以成立红十字志愿工作者组织，吸收自愿为红十字会工作的社会各界人士为志愿工作者，协助红十字会开展工作。

第八条 县级以上地方红十字会会员代表大会每五年召开一次。

县级以上地方红十字会理事会由会员代表大会民主选举产生。理事会民主选举产生会长和副会长，根据会长提名决定秘书长。

县级以上地方红十字会理事会可以聘请名誉会长、名誉副会长。

会员代表大会闭会期间，由理事会执行会员代表大会决议。理事会向会员代表大会负责报告工作，接受其监督。

第九条 各级红十字会应当开展救灾准备工作，管理红十字会的备灾救灾设施，筹措、储备救灾救助款物；制定备灾救灾和对突发事件救助的预案，征募、培训从事救助工作的人员，建立红十字会系统的备灾救灾网络。

在自然灾害和突发事件中，各级红十字会应当在政府的统一协调下，协助卫生、民政等部门对伤病人员和其他受害者进行救护、救助，协助政府开展灾后重建工作。

第十条 各级红十字会应当制定本地区群众性初级卫生救护培训计划，在社区以及容易发生意外伤害的行业中，结合安全生产、职业培训、卫生保健，对有关人员开展初级救护技能培训，普及卫生救护知识，提高其自救互救能力。

第十一条 各级红十字会应当开展捐献造血干细胞的宣传、发动、组织工作。省红十字会负责管理中国造血干细胞捐献者资料库江苏省分库，制定相应的管理制度。

各级红十字会应当依法参与、推动无偿献血工作；配合有关部门开展人体器官、遗体捐献的宣传、组织工作；参与艾滋病防治的宣传、教育及关怀艾滋病患者和感染者的工作。

第十二条 各级红十字会应当协助当地政府和有关部门开展社区服务，在社区中建立红十字会服务站，组织红十字会会员和志愿工作者为社区中的孤寡、残疾人员等提供人道主义服务。

第十三条 各级红十字会应当与教育部门配合，将学校红十字会工作与学生素质教育、健康教育相结合，根据青少年的特点，开展体现红十字人道主义精神的教育和实践活动。

第十四条 省、市红十字会根据独立、平等、互相尊重的原则，发展同国外地方红十字会和红新月会的友好往来和合作关系。

省、市红十字会可以开展与香港、澳门特别行政区红十字会和台湾地区红十字组织的合作与交流。

各级红十字会应当协助有关部门开展失散亲属人员的寻亲工作。

第十五条 红十字会使用白底红十字标志。红十字标志的使用范围和办法依照《中华人民共和国红十字标志使用办法》的规定执行。地方各级红十字会应当协助本级人民政府对红十字标志的使用实施日常监督管理。

任何组织和个人不得滥用红十字标志。对误用、滥用红十字标志的，红十字会有权要求其停止使用，并可以提请县级以上地方各级人民政府及其有关部门在各自职责范围内依法处理。

第十六条 红十字会经费的主要来源是：

（一）红十字会会员缴纳的会费；

（二）接受国内外组织和个人的捐赠；

（三）红十字会的动产和不动产收入；

（四）人民政府的拨款。

县级以上地方红十字会的专职工作人员经费和日常公用经费列入同级财政预算予以保证；所需专项经费由同级人民政府根据实际情况确定。

政府有关部门根据需要，从彩票公益金中安排一部分资金用于支持红十字会的社会救助事业。

第十七条 各级红十字会可以开展救灾救助募捐活动，可以采取义演、义卖及举办大型活动等形式进行募捐；可以在机场、车站、宾馆、商场、银行、公园、货币兑换处等公共场所设置红十字募捐箱；可以设立用于救灾救助的物资募集接收点。

县级以上地方红十字会可以依照国家有关规定设立红十字会备灾救助基金，接受国内外组织和个人向红十字会的捐赠，用于发展红十字救助事业。

第十八条 红十字会接受国内外捐赠的款物应当用于社会救助、公益事业和红十字事业。

红十字会有权处分其接受的捐赠款物。红十字会在处分捐赠款物时，应当尊重捐赠者的意愿，并接受捐赠者的监督。对不适宜救灾、救助的物资，经捐赠者同意，可以调剂为适合救灾救助的款物。属定向捐赠的款物，调剂后仍用于原救助对象。

救灾救助工作结束后剩余的款物，根据其来源，在征得捐赠者同意后，可以用于灾区恢复重建或者转为红十字会备灾之用。

各级红十字会在处分上级红十字会下拨的捐赠款物时，需要调剂救灾救助物资或者需要处分剩余款物的，应当征得捐赠者同意并报请上级红十字会批准。

第十九条 县级以上地方红十字会应当建立经费审查报告制度，并接受同级人民政府有关行政管理部门的审查监督。对会费和接收捐赠的款物应当分别设置专项账户。救灾、救助经费的使用情况，应当每年向理事会报告，并向同级人民政府通报，同时向社会公布，接受捐赠者的监督。

第二十条 县级以上地方红十字会配备的标有红十字标志的救灾救助救护专用交通工具，经省交通主管部门核定，可以办理养路费减免手续。

在自然灾害和突发事件中，对执行救灾救助救护任务并标有红十字标志的交通工具给予优先通行，并由省交通主管部门按照规定办理车辆通行费减免手续。

执行人道主义救助任务的红十字会人员有优先使用公共交通运输工具的权利。

第二十一条 广播、电视、报刊等新闻媒体和有关文化单位应当宣传有关红十字事业的法律、法规，为红十字会发布公益广告。

第二十二条 自然人、法人或其他组织通过红十字会向社会公益事业、灾区及贫困地区捐赠款物，按照国家有关规定享受减免税优惠待遇。

第二十三条　红十字会接受国内外援助或者捐赠用于救助和公益事业的物资、设备，公安、海关、税务、进出口检验检疫、铁路、民航等部门应当按照国家规定优先办理有关手续，并依法给予减免税和按照有关规定减免相关费用。

第二十四条　各级红十字会兴办的与其宗旨相符的社会公益事业，地方各级人民政府及有关部门应当给予扶持。

第二十五条　红十字会取得的合法收入以及其他资产受法律保护，任何组织和个人不得侵占、挪用。对侵占、挪用红十字会经费、财产以及捐赠款物的，依照有关法律、法规的规定处理。

不按照规定处分红十字会分发的救灾救助款物的，红十字会应当通报当地人民政府及有关部门。有关负责人和责任人员应当承担相应的责任。

第二十六条　任何组织和个人不得拒绝、阻碍红十字会工作人员依法履行职责。

在自然灾害和突发事件中，阻碍红十字会工作人员依法履行职责的，依法给予治安管理处罚；构成犯罪的，依法追究刑事责任。

第二十七条　红十字会工作人员应当具有良好的职业道德，热爱红十字事业，模范遵守《中华人民共和国红十字会法》和其他法律、法规，依法履行职责。

第二十八条　红十字会工作人员在履行职务中，玩忽职守、滥用职权、徇私舞弊、索贿受贿、贪污挪用救灾救助款物，构成犯罪的，依法追究刑事责任；尚不构成犯罪的，依法给予行政处分。

第二十九条　本办法自2004年8月1日起施行。

浙江省红十字会

【历史沿革】

浙江省于1924年建立红十字会组织。新中国建立后，省红十字会从小范围的社会救助，扩大到民间外事活动和群众性卫生救护工作。

1964年6月24日至26日浙江省红十字会在杭州召开了第一次会员代表大会，选举产生了第一届理事会，李兰炎当选为会长。文革期间红十字会停止活动。1984年，经浙江省人民政府批准，省红十字会重新恢复机构，产生了第二届理事会，李德葆任会长。1990年产生了第三届理事会，厉裔华任会长。

1993年10月《中华人民共和国红十字会法》和1996年1月《中华人民共和国红十字标志使用办法》及1997年9月《浙江省实施〈中华人民共和国红十字会法〉办法》的颁布实施，使浙江省红十字事业的发展走上了法制化建设的道路。

2000年1月，浙江省红十字会第四次会员代表大会召开，选举产生了以浙江省副省长鲁松庭为会长的第四届理事会。2004年4月，中共浙江省委决定建立浙江省红十字会党组，并任命张国强为党组书记（正厅级）。2005年6月，浙江省红十字会召开四届常务理事会议，选举张国强为副会长。

【组织机构】

目前，浙江省、市、县三级红十字会组

织网络体系基本形成，全省有 11 个省辖市、88 个县（市、区）建立了红十字会组织，全省有县以下基层组织 1875 个、团体会员单位 2396 个；全省红十字会员 69.9 万（其中青少年会员 32.8 万、成人会员 37.1 万）；红十字志愿者近万人。

浙江省红十字会于 2002 年 1 月理顺管理体制，明确由省卫生厅代管改为由省政府领导联系，列行政编制 10 名，内设办公室，定处级职数 4 名。2005 年省编委下发文件，为省红十字会增设赈济救护处，增加 1 名处级职数。省红十字会下辖一个事业单位——浙江省红十字会备灾救灾中心，该中心与中国红十字会杭州备灾救灾中心为两块牌子一套班子，现有事业编制 15 名，实际工作人员 8 人。

目前，浙江省理顺管理体制的还有杭州市、宁波市、温州市和县级市瑞安市，其他市、县红十字会基本上挂靠在卫生局。

【相关法规】

1997 年 9 月 1 日，浙江省第八届人民代表大会常务委员会第三十九次会议通过《浙江省实施〈中华人民共和国红十字会法〉办法》。

【大型项目】

（一）跨越国际的爱——海啸募捐

2004 年 12 月 26 日，印度洋地区发生强烈地震并引发海啸，给亚洲部分国家和人民带来了严重的灾难。12 月 31 日，浙江省红十字会收到中国红十字会总会发出的援助印度洋地震及海啸灾区的紧急呼吁书。省红十字会党组书记、副会长张国强当即召开党组扩大会议，迅速形成三条决议：立即向各地红十字会转发总会的紧急呼吁书；立即通过新闻媒体刊登公布接收捐赠专用账户和热线电话；立即在浙江省红十字会网站刊登呼吁书和捐赠办法等相关信息。

经过艰苦细致的工作，全省红十字会系统累计募集捐款逾 1600 万元，列全国第五位，给印度洋灾区送去了浙江人民的一份关爱之心。

（二）红十字博爱送万家

自 2000 年以来，浙江省红十字会连续 6 年开展“红十字博爱送万家”活动，共发放了总计价值 1000 多万元的救助款物，在社会上产生了良好的影响，受到群众的广泛赞誉。

（三）抗击“非典”

2003 年上半年，全国范围内发生了“非典”疫情，给广大人民群众身体健康和生命安全带来极大的威胁。面对突如其来的灾难，浙江省红十字会按照省委、省政府的统一部署，积极投入抗击“非典”斗争。经全省各级红十字会上下动员，共同努力，募集了 1700 多万元的救助款物，其中省红十字会直接接受社会捐赠款物价值 675.863 万元，全部用于抗击“非典”一线，有效地支持和配合我省各地抗击“非典”工作，在协助政府应对突发性公共卫生事件方面发挥了重要作用，受到政府和社会各界的好评。

【主要特色】

（一）积极探索人道救助的新路子

积极开展人道领域的救助活动，致力于改善最易受损群体的生活境况，一直是浙江省红十字会工作的着力点。省红十字会把深入山区、海岛和社区开展人道救助服务列为重要工作之一。

一些市、县红十字会积极探索人道救助的新路子、新举措，深入贫困山区、海岛、特困家庭开展服务，与他们帮扶结对，开展对弱势群体的救助活动，帮助他们解决生活中的困难。温岭市红十字会整体推进农村社区服务工作，探索出红十字救助和农村社区服务相结合的社区红十字服务新模式，2005年3月，该市荣膺全国社区红十字服务示范市；舟山成立海岛红十字巡回医疗队，深入渔村、农村和偏远小岛免费为群众提供医疗服务。2005年3月以来，医疗队巡回各个小岛，为当地群众免费健康体检、医疗服务近2000人次，免费发放药品价值约5万余元；滨江区长河街道天官社区红十字卫生站收治10余名精神障碍特殊群众，给予他们无微不至的人道关怀，深受当地政府和群众好评。此外，湖州碧浪苑社区卫生服务站，大力开展爱心服务项目，社会效益和经济效益双丰收。

（二）两个工作委员会

浙江省红十字会先后于2000年7月和2000年10月成立省级医疗卫生工作委员会和高校红十字工作委员会，现分别有31个和25个成员单位。

近年来，浙江省各医疗卫生团体会员单位积极开展符合红十字会宗旨的救死扶伤工作，为保护人民群众的生命和健康做出了努力和贡献。在每年“五八”活动中，医工委各团体会员单位都积极开展纪念活动，在医院张挂横幅，并参加省市红十字会举办的纪念庆祝活动，组织义诊便民服务。在2004年台风“云娜”救灾工作中，医工委募集了94383.38元善款，3.3万元的物品。各会员单位全年缴纳会费10余万元。2005年4月，医工委召开工作会议，提出了“每一个单位都有一个红十字工作的品牌”的工作目标，积极开创红十字工作新局面。

各高校红十字会积极宣传贯彻红十字会法，依法履行职责，同时根据“学校规则”的要求，结合学校德育和素质教育，开展有益于青少年身心健康的活动。各高校红十字会都积极开展了红十字会法专题讲座、知识竞赛、为民服务、无偿献血、捐献造血干细胞等活动。在2004年台风“云娜”救灾工作中，高校工委共募集了199331.33元善款。

【显著业绩】

五年来，通过各级红十字会专、兼职干部的努力，浙江省红十字会系统涌现出了一批先进集体和先进个人。

常山县和瑞安市红十字会先后被评为“全国红十字会系统先进集体”；温岭市于2005年初被评为全国社区红十字服务示范市，受到总会和民政部联合表彰；乐清市红十字会干部一人被评为全国红十字会系统先进个人；省红十字会干部二人分别在2003年抗击“非典”和2004年“云娜”抗台救灾工作中被省政府评为先进个人；2005年5月，浙江省红十字会荣获中国红十字会总会颁发的“印度洋海啸救援最佳组织奖”。

【年度工作】

2004年至2005年上半年，在中共浙江省委、省人民政府的领导下，在中国红十字会总会的指导下，浙江省各级红十字会坚持以省红十字会成立80周年和中国红十字会“八大”为契机，深入宣传贯彻红十字会法，积极发挥传统优势，拓展新的工作领域，在备灾救灾、救护培训、造血干细胞捐献者资料库建设等工作领域取得了显著进展。特别是省红十字会成立党组后，积极开展机关效能建设，树立“团结、敬业、规范、创新”的新会风，各项工作打开了新的局面。

（一）学习宣传贯彻“八大”精神，加强自身建设和组织队伍建设，理顺管理体制有新进展

1. 学习宣传贯彻“八大”精神。2004年10月底，中国红十字会第八次全国会员代表大会在北京召开。浙江省14人组成代表团参加了这次大会。鲁松庭、张国强、陈重华3人当选为中国红十字会第八届理事会理事。瑞安市被评为全国红十字会系统先进集体，在大会上受到表彰。这次大会是中国红十字会在新世纪新阶段召开的一次重要会议。会后，省红十字会通过召开建会80周年座谈会、办宣传展板等多种途径，学习宣传贯彻“八大”精神，各级红十字会掀起了学习会议文件精神的热潮。在12月召开的省红十字会建会80周年座谈会上，省红十字会领导向大家介绍了“八大”会议概况，传达了“八大”精神和中央领导的讲话精神。各市红十字会会长畅谈了参加“八大”的感受，纷纷表示要努力推动当地红十字会理顺管理体制的工作，切实做好各项业务工作，共同把全省的红十字事业推向前进。有些市还有针对性地提出了开展下一步工作的具体措施。

2. 自身建设和组织队伍建设。2004年4月，中共浙江省红十字会党组成立后，根据中共浙江省委、省政府的统一部署，狠抓机关效能建设，成立了“机关效能建设领导小组”和“机关效能建设监察投诉中心”，制定了《浙江省红十字会机关效能建设工作实施方案》。机关工作作风由此焕然一新，并逐渐树立起“团结、敬业、规范、创新”的新会风。特别是在2004年14号台风救灾等行动中，全体工作人员加班加点，团结一致，忘我工作，充分发扬了“人道、博爱、奉献”的红十字精神。

2004年，省红十字会还加强了硬件设施建设。4月，省红十字会培训综合楼竣工并投入使用。培训综合楼的建成，不仅改善了机关的工作环境和办公条件，也为今后开展各类培训创造了良好的条件，成为浙江省红十字会系统的培训基地。

2005年3月，浙江省红十字会机关人员分成4个小组，进行了为期半个月的基层组织调研，走访了全省11个地级市和21个县（市、区）共32个红十字会，召开了近30次座谈会，走访了10多个基层典型，访谈人数达300多人。调研采用一般调查和重点调研相结合、座谈了解和个别访谈相结合、查看资料和实地考察相结合、了解工作情况和掌握思想状态相结合的办法，了解掌握了基层实情，帮助基层总结和完善了典型经验，及时传达和贯彻了中国红十字会“八大”精神及厦门工作会议精神和国务院办公厅《关于进一步加强红十字会工作的意见》的精神，鼓舞了全省红十字系统干部的士气，激发了事业心，振奋了精神。

浙江省红十字会还十分重视加强组织队伍建设，大力推进红十字青少年工作。2004年9月，省红十字会和省教育厅联合下发了《关于进一步加强学校红十字会工作的意见》，有力地推动了学校红十字会的工作。各学校红十字会积极开展形式多样、丰富多彩的活动，浙江大学、浙江理工大学、杭州电子科技大学是团体会员单位，他们开展了评比“十佳红十字会员”等活动。浙江海洋学院组织健全，定期召开理事会，建立了红十字会网页，建立了红十字基金，救助特困学生，还有义工、志愿者服务基地等。浙

江大学、杭州电子科技大学、浙江理工大学先后成立了学生工作委员会和学生公寓红十字会分会，发展壮大红十字青少年队伍，使学校红十字会的工作与学校的德育教育相结合，与团委、学生会工作相结合，与学校卫生保健工作相结合，不断完善高校红十字会组织队伍建设，在广大高校学子中弘扬和传播了“人道、博爱、奉献”的红十字精神。

萧山教育系统红十字会大力发展红十字组织，该市有143个团体会员单位，会员人数达13万。学校红十字会根据红十字青少年的年龄特点和身心健康发展的需要，开展了扶贫济困、卫生救护技术比赛、师生会员夏令营、评选“十佳”红十字青少年等丰富多彩的活动，寓教于乐，在青少年学生中传播了红十字会法和红十字精神。

3. 理顺管理体制。依照红十字会法的要求及中国红十字会“八大”精神，省红十字会积极推动各地理顺管理体制工作，多次与温州、瑞安、宁波等市联系，争取当地党委和政府的支持。经过多方努力，2004年瑞安市和温州市红十字会相继理顺了管理体制。2005年4月，宁波市红十字会也理顺了管理体制。

（二）做好备灾救灾工作，救助实力明显增强

备灾救灾工作是红十字会法赋予红十字会的重要职责，是红十字会工作人员的首要任务，也是扩大红十字会影响，发展红十字会力量的有效途径。2004年，全省共募集款物3550.6万元，其中，省红十字会直接募集款物1389.99万元，在抗台风救灾等工作中发挥了重要作用。

2004年，第14号台风“云娜”在温岭市石塘镇登陆。台风袭击了台州、温州等地区，造成164人不幸遇难，失踪24人，受灾人口达1299万人，直接经济损失达181.28亿元。

浙江省红十字会紧急调拨首批价值60余万元的救灾物资在第一时间送往灾区，为灾区人民送去了红十字会的关爱，缓解了部分灾民的燃眉之急。

浙江省红十字会还在全省开展了主题为“捐一元善款，为灾民解难”的劝募活动，并在《浙江日报》发出募捐倡议书，募集款物。全省红十字系统先后接受社会各界捐赠款物总价值1300余万元，并陆续送往灾区，支援灾区人民恢复生产，重建家园。

浙江省红十字会副会长张国强率全体机关工作人员积极响应中共浙江省委、省政府的号召，主动为灾区人民捐款5400元人民币，会长鲁松庭也捐款1000元人民币。

在2005年5号台风“海棠”防御工作中，浙江省红十字会根据中共浙江省委、省政府的全面部署，紧急启动预警系统，明确分工，责任到人，全面落实制定救灾预案、收集台风信息、筹备募捐、采购救灾物资等抗台防洪备灾救灾各项工作，并向各市红十字会发出《关于积极开展抗台防洪备灾救灾工作的通知》。全省红十字系统做到了人员、物资、资金“三到位”和信息报送、灾情传递、救灾行动“三及时”，充分发挥了红十字会在人道救助领域的政府助手作用。省红十字会还从各地紧急调拨132万元的救灾款物，支援遭受台风“海棠”袭击的灾区人民重建家园。全省红十字系统共筹集款物近150万元用于救灾。

在开展备灾自救的同时，浙江省红十字会还充分发扬了“一方有难、八方支援”的人道主义精神，向兄弟省市捐赠款物。

2004 年 9 月，在浙江省刚刚遭受 14 号台风袭击的情况下，省红十字会向四川、重庆暴雨灾区捐赠了价值 30 万元的物资。2005 年，浙江省红十字会先后向新疆、广西等灾区捐赠款物 346000 元和 214780 元，受到中国红十字会总会的表扬及兄弟省市红十字会的好评。

在灾害面前，浙江省红十字会应对突发事件的能力有了明显增强。2004 年 12 月底，印度洋地震及海啸灾害发生后，中国红十字会在 12 月 30 日发出为海啸受灾地区捐款的呼吁。省红十字会立即召开会议，于次日发出倡议，成为全国第一批发出呼吁的省份之一，并于元旦在新闻媒体和网站上公布募捐账号，从而取得了主动权。元月 3 日，中央电视台第一批救灾新闻中，就报道了浙省红十字会的募捐工作。短短一个月之内，全省红十字会系统为海啸灾区募集的捐款共计 1380 多万元，创下了浙江省红十字会有史以来募捐人民币的最高记录。

为了进一步取得工作主动权，省红十字会还主动和会员单位、知名企业及社会名流联络，广交朋友，已初见成效。2004 年 11 月，浙江省红十字会和西泠书画院联合举行了书画笔会，在书画家中扩大了红十字会的影响力。2005 年初海啸救灾募捐时，书画家们通过义卖方式为省红十字会募集了 20 多万元。浙江省知名企业中天集团一次性捐款 50 多万元。

（三）各项人道领域工作不断推进

1. 社区红十字服务。浙江省红十字会把社区服务列为重要工作之一。目前，全省已建立 85 个街道红十字会，206 个社区红十字服务站，社区志愿者 6471 人。一些市、县红十字会积极探索社区红十字服务的新路子、新举措，深入特困家庭开展服务，与他们帮扶结对，开展对弱势群体的救助活动，帮助他们解决生活中的困难。温岭市红十字会整体推进农村社区服务工作，探索出红十字救助和农村社区服务相结合的社区红十字服务新模式。2004 年上半年，在温岭市召开了社区红十字经验交流会。2004 年 11 月，温岭市通过了中国红十字会总会专家组红十字社区服务示范区的评审。2005 年 3 月，温岭市成为全国 6 个红十字服务示范市之一，受到表彰。

2. 卫生救护培训。2004 年，浙江省红十字会举办了 4 期救护师资培训班，共培训了来自全省各市、县红十字会的专兼职干部、团体会员单位、高校红十字会的 128 名学员，大大充实了浙江省的救护师资力量。据统计，2000 至 2004 年，浙江省已培训师资骨干 1592 人，红十字救护员约 30 万人次。

2004 年，浙江省红十字会还受中国红十字会总会委托，在杭州市举办了 6 期“中国红十字会彩票公益金项目华东地区救护师资培训班”。培训了来自上海、江苏、福建、江西、安徽、浙江及新疆等省、区、市的 192 名学员。

3. “红十字博爱送万家”活动。2004 年 1 月，浙江省红十字会根据中国红十字会总会的要求，开展了第五次“红十字博爱送万家”活动，发放了总价值 122.9 万元的救助款物。各地红十字会也纷纷行动，开展各种形式的送温暖活动，帮助全省老少边穷地区的困难群众过一个欢乐、祥和的春节。

4. 造血干细胞捐献者资料库建设。浙江省红十字会设有中国造血干细胞捐献者资料库浙江分库。各地的捐献者服务中心设在当地的红十字会。浙江分库于2001年建成，截至2005年6月底，已有7000多人报名，4300多名捐献者的配型资料入库。先后有章焱、汪建银、刘芸、庞佳等4人捐献了造血干细胞。

5. 无偿献血工作。2004年，浙江省各级红十字会依据红十字会法和献血法，进一步开展了无偿献血的宣传、动员工作，并配合卫生行政部门做好无偿献血先进单位、先进个人的表彰评选工作。2004年，全省有49.5万人次参加了无偿献血，实现无偿献血占临床用血的100%的目标。2004年10月，在北京召开的“2001至2003年度全国无偿献血表彰大会”上，浙江省共有32名个人获得无偿献血奉献奖金奖、24人获得银奖、82人获得铜奖；杭州电子工业学院等8个单位及周红英、陈德荣两位个人获得无偿献血促进奖；丽水市和宁波市获得无偿献血先进省市奖；武警浙江省总队获得无偿献血先进部队称号。

6. 遗体捐献登记工作。目前，浙江省已有200多人进行了遗体捐献登记，实现捐献10余例。2004年9月，宁波市出台了《遗体捐献登记接受机构工作规范》，并公布了遗体捐献的11家登记机构和两家接收机构。当地遗体捐献工作在全省率先进入实质性操作阶段。

此外，嘉兴市红十字会也积极开展了遗体捐献登记工作，以嘉兴学院医学院为遗体捐献接收机构。通过宣传发动，至今已有35人办理了报名登记手续，并为5位过世的登记者办理了捐献手续。同时嘉兴市红十字会还为捐献者举办了简朴的告别仪式，获得良好的社会反响。

（四）拓宽渠道，加强宣传，努力扩大红十字会的影响力

1. 借助媒体力量，寓宣传于活动。2004年至2005年省红十字会精心组织了不少大的活动，借以造势扩大影响力。如：“五八”世界红十字日活动、“云娜”台风捐助活动、省红十字会建会80周年书画笔会、座谈会、三名造血干细胞捐献者的宣传活动、“海啸”募捐等等。2004年，省红十字会为救助台风灾区，首次在《浙江日报》刊登劝募书，也起到了很好的效果。特别是2005年“海啸”募捐和“五八”世界红十字日活动，因为活动紧扣热点，各大新闻媒体竞相报道。

每次活动都邀请省市新闻媒体参与报道，使社会各界从这些活动中了解红十字会，从而关心支持红十字会。对一些特别重大的活动，都请省领导和鲁会长亲自参加，借以不断扩大影响。2004年，省级新闻媒体报道省红十字会各项活动有60多台次，滚动播出180多次，报刊刊登消息、采访近30篇次，有力地支持了我会的宣传工作。

2. 办好内部报纸及《中国红十字报》浙江专版。《浙江红十字》内部报纸是省红十字会的直属宣传阵地，全年发行量近6万份，完成宣传报道50余篇，近80000字，刊登照片70幅、组稿近80篇。2004年编辑了“纪念建会八十周年专刊”和“‘云娜’救灾专版”、《红十字会法》知识竞赛专版以及宣传捐献造血干细胞、预防艾滋病等知识内容的版面。2005年4月和5月，配合“五八”世界红十字字纪念活动，围绕“自救互救——红十字在行动”的主题分别编辑了“现场救护专刊”和“纪念活动专刊”。《浙江红十字》报除了向市、县红十字会发行外，还专门向省委、省人大、

省政府、省政协领导及各省直单位等邮寄，扩大了影响力。

2004 年坚持继续在《中国红十字报》开设浙江专版。全年共组织了 12 期专版。发行量为 70 万份左右。平均每期为专版写稿、组稿 6000 字左右，6 到 8 幅照片。12 期共约 7 万字，近 70 幅照片，受到总会报刊社的认可和好评。省红十字会获得 2003—2004 年度中国红十字会报刊工作先进单位称号。

3. 建设网站，制作展板，开辟宣传领域新阵地。2004 年 8 月，省红十字会网站正式开通，经过几个月时间，已经在“云娜”台风、印度洋海啸灾难中发挥了重大作用，通过网络报名捐献造血干细胞的人也越来越多。并成为全国红十字会系统中少数几个有专人随时更新维护的网站之一，得到了广泛的欢迎和好评。

此外，省红十字会还制作做了一批宣传展板，并不断更新内容，借以宣传红十字精神，宣传全国“八大”精神，宣传我省救灾救助动态，取得了很好的社会效益。年底之前，还设计了以红十字为题材的精美挂历和贺年明信片，既是馈赠佳品，又是极好的宣传品。多渠道、多领域的宣传使我省红十字会的影响力大大提高。

（五）国内外交往和对台服务

2004 年，党组书记、副会长张国强同志赴芬兰、葡萄牙访问。李玉林秘书长率队组团（14 人）出访了澳大利亚、新西兰。红十字国际委员会代表来到宁波，为总会举行的查人工作培训班授课。通过一系列的双边交流，促进了我省与国外红十字会组织的相互了解，学习了先进经验，增进了友谊，扩大了我会的国际影响力。

2004 年省红十字会还接待了上海、北京、澳门、香港等兄弟地区红十字会的访问，走访了北京市红十字会，促进了各方友好合作关系的发展，也争取到了部分救灾援助。8 月 20 日，在“云娜”台风灾害发生后，上海市红十字会专程向省红十字会送来了价值 30 万元的救灾款物。8 月 26 日，澳门红十字会通过总会向省红十字会捐款 20 万元人民币，由总会为受灾群众购买了大米和夹克衫运送到乐清泥石流灾区。澳门红十字会主席黄如楷一行还亲自赶赴乐清，深入一线，考察灾情，慰问灾民。2005 年初，又追加捐赠了总计价值 8.9 万元的面包车和棉被，充分体现了澳门同胞的深情厚谊。

全省的查人转信工作也有了新的进展。2004 年 11 月，省红十字会工作人员参加了总会在宁波举行的查人工作培训班，并作为少数几个成绩突出的省份之一介绍了先进经验。全年帮助查人 35 件，转递红十字通讯 50 件。

2004 年 9 月，省红十字会接待了中国红十字会会长彭珮云同志的莅临视察。她参观了省红十字会崭新的办公楼，听取了有关情况的汇报，充分肯定了浙江省红十字事业四年多来取得的进步和成绩，并为党组成立以来开创的新局面感到由衷的高兴，同时对我省红十字会工作的未来发展提出了殷切期望。

（王剑波、张孚传）

附录:

浙江省实施《中华人民共和国红十字会法》办法

(1997年9月1日浙江省第八届人民代表大会常务委员会第三十九次会议通过)

第一条 为了保护人的生命和健康，发扬人道主义精神，促进社会发展与和平进步事业，根据《中华人民共和国红十字会法》，结合本省实际，制定本办法。

第二条 本省县级以上按行政区域建立的红十字会，是中国红十字会的地方组织，是从事人道主义工作的社会救助团体，依法取得社会团体法人资格，设置工作机构，配备专职工作人员，依照《中国红十字会章程》独立自主地开展工作。

全省性行业根据需要可以建立行业红十字会，配备专职或兼职工作人员。

街道、乡(镇)、机关、团体、学校、企业、事业单位根据需要，可以依照《中国红十字会章程》建立红十字会的基层组织。

上级红十字会指导下级红十字会的工作。县级以上地方红十字会指导所在行政区域行业红十字会和基层红十字会的工作。

第三条 人民政府对红十字会给予支持和资助，保障红十字会依法履行职责，并对其活动进行监督；红十字会协助人民政府开展与其职责有关的活动。

全社会都应当关心和支持红十字事业。

第四条 本省公民和单位承认《中国红十字会章程》并缴纳会费的，可以自愿参加红十字会，成为红十字会的个人会员或团体会员。个人会员由本人申请，基层红十字会批准，发给会员证；团体会员由单位申请，县级以上红十字会批准，发给团体会员证。

个人会员和团体会员应当遵守《中华人民共和国红十字会法》和《中国红十字会章程》，热心红十字事业，履行会员的义务，并享有会员的权利。

第五条 县级以上红十字会理事会由会员代表大会民主选举产生。理事会民主选举产生会长和副会长；根据会长提名，决定秘书长、副秘书长人选。

县级以上红十字会可以设名誉会长、名誉副会长和名誉理事，由同级红十字会理事会聘请。

第六条 省、市(地)红十字会根据独立、平等、互相尊重的原则，发展同境外、国外地方红十字会和红新月会的友好往来和合作关系。

第七条 红十字会履行下列职责:

(一)宣传、贯彻《中华人民共和国红十字会法》和本办法；

(二)开展救灾的准备工作，筹措救灾款物；在自然灾害和突发事件中，对伤病人员和其他受害者进行救助；

(三)普及卫生救护和防病知识，进行初级卫生救护培训，对交通、电力、建筑、矿山等容易发生意外伤害的单位进行现场救护培训；

(四)组织群众参加现场救护；(五)参与输血献血工作，推动无偿献血；(六)开展红十字青少年活动；(七)根据中国红十字会总会部署，参加国际人道主义救援工作；

（八）依照国际红十字和红新月运动的基本原则，完成同级人民政府和上级红十字会委托的有关事宜；

（九）《中华人民共和国红十字会法》和《中国红十字会章程》规定的其他职责。

第八条 红十字会经费的主要来源：

（一）红十字会会员缴纳的会费；

（二）接受国内外组织和个人捐赠的款物；

（三）红十字会的动产、不动产以及举办福利事业和经济实体的收入；

（四）人民政府的拨款；

（五）有关行业和单位的资助。

第九条 县级以上红十字会可以按国家有关规定和区域卫生规划，开办红十字会医院、诊所、急救中心（站），从事人道主义医疗救护工作。

第十条 县级以上红十字会为开展救助工作，可以进行募捐活动。

在自然灾害和突发事件中，县级以上红十字会可在辖区范围内的车站、码头、宾馆、饭店和其他公共场所设置红十字募捐箱进行募捐。

市（地）以上红十字会根据需要可以设置固定红十字募捐箱。

第十一条 县级以上红十字会可以依照国家有关规定，经批准设立红十字基金或基金会，所筹资金用于发展红十字事业。

第十二条 红十字会接受用于救助和公益事业的捐赠物资，按照国家有关规定享受减税、免税的优惠待遇。

公安、海关、检疫和民航、铁路、公路、航运等部门应当优先办理红十字会接收捐赠救灾物资的有关事宜。

第十三条 红十字会接受的捐赠款物必须用于社会救助，任何单位和个人不得侵占、挪用。

红十字会处分捐赠款物，应当尊重捐赠者的意愿。

第十四条 在自然灾害和突发事件中，执行救助任务并标有红十字标志的人员、物资和交通工具有优先通行的权利，交通工具免缴路、桥通行费。

红十字会的赈灾、救护车辆免缴路、桥通行费。

第十五条 县级以上人民政府及有关部门应当对红十字会依法兴办的社会福利事业给予扶持，并按国家有关规定经税务机关批准，给予减税、免税的优惠待遇。

第十六条 各级红十字会应当建立经费审查监督制度，本会经费的来源和使用情况，应当每年向理事会报告。

各级红十字会的经费使用情况，依法接受同级人民政府财政部门的检查监督；行业红十字会和基层红十字会的经费使用情况，接受所在单位的检查监督。

各级红十字会所接受的捐赠款物的使用情况，接受同级审计部门的审计监督。

各级红十字会对其兴办的社会福利事业单位进行监督管理。

第十七条 各级红十字会的财产及其举办的社会福利事业单位的财产受法律保护，任何单位和个人不得侵占、挪用。

第十八条 红十字标志的使用，按照《中华人民共和国红十字标志使用办法》执行；违反规定使用的，由县级以上人民政府依法责令停止使用，没收非法所得，处一万元以下罚款。

第十九条 对违反《中华人民共和国红十字会法》和本办法的行为，各级红十字会有权予以制止，并可以提请同级人民政府依法处理。

第二十条 对为红十字事业作出突出贡献的单位和个人，地方各级人民政府应当给予表彰和奖励。

第二十一条 本办法自公布之日起施行。

安徽省红十字会

【历史沿革】

安徽省红十字会始建于1956年。建会初期，安徽省红十字会在中国红十字会总会的直接指导下，主要开展以除害防病为主的群众性爱国卫生运动，参与防病治病，在群众中普及卫生防病知识，发展基层组织和会员队伍，在城镇社区中开展互助互救等工作。

“文革”时期，安徽省红十字会工作被迫中断。

1984年，安徽省红十字会恢复工作，管理体制挂靠于省卫生厅，办事机构设在省卫生厅内，办公室和省卫生厅医政处合署办公，人员编制5人，工作经费由财政单列。安徽省人民政府副省长杨纪柯、杜宜谨、蒋作君先后担任过安徽省红十字会会长。

安徽省红十字会恢复后，主要工作是：积极参与备灾救灾工作，对自然灾害和突发事件中的伤病员和受害者进行救护、救助；普及卫生救护和防病知识，进行初级卫生救护培训；参与输血献血工作，推动公民无偿献血；开展各类人道主义服务和红十字青少年活动；参与国际人道救援和开展民间外交；宣传国际红十字运动的基本原则；完成人民政府委托事宜。

1991年底，在抗击华东百年未遇的特大洪涝灾害的情况下，全省16个地市、68个县全部成立了红十字会组织。

1993年，在安徽省政府、省卫生厅的关心支持下，省红十字会办公室有了单独的办公场所，结束了长达近10年的合署办公的窘境。

1994年，安徽省红十字会召开了首次会员代表大会，选举了以副省长杜宜谨为会长的第五届理事会，聘请省委书记卢荣景、省长傅锡寿为安徽省红十字会名誉会长。2001年9月，召开了第二次会员代表大会，140多名代表出席大会。大会聘请省委书记王太华、省长许仲林为安徽省红十字会名誉会长。选举产生了以副省长蒋作君为会长的第六届理事会，理事53人、常务理事11人。

1996年，安徽省编委下文将安徽省红十字会办事机构的人员编制由原来的5人增至12人。1998年，省编委批准安徽省红十字会增设赈济部。至此，安徽省红十字会办事机构扩展为一室一部。

1998年，《安徽省实施〈中华人民共和国红十字会法〉办法》的颁布施行，标志着安徽省红十字事业在法制化建设方面迈出了重要的一步。

2000年8月，经安徽省编委批准，安徽省红十字会由原来挂靠省卫生厅改为由省政府领导联系，并配备一名副厅级专职副会长，财政单列，党的关系由省直工委管理，干部人事关系由省政府办公厅管理，至此，安徽省红十字会机构实现单独设置，理顺管理体制工作基本完成。2004年会机关工作人员参照公务员管理。

【组织机构】

目前，安徽省、市、县三级红十字会组织体系完备，全省 17 个地级市，105 个县（市、区）已全部建立了红十字会组织，拥有 2494 个基层组织和 70.7 万名会员。

安徽省红十字会机关设办公室、赈济部，下属单位有省红十字会备灾救灾中心、省红十字会医院、省红十字会中等卫生职业技术学校、安徽省红十字基金会和 999 救援中心。

安徽省有 17 个市级红十字会：合肥市红十字会、阜阳市红十字会、马鞍山市红十字会 、蚌埠市红十字会、淮南市红十字会、淮北市红十字会 、亳州市红十字会、安庆市红十字会、芜湖市红十字会、铜陵市红十字会、宿州市红十字会、宣城市红十字会、黄山市红十字会、滁州市红十字会、池州市红十字会、巢湖市红十字会、六安市红十字会，其中理顺或相对理顺管理体制的有 7 个市。

【相关法规】

1998 年 4 月 10 日，安徽省第九届人民代表大会常务委员会第三次会议通过《安徽省实施〈中华人民共和国红十字会法〉办法》，同年 7 月 1 日起施行。

【大型项目】

1985 年，安徽省红十字会募捐 38 万元人民币援助非洲战胜饥荒。

1988 年，安徽省红十字会募捐 18 万元人民币援助大兴安岭森林火灾灾区。

1991 年，华东遭受百年不遇特大洪涝灾害，安徽省红十字会组织动员全省各级红十字会积极参与抗洪救灾工作，共接收境内外援助款物总值 1.2 亿元人民币。洪灾之后，各级红十字会共援建乡镇卫生院 65 所，村卫生室 298 个，中小学校舍 11 所，自来水厂 24 个，使一千多万灾区群众在衣、食、住、医、教诸方面得得到极大改善。

1993 年，大型中英版《91 安徽红十字会抗洪救灾画册》正式编印完成，画册分赠中央有关部委、中国红十字会总会、兄弟省市红十字会，红十字会与红新月会国际联合会等以及当年援助安徽省的 20 多个国家和地区红十字会。

1994 年至 1995 年，安徽省红十字会组织 10 家医院对合肥市社会福利院 16 名残疾孤儿进行医疗、护理全免费义治活动。

1996 年，安徽省红十字会募集价值 50 万元的物资援助云南省丽江地震灾区。

1996 年，加拿大国家红十字会援助 30 万瑞士法郎，安徽省财政按 1：1 配套，建成了中国红十字会安徽省备灾救灾中心，同年 7 月，省编办批准成立中国红十字会安徽省备灾救灾中心，中心正式启动运行。

1998 年 7 月，安徽省红十字会在黄山举办了中国红十字会海峡两岸红十字青少年夏令营活动，来自台湾、大陆各地的 60 多位红十字青少年参加了夏令营。

1991 年至 2000 年，安徽省红十字会积极为海峡两岸同胞寻找失散亲人，共受理寻人信函 4600 余件，为 800 多名两岸寻亲同胞建立了联系，同时参与处理台胞医疗、遗产、婚姻等各类对台衍生事件 300 余宗。

2003 年 4 月至 5 月，安徽省红十字会共募集款物价值 1637.43 万元，其中现金 1160.47 万元，物资价值 476.96 万元，支援各地抗击“非典”。

2003 年下半年，安徽省红十字会积极参加淮河流域的抗洪斗争，全省各级红十字会共派出红十字医疗队442个，救治群众80万人次，发放救灾款物价值2001万元，受益人口232万人。

【主要特色】

（一）备灾救灾

安徽省是一个自然灾害频发的省份，为了应对各种灾情，减少灾害给人们带来的痛苦，安徽省红十字会对备灾救灾工作高度重视，常抓不懈。各级红十字会本着无灾备灾，有灾救灾的原则，平时大力开展募捐工作，积极筹备救灾物资，制定和完善科学的灾害紧急救助预案，做到有备无患。在1991、1998、1999、2003年四次特大水灾中；在2003年抗击“非典”的斗争中，安徽省各级红十字会都以反应迅速，救助得力受到各级政府和人民群众的充分肯定。

1991年以来，安徽省红十字会共接受、募集、发放救灾物资价值3亿多元人民币，使1000多万灾民受益，组织红十字会医疗队6000多个，救治病人5000多万人次，援建灾区400多个卫生、教育、供水设施。

（二）兴办实体

1. 1988年，安徽省红十字会组织老年志愿工作者先后创建了安徽省红十字会医院、安徽省红十字会中等卫生职业技术学校。

2. 1995年，经有关部门批准，安徽省红十字基金会正式成立，成立时拥有资金130万元人民币，目前，已发展到400万元。

（三）卫生救护培训

1. 1987年，安徽省部分市红十字会与各政府部门和企业密切配合，开展了对辖区内机动车驾驶员及电力、矿山、旅游等行业职工的卫生救护培训工作。

2. 1997年，安徽省物价局、财政厅下发了《关于核定卫生救护培训收费标准的函》，正式批准红十字会救护培训收费标准。

3. 2002年2月，安徽省红十字会与省教育厅、公安厅等15个厅（局）联合下发《转发中国红十字会总会等15个部（局、会）关于印发〈中国红十字会关于广泛深入开展救护工作的意见〉的通知》，明确提出实行教学计划、教学质量标准、教材、师资培训、培训合格证的“五统一”，从而使安徽省的卫生救护培训工作步入正规化。合肥市红十字会卫生救护工作已地方立法。

【显著业绩】

1993年，安徽省红十字会获“全国先进集体和先进会员”荣誉称号，受到中国红十字会总会表彰。

1997年，经安徽省红十字会推荐，安徽省护理学会荣誉理事长汪赛进女士成为安徽省第一位南丁格尔奖章获得者，并受到国家领导人的亲切接见和颁奖。

1998年夏，安徽省红十字会被中国红十字会总会授予“中国红十字会抗洪抗震救灾先进集体”荣誉称号。

1999年以来，安徽省宿州市、合肥市、淮南市、马鞍山市、铜陵市等多个城市获“无偿献血先进城市”称号，受到了中国红十字会总会、解放军总后勤部和国家卫生部的表彰。

2002年，铜陵市红十字会、合肥市红十字会赵胜利分别作为首届全国红十字会先进集体和先进个人受到国家人事部和中国红十字会总会的联合表彰。

2004年，宿州市红十字会、滁州市红十字会史庆荣分别作为第二届全国红十字会先进集体和先进个人受到国家人事部和中国红十字会总会联合表彰。

【年度工作】

（一）依法建会

2004 年 6 月，安徽省政府办公厅出台《关于进一步加强红十字会工作的意见》，从提高认识、加强领导，突出重点、创造性开展工作，理顺体制、加快发展三个方面对加强红十字会工作提出了明确要求，有力地促进了安徽省红十字会依法建会的进程。蚌埠、淮北、芜湖、黄山、铜陵、滁州等市先后召开了代表大会，依法选举产生了各市红十字会新的一届理事会，也有力地促进了各市红十字会工作的开展。蚌埠市红十字会依法独立建会，淮北、黄山市红十字会也相对独立，省会合肥市红十字会的理顺管理体制工作也取得明显进展。

2004 年 9 月，以全国人大常委会委员、中国工程院院士王永炎为组长，全国人大常委会委员任茂东等 8 人组成的全国人大教科文卫委员会执法调研组，在安徽省进行了《中华人民共和国红十字会法》执法调研。调研主要围绕四个方面：一是红十字会法宣传、普及、落实情况；二是红十字会依法理顺管理体制情况；三是政府支持保障红十字会依法履行职责情况；四是红十字会法在贯彻施行过程中存在的主要问题。调研组先后听取了安徽省红十字会、淮南市、亳州市、阜阳市以及太和县红十字会关于红十字会法贯彻实施情况的汇报，视察了安徽省红十字会备灾救灾中心、安徽省红十字朝阳医院、淮南市红十字会中心血站等单位。

2004 年 10 月，中国红十字会第八次全国会员代表大会在北京隆重召开。安徽省红十字会专职副会长王强率安徽省红十字会代表团参加了大会。

（二）备灾救灾

2004 年，安徽宿州、六安等地遭受了严重的自然灾害。省红十字会积极开展灾害救助工作，先后向宿州、六安、黄山、宣城 4 个市下拨了价值 86 万元的粮食、药品和衣被，并及时发放到灾民手中。8 月，中国红十字会常务副会长王立忠一行到安徽省受灾地区慰问灾民，在宿州、六安两市发放了价值 30 万元的救灾粮食。

安徽省红十字会得到上海红十字会、香港特别行政区红十字会和北京市红十字会灾后重建款共 245 万元，援建了学校 9 所、卫生院 3 所、敬老院 1 个，为受灾地区灾后重建工作做出了积极贡献。

（三）卫生救护

安徽省红十字会卫生救护培训工作继续深入开展，并从传统的机动车驾驶员培训向电力、铁路等行业拓展。社会对红十字会急救知识普及和救护培训工作认知度进一步提高。还成功地举办了 5 期中国红十字会彩票公益金救护师资培训班，共培训救护师资 180 名。

（四）造血干细胞捐献者资料库建设

2004 年 2 月，中国造血干细胞捐献者资料库安徽分库成立。安徽省红十字会将此项工作作为“庆百年，办实事”的亮点工程来抓，开展了大量卓有成效的宣传、动员工作。

2004 年 3 月，安徽省红十字会通过开展造血干细胞捐献宣传语征集和志愿者招募活动，普及捐献常识，宣传造血干细胞资料库建立的重要性、迫切性和群众性，在全省范围内营造了关心、支持、参与造血干细胞捐献的良好氛围。征集宣传语活动吸引了全省 400 多人参与，先后共收集了宣传语 2000 多条。志愿者招募活动吸引了中国科学技术大学、安徽大学、合肥工业大学、安徽医科大学等十几所高校的数百名大学生参加。

5 月中旬，合肥、马鞍山、淮南等地分别举行了安徽省造血干细胞捐献启动仪式，并进行了捐献志愿者血样集中采集活动，共有 1500 名志愿者报名登记，对 600 多名志愿者采集了血样。安徽省省长、省红十字会名誉会长王金山致信祝贺。中共安徽省委副书记张平、省人大常委会副主任苏平凡、省政协副主席方兆本等出席了在合肥市举行的启动仪式。在美留学的白血病患者余健通过网络始终关注我们的活动，并向中国造血干细胞捐献者资料库和安徽分库分别捐赠 5000 美元。

2004 年 7 月 9 日，安徽省蚌埠市的张桂硕在深圳市成功地捐献了造血干细胞，救治了镇江市的一位白血病儿童，成为安徽省第一例非血缘关系造血干细胞捐献者。

（五）无偿献血、遗体捐献和艾滋病防治工作

安徽省各级红十字会在“五八”世界红十字日、世界献血日等纪念日和节假日都举行了大规模的无偿献血宣传活动。

2004 年 10 月，卫生部、中国红十字会总会、解放军总后勤部联合对 2001 至 2003 年度获得无偿献血奉献奖、无偿献血促进奖、无偿献血先进省市奖进行了表彰。安徽省张黎明等 8 人获无偿献血金奖、11 人获银奖、82 人获铜奖；合肥电视台、马钢集团获无偿献血促进奖；阜阳市获无偿献血先进城市奖。

2004 年 3 月，经安徽省红十字会、蚌埠市红十字会、蚌埠医学院的共同努力，蚌埠医学院遗体（器官）捐献接收站挂牌成立。

2004 年 7 月，安徽省红十字会和合肥大蜀山文化陵园向社会公开征集安徽省遗体捐献者纪念碑林设计方案。2005 年 3 月 28 日，安徽省遗体捐献者纪念碑林在合肥大蜀山文化陵园落成。

2004 年，安徽省红十字会作为政府预防控制艾滋病 25 个成员单位之一，积极参与预防控制艾滋病的宣传教育和特困人群救助，并对安徽省艾滋病危害最严重的利辛县的 400 个受害家庭给予了物质援助。

（六）宣传活动

为纪念中国红十字会建会 100 周年，安徽省红十字会以“办实事、庆百年、有作为、求发展”为指导思想，制定了重在策划、重在传媒、重在基层的宣传工作思路，开展了多项有创意、有声势、有实效的活动，着重宣传了中国红十字会建会百年来的巨大成就和安徽省红十字会的工作成绩。

安徽省红十字会组织编印了名为《人道有情 博爱无涯》的安徽红十字事业宣传画册，招募志愿者重新设计制作了安徽省红十字会网站（www.96399.org）。画册和新网站设计精美，内容丰富，在宣传红十字知识，动员社会力量参加红十字会活动方面起到了重要作用。

2004 年初，安徽省红十字会和省高校校报联谊会联合举办了以“关爱、奉献”为主题的征文活动。这项活动旨在弘扬红十字精神，在高校学生中营造扶危济困、关爱他人的良好氛围，推动高校社会公德建设。活动得到了中国科技大学、合肥工业大学、安徽医科大学、合肥学院等 15 所院校的响

应，共收到作品 138 件，评选出优秀作品 37 件。

安徽省红十字会继续坚持宣传工作和社会活动相结合的做法，多次与企业合作开展宣传活动。2004 年 2 月和 5 月，安徽省红十字会两次和白云山制药厂联合开展向市民赠送板兰根冲剂，普及健康知识；争取中脉科技有限公司支持 15 万元，开展造血干细胞捐献宣传活动；和安徽华信药业合作，接受捐赠 20 万元药品；和上海脑力键生物制品公司合作开展社区健康知识普及和药品捐赠活动，发放保健品 35 万元；和合肥百盛合作开展“人道救助 传递爱心”公益活动，募集善款 38 万元。

安徽省各级红十字会还多次组织人员到街头、社区开展形式多样的宣传服务活动。

（七）对外联络和交流

2004 年 5 月，安徽省红十字会在黄山召开了东南九省（市）红十字会工作研讨会，来自山东、江苏、上海、浙江、福建、安徽、江西、湖南、湖北九省（市）及部分市、县红十字会代表 70 多人参加了会议。与会代表介绍了各地一年来的工作情况，并围绕建设充满生机与活力、密切联系群众、符合自身特点的中国红十字会的主题进行了广泛、深入、热烈的讨论。

2004 年，欧盟、红十字会与红新月会国际联合会和香港特别行政区红十字会的代表先后到安徽指导工作，受到了所到市、县红十字会的热情接待。各方代表对安徽省红十字会的救助物资发放和援建项目建设工作表示满意。

美籍华人邱维先生先后两次来安徽省红十字会，代表美国世界中华民族基金会向省红十字会捐赠善款 30 万元。

宁夏回族自治区人大常委会，宁夏、上海等红十字会也先后到安徽省考察交流工作。安徽省各级红十字会也派人员到上海、宁夏、云南、贵州、山东等地红十字会开展了友好交往。

（八）印度洋海啸募捐

2004 年 12 月 30 日，中国红十字会总会发出了开展为印度洋地震、海啸灾区募捐活动的通知，安徽省各级红十字会积极响应，踊跃募捐。全省红十字会系统已募集善款 1026.5 万元，其中省红十字会机关收到捐款 647.9 万元，各市红十字会募集捐款 378.6 万元。募集资金 30 万元以上的有蚌埠、黄山、马鞍山、池州、铜陵、芜湖和合肥市红十字会。企业和职工捐款数额较大的有：马鞍山钢铁集团职工捐款 180 万元、皖北煤电集团公司职工捐款 100 万元、江淮汽车制造厂全体员工捐款 100 万元、蚌埠铁路分局职工捐款 50 万元、合肥美亚光电公司捐款 50 万元等。

（张林瑞、曹芦松、张本该）

附录：

安徽省实施《中华人民共和国红十字会法》办法

（1998 年 4 月 10 日安徽省第九届人民代表大会常务委员会第三次会议通过）

第一条 为了促进红十字事业发展，保障红十字会依法履行职责，根据《中华人民共和国红十字会法》（以下简称红十字会法）的规定，结合本省实际，制定本办法。

第二条 红十字会是以保护人的生命和健康，促进和平进步事业为宗旨，从事人道主义工作的社会救助团体，依照红十字会法和本办法独立自主地开展工作。

第三条 各级人民政府对红十字会给予支持和资助，保障红十字会依法履行职责，并对其活动进行监督；红十字会协助本级人民政府开展与其职责有关的活动。

全社会都应当关心和支持红十字事业。

第四条 本省县级以上按行政区域建立各级红十字会地方组织，设立办事机构，配备专职工作人员，依法取得社会团体法人资格。

乡镇、街道和机关、团体、企业、事业单位建立红十字会基层组织。

第五条 上级红十字会指导下级红十字会工作。全国性行业红十字会在本省建立的红十字会组织同时接受省红十字会的指导。

第六条 本省公民和社会组织承认《中国红十字会章程》，自愿参加红十字会并缴纳会费的，可以成为红十字会的个人会员或团体会员。

各级红十字会会员代表大会民主选举产生理事会，理事会选举产生会长、副会长。

红十字会地方组织设名誉会长和名誉副会长，名誉会长和名誉副会长由理事会聘请。

第七条 红十字会履行下列职责：

（一）宣传、贯彻、执行红十字会法及有关法律、法规；

（二）开展救灾准备工作，对自然灾害和突发事件中的伤病人员和其他受害者进行救助；

（三）普及卫生救护和防病知识，进行初级卫生救护培训，对容易发生意外伤害的行业的有关人员进行现场救护培训，组织群众参加现场救护；

（四）参与输血献血工作，推动无偿献血；

（五）开展红十字青少年活动；

（六）按照中国红十字会总会的部署，参加国际人道主义救援工作；

（七）开展其他人道主义服务活动；

（八）依照国际红十字和红新月运动的基本原则，完成人民政府委托的事宜。

第八条 省红十字会依法开展同其他地区和国外红十字会、红新月会的交流合作。

第九条 红十字会使用白底红十字标志。红十字标志的使用范围和办法，依照《中华人民共和国红十字标志使用办法》的规定执行。任何组织和个人不得滥用红十字标志。

第十条 红十字会经费主要来源：

（一）红十字会会员缴纳的会费；

（二）接受国内外组织和个人捐赠的款物；

（三）红十字会的动产、不动产以及兴办社会福利事业和经济实体的收入；

（四）基层红十字会和行业红十字会所在单位和部门的资助；

（五）人民政府的拨款。

第十一条 红十字会为开展人道主义救助，可在公共场所设置募捐箱，也可进行其他形式的募捐活动。红十字会的社会募捐活动，由省红十字会依法统一组织、管理。

第十二条 红十字会接受用于救助和公益事业的捐赠物资，以及用捐赠款购置用于救助和公益事业物资，按照国家有关规定享受减、免税费的优惠待遇。

第十三条 省红十字会依法设立红十字

基金会，所筹资金全部用于发展红十字事业。

第十四条 红十字会兴办与其宗旨相符的社会福利事业和开展初级卫生救护培训等工作，人民政府及有关部门应给予支持。

第十五条 红十字会地方组织配备的设有固定装置及专门标志的赈灾救护、指挥车辆，经省红十字会报省交通行政管理部门核批，免缴公路养路费。

在自然灾害和突发事件中，执行救助任务并标有红十字标志的人员、物资和交通工具有优先通行的权利，车辆免缴路、桥、轮渡通行费。执行紧急救助任务的人员有优先使用交通工具和公用通讯工具的权利。

第十六条 海关、商检、检疫等有关部门对红十字会接受的救灾物资，应优先办理有关手续；交通运输部门对红十字会分发的救灾物资，应优先承运；受援地的人民政府应承担救灾物资到本区域后的转运费用。

第十七条 广播、电视、报刊等新闻单位对红十字会开展的公益和救助活动，应做好宣传工作。

第十八条 红十字会有权处分其接收的捐赠款物；在处分捐赠款物时，应当尊重捐赠者的意愿，并接受捐赠人的监督。

第十九条 红十字会应建立经费收支、财产管理、社会福利事业财务活动及捐赠款物专项账目的审查监督制度，每年向理事会报告执行情况，并接受同级人民政府的检查监督。

第二十条 红十字会的财产受法律保护，任何组织和个人不得侵占或挪用。对侵占、挪用的，由当地人民政府责令限期归还，对直接责任者由所在单位或部门给予行政处分；构成犯罪的，依法追究刑事责任。

第二十一条 任何组织和个人不得拒绝、阻碍红十字会工作人员依法履行职责。

在自然灾害和突发事件中，阻碍红十字会工作人员依法履行职责的，由公安机关按照《中华人民共和国治安管理处罚条例》的有关规定予以处罚；构成犯罪的，依法追究刑事责任。

第二十二条 红十字会工作人员应当依法履行职责。对徇私舞弊、玩忽职守、索贿受贿、贪污挪用救灾款物的，给予行政处分；构成犯罪的，依法追究刑事责任。

第二十三条 对在人道主义救助服务工作中作出突出贡献的单位和个人，各级人民政府和红十字会应予以表彰和奖励。

第二十四条 本办法具体应用中的问题，由省人民政府负责解释。

第二十五条 本办法自 1998 年 7 月 1 日施行。

福建省红十字会

【历史沿革】

福建红十字活动历史悠久，早在 1906 年福州就有红十字组织活动。1911 年，厦门成立了红十字会组织。新中国成立后，福州、厦门、南平和莆田、仙游等地红十字会先后进行了改组或恢复了机构，漳州、泉州等地也相继成立了红十字会。

1958 年 12 月 8 日，福建省红十字会第一次会员代表大会召开，选出了副省长陈绍宽为主席的第一届执行委员会和以吴云鸿为主任的监察委员会，福建省红十字会正式成立，办事机构设在福建省卫生厅。省红十字会在建立和恢复红十字组织、开展防空救护训练和参与爱国卫生运动等方面做了很多工作。

“文革”期间，福建省红十字会机构被撤销，工作处于停顿状态。

中国共产党十一届三中全会后，随着中国红十字会国内工作的恢复，1979 年 11 月，经福建省革命委员会批准，福建省红十字会第三届理事会成立（随中国红十字会总会届数计算），由副省长张格心担任会长，办事机构设在福建省卫生局。1981 年，福建省编制委员会发文，核定福建省红十字会办事机构规格为正处级。1994 年，福建省卫生厅发文同意福建省红十字会办公室内设综合部、救护部、台务部，3 个部的机构规格为正科级。省红十字会在建立健全红十字组织、发展会员、宣传会务知识、开展医疗救护、救护训练、输血献血、救灾扶危、社会福利、红十字青少年和协助政府开展对台事务等工作上，做了大量的工作。

1987 年 1 月，福建省红十字会第四次全省会员代表大会召开，选举福建省副省长张格心为省红十字会会长。

截至 1991 年，全省 89 个地（市）、县（市、区）全部建立红十字会。

1993 年 10 月，《中华人民共和国红十字会法》颁布施行，使红十字事业发展有了法律的保障。1995 年 5 月 8 日，福建省红十字会第五次全省会员代表大会召开，依法选举产生新一届理事会，贾庆林、陈明义、贺国强等领导先后出任福建省红十字会名誉会长，副省长王良沣、潘心城先后当选为会长，省卫生厅厅长计克良、魏忠义、何明先后担任常务副会长，何钟生担任秘书长。大会提出了建设有中国特色红十字事业的目标，制定了五年发展规划。多年来，在宣传贯彻红十字会法、传播人道主义、组织建设、备灾救灾、初级救护培训、推动无偿献血、开展红十字青少年活动、沟通海峡两岸关系和扩大对外交住等方面做了大量卓有成效的工作，促进了福建省红十字事业的改革与发展。

2004 年 6 月 4 日，福建省第十届人民代表大会常务委员会颁布《福建省红十字会条例》，并于 8 月 1 日起正式施行。这对于更好地贯彻落实红十字会法、推动福建省红十字事业的发展具有十分重要的意义。

2005 年 2 月 28 日，福建省红十字会第六次全省会员代表大会召开。会议选举产生了新一届理事会，聘请中共福建省委书记、省人大常委会主任卢展工、福建省省长黄小晶为名誉会长；聘请中共福建省委副书记黄瑞霖、省人大常委会副主任黄贤模、省政协副主席潘心城、省卫生厅厅长杨平为名誉副会长，福建省副省长汪毅夫当选为省红十字会会长，黄毅敏为常务副会长，赖祖胜等 10 人当选为副会长；经会长提名，杨华明担任秘书长，张建林担任副秘书长。大会通过了《福建省红十字事业 2005—2009 年发展规划》，制定了与时俱进，开拓创新，为建设海峡两岸经济区和构建社会主义和谐社会的宏伟蓝图。

【组织机构】

目前，福建省 92 个设区市、县（市、区）全部建立了红十字会。1997 年，各级红十字会全部实现列编。现有红十字会基层组织 1896 个，会员 29.75 万人（其中青少年会员近 16 万人）；志愿工作管理机构 5 个，志愿工作者 10000 多人。企事业单位、乡镇、街道和大、中、小学都建立了红十字会基层组织。省红十字会和9个设区市及67个县（市、区）红十字会成立了学校红十字会工作委员会。全省各级红十字会开展了创建“最佳红十字会”活动，先后有龙岩市新罗区、厦门市思明区红十字会等8个红十字会获得“最佳红十字会”称号。全省各类建会学校开展了创建“学校红十字工作模范校”活动（从2002年开始与省教育厅联合评审），先后有11个建会学校荣获“学校红十字工作模范校”称号。

福建省红十字会机关设有办公室、赈济救护部、事业发展与交往联络部和机关党总支。

根据红十字会法和中国红十字会总会《理顺管理体制座谈会纪要》精神，2001年，福建省编委正式批准省红十字会机构独立设置，规格为副厅级，由福建省卫生厅代管改为省政府领导联系，初步理顺了省红十字会管理体制。2004年5月，经中共福建省委批准，中共福建省红十字会党组正式成立。2004年12月31日，中共福建省委组织部发文明确省红十字会常设办事机构工作人员列入参照国家公务员管理范围，进一步理顺了省红十字会管理体制。福州市、厦门市、泉州市南安市、厦门市思明区红十字会理顺了管理体制，由卫生局代管改由政府领导联系，专职、常务副会长、秘书长配备到位；厦门市政府批准了红十字会的职能配置、内设机构和人员编制方案。

【相关法规】

2004年6月2日，福建省第十届人民代表大会常务委员会第九次会议通过了《福建省红十字会条例》。

2005年6月2日，福建省第十届人民代表大会常务委员会第十七次会议通过了《福建省遗体和器官捐献条例》。

【大型项目】

1998年，福建省红十字会为“三江流域”水灾地区开展募捐活动，共募集716.24万元，支援了灾区的重建工作。

1998年，福建省红十字会接受新华社香港分社转来的香港同胞捐赠的175万元港币，援助闽北遭受“六二二”特大洪灾的南平市延平区大横镇小仁洲村的179户重灾户重建家园。后经延平区人民政府批准，该村更名为“博爱村”，福建省副省长、省红十字会会长潘心城为博爱村题写了村名。

1999年，台湾地区发生了“九二一”大地震，福建省红十字会及时向台湾红十字组织发出慰问电，并在政府有关部门的支持下，组建了赴台救援小组，组织优质血浆，建立了福州、厦门两个中国红十字会总会台湾地震援助物资临时中转站，随时准备支援台湾地震灾区。省红十字会与中华文化联谊会在福州市举办了“闽台情、同胞心”——为台湾大地震受灾同胞赈灾义演晚会，共募到1525万多元人民币的善款，充分体现了海峡两岸同胞血浓于水的亲情。

2000年，福建省红十字会圆满完成了“救两条生命、还一家幸福”生命救助行动为民办实事项目，募集救助款150万元，为扶持福建省贫困地区25个乡镇卫生院产儿保科建设和3000名贫困孕（产）妇住院分娩提供了资金支持。

2001年，福建省红十字会在为内蒙古、新疆雪灾地区开展的募捐活动中募集了110万元善款，支援灾区人民重建家园。

2002年，福建省红十字会开展“母婴双安”募捐活动，募得捐款30多万元，还为1500名贫困孕（产）妇住院分娩提供了资金补助。

2004 年，福建省红十字会与福建广播影视集团、百胜餐饮（福州有限公司）联合举办了“托起生命的希望暨捐献造血干细胞爱心行动”，开展捐献造血干细胞宣传活动。

2005 年，福建省红十字开展了为印度洋海啸灾区募捐活动，共募集到 1180 万元，支援灾区重建工作。

2005 年 2 月，福建省红十字会在省体育馆举办了“血溶于情、四海同心——推动无偿献血暨为印度洋海啸募捐表彰大型公益晚会”。福建阳光房地产开发有限公司等 32 家单位和李冬梅等 9 人受到表彰。泉州、福州、厦门、宁德 4 个设区市红十字会获得省红十字会颁发的海啸募捐“优秀组织奖”，34 位红十字会专（兼）职干部荣获“先进工作者”称号。

2005 年 5 月，福建省红十字会联合福州市红十字会在福州会堂举办了以“红十字义诊、红十字复明、红十字助学、红十字帮困”为主要内容的“弘扬人道精神，共建和谐社会——红十字系列博爱救助行动启动仪式大型公益晚会”，接受社会各界捐赠款物价值 200 多万元。

2005 年 6 月，福建省闽西北地区发生了 35 年一遇的特大洪灾。省红十字会及时启动自然灾害应急救助预案，向社会发出“紧急行动起来，开展为灾区救助募捐”活动，共募集款物近 700 万元，支援了灾区的重建工作。

【主要特色】

（一）推出“救两条生命、还一家幸福”生命救助行动

2000 年 2 月，根据《福建省实施〈中华人民共和国母婴保健法〉办法》，省红十字会作为政府人道助手，推出“救两条生命、还一家幸福”生命救助行动，旨在改善贫困地区孕产妇及新生儿的生育和生存条件。该活动呼吁向贫困地区的母亲伸出援助之手，每捐 200 元，就能帮助一位孕产妇，使之平安分娩；每募集 3 万元，就能帮助一个贫困乡镇建立一个“母婴安康室”。这一行动使每年数千名的孕（产）妇及新生儿获得生命保障。省红十字会共向社会募集救助款 150 万元，扶持贫困地区 25 个乡镇卫生院产儿科建设，补助 3000 名贫困孕（产）妇住院分娩，圆满完成了为民办实事项目。2001 年，省红十字会又开展了“母婴双安”募捐活动，募集救助款 30 万元，补助 1500 名贫困孕（产）妇住院分娩，使“救两条生命、还一家幸福”生命救助行动进一步得到延续。

（二）协助政府做好涉台工作

根据“金门协议”，受中国红十字会总会委托，福建省红十字会长期担负两岸双向遣返作业的联系联络任务。10 年来，参与见证接回私自渡台人员 79 批 15459 人；从大陆遣返台湾劫机犯等重大刑事犯或刑事嫌疑犯 51 批（次）91 人。2003 年，中国红十字会会长彭珮云来闽亲自为“海峡号”遣返专用船题名授匾。在两岸寻亲方面，福建省各级红十字会受理大陆查找在台亲人 2680 宗，找到 106 宗；受理台胞查找大陆亲人 986 宗，找到 385 宗，为两岸同胞骨肉团圆提供了优质的服务。此外，向私自渡台人员转寄“红十字通讯”1920 封。经联系联络，索回被台湾军警抓扣的渔船渔民，挽回经济损失 1000 多万元。与台湾红十字组织在处理 1991 年“三保警事件”、2002 年

"华航空难事件"等突发事件善后事宜中发挥了积极作用。

1993年，福建省红十字会成功举办了"闽台红十字青少年夏令营"，首开两岸红十字会交流合作的先河，在两岸民间产生了良好的影响。之后，中国红十字会总会将其上升为"海峡两岸青少年夏（冬）令营"。

1995年，福建省红十字会承办了"海峡两岸红十字组织水上救护培训班"，并负责组织实施。这次活动是两岸红十字组织会务合作与技术交流的又一次成功合作。

福建省红十字会在促进祖国统一、沟通海峡两岸关系中发挥了独特的作用。

（三）推进农村红十字会工作

2005年3月，中国红十字会会长彭珮云在福建省漳州、泉州、南安、石狮市锦尚镇红十字会考察调研时，高度评价了省红十字会的工作。指出，南安市红十字会理顺管理体制和漳州市芗城区实验小学红十字会工作开展得有声有色。她特别肯定了石狮市锦尚镇红十字会创造的业绩和经验，指出，锦尚镇红十字会为我国农村红十字会工作树立了一个典范，其模式是农村基层红十字会组织体制和机制的创新。充分肯定这个发源于民间，成长于民间，服务于民间的基层红十字会组织。福建省红十字会及时总结研究了锦尚镇红十字会的创立和工作经验，并积极配合中国红十字会总会专题调研组的调研。中国红十字会总会报刊社社长兼总编辑吴苾雯撰写的《一个民间红十字会的成长启示录》一文，受到福建省省长黄小晶和副省长、省红十字会会长汪毅夫的充分肯定。黄小晶、荆福生等领导先后专门批示，要求新闻宣传部门大力宣传报道，在全社会形成救助困难群体，建设和谐社会的好风尚。同时，在全省掀起了一场声势浩大的宣传红十字精神的活动。

【显著业绩】

1996年，福建省晋江市红十字会等6个红十字会和吴尚义等24名红十字会专职干部分别荣获中国红十字会颁发的"1993—1995年度中国红十字会先进集体"、"1993—1995年度中国红十字会先进个人"称号。

1998年，福建省红十字会被中共福建省委、省政府、省军区授予"闽江98·6特大洪水抗洪救灾先进集体"称号。

1999年，福建省厦门市、南平市、泉州晋江市安海飨保堂红十字会被中国红十字会总会评为"98抗洪抗震先进集体"称号，王忠棋、李明珠等10人被授予"先进个人"称号。

2001年，福建省红十字会荣获"全国控烟先进单位"称号。

2002年，福建省厦门市红十字会和莆田县红十字会的陈金治分别荣获国家人事部和中国红十字会总会授予的"全国红十字会系统先进集体"和"全国红十字会系统先进工作者"称号。

2002年，福建省红十字会荣获红十字国际委员会和中国红十字会颁发的传播工作一等奖。

1995年至1998年，福建省先后有厦门、晋江等城市荣获全国无偿献血先进城市奖，有15人获无偿献血金杯奖，26人获金质奖，76人获银质奖，319人获铜质奖。1999年至2003年，国家对无偿献血获奖标准调整提高后，福建省又有林瑞班、高永华、洪枫等15人获全国无偿献血奉献奖金奖，31人获银奖，134人获铜奖，三明市无偿献血者协会等4个单位及何钟生等7人获无偿献血促进奖。

2004年，福建省人事厅和省红十字会首次联合表彰了福州市红十字会等6个先进集体和李明珠等7个先进个人。

2004年，福建省红十字会首次组队参加了在香港举办的“两岸红十字百年精英荟萃”急救及灾难应变比赛，取得了“急救及灾难应变优异奖”，

2004年，福建省南安市红十字会荣获国家人事部和中国红十字会总会授予的“全国红十字会系统先进集体”称号。

2004年，福建省红十字会会员、福州市东汤村农民高永华当选为由中央电视台、《海峡都市报》、福建省福利彩票发行中心联合举办的“福彩杯·感动福建”2003年十大人物。（高永华于1997年6月开始自费骑单车“神州博爱行”，宣传无偿献血、捐献造血干细胞和器官、遗体。途经全国31个省、市、区，行程6万公里。截至2004年5月，高永华已无偿献血32550毫升。）

2005年，在中国红十字会总会与民政部联合开展的社区红十字服务示范区活动中，厦门市、厦门市思明区获“全国社区红十字服务示范市、区”称号。

2005年，福建省红十字会荣获中国红十字会总会颁发的“印度洋海啸救援最佳组织奖”。

【年度工作】

2004年，按照中国红十字会总会的部署，在各级党委政府的大力支持下，福建省红十字会系统专兼职工作者、广大红十字会会员和志愿工作者以人为本，树立和落实科学发展观，以中国红十字会建会百年和中国红十字会第八次全国会员代表大会的召开为契机，围绕“办实事、迎百年”主题，深入宣传贯彻红十字会法，依法履行职责，把握发展机遇，增强救助实力，以理顺管理体制为主线，以改善最易受损害群体的境况为目标，充分发挥红十字会在政府人道救助工作中的助手作用，较好地完成了2004年的各项工作目标。

（一）人道服务领域工作进一步拓展

积极参与国际救援。2004年底印度洋海啸发生后，按照中国红十字会总会的统一部署，在中共福建省委、省政府以及各级党委、政府的领导下，福建省各级红十字会紧急行动起来，积极参与国际救援，在社会各界的广泛支持和参与下，开展了以“汇聚人道力量，彰显八闽爱心”为主题的为印度洋海啸灾区赈灾募捐活动，全省各级红十字干部职工弘扬人道精神，创新募捐方式，连续奋战一个多月，募集善款1118万元，并及时汇往中国红十字会总会，获得了中国红十字会颁发的“最佳组织奖”。

配合政府抗击自然灾害。2004年，18号台风“艾利”袭击福建省，福州、宁德、泉州、莆田等地遭受到不同程度的损失。灾情发生后，各级红十字会在第一时间为灾区群众送去了粮食、衣物、药品等，帮助灾民渡过难关。福建省红十字会将先后得到的中国红十字会总会及上海市红十字会捐赠的价值604.434万元的7批款物，分发到9地、市重灾区，救助灾民5万余人次。福州、漳州、宁德等地红十字会也从当地救助基金中拨款救助了灾民。泉州、三明、宁德、南平等地积极响应中国红十字会总会“关于支援2004年洪涝灾害呼吁”，开展了“捐一元钱，为灾民解难”的募捐活动，多形式、多渠道、多途径筹措救助资金和物资，支援

四川、重庆等省、市抗灾救灾工作。2004年11月，福建省红十字会正式被省政府列为福建省突发公共事件应急指挥部成员单位，参与有关应急救助活动。

开展社会救助服务。福建省各级红十字会从实际出发，因地制宜，发挥自身优势，突出特色，不断拓展人道领域的服务工作，创立新的“品牌”。在元旦和春节期间开展的“红十字博爱送万家”活动中，福建全省红十字会系统共筹措了174万元款物，为8700户贫困家庭送去温暖，使3.5万人受益。福州市红十字会与新闻媒体联合向企业募集食品、药品和生活用品，进街道、下社区，慰问特困户，开展“红十字博爱送万家”活动。厦门市红十字会创办博爱“超市”，用募集到的部分捐赠物品和生活用品帮扶下岗待业低保困难户和社区弱势群体。还以“帮困助医到农村，爱心服务进社区”为主题，广泛开展义诊、义演、义画、义展、义卖系列活动。厦门市、区红十字会和市、区卫生局在同安医院等单位共同设立了8个红十字惠民门诊点，为“三无靠”人员提供定额免费门诊服务。漳州市红十字会结合“红十字关爱进社区”，通过展板、宣传画、发放宣传单、义诊咨询等形式普及健康知识，同时开展献爱心义卖和慰问贫困户等活动。泉州、龙岩、三明、宁德市红十字会开展了义诊咨询、爱心募捐活动，向贫困母亲和特困学生提供帮助。

开展群众性初级卫生救护培训工作。福建省地方和行业红十字会按照“五统一”原则，结合行业特点，继续在交通、电力、建筑、消防等行业开展救护培训，共培训红十字救护员3.3万人次，利用国家彩票公益金项目培训师资213名。为加强公路沿线红十字急救站的建设与管理，南平市红十字会为国道救护站统一制作了“红十字救护站”标志引导牌。南平、龙岩市红十字会定期对救护站急救员进行技术培训，提高急救水平。龙岩市红十字会派人代表福建省红十字会参加了在香港举办的“两岸红十字百周年精英荟萃急救及灾难应变比赛”，获得优异奖。

稳步推进造血干细胞捐献者资料库建设。福建省红十字会召开了中国造血干细胞捐献者资料库福建省分库工作委员会第二次会议，加强领导机构建设。还举办了分库工作培训班，培训工作骨干。省红十字会联合福建省血液中心、福建电视台新闻频道开展了“‘血溶于情’捐献造血干细胞生命接力大行动”，与福建广播影视集团、百胜餐饮（福州有限公司）联合开展了“托起生命的希望暨捐献造血干细胞爱心行动”，开展造血干细胞捐献宣传活动。联合福建移动通信有限责任公司开通了中国造血干细胞捐献者资料库福建省分库建设资金捐赠短信，接受社会各界捐款。福建省各级红十字会也通过发放问卷、开展竞赛、广场咨询等不同形式的宣传活动，推进资料库建设，同时积极配合福建分库做好供者再动员工作。到2004年底，福建省已有1万多名造血干细胞志愿捐献者采集了血液标本，传输总库6486例。目前，福建省已有29位造血干细胞志愿捐献者与患者的HLA的分型相匹配，刘忠坚、张良建、徐志瑜、王兴莲4位志愿者成功捐献了造血干细胞，为挽救白血病患者的生命做出了贡献。

开展社区红十字服务工作。福建省红十字会与省民政厅联合转发了中国红十字会总会与国家民政部《关于开展社区红十字服务工作的通知》，并下发了《关于开展社区红十字服务示范活动的实施意见》，成立了示范活动评审委员会，进一步明确了社区红十字服务的原则、目标、任务、方法和措施。福州、厦门、漳州、宁德等市红十字会联合当地民政局开展了试点工作。厦门市红十字会召开了全市社区红十字服务工作会议暨创建全国社区红十字服务示范市（区）动员会议，提出了“五抓”“五落实”的举措，并对街道和社区红十字会骨干进行集中培训，还对全市参与创建活动的153个社区进行了综合评估，有134个社区基本达标。在中国红十字会总会与国家民政部联合开展的社区红十字服务示范区活动中，厦门市、厦门市思明区获“全国社区红十字服务示范市、区”称号。

推动无偿献血工作。福建省红十字会积极宣传《中华人民共和国献血法》和《福建省公民献血条例》，协助政府开展无偿献血的宣传、动员和表彰工作。全省各级红十字会围绕“献血，赠送生命的礼物。谢谢你们！”为主题的“世界献血日”纪念活动，广泛宣传无偿献血的意义。福建省红十字会还与省卫生厅、省血液中心联合举办了“呵护生命的颜色”大型公益活动和爱心捐血暨捐献造血干细胞报名活动启动仪式。福建省和福州、厦门、龙岩市红十字会分别与完美福建分公司联合开展了“百城千店万人爱心献血”的公益活动。2004年，福建省无偿献血人数达到22万人次。福州、厦门、龙岩、三明4个设区市实现临床用血100%来自无偿献血的目标。全省无偿献血比例已占临床用血的91.5%。

宣传预防艾滋病及关爱艾滋病患者和感染者。根据“世界艾滋病日”主题，福建省红十字会开展了形式多样、丰富多彩的宣传咨询活动。作为省防治艾滋病工作委员会成员单位，省红十字会领导和省防艾办有关人员看望了正在医院接受治疗的艾滋病病人，向其赠送了鲜花和慰问金，以表达红十字会的人道主义关怀。省红十字会还参与了省防治艾滋病工作委员会在福州举办的主题为“关注妇女，抗击艾滋”的世界艾滋病日大型宣传咨询活动。福州、漳州、泉州、宁德、龙岩等市红十字会也分别开展了形式多样的艾滋病预防宣传活动。

遗体捐献登记工作。福建省各级红十字会积极开展了遗体、器官捐献的咨询和登记工作。年内，全省有27位各界人士报名登记自愿捐献遗体，1人报名捐献器官、角膜。省红十字会还参与了《福建省遗体和器官捐献条例》的立法调研等工作。

（二）开展宣传和人道传播工作

宣传贯彻红十字会法。福建省红十字会积极参与《福建省红十字会条例》的立法调研与论证工作，确保“条例”在2004年6月的福建省第十届人民代表大会常务委员会第九次会议上顺利通过，并于同年8月1日正式施行。福建省人大常委会法工委、教科文卫委、省红十字会联合在福州召开了《福建省红十字会条例》学习贯彻座谈会。各级红十字会通过上街宣传、发放资料、悬挂条幅、举办讲座等形式，向社会广泛宣传《福建省红十字会条例》。

广泛开展宣传工作。充分发挥宣传工作的先导作用，福建省红十字会制定了《宣传工作纲要》和《宣传工作指导意见》，指导各级红十字会开展宣传工作。各级红十字会注重与新闻部门的横向联系，增强红十字会宣传报道的力度，营造了较好的红十字事业发展的舆论氛围。省红十字会以纪念“五八”世界红十字日、红十字会法颁布日、无偿献血宣传周、赈灾募捐、捐献造血干细胞等为主题开展宣传活动，增进了广大群众对红十字会的了解。充分发挥红十字系统创办的《博爱文摘》、《红十字信息》、《红十字报》、《红十字心声》广播节目及省红十字会、南安市红十字会的网站等宣传媒介的作用，大力宣传红十字会法、红十字会百年来的业绩、红十字会开展的各项工作。福建省各级红十字会积极订阅《中国红十字报》、《博爱》杂志，福建省及厦门市思明区、开元区红十字会分别受到中国红十字会总会报刊社的表彰。

开展纪念“五八”世界红十字日活动。“五八”期间，福建省各级红十字会紧紧围绕“办实事、庆百年——红十字在行动”的主题，开展了丰富多彩、生动活泼的纪念活动。省红十字会办公室全体工作人员走出办公室，分赴全省各设区市，参加当地红十字会组织的纪念中国红十字会建会100周年和纪念“五八”世界红十字日活动。省红十字会与漳州市红十字会、漳州市老年集邮协会共同举办了“纪念中国红十字会成立一百周年”红十字邮展活动。厦门市红十字会与厦门台商协会联合发起为期一周的“红羽毛献爱心”义卖义捐活动，收到善款24.2610万元。龙岩市红十字会与市卫生局、市文化局联合举办“纪念中国红十字会成立100周年暨‘五八’世界红十字日”大型文艺汇演。厦门市、南平市、龙岩市、宁德市，福州市闽侯、闽清、连江、永泰区，泉州市鲤城区，龙岩市新罗区，三明市永安、将乐县等地红十字会都在所在地区开展了义诊咨询、健康体检、无偿献血、捐献造血干细胞科普知识宣传、心肺复苏演示等活动，纪念“五八”世界红十字日，广泛宣传红十字会。

开展纪念中国红十字会建会百年系列活动。福建省各级红十字会以中国红十字会建会100周年为契机，大力宣传红十字事业，开展了“办实事，庆百年”系列纪念活动，在社会上产生了广泛的影响。福建省红十字会在《福建卫生报》刊出“纪念中国红十字会成立100周年”专版。志愿工作者高永华自费骑单车踏上了赴新疆，沿途宣传中国红十字会百年华诞和无偿献血等。在福建省红十字会的协调下，福建省、福州市、厦门市红十字会和金门红十字组织、马祖红十字组织分别在当地种植“博爱林”，共同为绿化祖国山川、沟通海峡两岸情谊做贡献。厦门、晋江市红十字会还举行了纪念中国红十字会百年华诞座谈会。

持续开展人道传播工作。福建省红十字会把传播工作摆上重要的议事日程，并专门研究形成工作计划下发各地红十字会。省红十字会在福州大学、福建农林大学和闽江学院等高校举办了红十字运动基本知识讲座，有2000多名学生参加了讲座，加深了青少年对红十字运动的认识。龙岩市红十字会开展了“红十字基本知识有奖竞赛”活动，收到了很好的效果。

（三）组织建设工作不断加强

加强理事会及会员、志愿工作者队伍建设。2月26日至27日，福建省红十字会秘书长何钟生、厦门市红十字会副秘书长李明珠代表福建省红十字会参加了在江西省南昌市召开的中国红十字会工作会议。工作会议结束后，福建省红十字会召开了设区市红十字会秘书长工作会议，传达贯彻中国红十字会工作会议精神。10月27日至29日，中国红十字会第八次全国会员代表大会在北京召开。福建省副省长汪毅夫、省红十字会常务副会长何明、省红十字会党组书记黄毅敏等16位福建代表参加了大会。汪毅夫、黄毅敏、郭振家当选为中国红十字会第八届理事会理事。年仅13岁的漳州市芗城实验小学红十字青少年杨韵玲是此次大会上年龄最小的代表，有幸受到了党和国家领导人的接见。会后，福建省红十字会及时召开全体工作人员会议，传达了中国红十字会第八次全国会员代表大会精神，并对下一步福建省红十字会贯彻“八大”精神的具体实施意见做了部署。福建省各级红十字会也相继召开会议，传达贯彻会议精神。在福建省红十字会召开的第五届常务理事会第三次会议上，讨论研究了召开福建省红十字会第六次会员代表大会相关事宜，聘请美国红十字会副会长斯括尔斯博士担任福建省红十字会第六届理事会高级顾问。华安县、屏南县红十字会召开了会员代表大会。漳州市、龙岩市，厦门市思明区、海沧区、集美区、同安区，泉州市鲤城区、龙岩市新罗区召开了理事会，依法进行理事换届工作。同安县、漳浦县、顺昌县、永定县红十字会也对部分理事进行了调整，较好地发挥了理事会和常务理事会领导集体作用。

开展红十字青少年活动。根据《学校红十字工作规则》，紧密配合学校素质教育，福建省福州市、厦门市、漳州市、泉州市、三明市红十字会召开学校工作委员会会议，调整充实领导机构。省红十字会学校工作委员会在宁德市霞浦县举办了2004年福建省红十字青少年夏令营，来自9个设区市和高校的40名红十字青少年会员参加了夏令营。营员们听取了国际红十字运动基本知识讲座，学习了初级卫生救护技能，参观游览了太姥山、杨家溪等名胜古迹，开展文化娱乐活动，夏令营取得圆满成功。许多学校红十字会配合学生素质教育，开展了适合青少年特点的形式多样的活动。福建农林大学红十字会举办了“爱心塑造美丽”晚会暨爱心形象大使选拔赛，进一步提升了红十字会在高校学生中的影响力。闽北卫校红十字会在召开的会员代表大会上表彰了“先进红十字班级”和“优秀红十字会员”，鼓舞师生积极投身于红十字事业。红十字青少年特色活动丰富了学校德育教育的内涵，促进了青少年健康成长。

（四）交往交流与台湾事务工作进一步加强

对外交流交往与合作工作。1月7至17日，福建省红十字会欧洲访问团一行8人对法国、德国等6国红十字会的救护培训、急救车设施和备灾情况等进行了考察，并就相互关心的问题进行了座谈、探讨。福建省红十字会还接待了美国红十字会副会长斯括尔斯博士来闽考察、参观中国造血干细胞捐献者资料库福建省分库工作。接待了以日本红十字会组织推进部部长五十岚清为团长的日本红十字会访华团一行5人来福建省厦门市进行的工作访问。

协助政府处理涉台相关事宜。按照《金门协议》，福建省红十字会继续担负双向遣返作业中的联络联系任务，参与见证接回私渡去台人员9批1440人，遣送非法入境台湾人5批20人，接回私渡人员骨灰2盒，受理大陆查找在台亲人3宗，为私渡人员转寄“红十字通讯”493封，协助政府处理两岸突发事件3起。协助处理台湾渔船

"鱼圣"轮与福州金帆船务有限公司"金富达9"轮碰撞事故，见证交还台湾"海巡"队员廖庆麟和陈厚昌。接待了以马祖红十字组织曹尔忠会长为组长的"马祖红十字组织海上救生组"一行来闽与福建省有关单位交流海上救生业务和台澎金马红十字组织一行36名代表来福建省福州、泉州、晋江等地交流访问。

（五）自身建设和红十字会干部素质逐步提高

实现建设有中国特色红十字事业目标，建设一支高素质的干部队伍至关重要。福建省红十字会机关执行每周开展政治、业务学习的制度，组织干部学习邓小平理论、党的十六大精神以及红十字会法律法规、中国红十字会第八次全国会员代表大会文件等，以"三个代表"重要思想指导红十字会工作。坚持理论联系实际，学以致用，找准红十字会工作服务于"三个文明"建设的切入点和结合点。通过举办国际红十字运动基本知识、救灾救护培训班，派员参加中国红十字会总会举办的各类培训班和政府公务员培训、计算机、英语培训等，提高干部的理论素养和业务技能，树立强烈的事业心和责任感。同时不断改善办公条件，增加现代化办公设备。

（郑　颖）

附录：

福建省红十字会条例

（2004年6月2日福建省第十届人民代表大会常务委员会第九次会议通过）

第一条　为了保护人的生命和健康，发扬人道主义精神，提高社会救助水平，促进和平进步事业，根据《中华人民共和国红十字会法》等法律、法规，结合本省实际，制定本条例。

第二条　凡在本省行政区域内从事与红十字事业有关的活动，必须遵守本条例。

第三条　红十字会是从事人道主义工作的社会救助团体。

承认《中国红十字会章程》并缴纳会费的我国公民或者单位，可以自愿参加红十字会，成为红十字会个人会员或者团体会员。

第四条　红十字会使用白底红十字标志。红十字标志的使用范围和办法按照国家有关规定执行，其他任何单位和个人不得擅自使用红十字标志。红十字标志的使用由红十字会协助各级人民政府监督管理。

第五条　省、设区的市、县（市、区）按行政区域建立地方红十字会。各级地方红十字会设置办事机构，配备专职工作人员。

全省性行业根据需要可以建立行业红十字会。

各级地方红十字会和全省性行业红十字会依法取得社团法人资格，独立自主地开展工作。

第六条　上级红十字会指导下级红十字

会的工作。行业红十字会接受省红十字会的指导。红十字会基层组织接受所在地县级地方红十字会的指导。

第七条 地方各级人民政府应当对红十字事业给予支持和资助，保障红十字会依法履行职责，并对其活动进行监督；红十字会协助人民政府开展与其职责有关的活动。

第八条 全社会都要关心、支持红十字事业。提倡单位和个人积极参加红十字人道主义救助活动。

红十字会可以吸收自愿为红十字事业工作的人员为红十字志愿工作者，组织其参与人道主义救助活动。

第九条 对红十字事业做出显著贡献的单位和个人，由县级以上地方红十字会或者报请同级人民政府给予表彰和奖励。

第十条 红十字会应当做好救灾准备工作，提高救助能力。

省红十字会可以建立备灾救灾机构，并根据需要规划建立备灾救灾仓库，筹措储备救灾物资。

第十一条 在自然灾害、突发事件中，红十字会组织红十字救护员、志愿工作者对易受损人群和受害者进行救助。

各级地方红十字会可以根据需要依托医疗机构在事故易发地设立红十字救护站，开展现场救护。

第十二条 红十字会在公民中宣传红十字基本知识，传播人道主义。

红十字会参与无偿献血和遗体、角膜及其他器官捐献的宣传动员工作，参与艾滋病等传染病预防宣传教育工作。

第十三条 红十字会可以在社区开展红十字人道服务，进行初级救护培训，开展救助活动。

红十字会可以在学校开展适合青少年特点的红十字活动。

第十四条 省红十字会依照国家有关规定建立省级造血干细胞捐献者管理中心，征集造血干细胞志愿捐献者，募集建设资金。由管理中心为受赠者提供检索、配型、移植联系等服务。

第十五条 省红十字会在中国红十字会总会指导下，发展同香港特别行政区、澳门特别行政区和台湾地区红十字组织以及外国地方红十字会和红新月会的友好合作关系。

第十六条 省红十字会受中国红十字会总会或者省人民政府委托参与台湾海峡两岸双向遣返工作，协助人民政府处理闽台两地涉台突发事件和海难事件，为两岸同胞提供人道服务。

第十七条 红十字会经费的主要来源：

（一）会员缴纳的会费；

（二）接受国内外组织和个人捐赠的款物；

（三）动产、不动产及兴办社会福利事业的收入；

（四）人民政府的拨款。

各级地方红十字会可以依法设立红十字基金或者基金会，募集资金专项用于人道主义救助活动。

第十八条 红十字会可以通过义演、义卖、义诊等活动募集救助资金和物资。

各级地方红十字会可以在本地区域内的宾馆、商场、公园、车站、码头、机场等公共场所设置募捐箱，有关单位应当予以支持。

第十九条 单位和个人向红十字会捐赠款物，依照国家有关规定享受相应税收优惠。境外组织和个人捐赠救灾物资，海关、出入境检验检疫等部门应当依法提供方便并减免相关税费。

第二十条 红十字会接受捐赠的款物，应当用于红十字事业，任何单位和个人不得侵占、挪用。

红十字会处分捐赠款物，应当尊重捐赠者的意愿。需改变救助用途的，必须征得捐赠者同意。

捐赠者、资助者有权向红十字会查询所捐赠、资助款物的使用、管理情况。对于捐赠者、资助者的查询，红十字会应当及时如实答复。

第二十一条 各级地方红十字会可以将动产、不动产用于兴办符合红十字宗旨的社会福利事业，地方各级人民政府应当给予扶持。

第二十二条 红十字会应当建立经费、财产以及捐赠款物的管理、审查、监督制度；及时向社会公布接受的捐赠款物及其使用情况；每年向同级红十字会理事会报告经费来源和使用情况，并接受同级人民政府的审计监督。

第二十三条 新闻媒体应当加强对红十字会活动的宣传报道工作。对人道主义救助的公益广告，按照国家有关规定予以无偿播放或者登载。

第二十四条 在红十字会执行救灾任务和处理突发事件时，有关部门应当对标有红十字标志的人员、物资、交通工具等给予优先通行，并免征车辆路桥通行费。

第二十五条 医疗机构或者其他单位申请以红十字命名、冠名的，应当向县级以上地方红十字会提出申请，由受理申请的红十字会报上一级红十字会批准。

以红十字命名、冠名的单位，应当依法使用红十字标志和名称，承担红十字相关义务。

各级地方红十字会对以红十字命名、冠名的单位进行监督。对不履行红十字相关义务的，由批准命名、冠名的红十字会予以取消命名、冠名。

第二十六条 违反本条例第四条规定擅自使用红十字标志的，依照《中华人民共和国红十字标志使用办法》的有关规定予以处理。

第二十七条 红十字会工作人员违反本条例规定，玩忽职守、徇私舞弊、滥用职权或者利用职务便利索取、收受他人财物的，依照国家有关规定给予行政处分；构成犯罪的，依法追究刑事责任。

第二十八条 本条例自 2004 年 8 月 1 日起施行。

江西省红十字会

【历史沿革】

江西省红十字会是中国红十字会的地方分会。江西境内的地方红十字活动起始于 1912 年，当时主要从事战地救护和为赤贫难胞免费医疗活动。

新中国成立后，党和政府非常重视和关心红十字事业的发展。1956 年 10 月，江西省红十字会成立，副省长欧阳武当选为会长。“文革”期间，红十字会活动停止。1984 年 6 月，经江西省人民政府批准，省红十字会重新恢复，并召开了江西省红十字会第二届理事会，副省长柳斌和陈癸尊先后任会长。1991 年 6 月，江西省红十字会召开了第三次会员代表大会，江西省副省长陈癸尊当选为会长。1993年，江西副省长黄懋衡任会长。1995年5月，在江西省红十字会三届三次理事会上，江西省省长舒圣佑受聘任名誉会长。1999年8月31日，在江西省红十字会第四次会员代表大会上，江西省副省长胡振鹏当选为会长。2001年10月，中共江西省委办公厅、省政府办公厅下发了理顺江西省红十字会管理体制的“三定”方案。2003年6月，在江西省红十字会四届三次理事会上，选举方娅为专职副会长，省红十字会由省卫生厅代管改由省政府领导联系，成为独立自主开展工作的社会救助团体，江西省红十字会迈入一个新的历史发展时期。2004年3月，经中共江西省委组织部批准，江西省红十字会党组成立，方娅任党组书记，从而完成了省红十字会独立建制工作。2005年6月6日，江西省红十字会第五次会员代表大会召开。中共江西省委书记孟建柱，省委副书记王君，省委常委、省委秘书长陈达恒，省人大常委会副主任全文甫，省政府副省长胡振鹏，省政协副主席刘运来出席了大会。中国红十字会常务副会长、总会党组书记江亦曼专程到会祝贺。大会全面总结了江西省红十字会第四届理事会的工作，制定了《江西省红十字事业2005—2009年发展规划》，选举产生了由85名理事组成的新一届理事会，聘请中共江西省委书记孟建柱、省长黄智权为名誉会长，副省长胡振鹏再次当选为会长，方娅当选为常务副会长。会上，江西省红十字会和省人事厅还联合表彰了省红十字会系统的11个先进集体和13名先进个人。

【组织机构】

江西省11个设区市和99个县（市、区）全部建立了红十字会，现有红十字会基层组织2624个、会员54.9万人。全省有892所大、中、小学成立了红十字会，有青少年会员34.6万人。

江西省红十字会机关设有办公室、组织宣传处、赈灾服务处、中国造血干细胞捐献者资料库江西省分库管理中心。

【相关法规】

1995年12月20日，江西省第八届人民代表大会常务委员会第十九次会议审议通过了《江西省实施〈中华人民共和国红十字会法〉办法》。

【大型项目】

（一）8年水灾重建项目

1. 香港特别行政区红十字会援助698.67万元，用于灾后重建19所卫生院和3所小学，并为这些卫生院和学校配备了一批设备。

2. 深圳市红十字会援助454万元，重建8所卫生院和2所小学。

3. 上海市红十字会援助385万元，重建8所学校和5所卫生院。

4. 广东省红十字会援助225万元，重建4所卫生院和4所学校。

5. 中国红十字会总会拨款190万元，援建两座灾民新村和3所卫生院。

（二）1999年水灾国际联合会援助计划

红十字会与红新月会国际联合会通过中国红十字会总会向江西灾区捐赠了价值人民币6796886元的大米、消杀剂、净水剂、棉被、棉大衣，有226个（次）村庄、279873万人次受益。

（三）2002年水灾灾后重建项目

由香港特别行政区红十字会通过中国红十字会总会向江西省2002年水灾灾区捐款

人民币 175.13 万元，重建了 11 所乡镇卫生院，并为这些卫生院配备了价值人民币 97.63 万元的医疗设备。

【主要特色】

1. 理顺管理体制工作实现整体突破。至 2004 年底，江西省 11 个设区市全部下达了市红十字会“三定”方案。其中上饶、南昌、宜春、新余、萍乡和赣州实现机构独立设置。兴国、九江、进贤、广丰、上饶、余干、婺源及南昌市东湖区、西湖区等 9 个县（区）理顺了红十字会管理体制。

2. 备灾救灾工作成绩斐然。1989 年以来，江西省红十字会共募集各类救灾款物折合人民币 1 亿余元，用于救助全省的受灾群众和灾后重建工作。援助重建了 60 所卫生院、24 所博爱学校、2 个灾民新村、2 座市级红十字会备灾中心，总建筑面积 91145.76 平方米。

3. 持续推进人道关爱行动。2004 年 6 月，江西省广丰籍工程人员在阿富汗遭受恐怖袭击，省红十字会和上饶市红十字会及时为遇难和受伤人员的亲属送去慰问金和慰问品，在社会上引起了较大反响。景德镇市红十字会争取市政府批准了《景德镇市红十字救助基金管理暂行办法》，对灾区、白血病患儿、失火家庭等实施了救助。兴国县红十字会连续多年实施对贫困中小学生救助的“育才助学”工程，先后有 338 名学生得到资助。

4. 社区服务探索出新模式。2001 年，省红十字志愿护理服务中心成立。该中心免费为下岗女工开展再就业技能培训，培训陪护专业保健员；与 15 所医院共建社区护理服务网络、双向转诊网络；在省科委立项开展《南昌市社区护理服务模式研究》课题；成立“江西省红十字博爱艺术团”，以群众喜闻乐见的形式开展宣传活动；组织红十字志愿者利用周末和节假日义务为社区老、弱、病、残人士作护理服务。中心有千余名志愿者，在南昌市建立了 39 个社区服务网点，提供健康服务 4.2 万人次，开创了江西省社区红十字服务的新模式。

5. 宣讲红十字会法及传播工作扎实深入。省红十字会以把红十字会法列入“四五”普法规划为契机，开展了形式多样的红十字会法宣讲、国际人道法和红十字运动基本知识传播工作。红十字会法被列入全省副科级以上干部普法考试的内容。吉安市、南昌市红十字会每年都要制定传播工作计划，深入机关、学校、社区等基层开展传播；景德镇市及上饶县红十字会与卫生部门合作，把红十字运动基本知识列入卫生人员再教育的内容。5 年来，江西全省共举办红十字会法宣讲和传播培训班 400 多期，印发学习材料 28 万份，有 15 万人接受了培训，全省普及红十字会法的对象达 3000 万人次。

6. 清理滥用、误用红十字标志成效明显。江西省各级红十字会联合卫生、工商等部门和新闻单位积极开展清理滥用红十字标志工作，依法规范红十字标志使用，使全省滥用、误用红十字标志的违法现象得到纠正。

【显著业绩】

2001 年和 2003 年，江西省红十字会两次荣获红十字国际委员会和中国红十字会总会联合授予的传播工作二等奖。

2003 年，经江西省红十字会推荐，章金媛女士荣获国际护理界最高荣誉奖——南丁格尔奖章。

2004 年，赣州市章贡区在全国创建社

区红十字服务示范活动中被中国红十字会总会和民政部授予“全国社区红十字服务示范区”称号。

【年度工作】

2004 年，在中共江西省委、省政府和中国红十字会总会的正确领导下，江西省各级红十字会坚持以邓小平理论和“三个代表”重要思想为指导，深入贯彻中国红十字会第八次全国会员代表大会精神，按照年初制定的工作目标，理清思路，开拓创新，真抓实干，各项工作取得了较好的成绩。

（一）组织建设工作成效显著

设区市红十字会理顺管理体制实现整体突破。2004 年，江西省红十字会把理顺设区市红十字会管理体制工作列入重要议事日程，将 2004 年定为“理顺体制年”，提出了实现 80% 的设区市红十字会理顺管理体制的目标。为了进一步加大理顺管理体制工作力度，江西省副省长、省红十字会会长胡振鹏给各设区市党政领导写信，宣传理顺红十字会管理体制的重大意义。为了争取地方领导的重视和支持，省红十字会做到“三勤”（勤上门、勤沟通、勤汇报），各级红十字会积极配合，及时向当地党委、政府和有关部门汇报工作，争取支持。经过全省各级红十字会的共同努力，在一年的时间里，11 个设区市全部下达了红十字会“三定”方案，上饶、南昌、宜春、新余、萍乡等 5 个市的红十字会实现了机构独立设置。另有 8 县（区）的红十字会理顺了管理体制，九江、进贤县，东湖区已实现机构独立设置。

各级机关自身建设得到加强。2004 年 3 月，经中共江西省委组织部批准，省红十字会机关成立党组。按照法定程序产生了省红十字会机关党支部、工会、共青团组织及其领导机构，完善了纪检监察机制。建立和完善了彩票公益金项目管理、会费管理、备灾物资管理和机关内部管理等各项规章制度。更新和增添了电脑和办公设备，建立了机关局域网，实现了无纸化办公自动化系统，大大提高了工作效率。在设区市和县（区）级红十字会机关建设中，上饶、南昌、宜春、新余、赣州 5 个设区市政府在较短时间内解决了红十字会人员到位等问题，组建了内设机构，并建章立制。九江、进贤县，东湖区红十字会理顺管理体制后，人员也都已到位，机关各项工作逐步理顺。

基层组织不断壮大。江西省各级红十字会十分重视理事会、会员及志愿工作者队伍建设，积极做好发展基层红十字会组织和会员的工作。到 2004 年底，全省共有红十字会基层组织 2600 多个，会员 54 万余人。上饶市红十字会理顺体制后，发展团体会员 169 个，有会员 14991 名。为规范志愿者管理，江西省红十字会编印了全省统一的志愿者登记表、证书、标牌，开通了红十字志愿者网上报名系统，筹建了“江西红十字义工联合会”，近千名大学生参加了现场注册启动仪式。九江市红十字会成立了“志愿者护理援助中心”和“造血干细胞捐献志愿者服务队”两支志愿者队伍。

（二）红十字会的社会影响不断扩大

中国红十字会建会百年庆典和“八大”宣传深入扎实。江西省红十字会组织编辑出版了大型百年纪念画册《爱洒人间》，并制作百年专题电视节目在江西卫视播出；南昌、九江、吉安市红十字会举办了全市红十字知识竞赛；宜春市红十字会编演了话剧《红十字颂》；赣州市红十字会开展了“红十字在我心中”万人演讲赛。中国红十字会第八次全国会员代表大会结束后，江西省各级红十字立即组织广大干部职工认真学习了“八大”精神，并结合本单位实际，制定了具体的贯彻落实措施。同时，在扎实做好江西省第五次红十字会员代表大会筹备工作的同时，研究提出了进一步发展江西省红十字事业的具体规划。省红十字会组织学习了国务院办公厅转发中国红十字会总会《关于进一步加强红十字会工作的意见》，遵照省政府办公厅意见，起草了《关于进一步加强我省红十字会工作的意见》。

海啸募捐活动得到社会各界积极响应。印度洋海域发生海啸给南亚和东南亚许多国家造成重大人员伤亡和财产损失，江西省红十字会及时召开会议，研究部署募捐工作，并通过新闻媒体向全省发出紧急呼吁，发动社会各界援助海啸灾民。全省各级红十字会立即行动起来，积极投入到海啸募捐活动中来。南昌市红十字会高度重视，严密组织，募集捐款96.2万元。截至2005年1月31日，江西省红十字会共募集捐款449.31万元。同时，省红十字会还在短期内编辑出版了“让世界充满爱——为印度洋地震海啸灾区募捐活动专刊”，并发送到每一位捐赠者和省人大代表手中，自觉接受社会各界的监督。南昌、赣州等市红十字会通过各种方式公布募捐情况。

“红十字会博爱送万家”活动扎实开展，为进一步救助弱势群体，在春节期间，江西省红十字会在中国红十字会总会下发价值25万元送温暖物资的基础上，争取到本省一些知名企业的大力支持和赞助，共配套了127万元的救助款物。将社会的关爱送到7000多名弱势群众手中。同时，在全省开展了救助1000户特困家庭活动，并通过新闻渠道获得特困者资料，对其中的个案还进行了深入走访慰问，使“红十字博爱送万家”这一品牌在江西省唱响。

人道救助工作形式多样，富有成效。2004年，江西省红十字会积极开展了“拯救生命，我们一起行动——首批捐献造血干细胞志愿者入库采样”和“献血，赠送生命的礼物，谢谢你们!”主题活动，利用广播、电视、报刊、宣传栏等载体，广泛宣传造血干细胞移植有关常识，使广大群众加深了对捐献造血干细胞的理解，积极参与到志愿捐献造血干细胞的行列中来。省红十字会与博爱眼科中心联合举办了“红十字会助困献爱心，博爱眼科除障送光明”新闻发布会，积极开展社会公益活动，为3名白内障患者免费施行了手术，并陆续为30多名贫困患者每人减免了手术费1170元。2004年6月，省红十字会与上饶市红十字会专门为江西省在阿富汗遇难和受伤人员的亲属送去慰问金和慰问品，这次慰问活动引起了较大社会反响。宜春市红十字会在全国第五届农民运动会期间，组织红十字青年志愿救护队进行人道宣传和应急救护，受到农运会组委会的赞扬。

（三）各项业务工作扎实推进

筹资渠道进一步拓展。江西省红十字会在积极争取各级政府支持外，还主动走出去，争取内外援。根据中国红十字会总会《关于做好2004年洪涝灾害呼吁的通知》精神，江西省红十字会组织开展了“捐一元善款，为灾民解难!”的募捐活动，还在大中专学校进行了书签义卖活动，并且主动与相关企事业单位加强沟通联系，积极寻找对红十字事业的理解者和支持者。一年来，江西省红十字会共收到捐赠物资1010余万元，募集捐款121万元，使50所万的受灾群众、特困家庭和贫困的大学生得到资助。

救助领域进一步拓宽。江西省红十字会与香港特别行政区红十字会共同启动了上饶农村社区备灾项目，提高了当地农村社区群众的备灾救灾能力，帮助农村社区做好减灾工作。顺利完成2002年灾后由香港特别行政区红十字会捐助重建的11所乡镇卫生院，有效地解决了当地困难群众看病难、难治病的问题。北京市红十字会捐款30万元援建的南昌县“华标博爱小学”顺利竣工，为当地适龄儿童入学提供了良好的学习环境。一年来，全省各级红十字会共投入救灾救助款物1000多万元，参与省内赈灾救济工作10余次。2004年4月，抚州市崇仁县发生暴雨冰雹灾害，省红十字会派人在第一时间赶到现场，并送去了5万余元的救助物资。

卫生救护培训工作取得新成效。一年来，全省共举办了5期国家彩票公益金项目救护师资培训班，培训卫生救护师资150人。选派省直团体会员单位的30名医护专业人员参加了华东地区救护师资培训班。全省各级红十字会在该项工作的数量和层次上均有了新的突破，同时，将卫生救护培训向外资企业、铁路等行业拓展。省红十字会编印了统一使用的急救员证，并逐步规范全省急救员证的发放。南昌市红十字会与德国黑森州红十字会理事汉斯先生合作，免费为创世纪学校的师生进行了培训。南昌、新余、抚州、萍乡市，新建、余江县红十字会组织了对机动车驾驶员进行的卫生救护知识培训。萍乡市红十字会与萍矿集团、萍钢联合举办了卫生救护培训。

创建社区红十字服务示范活动取得实效。江西省各级红十字会按照《关于创建省级社区红十字服务示范市（区）、站活动的实施办法》要求，积极开展创建省级和全国示范社区活动。赣州市章贡区红十字会建立了“志愿者网络、宣传网络、健康网络、救护网络、互助网络”等5大社区服务网络，开展了形式多样的社区服务工作，赢得社区群众的广泛赞誉，被中国红十字会总会、民政部授予首批全国社区红十字服务示范区称号。省红十字志愿护理服务中心在南昌市36个社区常年坚持开展“红十字关爱进社区”活动，全年免费为社区3000多居民提供健康咨询、义诊等服务，建立健康档案1000多份。此外，“江西红十字健康服务中心”也挂牌成立。

造血干细胞捐献者资料库建设填补江西空白。2004年4月，中国造血干细胞捐献者资料库江西省分库工作正式启动。目前，江西分库已在全省11个设区市成立工作站，采集捐献造血干细胞志愿者的血样2166人份，1003人份的数据和个人资料录入中国造血干细胞捐献者资料库。实现了江西造血干细胞捐献者入库资料“零”的突破。

无偿献血、遗体捐献和预防艾滋病宣传工作不断深入。2004年6月14日，江西省各级红十字会广泛开展了第一个“世界无偿献血日”宣传活动。抚州、鹰潭、宜春、景德镇等市红十字会通过宣传图片、媒体报道等多种形式，推动无偿献血工作。全省各级红十字会依法做好规范遗体（器官）捐献登记和接收的服务管理工作，加大宣传工作的力度，从而使更多的人志愿参与到遗体（器官）捐献中来。2004年，登记遗体捐献者有24人，实现捐献愿望的有3例。九江、萍乡市红十字会也正式启动了遗体志愿捐献工作。此外，各级红十字会开展了“12·1”

世界艾滋病日宣传活动。江西农大等3所高校开展了“预防艾滋病宣传月”活动。抚州市红十字会联合交通部门开展了对长途汽车司机的预防艾滋病宣传。

（四）逐步扩大对外交流与交往

江西省红十字会理顺管理体制后，不断扩大对外交流与交往，先后组织省、市两级专职干部分别前往上海、江苏、重庆等地参观学习；先后随团出访了瑞士、泰国、尼泊尔等国。目前，江西省红十字会正在积极拓宽对外交流的渠道和领域。

（刘华鹰）

附录：

江西省实施《中华人民共和国红十字会法》办法

（1995年12月20日江西省第八届人民代表大会常务委员会第十九次会议通过）

第一条 根据《中华人民共和国红十字会法》（以下简称红十字会法）和其他有关法律、法规的规定，结合本省实际，制定本办法。

第二条 本省县级以上按行政区域建立的各级红十字会，是中国红十字会指导下的地方组织，是从事人道主义工作的社会救助团体，为促进和平进步事业和社会、经济发展服务，并依法取得社会团体法人资格。

第三条 红十字会使用白底红十字标志。红十字标志的使用范围和办法应当按照国家有关规定执行。其他任何组织和个人不得滥用红十字标志。

第四条 县级以上红十字会办事机构，根据实际工作需要，配备专职工作人员，负责红十字会日常工作。

第五条 全省性行业组织可以建立行业红十字会，根据实际工作需要，配备专职或者兼职工作人员。

乡（镇）、街道办事处、机关、企业事业单位和学校可以建立基层红十字会。

第六条 红十字会会员分为个人会员和团体会员。个人会员由本人申请，基层红十字会批准，发给会员证。团体会员由单位申请，县级以上红十字会批准，发给团体会员证。

第七条 县级以上红十字会可以设名誉会长和名誉副会长。名誉会长和名誉副会长由同级红十字会理事会聘请。

第八条 省红十字会根据独立、平等、互相尊重的原则，发展同外国地方红十字会和红新月会的友好往来和合作。

第九条 县级以上红十字会应当依照红十字会法和本办法以及红十字会章程履行职责，在人民政府的支持、资助、保障和监督下，独立自主地开展工作，协助人民政府开展与其职责有关的活动。

第十条 红十字会应当做好救灾的准备工作，根据每年灾情的预测和实际情况，筹措救灾物资，组织群众参加卫生救护培训，学习疾病防治知识，进行抗灾救护训练，提高抗灾能力。

第十一条 红十字会对公安、铁路、交通、商业、民航、旅游以及采掘、地质勘察等容易发生意外伤害的单位，重点进行初级卫生救护培训，有关单位应当予以协助。

第十二条 红十字会应当参与输血献血的组织、宣传工作，推动无偿献血，加强对红十字会血站的管理。

第十三条 红十字会应当与教育部门密切配合，根据青少年的不同年龄和知识层次，开展相应的卫生和救护知识教育，在校内外开展体现红十字精神的救死扶伤、扶危济困、敬老助残、尊师爱幼、助人为乐等活动。

第十四条 发生自然灾害和突发事件，当地红十字会应当及时组织救助，并报告上一级红十字会。

在自然灾害和突发事件中，公路、铁路、航运、航空等交通运输管理部门对执行救助任务并标有红十字标志的人员、物资和交通工具，应当优先放行；执行救助任务的车（船）免交路、桥、渡口通行费。

第十五条 县级以上人民政府应当为本级红十字会开展工作提供场所、设备等必要的工作条件。

行业红十字会和基层红十字会所在行业和单位应当为其开展工作提供方便和适当的经费支持。红十字会配备的赈灾救护车免交公路养路费。

第十六条 红十字会兴办或者参与兴办与其宗旨相符的社会福利事业，各级人民政府及有关部门应当予以扶持，并按照国家有关规定减免税费。

第十七条 红十字会接受来自境内外捐赠用于救助和公益事业的物资和设备，按照国家有关规定，享受减免税费待遇。

境外无偿援助或者捐赠的物资和设备，享受减免关税待遇的，必须用于救助工作，不得移作他用。

对进口的用于救灾和突发事件的捐赠物资和设备，海关、检疫等部门应当优先办理有关手续。

第十八条 红十字会经费的主要来源：

（一）红十字会会员缴纳的会费；

（二）接受国内外组织和个人捐赠的款物；

（三）动产和不动产的收入；

（四）人民政府的拨款；

（五）行业红十字会和基层红十字会所在行业和单位的资助。

第十九条 县级以上红十字会为开展救助工作，经同级人民政府批准，可以进行募捐活动。每年募捐活动的情况，应当向同级人民政府报告，并接受同级人民政府的检查、监督。

向社会募捐必须坚持自愿原则，不得摊派。

省红十字会可以选择适当的公共场所设置募捐箱。

第二十条 县级以上红十字会可以依法设立红十字基金或者基金会。红十字基金或者基金会应当实行民主管理，建立严格的资金筹集、管理、使用制度，并依法接受银行、审计和民政部门的检查监督。

第二十一条 红十字会应当建立经费收支、财产管理、捐赠款物和所办社会福利事业单位经济活动的审查监督制度，并每年向理事会报告执行情况。

县级以上红十字会的经费使用情况，接受同级人民政府的检查监督。行业红十字会和基层红十字会的经费使用情况，接受所在行业和单位的检查监督。

第二十二条 任何组织和个人不得侵占、挪用红十字会的经费、财产和救灾款物。因行政区划或者部门、单位变更等原因，红十字会组织机构变更的，其财产应当归变更后的红十字会所有。

第二十三条 红十字会工作人员应当遵纪守法、勤奋廉洁、恪尽职守，做好红十字会工作。

第二十四条 县级以上红十字会对在红十字事业中做出突出贡献的志愿工作者和社会各界人士，可以授予荣誉称号和颁发荣誉证书、证章。

红十字会对在红十字工作中做出显著成绩的单位、红十字会会员及工作人员，应当给予表彰和奖励。

第二十五条 文化、广播、电视、新闻等部门应当积极宣传红十字会法和本办法，对红十字会组织开展的人道主义救助活动，应当给予支持。

第二十六条 任何组织和个人不得拒绝、阻碍红十字会工作人员依法履行职责。在自然灾害和突发事件中阻碍红十字会工作人员依法履行职责的，依照红十字会法第十五条的规定处罚。

第二十七条 违反本办法第三条规定滥用红十字标志的，红十字会有权要求其停止使用；拒绝停止使用的，红十字会可以提请人民政府按照有关法律、法规的规定予以处罚。

第二十八条 违反本办法第二十二条规定，侵占、挪用红十字会的经费、财产和救灾款物的，由直接责任人员所在单位或者人民政府有关部门对其给予行政处分；违反《中华人民共和国治安管理处罚条例》的，由公安部门依法对其进行处罚；构成犯罪的，依法追究刑事责任。

第二十九条 本办法自公布之日起施行。

山东省红十字会

【历史沿革】

1911 年农历 10 月，山东巡抚孙宝琦批准成立山东省红十字会，会址设在济南中西医院内。1912 年 1 月 1 日，中国红十字会饬文，接收山东省红十字会为中国红十字会分会，命以“中国红十字会山东分会”之名并“刊刻木质关防之图记呈报”，接收刘崇惠为总会会员。山东省红十字会成立后，以“博爱恤兵”和“人道主义”为宗旨，在各地积极建立红十字会组织，创建红十字医院，开展了战地伤员救护、社会救济等工作。抗日战争时期，山东省红十字会组织受到日军破坏，领导成员遭受迫害。抗日战争结束后，山东省红十字会进入复原时期。至 1948 年底，山东省有青岛、济南、章丘等 14 个分会。

新中国成立后，山东省红十字会进入新的历史发展时期，地方红十字会组织在中国共产党和政府领导下进行了改组，红十字会工作人员列入国家编制，省红十字会工作人员编制 59 人。1957 年 5 月 22 日，成立了山东省红十字会筹备委员会。7 月 8 日，山东省人民委员会同意建立山东省红十字会，同月，召开正式成立大会，组成了以余修（副省长）为主席的 33 人委员会。山东省红十字会委员会成立后，重点在城市建立组织，发展会员；在农村开展红十字工作试点；在中、小学组织开展青少年活动。1962 年 12 月，山东省红十字会选出第二届委员会，委员 25 人，王哲（副省长）任会长。

文化大革命时期，红十字会组织陷于瘫痪。1980年，山东省人民政府批准恢复山东省红十字会，省红十字会编制3人，设在省卫生厅内。1980年11月3日，省红十字会召开第三次会员代表大会暨三届理事会一次会议，选举丁方明（副省长）为会长。1984年11月9日至10日，山东省红十字会召开第四次会员代表大会，选举马长贵（副省长）为会长，制定了《关于今后五年工作规划和设想》，提出要重点发展红十字会组织，壮大会员队伍，提高会员素质，开展群众性卫生救护培训，发展社会福利事业。1991年1月30日，山东省红十字会第五次会员代表大会在济南召开，省委书记姜春云、省长赵志浩向大会发了贺信，副省长宋法棠当选为会长，向克、张明、胡玉亮、张奇文、吕国恩、孟德宏、张建军、滕昭庆、黄可华、于光铣、于水田、王军挺（专职）、王荣江（专职）当选副会长。1993年10月，《中华人民共和国红十字会法》颁布实施，山东省红十字会进入有法可依的历史新时期。1996年1月，《中华人民共和国红十字标志使用办法》颁布施行后，山东省红十字会与卫生厅联合开展了推行正确使用红十字标志工作，清理、纠正滥用误用红十字标志现象。1996年10月，刘允生任省红十字会副会长。1999年11月，省红十字会五届十次常务理事会增选张心宝为理事、常务理事、副会长。2000年7月，省红十字会五届十三次常务理事会增选副省长邵桂芳为理事、常务理事、会长。2001年12月4日，山东省红十字会第六次会员代表大会召开，会议聘请李春亭（副省长）为名誉会长，董凤基（省人大副主任）、张敏（省政协副主席）、王天瑞（省卫生厅厅长）为名誉副会长；选举邵桂芳（副省长）为会长，张心宝为副会长。2003年7月，省红十字会六届二次理事会议上，邵桂芳因工作变动，辞去会长职务，会议选举副省长王军民为会长，增聘韩寓群（省长）为名誉会长，邵桂芳（省人大副主任）、王道玉（省人大副主任）、何宗贵（省人大原副主任）为名誉副会长。

山东省红十字会历届理事会（执行委员会）一览表

届次	日期	理事人数	常务理事人数	名誉会长	会 长	副会长
第一届	1957.7	19	8		余 修	张斟滋等4人
第二届	1962.12		3		王 哲	张斟滋等3人
第三届	1980.11	56	12		丁方明	李衡等9人
第四届	1984.11	85	23		马长贵	霍桂清等15人
第五届	1991.1	94	17	林 萍、丁方明 马长贵、苏应衡	宋法棠	向克等15人
第六届	2001.12.4	79	16	李春亭 韩寓群 （2003.7—）	邵桂芳 王军民 （2003.7—）	张心宝

注：第一届副会长：张斟滋、王月村、林萍、华子修

第二届副会长：张斟滋、高象九、孙鸿泉

第三届副会长：李衡、张春林、崔凤午、于延浩、王惠卿、孙仲玉、王兆俊、苏应衡、付曾矩

第四届副会长：霍桂清、向克、李竹堂（专职）、孟德宏（专职）、黎萍、李衡、崔凤午、刘士仪、孙仲玉、于延浩、王毅力、王兆俊、周凤梧、苏应衡、付曾矩

第五届副会长：向克、张明、胡玉亮、张奇文（1993.12—1996.10 专职）、吕国恩、孟德宏、张建军、滕昭庆、黄可华、王光铣、于水田、王军挺（专职）、王荣江（专职）、刘允生（1996.10—1999.10 专职）、张心宝（1999.10—专职）

第六届副会长：张心宝

【组织机构】

山东省红十字会现有基层组织7421个，红十字会会员120.3万人，志愿者61345人。全省17个市和140个县（市、区）都建立了红十字会组织。

2001年6月，省编委发出《关于理顺省红十字会管理体制的通知》，将省红十字会由省卫生厅代管改由省政府领导联系。2005年3月1日，省编委发出《关于省红十字会机关机构编制事项的通知》，山东省红十字会机关下设有办公室、业务部，下辖卫生救护培训中心1个事业单位。

目前，全省已有13个市理顺了管理体制，其中6个市红十字会为正局级规格。理顺管理体制的市红十字会（按理顺时间排序）为：济宁、青岛、济南、枣庄、烟台、东营、日照、菏泽、淄博、威海、临沂、滨州、潍坊。泰安、莱芜、德州、聊城市红十字会尚未理顺管理体制。

【相关法规】

2002年9月28日，山东省第九届人大常委会第三十一次会议通过了《山东省实施〈中华人民共和国红十字会法〉办法》，并于当年11月1日起实施。

2003年1月12日，山东省第九届人大常委会第三十三次会议批准，《山东省遗体捐献条例》自2003年3月1日起施行。

【大型项目】

（一）对受灾地区进行援助

近年来，山东省红十字会募集救助款物折合人民币10171.42万元，其中，争取红十字国际组织和总会援助的救助款物折合人民币3062.64万元，受益群众达600多万人次

1.1997年，山东省遭遇了百年不遇的春夏干旱，省红十字会筹集10万元的药品，组织医疗队先后赴3个市、地区的十几个村，医治病人2000余人。

2.2000年，山东省红十字会将价值160万元的衣服发放到德州、聊城等受灾群众手中。

3.2001年6月，德州、临沂、日照等市遭受雹灾，山东省红十字会及时将16万元现金及价值10万元的方便面送到灾区。8月，省红十字筹集17万元的药品，援助东平湖抢险第一线的武警官兵。

4.2003年，菏泽、济宁市遭受严重洪涝灾害，山东省各级红十字会共筹集了115.9万元款物支援灾区。

5.2003年抗击“非典”斗争中，山东省红十字会系统累计接受款物折合人民币3124.4万元，红十字血站向北京援助急救

用血10750个单位，约占全国支援北京用血的一半，为全省乃至全国抗击“非典”斗争做出了积极贡献。

6. 2004年，全省红十字会募集和争取总会援助救灾款物900多万元，救助灾区群众5. 8万人。

（二）对省外灾区进行援助

1. 1998年1月，河北张家口发生地震，山东省红十字会募集75万元的款物支援灾区。

2. 1998年夏天，长江、松花江、嫩江流域遭受特大洪涝灾害，山东省红十字会募集了价值2000万元的款物支援灾区。

3. 2001年初，内蒙古、新疆发生特大雪灾，山东省红十字会募集450万元款物支援灾区，并援助新疆维吾尔自治区昌吉州30万元建设备灾中心。

4. 2001年2月，四川省甘孜州发生地震，山东省红十字会支援救灾款10万元。

5. 2003年，新疆伽师——巴楚地区发生6. 8给强烈地震，山东省红十字会系统支援新疆维吾尔自治区红十字会救灾，募集捐款44695. 17万元，物品折款60352元。

【主要特色】

（一）开展“温暖送千家，博爱在齐鲁”救助活动

2001年以来，在每年的元旦、春节期间，山东省红十字会开展了“温暖送千家，博爱在齐鲁”活动，慰问救助特困群众，共筹集近千万元的款物，使40余万户特困家庭受益。

（二）开展为支援特困农民参加新型合作医疗募捐活动

山东省红十字会于2004、2005年对两批新型合作医疗33个试点县资助33万元，资助3. 3万名特困农民参加了新型农村合作医疗。济宁市红十字会募集资金200多万元，建立了农村医疗救助基金；即墨市募集2547万元，先后两次对479户特困家庭进行了救助，已发放救助资金172. 9万元。省政府积极支持红十字会参与农村新型合作医疗工作，并把省红十字会吸收为省政府新型合作医疗联席会议成员单位。

（三）农村红十字会工作取得新的发展

山东省红十字会在1988年就提出了“农村需要红会，红会需要农村”的口号，并积极开展了建立组织、发展会员、开展活动等各项工作，总会给予了充分肯定并在全国推广。2001年，省红十字会组织力量对全省农村红十字会情况进行了深入调研，形成了调研报告，中国红十字会会长彭珮云给予了高度重视并作了重要批示：“这个调查报告很好，可以了解到许多有用的信息，建议将其压缩成一期简报下发，并强调各地红十字会在工作中均应重视调查研究，以便科学决策，有针对性地开展各项工作，对农村红十字会工作的现状以及应该怎样开展农村红十字会工作就是一个需要认真调查研究的课题。”山东省副省长王军民强调：“彭珮云会长的批示很重要，是对我们省红十字会工作的极大鼓励，建议省红十字会将彭会长批示转发全省，认真学习，抓好落实。把农村红十字会工作作为一项工作重点，围绕农村贫困户参加合作医疗、救灾助困、救助家庭困难辍学儿童等开展好红十字会工作，推广济宁等地的好做法，开创我省红十字会工作的新局面。”2002年，山东省召开了农村红十字会工作座谈会，对开展好农村红十字会工作进行了研究部署，并要求各市都选择和培养一个县作为农村红十字会工作试点和

典型。省红十字会还组织专门人员深入济宁、青岛、聊城等市农村基层进行了调研和推动。

（四）遗体捐献工作

《山东省遗体捐献条例》于2003年3月1日颁布施行，明确规定全省县级以上红十字会负责遗体捐献登记等具体工作。省红十字会及时公布了遗体捐献热线，明确专人负责，建立了有关制度，进行了深入宣传。青岛市红十字会建立了“志愿捐献遗体者纪念林”。山东全省现已接受登记捐献遗体者1000多人，有74人实现捐献。

【显著业绩】

2002年，山东省红十字会被国家人事部、中国红十字会总会表彰为“全国红十字会系统先进集体”；

2003年7月，山东省红十字会被中共山东省委、省政府表彰为“全省防治非典型肺炎先进集体”。

【年度工作】

2004年，山东省红十字会在中共山东省委、省政府的正确领导下，在中国红十字会总会的指导下，认真贯彻落实中国红十字会“八大”精神，以邓小平理论和“三个代表”重要思想为指导，树立和落实科学发展观，坚持以人为本，坚持整体推进、重点突破、统筹兼顾、形成特色的工作方针，进一步加强法制、体制和机制建设，做精品、创品牌、树形象，推动各项工作再上新的台阶，努力发挥红十字会在建设和谐社会中的积极作用，开创了全省红十字事业的新局面。

（一）掀起了学习贯彻落实中国红十字会“八大”会议精神高潮

2004年10月，中国红十字会“八大”会议后，中共山东省委书记张高丽就贯彻落实“八大”会议精神作了重要批示，他强调：“胡锦涛主席接见中国红十字会第八次全国会员代表大会代表时作的重要讲话，高瞻远瞩，语重心长，非常重要，为我们发展红十字事业指明了方向。全省各级党委、政府和红十字会组织及广大会员一定要认真学习宣传，坚决贯彻落实。各级党委、政府要进一步加强对红十字会工作的领导，切实帮助红十字会解决事业发展中遇到的困难和问题，充分发挥红十字会的积极作用。各级红十字会要牢记胡主席的嘱托，认清使命，坚定信心，依法履行职责，全面做好各项业务工作，不断开创我省红十字事业的新局面。”山东省省长韩寓群主持省政府常务会议，听取了省红十字会的全面汇报。省政府还于11月2日召开了全省电视会议，迅速传达学习中国红十字会“八大”会议精神，对传达贯彻落实“八大”会议精神进行了安排部署，全省各地掀起了学习贯彻落实“八大”会议精神的高潮，积极解决一些影响和制约红十字事业发展的困难和问题，收到了良好的效果。

山东省红十字会还举办了纪念中国红十字会建会一百周年百名画家百米画卷笔会活动，部分省级老同志和著名书画家为百年纪念活动挥毫泼墨，制作了百米画卷，作为纪念建会百年的献礼捐赠给中国红十字会，彭珮云会长代表中国红十字会接受了捐赠。山东省各级红十字会紧紧围绕纪念中国红十字会百年华诞的主题，以丰富多彩的形式开展了纪念活动。枣庄市红十字会以开展造血干细胞捐献宣传活动为载体开展了纪念活动；威海市红十字会举办了“爱在威海”拍卖会；济宁市红十字会举办了红十字杯技能大赛。

（二）组织建设稳步发展

3 月 31 日，山东省红十字会六届三次理事会在日照市召开。会议通过了更换和增补理事事项，传达了中国红十字会总会工作会议精神。会上，对全省红十字会系统先进集体、先进个人和全省救灾、救助先进集体和先进个人进行了表彰，授予蒋丽莉、孔维克、孙华进、谢振华山东省红十字会“博爱勋章”和“荣誉会员”称号。山东省副省长、省红十字会会长王军民对 2004 年的工作进行了部署。

理顺管理体制工作取得新突破。王军民给有关市的主要领导写信，督促理顺红十字会管理体制工作。年内，烟台、东营、日照、菏泽市红十字会理顺了管理体制，使全省理顺管理体制的市级红十字会达到 8 个。青岛市 12 个区（市）已有 10 个理顺了管理体制。济南市政府下发了《关于加强红十字会工作的意见》。基层组织建设进一步加强，抓基层、抓基础，扩大会员和志愿者队伍，逐步形成了以会员为主体、以志愿者为基础的组织网络。农村红十字会工作得到进一步加强，开展了农村红十字会试点县工作，进一步建立健全了农村红十字会组织，并结合农村实际，组织农民群众开展扶危济困、自救互救等人道救助活动。

（三）备灾救灾和社会救助工作得到进一步加强

2004 年，山东省募集和争取中国红十字会总会援助救灾款物 900 多万元，救助灾区群众 5.8 万余人。山东省首次直接接受澳门特别行政区红十字会捐赠衣物 2.5 万件，价值人民币 63 万元；省红十字会与青岛海关建立了人道救助长效机制，省红十字会及时通报有关救助情况，青岛海关将适合救助的罚没侵权物资捐赠给省红十字会用于人道救助事业。

春节前夕，山东省红十字会系统募集资金 318 万元开展了“温暖送千家，博爱在齐鲁”活动。活动中走访慰问受灾及特困群众，受益群众 10.8 万人。中国红十字会常务副会长王立忠率总会慰问组到山东举行了“中国红十字会博爱送万家山东省启动仪式”。山东省政协香港委员蒋丽莉博士发起了省政协港澳委员资助贫困家庭大学生活动；青岛市红十字会开展了救助贫困心脏病儿童活动；潍坊市红十字会开展了红十字微笑工程；威海、东营市红十字会开展的为白血病患者募捐等活动也在社会上引起了强烈反响。山东全省共设立红十字募捐箱 422 个，募集善款 10 万余元。

（四）卫生救护培训工作全面展开

山东省红十字会举办了 8 期卫生救护师资培训班，培训师资 280 人；为山东航空公司举办了 2 期卫生救护培训班，培训乘务人员 200 人；山东省红十字会与北京通城广告有限公司在山东大学南校区举办了卫生救护培训班，培训山东大学学生、楼管员、餐厅经理 168 名。济南市成立了初级卫生救护专家委员会，对 400 名“亚足杯”志愿者进行了卫生救护培训，还联合市教育局培训 100 名在职教师。淄博市红十字会联合《鲁中晨报》培训了 120 名新闻工作者。山东省各地红十字会的卫生救护培训工作正在向不同行业、不同领域延伸，从易受损害人群向普通市民延伸。全年，山东省共举办卫生救护培训班 310 期，培训 4 万余人。

（五）支援特困农民参加新型合作医疗活动深入发展

山东省红十字会在上一年对7个新型合作医疗试点县参加医保的7000名特困农民给予资助的基础上，又对省政府确定的26个试点县参加医保的特困农民给予资助，每县1万元，共26万元，资助2.6万名特困农民参保。济宁市募集资金200多万元，建立了市红十字会农村医疗救助基金；即墨市红十字会募集资金2547万元，先后两次对479户特困家庭进行了救助，发放救助资金172.9万元。

（六）社区志愿服务活动取得新进展

山东省红十字会进一步加强了社区红十字志愿服务基地建设，健全组织，建立队伍，完善制度，开展了院前救护、卫生保健、家庭安全等培训和帮困救助、艾滋病预防等工作，把“红十字关爱进社区”人道服务活动不断引向深入。济南市以多种渠道招募红十字志愿者，举行了红十字志愿者活动启动仪式，建立红十字志愿者基地10个，山东大学、山东三箭集团等10家单位的4.6万人成为首批红十字志愿工作者。他们还招募20多名外籍红十字志愿工作者，开展了外籍红十字志愿者进校园活动。青岛市新建5个红十字会志愿服务基地，志愿者已登记1.1万人。韩国驻青岛总领事夫人等20多名韩国红十字志愿者参加了服务基地的导医、陪护等志愿活动。

（七）造血干细胞捐献者资料库建设成为亮点工程

山东省红十字会突出抓了筹措经费、宣传发动和实验室建设。造血干细胞捐献者资料库山东分库在建立青岛等6个工作站后，又建立了泰安、淄博、德州、聊城、日照等5个市级工作站，并对工作站分别给予5万元经费支持。1月1日，山东省副省长、省红十字会会长王军民视察了造血干细胞捐献者资料库山东分库。1月12日，王军民接见了山东省捐献造血干细胞第一人吕陟。省精神文明办与省红十字会联合下发了《关于积极开展群众性捐献造血干细胞活动的通知》，将捐献造血干细胞活动纳入精神文明建设创建之中，使其成为公民道德实践活动好的助手。山东省目前有6万余人报名捐献造血干细胞，已采集造血干细胞血样2万份，完成HLA检测配型14541份，为49名患者查寻到72名配型相合的捐献者，实现捐献8人。

（八）遗体捐献和无偿献血工作取得新的成绩

山东省红十字会加强了《山东省遗体捐献条例》的宣传工作，进一步健全完善了遗体捐献的咨询和服务等工作。全省已登记捐献遗体者1000多人，已有74人实现捐献。青岛市红十字会建立了“志愿捐献遗体者纪念林”，为捐献者提供了人文和谐的环境。

山东省继续保持无偿献血在全国的领先地位。世界献血日期间，省红十字会、省卫生厅联合在泉城广场举行了大型无偿献血宣传活动。全省各级红十字会也普遍开展了无偿献血宣传活动，在全省范围内实现临床用血全部来自志愿无偿献血。

（九）预防艾滋病同伴教育项目进展顺利

中国红十字会总会、红十字会与红新月会国际联合会将山东省列为预防艾滋病青年同伴教育项目试点省，举办青年同伴行主持人2期，培训核心主持人20名，开展同伴教育培训400人次。世界艾滋病日期间，山东省各级红十字会开展了一系列宣传活动。

11月22日，山东省省长、省红十字会名誉会长韩寓群到济南市疾病控制中心看望了艾滋病病人，韩寓群将省红十字会资助的现金发给了患者。省红十字会先后与有关部门联合开展了“山东省中小学卫生知识竞赛”；省暨济南市大型预防艾滋病日宣传活动。2004年，山东省高校预防艾滋病进校园大型宣传活动中发放宣传材料6万多份，收到了很好的社会宣传效果。

（十）红十字青少年工作蓬勃开展

山东省红十字会积极做好成立省红十字会青少年工作委员会的筹备工作，起草了《山东省红十字会青少年工作委员会工作条例》和《成立山东省红十字青少年工作委员会预案》。青岛、济南、烟台、威海等市红十字会举办了红十字青少年夏令营活动。山东省红十字会选拔推荐了四位青少年参加了“海峡两岸红十字青少年夏令营”活动，他们在活动期间表现优秀，得到组织者褒奖。

（十一）宣传与传播工作深入广泛开展

山东省红十字会坚持“抓宣传、保传播、创亮点、树形象”，结合业务工作，精心策划，高点定位，组织开展了丰富多彩的宣传活动，为红十字事业发展营造了良好的社会舆论氛围。在“五八”世界红十字日期间，省红十字会组织省直团体会员单位在英雄山广场开展了大型宣传活动，现场有800多名群众参加了红十字运动基本知识问答，共发放宣传资料25400份，接受咨询4500余人，展出展板64个。在世界艾滋病日期间，省红十字会与有关部门联合开展了全省中小学卫生知识竞赛、广场大型预防艾滋病日宣传活动、山东省高校预防艾滋病进校园等大型宣传活动。青岛市红十字会启动了“百万人帮千家，博爱在岛城”救助项目，发放了儿童医疗救助基金，为百名贫困大学生免费实施了近视矫正手术；威海市红十字会举办了“爱在威海”拍卖会；济宁市红十字会举办了“红十字杯”护士礼仪风采表演暨护理专业技能大赛。丰富多彩、形式多样的宣传活动提高了红十字运动的社会知晓度，营造了良好的舆论氛围。

积极开展传播工作，普及红十字运动基本知识，不断扩大传播领域。山东省红十字会重点加强了传播队伍培养工作，举办了传播骨干培训班。济南市红十字会举办了红十字运动基本知识竞赛，并在济南电视台组织了专场知识竞赛晚会，有近2万人参加了竞赛活动；青岛市红十字会把传播工作和卫生培训结合起来，取得了较好的效果；济宁、威海等市也举办了红十字知识竞赛等活动，全省累计有3万多人次接受了红十字运动知识培训。

（十二）机关自身建设得到进一步加强

山东省红十字会进一步建立和完善了决策目标、执行责任、考核监督“三个体系”，并认真贯彻落实《中国红十字事业2005—2009年发展规划》，制定了山东省红十字会的工作目标和要点，确立了发展目标，建立健全工作落实机制和各项责任制，细化量化工作指标，加强了考核、监督和奖惩制度，工作效率和质量不断提高。

干部队伍素质有了进一步提高。山东省红十字会强化了干部的政治理论学习和培训等工作，坚持例会和学习日制度，在党员干部中进一步确立了解放思想、干事创业、加快发展的思想观念，工作作风有了进一步转变，工作积极性、主动性进一步提高。

对外交流与合作有新的发展。美国红十字会代表团对山东省红十字会进行了工作交流访问，并就支援山东省特困农民建设卫生厕所项目达成了初步意向。台湾高雄市红十字会也到山东省红十字会进行了交流访问，山东省红十字会组团进行了回访，并顺访了香港、澳门特别行政区红十字会。山东省与港、澳、台红十字组织的交流与合作得到进一步加强。

（王永君）

附录：

山东省实施《中华人民共和国红十字会法》办法

（2002 年 9 月 28 日山东省第九届人民代表大会常务委员会第三十一次会议通过）

第一条 为了保护人的生命和健康，保障红十字会依法履行职责，根据《中华人民共和国红十字会法》，结合本省实际，制定本办法。

第二条 红十字会是从事人道主义工作的社会救助团体，依照《中华人民共和国红十字会法》和《中国红十字会章程》独立自主地开展工作。

第三条 县级以上按照行政区域建立红十字会依法取得社会团体法人资格，并配备专职工作人员。全省性行业可以建立行业红十字会，依法取得社会团体法人资格，乡（镇）、街道、机关、学校、团体、企业事业单位可以建立红十字会基层组织。上级红十字会指导下级红十字会工作。行业红十字会接受省红十字会的指导。

第四条 县级以上人民政府应当将红十字事业纳入国民经济和社会发展计划，对红十字会给予支持和资助，保障红十字会依法履行职责，并对其活动进行监督；红十字会协助同级人民政府开展与其职责相关的活动。

第五条 社会各界应当关心和支持红十字事业。广播电视、文化、卫生等部门根据职责，做好有关红十字会法律法规的宣传工作，支持红十字会开展人道主义救助活动。

新闻媒体应当无偿播放、登载红十字会开展人道主义救助活动的公告和通报。

第六条 县级以上人民政府或者红十字会应当对在红十字事业中做出突出贡献的单位和个人给予表彰、奖励。

第七条 各级红十字会依法开展下列工作：

（一）宣传、贯彻《中华人民共和国红十字会法》基本办法；

（二）开展备灾救灾工作，对自然灾害和突发事件中的伤病员和其他受害者进行救助；

（三）开展初级卫生救护培训，普及卫生救护和防病知识，组织群众参加现场救护；

（四）参与输血献血工作，推动义务献血，开展造血干细胞（骨髓）、器官、遗体捐献的动员、宣传和数据储存、检索工作；

（五）组织红十字医疗机构开展义诊、救护等活动；

（六）组织会员、志愿工作者开展社会服务活动和其他人道主义服务工作；

（七）对青少年进行人道主义宣传教育，开展红十字青少年活动；

（八）参加国际人道主义救援工作；

（九）依法开展募捐活动；

（十）完成同级人民政府和上级红十字会委托事宜。

第八条 公民、法人及其他组织承认《中国红十字会章程》并缴纳会费，可以自愿申请参加红十字会，经批准成为个人会员或者团体会员。

各级红十字会应当吸收热心红十字事业、志愿参加红十字会活动的各界人士为志愿工作者，组织开展人道主义服务工作。

第九条 县级以上红十字会在中国红十字会总会的指导下，发展同香港、澳门红十字会和台湾红十字组织以及外国地方红十字会或者红新月会的友好合作关系。

第十条 红十字会使用白底红十字标志。

禁止滥用红十字会标志。各级红十字会根据《中华人民共和国红十字标志使用办法》协助当地人民政府做好使用红十字会标志的监督管理工作。

第十一条 红十字会的经费来源：

（一）人民政府的拨款；

（二）会员缴纳的会费；

（三）境内外组织和个人的捐赠和资助；

（四）红十字会的动产和不动产的收入及所属单位按规定上缴的款项；

（五）其他合法收入。

第十二条 各级人民政府应当对红十字会兴办的与其宗旨相符的社会福利事业给予扶持。

第十三条 红十字会可以在公共场所设置红十字募捐箱。募捐活动由具有法人资格的红十字会按照《中国红十字会募捐和接受捐赠工作条例》组织管理。

第十四条 县级以上红十字会可以设立红十字救助基金，接受和管理境内外组织和个人向红十字会的捐赠，用于发展红十字事业。.

红十字会接受捐赠应当使用省财政部门统一印制的收据。

第十五条 红十字会可以按照有关规定处分境内外组织或者个人捐赠的款物；经捐赠者同意或者上级红十字会批准，可以对捐赠的物资进行变卖或义卖。

第十六条 各级红十字会应当建立经费审查监督制度。经费的来源和使用情况，应当每年向理事会报告。对募捐款物，应当向社会公示，接受捐赠者的监督。

县级以上红十字会的经费使用情况接受同级人民政府审计、财政部门的监督。

第十七条 县级以上红十字会应当组织、指导容易发生意外伤害的行业和单位进行卫生救护培训工作，有关行业和单位应当予以配合和支持。

第十八条 海关、出入境检验检疫等口岸联检单位和交通、铁路等有关部门，应当优先办理红十字会接受的捐赠物资的有关事项。

第十九条 在自然灾害和突发事件中，公安、交通等部门对执行救助任务的红十字工作人员和标有红十字标志的物资、交通工具优先放行并免缴通行费。

第二十条 企业、事业单位、社会团体和个人等社会力量，通过红十字会及其他非营利性的社会团体和国家机关向红十字事业的捐赠，在计算缴纳企业所得税和个人所得税时，税务机关应当按照国家有关规定准予全额扣除。

对境外向红十字会捐赠的物资符合国家减免税规定的，海关应当按照规定办理有关验放手续。

第二十一条 企业、事业单位和其他组织申请以红十字命名、冠名的，应当向县级以上红十字会提出申请。由受理申请的红十字会逐级报省红十字会批准。经批准以红十字命名、冠名的单位，依法使用红十字标志和名称，遵守《中国红十字会章程》，承担红十字会的相关义务。

第二十二条 任何组织和个人不得侵占、挪用红十字会的财产和经费。

红十字会变更的，其财产归变更后的红十字会所有。

第二十三条 任何组织和个人不得拒绝、阻碍红十字会依法履行职责。

第二十四条 红十字会工作人员玩忽职守、滥用职权、徇私舞弊的，由其所在红十字会或者有关部门给予行政处分；构成犯罪的，依法追究刑事责任。

第二十五条 违反本办法第十条、第二十条，滥用红十字标志和未经批准以红十字命名、冠名的，红十字会有权要求其停止使用；拒绝停止使用的，红十字会可以提请人民政府按照国家有关法律、法规处理。

第二十六条 违反本办法第二十二条，侵占、挪用红十字会财产和经费的，由直接责任人所在单位或者人民政府有关部门责令其退还并视情节给予行政处分；构成犯罪的，依法追究刑事责任。

第二十七条 本办法2002年11月1日起施行。

河南省红十字会

【历史沿革】

河南省红十字活动始于1911年，河南省红十字会成立于1954年9月，时称中国红十字会河南省办事处，“文革”时期，省红十字会停止了活动。1985年，河南省红十字会恢复。1990年，河南省全部建立县级以上红十字会，受到中国红十字会总会贺电表彰。1996年5月，河南省人大常委会颁布实施《河南省实施〈中华人民共和国红十字会法〉办法》。2002年2月，河南省编委批准省红十字会机构独立设置。2002年8月，中共河南省委配备了新的领导班子。河南省的红十字事业进入新的发展时期。

【组织机构】

目前，河南省红十字会由省政府领导联系，编制18人，省红十字会内设办公室、赈济救护部、组织宣传部三个职能部门。全省已建立基层组织4000多个，会员70余万人。各省辖市、县（市、区）和部分乡镇、行政村建立了红十字组织，初步形成了全省性的红十字组织体系。

【相关法规】

1995年，河南省人大常委会颁布实施《河南省实施〈中华人民共和国红十字会法〉办法》。

【主要特色】

（一）“送温暖助万家”活动

河南省红十字会连续5年与中共河南省委宣传部、省精神文明委员会联合发文，以省委驻村工作队为依托，在每年元旦春节期间开展的“送温暖助万家”活动。该活动是河南省红十字会在救助工作中探索出的新模式，它既为贫困群众送去节日的欢乐和温暖，又确保了救助物资真正发放到最需要救助的群众手中，受到困难群众的欢迎。

（二）艾滋病防治与帮扶工作

近年来，河南省红十字会在当地党委、政府的领导下，按照《河南省有关厅局委部（团体）预防控制艾滋病性病工作职责》的分工要求，认真开展了艾滋病防治的有关工作。

根据中共河南省委、省政府的安排，河南省红十字会作为省直机关38个艾滋病帮扶工作队之一，于2004年2月进驻艾滋病高发村——驻马店市确山县三里河乡南泉村，开展艾滋病防治帮扶工作。入村以来，集中力量在“六个一”工程建设、救治救助等方面做了大量工作。目前，一条路、一所学校、一所卫生所、一套供水设施、一座文化大院、一个阳光家园（孤儿、孤老院）的“六个一”工程，已经按照预期目标全部保质保量完成并投入使用。同时，河南省红十字会发挥自身优势，筹措了价值100余万元的款物开展了救助、助学、义诊、义治等形式多样的救助活动。

（三）“医疗事工”活动

1991年，河南南部遭受严重洪涝灾害，在众多灾民急需救助之际，香港天邻基金会发起成立了“香港血浓于水赈灾运动河南送暖行动”，援助资金1000余万元港币，制作“暖包”数十万个，通过河南省各级红十字会组织直接送到最需要救助的灾民手中。香港天邻基金会还援建了信阳、驻马店两地被洪水冲毁的7所乡镇卫生院；在饮用水困难的河南南部山区修建饮用水井10多眼，惠及灾民和贫困群众近百万人。1993年，为改善河南省灾区及贫困地区群众就医困难的情况，香港天邻基金会又发起成立了“香港天邻基金会河南医疗事工委员会”，与河省红十字会共同开展了长达10多年的“河南医疗事工”救治救助活动。10多年来，香港天邻基金会与河南省红十字会合作，在当地政府部门、红十字会、有关医院的支持与配合下，在河南省的许昌、洛阳、安阳、鹤壁、郑州、平顶山、济源、新乡、焦作、驻马店、开封等地区开展医疗救治救助活动。据统计，香港天邻基金会为开展“河南医疗事工”活动捐资800余万元，共组派800余人次医护人员到河南省服务。免费为贫困病人义诊60000余人次，做手术2000台次。为河南省62所小学的11200名师生进行牙科普查、治疗和宣讲科学护牙知识，并捐赠图书30000余册。“医疗事工”活动向河南省贫困群众提供了实实在在的人道主义救助，受到山区、边远贫困地区困难群众的欢迎。

【显著业绩】

1999年，河南省红十字会被中国红十字会总会评为“98抗洪抗震先进集体”。

2000年，河南省红十字会荣获中共河南省委、河南省人民政府授予的“全省抗洪救灾先进集体”称号。

2004年，河南省红十字会荣获国家人事部和中国红十字会总会授予的“全国红十字会系统先进集体”荣誉称号。

【年度工作】

2004年，河南省红十字会在中共河南省委、省政府的正确领导下，以邓小平理论及“三个代表”重要思想为指导，围绕

2004年中国红十字会总会工作会议要求，结合河南省红十字会工作实际，以“庆华诞、办实事、促发展——红十字在行动”为主题，创造性地开展了多项工作，在救灾救助、救护师资培训、艾滋病预防、造血干细胞捐献者资料库建设、红十字知识传播、项目拓展等方面取得了显著成绩，发挥了红十字会作为政府人道主义工作领域的助手作用，为河南省全面建设小康社会做出了新的贡献。

（一）救灾救助工作

为救助弱势群体，河南省红十字会在2004年元旦、春节期间，与中共河南省委宣传部、省文明办联合下发《关于在全省开展送温暖活动的通知》，继续开展送温暖的救助活动。在河南省红十字会统一安排部署下，全省各级红十字会组织结合当地情况，发挥自身优势，创造性地开展工作，取得了良好效果。据统计，2004年的送温暖活动共筹措了价值300余万元的生活物资，救助了约3万户的10万余人，给困难群众送去了红十字会的温暖和关爱。

为做好汛期备灾救灾工作，河南省红十字会加强救灾工作领导，明确和规范了救灾工作的灾情上报、发布，救灾款物接受、管理、处分、审计、公告及救灾物资采购、验收等事项。河南省红十字会在汛期累计募集了350余万元的款物，对信阳、南阳、开封、安阳、平顶山等10个省辖市的近6万受灾群众进行了救助。

2004年，河南省红十字会争取到了由瑞典红十字会通过中国红十字会总会、红十字会与红新月会国际联合会援助河南省的预防艾滋病“青年主持人培训班”项目，在青年同伴中开展艾滋病预防教育。2004年9月23日至27日，11月28日至30日，河南省红十字会与红十字会与红新月会国际联合会联合举办了两期培训班。来自郑州大学、黄淮学院的18名大学生志愿者接受了为期8天的预防艾滋病等方面的知识培训，并在两校内举办了10期预防艾滋病青年同伴教育培训班，200名大学生自愿参加了培训。他们学到了预防艾滋病、性病、毒品方面的知识及关爱的理念。

香港特别行政区红十字会援助的，在濮阳市濮阳、台前、范县滩区开展的社区为本备灾项目，经反复论证后工程项目已经确定，前期工作已经开始。该项目总投资160万元人民币，计划年内完成工程建设。

（二）群众性卫生救护培训工作

2004年，河南省红十字会共举办了5期国家彩票公益金救护师资培训班，培训师资192人。其中第一期培训的是基层红十字会的专职干部，其余四期培训的是全省旅游系统、公安系统、各高等院校的人员。其中，旅游行业培训了800人；公安系统培训了9000人；郑州大学红十字会培训了大学生16000人。洛阳市伊川县红十字会共举办了8期救护知识培训班，对786名红十字会会员、乡村医生进行红十字法规和救护知识培训。

（三）宣传和传播工作

2004年，围绕“庆百年，办实事——红十字在行动”的主题，河南省各级红十字会组织开展了系列纪念活动。

3月10日，河南省红十字会与省邮政局在郑州大学医学院隆重举行纪念中国红十字会建会100周年邮票首发式；“五八”世界红十字日，省红十字会联合郑州市红十字会、郑州大学红十字会在郑州市紫荆山广场举办了大型纪念宣传活动；10月20日，为纪念河南省红十字会与香港天邻基金会联合开展“河南医疗事工”活动10周年，河南省红十字会举行了隆重庆典，并在《中国红十字报》上刊登了纪念专版；12月1日“世界艾滋病日”，河南省红十字会制作了反映省红十字会积极开展预防艾滋病宣传教育的宣传展板，参加了河南省政府统一组织的宣传活动。

纪念活动邀请《河南日报》、河南电视台、河南广播电台、《大河报》等河南省内主要媒体进行宣传报道。据不完全统计，河南省各级红十字会共刊发纪念活动新闻稿件160余篇，电视报道200余次，电台播报100余次。同时，河南省红十字会主办的《河南省红十字信息》也对一年来红十字会的重要活动进行了通报，一年共出信息22期。通过宣传报道，扩大了红十字会的影响，传播了红十字运动的知识。

（四）中国造血干细胞捐献者资料库河南分库建设

2004年，河南省红十字会在中国造血干细胞捐献者资料库河南省分库机构、编制、人员均没有落实的情况下，克服重重困难，协同各省辖市红十字会广泛开展了捐献造血干细胞的宣传、动员、血样抽取、运送交接、保管、数据管理、患者检索、网络管理、捐献者服务等工作，取得了可喜的成绩。2004年，中国造血干细胞捐献者资料库管理中心为河南省分库下达了入库6500人份HLA分型资料的任务指标，而河南省分库实际完成9271人份的入库任务，超额完成任务指标42.6%。到2004年底，河南省分库已有15403人份的IILA分型数据已传入国家总库。有71位患者与河南省分库志愿者的HLA初步配型成功，其中11位志愿者成功捐献了造血干细胞，捐献人数在全国位居第五。

10月18日，河南省红十字会在郑州市举行了“中国造血干细胞捐献者资料库河南省分库志愿者资料超万份新闻发布会”，以唤起更多民众进一步了解、支持、参与造血干细胞捐献工作。

（五）对外交流工作

河南省红十字会与香港天邻基金会联合开展的“河南医疗事工”项目已有10年之久。2004年，根据双方商议的合作计划和安排，全年共组织了4个骨科及整形科手术团和3个骨科复诊队到河南省开展了服务活动，共为647名贫困患者进行了义诊，免费为165名贫困患者手术257台次，对269人进行了物理康复治疗，配制肢具155个，为5所乡村小学的1071名学生和老师进行了牙科义诊并捐赠价值人民币5万余元的图书和运动器材。

（路贺民）

附录：

河南省实施《中华人民共和国红十字会法》办法

（1996年5月20日河南省第八届人民代表大会常务委员会第二十次会议通过）

第一条 为了保护人的生命和健康，发扬人道主义精神，促进和平进步事业，保障红十字会依法履行职责，根据《中华人民共和国红十字会法》，结合本省实际，制定本办法。

第二条 县级以上红十字会是中国红十字会的地方组织，是从事人道主义工作的社会救助团体，依法取得社会团体法人资格，独立自主地开展工作。

县级以上红十字会办事机构，配备专职工作人员，负责红十字会日常工作。

全省性行业组织可以建立行业红十字会。

机关、团体、企业、事业单位和乡镇、街道可以建立基层红十字会。

第三条 各级人民政府对红十字会给予支持和资助，保障红十字会依法履行职责。各级红十字会协助人民政府开展与其职责有关的活动，并接受同级人民政府的检查监督。基层红十字会组织接受所在单位的检查监督。

有关行政管理部门，应当在各自的职责范围内为红十字会开展活动创造条件。

全社会都应当关心和支持红十字事业。

第四条 各级红十字会理事会由会员代表大会民主选举产生。理事会民主选举产生会长、副会长，根据会长提名确定秘书长、副秘书长。

县级以上红十字会设名誉会长和名誉副会长。名誉会长和名誉副会长由同级红十字会理事会聘请。

第五条 各级红十字会可以吸收自愿为红十字事业工作的社会各界人士为志愿工作者，协助红十字会开展工作。

第六条 省红十字会根据独立、平等、互相尊重的原则，发展同香港、澳门、台湾地区红十字会以及外国地方红十字会和红新月会的交流和合作关系。

第七条 红十字会应当做好救灾的准备工作，根据每年灾情的预测和实际情况筹措救灾物资。

省红十字会建立备灾中心和备灾仓库，储备一定数量的救灾物资。

发生自然灾害和突发事件，当地红十字会应当及时组织救助，并报告上一级红十字会。

红十字会根据情况可以组织对灾区和贫困地区进行救助和医疗服务。

第八条 红十字会普及卫生救护和防病知识，进行初级卫生救护培训，组织群众参加现场救护。

公安、铁路、交通、电力、建筑等容易发生意外伤害的单位，应当重点对其人员进行初级卫生救护培训。

第九条 红十字会应当参与输血献血工作，推动无偿献血事业。

第十条 红十字会应当与教育部门密切配合，根据青少年的不同年龄和知识层次，开展相应的卫生和救护知识教育，在学校内外开展红十字青少年活动。

第十一条 红十字会经费的主要来源：

（一）红十字会会员缴纳的会费；

（二）人民政府拨给的事业经费和专项经费；

（三）接受国内外组织和个人捐赠的款物；

（四）动产和不动产的收入；

（五）行业和基层红十字会所在部门和单位的资助。

第十二条 县级以上人民政府应当为本级红十字会开展工作提供场所、设备等必要的工作条件。

第十三条 县级以上红十字会可以依法设立红十字基金会，所筹资金用于发展本地的红十字事业。

第十四条 县级以上红十字会为开展救助工作，可以进行募捐活动。在民航机场、外宾宾馆、货币兑换处等公共场所设置募捐箱进行募捐时，有关单位应当予以协助。

红十字会募捐工作，由省红十字会统一管理。

第十五条 各级红十字会兴办的与其宗旨相符的社会福利事业，各级人民政府应当给予扶持，有关行政管理部门减收、免收管理费。

第十六条 海关、检疫、交通运输等部门应当重点安排、优先办理红十字会接受捐赠救灾物资的有关事项。

在救灾紧急情况下，各级人民政府及有关部门应当协调解决救灾物资的转运。

第十七条 在自然灾害和突发事件中，交通运输管理部门对执行救助任务并标有红十字标志的人员、物资和交通工具，应当按照国家和省对抢险救灾车辆通行的规定，优先放行。

红十字会的赈灾救护车免交养路费和路、桥通行费。

在进行紧急救助时，红十字会人员使用公用通讯和交通运输工具予以优先。

第十八条 广播、电视、报刊等新闻单位和文化部门应当积极宣传红十字会法律、法规，对红十字会组织开展的人道主义救助宣传活动，应当给予支持；对需要收取费用的，应当适当减免。

第十九条 省红十字会对为红十字事业做出突出贡献的志愿工作者和社会各界人士，可以授予荣誉称号和颁发荣誉证书、证章。

各级红十字会对在红十字工作中做出显著成绩的单位、工作人员和会员，应当给予表彰和奖励。

第二十条 各级红十字会应当建立经费收支、财产管理以及捐赠款物专项账目的审查监督制度，并向理事会报告本会经费的来源和使用情况。

上级红十字会对下级红十字会专项经费和专用财产的使用，定期进行检查监督。

各级红十字会的经费使用情况，应当接受同级人民政府的检查监督；行业红十字会和基层红十字会的经费使用情况，应当接受所在部门和单位的检查监督。

第二十一条 任何组织和个人不得侵占和挪用红十字会的经费和财产。

第二十二条 红十字会使用白底红十字标志。红十字标志的使用范围和办法，应当按照国家有关规定执行，任何组织和个人不得滥用红十字标志。

第二十三条 本办法自1996年8月1日起施行。

湖北省红十字会

【历史沿革】

湖北省红十字会起源于20世纪初，是中国红十字会早期活动地之一。

1911年10月10日，辛亥革命在武昌爆发，11月底，袁世凯率清军攻打汉口。1912年初，当驻汉各国使节尚在清政府与革命党起义力量之间权衡利弊、左右观望之际，武汉市基督教美国圣公会（世界新教三大主流门派之一的“安立甘宗”在中国的称谓）吴德施主教责成教会所辖的武昌文华中学校长余日章等人组成红十字会，余日章与城内一批中外有声望的士绅商贾出面组织红十字会（当时该红十字会未得到中国红十字会的认可），建立临时伤兵医院，救治战斗中负伤的起义军民，掩埋阵亡将士，对战区灾民进行收容赈济服务。“当城内缺粮问题日趋严重时，他又率悬有大幅红十字会会旗的船队往来于武昌汉口之间，将数万吨米运往武昌……”1912 年 1 月，中华民国建立，大清红十字会改名为中国红十字会后，设临时医院于武汉，并组织医疗队在战争中开展力所能及的救护、救助工作。时任在武昌的黎元洪副总统在一份致南京孙中山大总统电文中有这样记载：“南京孙大总统：鄂省自起义以来，血战数十日，尸骸枕藉，无算伤残。幸赖中国红十字会，设立临时医院，救治被伤兵士，并施掩埋……得邀万国红十字会联合公认该会为中华民国正式红十字会……伏恳请准予立案……”等。在《中国红十字会二十年大事纲目》清宣统三年（1911 年）中这样记载：“武汉事起，各省响应。宜昌沙市荆州南京宿州正阳等处，相继剧战。本会悉就其地，组织医院医队，会请教会西医，竭诚救护。”另有 1912 年 12 月 19 日武昌徐森玉关于万家庙义塚给红十字总会求助的电文：“喜鹊胡同红十字总会冯伯翁……来鄂襄阳掩埋功不得已禀黎副总统查核允助洋千元安铜旗铁栏种树……”在辛亥首义阳夏战争中，在上海万国红十字会电请下，黎元洪指派陈雨苍改组红十字救护队之后，在汉口药帮巷（福建巷堤外）设会所。1916 年 6 月，中国红十字会汉口分会成立（据夏口县志记载），会长刘子敬，副会长王琴甫，理事长树景权，秘书长王民仆，有会员 500 多人。1917 年湘鄂战争之际，在汉口设临时医院 3 所等。全省各地也都纷纷有红十字会的分会成立，例如宜昌、襄阳等地，有文字这样记载：民国 7 年（1918 年）中国红十字会宜昌分会成立，借大北门外正街北五省会馆为会址。自建会所中山路，会员 105 人，送诊施药，救护伤员。到 1924 年湖北省各地被中国红十字会认可的分会已有 20 个：武昌分会、汉口分会、潜江分会、通城分会、崇阳分会、宜都分会、沙市分会、襄阳分会、郧县分会、黄冈分会、樊城分会、大冶分会、宜昌分会、鄂城分会、蕲水分会、枣阳分会、蕲春分会、光化分会、当阳筹备处、老河口筹备处。

1937 年，抗日战争全面展开，中国红十字会的战争救护工作也在全国全面展开，在汉口成立了中国红十字会救护总队，下设 10 个医疗大队、50 个医疗中队、100 多个区队，有近 150 支医疗队，医疗救护人员近 4000 人。如：1938 年 5 月 11 日下午 1 时武昌红十字分会临时救护委员会第一次成立会议在武昌红十字分会召开，主席吕道信。医疗队认真贯彻红十字运动基本原则，不论是国民党政府军队，还是共产党领导的八路军、新四军，甚至日本侵略军的伤病人员都一视同仁予以救护。1937 年 6 月，由苏汰余任汉口分会会长。武汉沦陷后，直到 1946 年 4 月恢复汉口分会，常务理事长李荐廷，常务理事兼副会长王民仆、宋如海。设红十字会医院一所，院长朱文俊，1947 年有会员 19438 人。

新中国成立后，1956 年 4 月，由姚克方、卢镱澄、孙冰、毛景芳等人组成湖北省红十字会临时办事机构，孙冰任总干事。11 月 20—22 日在武昌洪山礼堂召开了湖北省红十字会第一次会员代表大会，出席会议代表团123人，大会选出41人组成执行委员会，姚克方任主席，刘劲、卢镱澄任副主席；7人组成监察委员会，唐午园任主任委员，熊子民任副主任委员。湖北省红十字会成立后，按照《中国红十字会章程》办事，在省人民政府的领导下，认真贯彻“预防为主”的卫生工作方针，积极开展群众性的卫生宣传、卫生服务和卫生救护培训工作，建立卫生站，大力从事救死扶伤、爱国卫生、群防群治、学校青少年卫生、普及卫生知识、救济贫民及灾民等工作。到1958年，红十字会活动已在武汉市、沙市市、宜昌市、襄樊市及麻城、浠水、孝感等市县普遍开展起来，仅武汉市就有会员30多万，基层组织680个，工厂、学校、都有组织参与，把爱国卫生运动推向高潮。1964年11月上旬，召开湖北省红十字会第二次会员代表大会，姚克方任会长。“文革大革命”中省红十字会被迫停止工作。1978年武汉市红十字会率先恢复活动，至1984年10月，武汉市已发展基层组织677个，会员80505人。1985年7月，湖北省红十字会恢复工作，8月召开了湖北省红十字会第三次会员代表大会，出席会议代表人60人，何界生任会长，金振涛为常务副会长，省红十字会办公室设在省卫生厅内，办公室由兼职秘书长陶再华主持工作。省红十字会自1985年恢复工作以来，即致力于各级红十字会的恢复组建工作，全省各地、市、州、县均成立了红十字会。1996年5月24日，召开了湖北省红十字会第四次会员代表大会，出席会议代表56人，贾志杰为会长，韩南鹏任会长，涂用宏为常务副会长，冯芊为秘书长，下设省红十字会办公室、组训部和宣传部。

自第四次会员代表大会后，湖北省红十字会在湖北省委、省政府和中国红十字会总会的领导和指导下，坚持依法建会、依法兴会，做了大量的卓有成效的工作。

2004年9月6日，湖北省红十字会召开了省第五次会员代表大会，回顾总结了“四大”以来湖北省红十字工作所取得的成绩和经验；审议通过了第四届理事会的工作报告、《湖北省红十字会实施〈中国红十字会章程〉细则修改意见》、《湖北省红十字会2005至2009年发展规划》；选举产生了新一届理事会并召开了第五届理事会第一次会议，聘请了中共中央政治局委员、中共湖北省委书记俞正声为省红十字会名誉会长，韩南鹏为名誉副会长，副省长蒋大国同志当选为会长，毛三元同志为专职副会长，黄利鸣、谢继伦同志为兼职副会长，根据会长提名冯芊为秘书长。

湖北省红十字会历次会员代表大会一览表

届次	召开时间	代表人数	理事人数	常务理事人数	名誉会长	会长	常务副会长
第一次	1956. 11. 20	123	52	11		姚克方	
第二次	1964. 11	41	25		姚克方		
第三次	1985. 8	60	13	8		何界生	金振涛

届次	召开时间	代表人数	理事人数	常务理事人数	名誉会长	会长	常务副会长
第四次	1996. 5. 24	191	56	20	贾志杰	韩南鹏	涂用宏
第五次	2004. 9. 6	263	71	13	俞正声	蒋大国	毛三元

【组织机构】

截至2004年底，湖北省红十字会有基层组织4579个，会员104.8万人（其中青少年会员88.7万人），占全省人口的1.74%。全省17个地（市）、州都建立了红十字会组织，基层组织分布于全省城镇、农村、医院、学校等，这些机构和基层组织是湖北省开展红十字工作的基本力量。湖北省红十字会机关设有办公室、赈济救护部、事业发展部，下辖中国红十字会湖北备灾救灾中心。

根据《中华人民共和国红十字会法》和中国红十字会总会《理顺管理体制座谈会纪要》精神，2001年5月15日，湖北省编委对省红十字会管理体制和机构编制问题给予了批复。省红十字会“由省卫生厅代管”改为“省政府分管领导联系”。2002年，中共湖北省委组织部又进一步明确了省红十字会党组设置和干部管理等若干问题。湖北省部分市、县红十字会也结合实际按政府机构改革方案的要求进行了合理的调整，配有专职干部，保持了相对独立的工作体系。

目前，全省12个地级市、3个省直辖行政单位、1个林区和1个自治州红十字会是：武汉市红十字会、黄石市红十字会、襄樊市红十字会、十堰市红十字会、荆州市红十字会、宜昌市红十字会、荆门市红十字会、鄂州市红十字会、孝感市红十字会、黄冈市红十字会、咸宁市红十字会、随州市红十字会、仙桃市红十字会、天门市红十字会、潜江市红十字会、神农架林区红十字会、恩施土家族苗族自治州红十字会。

【相关法规】

不断加强地方立法工作力度，有力地推动了红十字会法在湖北省的贯彻实施。1995年9月21日，武汉市人大常委会正式颁布实施了《武汉市实施〈中华人民共和国红十字会法〉办法》。1996年9月21日，湖北省人大常委会正式颁布实施了《湖北省实施〈中华人民共和国红十字会法〉办法》。2003年10月1日，《武汉市遗体捐献条例》颁布实施。近年来，全省各地依法开展了清理滥用、误用红十字标志的工作，湖北省人大教科文卫委员会先后4次对部分市贯彻实施情况进行了执法检查。

【大型项目】

（一）1998年，为救助长江流域特大洪涝灾区，湖北省红十字会共募集救灾款物1.4亿元。

（二）1999年，湖北省红十字会募集善款2012.32万元，为98洪涝灾区重建了卫生院13个；募集善款253.23万元，重建学校9个；募集善款150万元用于14个水改项目；募集资金330万元建地区备灾仓库4个；援助灾区2000户民房建材591.5万元；援助灾区民房门、窗10万元；为基层医疗机构配备医疗器械、设备63台（套），价值209.79万元。

（三）2003年，湖北全省红十字会系统为防治“非典”募集款物价值708万元；募集价值16万元的款物支持新疆灾区。

【主要特色】

（一）加强备灾基地建设，提高救助能力。为提高湖北省红十字会救灾应急能力，经省红十字会多方呼吁和劝募，共筹集资金330多万元。在当地政府的支持下，筹建了荆州、宜昌、咸宁、黄冈、四个备灾救援中心。目前，全省救灾备灾建设项目总面积达到1万多平方米，全省初步形成了以中国红十字会总会湖北备灾救灾中心为骨干，以四座市级备灾救援中心为支撑的备灾救灾网络，增强了全省红十字会的备灾实力，提高了救助效能。

（二）湖北省红十字会不断加强国际友好交流与合作，在中国红十字会总会的指导与支持下，先后与二十多个国家的地区红十字会建立了长期交流的友好关系。

（三）认真处理有关台湾事务。2001年6月23日，受“飞燕”台风影响，“广源轮”货船在台湾安平港沉没，船上23名大陆劳务外派船员全部落海。其中湖北籍船员22名，安徽籍1名，19名船员遇难或失踪，4名生还。在台湾“海基会”与大陆“海协会”暂停交往的情况下，湖北省红十字会通过中国红十字会总会积极与台湾红十字组织取得联系，组织遇难者家属赴台，配合、协助长江航运集团公司处理善后事宜，圆满完成了任务，受到国务院台办、中国红十字会总会、湖北省台办等有关部门领导给予的高度评价。同时也为两岸红十字组织今后处理此类突发事件提供了经验。

【显著业绩】

1992年，湖北省红十字会被中国红十字会总会评为’91“抗洪先进集体”。

1999年，湖北省红十字会被中国红十字会总会评为’98“抗洪先进集体”。

1999年，湖北省红十字会获省直机关’98“抗洪集体二等功”。

2001年，湖北省红十字会获全国红十字基本知识传播工作三等奖。

2003年，湖北省红十字会获全国红十字基本知识传播工作一等奖。

【年度工作】

（一）组织建设工作

2004年9月6日，湖北省红十字会召开了省第五次会员代表大会。大会回顾总结了“四大”以来湖北省红十字会工作所取得的成绩和经验，审议通过了第四届理事会的工作报告、《湖北省红十字会实施〈中国红十字会章程〉细则修改意见》、《湖北省红十字会2005－2009年发展规划》，选举产生了新一届理事会等。

（二）募捐与备灾救灾工作

1. 开展募捐，实施救助活动。2004年6月，湖北省先后5次遭受了大范围暴雨袭击，造成了全省86个市、县的1573万人受灾，农作物受灾面积达1787万亩，直接经济损失33.2亿元。面对灾情，湖北省红十字会及时成立了救灾小组，确保了灾害救助工作的顺利开展。全省各级红十字会也加强了与民政、水利、卫生等部门的联系，相互联动，及时深入灾区，了解核查灾情，安排布置救灾工作。截至11月19日，湖北省红十字会共募集救灾款物价值344.5万元，下拨至全省各灾区款物价值183.2万元，共计下发到14个市、51个县，受益人口达85592人次。

武汉市红十字会与武汉“麦当劳”公司联合在麦当劳汉口竹叶山开展了“关爱重症患儿”暨募捐箱设置活动。麦当劳属下23家连锁店全部设置了红十字募捐箱。全年共为重症患者筹资11万元，受益人数达213人。

黄冈市红十字会接受澳门特别行政区红十字会捐赠的15万元，累计接受并发放了救援物资价值60余万元，受益群众20余万人次。浠水县红十字会向企业募集了价值6000元的救助大米。咸宁市投入救灾款物也达21.8万元。

2. 开展“红十字博爱送万家”活动。2004年元月，湖北省“红十字博爱送万家”活动在武汉市启动。活动以“关爱五个五百”为主题，对500个灾区重灾户、500个贫困地区特困户、500个城市低保家庭、500个贫困下岗职工、500个残疾人家庭开展了送温暖活动。武汉市红十字会在开展“红十字博爱送万家”活动中，共向孤寡老人发放了中国红十字会制作的“爱心包”2500份。省、市红十字会共筹集大米45吨，食用油3.5吨，棉衣、棉被3000套，价值人民币38万元，发放给了武汉市的3000个特困家庭。中国红十字会总会党组书记江亦曼率慰问组将600个慰问包、20吨大米、70桶食油分别送到英山县的200个灾民和黄州县400个低保特困户手中。黄石市红十字会在活动中发放款物4万余元。荆州市红十字会发放救灾大米51.72吨和15.61万元的消杀药品，受益人数10万余人。在“红十字博爱送万家”活动中，省红十字会共发放救助大米126.3吨、棉被1500床、“温暖包”400份、价值50万元。

3. 完备手续，接受监督。2004年6月，湖北省接受了中国红十字会总会对灾区物资发放情况的抽查，通过对两个市、县的走访抽查、实地询问，抽查小组对湖北省红十字会的救灾工作给予了肯定，同时对蕲春县救灾物资发放工作给予了高度赞扬。

（三）救护救助与社会服务工作

1. 开展救护培训工作，普及自救互救知识。湖北省红十字会完成了中国红十字会总会下达的彩票公益金项目救护师资培训班的任务。2004年10月，救护师资培训班分别在十堰市和襄樊市开班，4期共培训师资300人。武汉市红十字会在市安全生产委员会、交通行业启动了卫生救护培训，参训人员累计2.31万名，其中急救员7000多名。鄂州市红十字会在4月份举办了卫生救护师资培训班，有100多人参加了培训。襄樊市参加国家、省和市级救护师资培训的人员已达130余人。

2. 开展红十字进社区工作，体现红十字会的服务理念。2004年，湖北省红十字进社区工作启动。年初，省红十字会组织有关人员分别深入部分地、市进行工作调研和指导，年底又组织地、市秘书长和专职人员赴湖南省和江苏省红十字会学习考察社区工作，使湖北省红十字进社区工作得到进一步推进。如：武汉市红十字会社区服务工作已探索出三种模式，一是依托卫生服务中心，二是依托区红十字会实体，三是依托街道社区服务中心。目前，武汉市共有红十字社区服务试点单位22个，示范社区6个。

3. 加快湖北骨髓库建设工作，保质超额完成任务。湖北省红十字会高度重视造血干细胞捐献者资料库湖北分库的建设工作。2004年年初，省红十字会召开了专题工作会对这项工作进行了启动，并在全省成立了

10个工作站，同时将任务分解到各市红十字会。9月30日前，湖北分库完成了4615份资料入库，超额完成了2004年入库任务数。11月3日，省红十字会召开了造血干细胞2004年度工作会，对全年工作进行了总结，通报了各地完成任务的情况，对襄樊、宜昌市红十字会等5个先进单位进行了表彰，并颁发了荣誉证书及奖金。

4. 开展“关爱他人，奉献社会”无偿献血活动。2004年4月，湖北省红十字会和省卫生厅联合举办了省直机关以“关爱他人，奉献社会”为主题的无偿献血活动。中共湖北省委、省政府的主要领导和省直机关干部、职工200多人参加了无偿献血活动，中共中央政治局委员、中共湖北省委书记俞正声参加了活动并率先献血。

5. 开展“抗击艾滋”社会慰问活动。12月1日，湖北省红十字会在随州市均川镇举行了“抗击艾滋”的慰问活动。部分地、市红十字会也开展了相应的关爱活动。荆州市红十字会围绕“关爱妇女，抗击艾滋”的主题，配合市政府在沙隆达广场举行了大型公益宣传活动。襄樊市红十字会从募集的资金中拨付1.5万元给市防疫站的“温馨家园”，专门用于艾滋病防控工作。

（三）宣传工作

1. 加强专职人员的培训，不断提高专业素质。2004年5月，湖北省红十字会在宜昌市协助中国红十字会总会承办了全国性的红十字运动基本知识培训班暨评估表彰会，并圆满完成了接待全国12个省、市及香港和澳门特别行政区参加培训代表的任务。湖北省大部分地、市红十字会的秘书长也参加了培训。通过培训，进一步提高了湖北省红十字会专职人员对红十字基本知识的了解和认识。在此次表彰会上，湖北省红十字会荣获2003年度全国传播工作一等奖。此外，湖北省部分地、市也举办了相应的培训班。6月中旬，武汉市红十字会举办了法规培训班，邀请省红十字会、市人大常委会的法律专家及有关院校的教授对各区红十字会干部进行了红十字基本知识的培训。

2. 充分发挥新闻报道的作用，积极开展宣传工作。2004年，围绕湖北省红十字会第五次会员代表大会和中国红十字会“庆百年”等活动，湖北省红十字会开展了形式多样的宣传活动。全省各级红十字会全年在电视台、电台和主要报刊刊播新闻稿件300多篇（条）。湖北电视台《新闻空间》全年播出的省红十字会新闻就有10多条。在《湖北日报》和《中国红十字报》等报头版上发表的湖北省红十字会新闻稿件有9篇。武汉市红十字会在“世界红十字日”期间与武汉电视台合作，举办了“‘人道、博爱、奉献’——庆祝中国红十字会建会100周年红十字知识竞赛活动”。同时，制作了纪念“世界红十字日”和中国红十字会建会百年电视访谈节目与电视知识竞赛节目，有力地促进了红十字知识的传播和普及。

3. 搞好信息的编辑和回顾展工作。2004年，湖北省红十字会共编辑《红十字信息》9期。起到了上情下达、下情上传的信息沟通作用。同时完成了《湖北省红十字事业发展回顾展》的策划、展板制作。武汉市红十字会共编辑简报14期，上报卫生政务信息14条。宜昌市红十字会坚持自办《红十字简报》，定期报道红十字会工作，目前已编辑了68期。

（四）红十字青少年和对外交流与合作

工作

1. 2004 年 7 月，湖北省红十字会组团参加了在上海市举办的 2004 年九省市（区）红十字青少年夏令营活动。8 月，省红十字会又组团参加了在台湾举办的海峡两岸红十字青少年夏令营活动。9 月，中国红十字会会长彭珮云到武汉市红十字会考察工作，并视察了武汉市武昌实验中学。彭珮云充分肯定了武汉市红十字会多方位、多视角、多渠道开展红十字青少年工作的做法，并强调指出，武昌实验中学将青春卫生知识、健康保健知识和心理卫生知识教育纳入学校红十字工作的范畴，与学生思想政治教育相结合，这本身是一个新的实践，值得推荐。

2. 2004 年 6 月，湖北省红十字会接待了德国巴登府腾堡州红十字会的来访。7 月，应德国巴登府腾堡州红十字会的邀请，湖北省红十字会组团对该州红十字会进行了友好访问，并签订了新一轮的合作交流协议。此外，湖北省红十字会还分别接待了天津市、北京市红十字会的来访。武汉市红十字会于 7 月组团前往法国、德国进行了考察交流活动。

3. 2004 年，湖北省红十字会实地考察了宜昌改厕项目点，完成了宜昌改厕项目报告书，争取到德国项目援助款 1 万欧元。与此同时，湖北省红十字会还接受了德国巴州红十字会捐赠的彩色多普勒诊断仪一台。

4. 2004 年，湖北省红十字会办理查人转信 126 例。

（鲍　毅）

附录：

湖北省实施《中华人民共和国红十字会法》办法

（1996 年 9 月 21 日湖北省第八届人民代表大会常务委员会第二十二次会议通过）

第一条　为了促进红十字事业的发展，根据《中华人民共和国红十字会法》（以下简称红十字会法）及国家有关法律法规的规定，结合本省实际，制定本办法。

第二条　湖北省红十字会（以下简称省红十字会）是中国红十字会的地方组织，是从事人道主义工作的社会救助团体，依照“红十字会法”和本办法的规定，独立自主地开展工作。

第三条　省、市（含地区、州，下同）、县（含县级市、自治县、省辖市的区，下同）红十字会是独立设置的社会团体，依法取得社会团体法人资格，并设置办事机构，配备专职工作人员。

乡（镇）、街道建立红十字会，并根据工作需要配备专职或兼职工作人员。

全省性的行业根据需要可以建立行业红十字会。

机关、团体、企业事业单位和其他社会组织，根据需要可以建立基层红十字组织。

上级红十字会指导下级红十字会的工作，行业红十字会同时接受省红十字会的指导。

第四条　各级人民政府对红十字会工作应给予支持和资助，为本级红十字会开展工作提供必要条件，保障红十字会依法履行职责，并对其活动进行监督。

全社会都应当关心支持红十字事业。

第五条 红十字会使用白底红十字标志。红十字标志的使用范围和办法应当依照《中华人民共和国红十字标志使用办法》的规定执行，其他任何组织和个人不得滥用红十字标志。

第六条 本省公民和社会组织，承认《中国红十字会章程》并缴纳会费，可以自愿参加红十字会，成为红十字会的个人会员或团体会员。

各级红十字会可以吸收自愿为红十字会开展工作的社会各界人士为志愿工作者，协助红十字会开展工作。

第七条 各级红十字会理事会，由会员代表大会或会员大会民主选举产生，会长和副会长由理事会民主选举产生。

省、市、县红十字会设名誉会长和名誉副会长，由同级红十字会理事会聘请。

第八条 省红十字会根据独立、平等、互相尊重的原则，发展同台湾、香港、澳门等地红十字会以及外国地方红十字会或红新月会的友好合作关系。

第九条 各级红十字会履行下列职责：

（一）宣传、贯彻、执行“红十字会法”及本办法；

（二）开展救灾的准备工作，进行救灾知识培训，根据各地实际建立备灾中心或备灾仓库，有计划地筹措、储备救助物资；在自然灾害和其他突发事件中，协助人民政府及时组织救助伤病人员和其他受害者，并报告上一级红十字会；为开展人道主义救助工作，进行募捐活动，接受捐赠；

（三）进行初级卫生救护培训，组织群众参加现场救护；

（四）参与宣传、组织、实施无偿献血；

（五）开展红十字青少年活动；

（六）兴办与红十字会宗旨相符合的社会福利事业和经济实体；

（七）依据《中国红十字会章程》吸收会员，发展组织；

（八）根据中国红十字会总会部署，参加国际人道主义救援工作；

（九）依照国际红十字和红新月运动的基本原则，完成本级人民政府和上级红十字会委托事宜。

第十条 红十字会的经费主要来源：

（一）红十字会会员缴纳的会费；

（二）接受国内外组织和个人捐赠的款物；

（三）红十字会的动产和不动产的收益及所属福利企业事业单位上缴的款项；

（四）基层红十字会和行业红十字会所在单位和部门的资助；

（五）人民政府的拨款。本项分为红十字行政事业经费和人道主义救助专项经费。行政事业经费由各级财政部门列入地方财政预算。

第十一条 红十字会可以依法设立红十字基金和依法募集红十字发展基金；省红十字会依法建立红十字基金会。

第十二条 红十字会有权接受和处分境内外组织或者个人所捐赠的款物，红十字会在处分捐赠款物时，应当尊重捐赠者的意愿。

捐赠款物只能用于人道主义社会救助，任何组织和个人不得侵占或挪用。

在救灾情况下，接受捐赠物资救助的地方，当地人民政府应负责组织处理好所接受捐赠物资的运输事宜。

第十三条 红十字会接受境外援助或捐赠用于救助和公益事业的物资、设备，海关、检疫、交通等部门应按照国家规定优先办理有关手续，并依法给予减免税和其他费用的待遇。

第十四条 境内公民、法人或其他组织捐赠给红十字会用于社会救助的款物，税务部门应按照税法规定的比例在计税时扣除该款物税款。

第十五条 红十字会兴办的与其宗旨相符的社会福利企业事业单位，按照国家规定享受减免税收的待遇；有关行政管理部门应减收、免收管理费。

第十六条 红十字会参与兴办的中外合资、中外合作的社会福利企业事业单位的进口物资、设备，海关应当按照国家有关规定办理减税、免税手续，

第十七条 红十字会对其兴办的或人民政府划归红十字会的社会福利事业单位依法进行监督管理。

第十八条 红十字会的财产和其他合法权益受法律保护。

因行政区划或者部门、单位变更等原因，红十字会组织机构变更的，其财产应当归变更后的红十字会所有。

第十九条红十字会的经费和其他财产的使用应与红十字会的宗旨相一致，并建立经费收支、财产管理、捐赠款物和所办社会福利企业事业单位经费的审查监督制度，每年向理事会报告。

各级红十字会的经费和其他财产的使用情况，接受本级财政、审计部门的检查监督。

第二十条 在自然灾害和其他突发事件中，执行救助任务并标有红十字标志的交通工具免交路、桥通行费和渡口过渡费；执行救助任务并标有红十字标志的人员有优先使用公用交通、通讯工具的权利。

第二十一条 文化、广播电视、新闻出版等部门应当宣传红十字会开展的慈善公益活动，并给予支持和扶助。

第二十二条 省红十字会对在红十字事业中作出突出贡献的志愿工作者、社会各界人士授予荣誉称号，并颁发荣誉证书、证章。

各级红十字会对在红十字工作中作出显著成绩的单位、工作人员，给予表彰和奖励。

第二十三条 任何组织和个人，不得拒绝、阻碍红十字会工作人员依法履行职责。

在自然灾害和其他突发事件中，阻碍红十字会工作人员依法履行职责，违反《中华人民共和国治安管理处罚条例》的，由公安机关予以处罚；触犯刑律，构成犯罪的，依法追究刑事责任。

第二十四条 违反《中华人民共和国红十字标志使用办法》及本办法规定，滥用红十字标志的，红十字会有权要求其停止使用；拒绝停止使用的，红十字会可以提请人民政府责令其停止使用，并按照有关法律、法规的规定予以处罚。

第二十五条 违反本办法的规定，侵占、挪用红十字会的经费、财产和救助款物的，由直接责任人员所在单位或者人民政府有关部门对其给予行政处分；触犯刑律，构成犯罪的，依法追究刑事责任。

第二十六条 本办法自公布之日起施行。

湖南省红十字会

【历史沿革】

1911年，湖南省在中国红十字会总会指导下共建立了23个地方分会。从1911年到1949年各分会主要从事战地救护伤兵、救灾救济和疫情防疫工作。

1950年，湖南省10个地方分会经总会登记改组，按总会部署组建和训练医疗救护队，支援抗美援朝和新中国社会主义建设。1956年1月，湖南省红十字会首届执行委员会成立。1963年7月10日，湖南省委组织部发出文件，同意由王含馥、刘亚南等19人组成湖南省红十字会执行委员会，湖南省红十字会正式成立。成立后的湖南省红十字会在管理医疗实体、协助遣送日侨归国、开展募捐、发展组织、参加爱国卫生运动、宣传动员献血、开展国防救护训练等方面做了大量工作。1966年6月到1980年，湖南省红十字会工作经历了“文化大革命”停顿和拨乱反正后的逐步恢复阶段。

1981年10月，第一届湖南省红十字会理事会组建，红十字会工作重新恢复，副省长刘亚南任省红十字会会长。1987年，湖南省红十字会办公室恢复，同时恢复了全省性红十字会工作。到1990年，全省125个县全部建立了红十字会组织，基层组织发展到2544个。1991年起，全省红十字会工作逐步进入程序化、规范化轨道：按中国红十字会总会要求，全力投入救灾抗灾，开展社会筹资、接受国内外红十字会捐赠，赈济灾民；建立红十字救护站，健全公路卫生救护网络；宣传无偿献血；开展红十字青少年活动；筹办红十字事业实体；发展对外联络等。1993年10月，全国人大颁布《中华人民共和国红十字会法》，1996年8月，湖南省人大颁布《湖南省实施〈中华人民共和国红十字会法〉办法》，为红十字会工作提供了法律保障，红十字会工作进入全面发展时期。2000年5月22日，湖南省编委下发《关于理顺湖南省红十字会管理体制的通知》，湖南省红十字会由卫生厅代管改由省政府领导直接联系。2002年9月，湖南省红十字会升格为副厅级机构，内设办公室、赈济服务部、救护培训部。2003年9月，湖南省红十字会第五次会员代表大会召开，会议全面总结了湖南省红十字会四届理事会以来的工作，制定了2003至2007年发展规划，选举产生了省红十字会第五届理事会理事53名，聘请湖南省省长周伯华为省红十字会名誉会长，选举副省长甘霖为会长，候炳文为常务副会长，刘爱华、姜儒振、欧阳耀祥、余长明、刘家望为兼职副会长，王天民为专职副会长。2005年1月，湖南省红十字会五届二次理事会召开，选举、调整了领导班子，彭力夫为副会长，根据会长提名刘迎建为秘书长。

【组织机构】

湖南省红十字会现有基层组织4300个，会员83万人，志愿工作者4600人。全省14个市州、122个县均建立了红十字会组织。

根据湖南省机构编制委员会《关于印发〈湖南省红十字会机构改革方案〉的通知》，湖南省红十字会为独立设置的副厅级机构，机关设有办公室、赈济服务部、救护培训部。2005年呈报增设事业发展部。省红十字会下设中国造血干细胞捐献者资料库湖南省分库管理中心、湖南省备灾培训中心2个直属事业单位。

目前，湖南省内14个市州红十字会已有12个由卫生厅代管改为市州政府领导联系，分别是长沙市红十字会、湘潭市红十字会、株洲市红十字会、娄底市红十字会、怀化市红十字会、衡阳市红十字会、永州市红十字会、湘西自治州红十字会、张家界市红十字会、常德市红十字会、邵阳市红十字会、郴州市红十字会，这些市、州红十字会的常务副会长、秘书长均配备到位，还有8个县级红十字会也已理顺了管理体制。

【相关法规】

1996年8月5日，湖南省第八届人民代表大会常务委员会第二十三次会议通过了《湖南省实施〈中华人民共和国红十字会法〉办法》。

1995年，湖南省人民政府制发《湖南省人民政府关于进一步加强红十字会工作的通知》。

2005年，湖南省人民政府办公厅下发《湖南省人民政府办公厅转发省红十字会关于进一步加强红十字会工作意见的通知》，贯彻落实《国务院办公厅转发中国红十字会总会关于进一步加强红十字会工作意见的通知》。

【大型项目】

（一）备灾网络建设

1. 市、县备灾仓库。1994年，湖南省红十字会与香港特别行政区红十字会达成协议，选择长沙市的长沙县、衡阳市的衡南县，怀化市的鹤城区、常德市的武陵区共建赈灾网络。香港特别行政区红十字会捐赠15至20万元人民币修建一小型备灾仓库，负责本县（区、市）的赈灾工作，同时兼负邻近县（区、市）赈灾物资的储存、转运。1995年，四县备灾仓库建成，备灾救灾工作组织机构逐步建立，同时规范了备灾救灾程序和应急处理措施，网络试点启动。湖南省红十字会与香港特别行政区红十字会联合举办了2期研讨会，落实了备灾网络试点目标管理责任书，备灾救灾工作逐渐规范。

2. 省备灾培训中心建设。1998年，经过中国红十字会总会、香港特别行政区红十字会、湖南省人民政府、湖南省红十字会多方磋商，《香港特别行政区红十字会支持湖南省红十字会备灾、培训中心协议书》签订，香港特别行政区红十字会援助湖南省红十字会250万元，湖南省人民政府拨配套资金300万元，修建备灾培训中心第一期工程（第二期工程款项由湖南省人民政府自行解决）。备灾中心建筑工程1999年初正式启动，2000年10月建成并通过验收。该中心建筑面积为3560平方米，包括备灾仓库、培训用教室和培训人员住房。2002年，仓库投入使用。2003年9月，湖南省红十字会备灾培训中心经湖南省编办批准正式成立，为编制8名的全额拨款事业单位。备灾培训中心大楼的建设和机构的成立，为湖南备灾救灾工作在物资储运、备灾培训等方面提供了坚实的基础。

3. 通讯工具的配备。为保障备灾救灾网络的灾害信息渠道畅通，2000年，湖南省红十字会清查各市、县红十字会报灾通讯设施（包括电话和传真）配备情况，要求各市、县红十字会配齐电话、传真，还分发了由香港特别行政区红十字会捐赠的35台传真机。2000年底，全省各市、县红十字会通讯设备齐备，通讯网络畅通。

4. 红十字会干部的备灾培训。为提高全省各级红十字会干部的备灾救灾能力，2003年开始，在香港特别行政区红十字会的支持下，湖南省红十字会与香港特别行政区红十字会联合编写出版了25万字的《备灾救灾培训手册》，在各级红十字会层层举办备灾培训班，对全省红十字会系统13000多名备灾骨干进行了系统、深入的备灾培训。

5. 丹麦援助的备灾项目。为提高群众抗灾备灾能力，减轻灾害损失程度，在中国红十字会总会的指导下，湖南省红十字会接受丹麦红十字会73.818万元的援助，在张家界市的永定区、慈利县、桑植县的4个灾害多发村进行社区为本的备灾项目建设。指导村民调查分析该村拥有的资源及实际需要，由各村备灾委员会及村民集体研究制定村备灾减灾计划，逐步实施各项减灾措施。项目的实施惠及4个村的6000余村民。

（二）救灾工作

1991年，湖南遭受了严重的南旱北涝灾害，全省80%以上乡村受灾。全省各级红十字会全力投入抗灾救灾工作，积极开展社会募捐，省红十字会共收到来自台湾、香港、新加坡等地捐款290多万元人民币和1.5万美元，国内捐款5万元；接受各类赈灾物资折合人民币928万元。

1993年洪灾期间，湖南省红十字会共接受国内外红十字会组织和境外社会团体赈灾款47万元人民币，救灾物资折合人民币987万元。

1994年夏，湖南省湘江、资江流域先后发生三次洪涝灾害，湖南省红十字会及时组织救灾，共接受国外、境外大米、药品等赈灾物资22批次，折合人民币2300万元，接受赈灾款990万元。同时，湖南省各地红十字会还自行募集了救灾款34万余元救助灾民。

1995年汛期，洞庭湖区等发生洪涝灾害。湖南省各级红十字会积极抗灾救灾，共派出医疗防疫队1300多支到灾区开展治病、防疫工作。并通过红十字会系统募集救灾款741.37万元、大米825吨（价值227.25万元），向社会各界募得人民币120万元、衣物40万件，均按要求及时发放到了灾区。

1996年，湖南省发生大范围洪涝灾害，省红十字会及时组织救灾、救护工作。湖南省红十字会共接受中国红十字会总会、红十字会与红新月会国际联合会、香港特别行政区红十字会捐赠的救灾物资总价值1406万元人民币，捐赠款200万元，及时发放灾区救济灾民。

1997年，湖南局部地区发生洪灾、风灾和冰雹灾害。省红十字会接受了中国红十字会总会价值356万元的物资、香港特别行政区红十字会30万元购粮款和一批价值20万元的救灾物资，先后发放了三批总价值933多万元的救灾物资。

1998年，湖南省发生特大洪灾。全省各级红十字会积极抗灾救灾，通过各种渠道开展募捐。湖南省红十字会接受了来自红十字会与红新月会国际联合会、欧盟、美国、日本、埃及、德国、澳大利亚、香港等红十字会及上海、北京、深圳市等省、市红十字会、机关、团体、企业和个人的赈灾款物50多批，价值人民币6320万元，及时按要求发往灾区，并积极争取了灾后重建项目资金。

1999年，湖南省又遭受严重洪灾。中

国红十字会总会、红十字会与红新月会国际联合会及香港特别行政区红十字会先后有20余批200多人来湘考察灾情，慰问灾民。省红十字会共接受价值500多万元的救灾款物，加上往年的备灾物资，全年共发放了价值1200多万元的药品、大米、衣被等救灾物资。

2001年，湖南省发生大规模山洪灾害，全省各级红十字会积极投入救灾工作。省红十字会共发放了10批救灾物资，价值人民币280多万元，还接受了省外包括重建项目款捐赠近800万元。

2002年，湖南省再次遭洪水袭击，全省各级红十字会积极投入救灾救护工作。省红十字会接受了中国红十字会总会、红十字会与红新月会国际联合会、香港特别行政区红十字会、澳门特别行政区红十字会捐赠的价值1200余万元救灾款物及上海、北京、广东等省、市红十字会捐赠的价值320万元的救灾款物。全省共发放了价值1100余万元的救灾物资，组织了283支医疗救护队到开展灾区防疫治病工作，义诊人数达21万余人次。

2003年救灾期间，湖南省红十字会通过对外呼吁积极申请援助，共得到红十字会与红新月会国际联合会、中国红十字会总会及香港、澳门、北京、天津等红十字会援助的救灾款物价值948.9408万元。

2004年汛期，湖南省红十字会积极组织抗灾救灾，规范救灾程序，积极募集救灾物资。共接收来自中国红十字会总会、香港、上海、北京、天津等红十字会援助的救灾款物价值572万元，在省内募集款物价值6.3577万元。

（三）灾后重建

湖南是个自然灾害频发而经济发展又相对落后的地区，面对灾害，湖南省红十字会积极呼吁外援，多次接受国内外组织和个人的援助，在受灾严重的贫困地区实施灾后重建工作。

1.1998年，湖南遭受了历史上罕见的特大洪灾，国内外红十字会纷纷援助湖南省红十字会展开灾后重建工作。

接受红十字会与红新月会国际联合会、中国红十字会总会转赠的德国戴姆乐·克莱斯公司援建灾民建房捐款750万元，在受灾最严重的常德市安乡县、澧县和益阳市沅江市重建了2500户灾民住房，总建筑面积25万平方米；

接受上海市、北京市、广东省红十字会及深圳市红十字会援助的544万元，在常德市安乡县、张家界市慈利县和桑植县及怀化市、岳阳市、长沙市等地重建了10所卫生院和2所学校；

接受香港特别行政区红十字会捐款507万元，在张家界、益阳、怀化、岳阳四市的重灾区重建了16所卫生院和3所小学。

2.2002年，接受上海市红十字会转赠上海王氏老太太捐赠的50万元，重建了张家界市武陵源区索溪“王氏博爱小学”，其中10万元作为王氏扶贫助学基金，帮助该校贫困少年儿童完成小学学习；

接受香港特别行政区红十字会捐款200万元，在当地恢复重建卫生院十分困难的郴州、衡阳、永州、湘西等重灾区重建了10所卫生院，并为各卫生院配备了B超、X光机等设备，培训了2至6名医务人员。

3.2003年，接受香港特别行政区红十字会援助98.328万元，在永顺、麻阳等灾区重建了3所卫生院和3所小学；

接受上海市宝山区红十字会资助105万元，在张家界市慈利县重建了高峰中学；

接受北京市红十字会援助的30万元，在株洲市芦淞区重建了曲尺博爱卫生院。

4. 2004年，湖南省红十字会接受澳门特别行政区红十字会援助15万元，在张家界市桑植县重建了1所灾区小学。

（四）改水改厕项目

1. 2003开始，在中国红十字会总会的指导下，湖南省红十字会接受欧盟人道主义办公室援助的第二、三、四期改水改厕项目。2003至2005年，共接受欧盟援助项目款1340. 2万元人民币（其中，2003年339万元，2004年378. 2万元，2005年623万元），在湘西、怀化、邵阳等地的50个受灾的贫困村修建了13100个无臭无菌不用水冲无污染的生态旱厕，并在各项目点配套开展了针对村民的健康教育培训，为其中的9个村修建改水工程，将可饮用的山泉水引入农家，惠及13000多个家庭的5万多农村人口。

2. 2004年，澳门特别行政区红十字会援助48万元，为湘潭市湘潭县和张家界市桑植县的两个村修建改水工程。

（五）卫生救护培训

1. 1989年，全省各级红十字会为落实总会与卫生部、公安部等8个部委联合下发的《关于开展群众性卫生救护训练的通知》精神，共对28603人进行了卫生救护培训，普及卫生救护知识达15. 89万人次。

2. 1994年，湖南省红十字会编印了《机动车驾驶员卫生救护训练》一书，全省各级红十字会与交警部门配合，举办了师资培训班241期，驾驶员培训班647期，培训驾驶员等共19764人。

3. 1998至2000年，湖南省各级红十字会积极配合交通、交警部门全面开展卫生救护培训，全省参加培训人员累计达11. 08万人次，其中机动车驾驶员8100人。

4. 2003至2004年，开展中国红十字会总会彩票公益金初级卫生救护师资培训项目，共举办13期培训班，培训湖南省内卫生救护师资418人。按照中国红十字会总会“四统一”的要求，为在全省全面落实开初级卫生救护培训打下了坚实的基础。

（六）公路救护站网络建设

1992年，接受香港特别行政区红十字会援助480万元人民币，进行公路卫生救护网络建设，在全省14个地（州）市的87个县（市）境内的国道和部分省道建立了451个红十字救护站（急救站）。各站都有统一规格的醒目标志，成立了救护领导小组，有专职的经过卫生救护训练的救护员，配备了急救箱、担架和其他必备设施，还建立了救护岗位责任制。1993年又新建公路红十字救护站108个，公路红十字救护网络基本形成，为减轻公路交通事故伤亡发挥了重要作用。

（七）造血干细胞捐献者资料库建设

在国家福利彩票公益金项目的支持下，湖南省造血干细胞捐献者资料库管理中心于2003年建立，同时建立了长沙、岳阳两个配型实验室。中心成立后迅速健全了各项管理制度，建立了与各级卫生部门及血液机构的合作关系。通过60场次大型宣传、讲座和在媒体的广泛传播，使这一生命工程在社会产生了深远的影响。到2005年8月，共招募了近3万名志愿者，完成28242人的造血干细胞分型资料入库任务，共为境内外230名血液病患者检索到了HLA配型相合的捐献者，已实现捐献移植 17 例。

湖南省第一例，同时也是全国数据联网后捐献移植的第一例捐献者陈欣被评为“2003 年湖南十大新闻人物”。2004 年，湖南造血干细胞捐献工作入选 2004 年由湖南公共频道等媒体发起评比的“湖南十大公益事件”，荣获“最具生命关怀奖”。2005 年，湖南分库和长沙 HLA 配型实验室分别获得中国造血干细胞捐献者资料库管理中心的表彰。

（八）“曙光行动”

从 2001 年开始，湖南省红十字会与湖南经济电视台、湖南省儿童医院联合开展了“曙光行动”，从多方面呼吁募捐，建立专项救助基金，在省儿童医院为患先天性心脏病的特困儿童免除部分手术费。其中，湖南省红十字会通过各种途径募集了 23.3263 万元，到 2004 年底，共为 160 名儿童做了手术。

（九）查人转信

1987 年，按照中国红十字会总会的统一部署，湖南省红十字会开始承办台胞台属查人转信和台胞探亲衍生问题。到 1988 年底，全省各级红十字会共转送台胞台属寻人表格和红十字通讯 8200 余份，接待和处理台胞台属来信来访 3900 多件，为台胞找到亲人 819 宗，同时协助处理台胞死亡事件 46 宗，处理台胞台属其他问题 3398 宗。到目前为止，湖南省红十字会共处理表格、信件 16201 人份。

【显著业绩】

1998 年，湖南省红十字会办公室被中国红十字会总会授予“1998 抗震救灾先进集体”荣誉称号。

2004 年，湖南省红十字会获国家人事部和中国红十字会总会联合颁发的“中国红十字会系统先进集体”奖。

【年度工作】

2004 年，湖南省红十字会在中共湖南省委、省政府的正确领导下，在中国红十字会总会的指导和支持下，大力宣传并深入贯彻《中华人民共和国红十字会法》和《湖南省实施〈中华人民共和国红十字会法〉办法》，认真贯彻中国红十字会七届四次理事会和省红十字会第五次会员代表大会精神，开拓进取，务实求新，各项工作都取得了一定成绩，得到了中共湖南省委、省政府领导的肯定及社会各界的好评。

（一）理顺管理体制工作

湖南省市级红十字会继张家界、湘西自治州、长沙、常德、永州市红十字会独立建制后，2004 年，娄底、邵阳、怀化、郴州、株洲市红十字会也实现了独立建制，机构逐步健全。邵阳市红十字会增加了两个编制，搬进市政府大楼办公。株洲市红十字会机构定为正处级，人员编制 10 名，参照省红十字会设置内部处室，政府还无偿划拨老年公寓建设用地。湖南省大多数县、区级红十字会实现了机构列编、经费列支、人员列位；全省现有专兼职红十字会工作人员 358 人，基层组织 4700 个，会员 83 万人，志愿者 4600 人。

（二）备灾救灾工作

湖南省红十字会充分利用备灾仓库加紧物资储备，全年储存物资价值近 300 万元，为救灾工作的开展打下了坚实的基础。为提高各级红十字会备灾救灾能力，省红十字会在全省 14 个市、州 122 个县展开对红十字会干部的备灾培训工作，共培训 13000 多人。

2004年6、7月份，湖南省遭受两次持续强降雨袭击。省红十字会迅速指导当地各级红十字会收集灾情，组织医疗救护队深入灾区开展医疗卫生服务。红十字会与红新月会国际联合会代表、时任中国红十字会常务副会长的王立忠等领导及香港、澳门特别行政区红十字会救灾代表都赴湖南省灾区考察了灾情。湖南省红十字会筹措了价值200多万元的救灾物资第一时间发往重灾区，又争取到中国红十字会总会，香港、澳门特别行政区红十字会和美国爱德基金会捐赠的价值530多万元的救灾物资援助

（三）外援项目建设

在总结2003年农村生态旱厕改建任务经验的基础上，湖南省红十字会2004年又完成了欧盟援助的怀化、娄底、邵阳、郴州、张家界5市6县10村3700个农户的改厕和娄底市娄星区、怀化市芷江县2个村的改水工程，同时还还展了对农村居民的健康教育培训。11月23日至27日，欧盟人道主义办公室项目主任大卫来湘检查，他高度赞扬改厕项目工作做得好。省红十字会还圆满完成了香港特别行政区红十字会援助98万元在永顺、麻阳、龙山等地重建的3所卫生院和3所小学的项目，得到参加各项目竣工剪彩的香港特别行政区红十字会代表的好评。

（四）卫生救护师资培训

为加强卫生救护的培训、普及与提高，湖南省红十字会草拟了《关于开展群众性现场初级救护培训工作的意见》报送省政府办公厅。省红十字会举办了7期卫生救护师资培训班，包括承办中国红十字会总会的2期中南地区师资培训班，共培训合格师资358名。同时指导市、县红十字会开展了初级卫生救护培训。

（五）造血干细胞捐献工作

2004年，湖南省造血干细胞捐献工作共完成8700多份造血干细胞资料入库量，为境内外109名血液病患者提供了HLA配型检索，实现捐献8例。通过14次大型宣传活动和在媒体的广泛传播，造血干细胞捐献工作在社会各界的影响进一步扩大。4月1日，岳阳市华容县农民昌桂华捐献的造血干细胞救助了深圳一名患者，以及12月底湖南农业大学学生路敏赴京捐献造血干细胞救治辽宁患者任爽在全国产生了强烈反响。这项工作受到中国红十字会总会领导、中共湖南省委、省政府领导的充分肯定和高度赞扬。在2004年湖南各大媒体发起的“湖南十大公益事件”评选中，湖南省造血干细胞捐献工作入选并荣获“最具生命关怀奖”。

（六）社会救助服务

2004年初，湖南省红十字会在中国红十字会总会支持下筹措了价值130万元的物资开展“红十字博爱送万家”活动，省红十字会领导带队将物资送到各地灾民、农村贫困家庭、城市下岗职工家里。2004年春节，中国红十字会总会下拨了50余万元物资，总会党组书记江亦曼带队到湘潭市雨湖区和浏阳市的贫困地区慰问了特困群众。

由湖南省红十字会、省经济电视台、省儿童医院（省红十字医院）联合发起的“曙光行动”继续开展。2004年3月，省红十字会又接受10万元捐款加入基金，活动受到中国红十字会会长彭珮云的赞扬。5月8日，为救治弃婴“小桩桩”，省红十字会举行了义演义卖活动，原中共湖南省委书记熊清泉参加活动并带头捐款，活动共募集了

3 万元。

长沙、益阳、常德、湘潭等市红十字会春节前后慰问了麻风村、贫困户，送去粮食等慰问物资价值 187 万余元；怀化市红十字会为艾滋病感染者送去了温暖；株洲市红十字会开展了“十村百户千人”扶贫救困活动，为 4819 户困难家庭送去了 36.35 万元款物。各市州红十字会把救助服务与社区工作有机结合起来，实现了救助服务的经常化、制度化，得到社区居民的积极参与。

（七）迎百年华诞等红十字宣传活动

2004 年是中国红十字会建会一百周年，湖南省各级红十字会采取多种形式，喜迎中国红十字会百年华诞。省红十字会将 2004 年确定为“中国红十字会建会纪念宣传年”，并成立了宣传活动领导小组，制定了实施方案。5 月 7 日，湖南省多家电视台对省红十字会会长甘霖进行了专访，《湖南日报》转发了专访全文。省红十字会建立并开通了“湖南省红十字会”服务网站；组织了大型“红十字百年图片展”；精心搜集近一个世纪来的历史资料，编写刊印了《湖南省红十字会大事记》。各市、州红十字会也开展了各种形式的宣传和纪念活动。这些活动的开展，广泛的宣传了红十字会组织及人道主义救助活动，扩大了红十字会的影响。

（八）对外联络交流

2004 年，湖南省红十字会保持并发展了与香港、澳门、北京、上海等红十字会的友好合作关系，备灾救灾、灾后重建等工作得到了他们的大力支持。广西、厦门、云南、湖北、山东等省、市红十字会人员到湖南省红十字会进行了参观交流。蒙古国红十字会对湖南省红十字会进行了友好访问。5 月份，湖南省红十字会组团访问了德国黑森州红十字会，与之建立了友好关系并签署了 5 项合作意向书。丹麦红十字会的代表 8 月份到湖南省进行了实地考察，与湖南省红十字会签订合作协议，援助湖南省部分农村易受灾地区开展社区备灾抗灾项目。

（九）无偿献血、预防艾滋病宣传

湖南省红十字会坚持指导各级红十字会开展无偿献血宣传活动，并充分利用媒体的传播优势展开有力的宣传。目前，湖南省无偿献血量占临床用血的 86%。在 2004 年全国无偿献血表彰大会上，郴州市中心血站等单位被评为先进单位。

开展预防艾滋病及关爱病毒感染者、患者的宣传工作。11 月 28 日，湖南省红十字会承办了中国红十字会总会、红十字会与红新月会国际联合会和省政府联合举办的“2004 年世界艾滋病日”大型主题宣传活动，中国红十字会总会常务副会长江亦曼、副会长苏菊香与红十字会与红新月会国际联合会代表，卫生部、团中央等多家单位领导及中共湖南省委、省政府的领导参加了活动。活动效果好、影响大，得到与会领导的充分肯定。

（十）社区红十字服务、红十字青少年、查人转信工作

湖南省红十字会指导各级红十字会着手筹划红十字进社区服务工作；推选长沙市为红十字社区服务示范市，扶持和推广了长沙市开办社区红十字博爱超市的经验。

7 月中旬，省红十字会组织了 16 名红十字青少年到上海参加了东南九省红十字青少年夏令营活动。

2 月，湖南省红十字会通过国际红十字组织在缅甸监狱查找到了湖南 2 名衡阳籍失

踪人员并对他们进行了探访，湖南省红十字会帮助他们尽快与家人建立了联系。一年来，湖南省红十字会共转交海峡两岸查人信件120封，为促进合作做出了努力。

（刘赛华）

附录：

湖南省实施《中华人民共和国红十字会法》办法

（1996年8月5日湖南省第八届人民代表大会常务委员会第二十三次会议通过）

第一条 根据《中华人民共和国红十字会法》，结合本省实际，制定本办法。

第二条 红十字会是以保护人的生命和健康，促进和平进步事业为宗旨，从事人道主义工作的社会救助团体。

红十字会依法取得社会团体法人资格，独立自主地开展工作。

全社会都应当关心和支持红十字事业。

第三条 各级人民政府对红十字会给予支持和资助，保障红十字会依法履行职责，并对其活动进行监督。

红十字会协助当地人民政府开展与其职责有关的活动。

第四条 县级以上按行政区域建立红十字会，配备专职工作人员。

街道、乡镇及机关、企业事业单位可以成立红十字会基层组织。

上级红十字会指导下级红十字会工作。

第五条 各级红十字会履行下列职责：

（一）宣传、贯彻《中华人民共和国红十字会法》；

（二）开展备灾、救灾工作，在自然灾害和突发事件中，组织红十字医疗队，对伤病人员和其他受害者进行救助，争取国内外组织和个人的捐助，协助政府组织抗灾救灾；

（三）开展群众性、行业性的卫生救护培训，普及卫生救护和防病知识，组织群众参加现场救护，在公路沿线及其他适当地方设立红十字救护站；

（四）参与组织、宣传、动员输血献血工作，推动无偿献血事业的发展；

（五）开展红十字青少年活动，进行人道主义教育，组织青少年以多种形式为孤寡老人、残疾人和其他需要救助的人员服务；

（六）按照国家有关规定开展地区之间以及与国（境）外红十字会的交流合作；

（七）依照国际红十字和红新月运动的基本原则，完成政府委托的事宜；

（八）法律、法规规定的其他职责。

第六条 红十字会经费的主要来源：

（一）会员缴纳的会费；

（二）接受国内外组织和个人捐赠的款

（三）动产和不动产收入；

（四）各级人民政府列人年度财政预算的拨款。

第七条 在自然灾害和突发事件中，执行救助任务并标有红十字标志的人员、物资和交通工具有优先通行的权利，车辆免缴通行费。

县级以上地方红十字会配备的专用交通工具，由省红十字会报省交通行政主管部门批准，免缴养路费和通行费。

第八条 红十字会接受国（境）外捐赠的救灾物资，海关应当按照国家有关规定给予减税、免税，海关、商检、检疫等部门应当优先办理入境手续；救灾物资的转运工作或者转运费用由当地人民政府负责解决。

第九条 红十字会可以依法兴办与其宗旨相符的社会福利事业，并按照国家有关规定享受减税、免税的优惠。

第十条 县级以上地方红十字会为开展救助工作，可以进行募捐活动；可以依法建立红十字基金会；可以根据实际需要建立备灾基地、仓库。

红十字会应当建立健全募捐管理制度和红十字基金管理制度。

第十一条 红十字会接受的捐赠款物必须无偿地用于社会救助，不得截留、私分、挪用和擅自变卖。

红十字会发放捐赠款物应当尊重捐赠者的意愿，并根据捐赠者的要求向捐赠者通报发放情况。

各级红十字会对接受的捐赠款物应当按照财务管理制度建立账目，健全专项审查监督制度和发放管理制度。

第十二条 红十字会经费的使用和接受捐赠款物及其发放情况，按照国家规定接受政府审计部门的审计监督和上级红十字会的监督检查。

第十三条 任何单位和个人不得侵占、挪用红十字会的经费和财产。

第十四条 严禁滥用红十字标志。对滥用红十字标志的，按照《中华人民共和国红十字标志使用办法》的有关规定处理。

第十五条 任何单位和个人不得拒绝、阻碍红十字会工作人员依法履行职责。

在自然灾害和突发事件中，阻碍红十字会工作人员依法履行职责的，由公安机关比照《中华人民共和国治安管理处罚条例》的有关规定予以处罚；构成犯罪的，依法追究刑事责任。

第十六条 红十字会工作人员贪污或者挪用救灾款物的，由所在红十字会给予处分；构成犯罪的，依法追究刑事责任。

第十七条 对在红十字事业中做出显著成绩的单位和个人，由红十字会或者人民政府给予表彰和奖励。

第十八条 本办法自公布之日起施行。

广东省红十字会

【历史沿革】

1904年，在战乱中，红十字组织在广东省应运而生，初名为粤东赤十字社。先后易名为粤东红十字总会中国红十字会番禺分会和广州分会等。这是广东省首个红十字会组织，也是全国成立最早的红十字会组织之一，该会曾为东征、北伐和省港大罢工的军队、工友和难民做过救护工作。1921年北伐前，宋庆龄亲自知会番禺红十字会组织15人组成救护队随军出发，并遵章加入中国红十字会，她亲自担任南海、番禺、顺德分会联合会总裁。孙中山曾为番禺红十字会分会题写“博爱”二字。战时，红十字会的主要任务是向群众施医赠药。

1956年9月15日，广东省红十字会正式成立。省和广州市有关机关团体推选43人组成委员会，广东省副省长陈汝棠为主席。1963年9月16日，广东省副省长李嘉人任会长。1956年至1965年间，广东省共发展红十字会会员18.4万人，其中红十字青少年7.2万人。训练红十字卫生员9.8万人。建立基层红十字会组织及卫生站4753

个。这一时期的任务主要是发展红十字会会员，建立基层红十字会组织，开展“卫生卫国”？训练，建立不脱产的卫生站；发动会员积极参加以除“四害”讲卫生为内容的爱国卫生运动；开展卫生宣传、卫生防疫和献血工作。

“文化大革命”期间，广东省各级红十字会组织停止活动。1978年5月26日，广东省革命委员会批准恢复省、广州市红十字会，省红十字会与广州市红十字会合署办公。省革委会副主任李嘉人任会长。1980年，改由广东省副省长梁威林为省红十字会会长。1986年，广东省红十字会与广州市红十字会分开办公。

1987年11月，在广东省红十字会第二次会员代表大会上，选举产生理事会理事36名，梁威林为名誉会长，副省长王屏山为会长。1991年4月，广东省红十字会第三次会员代表大会选举产生理事会理事52名，省政协副主席王屏山为会长。1994年6月，广东省红十字会第四次会员代表大会选举产生理事会理事50名，副省长李兰芳为会长。1996年6月，经广东省红十字会第四届三次理事会审议通过聘请广东省省长卢瑞华、省人大常委会主任朱森林为名誉会长，省人民政府原副省长梁威林、省政协原副主席王屏山为名誉副会长。

至1998年底，广东全省21个市，121个县（市、区）均已成立红十字会，有基层组织4004个，会员560444人。

2004年，广东省红十字会第五次会员代表大会召开。中共中央政治局委员、广东省委书记张德江发了贺信，中国红十字会会长彭珮云为大会题词，中共广东省委副书记、省长黄华华作了书面讲话，中国红十字会常务副会长江亦曼同志出席大会并作了重要讲话。会议全面总结了广东省红十字会第四届理事会的工作；审议并原则通过了《广东省红十字会2005—2009年工作规划纲要》；选举产生了由59名理事组成的新一届理事会和常务理事。省长黄华华为名誉会长，省人大常委会副委员长李兰芳，省政协副主席、省卫生厅厅长姚志彬为名誉副会长。副省长雷于蓝当选为会长，徐火周当选为常务副会长，华建、莫益勇当选为副会长，华建兼秘书长。

广东省红十字会历次代表大会一览表

届次	日期	理事人数	常务理事人数	名誉会长	会长	常务副会长
第一次	1956.12.28	43			陈汝棠任主席	
第二次	1986.11	36		梁威林	王屏山	
第三次	1991.4	52			王屏山	
第四次	1994.6	50		卢瑞华	李兰芳	
第五次	2004.10	59	13	黄华华	雷于蓝	徐火周

1963年调整后李嘉人任会长。1978年5月恢复省红十字会，李嘉人任会长。1980年改梁威林为会长

【组织机构】

广东省红十字会现有基层组织1889个，会员535617人（其中青少年会员273112人），全省21个地级市建立了红十字会，100%的县（市、区）成立了红十字会。

广东省红十字会设有办公室、社会赈济部、卫生救护及青少年部。下辖中国红十字会广州备灾救灾中心、中国造血干细胞捐献者资料库广东省分库管理中心。

根据《中华人民共和国红十字会法》，广东省红十字会2004年11月由中共广东省委组织部批准成立党组，徐火周任党组书记，华建、莫益勇为党组成员，独立自主开展工作。

目前，广东省已经完全理顺管理体制的地级市有珠海市、惠州市、肇庆市红十字会。理顺地级市及县（市、区）红十字会管理体制的工作仍在进行之中。

【大型项目】

（一）1998年，广东省红十字会系统向受灾的7个省（区）进行援助，拨出救灾款2915.5万元，支援灾区重建卫生院、学校、灾民新村、水井、备灾救灾仓库等项目67个。

1. 支援湖北省839万元（重建项目19项）。

2. 支援江西省679万元（重建项目17项）。

3. 支援内蒙古自治区602.5万元（重建项目12项）。

4. 支援湖南省275万元（重建项目8项）。

5. 支援四川省200万元（重建项目5项）。

6. 支援黑龙江省175万元（重建项目2项）。

7. 支援河北省125万元（重建项目4项）。

（二）1999年，向受灾的4省（区）进行援助：

1. 救助新疆维吾尔族自治区灾区15万元。

2. 继续1998年救助援建项目拨款给湖北省85万元。

3. 继续1998年救助援建项目拨款给湖南省144万元，另有汕头市援助湖南省灾区卫生院医疗器械价值5.6万元。

（三）2003年，向受灾的5省（区）进行援助：

1. 拨给新疆维吾尔自治区红十字会救灾款100000元。

2. 拨给青海省红十字会救灾款30000元。

3. 拨给甘肃省红十字会各式鞋10000双，价值1000000元；风衣2600件，价值280000元。

4. 拨给上海市红十字会运动鞋1219双，价值37789元。

5. 拨给南京市红十字会运动鞋1000双，价值31000元。

【显著业绩】

1998年12月，广东省广州市、深圳市、珠海市红十字会荣获中国红十字会抗震救灾先进集体荣誉称号。

2004年，广东省中医院护士长叶欣（已殉职）和广东省人民医院护理部主任钟华荪两人荣获三十九届南丁格尔奖章。

2005年5月，广东省红十字会荣获中国红十字会总会颁发的“印度洋海啸救援最佳组织奖”。

【年度工作】

在中共广东省委、省人民政府的大力支持下，在中国红十字会总会的指导下，广东省红十字会贯彻落实省委、省政府和中国红十字会总会关于红十字会工作的一系列指示，开拓创新，团结奋斗，圆满完成了2004年的各项任务。

（一）理顺了省红十字会的管理体制，加强了机关建设

1. 2004年11月29日，中共广东省委批准成立广东省红十字会党组，标志着广东省红十字会理顺了管理体制。

2. 建立健全了省红十字会机关相关机构，狠抓机关思想建设、组织建设和作风建设。同时建章立制，按“三定”方案，实行定编、定岗、定员、定职，规范管理。

3. 筹备召开广东省红十字会第五次会员代表大会，就如何开创性开展广东省红十字会工作进行了系统的调查研究，形成了《广东省红十字会2005—2009年工作规划纲要》等大会文件。顺利进行了换届工作。

（二）加大《中华人民共和国红十字会法》的宣传、普及力度，加快地方立法进度

1. 草拟了有关工作条例草案。到2004年底，八易其稿的《广东省红十字会工作条例》（草案）已上报省政府，力争列入2005年广东省人大的立法计划。

2. 认真贯彻落实中国红十字会与民政部联合印发的《关于开展社区红十字服务工作的通知》，开展“红十字关爱进社区”活动。

3. 应香港红十字会邀请，组团参加了“两岸红十字百周年精英荟萃”急救及灾难应变竞赛活动。广东省红十字会、广州市红十字会与省教育厅联合举办了广州地区高校救护知识、技术选拔赛，选出优胜队南方医科大学红十字代表队代表广东省红十字会赴香港参赛，并获得技术合作金奖和优异奖。

广东省各地结合本地区实际情况，开展了形式多样的“办实事、庆百年”活动。广州市红十字会在该市中山纪念堂隆重举办了纪念中国红十字建会100周年大型文艺晚会。

4. 广东省红十字会领导带领机关人员深入基层，围绕理顺体制、促进红十字事业发展的主题进行调查研究，了解各级红十字会存在的问题和困难。

（三）积极开展各项备灾救灾、救护、救助工作

1. 2004年1月，广东省红十字会转发中国红十字会总会拨发的“红十字博爱送万家”慰问物资（价值50万元），受益群众达2500户。同时，省红十字会下拨保暖毛毯6250床（价值52万元），发放给农村贫困地区最需要救助和受灾严重困难群众及城市下岗职工贫困家庭，受益群众达6250户。

5月份，郁南县特大暴雨造成9个镇受灾，其中宋桂镇灾情较重，；省红十字会拨款2万元给宋桂镇医院购买药品。

8月份，河南省发生严重水灾，广东省红十字会会同香港佛教慈善爱心基金考察团赴河南省灾区慰问灾民，发放了价值5万余元的救灾物资，同时捐赠了15万元重建受灾学校。

广东省红十字会协助中国红十字会总会、澳门特别行政区红十字会对拟捐赠学校（广东省阳山县太平洞小学）进行考察工作。

在云南省发生水灾时，广东省红十字

会、珠海市红十字会动员澳门企业家赴云南省灾区的慰问灾民，发放了价值 30 万余元的救灾物质。

据不完全统计，2004 年广东省红十字会共接受捐赠款物价值人民币 616 万元，接受海关移交没收物资三批，其中衣物类 55540 件，文具类 3234 件。

2. 按中国红十字会总会彩票公益金救护师资培训项目要求，举办了 3 期救护师资培训班，为广东省 80 多所高等院校和省公安厅培训救护师资共 115 名。11 月 12 日，与广东省教育厅、广州市红十字会、广东电台健康之声频道联合举办了主题为“生命·争分夺秒”的群众性初级急救知识系列宣传活动，在广东电台健康之声频道开设了 4 期急救知识专家讲座，开办了 4 期红十字初级急救知识讲座；12 月 26 日，广东省红十字会举办了现场急救知识普及宣传和急救技术演示大型户外宣传活动，广东省副省长、省红十字会会长雷于蓝等和华南农业大学、广州大学等高校及广州市长堤真光学校、34 中学的红十字会会员、市民约 1000 多人参加了活动。

3. 广东省红十字会积极配合政府开展艾滋病预防工作，派员参加省政府组织的艾滋病预防工作抽查复核工作组，对广州、韶关两市进行艾滋病预防中期评估抽查复核检查。对《广东省〈全国艾滋病防治宣传教育工作指导方案（2004—2008）〉实施意见（代拟稿）征求意见》提出修改意见和工作建议。

4. 广东省红十字会联合省有关部门，在全省各地开展“献血，赠送生命的礼物，谢谢你们”系列活动，全省各地在“世界献血员日”期间，发放宣传单张约 10 多万份，共有 5000 多人次参加了无偿献血；各地新闻媒体的报道超过 100 篇。7 月 10 日、8 月 1 日、9 月 29 日，广东省红十字会三次发动企业和青年志愿者积极开展无偿献血活动，收到很好的社会效果。

【相关法规】

2005 年 2 月，广东省人民政府办公厅下发了《转发国务院办公厅转发中国红十字会总会关于进一步加强红十字会工作意见的通知》（粤府办〔2005〕16 号），要求各级政府“要按照红十字会法的要求，把理顺红十字会管理体制当作一件大事来抓，使我省红十字会顺利实现从人民卫生救护的社会团体向从事人道主义工作的社会救助团体转变，从挂靠于卫生行政部门逐步向依法独立自主地开展工作转变，争取到 2009 年全省县（市、区）一级红十字会管理体制得到理顺，建立比较完善的组织框架和工作体系。”

【主要特色】

改革开放以来，广东省经济社会得到迅猛发展，中共广东省委、省人民政府重视红十字会工作，红十字会的影响不断扩大。

（一）深圳：国内首部人体器官捐献移植条例获通过

深圳市三届人大常委会第 26 次会议于 2003 年 22 日表决通过了《深圳经济特区人体器官捐赠移植条例》。这个地方性法规共有五章 35 条，对规范人体器官捐赠移植行为，保障人体器官捐献者和接受人体器官移植者的合法权益，及时挽救患者生命均有积极作用。

（二）中山：红十字会慈善万人行风雨十八载

中山市红十字会从 1989 年起，连续 18

年开展极富地方民俗文化特色的“慈善万人行”活动，充分调动社会各界的力量，弘扬人道、博爱、奉献精神，开展募捐及宣传活动，共募集善款2.9亿元。

该市在每年年底至翌年新春约3个月的时间举办“慈善万人行”活动，以其鲜明的红十字人道主义旗帜，以人道、博爱为主题，以广泛的活动范围和参与面及壮观的规模、有声有色的慈善文化活动，在中山大地上产生显著的作用。“慈善万人行”活动与弘扬红十字人道、博爱精神，发展红十字事业相结合；与全民思想道德、文化建设相结合；与多层次的企业文化、行业文化、群众业余文化、民间艺术文化建设相结合，使这项融地方特色、传统文化、民俗文化于一体，既办实事、又树新风的文明之举，成为中山人一年中最重要的节日。它不仅为红十字事业奠定了坚实的基础，还形成了一种文化，传承了优良的民间艺术及民俗文化，产生了启迪爱心、净化心灵、改善人际关系、维系乡情、增强凝聚力的社会作用，从精神文明建设和文化、思想、道德建设的高度，促进了社会文明进步事业的发展。

“慈善万人行”活动的显著作用引起了中国红十字会总会领导和广东省红十字会领导的高度关注，并多次亲临中山市参加“慈善万人行”活动，具体指导工作，组织专家学者到中山市考察、调研，组织各省、市红十字会工作人员到中山市实地参观学习，推介“中山经验”。1995年，中国红十字会总会领导以“慈善万人行”的专题工作经验材料，在韩国召开的亚太地区红十字与红新月志愿者大会上作了发言，得到了与会31个国家（地区）代表的高度赞誉。

（胡卓加）

广西壮族自治区红十字会

【历史沿革】

广西红十字会活动始于1910年。1910年2月，梧州成立了广西第一个红十字会组织即梧州红十字会，1912年，改称中国红十字会梧州分会。到1949年，广西境内已有梧州、桂林、邕宁、柳州、横县、阳朔、桂平、贵县、百色9个红十字会分会，有红十字会医疗救护机构2所。当时红十字会组织主要从事战地救护、为灾民赠医施粥、收养弃婴和孤儿等工作。新中国成立后，中国红十字会的各级组织均进行了改组。1956年，国务院批复中国红十字会总会的编制中，明确广西的分会人员编制共38人，其中省红十字会6人，桂林红十字会10人，南宁红十字会10人，梧州红十字会4人，柳州红十字会5人，北海红十字会3人。1958年，广西省改为广西壮族自治区，开始筹办全自治区统一的广西红十字会。1963年11月，负责统筹协调、指导、管理全广西红十字会活动的广西壮族自治区红十字会正式成立。1965年，自治区红十字会与南宁市红十字会联合开展国防救护训练（即战伤救护四大技术等模拟训练）试点，训练民兵急救员达4037人，为以后各地普及民兵救护知识和培训救护骨干打下了良好的基础。1966年4月，中国红十字会总会在南宁市召开全国水上救护训练经验交流会，来自全国16个省、自治区、市160多名代表到邕江边与几十万群众观看了南宁市红十字会组织的水上救护综合演习。1967年，受“文化大革命”冲击，全广西红十字会组织被撤销，工作停顿。1978 年 8 月，广西壮族自治区红十字会恢复工作。随后，南宁、柳州等地、市、县红十字会组织机构也相继恢复。1978 年 4 月至 1979 年 6 月，广西壮族自治区红十字会协助政府共接待安置越南难民 18.89 万人，先后接收了国际难民署赠款 2473.12 万美元，全部用于资助难民的生产、生活、医疗、教育事业。1979 年至 1990 年间，广西壮族自治区红十字会参与了数次战俘交换工作，得到了红十字国际委员会的高度赞扬。

《中华人民共和国红十字会法》颁布实施后，广西壮族自治区红十字会的组织发展迅速。1998 年 8 月，广西壮族自治区红十字会正式从区卫生厅分离出来，实现机构独立设置，2002 年落实了三定方案，从此，广西壮族自治区红十字会各项工作步入规范化发展轨道。

在中共广西壮族自治区党委和政府的领导和重视下，在社会各界的大力支持和参与下，广西壮族自治区红十字会认真履行《中华人民共和国红十字会法》和《广西实施〈中华人民共和国红十字会法〉办法》所赋予的职责，在积极配合政府参与自然灾害救助、大力开展群众性初级卫生救护知识培训、社区红十字服务、红十字青少年活动、推动无偿献血工作、关爱艾滋病患者、中国造血干细胞捐献者资料库广西分库建设、引进国际援助项目等方面取得了显著的成绩。

【组织机构】

1998 年 8 月，广西壮族自治区红十字会正式从区卫生厅分离出来，实现机构独立设置，2002 年落实“三定”方案，机关定为副厅级，内设办公室、组织发展部、救助救护部 3 个处级机构，人员编制 16 名。中共广西壮族自治区党委书记曹伯纯，原广西壮族自治区人大常委会主任赵富林，原广西壮族自治区人大常委会副主任李振潜担任自治区红十字会名誉会长，广西壮族自治区副主席刘新文担任会长，政协、卫生、民政、财政等单位为副会长单位，驻会有专职副会长 2 人，秘书长 1 人。

目前，广西壮族自治区已有桂林、柳州、南宁、防城港等 8 个市以及 8 个县的红十字会理顺了管理体制，实现了机构独立设置。全区有县级以上红十字会基层组织 133 个；高等院校红十字会组织 29 个；中小学校红十字会组织 1172 个；乡镇、街道红十字会组织 46 个。全区有红十字会员近 40 万人，志愿工作者 2.1 万人。

【相关法规】

2002 年 12 月 3 日，广西壮族自治区第九届人民代表大会常务委员会第三十三次会议通过《广西实施〈中华人民共和国红十字会法〉办法》，并于 2003 年 1 月 1 日起施行。

【大型项目】

2003 年“非典”期间，广西壮族自治区红十字会系统共接受社会各界捐赠的款物价值人民币 1289.30 万元，并及时进行处理分配，有力地支持和配合了抗击“非典”的斗争。

2004 年 12 月 26 日，印度洋地区因地震引发海啸灾难后，广西红十字会响应中国红十字会总会号召，开展了大规模的募捐活动。在短短一个多月时间内，共接受社会各界捐款 1122 万多元。这是广西壮族自治区红十字会历史上规模最大、影响最大、效果最好的一次国际人道主义救援行动。

2005年6月，广西遭受了百年不遇的特大洪涝灾害。广西红十字会在自治区党委、政府的统一部署下，开展了广泛的社会募捐工作，募集款物总价值612万多元，为救助灾民及灾后重建做出了贡献。

【主要特色】

（一）改厕、改水及健康教育项目

2001至2005年，广西壮族自治区红十字会利用国际人道主义办公室援助款1600多万元开展了农村生态旱厕项目、农村健康教育项目、农村防灾备灾项目和艾滋病预防宣教工作等。在全区11个市、31个县建造了19947座粪尿分集式生态旱厕，10个饮水工程，同时在所有的项目村开展了以环境卫生、个人卫生、传染病防治为主要内容的健康教育，并由当地政府配套进行周围环境治理（道路硬化、污水排放、人畜分居），直接受益人数达104374人。项目的实施，为受益村家家户户提供了干净的卫生厕所和安全的卫生饮用水，同时通过参与式的健康教育，促进了农民卫生健康观念的转变和卫生习惯的养成，降低了当地与水及环境卫生相关疾病的发病率，受到了社会各界的广泛好评。

（二）艾滋病预防与宣教

广西壮族自治区红十字会自1996年以来，积极参与中国红十字会总会的艾滋病预防青年同伴教育活动以及国家卫生部国外贷款办、广西艾滋病预防领导小组组织开展的相关艾滋病预防宣教活动。据不完全统计，全区通过红十字会系统培训的同伴教育者（主持人）共11期388名，并在3所大专院校开设了艾滋病、性病、安全性行为健康教育选修课；还先后在边境县（市）、戒毒所等开展了预防宣传工作；有10000多人接受了艾滋病预防知识同伴教育培训，印发宣传资料2万余份。

【显著业绩】

1998年，广西壮族自治区红十字会荣获中国红十字会抗洪抗震救灾先进集体；

1999年，广西壮族自治区红十字会荣获第二届全国各族青年团结进步模范集体；

1999年，广西壮族自治区红十字会荣获国际人道法和红十字运动基本知识传播工作一等奖；

2001年至2004年，广西壮族自治区红十字会连续4年荣获中国红十字会总会报刊发行先进单位；

2001年，广西壮族自治区红十字会荣获首府南宁2001年抗洪救灾先进单位（集体）；

2001年，广西壮族自治区红十字会荣获红十字运动传播活动教材设计比赛二、三等奖；

2003年，广西壮族自治区红十字会荣获中共广西壮族自治区党委、人民政府颁发的“全区非典型肺炎防治工作先进集体”称号；

2005年，广西壮族自治区红十字会荣获中国红十字会总会颁发的“印度洋海啸救援最佳组织奖”。

【年度工作】

（一）救灾、救助和救护工作有新进展

1. 积极参与赈济救助工作。2004年，广西壮族自治区局部地区发生了严重的洪涝灾害。自治区红十字会立即派出工作组赴灾情严重的钦州市、防城区、宾阳县等地考察灾情，并紧急向灾区调拨大米5吨、帐篷75顶、衣服600套及消毒药品等救灾物资，总价值20万多元。各级红十字会还会同卫生行政部门组派防病防疫医疗队14支，为灾民开展防病治病和环境、饮水消毒工作。截至2004年12月31日，各级红十字会共收到中国红十字会总会、香港特别行政区红十字会及社会各界捐赠款物合计人民币714.43多万元，全区有14个市、66个县（市）的53万人受益。

2004年元旦春节期间，广西各级红十字会继续开展“红十字博爱送万家”慰问活动。自治区红十字会筹集了价值近130万元的送温暖物资，发放给城市低保家庭和灾区群众，使他们度过一个欢乐祥和的春节。

2004年，自治区红十字会与南宁海关根据《海关总署、中国红十字会总会关于将没收的侵权货物用于社会公益事业的合作备忘录》的精神，制定了《南宁海关、广西红十字会关于执行〈海关总署、中国红十字会总会关于将没收的侵权货物用于社会公益事业的合作备忘录〉实施办法》，由南宁海关将没收的侵权货物转交给广西红十字会用于社会公益事业。至12月底，自治区红十字会先后收到了由东兴、凭祥等地方海关转交及总会分配的罚没侵权货物4批次，价值12.13万元。

2. 卫生救护工作迈上新台阶。2004年，自治区红十字会利用国家彩票公益金为教育、公安等部门举办了5期卫生救护师资培训班，共培训师资168人。同时，应邀派员为南宁机场举办了“红十字救护员”培训班，培训学员29人，指导广西中医学院红十字会培训“红十字救护员”60人。柳州市红十字会培训救护员7070人，桂林市培训2510人，来宾市培训1726人，北海市、崇左市也相继开展了此项工作。

开展以“关注妇女、预防艾滋”为主题的宣传活动。11月28日上午，自治区防治艾滋病工作委员会、自治区卫生厅、妇女联合会、红十字会等23个部门和单位组织500多名工作人员和志愿者在南宁市朝阳广场开展了大型预防艾滋病广场宣传活动，刘新文会长出席活动并发表讲话。随后，刘新文还到医院看望了艾滋病患者和一线医疗人员。南宁、柳州、桂林、河池、北海、防城港、崇左、来宾、贺州等市红十字会根据当地情况，也组织开展了形式多样的宣传活动。据不完全统计，全区各级红十字会会同有关部门为宣传预防艾滋病共出动宣传车15台次，展出展板560版，发放各种宣传品55万多份，发放安全套9.5万个，电视报道26条，报刊宣传25篇，专题讲座86场次，播放宣传科教电影120场次。全区约60万名群众接受教育。

2004年，中国红十字会总会、卫生部、解放军总后勤部卫生部联合召开了全国无偿献血表彰会议，广西壮族自治区红十字会与自治区卫生厅联合推荐的任志远等9人荣获2001至2003年度全国无偿献血奉献奖金奖，包兆军等25人荣获全国无偿献血奉献奖银奖，李群帮等155人荣获全国无偿献血奉献奖铜奖，桂林电视台、广西师范大学红十字会以及南宁市的苏兆平荣获全国无偿献血促进奖，桂林市荣获全国无偿献血先进省市奖。

3. 中国造血干细胞捐献者资料库广西分库建设开局良好。2004年2月，经中国造血干细胞捐献者资料库国家管理中心和自治区编办批复同意，自治区红十字会成立了中国造血干细胞捐献者资料库广西分库管理中心。4月，自治区红十字会在南宁召开了广西分库采样工作协调会，部署2004年血样采集工作。5月8日，自治区红十字会召开“中国造血干细胞捐献者资料库广西分库新闻发布会”，通报了广西分库建设情况及广西民族分库的现实意义。广西分库先期在南宁、桂林、柳州三市的无偿献血人群中开展造血干细胞捐献者的血样采集和组织分型实验工作，采集血样2600余人份，检验并实现入库数据1509人份。由于国家彩票公益金2004年只支持广西分库1000人份的检测费，而报名捐献造血干细胞的志愿者有4000余名，经费严重不足制约了广西分库的发展。为此，2004年9月，自治区红十字会开展了“行动传播人道，爱心拯救生命”专项募捐活动，为广西分库建设筹措资金。活动得到了自治区党委、政府、人大、政协及社会各界的大力支持，共募集善款30多万元，全部用于广西分库的血样采集和检测工作。

（二）宣传工作

广西壮族自治区各级红十字会以宣传国际人道法、红十字会法、“红十字会法实施办法”、红十字运动基本知识以及红十字会开展的各项工作为重点，开展了式多样的宣传工作。

结合重要节日集中宣传。自治区红十字会围绕中国红十字会成立100周年庆典活动，制作了《纪念中国红十字会成立100周年》邮折邮封；“五八”世界红十字日活动期间，自治区红十字会开展了红十字会法、“红十字会法实施办法”、造血干细胞捐献等宣传活动；“五一二”护士节期间，自治区红十字会与自治区卫生厅举办了护理知识及技术操作大赛活动，宣传护理工作，激励广大护理人员学习南丁格尔救死扶伤的精神，展示广西护理人员的风采。全区各地红十字会通过开展上街宣传、会长电视讲话、义诊、健康咨询、救助弱势群体等形式多样的活动，扩大了红十字会的影响。

以项目活动促宣传。自治区红十字会举办了中国造血干细胞捐献者资料库广西分库建设启动仪式、新闻发布会、捐赠仪式等，与南宁市红十字会、南宁市血站、《当代生活报》、平安保险广西分公司等单位联合在南宁市民族广场联合举办了“爱心捐血捐髓月”暨造血干细胞捐献知识有奖问答活动，活动中发放宣传折页和宣传资料28000份，展出展板44个，广西各级新闻媒体发布相关报道近百篇次。

利用在农村地区进行改水、改厕、健康教育项目工作，广泛开展红十字运动知识的宣传。据统计，自治区红十字会共举办主持人培训班两期，学习交流活动3次，制作和发放小折页、旱厕使用管理要点等材料7500余份，设计制作教材1套、宣传挂图80套、村民志愿者宣传用品200套；项目市、县还举办了为期5天的村级培训10期，培训村民志愿者191名，组织开展的入户活动及相关宣传覆盖11个项目村。

积极与有关部门协调配合，开展宣传工作。自治区红十字会协助参与共青团广西区委等单位联合开展了“广西青年劳务输出月”活动；在新华社广西分社内参发表了题为《四大“软肋”影响广西实施红十字会法》的报道；与《南国早报》社开展了“温暖2005”中国造血干细胞捐献者资料库广西分库建设宣传活动系列报道，营造全社会关注支持红十字事业的氛围。

（三）红十字青少年工作

广西壮族自治区红十字会与自治区教育

厅联合转发了中国红十字会总会和国家教育部联合下发的《关于进一步推进学校红十字会工作的意见》。广西中医学院红十字会制定了《新理事培训方案》，增强红十字会骨干的整体素质。广西医科大学、广西中医学院等红十字会定期出版红十字会活动简报、通讯，相互传递信息，增进了解。广西右江民族医学院成立了右江民族医学院红十字会学生工作办公室。广西红十字会学校工作委员会组织了20多名学校红十字工作者赴湖南开展交流活动。此外，自治区红十字会全年先后选派了21名优秀红十字青少年代表分别赴马来西亚、台湾、上海参加国际、海峡两岸及片区夏令营活动。

经自治区民间组织管理局批准，广西红十字民族教育助学协会成立。协会与南宁一中共同开办了一个民族班，资助47名少数民族贫困生读完高中，协会3年共提供人民币资助28.2万元。

（四）援助项目工作

2004年，广西壮族自治区红十字会与红十字会与红新月会国际联合会合作利用欧盟捐款383.7万元人民币，在宾阳、隆安、鹿寨、柳江、上思、港口区等6个县（区）建造生态旱厕3750座，并在隆安县杨湾乡爱华村、宾阳县甘棠镇那宁村和防城区那良镇大勉村分别修建了高位落差的饮水项目，解决了当地5000多人长期以来饮水困难的问题，使群众喝上了清洁卫生的饮用水。

由澳门特别行政区红十字会援助的罗城仫佬族自治县峡山博爱小学教学楼竣工，总学校建筑面积439平方米，目前已投入使用。

由澳大利亚红十字会援助的备灾教育项目正在河池、柳州、桂林3个市的6个县开展。

（五）对外交流工作

2004年，自治区红十字会共接待了来自红十字国际委员会、红十字会与红新月会国际联合会及香港、澳门等地来访5批12人次。自治区红十字会先后组团赴澳大利亚、新西兰及英国、丹麦、日本和香港、澳门访问考察共计7团组72人次，积极开展与兄弟国家和地区红十字组织的交流与合作，学习筹资等先进经验，洽谈合作项目。自治区红十字会还与卫生部中卫公司合作开展了护士赴国外工作劳务输出项目。目前，有5人赴英国、爱尔兰从事护理工作，这对于扩大对外交往，提高广西护理工作的水平起到了促进作用。自治区红十字会全年接待寻人来访、来信、来电80多人次，立案报总会24宗，在广西查寻4宗，转红十字通信97封，协助遣返私渡去台人员22人次。

（六）为印度洋海啸灾区募捐工作

2004年12月26日，印度洋发生的强地震引发的海啸灾情。自治区红十字会按照中国红十字会总会和自治区党委办公厅、自治区人民政府办公厅的要求，积极开展了为印度洋地区地震及海啸灾民募捐活动。在募捐活动中，南宁市天桃小学全体师生是全区第一个为灾区募集善款的学校，捐款共计1.9万元。《南宁晚报》开展了为印度洋海啸灾区义卖活动。著名书画家帅立志老先生和黄云、钟锦荣、王精等40多位广西书画界名人、名家现场挥毫题词作画，为海啸灾民义卖捐款。三大电信公司联合开通了赈灾捐款热线，市民们通过固定电话拨一个号码或通过手机发一条短信，就可以为海啸灾区献一份爱心。

自治区党委、人大、政府、政协四套班

子领导带头捐款，自治区总工会、共青团广西区委、自治区妇女联合会、中国——东盟博览会秘书处等单位与广西壮族自治区红十字会也联合发出募捐倡议书，新闻媒体对募捐活动进行了全方位、持续性的报道。在社会各界的支持下，许多单位都积极组织开展了募捐活动，涌现了很多感人事迹，体现了“一方有难、八方支援”的中华传统美德，全区共募集善款1122.55多万元。

（黄吉宁）

附录：

广西壮族自治区实施《中华人民共和国红十字会法》办法

（2002年12月3日广西壮族自治区第九届人民代表大会常务委员会第三十三次会议通过）

第一条 为了保护人的生命和健康，促进红十字事业的发展，根据《中华人民共和国红十字会法》及有关法律、法规，结合本自治区实际，制定本办法。

第二条 县级以上按行政区域设立的红十字会是从事人道主义工作的社会救助团体，具有社会团体法人资格，依照《中华人民共和国红十字会法》及本办法履行职责，独立自主地开展工作。

第三条 本自治区区域内的公民和社会组织，承认《中国红十字会章程》并缴纳会费的，可以自愿参加红十字会，成为红十字会个人会员或团体会员。

第四条 县级以上人民政府对本地区红十字会给予支持、资助和监督，提供必要的场所、设备等工作条件，保障红十字会依法履行职责；红十字会协助当地人民政府开展与其职责有关的活动。

有关行政管理部门应当在各自的职责范围内为红十字会开展工作创造条件。行业红十字会和基层红十字会所在的行业和单位应当为其开展工作给予支持。

全社会都应当关心和支持红十字事业。

第五条 红十字会使用白底红十字标志。红十字标志的使用范围和办法应当依照《中华人民共和国红十字标志使用办法》的规定执行，其他任何组织和个人不得滥用红十字标志。

第六条 自治区红十字会遵循独立、平等、互相尊重的原则，发展同香港、澳门、台湾地区红十字会以及外国地方红十字会和红新月会的友好合作关系。

第七条 县级以上按行政区域建立的地方各级红十字会，根据实际工作需要配备的专职工作人员（工勤人员除外），参照《国家公务员暂行条例》进行管理。

各行业和乡镇、街道、企事业单位和学校等根据需要可建立红十字会组织，并配备专职或者兼职工作人员。

上级红十字会指导下级红十字会的工作。地方红十字会指导所在行政区域行业红十字会和基层红十字会的工作。

第八条 各级红十字会可以成立红十字志愿工作者组织，吸收热心为红十字会工作的社会各界人士为志愿工作者，协助红十字会开展工作。

第九条 各级红十字会履行下列主要职责：

（一）宣传、贯彻、执行《中华人民共

和国红十字会法》及有关法律、法规；

（二）开展救灾的准备工作，筹措、储备救灾救助款物；对自然灾害和突发事件中的伤病人员和其他受害者进行救助；

（三）组织开展群众性卫生救护培训，普及自救互救知识和防病知识，提高群众自救能力，组织群众参加现场救护；

对容易发生意外伤害的行业的有关人员进行现场救护培训；

（四）组织红十字志愿工作者参与社区服务；

（五）参与输血献血工作,推动无偿献血；

（六）指导学校建立红十字会组织，开展红十字青少年活动；

（七）兴办与红十字会宗旨相符合的社会福利事业；

（八）建立造血干细胞捐献者资料库；参与推动人体器官捐献工作；

（九）按照中国红十字会总会的部署，参加国际人道主义救援工作；

（十）开展寻人服务等其他人道主义活动；

（十一）遵照国际红十字与红新月运动的基本原则，完成同级人民政府和上级红十字会委托事宜。

第十条 自治区红十字会依法建立红十字基金会。

红十字会接受国内外捐赠的款物用于社会救助、公益事业和红十字事业。

红十字会在处分捐赠款物时，应当尊重捐赠者的意愿，并接受捐赠者的监督。

第十一条 救灾救助工作结束后剩余的款物，根据其来源，在征得捐赠者同意或者上级红十字会批准后，可用于灾区恢复重建或者转为红十字会备灾之用。

第十二条 红十字会对不适合救灾救助的募捐物资，经征得捐赠者同意，报请上级红十字会批准，可以调剂为适合救灾救助的款物，并接受捐赠者和上级红十字会的监督。

第十三条 各级人民政府应将红十字会经费列入年度预算，专款专用。

红十字会经费的其他来源：

（一）红十字会会员缴纳的会费；

（二）接受国内外组织和个人的捐赠；

（三）红十字会动产、不动产的收入；

（四）其他收入。

第十四条 县级以上红十字会可以开展救灾救助募捐活动。

可采取劝募、义演、义卖以及兴办大型活动等形式进行募捐；可在机场、车站、宾馆、商场、公园、货币兑换处等公共场所设置红十字募捐箱进行募捐；可以设立用于救灾救助的物资募集接收点。

第十五条 对储存、转运、使用救灾物资过程中所产生的附加费用，由受益地方人民政府统筹解决。

第十六条 各级红十字会举办的与其宗旨相符的社会福利事业，各级人民政府应当予以扶持，并按有关规定给予优惠待遇。

第十七条 红十字会接受国内外援助或者捐赠用于救助和公益事业的物资、设备，公安、交通、铁路、民航、税务、海关等部门应当按照国家规定优先办理有关手续，并依法给予减免税和按有关规定减免相关费用。

第十八条 佩戴红十字标志执行人道主义救助任务的人员，有优先使用公用通讯和公共交通运输工具的权利。

在自然灾害和突发事件中，执行救灾救助任务并标有红十字标志的人员、物资和交通工具有优先通行的权利，车辆免缴通行费。

县级以上的红十字会配备的标有红十字标志的救灾救助专用交通工具，享受有关优惠的规定。

第十九条 新闻媒体应当积极宣传有关红十字事业的法律、法规；对红十字会开展人道主义救助活动的宣传，应给予支持。

第二十条 红十字会应当建立健全经费审查监督制度、财务管理制度、经费来源和使用情况以及救灾救助物资的发放情况等报告制度，依法接受审计部门的审计和上级红十字会的检查监督。

第二十一条 红十字会的财产和其他合法权益受法律保护。

任何组织和个人不得侵占、挪用红十字会的财产。侵占、挪用红十字会经费、财产以及捐赠款物的，按照有关法律、法规规定处理。不按规定处分红十字会分发的救灾救助款物的，上级红十字会通报当地人民政府。有关的负责人和责任人员，应当承担相应的责任。

第二十二条 任何组织和个人，不得拒绝、阻碍红十字会工作人员依法履行职责。

在自然灾害和突发事件中，阻碍红十字会工作人员依法履行职责的，由公安机关依照《中华人民共和国治安管理处罚条例》的有关规定予以处罚；构成犯罪的，依法追究刑事责任。

第二十三条 违反《中华人民共和国红十字标志使用办法》及本办法规定，滥用红十字标志的，红十字会有权要求其停止使用；拒绝停止使用的，红十字会可以提请人民政府按照有关法律、法规的规定予以处理。

第二十四条 红十字会工作人员应当依法履行职责。对徇私舞弊、玩忽职守、索贿受贿、贪污挪用救灾款物的，给予行政处分；构成犯罪的依法追究刑事责任。

第二十五条 对在人道主义救助工作中作出突出贡献的单位和个人，由县级以上人民政府或者红十字会给予表彰、奖励。

第二十六条 本办法自2003年1月1日起施行。

海南省红十字会

【历史沿革】

海南红十字会建省前在广东省红十字会指导下开展红十字会工作。早在1952年12月，广东省海南人民医院就成立了红十字会，1954年，海口市红十字会成立，两个红十字会均为团体会员，约300人。1981年7月，成立海南省行政区红十字会，会长林树兰（海南行政区公署副主任），秘书长程学（兼），办公室设在卫生局。到1988年，海南红十字会有基层组织20个，会员3000多人。1989年，海南建省后，撤销原海南行政区红十字会，正式成立海南省红十字会。海南省红十字会克服各种困难，积极主动地开展工作，在协助政府安置难民、开展募捐、发展会员、建立组织以及红十字青少年、国际交往、接受捐赠等方面做了很多工作，出现了可喜的局面。1993年10月《中华人民共和国红十字会法》和1996年1月《中华人民共和国红十字使用办法》的颁布施行，使红十字会组织成为国家法定的从事人道主义工作的社会救助团体，从而确立了红十字会的社会地位。2000年3月29

日，海南省红十字会召开了第三次全省会员代表大会，选举了副省长王琼瑛为会长，卓英为常务副会长，根据会长提名赵健丽任秘书长。2004 年 12 月 7 日，海南省第四次全省会员代表大会召开，大会全面总结了三届理事会的工作，制定了 2005 至 2009 年发展规划，选举产生了由 61 名理事组成的新一届理事会，聘请中共海南省委书记汪啸风、省长卫留成为名誉会长；海南省人大副主任王琼瑛、省政协副主席王辉丰当选为名誉副会长；赵国卫当选为常务副会长；赵健丽、刘平治、随枝叶、苏远洋当选为副会长，根据会长提名赵健丽兼任秘书长。

海南省红十字会历次代表大会一览表

届次	日期	代表人数	理事人数	常务理事人数	名誉会长（名誉副会长）	会长	常务副会长	副会长
第一次	1991、8、27	41	23	5			韦少成	刘通显 陆　清 谢　峰 黄相基
第二次	1994、9、20	54	29	10		刘名启 王厚宏 于　迅	韦少成	陆　清 简梁盛 谢　峰 蒋金富 周元友 王亚保 叶　斌 符国存
第三次	2000、3、29	108	57	9		王琼瑛	卓英	
第四次	2004、12、7	92	62	9	汪啸风 卫留成 王琼瑛 王辉丰	林方略	赵国卫	赵健丽 随枝叶 苏远洋 刘平治

【组织机构】

海南省红十字会现有基层组织 132 个，会员 11 万人，全省目前共有 365 所学校建立了红十字会，红十字青少年会员达 6 万多名。全省 17 个市、县建立了红十字会。

海南省红十字会机关设有综合办公室、事业发展部、赈济救护部，中国造血干细胞捐献者资料库海南分库。

根据《中华人民共和国红十字会法》和中国红十字会总会《理顺管理体制座谈会纪要》精神，2001 年，海南省红十字会向海南省编委申报《海南省红十字会关于理顺红十字会管理体制的请示》，2001 年 11 月 21 日，中共海南省委办公厅正式下发了

《关于理顺省红十字会管理体制的批复》。海南省红十字会由“省卫生厅代管”改为由省政府领导联系，编制 5 名（使用事业单位编制），参照公务员管理。2004 年 10 月 4 日，为了便于省政府协调开展红十字会的工作，省编委经研究决定将省红十字会归属省政府办公厅管理。目前，全省已有 6 个市县的红十字会基本理顺管理体制，9 个市县配有红十字会专职干部。海口、三亚、儋州、澄迈、临高、万宁、文昌、琼海、东方、五指山、屯昌、定安、昌江、乐东、陵水、白沙、保亭、琼中 18 个市、县成立了红十字会。2001 年 11 月，经中国红十字会总会批准，海南省红十字会建立了“中国造血干细胞捐献者资料库海南分库”。

【大型项目】

1. 1996 年，海南省连续遭受多次热带风暴袭击，全省各级红十字会共募集赈灾款物价值 86 万元，帮助灾区群众渡过难关。

2. 1998 年，为“三江流域”洪涝灾害开展募捐活动，共募集款物 560 万元，支援了灾区的重建工作，同年，在内蒙古自治区兴建博爱村一个。

3. 1998 年，为西藏、青海雪灾灾区开展募捐工作，共募集款物 30 多万元，及时支援了兄弟省区的救灾工作。

4. 2000 年，海南省遭遇了百年不遇的特大洪涝灾害，全省共募集款物折合人民币 246. 8 万元。

5. 2004 年底，为印度洋海啸灾区募捐 1000 多万元善款。

【主要特色】

（一）做好难民安置工作

为做好接收安置印支难民的工作，海南省红十字会遵循人道主义宗旨，积极协助和配合政府有关部门做好难民的医疗保障工作。海南省人民医院红十字会、海南医学院附属医院红十字会、海口市人民医院红十字会、海南兴隆红十字医院等单位多次派出医护人员在码头、车站设立难民医疗点，为过往难民提供免费诊疗服务。同时组织红十字医疗队深入难民安置点，为难民义务体检和开展防病治病活动。据不完全统计，近 20 年来，红十字会共为难民诊治伤病 113420 人次，收容难民住院治疗 18，783 人次，为难民点培养卫生技术骨干 250 多名。红十字会还向难民子女免费发放学习文具 9360 份，价值人民币 2 万多元。

（二）坚持给麻风病人送温暖

2000 年至今，海南省红十字会坚持每年春节前开展为省麻风病医院特困群众送温暖活动，共赠送了价值近 10 万元的物品和药品。

（三）在旅游点设置募捐箱

为方便社会各界人士捐款奉献爱心，海南省红十字会在省内各旅游景点、机场、码头、公园、宾馆等公共场所放置了红十字募捐箱。

（四）开展预防艾滋病项目

遵照红十字会与红新月会国际联合会和中国红十字会总会对艾滋病预防工作的具体部署，海南省红十字会于 1998 年在海南省启动了艾滋病预防青年同伴教育项目。从 1998 年的项目筹备启动开始至今，全省已培训项目核心主持人 78 名，举办项目普及培训班 120 期，直接受训人员达 3400 人，间接受益者达 5 万多人。培训领域包括学校、酒店、宾馆、政府机关，覆盖面逐渐扩大到全省 13 个市县，邀请加拿大 McGill 大学医学院教授、国际卫生教育专家加德里安博士到海南专门指导省红十字会开展预防艾滋病青年同伴教育项目。加德里安博士已在海口、三亚、儋州、琼海和万宁的28所大中专院校举办了30多场（次）的预防艾滋病讲学活动，直接听众达2万多人。

2001年5月，海南省红十字会在全省举办了“反对歧视艾滋病病毒感染者及病人漫画卡通画大赛”活动。从各单位选送的60多件作品中筛选出8件优秀作品报送中国红十字会总会参评，其中有6件作品被总会选中，代表中国参加了由红十字会与红新月会国际联合会举办的“反对歧视艾滋病病毒感染者及病人的漫画卡通画大赛”。海南省儋州市那大二中高二年级蒲丁欣同学的作品荣获东南亚/东亚地区大赛第一名，海南大学学生周桑的作品被编入这次大赛的优秀作品的画册，为中国红十字会争得了荣誉。海南省红十字会撰写的《关于举办反对歧视艾滋病病毒感染者及病人卡通漫画大赛的报告》被第五届世界艾滋病关怀大会选中，海南省红十字会秘书长赵健丽受大会组委会特邀和资助，于2001年赴泰国清迈与世界各地的1万多名代表交流“控艾”经验。

（五）开通网站

海南省红十字会使用现代化宣传手段，努力扩大宣传范围，取得良好宣传效果。2000年，在海南在线的协助下，海南省红十字会率先创建了国内红十字系统第一家省级网站——海南省红十字会网站。通过近几年来的建设完善，网站已设有红十字信息、救灾救助、救护培训、寻人转信、功德榜、志愿服务、在线捐助、留言簿、电子邮件、友情链接等诸多栏目。通过网站可以了解到全省红十字会工作动态、国际红十字运动基本知识、艾滋病预防知识、初级卫生救护知识、寻人转信动态等。网站的开通，扩大了红十字会的社会影响，使更多的群众了解并关心支持红十字事业。网站开通至今，已有数万人次访问，并在赈灾捐助和志愿服务中发挥了作用。

（六）交流合作

2001年4月，在中国红十字会总会的安排下，海南省红十字会会长王琼瑛率团出访德国红十字会巴伐利亚利珀分会。

2001年，受中国红十字会总会派遣，海南省红十字会秘书长赵健丽赴泰国皇家墨罕德大学卫生学院进修了卫生项目管理技术，其后，还赴国际（马尼拉）危险管理学院研修了突发事件卫生管理技术。

2002年，为加强琼台两地的交流合作，海南省红十字会邀请台湾高雄市红十字组织代表团于6月中旬到海南省进行了以水上卫生救护为主题的工作访问。

2003年初，应台湾高雄市红十字组织的邀请，海南省红十字会常务副会长卓英率团赴台进行了为期一周的访问交流。与台湾红十字组织各位高层领导会见，并就两岛加强交流合作进行了友好的协商，访问工作取得圆满成功。

【显著业绩】

1996年，海南省琼山市红十字会被中国红十字会总会评为全国无偿献血先进城市金质奖。

1998年，海南省儋州市红十字会被中国红十字会总会评为抗洪抗震救灾先进集体。

2000年，海南省琼山市红十字会被中国红十字会总会评为全国红十字系统先进集体。

【年度工作】

（一）宣传红十字会法和传播红十字运动知识

在《海南日报》刊登大幅彩色公益广告——隆重纪念“五八”世界红十字日；海口、三亚等城市在主要街道悬挂标语横幅，市领导在电视上发表讲话，并组织红十字会法与红十字运动知识讲座。

《海南日报》、《海口晚报》、《中国红十字报》等报刊报道海南省红十字会开展活动的稿件50篇，海南电视台、海口广播电视台播出关于红十字会活动的新闻161次，在网上发布新闻8条，印发预防艾滋病宣传画78520份。

（二）人道救助活动成效显著

海南省红十字会系统共募集和发放了赈济款物合计人民币400540元，赈济特困家庭8010多户，各级红十字会共派出红十字医务工作者22人，免费为群众诊疗和接受咨询8272人次。

2004年，海南省各级红十字会共组织会员和志愿工作者500多人次开展各种诊疗和生活服务活动，受益群众达8000多人次。

2004年元旦至春节期间，海南省红十字会在儋州、三亚、东方三地开展“红十字博爱送万家”活动。共向灾民发放慰问品价值30万元，受益贫困家庭达1500户。到2004年底，全省已有陵水、定安、万宁、五指山、乐东、保亭、三亚等市、县红十字会相继开展了此项活动，还募集和发放了一批资助孤儿入学的资金，受到当地政府与广大群众的赞誉。

（三）人道服务工作迈上新台阶

1. 群众性卫生救护培训工作进一步发展。2004年，海南省红十字会开展救护知识普及讲座34次，参加讲座人数5754人。全年救护员培训总数6578人，全年师资培训总数148人。海南省红十字会还在省警察学校等10多个单位开展了卫生救护培训。

2. 中国造血干细胞捐献者资料库海南分库建设取得突破性进展。截至2005年7月底，报名捐献造血干细胞的人数超过12000多人，采集检测入库资料超过8000人份，已配对成功60多例，实现捐献移植9例。

3. 无偿献血工作不断深入。2004年，海南省无偿献血达13532人次，献血总量达56666袋，发放宣传品38007份。海南省已实现医疗用血全部来源于公民无偿献血。

4. 预防艾滋病宣传和关爱艾滋病患者已成为人道服务领域的一项重要工作。海南省红十字会作为“海南省防治性病艾滋病工作联席会议”成员，在本省的“抗艾”工作中发挥着独特的作用。在2004年的艾滋病预防宣传工作中，海南省红十字会共举办了宣传活动58次，参加活动人数41192人；举办青年同伴教育培训班34次，参加青年同伴教育培训人数20060人；发放宣传品78520件，共投入资金8.215万元。

5. 遗体捐献登记工作取得新进展。海南省红十字会启动了器官、遗体捐献工作，海南医学院、海医附院、海口市人民医院、海南农垦总局医院、三亚市人民医院等被指定为接收站，海南省公证处同意为捐献者提供免费公证。截至2004年底，全省共有15名志愿者报名捐献器官、遗体。其中，已通过公证登记生效的有7人。

（四）积极开展国际和地区交流与合作

海南省红十字会受理从中国红十字会总会转来的寻亲个案1件，转递红十字通信5

封，组团到台湾进行友好交流1次。

（赵国卫、赵健丽、徐 娟）

四川省红十字会

【历史沿革】

四川省红十字会的前身——中国红十字成都分会、重庆分会成立于1911年。从1911年创立至今，四川红十字会经历了94年的风雨历程。大体可分为4个时期：创立时期（1911年——1949年）这一时期，四川红十字会以四川各地分会的形式存在。新生时期（1949年——1965年）1949年10月1日，中华人民共和国成立，四川红十字会步入了新的历史时期。停止时期（1966年——1980年）在“文化大革命”这一特殊的历史背景下，红十字运动被当作帝、资、修的产物，横遭批判，四川红十字会机构解散，工作停止。恢复发展时期（1981年至今）。这一时期四川红十字事业得到前所未有的发展，特别是1993年10月《中华人民共和国红十字会法》的颁布实施，结束了中国红十字会无法可依的历史，四川红十字事业进入了蓬勃发展的新时期。

四川红十字会的前身中国红十字会成都分会、重庆分会的设立时间是1911年。1912年（民国元年）10月30日，中国红十字会首次统一大会在上海黄浦滩汇中旅馆五层楼会堂举行。参加大会的四川代表有重庆分会的廖换廷，成都分会的彭少卓、陈凤石、杨国屏。成都分会向统一大会发出祝电，全文如下：“中国红十字会鉴：我国红十字会统一联合，仁风普及，盛德日新。谨祝我民国万岁！红十字会万岁！成都分会贺”（原刊《中国红十字会杂志》第一号）。1920年，总会改定组织分会章程。增设各省分会34处。其中四川增设合江、江津、垫江、罗江、铜梁、中江6处分会。1922年6月25日，中国红十字会第二次会员大会在上海总商会议事厅举行。出席大会的共19省、区143个分会。四川省27个分会的代表出席大会，占出席大会总数的18.9%。

万县分会的代表陈敬之被公推为分会通则的起草员之一。威远分会拟陈临时无息存贷暂行简章十三则。1923年，总会增设各省分会31处。其中在四川增设资中分会、邻水分会。1924年，总会在全国增设分会15处，其中四川3处，即：广安分会、绵竹分会、江北分会。至此，中国红十字会全国分会共有277处，其中四川有47处，为全国之冠。1939年底，总会统计于抗战之初重新颁发图记的分会有254处，到总会迁至重庆后，除少数内地分会外，各地分会因沦陷与总会渐失联系。总会决定发动西南各省之市县，积极组织新的分会并尽量扶植广大的自由区之原有分会，首先从四川开始，继之扩及黔滇诸省。到1945年统计，川黔滇陕豫鄂湘赣浙闽粤桂甘13省共设分会90处，其中四川占33处；设医院32所，四川占8所；设诊疗所29所，四川占15所；设救护队41个，四川占12个。救护伤员、诊治病人37.4823万人次。总会在抗战期间工作概况中称“尤以四川成绩为佳”。（原载1947年《红十字月刊》）1945年8月15日，日本宣布无条件投降，中国八年抗日战争取得了胜利。1945年后，四川红十字会的组织情况如下：1946年设有分会16处，1947年设有分会20处，1948年，设有分会21处。总会自重庆迁回南京后，于1946年5月19日召开了第一届理事会，决定在全国开展征募运动，即征集会员与筹募红十字事业基金。这是抗战胜利后，红十字会复员时期的一项重要工作。四川各地分会积极响应，努力工作，成绩优良。其中有3个分会：重庆、灌县、内江分会；2名个人：梁山县分会理事颜定国、泸县分会张晓岚受到总会嘉奖。

1949年10月1日，中华人民共和国成立，中国红十字会进入新生时期。1950年2月1日，中国红十字总会给尚有联系的64处分会发出通知，定于1950年2月上旬在上海新闸路856号召开红十字工作检讨会，请各分会派代表参加。四川有重庆分会参加。1950年7月，总会根据周恩来总理的指示，迁移北京准备协商改组。同年8月2日召开了新中国成立后的第一次会员代表大会，四川重庆分会代表出席会议。1952年2月起，四川各地分会相继进行整顿改组。1952年4月30日，中央人民政府秘书厅通知：关于中国红十字会的隶属问题，奉总理指示，明确中国红十字会归中央卫生部直接指导和联系。同年7月9日，中国红十字总会、卫生部、内务部联合发出通知，要求各地红十字会与当地卫生部门合署办公。按照以上通知精神，四川各地红十字分会相继与当地卫生部门合署办公，接受当地政府卫生行政部门的指导。四川省卫生厅于1956年5月19日向四川省人民委员会文教办公室上报《关于开展我省红十字会工作的报告》。1957年，中国红十字会总会通知，四川各地红十字分会更名为四川省某市、县红十字会至今。

1964年10月7日，经中共四川省委、省人民委员会同意，四川省红十字会筹备委员会正式成立。主任委员：张秀熟（副省长），副主任委员：周绪德（省卫生厅副厅长）、龚毅（省卫生厅副厅长）、宋永珍（成都市红十字会会长、市卫生局局长）、伍义泽（重庆市红十字会副会长、市卫生局副局长），委员：曹振之（省教育厅副厅长）、孙传学（省民政厅副厅长）、周宏逵（省公安厅副厅长）、冯润庭（省文化局办公室主任）、张崇富（省工会副主席）、戴克宇（省妇联副主席）、陈麦波（省科协秘书长）、楚一行（共青团省委宣传部长）、刘金玉（成都军区后勤卫生部副部长），秘书长：白云山（省卫生厅卫生防疫处副处长），会址设在成都市汪家拐街四川省卫生厅内。1964年，四川省红十字会筹备委员会要求各地恢复红十字会组织活动。1967年4月17日，卫生部与中国红十字会总会发出联合通知，要求红十字会所有会务工作一律暂行停止。四川省卫生厅和省红十字会立即向全省红十字会转发了这一通知。至此，四川省各级红十字会组织被迫撤销，主要领导受到批判，工作人员下放“五七”干校或调离，文档资料被当作“敌伪档案”查抄销毁，会务活动完全停止。

1976年10月，“文化大革命”的十年动乱宣告结束。中国红十字事业进入了恢复发展时期。1981年，中共四川省委发文批准恢复四川省红十字会。1982年1月21日，四川省人民政府川府函（1982）13号文，同意恢复四川省红十字会。1982年11月，四川省红十字会、四川省编委、四川省财政厅、四川省卫生厅（川红会〔1982〕第02号）《关于执行省人民政府〔1982〕

13 号函的通知》，要求四川各地恢复红十字会的组织机构。1985 年 12 月 3 日，四川省红十字会召开第一次代表大会。全省有 11 个市、县、区红十字会的 147 名代表参加。大会审议通过了《四川省红十字会组织规程》，选举产生了第三届理事会，会长：康振黄，副会长：任长方、卜泰江、王可植、吴景福、胡问安。经康振黄会长提名决定任长方为秘书长；副秘书长：刁振中、冷济荣；聘请张秀熟、刘云波为名誉会长。1985 年底，全省有市、县红十字会 11 个，红十字基层组织 1188 个，红十字会会员 12 万余人。

1990 年 2 月 15 日，中国红十字会第五次全国代表大会在北京召开。在这一时期，四川 23 个地、市、州也相继恢复成立红十字会，并开展活动，有的还做出了突出的成绩。其中泸州市红十字会会员杨必纯 1985 年荣获红十字会与红新月会国际联合会颁发的“南丁格尔奖”；绵阳市教委副主任蒋瑞伦被评为 1990 年全国先进红十字会员和模范志愿工作者，受到中国红十字会总会和国家人事部嘉奖。1992 年 6 月，内江市红十字会理事、内江市第一人民医院护士长张振坤荣获国际人道主义奖（当年全国仅此 1 名），受到中国红十字会常务副会长顾英奇的接见和颁奖。一部分市、地、州、县解决了人员编制，配备了专职干部，改善了办公条件，四川红十字事业逐步走上正轨。1990 年 4 月 12 日，四川省红十字会第二次会员代表大会召开，选举产生了第四届理事会，会长：韩邦彦，副会长：殷大奎、任长方、卜泰江、王可植、吴景福、陈麟章。经韩邦彦会长提名决定任长方为秘书长，副秘书长：冷济荣；聘请张秀熟、刘云波、康振黄为名誉会长。1990 年，全省建立地、市、州红十字会 17 个；县（市、区）红十字会 96 个；基层红十字会 2316 个；发展会员 24 万余人。1993 年 10 月 31 日，《中华人民共和国红十字会法》颁布施行。

1994 年 7 月 1 日，四川省红十字会第五次会员代表大会召开，大会制定了《四川省〈中国红十字会章程〉实施办法》，选举产生了省红十字会第五届理事会，会长：徐世群，常务副会长：卓凯星，经徐世群会长提名决定李增辉为秘书长；聘请肖秧、康振黄、韩邦彦为名誉会长。1994 年，全省有 10 个县（区）新建立红十字会，有 13 个县建立筹备组，发展基层红十字会组织 63 个，新发展会员 6 万人。全省共计有红十字会基层组织 5480 个，红十字会会员 107 万余人，其中青少年会员 38 万人。重庆市成立了卫生、机动车驾驶员行业红十字会。1995 年年初，四川省人民政府副省长、省红十字会会长徐世群主持召开省级有关部门负责人和在蓉常务理事会议。这次会议解决了省红十字会的经费单列和人员编制问题。1996 年 4 月 16 日，四川省第八届人民代表大会常务委员会第二十次会议，审议通过了《四川省〈中华人民共和国红十字会法〉实施办法》，并公布实施。1997 年，全省二分之一以上的市、地、州红十字会和部分县级红十字会较好的解决了“三列”问题。从 1997 年开始，省红十字会对各市、地、州红十字会的工作实行目标管理。1997 年后，四川省红十字会在有步骤、有重点、有计划地抓好机关单位，工矿企业、红十字会组织建设的同时，着重抓了农村基层红十字会和中小学红十字会的组织建设，全省共新建基层红十字会组织 355 个，发展会员

18.638万人。在抓红十字会组织建设的同时，全省各级红十字会对红十字会队伍的思想建设和业务建设做了大量工作，举办了各级各类培训班，学习红十字会法等有关红十字会的业务知识，提高了红十字会干部的思想素质和工作能力，并努力建设一支强有力的红十字干部队伍。

1997年3月14日，重庆市红十字会从四川省红十字会划出，直接接受中国红十字会总会的指导。全省19个市（地、州）、173个县（市、区）建立了红十字会，基层红十字会组织4000多个。1998年5月19日，四川省红十字会召开五届五次理事会，选举四川省人民政府副省长李进为四川省红十字会会长。1998年，已经建会的20个市、地、州红十字会配备专职工作人员的有14个。2001年4月，在四川省委、省政府的重视和支持下，四川省红十字会从省卫生厅划出，成为一级独立法人机构，在组织体制上完成了由卫生行政部门代管到完全独立设置的转变。四川省编制委员会以川编办发文明确了四川省红十字会的管理体制："四川省红十字会由省卫生厅代管调整为由省政府领导联系，机关党的工作由省直机关工委领导，干部按组织部有关规定管理，机关人员参照国家公务员管理，由省委组织部直接领导，经费由省级财政单列。"2001年10月，全省共有市、州红十字会21个，县（市、区）红十字会179个，基层组织4000余个。省、市（州）、县两级红十字会编制219人。2002年，四川省红十字会在省委、省政府的重视支持下，由中共四川省委组织部批准建立四川省红十字会党组。熊淑仁担任党组书记。

2003年11月19日，四川省红十字会召开第六次会员代表大会，出席大会的会员代表共计135人。中共四川省委书记张学忠、四川省人民政府省长张中伟代表中共四川省委、省政府向大会发来贺信。中共四川省委副书记陶武先出席大会并作重要讲话。中国红十字会总会党组书记江亦曼代表中国红十字会总会出席大会向大会表示热烈祝贺，对红十字事业的发展提出了两点纲领性的意见：一、要用"三个代表"重要思想认识红十字事业；二、要用"三个代表"重要思想统领红十字事业。四川省政协副主席、省红十字会第五届理事会会长李进致开幕辞。四川省人民政府副省长刘晓峰当选为四川省红十字会第六届理事会会长，并在闭幕式上作重要讲话。新当选的四川省红十字会第六届常务副会长张波在闭幕会上作了《开拓创新，不辱使命，努力开创全省红十字事业新局面》的致辞。大会回顾总结了四川省红十字会第五次会员代表大会以来省红十字事业取得的成绩和经验；审议通过了第五届理事会的工作报告；审议通过了《四川省红十字会2003—2007年工作规划纲要》；审议通过了《四川省红十字会组织规程》；选举产生了第六届理事会和常务理事会。第六届理事会由79人组成；常务理事会由刘晓峰、张波（女）、卓凯星、惠蜀、王宇坤、沈骥、张林、吴琼英（女）、黄国庆、宋向荣、高仁全、汤留生、邱海明、汪凤雄、赵泽道、丁地禄16人组成。选举刘晓峰为四川省红十字会第六届理事会会长，张波为常务副会长，卓凯星、惠蜀、王宇坤、沈骥、张林为兼职副会长。选举张波、吴琼英、丁地禄为四川省红十字会第六届理事会执委会成员，张波为执委会主任。经四川省红十字会会长刘晓峰提名，决定吴琼英任四川省红十字会秘书长；聘请张中伟、徐世群、李进为四川省红十字会名誉会长；聘请刘崇理、陈科文、钟道友、熊淑仁为四川省红十字会顾问。

2003 年初，四川省甘孜州人民医院护士巴桑顿珠荣获第 39 届南丁格尔奖章。

【组织机构】

（一）组织建设情况

1. 全省单设红十字会 8 个。其中省级红十字会 1 个，省会城市红十字会 1 个，市（州）级红十字会 6 个，县级红十字会 5 个。

2. 全省挂靠红十字会 181 个。其中市（州）级红十字会 14 个，县级红十字会 176 个。

3. 全省建有基层红十字组织的单位 3092 个。其中企业 175 个，事业单位 1622 个，乡镇 458 个，街道 125 个，学校 725 个；

4. 全省建有志愿者工作管理机构 37 个。其中市（州）级红十字会 7 个，县级红十字会 32 个。

（二）会员发展情况

1. 全省红十字会的编制是 406 人，现有红十字会的专职工作人员 214 人。其中省会城市红十字会 12 人，市（州）级红十字会 52 人，县级红十字会 150 人。

2. 截至 2003 年底，全省共有成人会员 217079 人，青少年会员 259683 人。

3. 截至 2003 年底，全省共有团体会员单位 1956 个。

【相关法规】

1994 年 5 月，四川省人民政府下发了《四川省人民政府贯彻实施〈中华人民共和国红十字会法〉的通知》。

1996 年，四川省红十字会同省卫生厅、省法制局下发了《关于贯彻〈中华人民共和国红十字标志使用办法〉的实施意见》。

【大型项目】

2003 年，一场危及人类生命与健康的“非典型肺炎”突然爆发。四川全省红十字会紧急动员起来，投入到这场没有硝烟抗“非典”斗争中。四川全省红十字会在抗击“非典”的斗争中，共接受捐赠款物 1100 余万元。有力地支援了当地政府的抗“非典”斗争。

2004 年 9 月 3 日，川东北达州、南充、巴中、广安等地发生 200 年未遇的特大洪涝灾害，省红十字会于 9 月 4 日启动紧急救灾预案，9 月 5 日开始募集调运救灾物资到灾区。到 9 月底，省红十字会共募集救灾款物 1350 多万元运到灾区。从 2002 年到 2004 年，四川省红十字会共募集救灾款物 4200 余万元，救助灾民 167 余万人。

2001 年 11 月 26 日，四川省红十字会完成了四川省造血干细胞捐献者资料分库的申报工作，被中国红十字会总会列入全国先期建库的 11 个省市之列。四川省人民政府省长张中伟、副省长李进对该项工作给予了高度重视和支持。在省财政中解决启动资金 50 万元。从 2003 年起每年由省财政下拨 50 万元作为造血干细胞捐献者资料库四川分库建设的专项资金。同年 8 月，四川省造血干细胞捐献者资料库 HLA 配型实验室通过了中国红十字会总会专家组的考核验收，同意四川开展检测工作。

四川省造血干细胞资料库的建设得到社会各界的广泛支持。泰康人寿保险公司免费为配型成功的 HLA 志愿捐献者提供一年期 10 万元保险额；中国平安保险公司内江

（寿险）支公司和内江电力局向中华（四川）骨髓库捐款1万元人民币。

1985年，非洲36个国家遭受严重旱灾。中国红十字会总会向全国红十字会发出“在全国城市中为非洲灾民开展社会募捐”的号召。四川各地红十字会积极响应，开展了声势浩大的援非募捐活动。

1988年，四川省红十字会积极组织参加“国际体育援助募捐活动”。全省共有1000万人参加了募捐活动，其中有300多位画家，捐赠作品700多幅。

1994年，加拿大红十字会援助项目——中国红十字会成都备灾中心主体工程建成。1996年7月，加拿大红十字会援助项目——中国红十字会成都备灾中心落成。

1997年，四川省19个市、州、150个县发生洪涝灾害，美国心连心组织向四川省红十字会捐赠了价值630万美元的药品。1998年，香港特别行政区红十字会’98灾后援建项目，援助宜宾市红十字会18万元，县政府投入42万元，修建屏山新市龙口红十字医院。2002年，香港红十字会向该医院捐赠价值15万元的医疗设备、并提供经费培训三名医务人员。1999年，四川省红十字会接受香港红十字会的捐赠共34.7万元人民币，在全省10个市、地、区修建了14个乡镇卫生院、3所乡村小学。2001年，香港红十字会再次捐赠163万元，用于配置医疗和教学设备。1999年，香港特别行政区红十字会“’98灾后重建项目”在内江市启动，当年援助资金33万元人民币，重建资中凉水卫生院并购置医疗设备。

1999年，四川省红十字会通过国际交流与合作，收到法国拉法基公司无偿援赠10万元人民币。同年，省红十字会接受“加拿大国援助小计划”，该计划从1999年开始到2002年由加拿大红十字会每年援助5万元，4年共计21.7931余万元，用于资中县兴隆镇卫生院建设和改水改厕。1999年9月，凉山彝族自治州政府与无国界医生组织（荷兰MSF）达成协议，MSF捐助资金，凉山州红十字会具体协调实施，在昭觉、布拖、西昌三市、县开展“艾滋病性病预防健康教育”项目。

2000年6月12日，中国国际技术智力合作公司向四川省红十字会捐赠40万元人民币，用于凉山彝族自治州克山病病区的克山病预防项目，这一项目的实施对降低凉山彝族自治州克山病病区克山病的发病率，提高彝族同胞的健康水平起到了积极的推动作用。1999年至2002年，在中国红十字会总会和四川省红十字会的支持下，香港救世军、国际事业服务机构、英国救助儿童会HSF等十余个国际非政府机构和慈善组织对凉山彝族自治州红十字会给予了大力援助。四年共援助资金520余万元，州县财政配套资金300万元，建成中心卫生院一所，新建改造乡卫生院3所，乡村小学校9所，人畜饮用水工程3个，小额信贷养还养项目农户230户，培训近千人次的乡村医生和接生员。

2000年，在总会的支持下，挪威红十字会援助甘孜州炉霍、道孚县红十字会发展项目，连续三年共投入320万元配置交通工具，办公设备，培训骨干，发展基层红十字会组织，开展社会服务，取得了很好的效果，受到挪威国红十字会和中国红十字会总会的肯定。从2003年起，挪威红十字会的援助由2个县增加到4个县（原有炉霍、道孚县，增加康定、甘孜两个县）。经费增加到每年 20 万美元，时间延至 2006 年。

2001 年到 2003 年，凉山彝族自治州红十字会与香港救世军及国际专业服务机构合作，在美姑、喜德、布拖等县对乡村医生、农村接生员进行艾滋病、性病防治知识培训，并通过他们在各自所在村寨向村民宣传。

香港、澳门特别行政区红十字会和加拿大、挪威红十字会及项目官员 2002 年多次到四川考查灾情及对援建项目进行督查。其中，加拿大和挪威红十字会援助四川省贫困地区红十字会的项目资金总额达 100 万元。在总会的支持下，四川省红十字会对新引进的加拿大红十字会援助项目的实施进行系统化、规范化的管理，在援助方自愿接受并承诺的基础上，签订项目实施协议书，明确双方的责、权、利，有效地保障了项目目标值在规定时间内保质保量实现。

同年，四川省红十字会在对外交流合作中，收到香港盲人辅导会、亚洲防盲基金会、美国心连心国际组织共同捐赠的价值近 200 万元人民币的“复明八号”眼科手术车。该手术车在四川省红十字医院（四川省人民医院）投入运行，当年就在内江东兴区为 78 名白内障患者成功手术，受到当地群众的赞扬。截止 2003 年，该手术车运行一年，部分免费或低价为贫困患者进行手术 552 例，使患者重见光明。

2003 年 4 月，香港救世军与凉山彝族自治州红十字会合作建立“心语”中心，开展艾滋病、性病咨询服务，开通“心语”电话热线、设有自动语音咨询系统，为咨询者服务。

1997 年 4 月 1 日至 2 日，中国红十字会六届四次理事会正式提出创建“红十字博爱系列工程”，四川各地红十字会积极响应。自贡市红十字会从 1997 年开始开展“博爱送万家”活动，到 2004 年，共计拿出 20 多万元，购买大米 112 吨，食油 1250 斤，棉被 410 床，棉衣 370 件，对全市 5546 户特困户进行救助。

2002 年，四川省红十字会在全省推行以“救援、生命、爱心”为主题的红十字博爱工程，2003 年 4 月，成都市红十字会与成都德瑞心血管病医院联合开展“向贫困家庭先心病患儿献爱心”活动，为 60 多例贫困家庭先心病患儿作了减费和免费手术，为 75 例患儿全额免除了手术费、医药费，住院费等，减免总额达 60 多万元。

【年度工作】

2004 年，在中国红十字会总会的正确指导下，在中共四川省委、省政府的高度重视和大力支持下，在社会各界的充分理解、热情参与下，省红十字会全体干部职工开拓创新、努力工作，各项工作取得显著成效，受到省委、省政府主要领导的多次表扬。

（一）备灾救灾

2004 年“九三”川东北突发特大洪灾，受灾面积大，受灾程度深。9 月 3 日灾害发生，9 月 5 日，省红十字会将救灾帐篷送到重灾区。9 月 6 日，省红十字会常务副会长张波带领导救灾小组到灾区，组织赈灾，在短短的 10 天内，省红十字会募捐救灾款物价值 1358 万元，并及时运往灾区。省红十字会高效敏捷的救灾工作，受到中共四川省委领导的书面批示表扬。

2004 年 12 月 26 日，印度洋地震海啸灾难发生后，四川省红十字会在 12 月 29 日向全社会发出呼吁，在报刊公布募捐热线和账号。省红十字会机关取消节假日休息，实行24小时值班，并组织了大型的现场募捐宣传活动。短短16天，募集资金310万元。这是四川省规模最大、社会各界参与最广泛、募集资金最多的一次国际募捐活动。

（二）开展“办百件实事、庆百年华诞”系列纪念活动

1. 在南充、遂宁等边远农村改水改厕，取得显著成效，受益人口2.3万人。

2. 为150名贫困先心病患儿减费、免费手术治疗。

3. 为3700名贫困白内障患者减费、免费，进行了复明手术。

4. 开展近千场社区卫生宣传活动，数千人受益。

5. 编印了《四川红十字》大型工具书。

6. 举行了两场大型“庆百年”文艺晚会。编辑出版《中国红十字会建会100周年》画册。

（三）积极争取国际国内合作援助项目

1. 与挪威红十字会合作的“甘孜项目”引进资金100万元，被挪威红十字会称为“甘孜模式”，在其他国家推广。

2. 与加拿大红十字会合作开展艾滋病预防与关爱项目。

3. 与亚洲团结协会和加拿大红十字会合作出资200万元开展改水改厕项目，改善农村医疗条件，改善农村人居环境。

4. 中山完美公司援助广安40万元，建设希望小学一所；北京市红十字会援助雅安边远山区灾后民房重建10万元。

（四）救护培训和救助工作

省政府办公厅出台关于加强群众性初级知识救护培训的意见，并召开多家单位参加的联席会议，安排部署，在全省开展群众性初级卫生救护培训。2004年，省红十字会举办国家彩票公益金卫生救护师资培训班14期，培训师资485人。

2005年1月10日，在中国红十字会总会的支持下，四川省红十字会筹集了220万元物资发送到10个市、州。1月14日至18日，中国红十字会常务副会长江亦曼率送温暖小组到四川参加了送温暖活动。

（五）造血干细胞捐献者资料库四川分库建设

2004年，在成都、南充、泸州、自贡、攀枝花、雅安等市组织开展了大型的捐髓宣传和现场采血登记活动。截至2004年12月，造血干细胞捐献者资料库四川分库已检测入库资料10058人份，并与总库链接。现已为三名白血病患者配型成功。

（六）大力宣传、认真贯彻落实“八大”精神

四川省红十字会抓住中国红十字会“八大”这一机遇，在全省大力宣传，认真贯彻落实“八大”精神。11月18日，中共四川省委、省人大、省政府召开专题会议，听取省红十字会汇报“八大”精神和省红十字会工作。会议由中共四川省委书记张学忠主持。四川省委副书记陶武先、副省长刘晓峰等领导参加了会议。张学忠高度赞扬了省红十字会的工作，并表示要解决红十字事业发展中存在的困难和问题，要抓住机遇，克服困难，更加努力工作，以一流的精神状态，做一流的工作，创一流的业绩。

（刘 强）

附录:

四川省《中华人民共和国红十字会法》实施办法

(1996 年 4 月 16 日四川省第八届人民代表大会常务委员会第二十次会议通过)

第一条 为发扬人道主义精神，促进人类和平事业的发展，保障红十字会依法履行职责，根据《中华人民共和国红十字会法》和国家有关法律法规，结合四川实际，制定本办法。

第二条 红十字会是从事人道主义工作的社会救助团体，按照国家有关规定，依法取得社会团体法人资格，并依照《中华人民共和国红十字会法》和《中国红十字会章程》，独立自主地开展工作。

第三条 各级人民政府对红十字会给予支持和资助，保障红十字会依法履行职责，并对其活动进行监督。

红十字会协助当地人民政府开展与其职责有关的活动。

第四条 县级以上按行政区域建立红十字会。县级以上各级人民政府应根据省人民政府的有关规定配备红十字会专职工作人员。

机关、社会团体、企业、事业单位、城区、农村可以按照《中国红十字会章程》成立红十字会的基层组织和会员小组，接受本行政区域红十字会的指导与监督。

第五条 各级红十字会理事会的产生和工作，按照《中华人民共和国红十字会法》的规定执行。

上级红十字会指导下级红十字会工作。

第六条 各级红十字会设名誉会长和名誉副会长。名誉会长和名誉副会长由各级红十字会理事会聘请。

第七条 各级红十字会依法履行下列职责:

(一) 开展备灾、救灾工作，在自然灾害和突发事件中，慰问灾民，并组织红十字医疗队，对伤病人员和其他受害者进行救助;

(二) 普及卫生救护和防病知识，开展群众性的、行业性的卫生救护培训，组织群众参加现场救护;

(三) 可以按照国家有关规定开办血站，参与输血献血工作，推动无偿献血活动;

(四) 开展红十字青少年活动，进行人道主义教育，组织青少年以多种形式为军烈属、孤寡老人、残疾人和其他需要救助的人员服务;

(五) 组织红十字医院定期开展义诊和咨询活动;

(六) 开展地区之间以及与国 (境) 外红十字会的交流合作;

(七) 履行法律、法规规定的职责，完成同级人民政府委托和上级红十字会交办的工作。

第八条 红十字会经费的主要来源:

(一) 会员缴纳的会费;

(二) 接受国内外组织和个人捐赠的款物;

(三) 动产和不动产的收入;

(四) 人民政府的拨款。

人民政府给红十字会拨款的数额根据财政收入状况和红十字会开展活动的需要确

定，并将拨款纳入同级财政预算。

第九条 在自然灾害和突发事件中，执行救灾、救护任务并标有红十字标志的人员、物资和交通工具有优先通行的权利。

对执行救灾、救护任务并标有红十字标志的车辆，应当免收道路通行费。

第十条 红十字会接受国（境）外捐赠的救灾物资，海关应按国家有关规定给予减税、免税，海关、商检、检疫等部门应优先办理入境手续。

单位和个人以应纳税所得向红十字会提供捐赠的，在计算所得税时，应当按国家规定将捐赠款额从应纳税所得额中扣除。

第十一条 红十字会可以依法兴办与其宗旨相符的社会福利事业，并按国家有关规定享受减税、免税的优惠。其收益的使用、管理接受政府审计部门的审计监督。

第十二条 红十字会为开展救助工作，可以接受捐赠，也可以在公共场所有组织地开展募捐活动。

为发展救助事业，红十字会可依法建立红十字基金会。

第十三条 红十字会接受的捐赠款物，必须全部用于社会救助和公益事业。

红十字会发放捐赠款物时，应当尊重捐赠者的意愿，并向捐赠者通报发放情况。

各级红十字会对接受的捐赠款物应按照财务管理制度建立账目，健全专项审查监督制度和发放管理制度。

第十四条 各级红十字会应当建立健全经费审查和监督制度，并将经费来源和使用情况向理事会作年度报告。

第十五条 红十字会经费的使用和接受捐赠款物的发放使用情况，按照国家规定接受政府审计部门的审计监督和上级红十字会的监督检查。

第十六条 任何单位和个人不得侵占、挪用红十字会的经费和财产。

红十字会合并、解散或撤销，其财产按有关法律法规处理。

第十七条 严禁滥用红十字标志。对滥用红十字标志的，按照《中华人民共和国红十字标志使用办法》的有关规定处理。

第十八条 任何组织和个人不得拒绝、阻碍红十字会工作人员依法履行职责。

在自然灾害和突发事件中，阻碍红十字会工作人员依法履行职责，违反《中华人民共和国治安管理处罚条例》的，由公安机关予以处罚；构成犯罪的，依法追究刑事责任。

第十九条 红十字会工作人员徇私舞弊、玩忽职守、索贿受贿、贪污挪用救灾款物，尚未构成犯罪的，由所在红十字会理事会决定给予处分；构成犯罪的，依法追究刑事责任。

第二十条 对红十字会救助事业做出显著贡献的，由省红十字会授予荣誉会员称号，并颁发荣誉会员证书及证章。

第二十一条 本办法自公布之日起施行。

重庆市红十字会

【历史沿革】

1910年（宣统2年），重庆市宽仁医院院长马嘉礼（美国人）首议筹建重庆红十字会。由商界首领李湛阳出面号召；巨绅魏国平以经营画社筹集资金；廖焕庭、温少鹤、李龢枫、杨沧白等社会名流具体筹备。1911 年（宣统 3 年）3 月，经大清红十字会核准，大清红十字会重庆分会正式成立。挂牌市区临江门外给孤寺。李龢枫当选为第一届会长。巴县府划拨给孤寺一带（现临江门至一号桥）地产 1600 平方丈为红十字会所有，命名为“红十字街”。1912 年国民政府初立，大清红十字会更名为中国红十字会，重庆分会更名为中国红十字会重庆分会。

民国初期，兵戈内战及自然灾害不断。为筹措活动经费，分会董事李湛阳、魏国平等出面邀请中西各界名流开会发展会员。凡到会者俱为本会会员，纳会金 25 元/人（银元。下同）。并规定常年会员纳会金 5 元/人；特别会员年纳会金在 100 元/人以上。同时呈请巴县府将多种捐税交由红十字会收取，以资补贴。主要税种有机制土货税，年纳金 8000 余元；寮头税，年纳金 7000 余元；“红灯”（抽大烟场所）税，年纳金 20000 元；地契附加税，年纳金 1000 余元；九门屠捐税，年纳金约 7000 元；房地税，年纳金约 1000 元。年收入保持在 40000 元以上。

创建初期，分会活动以各诊所为依托救助灾困贫民为主。于 1917 年始，先后设中医社七所：一社设在药王庙侧轩岐公所；二社设在临江门七星坎；三社设在临江门吉祥寺巷；四社设在两路口同兴堂侧；五社设在南岸龙门浩玄坛庙内；六社设在售珠市勇善堂内；七社设在海棠溪尊德堂内。各所聘请名老中医施治。主方所需药物及经费由本地绅商自由捐助。

1920 年，分会建总医院于临江门外给孤寺（即现重庆市红十字会医院雏形）。聘请德国医师阿思密为院长，年俸 12000 元。分会规定：无论兵民男女贫富皆得治疗。贫者免费，富者按章纳费。特等病室每日纳银 3 元；头等病室每日纳银 2 元；二等病室每日纳银 1 元；三等病室每日纳银半元。此外，在城内九尺坎街道另设西医诊所一家，每周一、四、六诊治男病，日诊治病人 200 名；每周二、五诊女病，日诊病人 200 名。1923 年，分会总医院在通远门外建立分院，专门收治贫民，概不收费。

1923 年，分会购置水龙（消防灭火器材）两套。城内外凡发生火警，分会即派人携带火龙随医护人员前往抢救。1924 年，分会又购置小艇五艘，每年夏历 4 月 1 日至 10 月 1 日（洪水期），分驻龙碛子、夫归石、梁沱灌口、铜锣峡险滩；一艘沿长江上下巡逻，随时抢救溺水难民。

1929 年，因经费不足，各中医社、西医诊所及分医院陆续关闭。分会总医院也在 1931 年关闭，分会工作也基本停止。

1931 年 9 月 18 日，日本关东军突然向我国东北发动进攻，制造了震惊中外的“9.18”事变。1932 年初，日军全面侵占我国东三省，大批难民流离失所，流入关内。总会及各分会紧急动员起来，为救助难民筹措款物。

1937 年 11 月，在总会的大力支持和本市热心慈善事业人士的资助下，廖焕廷、温少鹤、黄次咸、马嘉礼发起成立重庆救护委员会。募得经费 87000 余元。1938 年春，救护委员会承接了本市教会团体所办的救护训练班；在陕西街万寿宫开设了贫民诊疗所。并于同年 4 月在给孤寺成立救护医院：设病床 100 张。组织了 72 人的救护担架队，以备空袭时收容抢救受伤军民。7 月，救护委员会举办大会征求红十字会员，征得新会员800余人。8月，救护委员会聘请征集医护人员80人，分编4个医疗救护队随军开赴湘、赣战区服务。半年后，4个救护队陆续交归总会救护总队。1938年7月至12月，分会医院、诊所和担架队救治伤患128000余人。

1939年5月3日至4日，重庆市区遭日机大轰炸。临江门外红十字街和分会救护医院的房屋设备被炸毁。同年6月，分会宣告恢复工作，并于11月28日召开会员大会：改组了理事会及医院董事会。会长温少鹤。正式启用中华民国红十字会重庆分会名称和印章；承接救护委员会所属医院诊所及其他救护事业；决定在南岸黄桷桠新建分会医院；调整会费标准为：青年会员每年纳金2000元/人（旧币，下同）；普通会员每年纳金5000元/人；特别会员一次性纳金40000元/人；名誉会员一次性纳金200000元/人；团体会员一次性纳金400000元。年内共征得会员45710人；收会费9912600元。救治炸伤者（担架队）1347人；接种痘苗15000余人；其他预防接种5600余人；救治其他伤患28354人。

1940年3月，按当时规范要求修建的分会医院（中型）在南岸黄桷垭落成（现纺织职工疗养院址）。建院经费来自中央赈济委员会、四川省红十字分会及其救护委员会捐赠的13500元（银元。下同）为筹措分会医院所需设备购置经费，分会邀请社会名流发起社会募捐：重庆市市长吴国桢、名画家徐悲鸿、王东培、吴麟若、许士麟、陈之伟、黄君壁、张书旗、潘见平、潘文淑、邓白、谢稚柳等发起国画义展、义卖。共募得资金40000余元。分会医院设备药械得以完备。聘请黄次咸任院长；邝安堃、宋祖安任主治医师。

1940年3月，总会迁来重庆夫子池。4月1日正式办公。并在沙坪坝设立重伤医院，收治空袭时受伤贫民。年底，该院被炸毁。1941年10月，总会又在高滩岩购置土地兴建中华民国红十字会重庆医院。于1943年7月该院落成。1944年2月，中华民国红十字会重庆医院与国民政府中央医院合并。增设病床；附设高级护士职业学校（现中国人民解放军第三军医大学及其附属医院址）。

1946年4月，总会迁回南京。其在重庆市区夫子池的办公用房和诊所以及高滩岩救灾仓库内的物资（美国红十字会捐赠的8卡车药品器械及毛毯）全部赠与重庆分会。5月19日，总会第一届理事会决定：中国红十字会的工作中心由战时救护转变为社会服务。以建设分会、征集会员、筹措基金为工作重点。为促进分会的恢复和重建，总会在上海、汉口、北平、广州、重庆设5个区办事处。由各区办事处分辖数省。重庆区办事处辖四川、西康、贵州、云南、西藏。总会在年内对各分会进行了彻底的清理整顿，重新报批、登记、发证。经过整顿的分会即可在其辖区内发展支会。重庆分会在此次整顿中改选了理事会。黄次咸任分会会长；余养贤任总干事。新征会员44000余人（总会资料）。

1946年，重庆霍乱大流行，死亡甚众。分会除在南岸黄桷垭医院收治病人外，又在市区中央花园设时疫急救医院一所。常设病床80张，机动病床40张。聘请李紫凝为医务主任；田竹轩、赵琼、徐印坎等9名医师，10名护士。检验师和药品由美国红十字会免费提供。年内免费收治病人 1500 余人。总会重庆区办事处联合基督教青年会开办了励志儿童医院。免费诊治街头流浪患儿，经费由其理事捐赠。

4 月底分会医院迁至江西会馆。7 月又迁至市区陕西街。分会工作重点由战时救护转向社会服务。为增强民众防疫知识，分会举办常年防疫训练班宣传卫生防疫常识；组织巡回医疗队深入边远山区进行预防接种；为公共娱乐场所、工厂、学校、监狱进行“消、杀、灭”清除工作。年内共诊治和接种注射 218585 人次；散发灭鼠药 30 磅。分会当年工作在总会考核中获甲等，与上海、南京分会同享殊荣。当年底，总会撤消了除上海以外的 4 个区办事处。重庆区办事处所属的励志儿童医院转交重庆分会。

1949 年 3 月，分会医院与励志儿童医院合并。迁回临江门外红十字街给孤寺旧址。初夏，为防时疫发生，分会组织巡回医防队到贫民区诊治病人，对易感者进行预防接种。共服务 3893 次。同年 9 月 2 日，市区小十字及过街楼一带发生特大火灾（即震惊中外的“9.2”火灾）。分会救护队快速赶往现场，抢救重伤患者 270 人。并以分会名义将这批伤员分别转送到市内各大公、私医院治疗。此举受到社会各界的极大关注和好评。9 月下旬，分会应四川高等法院和重庆地方法院邀请，为其所属监狱及看守所在押犯人义务诊病；并分别在监狱和看守所设义务诊所，定期派医护人员前去诊治病犯。每次诊治均在 200 人以上，所有药品及诊治费均由分会承担。11 月 30 日，重庆解放。分会立即派医护人员前往渣滓洞、白公馆清理掩埋“11·27”遇难者遗物．遗体，并对现场进行消毒处理。

1949 年 10 月 1 日，中华人民共和国成立。总会从南京迁到上海，与上海区办事处合并。11 月 30 日，重庆解放。重庆分会保留有：临江门医院、夫子池诊所、南岸新生托儿所。

1950 年 2 月，总会在上海召开工作检讨会。各大城市红十字分会负责人应邀莅会。重庆分会会长黄次咸（总会资料记载）参加了此次会议，并被选为赴北京向中央人民政府汇报工作的代表。总会在协商改组并成立新的领导机构之后，对地方分会的改组整顿提到了议事日程。10 月，卫生部与救济总会行文各地：要求有关部门协助改组整顿地方红十字会组织。总会专门举办了为期 5 周的分会干部学习班，重庆分会代理总干事余养贤先生参加了学习。

1951 年 4 月 16 日，重庆分会协商改组会正式召开。市卫生局局长周洪生、市民政局社会科科长孙立太、分会会长温少鹤（余养贤口述）组成了会议主席团。全市 10 余个相关部门的负责人和会员代表参加了会议。会上，代理总干事余养贤汇报了分会建会以来的主要活动；修改制订了《重庆红十字分会组织规程》；协商产生了建国后第一届理事会。周洪生任会长，余养贤任总干事（均由总会行文任命）。改组后，分会归市政法委员会领导；经费由市财政和总会划拨；有国家编制内职工 25 人。

5 月，分会在协商改组后，立即着手为抗美援朝募捐。共募得现金 1465 万元；物资 720 多件。同时分会在社会上广泛征求外科手术医护人员，筹备赴朝鲜战场救护工作。5 月 29 日，分会派出了第一支赴朝外科手术队。队员 13 人；队长冉瑞图（市第二人民医院胸外科主任）。1952 年 2 月 3

日，分会派出第二支赴朝外科手术队，队员10人；队长王安定（西南卫生部直属医院主治医师）。

1952年4月30日，国家政法委员会以政文字第20号文通知：“关于中国红十字会总会的工作，奉总理批示：改归中央卫生部直接指导和联系”。7月9日，中国红十字会总会与卫生部、内务部联合发出通知，要求各地分会与各地政府卫生部门合署办公。重庆分会因成立以来，一直是独立门户，独立自主地在开展活动，改组以后仍然具备独立开展工作的能力，并拥有独立产权的办公场所与服务机构。故未与市卫生局合并。仍然保留了独立核编和财政独立拨款。原有的办公场所与服务机构仍属分会所有，行政管理改归市文化、教育、卫生委员会（余养贤口述）直接指导联系。

1953年初，分会所属夫子池诊疗所合并到分会医院（临江门）。年底，接政府通知：分会医院交市卫生局接管，其“重庆市红十字会医院”的名称不变；分会在南岸的新生托儿所交南岸区政府接管。分会工作转为以爱国卫生宣传和现场急救员培训为主。

年内，分会在市区西南博物馆、市劳动人民文化宫、夫子池红十字阅览室、分会机关及近郊区各大厂矿举办了：“妇幼卫生”、“厂矿卫生”、“爱国卫生”、“新法接生”和“本市爱国卫生成绩展”等大型展出。在市区展出时每天接待参观者均在2000人次以上。在近郊巡回展出半年。接待参观者370多万人次。培训急救员957人；在近郊区创建急救站38个。

年底，重庆分会召开第二次会员代表大会：选举产生了第二届理事会。会长何正清（市卫生局局长）。总干事司明勋（兼职。市医学会党总支书记）。

1957年，重庆红十字会（以下简称市红会）在市中区王家坡、大溪沟街道首次建立街道红十字会。建立会员小组26个；发展会员3346个。在近郊区6个重点中、小学建立了红十字会，发展青少年会员629人。并帮助他们与苏联、波兰、保加利亚等国的学校红十字会建立联系。开展红十字青少年间的通信活动，互赠纪念品。

8月，近郊南泉乡刘家湾挖掘出日本人遗骨121具。分会立即派人协助政府有关部门及时包装妥当，送总会转交日本红十字会。

1961年3月，本市巴县长生桥公社李子林挖出日本人遗体38具。市红十字会立即妥善包装后送总会转交日本红十字会。

年底，市红十字会召开了第三次会员代表大会：选举产生了第三届理事会，会长何正清（市卫生局局长兼职）。

1963年初，市红十字会在沙坪坝区石桥公社试点开展乡村红十字会工作。将红十字会基层组织建到各生产队、组。收效很好。年内即推广到该区其他公社和北碚、南岸、江北4区30多个公社，100多个生产队。总会秘书长倪斐君专程来重庆进行实地考察。高度评价了此项工作对全国农村红十字会组织发展的推动作用。

1966年6月，“文化大革命”开始。红十字会被视为“封、资、修”产物，受到巨大冲击，工作全面停止。

改革开放特别是重庆直辖以来，重庆红十字事业有了长足的发展。1980年重庆市红十字会恢复工作后，在清理恢复基层红十字组织的同时，先后组织了援非募捐、1987

年开展了台湾同胞大陆寻亲工作、1988 年国际体育援助、1998 年抗洪救灾等重大活动。2000 年，开展了以“伸出你的双手，献上一份爱心”为主题，以 500 名特困人群（即 100 名 80 岁以上高龄的特困老人，100 名生活特别困难的失学儿童，100 名生活特别困难的残疾人，100 名生活特别困难的大学生，100 名生活特别困难的下岗女工）为救助对象的募捐活动。2001 年全面启动了中国造血干细胞捐献者资料库重庆分库的建设工作。2002 年与重庆市总工会联合开展了城市困难群众子女助学工程。20 多年来，重庆市红十字会多方位地开展人道主义领域的服务工作，受理了 5000 多宗国际寻人转信和海峡两岸寻亲红十字通信，使 600 多个分离的家庭或亲人得到了重新团聚，为开展民间外交和沟通海峡两岸关系发挥了较好的桥梁作用。

1993 年《中华人民共和国红十字会法》颁布实施，1996 年《中华人民共和国红十字标志使用办法》颁布实施，2000 年《重庆市实施〈中华人民共和国红十字会法〉办法》颁布实施。2000 年 6 月，重庆市机构编制委员会正式行文理顺重庆市红十字会管理体制，明确由市领导联系。2004 年 7 月，经中共重庆市委批准，中共重庆市红十字会党组正式建立。

2005 年 3 月，召开了重庆市红十字会第二次会员代表大会，中共重庆市委书记黄镇东接见了参会的全体代表。会上，重庆市人事局、重庆市红十字会联合表彰了全市红十字会系统的 10 个先进集体和 20 名先进个人。选举产生了新一届理事会，聘请中共重庆市委书记黄镇东为名誉会长，重庆市人大常委会副主任陈雅棠、重庆市政协副主席窦瑞华为名誉副会长。选举重庆市人民政府副市长谢小军为会长，冉茂民为常务副会长，周清梅为副会长。经会长提名通过了赵幼渝为秘书长。重庆市红十字事业进入了一个快速发展的新时期。

重庆市红十字会历次代表大会一览表

届次	日期	代表	理事	常务理事	名誉会长	会长	常务副会长
第一届理事会	1950. 4. 16	协商产生				周洪生	余养贤（总干事）总会任命
第二次	1956					何正清	无
第三次	1961					何正清	
第四次	1980. 8.					林　琳	无
第五次	1985. 5. 24					冯克熙	无
第六次	1990. 6. 7					窦瑞华	无
第七次	1994. 7. 20				孙同川	窦瑞华	无

届次	日期	代表	理事	常务理事	名誉会长	会长	常务副会长
重庆改直辖市后							
第一次	2000.3.20－21	120 人	60 人	19 人	贺国强 包叙定	程贻举	冉茂民
第二次	2005.3.23－24	180 人	60 人	20 人	黄镇东	谢小军	冉茂民

【组织机构】

重庆市红十字会现有基层组织1465个，会员50余万人（其中青少年会员10万人），占重庆市常住人口的1.7%。全市40个区县（自治县、市）都建立有红十字会；机动车驾驶员行业、市教育系统、市卫生系统三个行业建立有红十字会；重庆大学（由原重庆大学、重庆建筑大学合并组建）、西南大学（由原西南师范大学、西南农业大学、四川畜牧兽医学院、中国柑橘研究所合并组建）、重庆医科大学、重庆师范大学等4所大学建立了红十字会；长安机器厂、望江机器厂、川东石油勘探公司等3个大型企业，部分中小学、职业学校、医疗机构建立了红十字会。

重庆市红十字会机关设有办公室、组织宣传外联部、赈济救护部（重庆市红十字会卫生救护培训中心）。

各区县（自治县、市）红十字会名单（40个）：

万州区红十字会
涪陵区红十字会
黔江区红十字会
渝中区红十字会
大渡口区红十字会
江北区红十字会
沙坪坝区红十字会
九龙坡区红十字会
南岸区红十字会
北碚区红十字会
万盛区红十字会
渝北区红十字会
巴南区红十字会
长寿区红十字会
双桥区红十字会
江津市红十字会
合川市红十字会
永川市红十字会
綦江县红十字会
潼南县红十字会
铜梁县红十字会
大足县红十字会
荣昌县红十字会
璧山县红十字会
梁平县红十字会
城口县红十字会
南川市红十字会
丰都县红十字会
垫江县红十字会
武隆县红十字会
忠县红十字会
开县红十字会
云阳县红十字会
奉节县红十字会

巫山县红十字会

巫溪县红十字会

石柱土家族自治县红十字会

秀山土家族苗族自治县红十字会

酉阳土家族苗族自治县红十字会

彭水苗族土家族自治县红十字会

【相关法规】

2000 年 5 月 25 日，重庆市第一届人民代表大会常务委员会第二十五次会议审议通过了《重庆市实施〈中华人民共和国红十字会法〉办法》。

2004 年 11 月 25 日，重庆市第二届人民代表大会常务委员会第十三次会议审议通过了《重庆市遗体捐献条例》。

1995 年 1 月 16 日，重庆市人民政府印发了《重庆市人民政府关于贯彻实施〈中华人民共和国红十字会法〉的通知》。

1998 年 12 月 16 日，重庆市人民政府办公厅印发了《重庆市人民政府办公厅转发市政府法制办、市卫生局、市红十字会关于清理滥用红十字标志安排意见的通知》。

1999 年 11 月 22 日，重庆市人民政府办公厅印发了《关于进一步加强市红十字会卫生救护训练的通知》（渝办发〔1999〕83 号）。

2000 年 6 月 14 日，重庆市机构编制委员会印发了《重庆市机构编制委员会关于同意理顺市红十字会管理体制的批复》（渝编〔2000〕19 号）。

2001 年 8 月 29 日，中共重庆市委办公厅印发了《中共重庆市委关于印发重庆市红十字会机关机构改革方案的通知》（渝委办〔2001〕148 号）。

2001 年 11 月 28 日，重庆市人民政府办公厅印发了《重庆市人民政府办公厅关于市红十字会机关职位设置意见的批复》（渝办人〔2001〕53 号）。

2003 年 8 月 13 日，重庆市人民政府办公厅印发了《重庆市人民政府办公厅印发关于加强红十字会工作的意见的通知》（渝办发〔2003〕142 号）。

2004 年 7 月 7 日，中国共产党重庆市委员会印发了《关于同意建立中国共产党重庆市红十字会党组的批复》（渝委〔2004〕257 号）。

2005 年 7 月 6 日，重庆市人民政府印发了《重庆市人民政府关于筹建白血病儿童救助基金会的批复》（渝府〔2005〕138 号）。

2005 年 8 月 29 日，重庆市人民政府办公厅印发了《重庆市人民政府办公厅关于印发白血病儿童救助基金募捐活动实施方案的通知》（渝办发〔2005〕191 号）。

【主要特色】

（一）“5 个 100”救助活动

2000 年，重庆市红十字会开展了以“伸出你的手，献出一份爱”为主题，以“100 名 80 岁以上老人、100 名残疾人、100 名下岗女工、100 名特困大学生、100 名失学儿童”为救助对象的大型募捐救助活动。全市各级红十字会齐心协力，克服困难，共募集资金 60 万元。重庆市红十字会与市教育委员会、重庆市残联、重庆市妇联、重庆市老龄委等单位联合确定了 500 名救助对象，每人得到 1000 元的救助资金。

（二）困难群众助学活动

2002 年，重庆市红十字会积极响应党中央、国务院关心城市困难群众生产生活的号召，开展了“城市困难群众子女助学”活动。三年来，重庆市红十字会的这项工作得到社会的广泛关注和支持，一直坚持较好，共募集捐款103.69万元，已有3430名困难群众子女获得了救助，受助者涉及到全市的38个区县（自治县、市）。

（三）卫生救护培训

近10年来，重庆市红十字会积极争取市公安、交警、交委、财政和物价等部门的支持和配合，对全市机动车驾驶员进行了卫生救护培训，共培训了50多万人次。

（四）公民志愿捐献遗体

从1997年开始，重庆市红十字会在全市开展了公民志愿无偿捐献遗体工作。7年来，全市共有4000余名志愿者进行了捐献登记，已有375名志愿者实施了捐献意愿。为了鼓励公民的奉献行为，重庆市红十字会在龙台山陵园建立了一座“重庆市公民志愿捐献遗体志士纪念碑”，并在每年的清明节组织志愿捐献遗体者家属开展悼念活动，较好地促进了遗体捐献工作的开展。

（五）查人转信工作

改革开放以来，重庆市红十字会共受理海峡两岸寻亲信件6000余件，其中查有结果的有620件，使亲人得到团聚。

【大型项目】

2000年，重庆市红十字会在主城区三星级以上的宾馆、大型商场和超市、机场、码头、火车站设置红十字募捐箱。随后，各区县（自治县、市）红十字会也在所在地人口密集区域设置红十字募捐箱。

2000年至2004年，重庆市红十字会国际红十字运动基本知识传播员分别多次到重庆大学、西南师范大学、西南农业大学、西南政法大学、重庆医科大学、重庆师范大学、重庆工商大学、重庆邮电学院、重庆交通学院、重庆教育学院、重庆科技学院、四川美术学院、海逸酒店、葛兰素公司、和记黄埔公司、英国驻重庆总领事馆等高等院校、外资企业和外国政府驻渝机构开展国际红十字运动基本知识传播讲座。

2003年，重庆市第一批市级红十字窗口单位正式挂牌。这些窗口单位有：大学、中学、小学、血液机构、城市医疗机构、乡镇卫生站等。

2003年至2005年，重庆市红十字会分别对外国政府驻渝机构官员、大学医院工作人员、部分大学小学学生、公共游泳场所救生人员、小区物业管理人员、街道及居委会工作人员、大型商场及超市营销人员、旅游系统导游、外资宾馆及企业员工、国有大中型煤矿工人、建筑系统安全管理人员、监狱服刑人员等进行卫生急救、防病治病、艾滋病预防等知识及技能培训。

2005年，在重庆市的涪陵区、巴南区、綦江县、垫江县、梁平县、忠县开展了欧洲联盟人道主义援助部援建的社区减灾项目。

2005年9月，在重庆市人民政府主要领导的倡导下，经社团登记部门批准，重庆市白血病儿童救助基金会正式建立。该基金会为公募基金，由重庆市教育委员会、重庆市财政局、重庆市民政局、重庆市卫生局、重庆市红十字会、重庆慈善总会、重庆市总工会、重庆市工商联共同出资组建。受市人民政府委托，重庆市红十字会为该基金会的主管单位。其基金主要用于救助重庆市18周岁以下的白血病儿童。

【显著业绩】

1999年，重庆市红十字会被中国红十字会总会评为’98“抗洪抗震先进集体”。

2002年，重庆市红十字会荣获了中华人民共和国人事部和中国红十字会总会授予的“全国红十字会系统先进集体”称号。

2002 年，重庆市红十字会荣获红十字国际委员会东亚办事处和中国红十字会颁发的国际红十字会运动传播工作一等奖。

2003 年，重庆市红十字会被中共重庆市委、重庆市人民政府授予“重庆市非典防治工作先进集体”。

2003 年，重庆市红十字会荣获重庆市人民政府办公厅授予的“先进基层党组织”称号。

2004 年，重庆市开县红十字会荣获中华人民共和国人事部和中国红十字会总会授予的全国红十字会系统先进集体荣誉称号。

2004 年，重庆市红十字会被重庆市人民政府授予“救灾工作先进集体”。

2005 年，重庆市红十字会被重庆市人民政府授予“重庆市 2000—2004 年度无偿献血工作先进单位”。

2005 年，重庆市红十字会荣获中国红十字会总会授予的“印度洋海啸救援最佳组织奖”。

2005 年，中国造血干细胞捐献者资料库国家管理中心授予重庆市红十字会“中国造血干细胞捐献者资料库首例跨国捐献特殊贡献奖”。

【年度工作】

2004 年 1 月 1 日，重庆市红十字会举行会机关职工卫生救护知识及技能操作表演。

1 月 3 日，马来西亚华裔企业家、中山完美日用品有限公司董事长古润金太平绅士向开县井喷灾害受难者捐赠 230 万元仪式在雾都宾馆举行。市政府副市长谢小军、市政府副秘书长张明树参加了仪式并会见古润金先生。仪式后，古润金先生赴开县察看灾情，慰问灾民，吴家农副市长在开县接待了古润金先生。

1 月 7 日，重庆市“红十字博爱送万家”活动的启动仪式在沙坪坝区爱民广场举行，重庆市副市长谢小军、中国红十字会总会副会长孙爱明等参加仪式。

2 月 17 日，市人大常委会副主任陈雅裳及有关领导到会机关研究《重庆市遗体捐献条例》立法工作。

3 月 21 日，重庆市红十字会传播员在西南师范大学举行“国际红十字运动基本知识”讲座。

3 月 28 日，西南师范大学“爱在春天”捐献造血干细胞活动举行，近 2000 名师生踊跃报名捐献干细胞。重庆市副市长谢小军及该校校长、校党委书记带头报名捐献造血干细胞。

4 月 15 日，红十字会与红新月会国际联合会代表奔·尼克与托普到重庆市忠县检查救灾物资发放情况。

4 月 26 日，重庆首例造血干细胞捐献采集在西南医院进行。

4 月 27 日，全市学校红十字工作现场会在渝中区实验二小举行。5 月 8 日，重庆市“五八”世界红十字日纪念活动在渝中区解放碑广场举行。

5 月 12 日，重庆市纪念中国红十字会成立 100 周年座谈会在重庆宾馆举行。

6 月 13—16 日，京津沪渝红十字事业发展协作会在重庆召开。

6 月 22 日，重庆市第二例造血干细胞捐献、全国首例跨国干细胞捐献启动仪式在重庆医科大学举行。市政府副市长周慕冰出席欢送大会。捐献者为重庆医科大学学生吴渝。

6月23—27日，中共重庆市红十字会支部委员会组织党员和群众到井冈山、庐山开展红色之旅革命传统教育。

7月7日，经中共重庆市委批准，中国共产党重庆市红十字会党组正式建立。

7月22日，市人大常委会一审《重庆市遗体捐献条例（草案）》。市红十字会参加小组审议解答。

8月18日，重庆市红十字会为松藻矿务局机电公司井下工人开展为期一周的卫生救护培训班开班。

8月20日，重庆市第三例骨髓捐献采集在西南医院进行，移植手术在重庆医科大学附二院进行。捐献者为西南师范大学毕业生徐青。这是首例同城捐献移植。

9月9日，由中国红十字会总会郭建阳、周健和北京市红十字会郭丽洁组成的中国红十字会总会赴重庆开县水灾考察评估组赴开县考察评估灾情。

9月25—28日，中国红十字会常务副会长王立忠带着中央和国家机关干部职工捐款所购的救灾物资到我市綦江县、南川市慰问灾民。

9月29日，香港张永珍女士捐款救助开县水灾1000名灾民子女仪式在开县人民广场举行，市红十字会派人参加仪式。

10月10日，北碚区天主教信徒向市红十字会捐款10万元，救助困难群众子女就学。

10月26日，参加中国红十字会第八次全国会员代表大会的重庆市红十字会代表团离渝赴京。

10月31日，重庆市红十字会传播员在西南农业大学开展“国际红十字运动基本知识”讲座。

11月25日，英国驻中国大使馆卫生官员、注册护士 Jayne 在英国驻重庆总领事馆官员谢莉娜的陪同下访问重庆市红十字会。

11月29日，红十字会与红新月会国际联合会项目官员对重庆市红十字会欧洲联盟人道主义援助部社区减灾项目管理人员进行培训。

11月30日，市红十字会代表到重庆工商大学开展“艾滋病防治知识讲座”。

12月1日，重庆市红十字会代表与大学生志愿者一起去医院慰问住院治疗的艾滋病病人。

12月29—30日，重庆市红十字会对机关全体职工进行“造血干细胞及移植技术知识”、“艾滋病防治知识”培训。

（徐 帆 陆之川）

附录：

重庆市实施《中华人民共和国红十字会法》办法

（2000年5月25日重庆市第一届人民代表大会常务委员会第二十五次会议通过）

第一条 为发扬人道主义精神，促进人类和平事业的发展，保障红十字会依法履行职责，根据《中华人民共和国红十字会法》和有关法律、行政法规，结合本市实际，制定本办法。

第二条 市和区、县（自治县、市）红十字会是中国红十字会的地方组织，是从事人道主义工作的社会救助团体，具有社会团体法人资格，独立自主地开展工作。

市和区、县（自治县、市）按行政区域建立红十字会。市红十字会独立设置工作机构和配备专职工作人员，区、县（自治县、市）红十字会根据工作需要，独立设置工作机构或配备专职工作人员。

乡镇、街道、机关、团体、企业事业单位及其他组织和全市性行业可依法建立基层或行业红十字组织，可配备兼职或专职工作人员。

上级红十字会指导下级红十字会工作。

第三条 本市的单位和居住在本市的公民，承认中国红十字会章程并缴纳会费的，可以自愿加入红十字会，成为红十字会团体会员或个人会员。

热心人道主义事业并自愿协助红十字会工作的社会各界人士，可以成为红十字会的志愿工作者。

第四条 各级红十字会理事会由会员代表大会民主选举产生。理事会民主选举产生会长和副会长。

市和区、县（自治县、市）红十字会可以设名誉会长和名誉副会长，由同级理事会聘请。

第五条 各级红十字会履行下列职责：

（一）宣传、贯彻《中华人民共和国红十字会法》、《中国红十字会章程》及相关法律、法规；

（二）依照《中国红十字会章程》吸收会员，发展组织；

（三）开展红十字青少年活动，进行人道主义教育，组织青少年以多种形式为烈军属、孤寡老人、残疾人和其他需要救助的人员服务；

（四）开展备灾救灾工作，呼吁和争取救灾援助，参与救助灾民活动；

（五）开展群众性、行业性卫生救护培训，组织群众参加现场救护；

（六）参与输血献血工作，推动无偿献血；开展骨髓、器官、遗体自愿捐献的动员、宣传、组织和数据检索工作；

（七）在中国红十字会总会指导下，参加国际和国内人道主义救援工作，开展国际交流与合作；办理国际查人转信事务；

（八）依照国际红十字和红新月运动的基本原则，完成同级人民政府委托的事宜；

（九）开展其他人道主义方面的工作。

第六条 各级人民政府应对红十字会给予支持和资助，保障红十字会依法履行职责，并对其活动进行监督；各级红十字会协助同级人民政府开展与其职责有关的活动。

文化、广播、电视、新闻等部门和宣传媒体应宣传红十字会法律、法规，对红十字会组织开展的人道主义救助宣传活动，应当给予支持；对需要收取费用的，应当给予减免。

社会各界和公民应积极支持红十字会开展的各项活动。

第七条 红十字会经费的主要来源：

（一）会员缴纳的会费；

（二）接受国内外组织和个人捐赠的款物；

（三）动产和不动产的收入及所属单位上缴的经费；

（四）基层红十字会所在单位的资助；

（五）同级人民政府的拨款；

（六）其他合法收入。

人民政府给红十字会拨款的数额根据财政收入状况和红十字会开展. 活动的需要确定，并将拨款纳入同级财政预算。

第八条 市和区、县（自治县、市）

红十字会按照国家有关规定可以建立红十字基金。

第九条 市和区、县（自治县、市）红十字会可以依法兴办与其宗旨相符的社会福利事业，并按国家税法有关规定享受减税、免税待遇，其收益的使用、管理接受同级人民政府的审计监督。

第十条 红十字会为备灾和救助，可以开展社会募捐和接受捐赠，可以在机场、车站、港口、宾馆、公园等公共场所设置红十字募捐箱。

红十字会募捐工作，由市红十字会按照《中国红十字会募捐和接受捐赠工作条例》统一管理。

第十一条 红十字会接受国（境）外捐赠物资，海关、检疫等部门应优先办理入境手续，并按国家税法和有关规定给予减税、免税待遇。

红十字会接受用于救助和公益事业的捐赠或募捐款物，按照国家税法有关规定享受减税、免税待遇。

单位和个人向红十字会捐赠款物，捐赠者可以按照国家税法有关规定享受减税、免税待遇。

第十二条 红十字会有权处分接受的捐赠款物。发放捐赠款物时，应尊重捐赠者的意愿，并向捐赠者通报发放情况。

各级红十字会对接受的捐赠款物应建立健全发放管理和专项审查监督制度。

严禁捐赠假冒伪劣和过期失效的物品，红十字会在接受捐赠时应当严格验收。

第十三条 各级红十字会的财务应专户专账独立核算，建立健全经费审查和监督制度，每年向理事会作年度财务报告，接受同级人民政府财政和审计部门的监督检查。

红十字会合并、分立、解散和撤销，其财产应按有关法律、法规办理。

第十四条 对依法标有红十字标志的车辆，免征养路费、过渡费、过路费、过桥费和立交桥建设费等费用。

在自然灾害和突发事件中，执行救灾、救护任务并标有红十字标志的人员、物资和交通工具应当优先通行。

第十五条 对在红十字事业中做出突出贡献或显著成绩的单位、工作人员、会员、志愿工作者和社会各界人士，各级红十字会应当给予表彰和奖励，也可由同级红十字会申报同级人民政府给予表彰和奖励。

第十六条 严禁滥用红十字标志。对滥用红十字标志的单位和个人，按照《中华人民共和国红十字标志使用办法》的有关规定处理。

第十七条 任何组织和个人不得拒绝、阻碍红十字会工作人员依法履行职责。对阻碍红十字会工作人员依法履行职责的，红十字会有权提请有关部门依法予以处理。

在自然灾害和突发事件中，阻碍红十字会工作人员依法履行职责的，按照有关法律、法规处理；构成犯罪的，依法追究刑事责任。

第十八条 任何组织和个人不得侵占、截留、挪用红十字会的财产和经费。

违反前款规定的，由当地人民政府责令限期退还，对直接责任人员由所在单位或有关部门按有关规定给予处分；构成犯罪的，依法追究刑事责任。

第十九条 红十字会工作人员违反本办法有关规定，滥用职权、徇私舞弊、玩忽职守、索贿受贿、贪污挪用救灾款物的，由有关部门按有关规定给予处分；构成犯罪的，依法追究刑事责任。

第二十条 本办法自2000年7月1日起施行。

贵州省红十字会

【历史沿革】

贵州省红十字会前身是中国红十字会贵阳分会，于1917年5月在贵阳市慈善巷38号成立。理事由9人组成，张彭年、熊静安先后任会长，孟翼卿、乔筱衢先后任理事长；姚廷荣、孟翼卿先后任副会长。内设储计、防灾、救济、慈善及国际等股，有正式会员36人。新中国成立后，1956年10月9日，贵州省人民委员会通知贵阳市人民委员会，同意建立贵阳市红十字会，编制4人，与贵阳市卫生局合署办公。1956年12月29日，贵阳市红十字会成立，选举贺培真、张宝元、秦克夫等37人为常务委员，余捷为秘书长。“文化大革命”期间，红十字会停止工作。

1984年7月，经贵州省编制委员会批准，贵州省红十字会建立，与贵州省卫生厅合署办公。

1986年6月11日，贵州省红十字会第一次全省会员代表大会在贵阳市召开，选举理事16人，常务理事7人，贵州省人民政府副省长张玉芹任会长。

1994年7月12至13日，贵州省红十字会第二次全省会员代表大会召开，张玉芹继任会长。1996年下半年以后，因工作变动，龚贤永、马文骏先后当选为会长。

2000年12月29日，贵州省编制委员会下发了《关于理顺贵州省红十字会管理体制的通知》，明确贵州省红十字会由省政府领导联系，机关党的工作由省直工委领导，干部按省委组织部有关规定管理，列入参照试行国家公务员制度，经费单列。

2001年7月26日，中共贵州省委、省人民政府批准省红十字会为直属省政府领导的副厅级独立机构，事业编制16人，内设办公室、业务一处、业务二处。

2002年10月，重组后的贵州省红十字会顺利完成了机关机构改革。

2003年12月29日，贵州省红十字会第三次全省会员代表大会在贵阳市召开。会议聘请中共贵州省委书记钱运录，省委副书记、省长石秀诗为名誉会长，贵州省人大常委会副主任司徒桂美、省政协副主席李嘉琥为名誉副会长，贵州省副省长刘鸿庥当选为会长，罗治雄当选为常务副会长。

2004年5月28日，贵州省第十届人民代表大会常务委员会第八次会议通过《贵州省红十字会条例》，当日，省十届人大常委会发布颁布施行第二号公告，《条例》自2004年7月1日起施行。

2004年10月29日，中共贵州省委批准成立中共贵州省红十字会党组。罗治雄任党组书记。

贵州省红十字会历次代表大会一览表

届次	日期	代表人数	理事人数	常务理事人数	名誉会长	会长	常务副会长
第一届	1986.6.11	30	16	7	王振江 袁家玑	张玉芹	赵 松
第二届	1994.7.13	100	41	7	刘方仁 陈仕能 吴亦侠 钱运录	张玉芹 龚贤永 马文骏	赵 松
第三届	2003.12.29	195	75	21	钱运录 石秀诗	刘鸿庥	罗治雄

【组织机构】

贵州省红十字会现有基层组织3141个，会员47.5万人（其中青少年会员18.7万人）。

贵州省红十字会内设办公室、业务一处、业务二处三个职能处室，下辖贵州省红十字会救护培训指导中心、中国造血干细胞捐献者资料库贵州省分库管理中心2个正处级直属事业单位。

根据《中华人民共和国红十字会法》和中国红十字会总会《理顺管理体制座谈会纪要》精神，2000年12月29日，贵州省编制委员会下发了《关于理顺贵州省红十字会管理体制的通知》，同意将贵州省红十字会改由省政府领导直接联系，机关党的工作由省直工委领导，干部按省委组织部有关规定管理，列入参照试行国家公务员制度，经费单列。2001年7月26日，省委、省人民政府批准省红十字会为直属省政府领导的副厅级独立机构，事业编制16人。目前全省有4个市、州、地红十字会理顺了管理体制，分别为：贵阳市红十字会、安顺市红十字会、六盘水市红十字会、黔西南州红十字会。

贵州省红十字会市、州、地红十字会名单：贵阳市红十字会、遵义市红十字会、安顺市红十字会、六盘水市红十字会、黔南州红十字会、黔东南州红十字会、黔西南州红十字会、毕节地区红十字会、铜仁地区红十字会

【相关法规】

2004年5月28日，贵州省第十届人民代表大会常务委员会第八次会议通过《贵州省红十字会条例》，当日，省十届人大常委会发布颁布施行第二号公告，《条例》自2004年7月1日起施行。

【大型项目】

1. 1998年，“三江流域”特大洪涝灾害期间，贵州省红十字会争取到社会各界捐款捐物共计558.375万元，支援了湖北、江西、安徽、黑龙江、吉林等省重灾区。

2. 1999年，贵州省红十字会邀请美国亚洲医疗服务中心医疗队狄波娜·罗等一行5人赴贵州省平塘县进行了为期5天的义诊，共诊治病人120名，赠送了价值6万元的药品。

3. 2000 年，经美国驻成都领事馆牵线搭桥，美国心联心组织资助贵州省毕节、遵义、黔东南、黔南的 4 家医院部分医疗器械、药品和医用材料，折合人民币 500 余万元。

4. 2002 年 6 月，台湾红十字组织李鸣皋先生到贵州省黔东南考察工作，促成台湾全球人寿公司对都匀市阳和乡光荣村小学 123 名学生给予每人每年 170 元的学费资助，并对其中 45 名特困生另给每人每月 85 元的生活补助，直至小学毕业。

5. 2002 年 12 月，贵州省红十字会专门筹集价值 10 多万元的衣物、食品在贵阳市云岩区普陀办事处开展慰问活动，救助了该办事处 5 个社区的 619 个贫困户。

6. 2003 年“非典”期间，贵州省红十字会开展了“关爱生命、让心靠拢、抗击非典”短信捐赠活动，收到社会各界捐款 9. 401 万元。

7. 2004 年，贵州省红十字会争取到香港特别行政区红十字会的支持，为贵州省黔东南和铜仁两地提供 60 万元资金，开展了“中国红十字会总会与香港特别行政区红十字会无偿献血宣传及推动项目”。

8. 2004 年，贵州省红十字会宣传和动员沃尔玛公司捐款 20 万元，在贵阳市云岩、南明两个城区建立 5 个社区服务站。

9. 2004 年，贵州省红十字会与国际奥比斯组织建立项目合作关系，通过项目合作，国际奥比斯首期无偿提供 238 万元人民币在贵州省黔东南自治州建立防盲治盲机构。

【主要特色】

1. 利用“中国红十字会重要历史活动地”的优势宣传红十字精神。

贵州省贵阳市森林公园图云关是中国红十字会百年历程中 4 个重要历史活动地之一，1938 年 10 月，中国红十字会救护总队由长沙、祁阳迁至贵阳。当时，由波兰、奥地利、美国、捷克等 9 个国家组成的一支国际援华医疗队为了世界和平，为了中国的解放事业，为了打击日本侵略者，自愿来到了生活艰苦的贵阳市图云关红十字会救护总队，他们为中国抗战做出了巨大的贡献，有的甚至献出了宝贵的生命。1943 年，侵华日军在广西使用细菌弹，英国援华队的女医生高田宜（中国名）以自己的身体做试验注射防疫针，不幸中毒，牺牲在此。为了纪念这些国际友人的丰功伟绩及为中国革命事业而以身殉职的英国女医生高田宜，在贵阳市人民政府及广大海内外侨胞、爱国人士的大力倡导和协助下，人们用白色的大理石在绿树环抱的浮翠阁附近建造了“国际援华医疗队纪念碑”和“英国女医生高田宜之墓碑”。贵州省红十字会充分利用这一历史活动地，通过开展庆祝“中国红十字会建会 100 周年”大型庆典、红十字青少年夏令营、新会员集体入会宣誓仪式等丰富多彩的活动，宣传红十字会“人道、博爱、奉献”的精神，取得了较好的社会反响。

2. 初级救护培训成绩突出。

开展初级救护培训是红十字会法赋予各级红十字会的重要职责。2003 年，贵州省红十字会联合省卫生厅、省公安厅等 15 家单位共同制定了《关于深入开展群众性现场救护培训工作的意见》，贵州省政府办公厅以“黔府办发〔2003〕47 号”文件批转全省各地。在实行“统一教学计划、统一教材、统一质量标准、统一考核发证”的基础上，省红十字会还提出统一收费标准的要求，并与省物价局、省财政厅等部门协商，规范了全省卫生救护培训的收费标准。同年，贵州省大红十字会成立了救护培训指导中心，对全省的初级救护培训工作进行统筹和安排。目前，省红十字会已在全省5个市（州、地）建立了18个培训站，逐步形成了省、市（州、地）、县（市、区）三级培训网络，现已培训专、兼职救护培训师资370人。贵州省交通、电力、消防、教育等7个行业和系统共有近10万人接受了初级救护培训，并通过考核取得了“贵州省红十字救护员”资格证书。与此同时，省红十字会还对78个社区近2万居民和30所学校近4万名学生进行了初级救护知识普及培训，取得了良好的社会反响。

【显著业绩】

1. 1994年以来，贵州省先后有贵阳、遵义、安顺三个城市荣获全国无偿献血先进城市奖。

2. 2003年2月，贵州省红十字会和省卫生厅对在无偿献血工作中做出贡献的474个先进集体、28户先进家庭、921名先进个人进行了表彰。

3. 2003年8月，贵州省护理学会理事长苏雅香荣获第39届南丁格尔奖，这是贵州省首次获得南丁格尔奖。

4. 2004年，贵阳市红十字会被中国红十字会总会、国家人事部评为“全国红十字会系统先进集体”。

5. 2004年，贵州省红十字会与省人事厅联合发文，首次对全省10个先进集体和20名先进个人进行了表彰。

【年度工作】

一、2004年

2004年，贵州省各级红十字会会在中共贵州省委、省政府的领导下，在中国红十字会总会的指导下，在社会各界的关心支持下，以邓小平理论和“三个代表”重要思想为指导，以科学发展观统领全省红十字会工作，坚持“依法建会、依法治会、依法兴会”的工作方针，认真履行各项职责，不断开拓工作领域，充分发挥人道主义社会救助团体的作用，全面落实贵州省红十字会第三次会员代表大会各项决议，借助中国红十字会成立100周年的东风，在全社会积极开展了红十字会法、《贵州省红十字会条例》和红十字知识的宣传普及工作；在高危职业人群中开展了卫生救护技能培训；积极筹措救灾物资，救助受灾群众和社会弱势人群；积极开展红十字青少年活动等做了大量工作，为贵州省经济建设和社会进步做出了积极的贡献。

（一）法规和组织建设进一步加强

1. 法规建设取得突破性进展。“依法建会、依法治会、依法兴会”是贵州省红十字会工作的主导方针，为有利于全省各级红十字会依法履行职责，省红十字会十分重视红十字事业的法规建设工作。在贵州省人大、省政府及有关部门的高度重视和大力支持下，2004年5月28日，《贵州省红十字会条例》经贵州省人民代表大会常务委员会第八次会议通过，2004年7月1日起施行。该“条例”的颁布施行，顺应了新时期红十字事业的发展需要，为贵州省红十字会事业的发展提供了法律保障，对规范全省红十字会的各项工作，维护红十字会的合法权益，保障人道主义救助活动的顺利开展，促进全省红十字事业健康发展具有十分重要的现实意义，标志贵州省红十字事业在依法建会、依法治会和依法兴会的法制轨道上迈出了重要的一步。

2. 组织建设明显加强，为红十字会事业发展提供了保证。在大力推进理顺管理体制的同时，贵州省红十字会十分重视组织建设。在中共贵州省委、省政府领导的关心和支持下，2004 年 10 月，经中共贵州省委批准成立了中共贵州省红十字会党组。真正意义独立后的省红十字会，按职能分工进行了处室设置，建立健全了各项规章制度，实行了处室目标管理责任制，办公条件明显改善，干部职工精神面貌焕然一新，事业发展合力明显增强。各市、州、地红十字会依法加强基层组织和会员、志愿工作者队伍建设，健全各项规章制度，使红十字会工作向着制度化、规范化的方向发展。基层组织不断发展和壮大，到目前为止，全省已有地方和行业红十字会 100 个，基层红十字会组织 3141 个，会员近 50 万人。

（二）宣传工作卓有成效，营造了良好的舆论氛围

为扩大红十字会的社会影响，使全社会对红十字事业有更多的关心、帮助和支持，贵州省各级红十字会十分重视和加强宣传工作。一年来，全省各级红十字会紧紧抓住中国红十字会建会 100 周年、《贵州省红十字会条例》颁布施行的有利时机，在全省范围内除经常性的宣传活动外，组织开展了一些规模大、范围广、内容充实、形式多样、各有特色的宣传活动，充分利用各种宣传工具，深入宣传《中华人民共和国红十字会法》、《贵州省红十字会条例》，在全社会弘扬了红十字精神，红十字的宗旨、性质、作用逐步深入人心。红十字运动被越来越多的人们所了解、接受并积极参与到人道主义活动中来。

（三）依法规范和推进各项业务工作

1. 备灾救灾工作。在总结以往贵州省救灾工作经验的基础上，省红十字会加强了备灾和救灾工作的制度建设，先后印发了《关于认真做好 2004 年水灾救助工作的通知》、《关于做好 2004 年国家彩票公益金备灾救灾项目物资分配管理的通知》等规范性文件，对全省红十字会干部进行了备灾救灾工作全员培训。省红十字会发出了救助 2004 年洪涝灾害的呼吁，积极争取到中国红十字会总会和香港特别行政区红十字会、上海市红十字会、北京市红十字会等红十字会的大力援助。省红十字会在市中心栢顿酒店、沃尔玛商场设立了募捐箱，有效地拓宽了救灾款物的来源渠道。同时，全省各级红十字组织积极开展了“红十字博爱送万家活动”。2004 年 1 月 10 日，贵州省红十字会在贵阳市人民广场举行了“红十字博爱送万家活动”启动仪式。中国红十字会副会长孙爱明、贵州省人大常委会副主任司徒桂美、贵州省副省长刘鸿庥、省政协副主席李嘉琥等领导出席了启动仪式。这次活动将募集的价值 60 万元的慰问物资捐赠给 3000 户困难家庭，受益人口达 1.2 万人。

2. 卫生救护培训工作。2003 年，贵州省人民政府办公厅转发了省红十字会等部门和单位关于深入开展群众性救护培训工作的意见，启动了全省的卫生救护培训工作。在贵州省政府、省编办和有关部门的大力支持下，贵州省红十字会救护培训指导中心成立，使群众性卫生救护培训工作既有组织机构保障，又能落到实处。省红十字会还争取到省财政、物价部门的支持，确定了卫生救护培训范围和收费标准。逐步建立起省、市（州、地）、县（市、区）三级培训网络，

到2004年底，贵州全省5个市（州、地）建立了18个培训站。通过中国红十字会总会彩票公益金救护师资培训项目，共培训专、兼职救护师资276人，建立了一支较稳定的救护师资队伍，为全省开展普及救护培训奠定了基础。全省机动车驾驶员、电力、教育、消防等7个行业和系统的近10万人接受了救护培训并取得了救护培训合格证和红十字会救护员资格证书。有78个社区的近2万名社区居民和30所学校的近4万名学生进行了有关心肺复苏、骨折固定、伤口止血等项目的培训，取得了较好的社会效果。

3. 社区红十字服务工作。为充分发挥红十字会救灾、救护、救助等人道主义服务作用，把红十字关爱送进社区，2003年6月，贵州省红十字会与省民政厅联合下发了《关于开展社区红十字服务工作的通知》，2004年5月，贵州省红十字会与省民政厅又联合下发了《贵州省社区红十字服务示范活动实施方案的通知》，为贵州省开展红十字服务进社区提供了具有操作性的方案，为红十字社区工作的蓬勃开展打下良好的基础。2004年5月，贵州省红十字会接受沃尔玛公司20万元捐赠，在贵阳市云岩、南明两个城区建立5个社区服务站，针对社区内的孤、老、病、残等弱势群体进行帮扶，提供便民、利民、助民的服务，以提高社区群众的生活质量，在扶危济困、救助弱势群体方面做出了突出成绩，受到中国红十字会总会领导的肯定。

4. 无偿献血工作。贵州省各级红十字会依法协助政府和卫生行政部门推动无偿献血工作。2004年，省红十字会在首个“世界献血日”期间，充分利用报纸、广播、电视等新闻媒体，广泛宣传无偿献血的重要意义，制定推动无偿献血工作的具体实施办法，采取多种形式举办了“无偿献血献爱心”活动，有效地推动了无偿献血工作的开展。全省9个市、州、地实现了临床用血100%来自无偿献血的目标，有效地保障了医疗用血的需要和安全。

5. 红十字青少年工作。为了更好地在青少年中普及红十字知识，2004年，贵州省红十字会与省教育厅联合下发了《关于进一步推进学校红十字会工作的意见的通知》。全省各市、州、地红十字会根据实际，因地制宜地开展了丰富多彩的红十字活动，不仅丰富了学生的第二课堂，更提高了他们的思想素质和品德修养，弘扬了“人道、博爱、奉献”的红十字精神，在关爱人的生命健康、倡导文明的生活方式、提高社会公德意识等方面发挥了积极作用。

二、2005年上半年

（一）积极深入灾区解忧难，救灾备灾工作成效明显

入夏以来，贵州省出现大范围持续灾害性天气，造成83个县（市、区）不同程度遭受干旱、洪涝、风雹等自然灾害。灾情发生后，省红十字会在第一时间做出快速反应，先后6次组织11个工作组深入到松桃、清镇、镇宁、织金、纳雍、汇川、六枝、镇远、望谟、平塘、关岭、万山等9个地区25个县（市、区）的39个受灾点，考察灾情、慰问受灾群众。在掌握第一手资料后，积极发起呼吁，通过向中国红十字会总会和各有关省（区）红十字会求援，并利用“省红十字会网站”、《中国红十字报》等多种渠道及时向社会通报了贵州省的受灾情况，呼吁社会救助。在此期间，共发出相关

文稿20多份、图片100多张，收到了较好的动员宣传效果。目前，贵州省已被中国红十字会总会列为全国重点救助省份，并已争取到红十字会与红新月会国际联合会、美国驻华使馆、中国红十字会总会、香港和天津、青岛红十字会及部分社会人士的支持，已募集到救助款物价值人民币330余万元，后续的救灾款物还在筹措之中。在争取外援的同时，贵州省红十字会及时向省内受灾地区发送了6批救助物资，先后组织了11个工作组到9个地（州、市）的30余个受灾点慰问了灾民。目前，省红十字会已在灾区发放了大米81吨、衣物2640套（件）、棉被2620床、净水剂369箱、消毒剂300箱、帐篷5顶、现金10余万元共价值116万元的救助款物，深受灾区群众的赞誉。

（二）“红十字关爱进社区”活动进一步深入

贵州省红十字会坚持把关爱人的生命和健康，为孤、老、病、残、困等弱势群体解决实际困难作为义不容辞的职责，扎根基层，广泛开展了“红十字关爱进社区”活动。6月14日，贵州省红十字会全体机关干部职工在蟠桃宫社区举行了“做时代先锋、让群众满意，机关干部‘一帮一’博爱助学活动”启动仪式，机关18名干部职工每人拿出近500元的工资，购买了书包和学习用具会同下一学年的学费一并送到19名贫困中小学生手中，同时还与受助学生建立了“博爱助学结对卡”，确保结对资助长期坚持。8月19日，省红十字会与省红十字会医院在省府大院隆重举行了“红十字关爱进社区——送医送药献真情活动”启动仪式，向贵阳市两城区12个社区1000名困难群众赠送了价值50万元的“爱心救助卡”。与此同时，省红十字会还积极推进红十字示范社区建设，在贵阳市五个沃尔玛红十字社区分别建立了“红十字社区服务站”，为社区内生活不便利的老、弱、病、残人员直接提供购物或各种志愿服务活动，深受各社区群众欢迎。

（三）卫生救护培训卓有成效

贵州省红十字会在全面加强救护师资队伍建设、积极着手“贵州省红十字救护总队”筹建的基础上，严格按照“四统一”（即统一教学计划、统一教材、统一质量标准、统一考核发证）的要求，大力推进救护培训工作。目前，全省9个市、州、地均建立了培训站，46个教学组在开展培训工作，已初步形成省、地、县三级救护培训网络。至7月底，全省各级红十字会共举办初级救护培训班820余期，培训初级救护员12万余名，在社区、学校、医院、部队等单位或行业进行初级救护知识讲座20余次，普及面达3万余人。有效提高了广大群众对卫生救护、灾害预防、紧急避险、家居安全等基本常识的认知和了解。2005年以来，贵州省救护培训工作受到中国红十字会总会的肯定，河北、湖南、云南、广东、浙江等省红十字会先后到贵州省红十字会现场参观学习。

（四）启动“生命银行”工程，首例造血干细胞成功捐献

2005年年初，贵州省红十字会启动了“中国造血干细胞捐献者资料库贵州省管理中心”的工作，5月23日，造血干细胞志愿捐献者、贵州省水利电力学校学生白学友在成都市顺利地捐献了造血干细胞，并移植到成都市一位患者体内，实现了贵州省造血干细胞的首例捐献。6月8日，贵州省红十

字会举办了有200余人参加的造血干细胞捐献知识讲座，并通过电视向社会进行了宣传，在社会上引起了广泛关注和强烈反响。目前，贵州省红十字会已组织了6次采集造血干细胞活动，采集血样900余例，入库500例。

（五）红十字青少年工作有新进展

为深入贯彻落实中国红十字会总会、教育部联合下发的《关于进一步推进学校红十字会工作的意见》及《学校红十字会工作规则》等文件精神，贵州省红十字会坚持把学校红十字会作为推进红十字青少年工作的关键，通过与省教育厅多次协商，初步拟定了《关于进一步加强全省学校红十字会工作的实施意见》（草案），进一步明确了贵州省学校红十字工作的基本思路、目标任务及具体要求。同时，积极做好“贵州省红十字会学校工作委员会”的筹建工作，努力为全省学校红十字事业的长足发展打基础、创条件。7月20至23日，贵州省红十字会在贵阳花溪青少年活动中心举办了全省首届“关爱生命，红十字青少年素质培训夏令营”活动。各市、州、地精心选送的优秀红十字青少年通过学习国际红十字运动基本知识、进行初级卫生救护培训、参观中国红十字会救护总队图云关旧址和省血液中心、参加知识竞赛及文艺体育比赛，使青少年提高了对红十字会的认识和了解，培养了青少年人道、博爱、奉献的精神。得到了中国红十字会总会和天狮集团的“天狮助学计划”项目，获得首批捐资20万元，并于7月15日在遵义市务川县濯水镇五一小学举行了“天狮集团·遵义博爱小学捐赠启动暨奠基仪式”。贵阳市红十字会与市教育局成立了“贵阳市红十字会学校工作委员会”，先后有41所中小学校建立了学校红十字会。铜仁德江县红十字会积极建设学校红十字会基层组织，学校建会率达90%以上。贵州省红十字会还在建立了红十字会的贵阳医学院、中医学院、贵州大学开展了红十字博爱助学活动，为这些学校的困难大学生解决了部分学习和生活费用。这些学校也充分利用红十字会特有的资源优势，广泛传播有关先进文化、心理健康、青春期教育、艾滋病预防、远离毒品、无偿献血、捐献造血干细胞等知识，并组织开展了敬老助残、尊老爱幼、救死扶伤、扶危济困、捐资助学等活动，深受广大师生的好评。

（六）掀起宣传红十字法规的新高潮

贵州省红十字会始终坚持依法建会、依法治会、依法兴会，深入学习和贯彻落实红十字会法和“条例”，并按照国家“四五”、“五五”普法规划和《中国红十字会2001—2005法制宣传教育规划》的要求，及时拟定了有关方案，并认真做好普法验收准备工作。全省各级红十字会利用“五八”世界红十字日的有利时机，借助大众传媒、社区红十字宣传栏、简报等载体，加大了红十字法律法规的宣传力度。省红十字会还多方筹资，积极协调，于5月8日顺利开通了贵州省红十字会网站，同时在网站上增设了红十字法律法规宣传专栏，为传播红十字法律法规知识开通了新的渠道。结合“条例”颁布施行一周年，省红十字会于7月1日在《贵州商报》设置专版，在全省范围内举办了“纪念《贵州省红十字会条例》颁布一周年红十字运动基本知识竞赛”活动，全省各基层组织、红十字会会员及志愿者掀起了“一法一条例”的学习、宣传高潮。

（七）开展为印度洋海啸灾区的国际人

道主义救援工作

2004 年 12 月 26 日，印度洋海啸引发重大灾难后，贵州省红十字会积极响应中国红十字会总会的号召，向全省发出紧急募捐呼吁，并开通捐赠热线电话，公布募捐账号，设置募捐站（点）和流动捐赠车，实行 24 小时值班。在政府的支持和新闻媒体的积极配合下，各级红十字会掀起了全省有史以来最大一次国际人道主义援助募捐活动。通过及时、有效、适度的募捐工作，共募集并上交捐款 329 万元，为印度洋海啸地震灾区的紧急救援和灾后重建工作做出了贡献。

（八）无偿献血工作稳步前进

为推进无偿献血工作的开展，贵州省各级红十字会坚持一手抓服务，一手抓宣传。一方面，积极着手“贵州省红十字志愿者协会”、“无偿献血者联谊会”等组织的筹建工作，为红十字工作和红十字志愿者队伍的发展及无偿献血工作的不断拓展奠定基础。另一方面，各级红十字会以纪念“世界献血者日”活动为契机，坚持深入动员、带头捐献、热情服务、广泛宣传，积极开展“五个一活动”，即召开一次座谈会、设立一个宣传站、组织一次干细胞 HLA 分型检测、举办一次知识讲座、带头献一次血。6 月 14 日是“世界献血者日”，省红十字会组织全省无偿献血的代表近 150 人召开了“纪念‘世界无偿献血者日’座谈会”，同时还安排红十字信息传播员到贵阳中医学院、贵阳医学院等高校及社区进行了有关知识讲座 7 次，使 3000 余人了解了“红十字基础知识暨无偿献血、造血干细胞捐献知识”；各级红十字会共设置服务宣传站（点）15 个，先后向人民群众发放有关宣传资料 8 万余份，直接解答群众关于无偿献血、捐献造血干细胞等咨询数百人次；贵州省红十字会、遵义及六盘水市红十字会的干部职工还带头献血、抽取了造血干细胞血样。与此同时，省内外 20 余家大众媒体进行了及时宣传、同步报道，达到了较好的宣传效果。

（文可可）

附录：

贵州省红十字会条例

（2004 年 5 月 28 日贵州省第十届人民代表大会常务委员会第八次会议通过）

第一条 为了保护人的生命和健康，促进红十字事业的发展，保障红十字会依法履行职责，根据《中华人民共和国红十字会法》和有关法律、法规的规定，结合本省实际，制定本条例。

第二条 红十字会是从事人道主义工作的社会救助团体，按照《中国红十字会章程》，依法独立自主地开展工作。

第三条 县级以上按照行政区域建立红十字会，依法取得社会团体法人资格，并配备专职工作人员。

全省性行业可以建立行业红十字会，依法取得社会团体法人资格；乡（镇）、街道、社区、机关、团体、企业、事业单位可以建立红十字会基层组织。

上级红十字会指导下级红十字会工作。行业红十字会接受省红十字会指导。

第四条 县级以上人民政府应当对红十

字会给予扶持和资助，保障红十字会依法履行职责，并对其活动进行监督。

有关部门根据各自职责，支持红十字会开展人道主义救助活动。

第五条 县级以上红十字会根据独立、平等、互相尊重的原则，在中国红十字会总会的指导下，发展同国内外红十字会和红新月会的友好合作关系；加强同香港、澳门特别行政区红十字会和台湾地区红十字组织之间的往来。

第六条 公民、法人及其他组织承认《中国红十字会章程》并缴纳会费的，可以自愿参加红十字会，成为红十字会的个人会员或者团体会员。

热心人道主义事业并志愿协助红十字会工作的社会各界人士，可以成为红十字会的志愿工作者。

第七条 红十字会理事会由会员代表大会民主选举产生。理事会民主选举会长和副会长。

红十字会的理事会可以聘请名誉会长和名誉副会长。

第八条 红十字会依法开展下列工作：

（一）宣传、贯彻《中华人民共和国红十字会法》及有关法律、法规；

（二）开展经常性的救灾准备工作、社会募捐和筹措救灾款物；在自然灾害和突发事件中，对伤病人员和其他需要帮助的人员进行救助；

（三）普及卫生救护和防病治病知识，开展初级卫生救护培训，组织群众参加现场救护；

（四）参与输血献血工作，推动无偿献血；开展造血干细胞（骨髓）、器官、遗体自愿捐献的宣传、动员和有关资料数据的储存、检索工作；

（五）对青少年进行人道主义及健康知识的宣传教育，开展红十字青少年活动；

（六）组织红十字医疗机构开展义诊、卫生救护等活动；

（七）在中国红十字会总会的指导下，参与国际人道主义救援工作；

（八）组织会员、志愿工作者开展社区服务活动和其他人道主义工作；

（九）完成同级人民政府和上级红十字会委托的其他事宜。

第九条 县级以上人民政府对红十字会兴办的与其宗旨相符的社会福利事业，应当给予扶持。

县级以上红十字会兴办的与其宗旨相符的社会福利事业，按照国家有关规定享受优惠待遇。

第十条 县级以上红十字会可以按照国家有关规定和本行政区域卫生发展规划，开办与其宗旨相符的红十字会医院、急救中心（站），从事人道主义医疗救护工作。

第十一条 以红十字命名、冠名的，应当向县级以上红十字会提出申请，按照规定程序批准后，依法使用红十字标志和名称。

第十二条 红十字会经费的主要来源：

（一）会员缴纳的会费；

（二）接受国内外组织和个人捐赠的款物；

（三）动产和不动产的收入；

（四）人民政府的拨款。

第十三条 红十字会接受国外、境外组织或者个人捐赠的物资，应当按照国家有关规定办理通关手续。海关、检验检疫部门按规定给予通关便捷，民航、铁路、公路、航运等部门应当积极配合。

第十四条 红十字会在处分捐赠物资时，应当尊重捐赠者的意愿。经捐赠者同意和相关部门批准，可以对捐赠物资进行变卖、义卖，变卖、义卖所得用于捐赠目的。

第十五条 红十字会接受捐赠物资，捐赠人可以与其就捐赠物资的种类、质量、数量和用途等内容签订捐赠协议，红十字会按照捐赠协议约定的期限和方式，接受捐赠物资。

第十六条 红十字会可以按照法律、法规和其他有关规定筹集红十字救助资金，全部用于发展红十字事业。

第十七条 红十字会应当建立经费收支、财务管理、社会福利事业财务活动及捐赠款物专项账目的审查监督制度，每年向理事会报告执行情况，并接受人民政府的检查监督。

第十八条 红十字会的财产和其他合法权益受法律保护，任何组织和个人不得侵犯。

第十九条 红十字会在执行紧急救灾、救助、救护任务时，依法标有红十字标志的救援人员、物资和交通工具可以优先通行，经交通行政主管部门审核，通过收费公路、桥梁时免交车辆通行费。

第二十条 任何组织和个人不得拒绝、阻碍红十字会工作人员依法履行职责。

第二十一条 红十字会及其工作人员违反本条例规定，侵占、截留、挪用、私分捐赠款物以及不正确履行职责或者严重不负责任造成较大经济损失，尚未构成犯罪的，依据有关规定给予相应处分。

第二十二条 违反本条例第十一条规定，非法使用红十字标志和名称的，红十字会有权要求其停止使用；拒绝停止使用的，按照有关法律、法规的规定予以处理。

第二十三条 本条例自2004年7月1日起施行。

云南省红十字会

【历史沿革】

据有关史料记载，云南省红十字会最迟创建于1914年，是中国红十字会较早的几个省级分会之一。新中国成立前，云南省红十字会员工及义工在极其艰难的社会条件下和随时都有可能献出生命的危险环境中，竭力筹募资金，冒着枪林弹雨开展战地救护，奔走于城乡灾区救助灾民，穿行于市井里巷施医赈济穷苦，履行人道主义使命。1925年3月，大理地震，红十字会救护队打着旗帜前往救助，途中民众亦为义举而捐款且沿途护送。抗日战争时期，云南省红十字会募集并接受了大批国际救援款物，救济难民，支援抗战。其间，日机轰炸昆明数十次，红十字救护队均全责救护被炸伤军民。

新中国成立后，作为新改组的中国红十字会的地方组织，云南省红十字会由卫生部门直接领导和联系，以协助人民政府，面向人民大众，宣传并开展防疫、卫生、医药及救济福利事业为主要工作，曾组织“国际医防服务队”赴朝鲜开展战场救护；应老挝政府请求，连续10年组派医疗队赴老挝丰沙里省开展传染病的防治工作。1966年“文化大革命”发生后，云南省红十字会组织瘫痪，工作停顿。1978年12月，中国共产党十一届三中全会召开，标志着我国进入了改革开放的全新历史时期。各条战线拨乱反正，云南省红十字会组织也随之重建并恢复工作，走上了逐步发展壮大的希望之路。1990年3月29日至31日，云南省红十字会第一次全省会员代表大会在昆明召开，会议选出了以副省长陈立英为会长的新的领导机构，讨论了《云南省红十字会1990年工作计划》和《云南省红十字会1990—1994年工作规划提要》，通过了《云南省红十字会关于贯彻〈中国红十字会章程〉的实施细则》。这次代表大会的召开标志着云南省红十字事业的发展进入了一个新的历史阶段。1993年10月《中华人民共和国红十字会法》、1996年1月《中华人民共和国红十字标志使用办法》和1996年7月《云南省红十字会条例》的颁布实施，使红十字事业走上了法制化建设的轨道。1994年9月20日至22日，云南省红十字会第二次全省会员代表大会在昆明召开，会议聘请省长和志强为云南省红十字会名誉会长，选举产生了云南省红十字会第二届理事会及领导集体，云南省副省长陈立英再次当选云南省红十字会会长，大会审议通过了《云南省红十字会1995—1999年工作规划提要》，讨论修订了《云南红十字会关于贯彻〈中国红十字会章程〉的实施细则》。2002年7月23日至24日，云南省红十字会第三次全省会员代表大会在昆明召开，中共云南省委书记白恩培出席开幕式并发表讲话，中国红十字会常务副会长王立忠代表中国红十字会会长彭珮云及中国红十字会总会莅临指导并讲话，大会聘请中共云南省委书记白恩培为云南省红十字会名誉会长，选举产生了云南省红十字会第三届理事会和常务理事会，云南省副省长陈勋儒当选为云南省红十字会会长。大会审议并原则通过了《云南红十字会实施〈中国红十字会章程〉细则》和《云南省红十字会2002—2006年工作规划纲要》。这次大会是一次具有重要意义的大会，是一次承前启后、继往开来、解放思想、振奋精神、与时俱进的大会。

云南省红十字会历次代表大会一览表

届次	日期	代表人数	理事人数	常务理事	名誉会长	会长	常务副会长
第一次	1990年3月29日	—	—	9	-	陈立英	舒自尧
第二次	1994年9月20日	—	—	15	和志强	陈立英	舒自尧
第三次	2002年7月23日	800	55	11	白恩培	陈勋儒	詹海峰

【组织机构】

截至2004年底，云南省红十字会拥有基层组织2340个，会员86.45万人（其中青少年会员20万人），志愿工作者3000人。在高等院校和医疗系统分别建立了红十字工作委员会。

根据《中华人民共和国红十字会法》、中国红十字会总会《理顺管理体制座谈会纪要》精神，1998年云南省红十字会实现机构独立建制，2001年3月成立了中共云南省红十字会党组，2003年3月成立了云南省红十字会机关党委。依据云南省编委

2002 年 10 月 15 日印发的《云南省红十字会机关主要职责、内设机构和人员编制方案》（简称“三定”方案），云南省红十字会实施机关机构改革，内设二室、三部（办公室、机关党委办公室、赈济救护部、事业发展部、联络部），编制 24 名，在编 25 人，参照国家公务员管理；省红十字会下辖云南省红十字备灾救灾中心（编制 21 名）、云南红十字老年公寓（编制 15 名）、中国造血干细胞捐献者资料库云南省分库（编制 7 名）3 个处级事业单位。目前，有昆明市、丽江市、德宏州、临沧市、怒江州、红河州、曲靖市等 7 个州市红十字会已经理顺了管理体制，其余 9 个州市红十字会争取在 2005 年底理顺体制。云南省各级红十字会现共有人员编制 164 名（其中 34 个县有编制共 49 名），到位 112 人；兼职干部 120 余人，聘用人员 70 余人（含临时工），初步形成了相对完整的云南省红十字会组织网络体系。

【相关法规】

1996 年 1 月 11 日，云南省人民政府下发《云南省人民政府批转省红十字会关于进一步加强红十字会工作请示的通知》。

1996 年 7 月 24 日，云南省第八届人民代表大会常务委员会第二十二次会议通过了《云南省红十字条例》。

2004 年 10 月 28 日，云南省人民政府出台《云南省人民政府关于切实加强红十字会工作的通知》。

【大型项目】

（一）1996 年 2 月 3 日，丽江地区发生 7.0 级大地震，云南省红十字会共争取国内外援助 6500 多万元（其中来自国外及香港、台湾地区的援助占 84%），完成 1700 多吨救助物资的接收和分发任务，共救助灾民 110 余万人次，并配合卫生部门组派红十字医疗队 49 支 957 人，救护伤员 28456 人。云南省红十字会在此次救灾中，开创了争取外国救援物资运输飞机首次直飞我国的先例；探索并成功实施了红十字会救灾新方法：“定点救助”。

（二）1998 年救助特大洪灾灾民。据统计，云南省各地红十字会共接收捐赠物款 435 多万元，250 余万元及时发送到受灾严重的湖北、湖南、江西、黑龙江等省灾区；其余用于救助省内重灾区灾民。

（三）2003 年，云南省灾害十分频繁，地震灾害尤为严重，大姚县“7·16”、“10·16”地震，昭通地区“11·15”、“11·26”地震。云南省红十字会全年共募捐和筹集救灾、救济款物价值人民币 807 万元，使 12 万群众受益。

（四）2004 年 7 月 4 日，云南省德宏、保山、丽江等地发生特大洪涝泥石流灾害，造成重大人员伤亡和财产损失。中共中央政治局常委、国家副主席曾庆红，中共中央政治局委员、国务院副总理回良玉在视察德宏州盈江县救灾工作时，看望了正在现场开展救助工作的中国红十字会总会及省、州红十字会工作人员，并与大家亲切交谈。曾庆红说，红十字会做了很多工作，你们救灾工作反应很快，及时把救灾物资送抵灾区人民手中，红十字会发挥了非常重要的作用。各级政府要大力支持红十字会工作。希望红十字会的同志们把工作做得更好。云南省红十字会全年共接收和募集救灾款物价值人民币 1946.17 万元，及时救助灾民。

（五）2005 年初，为救援印度洋地震海啸灾区，云南省红十字会共接收社会各界捐款1288万元，并通过中国红十字会总会及时援助了受灾国灾民。

（六）支援友邻省（市）红十字会救灾工作：1.2003年2月，支援新疆红十字会42万元，用于地震灾区购买救灾物资和恢复重建。

2.2005年8月，支援四川省红十字会10万元，用于购买救灾物资和药品。

据不完全统计，近10年来，云南省各级红十字会共募集救灾资金2亿多元，救助灾民和困难人群400余万人次，派出医疗队1100多支，免费救治42万余人次，举办卫生救护培训90余万人次，向70多万青年人传播了预防控制艾滋病的知识和相关技能，与60余个国家和地区红十字会、国际组织进行了友好交往，开展了56个造福于易受损害群体的外援合作项目，新建了12个备灾救灾中心、1座老年公寓，援助建成了23个乡镇卫生院、6所博爱小学、3个灾民新村（西双版纳州景洪市巴飘村、楚雄州武定县以赤叨村、德宏州陇川县光英村共150户）和1个博爱水厂。云南省各级红十字会以实实在在的人道行动，大力弘扬了“人道、博爱、奉献”的红十字精神，促进了云南省“三个文明”建设，受到各级党委、政府和广大人民群众称赞和好评，树立了红十字会的良好形象。

【主要特色】

（一）备灾救灾工作

云南是自然灾害多发省，具有种类多（地震、泥石流、山体滑坡、风雹、雪、凌冻、洪涝、干旱等）、分布广、频率高、危害重的特点，且抗灾能力较弱，每年受灾人口都在2000万人以上，成灾人口1000万人以上，直接经济损失达40亿元以上。自然灾害给人民的生命财产造成严重损失，已成为制约云南经济、社会发展的重要因素。因此，备灾救灾是云南省红十字会工作的重中之重。

1. 灾害救助。近10年来，云南省各级红十字会共接受援助和向社会募集款物价值2.6亿元人民币，救助灾民和困难人群420万人次，救治灾区伤病员年均45万余人次。每次灾害发生，红十字会的人员最早到达现场，救助物资也最早送到灾民手中。灾区党委、政府领导称赞说：“红十字会不仅及时送来了救灾物资，更重要的是稳定了人心，增强了灾区干部群众战胜灾害、重建家园的信心和勇气”。在抓好灾害紧急救助的同时，云南省红十字会还积极争取社会力量支持，参与灾区灾后恢复重建和扶贫工作。先后援助建成了23个乡镇卫生院、6所博爱小学、3个灾民新村（西双版纳州景洪市巴飘村、楚雄州武定县以赤叨村、德宏州陇川县光英村共150户）和1个博爱水厂。

2. 网络建设。云南省红十字会在长期的救灾活动中认识到灾害的突发性及危害性，也认识到提高灾害救助时效性和科学性的重要性和紧迫性。为此，云南省红十字会借助援助加强了备灾救灾的网络建设和能力建设。云南省红十字会争取到奥地利红十字会资助50万美元，云南省政府投资60万美元，于1996年建成了云南省红十字备灾救灾中心，之后又投资160万元建设了配套设施；1998年，云南省红十字会与香港特别行政区红十字会签订了州市备灾救灾网络建设项目协议书，总投资1764万元，其中香港特别行政区红十字会援助30%（529.3万元），地方政府配套投资70%。截至2004年，已建立起昆明、临沧、文山、迪庆、丽江、怒江、曲靖、昭通、思茅、保山、大理、楚雄（牟定）、红河等 13 个州、市备灾救灾中心，基本上形成了以云南省红十字备灾救灾中心为轴心，各地备灾救灾中心为依托的全省红十字备灾救灾网络体系。

3. 能力建设。在香港特别行政区红十字会的支持和资助下，云南省红十字会举办了多次对全省 16 个州市及 129 个县红十字会干部备灾救灾知识技能培训班、计算机知识及信息系统培训班；建成了连接全省各州、市红十字会的计算机信息网络；组织开发了红十字会灾情信息管理、救灾物资资金管理、募捐管理等相关的计算机软件和系统。为帮助基层红十字会干部做好备灾救灾工作，提高灾害多发地区群众的备灾救灾意识，云南省红十字会编印了 15 万字的《云南/香港红十字会备灾救灾培训教材》、《灾害自救互救培训手册》和《灾害群众自救互救培训挂图》，同时还建立了一支 300 余人的省、地、县三级培训师资队伍，到 2004 年底，已完成对灾害多发地区 6 万名中小学生的培训工作。

（二）艾滋病预防与关怀工作

云南地处湄公河上游，邻近世界最大的毒品生产地“金三角”，深受毒品和艾滋病的危害。自 1989 年在中缅边境地区的吸毒人群中检测出艾滋病感染者 146 例以来，截至 2004 年底，监测累计报告艾滋病感染者 28391 例，病人 1223 例，死亡 744 例，分别位居全国省区同类项的第一、三、二位。全省 16 个州市均报告有感染者。云南省艾滋病流行的严峻势态，引起了党中央、国务院和中共云南省委、省政府的高度重视，要求全民行动，打一场禁毒和防治艾滋病的人民战争。1994 年，云南省红十字会与澳大利亚红十字会合作开展了“艾滋病预防青年同伴教育项目”，建立了“艾滋病预防青年同伴教育模式”，形成了具有云南特色的“参与式”传授知识与生活技能培训并重的教育方法，建立了一支与同伴教育模式相适应的师资队伍 300 余名和 2000 人的志愿者队伍。截至 2004 年底，项目已覆盖 9 个州、市，在不同群体中举办青年同伴教育培训班 1700 余期，培训同伴教育宣传员 36000 多人，向 70 多万人传播了预防艾滋病知识和技能。青年同伴教育项目的成功，增进了云南省红十字会与澳大利亚红十字会的友谊和信任，而且吸引了包括联合国儿童基金会、艾滋病规划署、澳大利亚国际开发署、英国救助儿童会、港澳救世军等多个政府组织和非政府组织的信息、技术及相当数额的资金支持，使青年同伴教育项目不断拓展为有青年同伴教育、“爱咨家”、“阳光家园”、感染者关怀护理、感染者同伴教育、感染者生产自救互助、高危易感染人群综合干预等 7 个子项目组合成的“艾滋病预防与关怀项目”。2005 年，云南省红十字会就争取社会力量支持，组织 HIV 感染者开展生产自救进行了大胆探索。此举引起中共云南省委、省政府的高度重视。中共云南省委书记白恩培在报告上作出“思路好，做法也好，我完全支持”的重要批示。《云南日报》委派资深记者对此进行了重点报道。11 年来，云南省红十字会开展的艾滋病预防与关怀项目，共争取到资助（资金及实物）1500 余万元。云南省红十字会的做法、效果和经验，得到了中国红十字会总会以及国际社会的认可和好评。云南省红十字会先后被评为全国、全省预防控制艾滋病先进集体。青年同伴教育项目曾被联合国艾滋病规划署评选为“最佳执行项目”，在联合国南非第十三届艾滋病大会上推荐，并受到联合国秘书长安南的肯定。2005年6月，云南省红十字会被联合国艾滋病规划署授予“联合国防治艾滋病特殊贡献奖”。

（三）对外交往与合作

云南省红十字会抓住云南旅游资源丰富、建设旅游大省的机遇以及国外人士和组织造访频繁的优势，积极开展民间对外交往，努力争取援助与合作，始终坚持以友谊、诚信促合作，以规范、精品争项目，不断将云南省红十字会对外交往工作打造为“以项目促发展，以发展树形象”的一项特色工作。近10年来，云南省红十字会与60余个国家和地区红十字会、国际组织进行了友好交往，累计共争取到56个外援合作项目，援助金额累计1.2亿元人民币，各级政府配套资金5500多万元。在项目实施过程中，云南省红十字会注重学习和引进国外先进的工作模式和管理理念，坚持规范运作，力求把每一个项目都做成精品，从而形成了取信于援助方，不断争取到新项目的良性发展态势。

假肢康复项目。20世纪70年代末的中越边境自卫反击战，由于战后地雷未排除尽，在给边民造成的伤害中，肢残问题十分突出。经云南省红十字会主动争取和中国红十字会总会的协调，2003年12月，云南省红十字会与红十字国际委员会签订了假肢合作项目协议，并成立了红十字国际委员会——云南省红十字会假肢康复中心。该项目由红十字国际委员会援助240万美元，并提供技术支持，云南省政府配套60万美元，在5年内为全省符合救助条件的肢残人员免费安装假肢。该项目实施以来，已为471名肢残人员安装假腿595条和全套康复服务，受到肢残人员及其家人的欢迎，产生了良好的社会反响。当地广大干部群众称赞说，假肢康复项目使贫困肢残人员从长年需要家人服侍的“累赘”，变成了生活能自理、下田能劳动的自食其力者，项目名副其实地成为“救助一人，造福一家，稳定一方”的民心工程。国家领导人、云南省委、省人大、省政府、省政协的领导多次莅临假肢厂视察指导工作，对该项目给予充分肯定；多个国际组织代表团前来访问参观并给予好评。2004年5月，红十字国际委员会副主席让·德古登先生一行及加拿大红十字会秘书长来里·密尔斯先生一行访问云南省红十字会，认真考察了假肢康复项目。德古登先生高度称赞假肢康复项目“是国际委员会在多个国家开展的假肢矫形项目中的一个成功典范，也是红十字国际委员会与中国合作的一个成功典范”。

【显著业绩】

1996年，云南省红十字会被中共云南省委、省政府授予丽江地震“抗震救灾先进集体”。

1999年，云南省红十字会被中国红十字会总会授予’98“抗洪抗震救灾先进集体”。

1999年，云南省艾滋病预防青年同伴教育项目，被联合国艾滋病规划署评为“最佳执行项目”。

1999年，云南省红十字会被国家卫生部、公安部、教育部、国家广电总局联合授予“全国预防与控制艾滋病、性病先进集体”。

2002年，云南省红丨字会被国家人事部、中国红十字会总会评为“全国红十字会系统先进集体”。

2003 年，云南省红十字会被云南省政府评为“‘非典’防治工作先进集体”。

2004 年，云南省红十字备灾救灾中心被国家人事部、中国红十字会总会评为“全国红十字系统先进集体”。

2005 年，云南省红十字会被联合国艾滋病规划署授予“防治艾滋病特殊贡献奖”。

2005 年，云南省红十字会被中国红十字会总会授予“印度洋海啸救援最佳组织奖”。

【年度工作】

在中共云南省委、省人民政府的大力支持下，在中国红十字会总会的指导下，云南省红十字会系统专兼职工作者、广大红十字会会员和志愿工作者围绕“以项目促发展、以发展树形象”的工作思路，以中国红十字会建会百年和中国红十字会第八次会员代表大会召开为契机，坚持以邓小平理论和“三个代表”重要思想为指导，以开创有云南特点的红十字事业为目标，以发展创新为动力，以依法建会、依法治会、依法兴会为保障，开拓进取，团结奋斗，圆满完成了2004 年的各项任务，有些工作取得了突破性的进展。

一、2004 年

（一）围绕中心，服务大局，各项业务工作取得新的成绩。一年来，云南省各级红十字会始终坚持学习贯彻“三个代表”重要思想，不断深化对科学发展观的认识。云南省红十字会执委会把全面实践“三个代表”重要思想与认真落实科学发展观有机结合起来，在提高认识、真抓实干、以人为本和为民办实事上下功夫，在改进作风上求实效，在推动工作上有突破，引导广大干部积极推动红十字会法的贯彻落实，认真履行职责，进一步增强了运用科学发展观，推进红十字会事业发展的自觉性和坚定性，使改革和发展出现了令人鼓舞的好势头。

1. 努力扩大募捐渠道，救助工作扎实有效。云南省自然灾害频发，做好备灾救灾工作，当好政府在人道主义救助领域的助手，是全省各级红十字会的首要任务。全省各级红十字组织发扬“人道、博爱、奉献”精神，积极参与人道救助工作。2004 年初，云南省红十字会组织了价值 550 余万元的物资发送到 16 个州、市，开展“红十字博爱送万家”活动，受益群众达 4 万余人。入夏以来，云南省相继发生德宏、怒江、丽江等地特大洪涝泥石流灾害以及昭通、保山地区破坏性地震。云南省、州（市）、县三级红十字会立即启动灾害应急预案，迅速组织救援物资于第一时间奔赴灾区，紧急救助灾民。省红十字会通过新闻媒体和网站向社会发出募捐呼吁，中国红十字会总会，香港、澳门、北京、上海、广东、珠海等地红十字会及时调拨援助款物；省电力集团、云南开发投资有限公司、昆明市东菊汽车客运站、中国联通公司云南分公司等几十个单位、企业及爱心人士纷纷捐款捐物，向受灾群众提供及时有效的救助。省红十字会在铜业集团支持下，筹措 50 万元（当地政府配套 50 万元），援助陇川县光英村房屋毁于泥石流灾害的 50 户景颇族群众恢复重建家园；争取云南铭鼎集团捐赠 300 万元，为富民县赤就乡，兴建铭鼎博爱自来水厂，以解决该乡5000 人口饮水难问题；争取西安天网计算机有限公司向云南省贫困地区的 19 家医院捐赠价值 460 万元的“天网医院信息管理系统”软件及部分配套硬件。云南省红十字备灾救灾中心全年向省内各灾区调运、发放了400多吨价值870万元的救灾物资。

据统计，云南省红十字会2004年共接收和募集救灾扶贫款物价值人民币1946.17万元，及时救助灾民。

云南省各级红十字会及时有效地参与自然救灾救助，不仅得到了社会各界的好评，也得到了中央领导和省领导的肯定和表扬。在德宏州盈江县视察救灾工作的曾庆红副主席和回良玉副总理表扬了在现场救灾的总会、省、州、县红十字会救灾工作反应很快，及时把救灾物资送抵灾区人民手中，发挥了重要的作用。云南省副省长孔垂柱、吴晓青在对省红十字会救灾工作情况汇报的批示中说：“红十字会主动对接，多方争取，在不同的救灾现场，均能看到红会人员开展救助的动人景象，为做好我省抗灾救灾工作充分发挥了政府在人道领域的助手作用。”“红会做了大量工作，应该肯定，望继续努力。”

2. 救护培训工作打开新局面。2004年，云南省红十字会除顺利完成中国红十字会总会下达的5个班160名省级师资的培训任务外，还承办了总会西南片区6期192人的国家级师资培训班。为昆医附一院、省二院、腾冲县医院、个旧市人民医院、新华医院护理人员以及莱吉士有限公司员工等举办救护培训共600多人。11月至12月，云南省红十字会与省交警总队、省交通厅、省农业厅联合对部分交通警察开展救护培训。通过培训，各部门对红十字会的工作有了进一步了解，加深了对开展救护培训工作的认识。省交警总队还提出新的规定，比如新驾驶员未取得救护员证，不发给机动车驾驶员证，以真正达到事故预防与事故抢救并重的要求，省交警总队同时还要求各岗位上的交警必须参加救护培训，做到以人为本、关爱生命。

3. 中国造血干细胞库捐献者资料库云南省分库2004年上半年共组织了8批1600人份的血样采集，在昭通、文山、曲靖、思茅建立了4个工作站。截至目前，全省共有5000名捐献者报名捐献造血干细胞，云南省分库共完成了3600多人份血样采集和分型检验入库，已为省内22名白血病患者进行了配型，其中13人初配相符，7人进入高分辨检验，3人实现了造血干细胞的捐献。

（二）项目工作有新拓展

1. 艾滋病预防与关怀项目。云南省红十字会开展的艾滋病预防与关怀项目已有10年历史。2004年，该项目已延伸出面向吸毒者和艾滋病病毒感染者传授艾滋病防治知识和降低伤害技能的“感染者同伴教育”项目；面向感染者及其家属开展相关知识宣传，减轻家庭与社会歧视的“感染者关怀护理”项目；帮助毒品戒断者和艾滋病感染者重塑人生信念，学习生产技能，开展生产自救，造福家庭和社会的“阳光家园”项目以及在社区开展的预防艾滋病知识教育与安全套使用、针具交换的“吸毒人群综合干预”项目等6个子项目。全年共举办培训班243期，培训8317人（10年已累计培训艾滋病宣传员34000多名，受宣传人群达70余万人）。项目覆盖地区和人群目前已扩大到昆明、大理、德宏、保山、曲靖、思茅、西双版纳、怒江、昭通9个州、市，仅瑞丽市和盈江县就有1300余名感染者和吸毒者、1500余缅方边民、14000余村民受到预防艾滋病相关知识的教育。项目始终坚持以不加歧视的工作原则及非评判的态度，有效地传播了预防艾滋病的知识和技能，提高了民众的自我保护意识和能力，对遏制艾滋病的传播起到了积极作用。同时，宣传和教化了相当一部分吸毒者和艾滋病病毒感染者，使他们重新认识人生价值，重归社会。目前，项目合作对象已从最初的澳大利亚红十字会，发展到了港澳救世军、儿基会、中英项目、美国艾滋病联盟等机构。“爱咨家”和“阳光家园”已成为国内外了解云南省开展艾滋病预防控制工作的窗口。云南省红十字会全年共接待国际、国内各组织访问考察达30多批（次）。

2. 假肢康复项目。云南省红十字会与红十字国际委员会合作开展的假肢康复项目，自2003年12月正式启动以来，服务和资助的对象扩大到红河、文山两州的全部21个县、市因战和贫困的所有下肢截肢人员。从2005年起，每年将完成不少于500副假肢生产、安装和康复的指标。2005年1月至8月底，已为278名截肢患者安装假肢282副。云南省红十字会2005年5月在麻栗坡县建立了假肢维修车间，负责对该项目安装的假肢进行后续维修服务，并开展对肢残人员的回访工作。

3. 云南/香港红十字备灾救灾培训项目。该项目是继云南省红十字会与香港特别行政区红十字会备灾救灾网络建设项目后，双方合作的又一个品牌项目。自2002年正式开展实施以来，项目办编写了《红十字备灾救灾培训教材》、《灾害逃生与自救互救小册子》，培训省、州、县三级师资共420余人。目前昆明、曲靖、昭通、楚雄等13个州、市红十字会已完成6万名中小学生的培训工作。

（三）对外交流与合作

2004年以来，云南省红十字会结合省情，积极而有序地开展云南省红十字会与各国红十字会及其他组织的交往，呈现出“主动性、多层次、全方位、宽领域”的态势。通过对外交往，在学习和引进国际红十字运动先进的工作模式和管理理念的同时，主动宣传云南，寻求合作机会，努力争取外援，开展合作项目，以外促内，发展全省红十字事业。云南省红十字会先后接待了红十字国际委员会、联合国开发计划署、加拿大红十字会、澳大利亚移民部、乌克兰红十字会代表团、加拿大传爱医援会、香港特别行政区红十字会、台湾红十字组织以及北京、上海、山东、四川、湖南、河南、宁夏、黑龙江等省（区、市）红十字会共40多批次的访问、参观和考察。加深了相互之间的了解和友谊，促进了交流与合作。

此外，云南省红十字会还加强了与兄弟省、市红十字会的交流，先后组织了5批省、州（市）、县红十字会专职干部赴北京、上海、江苏、吉林、重庆等8个省、市红十字会，就理顺管理体制、救护培训、社会募捐、组织建设、对外交流与合作等方面的工作进行了考察学习，借鉴了好的经验和做法。

（四）加强宣传，树立形象，扩大影响

2004年，为庆祝中国红十字会建会100周年，云南省红十字会建会90周年，根据中国红十字会总会的要求和部署，结合云南省实际，全省各级红十字会认真组织开展了丰富多彩的纪念百年/90周年系列活动，加强了对红十字运动及其精神的宣传。省红十字会在《云南日报》刊发了纪念文章和图片；出版发行了《云南红十字会史》和纪念珍藏邮折；印制作了1万张宣传挂图发放全省各地张贴；隆重召开了有省领导出席和社会各界代表及国外友人参加的百年/90周年纪念大会；在云南电视台公共频道开办了旨宣传红十字事业和人道主义精神，保护人的生命和健康的《生命与健康》电视栏目；在中共云南省委、省政府的大力支持下，与云南电视台联合举办了红十字知识电视竞赛并两次在云南卫视播出；于中国红十字会百年纪念日、“五八”世界红十字日，省红十字会联合昆明市红十字会共同组织团体会员单位专家、志愿工作者和各界人士，先后在东风广场和金碧广场开展大型宣传服务活动；与省对外交流协会共同策划、组织和实施了全省16个州市连动的“相互关爱、共享生命——云南省艾滋病防治宣传演出公益活动”。此外，云南省红十字会还改版了省红十字会网站，加强了新闻宣传。据不完全统计，2004年以来，中央电视台、新华社、中新社、《人民日报》、《中国日报》、《云南日报》、云南电视台、云南广播电台等主流媒体以及国内各大网站，对云南省红十字会各项工作及活动的宣传报道已超过1700篇（次）。

（五）加强调查研究，争取政策支持

中共云南省委、省人大、省政府、省政协历来十分关心红十字会工作，始终重视指导、扶持和推动红十字事业的发展。2004年以来，云南省红十字会常务理事会和执委会针对全省红十字会法贯彻实施情况，以及全省红十字事业发展中存在的困难和问题，进行了多次研究和探讨，围绕全面发展红十字事业，在争取多方支持和相关政策方面主要做了以下工作：

2004年3月，云南省红十字会配合省政协教科文卫体委员会视察组赴昆明、玉溪、文山等三个州、市，对贯彻实施红十字会法情况进行了视察。省政协办公厅将视察组的视察报告抄送了中共云南省委、省政府办公厅，省政府批转了视察报告。视察组在视察报告中充分肯定了红十字会在云南省经济发展、社会稳定和救助易受损害群体方面发挥了积极作用，并建议各级政府和部门，进一步加大红十字会法的执法力度，从实践“三个代表”重要思想的高度、落实十六大精神的高度、建设小康社会和建设社会主义“三个文明”的高度，充分认识红十字会的重要作用，加强对红十字会工作的支持、资助、保障和监督。

5月，云南省红十字会积极配合和协助中国红十字会副会长江亦曼一行考察调研省红十字会工作情况。中国红十字会总会调研组考察了云南省和昆明市、西双版纳州红十字会工作，共听取了7个州市红十字会工作情况汇报，并与云南省有关部门代表及部分专家学者进行了座谈，就理顺红十字会管理体制及红十字事业发展方向等问题与吴云南省副省长吴晓青、省红十字会会长陈勋儒深入交换了意见。调研组在对云南省红十字会工作给予充分肯定和评价的同时，希望省红十字会在开创社会化、开放式工作格局，开展经常化、持久化宣传工作，形成长效工作机制和加强队伍建设等方面做出进一步努力和探索。

2004年，在云南省政府的关心和支持下，云南省红十字会在深入调查研究和的基础上，代拟了《关于切实加强红十字会工作的通知》（草案），并多部门征求意见，数易其稿，不断修改完善；云南省省长徐荣凯、副省长吴晓青多次听取文件起草工作的汇报，对文件的每个部分进行了仔细审阅和修改，最终以省政府文件下发全省。文件就各级政府和相关部门切实帮助红十字会解决工作和事业发展中存在的困难和问题，从红十字会干部管理、机构独立、队伍建设、履行职责等诸多方面作出了明确的要求和规定。该文件的出台是中共云南省委、省政府支持红十字会工作的一项重要举措，使云南省红十字事业得到全面、健康和可持续发展，对全省各级红十字会依法建会、依法治会、依法兴会，不断增强发展后劲和实力提供了强有力的政策支持。

（六）加强组织建设和能力建设，进一步深化人事制度改革

2004 年，在建立健全各项规章制度，深化体制改革中，云南省红十字会党组深入学习中央、省委关于组织建设和能力建设的有关论述，始终坚持尊重劳动、尊重知识、尊重人才、尊重创新的原则，坚决破除各种障碍，注重营造良好的工作环境，转变工作职能，简化办事程序，提高办事效率，积极为各级干部提供公平竞争的机会和条件，在改革用人制度，提升干部队伍素质，增强用人活力方面下功夫。构建平等友爱，人心稳定，团结和谐的人际环境，牢固树立人民第一，群众至上的观念，持之以恒地用“三个代表”重要思想武装头脑，指导实践，推动工作，取得了新的成效。一是继续落实省红十字会“三定”方案，严格按照干部任用程序和公开、平等、竞争、择优的原则以及德、能、勤、绩的标准，顺利完成了机关及直属单位 6 名处级干部竞争上岗、轮岗及机关新增 5 名公务员考录工作；二是制定出台了云南省红十字会《机关工作管理制度》、《机关人事管理工作制度》、《财务管理制度》、《责任目标奖实施办法》等 9 项规章制度；三是完善机制，明确职责，执委会与机关各部室、各直属单位及各项目办签订了 2004 年度工作责任目标书；四是认真实施“云岭先锋”工程，为加强党的组织建设和党员干部思想教育，多次组织党组中心组学习，参加党内法规知识竞赛，请理论界专家作党的先进性、科学发展观、政绩观及执政能力的讲座。建立健全了机关、直属单位党总支、党支部。同时，机关党委还与各党总支签订了党建责任目标书。

二、2005 年上半年

2005 年上半年，云南省红十字会在中共云南省委、省政府和中国红十字会总会的关心支持下，云南省红十字会机关、各直属单位及各项目办广大干部、职工和志愿工作者依照中国红十字会第八次全国会员代表大会和云南省红十字会第三届三次理事会确定的目标和任务，把做好各项人道主义工作与实践“三个代表”重要思想和落实科学发展观紧密结合起来，围绕中心工作，结合省情，突出重点，依法全面履行职责，各项工作取得了显著成绩。

（一）海啸募捐工作

2004 年 12 月 26 日，印度洋地区发生严重地震海啸灾难，为救援印度洋地区地震海啸灾民，云南省红十字会发动全省各级红十字会迅速开展社会募捐，受到了中共云南省委、省人大、省政府和省政协的高度重视。从 2005 年 1 月 1 日至 3 月 1 日，省红十字会全体人员放弃节假日休息全力投入工作，共接收社会各界捐款 1288 万元，通过中国红十字会总会及时救援了受灾国灾民。这是云南省红十字会迄今为止开展的规模最大、社会发动和参与面最广、效果最好的一

次对外救援行动，云南省红十字会被中国红十字会总会评为海啸募捐最佳组织奖并受到表彰。

（二）备灾救灾工作

2005年3月，云南省滇中、滇西北遭受了百年不遇的特大雪灾，灾区群众的生命财产遭受严重损失。灾情发生后，省红十字会迅速组织救灾物资，派出救灾组连夜赶赴重灾区，考察灾情，分发救灾物资，并积极向中国红十字会总会上报灾情请求支援，及时把棉被、棉衣、大米、药品等价值200万余元救灾物资送到重灾区灾民手中，传达了中共云南省委、省政府对灾区人民的慰问。

根据云南省灾害频发，且多集中在每年下半年的特点，省红十字会做到未雨绸缪，工作超前，认真做好救灾准备工作，目前已储备救灾物资800余万元（含中国红十字会总会物资350万元）。

此外，2005年上半年，通过多方联系，云南省红十字会共引进澳门特别行政区红十字会援助的30万元、上海市红十字会援助的40万元、天津天狮集团援助的20万元，共计90万元，分别在大姚、景洪、马龙等贫困地区各援建了1所博爱小学并向贫困学生发放了助学金。

（三）假肢康复项目工作

云南省红十字会与红十字国际委员会合作开展的假肢康复项目，自2003年12月正式启动以来，服务和资助的对象现已扩大到红河、文山两州的全部21个县、市因战和贫困的所有下肢截肢人员。累计已为截肢患者安装假肢510副。从2005年起，每年将完成不少于500副假肢生产、安装和康复的指标。省红十字会还于2005年5月在麻栗坡县建立假肢维修车间，负责对本项目安装的假肢进行后续维修服务，并开展对肢残人员的回访工作。项目实施以来，产生了良好的社会反响，当地干部群众称赞假肢康复项目是“救助一人，造福一家，稳定一方”的民心工程。红十字国际委员会副主席德古登先生评价该项目“是红十字国际委员会与中国合作的一个成功典范”。

（四）造血干细胞捐献者资料库建设

中国造血干细胞库捐献者资料库云南省分库2005年上半年共组织了5批1365人份的血样采集，在昭通、文山、曲靖、思茅建立了4个工作站。截至目前，云南省分库共采集血样3044人份，完成了2784人份HLA分型检验入库工作，为云南省22名白血病患者向国家管理中心申请配型，其中5人初配相符，2人已进行高分辨检验。

（五）艾滋病防治工作

云南省红十字会于1994年与澳大利亚合作，并得到经费支持，开展艾滋病防治青年同伴教育项目，成为最早参与艾滋病防治的非政府组织。截至2004年，共争取到项目资金及物资支持1200余万元，所做的工作得到了政府和社会，包括国际社会的肯定，对推动了云南省社会参与艾防起到了积极的作用。中共云南省委号召打一场禁毒和防控艾滋病人民战争，省红十字会应加倍努力，积极探索，发挥优势，参与艾防。经过多方努力，1至5月已争取到澳大利亚红十字会、中国红十字会总会、澳大利亚救世军、挪威救世军、香港救世军、香港特别行政区红十字会、日本皇后基金支持，共落实经费354.4万元。此外，还正在积极与中国红十字会基金会、澳发署、联合会东亚办事处、中英项目办、艾滋联盟、香港特别行政区红十字会、亚太地区感染者网络等组织联系，有望争取项目资金支持500余万元，力争在2005年和2006年两年中把“艾滋病防治青年同伴教育项目”拓展到16个州、市，有侧重地开展生产自救项目和HIV感染者关怀项目，以实际行动积极参与艾滋病防治的人民战争，并把此列为云南省红十字会保持共产党员先进性教育的整改措施。

据统计，2005年上半年，云南省红十字会通过社会募捐、争取援助和储备物资的总价值已达2732万元（含海啸募捐款1288万元），以及时救助灾民。

（吴佳权）

附录：

云南省红十字会条例

（1996年7月24日云南省第八届人民代表大会常务委员会第二十二次会议通过）

第一条 为了促进我省红十字事业的发展，保障红十字会依法履行职责，根据《中华人民共和国红十字会法》，结合本省实际，制定本条例。

第二条 各级红十字会是从事人道主义工作的社会救助团体，依照《中华人民共和国红十字会法》和中国红十字会章程及本条例履行职责，独立自主地开展工作。

第三条 人民政府对红十字会给予支持和资助，保障红十字会依法履行职责，并对其活动进行监督；红十字会协助人民政府开展与其职责有关的活动。

第四条 县级以上按行政区域建立地方各级红十字会，根据实际工作需要配备专职工作人员。

第五条 全国性行业红十字会在本省建立的红十字会组织，同时接受地方红十字会的指导。

第六条 红十字会履行下列职责：

（一）宣传、执行《中华人民共和国红十字会法》、《中华人民共和国红十字标志使用办法》和本条例；

（二）开展救灾的准备工作，在自然灾害、突发事件中对伤病人员和其他受害者进行救助；

（三）进行初级卫生救护培训，组织群众参加现场救护；

（四）参与艾滋病防治及吸毒危害的宣传教育工作，提高民众自我防护的意识和能力；

（五）参与输血献血工作，推动无偿献血；

（六）对青少年进行人道主义及健康知识的宣传教育；

（七）参与边疆地区、少数民族地区、贫困地区的医疗服务；

（八）根据中国红十字会总会部署，参加国际和国内的人道主义救援工作；

（九）完成人民政府和上级红十字会委托的其他有关事项；

（十）开展其他人道主义活动。

第七条 省红十字会发展同国内外地方红十字会、红新月会的友好合作关系。

第八条 各级红十字会可以兴办与其宗旨相符的社会福利事业，有关部门应当按照国家有关规定给予扶持。

第九条 省红十字会可以设立红十字基金会，接收和管理国内外团体、社会组织和个人向红十字会捐赠的款物。红十字基金会的基金用于发展本省红十字事业。

第十条 上级红十字会应对下级红十字会专项经费使用情况进行检查监督。

第十一条 红十字会对所接受的捐赠款物，应当根据捐赠者的意愿予以安排和处理。

第十二条 企业及其他组织或者个人向红十字会捐赠的款物，税务机关应当在计算应纳税所得额时按照税收法律、法规规定的限额予以扣除。

对境外向红十字会捐赠的物资，海关应当按照国家有关规定给予减税、免税。

第十三条 海关、检疫、交通运输和其他有关部门，应当优先办理红十字会接受捐赠的救灾物资的有关事项。

第十四条 在执行紧急救助任务时，标有红十字标志的人员、物资、交通工具有优先通行的权利，人员有优先使用公用通讯工具的权利。

执行紧急救助任务并标有红十字专用标志的交通工具免缴通行费。

第十五条 对红十字事业做出显著贡献的组织和个人，由县级以上人民政府或者红十字会给予表彰、奖励。

第十六条 红十字会工作人员滥用职权、玩忽职守、徇私舞弊的，由所在红十字会理事会提请有关部门给予处分；构成犯罪的，依法追究刑事责任。

第十七条 任何单位、组织和个人不得拒绝、阻碍红十字会工作人员依法履行职责。对阻碍红十字会工作人员依法履行职责的，红十字会有权提请有关部门依法予以处理。

第十八条 任何单位、组织和个人不得侵占、挪用红十字会的财产和经费。对侵占、挪用红十字会的财产和经费造成经济损失的，依法承担民事责任；构成犯罪的，依法追究刑事责任。

第十九条 红十字标志的使用按照国家规定执行。

第二十条 本条例自公布之日起施行。

西藏自治区红十字会

【历史沿革】

西藏自治区红十字会于1986年6月26日在拉萨成立。同时，召开了第一次会员代表大会暨第一届理事会，聘请自治区副主席图道多吉为名誉会长，选举自治区副主席吉普·平措次登为会长，自治区卫生厅厅长次仁卓嘎、副厅长阿登为副会长。办事机构设在自治区卫生厅科教外事处，有2名兼职工作人员。1990年2月20日，自治区机构编制委员会批准自治区红十字会办公室为区级建制，配备工作人员3名。1994年11月8日，西藏自治区红十字会召开了第二次会员代表大会，聘请自治区主席江村罗布为名誉会长，自治区党委副书记丹增、自治区人大副主任朗杰、自治区副主席吉普·平措次登、自治区政协副主席才旦卓玛为名誉副会长，选举自治区卫生厅厅长次仁卓嘎为会长，阿登为常务副会长，土登、加措、李谦为副会长。根据会长提名决定次仁旺堆为秘书长。1996年8月7日，自治区机构编制委员会批准自治区红十字会办公室为副处级建制，配专职工作人员8名。1998年9月25日，西藏自治区红十字会召开了第三次会员代表大会，聘请自治区主席列确为名誉会长，自治区党委副书记丹增、自治区副主席拉巴平措、次仁卓嘎为名誉副会长，选举自治区副主席吉普·平措次登为会长，卫生厅厅长土登为常务副会长，阿登、德吉卓嘎、才巴、郭丹、高俊璞为副会长。根据会长提名决定次仁旺堆为秘书长。吉普·平措次登副主席病故后，2001 年 3 月，改由自治区副主席次仁卓嘎任会长。2002 年 7 月，自治区人民政府领导班子调整，由自治区副主席崔玉英担任会长。2002 年 1 月 16 日，自治区机构编制委员会批准自治区红十字会为副厅级建制，办事机构从自治区卫生厅划出，独立设置，由自治区人民政府领导联系。2003 年 8 月，杨国庆任西藏自治区红十字会副会长。2003 年 11 月，王法顺任西藏自治区红十字会副会长。

西藏自治区红十字会历次代表大会一览表

届次	日期	理事	名誉会长	会长	常务副会长
第一次	1986 年 6 月 26 日	35 人	图道多吉	吉普·平措次登	
第二次	1994 年 11 月 8 日	68 人	江村罗布	次仁卓嘎	阿登
第三次	1998 年 9 月 25 日	93 人	列确	吉普·平措次登 次仁卓嘎	土登

【组织机构】

西藏自治区红十字会现有红十字会会员 15000 余名、荣誉会员 54 名、志愿工作者 500 余名，拥有团体会员单位 60 个。全区 7 个地（市）和 11 个县建立了红十字会组织。

西藏自治区红十字会机关设有办公室、组织宣传联络部、赈济救护部三个处室。

根据《中华人民共和国红十字会法》、《中国红十字会章程》和中编办《关于理顺中国红十字会总会管理体制的通知》精神，2004 年 7 月，西藏自治区红十字会向区编办提交了《西藏自治区地（市）、县红十字会理顺管理体制方案的请示》。目前，各地（市）红十字会仍由地（市）卫生局代管（正科级）。

【相关法规】

2000 年 11 月 29 日，西藏自治区第七届人民代表大会常务委员会第十六次会议通过了《西藏自治区实施〈中华人民共和国红十字会法〉办法》。

【大型项目】

（一）1987 年 11 月，西藏日喀则地区 8 个县的 10 余万群众遭受严重雪灾，数百名外国游客和登山队员被大雪围困。西藏自治区红十字会组织自治区第一人民医院和日喀则红十字医疗队赶赴灾区参加抢险救护，并组织捐款 10660 元、粮食 617 公斤，帮助群众抗灾。同年，大兴安岭发生火灾，自治区红十字会捐款 5000 元支援灾区。

（二）1988 年，西藏日喀则地区仁布县发生地震，自治区红十字会组织捐款 10660 元、粮食 847.5 公斤、各种衣物 422 件，支援地震灾区。

（三）1989 年，西藏那曲地区遭受特大雪灾，自治区红十字会向全区发出募捐通知，共募集现金274652元、粮食48420.25公斤、粮票14565.5公斤、茶叶1505.5公斤、衣物9240件，以及火柴、蜡烛、食盐、方便面、罐头、红糖、饼干、防雪盲镜等22个品种的物资，支援灾区。

（四）1993年，尼泊尔发生雪灾，自治区红十字会捐款5万元人民币。

（五）1997年11月至1998年4月，西藏那曲、阿里、日喀则等6个地（市）遭受了历史上罕见的特大雪灾，自治区红十字会及时组织医疗队36批216人次奔赴灾区，并向全国兄弟省市红十字会发出呼吁，募集救灾物资折合人民币7067735.18元，其中捐款3541935.18元，募捐衣被价值1425800元，募捐药品价值2100000元。

（六）2004年，根据中国红十字会总会关于救助2004年内地洪涝灾害的要求，自治区红十字会组织开展了以“捐一元善款，为灾民解难”为主题的募捐活动，共募集款物33277元，支援了内地洪涝灾区。

【主要特色】

（一）坚持开展“光明工程”

西藏是白内障高发地区，而许多家庭特别是农牧民中的白内障患者因无力支付手术费用造成失明。自治区红十字会从大力弘扬人道主义、保护人的生命和健康的宗旨出发，从1995年开始，积极争取外援和自筹资金，坚持开展“光明工程”，组织医疗队奔赴农村牧区，先后为4600余名白内障患者免费实施了复明手术，使他们重见光明。

（二）推出“加强藏医在西藏农村牧区的应用”扶贫系列活动

西藏自治区红十字会积极争取外援，与德国尼玛协会合作，自2000年开始，先后在拉萨市林周县、墨竹工卡县和那曲地区班戈县、尼玛县、双湖特区的部分贫困乡村开展了“加强藏医在西藏农村牧区的应用”扶贫系列活动。活动内容包括为项目地区群众免费提供藏医医疗服务、培训基层藏医人员、采用藏医疗法防治牲畜疾病、对群众进行藏药材知识和温室技术培训、开展濒危藏药材温室内外种植试验、援建绿色蔬菜大棚、建立小型手工业生产基地并进行手工艺培训等，以提高群众的创收能力和致富水平。

【显著业绩】

1993年，日喀则地区红十字会荣获中国红十字会总会授予的“全国红十字会先进集体”称号。

1995年，西藏自治区红十字会荣获中国红十字会总会颁发的“1993——1995年度先进集体”称号。

1997年8月，西藏自治区红十字会荣获中国红十字会总会授予的“在红十字会法宣传工作中成绩优异奖”。

1998年，西藏自治区红十字会荣获中国红十字会总会授予的“中国红十字会抗洪抗震救灾先进集体”称号。

2002年3月，西藏自治区红十字会荣获国家人事部、中国红十字会总会授予的“全国红十字会系统先进集体”称号。

2004年10月，拉萨市城关区红十字会荣获国家人事部、中国红十字会总会授予的“全国红十字会系统先进集体”称号。

2005年5月，西藏自治区红十字会荣获中国红十字会总会颁发的“印度洋海啸救援最佳组织奖”。

【年度工作】

2004年是红十字会历史上不平凡的一年，3月10日是中国红十字会建会一百周年纪念日，10 月又召开了中国红十字会第八次全国会员代表大会。西藏自治区红十字会把 2004 年作为红十字会的宣传年、办实事年，围绕“办实事、庆百年”的主题，以迎接“八大”召开为契机，全面履行红十字会法赋予红十字会组织的各项职责，大力推进救援、生命、爱心“三项工程”，圆满完成了全年工作任务。

（一）加大宣传工作力度，扩大红十字会的社会影响

充分利用中国红十字会建会一百周年纪念日、世界红十字日、世界艾滋病日、法制宣传日和开展“红十字博爱送万家”活动等机会，采取在城市街头、农村牧区设立宣传点，以发放宣传单、举办宣传橱窗、出动流动宣传车、进行文艺演出等形式，广泛宣传《中华人民共和国红十字会法》、国际红十字运动基本知识、中国红十字会的百年成就、西藏自治区红十字会的历史等。为了增加宣传活动的趣味性、知识性，提高宣传效果，让更多的人参与到宣传活动中来，在宣传内容上，也加入一些疾病预防知识、保健知识、计划生育与优生优育知识。并把宣传活动与办实事结合起来，组织团体会员单位中的医务人员开展义诊活动和计划生育服务，据不全统计，仅免费义诊一项，受益群众就达 8000 人次以上。各地（市）红十字会也开展了多次宣传活动。通过宣传和开展活动，社会各界对红十字会有了较多的认识和了解，把红十字会看成是为最易受损害群体服务、为社会办好事的组织，红十字会的影响进一步深入人心。

在对红十字会进一步了解的基础上，一些单位纷纷要求加入红十字会组织。共青团西藏自治区委员会、西藏自治区残联、武警西藏总队医院、自治区司法中心医院、拉萨中学、自治区信通工贸有限公司、博康按摩推拿保健中心等 7 个单位在 2004 年加入西藏自治区红十字会，成为团体会员单位，会员约 2600 人。西藏大学红十字会重新明确了会领导和工作人员，使红十字会工作得到了进一步加强。

（二）弘扬红十字精神，全面做好业务工作

西藏自治区红十字会大力弘扬“人道、博爱、奉献”的红十字精神，努力为最易受损害群体服务，大力推进救援、生命、爱心“三项工程”建设，全面做好各项业务工作，为群众办了许多实事、好事，充分发挥了政府人道领域助手的作用。

1. 救援工程。为适应自治区红十字会理顺管理体制后开展工作的需要，2004 年 4 月，西藏自治区红十字会向自治区发展和改革委员会呈报了《关于西藏自治区红十字会建设项目立项的请示》，重点是加强备灾救灾工作，提高应对自然灾害和突发事件的能力。根据中国红十字会总会关于救助 2004 年内地洪涝灾区的要求，自治区红十字会机关带头捐款，并向各地（市）红十字会、团体会员单位、驻拉萨企事业单位发出救灾呼吁书，开展了以“捐一元善款，为灾民解难”为主题的募捐工作。自治区红十字会收到自治区政府办公厅、区国税局、区藏医院等 17 个单位的捐款 33277 元（含实物折款），援助了内地洪涝灾区。中国红十字会第八次全国会员代表大会召开后，中国银行西藏自治区分行在全辖范围内组织开展了募捐活动，将所募集到的资金 10277.50 元捐给自治区红十字会，用于救助最需要的人群。

2004 年，西藏自治区贡嘎县贡堆乡斯布日村 40 户 247 名村民因受灾造成生活上的困难。自治区红十字会争取到瑞士红十字会的援助，在核实灾情后，立即向该村村民救助大米 12350 斤、面粉 14450 斤、茶叶 124 袋、酥油 2480 斤、食用盐 49 袋，还特别为 42 名特困村民每人多救助 50 斤面粉。救助物资总金额为 45721. 5 元人民币。

2004 年年底，印度洋地区发生了强烈地震、海啸。西藏自治区红十字会积极响应中国红十字会总会的号召，在全区发动了募捐。共收到各界捐款 3085032. 18 元人民币，并上缴中国红十字会总会，用于援助印度洋海啸灾区。

2. 生命工程。在中国红十字会总会的支持下，2004 年西藏自治区红十字会先后在拉萨、那曲、山南、昌都、日喀则 5 个地（市）举办了中国红十字会彩票公益金项目卫生救护师资培训班，共培训人员 141 人。还从各地（市）选派骨干人员 7 人到云南昆明参加了总会举办的彩票公益金项目救护师资培训，为在全区内举办救护师资培训充实了师资力量。阿里地区红十字会举办了以“救护培训、关爱生命”为主题的红十字救护知识培训班，培训人员 30 人。山南地区红十字会充分发挥卫生救护师资培训人员的作用，在公路沿线设立了 2 个红十字救护站（姐德秀红十字救护站和朗赛岭红十字救护站），为开展红十字救护工作打下了基础。

2004 年 5 月，根据拉萨市公安局的要求，西藏自治区红十字会与拉萨市红十字会共同组织医务人员对拉萨市公安局看守监管处所管辖的在押人员进行了性病、艾滋病普查，查出皮肤病、性病患者 181 人，其中患有淋病、梅毒等各种性病的 33 人，未发现艾滋病患者。对查出的患者，给予了控制性治疗，取得了预期的效果，并为看守所掌握在押人员的病情提供了依据。12 月 1 日是“世界艾滋病日”，自治区红十字会组织人员到拉萨市堆龙劳教所对劳教人员进行了防治性病、艾滋病知识的宣传和讲解，收到了良好的效果。

3. 爱心工程。在中国红十字会总会的资助下，自治区红十字会 2004 年初开展了“红十字博爱送万家”活动。向拉萨、日喀则、昌都、那曲 4 个地（市）及部分区直部门发放救济物资 1500 份，总价值 30 万元（其中总会下拨 25 万元，自治区红十字会自筹 5 万元，自筹资金中含募捐款 12400 元），1500 户特困群众受益。

根据部分基层红十字会或基层政府的要求，2004 年，自治区红十字会为一些特困家庭或贫困农牧民解决房屋维修费、住院费、生活费或学习费用共 13400 元，帮助他们解决了实际困难。

春节、藏历新年前夕，日喀则地区红十字会用募集到的 12944 元善款购买了羊肉、酥油等食品开展节前送温暖活动，慰问了日喀则市区 25 户低保家庭。

阿里地区红十字会向社会募集资金 53100 元，帮助 3 户特困群众建房并为特困农牧民解决了部分医疗费。

根据《海关总署、中国红十字会总会关于将没收的侵权货物用于社会公益事业的合作备忘录》的要求，11 月，自治区红十字会与拉萨海关签署了合作协议，并接收了拉萨海关自 2003 年 7 月以来没收的各种侵权货物共计 7498 件，用于救助困难群众。

4. 社区服务。拉萨市城关区红十字会组织会员在“五八”世界红十字纪念日到辖区5个敬老院帮助孤寡老人洗衣洗被、打扫卫生，为患病的老人看病，为孤寡老人和贫困户捐款7570余元。

自治区红十字会还积极组织和支持自治区老年活动中心老年会员自筹资金，利用节假日到社区免费为群众诊治疾病，并宣传红十字知识，深受群众欢迎。

5. 红十字青少年活动。根据中国红十字会总会的安排，自治区红十字会从拉萨中学挑选4名学生，由总会组团赴台湾参加了海峡两岸红十字少年会员夏令营活动，增进了海峡两岸红十字青少年之间的了解与友谊。学生营员返回拉萨后，自治区红十字会要求这些学生对这次活动进行认真的总结，写出心得体会在同学中进行交流，开展以维护祖国统一为主要内容的爱国主义教育，使两岸夏令营活动在学生中产生更大的影响。

（三）开展国内交流与国际合作，为群众办实事

6月，自治区红十字会接待了江苏省红十字会赴藏考察团。期间，举行了两省、区红十字会友好交流，并进行了工作会谈。江苏省红十字会将价值17万元的猎豹越野车作为救灾指挥车赠送给西藏自治区红十字会。第三季度，自治区红十字会又先后接待了江苏省苏州市红十字会和四川省绵阳市红十字会考察团，并就今后的合作与交流进行了探讨。

为增进与外国红十字会组织或其他友好组织的友谊，西藏自治区红十字会举行了“2004年圣诞节暨新年招待会”，邀请在西藏开展援助合作项目的瑞士、荷兰、澳大利亚红十字会，德国尼玛协会，韩国青少年振兴协会，美国塞瓦基金会，英国贡德基金会，加拿大“人类基本需要”项目等国外组织和项目官员、工作人员，以及区内有关部门的负责人参加，达到了联络感情、加深理解、巩固和扩大外援项目的目的。

与德国尼玛协会签订了第二周期（2004至2006年）合作项目协议，主要内容是在拉萨市林周县、墨竹工卡县的15个村开展为期三年的藏医在西藏农村应用项目，包括藏医培训和服务、珍稀藏药材保护、大骨节病防治、帮助群众创收等。对第一周期藏医药防治大骨节病子项目，组织区内外专家进行了评审。研究结果表明，藏药对儿童大骨节病防治与成人大骨节病治疗均有显著效果，且有简、便、效、廉及无毒副作用的特点，是目前较好的一种药物防治方法，为防治大骨节病开辟了一条简便、有效的新途径，深受病区广大人民群众的欢迎。2004年度，德国尼玛协会投入项目资金共达154万余元。

瑞士红十字会投入160余万元资金援助日喀则地区红十字会开展项目工作：在该地区部分县开展白内障复明手术942例，对3307名眼疾患者提供了咨询服务，并培训了一批眼科医生；在萨迦、拉孜、谢通门、聂拉木、岗巴举办了6期健康教育培训班，培训乡村妇女主任和乡卫生院妇幼工作人员205名；在拉孜、萨迦、谢通门实施改水项目，打压水井300口；资助贫困患者在地区人民医院开展唇腭裂手术127例。瑞士红十字会还资助自治区红十字会组织眼科医疗队一行13人到那曲地区比如县、索县开展白内障手术，共筛查病人817例，实施手术247例（其中白内障摘出及人工晶体植入手术235例，倒睫6例，乙状胬肉6例），并为其他眼病患者免费提供了药品。9月8日至16日，瑞士红十字会会长瑞诺、瑞士红

十字会国际部部长马丁等4人到西藏进行了工作访问。瑞诺一行深入项目点对项目实施情况进行了详细考察，对项目所取得的成绩和工作进展表示满意，对继续做好在西藏的合作项目很感兴趣，并计划签订新的合作协议。

韩国青少年振兴协会投入15万余元人民币，为拉萨市和那曲地区的一些贫困学生解决学费、医疗费及资助小学开展红十字夏令营活动等。

澳大利亚红十字会资助西藏自治区红十字会继续开展无偿献血宣传工作，并签订了第二期项目合作协议。协议内容是在拉萨市开展信息和教育活动，以扩大无偿献血者队伍。在澳大利亚红十字会的援助下，11月，西藏自治区红十字会派工作人员赴新加坡参加了无偿献血培训。

9月，西藏自治区红十字会与美国塞瓦基金会合作，在那曲地区医院、班嘎县医院、安多县医院、尼玛县医院开展白内障复明手术767例。手术所需经费、设备和人工晶体、耗材、药品等由美国塞瓦基金会提供。自治区红十字会派员参与，并派出一辆越野车为手术队服务。期间，自治区红十字会还接待了美国塞瓦基金会的毛拉女士，并就今后的合作问题进行了交流。

7月29至31日，阿里地区红十字会与瑞士援助西藏组织合作在该地区塔尔钦开展了白内障复明手术，筛查病人137人，为47名白内障患者实施了人工晶体植入术，为90名其他眼病患者免费进行了检查并发放了药品。

（四）加强机关建设，充分发挥社会救助团体的作用

在自治区红十字会已建立独立的办事机构、初步理顺管理体制的基础上，为了进一步健全组织机构，更好地发挥红十字会的作用，自治区红十字会重新上报了《西藏自治区红十字会职能配置、内设机构和人员编制方案》和《西藏自治区地（市）、县红十字会理顺管理体制方案》。

经中共西藏自治区党委批准，成立了西藏自治区红十字会党组。

经书面向全体理事征求意见，选举崔玉英为西藏自治区红十字会第三届理事会理事、常务理事、会长；选举杨国庆、王法顺为西藏自治区红十字会第三届理事会理事、常务理事、副会长。

各地（市）红十字会的组织机构得到了充实。阿里、那曲、昌都调整了红十字会理事会组成人员，拉萨、日喀则、阿里、那曲、昌都设立了红十字会办公室并配备了专职人员，山南地区卫生局已向地区编办要求配备红十字会专职人员。在地（市）红十字会管理体制尚未理顺的情况下，各地（市）红十字会的工作得到了加强。

西藏自治区副主席、自治区红十字会会长崔玉英等6人出席了中国红十字会第八次全国会员代表大会。崔玉英、杨国庆、参木群3人当选为中国红十字会第八届理事会理事。

（黄颖程）

附录:

西藏自治区实施《中华人民共和国红十字会法》办法

(2000 年 11 月 29 日西藏自治区第七届人民代表大会第十六次会议通过)

第一条 为了保护人的生命和健康,发扬人道主义精神,促进和平进步事业,保障红十字会依法履行职责,依据《中华人民共和国红十字会》和有关法律、法规,结合西藏实际,制定本办法。

第二条 县级以上红十字会是中国红十字会的地方组织,是从事人道主义工作的社会救助团体,依法取得社会团体法人资格,独立自主地开展工作。全社会都应当关心和支持红十字事业。

第三条 县级以上按行政区域建立红十字会,根据实际工作需要配备专职工作人员。

乡(镇)、街道、机关、学校、团体和企事业单位可以成立红十字会基层组织;全区性行业根据需要可以建立行业红十字会,依法取得社会团体法人资格。红十字会基层组织和行业红十字会根据工作需要可以配备专(兼)职工作人员。

上级红十字会指导下级红十字会的工作,红十字基层组织和行业红十字会接受本行政区域红十字会地方组织的指导。

第四条 各级人民政府对红十字会的工作应当给予支持和资助。保障红十字会依法履行职责,并对其活动进行监督。红十字会应当协助当地人民政府开展与其宗旨相符的活动。

第五条 自治区各级红十字会应当依照中国红十字会章程开展活动。

第六条 县级以上红十字会可以设名誉会长和名誉副会长。名誉会长和名誉副会长由同级红十字会理事会聘请。

第七条 各级红十字会履行下列职责:

(一)宣传、贯彻《中华人民共和国红十字会法》和本办法;

(二)开展救灾准备工作,在自然灾害和突发事件中,除向上级红十字会及时报告情况外,并积极参与、组织救助;

(三)在灾害多发区域、农牧区以及容易发生意外伤害的部门中开展初级卫生救护培训,普及卫生救护和现场自救、互救知识;

(四)开展红十字青少年活动;

(五)参与组织、宣传、动员输血、献血工作,推动无偿献血;

(六)兴办与宗旨相符的社会福利事业;

(七)开展为救助工作进行募捐的活动;

(八)开展地区间以及国(境)外之间红十字会的交流和合作;

(九)完成同级人民政府和上级红十字会委托的有关事宜;

(十)法律、法规规定的其他职责。

第八条 红十字会经费的主要来源:

(一)红十字会会员缴纳的会费;

(二)接受国内外组织和个人捐赠的款物;

(三)动产和不动产的收入;

(四)行业红十字会和基层红十字会所在单位的资助;

（五）各级人民政府的拨款。

第九条 县级以上地方红十字会可以按国家有关规定和行政区域卫生医疗发展规划设立红十字会医院、诊所、急救中心（站）、血站。

第十条 县级以上红十字会可以依法设立红十字基金或基金会。

第十一条 在自然灾害和突发事件中，执行救助任务并标有红十字会标志的人员、物资和交通工具有优先通行权，标有红十字标志的人员有优先使用公用通讯工具的权利。

第十二条 县级以上人民政府应当对红十字会依法兴办的社会福利事业给予扶持，有关行政管理部门减、免收行政管理费。

第十三条 广播、电视、报刊等新闻单位和文化部门应当宣传红十字会法律、法规，对红十字会组织开展的人道主义救助宣传活动，应当给予支持。

第十四条 红十字会接受国（境）外捐赠的救灾物资，按国家和自治区有关规定享有减（免）税、费的待遇；海关、检验检疫、交通等部门应当优先办理有关手续。

第十五条 红十字会接受的捐赠款物必须无偿地用于社会救助，不得截留、私分、挪用和擅自变卖。

红十字会发放捐赠款物应当尊重捐赠者的意愿，并根据捐赠者的要求通报发放情况。

各级红十字会对接受的捐赠款物应当按照财务管理制度建立帐目，健全专项审查监督制度和发放管理制度。

第十六条 县级以上红十字会经费的使用和接受捐赠款物及其发放情况，应当接受本级政府、资助部门或单位、上级红十字会和捐赠者的监督检查。

第十七条 任何组织和个人不得侵占、挪用红十字会的经费和财产。

第十八条 严禁滥用红十字标志。对滥用红十字标志的，按照《中华人民共和国红十字标志使用办法》的有关规定予以处理。

第十九条 在自然灾害和突发事件中，对拒绝、阻碍红十字工作人员依法履行职责的，由公安机关比照《中华人民共和国治安管理处罚条例》第十九条的规定处罚；构成犯罪的，依法追究刑事责任。

第二十条 红十字会工作人员徇私舞弊、玩忽职守、索贿受贿、贪污挪用救灾款物的，由所在红十字会理事会提请有关部门给予行政处分；构成犯罪的，依法追究刑事责任。

第二十一条 对在红十字事业中做出显著成绩的单位和个人，由红十字会或者人民政府给予表彰和奖励。

第二十二条 本办法应用中的具体问题，由自治区人民政府负责解释。

第二十三条 本办法自2001年1月1日起施行。

陕西省红十字会

【历史沿革】

红十字运动在陕西开始于1911年辛亥革命时期，新中国成立前，西安市红十字会是陕西省唯一的红十字组织，兴办有西安市红十字会医院等。新中国成立初期，有着悠久历史的西安市红十字会发挥了重要作用，继续承办了西安市红十字会医院，1951 年又创办了西安市私立宏惠高级护士学校（现西安市卫生学校），参加了中国红十字会组织的城乡和国际医疗服务队，组派医护人员赴朝鲜参加战场卫生救护，并为根治淮河工程提供医疗服务。1952 年为西安市各区培训了急救队，并设立了红十字急救站，遣送了散居在西北五省的 500 余名日本侨民。1956 年为全市 613 个农业社培训了保健员，配备了卫生箱，并在三桥等高级农业社设立了红十字保健站，解决了一些社、队的医疗、预防和保健问题。还投资数千元在城郊主要街道设立了红十字宣传塔、标语牌等，宣传党的方针、政策和红十字运动。这段时间，西安市红十字会的房产、人力、综合实力以及各项工作在全国都有一定影响，为陕西红十字事业的发展奠定了很好的基础。

1959 年 11 月，陕西省红十字会成立。时任省卫生厅厅长的李经伦当选陕西省红十字会第一任会长。自成立至“文革”前，陕西省各级红十字会工作重点是开展群众性卫生救护知识的培训，其大量工作实际上是各级医疗部门工作的补充。1966 年 6 月“文化大革命”开始后，陕西省各级红十字会被迫停止工作。中共十一届三中全会以后，1980 年 7 月经陕西省人民政府批准（陕政发〔1980〕86 号），恢复了陕西省红十字会。在复会后的第一次会员代表大会上，陕西省政协主席谭文煦被选举为省红十字会第二任会长，并在 1984 年第三次和 1988 年第四次会员代表大会上继续担任陕西省红十字会会长。1994 年 8 月，陕西省红十字会四届三次理事扩大会议后，根据《陕西省红十字会组织规章》，先后聘请了白清才、程安东省长为名誉会长，先后选举了林季周、姜信真、范肖梅、赵德全、潘连生副省长为省红十字会会长。2000 年 4 月 7 日，陕西省红十字会第五次会员代表大会召开。大会全面总结了陕西省红十字会第四届理事会的工作，制定了 2000 至 2005 年发展规划，选举产生了由 56 名理事组成的新一届理事会，聘请了中共陕西省委书记李建国、省长程安东担任名誉会长，选举潘连生副省长担任会长，刘爱梅为常务副会长，耿庆义、赵玉哲为副会长，根据会长提名，决定张文来、杜小平先后担任秘书长。

【组织机构】

陕西省红十字会现有基层组织 409 个，团体会员单位 114 个，会员 38.9 万人。全省 10 个设区市均成立了红十字会，107 个县（市、区）中已有 88 个成立了红十字会。同时高等院校、煤矿、民航、武警、卫生等系统行业红十字会继续稳定发展。

2001 年 2 月，陕西省机构编制委员会下发了《关于理顺省红十字会管理体制的通知》（陕编发〔2001〕08 号），明确了陕西省红十字会机构实行单设，列入省委领导下的人民团体机构序列。2002 年 9 月，陕西省委办公厅下发了《陕西省红十字会机关职能配置、内设机构和人员编制的规定》（陕办字〔2002〕71 号），规定陕西省红十字会为副厅级建制，定编 13 人，机关内设办公室、事业发展部、赈济救护部三个部、室。2003 年 2 月，中共陕西省委组织部批复，同意成立陕西省红十字会党组。2003 年 6 月，中共陕西省委组织部、陕西省人事厅下发了《陕西省红十字会机关参照〈国家公务员暂行条例〉管理的实施办法》。

陕西省红十字会下辖中国红十字会西安

备灾救灾中心、中国造血干细胞捐献者资料库陕西管理中心2个直属事业单位，成立了陕西省红十字会健康检查中心。

【相关法规】

2002年5月20日，陕西省人民政府办公厅下发了《关于理顺市级红十字会管理体制的通知》。

2002年10月28日，陕西省人民政府批转了《省红十字会关于开展群众性现场救护培训工作意见的通知》。

2003年4月2日，陕西省第十届人民代表大会常务委员会第三次会议审议通过了《陕西省实施〈中华人民共和国红十字会法〉办法》。

【大型项目】

1. 1998年，陕西省红十字会为“三江流域”和省内特大水灾开展募捐，共募集救灾款物价值552万元，分别送往省内的陕南和湖北省水灾灾区。

2. 1999年，陕西省红十字会为省内陕南水灾灾区开展募捐，共募集救灾款物总价值391万元，分数批送往陕南灾区。

3. 2000年，陕西省红十字会为省内安康特大水灾灾区开展募捐，共募集救灾款物总价值390万元，分5次送往安康灾区。

4. 2002年，陕西省红十字会为省内特大水灾灾区开展募捐，共募集救灾款物总价值折合人民币1533万元，分8批及时送往灾区。在香港、深圳、北京市红十字会的支持下，投资280万元开展灾后重建工作，包括佛坪县佛坪中学，镇安县柴坪镇、月河乡，柞水县下梁乡，佛坪县岳坝乡，略阳县郭镇乡，宁陕县四亩地镇等6个乡镇卫生院，宁陕县四亩地镇50户灾民的灾后住房建设。

5. 2003年抗击“非典”工作中，陕西省红十字会共募集救助款物总价值125.04万元和名人书画长卷4幅，及时转赠到有关单位和个人。

6. 2003年，陕西省红十字会为省内特大水灾灾区开展募捐，共募集救灾款物总价值1540万元，分11批及时送往灾区。在香港特别行政区红十字会、北京市红十字会的支持下，投资122万元开展灾后重建工作，包括华阴市卫屿乡、华县下庙乡、镇安县红十字医院，石泉县银桥乡、洛南县巡检乡等卫生院的灾后重建。

7. 陕西省红十字会支援新疆维吾尔自治区雪灾灾区2万元，支援内蒙古自治区雪灾灾区2万元，支援青海省红十字会1万元。

【主要特色】

一、引进挪威投资，开展组织发展合作项目

在中国红十字会总会的关心和支持下，经过挪威国家红十字会一系列考察和论证，2003年，陕西省红十字会专职副会长赵玉哲与挪威红十字会项目官员格登·泰斯番共同签署了2003年至2005年三年《挪威红十字会陕西项目备忘录》。根据备忘录，确定宝鸡市以及陈仓区、千阳县，渭南市以及白水县、华阴市为项目市、县。挪威红十字会出资，一是为项目市配备工作用车，为项目市、县装修办公室，配备计算机、摄像机、照相机、办公桌椅及必要的办公设备，改善办公条件；二是举办组织发展、信息传播、现场救护、志愿者招募、灾害救助、社区服务、项目财务管理等培训班，进行能力建设培养。

第一个三年合作项目期间，挪威红十字

会共投资340万元人民币，极大地改善了项目市、县的办公条件，通过学习国外红十字会工作的新理念、新思维、新方法，能力建设有了很大提高，该合作项目受到了有关各方的一致好评。

二、开展“红十字博爱自驾游”活动

为纪念“五八”世界红十字日，使社会各界人士参与红十字会工作，了解红十字事业，更好地弘扬红十字精神，培养少年儿童互助友爱、热爱祖国的高尚情操，并通过企业冠名的方式，为红十字会筹集救助资金，陕西省红十字会通过自愿报名的方法，利用“五一”长假，组织30个家庭（共约120名成员），由父母带领8周岁以上的子女，自驾私家车，赴陕西省商洛市的部分区县（国家级贫困县），开展红十字扶贫帮困活动。活动主要内容是：在商洛市山区开展登山植树活动，种植“红十字博爱林”；参加活动的每个家庭通过当地红十字会联系，在商南县农村选择一个农户，向他们捐赠学习、生活用品，入住农户家中，体验农村生活，并自愿扶贫帮困“结对子”；请老红军讲革命史和革命烈士的故事；举办篝火晚会等联谊活动；游览当地风景区，并组织丹江漂流活动。

三、“红十字祛痨救助工程”

陕西省商洛市下辖的商州市属国家级贫困县，部分群众温饱问题尚未解决，更为严重的是商州市又是省内结核病高发区。全市有活动性结核病人1.2万人，其中传染源病人5300人，每年又有300例左右的新发病患者。原有的结核病人不能得到及时医治，新的传染源又不断蔓延，形成了因贫无法治病，因病无法脱贫，贫困再贫困的恶性循环，个别有结核病家族史的全家患病、甚至全家死亡。据此，陕西省红十字会和省结核病防治院联合对商州市重症肺结核病人实施扶贫帮困治疗活动。双方决定，一年内收治住院患者50例，省红十字会为每例患者提供800元资助，省结核病院减免检查、住院、治疗费用的30%。另选定20例病人实行家庭督导治疗，省红十字会为每例患者提供500元的治疗药品。该活动命名为“红十字祛痨救助工程”，取得了很好的社会效益。

四、“红十字甘露工程”

榆林市横山县堡山村属革命老区，是一个典型的国家级贫困山区。全村200多户、1000多人，祖祖辈辈无一分水田，人畜饮水要到3华里以外的深沟靠毛驴驮水。该村修建了200亩水平旱台梯田和蓄水池，但苦于资金无法落实，抽水工程无法实现。经考察，陕西省红十字会认为，建立一处抽水站，人畜饮水可彻底解决，旱台梯田的灌溉及群众温饱问题也可望解决。为此，陕西省红十字会资助人民币5万元，为堡山村修建了一处抽水站，命名为“红十字甘露工程”。同时，陕西省红十字会还出资1万元在宝鸡市麟游县修建了“红十字连心桥”，出资8000元在延安市子州县修建了“红十字爱民井”。

【显著业绩】

1999年，陕西省红十字会被中国红十字会总会评为’98“抗洪救灾先进集体”。

2002年，陕西省红十字会荣获中共陕西省委、陕西省人民政府“抗洪救灾先进集体”光荣称号。

2003年，陕西省红十字会荣获中共陕西省委、陕西省人民政府“抗击非典先进集体”光荣称号。

【年度工作】

2004 年，在中共陕西省委、陕西省政府及各有关部门的重视和支持下，在中国红十字会总会的关心和指导下，陕西省红十字会以“三个代表”重要思想为指导，紧紧围绕服务于陕西、建设西部经济强省和建设社会主义和谐社会的大局，勤奋努力，开拓创新，无私奉献，较好地完成了全年的各项工作任务。

一、五届二次理事会和常务理事会议召开

陕西省红十字会第五次会员代表大会暨五届一次理事会于 2000 年 4 月召开。多年来因故一直未召开过理事会，近年来，在中共陕西省委、省政府及省红十字会会长潘连生的支持和领导下，陕西省红十字事业有了长足的发展：省红十字会管理体制已经理顺，省会机关机构改革工作已经完成，初步建立了机关管理的正常模式；中共陕西省委、省人大、省政府先后出台了有关机关建设、资料库建设、初级卫生救护培训、理顺市级红十字会管理体制等多个重要文件和地方法规，有力地推动了陕西省红十字事业的发展；中华骨髓库陕西分库虽建库较晚，但起步快、起点高，发展迅速，成绩显著；初级卫生救护培训工作已经全面启动；救灾工作自 2000 年以来已募集救灾款物近 4000 万元人民币，被中共陕西省委、省人民政府授予“抗洪救灾”、“抗击非典”先进集体；挪威红十字会援助的组织发展合作项目进展顺利；市、县级红十字会组织建设工作初见成效；国际、国内的交流与合作日益增多。

2004 年 4 月，陕西省红十字会召开了五届二次理事会。会议总结、报告了五届一次理事会以来的工作，布置安排了 2004 年的工作任务，传达了中国红十字会 2004 年工作会议精神，增补和调整了理事会、常务理事会组成人员，通过了《陕西省红十字会会费收缴与管理办法》，陕西省红十字会会长潘连生作了重要讲话，部分市级红十字会进行了经验交流。会议简短，内容充实，达到了预期效果。

陕西省红十字会 8 月份召开了第五届理事会常务理事会议。执行委员会向常务理事报告了前半年工作和后半年工作设想以及需要常务理事协调解决的有关重大问题，审议通过了陕西省红十字会秘书长人选，潘连生会长出席会议并作了重要讲话。

二、中国红十字会成立 100 周年庆典暨系列活动

2004 年 3 月 10 日是中国红十字会成立 100 周年纪念日。为此，陕西省红十字会专门制定了百年庆典方案，并认真落实。一是 3 月 10 日陕西电视台对潘连生进行了专题采访，播发了中国红十字会的历史资料，介绍了陕西省红十字会的工作成就；二是筹资 6 万元在 3 月 10 日的《陕西日报》上制作专版，并陆续刊发了 6 篇系列专题采访和新闻报道稿件；三是组织编印了 1000 册“陕西省红十字会文件汇编”，收录了近年来中共陕西省委、省人大、省政府出台的关于陕西省红十字事业发展方面的政策性文件和地方法规；四是筹资 1 万元编印了 5000 份《发展中的陕西省红十字会》宣传画册；五是经联系和协商，陕西通网站免费为陕西省红十字会制作了 3 个宣传网页。同时向《中国红十字报》投稿，适时编发工作简报，与省内新闻媒体建立了良好的合作关系，有效地宣传了红十字事业，扩大了红十字会的社会影响。

三、灾后重建工作

自2002年抗洪救灾工作以来，陕西省红十字会使用香港、深圳、北京市红十字会共418万元的援助捐款，进行了水毁乡镇卫生院、学校的灾后重建工作。

2002年，重建佛坪中学教学大楼（100万元），宁陕四亩地灾民住房（50万元），镇安县柴坪中心卫生院（30万元），镇安月河卫生院、柞水下梁中心卫生院、略阳郭镇中心卫生院、宁陕四亩地中心卫生院、佛坪岳坝卫生院（116万元）均全部竣工，通过验收并投入使用。香港红十字会又捐款为这些卫生院配置了设备，如X光机、半自动生化分析仪、心电图、B超、手术床等，培训相关技术人员工作也顺利完成。2003年由香港红十字会援助102万元、北京市红十字会援助20万元，重建华阴卫屿、华县下庙卫生院和镇安县红十字会医院已投入使用，石泉银桥乡和洛南巡检镇卫生院已基本竣工，香港红十字会检查后非常满意。目前，由香港红十字会援建的4个灾后重建卫生院的设备配置和有关技术人员培训工作正在实施之中。

为做好灾后重建工作，省红十字会成立了灾后重建项目领导小组，聘请了工程技术人员，严格按照捐赠者的要求进行操作。2004年2月，还专题召开了有关市、县级红十字会灾后重建项目管理工作会议，根据捐赠者的要求，对新确定的灾后重建项目管理工作进行了布置和安排。由于分工明确，责任落实，管理到位，保证了重建项目的顺利进行，受到了捐赠者，特别是香港红十字会的好评。

四、中国造血干细胞捐献者资料库陕西分库建设

中国造血干细胞捐献者资料库陕西分库自2003年7月上旬正式运行以来，至2004年底，累计采集到15000多名志愿者的检测血样，完成了14236份血样的HLA检测任务。其中，2004年国家管理中心下达陕西分库检测任务6000份，实际完成7168份，超额完成1168份，并将所有完整的检测数据传送到国家管理中心，达到了资源共享的目的。同时，还为国家管理中心提供捐献初配型62例，移植成功11例。经过艰苦、耐心、细致的思想工作，实现了和患者配型一致的志愿捐献者捐献率达到100%。2004年12月27日，陕西省志愿捐献者马超在北京以全国第200位、陕西省第11位志愿捐献者的身份，从中国红十字会领导手中接过荣誉证书。

五、挪威援助陕西省项目合作

2004年，挪威援助陕西省的组织发展合作项目进入第二年，也是非常关键的一年。挪威红十字会已援助陕西省270万元人民币，用于项目市、县红十字会的组织发展、办公设备配置和红十字会干部的业务知识、工作技能培训。第一个三年合作协议将于2005年结束，陕西省红十字会正在努力争取第二个三年合作协议书的签订，以使该项目在陕西省其他市、县进一步扩展。在总结以往工作经验的基础上，陕西省红十字会重新调整了项目工作委员会组成人员，并在2004年4月份举办了项目协调员、灾害管理与卫生救护师资、项目筹资技巧三个培训班，此后又对项目财会人员进行了专项业务知识培训。由于真诚、友好的合作态度，扎实、务实的工作作风，该合作项目受到了挪威红十字会、中国红十字会总会以及其他兄弟省（市）红十字会的广泛好评，第二个

三年援助合作项目协议有望在2005年签订。

六、初级卫生救护培训工作启动

根据陕西省人民政府批转的省红十字会等15个部门“关于开展初级卫生救护培训工作的通知”和省物价局核准的收费标准，办理了初级卫生救护培训收费许可证，建立了收费专用账户，印制了统一的培训结业证件，完成了培训教材的编写和印刷工作，从而实现了陕西省初级卫生救护培训工作的四个统一，即统一教材、统一教学计划、统一考核、统一发证。目前，陕西省红十字会利用总会下拨的彩票公益金资金的支持，分别在西安、渭南、商洛、安康、宝鸡、汉中、铜川等7个市举办了7期初级卫生救护师资力量培训班，共为7个市级红十字会培训师资力量279名，为初级卫生救护培训工作在全省范围内的全面开展奠定了基础。同时，还为西安杨森制药集团、西安咸阳国际机场培训了师资，并与北京通城广告公司合作，在西安部分高校中培训卫生救护大学生师资400余名，还在培训高校中设立了红十字急救箱。在陕西省红十字会培训工作的推动下，省内部分市、县级红十字会初级卫生救护培训工作已开始启动。

陕西省红十字会是陕西省艾滋病防治领导小组成员单位之一。2004年，把艾滋病防治的宣传教育纳入高等院校培训内容之中，还参加了全省艾滋病防治工作会议并作了专题发言，参与了全省艾滋病防治的大型宣传月活动，布置安排了2005年的防治宣传工作，申报了防治宣传项目。

七、备灾、救灾和救助工作

2004年，陕西省虽然没有大的灾情发生，但陕西省红十字会始终把备灾、救灾和救助纳入日常工作，随时做好救灾的准备工作。年初，省红十字会在渭南市举办了救灾、备灾干部培训班，7月份在省电视台制作专题节目招募志愿工作者，并制定了紧急救灾预案，准备了第一批价值20万元的救灾物资，随时可以送往灾区。

在备灾工作中，陕西省部分高校尝试开展了毕业生的被服回收工作，开展了“捐献一元钱、奉献一份爱心”的大学生社会募捐活动。经联系，天津元亨集团捐赠了价值40万元的心脏病救助爱心卡。陕西省红十字会还与西安海关签订了海关罚没物资定向捐赠的“合作备忘录”，海关向省红十字会移交了首批罚没的300双假冒阿迪达斯运动鞋。在西安地区设立了8个红十字募捐箱。陕西省红十字会“红十字救助基金”筹资活动开始启动。

在社会救助工作中，陕西省红十字会引进了美国中华民族基金会定向捐款10万元，为山阳县十里铺任村小学修建校舍，出资1.62万元资助山阳县80名特困小学生完成了学业；德国华人陈尼美定向捐款5000元，资助陕西特困学生李淑梅完成了学业；近百万元的2004年度“红十字博爱送万家”救助物资送往省内商洛、安康市的困难群众手中。

2004年末，印度洋突发大地震和海啸灾难。灾难发生后，陕西省红十字会立即开展了大规模的社会募捐活动，在陕西、西安电视台，各大新闻媒体发布公告，全省红十字系统共收到捐款234万元。

八、组织建设工作

为了进一步摸清陕西省各级红十字会的组织建设情况，年初，省红十字会向各市红十字会下发了“组织发展情况调查摸底表”，基本掌握了陕西省基层红十字会的组织建设情况。为了尽快理顺市级红十字会管理体制，专门致函陕西省10个市的市委书记，请他们依照有关法律、法规的规定，支持、协调理顺市级红十字会管理体制工作。8至9月份，省红十字会常务副会长刘爱梅、专职副会长赵玉哲专程赴部分市、县，了解、督促落实市、县级红十字会理顺管理体制工作。为了配合中国红十字会总会在陕西省开展的“如何理顺县级红十字会管理体制调研工作”，省红十字会组织人员分别赴商洛、宝鸡、铜川和延安市，洛南、陈仓、眉县、耀县、子长、宝塔等8个区、县进行了专题调研，并形成了调研报告上报中国红十字会总会。2004年，商洛市红十字会的理顺管理体制工作已经完成，西安市红十字会理顺管理体制条件已基本成熟，韩城、浦城、商南、镇坪4个县已为红十字会下达编制，其余市和部分县级红十字会的理顺管理体制工作正在进行之中。

2004年，陕西省红十字会批准西安咸阳国际机场成立行业红十字会，并接收为陕西省红十字会的团体会员单位，批准成立了“陕西省红十字会老年志愿者工作站”，为陕西省红十字会直属基层组织，申报成立了“陕西省红十字会健康检查中心”，该中心为省红十字会直属公益性事业单位，目前已正式开业。

九、建立和健全各项管理制度

2003年，陕西省红十字会机构改革工作完成之后，初步建立了一些机关管理制度。2004年，省红十字会把建立和健全机关管理制度当作一项重要工作，会领导亲自参与起草和修订。经过反复讨论和修改，陕西省红十字会“日常工作管理制度”、“会议制度”、“财务管理制度”、“文档管理制度”、“公文传阅程序”、“车辆管理制度”、“安全保卫工作制度”等12项规章制度经会长办公会讨论通过并下发执行，为省红十字会机关的管理工作制度化、正规化奠定了良好的基础。

十、红十字会网站正式开通

经过近一年来的精心策划、资料准备和多方协调，2004年年底，陕西省红十字会网站正式开通。网站形式新颖，内容充实，共分7个版面块，即：“走进红会”、“政策法规”、“新闻中心”、“在线咨询”、“资料下载”、“网上捐献”、“功德榜”等。陕西省红十字会网站的正式开通，为省红十字会对外宣传工作提供了一个快速、有效的阵地，为红十字会在更大范围内的对外交流、沟通与合作提供了一个平台，为社会各界广泛了解和支持红十字事业架起了一座新的桥梁。

十一、筹建陕西省红十字会办公楼和中华骨髓库陕西分库综合实验楼

经陕西省发展计划委员会批准立项，兴建省红十字会办公楼和中华骨髓库陕西分库综合实验楼。陕西省红十字成立了基建办公室，开始进行前期准备工作。

（王安永）

附录：

陕西省实施《中华人民共和国红十字会法》办法

（2003 年 4 月 2 日经陕西省第十届人民代表大会常务委员会第三次会议通过）

第一条 为实施《中华人民共和国红十字会法》，结合本省实际，制定本办法。

第二条 本省行政区域内红十字会工作及其相关活动，适用本办法。

第三条 县级以上地方红十字会是中国红十字会的地方组织，是从事人道主义工作的社会救助团体，具有社会团体法人资格，依照《中华人民共和国红十字会法》、本办法和中国红十字会章程的规定，单独设置，独立自主地开展工作。

第四条 县级以上按行政区域建立地方各级红十字会，根据实际工作需要配备专职工作人员。

本省行业根据需要可以依法设立行业红十字会。

乡（镇）、街道、企业事业单位和学校可以建立基层红十字会。

第五条 上级红十字会指导下级红十字会工作，行业红十字会同时接受本级地方红十字会的指导。

第六条 各级人民政府应当支持红十字会独立自主地开展工作，保障红十字会依法履行职责。

全社会都应当关心和支持红十字事业。

第七条 县级以上地方红十字会的日常经费列入本级财政预算，予以保证；所需专项经费由本级人民政府根据实际情况确定。

第八条 承认中国红十字会章程并缴纳会费的公民，可以自愿申请加入红十字会，成为红十字会会员。

单位集体加入红十字会的，为红十字会团体会员。

第九条 县级以上地方红十字会会员代表大会每五年召开一次。

县级以上地方红十字会理事会由会员代表大会民主选举产生。理事会民主选举产生会长和副会长，根据会长提名决定秘书长。

县级以上地方红十字会理事会可以聘请名誉会长、名誉副会长。

会员代表大会闭会期间，由理事会执行会员代表大会决议。理事会向会员代表大会负责并报告工作，接受其监督。

第十条 红十字会可以吸收热心红十字事业、志愿参加红十字会活动的社会各界人士为红十字会志愿工作者，协助红十字会开展人道主义服务工作。

第十一条 红十字会使用白底红十字标志。红十字标志的使用范围和管理办法依照《中华人民共和国红十字标志使用办法》的规定执行。

第十二条 红十字会履行下列职责：

（一）宣传、组织实施《中华人民共和国红十字会法》和本办法；

（二）开展救灾的准备工作，为救灾和救助常年开展社会募捐，争取、接受国内外组织和个人的捐赠；

（三）在自然灾害和突发事件中，对伤病人员和其他受害者进行救助，组织群众参加现场救护；

（四）制定、实施本地区群众性现场初级救护培训规划，普及卫生救护和防病知识，参与防治艾滋病等的宣传教育工作；

（五）参与、推动无偿献血工作，开展骨髓、器官、遗体自愿捐献的宣传、组织和有关资料数据的储存、检索工作；

（六）开展红十字青少年活动，组织青少年为孤寡老人、残疾人和其他需要救助的人员服务；

（七）依据中国红十字会章程吸收会员，发展组织；

（八）受中国红十字会总会委派，参加国际人道主义救援工作；

（九）承办同级人民政府和上级红十字会委托的相关事宜；

（十）依照红十字会宗旨开展其他人道主义服务活动。

第十三条 根据中国红十字会总会的安排和国家有关规定，省红十字会发展同香港特别行政区红十字会、澳门特别行政区红十字会、台湾地区红十字组织以及国外地方红十字会与红新月会的友好合作关系。

第十四条 县级以上地方红十字会按照国家有关规定可以设立红十字救助基金。

第十五条 红十字会接受用于救助和公益事业的捐赠款物，按照国家有关规定享受减税、免税的优惠待遇。

海关、出入境检验检疫部门对境外捐赠的救灾物资，应当优先办理入境手续。

第十六条 企业事业单位、社会团体和个人等社会力量，通过县级以上地方红十字会组织向红十字事业的捐赠，在计算缴纳企业所得税和个人所得税时按规定全额扣除。

第十七条 红十字会可以兴办与其宗旨相符的社会福利事业，并按照国家有关规定享受税收优惠待遇。

各级人民政府对红十字会兴办的与其宗旨相符的社会福利事业，应当给予扶持。

第十八条 在自然灾害和突发事件中，执行救助任务并佩戴红十字标志的人员有优先使用公用通讯工具的权利；执行救助任务并佩戴红十字标志的人员、标有红十字标志的物资和交通工具有优先通行的权利。

依法标有红十字标志的公务用车，经省交通行政部门核定，免缴养路费、过路费、过桥费和高速公路通行费等费用。

第十九条 文化、广播电视、新闻出版等部门应当组织有关单位和新闻媒介开展红十字会法律、法规和人道主义救助的宣传活动。

第二十条 县级以上地方红十字会为开展备灾、救灾和救助工作，可以在本地区内进行社会募捐活动，组织义演、义卖，在机场、车站、宾馆等公共场所设置红十字募捐箱。有关部门和单位应当予以协助和支持。

第二十一条 县级以上地方红十字会的备灾、救灾和救助工作，应当遵守中国红十字会有关自然灾害和突发事件的救助规则；分配和发放捐赠款物，应当尊重捐赠者的意愿。对不适合救助对象需要的定向募捐物资，经征得捐赠者同意，可以进行调剂，用于其他救助活动。

救灾工作结束后的剩余款物，可以用于灾区恢复重建工作或者转为红十字会的备灾款物。

第二十二条 红十字会财产受法律保护，任何组织和个人不得侵占、截留和挪用。

第二十三条 县级以上地方红十字会应当建立健全经费、财产、募捐款物等各项管理制度，接受同级财政和审计部门对经费收支情况的检查监督；捐赠款物的发放情况，接受捐赠者的监督。

第二十四条　各级人民政府和红十字会对在红十字事业中做出突出贡献的组织和个人应当给予表彰、奖励。

第二十五条　红十字会工作人员违反本办法规定滥用职权、玩忽职守、徇私舞弊以及侵占、截留、挪用、私分捐赠款物的，按照有关规定给予处分；构成犯罪的，依法追究刑事责任。

第二十六条　对违反《中华人民共和国红十字会法》、《中华人民共和国红十字标志使用办法》和本办法的行为，红十字会有权予以制止，并可提请同级人民政府依法处理或者向人民法院提起诉讼。

第二十七条　本办法自公布之日起施行。

甘肃省红十字

【历史沿革】

在1985年甘肃省红十字会正式成立以前，甘肃省就已开展了红十字活动。1937年，平凉县成立了中国红十字会平凉分会，为因战争和贫困造成的伤病人员及遗弃孤儿开展了大量的人道主义救助工作。1946年、1949年，定西、兰州又分别成立了中国红十字会定西分会和兰州分会。1985年7月6日经甘肃省人民政府批准，甘肃省红十字会正式成立，开始了甘肃省红十字事业发展的新纪元，使甘肃省红十字事业进入了一个新的发展阶段。20年来，甘肃省红十字会在组织建设、赈灾救济、社会救助、普及卫生救护和防病知识、红十字青少年工作、推动无偿献血、传播国际人道法和红十字基本知识等方面取得了显著成绩。近几年来，省红十字会在拓宽人道主义服务领域方面做了大量工作。2001至2004年，甘肃省红十字会共争取到天津市红十字会和3位香港友人的援助资金150多万元，在定西、天水、白银、庆阳4市新建博爱小学8所，乡镇卫生院1所。

2004年12月27日，甘肃省红十字会第四次会员代表大会召开。中共甘肃省委书记、省人大大常委会主任苏荣向大会发来了贺信。中共甘肃省委副书记、省长陆浩，中国红十字会常务副会长江亦曼等出席了大会。大会全面总结了甘肃省红十字会第三届理事会的工作，制定了2005至2009年发展规划，选举产生了由86名理事组成的新一届理事会，聘请陆浩为甘肃省红十字会名誉会长，省人大常委会副主任石作峰、省政协副主席周宣兴为甘肃省红十字名誉副会长，副省长李膺当选为会长，李玉堂当选为专职副会长，李存文、陆代森、张和平、王幸、李贵富、焦建民当选为副会长，根据会长提名决定陈瑞铭为秘书长。

甘肃省红十字会历次代表大会一览表

届次	日期	代表人数	理事人数	常务理事人数	名誉会长	会长	专职（常务）副会长
每一次	1985.07.06		17			李屺阳	傅唯一
第二次	1990.11.13	92	44	10	马玉海 张学忠 陈剑虹	李屺阳	洪惠民 梁淑凤
第三次	1994.06.23	141	55	12	李屺阳	陈绮玲	刘克玲 梁世章
第四次	2005.12.27	251	86	15	陆　浩	李　膺	李玉堂

【组织机构】

甘肃省红十字会现有基层组织1635个，会员30.13万人（其中青少年会员14.234万人）。全省14个市、州建立了红十字会组织，86个县（市、区）中有76个建立了红十字会组织，兰州铁路局、武警甘肃总队卫生系统也建立了行业红十字会。

根据《中华人民共和国红十字会法》和中国红十字会总会《理顺管理体制座谈会纪要》精神，2003年12月，在省委、省政府的重视关心下，省机构编制委员会下发了“理顺省红十字会管理体制的通知”，决定甘肃省红十字会由省卫生厅代管改由省政府领导直接联系，机构单独设置，人员编制增加到13名，核定副厅级专职副会长1名，处级领导职数5名，内设办公室、组织宣教处、赈济救护处，甘肃省红十字会理顺管理体制为发展甘肃省的红十字事业提供了体制上的保证。

【相关法规】

1. 2002年4月，甘肃省红十字会与省公安、民政、建设、交通、教育、贸经、卫生、旅游、安监、铁路、民航、电力等厅、局联合下发了《甘肃省红十字会贯彻〈中国红十字会关于深入开展救护工作的意见〉的实施意见》。

2. 2002年9月，甘肃省红十字会与省卫生、司法、公安、财政、民政、教育、国土资源、广电等厅、局联合下发了《甘肃省遗体捐献暂行管理办法》。之后，甘肃省红十字会和省卫生厅又联合下发了《关于做好遗体捐献工作有关事宜的通知》。

3. 2005年5月24日，甘肃省人民政府办公厅下发了《甘肃省人民政府办公厅转发省红十字会关于进一步加强红十字会工作意见的通知》（甘政办发〔2005〕65号）。

4. 2005年7月29日，甘肃省第十届人民代表大会常务委员会第十七次会议审议通过了《甘肃省实施〈中华人民共和国红十字会法〉办法》。

【大型项目】

（一）参与国内、国际间的救灾援助

1. 1998年，为“三江流域”水灾开展募捐，共筹集款物价值200多万元，支援了内蒙古、湖北等省、区救灾工作。

2. 2004年底，印度洋地震、海啸灾害发生后，甘肃省红十字会积极响应中国红十字会总会发出的紧急募捐号召，严格按照中国红十字会总会《关于规范红十字会系统开展对印度洋海啸灾区捐赠活动的通知》的要求，接受总会的统一领导，有组织，有计划，紧张、规范、有序地开展了为印度洋地震海啸灾区的募捐活动。在这次社会募捐活动中，全省红十字会共计收到集体和个人捐款1575900.95元，创造了甘肃省红十字会建会以来赈灾募捐工作的最高记录。

（二）对省内受灾地区的救助

1.1990年，甘肃省古浪、景泰、天祝三县交界处发生6.2级地震，直接经济损失1.5亿元，省红十字会紧急开展救助和募捐活动，共筹集现金13万元、衣服83657件（套）、6万斤粮票，对灾区实施了救助。

2.1995年，甘肃省永登县发生5.2级地震，省红十字会以及兰州、天水、平凉、定西、陇南、庆阳等市红十字会和兰化公司红十字会立即行动，募捐衣被、帐篷、药品、食品等送往灾区救助灾民。

3.2000年，甘肃省宕昌县遭受百年不遇的特大洪水、泥石流灾害，景泰县发生5.9级地震，灾情发生后，省红十字会筹集了价值156万元的救灾物资运往灾区。

4.2001年，甘肃省岷县、礼县等6县发生特大洪涝灾害，省红十字会紧急筹集了价值45万元的救灾物资对灾区实施救助。

5.2002年，甘肃省部分市、县发生严重的冰雹、洪涝等自然灾害，省红十字会通过各种渠道积极开展了募集救灾物资的工作，先后为7县（区）的23个乡镇受灾群众提供了总价值78.6万元的生活必需品和救灾物资，受益人口为15.7万人。

6.2003年，甘肃省民乐、山丹地区发生6.2级的地震，省红十字会在中国红十字会总会、红十字会与红新月会国际联合会的支持下，共接受400多万元的捐款和物资，并及时发往灾区。

7.2003年，“非典”期间，甘肃省红十字会开展接受社会捐赠工作，期间共接受社会各界捐助款物折合人民币420.33万元，所有物资按有关规定及时下发到“防非”工作第一线。

8.2005年，甘肃省定西、甘南、陇南、天水、平凉、白银、兰州、庆阳等地先后遭受了大范围的强冰雹和暴雨的袭击，致使部分地区发生泥石流、洪水和滑坡灾害。灾情发生后，省红十字会在第一时间迅速将价值341200元的救灾物资送往灾区，缓解了灾区部分群众生活困难。

（三）合作项目

1.1999至2004年，甘肃省红十字会与加拿大红十字会合作，利用加拿大红十字会援助的12万加元和省内配套资金，在定西市、白银市的6个乡卫生院开展卫生项目，培训卫生院业务人员及村医96人，配备医疗设备120件（套），改建农村卫生厕所364所。

2.2001至2003年，甘肃省红十字会与加拿大红十字会合作，在清水县、徽县、武山县开展白内障复明项目，免费为贫困家庭的白内障患者做复明手术804例。

3.2002至2003年，甘肃省红十字会与加拿大红十字会合作，在兰州、白银、定西、天水4市开展艾滋病预防项目。共举办艾滋病预防培训班10期（其中师资培训班1期，青年同伴教育培训班4期，红十字会骨干培训班1期，戒毒人员培训班4期），共培训348人。

4.2005年，甘肃省红丨字会争取到了由中国红十字基金会和天津天狮集团共同创建的“天狮爱心基金”20 万元和省内配套资金，在礼县白河乡石冲村新建“天狮博爱小学”1 所。

【主要特色】

2001 至 2004 年，甘肃省红十字会共争取到天津市红十字会和 3 位香港友人的援助资金 150 多万元，在定西、天水、白银、庆阳 4 市新建博爱小学 8 所，乡卫生院 1 所。

2001 年以来，甘肃省红十字会还积极为 8 所受援乡村中、小学校牵线搭桥，使这部分中、小学校与天津、香港特别行政区的部分学校开展了手拉手助学活动。活动中，天津、香港特别行政区的部分学校捐赠了价值 31 万元的电脑、打印机、电视机、VCD 等教学设备，使边远山区的孩子们增长了见识，培养了他们关心社会、奉献爱心的人道主义精神。

【显著业绩】

2004 年，甘肃省兰州市、嘉峪关市被评为全国无偿献血先进城市；兰州市苏海杰、金昌市周欣荣获无偿献血奉献奖金奖。

2005 年 7 月，甘肃省定西市人民医院护理部主任王亚丽荣获“南丁格尔”奖章。成为甘肃省首位“南丁格尔”奖章获得者。中共甘肃省委书记苏荣，省长、省红十字会名誉会长陆浩，副省长兼省红十字会会长李膺亲切接见了载誉归来的王亚丽。

【年度工作】

2004 年，甘肃省红十字会在中共甘肃省委、省政府和中国红十字会总会的关心、支持、领导下，以“三个代表”重要思想为指导，按照科学发展观的要求，认真贯彻中国红十字会第八次会员代表大会精神，团结进取、务实创新，圆满地完成了年度各项工作任务。

（一）组织建设工作

甘肃省红十字会认真贯彻中国红十字会七届三次理事会议精神，把理顺甘肃省红十字会管理体制、依法建会、依法兴会作为重点工作来抓。为落实甘肃省机构编制委员会 2003 年月 12 月下发的《关于印发〈甘肃省红十字会职能配置、机构设置和人员编制的方案〉的通知》精神，经过近一年的努力，于 2004 年 12 月底召开了甘肃省红十字会第四次会员代表大会，选举产生了新一届理事会领导集体，同时理顺了省红十字会管理体制。

《甘肃省实施〈中华人民共和国红十字会法〉办法》列入甘肃省人大 2005 年立法计划。

（二）宣传工作

甘肃省红十字会按照中国红十字会总会的要求，围绕“纪念中国红十字会诞辰百年”、“五八”世界红十字日和各项业务工作开展了形式多样的宣传活动。

1. 组织开展了“纪念中国红十字会诞辰百年”、“五八”世界红十字日宣传活动。甘肃省红十字会从 2004 年年初开始，在全省范围内开展了“纪念中国红十字会诞辰百年”、“五八”世界红十字日等系列宣传活动。各级红十字会利用多种形式宣传了中国红十字会建会百年来和甘肃省红十字会建会以来，在人道救助领域做出的卓越贡献，以开展讲座和办培训班的形式传播国际人道法和红十字运动基本知识，收到了良好的宣传效果。

2. 结合业务工作开展宣传活动。2004 年，甘肃省红十字会在开展各项业务工作的同时，始终与新闻媒体保持着密切的联系。在开展一些影响大的如接受社会捐赠、造血干细胞捐献、“红十字博爱送万家”等活动时，都通过中央和省级媒体进行宣传报道，扩大了社会影响。

3. 6 月 14 日，甘肃省红十字会与省卫生厅、省红十字血液中心等部门在兰州市东方红广场联合举办了“世界无偿献血日”大型宣传活动，向广大群众散发无偿献血宣传资料，开展形式多样的无偿献血宣传活动。

4. 12 月 1 日，甘肃省红十字会与省卫生厅等 11 个单位、部门在兰州市东方红广场联合举办了“世界艾滋病日”大型宣传活动，进一步提高了公众预防艾滋病的意识。

5. 编印《红十字工作简报》11 期。

（三）备灾救灾工作

在备灾救灾工作中，甘肃省红十字会按照《中国红十字会自然灾害和突发事件救助规则》的要求，不断提高备灾、救灾工作水平。

1. 甘肃省红十字会于年初下发文件要求全省各级红十字会开展筹措救灾款物活动，并多次到有关单位进行劝募。2004 年 5 月，省红十字会在天水市举办了全省备灾、救灾工作培训班，14 个市、州红十字会专兼职干部参加了培训，提高了救灾、备灾工作的管理水平。

2. 白银、兰州、定西、临夏、庆阳、天水、陇南 7 个市（州）315 万亩农田遭受重旱。夏初，省内部分地区发生了 81 次暴洪灾害，造成 28 人死亡，直接经济损失 3. 9 亿元。省红十字会及时开展救灾活动，通过在全省范围内组织募捐，向兄弟省（市）呼吁捐助，共筹集到 148 万元救灾款物，使 34000 名受灾群众受益。

（四）社会救助与社会服务活动

在 2004 年 1 月开展的“红十字博爱送万家”活动中，甘肃省红十字会以当年受灾较重的 4 个市的困难群众和城市特困职工为发放对象，发放了总价值 84. 536 万元的救助物资，受益群众 23612 人次。春节前，甘肃省红十字会、兰州市红十字会工作人员携带 1 万多元的慰问品看望了兰州市儿童福利院的 250 名孤残儿童，省红十字会还慰问了两当疗养院的 50 名麻风病疗养员，为他们送去了价值 5 万元的慰问品。

（五）卫生救护工作

甘肃省红十字会始终把开展群众性的卫生救护培训工作作为一项重点内容来抓。

1. 全省 2004 年度共培训初级卫生救护员 1200 名，为其他有关部门、单位培训初级卫生救护员 110 名。

甘肃省红十字会为有专职工作人员的 6 个市红十字会配发了价值 10 万元的救护培训用的模拟人等教具、器材，为全省 14 个市、州红十字会配发救护培训教学挂图各 2 套。

2. 承办了总会西北五省（区）救护师资培训班 4 期，为西北地区培训救护师资 128 名。

3. 举办了彩票公益金项目甘肃省救护师资培训班 2 期，培训救护师资 65 名。

（六）红十字青少年工作

甘肃省各级红十字会依照《学校红十字会规则》，把开展红十字青少年活动与学校的素质教育有机结合起来，受到了教育部门和学生的普遍欢迎。

1. 2004 年 7 月份，甘肃省红十字会举办了一期跨越甘肃、宁夏、内蒙古三省（区）的夏令营活动。参加活动的 40 名营员是通过各级红十字会推荐、选拔出的品学兼优的中学生。组织营员开展了红十字知识竞赛、卫生救护培训、文艺表演等活动，还参观了八路军驻兰州办事处，对营员们进行了爱国主义教育。

2. 通过省红十字会与香港佛教孔仙洲纪念中学牵线搭桥，在甘肃省秦安县、清水县4所中学开展了红十字青少年手拉手活动，孔仙洲纪念中学为4所中学捐赠了价值10万余元的电脑、电视机、VCD等教学仪器。

3. 指导市、州红十字会在中、小学校的红十字青少年组织开展宣传红十字运动基本知识和社区服务活动。

（七）遗体捐献工作

根据《甘肃省遗体捐献暂行管理办法》和《关于做好遗体捐献工作有关事宜的通知》，全年共有307人办理了遗体捐献登记手续，省红十字会为捐献者颁发了捐献纪念证和捐献卡，53人实现了捐献愿望。

（八）中国造血干细胞捐献者资料库甘肃分库建设

甘肃省红十字会和部分市、州红十字会在各献血点、高等院校和有关单位组织了8次较大影响的宣传、动员、采样活动。2004年10月14日，甘肃大学生造血干细胞志愿捐献活动在西北师范大学中心广场正式启动，兰州大学、甘肃理工大学、甘肃交通大学、兰州医学院、甘肃中医学院等在兰州的10所大学都积极参加。全年完成采集血样2350人份，按要求全部送往河南省血液中心，完成上传资料971人份。

（九）无偿献血工作

甘肃省红十字会充分借鉴国内外无偿献血先进经验，以简化无偿献血程序，加强流动采血车采血等措施，推动无偿献血工作。2004年，无偿献血工作取得了可喜成绩，兰州市、嘉峪关市被评为全国无偿献血先进城市，兰州市的苏海杰、金昌市的周欣荣获无偿献血奉献奖金奖，全省无偿献血量达到总献血量的70%以上。

（十）项目工作

甘肃省红十字会严格按照项目管理要求，项目工作开展顺利。

1. 开展了白内障扶贫项目。在香港友人汤金成先生和加拿大红十字会的援助下，为华亭县、静宁县、武山县341名贫困白内障患者的350只眼睛免费实施了复明手术。

2. 由香港友人陈惠资女士捐赠45万元、甘肃省红十字会配套资金24万元，在合水县太白乡援建了一所砖混结构的卫生院，总建筑面积400平方米。在通渭县襄南乡援建了一所砖混结构、建筑面积为525平方米的6年制小学。

（十一）其他工作

1. 甘肃省建立了6个社区红十字服务示范点。

2. 在全省护理界开展了南丁格尔奖评选推荐工作。

（陈瑞铭）

附录：

甘肃省实施《中华人民共和国红十字会法》办法

（2005年7月29日省十届人大常委会第十七次会议通过）

第一条 根据《中华人民共和国红十字会法》，结合本省实际，制定本办法。

第二条 县级以上按行政区域建立的红

十字会是中国红十字会的地方组织，是从事人道主义工作的社会救助团体，具有社会团体法人资格，独立自主地开展工作。

全省性行业根据需要，可以建立行业红十字会。

上级红十字会指导下级红十字会和同级行业红十字会的工作。

第三条　县级以上人民政府要依法保障同级红十字会的工作经费，对红十字会开展的人道主义活动专项经费给予支持。

第四条　县级以上红十字会设置独立的办事机构，配备专职工作人员。

第五条　公民可以自愿申请加入红十字会，为红十字会个人会员。

机关、企业事业单位及有关团体加入红十字会的，为红十字会团体会员。

热心人道主义事业并自愿协助红十字会工作的社会各界人士，可以成为红十字会的志愿工作者。

第六条　县级以上红十字会应当根据同级人民政府制订的备灾救灾和突发事件的应急预案，建立红十字会系统的备灾救灾网络，根据条件建立备灾救灾仓库，筹措、储备救灾救助款物，对自然灾害和突发事件中的伤病人员和其他受害者进行救助。

第七条　各级红十字会应当结合本地实际普及卫生救护和防病知识，开展群众性卫生救护培训，提高群众自救互救能力。

第八条　各级红十字会应当推动自愿捐献遗体（器官）工作和开展捐献造血干细胞的动员、宣传、组织和数据检索工作。

各级红十字会应当依法参与输血献血工作，推动无偿献血；开展艾滋病防治的宣传、教育以及关怀艾滋病患者和感染者的工作。

第九条　各级红十字会应当与教育部门配合，根据青少年的特点，开展体现红十字人道主义精神的教育和实践活动，提高青少年的人道主义意识。

第十条　各级红十字会应当组织红十字会会员和志愿工作者为社区中的鳏寡孤独、残疾人员等提供人道主义服务。

第十一条　红十字会经费的主要来源：（一）红十字会会员缴纳的会费；（二）接受国（境）内外组织和个人捐赠的款物；（三）红十字会的动产和不动产收入；（四）会员单位或者理事单位的资助；（五）人民政府的拨款；（六）其他合法收入。

第十二条　红十字会向同级人民政府报告后，可以进行募捐活动。

第十三条　红十字会有权接收和处理国（境）内外组织或者个人所捐赠的款物，在处理捐赠款物时，应当尊重捐赠者的意愿，并向捐赠者通报情况。

第十四条　红十字会对募捐的物资不适应救助需要的，经征得捐赠者同意，可以进行拍卖，所得款项仍用于原救助对象。

第十五条　红十字会接受国（境）外捐赠的或者用于救助和公益事业的物资，海关、税务、检验检疫、交通等部门应当按照国家规定优先办理有关手续，并依法予以减免税和减免其他费用。

单位和个人向红十字会捐赠款物，捐赠者按照国家有关规定享受减税、免税待遇。

第十六条　红十字会依法兴办的与其宗旨相符的社会福利事业，按照国家规定享受有关优惠政策。

第十七条　红十字会在执行救灾、救护任务和处理突发事件时，交通、铁路、民航部门应当对运送标有红十字标志的救灾人员、物资和车辆，优先安排、优先通行，并免收公路车辆通行费。

县级以上红十字会配备的工作用车，经省交通主管部门核定，免缴公路养路费。

第十八条 文化、广播、电视、报刊等有关部门、单位应当宣传红十字会法律、法规，对红十字会组织开展的人道主义宣传活动给予配合支持。

第十九条 各级红十字会应当建立健全经费、财产、募捐款物管理制度，每年向理事会报告其经费和财产的来源和使用情况，其财务应当专户专账独立核算，并接受同级政府审计和财政部门的监督。重大灾情和突发事件的救助款物使用情况应向社会公布。

上级红十字会对下级红十字会专项经费、专用物资和募捐款物的使用情况，进行定期检查监督。

第二十条 任何单位和个人不得擅自使用红十字标志。

医院、血站等企业事业单位以红十字会命名或者冠以红十字名称的，应当经省红十字会批准。

第二十一条 对擅自使用红十字标志的单位和个人，按照《中华人民共和国红十字标志使用办法》的有关规定处理。

第二十二条 任何单位和个人不得拒绝、妨碍、阻挠红十字会工作人员依法履行职责。

红十字会的经费和财产受法律保护，任何组织和个人不得侵占和挪用。对侵占和挪用红十字会经费和财产的，由同级人民政府责令限期退赔，并对直接责任人员由所在单位或者上级主管部门给予行政处分；构成犯罪的，依法追究刑事责任。

第二十三条 红十字会工作人员应当依法履行职责，对徇私舞弊、玩忽职守、索贿受贿、贪污挪用备灾救灾款物的，由直接责任人员所在单位或者同级人民政府有关部门给予行政处分；构成犯罪的，依法追究刑事责任。

第二十四条 本办法自2005年10月1日起施行。

青海省红十字会

【历史沿革】

1981年9月17日，中国红十字会青海分会恢复，与中华医学会青海分会合署办公，无专职工作人员，会务由秘书长监管。1984年7月1日，中国红十字会青海分会接中国红十字会总会通知，经青海省人民政府批准，更名为青海省红十字会。8月23日，青海省编制委员会批准青海省红十字会设专职工作人员2名，挂靠青海省医药卫生学会联合办公。1998年3月，省红十字会配备了专职副会长，同年8月，省委、省政府为加速青海红十字事业的发展，依法理顺了青海省红十字会的管理体制，批准青海省红十字会为直属省政府领导的、独立的厅级机构，机关内设办公室、救灾赈济部、宣传救护部，列人员编制17名。同年10月，省编委又批复了“青海省红十字会备灾救灾培训中心”、“青海省中心血站”的机构和编制。1999年5月，省红十字会召开了第三次全省会员代表大会，选举中共青海省委副书记、省纪委书记白玛为会长、尼玛为常务副会长，并产生了由88位理事组成的第六届理事会；在2003年1月召开的青海省红十字会六届二次理事会上，由于工作变动部分理事进行了调整，白玛不再担任会长，选举青海省副省长邓本太为会长；目前，理事会由101人理事组成。

2002年，青海省红十字会根据中共青海省委、省政府关于“社团机构改革”的通知精神，结合红十字会工作逐渐向建设造血干细胞捐献者资料库、参与社区服务、推动无偿献血及推进国际交往与合作等领域拓展，并以加强机关工作职能为目标，顺利完成了青海省红十字会的机构改革工作。根据中共青海省委、省政府下发的机构改革方案，省红十字会机关内设部（室）及职能得到了进一步加强，内设部室由原来的3个增加到5个，即办公室、宣传救护部、救灾赈济部、联络部和机关党委，人员编制由原来的17人增加到22人；将下属单位“青海省红十字会备灾救灾培训中心”更名为“青海省红十字会备灾救灾中心”。

2002年1月，《青海省实施〈中华人民共和国红十字会法〉办法》的颁布施行，为青海红十字事业的健康快速发展提供了强有力的法律、法规保障。“实施办法”颁布施行后，海西州及部分所辖县和海东地区的互助县按“实施办法”有关规定，分别设立了两级红十字会的日常办事机构，并配备了专职工作人员。

【组织机构】

1998年以前，由于青海省红十字会的机构未独立（挂靠在省卫生厅），在历次大的自然灾害中，失去了许多得到国内外援助的机会。1998年，中共青海省委、省政府依法理顺省红十字会管理体制，批准青海省红十字会为直属省政府领导的独立机构。目前，青海省县级以上按行政区域全部建立了红十字会地方组织，基层组织由1998年的129个发展到现在的750个，增长了5.8倍，会员由3万多人发展到现在的10万余人，增长了3.3倍。青海省红十字会机关内设办公室、宣传救护部、救灾赈济部、联络部和机关党委，人员编制22人，下设“青海省红十字会备灾救灾中心”。

【相关法规】

2002年1月11日，《青海省实施〈中华人民共和国红十字会法〉办法》经省九届人大常委会第二十八次会议审议通过，并于4月1日起正式施行。这部“实施办法”是一部“含金量”很高的地方性法规，特别是“县级以上按行政区域建立红十字会，配备专职工作人员；县级以上红十字会具有社会团体法人资格”；“标有红十字标志用于人道救助的物资和交通工具享有优先承运或通行的权利，车辆免缴养路费以及路、桥通行费”、“新闻媒体应积极、无偿宣传有关红十字会工作”和“企业或者个人向红十字会捐赠款物，税务部门应当按照国家有关规定，在计算缴纳企业所得税或者个人所得税时全额扣除”等多项有利于红十字事业发展的条款，为保障全省各级红十字会开展工作提供了明确的法律依据。

【大型项目】

（一）1998年7月，我国“三江”流域发生了百年不遇的洪涝灾害，青海省部分地区也发生了不同程度的洪涝、干旱、冰雹等自然灾害。为支援沿江各省（区）及省内的抗灾救灾工作，省红十字会全体工作人员全力以赴投入抗灾救灾工作，共募集救灾款物折合人民币100余万元，创下了省红十字会有史以来的第一个百万元记录。这批救灾款物被及时发往黑龙江、湖南、湖北、内蒙古及省内部分受灾地区。

（二）在中共青海省委、省政府领导和中国红十字会总会的支持下，青海省红十字会与各国开展了以下项目合作：

2000 年以来，青海省红十字会积极开展民间外交，寻求国际援助与合作，先后有加拿大、美国和日本等 10 余个国家红十字会的代表对青海省进行了考察、访问。省红十字会的代表和红十字青少年也先后应邀出访了欧洲 9 国、日本、泰国、港、澳、台等国家和地区。

2000 年以来，青海省红十字会先后引进意大利亚洲国际团结协会、加拿大政府、加拿大红十字会以及港、澳地区红十字会和台湾红十字组织的“雪灾紧急救助”、“卫生救护”、“白内障复明扶贫”、“艾滋病预防”、“红十字博爱小学”和加拿大政府国际发展署 2005 年援助的“艾滋病预防宣传”等外援项目 8 项（次），累计引进外援资金 2000 多万元。

2004 年 5 月，青海省红十字会领导在参加“中国红十字会建会 100 周年纪念大会”期间，引进澳门特别行政区红十字会援助资金 15 万元人民币，在省内国定贫困县循化撒拉族自治县白庄乡建设了青海省红十字会的第一所红十字博爱小学——夕昌藏族小学。该项目于 7 月初动工，9 月 1 日正式投入使用。该项目的实施，改变了白庄乡夕昌小学 179 名学生的学习环境。

青海省红十字会利用“卫生救护”项目资金，在省内国道沿线建立红十字急救站 6 个；利用“白内障复明扶贫”项目资金，使 1000 余名贫困白内障患者重见光明。

（三）自 1998 年以来，每年的农历大年初一和“六一”国际儿童节，青海省红十字会都要前往西宁市儿童福利院慰问生活在那里的孤残儿童及节日期间仍然坚持在工作岗位上的教职员工，并给他们送去饺子、水果、玩具等礼物，使那些生活不能自理、失去父母关爱的孤残儿童也能与正常儿童一样享受到了节日的快乐。

青海省红十字会将关注、关爱麻风病人纳入救助工作范畴。从 2003 年起，省红十字会每年都要前往黄南州同仁慢性病防治院，对该院的麻风病患者和长期奋战在麻风病防治一线的医务工作者进行慰问。呼吁各级政府和社会各界关注、关爱麻风病患者及畸残患者，消除人们对麻风病人的歧视和偏见，让他们与正常人一样共同享受美好生活。特别是 2005 年世界助残日和国际护士节到来之际，省红十字会工作人员和青海红十字医院的专家赴黄南州同仁慢性病防治院慰问了长期奋战在麻风病防治一线的医务工作者和正在该院接受治疗的麻风病患者，并为他们捐赠了价值 1.6 万元的慰问款物和 2000 多元常用药品。

对监狱服刑人员实施人道关怀。作为国际人道组织，8 年来，青海省红十字会每年都要前往西宁监狱、西宁女子监狱，通过在服刑人员中传播人道主义观念、传授卫生保健知识等，为监狱服刑人员送去了红十字会的人道主义关怀。此项工作对启迪、感化和净化服刑人员的心灵，减轻或消除他们对政府、对社会的仇视和抵触，激励服刑人员振作精神，加快改造进程起到了积极的作用，得到了中共青海省委、省政府和中国红十字会总会的充分肯定。

在性病、艾滋病患者和吸毒人员等高危人群中开展艾滋病预防教育方面，青海省还是一个“盲区”。为防止艾滋病在我省的蔓延，自2003年以来，青海省红十字会利用加拿大红十字会援助的“艾滋病预防青年同伴教育”项目，在以上高危人群中举办了“艾滋病青年同伴教育培训班”，并取得了一定的效果，受到了社会各界的一致好评。

【显著业绩】

1998年，青海省红十字会系统的10名个人和3个集体被中国红十字会总会授予’98“抗洪抗震救灾先进集体”和’98“抗洪抗震救灾先进个人”称号；

2002年，青海省红十字会常务副会长被国家人事部、中国红十字会总会授予“全国红十字会系统先进工作者”、被省直机关工委授予“优秀共产党员”光荣称号；

2002年、2004年，青海省红十字会两次被青海省直属机关精神文明建设指导委员会命名为“青海省直机关文明单位”；

2004年3月，青海省红十字会常务副会长作为青海省妇女干部的优秀代表，被中华全国妇女联合会授予“全国三八红旗手称号”；

2004年10月，青海省红十字会被国家人事部、中国红十字会总会授予“全国红十字会系统先进集体”称号。

【年度工作】

青海省红十字会2004年的工作，在中共青海省委、省政府的领导和有关部门的关心、支持下，坚持以人为本、全面协调可持续的科学发展观，紧紧围绕青海省“消除贫困、富民强省”和“深化改革、创新体制”两大历史任务，以改善最易受损害群体境况为目标，以纪念中国红十字会建会100周年为契机，以“青海省纪念中国红十字会百年华诞扶贫救助活动”为载体，组织并带领全省各级红十字会，通过大力开展以募捐筹资和扶贫、救助、送温暖为重点的社会救助工作，各项业务工作得到了快速发展。

一年来，在中共青海省委、省政府的领导下，在社会各界的大力支持下，青海省红十字事业在政策及法制建设上取得了可喜的成绩。

1. 中共青海省委将红十字会纳入党委领导下的人民团体和群众团体序列。2004年9月28日，中共青海省委副书记刘伟平专程到省红十字会视察工作。之后，省委办公厅向省依法治省领导小组办公室、省交通厅、省发改委、省国资委发出了《关于支持红十字会依法开展工作的函》，要求有关部门研究解决红十字会在开展救灾救助工作中遇到的困难，为红十字会依法开展工作创造条件。通知发出后，省依法治省领导小组办公室、省红十字会于11月30日联合印发了《关于在全省进一步开展〈中华人民共和国红十字会法〉学习宣传活动的通知》。省发改委、省交通厅也结合工作实际，将解决影响红十字会开展工作的问题、困难提上了重要日程，并进行了认真研究。为进一步加强全省各人民团体和群众团体的工作，中共青海省委于2004年12月31日向全省各州（地、市）党委、省委各部委、省直各单位党组（党委）、各人民团体党组印发了中共青海省委《关于新形势下进一步加强对人民团体和群众团体工作领导的通知》和中共青海省委办公厅《关于建立人民团体和群众团体工作联席会议制度的通知》。省委将青海省红十字会列入省委领导下的人民团体和群众团体之一，为推动青海红十字事业的发展注入了强大的活力和生命力。

2. 第一次全省性红十字会法执法检查顺利实施，依法建会工作进一步加强。2004年6月7日至6月25日，青海省人大常委会副主任、省红十字会名誉副会长宋彭生带领省人大“红十字会法执法检查组”，到西宁市、海东地区、海南州、海西州及所辖10余个县（市、区）和两个大型国有企业，就上述地区和单位贯彻执行红十字会法和青海省“实施办法”的情况进行了为期20天的执法检查，并将检查情况专题致函省政府办公厅及有关部门研究解决。

3. 青海省政府把红十字会人道救助工作纳入青海经济社会发展格局。2004年4月，在全国红十字会系统普遍开展纪念中国红十字会建会100周年活动之际，青海省政府办公厅向全省各地、各部门、各单位下发了《青海省纪念中国红十字会百年华诞扶贫救助活动安排意见》。省政府督察室还就“安排意见”的落实情况向各级政府及有关部门发出了《督办通知》。2004年11月，国务院办公厅发出《关于转发中国红十字会总会进一步加强红十字会工作意见的通知》，省政府领导根据《通知》精神，就如何加强全省各级红十字会的工作到省红十字会进行了专题调研，并起草了青海省人民政府办公厅《关于进一步加强红十字会工作的通知（征求意见稿）》，并印发各地、各部门、各单位征求意见。

青海省政协领导视察省红十字会工作。2004年11月，青海省政协副主席蒲文成、陈瑞珍率领11名政协委员专程到省红十字会视察工作。蒲文成指出，红十字会应当在青海省社会生活中发挥积极的作用，各地区、各部门都应当支持红十字会依法开展工作；省政协要积极建言献策，从政协的角度进一步加大对红十字会工作的支持力度，积极呼吁、争取党委、政府和社会各界对红十字工作的重视、理解和支持，呼吁有关部门尽快安排落实省红十字会省级备灾救灾仓库建设，尽快解决省红十字会备灾救灾中心救灾物资储备不符合国际惯例的紧迫问题。

随着红十字会特殊地位、作用的凸显，青海省红十字会更加重视募捐筹资工作。2004年，青海省红十字会累计募集救灾救助款物折合人民币达760余万元，其中，省红十字会备灾救灾物资储备新增260万元，引进外援445万元。

2004年10月，湟源县发生特大雪灾，青海省红十字会领导及时组织有关人员带着价值2万元的救助物资，专程赶赴湟源县受灾最重的日月藏族乡兔尔台村，对该村78户遭受雪灾的重灾户进行了慰问；12月初，西宁市红十字会的领导也带着慰问物资到湟源县日月乡进行了慰问，并将3000元现金和1000余件衣物送到了困难群众手中。2004年2月，海西州的4个县、市发生了雪灾，海西州红十字会及时组织红十字救灾医疗队赴灾区开展救灾和免费义诊活动，为灾区各族群众发放了价值2万元的药品。

2004年元旦，青海省红十字会领导带领机关部分工作人员前往省卫生职业技术学院海南州分院，慰问了“玉树大专班”的48名藏族孤儿学生，并向他们捐赠了价值4万元的运动服、牛绒衫和运动鞋。1月22日（农历正月初一），省红十字会对西宁市儿童福利院的孤残儿童和节日期间仍然坚持在工作岗位上的教职员工进行了慰问，并给他们送去了饺子、水果、礼物等。

2004年9月13日，当代青年学习的楷模、舍己救人好青年——索南东主的事迹见诸报端后，根据青海省副省长、省红十字会会长邓本太的指示，省红十字会领导带领机关部分工作人员专程前往青海省红十字博爱医院慰问了索南东主的母亲华毛措，并为她送去了5000元慰问金和牛绒衣（裤）等御寒物品。2004年7月9日，省红十字会领导邀请北京同仁医院院长韩德民博士一行专程到青海免费为贫困患者朵梅多吉进行语音调试和语言训练，并为其捐赠了部分电子耳蜗配件、语言康复训练教材等。

2004年10月12日，针对贫困农牧民、下岗职工、社区特困居民看病、吃药难的实际，青海省红十字会将32个品种、价值约35万元的常用药品通过青海省人民医院、青海省红十字博爱医院、青海红十字医院和青海省红十字会倒淌河、泉吉、大通、河卡、茶卡急救站及西宁市泰宁社区红十字服务站、中华巷社区红十字服务站等10个红十字医疗机构免费发放给了困难群众。

2004年1月23日（农历正月初二），青海省副省长、省红十字会会长邓本太在省司法厅、省监狱局领导的陪同下，带着节日礼物和红十字会的关爱之情专程前往西宁监狱，给节日期间仍然战斗在工作岗位上的司法民警送去了新年的祝愿和节日问候。同时红十字会作为国际人道主义组织，也为监狱的服刑人员送去了人道主义关爱。

4. “红十字博爱送万家”工程。2003年12月31日，2004年度“红十字博爱送万家”元旦、春节送温暖活动启动仪式在西宁火车站广场隆重举行。西宁地区近百个捐赠单位的代表，省直红十字会会员单位的领导和会员代表，全省8个州（地、市）、43个县（区）政府、红十字会的领导，10余个受援省直困难企业的领导及3000余名各界群众参加了仪式；中央及省市20余家新闻单位对本次活动及时进行了采访、报道。启动仪式结束后，青海省红十字会组成的10个慰问组和各州（地、市）、县（区）红十字会的工作人员陆续将150余万元的救灾救助物资送往全省8个州、地、市的43个县（区、市）及省级部分困难企业的5100余户贫困家庭，受益人数达25000余人。这是青海省红十字会继2000年以来组织的第四次覆盖全省六州一地一市的大型“送温暖”活动。

5. 宣传工作。2004年青海省红十字会加大了宣传工作力度，争取宣传部门及新闻媒体支持，以活动促宣传，采取加大重大节（纪念）日集中宣传力度等方法，使红十字会的社会知名度和影响力不断提升，社会各界参与红十字会组织的社会救助活动的积极性明显提高。5月8日，在全国各地纷纷开展纪念中国红十字会成立100周年纪念活动期间，青海电视台、青海广播电台专题采访了青海省副省长、省红十字会会长邓本太；各地电视台连续播出了全省各级红十字会依法大力开展人道救助工作的专题新闻；同日，《青海日报》还刊登了省红十字会会长邓本太题为《红十字精神永驻青海高原》的署名文章。一年来，全省各级红十字会累计散发宣传红十字会法、青海省“实施办法”和红十字会知识以及反映红十字会人道救助工作的宣传资料达10万余份；《中国红十字报》、《青海日报》、青海卫视等新闻媒体共发、播有关青海省红十字会活动的新闻达100余篇（条）；省红十字会机关全年共撰发《青海红十字信息》46期。2004年9月，在中国红十字会总会召开的宣传工作会议上，青海省红十字会常务副会长的工作笔谈《重在实践，贵在坚持》荣获《中国红十字报》“2003 年度好新闻作品特别奖”。

6. 社区红十字服务。根据中国红十字会总会与民政部联合印发的《关于开展社区红十字服务工作的通知》精神，2004 年 3 月 17 日，青海省红十字会与省民政厅联合印发了青海省《关于开展社区红十字服务工作的通知》。省红十字会成立了试点工作领导小组、制定了试点方案、确定以西宁市城东区泰宁社区和城西区中华巷社区为试点社区。省红十字会针对社区老年人相对集中的实际，组织红十字医疗机构的专家在两试点社区举办了两期家庭急救知识讲座，有近百名老年人参加了学习。省红十字会还为为两社区贫困居民捐赠了价值 4 万多元的常用药品。

7. 外援项目实施与管理。根据加拿大红十字会 2004 年“卫生急救项目”工作计划，青海省红十字会在西宁市、海南州、海西州举办了 3 期州、县、乡专业急救人员培训班，培训卫生急救骨干 90 名。根据中国红十字会总会的安排，对 2003 年彩票公益金救护师资培训项目进行了评估并完成了项目评估报告。9 月至 11 月，省红十字会举办了卫生救护师资培训班 5 期，为全省 8 个州（地、市）及所辖县（区）培训卫生救护师资 160 名。5 月，省红十字会再次与省民政厅合作，就青海省玉树藏族自治州曲麻莱县发生雪灾、需要紧急援助的情况，争取到意大利亚洲国际团结协会 445 万元人民币的紧急援助资金。7 月，引进澳门特别行政区红十字会援助资金 15 万元人民币，在国定贫困县循化撒拉族自治县白庄乡夕昌藏族小学建设了青海省红十字会的第一所红十字博爱小学。该外援项目于 9 月 1 日正式投入使用，改善了白庄乡夕昌小学 200 余名学生的学习环境。

8. 无偿献血与艾滋病防治。2004 年 6 月 14 日是首届世界献血者日，青海省红十字会与省卫生厅联合在西宁市举办了以“献血，赠送生命的礼物，谢谢你们”为主题的纪念活动。活动当天共发放宣传材料 1 万余份，3000 多名各界群众接受了无偿献血知识的宣传，130 多名各族群众当天参加了无偿献血。在世界献血者日期间，西宁市、海东地区、海西州、海北州红十字会也分别在当地组织开展了以“无偿献血光荣”、“推动无偿献血”为主题的专项宣传活动。

9. 普及艾滋病预防知识。一年来，青海省红十字会在抓好经常性宣传普及工作的同时，在第十七个“世界艾滋病日”到来之际，与省卫生厅、省人口与计划生育委员会、省教育厅、青海电视台等省艾滋病性病协调会议成员单位于 12 月 1 日举办了一次以“关注妇女、抗击艾滋”为主题的全省艾滋病防治知识电视竞赛。

10. 造血干细胞捐赠者资料库青海省分库建设。2004 年 7 月 2 日，中国造血干细胞捐献资料库管理中心批准建立“中国造血干细胞捐献者资料库青海分库”，时时为青海分库下达了“2005 年检测 500 人份 HLA 分型数据”的任务。虽然“青海省造血干细胞捐献者资料库管理中心”机构编制未落实，但省红十字会抽调专人完成了“青海分库”启动的前期准备工作，并与省教育厅联合向西宁地区各大（中）专院校发出了招募捐献志愿者《倡议书》。

11. 组织建设。截至 2005 年初，青海省红十字会共发展基层组织 750 个，会员

10万余人，其中红十字青少年39245人；青海省红十字会依据省编委《关于省红十字会所属事业单位机构改革方案的批复》要求，顺利完成了“青海省红十字会备灾救灾培训中心”更名为“青海省红十字会备灾救灾中心”和“青海省中心血站”的机构改革工作。

青海省各级红十字会以全省性红十字会法执法检查为契机，结合本地区红十字会工作的实际，主动开展工作。海西州红十字会及时向州编委打报告，要求依法理顺州及县（市）红十字会管理体制，配备专职工作人员，经费列入地方财政预算。海北州红十字会对所属4县红十字会的工作进行了一次专项调研，并就发现的问题向所在县县委、县政府进行了通报。海东地区红十字会及时召开了地区红十字会第三次会员代表大会，选举产生了新一届领导班子，并组织新一届理事会成员专题学习了红十字会法、青海省“实施办法”等法律法规。

（阿　珍）

附录：

青海省实施《中华人民共和国红十字会法》办法

（2002年1月11日青海省第九届人民代表大会常务委员会第二十八次会议通过）

第一条　为了保障红十字会依法履行职责，促进红十字事业的发展，根据《中华人民共和国红十字会法》（以下简称红十字会法）等法律、法规，结合本省实际，制定本办法。

第二条　本省各级红十字会是中国红十字会的地方组织，依照红十字会法和本办法开展工作。

省红十字会在中国红十字会总会和省人民政府指导下，依法开展同国内外红十字会和外国红新月会的交流与合作。

第三条　县级以上按行政区域建立地方红十字会，配备专职工作人员。县级以上地方红十字会具有社会团体法人资格。

上级红十字会指导下级红十字会的工作，行业红十字会接受所在地地方红十字会的指导。

第四条　各级人民政府及有关行业、单位，应当保障红十字会依法履行职责，为红十字会开展工作提供必要条件。

全社会都应当关心和支持红十字事业。

第五条　各级人民政府或者红十字会对在红十字事业中做出突出贡献的单位和个人，应当给予表彰或者奖励。

第六条　各级红十字会履行下列职责：

（一）宣传、贯彻、执行红十字会法及本办法；

（二）开展备灾救灾工作，对自然灾害和突发事件中的伤病人员和其他受害者进行救助救护；兴建和管理红十字会的备灾救灾设施；

（三）开展对贫困人群的社会救助活动；

（四）开展群众性的卫生救护培训，普及卫生救护和防病知识，组织群众参加现场救护；

（五）开展无偿献血和艾滋病预防的宣传、组织工作；开展骨髓造血干细胞捐赠的宣传和捐赠者资料库的建设与管理工作；

（六）开展红十字青少年活动；

（七）按照中国红十字会总会的部署，参加国内外人道主义救援工作；

（八）完成同级人民政府和上级红十字会委托的事宜；

（九）开展其他人道主义服务活动。

第七条 红十字标志的使用应当按照《中华人民共和国红十字标志使用办法》的规定执行，禁止任何组织和个人违法使用红十字标志。

第八条 红十字会经费的主要来源：

（一）会员缴纳的会费；

（二）接受国内外组织和个人捐赠的款物；

（三）动产和不动产及兴办社会福利事业和经济实体的收入；

（四）人民政府的拨款。

任何组织和个人不得挪用和侵占红十字会的经费和财产。

第九条 以红十字命名的企业、事业单位应当承担人民政府或者红十字会交付的救助任务。

第十条 县级以上地方红十字会兴办的与其宗旨相符的社会福利事业，同级人民政府应当予以扶持。

第十一条 县级以上地方红十字会可以开展救助募捐活动，可以在辖区内的公共场所设置红十字募捐箱。全省性的红十字募捐活动，由省红十字会统一组织实施。

第十二条 省红十字会依法建立青海省红十字基金会。

红十字会接受国内外捐赠的款物用于社会救助、公益事业和红十字事业。

红十字会在处理捐赠款物时，应当尊重捐赠者的意愿，并接受捐赠者的监督。

第十三条 企业或者个人向红十字会捐赠款物，税务部门应当按照国家有关规定，在计算缴纳企业所得税或者个人所得税时全额扣除。

第十四条 红十字会接收的救护、救灾捐赠物资，公安、交通、铁路、民航、海关、出入境检验检疫等部门应当优先办理有关手续。

佩带红十字标志执行人道主义救助任务的人员，有优先使用公用通讯和公共交通运输工具的权利。

标有红十字标志用于人道主义救助的物资和交通工具，享有优先承运或者通行的权行，车辆免缴养路费以及路、桥通行费。

第十五条 新闻媒体应当积极宣传有关红十字事业的法律、法规；对红十字会开展人道主义救助活动的公告、通报和公益广告，应当无偿播放或者登载。

第十六条 各级红十字会应当建立经费、财产以及捐赠款物的管理和审查监督制度，每年应当向理事会报告经费来源和使用情况。

各级红十字会的经费使用情况，接受同级人民政府的审计和财政监督。行业红十字会的经费使用情况，接受同级人民政府和上级红十字会的检查监督。

第十七条 任何单位、社会组织和个人，不得拒绝、阻碍红会工作人员依法履行职责。

在自然灾害和突发事件中，阻碍红十字会工作人员依法履行职责的，由公安机关依照《中华人民共和国治安管理处罚条例》的有关规定予以处罚；构成犯罪的，依法追究刑事责任。

第十八条 违法使用红十字标志的，依照《中华人民共和国红十字标志使用办法》的规定处罚。

第十九条 红十字会工作人员玩忽职守、徇私舞弊的，由所在红十字会或者人民政府有关部门给予行政处分；构成犯罪的，依法追究刑事责任。

第二十条 本办法自2002年4月1日起施行。

宁夏回族自治区红十字会

【历史沿革】

1984年12月15日，宁夏回族自治区人民政府正式批准成立“宁夏回族自治区红十字会筹备委员会”，自治区政府副主席马腾霭担任筹委会主任，卫生厅副厅长牛琦、民政厅副厅长行程、教育厅副厅长王世福、宁夏医学会会长丁素石、副会长邹伯勋担任副主任。经过筹委会近两年的工作，1986年9月6日，自治区人民政府正式批准成立宁夏回族自治区红十字会，并决定召开宁夏回族自治区红十字会第一届会员代表大会。1986年9月6日，宁夏回族自治区红十字会第一届会员代表大会胜利召开，全区有104名代表出席了会议，大会选举产生了宁夏红十字会第一届会长马腾霭、副会长牛琦、行程、王世福，秘书长邹伯勋、副秘书长王岐山，选出理事23名。大会讨论制定了宁夏红十字会1986－1990年工作规划。自治区党委于1986年9月9日批准了选举结果。至此，宁夏红十字会正式成立。新成立的宁夏红十字会把发展基层组织、卫生救护、灾害救助作为工作重点，经过不懈努力，各地红十字会基层组织陆续建立开展工作，到1989年，宁夏红十字会共发展基层红会300个，会员发展2700多名，卫生救护、社会救助、敬老助残等项工作开展得有声有色。

2001年2月召开的宁夏红十字会第四次会员代表大会，聘请自治区党委书记毛如柏、自治区主席马启智兼任宁夏回族自治区红十字会名誉会长，大会选举冯炯华为会长，陈守信、马玉章为副会长，根据会长提名决定刘静为秘书长。2001年3月19日，自治区机构编制委员会办公室（宁编办发2001年54号文件）下文理顺宁夏红十字会管理体制，宁夏红十字会由“自治区卫生厅代管”改由自治区政府领导联系，实行财政经费单列。宁夏红十字会逐步走上了依法建会、依法兴会、依法治会的轨道，各项工作进入快速发展阶段。2004年12月26日经自治区党委常委会研究同意由现任自治区党委书记陈建国兼任宁夏红十字会名誉会长。

宁夏回族自治区红十字会历次代表大会一览表

届次	时间	名誉会长	会长	副会长
第一届	1986．9		马腾霭	牛　琦 王世福 行　程
第二届	1990．3		杨惠云	马成义 牛　琦 王世福 行　程
第三届	1994．3		刘　仲	马成义 徐彦振 马文理 王金巅

届次	时间	名誉会长	会长	副会长
第四届	2001.2	毛如柏 陈建国 马启智	冯炯华	陈守信 马玉章

【组织机构】

宁夏红十字会现有基层组织384个，会员68653人，（其中：成人会员27542人，青少年会员41111人），全区24个市县（区）都建立了红十字会，宁夏红十字会在全区已经形成了星罗棋布，上下贯通的组织体系。同时，宁夏红十字会在高等院校、职业学校、中小学校、厂矿系统建立了学校红十字会。

宁夏回族自治区红十字会机关设有综合处、业务部。下辖中国造血干细胞捐献者资料库宁夏分库管理中心、备灾救灾中心2个直属事业单位。

根据《中华人民共和国红十字会法》和《宁夏回族自治区实施〈中华人民共和国红十字会法〉办法》等法规精神，2005年5月，宁夏回族自治区机构编制委员会办公室（宁编办发〔2005〕84号）《关于银川市等五个地级市红十字会机构编制有关问题的通知》文件，银川市、石嘴山市、吴忠市、中卫市、固原市的红十字会机构单独设置，为了有利于加强政府对红十字会工作的领导和协调，红十字会由市政府领导联系。核定领导职数1名为副处级，事业编制3-5名。目前，全区五个地级市红十字会理顺管理体制工作已经全面展开，其中中卫市、固原市、吴忠市、银川市部分人员已经配备到位。宁夏回族自治区地市级红十字会有：银川市红十字会、固原市红十字会、石嘴山市红十字会、吴忠市红十字会、中卫市红十字会。

【相关法规】

2004年9月9日宁夏回族自治区第九届人民代表大会常务委员会第十二次会议审议通过《宁夏回族自治区实施〈中华人民共和国红十字会法〉办法》。2004年12月自治区人民政府办公厅批准转发了宁夏红十字会《关于进一步加强红十字会工作意见》，实施办法的颁布施行和进一步加强红十字会工作意见的出台，为红十字会开展工作创造良好条件。

2004年，根据中国红十字会总会和自治区党委、政府部署，为迅速、有效地协助政府开展自然灾害和突发事件的救助工作，保护人的生命和健康，宁夏红十字会制定了《宁夏回族自治区红十字会参与自然灾害和突发事件救助预案》（试行稿）对红十字会系统开展灾害救助工作做了具体明确的规定。

【大型项目】

（一）积极开展灾害救助工作，有力地支援了受灾地区的重建工作

1. 1986年—1989年的四年间，宁夏红十字会共为灾区发放救灾款物总价值12万多元。

2. 1990年，为宁南山区和部分受灾县援助救灾物资总价值10万元。组织50人参加的医疗队分赴宁南山区开展医务援助活动，时间共两个月。

1991年，发放救灾款物总价值25.6万元。

1992年，向宁南山区干旱地区发放救灾款3万多元。

1993年，向“5·5”风暴拨救灾款2.87万元；

1994年，向我区盐池县、彭阳、中卫县发放救灾物资价值10万元

1996年，全区17个县（市）100个多乡镇遭受冰雹灾害，宁夏红十字会发放救灾物资价值10万元，药品287箱（价值24万元）。

1997年为贫困户发放面粉2500公斤，为青铜峡市翟靖镇救助药品2万元。

1998年是我国“三江”地区发生洪涝灾害，宁夏红十字会全力做好赈灾募捐，共募集款物总价值104万多元支援灾区抗洪。

1999年，向盐池、隆德、泾源、中卫、灵武、吴忠市发放救灾物资6.2万元。

2000年，在中国红十字会总会的大力支持下，向我区遭受旱灾、雹灾和洪水灾害袭击的灾区群众发放救灾物资价值162.8万元。

2001年，全年共向灾区群众发放救灾款物价值120万元。

2002年，宁夏红十字会加大了救灾扶贫力度，在全区开展8次救助活动，共发放救灾物资价值100多万元。

2003年，在防治“非典”斗争中宁夏红十字会共向一线医务工作者捐款物170多万元，有力地支援了抗“非典”斗争。真正发挥了为政府排忧、为群众解难的政府助手作用。

2004年11月6日，宁夏煤业集团白岌沟煤矿矿井发生意外事故，造成部分矿井停产，部分设施损坏，给白岌沟煤矿正常生产和煤矿职工的生活带来一定的影响，宁夏红十字会得知发生意外事故后，紧急调集价值15万元的救灾物资到白岌沟煤矿慰问了煤矿职工。

2005年6月，我区固原市彭阳县、隆德县、泾源县遭受龙卷风、冰霜、强降雨袭击灾害给当地群众造成了巨大损失，宁夏红十字会紧急筹集救灾款购置了灾区群众急需的大米、帐篷、棉被等救灾物资对灾区群众进行救助，共发放救灾大米5400斤、帐篷40顶，棉被1300条。

2005年7月，宁夏红十字会接到广西壮族自治区红十字会呼吁，广西由于受持续的强降雨袭击，广西桂中、桂北地区遭受了严重的洪涝灾害，灾区群众正面临着严重的生活困难急需救助，得知广西部分地区受灾的消息后，宁夏红十字会发扬“一方有难，八方支援”的中华民族传统美德，紧急筹集救灾款购置了20吨大米，通过广西红十字会转赠给受灾地区的群众，帮助灾区群众渡过难关。

（二）积极开展红十字博爱送温暖活动

2000年到2004年，宁夏红十字会配合中国红十字会总会在宁夏开展了“红十字博爱送温暖”活动，共筹集150多万元，对固原、泾源、海原、盐池县、贺兰县、红寺堡光彩新村、西吉县城郊乡芦子沟村、宁夏煤业集团精煤分公司和宁夏教育系统贫困职工和困难群众进行慰问救助。

2005年元旦、春节期间，积极组织开展“红十字博爱送万家活动”先后对银川市、石嘴山市、固原市和宁夏煤业集团的特困群众进行慰问救助，共发放救灾、救助物资折合人民币109.915万元，受益群众8872人次。

（三）积极组织参加“南丁格尔奖”评选

1993年和2001年在“南丁格尔奖”评选中，经宁夏回族自治区红十字会推荐宁夏医学院附属医院原护理部主任张水华、银川

市第一人民医院原护理部主任吴景华在红十字国际委员会第34届、38届“南丁格尔奖”评选中分别荣获南丁格尔奖章。

（四）积极参与推动无偿献血工作

在全区红十字会会员、志愿工作的积极参与推动下，我区献血工作从有偿输血发展为无偿献血，全区已建成4个中心血站，临床用血全部来自无偿献血。2001年、2004年，银川市两次被中国红十字总会、国家卫生部和解放军总后勤部评为“全国无偿献血先进城市”。

（五）卫生救护培训

大力开展群众性卫生救护培训，向群众普及卫生救护知识，让更多的人掌握自救互救技能，已在公安、铁路、交通、石油、煤炭等行业和社区培训了6万多名红十字救护员，取得了明显效果，受到了社会各界和人民群众的一致好评。

（六）造血干细胞工作

2005年3月，经中国造血干细胞捐献者资料库管理中心批准，中国造血干细胞捐献者资料库宁夏分库成立。5月8日，宁夏红十字会在银川市光明广场举行隆重启动仪式，造血干细胞捐献工作在宁夏全面开始，当天，有300多名志愿者采集了血样。宁夏回族自治区党委书记、宁夏红十字会名誉会长陈建国，宁夏回族自治区主席、宁夏红十字会名誉会长马启智致信表示祝贺。陈建国、马启智在信中指出，建立造血干细胞捐献者资料库是一项挽救众多人的生命，造福社会，充满爱心的崇高的人道主义事业。希望社会各界都来关心、支持和参与，为宁夏造血干细胞捐献者资料库建设贡献力量。

【主要特色】

为了推动我区贫困地区教育事业发展，解决贫困地区学生上学困难问题，宁夏红十字会从2000年开始在我区实施“助学兴教工程”通过项目合作引进资金，在我区青铜峡市、同心县、中宁县、平罗县、泾原县援建了五所红十字博爱学校，解决了近1000多名贫困家庭孩子上学困难。宁夏红十字会每年对在校的贫困学生进行帮助，使贫困学生在红十字会的帮助下能顺利完成学业。

【显著业绩】

1993年，宁夏红十字会被自治区党委、政府评为“7·23”空难救护先进集体。

2002年，宁夏红十字会被自治区党委、政府评为防治“非典”先进集体。

2004年，宁夏回族自治区红十字会荣获了中华人民共和国人事部和中国红十字会总会授予的“全国红十字会系统先进集体”称号。

2001、2004年，宁夏回族自治区银川市两次被中国红十字会总会、国家卫生部、解放军总后勤部评为全国无偿献血先进城市。

2002年，固原市红十字会被中华人民共和国人事部和中国红十字会总会评为全国红十字会系统先进集体。

2002年，宁夏红十字会秘书长刘静被国家人事部和中国红十字总会评为全国红十字会“先进个人”。

2004年，宁夏红十字会秘书长刘静被自治区政府评为全区社会救助先进个人。

2004年、2005年，宁夏红十字会被中国红十字会总会、中国儿童少年基金会等5家单位评为“春蕾杯”第五、六届全国青少年征文优秀组织奖。

2005年，宁夏红十字会被中国红十字会总会报刊社评为2004—2005年度中国红十字会总会报刊宣传组织工作三等奖。

【年度工作】

2004年，宁夏红十字会全面贯彻党的十六大和十六届四中全会精神和中国红十字会第八次全国会员代表会议精神，充分发挥自身优势，认真履行职责，团结一致，开拓创新，努力奋斗，各项工作都取得了可喜的成绩。在中国红十字会第八次全国会员代表会议上被国家人事部、中国红十字会总会评为全国红十字会系统先进集体。

（一）认真贯彻落实胡锦涛主席重要讲话和“八大”会议精神

为了学习、贯彻好这中国红十字会第八次全国会员代表会议精神，我会及时向自治区党委、政府作了汇报，自治区党委召开常委会听取了宁夏红十字会关于学习、贯彻“八大”会议精神的工作汇报，根据自治区党委、政府指示精神，宁夏红十字会通过召开座谈会和新闻媒体、网站、信息简报等多种形式，广泛宣传会议精神，使广大红十字工作者和社会各界都能了解“八大”精神，了解党和政府对红十字事业的重视、关心和支持，动员社会力量更广泛地参与到人道主义救助事业中来。

（二）积极开展社会救助和送温暖活动

为了能迅速、有效地协助政府开展自然灾害和突发事件的救助工作，保护人的生命和健康，根据我区灾害情况，宁夏红十字会制定了《宁夏回族自治区红十字会参与自然灾害和突发事件救助预案（试行）》对红十字会系统开展灾害救助工作做了具体明确的规定。在元旦、春节期间，积极组织开展“红十字博爱送万家活动”，先后对银川市凤凰北街社区特困户、红寺堡移民吊庄光彩新村、西吉县城郊乡芦子沟村、宁夏煤业集团精煤分公司和宁夏教育系统贫困职工、困难家庭进行救助。全年共向贫困地区和灾区发放救灾、救助物资折合人民币109.915万元，受益群众8872人次。到2004年底，累计发放救灾、救助款物折合人民币946.954万元，近10万人次受益。

2004年年末，印度洋地区发生了地震、海啸。宁夏红十字会积极响应中国红十字会的紧急呼吁，在全区发动了募捐、捐款活动，得到了社会各界的积极响应。在短短的二十天时间，共募捐了108万元人民币，已全部上缴中国红十字会总会。通过捐款活动的开展进一步扩大了红十字会知名度，有力地支持了受灾国灾民。这次捐款活动也是宁夏红十字会自成立以来组织开展规模最大，效果最好的一次国际救援活动。

（三）广泛开展救护工作

宁夏红十字会在公安、交通、铁路、民航、交警、旅游系统举办了4期彩票公益金项目救护师资培训班，培训师资152人，举办各有关行业救护知识普及讲座、培训班149次，培训救护员6421人。截止2004年底，累计培训红十字救护员58421人次，举办培训班和讲座657次。

（四）对外交流工作打开了新局面

2004年，宁夏回族自治区红十字会对外交流与合作成绩喜人，硕果累累。成功地举办了北方十四省（区、市）红十字工作协作会议；接待了美国红十字会项目官员并达成援助意向，在宁夏固原市原州区河川乡实施改水、改厕、健康教育和基层红十字会组织建设项目，项目实施后可使4个行政村、15个自然村、5所学校及乡镇机关2107户，10528人饮用上自来水，改善河川乡13所学校卫生环境。宁夏红十字会秘书长刘静参加了红十字会与红新月会国际联合会在荷兰召开的筹资技术交流会。通过交流，使红十字会同仁对宁夏的经济、社会情况和宁夏红十字会工作有了更深的了解，加深了友谊，为今后更好地合作创造了条件。同时，宁夏红十字会还组织工作人员赴重庆、云南、内蒙古等地红十字会学习考察，进一步提高工作水平，做好宁夏回族自治区红十字会工作。

（五）红十字青少年工作和社区红十字工作开展得有声有色

宁夏红十字会把加强未成年人思想道德教育和开展红十字青少年工作，丰富学生第二课堂作为工作重点，组织西北第二民族学院、宁夏司法警官学院等院校的近百名红十字志愿者深入到宁夏南部山区六个市（县）、社会福利院、社会救助管理站等地宣传红十字运动知识、卫生救护知识和防病知识，并开展了一系列丰富多彩社会服务活动；在全区中小学校开展“春蕾杯”征文活动，组织22152名学生参加“春蕾杯”征文比赛，我区有753名参赛学生获奖，宁夏红十字会获得全国“春蕾杯”征文活动优秀组织奖；在宁夏大学举行“关注健康抗击艾滋”为主题的大型签名活动，宁夏大学和社区有2000多名参加了宣传活动。成立了八个社区红十字会，社区红十字服务以及人道法传播等方面工作也取得了新进展。

（六）进一步加强法制建设和基层组织建设

为了更好的贯彻实施红十字会法，依法推动我区红十字事业的发展，2004年9月9日，宁夏回族自治区第九届人民代表大会常务委员会颁布出台了《宁夏回族自治区实施〈中华人民共和国红十字会法〉办法》，对县级以上红十字会设置工作机构、配备专职工作人员、建立基层组织和政府支持、资助、保障红十字会依法履行职责等方面做了具体规定。《实施办法》的颁布施行，为我区各级红十字会的工作开展提供了法律依据，对推动宁夏红十字事业的法制化建设，具有非常重要的意义，标志着宁夏回族自治区红十字事业迈入新的发展时期。自治区人民政府为了更好地发挥红十字会在全面建设小康社会中的积极作用，进一步促进我区红十字事业的深入发展，印发了《关于进一步加强红十字会工作意见》。

2004年，全区各级红十字会依法加强基层组织和会员、志愿工作者队伍建设，进一步健全基层组织，发展红十字会员，使更多的志愿者参与红十字工作，全年发展会员6109人，其中：成人会员209人，青少年会员5900人，截至2004年底会员累计总数为68653人，其中：成人会员27542人，青少年会员41111人；基层会员组织有384个。

（刘雁平）

附录：

宁夏回族自治区实施《中华人民共和国红十字会法》办法

（2004年9月9日宁夏回族自治区第九届人民代表大会常务委员会第十二次会议审议通过）

第一条 依据《中华人民共和国红十字会法》和有关法律、行政法规规定，结合自治区实际，制定本办法。

第二条　县级以上红十字会是中国红十字会的地方组织，是从事人道主义工作的社会救助团体，依法取得社会团体法人资格，依照《中华人民共和国红十字会法》、《中国红十字会章程》和本办法，独立自主地开展工作。

街道、乡（镇）、机关、团体、企事业单位，可以根据需要，依照《中国红十字会章程》建立红十字基层组织，在上级红十字会的指导下开展人道主义工作。

公民和组织承认《中国红十字会章程》并缴纳会费的，可以申请加入红十字会，成为红十字会会员。

第三条　红十字会开展人道主义救助工作，应当遵守有关法律、法规的规定。

红十字会应当根据国家和本地区经济社会发展的需要，不断拓展红十字事业。

第四条　县级以上人民政府应当对红十字会给予支持和资助，其职责是：

（一）将红十字事业列入本地经济社会发展规划；

（二）建立健全红十字会组织，独立设置工作机构，配备专职工作人员；

（三）将红十字会的日常经费列入本级财政预算；

（四）对红十字会的活动进行监督；

（五）支持红十字会创办以人道主义为宗旨的社会福利事业，建立备灾救灾物资存储场所；

（六）协调有关部门做好人道主义宣传、募捐、救助工作；

（七）发动、组织公民和组织开展救助、救济、救护工作；

（八）查处违反红十字法律、法规的行为；

（九）支持红十字会开展其他人道主义工作。

第五条　政府有关部门应当在职责范围内为红十字会开展工作提供条件和便利。

财政、税务部门应当依照国家有关规定，对向红十字会捐赠物资的企事业单位、社会团体和个人，给予享受在计算缴纳企业所得税和个人所得税时全额扣除的优惠待遇。

海关、出入境检验检疫部门对境外捐赠的救灾物资应当优先办理入境手续。

基层红十字会所在单位应当从人员、经费、场所、交通工具等方面对基层红十字会开展工作给予支持。

第六条　具有法人资格的红十字会兴办与其宗旨相符的社会福利事业，县级以上人民政府及其有关部门应当给予国家规定的税、费减免优惠待遇。

在自然灾害和突发事件中，执行救助、救济、救护任务并佩带红十字标志的人员和标有红十字标志的物资及其运输车辆有优先通行的权利，车辆免缴通行费。

依法标有红十字标志的公务用车，经交通行政部门核定，免缴养路费、过路费、过桥费和高速公路通行费等费用。

第七条　县级以上红十字会应当根据本地区的经济社会发展水平，针对不同的灾情和救助对象，制定相应的救助方案和社会救助预案。

第八条　县级以上红十字会应当开展下列备灾工作：

（一）做好救助物资的募集与储备；

（二）建立相对稳定的红十字志愿者队伍；

（三）建立与灾情多发地区政府及有关部门的经常性联系协调制度；

（四）建立各类救助对象数据库；

（五）指导检查下级红十字会和基层红十字会的备灾工作；

（六）向国内外红十字组织介绍本地区经济、社会、民族等状况，争取人道主义援助；

（七）符合人道主义精神的其他备灾工作。

第九条 红十字会应当开展健康常识、救护知识和防病知识的普及教育，为农村、学校、工厂、社区等单位培训卫生救护人员。

红十字会开展初级卫生救护和防病知识宣传、培训工作，组织群众参加现场救护，有关单位应当予以配合并给予必要的物质支持。

第十条 各级红十字会应当参与、推动无偿献血工作。

县级以上红十字会应当开展骨髓、器官、遗体、皮肤、角膜捐献的动员、宣传工作和有关资料数据的储存、检索工作。

第十一条 教育行政部门、中小学校应当配合县级以上红十字会，开展对中小学生人道主义精神、促进和平进步事业等内容的教育，组织青少年开展帮抚孤寡老人、残疾人等需要救助的人员的社会救助活动。

对中小学生进行人道主义精神、促进和平进步事业等内容的教育，开展红十字青少年活动，应当制定计划和规划。

第十二条 红十字会应当采取多种形式，宣传红十字会法律、法规和人道主义精神。

报刊、广播、电视、网站等新闻媒体应当开展经常性的红十字事业公益性宣传、报道。

第十三条 自治区红十字会根据独立、平等、互相尊重的原则，发展同香港、澳门、台湾地区红十字会以及外国地方红十字会和红新月会的友好合作关系。

第十四条 县级以上红十字会应当按照应急性募捐和经常性募捐相结合的原则，开展下列人道主义募捐活动：

（一）为各类自然灾害、突发公共卫生事件、突发公共安全事件、重大疫情募集款物；

（二）在城市公共场所经批准设立固定或者流动站点，开展经常性的募捐活动；

（三）组织义演、义赛、义卖等其他募捐活动。

红十字会开展人道主义募捐活动受法律保护。

第十五条 有条件的县级以上红十字会依照国家有关规定，可以设立红十字救助基金或者基金会，接受和管理境内外组织和个人向红十字会的捐赠，用于发展红十字事业。

第十六条 红十字会接受的捐赠款物，必须用于社会救助和公益事业。

红十字会发放捐赠款物时，应当尊重捐赠者的意愿，并向捐赠者通报捐赠款物的发放情况。对不适合救助对象需要的捐赠物资，征得捐赠者同意，并报上一级红十字会批准，可以变卖或者义卖，变卖、义卖所得款项仍用于原救助对象。

救灾救助工作结束后剩余的款物，在征得捐赠者同意并经上一级红十字会批准后，可以用于灾区恢复重建或者转为备灾款物。

第十七条 红十字会接受的款物及红十

字会的财产受法律保护，任何组织和个人不得侵占、截留和挪用。

第十八条　县级以上人民政府财政、审计、监察部门，应当对红十字会接受捐赠款物和经费使用、发放情况进行监督检查。

红十字会应当建立健全对接受的捐赠款物的监督检查制度。

第十九条　禁止滥用红十字标志。对滥用红十字标志的，依照《中华人民共和国红十字标志使用办法》的有关规定处理。

第二十条　县级以上人民政府或者红十字会应当对在红十字事业中做出突出贡献的单位和个人给予表彰、奖励。

第二十一条　任何组织和个人不得拒绝、阻碍红十字会工作人员依法履行职责。

在自然灾害和突发事件中阻碍红十字会工作人员依法履行职责，违反治安管理处罚规定的，由公安机关予以处罚；构成犯罪的，依法追究刑事责任。

第二十二条　红十字会的工作人员在社会救助工作中，徇私舞弊、玩忽职守、索贿受贿，或者贪污、截留、挪用救灾款物的，按有关规定给予处分；构成犯罪的，依法追究刑事责任。

第二十三条　本办法自2004年11月1日起施行。

新疆维吾尔自治区红十字会

【历史沿革】

1987年2月24日，中国红十字会新疆分会成立，名称为：新疆维吾尔自治区红十字会与红新月会联合会，同时，在乌鲁木齐市召开了第一届理事会，会议产生理事48名，自治区人民政府顾问伊敏诺夫·哈米提当选为会长，热合甫·阿巴斯、张彤、沙地尔·卡地尔、樊广禄当选为副会长，樊广禄兼秘书长，新疆维吾尔自治区红十字会与红新月会联合会与自治区卫生部门合署办公，由自治区卫生厅医政处负责日常工作。

1990年7月，在新疆维吾尔自治区红十字会与红新月会联合会一届三次理事会会议上，选举中共新疆维吾尔自治区党委副书记贾那布尔、自治区政府副主席毛德华为名誉会长，热合甫·阿巴斯为会长，增补龚金牛为副会长。

1993年，《中华人民共和国红十字会法》颁布施行后，红十字会组织在全区的县（市、区）进一步发展，各级红十字会组织按照红十字会法的规定，认真履行职责，指导基层红十字会工作，并积极组织、宣传、动员开展全社会无偿献血活动，积极为各地血站建设争取国际援助项目。

1994年6月，新疆维吾尔自治区红十字会与红新月会联合会召开了第二次会员代表大会，各地参会代表98人，大会选出二届理事62名，并聘请自治区原领导铁木尔·达瓦买提、阿不来提·阿不都热西提、贾那布尔、毛德华为名誉会长，选举自治区政府副主席米吉提·纳斯尔为会长，热合甫·阿巴斯为常务副会长，亚森·吐尔逊、龚金牛、艾拜都拉、张彤、苏丹·张波拉托夫为副会长，肖耀陵为秘书长。

1995年11月，经上级有关部门批准，“新疆维吾尔自治区红十字会与红新月会联合会”正式更名为“新疆维吾尔自治区红十字会”。

1996年9月，新疆维吾尔自治区人民

政府办公厅下发文件，印发自治区红十字会机构改革方案。明确自治区红十字会为正厅级，全额财政拨款，增加厅、处级领导职数。

1997 年 7 月，新疆维吾尔自治区红十字会召开了二届三次理事会暨新疆红十字会成立 10 周年纪念大会。会议增补 15 名理事，补选王有、古丽布斯坦、吾甫尔·阿西木为副会长。

1998 年 5 月 28 日，《新疆维吾尔自治区实施〈中华人民共和国红十字会法〉办法》颁布施行，"实施办法"具体地明确了自治区红十字会的宗旨、性质、地位、作用和任务，为自治区红十字事业的发展提供了法律保障。6 月，新疆维吾尔自治区红十字会召开了二届四次理事会。会议通过了二届常务理事会及常务理事会下设的执行委员会；聘请了买买提明·扎克尔为名誉副会长；选举阿不都热衣木·阿不都拉、司马义·哈提甫、尼相·依不拉音、哈斯木·托乎提为副会长；钟儒兴为秘书长。9 月，中共新疆维吾尔自治区党委组织部发文，批准自治区红十字会机关参照《国家公务员暂行条例管理实施办法》执行。10 月，自治区人民政府办公厅发文，批准成立自治区红十字会基金。12 月，新疆维吾尔自治区红十字会依法实现了机构独立设置，实现了自治区红十字会的性质由人民卫生救护团体向人道主义社会救助团体的转变及红十字会机构由挂靠政府卫生部门向机构体制单独设置的转变。

1999 年 7 月，新疆维吾尔自治区红十字会召开了第二届五次理事会。会议通过会长米吉提·纳斯尔因工作变动不再担任会长的请求，选举自治区政府副主席买买提明·扎克尔为会长，会议上还更换和增补了部分理事。理事总人数为 110 人。

2000 年 3 月，新疆维吾尔自治区人民政府下发《关于自治区红十字会管理体制有关问题的会议纪要》，自治区副主席买买提明·扎克尔主持会议。会议决定：（一）各地、州、市及县（市）红十字会要尽快独立设置，按社团机制进行管理。关于自治区红十字会成立党组问题，建议自治区党委组织部研究，并请考虑增加一名党组领导职数；（二）同意救灾备灾和卫生救护培训中心机构设置，列事业编制 6 名，受自治区红十字会领导，请自治区编委下发文件；（三）同意把救灾赈济部从办公室分离出来单独设置；（四）由自治区红十字会对《关于印发新疆维吾尔自治区红十字会机构改革方案的通知》中确定的职责和任务提出修改方案，报经自治区政府批准后实施。4 月，自治区红十字会"艾滋病/性病预防咨询培训中心"成立。5 月，自治区编委发文，批准成立"新疆维吾尔自治区红十字会救灾备灾中心"，同时挂"新疆维吾尔自治区红十字会卫生救护培训中心"牌子。该中心为自治区红十字会下属事业单位，列事业编制 6 名，全额预算管理。

2002 年 2 月，自治区政府办公厅发文，印发自治区红十字会机关主要职责、内设机构和人员编制方案。

2003 年 9 月，自治区编委发文，批准成立"中国造血干细胞捐献者资料库新疆分库"。

2004 年 9 月，中共新疆维吾尔自治区红十字会党组成立。10 月 12 至 13 日，新疆维吾尔自治区红十字会第三次会员代表大会暨三届一次理事会召开。中共中央政治局委员、新疆维吾尔自治区党委书记王乐泉等自治区领导会见了与会代表，王乐泉作了重要讲话。中国红十字会常务副会长王立忠莅临大会并在开幕式上讲话。大会选举产生了自治区红十字会第三届理事117人、常务理事18人；理事会聘请司马义·铁力瓦尔地（自治区政府主席）为名誉会长，杜秦瑞（自治区人大常委会副主任）、张贵亭（自治区政协副主席）为名誉副会长；选举库热西·买合苏提（自治区政府副主席）为会长，王建共为常务副会长，阿不都热依木·阿不都拉为副会长；钟儒兴为秘书长。

【组织机构】

新疆维吾尔自治区红十字会共有基层组织1500多个，各族红十字会员43万余人（其中青少年会员7万人），占全区常住人口的2.2%。

新疆维吾尔自治区红十字会机关设有办公室、事业发展部部、赈济救护部。下辖备灾救灾卫生救护与艾滋病/性病预防咨询培训中心、中国造血干细胞捐献者资料库新疆分库管理中心两个直属事业单位。

根据《中华人民共和国红十字会法》和中国红十字会总会《理顺管理体制座谈会纪要》精神，2000年3月，新疆维吾尔自治区人民政府下发《关于自治区红十字会管理体制有关问题的会议纪要》。目前，全区14个地、州、市中已有乌鲁木齐市、昌吉州、吐鲁番地区、哈密地区、博州、阿勒泰地区、阿克苏地区、喀什地区、和田地区、塔城地区、克拉玛依市和伊犁州12个地、州、市红十字会依法实现机构独立设置并理顺管理体制。96个县（市、区）中已有52个县级红十字会单独设置。地、州、市红十字会为处级，县（市、区）红十字会为科级，参照公务员管理。

【相关法规】

1998年5月28日，新疆维吾尔自治区第九届人民代表大会常务委员会第三次会议通过《新疆维吾尔自治区实施〈中华人民共和国红十字会法〉办法》。

【大型项目】

近年来，新疆维吾尔自治区红十字会积极开展红十字博爱系列社会工程活动。救援工程、生命工程和爱心工程成为和平时期体现红十字会人道主义救助工作的主要内容。

救援工程，是以积极参加国家的救灾减灾和扶贫计划为目标，扩大和加强备灾救灾基地建设，提高救灾能力和实效。新疆是自然灾害的频发地区，每年各类灾害的发生，都会给灾区各族人民的生产、生活和生命财产带来很大损失。为了防患于未然和保证灾民得到及时救助，新疆维吾尔自治区红十字会一直把备灾救灾作为全区红十字会救援工程的龙头工作来抓。目前，全区已建成红十字会备灾救灾仓库5座，并在县以上红十字会基本建立了救灾信息网络。多年来，红十字会积极加强备灾救灾工作，及时向中国红十字会总会和社会各界通报灾情，呼吁募捐。不论是1996年南疆伽师、皮山等县发生6级以上地震及沿天山一带发生的百年不遇的洪灾，还是1998年春夏之交，吐鲁番、伊犁、阿勒泰、阿克苏等地区遭受沙尘暴和特大洪水袭击，以及昭苏县发生6.1级震灾和巩留县尼勒克县水灾，自治区红十字会都积极关注灾情并参与救灾，在社会募捐活动中，还接受了大量来自国内外的救援款物支援救助了灾区灾民。在1998年“三江”流域发生特大洪灾时，新疆维吾尔自治区红十字会向全区红十字系统发出呼吁，为灾区募集了350万元的款物；2001年初春，阿勒泰、塔城、昌吉等地发生特大雪灾时，自治区红十字会接受区内外捐赠的款物近700万元支援了灾区；2003年2月24日，新疆巴楚－伽师一带发生里氏6.8级强烈地震，造成268人死亡，4000多人受伤，经济损失达13亿元。自治区红十字会得到灾情的信息后，迅速行动，在第一时间将救灾物资运往灾区救助灾民，并发动全区各级红十字会，设立了救灾募捐热线，公布了赈灾账户，共接收到捐赠款物2600余万元，全部用于灾民救助和灾后重建，使50万灾区人民受益，同时完成了对灾区1所乡卫生院、69个村卫生室、3所乡镇小学、2个备灾救灾仓库的援建任务。在自治区抗震救灾表彰大会上，自治区红十字会被自治区党委和人民政府表彰为“抗震救灾先进集体”。在抗击“非典”期间，自治区红十字会共接受并转赠防“非典”款物价值102.5万元。在备灾救灾和社会募捐中，全区各级红十字会都充分发挥了作用。红十字会向灾区人民的无私人道援助，受到全社会的广泛赞誉。

生命工程，是以积极参与国家初级卫生保健和社区卫生为目标，组织社会力量开展卫生救护培训、医疗、急救、无偿献血及造血干细胞捐献等工作，保护人的生命和健康。新疆维吾尔自治区红十字会坚持在全区进行卫生救护知识宣传和救护技能培训，通过学习止血、包扎、固定、搬运、心肺复苏等技术，使更多的人成为具有救护技能的红十字会救护员，并具备在第一时间对意外事故受害者和突发病人实施院外抢救的能力。十几年来，新疆红十字会举办了10多期卫生救护师资培训班，培训师资300余人次。全区红十字会共培训救护员40余万人次，其中，培训机动车驾驶员30余万人次，其他行业人员10余万人次。还在各地设立红十字医院、救护站、药店、诊所10余所，派出红十字医疗救护队281个，救治人数7.7万人。新疆维吾尔自治区红十字会一直积极参与开展无偿献血的宣传、组织、动员工作。1997年，哈密、巴州、喀什等城市被评为全国无偿献血先进城市，受到表彰。昌吉州、哈密地区等地已实现临床用血百分之百来自血无偿献血。新疆艾滋病的发病率居全国前列，自治区红十字会于2000年4月成立艾滋病/性病预防咨询培训中心，积极参与全区预防艾滋病工作。为普及预防艾滋病知识和提高民众自我防护意识，大力开展“预防艾滋病青年同伴教育项目”，组织青年人参与，在青年人中开展预防艾滋病知识的宣传。项目工作已从乌鲁木齐市扩展到伊犁、哈密、昌吉等地。几年来，自治区红十字会共举办预防艾滋病各类项目培训班500多期，培训青年1万多人，使数百名青年成为宣传预防艾滋病知识的志愿者。

爱心工程，是以积极参与国家建立城乡社会保障体系为目标，发动红十字会会员和社会群体兴办公益事业，为最易受损害群体服务。近几年来，新疆红十字会坚持开展“红十字博爱送万家”、“红十字服务进社区”等活动，共筹集200多万元物资，慰问孤、老、病、残、特困户和下岗职工。各地红十字会积极组织志愿者对孤寡老人、五保户进行长期“三定一包”服务。乌鲁木齐市红十字会成立了抗癌委员会，建立了“抗癌乐园”，使癌患者活有所乐，活有所学，活有所为，增强了战胜癌魔的勇气和信心。在红十字青少年中，每年坚持开展向贫困地区学校捐助“三个一”（一元钱、一件学习用品和一件生活用品）爱心活动。昌吉州已启动建立“红十字会博爱基金”。1999年以来，自治区红十字会坚持在元旦与春节、肉孜节与古尔帮节、国庆节与中秋节，以及世界红十字日期间采取多种形式为社区和广大农牧区贫困群众送温暖献爱心，真正把红十字会的关爱送进千家万户。

【显著业绩】

1999年，新疆维吾尔自治区红十字会被中国红十字会总会授予“九八抗洪抗震救灾先进集体”称号。

1999年，新疆维吾尔自治区红十字会荣获红十字国际委员会和中国红十字会总会颁发的传播工作二等奖。

2001年11月，新疆维吾尔自治区红十字会昌吉州副州长、州红十字会会长马登峰获1999至2000年度全国无偿献血促进奖。

2002年，新疆维吾尔自治区乌鲁木齐市红十字会荣获国家人事部和中国红十字会总会授予的“全国红十字会系统先进集体”称号；昌吉州红十字会常务副会长马春丽被授予“全国红十字会系统先进个人”称号。

2002年12月，新疆维吾尔自治区红十字会机关荣获自治区级文明机关、自治区军队转业干部安置先进单位、计划生育目标管理优秀单位、综合治理达标单位等光荣称号。

2003年5月7日，新疆维吾尔自治区红十字会被中共新疆维吾尔自治区党委、自治区人民政府授予“抗震救灾先进集体”称号。

2004年，新疆维吾尔自治区红十字会荣获红十字国际委员会和中国红十字会总会颁发的传播工作三等奖。

2004年10月，在中国红十字会第八次全国会员代表大会上，新疆维吾尔自治区红十字会被国家人事部和中国红十字会总会评为“全国红十字会系统先进集体”，阿克苏地区红十字会干部李云获“全国红十字会系统先进个人”称号。

2005年5月，新疆维吾尔自治区红十字会荣获中国红十字会总会颁发的“印度洋海啸救援最佳组织奖”。

【年度工作】

红十字会工作概况

2004年，新疆维吾尔自治区红十字会认真贯彻《中华人民共和国红十字会法》和《新疆维吾尔自治区实施〈中华人民共和国红十字会法〉办法》，坚持依法建会、依法治会、依法兴会方针，依法认真履行红十字会职责，积极开展“四五”普法教育，推进地、县红十字会理顺管理体制，努力创建红十字会救援工程、生命工程和爱心工程。全年下发救灾物资176万元，救助人口29万人次。1月，自治区红十字会在全区启动“红十字博爱送万家活动”，向建设兵团六师102团捐赠救灾物资21万元。2月，自治区红十字会召开了全区红十字会宣传工作会议。5月，自治区红十字会召开了纪念中国红十字会建会100周年暨“双先”表彰大会和全区红十字会工作会议。9月，中共新疆维吾尔自治区党委批准成立新疆维吾尔自治区红十字会党组，党组成员3人，王建共任党组成员、书记（正厅级），阿不都热依木·阿不都拉和钟儒兴任党组成员。10月，新疆维吾尔自治区红十字会第三次会员代表大会召开。11月，调整配备了新疆红十字会机关中层干部。12月，召开了自治区红十字会三届一次常务理事会。

2004年10月12至13日，新疆维吾尔自治区红十字会第三次会员代表大会在乌鲁木齐市召开。中共中央政治局委员、自治区党委书记王乐泉等自治区领导会见了与会代表并合影留念，王乐泉作了重要讲话。中国红十字会常务副会长王立忠莅临大会并在开幕式上讲话。会议审议批准了《关于新疆维吾尔自治区红十字会第二届理事会工作报告的决议》、《关于〈新疆维吾尔自治区红十字会2005－2009年工作规划纲要〉的决议》和《关于〈新疆维吾尔自治区红十字会1994－2004年赈济财务报告〉的决议》；选举产生新一届理事会，理事会理事共117人。

新疆维吾尔自治区红十字会三届一次理事会聘请自治区主席司马义·铁力瓦尔地担任新疆维吾尔自治区红十字会名誉会长。自治区人大副主任杜秦瑞、自治区政协副主席张贵亭担任新疆维吾尔自治区红十字会名誉副会长。选举产生常务理事会，常务理事共18人；选举自治区副主席库热西·买合苏提为会长，王建共为常务副会长，阿不都热依木·阿不都拉为副会长，秘书长钟儒兴由会长提名决定。理事会还通过了《关于新疆维吾尔自治区红十字会执行委员会组成的决议》和《新疆维吾尔自治区红十字会理事会理事职责》。

筹资与宣传 2004年，新疆维吾尔自治区红十字会以“迎百年、办实事”为主题，号召全区红十字会广泛开展各种纪念宣传活动。3月，自治区红十字会召开了宣传工作会议。5月8日世界红十字日，全区各级红十字会组织开展了形式多样的纪念活动，自治区红十字会在《新疆日报》专版刊登了纪念中国红十字会成立100周年文章；制作纪念邮折1000册，纪念信封5000个；5月10日，自治区红十字会召开了纪念中国红十字会建会100周年暨“双先”表彰大会，自治区红十字会与自治区人事厅联合表彰了一批先进集体与个人；与自治区党委宣传部联合下发了《加强红十字会宣传工作的通知》；在布瑞琳广告杂志《风景线》开辟了红十字会宣传专栏；举办13期各类业务培训班，传播红十字运动基本知识，接受培训2000余人，在中国红十字会2004年国际人道法传播评估表彰会上获三等奖；下发《红十字会法规》单行本2000册。

3月，新疆维吾尔自治区人民政府办公厅转发自治区红十字会关于在全区开展为中国造血干细胞捐献者资料库新疆分库募捐活动的意见。6月，自治区直属机关工作委员会下发通知，要求自治区直属机关开展为中国造血干细胞捐献者资料库新疆分库的募捐活动，募集资金58万元。9月，接受广东省中山市完美日用品有限公司向中国造血干细胞捐献者资料库爱心捐款10万元及向自治区红十字会捐赠价值25万元营养保健品。全年，全区红十字会系统为造血干细胞资料库建设募集专项资金113.47万元。

救灾赈济 2004年1月，五家渠市102团八一水库垮坝，自治区红十字会下拨21万元的救灾药品及衣物、帐篷，救助灾民。7月，吐鲁番市发生火灾，自治区红十字会下拨救灾款2万元和价值8万元的药品衣物；为阿勒泰地区哈巴河县、布尔津县发生洪灾地区下拨救灾款24万元及10万元救灾物资。自治区红十字会全年向阿勒泰、吐鲁番等灾区下拨救灾款26万元，救灾物资价值74万元。

卫生救护 2004年，自治区红十字会与自治区13个部门联合下发了《关于广泛深入开展救护工作的意见》的通知。分别在乌鲁木齐、昌吉、库车、和田市举办了4期彩票公益金卫生救护师资培训班，培训141人。

社区服务 2004年2月，新疆维吾尔自治区红十字会在“红十字博爱送万家”活动中共计慰问困难家庭3750户，发放慰问物资价值75万元。昌吉市被中国红十字会评为全国首批社区红十字服务示范市。

艾滋病预防与控制 2004年4月，澳大利亚红十字会选派艾滋病技术顾问常驻新疆维吾尔自治区红十字会，协助其艾滋病/性病预防咨询培训中心开展艾滋病预防项目，培训中心举办了一期艾滋病工作管理培训班。5月，新疆维吾尔自治区红十字会与加拿大基金合作，在米泉市乡村开展预防艾滋病同伴教育项目。6月，新疆维吾尔自治区红十字会完成制定《新疆红十字会预防艾滋病工作三年战略规划》，并以中、英、维三种文字印刷下发。还在全区红十字会系统举办各类预防与关怀培训班100期，培训1798人。通过随访感染者及家人，为他们提供家庭护理、自我护理、降低毒品危害等相关知识和技巧。12月1日世界艾滋病日之前，新疆维吾尔自治区红十字会制作并在新疆卫视播出了“红十字会在行动”专题片。

交流与项目合作 2004年4月，新疆维吾尔自治区红十字会应邀派专人赴澳大利亚墨尔本参加第十五届降低毒品危害国际大会。9月，新疆维吾尔自治区红十字会副会长阿不都热依木·阿不都拉随中国红十字会代表团赴德国红十字会、塞尔维亚和黑山红十字会访问。2004年10月25日，吉尔吉斯斯坦红新月会会长伊白莫娃、副会长奥斯莫诺夫一行三人访问新疆维吾尔自治区红十字会，就备灾合作、组织发展交流及国际合作等共同关心的问题进行交流。12月，新疆维吾尔自治区红十字会与香港特别行政区红十字会合作的“普及农牧区群众防灾防病知识、建立红十字会基层备灾机制项目”正式启动。至年底，新疆维吾尔自治区红十字会对巴楚—伽师县地震灾区的重建项目基本完成，加拿大红十字会援助的第二期小项目基本完成。

中国造血干细胞捐献者资料库新疆分库建设 2004年2月，经中国造血干细胞捐献者资料库国家管理中心审核确认，新疆分库正式挂牌启动。6月，新疆分库工作委员会成立并召开第一次工作会议。8月，新疆分库与中国平安保险乌鲁木齐分公司联合在乌鲁木齐人民广场举行了“2004年爱心捐血月暨造血干细胞捐献有奖知识问答及采集血样”互动宣传活动，这是新疆首次开展志愿捐献造血干细胞血样采集活动。全年，有528人份造血干细胞捐献者资料检测数据成功输入中国造血干细胞捐献者资料库。

（宁英锁）

附录：

新疆维吾尔自治区实施《中华人民共和国红十字会法》办法

（1998年5月28日新疆维吾尔自治区第九届人民代表大会常务委员会第三次会议通过）

第一条 根据《中华人民共和国红十字会法》，结合自治区实际，制定本办法。

第二条 县级以上红十字会是中国红十字会的地方组织，是从事人道主义工作的社会救助团体，依法取得社会团体法人资格，依照中国红十字会章程独立自主地开展工作。

第三条 县级以上按行政区域建立红十字会。县级以上红十字会是独立设置的社会团体。

自治区全区性行业根据需要可以建立行业红十字会。

第四条 承认并遵守中国红十字会章程，热心红十字会事业并缴纳会费的中华人民共和国公民，可以自愿参加红十字会。

机关、企事业单位及其他组织集体参加红十字会的，为团体会员。

红十字会可以吸收自愿为红十字会工作的各界人士为志愿工作者，协助红十字会开展工作。

第五条 上级红十字会指导下级红十字会的工作。县级以上红十字会指导本行政区域内行业红十字会的工作。

第六条 各级人民政府应当支持红十字会的工作，为其开展工作提供条件，并对其业务活动进行协调和监督。

第七条 各级红十字会理事会由会员大会或者会员代表大会民主选举产生。理事会民主选举会长、副会长，根据会长提名，决定秘书长、副秘书长人选。

县级以上红十字会的理事会可以聘请名誉会长、名誉副会长。

第八条 红十字会履行下列职责：

（一）宣传、贯彻红十字会法和本办法；

（二）开展救灾准备工作，在自然灾害和突发事件中，参与组织救助，并向上一级红十字会及时报告情况；

（三）组织初级卫生救护培训，普及现场自救知识；

（四）与教育部门配合，开展红十字青少年活动；

（五）参与输血献血工作，推动无偿献血事业的发展；

（六）完成同级人民政府和上级红十字会委托事宜；

（七）依法开展其他人道主义救助和服务活动。

第九条 红十字会标志的使用管理，依照《中华人民共和国红十字标志使用办法》的规定执行。

第十条 红十字会为开展人道主义救助工作，可以从事募捐工作，募捐活动由自治区红十字会统一组织并实施管理，所得款物应当用于救助工作。

第十一条 红十字会的经费来源：

（一）红十字会会员缴纳的会费；

（二）国内外组织和个人的捐赠；

（三）红十字会动产和不动产的收入；

（四）本级人民政府的财政拨款。

第十二条 经国家和自治区主管部门批准，自治区红十字会可以用募捐所得资金，建立红十字基金。

基金使用应当专款专用，并接受自治区财政行政主管部门的监督管理。

第十三条 县级以上红十字会可以按照国家规定和本行政区域卫生医疗发展规划，开办红十字会医院、诊所、急救中心（站），从事人道主义医疗救护工作。

第十四条 对红十字会接受的境外捐赠，海关、商检、检疫、交通运输等有关部门应予优先办理有关手续。

红十字会接受用于救助和公益事业的捐赠物资可以按国家规定享受减税或免税待遇。

第十五条 对县级以上红十字会兴办的与其宗旨相符的社会福利事业，各级人民政府应当给予扶持。

第十六条 广播、电视、报刊等舆论宣传单位应当对红十字会负责组织的人道主义救助宣传活动给予支持和扶助。

第十七条 用于紧急救助任务并标有红十字标志的物资和交通工具应予优先通行，人员有优先使用公用通讯工具的权利。

第十八条 红十字会接受捐赠的款物应当分别设置专项账户核算管理，其工作机构每年应当向理事会报告经费的来源和使用情况，并接受审计部门审计监督。

第十九条 红十字会的合法财产受法律保护，任何单位和个人不得侵占和挪用。

任何单位和个人不得妨碍、阻挠红十字会工作人员依法履行职责。

第二十条 对在人道主义救助工作中做出贡献的单位和个人，各级人民政府或者红十字会应当给予表彰和奖励。

第二十一条 本办法自公布之日起施行。

铁路、商业系统红十字会

中国铁路红十字会

【历史沿革】

20 世纪 80 年代至 90 年代初期，济南铁路局、兰州铁路局、北京铁路局、上海铁路局、呼和浩特铁路局、乌鲁木齐铁路局、柳州铁路局共七个铁路局先后成立了铁路局红十字会组织。其中兰州、上海铁路局各分局也成立了红十字会组织，并开展了带行业特点的红十字会工作。1992 年，济南铁路局红十字会被中国红十字会评为先进集体，并在中国红十字会六届理事会上介绍了经验。此后，由兰州、济南、呼和浩特、柳州等铁路局红十字会酝酿，要求铁道部成立铁路红十字会，把七个局的红十字会工作统一起来，向当时中国红十字会领导顾英奇反映得到肯定。之后，向当时铁道部卫生保护司司长路文德提出要求。经铁道部卫生保护司请示铁道部副部长傅志寰，同意成立中国铁路红十字会，并指示根据铁路具体情况只在运输系统，即各铁路局建立和开展红十字会工作。铁路红十字会会长由卫生保护司司长路文德担任，副会长由兰州铁路局刘志忠担任，秘书长由铁路部卫生保护司原医政处副处长孙英元担任。铁路红十字会办公室设在铁道部卫生保护司医政处。1994 年，铁道部在兰州铁路局西宁分局召开大会，正式成立中国铁路红十字会。1994 年，筹建了铁路红十字会锦州宣教中心，并陆续开展了红十字宣教和培训铁路列车救护员的工作。以后，又依据铁路客运工作的需要，在铁道部第四工程局黄山疗养院、济南铁路局烟台地区招待所成立了铁路红十字会培训中心，在大连铁路疗养院成立了铁路红十字康复中心。

中国铁路红十字会历次代表会议：

第一次　1994 年，在兰州铁路局西宁分局召开了中国铁路红十字会成立大会。除成立铁路红十字会的铁路局以外，其他铁路局也派代表参加了大会。大会中心议题是建立和发展组织，讨论按铁路特点在客运安全服务、灾害事故急救、宣传教育、救助弱势群体和无偿献血方面开展红十字会工作。

第二次　1998 年，在呼和浩特铁路局召开了由各铁路局和部分铁路分局红十字会负责人参加的会议。按照中国红十字会总会的精神，总结前一段的工作，部署当年的工作。

第三次　1999 年，在西安铁道部临潼疗养院召开了由各铁路局和部分分局红十字会负责人参加的会议。重点是交流经验、发展组织、推动工作。之后，除沈阳，郑州铁路局和广铁集团公司外，都相继建立了铁路红十字会组织。

第四次　2000 年，在烟台铁路红十字会培训中心召开了会议。会议内容为总结上一年度工作，并提出新一年度工作要求，同时还举办了铁路优秀红十字学员夏令营活动。

第五次　2002 年，在柳州铁路局召开了铁路红十字会工作会议，贯彻中国红十字会七届理事会精神，请柳州铁路局副局长、红十字会会长汪书庆介绍开展铁路红十字会工作的经验。广西壮族自治区红十字会秘书长到会祝贺并讲话。中国铁路红十字会提出年度工作的八项要求。

【组织机构】

中国铁路红十字会除兰州铁路局有单设的机构和人员以外，其他铁路局都挂靠在卫生主管部门（医政处，卫生处，医政科）。

中国铁路红十字会会长为路文德，副会长为兰州铁路局原副局长刘志忠（专职），南昌铁路局党委书记高维生为红十字会常务副会长，中国铁路红十字会秘书长由劳卫司医政处处长梁渤洲担任。兰州，柳州和南昌铁路局铁路红十字会组织比较健全，由局领导任红十字会会长，各有关业务处长任理事。其余的铁路局和部分分局红十字会职务由其医政科室人员分管或兼职担任。

【相关法规】

2003 年，中国铁路红十字会参与拟定了中华人民共和国铁道部、中华人民共和国卫生部、中国红十字会总会关于印发《旅客列车急救药箱管理办法》（暂行）的通知。文件要求培训红十字救护员要与落实“中国红十字会关于深入开展救护工作的意见”结合起来。中国铁路红十字会负责组织制定铁路系统的教学计划并组织实施。各铁路局红十字会负责组织红十字救护员的培训。参与制定中华人民共和国铁道部运输局、中华人民共和国铁道部劳动和卫生司关于认真贯彻《旅客列车急救药箱管理办法》（暂行）有关问题的通知。文件规定铁路局红十字会和卫生主管部门指定的医疗机构负责按规定为客运部门供应药箱、器械、药品。中国铁路红十字会宣教服务中心负责提供培训用统一教材和配套光盘，并提供必要的教具。根据各铁路局需要，还可以直接帮助培训。红十字救护员骨干、师资由中国铁路红十字会宣教服务中心直接培训。

【主要特色】

1. 各铁路局红十字会在“五八世界红十字日”和“世界艾滋病日”，利用铁路站车优势，广泛宣传《中华人民共和国红十字会法》和预防滋病知识。多年来，铁路红十字会开展各种宣传活动130多次，在基层站段和列车上放发宣传资料41万多份。昆明铁路局红十字会多年来与云南省红十字会合作，在“世界艾滋病日”组织铁路各医疗和疾病控制单位在昆明站、昆明北站、开远站等采用多种宣传形式，向过往旅客和铁路职工、家属宣传艾滋病预防知识，受到云南省红十字会的好评。从1997年至2002年，该会还与云南省红十字会、澳大利亚红十字会合作，在昆明、开远、南昆线、威舍等地举办20多期艾滋病预防青年同伴教育培训班，约5000余名青年职工、学生接受了艾滋病预防的知识教育。

2. 2002年，中国铁路红十字会宣教服务中心和有关铁路局红十字会配合客运部门共举办9期旅客列车红十字救护员培训班，共培训721名旅客列车红十字救护员。2003年3月，铁道部、卫生部、中国红十字会总会联合下发了关于印发《旅客列车急救药箱管理办法》（暂行）的通知，要求按15部委联合通知的要求力争逐步达到每趟旅客列车有两名经过培训的铁路红十字救护员。2004年，中国铁路红十字会认真贯彻上述文件精神，铁道部劳卫司和运输局共同印发了《铁路自救互救基础》全路统一教材8000册，还与铁道部运输局共同举办了两期铁路客运部门红十字自救互救骨干培训班，有80余人接受了培训。各铁路局举办了多期红十字救护员培训班，培训客运乘务人员1500多人。2005年，由成都铁路局客运部门牵头，两个月举办了六期红十字救护员培训班，培训旅客列车救护员453人，经考试合格发证上岗。中国铁路红十字会宣教服务中心协助柳州局红十字会举办了两期共95人的红十字救护员培训班。哈尔滨铁路局2005年9月培训了100名列车红十字救护员。受培训合格上岗的红十字救护员大都在救治旅客外伤、急诊，甚至接生的初级处理中发挥了良好的作用，受到旅客的赞扬。

3. 各铁路局在灾害和疾病发生时，积极协助救灾物资的运输工作。如上海铁路局和地区红十字会发挥铁路特点，2002年，在上海南站、南浦站、杨浦站、北郊站、无锡站，新龙华站用火车专列协助运输救灾物资174车共10440吨，支援了江西，云南，河北等省的救灾工作，并给予适当的优惠政策。上海市新闻媒体对此进行了报道。在募捐工作中，上海铁路分局的24个基层单位的16425人募集衣被32008件发往灾区。

4. 配合卫生部门组织无偿献血活动。铁路系统参与无偿献血的职工人数逐年增加。据不完全统计，每年参加无偿献血的都超过1万人。上海铁路局有一个职工已累计无偿献血8000毫升，获得上海市红十字会颁发的无偿献血金奖。

全国各铁路局红十字会在救助弱势群体，开展社区服务和红十字青少年活动方面也做了大量工作。

（路文德）

中国商业系统红十字会

【历史沿革】

2000 年 11 月 15 日，由中国商业联合会向中国红十字会总会提出申请。12 月 28 日，中国红十字会总会批准成立中国商业系统红十字会。

聘请中国商业联合会会长何济海为名誉会长，中国商业联合会国际部部长王树培任会长，根据会长提名决定周伟为秘书长。

2002 年，增选王树民为副会长。周伟调离，由孙莲任秘书长。

【组织机构】

中国商业系统红十字会现有会员 21 万人，在部分商业企业内部分别建立了基层红十字会组织。

中国商业系统红十字会机关设有办公室、事业发展部。下辖商业系统顾客紧急救护办公室、全国备灾救灾紧急运输大队筹备处、“生命第一”爱心救助工程办公室。

【大型项目】

1. 2001 年，商业系统红十字会启动了全国商业企业顾客紧急救护系统。

2. 2003 年，商业系统红十字会筹备了全国备灾救灾紧急运输大队。

3. 2005 年，商业系统红十字会启动了“生命第一”爱心救助工程。

【主要特色】

公益事业市场化运作。

【显著业绩】

在全国商业企业建立了顾客紧急救护系统。

【年度工作】

在全国商业企业开展紧急救护、无偿献血、健康教育、造血干细胞捐献、危困职工救助等活动。

（王树民　孙　莲）

生产建设兵团红十字会

新疆生产建设兵团红十字会

【历史沿革】

1991 年 3 月，新疆生产建设兵团（以下简称兵团）红十字会成立大会召开，选举产生了第一届理事会，聘请兵团司令员刘双全为名誉会长，兵团副司令员伯塔依·库平当选为会长，产生理事了 29 人、常务理事 10 人。2004 年初，经一届二次理事会会议讨论增补 4 名理事、3 名常务理事。

兵团红十字会第一届理事会在无一名专职工作人员的特殊情况下，依照红十字会宗旨，在救灾、帮困、预防艾滋病、无偿献血等领域开展了大量的工作。

2004年，兵团红十字会第一届理事会依照《中华人民共和国红十字会法》、《中国红十字会章程》、《国务院办公厅转发中国红十字会总会关于进一步加强红十字会工作意见的通知》精神，在兵团实施机构改革、压缩机关编制的情况下，积极协调、主动工作，使成立已13年的兵团红十字会获得了独立工作机构编制，为理顺兵团红十字会管理体制迈出了可喜的一步。

2005年1月，兵团红十字会第二次会员代表大会召开。兵团党委书记、兵团政委陈德敏，兵团副司令员阿勒布斯拜·拉合木，中国红十字会副会长兼秘书长郭长江等出席会议并作了重要讲话。大会审议并通过了一届理事会《工作报告》、《兵团红十字事业2005—2009年发展规划》，传达了中国红十字会第八次会员代表大会精神，依法完成了换届选举，产生了由66名理事组成的新一届理事会，由12名常务理事组成的常务理事会。兵团副司令员阿勒布斯拜·拉合木当选为会长，王国建当选为常务副会长，张国昌（专职）、梅新顺、王辉雄当选为副会长，根据会长提名决定张岩为秘书长。

兵团红十字会第二届理事会聘请兵团司令员华士飞为名誉会长。

兵团红十字会历次代表大会一览表

届次	日期	代表人数	理事人数	常务理事人数	名誉会长	会长	常务副会长
一	1991年3月10日	100	33	13	刘双全	伯塔依·库平	汪艾翔
二	2005年1月26日	131	66	12	华士飞	阿勒布斯拜·拉合木	王国建

【组织机构】

兵团红十字会机关设办公室（宣传发展部）、赈济救护部，设专职副厅级领导职数1名、处级领导职数2名。兵团所辖14个师186个团红十字组织机构正在建设和逐步完善中，三师图木舒克红十字会于2005年5月17日召开会员代表大会，选举产生了新一届理事会。

【相关法规】

《新疆生产建设兵团实施〈中华人民共和国红十字会法〉办法》、《新疆生产建设兵团实施〈中国红十字会章程〉办法》、《兵团贯彻落实〈国务院办公厅转发中国红十字会总会关于进一步加强红十字会工作意见的通知〉的通知》、《新疆生产建设兵团红十字志愿工作者管理办法》均已完稿，待签发。

【年度工作】

宣传传播工作 兵团红十字会根据自身特点，借助各方力量，利用各种活动，因地制宜地开展宣传传播工作。

兵团红十字会利用“五八”世界红十字日、“红十字博爱送万家”、印度洋海啸募捐、“世界献血者日”等活动，主动协调兵团直属机关党委、宣传部等有关部、委、局、办，大力开展红十字会法及与红十字运动相关知识宣传工作，同时积极协调新闻媒体，加大宣传力度、广度，仅“五八”世界红十字日纪念周活动相关内容就在《兵团日报》(省级)报道4次，兵团电视台播报3次，兵团政务网发布信息8条。此外，活动中还发放各类宣传资料21000余份，出板报180余块，横幅标语500余条，累积义诊4560余人次。通过多种形式的宣传，得到了社会各界的关注和支持，进一步提高了红十字运动的社会知晓率。

兵团红十字会积极筹资开展宣传工作，举办了“兵团红十字会管理干部培训班”、“传播人道法培训班”等多种形式、不同层次的培训，还根据自身实际，在卫生局的支持下，借助卫生局举办的各类培训班的机会，专题宣讲红十字运动基本知识，广泛传播红十字精神，扩大红十字会的社会影响力。截至目前，兵团红十字会已培训496人次。

理顺管理体制工作 兵团红十字会根据《中华人民共和国红十字会法》、《中国红十字会章程》、《国务院办公厅转发中国红十字会总会关于进一步加强红十字会工作意见的通知》精神，结合兵团实际，向兵团提交了《关于规范红十字会组织机构设置问题的请示》，积极争取兵团对理顺兵团、师、团红十字会管理体制的支持。

兵团红十字会依照有关规定，力争在即将出台的《兵团红十字会实施〈中华人民共和国红十字会法〉办法》、《兵团红十字会实施〈中国红十字会章程〉办法》、《兵团关于贯彻落实〈国务院办公厅转发中国红十字会总会关于进一步加强红十字会工作意见的通知〉的通知》中明确各级红十字会体制建设的有关事项，为理顺管理体制争取政策支持。

志愿服务工作 兵团红十字会高度重视志愿服务工作，在“五八”世界红十字纪念周等多项活动中，充分发挥志愿工作者的特长，利用他们的技能和爱心，开展形式多样的为民服务活动，收到了良好的社会效益。

借鉴兄弟省市经验，结合自身特点，制定了《兵团红十字会志愿工作者管理办法(草案)》及《兵团红十字志愿工作者手册》，力争在2005年年底前建立兵团红十字志愿工作者资料档案，努力将兵团红十字志愿服务工作纳入科学化、规范化管理轨道。

救灾备灾工作 兵团红十字会克服各种困难，积极参与救灾备灾工作。灾害发生时在第一时间内快速反应，及时了解、上报灾情，发挥好兵团救灾工作助手作用。2004年，兵团红十字会积极筹措款物向六师102团水库坍塌、四师雪灾、三师地震等灾害发生地区捐赠款物总价值130余万元。印度洋地区地震引发海啸，兵团红十字会迅速与兵直党工委联合呼吁募捐，据不完全统计，共募集资金18.37457万元。截至2005年8月，在一师地震（里氏6.2级)、十四师雪灾、九师雹灾等多次灾害中，兵团红十字会共向灾区支援了总价值63.618万元的款物。

兵团红十字会努力提高救助能力，积极筹建卫生救护师资队伍，已分批选派40人参加了中国红十字会总会举办的卫生救护师资培训班，为年内举办兵团级卫生救护师资培训及卫生救护员普及培训工作，奠定了良好的基础。

（张　岩）

特别行政区红十字会

香港特别行政区红十字会

【历史沿革】

（一）20世纪50年代：

1949年，当时的香港是英国统治下的殖民地。由于中国政局出现了重大变化，大量移民涌入香港。香港人口由1946年的90万人急剧上升至1949年的200万人。英国红十字会代表与香港总督商讨在香港成立分会的可能性。当时主要考虑于紧急需要时为移民提供协助与服务，并负责“国际福利工作”。香港红十字会于1950年7月12日成立，成为英国红十字会的分会。工作重点为协助那些在第二次世界大战期间流落亚洲地区的难民返回所属国家，以及提供寻人服务，帮助因战乱与家人失散的人士寻回家属或返回家园。

1950年6月，朝鲜战争爆发，香港红十字会于1951年开始负责准备食物、医疗药品等包裹，运送到日本给战俘。1955年英国红十字会与中国红十字会达成协议，由香港红十字会负责于边境送递包裹予被扣留在中国国境的外籍人士。

香港红十字会捐血服务于1951年开始，协助政府为全港志愿捐血人士进行登记。于1952年成立捐血服务部，开展志愿捐血的新纪元。

1952年，香港红十字会于东华医院开展“调剂性治疗”，由志愿工作人员协助提供工艺制作班予病童。此发展成为今日的医院学校。

50年代香港资源贫乏，救济和赈灾工作所需的物资主要依靠外国捐助。香港红十字会于1953年开始，把外国捐助的衣物进行分类、贮藏及分派，成为政府备灾及救灾的后勤好帮手。当时更招募志愿工作人员，协助英国红十字会工作人员关怀和照顾在医院的军人及其他住院人士。此服务便发展成现今的关怀病人服务。其中一群妇女志愿工作人员为医院剪裁及制作纱布绷带和棉花球，此发展成现今有不同国籍人士及长者参与的成人义工队。

香港红十字会于1956年开设青少年部，成立第一队青少年团。

（二）20世纪60年代：

1962年，得到国际难民基金及英国红十字会支持，全港第一所为身体伤残，未能在一般学校就读的儿童而开办的雅丽珊郡主儿童安置所及学校得以落成，为60名儿童提供照顾。至今发展成为三所特殊教育学校及一所宿舍：雅丽珊郡主红十字会学校（1966年）、甘乃迪中心（1967年）、玛嘉烈戴麟趾红十字会学校（1973年）及顺利宿舍（1968年）。学校不单提供课堂教学，更有课外活动、各样综合和功能治疗。严重弱能者，更有个别学习程序和特殊器材协助；课程由教师、职业治疗师、社会工作员及教育心理学家共同设计。

（三）20 世纪 70 年代：

由于 60 年代期间的社会变化及于四五十年代出生的孩子已长大，香港人在香港这片土地的过客心态渐变为有感情、带动社会团结和排外的取向。香港红十字会于 70 年代时便发挥着服务先导者及动员社会互助和自助的角色。

1975 年，越南政权易手，香港红十字会协助把英国红十字会、国际红十字会及其他国家捐助的药物及救济物品运到越南。同时，越南政局的变化，触发大规模的难民潮。1975 年 5 月，一艘丹麦货轮载着第一批 3700 多名越南难民来港。香港红十字会及时为他们提供了各类救济品及寻人服务。随着越南难民数量的增加，救济这些难民成为十分迫切的问题。1979 年 5 月，联合国难民事务高级专员邀请香港红十字会接管当时仍属政府羁留中心的“北启德难民营”。直至 1987 年，当难民服务已不属于紧急救援工作时，难民收容中心的责任才转交予其他福利服务机构。

1976 年，香港红十字会配合政府条例开办工业急救课程，以提升并保障工人的生命安全。

香港志愿捐血的华人由 1954 年的 7% 增至 1970 年的 35%，显示出捐血教育及推广的成效。

（四）20 世纪 80 年代：

香港红十字会进一步改善及自我提升，各项服务逐渐踏上了轨道，焦点移至被忽略及缺乏关顾的人群，同时也继续扩大志愿工作人员队伍，深化红十字青少年于人道服务的价值观念，关注儿童的精神及行动治疗，鼓励华人志愿捐血。香港红十字会坚定的人道宗旨、为关怀和扶助伤病者和弱势社群的工作方向，并未因为当时香港社会上九七回归所带来的政治考虑而有巨大变化。

（五）20 世纪 90 年代：

香港红十字会开始与中国红十字会展开紧密接触。1991 年的华东水灾赈灾工作更进一步让香港红十字会了解国内红十字会的体系和工作。1997 年 7 月 1 日，香港红十字会顺利由英国红十字会转移归属于中国红十字会，成为高度自治的中国红十字会分会。香港红十字会的活动空间同时进一步扩大至不单是国内，而及于国际。

1997 年 4 月，政府委托香港红十字会推出了“长者安居广东省续领综合社会保障援助计划”。

通过举办各项赈灾、输血、急救的地区及国际性活动，香港红十字会充分发挥香港及其国际城市的特点，推动及参与国际间的合作和交流，并与世界各地红十字组织紧密合作，为保护生命及减轻人类疾苦而努力。

（六）21 世纪初：

承接 1997 年的地位转变，香港红十字会紧密与国际红十字会联络及合作，通过参与本地、国内及国际间的项目，巩固及确定香港红十字会的服务方向。受全球性经济下滑影响，政府大幅削减对香港红十字会的资助，私人捐助下降。本会的传讯及资源发展部随之成立，正为解决财政困难、维持服务负起艰巨的任务。

香港红十字会于“国际人道法”的传播工作继续加强，于 2003 年开始举行“国际人道法仿真法庭比赛”，由香港的大学法律系学生扩大至 2005 年的 11 所东亚及东南亚国家的大学法律系学生参与。

在2003年“非典型肺炎”爆发和2004年底“南亚海啸”两项举世关注的事件中，香港红十字会所进行的工作获得市民肯定，反映出公众对香港红十字会的高度信任和所付予的期望。

【组织机构】

香港红十字会成立以来都邀请历届的香港总督/特区行政长官为赞助人。赞助人既是香港政府首长，也是香港红十字会的名誉领导。会长一职一般邀请香港总督/特首的夫人出任。周年大会及顾问团会议均由会长主持。赞助人和会长虽然不参与会务决策，却带动社会各阶层对香港红十字会的支持。

香港红十字会的管理制度依靠志愿人士组成不同的管理委员会，集体领导各个服务部门的工作，并向公众负责。最高委员会是董事会，由主席主持董事会会议。主席以下设有副主席、义务司库、总监均由董事会成员选举产生，任期三年。以上执事人员均为主席委员会成员，由董事会议决授予处理事项及在紧急而董事会非运作情况下，以董事会之名义及代表董事会行事。

香港红十字会的5位总监于其服务委员会协助下分别管理香港红十字会辖下的5个部门：输血服务、国际及赈灾服务、特殊教育及复康服务、青年及义工事务和医护服务。

董事会之下委任一名专职秘书长，负责在主席及副主席指导下担任香港红十字会的行政管理工作，并根据董事会之政策和方向，策划、联系、执行和发展会内各项服务和计划（输血服务除外）。

顾问团的成员为香港特别行政区政府主要官员和社会知名人士。他们的参与，增加了香港红十字会的公信力，从而使公众更支持红十字会的工作。

【相关法规】

香港红十字会依《香港法律条例第1129章》成立为法团。

中国红十字会于1997年4月1日至4日召开的第六届理事会第四次会议议决，同意接纳香港红十字会自1997年7月1日起成为中国红十字会的一个享有高度自治的地方分会。全称为“中国香港特别行政区红十字会”，简称“香港红十字会（中国红十字会分会）”。《中华人民共和国香港特别行政区基本法》以及《国际红十字与红新月运动章程》和《红十字会与红新月会国际联合会章程》是处理双方关系及事务的依据。

香港红十字会作为中国红十字会的一个高度自治的地方分会，它根据《中华人民共和国香港特别行政区基本法》和香港特别行政区政府的法律，自行制定或修改《香港红十字会章程》，负责处理会内一切事务。《中华人民共和国红十字会法》和《中国红十字会章程》不适用于香港红十字会。

【主要特色】

香港红十字会的理想：

我们力求这世界每一个人都尊重及保护人的生命和尊严；所有人都能不分种族、信仰及背景，乐意和自愿地向伤病者、受困苦者及弱势社群施以援手。

香港红十字会的使命：

我们倡导人道精神，相信及尊重人类生命的价值及个人的尊严。

我们提供无私至善的关怀，保护生命和健康，扶助容易受伤害的人士，让他们有能力过着安全及有尊严的生活。

我们宣扬志愿服务精神，组织和训练义工，并提供机会，让他们得以助人自助，实践人道精神。

我们支持世界红十字运动，致力扩展全球的人道服务网络，提高人们对生命及尊严的关注，倡导持久和平。

【大型项目及显著业绩】

（一）1949 年：

香港总督委派医务卫生署长协助成立英国红十字会香港分会，提供寻人、协助难民及为军部医院提供服务。

（二）1950 年：

1. 7 月 12 日，英国红十字会正式批准成立香港分会。

2. 成立第一队义务妇女工作队，为政府医院提供折制纱布。

（三）1951 年：

教导荔枝角医院精神病人制作工艺品，是医院学校的雏形。

（四）1952 年：

成立捐血服务部，首年志愿捐血人数 483 人。

（五）1953 年：

1. 赈灾仓库启用。

2. 制作第一套中文捐血宣传片，鼓励华人捐血。

3. 派发衣物予石硖尾大火灾民。

（六）1954 年：

第一所医院学校在荔枝角医院儿科部开办。

（七）1955 年：

协助运送食物包裹至中国边境，交予中国红十字会转交予被扣留的外籍人士。

（八）1956 年：

嘉诺撒圣方济各书院成立第一队红十字会青少年团。

（九）1959 年：

成立流动眼科医院于郊区提供服务。

（十）1962 年：

1. 特殊学校雅丽珊郡主红十字会学校及儿童安置所启用。

2. 赈济受台风温黛袭港影响的灾民。

3. 霍乱蔓延，于漆咸道隔离中心分派衣物及提供福利服务。

4. 国内难民大量涌港，协助赈济。

（十一）1965 年：

位于夏悫道的香港红十字会总部落成启用。

（十二）1966 年：

在慈云山开办第一所走读伤残儿童学校。

（十三）1967 年：

第二所特殊学校甘乃迪中心启用。

（十四）1968 年：

1. 在慈云山开办伤残青少年宿舍。

2. 大屿山石壁度假营舍启用。

（十五）1969 年：

1. 成为公益金会员机构。

2. 红十字青少年在慈云山徙置区展开为期 9 个月的健康卫生运动。

（十六）1973 年：

1. 流动捐血车投入服务。

2. 第三所特殊教育学校玛嘉烈戴麟趾红十字会学校启用。

（十七）1975 年：

1. 开办成人医疗用具借用服务（辅助行动器材租借服务前身）。

2. 丹麦货轮“马士基”号载来 3700 多名越南难民，香港红十字会难民服务大为扩展。

（十八）1976 年：

1. 开办工业急救训练课程。

2. 修建为适合伤残人士使用的石壁度假营舍落成启用。

（十九）1979 年：

1. 扩展寻人服务，协助越南难民。

2. 接管北启德难民营，并在营中设立越南难民医疗中心。

（二十）1980 年：

邵逸夫会长率领代表团首次访问中国红十字会。

（二十一）1981 年：

慈云山伤残青年宿舍迁往观塘顺利邨易名“顺利宿舍”。

（二十二）1984 年：

位于京士柏道的输血服务白普理大厦落成启用。

（二十三）1985 年：

“红十字精神”中学视听教材制作完成，分送全港中学。

（二十四）1987 年：

1. 将北启德难民营移交予基督教难民服务处管理。

2. 开展儿童医疗用具借用服务。

（二十五）1988 年：

“红十字精神”小学视听教材制作完成，分送全港小学。

（二十六）1989 年：

位于湾仔修顿中心的青年及福利事务部港岛总部启用，由英国红十字会青少年活动赞助人威尔斯王妃戴安娜主持开幕。

（二十七）1990 年：

由英国红十字会“海外分会”升格为高度自治的“分会”。

（二十八）1991 年：

1. 为中国华东水灾大规模赈灾筹款，共筹得港币 1.44 多亿元。

2. 与医院管理局签署管理合约，输血服务中心纳入医院管理局架构。

（二十九）1992 年：

成立第一队有长者参与的制服队伍。

（三十）1994 年：

工业急救训练中心易名“急救训练中心”，由政府卫生署资助经常开支。

（三十一）1995 年：

1. 协助社会福利署举办健康护理课程，为安老院保健员提供合资格护理训练。

2. 医院图书馆服务易名“关怀病人及图书服务”，由医院管理局资助。

3. 主办亚太区首届急救比赛。

（三十二）1996 年：

位于沙田的香港红十字会白普理中心落成。

（三十三）1997 年：

1. 随着香港回归中国，香港红十字会由英国红十字会分会转为中国红十字会内一个享有高度自治的地方分会。

2. 获政府委托作为“长者定居广东省续领综援计划”中介机构。

3. 香港红十字会网页启用。

（三十四）1998 年：

1. 领导香港红十字会 30 年的会长邵逸夫先生及主席郑栋材博士荣休，分别由董赵洪娉女士及杨铁梁先生继任。

2. 与香港大学医学院及红十字国际委员会在港合办“大型紧急医疗援助国际培训班”。

3. 输血服务中心成立全港首间免费的脐带血库。

4. 关怀病人及图书服务在葵涌医院（精神科医院）设立全港首间“迷你病人影院”。

（三十五）1999 年：

1. 输血服务中心取得 ISO 9002 品质管理认证。

2. 首次派出一位麻醉师前往非洲肯尼亚协助红十字国际委员会的人道工作。

（三十六）2000 年：

1. 庆贺香港红十字会成立 50 周年。

2. 举办“名人服务庆金禧”筹款活动。

3. 为推广急救知识举办“急救动力共闯 2000”。

4. 发行香港红十字会 50 周年纪念邮票及九广铁路纪念车票。

5. 举行“凝聚爱心能量、共建关怀社群”服务大行动——动员全港市民参与社会服务。

6. 出版香港红十字会 50 周年纪念书册。

7. 举办国际大型研讨会——以输血服务、青年工作、特殊教育及推广人道精神为题。

8. 举行“青年力量 2000”。

（三十七）2001 年：

1. 因应服务发展，把“青年及福利事务部”分拆为“青年及义工事务部”和“医护服务部”。

2. 建立全面计算机联网系统。

3. 派出一位义务顾问医生前往非洲肯尼亚进行三个月的志愿战地医疗工作。

4. 引入“心理支持”服务。

5. 雅丽珊郡主红十字会学校学生苏桦伟代表香港参加国际伤残奥委会世界田径锦标赛，打破伤残男子 100 米的世界纪录。

6. 开展“艾滋病同伴教育计划”。

（三十八）2002 年：

1. 获中国红十字会颁发“特殊贡献奖”。

2. 输血服务中心取得 ISO9001 的 2000 年版认证及“2002 年亚洲医疗机构管理奖”。

3. 获政府资助开展“假日之友”残疾人士假期日间照顾服务。

4. 于青山医院（精神科医院）的第二所“病人迷你影院”投入服务。

5. 与红十字会与红新月会国际联合会及菲律宾红十字会合办“第二届东南及东亚区红十字会急救比赛”。

6. 雅丽珊郡主红十字会学校学生苏桦伟获 2002 年“香港杰出运动员”奖。

（三十九）2003 年：

1. 香港爆发非典型肺炎，全会动员积极进行推广防炎、关怀病者及医护人员、制作“防炎消毒包”予长者及长期病患者等工作。

2. 举办首个红十字知识进修营，提升职员、志愿工作领袖对红十字使命和国际人道法的认识。

3. 举办“首届国际人道法仿真法庭”比赛。

4. 积极将捐血教育拓展至小学及社区。

5. 一位护士以香港红十字会志愿工作人员身份到非洲肯尼亚的战地医院工作。

（四十）2004 年：

1. 为庆祝红十字运动在中国推行 100 周年，主办了“两岸红十字百周年精英荟萃”活动。

2. 为庆祝特殊教育及复康服务的 50 周年，举办了“五十周年国际研讨会”。

3. 红十字长者制服队伍——“耆英团”进入10周年，举行了首次“耆英团联合大会操”。

4. 举办“第二届国际人道法仿真法庭”比赛，除本港法律系学生外，首次有国内北京、新加坡及菲律宾的法律系学生参与。

5. 进一步推动“心理支持”服务，与机场管理局合作，派出心理支持服务队，参与各航空公司的空难演习。

6. 开展“社区健康教育”及“校园健康大使”计划。

7. 成立“传讯及资源发展部”专责筹募经费。

8. 玛嘉烈戴麟趾红十字会学校迁往牛池湾新校舍。

9. 实施新人事架构及薪酬制度，并获选为“2004年度良好人事管理奖”。

（四十一）2005年：

1. 输血服务引进ISO14001环境保护质量管理认证。

2. 南亚海啸救灾工作获破纪录的支持，截至10月底，获香港市民共6.2亿多元的港币捐款。在受灾地区的救援及重建工作逐步扩展，于印尼及斯里兰卡设立救灾办事处。

3. 主办红十字会与红新月会国际联合会于香港召开的“全球海啸救灾工作会议”，有40个国家的红十字会代表及国际组织代表出席。

4. 举办“第三届国际人道法仿真法庭”比赛，共有东亚及东南亚地区11所大学的法律系学生参赛。

5. 香港特别行政区行政长官曾荫权先生及其夫人曾鲍笑薇女士分别接任本会新的赞助人及会长。

6. 自9月1日起接手管理“香港骨髓捐赠者数据库”。

7. 首次提名香港护理人员角逐“南丁格尔奖”，冯玉娟女士成为首位香港得奖者。

【年度工作】

（一）南亚海啸救灾

2004年至2005年度是对香港红十字会充满冲击和挑战的一年。2004年底，席卷印度洋12个国家的南亚海啸强烈触动了香港市民的同情心，无论个人或团体，均踊跃响应各赈灾机构的募捐呼吁。香港红十字会亦在短短一星期内收到善款港币1.4亿多元，至2005年10月底，更达港币6.2亿多元的历史性纪录。香港市民的平均捐款金额居全球首位。

市民对香港红十字会的信赖，反映香港红十字会过往的工作获得肯定，同时也表达了社会各界的高度期望，盼望香港红十字会能为痛失家园的灾民及时给予所需的援手。灾情发生后的前三个月，香港红十字会全体专职及志愿工作人员几乎不眠不休，前往灾区救灾、处理查询和捐款及提供后勤支持工作。为确保捐款得以有效管理，香港红十字会除不时透过报章及演示文稿向公众交代捐款的使用情况外，还于1月初委派独立顾问进行内部审计，于2月初公布款额共港币5亿元及为期5年的赈灾款项分配预算，让灾款的管理和使用尽量透明化、专业化。

2005年3月3日，来自40个国家的红十字会代表及国际组织代表出席了红十字会与红新月会国际联合会于香港召开的“全球海啸救灾工作会议”，商议受灾国家的复原及重建策略。国际联合会的会长托罗先生、香港特区署理行政长官曾荫权先生及香港红十字会会长董赵洪娉女士一起主持了会议的开幕仪式。各与会代表经过三日讨论，共同发表一份《香港宣言》，承诺加强日后的防灾、救灾和备灾工作；而香港红十字会在参与海啸救灾工作和主办这次会议的出色表现，亦获得大会的高度赞扬。

（二）主办国际及交流活动

除了支持南亚海啸的救灾工作，香港红十字会在2004年至2005年度投入了大量精力筹办多个国际及交流活动。为庆祝红十字运动在中国推行100周年，香港红十字会于2004年12月主办了“两岸红十字百周年精英荟萃”活动。来自内地、台湾、澳门和香港的12支红十字队伍，连同公众人士及其他急救护理专业人员参加了一连串以急救及灾难应变为主题的比赛、汇演嘉年华和公开研讨会。香港、澳门及南京的急救精英通过6个不同仿真场景的考验后，分别夺得冠、亚、季军。在同一月份，香港红十字会也举办了一个特殊教育研讨会和一个红十字会国际代表训练课程。前者与香港大学合办，乃香港红十字会特殊教育及复康服务的金禧纪念活动。众多来自香港及海外的学者以“迎接学习差异的挑战：在问责年代下如何面对特殊教育需要”为题，进行了30多个专题研讨及工作坊。后者有7个国家和地区共20位的现任或候任红十字会国际代表参加，充实他们在从事国际人道工作方面的实务知识。

2005年3月，11所本地及海外大学法律学院的学生代表齐集香港，参加香港红十字会与红十字国际委员会及两所本地大学联合举办的“第三届国际人道法仿真法庭比赛”。这届比赛的规模进一步扩大，且得到30多位本地法律界人士、现任法官、大学法律学者、驻港外国领事和执业大律师出任评判，成为目前东亚及东南亚区最大规模的国际人道法仿真法庭校际比赛。决赛在高等法院进行，最终由菲律宾大学代表队摘冠，并从终审法院首席法官李国能先生手上领取奖牌。

2005年7月，香港首次提名护理人员角逐“南丁格尔奖”的冯玉娟女士，从国家主席胡锦涛手中接过“南丁格尔奖章”。为香港护理人员的成就及认许写下光辉的一页。

（三）本地服务新发展

繁忙的国际参与，没有影响本地服务的发展。各部门的工作在2004年至2005年度均有新的突破。香港红十字会与机场管理局合作，于2004年11月起派出志愿工作人员定期参与各航空公司的空难演习，为香港红十字会在多年前开始组成的心理支持服务队提供了宝贵的实习机会。甘乃迪中心获得政府教育统筹局的资助及热心人士捐款，于2004年9月再次开办大学预科班和增收多名需24小时倚靠呼吸机的学额。玛嘉烈戴麟趾红十字会学校位于牛池湾的新校舍终于落成，并于2004年12月举行开幕典礼。医护服务部与青年及义工事务部继续贯彻“非典”后香港红十字会强化社区为本的服务政策，分别把在大埔区试验效果良好的“五星健康五星家”社区健康卫生教育计划推展至屯门区，与大埔及深水埗的地区团体合作，为独居长者提供定期的家居健康支持服务。1994年确定的长者制服团体计划—“耆英团”—亦进入了10周年，在旺角球场举行了首次的“耆英团”联合大会操，盛况空前！而香港红十字会一向着力推动的志愿服务，更获政府社会福利署嘉许为全港十个最高志愿工作人员服务时数的公众团体之一。

（四）机构发展措施持续

服务的不断发展，对香港红十字会的财政及管理增添不少压力。在2003年至2004年度成立的传讯及资源发展部，在过去一年着力拓展与商业机构的伙伴关系，合办了多次的筹募活动，包括“开心慈善行车日”、“‘购’造好明天”、圣诞“爱心相连”大行动；又推出鼓励定期捐款的“企业关怀计划”和“小小慈善家计划”，筹款工作初步取得成果。

在雇佣双方均以务实谅解的态度基础上，为期一年的新人事架构及薪酬制度检讨终于顺利完成，并获董事会及全体员工接纳，于2004年10月正式实施。新制度重组所有新、旧员工的职级，薪酬制度亦与政府薪级表完全脱钩，改为参照市场水平和个人表现而制定。新制度让香港红十字会的人事政策更符合现今社会的期望，和提供弹性以响应未来的服务发展需要及不明朗的财务情况。香港红十字会成功的劳资合作经验获政府劳工处高度称许，获该处颁发的“2004年良好人事管理奖”荣誉。

机构需要持续改进，已成为所有非政府组织的管理方向。2004年，香港红十字会董事会进行了第二次的策略思维工作坊，确认扩大决策参与和跨部门协作的未来策略目标。香港红十字会年内亦推出一项业务流程改善计划，鼓励前线员工参与改进行政和服务流程。此外，两年多前引入的绩效管理系统亦重新进行检讨，以配合新薪酬制度的推行。

（五）管治层更替

香港红十字会原赞助人董建华先生及服务25年的前任会长兼总监董赵洪娉女士均于2005年3月离任。董先生在过去8年来十分支持香港红十字会工作，董夫人更一向积极投入会务，参与服务每每身先士卒。香港红十字会衷心感谢董先生及董夫人多年来的指导，并很荣幸董夫人接受邀请出任为副赞助人。此外，香港红十字会亦感谢服务董事会14年、并于新一届离任的义务司库冼宏卓先生和董事会委员任锦光先生。

香港红十字会十分荣幸获新任的特区行政长官曾荫权先生及夫人曾鲍笑薇女士分别应允出任香港红十字会新的赞助人及会长。新一届的主席、副主席、义务司库和5位总监亦于9月8日的董事会会议上选举产生。在他们的支持和指导下，香港红十字会的全体委员、职员和志愿工作人员，将一如既往，继续发挥人道精神，服务伤病人士。

（六）财务情况

全年总收入（不包括赈灾项目及各特定基金）：港币＄356700000元

全年总支出（不包括赈灾项目及各特定基金）：港币＄352800000元

2004年至2005年度服务数字：

职员人数：（于2005年9月）

输血服务：269名

特殊教育及复康服务：447名

秘书处及其他部门：147名

（七）输血服务

志愿捐血人士：146726人（包括首次捐血人士：42347人）。

收集血液单位：196819单位。

制成血制品：443352单位。

最高个人捐血纪录：325次（累积数字）。

（八）医护服务

提供急救训练：8 类、729 班、79485 小时训练时数、16176 名学员。

提供健康护理训练：5 类、11 班、869 小时训练时数、303 名学员。

医院内的关怀病人服务：（受医院防感染警示影响，全年只可于 11 所医院提供少于 6 个月的服务）接触 5977 名院友、借出 56611 本图书、借出 42465 本杂志、进行超过 500 项活动。

辅助行动器材租借：1817 租用个案。

（九）国际及赈灾服务

国际福利：110 多宗求助个案。

寻人服务：337 宗个案，6500 多次面谈、家访及电话查询。

本地援助物资派发：1937 衣物包，1378 件毛衣及棉褛，313 条毛毡及棉被。

（十）特殊教育及复康服务

3 所特殊学校的学生人数（于 3 月 31 日）：407 名。

医院学校（于 3 月 31 日）：450 名。

顺利宿舍宿生人数（于 3 月 31 日）：37 名。

（十一）青年及义工事务

红十字青少年队伍（于 3 月 31 日）：310 队。

红十字青少年人数（于 3 月 31 日）：超过 15000 人。

红十字青少年组织的服务项目：128 项。

为红十字青少年提供的培训：1300 多个。

红十字成人义工队伍（于 3 月 31 日）：42 队。

红十字成人义工人数（于 3 月 31 日）：超过 2300 人。

红十字耆英团（于 3 月 31 日）：17 队。

红十字耆英团团员人数（于 3 月 31 日）：超过 420 人。

红十字耆英团提供的社区服务：370 多次。

（黄秀仪）

澳门特别行政区红十字会

【历史沿革】

1920 年，红十字运动开始在澳门展开，当时的澳门红十字会隶属于葡萄牙红十字会。

1946 年，太平洋战争结束后，大批难民涌入澳门，澳门红十字会为难民提供医疗服务并派发衣服食物等。

1975 年，东帝汶发生独立革命，不少难民涌入澳门，澳门红十字会承担起逃避战乱难民的救援工作。

1979 年，越南发生难民潮，澳门红十字会协助移居安置行动将难民分配到不同的国家，同时加强了寻人服务，为难民寻找失散的家人，此后正式成为日内瓦中央寻人处的会员之一。

1980 年，第一支较具规模的澳门红十字会义工队正式组成，为澳门市民及越南难民提供义务服务。

1987 年，葡萄牙红十字会将在澳门运作多年的属会正式命名为“澳门红十字会——葡萄牙红十字会分会”。

1990 年，澳门红十字会总部搬到位于西湾的夕阳别墅。

1992 年，澳门红十字会急救学校正式成立，并在澳门教育暨青年局注册，成为一所获政府承认的教授急救知识的学校。义务急救队也于同年成立。

1999 年，澳门回归祖国，澳门红十字会成为中国红十字会一个享有高度自治的分会。

2000 年，澳门特别行政区行政长官何厚铧为新口岸中土大厦三楼的“亨利·杜南”中心主持揭幕礼，中心启用为澳门特别行政区红十字会秘书处办公室。办公室的扩展，令员工有了更舒适的工作环境。

2003 年，澳门特别行政区红十字会开展了非紧急医疗爱心护送服务，护送行动不便的病患者往返医疗机构与家居，将位于西湾夕阳别墅的总部改建为爱心护送服务中心。

【组织机构】

根据组织章程规定，澳门特别行政区红十字会会员大会是澳门特别行政区红十字会的最高权力机构。澳门特别行政区红十字会中央委员会在会员大会中选出，代表会员大会在两届大会之间以大会的名义工作，负责全面的工作及政策的制定。监察委员会也在会员大会中选出，负责审查澳门特别行政区红十字会的账目及行政合法性。理事会由中央委员会通过提名选举产生，是主要执行机构，负责管理日常事务。

【相关法规】

澳门特别行政区政府于 1999 年 12 月 13 日在宪报上公布了第 108/99/M 号澳门红十字会法令。确定澳门特别行政区红十字会是一非牟利之私法行政公益法人团体，并且是一所属非政府组织的志愿人道救援服务机构，澳门特别行政区政府将支持其开展各项公益活动，并可获税务上的优惠。

【大型项目】

（一）捐助受灾地区开展重建工作

1. 备灾救灾是澳门特别行政区红十字会的一项重点工作，响应红十字会与红新月会国际联合会和中国红十字会因应世界各地或中国内地发生的灾害而做出的救灾募捐呼吁，收集善款和物资帮助灾民。

澳门特别行政区红十字会历年来参与的赈灾工作遍及世界各地，主要包括对 1996 年云南大地震、1998 年国内水灾、1999 年台湾大地震、2000 年科索沃战乱、2002 年华东水灾、2003 年淮河水灾、2004 年国内水灾及 2004 年印度洋地震海啸、2005 年国内水灾等的救助工作。

2. 印度洋地震海啸赈灾工作

2004 年底，印度洋地区发生地震海啸后，澳门特别行政区红十字会立即派出人员前往印度尼西亚重灾区亚齐省考察灾情，并及时发动澳门市民捐献，共筹得澳门币 41174081.9 元。

2005 年 1 月 9 日，澳门特别行政区红十字会举行了“人道力量遍濠江”筹款活动，得到澳门广大市民的支持。澳门特别行政区红十字会领导于 2005 年 3 月出席了在香港举行的南亚海啸灾后重建会议。

（二）设立国际人道法推广活动中心

2000 年，由红十字国际委员会和澳门特别行政区红十字会合作设立的“国际人道法推广活动中心”由中国红十字会会长彭珮云、红十字国际委员会东亚地区代表及澳门特别行政区红十字会代表揭幕投入运作。中心的宗旨是协助红十字国际委员会发展国际人道法的传播工作，包括：在澳门及所属地区内广泛地传播红十字运动知识、国际人道法、红十字标志的使用，举办有关人道法的培训班、研讨会和讲座、设立国际人道法文献资料中心等，并以资源共享的途径发展地区性的传播信息网络。

（三）2005 年暑期系列交流活动

澳门特别行政区红十字会 2003 年成立青少年发展基金。该基金 2005 年获香港上海汇丰银行及澳门工商界知名人士的热心捐助，使澳门特别行政区红十字会在 2005 年开展了一系列的青少年发展活动，活动包括中学急救队成立培训工作、中学生暑期免费急救课程、2005 年海峡两岸红十字青少年会员夏令营、山西教学交流体会之旅、制服团队同心同根万里行——伟大建设之旅、制服团队香港红十字会交流之旅、广西教学交流体会之旅、日本红十字会国际青少年交流营等活动。

（四）建会 85 周年庆典系列活动

2005 年 7 月，澳门特别行政区红十字会举行了“85 周年会庆暨表彰大会”，向澳门 87 位（个）人士和机构颁授感谢状及红十字会勋章，以感谢他们长期以来对澳门红十字会各项工作的大力支持。

颁发的勋章包括“红十字会慈善勋章”、“红十字会教育勋章”、“红十字国际救援勋章”及“红十字服务勋章”等。

中国红十字会常务副会长江亦曼率领总会代表团抵澳祝贺，中国红十字会会长彭珮云也给澳门特别行政区红十字会发了贺电表示祝贺。

（五）健康检查日

澳门特别行政区红十字会与其他社会服务机构每年合办“健康检查日”，为澳门居住于护老院的长者进行健康检查。澳门特别行政区红十字会还派出义工参与政府举办的“健康城市日”活动。

【主要特色】

（一）非紧急爱心医疗护送

非紧急爱心医疗护送是专门为行动不便的慢性病人而设立的，护送其往返医院和居所的服务。现已有两部中型爱心护送专车及一部救护车投入服务。

（二）澳门红十字会学校

澳门红十字会学校成立于 1992 年 9 月，在澳门教育暨青年局正式注册，是获政府承认的一所教授急救知识的学校。学校提供各种急救课程，并为单位举办急救知识讲座，向市民推广正确的急救知识和技巧，以达到救人自救的目的。

（三）急救义工队

澳门红十字会学校培训出一批拥有急救专业知识的人士大部分成为澳门特别行政区红十字会急救义工队队员，为澳门各政府部门及各界团体机构所举办的各种活动提供免费的紧急救护服务。

（四）青少年制服团队

青少年制服团是澳门特别行政区红十字会青少年发展计划重点项目之一，目的是通过一系列的学习和培训，让青少年认识及宣扬红十字理念，鼓励青少年尝试参与多元化的活动，包括急救训练、医疗保健、社会服务、环境保护、体验式学习及国际交流等活动，使他们能在锻炼中成长，日后成为社会栋梁，服务社群。

（五）传播红十字运动及人道法

澳门特别行政区红十字会自 1993 年开始国际人道法的推广工作，1998 年起参与中国红十字会的传播计划，现阶段仍继续承担传播的使命，积极在澳门拓展红十字运动知识和国际人道法的推广教育工作。澳门特别行政区红十字会每年都和红十字会与红新月会联合会或红十字国际委员会联合开办人道法及红十字基本知识的课程，对来自内地和东亚各国的参加者进行培训。

（六）援建博爱小学

2003年起，在中国红十字会的协调下，澳门特别行政区红十字会在内地为贫困地区援建博爱小学，希望藉此使贫困地区及灾区的儿童得到良好的教育环境，此计划得到了许多热心人士的支持。至2005年9月，首阶段的20所红十字博爱小学已陆续建成并投入使用，其余选址将配合大西北开发计划而进行。

（七）行动辅助器租用服务

行动辅助器租用服务是为遇上意外到急症室求诊的病患者提供行动辅助器，包括腋下拐杖、套臂拐杖及轮椅等，让其治疗后离院时即可使用，减轻伤病者及其家人的负担。

【显著业绩】

2002年，澳门特别行政区红十字会获中国红十字会颁发“特别贡献奖”，以表扬澳门特别行政区红十字会在内地捐建博爱小学的义举。

2003年，澳门特别行政区红十字会获特区政府颁发的“仁爱功绩勋章”，以表扬其为澳门社会事务做出的努力。

2004年12月，澳门特别行政区红十字会组队参加了在香港举办的“两岸红十字百年精英荟萃”急救及灾难应变比赛，取得了“急救及灾难应变亚军”、“最有效率表现银奖”和“急救及灾难应变优异奖”。

2004年底，澳门特别行政区红十字会为印度洋地震海啸灾区募捐，共筹得澳门币41174081.9元，澳门市民人均捐款89.5元。2005年5月，澳门特别行政区红十字会获中国红十字会颁发 的“印度洋海啸特别奖”，以表扬在海啸救援工作上的贡献。

【年度工作】

（一）关怀弱势社群

澳门特别行政区红十字会一向致力于扶助社会上的弱势社群，向他们伸出关爱之手。2004年，澳门特别行政区红十字会为澳门的弱势社群，如长期病患者、智障及肢障人士、院舍青少年、单亲家庭等开展了多项关怀活动。

（二）开展志愿服务

澳门特别行政区红十字会的急救义工和社区义工的人数迅速增长，义工队的服务得到了社会各界的认同。政府各机关及社团在举办大型活动时，均邀请红十字会提供驻场的急救服务。

为了配合未来社区义务工作发展的需要，澳门特别行政区红十字会组织了“医护义工队”，提供健康教育的课程，定期到澳门多个地点为长者进行免费的健康检查。

（三）加强青少年发展培训

澳门特别行政区红十字会于2003年成立了青少年制服团队，专门为在校的青少年提供一系列的长期培训，让他们参与多项志愿服务，希望他们能在德、智、体、群、美五方面得到全面的发展。

（四）急救知识走入社区，救护技能逐渐普及

澳门红十字会学校于2004年举办了各类型的急救护理课程及讲座共145次，培训了来自不同阶层的学员3828名，其中参加讲座的人数达1799人。急救课程所收取的费用全部拨入澳门特别行政区红十字会的赈灾基金及青少年发展基金。

（五）宣传推广

澳门特别行政区红十字会2004年制作了多款宣传海报、单张、公益广告等，并定时更新网页内容，希望藉此使澳门市民对澳门特别行政区红十字会工作有更深入的了解，同时唤起他们关注国内外的灾情并及时加以援手。

（六）提升人力资源素质

为优化人力资源，澳门特别行政区红十字会为员工提供了多方面的培训，例如：人力资源评估、体验式学习训练、急救、传媒关系及红十字基本知识培训等。在非紧急医疗护送服务方面，澳门特别行政区红十字会邀请了香港医疗辅助队及圣约翰救伤队的教官到澳门任教，定期为急救员传授专业急救、搬运及防护传染等知识和操作技能。澳门特别行政区红十字会将继续有针对性地为员工提供适当培训，不断提高红十字会的服务质量。

（关泳恩）

人名篇

蕉荫著本草 （中国画） 刘大为 作

▲ 救死扶伤（书法） 赵朴初 作

▲ 红实图（中国画） 石虎 作

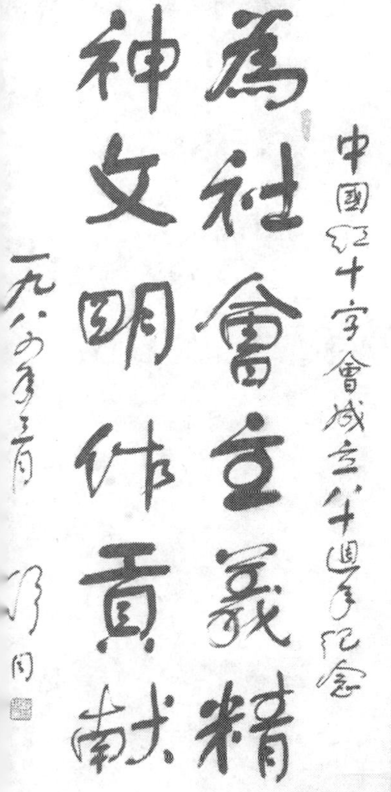

◀ 贺八十周年（书法）舒同 作

◀ 牡丹（中国画） 李蝉 作

以上均为中国红十字会收藏的捐赠作品

中国红十字会历届领导人

名　　单

1904 年—1910 年

1904 年 3 月 10 日，上海万国红十字会支会成立。一周后定名为上海万国红十字会，实行董事会制，由中、西董事联合组成。

董 事 会：45 人

主　　席：英工部局值年总董培恩。

中方董事：10 人，以沈敦和为首。

西方董事：35 人，以李提摩太为首。

董事会下设执行董事 7 人。其中：中方董事 2 人（后为 3 人），以沈敦和为首。

西方董事 5 人，以英刑司威金生为首。

1905 年 9 月 5 日，日俄两国最终签订了《朴茨茅斯条约》，战争结束。此时上海万国红十字会已完成自己的使命。

1905 年 11 月上旬，突然有招商局抄示外务部致北洋大臣电，谓海参崴发生乱事，华民住处被焚，饬即派轮前往救护云云。上海万国红十字会当即与招商局商派海定号轮船，由牛庄折赴烟台，装足药片食物，前往救济。故万国红十字会得仍继续存在约 2 年之久。

吕海寰、盛宣怀光绪三十三年（1907 年 7 月 21 日）向清廷请旨试办中国红十字会的奏折名为《沥陈创办红十字会情形并请立案奖励折》。1908 年 5 月核定照准“著徐世昌查明具奏该部知道钦此”，上海万国红十字会结束解散。清政府就此开始运作创办中国红十字会之事。红十字会事务由吕海寰、盛宣怀等大臣监临。

1910 年—1911 年

1910 年 1 月，商约大臣吕海寰与前电政大臣吴重熹又上《酌拟中国红十字会试办章程请旨立案折》会奏试办中国红十字会，并酌拟试办章程 6 条附呈。试办章程六条中的第二条是“从前万国红十字会，由中西董会议刊刻中西合璧图记，钤用信守。现创设中国红十字会，拟请旨饬部铸造中国红十字会关防一颗，须由会长执掌印用，以照凭信。”

1910 年 2 月 27 日，军咨处向清廷上《详核红十字会原奏敬陈管见折》：“宣统二年正月十八日（2 月 27 日）奉谕旨，吕海寰等奏，酌拟中国红十字会试办章程，请立案一折，着派盛宣怀充红十字会长，余依议。该衙门知道钦此，由军机处抄交到处，自应钦遵办理。……再此折系军咨处主稿，会同外务部筹办，海军事务处、陆军部办理，合并声明谨奏。宣统二年四月十二日奉旨依议钦此。”大清红十字会正式成立。

会　长：盛宣怀（1910 年 2 月—1911 年 10 月）

总　董：沈敦和

1911 年—1912 年

辛亥革命事起，清政府将大清红十字会改名为中国红十字会。1911 年 11 月 13 日，发上谕任命前外务部尚书吕海寰担任中国红十字会会长。10 月 30 日，召开统一大会，总会设于北京，总办事处设于上海。会长驻总会，副会长及常议会驻总办事处。

会　长：吕海寰（清政府委派）

总　董：沈敦和、福开森（清政府委派）

理事长：沈敦和

理　事：江绍墀（公推）

1912 年—1913 年

1912 年 9 月大总统委任吕海寰、沈敦和为中国红十字会正副会长。10 月，第二次常议会决议：正副大总统为红十字会名誉总裁。

名誉总裁：袁世凯

名誉副总裁：黎元洪

会　长：吕海寰

副会长：沈敦和

常议会会长：沈敦和（兼）

理　事　长：江绍墀

1913 年—1922 年

1913 年 9 月 29 日召开中国红十字会第一次会员代表大会选举出领导人，由大总统任命。

名誉总裁：袁世凯

徐世昌（1918 年公推）

名誉副总裁：黎元洪

会　长：吕海寰（1920 年 9 月辞职，公推为名誉会长）

汪大燮（1920 年 9 月民国政府任命）

副会长：沈敦和（1919 年辞职，1920 年 7 月过世）

蔡廷干（1919 年—1922 年）

蔡耀堂（驻京副会长 1922 年 8 月—）

杨　晟（驻沪副会长 1922 年 8 月—）

常议会会长：沈敦和（兼）

杨　晟（1920 年 7 月常议会公推）

常议员：朱佩珍、施则敬等 34 人

理事长：江绍墀（1914 年辞职）

赵鸿藻（1914 年—1918 年）

朱　煜（1918 年—1919 年）

吴宝义（1919 年 1 月—5 月）

唐元湛（1919 年 5 月—1921 年 11 月）

庄　录（1921 年 11 月—）

秘书长：冯恩崑

1922 年—1924 年

1922 年 6 月召开第二次会员代表大会，选举出的会领导由总统任命。

会　长：汪大燮
副会长：蔡廷干、杨　晟
议　长：王　震
副议长：盛炳记

1924 年—1928 年

1924 年常议会推选会长、副会长，由政府任命。

会　长：颜惠庆
副会长：蔡廷干（驻京副会长）
杨　晟（驻沪副会长）

1928 年—1933 年

会　长：颜惠庆
副会长：王正廷（1928 年 8 月）
虞和德（1928 年 8 月）

1931 年　内政部、外交部拟定了管理红十字会法规，转呈立法院审核。

1933 年—1938 年

1933 年国民政府将中国红十字会改名为中华民国红十字会。

1934 年召开第一次理事联席会议，公推领导人。

名誉会长：蒋中正
名誉副会长：黄绍竑、吴铁成、颜惠庆、虞和德（洽卿）
会　长：王正廷（国民政府任命）
副会长：史量才、刘鸿生
（史量才被刺后，杜月笙继任）
秘书长：曹云祥
庞京周（1937 年继任）
常务理事：林康候、闻兰亭、王一亭、王晓籁、关炯之
常务监事：黄涵之、钱新之、陆伯明

1938 年—1943 年

1938 年行政院增聘调整红十字会领导人。

名誉会长：蒋中正
名誉副会长：孔祥熙、宋子文、黄绍竑、吴铁成、颜惠庆、虞和德（洽卿）
会　长：王正廷
副会长：杜月笙、刘鸿生
常务理事：王晓籁、林康候、闻兰亭、王一亭、关炯之、钱新之、陆伯明
常务监事：黄涵之
秘书长：潘小萼

1943 年—1946 年

国民政府国防委员会通过改组由军事委员会对红十字会施以管制，制定了《战时监督红十字会暂行办法》，红十字会领导人仍由行政院聘任。

名誉会长：蒋中正
名誉副会长：宋美龄、戴季陶、孔祥

熙、宋子文、吴铁成、王正廷、虞和德（洽卿）

会　长：蒋梦麟

副会长：杜月笙、刘鸿生

常务理事：戴季陶、商　震、翁文灏、王晓籁、宋子文

常务监事：钱新之、张伯苓、宋汉章

理　　事：虞和德、杜月笙、刘鸿生、刘瑞恒、蒋梦麟、朱恒壁、康心之、缪加铭、杭力武、戚寿南

监　　事：陈　仪、王世杰、邵力子、许世英、屈文六、周诒春、穆籍初、丁文渊、汤飞凡

秘书长：胡兰生

1946 年—1949 年

国民政府颁布《复原期间管理中华民国红十字会办法》，改组红十字会，会长、副会长、理事、秘书长由行政院聘任。

名誉会长：蒋中正

李宗仁（1948 年增聘）

名誉副会长：宋美龄、戴季陶、孔祥熙、宋子文、吴铁成、王正廷

会　长：蒋梦麟

副会长：杜月笙、刘鸿生

常务理事：蒋梦麟、蒋廷、金宝善、马超俊、吴有训、关颂声、徐国懋

理　事：杜月笙、刘鸿生、谷正纲、杭力武、王云五、王晓籁、刘瑞恒、钱大钧、张蔼真、徐寄庼

秘书长：胡兰生

副秘书长：曾大钧、汤蠡舟

新中国成立后改组红十字会

1949 年新中国建立前夕，蒋梦麟等带领红十字会总会机关大部分人员跟随国民党政府去台湾。刘鸿生、胡兰生等领导人和部分工作人员留在大陆。1950 年中央人民政府对中华民国红十字会进行协商改组，改名为中国红十字会，改组会议由卫生部副部长苏井观、中国人民救济总会秘书长伍云甫、中国红十字会总会原秘书长胡兰生担任主席团主席。选出的中国红十字会第一届理事均由周恩来总理签署聘任书予以聘任。

1950 年 8 月—1961 年 10 月

（第一届）

会　长：李德全

副会长：彭泽民、熊瑾玎、刘鸿生、胡兰生

党组书记：伍云甫

秘书长：胡兰生（兼）

副秘书长：林士笑、倪斐君

1961 年 10 月—1979 年 2 月

（第二届）

1961 年 10 月 23 日—27 日，中国红十字会召开代表会议，选举产生第二届领导人，经国务院批准。

会　长：李德全
副会长：伍云甫、赵朴初、熊瑾玎
党组书记：伍云甫
秘书长：彭　炎
副秘书长：倪斐君

1965 年中国红十字会进行改选，产生第二届新的领导人，党中央中发 193 号文件批复。

会　长：钱信忠
副会长：伍云甫、刘清扬、熊瑾玎
　　　　赵朴初、彭　炎、孟　谦
党组书记：伍云甫
秘书长：彭　炎（兼）
副秘书长：倪斐君、王　敏

1979 年 2 月—1985 年 5 月

（第三届）

1979 年中国红十字会进行改选，选举产生第三届领导人。中共中央组织部批准。

会　长：钱信忠
副会长：杨　纯、王　仪、王　敏、顾锦心、沈其震、赵朴初、彭炎、熊天荆、龚普生、孟谦、王肇元、邓启修、魏龙镶、刘鹏飞
党组书记：杨　纯
秘书长：王　敏（兼）
副秘书长：吴日承

1985 年 5 月—1990 年 2 月

（第四届）

1985 年 5 月 31 日—6 月 1 日，中国红十字会召开第四次全国代表大会，选举产生第四届领导人。

名誉会长：朱学范、赵朴初、钱信忠
会　长：崔月犁
副会长：谭云鹤、章　明、沈　辰、何理良、蔡壬癸
党组书记：谭云鹤
秘书长：蔡壬癸（兼）
副秘书长：范雨田、曲　折

1990 年 2 月—1994 年 4 月

（第五届）

1990 年 2 月 15－17 日，中国红十字会召开第五次全国会员代表大会，选举产生第五届领导人：

名誉会长：朱学范、赵朴初、钱信忠、崔月犁
顾　问：谭云鹤
会　长：陈敏章
副会长：顾英奇（常务）、张德江、邹

时炎
郝长元 1990 年 2 月—1992 年 2 月
胥昌忠 1992 年 2 月—1994 年 4 月
吴常康 1992 年 2 月—1993 年 1 月
孙柏秋

党组书记：顾英奇

秘书长：韩长林 1990 年 2 月—1992 年 2 月
吴常康（兼）1992 年 2 月—1993 年 1 月
曲　折 1993 年 1 月—1994 年 4 月

副秘书长：曲　折 1990 年 2 月—1993 年 1 月

1994 年 4 月—1999 年 10 月

（第六届）

1993 年 10 月 31 日，第八届全国人民代表大会常委会第四次会议通过《中华人民共和国红十字会法》，国家主席江泽民颁布第 14 号主席令施行。

1994 年 4 月 23 日—25 日，中国红十字会召开第六次全国会员代表大会，改选产生第六届领导人：

名誉会长：江泽民

名誉副会长：赵朴初、王光英、李沛瑶、钱信忠、崔月犁、陈敏章

会　长：钱正英

副会长：顾英奇（常务）、范宝俊、杨崇春
林炎志 1994 年 4 月—1997 年 4 月
柳　斌 1997 年 4 月—1999 年 10 月
彭　玉 1997 年 4 月—1999 年 10 月
王立忠 1998 年 3 月—1999 年 10 月（专职）
孙柏秋（专职）、曲　折（专职）

党组书记：顾英奇

秘书长：李长明 1994 年 4 月—1999 年 3 月
孙爱明 1999 年 4 月—1999 年 10 月

1999 年 10 月—2004 年 10 月

（第七届）

1999 年 10 月 11 日－13 日，中国红十字会第七次全国会员代表大会改选产生第七届领导人：

名誉会长：江泽民

名誉副会长：王光英、何鲁丽、赵朴初、钱正英、钱信忠、张文康

会　长：彭珮云

副会长：王立忠(常务)、孙爱明(专职)

党组书记：王立忠

秘书长：苏菊香

副秘书长：汤声闻

1999年12月29日，中央机构编制委员会以中编办批准中国红十字会总会“由卫生部代管改由国务院领导联系”。理顺了总会的管理体制。

2001年10月10日中央机构编制委员会办公室关于印发《中国红十字会总会机关主要职责、内设机构和人员编制方案》的通知（中央编办发〔2001〕34号），确定总会机关内设4个机构和机关党委，编制60名。

2004年10月—

（第八届）

中国红十字会第八次全国会员代表大会于2004年10月27日—29日在北京人民大会堂召开，选举出新一届领导人。

名誉会长：胡锦涛

名誉副会长：司马仪·艾买提、何鲁丽（女）、韩启德、傅铁山、黄孟复、张怀西

会　长：彭珮云（女）

常务副会长：江亦曼（女）

副会长：朱庆生、姜　力（女）、赵沁平、肖　捷、沈国放、苏菊香（女，专职）、郭长江（专职）

党组书记：江亦曼

秘书长：郭长江（兼）

顾　问：王立忠　孙爱明　汤声闻

（梁少华）

人　物　志

国际人道服务荣誉奖

获 奖 名 单

1988年12月，姜健获美国红十字会“国际人道服务荣誉奖”。

1992年6月，张振坤获美国红十字会“国际人道服务荣誉奖”。

南丁格尔奖章

南丁格尔与南丁格尔奖章

费劳伦斯·南丁格尔（1820年5月12日—1910年8月13日）生于意大利中部的历史名城佛罗伦萨，后来随家迁居英国。幼年时就怀有一颗仁慈而美好的心灵。她鄙弃养尊处优和无聊的社交生活，不顾父母的反对，毅然于1850年离家去普鲁士学习护理，

接受短期的医护训练。1853 年受聘担任伦敦患病妇女护理会的监督职。

1854 年到 1856 年间的克里米亚战争中，英国战地医院管理不善。条件极差，又没有护士护理伤病员，士兵死亡率高达 50%多。南丁格尔得此消息后，即率领 38 名护士抵达前线，在四所战地医院里进行服务。当时前线药品缺乏，水源不足，卫生极差，但她毫不气馁，竭力排除种种困难，为伤病员解决必需用品和食品，组织士兵家属协同工作，增加他们的营养，从而使战地医院面貌改观。在短短的半年时间里，就使伤病员的死亡率下降到 2.2%，她的功绩顿时传播四海。

南丁格尔在克里米亚战地为伤病员所做的忘我奉献，激励了后来不久成立的红十字会的成员。他们主张的人道宗旨，已生动而具体地体现于南丁格尔的战地活动实践中。因此，在她生前，国际红十字会在 1907 年的伦敦大会上就设立南丁格尔奖章，作为鼓励各国护士的国际最高荣誉奖。1912 年，即南丁格尔死后第二年，在华盛顿举行的第九届红十字国际大会上正式确定颁发南丁格尔奖章，基金由各国红十字会认捐。具体颁发任务委托给在日内瓦的红十字国际委员会。

按照奖章条例，南丁格尔奖章系奖励“毕业护士和志愿助手，他们是红十字会或红十字会附属医护单位的积极分子或定期支持者。他们在战时或平时，以特别的勇气和献身精神为伤病员服务，因而建立了优异功绩”。在从事积极救助而牺牲的上述人员，亦可在“死后”追赠南丁格尔奖章。

南丁格尔奖章，在正常情况下，每两年颁发一次，每次最多颁发 50 枚奖章。至今为止，我国共有 38 名优秀护理工作者荣获此奖。

按照章程规定，受奖人名单公布后，要在当年举行隆重的授奖仪式，由国家元首或该国红十字会会长亲自颁发奖章，广泛进行宣传，鼓舞广大护理人员。

中国第 29 届至第 39 届
南丁格尔奖章获得者
名单及简介

名　　单

第 29 届（1983 年）

王琇瑛　女，1908 年生，原中华护理学会副理事长

第 30 届（1985 年）

司堃范　女，1930 年生，原北京市红十字朝阳医院外科护士长

梁季华　女，1916 年生，原广州市红十字医院护理部主任

杨必纯　女，1940 年生，四川省泸州市红十字医院护理部副主任

第 31 届（1987 年）

史美黎　女，1936 年生，上海市红十字医院胸外科护士长

陈路得　女，1914 年生，原天津医学院附属医院顾问

张云清　女，1925 年生，辽宁省肿瘤医院副主任护师

第 32 届（1989 年）

林菊英　女，1920 年生，原中华护理学会理事长

周娴君　女，1931 年生，湖南省湘西自治区人民医院副院长

孙秀兰　女，1942 年生，河北省唐山市红十字儿童急救中心护士长

陆玉珍　女，1934 年生，上海市遵义医院护理部主任

第 33 届（1991 年）

吴静芳　女，1926 年生，河南省商丘地区医院护理部主任

第 34 届（1993 年）

李桂美　女，1937 年生，青岛市传染病医院护士长

张水华　女，1933 年生，宁夏医学院附属医院护理部主任

张瑾瑜　女，1926 年生，福建省肿瘤医院护理部主任

第 35 届（1995 年）

孙静霞　女，1914 年生，江苏省常州市第一人民医院护理部顾问

邹瑞芳　女，1930 年生，浙江省湖州市第一人民医院护理部主任

第 36 届（1997 年）

汪赛进　女，1923 年生，安徽省护理学会荣誉理事长

关小瑛　女，1928 年生，原天津市护理学会理事长

陆　冰　女，1932 年生，上海市第六人民医院护理部主任

孔芙蓉　女，1936 年生，河南省护理学会副理事长

黎秀芳　女，1917 年生，解放军兰州军区总医院专家组成员

第 37 届（1999 年）

曾熙媛　女，1933 年生，原中华护理学会理事长

王桂英　女，1920 年生，原天津市护理学会理事长

秦力君　女，1943 年生，原解放军总医院护理部主任

第 38 届（2001 年）

吴景华　女，1932 年生，宁夏回族自治区护理学会副理事长

王雅屏　女，1945 年生，北京市红十字会急诊抢救中心副院长

李秋洁　女，1949 年生，哈尔滨医科大学附属二院护理部主任

第 39 届（2003 年）

叶　欣　女，1956 年生，广东省中医院二沙岛分院急诊科护士长

钟华荪　女，1947 年生，广东省护理学会副理事长、省人民医院护理部主任

李淑君　女，1963 年生，解放军第二炮兵总医院口腔科护士长

姜云燕　女，1976 年生，解放军喀喇昆仑模范医疗站护士长

苏雅香　女，1945 年生，贵州省护理学会理事长

巴桑邓珠　男，1951 年生，四川省甘孜州人民医院副院长

章金媛　女，1929 年生，江西省南昌市第一人民医院原护理部主任

梅玉文　女，1939 年生，天津市护理学会名誉理事长

李　琦　女，1942 年生，上海第二人民医院原护士长

陈　东　女，1944 年生，北京佑安医院护理部主任

简　介

第29届南丁格尔奖章获奖者王琇瑛

王琇瑛　出生在清末，高中毕业后她毅然选择了治病救人的人生道路，报考了北京协和医学院。她1931年获得学士学位，1935年到美国哥伦比亚大学进修，次年获得硕士学位。

学成回国后，王琇瑛立志报效祖国。为此，她留任协和医学院，从事护理教育教学工作。她先后编写了《公共卫生护理学进化及原理概要》、《卫生广播演讲集》、《小学生卫生试验》等教材，使协和医学院护理学校的建设和教学得到了发展。1943年她获得了副教授职称。从1931年到新中国成立的十几年里，王琇瑛共培养出护士500多名。

20世纪50年代初，王琇瑛调到北京市卫生局主持整顿中等卫生专业教育工作。她提出了把学历教育和短期培训相结合，多出人才、快出人才的思路，创办了北京第三护士学校并兼任校长。1950年中华护理学会改组，她当选为学会副理事长，并在此后任第17、18、19届副理事长。抗美援朝战争时期，她带领第一支护士教学队赴沈阳后方医院，为医疗救护机构培训护士长，并对战场救护工作提出了改进建议，得到各方好评。1965年她被调到首都医科大学任护理系主任，这是新中国创办的第一个大学程度的护理系。1973年她出任该校顾问，1979年又兼任同仁医院护理顾问。20世纪70年代以来，王琇瑛在27个省、市、自治区和部队做了70多次学术报告，编写出版了《护理新知识丛书》、《家庭护理》等著作，并担任过《护理杂志》的主编。王琇瑛1980年兼任中华护理学会科普工作委员主任委员，1983年当选为第五届全国妇联副主席。

第30届南丁格尔奖章获奖者司堃范

司堃范　曾任北京市红十字朝阳医院外科护士长，曾荣获全国三八红旗手，卫生部先进工作者，北京市劳动模范等光荣称号。

司堃范18岁考入河北医学院附设高护校。1950年她参加抗美援朝志愿军医疗队。她热爱自己的专业，多年来为提高护理专业水平，培养新生力量做出了较大的贡献，她对全科护理人员的业务培养都有详细的计划，并且定期考核，定期检查、随时抽查，获得了好评。

37年来她像哨兵一样，忠于职守，把一切献给了护理事业。1988年司堃范退休后，在朝阳医院领导、专家和职工的大力支持下，将护理工作从医院转向家庭和社区老人的康复实践，为社区老年人的健康服务。她被评为中国退科联优秀科技工作者，北京市老有所为先进个人，北京市社区服务志愿者三星奖，北京市总工会贴心人服务队先进个人。

第30届南丁格尔奖章获奖者梁季华

梁季华　1985年6月22日，梁季华获中国红十字会第30届南丁格尔奖章。1938年，她在光华医学院附属护士学校学习。1950年3月3日，广州遭到大轰炸，战火中她奋不顾身地抢救伤员。抗美援朝战争爆发后，梁女士参加了中国红十字国际医防服务队，赴朝鲜前线开展工作。她多次被评为广州市模范护士、先进工作者，还五次当选为市人大代表、市妇女代表。所著《护理学概论》也被编入广东省药学院《临床医学概论讲义》中。

第30届南丁格尔奖章获奖者杨必纯

杨必纯　1940年3月6日出生于四川省泸州市，1956年由泸州川南医院护训班毕业后分配到合江县人民医院工作。1958年主动报名要求到凉山彝族自治州金阳县医院工作。1976年任金阳县医院代理总护士长，同年又到川医红专大学学习，1978年任金阳护理学会理事长。1986年任泸州市人民医院副院长，并晋升为主管医师，1988年晋升为副主任护师，1989年任四川省护理学会常务理事。杨必纯参加工作以来多次被评为省、市先进个人。1985年5月12日荣获国际护士最高荣誉奖——南丁格尔奖章，1986年5月被中华全国总工会授予“全国优秀医务工作者”称号，荣获“五一”劳动奖章。她现任泸州市护理学会副理事长，四川省第八届人大代表，泸州市委、市政府科技顾问团成员，泸州市红十字会常务理事。

第31届南丁格尔奖章获奖者史美黎

史美黎　1949年的春天患重度肝结核的父亲被无情的病魔吞噬了生命。在悲恸中，史美黎作了个决定——考护校！

1953年，史美黎从南洋护校毕业，被分配到上海市第一人民医院，开始了她一生的追求。

在抢救重症病人时她果断得像三军将领；而照顾需要关心的病人时她又细心的像一个慈爱的母亲。她保持着“笔不离身”的习惯，可以随时把看到的、想到的、疑惑不解的统统记下来，集腋成裘，哪个病人应在什么时候喝牛奶，哪个病人饭菜凉了要加热，哪个病人是否洗过脸、梳过头、刷过牙、哪个病人身上要擦擦，哪个病人脚要烫烫……所有的这些一目了然……

她也有过许多次“跳龙门”当医生的机会，可是她没有兴趣，她觉得她的根已牢牢的扎入护理这块土地，她的世界就在脚下。她觉得护理是一项以心灵沟通心灵，以生命温暖生命的崇高事业。当病人对她说“做史护士长的病人最幸福、最舒适、最安全、最放心”的时候，当一个又一个病人的生命被她从死亡线上拉回来的时候，她觉得这一生已无怨无悔了。

第31届南丁格尔奖章获奖者陈路得

陈路得　1914年出生于湖北省汉阳市。1934年考入北京协和医学院护士学校，毕业后受聘于协和医院，曾任护士、护士长、护士督导兼护校教师。1947年3月她就职于当时新建的天津中央医院（现天津医科大学总院），先后任护理部副主任、主任兼护校教务主任、校长、副院长等职。

她先后撰写了《绷带包扎法》手册、《病房管理讲座》，还参与了《临床护理应知应会》、《护理内科学》等书的编辑工作。

第31届南丁格尔奖章获奖者张云清

张云清　1948年，张云清任吉林市医院妇产科护士长，当时吉林解放不久，主动参加市里组织一个医疗队到老解放区防疫。“文革”初期，张云清从城市大医院下放到缺医少药的喀喇沁左翼蒙古族自治县农村。20世纪70年代，回城后的张云清又有改职当医生的机会，可她觉得自己是受过高等护理专业教育的，护理实践证明，护士工作在医疗中有重要作用，是在履行神圣的天职。

1990年6月15日张云清办理了离休手续，可她舍不得离开全心热爱的护理岗位，主动要求“发挥余热”，1992年，张云清重新走上护理岗位，参加省肿瘤医院和平分院工作，既当护士长，又当护理员、清扫员。她虽然70岁了，但她好像总有使不完的劲。

第32届南丁格尔奖章获奖者林菊英

林菊英　有过很多“别名”。从1941年刚毕业时的“小林”，到1949年北京医院的“林干事”，到1953年北京市的“林代表”，到1978年全国妇联的“林委员”，到1983年中华护理学会的“理事长”，到1989年美国斯诺基金会的“林教授”，到1990年美国密苏里州堪市大学的“林博士”……林菊英最喜欢的是她在北京医院护校的“林老师”。她说，她希望自己为护理事业做一点承前启后的工作，做一点打石铺路的事，“林老师”让她感觉自己身上的使命。

“文革”后，林菊英开始长期兼任北京医院护校的校长，她从1980年开始，主持开办了护士基础理论提高班，规定必须从基础理论、基本技能、服务态度等方面进行培训，达标者才能安排相应的临床工作。1983年，林菊英当选为中华护理学会理事长。在职期间，她调整并增设了理事会领导下的各专业学术委员会，积极举办各类专业学术会议及在职护士学习班。此外，为了提高专业水平，争取更多的国际合作，她多次向卫生部建议的“全国护理中心”终于于1984年诞生，承担起研究制订全国性护理质量标准、改进教育模式、制定全国护士注册制度、加强国际合作等方面的工作，为我国护理事业的发展起到了积极的推动作用。

随着医学科学的发展，20世纪50年代以中专为主的护理教育已不能适应社会的需要。林菊英与老一辈护理专家一起提出恢复高等护理教育，提高护理人员水平的建议，得到国家重视。目前，全国30余所高等医学院校开设了护理系，并设有各种不同类型大专班、专升本班，为中专护士提供继续学习的机会。耄耋之年的林菊英依然意气风发走在护理事业征途上。

第32届南丁格尔奖章获奖者周娴君

周娴君　1952年，周娴君到湘西山区工作，1969年元月下放到保靖县深山老林中的麻风病防治站。她组织开展各种文娱活动，设置病人服务台，帮助病人写信转信，使长期被忧愁和苦闷笼罩的麻风站有了欢乐。

1974年，周娴君回到了湘西自治州人民医院，投入全面整顿医院的工作。她通过调查研究，发动全院护理人员制定了170多种疾病的护理常规，84项护理管理制度和技术操作规程。

1983年担任副院长后，周娴君对院内交叉感染做了大量监测工作，并采取有效措施，取得了较好的社会效益。在1988年的全国医院预防院内感染会议上，与会代表对该项成果给予了高度评价，并称周娴君是“山窝里飞出的金凤凰”！

第32届南丁格尔奖章获奖者孙秀兰

孙秀兰　1958年，年仅16岁的孙秀兰考入了河北唐山市第一医院护士学校。

1960年，以优异的成绩毕业的她满怀激情地走上了护理岗位。她常说：只要患者需要，我什么都愿意干。

孙秀兰是个细心人，她那细微敏锐的观察力和强烈的责任感结合在一起，为患者送去了许多温暖。她十分注意丰富自己的医学知识，掌握更多的临床技能。她不仅利用业余时间学完了11本医学和护理学专著，做了30多万字的读书笔记，还自费订阅了《中华护理杂志》、《国外护理分册》等多种杂志，广泛汲取医学营养，丰富自己的护理知识。理论指导实践，实践也产生了理论，孙秀兰总结自己多年的临床经验，先后撰写了《内科疾病确定护理问题的讨论》等7篇论文，在省内外学术会或刊物上发表，受到了好评。

人生的道路是不平坦的，每个人都可能在工作与生活、事业与家庭的关系上遇到一些意想不到的困难和考验，每当这时孙秀兰都毫不犹豫地把患者的利益摆在第一位。

1976年，震惊中外的唐山大地震无情地夺去了孙秀兰双亲和大儿子的生命，年仅八岁的二儿子因惊吓而精神失常，她和丈夫也都受了伤。这时，孙秀兰想到的是医院三分之一的医护人员的困境，想到大批患者涌进用油毡搭起来的简易病房急需护理的危情。她忍着失去亲人的巨大悲痛，含泪把儿子交给同样需要照顾的丈夫，咬牙撑起受伤的身体，振作精神来到了简易病房的患者中间，配合医生抢救了一个又一个危重患者。遭受地震灾害的患者在她的精心护理下，增强了战胜病痛的信心，增强了战胜灾害的信心。

南丁格尔有句名言："护士其实就是没有翅膀的天使，是真善美的化身"。孙秀兰就是这样用一颗博爱的心和一双能干的手实现着自己的誓言：为患者解除痛苦，奉献自己的一切。

第32届南丁格尔奖章获奖者陆玉珍

陆玉珍　1954年夏天，陆玉珍毕业于上海市第二护士学校，她报名去上海麻风病院，善良而真诚的心愿，伴随着陆玉珍走上麻防事业。

1960年，好学的陆玉珍考入上海第二医学院医疗系。毕业时，陆玉珍有足够的条件，也有不少机会从事临床医疗工作和调离麻风病院，但她始终表示，"决不改行，这辈子就做麻风护理工作了。"

陆玉珍对工作尽心尽责，管理上一丝不苟，自己能言传身教，严于律己，廉洁奉公。对护士们既严要求，又多帮助，所以大家对她既敬又畏。她一再告诫同道们，护士是病人的战友，医生的得力助手，工作的责任心极为重要，应时刻为维护病人的健康和生命而努力。陆玉珍说："我唯一的要求是希望社会能理解和支持我们的麻防工作，使麻风病人有个公正、良好的康复环境。"

第33届南丁格尔奖章获奖者吴静芳

吴静芳　1943年，十六七岁的吴静芳从开封火车站出发去河南商丘圣保罗医院求学。1947年，吴静芳以优异的成绩从圣保罗高级职业护校毕业，分到南京医学院附属医院。1949年，南京解放。吴静芳志愿参加了防治大队，到浙江嘉兴新仓镇一带为解放军防病治病。抗美援朝时，吴静芳参加抗美援朝医疗团。1955年，吴静芳从西安第四军医大学调到河南省商丘地区医院，她曾带领医疗队到民权县最穷的几个乡巡回医疗。1976年，唐山大地震，全国各地都伸出了支援救助的手，商丘人民医院也积极接纳了许多伤病员。她曾日夜护理伤员，想尽办法去安抚病人丧亲之痛。在50多年的护理生涯中，吴静芳心中所想的只是一句话："我面对的是一个个生命，我必须尽一切力量去抢救他们，否则我会悔恨终生。"

第34届南丁格尔奖章获奖者李桂美

李桂美　1939年10月出生，1956年4月考入青岛医院护校，1957年9月毕业，因学习成绩优异被留校从事护理工作，1965年调到青岛市传染病医院，1970年担任护士长工作，1992 年被评定为副主任护师，1993 年被聘为护理技术顾问。

李桂美自 1957 年从事护理工作，曾被授予全国劳动模范，全国“五一”劳动奖章获得者，全国“三八”红旗手，全国模范护士，山东省劳动模范，省市模范共产党员等荣誉称号。1993 年国际红十字会授予她国际护理界的最高荣誉——南丁格尔奖章。

荣获南丁格尔奖之后，李桂美被聘为护理技术顾问。为表彰李桂美的突出成绩，青岛市委、市政府授予她市级专业技术优秀人才称号，并奖励人民币三万元。李桂美将全部奖金捐赠给青岛市红十字会，设立了青岛市模范护士奖励基金。目前，李桂美正在积极筹备，建立一所专为那些临终前的病人服务的“临终医院”。

事业的光辉照耀着李桂美漫长的工作路程，激励着她忘我的劳动，也使她那美好的心灵不断升华。

第 34 届南丁格尔奖章获奖者张水华

张水华　她把 40 载人生年华献给了塞上高原——凤城宁夏，献给了默默无闻的护理事业。

她主编了近 1000 万字的三本护理著作并在临床护理、护理管理、护理科研等方面都做出了贡献。她陆续发表护理论文 37 篇，在全国和西北五省区学术会议上交流 27 篇。

在宁夏医学院附属医院这个集医疗、科研、教学为一体的现代化综合医院里，她位置不亚于半个院长，然而她并不高高在上，而是以身作则，言传身教，给护士们率先垂范的作用。如果说 1952 年春，杭州团市委乔石同志找她做入团前谈话，是为她今后的道路开启了一扇门的话，那么，1993 年乔石委员长亲自为她颁发南丁格尔奖章或许是对她一生辛勤工作做的一个圆满的总结。

第 34 届南丁格尔奖章获奖者张瑾瑜

张瑾瑜　1926 年出生在福建省长乐县一个华侨家庭，20 岁时，报考了护士学校，1949 年护校毕业后分配到省立医院，在 50 年代初，她在省立医院结核病房担任护士长，在省人民医院担任护理部主任期间，她组织编写了各种护理常规，对提高专科护理水平起了很大作用。

鉴于张瑾瑜 40 多年来的出色表现，党和人民给予了她极高的荣誉。1951 年，福建省卫生厅给她记了二等功。同年福州市总工会授予她市劳模的称号。她连续三次被省卫生厅授予卫生系统先进工作者。1959 年、1960 年福州市总工会授予她市劳模的称号。1956 年全国总工会评她为全国先进工作者。1960 年全国妇联授予她全国三八红旗手称号。同时，团中央少年部授予她全国优秀儿童工作者称号。1979 年两次被评为福建省劳动模范。1988 年卫生部授予她全国模范护士称号。1993 年省妇联授予她福建省城镇妇女巾帼建功奖。

第 35 届南丁格尔奖章获奖者孙静霞

孙静霞　1914 年出生于常州市，1934 年从常州市真儒高级护士学校毕业，后在常州市武进医院任护士、护士长，因业绩显著，1938 年出任常州市真儒高级护士学校校长兼武进医院护理部副主任，建国后任常州市第一人民医院（原常州市武进医院）护理部主任，直到 1986 年退休。现仍被医院聘为护理部顾问。她在护理管理岗位上辛勤工作了 50 余年，为护理事业无私地奉献了毕生的心血。

孙静霞是常州市护理学会的创始者之

一，两任省护理学会理事，市护理学会理事长、市护理学会名誉理事长，多次举办各种类型的学术活动、讲习班和学术活动。

历年来她多次被评为市先进工作者、优秀护士，还当选为常州市政协委员和一、三、六、八届人大代表等。1995 年她荣获第 35 届南丁格尔奖章。

1992 年，比利时政府根据中比援助合作项目，由比利时天主教鲁文大学牵头到中国常州、沙市、洛阳联合举办“中国护士进修班”，1994 年进修班结束时，鲁文大学授予孙静霞“南丁格尔式护士”的光荣称号。孙静霞为我国的护理教育和护理国际交流做出了新的贡献。

第 35 届南丁格尔奖章获奖者邹瑞芳

邹瑞芳　16 岁初中毕业后考入教会护士学校。她以一颗责任心、一颗仁爱心，进行了半个多世纪的护理工作。

自 1991 年以来，由邹瑞芳牵头组织的一批有丰富经验的护师、主管护师、副主任护师执笔总结护理实践经验，编写了《护士晋升护师自学参考书》、《护理诊断》、《出院病人指导手册》等，对临床护理和护士自学起了很好的指导作用。

她说：“其实，我只是做了作为一名护士应该做的事，只是为了减轻病人的痛苦。可能就是因为干了这一行，便爱上这一行。每天都有病人进出，每天都有让人放心不下的事，这样干着干着就干了大半辈子。现在，医院返聘我，没有说哪些事应该做，一定要做，但总有一种责任感驱使我一如既往地去做好每一件事……”

第 36 届南丁格尔奖章获奖者汪赛进

汪赛进　1937 年，17 岁的汪赛进跨进上海南洋医院高级护士职业学校，开始了她护理工作的生涯，从此在护理岗位上辛勤耕耘了半个世纪。

1951 年，汪赛进从常州来到当时条件较差医疗卫生基础薄弱的安徽省，她组织兴办护士夜校，对在职助理护士进行培训，使 150 余名护士取得成人中专学历。她倡导成立全省中等卫校护理教研组，定期研讨护理教学中存在的问题，编写教材，提高中青年教师教学水平和护理教学质量。她组织编写了《基础护理学》、《专科护理学》等教材。她想方设法培养中西医护理教育、护理临床、护理管理人才，开办学习班，共培养 800 余名护理骨干。她积极筹建安徽省护理学会，调查全省护理队伍的状况并提出整顿建议。她主持制订了“从基础补课，更新知识，推广护理新业务、新技术、培养高层次护理人才”的长远教育规划。先后组织学习班、进修班、研讨班 80 余期，近近人次，使全省四分之一以上的护士获得了继续深造的机会。她团结护理学会一班人不懈地奋斗和追求，使省护理学会连续两次被省科协评为先进集体。她积极倡导开办省高等护理专业资格考试，使全省 2800 余名护士获护理大专毕业证书，大幅度提高了全省护理队伍的专业水平。

汪赛进毕生心系护理事业，忠于护理事业，以对护理事业的一片赤诚，用誓言和行动实现着自己“一息尚存须自奋，倾心竭力报乾坤”的壮美诺言。

第 36 届南丁格尔奖章获奖者关小瑛

关小瑛　1928 年 1 月 9 日出生于上海市。1947 年考入上海仁济高级护理学校，1950 年在该校毕业后，一直从事护理工作。她曾担任过护士、护士长、护理部主任。现任中华护理学会常务理事，国家卫生部医院评审委员会委员，天津市护理学会理事长，《天津护理杂志》常务理事、副主编。多次被评为天津市市级优秀护士。

关小瑛在护理生涯中，几十年如一日，以实际行动实现着自己献身护理事业的诺言，为人道主义事业做出了应有贡献。她以慈爱为本，博施人道精神。因此，她在对待病人与自己亲人的态度上，在处理工作与私人利益时，总能做出有利于工作，有利于他人的抉择。在关小瑛看来，为了病人，个人的事再大也是小事。

关小瑛不但重视实际工作，还很重视护理理论建设。她除担任《天津护理杂志》常务理事、副主编，还担任《护士进修杂志》、《实用护理杂志》编委。常年利用业余时间为杂志修改文章。对优秀护理论文，她积极推荐到全国学术会议上采用。一中心医院每年都总结护理论文数十篇，除选入天津市护理论文汇编，有多篇曾刊登在《中华护理杂志》。

第 36 届南丁格尔奖章获奖者陆冰

陆冰　1932 年出生，1950 年以优异成绩从护校毕业，迄今已在平凡的护理岗位上度过了半个多世纪。陆冰在临床护理实践中心和多项护理技术科研成果在 1958 年被上海市卫生局推荐到北京进行成果展览。她还曾创建优质病房，1958 年被授予上海市青年共产主义积极分子和全国第二次青年社会主义建设积极分子称号。同年她参加了在北京召开的全国第二次青年社会主义建设积极分子称号。同年她参加了在北京召开的全国第二次青年社会主义积极分子大会，并在中南海怀仁堂受到国家主席刘少奇和周恩来总理的亲切接见。

陆冰长期担任上海市护理学会副理事长，通晓英语，学术上有很深造诣。她团结同仁积极开展护理学术活动，多次举办全市或全国的学习班和各专业学术交流会。她亲自授课，著书立说，她编著出版了《乙脑护理》、《麻疹护理》、《儿科护理家庭指南》和《老年骨科护理》；参与了《临床护理学》、《图解常见疾病自我诊断指南》和《现代医院管理理论与方法》等书的编写工作。她主持创刊《上海护理杂志》，并担任主编；担任上海市医院等级评审委员会委员等。她是上海护理界获得国务院高级专家特殊津贴的护理专家，上海市护理专业高级职称评审委员会委员。

第 36 届南丁格尔奖章获奖者孔芙蓉

孔芙蓉　在平凡的护理岗位上忘我地工作，用智慧和勇敢抢救伤员，用一片爱心去护理病人，用不断进取来推动护理事业的发展。她多次放弃改作医疗工作的机会，坚定地把护理事业做为自己的终身职业，为人民健康而努力工作，从不动摇。1958 年，省卫生厅举办“红专医学院”，医院推荐她去上学，她拒绝了。1960 年，她又一次放弃了去医学院学习的机会，坚持临床护理工作。她从事外科护理工作已 18 年，有着丰富的临床经验及熟练的技术，院领导又一次征求她的意见她依然选择继续在护理岗位上干下去。就这样一干就是 41 年。孔芙蓉曾先后四次参加农村医疗队，深入农村、山区为农民防病治病。1976 年唐山大地震，她奔赴地震灾区，参加护理工作。她担任过护士、护师、主任护师、河南省护理学会第一副理事长等职，不论在什么岗位上，她都用自己的实际行动实现无悔的人生：“为人类幸福而劳动，为减轻病人痛苦，抢救病人生命而工作”，将自己的全部精力贡献给护理事业。

第36届南丁格尔奖章获奖者黎秀芳

黎秀芳　1917年3月3日生于江苏南京市，1940年1月毕业于南京中央高级护士学校，同年加入国际护士学会并成为永久会员。1945年进入北京协和医学院护士师资专科学习深造，1947年毕业。1947年，黎秀芳从北京协和医学护士师资专修班毕业回到兰州后，任高级护校教务主任兼医院护理部副主任。现任中国人民解放军兰州军区总医院专家组成员，《中华护理杂志》副总编，第二军医大学和金城联大兼职教授，甘肃省科协副主席，全军医学科学委员会护理专业委员会顾问。教授是我国著名的护理专家、学者和护理教育家。

她是我国护理工作，尤其是军队护理事业的开拓者和奠基人之一，首创“三级护理制度”，奠定了当代中国护理制度的根基。

1988年以来，黎秀芳每年为各种杂志编审修改文稿100多篇，还修审了《护士素质》、《军队护理发展简史》等5部书稿，100余万字。还担任着《中华护理杂志》等五种杂志的编委、副主编和全军护理专业委员会顾问等职。

第37届南丁格尔奖章获奖者曾熙媛

曾熙媛　1950年毕业于卫生学校护士班，1966年毕业于北京第二医学院护理系。

曾熙媛从事护理专业48年，曾任卫生部北京医院外科手术室护士、护士长、科护士长、护理部主任。1970年到陕西机床厂职工医院从事医疗保健及医院管理工作11年。自1983年至今，先后担任中华护理学会外科护理专业委员会秘书、主任委员、学术工作委员会主任，常务理事，副理事长、理事长。她敬业爱岗，辛勤工作，刻苦钻研业务技术，在护理临床、教学、管理中，贡献突出，成果显著。

她倡导开展护理科研，强化护理群体研究意识，组织撰写论著，促其形成理论体系。她的主要著作有：编译出版了《人力资源管理手册——当代护理管理策略》、主编出版了《老年护理学》、《护理心理学》、《整体护理理论现状与展望》、《中国的中医临床护理实践》、《中国的护理变革》、《中国护理三阶段教育与展望》、《大陆妇女健康与照护》、《健康与护理》等专论，曾分别在中日、中韩，东亚护理论坛和港、澳、台等国际和地区护理专业会上以及中国科学技术协会环境与健康专家论坛会上，进行了大会发言，受到与会专家及代表的好评。

第37届南丁格尔奖章获奖者王桂英

王桂英　1920年生于山东省德州市。在她近80年的人生历程中，从事护理工作60余载，历任护士、主任护师、医院护理部主任、护理副院长、天津市卫生局医政处副处长、天津市护理学会理事长等职。

1938年，护校毕业的王桂英经校长推荐到当时北平的协和医院当护士，从此开始了她为之献身60年的护理工作生涯。

1945年，她转到天津传染病医院。1949年，王桂英参加天津市第一所工人医院的筹备工作，并担任护理部主任。1956年，王桂英调天津市卫生局医疗预防处，转年任副处长，主管医疗、护理、医院及医疗事故的管理工作。1979年，她担任天津市护理学会理事长，1983年在天津医科大学开设了全国首家“护理系”专业。她曾组织编写并出版了《实用护理学》、《护理管理学》、《护理美学》等十余册护理学专著。

她作为护理学科的带头人，德高望重，受到拥戴。

第 37 届南丁格尔奖章获奖者秦力君

秦力君　1959 年考入护校，现任中华护理学会副理事长、中华护理学会护理管理学术委员会主任、中国人民解放军护理专业委员会副主任委员、中国人民解放军军医进修学院护理专业研究导师。

作为一名科技工作者，她注意学习吸取国内外护理和管理的新理论和新知识，善于把新科学新技术运用在护理管理、临床护理中。从而在专科护理和护理科研方面取得了丰硕的成果。她策划组织拍摄的《重症监护术》、《常用专科护理技术》录像片已成为全国全军各医院护理教学及训练教材。近年来，她撰写的论文在各种护理期刊上发表 29 篇，其中《护理人员按职上岗开整体护理模式的研究》获中华护理学会第三届护理科技进步二等奖；与其他同事合作出版了《护理三级管理》、《各级护理技术职务人员工作质量管理》、《消毒隔离管理》、《内科疾病护理》。参与研究的护理科研课题“微机在护理管理中应用的研究”、“规范化医学岗前教育研究”等获军队科技进步三等奖。“医院感染与环境微生物、抗菌药物、机体抵抗力相关研究”获军队科技进步二等奖。

第 38 届南丁格尔奖章获奖者吴景华

吴景华　1932 年生于上海，1952 年 6 月毕业于上海太和高级助产学校。同年夏天，自愿支援大西北开发建设来到塞上银川。从助产师、护士长到护理部主任，把毕生给了宁夏这块热土。2001 年荣获第 38 届南丁格尔奖章。

第 38 届南丁格尔奖章获奖者王雅屏

王雅屏　现任北京市红十字会急诊抢救中心副院长兼护理主任。她从事护理工作 40 余年，忘我工作，舍己救人，始终如一地坚持高标准护理好每一位病人。她既重视临床护理工作，又重视护理科研，先后在国内外期刊上发表论文 30 篇，出版了 6 部护理学专著，为推动护理事业发展做出了突出贡献。

王雅屏是一位护理工作者，更是一名为了红十字事业勤奋工作努力拼搏的战士。她高举红十字“人道、博爱、奉献”的旗帜，积极参加社会公益活动。为身患疾病的人、陷入困境的人、需要帮助的弱势人群，奉献着自己的爱心。

2001 年 6 月 26 日，第 38 届南丁格尔奖在北京颁奖，红十字国际委员会授予她国际护理界最高荣誉奖——南丁格尔奖章。

第 38 届南丁格尔奖章获奖者李秋洁

李秋洁　教授，大学学历，1968 年 12 月参加工作，1988 年入党。现任哈尔滨医科大学护理学院副院长，哈尔滨医科大学附属第二医院护理部主任，第 38 届南丁格尔奖章获得者。

李秋洁现任中华护理学会常务理事、黑龙江省护理学会理事长、全国高等教育护理专业教材评审委员会委员、黑龙江省护理管理专业委员会主任委员、黑龙江省康复护理专业委员会副主任委员、黑龙江省医学继续教育委员、《护理学杂志》、《国外医学——护理学分册》、《护理研究》、《现代护理》杂志编委。《护理管理》一书为全国高等护理学专业本科规划教材，这是她对护理事业发展做出的杰出贡献。在科研领域，她曾获得了 5 项黑龙江省卫生厅医疗新技术奖，其中一等奖 1 项，二等奖 3 项；负责承担黑龙江省科学技术委员会课题“21 世纪中国护理管理理论与模式的研究”，此项研究获黑龙江省高校成果三等奖。先后有 14 篇论文在《中国医院管理》杂志上发表，另有 26 篇文章在国家级各类护理学术会议上进行了大会宣读。

李秋洁 1994 年以来连续被评为哈尔滨医科大学、哈医大二院先进工作者、优秀教师、优秀科技工作者、优秀管理干部和优秀党员，1990—2001 年连续被评为“巾帼文明示范岗”先进个人、2002 年获黑龙江省十大女杰称号、2003 年获黑龙江省省委授予的优秀党员等光荣称号。

第 39 届南丁格尔奖章获奖者叶欣

叶欣　广东省中医院二沙岛分院急诊科护士长叶欣告别了美好的人生，永远地走了，倒在了与非典型性肺炎昼夜拼搏的战场上。

2003 年春节前后，非典型性肺炎开始在广州地区流行。叶欣身先士卒，像一台永不疲倦的机器般全速运转着。忙的时候，她连家人的电话都顾不上接听，只让同事转告说，“告诉他，我在班上。没事。”

在抢救非典型性肺炎患者的过程中，为了保持患者呼吸道通畅，面对危险时刻，她包揽了对急、危、重非典病人的抢救、护理工作，有时甚至把同事关在门外。然而，极度疲倦的叶欣开始出现发热症状，不得不到病房隔离治疗。每当同事来为她做检查和治疗，她总是再三叮嘱他们多穿一套隔离衣，多戴几层口罩。院领导来探望，她讲的不是自己的病情，而是询问同事，希望自己可以再做一些工作。

多少人的努力和呼唤，都没能挽留住叶欣匆匆离去的脚步！3 月 24 日凌晨 1：30，叶欣永远离开了她所热爱的岗位、同事和亲人！

叶欣留下了一本本厚厚的工作记录，记载着她拼搏的足迹，也凝聚着她一生对护理工作永恒的热爱与追求。

第 39 届南丁格尔奖章获奖者李淑君

李淑君　解放军第二炮兵总医院口腔科护士长李淑君，在 20 多年的护理生涯中，以一个军人的牺牲奉献精神，以一个白衣天使对病人的热爱的献身护理事业的高尚情怀，在平凡的岗位上做出了令人敬佩的成绩。

1998 年，长江遭受了特大洪水灾害，李淑君又参加了医疗队，投入到了抗洪抢险的队伍当中，巡诊中很多战士患上了皮肤病、脚气、“烂裆”，李淑君想办法为他们解除了痛苦。为了给在小岛执行任务的官兵看病，她不顾大风大浪坐上冲锋艇就出发。在抗洪前线的 40 多个日日夜夜，李淑君没有洗过一次澡，没有睡过一个安稳觉，抢救、护理伤病员 200 多人次，为战士巡诊近万人次，出色地完成了任务，再次立功。

今年春天，当“非典”威胁着首都人民健康的时刻，在医院里她又第一个请战、义无反顾地参加抗击非典的战斗，筹建了医院的发热门诊和隔离病区。在隔离病区工作的几十个日日夜夜晨，她不顾个人安危带领护士们奋战在第一线，治疗、护理、消毒、清洁，各项工作她都亲自动手，出色地完成了任务。

第 39 届南丁格尔奖章获奖者姜云燕

姜云燕　现任解放军第十八医院三十里营房医疗站——闻名全军的“喀喇昆仑模范医疗站”护士长。姜云燕履行着雪域高原一名白衣天使的神圣使命，她把新藏线各族群众当作亲人，在喀喇昆仑山被边防官兵赞誉为生命禁区的“生命守护神”。

她曾到海拔4800多米的哨卡接送一名高原肺水肿的战士，路上她不顾自己呼吸困难，头痛欲裂，为了减轻战友头部震动，把战士的头放在自己的腿上，连续跑了九个小时。

为提高高寒区的护理质量，她更加努力地不分昼夜地工作，抢救高原肺水肿和脑水肿战友20余例，成功率100%，带领医疗队为边防一线和过往部队巡诊70多批次，巡诊7000多人次。先后到海拔5000米以上医疗点抢救战友，带领大家挽救了20多名战士的生命。她用自己的爱心温暖着无数战友的心，赢得了战士们的敬佩与赞扬。

第39届南丁格尔奖章获奖者苏雅香

苏雅香　担任贵州省护理学会理事长的苏雅香已进行了38年的护理工作，她多年来，勤奋钻研写下了几本记录着临床工作经验的笔记，发表论文30多篇，荣获护理科研成果奖及新技术奖10项。她率先将国外发达地区先进的整体护理模式引入贵州，到全省各地、市、县医院授课16次。她组织全院护士苦练26项护理操作，组织战地救护训练。

第39届南丁格尔奖章获奖者陈东

陈东　当她走进北京第二传染病医院（现为北京佑安医院），面对传染病人她知道患者最需要帮助，她愿为患者奉献一切。

当SARS疫情肆虐京城，陈东也经历了一次严峻考验。3月9日深夜她接受命令紧急筹备收治SARS病人的病房的任务，陈东带领着护士们顽强拚搏了三个多月，即使血压高达160/110，也没休息过一天。当一线的护士不幸感染了SARS病，她强忍着内心的痛苦，告诫护士长们：护士们都在看着我们，在护士面前我们谁也不允许流泪。一定要坚强起来，我们一定会战胜SARS。她认真总结经验，制定一整套保障制度，及时调整人力，改善住宿条件，缩短在一线工作时间，为佑安医院取得抗击SARS的最后胜利奠定了基础。如今，她正领导和组织护理部全体同志进行国家高技术研究发展计划（863计划）中的SARS临床护理及消毒防护研究的工作。

第39届南丁格尔奖章获奖者李琦

李琦　上海市第二人民医院原护士长，在平凡的护理工作中做出了优异成绩，获得多次表彰。

1975年开始，由于李琦在伤口治疗方面的独特见解，被安排在医院门诊换药室工作，她刻苦钻研，很快在伤口治疗方面独树一帜。李琦在处理各类伤口时，能努力创造痊愈的有利因素，保证伤口在最短时间内愈合，被誉为“抚平伤口的天使”。

李琦的创新精神，使她在事业中大有作为。她在50例乳房癌手术皮肤坏死和50例深二度、三度烧伤皮肤坏死的病例中采用了湿性换药方法，愈合率达100%。她在使用湿性换药方法中，不断研制新型药物的配方，总结并发表了多篇学术文章。

李琦把自己的休息时间也奉献给了那些需要她的病人，她经常为行动不便的病人上门服务。由于患有坐骨神经痛，李琦的两条腿的粗细明显不一样。她克制自身的病痛，坚持利用业余时间和节假日为行动困难的病人上门换药10248次，护理病人435位；所用业余时间折合为1943天，共15522多个小时。她用自己的爱心无私地帮助了那些需要社会关注的人。

第39届南丁格尔奖章获奖者章金媛

章金媛　是江西省南昌市第一人民医院原护理部主任，从事护理工作五十多年。

章金媛1951年毅然从香港回到南昌，选择了护理工作为终身职业，除了完成大量的日常工作外，还撰写和参加编写了《实用护理人际学》等14部护理书籍。先后在全国护理专业刊物上发表论文28篇，其中“内折叠拆铺床法”还被列入了全国基础护理教材，向全国推广。她改革临床护理工具32项，研制了ZE－1多功能护理仪，推广动静脉留置应用方法，提出输液停止报警的设想。她注重培养青年护士，在南昌市建立模式病房17个，临床指导青年护士。退休后，她根据几十年的临床实践总结撰写了近70余篇文章，被邀请到24个省市护理学会及医院讲学，并开始更多地关注社区护理服务和卫生保健问题，开展了“城镇社区健康护理保健服务模式探讨”的课题研究。

2000年她组建了江西省红十字志愿护理服务中心。她和志愿者一起指导学生临床实践；到社区开展护理服务，进行健康指导；利用周末到卫校与学生交流，为他们提供帮助与辅导；到基层医院为护理人员讲课，培训基础护理人员；参与红十字会组织的公益活动。

第39届南丁格尔奖章获奖者梅玉文

梅玉文　在40多年的医护生涯中，天津市护理学会名誉理事长梅玉文以非凡的勇气和献身精神，全身心地融入救死扶伤的神圣事业中。1960年，廊坊地区一个村庄发生食物中毒，数人死亡，几十人生命垂危。21岁的梅玉文作为抢救组唯一女护士，她尽心尽责护理病人。1980年她任天津市第三中心医院副院长后，严格管理，提高护理质量，不断探索护理工作新路，使第三中心医院护理工作始终走在全市前列。1990年，她率先进行“院内感染”管理工作，为促进天津市医院感染控制工作做出了贡献。1998年，即将退居二线的梅玉文在医院“病人选择满意医生”的改革中，积极制定护理改革方案，实施整体护理模式。1996年，她任天津护理学会理事长，团结全市同仁大胆创新，深化了天津护理工作的改革与发展。

近年来，她为82名临床护理骨干提供了赴港培训机会，为培养天津护理人才做出了突出贡献。同时，还积极致力于提高护士整体素质的教育培训工作。

第39届南丁格尔奖章获奖者巴桑邓珠

巴桑邓珠　是四川甘孜藏族自治区唯一的一位长期从事护理工作的藏族男护士。他从事护理工作30余年，把整个身心都倾注在护理事业中，把爱心无私地奉献给了病人，致力于救护伤病员工作和护理教育工作，为开展少数民族地区的护理工作做出了突出的成绩。

巴桑邓珠担任护理管理领导工作以来，着重于民族地区护理事业的发展。他亲自担任起培养护士的工作，至今已培训人数400余人（次），还为当地驻军培训护士近百人，先后组织了61名护理人员进行了专科以上学习。他自己整理选编了《基础护理知识解答130题》、《影响导医行为因素及提高导医率方法》等论文进行交流、学习。

巴桑邓珠积极承担各种救助救护任务。无数次参与伤病员抢救和抢险救灾医疗任务。1985年冬季，全州发生了历史上罕见的雪灾，数以千计的牧民被困在冬季牧场，他主动承担了最边远的石渠县长沙贡玛乡的伤病员救治工作。在海拔近5000米的茫茫雪原，奋不顾身救治冻伤牧民群众，并协助解救了近百名受困群众。在救治过程中，他自己也被冻伤。

巴桑邓珠是藏族人民的优秀儿子，用自己的奉献精神谱写了人生壮丽的篇章。

第39届南丁格尔奖章获奖者钟华荪

钟华荪　现任广东省人民医院护理部主任，主任护师，硕士生导师，第22届中华护理学会常务理事、第23届中华护理学会理事、广东省护理学会副理事长，广东省护理学会外科护理专业委员会主任、门急诊护理专业委员会副主任，广东省科协第五届委员，2002年被卫生部聘为全国继续医学教育委员会学科组成员；广东省继续医学教育委员会成员；2002年10月被广州市卫生局聘为广州市社区卫生服务工作指导委员会专家。2003年经红十字会国际委员会批准，荣获第39届南丁格尔奖章。

钟华荪在37年的护理生涯中，兢兢业业，为护理事业做了大量富有成效的工作，她申报立项的科研课题均获得科研成果奖。其中《广州城区老年人生活质量调查及社区护理网点实施的研究》获1999年全国护理科技进步奖一等奖及2000年广东省医药卫生科技进步奖三等奖；《心脏病康复系统研究》获1999年广东省医药卫生科技进步三等奖，《持续质量管理在整体护理中的应用研究》获2001年全国护理科技进步二等奖。1999年她设计的护理急救治疗车还获得国家实用新型专利权。

2003年的春天，SARS病毒肆虐中华大地，人民群众的身体健康和生命安全受到严重的威胁，护理部在钟华荪的带领下，全身心地投入到抗击SARS的战斗，发挥了很好的职能作用，为医院在抗SARS中取得没有医护人员被感染、没有SARS病人死亡的“两零”记录做出了重要贡献。护理部被广东省委、省政府评为“广东省抗击非典模范集体”；钟华荪被广东省委、省政府特记“广东省抗击非典二等功”。

人事部、中国红十字会总会表彰的先进工作者

关于表彰全国红十字会系统先进集体和先进工作者的决定

（2002年）

（全文见本年鉴文献篇）

中国红十字系统先进工作者简介

（2002年）

李彭林，女，53岁，中共党员，大专学历，现任天津市汉沽区红十字会办公室主任。她敬岗爱业，心系群众，求真务实，先后多次组织大型社会募捐，募集、发放救灾款物40余万元，先后救助特困生1200多名，并创建了区备灾中心。她还进行开发性扶贫，为本区宝田村引进资金，建起了5个葡萄大棚和6个保鲜库。注重宣传，以各种形势扩大红十字会影响。1992、1995年2次被中国红十字会总会评为先进会员，1993、1995、2001年3次被市红十字会评

为先进会员。

曹雪梅，女，44岁，大专学历，现任河北省邯郸市红十字会秘书长。她爱岗敬业，心系群众，几年来组织募集救灾款物近300万元，救助灾民、特困户20万人。她患有严重的腰椎骨质增生症，但为发展红十字事业，以坚定的信念和惊人的毅力努力工作。1996年被河北省红十字会评为先进个人，1993—1995年被中国红十字会总会评为先进会员，1998年被中国红十字会总会授予“抗洪抗震救灾先进个人”荣誉称号，2000年被邯郸市人事局、卫生局、总工会授予市百佳工作者，记三等功一次。

杨竹梅，女，42岁，中共党员，大学学历，现任山西省大同市红十字会专职副会长兼秘书长。她思想解放，爱岗敬业，廉洁奉公，锐意进取，在她的领导下市红十字会建立健全了市、县级红十字会，“三列”到位，各级红十字会共有32名专职工作人员，1500名志愿工作者，486个基层组织，27万红十字会员。1998年被市委、市政府评为“巾帼建功先进个人”、1999年被市委、市政府授予“市劳动模范”荣誉称号，1996—2000年被市委、市政府评为“优秀共产党员、模范干部”。

云曙碧，女，78岁，蒙古族，中共党员，大学学历，现任内蒙古自治区红十字会会长。她自1987年5月区红十字会恢复工作起担任会长至今，她心系群众，廉洁奉公，带领机关全体同志艰苦创业。特别是在创办红十字会血站、建设培训基地、落实区和盟市两级红十字会“三列”和制定“实施《红十字会法》办法”等方面，作出了突出贡献。1996年，中国红十字会总会号召全国红十字工作者学习“云曙碧精神”。1992、1995年2次被中国红十字会总会评为先进个人。

郭春英，女，47岁，满族，民建会员，大专学历，现任辽宁省锦州市红十字会秘书长。她热爱红十字事业，恪尽职守，自觉把“人道、奉献、博爱”的红十字精神落实在行动上，带头开展募捐活动。1992—2001年，她共捐衣物150件，捐款5000元。1996年被中国红十字会总会评为先进会员，1998年被中国红十字会总会授予“抗洪抗震救灾先进个人”荣誉称号，1999年被中国红十字会总会、卫生部评为“全国无偿献血金杯奖”，2000年被市政府评为“无偿献血标兵”。

韩丽娟，女，40岁，中共党员，大学学历，现任吉林省红十字会专职副会长。她爱岗敬业、勤奋廉洁、团结同志、勇于开拓，善于学习外省市红十字会的经验，并结合本省的实际情况加以创新，在宣传贯彻《红十字会法》、建立健全红十字会工作规范与机制、强化机关建设与管理、培训红十字会干部队伍、发展基层组织和募集赈灾资金等方面做了大量工作。1990年被省委党史委员会评为先进工作者，1991年省直团工委评为先进模范青年，1993年被省外经局评为先进工作者。

崔淑珍，女，45岁，朝鲜族，中共党员，大学学历，现任黑龙江省哈尔滨市红十字会秘书长。她爱岗敬业，勤奋工作，解决了办公用房、添置了车辆、电脑等办公设备。1998年抗洪救灾期间，昼夜坚守岗位，组织募集并发放了2057万元的救灾款物。坚持带头无偿献血、捐款捐物、帮助下岗工人和贫困儿童。1998年被中国红十字会总会授予“抗洪抗震救灾先进个人”荣誉称号，1999 年被市政府评为民族团结先进个人，1999 年被市妇联评为妇女工作先进个人。

孙国华，女，54 岁，中共党员，大专学历，现任上海市南汇区红十字会常务副会长。她在全市首创了“五个第一”，即第一个建立红十字人道救助基金；第一个建立临终关怀、护理、康复为一体的红十字老年护理院；第一个建立红十字备灾救灾物资募集站；第一个实现区县级红十字会机构独立建制；第一个开展红十字示范镇试点。1995 年被中国红十字会总会评为先进会员个人，1996 年被上海市红十字会评为先进个人，1998 年被中国红十字会总会授予“抗洪抗震救灾先进个人”荣誉称号。

蔡丽萍，女，36 岁，大专学历，现任江苏省响水县红十字会秘书长。她爱岗敬业，勇于开拓，在组织建设方面做了大量工作，建立基层组织 278 个，发展会员近 12 万人。她利用节假日深入基层，踏遍响水乡村，对全县 249 名贫困孤儿摸底登记，在全县设立了 40 多个助孤基金募捐箱，并发动企业、个体工商户募捐 10 万元建立了“助孤基金”。1996—2000 年 5 次被盐城市红十字会评为先进工作者，1986—2000 年 13 次被评为县妇女工作先进个人，1998 年被省红十字会评为抗洪救灾先进个人。

龚学跃，52 岁，中共党员，大专学历，现任浙江省乐清市红十字会秘书长。他从事红十字会工作 11 年，敬岗爱业，真抓实干，已建立 53 个基层红会组织，发展会员近 4 万人；举办 5 次大型社会募捐，共募集款物 2142 万元，发放救灾扶贫款物 2130 万元；举办 106 期卫生救护培训班，培训 3 万多人。落实了人员编制、办公用房及救灾活动基金专项经费。1992 年被中国红十字会总会评为模范志愿工作者，1998 年被中国红十字会总会授予“抗洪抗震救灾先进个人”荣誉称号。

赵胜利，女，54 岁，中共党员，大专学历，现任安徽省合肥市红十字会秘书长兼办公室主任。她依法宣传无偿献血，使合肥市临床用血 100% 来自无偿献血。在全国首次将卫生救护培训工作列入地方法规，并对 10 万余人进行了卫生救护培训。1989、1993—1995 年 4 次被中国红十字会总会评为先进会员，1995—1997 年 3 次被市卫生局评为优秀工作者，1999 年被省人事厅、卫生厅评为抗洪抢险、救灾防病先进工作者，2000 年被市委宣传部评为优秀党务工作者。

陈金治，女，40 岁，中共党员，中专学历，现为福建省莆田市莆田县红十字会干部。她爱岗敬业，勤于耕耘，拼搏进取。认真依法履行职责，在备灾救灾、规范救护培训、推动无偿献血、开展“救两条生命，还一家幸福”生命救助行动募捐、会费收缴等方面做出了较大成绩。并身体力行带头无偿献血 3600 毫升，还动员亲属参加无偿献血。1998、2000 年 2 次被市政府评为无偿献血先进个人，1999 年被省卫生厅、省红十字会授予“无偿献血金质奖章”。

李安海，女，48 岁，中共党员，大专学历，现任江西省南昌市红十字会秘书长。她坚持原则、团结同志、办事公道、清正廉洁，在备灾救灾，特别是 1998 年抗洪救灾及灾后重建工作中成绩突出。她身体力行，带领大家在社会募捐、卫生救护、红十字青少年、红十字基础知识传播以及报刊征订等方面做出了较大成绩，为推动南昌市红十字会的建设和发展做出了较大贡献。1998 年被中国红十字会总会授予“抗洪抗震救灾先进个人”荣誉称号，1999 年被省红十字会评为先进个人。

张玉荣，女，57 岁，中共党员，大学学历，现任山东省济宁市红十字会常务副会长。她牢固树立“品牌”意识，走“特色”办会之路，强化组织建设工作，1997 年市红十字会办公室独立设置后，现市辖 12 个县市区全部独立设置了红十字会机构，在全省率先实现了“三列”。经她协调，市电台无偿开办“话说红十字”有奖知识问答节目，全市有 20 多万人参与。1988、1996 年 2 次被市政府评为先进工作者，1997 年被省卫生厅评为先进工作者。

严淑华，女，45 岁，中共党员，大学学历，现任河南省许昌市红十字会秘书长。她团结同志，开拓进取，坚持原则，廉洁自律，克服人员少、任务重，开创了工作的新局面。1988 年她提出与规范医疗市场相结合，依法清理和规范红十字标志，经过努力，市区 216 个医疗诊所乱用滥用标志的现象得到纠正。1992 年被省卫生厅、人事厅评为先进工作者，1996 年被市妇联授予市“三八”红旗手称号，2000 年被市政府授予“市无偿献血工作优秀组织者”荣誉称号。

柯剑，44 岁，中共党员，中专学历，现任湖北省咸宁市红十字会秘书长。他结合实际开展卫生救护工作，在 107 国道咸宁境内建立急救站 9 个，急救点 13 个；在 106 国道和九宫山旅游线建急救站 16 个，急救点 21 个，几年来救护了 2000 多名意外伤害者。带头 15 次无偿献血，总量达 3200 毫升。1998 年为救助灾区伤病员一年内 4 次无偿献血。1989 年被中国红十字会总会评为先进会员，1991 年被总会评为抗洪救灾先进个人，1998 年被总会授予“抗洪抗震救灾先进个人”荣誉称号。

赵云英，女，47 岁，中共党员，中专学历，现任湖南省衡东县红十字会副会长。她忠于职守，爱岗敬业，敢于创新，积极奉献，已建立基层组织 72 个，发展红十字会员 3 万多人，全县卫生、公交、文教等系统，24 个乡镇和县直机关单位等都建立了基层红十字会，所有基层组织做到了有牌子、有章子、有经费、有活动、有具体人抓。1994 年衡东县发生特大洪灾，发动社会各界募捐 15 万元，并将筹措的救灾物资送到灾民手中。1995、1997、1998 年 3 次被评为县先进个人。

赵敢，59 岁，中共党员，大专学历，现任广西壮族自治区百色地区红十字会秘书长。1989 年他参与组建地区红十字会，13 年来勤勤恳恳，任劳任怨，不计较个人得失，狠抓组织建设，以“三救”促“三列”，使区所辖 12 个县（市）建立了红十字会机构，配备了专职工作人员。积极开展无偿献血工作，使地区成为全国最早达到了铜质奖标准。1992、1996 年 2 次被中国红十字会总会评为先进会员，1989、1996 年 2 次被区红十字会评为先进会员，1994 年被区党委、区政府授予“抗洪救灾先进个人”称号。

卓英，54 岁，中共党员，大专学历，现任海南省红十字会常务副会长。近几年，他组织募集并发放救灾款物折合人民币 800 多万元，使全省 19 个市县 17 万灾民直接受益外，还积极主动支援了其他省市遭受的赈灾救济工作；组织募集发放各种赈济慰问金和学费、医疗费 86.5 万元。负责筹措资金创办了省红十字会中心血站，为改变该省输血、献血工作落后局面做出了贡献。1998年被中国红十字会总会授予“抗洪抗震救灾先进个人”荣誉称号。

赵国荣，女，47岁，初中学历，现为四川省红十字会主任科员。她从事红十字会工作20年，爱岗敬业，执著追求，勤勤恳恳，任劳任怨。主动向省级领导宣传红十字会工作，为省红十字会人员编制增加5名，专项经费增加10万元。积极争取公安、物价、交通等部门支持，开拓了全省卫生救护培训工作的局面。她先后不留姓名资助了数名辍学儿童上学，将红十字“人道、博爱、奉献”精神融入平凡工作之中。

彭东鲁，46岁，中共党员，大学学历，现任重庆市大足县红十字会副会长兼秘书长。他深入各区县、学校、街道宣传《红十字会法》，依法办会，依法兴会。从实际出发，加强组织建设，现有基层组织63个，红十字会员3万多人，上缴会费1万多元。在当地抗灾救灾工作中，每次都到灾区一线组织抢救伤病人员，为灾民送去救灾物资。1997年被四川省红十字会授予“荣誉会员”称号，1998—2000年被大足县评为卫生局先进党务工作者，2000年被重庆市红十字会评为先进个人。

郭介华，57岁，中共党员，中专学历，现任贵州省铜仁地区副会长兼秘书长。他热爱红十字事业，具有强烈的事业心、责任感，积极发展红十字会组织，该地区所辖11个县均建立了红十字会组织，有专职干部19名。他情系灾民，忘我工作，清正廉洁，无私奉献，募集并发放救灾款物460多万元，用实际行动实践“人道、博爱、奉献”的红十字精神。1979年对越自为反击战荣立三等功一次，1987年被地区卫生局评为先进工作者，1991年被省红十字会评为先进工作者。

次仁旺堆，46岁，藏族，中共党员，中专学历，现任西藏自治区红十字会秘书长。他立场坚定，旗帜鲜明地反对分裂，加强民族团结，维护祖国统一。始终把发展西藏红十字事业为己任，爱岗敬业、团结同志、办事公道、清正廉洁，带领大家在组织发展、备灾救灾、宣传、与友好国际组织的交往以及红十字会队伍自身建设、提高工作效率等方面做了大量工作，取得了较大成绩，发挥了红十字会为政府分忧，为群众解难的作用。

李辛，女，53岁，大专学历，现任陕西省宝鸡市红十字会专职副会长兼秘书长。她爱岗敬业，真抓实干，经过艰苦努力，组建了市、县级及行业红十字会。多年来，积极为灾区群众募集、发放救灾款物100多万元，有效地对灾区群众进行了救助，扩大了红十字会的社会影响。在普及现场救护知识中，重点对全市公安、武警、司机进行了培训。1989、1992、1995年3次被中国红十字会总会评为先进工作者，2000年被市政府授予“无偿献血先进工作者”荣誉称号。

郑怀安，55岁，中共党员，大专学历，现任甘肃省红十字会秘书长。他从事红十字会工作14年，担任秘书长后，能以身作则，勤奋工作，廉洁奉公，与同志们一道克服困难，多次深入到地震等灾区一线了解灾情，积极组织开展救助工作，自1990年以来，为省内外灾区募集并发放近千万元的救灾款物。组织编写了《现场急救教材》和《农村家庭健康常识50问》。在部队期间，荣立三等功1次，受嘉奖5次。

尼玛，女，44岁，藏族，中共党员，大学学历，现任青海省红十字会专职副会长。她开拓进取，真抓实干，先后组织制定了30多项规范机关建设和事业发展的规章制度。现有基层组织588个，85000多名红十字会员。多次举办“五八世界红十字日”纪念宣传和募捐活动，与有关部门联合开展了无偿献血活动。1985年被省委、省政府、省军区评为抗雪救灾先进个人，1991年被全国爱委会评为先进个人，1998年被中国红十字会总会授予“抗洪抗震救灾先进个人”荣誉称号。

刘静，女，43岁，大专学历，现任宁夏回族自治区红十字会秘书长。从事红十字会工作15年来，爱岗敬业，忠于职守，勤奋工作，已发展基层组织335个，7万多名红十字会员，拥有两所博爱学校和一所区红十字会中心血站。在宁夏1993年“7·23”空难发生后，她迅速赶到现场，连续10个小时组织协调各医疗部门的急救工作。1998年抗洪救灾中，为灾区募集100多万元救灾物资运往灾区。1993年，被自治区政府授予“7·23”空难先进个人。

马春丽，女，40岁，回族，中共党员，大学学历，现任新疆维吾尔自治区昌吉州红十字会专职副会长。她克服困难，锐意进取，使州红十字会在全疆率先独立设置，解决了所辖5县3市红十字会的“三列”问题。为区内外灾区募集款物300余万元，为贫困病人、失学儿童捐助救助款80余万元，完成对全州7.1万名机动车驾驶员的卫生救护培训。曾先后被评为“中国红十字会抗洪救灾先进个人”，自治区“先进工作者”，自治州“先进妇女工作者”、“全州优秀干部”等荣誉称号。

关于表彰全国红十字会系统先进集体和先进工作者的决定

（2004年）

（全文见本年鉴文献篇）

中国红十字系统先进工作者简介

（2004年）

斯日古楞，女，55岁，中共党员，大学学历，现任内蒙古自治区赤峰市红十字会常务副会长。有丰富的基层领导工作经验，善于做群众工作，每年定期去赤峰劳教所，对在教人员进行人道主义教育。抗非典期间，她积极组织慰问医护人员，宣传抗击非典知识，组织人员加班加点接待参加捐助的群众，为全市夺取抗击非典的胜利做出了贡献。在2003年8月的地震灾害发生后，她及时组织人员赶赴灾区，将急需的物资送到灾民手中。她主持红十字会工作后，坚持每年办一件实事，两年办一件大事。她善于抓典型，总结典型经验，从中找出带有规律性、普遍性的东西，适时地加以推广。她具有很强的党性，廉洁清正，大胆管理。就在去年她被查出身患肝癌的情况下仍忍着病痛，履行着一个红十字工作者的职责。她先后被自治区基层卫生三项建设领导小组评为自治区“卫生组织三项建设领导先进工作者”，被自治区妇幼卫生合作项目领导小组评为“联合国妇幼结合项目县先进工作者”，被总会评为“中国红十字会抗洪抗震救灾先进个人”。在她的积极努力下，所在红十字会理顺了管理体制。

刘琳娜，女，49 岁，中共党员，研究生学历，现任辽宁省红十字会常务副会长。她积极协调、争取政策，不失时机地向地方领导宣传红十字事业，扩大红十字会的影响，使红十字会受到了地方政府的重视，为今后工作的顺利开展奠定了良好的基础。她在解决红十字会资金、用房、用车等方面做了大量工作，也取得了突出的成绩。在备灾募捐方面，她积极探索出义卖新路子。在造血干细胞捐献者资料库辽宁分库建设中，她努力争取政府资助和社会各界支持，推进分库建设，截至去年底，入库资料达到 10000 人份。同时她注重加强对外交往和友好合作关系，借鉴国外红十字会工作经验，推动辽宁省红十字事业快速发展。她勤政廉洁，以身作则，被同志们称为是一位好带头人，为同志们树立了学习的榜样。在她的积极努力下，所在红十字会理顺了管理体制。

周莉，女，40 岁，民盟盟员，大学学历，现任黑龙江省伊春市红十字会秘书长。具有较强的组织领导能力和驾驭全局的能力，积极组织大型赈灾募捐活动，仅用 5 天就募捐 18.5 万元人民币，为省红十字会募捐工作树立了典范。她把送温暖、献爱心活动贯穿于红十字工作的始终，组织帮助贫困家庭、辍学儿童等弱势群体捐款达 10 余万元，为伤残学生、孤寡老人等捐款、捐物、送医送药累计 37 次，折合人民币 200 多万元，帮助下岗职工再就业人员 276 人，成立了 33 个社区红十字会。2003 年 1 月在为贫困职工送大米、棉衣的途中，因天冷路滑发生车祸，她全身 6 处骨折，中度昏迷，在医院里还记挂着这批救灾物质是否按时发到灾民手中。她对人热情，几年来一直帮助一名家境困难的高中生，向特困人群累计捐款 3000 多元。她先后被市人民政府评为先进工作者，被总会评为赈灾先进个人，被省红十字会评为抗洪先进个人，被市政协评为“五个一”先进个人。在她的积极努力下，所在红十字会理顺了管理体制。

史庆荣，女，48 岁，中共党员，研究生学历，现任安徽省滁州市红十字会秘书长。在专职从事红十字会工作十几年中，把人道工作和政府工作相融合，积极创造条件开展工作。从理顺市红十字会管理体制到第一次会员代表大会的召开，她积极争取，付出艰辛，经过无数次的努力，使红十字会的工作受到了市委、市政府领导的高度重视。她积极协调各方面力量，几年内募捐资金 300 万元，得到总会、省会的赞扬，人民日报、央视都给予了报道。在历次自然灾害救助工作中，及时上报灾情，开展社会募捐活动，深入灾区，为灾区人民及时送去救灾款物，多次受到上级红十字会及当地市委市政府的表彰。认真组织无偿献血并身体力行。她善于开发领导资源，为红十字会工作的开展奠定了良好的基础。该市红十字会在 1991 年、1995 年、1998 年被总会评为全国红十字会系统先进集体。在她的积极努力下，所在红十字会理顺了管理体制。

刘丽萍，女，51 岁，中共党员，大学学历，现任山东省青岛市红十字会常务副会长。她热爱红十字事业，积极争取政策，筹建了市红十字会执行委员会和党组。她不断创新工作思路，宣传无偿献血工作，创建了无偿献血品牌，使青岛市连续三次获国家

"无偿献血先进城市奖"，无偿献血被青岛市评为"感动青岛"十件事之一。积极推动造血干细胞资料库建设工作，全市累计入库资料已达3300多份。抗击非典期间组织策划了支援北京一日捐献活动，得到了北京市领导和媒体的肯定；接收社会捐赠款物价值1600多万元，有力地支持了青岛市防治非典工作。积极开展对外交流，与美国马霍宁市和韩国大邱市红十字会建立友好合作关系。她先后获得青岛市"三八"红旗手、青岛市防治非典工作先进个人等荣誉称号。在她的积极努力下，所在红十字会理顺了管理体制。

牛茂修，男，44岁，中共党员，大学学历，现任河南省安阳市红十字会专职副会长。在11年的红十字会工作中，他对内抓制度建设，规范管理，对外积极争取各方面力量支持红十字会工作，并争取到经费和用房。为了筹集更多善款，他四处奔走，不厌其烦地做劝募工作，以热情和真诚打动人，在安阳钢铁厂一次性筹款100万元。他心系群众，经常利用各种场合进行宣传、筹款，搞义演、义卖活动。连续三年在全市开展"关爱白血病人-拯救生命大行动"，为白血病人募捐25万元，救助活动在社会产生了广泛的影响。工作中，加强对外交流工作，引进资金和技术，组织有关医疗专家为贫困地区百姓进行义诊。自1998年以来，共接待海外及香港医疗队11批305人次，免费门诊治疗病人23561次。他热爱本职工作，钟情红十字事业，舍小家顾大家，一年的节假日他大部分是在单位度过的。在抗击非典工作中，他以最快的速度将接受捐赠的277万元及时送到一线人员手中，为当地抗击非典工作作出了突出的贡献。他先后被中国红十字会总会评为抗洪抗震救灾先进个人、被市政府评为无偿献血先进个人、被市直机关工委评为优秀共产党员。在他的积极努力下，所在红十字会理顺了管理体制。

龙军胜，男，49岁，中共党员，大学学历，现任广西壮族自治区红十字会秘书长。1992年开始从事红十字会工作。他团结带领全会同志宣传贯彻红十字会法，为建立健全组织机构多方面争取政策，任劳任怨。在他的努力下，区红十字会的会员人数、专职干部、业务经费和固定资产都实现了大幅度增长。他协同会内同志们，积极组织援助活动，多次派遣医疗队，争取境内外援助。在他和同志们的共同努力下，共筹集救灾款物价值9287.7万元，使630万灾民受益，还组织筹建面积13000平方米的备灾中心。除此之外，为弥补资金不足，他还带领同志们兴办实体搞创收。创办了桂林红十字会制药厂等五家实体，形成了一定数量的固定资产，不但在一定程度上解决了当地居民的就业问题，还为红十字事业的发展奠定了基础。由于他的成绩突出，曾被区红十字会、区人事厅评为全区红十字会系统先进工作者，被区直属机关工委评为自治区直属机关优秀党员。在他的积极努力下，所在红十字会理顺了管理体制。

喇建康，男，42岁，大专学历，现任四川省凉山州红十字会秘书长。他热爱红十字事业，时刻心系群众。他积极协调，争取政策，为发展基层组织作出了不懈的努力，取得了突出的成绩。面对自然灾害，他在向上级通报灾情的同时，多方面寻求救助。严格物资的采购和发放程序，保证救灾物资及时发放到灾民手中，他扎实严谨的工作态度和心系灾区的工作热情，赢得了作为项目投资单位的国际组织的信赖和支持，赢得了灾民的钦佩和爱戴。他按照“加强对外交往，积极争取外援扩大扶贫，以项目带动红十字会工作发展”的工作思路，紧密依靠在赈灾工作中与国际非政府组织建立的良好工作关系，积极争取支持，开发扶贫项目，吸引国际援助。1999 年以来共接受捐款 1430 万元，获得项目援助资金 550 余万元。他认真钻研业务，在合作的同时不断学习国际项目管理的相关知识。在他的积极努力下，所在红十字会理顺了管理体制。

阮姮，女，47 岁，中共党员，研究生学历，现任云南省昆明市红十字会常务副会长。她认真贯彻红十字会法，积极推进组织建设，在全市各县（市）区和直属团体会员单位及部分乡镇、街道中建立了红十字组织。积极开展募捐活动，开展备灾救灾和人道主义救助工作。长期坚持对市福利院孤寡老人等社会弱势群体的慰问工作。结合昆明实际，创办了旨在为艾滋病感染者、吸毒戒断者提供心理支持和技能培训的“阳光家园”项目，组织了多次宣传活动，取得了良好的社会反响，受到全国政协张怀西副主席的肯定。在救灾工作、学校红十字青少年活动、无偿献血等工作中，她积极组织，调度有力，发挥了较大的作用。曾先后 9 年被评为市政协先进委员、积极分子，多次被省红十字会评为先进工作者，2002 年被省人事厅、省红十字会评为先进工作者，2003 年被评为中共昆明市“市级机关优秀共产党员”，“昆明市防治非典型肺炎先进工作者”。在她的积极努力下，所在红十字会理顺了管理体制。

李云，女，55 岁，中共党员，中专学历，现任新疆维吾尔自治区阿克苏地区红十字会主任科员。她热爱红十字事业，积极参与无偿献血的推动工作，经常宣传献血法。她积极参与制定“阿克苏地区无偿献血和临床用血管理办法”，经过一年多的努力，阿克苏地区的全部临床用血实现了无偿献血。她大力宣传红十字会法，举办多期培训班，得到了地区领导的高度重视，推进了地区红十字会工作的开展。她多次与区编办和各县政府交涉，不厌其烦地做工作，使全地区红十字会专职工作人员由 2 名增加到 32 名。新疆地理环境复杂，灾情时有发生，面对重大灾害，她积极募捐，深入灾区，不畏困难，从救灾物资的运送到发放，每一个环节她都严格把关，及时为灾区人民送去了温暖，发扬了红十字会的人道、博爱、奉献的精神。所在红十字会理顺了管理体制。

全国民族团结进步模范

中国红十字基金会赴西藏志愿医疗队被国家民委授予民族团结进步模范称号

’97 复明行动——中国红十字基金会赴西藏志愿医疗队，以创下六项第一的纪录，1998 年 10 月 14 日被国家民委授予民族团结进步模范单位称号；李兰颂、刘平、周军、冯永明被授予民族团结进步模范称号。此举，中国红十字基金会荣誉会长宋平，全国政协副主席、中国红十字会会长钱正英，中央电视台台长、中国红十字基金会名誉副会长杨伟光，中国红十字会常务副会长、中国红十字基金会会长顾英奇从始至终给予支持鼓励。

1996 年 12 月 20 日，中国红十字基金会召开了成立大会。中国红十字基金会荣誉会长宋平同志明确指示，要在人道医疗及社会救助领域，多为人民办实事。1997 年 4 月间，受基金会会长委托，基金会常务副会长在中南海向宋平同志汇报工作时，宋平同志又具体指示：天津派眼科医生去甘肃作白内障复明手术很见实效，这个方法值得借鉴。7 月，西藏自治区红十字会负责同志向中国红十字会领导汇报工作时谈到，由于高海拔、强日照、缺氧气、少蔬菜等原因，西藏自治区各地白内障致盲患者较多，高发地占人口总数的 11.06%，目前，至少有 50000 名藏胞渴望及早接受白内障复明治疗的情况。会领导当即要求由基金会牵头，迅速组建眼科专家医疗队奔赴西藏开展工作，提议将此举命名为'97 复明行动。'97 复明行动组织委员会组成，宋平同志亲自担任了名誉主任。《'97 复明行动计划》，在西藏自治区红十字会的配合下顺利拟定。很快，这项计划得到中央电视台台长、中国红十字基金会名誉副会长杨伟光同志支持，并联络光明集团总裁冯永明同志，共同主办'97 复明行动。光明集团捐赠资金人民币 60 万元。宋平、钱正英、杨伟光、顾英奇等同志出席了欢送暨捐赠仪式。宋平向医疗队郑重授旗，钱正英向捐赠单位颁发证书。

'97 复明行动——中国红十字基金会赴西藏志愿医疗队的眼科专家及辅助人员，主要来自北京市同仁医院、哈尔滨医科大学第一临床医学院、西藏自治区第一人民医院、日喀则地区人民医院。全队在藏工作人员共 22 人，其中汉族同志 12 人，藏族同志 8 人，还有汉藏合亲后代 2 人；他们从 9 月 12 日出队至 10 月 26 日收队历时 45 天，双休日和国庆节等 16 个法定节假日全在超负荷并超常规的奋力工作中，还在高原反应十分明显的情况下日出勤 12 小时；他们不怕山高路远，深入偏远边境地带以至雅鲁藏布大峡谷，使用 69 车次，行程 13859 公里，为山南地区的浪卡子、洛扎、措美和隆子县，林芝地区的工布江达、波密、林芝和察隅县适应症患者，共作白内障人工晶体置换复明手术 508 例，复明率 100%、无感染及并发症，同时初诊 1569 例，复诊 1859 人次。对此，西藏自治区人民政府副主席次仁卓嘎同志代表自治区政府予以高度评价。她说：'97 复明行动——中国红十字基金会赴西藏志愿医疗队，高扬奉献主题，促进民族团结，工作科学严谨，创下六项第一，即——这是第一次由国家红十字会系统以及卫生部门选派的援藏眼科专家医疗队；第一次仅用 48 小时就由京、津、沪将 50 件、1200 公斤重的眼科器械、药品、敷料运抵拉萨；第一次以完备眼科设施保证手术高超档次，并使用了当代眼科先进器械超声乳化仪；第一次大面积实施白内障人工晶体置换复明手术，是治眼球，而此前包括国外的眼科援藏项目，多数限于白内障囊外复明手术后配眼镜；第一次设立藏族眼科专家手术组，由藏族眼科医生亲自大比例地实施白内障人工晶体置换复明手术；第一次对白内障适应症患者的筛选、门诊、手术、用药、住院、观察等全部实行免费。

钱正英、顾英奇等同志出席了欢迎暨表彰仪式，并饶有兴致地参观了《'97 复明行动——中国红十字基金会赴西藏志愿医疗队新闻摄影汇报展览》。钱正英同志发表了热情洋溢的讲话。她说：一个半月前，我们在这里欢送医疗队从北京出发，大家乘坐飞机的时刻，正值中共十五大开幕，这是令人难忘的。一个半月后，我们在这里欢迎医疗队从拉萨凯旋，同志们不畏艰险，排除万难，为众多藏胞服务、奉献、送光明，也是令人钦佩的。她赞扬医疗队的同志个个都是模范，都有模范事迹。

据悉，为贯彻中共十五大精神，加强社会主义精神文明建设，进一步巩固和发展平等、团结、互助的社会主义民族关系，促进民族团结进步事业不断发展，国家民委决定对中共中央、国务院有关部委、直属机构，各民主党派、人民团体，解放军、武警部队在促进民族团结进步事业和发展民族经济文化方面做出突出贡献的单位和个人进行表彰，授予中共中央办公厅赴青海省玉树藏族自治州帮扶组、中国红十字基金会赴西藏志愿医疗队等133个单位民族团结进步模范单位称号；授予中国红十字基金会副秘书长、'97复明行动组委会副秘书长、中国红十字基金会赴西藏志愿医疗队副总队长李兰颂，哈尔滨医科大学第一临床医学院副主任医师、中国红十字基金会赴西藏志愿医疗队林芝地区手术组组长刘平，北京市同仁医院主治医师、中国红十字基金会赴西藏志愿医疗队山南地区手术组组长周军，全国人大代表、光明集团总裁、'97复明行动组委会副秘书长冯永明等120位同志民族团结进步模范称号。国家民委向模范单位和个人颁发了荣誉证书、奖章和奖品。

（张　峻　李　艳）

国家民委关于授予中共中央办公厅赴青海省玉树藏族自治州帮扶组等单位和张继政等同志民族团结进步模范称号的决定

1998年10月14日，中华人民共和国国家民族事务委员会以民委（政）字〔1998〕322号文件作出《关于授予中共中央办公厅赴青海省玉树藏族自治州帮扶组等单位和张继政等同志民族团结进步模范称号的决定》。决定指出：为贯彻党的十五大精神，加强社会主义精神文明建设，进一步巩固和发展平等、团结、互助的社会主义民族关系，促进民族团结进步事业不断发展，国家民委决定对中央、国务院有关部委、直属机构，各民主党派、人民团体，解放军、武警部队在促进民族团结进步事业和发展民族经济文化方面做出突出贡献的单位和个人进行表彰，授予中共中央办公厅赴青海省玉树藏族自治州帮扶组等133个单位和张继政等120位同志民族团结进步模范称号。

决定强调：希望荣获民族团结进步模范称号的单位和个人，戒骄戒躁，再接再厉，不断取得新成绩。希望全国各族人民以民族团结进步模范为榜样，为维护祖国统一，增进民族团结，促进各民族共同繁荣做出更大贡献。

附录：民族团结进步模范集体、模范个人名单

民族团结进步模范集体、模范个人名单

中国红十字会总会

中国红十字基金会赴西藏志愿医疗队

李兰颂　男　汉族　中国红十字基金会副秘书长

刘　平　男　汉族　哈尔滨医科大学第一临床医学院眼科副主任医师

周　军　男　汉族　北京市同仁医院眼科主治医师

冯永明　男　汉族　光明集团股份有限公司总裁

（冯志国摘自于《人民日报》1999年1月16日第8版）

人　名　录

无偿献血金奖

历届无偿献血金奖获得者名录

1989年（第一届）7名

北京　潘德全　刘光震　王雨清

上海　张国强　邱志清　王伯善　冯国庆

1991年（第二届）34名

江苏　王汉仁

湖北　汪维奎

北京　张传增　郑晓春

云南　杜仕昆　付志农

大连　刘万金

天津　王素华

上海　魏凤英　黄永刚　吴春依　季祥祯　周月霞　杨建新　田礼虎　李春荣　胡旦明　李海明　李春龙　刘刚雅　王金根　时永发　王道成　邹　烈　赵福弟　余继六　乐忠明　孙汇泉　顾建胜　沈瑞景　柴根宝　吴伟卿　沈志强　陈余观

1993年（第三届）50名

北京　姚志坚（女）　苗　忠　徐晓茹　吴元贤（女）　解进林　徐文荣（女）

江苏　薛锦仁　项军方　丁　一　万　海

浙江　夏安宽　黄　炜

云南　吕　林

甘肃　苏海杰

黑龙江　田海滨

辽宁　谭兆印

新疆　李　可　丘佳云

河南　路秀山

贵州　苏　立

上海　王玉昆　慕庆明　冯镇龙　顾明德　张松寿　黄金福　刘玉龙　沈招娣（女）　徐长征　李庭银　韩天雄　倪品贤　赵文正　钱正兴　王国华　薛建华　费荣明　沈光耀　徐爱生　陈金根　卢建军　顾和平

汪有年　何小英　陆　武　刘白羽
林竹春　葛永寿　刘志中　刘钟伟

1995 年（第四届）79 名

中央党校　王斌
广播电影电视部　冯元华
华北光学仪器厂　吴守纪
北京　冯大鹏　宋安琳　高明秀　于　玲
明立新　李智永　高保生
河北　王子清
河南　任思进
云南　张建云
广西　赵　斌　刘益兆　苏兆平
辽宁　姜学安　闫海文　马锦详　黄占军
张　杰
浙江　任国栋　杨承荣　金张全　孟一辰
朱　强　汤兔根　顾叶华　汤钟鑫
汪光明　蔡　庭　蔡建国
广东　李慧文
上海　朱启龙　李成龙　黄国安　齐锦虎
邱静安　叶仁和　裘康乐　汤雨红
秦若镜　栾健全　胡明初　王继昌
陆　伟　廖学英　张扣发　於崇贤
吴永兴　朱荣毅　潘益生　刘志明
马继俊　芮洪峰　孙明华　王桂良
黑龙江　刘　铭　李　伟　王东先　秦俊义
李春生　张忠良　卢立刚　陈金海
李　辉　苏守民　张建吉　李云峰
湖北　李名矿　张纬林
江苏　孔令喜　万　彬　夏然梅　刚秀兰
张东芳　唐亚平　刘　鹰　黄　强

1997 年（第五届）112 名

河南　刘军胜　芮慧萍　吴智平　张　坤
山东　刘志远　仲　琴　李树海　代　黎
吴　勃　王利民　张向阳　汪永明
马巨南
广西　林　雄　翟才家　王　玲　任志远
汤季洪　陆泰远　井跃平　潘兆辉
林声健
广东　徐景河　姜小洪
福建　何洪声　林瑞班
浙江　诸文通　王振利　张光军　许国良
陈述清　汪成贵
北京　王晓琪　张金泉　楚学智　孙运西
唐宝莲　应比玲
辽宁　张永义　于淑英　周训发　姜维才
张援朝　林　泉　董　霞　陶淑敏
曹玉芹　崔　强　王海涛　刘玉英
刘玉珏　苏忠月　王贵臣
黑龙江　周兴斌　刘德玉　石文达　金　武
吕月芬　宋玉华
内蒙古　王家军　何可人　金晓光
江苏　潘家伟　华　刚　徐春香　张志强
苏二度　朱晓东　吴金妹　王　妹
董晓红　唐殿军　古振贤　金正洪
冯宪友　王存良
河北　周启成
四川　朱世开
上海　陆渭均　聂玉地　桂　森　徐晓弟
周淮龙　周庆宝　钱秋林　林太民
周龙福　沈培基　毛炳祥　李发贵
项建民　王士云　徐永铭　钱宝兴
李鹤文　谈开林　徐雷亭　程德伟
张新安　张美如　张霖辉　李鹤鸣
李永云　陈纪根　徐庆顺　许秋林
黄景华　汪国良　杨信魁　蒋祖兴
陈家鑫　丁妙珍

1999 年（第六届）611 名

北京 张 京 朱大伟 林 健 韦培平 李宝昌 于今朝 李超群 李光荣 韩 蕙 崔桂珍

上海 李振山 李家淮 龚国祥 高正寅 杨 斐 翟粉珍 余金根 沈华明 赵永正 乐俊麟 陈格非 王荣汀 宁爱国 张德明 黄如红 汪 民 陆建美 陈文良 徐大毛 夏慧荣 聂文姝 姜莲凤 王健画 杨国三 衡德明 李惠强 张秀凤 洪军英 汪正浩 顾 光 王兴泉 张红卫 赵 燕 任孝飞 钟兆斌 魏新建 殷伟令 左干成 陆锡康 任正良 朱志卫 严建平 项顶毛 杨德荣 沈跃江 程学东 忻德民 钱春芳 陆才官 彭亚芳 陈全珍 王松林 纪富生 顾仁官 曹永富 胡小弟 沈永新 诸云龙 韩全福 于成德 陶荣生 马宝根 陈学传 杨友禄 严继光 黄建明 魏树福 魏凤来 于传华 付先德 郑为忠 汤培芳 严景鑫 王桐贵 程 敏 石妙福 王春阳 张 恩 张海涛 蒋孝荣 华德富 高扣喜 陈国星 曹卫国 凌禄梅 胡兆东 洪小明 纪志方 杨建平 高伯官 陈有富 陶裕群 林同义 宋海根 陈建明 谢国民 周章良 王平荣 卢智明 季发责 项建明 黄冀平 王智勇 王宝发 刘坤妹 严国民

河北 唐 山 杨宝利 方立才 黄金宝 吴玉国 葛春生 葛秋生 惠秀萍 曾艳芝

秦皇岛 刘宝庆

邯郸 李卫科

邢台 苗会民

山西 王汉斌 陈洪歧 范杰先 王强

内蒙古 张义兵 程小强 李建军 沃德勒 金石蒂 孙永庆 周秋田 赵明智 贾 勇 阎岱勤

辽宁

大连 朱大凡 崔义家 林基盛 张德茂 吕卫东 胡葆营 宋仁华 王太祥 能宗宽 张均桐 商建民 孙玉发 周瑞昌 孙洪春 李 杰 佟福生 马逢援 王 晶 刘永强 贺光全

兴城 刘 丽

葫芦岛 常志武 杨继龙 赵辰生 佟宝源 郭希平 曹永平 田仁侠 李霁钧

沈阳 李学哲

鞍山 李 昆

凌海 刘家鼎

锦州 马 毅 于连京 魏俊成 郑 敏 李宏文 郭春英 秦虹光 王桂林 郑凤云 侯立军 晏向东

本溪 陈海伟 赵凤香 李永志 陈淑云

黑龙江 陈维信 李士学 刘凤英 朱万海 管 鑫 丁淑华 李晓亮 张登先 刘乃儒 王德成 李春棠 王 勇 钟亚春 王晓松

江苏

南京 陶建国 李春宏

徐州 胡秀芳 蔡敬文 孔 斌 许 凌 张晓玉 杜长明 崔恒山 曹卫东 柏胤好 张佰华 李伟华 张 猛 崔丙志 徐勇君 孙文远 张 雷 张文华 曲钢军 尹承美 吴国华 李士喜 李克刚 王 阳 唐铁军

宫元德　杨洪梅　王辉先
苏州　张宝臣　张劲雷　张　文　朱志英
谢唯彬　柳　震　韩克勤
无锡　崔桂林　陆炳安　万根娣　蒯本宏
郭文富　吴凤兰　杨建源　夏根娣
沈国华　陈　勇　金双喜
盐城　卞峰林　夏　京　刘　勇
浙江
宁波　邱　芬　柴利惠　傅乃仑　蔡觉伟
舟山　傅海军　张赛平　杨文西
绍兴　张　炯　朱夏良　吴家炎
杭州　钱　钢　王一平　宋　晖　裘献毅
章贵华　李小洲　于丽萍　诸志刚
王绍川　王建中　黄欢喜
温州　胡富有
丽水　叶晓恩
福建　周文青　沈晏力　高永华　尤自强
马亚兰　叶杏村　张忠万　叶永艺
李崇明　付文革　李加顺　林汇集
吴根傣
江西　罗　亮
山东
济南　马禄军　成希滨　徐礼强　曲鹤年
李忠和　刘　苏　金　丽　季　辉
李元萍　李云峰　吴传江　李国锋
马春迎　叶　红　徐　亮　王维旨
孙建政　王海明　李成清　威荣纲
李春光　张　程　李光栋　崔兰波
陈　华　刘乐泉　葛春波　张立谦
赵　辉
济宁　吴红卫　李景献　郭存江　葛祥云
阮恩法
聊城　齐　健　吴育南　刘　斌　李　成
莱芜　李少磊　李荣笃　亓梅章
滨州　杨　蕾
泰安　李　波　米西银
临沂　张心慧
潍坊　杨宏光
威海　李仁端　杨爱玲　邹建军　梁沛文
荣城　张永超
烟台　于　军　李孔吾　李凤琦　胡维良
青岛　张增文　吴振军　李　颖　陈雪峰
彭　滨　迟长青　陶　清　丁喜成
刘学文　徐光发　万雪芳　史永平
赵清江　王英林　盛　强　韩庆和
荆建亭　滕　林　纪国栋　鲍晓燕
田新安　张爱萍　周耀泉　郭丽华
孙学武　孙　林　刘玉功　于光胜
刘玉玫　张贤勤　丁克荣　宋立翔
许　杰　张海营　刘中堃　靳　鹏
董爱华　李大平　叶海鹰　宋海涛
刘显翠　唐剑平　宁友利　管进庆
张子强　牟国胜　王　霞　王平昌
康永瑞　潘国栋　滕素琴　张鲁平
乔　磊　代群生　李雪融　董海岩
赵有才　辛兆祥　赵景坤　范伟冬
陈德明　宋旭业　黄丽东　黄正春
鞠海旭　高增辉
东营　李建伍
菏泽　朱国芹　王翠娥　杨凤莲　邓冠云
邓金雨　李保真　李海芬　李海霞
李节良　黄玉玲　邓振平　郑亚平
王中亮　李凤丽　徐翠兰　海爱莲
李秋芝　吴文堂　宋喜荣　武随菊
黄茂华　霍安书　郭忠福　邓德印
杨继保　杨万喜　邓翠生　丁柏青
邓德生　李翠萍　邓金杯　王速杰
付秀玲　赵银梅　吴云霞　李凤美
王保兵　穆桂兰　于胜江　王建海
吴何生　吴效轩　武桂莲　武继红

张继生 耿喜云 李洪省 张西雪
刘颖新 范学华 王明力 吴俊宝
王翠平 王保军 周剑峰 木银良
赵双建 张秋菊 杨道敏 张秋生
张凤菊 马素云

河南

郑州 杨建庭 顾国荣 郭子予 钮泽雅
岳维海

安阳 李玉生 孟闽生 牛新民 胡冰雯
程森林 尚 广

新乡 任志军 史静波 张胜利 贾振辛
尹成良

洛阳 王小平 付海涛 季红利 王志华
郭建设 孙君才

平顶山 康红亮

焦作 王玉宝 马永生

湖北 姜春文 陶志雄 王 莉 王李东
张青娥

湖南 吴 朗 毛金武 金爱兰

广东

深圳 石春来 覃喜光 王永乾 闵少华
徐 静 屈志扬 吴开风 吴超平
邹 蔗 许益剑 陈海明 刘俊华
陈利华 李伟华 陈小青 邓兆健
林志刚 陈韶明 陈悦康 黄韶琼
赖嘉河 林 剑 罗 珂 邱礼福
袁启华 杨政席 刘永生

珠海 钟勇奇 荆大庆

广州 吴 筠 黎福泰 张卫新 罗展东
区国光 李逢隆 陈国策 刘 慎
侯春怡 邱国雄 黄福耀

韶关 陈 俊 杨忠祥 朱剑荧 陆秀芳
吴荣华 赖伟贤 杨宏伟 黄法城
晏慧英 吴桂芳 潘红漫

顺德 陈兆满

东莞 李 武

广西

南宁 李占文 李志冰 农秀烈 何雪花
崔立增 李 忠 黄行忠 余广通
陈 锋 廖先锋 陈卫新 韦美珍
赵天能

百色 岑忠谋

桂林 包兆军 吴桂昌 邓鸿宇 李鸿文
阳光明 钟 麟 成 林 李燕玲
黄 铃 秦 海 罗志强 夏国庆
邝雪萍 曹冬艳 肖丛英 游继辉
原卫东 李励君 廖悟生 伞洪魁
张林泉 蒋宏军 孙庭勤 熊 敏
张建华 徐元哲

柳州 何碧波

四川

成都 黄登伟

绵阳 何榆林

贵州

遵义 谢明刚 吴桂英 海军 唐新明

陕西 张金铎 张文显

新疆 梁 鸣 陈小平 韩雪茹

2001 年（第七届）288 名

北京 潘德全 王 斌 于 玲 明立新
刘光震 宋安琳 姚志坚 徐文荣
张桂华 郑晓春 郝 伦

上海 施连英 赵 英 李慧强 冯国庆
王金根 裘康乐 何小英 张国强
余继六 田礼虎 王伯善 乐忠明
费荣明 张扣发 徐小弟 沈跃江
顾仁官 倪品贤 钱正兴 陈家鑫
陈余观

山西 范杰先

黑龙江 田海滨 宋玉华 陈维信 朱万海

辽宁 李霁钧 谭兆印 马锦祥 李 昆
林 泉 闫海文 曹玉琴

江苏 张东芳 唐殿军 董晓红 金正洪
王存良 冯宪友 孙令喜 万 彬
万 海 孔 斌 陆炳安 蒯本宏
万根娣 吴凤兰 郭文富 杨建源
陈 勇 兰心财 顾爱英 潘召法
谭荣妹 薛锦仁 张志强 项军方
卞峰林 徐锁香

浙江 任国栋 朱 强 汤兔根 蔡 庭
汪光明 顾叶华 蔡振光 柴利惠
夏安宽

广西 苏兆平

河南 杨建庭 武向辉 郭子予 顾国荣
郭晔尔 牛 俊 吴智平 孟闽生
李玉生 牛新民

湖北 张茂国

福建 林瑞班 叶杏村 傅文革

山东 马巨南 汪永明 刘 苏 咸荣纲
王振华 陈 华 徐 亮 张明豹
马禄军 赵 辉 郭丽华 李 源
戴 黎 许 杰 陈雪峰 王英林
卞志达 荆建亭 徐光发 史永平
盛 强 陶 清 李树海 刘学文
仲 芩 张永波 关胜利 张晓明
靳 鹏 唐剑平 迟长青 刘志远
袁显信 田新安 董爱华 宫 军
杜金亮 宋 健 刘玉玫 张海营
刘中堃 王勤才 滕素琴 韩庆和
周耀泉 万雪芳 吴 勃 赵清江
王 伟 李海霞 徐爱莲 范学华
吴运华 李海芬 吴文堂 马保喜
邓金怀 张秋生 杨继保 邓德亮
邓振平 武随菊 邓冠云 王速杰
王保兵 邓金春 黄玉玲 邓德印
周剑峰 贾春喜 邓德生 邓金冬
孙玉华 赵原景 王翠平 马素云
邓翠生 王明力 王翠娥 于胜江
张风菊 丁柏青 李风丽 宋喜荣
杨万喜 郑亚平 霍安福 田佰文
海爱莲 木银良 黄茂华 邓金雨
吴俊保 吴云霞 王保军 王淑成
王文村 姚 健 付春燕 张玉莲
陈 强 杨妙兴 李春生 王庆湖
柴兴军 胡 波 李景献 阮恩法

广东 范东生 吴育孟 张直光 钟勇奇
王海峰 荆大庆 王永乾 高 敏
陈小青 覃喜光 郑家全 周 晖
李士强 高素云 邱礼福 陈韶明
孙荣华 温荣略 霍德福 袁 华
刘永生 李林书 许益剑 赵加次
林 剑 卢正军 杨乐平 石春来
何 敏 梁 红 周新军 陈海明
屈志扬 阳 春 曹中强 李振礼
吴超平 邹善合 吴开风 钟为亮
丁战勇 符周广 刘玉龙 罗小波
倪忠信 李金华 彭国明 杜华中
李 红 林志刚 李忠伟 刘宏波
徐 军 徐廷军 张建平 朱 强
温向民 李伟华 鲍自谦 鹿 政
陈 真 黄韶琼 赵亚静 崔金明
黄云飞 辛永恒 张建军 郑伟贤
陈 海 方 勇 赖嘉河 刘志刚
徐怀春 毕文波 刘俊华 罗保灿
王建设 朱剑荧 李慧文 姜小洪
吴荣华 杨宏伟 陈 俊 赖伟贤
潘红漫 杨忠祥

无偿献血奉献奖获得者名单（2001—2003年）金奖1053人

北京 孙学峰　杨新生　张振芳　韩　惠　张金泉　王玉顺

河北 鲍守神　苗会民　魏景东

山西 高　旭　潘劲松　齐有平　王汉斌　辛少卿　张怀玉　刘红兵

内蒙古 贾　勇　闫岱勤　金晓光　赵福民　金　德　王建民　何可人　马静祥　周秋田

辽宁 秦　毅　孙跃双　杜以安　谢德伟　矫洪香　方志超　金兆勇　孔宪鹏　刘其玉　刘茂远　丁芳辉　田国斋　汪顺久　于　杰　王国胜　王利平　王　萍　王序和　韩云霞　陈守平　闻　鹏　林治仁　孙少斌　胡存年　陈瑜明　于　鑫　姜宝辉　崔福江　张奎军　张晓辉　丛新利　周启超　周建明　王绍义　谢建华　晏向东　张　杰　苏忠月　陶淑敏　王海涛　魏俊成　侯丽君　刘家鼎　郑　敏　崔　强　张振辉

黑龙江 许长军　倪其安　彭世友　杨　煜　王文双　杨宝忠　金　武　刘　铭　刘德玉　王勇　刘劲涛

上海 洪军英　彭亚芳　陆　炜　高正寅　黄建明　顾　光　汪正浩　顾政新

江苏 范钰城　王云龙　丁　一　张　文　季　俭　路玉珍　金春晴　金来宝　金双喜　金正秀　沈国华　石永贤　钟荷珍　朱晓东　顾敏娟　管建勋　万秀兰　路月珍　王富根　王玉林　邢　虹　范贤斌　朱德平　种道安　周广友　邓　翔　盛在瑞　王辉先　杨元勇　丁　亚　王　阳　王友洋　吴金宏　肖宜柱　何西跃　马　勇　张晓玉　张邢涛　卢振树　陈正华　夏　京　殷绍华

浙江 郝玮宸　钱　钢　李小洲　郭　挺　骆军民　吕长火　李伟丰　陈贤德　王春刚　周岳夫　周博闻　蔡振光　尚敬朝　芦伟民　周江华　杨永元　陈德环　王振泉　舒泽长　郑世明　蔡觉伟　黄全奎　钱国钿　冯克吟　诸文通　朱夏良　张赛萍　赖和章　杨承荣　黄欢喜　莫国民　杨震生

安徽 张黎明　汤　斌　胡宝华　胡庆生　孙秀宽　傅　强　王建生　唐光生

福建 高永华　薛国荣　郑　磊　洪　枫　林鼎建　林忠意　张轲渝　林修武　张忠万　洪　远　郑启炜　李恬幽

江西 罗细妹　何　军

山东 刘建国　张光忠　刘玉祥　张　梅　张小兵　袁春华　张心声　徐立国　梁　磊　牛庆祝　王祖涛　王义成　李禧强　吕成之　房泽岸　张志田　李来福　潘新正　谢英民　崔兰波　王金春　李　虎　刘国刚　李尚杰　李元萍　王　峰　殷晓荣　李海峰　纪毓书　贾继鲁　胡维良　黄　伟　黄正春　韩　珞　郝　君　何开刚　何世方　袁子良　邴启林　高　伟　刘春华　顾连君　管庆进　刘作兴　李喜文　李　辛　李言萍　李英杰　李玉莲　李悦明　李镇道　李　雳　刘　杰　韩保苍　陈德明　郭截群　葛喜霞　付洪伟　方　云　陈广汕　柴永军　陈长江　曹馀洁　白福瑞　丁秀珍　曹永成　丁喜成　崔小虎

邓　伟　狄福海　丁广春　丁克荣
丁　盛　朱宏宝　邹　健　邹　晶
左奎功　诸葛明　周　刚　周庆新
周　泉　周衍胜　钟　东　郑　阳
赵永茂　赵庆军　赵丽美　赵景坤
张正强　张增文　张延明　张岳明
张维涛　张伟东　张文翠　张　群
张乃生　张　敏　张鲁平　张　猛
张　磊　张光明　张国平　栾绍臣
马　健　吕红卫　吕诚翔　刘占华
刘永刚　刘学行　刘文刚　刘维瑞
刘　巍　刘万福　刘天文　刘树德
刘瑞峰　刘汝江　刘科伟　刘鸿广
刘国光　刘广磊　林　森　林　彬
梁毅杰　梁世平　李　伟　李维祯
李　挺　李淑琴　李士春　李群章
李启鸣　李　鹏　李　晋　李金文
李　杰　李鸿波　矫修法　江福先
董顺强　杜鹏举　杜润勇　段海鹏
亢丽波　姜爱青　姜　利　姜平杰
姜秀华　董　平　丁照运　董方亮
董海岩　杜建民　崔常柏　迟耀兴
初克文　陈　钢　陈克明　陈明公
陈　荣　陈迎新　滕　林　王平山
王集安　王　刚　王　波　马显涛
马　艳　孟　杰　孟　祥　米　霞
苗　鹏　牛军光　潘寿春　彭洪海
齐明清　石强信　宋德宗　宋淑鹏
宋秀娟　苏长青　苏信平　隋　勇
孙佳栋　孙修勇　谭玉清　佘玉廷
郈冬民　谭玉祥　万宝刚　汪渝清
王承军　王　峰　王宏伟　王鉴青
王建利　王连勇　王启峰　王　青
王淑玲　王　伟　王习玉　王晓鹏
王　岩　王彦韬　王永康　王　勇
王玉成　顾连君　杨春华　张　斌
张宝良　于　欣　于光胜　于周平
于振海　于　强　臧传明　张爱萍
叶海鹰　衣永福　杨希敏　杨云光
叶晓林　于　航　袁字良　吴　洁
史光训　王珍升　王国栋　潘　君
薛越霞　杨丙现　赵延绪　王　政
王　志　王　舟　魏本国　魏成章
魏焕秋　魏建新　魏文涛　辛立华
徐　岗　徐　涛　许　军　许威娜
王玉玲　王跃华　滕安震　蓝国新
栾　兵　王海燕　邓永文　房信民
关增岳　李思全　刘祖文　吕则安
王宝军　宋业全　王敦庭　王永楠
王元军　张新宜　张长正　张开渊
曾　玖　王继坤　石晓东　马术军
吴　欣　袁振振　刘建强　白登刚
辛　明　仉建林　王炳坤　郑学春
续一连　吴红卫　贾　利　米西银
王传明　张永超　于永海　刘　斌
王利民　李少磊　李　成　王永斌
李振宋　王子瑞　范而康　刘学军
张心慧　陈敬喜　郝守伟　王玉春
韩增林　李保真　武继红　孙玉华
赵双健　李继文　刘志勇　郭忠福
邓春生　李凤美　李玉真　杨凤华
王中亮　马永合　刘运启　杨道敏
邓香荣　马素英　郭美荣　耿喜云
赵银海　穆桂兰　杨凤莲　郭素英
李节良　徐翠兰　朱国芹

河南　尚　广　谷秀敏　胡冰雯　梁晓明
刘运顺　孙建国　王　宏　孙西孟
季红利　郑双强　马彦杰　付海涛
孙先行　孙彦生　刘君胜　郭建社
李汝涛　常红康　林永纲　王小平

徐振国 王忠义 马西涛 吕光齐
谢建民 张 坤 王卫东 杨跃华
董秋军 查保俊 梅剑标 付全喜
纽泽雅 张淑琴
湖北 钟立绪 孔维龙 李光明 毛 迎
湖南 金爱兰 吴 朗
广东 何 强 梁桂华 马炳荣 邓 斌
黎英志 何毅仁 谢志强 许世彬
河海潮 黄桂伦 黄 毅 郑惠仪
李永然 黄华松 邵秉权 周耀坤
何炳强 柯加广 苏勇恒 何少好
廖志腾 谢文涛 何晓辉 黄任华
曹海涛 黄锐棠 吴国荣 殷耀强
吴荣超 何耀基 胡建明 刘金宗
凌世涛 黄小彬 谢任坚 黎伟东
张直光 周少刚 叶毅伟 罗海棠
邓晓辉 冉晓平 刘春刚 孙学亮
汤穗雄 李建华 高巨广 戴瑞军
傅裕茂 邹美翠 殷 中 张海河
张 明 蔡 坚 杨 毅 刘远雄
谢静音 邓丽兰 李 石 吴 岩
李电才 黄绍铭 李世希 朱韶宣
于建军 徐志文 林浩东 高 新
邹善合 许立军 庄广友 曹登祥
武少奇 梁 红 金明海 吴超平
温向民 林 松 吴 明 徐 军
李 明 丁东海 何 及 务艳红
沈红兴 仟宽营 陈劲松 高素云
丘 峰 江 萍 陈 杰 宋跃跃
潘卫方 廖 忠 裴世桐 熊 健
宁国华 林 剑 蒋德斌 田文峰
王育德 李志新 朱立勇 王雪慧
杨俊平 贾红群 王卫国 周向昭
张海波 李晓文 郑伟贤 王 莎
吉 峰 黄 屹 李远青 杨享贵

陈桂荣 赵加次 王可乐 赵诗水
封秀群 相剑龙 郭瑞峰 李振礼
冯 海 黄一兵 唐志军 黄明悦
李进强 张兴伟 张 林 贵小慧
黄良坚 张 旭 刘庆彤 万祥虹
张建发 张高兵 黄伯平 李桂英
刘念锋 方 勇 刘 军 顾晓华
范银波 胡 蓉 黄海勇 曾伟燕
李林书 张兵建 黄道贤 刘海龙
张国林 黄国威 张 鸿 杨 林
杨峻锋 方 勇 张敬娣 徐廷军
张 芹 丁 强 刘永生 夏志光
王 山 林伟斌 张玉贵 陈小青
李培红 王 金 赵丽君 郭铀扬
赵铁铮 李显佳 冯献芳 王喜发
黄云飞 杨乐平 钟耀龙 王立雄
李韵芝 周建华 符周广 王定华
马绍斌 丁战勇 贾易瑾 王永乾
鲍自谦 李小明 龚良彬 王运文
苏 奋 施志政 耿金帅 李 敢
曾 强 施云骏 盛骊妲 陈爱珍
温悦廷 曲庆有 尚长林 何力壮
邱伟光 何 敏 邱礼福 左建萍
卿上胜 杜俊杰 金成龙 胡井祥
刘汉周 刘 华 陈江伟 向凯斌
潘庆伟 陈 建 蒋仁刚 叶松生
潘春阳 林东伟 宁 浩 张绪平
徐 萌 覃喜光 瞿 军 刘章元
查小钢 范宣平 刘光豪 赵公民
杨志强 范冬青 孙颖慧 杨 植
姚秋庚 凌先创 侯宏璋 樊庆秋
唐 明 周 辉 雷正显 阳 春
刘昌峻 叶丽云 曾祥文 林雪云
周 晖 洪 辉 陈云辉 段绍奎
邓兆健 朱 强 常 玉 雷文飞

王志杰　赖嘉河　樊辉一　赖卫华
韩　明　高　原　高正荣　高　敏
蔡启行　闻家兵　魏祥彬　高万尊
梁红兵　邱钦宗　夏　猛　申嘉伟
文耀宇　孔令魁　张　权　林艮强
李伟成　李自强　宋　捷　肖飞翔
谢　沙　邓黎明　肖作勇　何　璇
林桂强　蒋延席　周新军　陈　海
苏俊武　赖小华　林秀峰　周百泉
罗小波　赵亚静　李春华　冯永迁
郑丽敏　赵　勇　郑家全　赵学峰
张长军　黄耀荣　杨政席　赵长福
黎强均　孙传军　胡　斌　徐　权
李大成　黄日科　唐国民　张　秋
蔡世虎　李　飞　吕向新　张建军
汤家国　刘华中　刘奇峰　袁文标
唐　斌　袁　华　蒋代松　倪忠信
胡祖彬　李慧文　陈　东　陈林宁
唐毓昌　程国华　张　艳　田应武
姚杰强　张桂硕　田　昊　李　红
涂传真　刘清耀　莫为全　汪　勇
林强光　李　军　桂珍友　王　彬
李慧欣　刘士保　彭　超　李金川
王　诚　刘旭锋　付　军　邢如春
李金华　张同兰　徐　斌　缪　阳
梁沛生　何青锋　吴　恺　杨志颖
吴学英　刘志祥　姜　乔　李荣辉
曹中强　龙云虎　邹木金　温荣略
郭永川　卢正军　麦淇彬　陈海明
徐雪梅　韩　刚　缪武昌　王　强
李少雄　邹田林　毛贵云　李士强
卜建坤　张迎红　覃纪虎　王群娣
杨兰芳　霍德福　彭俊祥　李少波
王　军　李文洪　王世勋　李四清
蔡　毅　周喜飞　庞高盛　陈韶明
候俊英　张莲华　屈启宏　王玉莲
陈　岩　何锐洪　罗　均　冯志广
杨志民　吴　军　廖　贤　荆大庆
卓建国　卓灿光　麦华生　罗伟坚
孔粤龙　苏兆伟　孙志杰　王海峰
丁旭明　王新祥　李远华　梁润章
梁焕然　廖隆华　麦庆泉　林韶宁
杨军武　岳　伦　曾碧怡　刘军平
赵　磊　赵　明

广西　任志远　刘益兆　汤季洪　姚　立
黄文光　郭　斌　王　玲　林　雄
吴广生

海南　何贤锋　段红强　王　睿　陈庆丽
谭　丰　王　冰　潘丽红　姜东海
张　克　解宏军　解新胜　曲洪光
张俊雄　龚卫华　方　滨　胡泽淳
丁　江　王保雄　王　成　郭春林
王　浩　王　华　王　杰　王仁广
杨向萍　杨　军　陈如章　韩　克
李学山　王裕典　何　峰　文　昌
李志强　吴　军　陈　宇　刘红羽
喻永洪　骆建智　刘仕富　黄克忠
黄　琳　黄卫东　刘筱杰　冯尚秋
罗　治　符　德　马光辉　赵　勇
朱　影　张毅明

云南　杨小群　刘志红　曹志坚　吕　林
张建云

陕西　王　磊　陈　鑫

甘肃　周　欣

宁夏　王洪斌

新疆　伊春青

造血干细胞捐献

捐献者名录

编号	分库	捐献者	性别	年龄	民族	地址	职业
0001	上海	孙　伟	男	26	汉	上海	职员
0002	上海	徐　慧	女	26	汉	上海	职员
0003	上海	恽　楠	女	23	汉	上海	职员
0004	上海	童馨宣	女	22	汉	上海	职员
0005	上海	孙永跃	男	41	汉	上海	个体
0006	上海	陈　东	男	27	汉	上海	警察
0007	上海	唐　铮	女	25	汉	上海	职员
0008	深圳	潘庆伟	男	31	汉	深圳	个体
0009	上海	裔　力	男	25	汉	上海	工人
0010	深圳	黄　慧	女	29	汉	深圳	职员
0011	深圳	王明民	男	37	汉	深圳	职员
0012	上海	郑君华	女	32	汉	上海	医生
0013	上海	徐敏辰	男	38	汉	上海	职员
0014	上海	孙晓蕾	女	20	汉	上海	学生
0015	上海	于井子	女	28	汉	上海	护士
0016	深圳	陶立春	男	30	汉	深圳	职员
0017	上海	王正跃	男	29	汉	上海	职员
0018	上海	朱　刚	男	23	汉	上海	职员
0019	深圳	吴秀梅	女	28	汉	深圳	职员
0020	深圳	陈长华	男	29	汉	深圳	工人
0021	上海	方正平	男	22	汉	上海	学生
0022	深圳	兰春华	女	27	畲	深圳	职员
0023	深圳	贺红军	男	22	汉	深圳	职员
0024	深圳	黄　凯	男	38	汉	深圳	医生
0025	深圳	孙卫东	男	34	汉	上海	干部
0026	上海	刘　敏	女	42	汉	上海	职员
0027	上海	郭　寅	女	28	汉	上海	法官
0028	深圳	刘海英	男	33	汉	上海	工程师

0029	深圳	刘慧	女	22	汉	深圳	职员
0030	深圳	庞满	男	32	汉	深圳	职员
0031	上海	陈卫杰	男	32	汉	医生	上海
0032	上海	陈礼	男	25	汉	职员	上海
0033	深圳	程方荣	男	29	汉	职员	深圳
0034	深圳	何宇生	男	28	汉	个体	深圳
0035	上海	朱莎	女	29	汉	律师	上海
0036	上海	林栋	男	25	汉	教师	上海
0037	深圳	何博	男	26	汉	工程师	深圳
0038	深圳	陈锦花	女	21	汉	职员	深圳
0039	深圳	黄国利	男	32	汉	职员	深圳
0040	上海	丁晓彬	男	24	汉	职员	上海
0041	上海	王云	男	46	汉	工人	上海
0042	上海	黄亮	男	21	汉	学生	上海
0043	江苏	耿森	男	29	汉	个体	徐州
0044	江苏	周建青	男	33	汉	工人	苏州
0045	上海	李煜	男	32	汉	职员	上海
0046	湖南	陈欣	男	23	汉	湖南	学生
0047	云南	胡玉高	男	32	汉	云南	职员
0048	上海	苏煜	男	32	汉	上海	职员
0049	辽宁	蒋贵宝	男	36	汉	辽宁	工人
0050	辽宁	刁爱君	男	30	汉	辽宁	工人
0051	海南	张青青	女	22	汉	四川	学生
0052	辽宁	张德柱	男	24	汉	辽宁	工人
0053	深圳	周建刚	男	27	汉	深圳	干部
0054	河南	刘新伟	男	30	汉	河南	教师
0055	河南	宋东方	男	26	汉	河南	工人
0056	江苏	顾双林	男	37	汉	江苏	工人
0057	上海	顾荣	男	41	汉	上海	工程师
0058	深圳	莫经山	男	33	汉	深圳	经理
0059	河南	陈秋红	女	37	汉	河南	农民
0060	辽宁	国彩霞	女	44	汉	辽宁	工人
0061	深圳	李婧	女	23	汉	深圳	护士
0062	江苏	周国东	男	34	汉	江苏	职员
0063	江苏	戚熙娟	女	33	汉	江苏	职员
0064	江苏	王淮宾	男	45	汉	江苏	工程师

0065	深圳	乔 贝	男	29	汉	深圳	工人
0066	河南	朱晓民	男	28	汉	河南	个体
0067	山东	吕 陟	男	27	汉	山东	医生
0068	浙江	章 焱	男	28	汉	杭州	职员
0069	深圳	钱梅娟	女	23	汉	深圳	职员
0070	重庆	滕华国	男	22	汉	甘肃	学生
0071	江苏	周 萍	女	22	汉	江苏	护士
0072	江苏	吴智燕	女	22	汉	江苏	办事员
0073	上海	毛 玫	女	35	汉	上海	教师
0074	河南	靳志伟	男	30	汉	河南	职员
0075	江苏	杨荣康	男	38	汉	江苏	职员
0076	上海	邓诗峰	男	38	汉	上海	工程师
0077	北京	孟晓晔	女	25	汉	北京	职员
0078	陕西	马建军	男	24	汉	陕西	农民
0079	北京	杨 曦	男	27	汉	北京	主持人
0080	天津	商海涛	男	37	汉	天津	干部
0081	上海	杨 钢	男	31	汉	上海	医生
0082	江苏	吴燕云	女	39	汉	江苏	职员
0083	北京	王锦鹏	男	25	汉	山东	军人
0084	天津	曾 欣	女	22	汉	陕西	学生
0085	四川	李雪峰	男	22	汉	四川	个体
0086	北京	徐光勋	男	30	汉	北京	职员
0087	山东	谢振华	女	22	汉	山东	护士
0088	陕西	向 东	男	22	汉	陕西	学生
0089	江苏	胡万里	男	25	汉	江苏	职员
0090	河南	张 申	女	24	汉	河南	学生
0091	北京	方 岱	男	28	汉	河南	职员
0092	河南	程保星	男	30	汉	郑州	工程师
0093	辽宁	高福新	男	22	汉	本溪	职员
0094	江苏	刘晓寅	男	30	汉	常州	会计
0095	湖南	昌桂华	男	29	汉	岳阳	农民
0096	福建	刘忠坚	男	36	汉	福建	职员
0097	河南	陈旭光	男	27	汉	驻马店	个体
0098	深圳	王 玲	女	26	汉	深圳	职员
0099	深圳	刘云龙	男	29	汉	深圳	医生
0100	北京	吕建华	男	32	汉	北京	医生

0101	上海	朱　斌	男	40	汉	上海	干部
0102	上海	张　群	男	28	汉	上海	职员
0103	上海	桂　明	男	25	汉	上海	干部
0104	上海	何亦乐	男	36	汉	上海	干部
0105	陕西	杨　梅	女	23	汉	陕西	职员
0106	深圳	李海军	男	32	汉	深圳	工程师
0107	上海	刁伟枫	男	21	汉	上海	学生
0108	上海	孙　晖	男	24	汉	上海	警察
0109	江苏	徐文华	女	36	汉	常州	护士
0110	四川	蒋雪梅	女	23	汉	成都	学生
0111	上海	王晓蓓	女	35	汉	上海	职员
0112	上海	倪继祖	男	27	汉	上海	学生
0113	深圳	刘洪涛	男	22	汉	深圳	职员
0114	上海	沈琼钰	女	29	汉	上海	职员
0115	北京	敬　叶	男	29	汉	北京	职员
0116	天津	黄煜惠	女	21	汉	广西	学生
0117	深圳	叶光宇	男	24	汉	深圳	个体
0118	湖南	石桂娇	女	41	汉	湖南	农民
0119	辽宁	张　君	男	41	汉	辽宁	教员
0120	吉林	李万红	男	25	汉	吉林	学生
0121	山东	王安正	男	29	汉	山东	会计
0122	江苏	闻　波	男	23	汉	江苏	职员
0123	北京	任　炜	男	24	汉	北京	学生
0124	山东	丁　霖	男	30	汉	山东	医生
0125	重庆	吴　渝	女	21	汉	重庆	学生
0126	深圳	孙红梅	女	36	汉	深圳	业务员
0127	江苏	陈　琳	男	35	汉	江苏	医生
0128	天津	韩鼐政	男	20	汉	天津	学生
0129	深圳	常　春	男	40	汉	深圳	教师
0130	江苏	徐治初	男	27	汉	江苏	教师
0131	深圳	张桂硕	男	35	汉	深圳	工人
0132	湖南	陈　杰	男	24	汉	湖南	工人
0133	深圳	崔秀荣	男	31	汉	深圳	职员
0134	北京	潘　莹	女	23	汉	北京	学生
0135	上海	包明杰	男	23	汉	上海	职员
0136	上海	甘丽萍	女	30	汉	上海	公务员

0137	山东	李福银	男	35	汉	山东	工程师
0138	湖南	李　权	男	21	瑶	湖南	学生
0139	深圳	康艺泓	男	32	汉	深圳	工程师
0140	山东	李　梅	女	36	汉	山东	护士
0141	海南	黄　斌	男	23	汉	河南	军人
0142	吉林	夏静红	女	31	汉	吉林	工人
0143	上海	吴　畏	男	37	汉	上海	工人
0144	陕西	席巧玲	女	30	汉	陕西	农民
0145	重庆	徐　青	女	22	汉	重庆	个体
0146	浙江	汪建银	女	28	汉	浙江	个体
0147	辽宁	杨新宽	男	25	汉	新疆	学生
0148	辽宁	杨金涛	男	33	汉	辽宁	职员
0149	福建	张良建	男	19	汉	福建	学生
0150	辽宁	王　超	男	28	汉	辽宁	干部
0151	北京	张歆悦	女	21	汉	河南	职员
0152	重庆	李元军	男	20	汉	重庆	学生
0153	江苏	孙　娅	女	39	汉	江苏	技师
0154	北京	傅俊军	男	25	汉	北京	经理
0155	陕西	郑伟星	男	22	汉	陕西	工人
0156	深圳	王　蜜	女	21	汉	深圳	职员
0157	江苏	柳　静	女	40	汉	江苏	医生
0158	海南	林受海	男	27	汉	海南	个体
0159	河南	李永靖	男	36	汉	河南	医生
0160	吉林	高　蓓	女	24	汉	吉林	职员
0161	陕西	郑凤梅	女	45	汉	陕西	工人
0162	陕西	田黎明	男	23	汉	陕西	个体
0163	山东	郑　强	男	25	汉	山东	医生
0164	山东	王　恺	男	21	汉	山东	学生
0165	江苏	刘传荣	女	40	汉	江苏	江苏
0166	河南	王艳玲	女	44	汉	河南	无业
0167	河南	周　济	男	20	汉	河南	学生
0168	江苏	王春来	男	39	汉	江苏	医生
0169	江苏	王凤莲	女	42	汉	江苏	干部
0170	上海	顾海荣	男	30	汉	上海	干部
0171	福建	徐志瑜	男	23	汉	福建	职员
0172	福建	王兴莲	女	23	汉	福建	职员

0173	四川	戢 琨	男	33	汉	四川	工人
0174	辽宁	徐永利	男	24	汉	辽宁	医生
0175	上海	王 兰	女	24	汉	上海	职员
0176	北京	王海峰	女	32	汉	内蒙	医生
0177	江苏	葛永德	男	40	汉	江苏	职员
0178	北京	张晓龙	男	26	汉	北京	职员
0179	上海	李 瑾	女	38	汉	上海	职员
0180	深圳	王冠颖	男	20	汉	深圳	学生
0181	河北	周 伟	男	22	汉	河北	学生
0182	重庆	束钊刚	男	22	汉	重庆	学生
0183	海南	罗建勇	男	21	汉	海南	学生
0184	湖南	姚斌洛	男	24	汉	湖南	工人
0185	陕西	张联莹	男	24	汉	陕西	职员
0186	陕西	周红军	男	20	汉	陕西	学生
0187	江苏	杨 波	男	27	汉	江苏	干部
0188	江苏	曹 伟	男	24	汉	江苏	学生
0189	上海	范 忠	男	23	汉	上海	职员
0190	海南	戴 谦	男	32	汉	海南	职员
0191	江苏	沈海华	男	34	汉	江苏	药剂师
0192	陕西	王 峰	男	22	汉	陕西	个体
0193	深圳	姜 蕾	男	24	汉	深圳	职员
0194	天津	邓 鹏	男	20	汉	天津	学生
0195	浙江	刘凌云	女	20	汉	浙江	学生
0196	重庆	韩 露	女	28	汉	重庆	护士
0197	黑龙江	孙新远	男	21	汉	黑龙江	学生
0198	江苏	刘吉明	男	21	汉	江苏	工人
0199	湖南	何 桃	女	39	汉	湖南	农民
0200	陕西	马 超	男	23	回	陕西	学生
0201	湖南	路 敏	女	22	汉	湖南	学生
0202	北京	刘 怡	女	26	汉	北京	医生
0203	上海	张 凯	男	21	汉	上海	学生
0204	深圳	苑 军	男	24	汉	深圳	职员
0205	河南	王冬敏	男	29	汉	河南	下岗
0206	江苏	朱 娟	女	31	汉	江苏	护士
0207	辽宁	张 文	男	31	汉	辽宁	职员
0208	吉林	贺 琥	男	20	汉	吉林	学生

0209	上海	高　燕	女	22	汉	上海	护士
0210	江苏	陈余春	男	37	汉	江苏	无业
0211	北京	李　华	男	26	汉	北京	职员
0212	上海	李晓燕	女	21	汉	上海	职员
0213	福建	江良秀	女	19	汉	福建	职员
0214	河北	王锡慧	男	35	汉	河北	职员
0215	江苏	袁敏怡	女	25	汉	重庆	职员
0216	重庆	易　娟	女	21	汉	重庆	学生
0217	上海	陈　莉	女	19	汉	上海	学生
0218	上海	瞿玉龙	男	45	汉	上海	职员
0219	上海	汪　雷	男	35	汉	上海	警察
0220	上海	刘　俊	男	25	汉	上海	警察
0221	上海	石勤明	男	36	汉	上海	教师
0222	辽宁	洪书新	女	35	汉	辽宁	护士
0223	辽宁	郝希茹	女	31	汉	辽宁	无业
0224	陕西	张　咏	男	37	汉	陕西	职员
0225	陕西	郭万年	男	25	汉	陕西	无业
0226	上海	周　瑾	女	33	汉	上海	职员
0227	湖南	许文湘	男	38	汉	湖南	医生
0228	湖南	江焕文	男	47	汉	湖南	无业
0229	黑龙江	徐莲森	男	44	汉	黑龙江	工人
0230	江苏	王　经	女	32	汉	江苏	职员
0231	湖南	郭自得	男	21	汉	湖南	学生
0232	湖南	邓　霞	女	25	汉	湖南	职员
0233	陕西	王吉春	男	22	回	陕西	学生
0234	湖南	李海波	男	22	汉	湖南	学生
0235	深圳	赵三湖	女	24	汉	湖南	职员
0236	北京	高德群	男	32	汉	辽宁	职员
0237	北京	赵　冬	男	28	汉	北京	职员
0238	北京	张　东	男	23	汉	北京	学生
0239	重庆	董红丽	男	23	汉	山东	学生
0240	湖南	李喜芝	女	40	汉	湖南	农民
0241	湖南	王　玲	女	39	汉	湖南	农民
0242	上海	杨逸波	男	28	汉	上海	警察
0243	江苏	方　伟	男	30	汉	江苏	职员
0244	江苏	荣中祥	男	26	汉	江苏	医生

0245	海南	韦吉辉	男	24	壮	海南	现军
0246	天津	李松英	女	30	汉	天津	学生
0247	内蒙古	杨庆文	男	34	汉	内蒙	警察
0248	深圳	黄红卫	男	39	汉	深圳	工人
0249	重庆	毛尚红	男	39	汉	重庆	员工
0250	贵州	白学友	男	21	汉	贵州	学生
0251	黑龙江	来元英	男	43	汉	黑龙江	工人
0252	上海	郑　希	男	28	汉	上海	职员
0253	天津	张洪香	女	21	汉	天津	学生
0254	四川	胡　勇	男	28	汉	四川	职员
0255	河南	冯新玲	女	33	汉	河南	医生
0256	黑龙江	邢　洋	男	22	汉	黑龙江	自由职业
0257	上海	贾赵懿	男	23	汉	上海	职员
0258	重庆	李智强	男	21	汉	重庆	学生
0259	湖南	洪仕良	男	21	汉	湖南	学生
0260	海南	张　伟	男	21	汉	海南	战士
0261	陕西	韩记江	男	19	汉	陕西	学生
0262	湖南	黄　美	女	22	汉	湖南	职员
0263	深圳	赵　博	男	24	汉	深圳	职员
0264	上海	丁　杰	男	19	汉	上海	学生
0265	河南	邹超平	男	32	汉	河南	工人
0266	浙江	洪　佳	女	22	汉	浙江	学生
0267	上海	余启超	男	27	汉	上海	职员
0268	河北	崔彩云	女	22	汉	河北	学生
0269	上海	梁　灏	男	33	汉	工人	上海
0270	江苏	孙　磊	男	24	汉	学生	江苏
0271	北京	张　翯	女	27	汉	北京	学生
0272	湖北	周　伟	男	24	汉	湖北	职员
0273	山东	鄢　丽	女	27	汉	山东	护士
0274	湖北	钟碧波	男	24	汉	湖北	军人
0275	辽宁	张德民	男	33	汉	辽宁	工人
0276	陕西	张　翔	男	28	汉	陕西	职员
0277	陕西	郭经永	男	36	汉	陕西	职员
0278	河南	王慧艳	女	27	汉	河南	职员
0279	北京	董　维	女	20	汉	北京	学生
0280	福建	林田斌	男	30	汉	福建	工人

0281	北京	陆　秋	女	23	汉	北京	学生
0282	上海	王立冬	男	22	汉	上海	警察
0283	北京	胡塔光	男	24	汉	北京	职员
0284	黑龙江	杨振岭	男	22	汉	黑龙江	学生
0285	河南	雷　振	男	25	汉	河南	干部
0286	云南	普利忠	男	44	汉	云南	职员
0287	江苏	陈小伟	男	27	汉	江苏	医师
0288	北京	涂　彬	男	23	汉	北京	学生
0289	海南	王延良	男	25	汉	海南	军人
0290	辽宁	小　利	女	22	汉	辽宁	学生
0291	江苏	陶卫文	男	37	汉	江苏	工人
0292	深圳	陈荷芬	女	37	汉	深圳	职员
0293	北京	刘建祥	男	37	汉	北京	职员
0294	北京	罗龙锦	男	23	汉	北京	学生
0295	云南	李晓丽	女	24	汉	云南	职员
0296	北京	薛艳华	女	26	汉	北京	职员
0297	陕西	程　程	女	20	汉	陕西	学生
0298	河南	李俊伟	男	31	汉	河南	个体
0299	江苏	闾蓟敏	女	30	汉	江苏	教员
0300	山东	任　鹏	男	25	汉	山东	工人
0301	上海	宋　赞	男	28	汉	上海	警察
0302	辽宁	陈金朝	男	22	汉	辽宁	职员
0303	山西	王有军	男	27	汉	山西	个体
0304	北京	田水利	男	25	汉	北京	工程师
0305	北京	刘立波	男	28	汉	北京	职员
0306	江苏	王建文	男	39	汉	江苏	职员
0307	四川	刘　斌	男	23	汉	四川	职员
0308	辽宁	孙大勇	男	24	汉	辽宁	学生
0309	四川	詹　敏	女	25	汉	四川	护士

研究篇

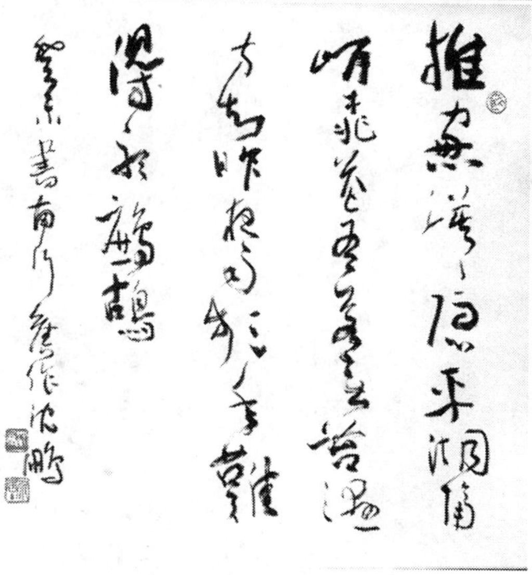

▲ 南行（书法） 沈鹏 作

▲牵牛花（中国画） 齐良芷 作

▲ 博爱矜慈（书法） 李铎 作

▲ 水牛图（中国画） 黄胄 作

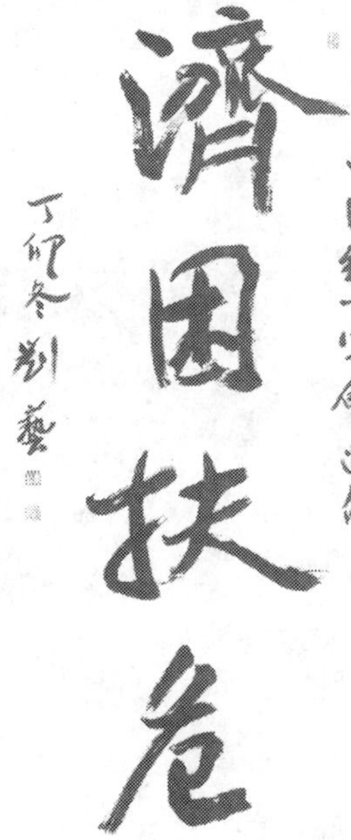

▶济困扶危（书法） 刘艺 作

以上均为中国红十字会收藏的捐赠作品

理论与实践

专 著 介 绍

《奋进中的红十字事业》简介及目录

中国红十字会会长彭珮云所著的《奋进中的红十字事业》（社会科学文献出版社 2004 年 12 月第一版）一书出版发行后，在全国红十字系统内外反响强烈。现将该书编者的话作为简介予以摘录，并将目录刊载如下：

简　　介

中国红十字会第七次全国代表大会以来，在党和政府的重视、支持下，在彭珮云会长的带领下，中国红十字会在以往工作的基础上，励精图治，艰苦创业，脚踏实地，开拓创新，各项工作取得了显著的成绩，积累了丰富的经验，成为中国红十字事业发展史上最好的时期之一。

彭珮云同志在担任中国红十字会会长期间，始终注重用邓小平理论和“三个代表”重要思想指导红十字会工作，坚持走中国特色红十字事业的发展道路；注重深入实际调查研究，不断发现新情况，新问题，并认真研究解决这些问题的办法；注重从中国国情和各地的实际情况出发，因地制宜地开展红十字会的各项工作；注重学习、借鉴国际红十字组织和各国红十字会的有益经验和好的做法，不断拓展人道救助的新领域；注重各级红十字会队伍建设和机关内部建设，探索如何把红十字会建设成为充满生机与活力，密切联系群众，符合自身特点的从事人道主义工作的社会救助团体；为中国红十字事业的发展倾注了大量心血。

五年来，彭珮云会长在各种重要会议和重大活动中的讲话，在调查研究中发表的意见，在她指导下形成的工作调研报告、出访考察报告，以及有关红十字会工作的信函、批语反映了我国红十字事业前进的历程，思考了红十字事业发展中的一些重大问题，总结了做好新时期红十字会工作的基本经验，对于指导我们进一步做好红十字会工作具有重要意义。

目　录

（一）

（二）

（三）

知难而进　勇于开拓　努力把红十字会工作提高到新的水平

——在重庆市红十字会第一次会员代表大会上的讲话

树立良好形象　创出一流业绩

——致上海市红十字会建会90周年大会的贺信

不断总结经验　做好预防艾滋病青年同伴教育工作

——在新疆红十字会调研时的讲话

红十字会在西部大开发中大有作为

——在听取四川省红十字会工作汇报时的讲话（摘要）

要想有地位　必须有作为

——在听取黑龙江省红十字会工作汇报时的讲话（摘要）

为什么要理顺红十字会的管理体制

——在湖北红十字会调研时的讲话（摘要）

发挥优势　创出特色　搞好红十字志愿服务工作

——在听取江苏省红十字会工作汇报时的讲话

做好两项利国利民的好事

——在山东省红十字血液中心调研时的讲话

认真做好救灾备灾工作　积极开拓新的工作领域

——在陕西省红十字会调研时的讲话

发扬无私奉献精神　做好红十字会工作

——在听取内蒙古红十字会工作汇报时的讲话

从本地实际情况出发　积极开拓红十字会工作

——在听取赤峰市红十字会工作汇报时的讲话

备灾救灾是红十字会的首要任务

——在听取张家界市红十字会工作汇报时的讲话

创造性地开展人道主义救助工作

——在听取吉林省红十字会工作汇报时的讲话

红十字会工作大有可为

——在听取云南省红十字会工作汇报时的讲话

要有一个好的领导班子

——在听取福建省红十字会工作汇报时的讲话

用实际行动争取政府的支持　赢得群众的信任

——在甘肃省红十字会调研时的讲话

“2带5”的工作模式是一种很好的尝试

（四）

（五）

中国红十字会常务副会长、副会长工作笔谈

中国红十字会与中华人民共和国红十字会法

——纪念《中华人民共和国红十字会法》颁布10周年

顾英奇

1990年2月，我到中国红十字会兼任常务副会长。通过调查我认识到，这个历史悠久的社会团体，虽有很多优势，但难于发挥，主要是存在着许多根本性困难，阻碍着它的发展。其困难是：

1. 团体的性质与宗旨不适应。红十字会以人道主义为宗旨，而把它定为救护团体，就限制了它的工作范围；

2. 与国际红十字运动七原则中的“统一性”、“独立性”原则不符。红十字会没有独立的地位和人、财、物的自主权；实际已成为卫生行政部门的下属单位，个别的省、区还隶属于医院或医学会；

3. 开展工作受限制。红十字会没有工作决策权、募捐权、募捐款物处分权；开展工作经常受到阻挠、干扰；

4. 难于掌握自己的命运，群众积极性受挫，队伍不稳定。党组，执委会同志认为，惟一的出路只有为红十字会立法。

全神贯注抓立法

1990年7月，党组和执委会明确：虽然难度十分大，但要从现在起，把红十字会立法作为工作重点，要全神贯注，在几年内抓出成效。7月13日在研究总会机构设置时，提出设立政研室，其主要任务即立法工作。

1990年10月，总会在桂林召开红十字会工作研讨会。我在会议闭幕时发表讲话，专门讲了红十字会立法问题，主要观点是：①为红十字会立法是发展红十字事业的需要，许多问题需要以法律形式加以明确，才能解决限制红十字会发展的困难；②世界上许多国家有红十字会法，中国是个大国，一直履行日内瓦公约，积极参加国际红十字运动并在国际上有一定的地位和影响，为红十字会立法也是我国支持国际红十字运动的需要；③我国台湾省也有“红十字会法”，按照红十字运动七原则中关于“统一性”的规定，一个国家只能有一个红十字会，我们立法也是两岸统一形势的需要；④要组织一个较强的班子，并争取立法部门支持；⑤总会立法工作，一要抓紧，二要扎实。这是中国红十字会总会第一次向全国各级组织就红十字会立法问题公开表态。

总会政研室于11月成立，红十字会立法工作同时启动。执委会决定由我主持这项工作，曲折副秘书长分管政研室，以立法工作为重点，责成政研室两位负责人具体负责立法有关事宜。

当时，国务院、人大常委会立法部门立法任务重，而红十字会立法并不在国家立法计划之内。但在我们提供充分的国际参考资料、详细汇报之后，国务院法制局、人大立法工作委员会和法律委员会还是表示支持并认为既有国际惯例，我们也应立法；同时指出，红十字会法因与政府其他部门矛盾少，故可加快立法进程。1990年12月17日总

会写出了《中华人民共和国红十字会法》第一稿。

1991年上半年，国务院法制局完全介入了红十字会法的起草、立项工作，对总会的立法工作加强了指导。

1991年6月20日，中国红十字会正式向主管部门卫生部申报红十字会法立项。在此之前，我向陈敏章部长（兼中国红十字会会长）通报过红十字会法立项问题，同时我又找政策法规司正、副司长提出："今年初卫生部立法计划虽未考虑红十字会法，但红十字会只是个代管单位，属于人道团体，其工作除卫生救护、献血外，均与卫生无关。因此建议，立项报告不必提交部长办公会，而由陈部长签字后直接转报国务院。"他们都支持我的意见。于是，7月11日卫生部向国务院提出中国红十字会法立项申报。这时，国务院法制局要求红十字会总会向国务院有关的22个部、委、署、办、局征求意见。

中国红十字会总会经15次修改，1991年8月完成了《中华人民共和国红十字会法（送审稿）》；9月初，拟就《中华人民共和国红十字会法起草说明》。9月18日，卫生部以卫报政字（1991）第83号文向国务院转报了我会起草的《中华人民共和国红十字会法（草案）》及"起草说明"。10月，法制局征求国务院23个有关部门和中央军委的意见，并着手对送审稿进行修改。12月下旬，法制局正式同意红十字会法立项。

总会在1991年里对立法工作抓得很紧。党组、执委会和会长办公会开会讨论、研究、听汇报、修改草案及我本人听取汇报、参与修改草案等就有13次以上；负责具体工作的同仁，为解决有关问题，其中包括难度较大的起草送审稿、与中央各部委协调有关政策、修改条文，则一直连续苦干。1992年新年一过，执委会立即安排有关人员出国进行立法考察。同年7月，法制局第二次向13个有关部门征求意见。9月，法制局拿出《中华人民共和国红十字会法（修改稿）》征求意见。1993年4月，法制局的"修改稿"及"起草说明"基本完成。

两次审议，顺利通过

为配合红十字会法草案中聘请国家主席担任名誉会长条款，1993年5月3日，中国红十字会上报了聘请江泽民主席出任名誉会长的请示。6月10日，彭珮云国务委员给我打电话说："6月5日，江主席在红十字会报告上批示：'请胡锦涛同志研究。'锦涛同志批示：'名誉会长可作组织安排，不必写入法律条文。'江主席表示同意锦涛同志意见。我意草案条文可改一改，向红十字会干部、群众做点解释工作。"我表示同意。但这时按照国务院通知的开会时间，草案条文来不及修改了。

1993年6月11日，朱镕基副总理受李鹏总理委托主持召开国务院第五次常务会议，审议《中华人民共和国红十字会法（草案）》及其他三个议案（代拟稿）、条例（草案）、实施办法（草案）。我代表卫生部向国务院常务会议作"关于《中华人民共和国红十字会法（草案）》的说明"。

会议经过讨论，原则通过了该法律草案，确定对法律草案作进一步修改后，报送人大。1993年8月2日，李鹏总理以国函（1993）112号提请人大常委会审议："中国红十字会总会经过广泛调查，草拟了《中华人民共和国红十字会法（草案）》。这个草案业经国务院常务会议讨论通过，现提请审议。”

总会党组和执委会于国务院会议后第二天，立即开会研究了下一步立法工作：①与法制局一起修改好送审稿；②与人大教科文卫委员会、内务司法委员会进行沟通；③安排在中央电视台拍摄红十字会法宣讲片；④与人大法工委组成考察组赴辽宁、吉林、黑龙江省考察。8 月 6 日获悉，红十字会法已列入人大常委会立法程序。8 月 19 日人大法工委召开国务院 11 个部门座谈会，征求意见；8 月 20 日人大将《中华人民共和国红十字会法（草案）》发往 30 个省、自治区、直辖市征求意见。

1993 年 8 月 25 日，我受国务院委托，向全国人大第八届常委会第三次会议作“关于《中华人民共和国红十字会法（草案)》的说明”。谁料当天清晨我发生肾绞痛（结石)，在进入会场后，又一次剧烈发作，令我辗转不宁，大汗淋漓。幸好在服用解痉药后，虽有余痛，但可耐受。那天有 10 个议程，我排在第 7 个发言，我于 10 点 55 分开始作说明，11 点 05 结束，我庆幸总算不辱使命，没误大事！

会当凌绝顶　一览众山小

全国人大第八届常委会第三次会议之后，人大科教文卫委员会、法工委、法律委员会做了大量的调研、考察、审议工作。

10 月 22 日，人大法律委员会向第八届常委会第四次会议作《〈中华人民共和国红十字会法（草案)〉审查结果报告》。法律委员会还根据常委讨论的意见，将第八条“各级红十字会理事会由会员代表大会民主选举产生”修改为“县以上按行政区域建立地方各级红十字会，根据实际工作需要配备专职工作人员……”，这是关键性修改，解决了全国地方各级红十字会的机构、编制问题。10 月 30 日，全国人大第八届常委会第四次会议通过《中华人民共和国红十字会法的审查结果报告》，10 月 31 日上午，乔石委员长宣布：《中华人民共和国红十字会法》经常委会表决通过！当日，江泽民以中华人民共和国主席令第 14 号，公布实施。

我国“公布实施”红十字会法，充分说明党和国家十分重视红十字会在我国社会生活和国际活动中的作用，是为促进发展红十字事业提供的强力保护和巨大支持；说明我国政府对人权、人道事业、国际人道主义法的重视和支持；也是我国对国际红十字运动的支持和贡献。

无论从 1990 年 10 月我在桂林研讨会上首次提出为红十字会立法，或者从 11 月总会决定启动立法工作算起，到 1993 年 10 月《中华人民共和国红十字会法》公布实施，基本上都是 3 年。常言道：“十年磨一剑”。而红十字会法是国家法律，用 3 年时间完成这项计划，可以说是“突飞猛进”，令人欣慰。其中有主客观诸多因素，国务院、人大的重视、支持是决定性的。而中国红十字会也体现了一种创业精神，目标崇高，信念坚定，不怕困难，一步一步地奋力跋涉，终于到达胜利的彼岸。

《中华人民共和国红十字会法》公布实施后，中国红十字事业有了坚强的保障。于是，党组和执委会乘红十字会法东风，与各方面协同，接连解决了几个重大问题，全国红十字事业也逐渐出现了大好形势：

①于 1994 年 4 月，提前一年召开第六次全国会员代表大会换届；部署了学习、宣

传、贯彻、执行红十字会法计划；理事会聘请江泽民主席担任名誉会长；以红十字会法为依据规划了红十字会的各项工作；

②自红十字会法公布实施后，各省人大陆续制定了“实施办法”等地方法规，红十字会的状况逐渐改观；全国人大、省人大给予了大力支持，多次派出执法检查团、监督团（红十字会参加），指导检查和推动红十字会法的实施；

③1994 年 9 月，我在给执委会成员关于发展红十字事业的书面意见中提出：“考虑应该在适当时候提出省级红十字会独立出来，地市红十字会有条件的也可先独立出来。如何提，何时提这个问题，请组织有关人员研究个意见报执委会。”执委会对此进行了慎重研究；

④经过艰苦努力，包括在最困难时刻坚持、取得国务院领导支持，中国红十字会总会二级机构升格为副局级的问题，终于在 1995 年 3 月获得解决。这和红十字会法的颁布实施，江主席任名誉会长是分不开的；

⑤1995 年 4 月，常务理事会向第六届理事会第二次会议提出并通过决议，要求省级、计划单列市及省会城市红十字会争取在 1999 年第七次全国会员代表大会前实现机构独立设置，具备条件的，市（地）县也要如此。后来，理事会更明确提出：实现中国红十字会的两个转变，即从卫生救护团体转变为从事人道主义工作的社会救助团体；从挂靠、代管、依附于卫生行政系统，转变为机构独立设置，建立全国统一的红十字组织。这项决议虽然由于诸多的客观限制未能按期完成，但毕竟依据红十字会法，响亮地提出了机构独立的重大决策，而且部分省、市（地）县红十字会确实也独立设置了，这为实现全国各省、市、自治区红十字会独立设置打下了基础；同时，全国红十字会人员编制增加，地位有所提高；

⑥为贯彻、执行中国红十字关于红十字标志使用的规定，1996 年 1 月 29 日，由国务院总理李鹏、中央军委主席江泽民签署命令，发布《中华人民共和国红十字标志使用办法》，这项工作主要靠国务院法制局的支持，但对此也做出了应有的贡献；

⑦中国红十字事业初步呈现生机，限制逐渐舒缓，救援、救助、救护等项工作不断有新发展，救灾工作成绩越来越大；红十字会得到政府和各界的支持越来越多；红十字会干部、群众的积极性大为增强；红十字会做的好事、善事赢得了百姓的信赖，红十字会的社会影响明显扩大；

⑧红十字国际委员会、红十字会与红新月会国际联合会对中国公布红十字会法和红十字标志使用办法给予了高度评价，认为这是中国政府履行内瓦公约，重视人道工作、支持本国红十字事业和中国红十字会在本国享有很高地位的表现；是对国际红十字运动的支持与贡献；

⑨1997 年和 1999 年，中国红十字会根据《中华人民共和国香港特别行政区基本法》，《中华人民共和国澳门特别行政区基本法》、《国际红十字与红新月运动章程》、《红十字会与红新月会国际联合会章程》和《中华人民共和国红十字会法》，顺利解决香港及澳门红十字会加入中国红十字会为享有高度自治的地方分会的问题……

这是一段有重要历史意义的进程。中国红十字会第五届理事会能为《中华人民共和国红十字会法》的诞生，尽一份历史责任，是十分荣幸的。在红十字会法的保障下，中国红十字会必将走向更加灿烂、辉煌的明天。

红十字工作谈

王立忠

坚持党管社团　规范行业行为

中国红十字会是从事人道主义工作的社会救助团体，是国际性组织。随着我国进入小康社会、人民群众精神文化需求迅速增长，随着社会主义市场经济体制的初步建立、高新技术广泛应用于各个领域，随着我国加入世贸组织、对外开放进一步扩大，建设有中国特色红十字事业面临新的形势。学习“七一”讲话，改进和加强中国红十字会系统党的建设，开拓创新，把建设有中国特色红十字事业不断推向前进，是中国红十字会各级党组织和每个党员领导干部必须认真思考的问题。

我们不仅要提高对加强和改进中国红十字会系统党的建设的重要性的认识，将思想和行动统一到江泽民总书记“七一”讲话精神上来，而且要充分认识加强和改进中国红十字会系统党的建设的必要性，从政治上、组织上保证党的总路线和总任务在红十字会的贯彻落实。

首先，坚持党管社团、党管干部的原则。建设有中国特色红十字事业必须贯彻实践“三个代表”重要思想，在任何情况下，坚持党管社团、党管干部的原则不能变，坚持红十字会作为党和政府人道领域助手的地位、作用不能变，坚持党的为人民服务的根本宗旨和红十字会改善最易受损害群体境况的工作目标不能变。中国红十字会的发展方向、重要事宜、重大决策必须服从服务于党和国家工作大局、战略部署，在党和政府的领导下履行职责、开展工作。党在红十字会的各级组织，要在上级党组或党委的领导下，加强对干部的管理，使红十字会专职干部具有适应红十字工作需要的政治和法律素质、专业技术知识和综合管理协调能力。

第二，建立健全红十字会系统的各级党组织。省级红十字会担负着贯彻中国红十字会理事会的决议，指导、督促本省辖区内红十字会工作规划的实施，履行红十字会法赋予的任务等职责。理顺管理体制的省级红十字会要按照《中国共产党章程》第九章第四十六条的规定，向省（自治区、直辖市）委组织部请求建立红十字会的党组，在落实红十字会“三定”方案时，照顾到红十字会的特点，保证党章的规定在红十字会得到落实。

同时，省、市（地）红十字会机关要成立党委、总支部委员会和支部委员会；县级红十字会也应成立党支部或党小组。通过建立健全红十字会系统的各级党组织，加强和改进党对红十字会的领导。

第三，发挥党组织的战斗堡垒作用和党员的先锋模范作用。红十字会系统的各级党组织，当前要把学习贯彻党的十五届六中全会精神和江泽民同志的“七一”讲话摆在重要位置，按照“三个代表”和“八个坚持、八个反对”的要求，认真抓好党的作风建设，增强抓好党风建设的责任感、紧迫感，密切同群众的血肉联系，心中想着群众，出发点和落脚点为了群众。以思想建设为重点，把各级领导班子建设成为坚决贯彻党的基本理论和基本路线、全心全意为人民服务、具有领导现代建设能力、团结坚强的领导集体。要加强对党员的教育，使党员在新的历史时期，胸怀共产主义远大目标，带头执行党和国家现阶段的各项政策，勇于开拓，积极进取，不怕困难，不怕挫折，诚心诚意为人民服务，吃苦在前，享受在后，克己奉公，多做贡献，充分发挥党员的先锋模范作用，带动广大群众为实现党的决定和红十字会理事会的决议而努力工作。

第四，执行党纪政纪、规范行业行为。红十字会系统的一切工作都是为人民谋福利的，党内和红十字会机构中绝不允许出现任何与党和人民利益相违背的既得利益者和集团。各级红十字会常年经办巨额救灾款物，务必经得住市场经济负面效应的考验，诚心诚意为人民谋利益，真正使受灾地区群众的境况得到改善。红十字会系统的党组织，要对红十字会及其干部的道德行为、经济行为乃至参与社会的各种行为进行严格的监督，同时接受群众监督、舆论监督，从思想上构筑牢固的道德防线，从各方面遏制不良风气特别是腐败现象，确保红十字会人员在深化改革和市场经济的大潮中，遵纪守法，忠于职守，维护红十字会“人道、公正、中立”的良好信誉，更好地为“改善最易受损害群体境况”而工作。

诚心办实事　尽力解难事　坚持做好事

坚持“立党为公、执政为民”是贯彻“三个代表”重要思想的本质，是检验我们党是否真正尊重社会发展规律、是否真正尊重人民群众历史主体地位的标准。坚持执政为民，就要牢固树立群众观点，坚持实行群众路线，切实为人民群众谋利益，以人民拥护不拥护，人民赞成不赞成，人民高兴不高兴，人民答应不答应，作为衡量我们各项工作的根本尺度。能否做到这一点，是衡量有没有真正学懂，是不是真正实践“三个代表”重要思想最重要的标志。为此，必须把“三个代表”重要思想的学习落实到党和国家制定和实施方针政策的工作中去，落实到各级领导干部的思想和行动中去，落实到关心群众生产生活的工作中去，切实解决在这些方面存在的种种问题，包括体制问题、观念问题、作风问题，做法问题等，使立党为公、执政为民的要求在实践中得到具体体现。

实现好、维护好、发展好最广大人民的根本利益，是建设中国特色社会主义的根本目的，是我们全部工作的出发点和落脚点，也是中国红十字事业的根本职责。中国红十字会在社会救助方面，发挥着政府助手的作用，因此，要增强做好新世纪新阶段红十字会工作的使命感、责任感和光荣感。“红十字事业是崇高而伟大的事业”，其从事人道主义工作的社会救助团体的职能定位，与实现好维护好发展好最广大人民的根本利益这一建设中国特色社会主义的根本目的紧密相连。全体党员特别是党员领导干部，要时刻把改善易受损人群境况作为工作的出发点，多办利民之事，为群众办实事，办好事。

要在红十字会工作中努力实现全心全意为人民服务的宗旨。全心全意为人民服务是我们党的根本宗旨，是共产党先进性的根本体现，也是我们贯彻“三个代表”重要思想，坚持执政为民的价值观基础。胡锦涛总书记指出，群众利益无小事。凡是涉及群众切身利益和实际困难的事情，再小也要竭尽全力去办。我们应该认真履行中国红十字体现“人道、博爱、奉献”精神，把人民群众的根本利益放在首位，把为人民服务作为最高的人生追求，努力做到权为民所用、情为民所系，利为民所谋。任何时候都必须坚持尊重社会发展规律与尊重人民历史主体地位的一致性，坚持为崇高理想奋斗与为最广大人民谋利益的一致性，坚持完成党的各项工作与实现人民利益的一致性。关心群众，代表群众利益，必须围绕群众最现实、最关心、最直接的利益，必须十分具体地落实到群众生产生活的实际问题上。关心群众，特别要关心困难群体的疾苦，为最广大人民谋利益，首先要为困难群体谋好利益，保护易受损人群。

我国是自然灾害频发的国家之一，洪涝、干旱、地震等自然灾害经常发生，给群众生活带来影响，给群众生命健康带来威胁。为及时救助受灾群众，我们平时既做好备灾工作，储备必要的物资，以应急需，一旦发生灾情能够迅速采取行动，及早把救灾食品、预防治疗疾病的药品、防寒防雨物品等物资及时送到灾区群众手中，把党和政府的温暖送到灾民的心坎上。

为了实现全心全意为人民服务的宗旨，我们要针对红十字会工作条件比较艰苦，生活待遇相对较低的特点，继续教育党员干部讲理想、讲大局、讲奉献，认清自己的使命，树立吃苦在前，享受在后，无私奉献的政治观念和思想境界。使广大党员干部更加心系群众，关心群众疾苦，“先天下之忧而忧，后天下之乐而乐”。为群众诚心诚意办实事，尽心竭力解难事，坚持不懈做好事。始终把易受损群众和困难群体的利益放在第一位，在各项工作各个环节都细心研究群众的利益，关心群众的疾苦，体察群众的情绪。领导干部必须经常深入基层，深入群众，特别是要到最困难的地方去，到群众最需要帮助的地方去，使我们的救助工作更有针对性，更能发挥作用。

附录：

答《学习时报》记者问
红十字会做什么、怎么做？

记者：提起“红十字”，很多人都会把它与医院等卫生单位联系起来，以为红十字会是卫生部门的附属单位，主要是做卫生救护方面工作的。这种对红十字事业的片面理解在社会上相当普遍，它从一个方面说明红十字事业在我们国家还没有为全社会所认识和重视。那么，红十字会是一个什么样性质的单位，它的主要职责是什么？

王立忠：了解红十字会到底是一个什么样性质的单位，首先要了解国际红十字运动。通常说的三大国际组织，包括联合国、奥林匹克运动，还有一个就是国际红十字运动。国际红十字运动有三部分组成。一是红十字国际委员会，总部设在日内瓦。它是瑞士一个民间组织。它的主要救助对象是战争中的受害者，包括伤兵、战俘和难民。二是红十字会与红新月会国际联合会，总部也在日内瓦。它是由世界上一些国家的红十字会或红新月会组成的一个联合组织，现在有179 个国家的红十字会或红新月会加入，我国是其中一员。三是各个国家的红十字会或红新月会。

中国的红十字会诞生于 1904 年。建国初期，中国红十字会进行了改组，章程上规定红十字会是“人民卫生救护团体”。从此，我们国家就用红十字代表人民卫生事业，红十字也就象征着卫生部门。1999 年以前，我国各级红十字会都由卫生部门代管。这也使很多人认为红十字标志是医护人员或医疗机构的标志。

1993 年，全国人大制定了《中华人民共和国红十字会法》，这部法律把红十字会的定位重新明确，即不再是“人民卫生救护团体”，而是“从事人道主义工作的社会救助团体”。1996 年 1 月发布实施的《中华人民共和国红十字标志使用办法》规定，“红十字标志是国际人道主义保护标志，是武装力量医疗机构的特定标志，是红十字会的专用标志。”以法规形式明确了红十字的专用标志性质。按照规定，医疗卫生部门不再使用红十字标志。1999 年 12 月，中央编委批准中国红十字会总会由卫生部代管改为国务院领导联系。自此，理顺了中国红十字会总会的管理体制。

中国红十字会以保护人的生命和健康，发扬人道主义精神，促进和平进步事业为宗旨。遵守国家宪法和法律，遵循国际红十字运动确立的人道、公正、中立、独立、志愿、统一及普遍等七项基本原则，独立自主地开展工作。“红十字会法”规定，“中国红十字会是中华人民共和国统一的红十字组织，是从事人道主义工作的社会救助团体。”其职责有七项：一是开展救灾的准备工作，在自然灾害和突发事件中，对伤病人员和其他受害者进行救助。二是普及卫生救护和防病知识，进行初级卫生救护培训，组织群众参加现场救护；参与输血献血工作，推动无偿献血；开展其他人道主义服务活动。三是开展红十字青少年活动。四是参加国际人道主义救援工作。五是宣传国际红十字与红新月运动的基本原则和日内瓦公约及其附加议定书。六是依照国际红十字和红新月运动的基本原则，完成人民政府委托事宜。七是依照日内瓦公约及其附加议定书的有关规定开展工作。

记者：协助政府做好自然灾害和突发事件的救助工作，是红十字会的一项首要任务。红十字会进行救助的重点是什么，进行救灾的特点是什么？

王立忠：对于救助工作，红十字会与红新月会国际联合会的说法是“改善最易受损害群体的境况”。这就是我们红十字会的职能。

我们国家土地辽阔，人口众多，环境复杂，自然变异强烈，是世界上自然灾害最严重的少数国家之一。灾害救助是政府部门的责任，但由于我国灾害频发，救灾工作十分艰巨，往往超出政府的实际救助能力，为红十字会等社会救助团体开展救助活动提供了很大空间。中国红十字会的定位是“政府人道主义工作领域的助手”。这个定位很明确。只要是有大的灾害，中国红十字会都参与了救助。如 1991 年华东水灾，中国红十字会广泛发动社会募集捐款 3.3 亿元人民币，占全部救灾款项的近 50%；1998 年“三江”流域抗洪救灾，中国红十字会募集救灾资金达 9 亿元人民币，使 3500 万人受益；2001 年中国红十字会组织了对内蒙古、新疆的雪灾救助，共筹集救助款 4700 万元人民币，占两自治区总救助款的 20%。在今年抗击非典斗争中，中国红十字会积极接受社会捐赠款物 6.8 亿元人民币，有力地支援了抗击非典斗争。

中国红十字会的救助工作是在灾害紧急阶段从事的救助活动。我们进行救助，主要着眼点在人不在物；从救急与救贫来说，我们主要是救急；从生产与生活来说，我们主要救助生活。我们进行救助有几个方面的特点。一是根据我国“红十字会法”的规定，自然灾害发生后我们可以接受捐赠，可以募捐。这是法律的规定，也是国际通行的做法。二是可以自主地处分（处理）捐赠的款物。红十字会不是政府部门，对于捐赠款物有独立自主地支配权。自主地处分，很重要的一点是要尊重捐赠者的意愿。三是我们进行救助遵循的原则是“公平、公正、中立”。四是我们的救助是政府救助的一个补充。当然是一个重要的补充，但我们不可能替代政府的作用。五是我们遵循“红十字会法”和红十字会与红新月会国际联合会制定的《红十字与红新月灾害救济原则与条例》开展自然灾害和突发事件的救助工作，不是随便进行救助。六是我们的备灾基本上形成一个网络，总会有六个区域性备灾中心，分别设在沈阳、西安、成都、杭州、孝感和广州，有14个省级备灾中心和31个市级及县级备灾中心或仓库。

记者：中国红十字会近年来倡导建设的救援、救助、救护工程，宣扬了人道理念，体现了对人的关怀，实践了“人道、博爱、奉献”的红十字精神。在您看来，我国红十字事业发展中还面临哪些困难和问题，存在哪些不足？

王立忠：中国红十字会会长彭珮云今年4月在中国红十字会第七届理事会第四次会议上指出，“尽管中国红十字会已经有近一百年的历史了，但在发展的进程中有些曲折，从某种意义上说，现在还处于开创时期。”之所以说“处于开创时期”，是因为我们还面临一系列的困难和问题，主要有以下几个方面。

一是我们的实力不够。我们经费来源，一是政府的资助。这在各国都是一样的，有的给钱，有的给政策；二是会费的收入；三是接受社会的捐赠和募捐；四是符合红十字会宗旨的实体收入。我国政府对红十字会是很重视的，中央财政从统筹的彩票公益金中安排3.37亿元，从2003年至2005年专项用于支持中国红十字会开展人道主义救助工作，这是对我们的很大的支持。但总的说来，我们与德国、日本、美国等实力比较雄厚的国家红十字会相比还有非常大的差距。

二是宣传不够。整个社会对红十字会的了解不够，包括一些领导干部对我们也有认识不到位的地方。比如，一个地方发生了地震，我们进行了救助。当地红十字会的同志跟我们反映，说他们地方的领导要求把所有救灾物资款项包括红十字会的款物都集中到财政厅统一支配。这就是不了解我们的性质定位和救助特点，当然也是我们不能接受的。

三是从红十字会长远发展来说有一些工作亟待加强。主要是理顺体制、建立机制、完善政策、健全制度等方面的问题。红十字会的管理体制还没有完全理顺，组织建设还不够健全。我们还要研究建立符合红十字会特点的运行机制，同时尽量争取更多的政策来落实“红十字会法”。

四是我们干部队伍的建设是我们必须下大力气抓的问题。红十字会的管理体制理顺之后队伍如何提高素质，是一个新情况、新问题。

记者：您作为多年来红十字系统的第一位党代表参加了中国共产党第十六次全国代表大会。十六大规划了全面建设小康社会的奋斗目标，红十字事业作为中国特色社会主义事业的一个组成部分，怎么为实现全面建设小康社会的奋斗目标做出自己的贡献?

王立忠:十六大规划了今后20年全面建设小康社会的奋斗目标，把“三个代表”重要思想确立为党必须长期坚持的指导思想。中国红十字会要为实现十六大提出的全面建设小康社会的奋斗目标多做贡献。我们认为，履行红十字会宗旨和职责，以及弘扬红十字精神与“三个代表”的要求是一致的。我们要用“三个代表”重要思想指导我们新的实践，把我们遇到的困难、问题进行梳理，认真研究，加以解决，努力开拓红十字事业新局面。

总结几年来红十字会工作取得的成绩，我们认为有以下五个方面的经验、体会：一是红十字会要坚持正确的发展方向。中国红十字事业是中国特色社会主义事业的组成部分，同时是国际红十字运动的一部分。因此，我们遵循国际红十字运动的基本原则，并把它与中国实际相结合，创造性地发展中国的红十字事业。二是红十字会要与时俱进，开拓创新。我们必须深入研究新形势下红十字会工作的新规律、新特点和社会对红十字会的新要求，用我们的聪明才智和辛勤劳动创造中国红十字事业的美好明天。三是红十字会要坚持依法建会，依法治会，依法兴会。“红十字会法”是中国红十字会的立会之本、治会之纲，我们各项工作的开展，红十字事业的发展壮大，离不开“红十字会法”的保障。四是红十字会要正确处理总会和分会的关系，发挥两个积极性。五是红十字会要努力建设高素质的干部队伍。

这五个方面的经验和体会，是我们进一步为全面建设小康社会做贡献的努力方向。

记者:1992年卫生部同意红十字会开展筹建中华骨髓库工作，这是红十字会一项新的工作领域。据我们了解，近年来我国平均每年新增4万名白血病患者，其中儿童占50%以上，治疗白血病比较有效的手段就是进行骨髓移植，为此美国、英国、德国等国家都建有几十万到几百万份骨髓资料库，但在我国大陆，目前骨髓捐献者资料还远远不能满足白血病患者的需要。导致这一状况的原因在哪里?

王立忠:中国造血干细胞捐献者资料库(亦称中华骨髓库)的前身是1992年建立的“中国非血缘关系骨髓移植供者资料检索库”，2001年11月经卫生部同意改为现名。由于资金、机构和技术等多方面的原因，该项工作长期处于停顿状态。2001年4月中国红十字会总会在广泛调查研究的基础之上，决定重新启动“资料库”的建设，在国务院领导同志的重视和政府有关部门的支持和资助下，成立了中国造血干细胞捐献者资料库管理中心。两年来，资料库的工作有了长足的发展。目前，资料库已经形成了全国电脑网络化管理的格局，资料库总库可为临床服务的数据总量已达6.3万人份。截至今年7月10日，全国资料库系统共为临床检索查询2300多人次，检索配型成功的200多例，其中为患者成功捐献造血干细胞的有40多例，初步显示了资料库为临床服务的功能。

我们虽然有了可初步服务于临床的资料库，但是由于资料数据有限，还只能使要求做移植术患者的30%得到满足。今年2月，一对美国夫妇收养的一名中国孤儿罹患白血病，在全世界的骨髓库共计八百万数据资料里均未找到与其相合的供者，按照人类遗传学原理，中国血统的患者找到相和供者的希望也只能在中国的资料库里。根据我国的人口基数和每年近百万白血病等需要造血干细胞移植病人的数量，专家测算，我们只有建成至少10万人份的资料库，才具有临床意义；至少应建立50万人份的资料库，才能全面适应临床的需要。

记者：自1863年瑞士成立“伤兵救护国际委员会”以来，国际红十字运动在全球范围内广泛开展起来。我国1904年就建立了红十字组织，但目前红十字事业发展状况似乎还不尽如人意。今年是“红十字会法”颁布10周年，明年是中国红十字会成立100周年，为宣传红十字事业，红十字会总会有哪些打算？

王立忠：1993年10月31日“红十字会法”的颁布施行，为中国红十字会独立自主地开展工作，协助政府开展与其职责有关的活动提供了法律保障。明年中国红十字会将走过100年的历程。我们要以“红十字会法”颁布10周年和中国红十字会建会100周年为契机，本着“隆重、热烈、简朴、办实事”的原则，加大宣传“红十字会法”的力度，宣传中国红十字事业，回顾中国红十字会100年来的光辉历史，讴歌红十字人道、博爱、奉献精神，在全社会广泛宣传红十字会的历史功绩，激励红十字会会员和志愿工作者振奋精神，开拓进取。

公益是人类心灵的美好阳光

——在“公益事业与和谐社会”国际研讨会上的致辞

江亦曼

（2005年7月11日）

很高兴与各位在美丽的清华园相聚！首先，我谨代表中国红十字会总会，并以我个人的名义感谢清华大学及美国霍普金斯大学发起主办“公益事业与和谐社会”研讨会，探讨转型时期中国公益事业发展与和谐社会建设的相关问题，充分表达了社会各界及国际社会对中国公益事业的关注与思考，说明公益事业不仅是中国社会发展的历史需要，更是推动人类社会文明与进步的动力。中国的公益事业在构建和谐社会中有着不可或缺的地位。

“乐善好施、助人为乐”是中国传统价值观念的精髓。“己之温，思人之寒；己之安，思人之难”。中国红十字事业正是在这种传统文明的滋润下发展壮大。中国红十字会是推动公益事业发展的重要参与者，是构建和谐社会的积极践行者。中国红十字会建会一百年来，始终遵循国际红十字运动倡导的“人道、公正、中立、独立、志愿服务、统一、普遍”的原则，无论是在战争年代，还是在和平时期，无论是在自然灾害肆虐的时刻，还是在严重的突发事件面前，中国红十字会都秉承着“人道、博爱、奉献”的红十字精神，在人道主义领域积极发挥着政府的助手作用。

多年来，中国红十字会动员人道的力

量，在备灾救灾、普及卫生救护知识、推动无偿献血及预防控制艾滋病、造血干细胞捐赠者资料库建设、开展红十字青少年活动、社区红十字服务、传播国际人道法、国际人道主义救援等方面作了大量卓有成效的工作。

备灾救灾实力增强，据不完全统计，从1991年至今，全国各级红十字会共接受国（境）内外捐赠款物价值40余亿元人民币。各级红十字会全力以赴参与灾害救助，在第一时间为灾区群众送去粮食、衣物和药品；积极参与突发性公共卫生事件的救助。在2003年非典时期，及时接受和处分社会捐赠款物6.85亿元，有力地支持和配合了抗击非典的斗争。

“红十字博爱送万家”开展六年来，为327万困难群众送去了温暖。

群众性初级卫生救护工作进一步发展，与交通安全、职业培训、精神文明建设相结合，共培训人员1000余万人次。

无偿献血工作不断深入，全国无偿献血占临床用血比例已达到90%以上。预防艾滋病宣传和关爱艾滋病患者和感染者的工作已成为中国红十字会的一项重要工作，全国举办了近2000期预防和控制艾滋病培训班，培训人员16万多人次，云南省红十字会开展的“青年同伴教育”项目受到联合国安南秘书长的称赞，获联合国艾滋病规划署防治艾滋病特殊贡献奖。

中国造血干细胞捐献者资料库建设取得突破性进展，造血干细胞捐献者HLA分型资料入库数突破26万人份，256位志愿者捐献了造血干细胞。有43位护理工作者获得南丁格尔奖章。国家主席江泽民和胡锦涛亲自为获奖者颁奖。红十字青少年会员和志愿者的队伍不断扩大，红十字会的各项工作已经向城市社区农村乡镇延伸。

中国红十字会积极参与国际人道救援工作。2004年底印度洋发生海啸灾害后，全国开展了轰轰烈烈的、大规模的救助印度洋海啸灾害的募捐活动。全国内地共募捐4亿多元人民币，香港红十字分会募集6亿多港币，澳门红十字分会募集6000万澳门元。中国红十字会已向13个受灾国和国际红十字组织提供了价值2000多万美元的款物。

政府提出创建和谐社会的宏伟构想，不仅给公益组织提供了广阔的发展空间，也对公益组织提出了更高的要求。国家主席胡锦涛指出，和谐社会是一个“民主法治、公平正义、诚信友爱、充满活力、安定有序、人与自然和谐相处的社会”。随着社会利益主体和价值观念的日趋多元化，社会管理应该适应这些变化，应该更加重视和发挥社会团体、公益组织的作用。实践证明，中国红十字会和社会上众多公益组织一样，正在成为政府社会救助体系的得力助手、促进社会公平正义、救助弱势群体的“稳定器”“调节器”，党和政府联系人民的桥梁和纽带。作为一个有着百年历史的公益组织，中国红十字会愿意与其他机构一起，共同研究和探讨公益组织在构建和谐社会中的地位与作用这样一个现实而迫切的问题。我们倡议公益组织在构建和谐社会中应积极做到以下三点：

第一，打造公益品牌。当前中国的公益事业仍处于起步阶段，特别是公益组织的规模、公益项目的知名度和公益活动的影响力，还远不能适应构建和谐社会的现实需要。打造公益品牌，能形成“品牌效应”，让更多热心公益的社会力量支持公益，参与公益。公益品牌的建立是个综合因素作用的结果，不仅仅要看其在公益实践中捐赠款物的多少，更要审视在公益实践中公信力的大小和为公益文化的传播做出的贡献。今天我们已看到一些家喻户晓的公益品牌，希望今后能看到更多更优秀公益品牌，这不仅需要每一个公益组织努力，更需要我们大家联手打造。

第二，提高公信力。公益组织的公信力源于透明，这是公益事业发展的根本所在，也是公益事业取信于民赖以生存于社会的重要保证。目前，中国的志愿性捐赠还非常不足，这与国内捐赠文化、捐赠制度的缺位有关，更与公益组织的公信力还不够高有关。公益组织作为资源提供者与资源需求者之间的桥梁，要发挥好中介作用，必须提高公益组织的公信力，才能调动和使用更多的社会资源，赢得资源提供者和需求双方的信赖。

第三，传播公益文化。在今天这样一个财富涌动的时代，我们不仅要关注财富的积累、继承与保护，更应该去关注财富的伦理与责任。如果财富文化观念与财富责任意识长期被弱化，而走向单一的逐利化，这显然不利于和谐社会的构建。正确看待财富并处置得当并非易事，如何有效传播健康的财富观念，让更多的人拥有良好的财富心态，背负起财富责任，是一个重要的社会课题，需要整个社会的努力推进。通过良性的公益文化传播，在人们心灵中注入理性的财富文化观与财富责任观，培养更加高尚的社会人格和道德情操，形成开明、开放的社会财富文化心态，从而进一步增强财富责任意识。

公益是人类心灵的美好阳光。只有充满友好和爱心的社会，才称得上是一个温馨和谐的社会。和谐是一个发展的概念，发展是永无止境的。让我们携起手来共同打造中国的公益平台，壮大公益力量！让我们共同祈愿中国的公益事业更加壮丽辉煌，为构建和谐社会做出更大的贡献！

创造新业绩　开创新局面

——在中国红十字基金会换届大会暨二届一次理事会上的讲话

江亦曼

（2005 年 3 月 25 日）

中国红十字基金会换届大会暨二届一次理事会今天成功召开了，这是大家早已盼望的一次会议，也是结束过去、迎接未来的一次会议。刚才，顾英奇会长代表第一届理事会作了一个实事求是的报告，会议审议通过了工作报告、新的章程和财务报告，选举产生了新一届的理事会。我代表总会党组向会议表示祝贺，向新当选的理事及其新的领导班子表示祝贺！向第一届理事、常务理事、各位领导表示感谢和慰问！这里我代表党组对新一届理事会提点希望，谈几点想法，与大家共勉。

一、要面向社会，着力提升基金会的公信力

中国红十字基金会是面向国内外的公募型基金会，是具有独立法人资格的非营利性公益组织。这样的机构性质，决定它既没有政府机构的行政权力，也不具备营利机构的经济实力。那靠什么作为它的立身之本呢？靠的就是良好的社会信誉，也就是社会公信力！

信誉是基金会重要的无形资产。作为一

个只有依靠公众支持才能生存发展的公益机构，公众信誉度越高，无形资产就越大，所带来的有形资产（捐款）就越多。因此，对社会的每一笔捐款，都要以“如临深渊、如履薄冰”的心情严格管理，须臾不能怠慢。基金会的每个工作人员，要始终坚持这样的信条：管理是机构的生命，监督是机构的保护神。

信誉是无形的，信誉的外在表现是形象，而形象则是有形的。什么是形象？《辞海》上说：“形象是根据现实生活各种现象予以选择、综合所创造出来的，具有一定思想内容和审美意义的具体生动的图画。”任何事物都有外在的具体可感的形象，如人的形象、音乐形象、艺术形象、文学形象、机构形象等等。基金会是一个公益机构，自然也有自己的形象。只是我们的这个形象不是天生的，也不是别人描绘的，是由我们自己塑造的。我希望基金会的每一个同志，要高度重视自身形象的塑造，给社会展示一幅“具体生动的图画”。

公益机构的形象不是有形资产，不是钱，但它可以变成钱。有了好的形象，没有钱可以变得有钱；形象砸了，有了钱也会衰败。因此，好形象是最大的财富。

与营利机构相比，非营利的公益机构的形象更重要。比方说，一个商店卖假冒名牌产品、盗版光盘，显然形象不好，但有人买，因为价格低。一个人在饥饿的时候，不一定非吃肯德基，路边的烤红薯也是好东西，可以“饥不择食”。而公众向公益机构捐钱可没必要“饥不择食”，他只会找信誉可靠形象好的，才会把钱捐给你。影响公众这种有选择的行为，就是社会公信力在起作用。特别是在资源有限，竞争激烈的情况下，公信力尤为重要。公信力是基金会最重要的形象。要像爱护眼睛一样珍惜它。

如何建立起自己的信誉，提升机构的社会公信力呢？关键有三点：

一是要廉洁自律。这方面我们是有过教训的。新一届理事会，特别是领导班子成员，一定要在资金筹集、管理、使用和资助规范方面建立一整套严格的规章制度，切实保持共产党员的先进性，把廉洁自律放在首位。这种自律不仅是对社会公众有交代，也完全符合机构的根本利益。要时时告诫自己：社会对我们多一份信任，我们肩上就多一份责任。我们不会被别人打倒，只会被自己打倒。

二是要接受社会监督。历史的经验告诉我们，光有自律是远远不够的，有时甚至是软弱的，因此，自觉接受社会监督，实行他律，非常重要。有效的社会监督具有事前预警和事后惩戒的作用。这一届理事会总会党组专门选派了审计监察人员担任基金会监事，既是《基金会管理条例》的要求，也是加强监督的需要。除此之外，还应该主动邀请和接受政府和社会的审计监督、舆论监督、捐款人的监督。监督是最好的“保护神”。

三是要依靠法律法规的保护。我们已经拥有的相关法律有：《红十字会法》、《公益事业捐赠法》、《基金会管理条例》、《民间非营利组织会计制度》等等，这些法律法规的相继出台，标志着中国非营利组织和公益事业的发展真正跨入了法制轨道，对于公益机构的规范管理，对于惩治各种侵权违法行为，对于非营利组织和公益事业在法律保护下健康发展，都具有重要意义。基金会的每一个干部都要提高依法办事的能力。

老子说："不失其所者久"，意思是不失掉自己的根本才能长久。只要大家能够恪守"信誉本位"的根本原则，始终保持清廉、纯洁，就一定能够永远立于不败之地。

二、要面向未来，精心培育基金会的核心竞争力

中国红十字基金会自成立以来，已走过了八年多的风雨历程。当我们回顾过去的时候，我们不仅要总结经验教训，还要理性地思考，遵循科学发展观，规划未来。

基金会成立之初，荣誉会长宋平同志明确指出，"基金会的使命，是为了中国红十字会进行人道主义救助工作筹集必需的经费和物资。""凡事予则立"，要使各种救助工作富有成效，必须予为之谋，变被动应付为主动谋划。我们用什么法宝去打拼未来？要求我们必须精心培育基金会的核心竞争力。

"核心竞争力"理论源于1990年普拉哈拉德和哈默尔在《哈弗商业评论》上发表的一篇论文，叫《公司的核心竞争力》。这篇论文指出，所谓"核心竞争力"，不是某种单一的能力，而是一种能力的集合，不是各种能力的简单堆砌，而是一个有机的系统。作者用一棵大树形象地描述了一个多元化公司的终极产品、核心产品和核心竞争力之间的关系：如果说多元化公司是一棵大树的话，那么树叶、花朵及果实就是公司的终极产品，树干和主要树枝是核心产品，而提供营养物及稳定性的根部体系就是核心竞争力。

"核心竞争力战略"强调，公司必须积极培育自己的核心竞争力，充分运用自己的核心竞争力，专注于自己最擅长的业务，并据此建立自己持久的竞争优势。在强手如林的环境中，任何公司都有自己的长项和短项，只有扬长避短，培育并发挥自己的长项，在自己最擅长的领域展开竞争，才有可能赢得生存与发展的权利。

运用核心竞争力理论进行分析，中国红基会还没有形成自己的核心竞争力，也没有形成核心产品，它的根部体系更没有足够的营养提供。但我们具备核心竞争力的基本能力要素，比如强烈的社会责任感，对成功的渴望，对弱者的同情，对人的生命与健康的尊重，以及积极进取的创新精神等。

但这些基本的要素必须落实在行动上，远大目标必须落实为具体的项目。要善于谋划好的公益项目，也就是我们提供的公益产品。比如说，青基会关注教育，它的公益产品是希望工程；儿基会关注女童，公益产品是春蕾计划；妇基会关注母亲，公益产品是母亲水窖；还有扶基会、爱基会等等，他们都有自己关注的领域和推出的公益产品。我们红基会应该关注什么呢？我们的公益产品应该是什么呢？

希望基金会的全体同志，要进行深入广泛的社会调研，选准自己最具优势的工作领域，通过精心设计，大胆创新，尽快推出能够满足社会需要的公益项目，以此来获得广泛的社会支持和大量资源。与此同时，要实现三个转变。即：从传统的救助型模式向救助与发展并存型模式转变。从单一、封闭的救助型模式向多元、开放型模式转变。从被动接受募款型模式向主动争取募款型模式转变。要锻炼和培养一支具有高度社会责任感、勤恳、敬业、高效的团队去实施和完成这个项目，在充分赢得社会肯定和信任的基础上，逐渐培育并确立自己的核心竞争地位。只有这样，中国红十字基金会才能在众多的基金会和公益机构中独树一帜，独领风骚。

十六届四中全会，中央提出加强执政能力建设的决定，把构建和谐社会作为提高执政能力的重要任务。特别是第一次把发展慈善事业纳入社会保障体系，为基金会的发展提供了广阔的平台和空间。中国的公益事业是一个前途无限的新兴领域，在相当长的一个时期内，需求将远远大于供给，因此惟一可能限制我们未来发展的是我们自己的能力。同时，随着中国改革的深入发展和对外开放的不断扩大，在这一领域中，来自国内和国外，围绕有限的机会和资源展开的竞争压力将日趋激烈，要求我们必须把核心竞争力战略作为未来的竞争战略。只有这样，才能使我们在未来立于不败之地。

我们要在三方面下功夫：第一，要进行机制创新，制度创新，吸纳人才，培养队伍，改进管理，提升机构品牌；第二，要着眼于自己的优势领域，精心设计、培育和实施具有核心竞争力的公益项目，集中力量，打造项目品牌；第三，要组建广泛的战略合作联盟，与其他非营利组织（NPO），与企业、政府和媒体建立良好合作关系，互惠互利，共同奋斗。

三、要面向自身，努力强化基金会的执行力

核心竞争力里面，最重要的就是执行力。什么叫执行力？就是保质保量、高效快捷地把决策要做的事都做了，完成这个任务，就叫执行力。毛泽东说过："政治路线确定之后，干部就是决定的因素。"这个决定因素就是执行力，执行力是衡量干部能力最重要的标准。有美好的战略和愿景的机构不一定能成功，但成功的机构必定有卓越的执行力。

一个机构的执行力怎么样？可以从三个层面上判断：一是纪律。纪律是执行力当中最重要的环节。中国人民解放军的执行力是最好的，这是因为解放军纪律严明，服从命令听指挥；二是速度。速度是制胜的法宝。一件事这个部门三天就干好，另一个部门花了五天才干好，二者的差别是什么？其实就是速度问题；三是细节。细节决定成败，也是执行力的差距所在。

面向基金会的自身建设，非常重要的一点就是要强化工作执行力，做到令行禁止、高效快捷、把决定的事情做到最好。现代基金会的治理结构类似于现代企业制度，理事会好比董事会，是决策机构，秘书长好比总经理，是执行者。理事会决定机构的使命、战略和目标，制定大政方针和政策，秘书处就要有执行力，能够认真组织实施，迅速贯彻执行。那么应该怎样强化秘书处的执行力呢？

第一，领导必须以身作则，亲力亲为。领导不为，肯定执行不力。中国有句古语："民不敬我能，敬我勤；吏不畏我严，畏我廉"。领导者公道正派、作风民主、廉洁勤政、求真务实，必然对执行力产生一种无声影响；

第二，团队必须精明强干，团结高效。要推荐、培养和建设一支具有高度社会责任感、创新精神和高效能的管理团队；

第三，制度必须健全，管理必须严格。制度是执行力的根本保障。进入 21 世纪，我们的社会已进入法制和制度时代，因此，创新机制，完善制度，并辅之以严格高效的管理，必定有利于秘书处执行力的强化。

另外，要加强科学管理，建立健全规章制度，理事会、监事会及各种会议制度。虽然基金会成立至今已有 8 年，但由于各方面的原因，还没有形成真正的品牌、工作机制和运行机制，且社会信誉度较差，各方面的关系有待进一步理顺。追款和开展项目同时迫在眉睫。换届准备还较仓促，理事构成还未体现社会化、开放性特点，任重而道远，机遇与挑战并存。

总结过去，展望未来，我们衷心希望新一届理事会和秘书处坚持信誉为本，实施核心竞争力战略，强化工作执行力，为构建和谐社会，促进中国公益事业和非营利部门的健康发展，创造新的业绩，开创新的局面。

省、自治区、直辖市红十字会会长、常务副会长工作笔谈

省区市红十字会的协作

云曙碧

北方十四省、区、市红十字会在甘肃省嘉峪关市召开 2003 年工作协作会。这次会议是在各级红十字会深入贯彻中共十六大精神，加大依法建会、依法兴会力度，开创中国特色红十字事业新局面的形势下召开的。在过去 13 年 11 次的工作协作会议中，研讨、交流出许多很好的经验和做法，对推动各地乃至全国红十字事业的发展起到了积极的作用，取得很好的效果。随着我国改革开放的深入和社会主义市场经济的逐步建立，党和政府对红十字事业越来越重视。下面我想就贯彻落实红十字会法谈几点体会：

第一、始终不渝地贯彻落实好红十字会法，主动迎接挑战，真正做到依法建会、依法治会、依法兴会。党的十六大再次强调依法治国的重要性，为我们全面贯彻落实红十字会法创造了很好的氛围。红十字会法是红十字会的生命力所在，是立会之本，治会之纲，是指引和保障红十字事业发展的动力和依据，在任何时候和任何情况下，我们都要坚定不移地贯彻落实好红十字会法，始终不渝地坚持依法建会、依法治会、依法兴会。总的讲，红十字会法公布施行以来，各地在学习、宣传、贯彻方面做了大量的工作，成效是显著的，红十字事业正在向依法建会、依法治会、依法兴会的方向迈进。各地的经验对我们内蒙古自治区红十字会有很大启发。但从内蒙古的情况看，距依法治国和依法治会的要求仍有一定差距，主要表现在“有法不知道，知道不执行，执行不认真”的现象比较普遍，涉及到真正依法解决一些实际问题的难度较大。我认为原因是多方面的，从自身来讲主要有两个因素：一是宣传力度不够，二是认识不高，不善于理直气壮地用红十字会法说话。红十字会法是国家的法律，不是哪个部门的条例，也不是可执行不执行的问题，而是必须执行；只要我们工作抓得紧，宣传跟得上，各级政府作为执法主体一定会带头贯彻执行的。

第二、加强自身建设，提高红十字会专职工作者队伍整体素质。随着我国经济体制和行政管理体改革的深入，对外开放的扩大，红十字会工作必须要适应国际、国内形势发展的需要，主动迎接挑战。特别是人才竞争是最大的挑战。作为参照公务员制度管理的部门，同样面临机构改革、人员精简、提高效能的问题。贯彻落实“三个代表”重要思想，按照总会提出的“内练素质，

外塑形象”的要求，建设一支思想好、作风正、业务精、会管理的干部队伍迫在眉睫。我认为，针对红十字会的工作性质和实际情况，红十字会干部一定要有献身的精神，一是不畏艰难、不怕牺牲的精神；二是不怕疲劳、不计报酬、勇于奉献的精神；三是廉洁奉公、尽职尽责的精神；四是不怕失败，不怕碰钉子的精神。总之一句话，奉献是红十字工作者永恒的主题。

第三、抓住机遇，做好人道救助工作。机遇与挑战并存，发展与风险同在。中央提出实施西部大开发战略，我们十四省、区、市多是欠发达地区，如何在实施西部大开发中发挥作用，抓住机遇，结合社会保障、社会服务、文明建设等方面，全力做好人道救助工作，需进行认真的研究，抓住核心工作，批准发展路子，不断拓展工作新领域。一句话，凡是有利于红十字会法的贯彻，有利于红十字事业的发展，有利于体现红十字会人道主义救助团体的形象，就应当大胆地探索，大胆实践。

第四、扩大筹资渠道，增强自我发展能力。经济是事业发展的基础，红十字事业也不例外。按中央机构改革要政企分开、政社分开的总体思路，红十字事业要想有长足的发展，为社会办更多的实事、好事及更多的难事，没有一定的经济实力是不行的，因此要广开思路，广开筹资渠道，千方百计筹集资金。这就要求我们要学会在市场经济中求生存，谋发展，一方面要积极争取政府的资助；另一方面要拓宽筹资渠道，开展经常性募捐活动，因地制宜地创办经济实体，开展一些有偿性服务等，从根本上增强自我发展的能力。

这次会议围绕加强红十字会法制建设、依法理顺管理体制、开展社区服务、创办经济实体等几个方面进行研讨和交流，尽管各地的情况不尽相同，思路和做法也各有特色，但通过交流可以达到开阔思路、互相启发的目的，像这个季节一样，有金色的收获。

始终为人民谋利益

冉茂民

在纪念中国共产党成立八十周年的日子里，学习江泽民同志“三个代表”的重要讲话，回顾重庆市红十字会工作的历程，我们感到：无论是在民主革命时期，还是在社会主义建设时期，重庆市红十字会的工作始终不断地为实现人民群众的根本利益的目标做出努力，人民群众也以饱满的热情和巨大的积极性投入到人道主义工作中来，使我们赢得了人民群众的信赖和支持。

在辛亥革命的前夜的1910年10月，由革命党人杨沧白、商界首领李湛阳出面号召，巨绅魏国平先生积极响应并出资相助，温少鹤、廖焕廷、李觐枫等组织了重庆市红十字会筹备会。1911年，经大清红十字会核准，重庆市红十字会挂牌，正式成立。

在古老的重庆城里的街、路、门、岩、溪、垭口，无不留下红十字工作者赈济的身影。“国复以来，兵祸迭兴，每逢战事，无役不从。队员常奔走数百里外，以尽救护之责。死者掩埋，生者疗治，流离者遣送，被难者赈恤，至于水灾大荒大疫无不竭力赈救。”《巴县志》里这生动的历史记录，闪耀着人道的光辉。

在民主革命期间，重庆市红十字会与人民群众同呼吸、共患难，在红十字人道主义的旗帜下，播撒着博爱的种子。先后组织了担架队、消防队、水上救护队、济孤院、托儿所和诊所，积极开展为民服务的慈善工作；还组织过医疗队随军奔赴湘赣战区，为战伤者服务；在1948年的霍乱大流行、在1949年重庆“九二”大火灾、在1949年中美合作所白公馆、渣滓洞“十一·二七”大屠杀死难者遗体现场消毒及清理等，红十字工作者都忠实地履行着职责。

新中国成立后，重庆市红十字会组织了医疗队赴朝鲜战场进行战地救护；协助政府遣返日本战俘、遗属、遗孤，做好日本战死人员遗尸、遗骨的清理和遣送回国工作；配合卫生部门开展防病治病、培训等工作。1980年重庆市红十字会恢复后，组织了援非募捐、1988年国际体育援助、抗洪救灾等重大活动。

改革开放特别是重庆改为直辖市以来，重庆市的红十字事业有了长足的发展，成功地实现了从“人民卫生救护团体”到“从事人道主义工作的社会救助团体”的转变。20世纪90年代，重庆市红十字会重点抓了两项大的工作：一是针对人民群众生活水平不断提高所发生的需求变化，开展了大规模时机动车驾驶员卫生救护培训，在公路沿线形成一支庞大的救护军团；二是开展赈灾救济工作，重庆市红十字会近年来为受灾群众争取到国际国内社会捐助达3000多万元，大米1500多吨，在巴山渝水成功地树立了红十字会的良好形象。

改革开放的20多年来，重庆市红十字会受理了5000多宗国际寻人转信工作，使600多个分离的家庭或亲人得到了重新团聚，为开展民间外交和沟通海峡两岸关系起到了桥梁作用。去年，重庆市红十字会受香港特别行政区红十字会的委托，在重庆市寻找1993年深圳市致丽玩具厂火灾事故遇难者的亲属，向他们转交善款。重庆市红十字会在比较困难的情况下，以对人民群众负责的博爱之心，做了大量深入细致的寻找工作。到目前为止，寻找到73位伤残者及遇难者的家属，已被捐赠人确认了69位，我会向这69位家属转交了近73万元的善款，极大地安抚了受伤的心灵。

我们知道：要为人民群众谋利益，就必须做到扶危济困，关心群众的疾苦。为此，重庆市红十字会确定了每年一个主题的人道主义募捐活动的工作目标。去年，开展了以“伸出你的双手，献上一份爱心”为主题，以500名特困人群（即100名80岁以上高龄的特困老人，100名生活特别困难的失学儿童，100名生活特别困难的残疾人，100名生活特别困难的大学生，100名生活特别困难的下岗女工）为救助对象的募捐活动。共募资金60余万元，使他们感受到了人间的真情和博爱的温暖。

今年，在重庆市人民政府的领导下，重庆市红十字会配合中国红十字会总会启动了中国造血干细胞捐献者资料库的工作，成立了中华（重庆）干细胞库筹备领导小组，制定了募捐方案，向社会各界发放了募捐倡议书和捐献骨髓的科普知识，全面启动了中国（重庆）干细胞库的建设工作。这项工作得到了社会各界的广泛响应。企业家、个体户和国家级贫困山区县的人们都踊跃地加入了捐款献体的行列。

重庆市红十字会开展人道工作的历程，是全心全意为人民服务的历程，是为人民群众谋利益的历程。重庆市红十字会90年的经历使我们体会到：工作的成效要以人民群众拥护不拥护为出发点和归宿点。

如今的重庆市红十字会已经拥有了完整的组织网络，理顺了管理体制，得到了市委、市政府及社会各界的广泛认同和支持，独立自主开展工作的能力和自身的经济实力也有了较大的增强，处于较好的发展时期。站在新世纪的起点，面对自然灾害的不断增多，面对生产力发展和社会经济结构特别是产业结构的战略性调整所带来的难以避免的各种暂时困难，面对人道主义领域服务工作的繁重任务，我们满怀信心。倾听群众的呼声，关心群众的疾苦，以高度的责任心和敬业精神为群众办实事，是我们红十字工作者永远不变的追求。

主动当好助手　展显人道力量

吴锡军

在我国，红十字会的人道主义宗旨及其改善最易受损害者境况的工作目标，与中国共产党和人民政府全心全意为人民服务的宗旨以及不断改善人民物质、文化生活条件的目标是完全一致的“人道、博爱、奉献”的红十字精神，完全符合中国共产党和人民政府对精神文明在道德建设方面的要求。因此，在社会救助、扶贫帮困、完善社会保障和精神文明建设等方面，红十字会不仅可以、而且应该当好政府的助手。而要当好助手，贵在“主动”二字。主动就不能消极等待，而是要自加压力、不怕困难、积极争取、开拓创新。

江苏省红十字会在贯彻“七大”精神过程中，自觉地服务于本省两个文明建设，以创建博爱工程为重点，全面推进各项工作，取得了显著的成绩。

救灾救助，帮助弱者。救灾救助是政府社会保障工作的重要内容，也是红十字会义不容辞的主要工作。在总会和省政府大力支持下，江苏省红十字会多方争取，于1997年1月建成建筑面积达5048平方米的省红十字会备灾救灾中心，先后储存拨发各种救灾物资2000余吨，向社会募集并整理、拨发衣被100余万件。已建或在建备灾中心还有无锡、淮阴、盐城、镇江、扬州、徐州市红十字会。1995年起，在全省开展红十字备灾救助基金募捐，省、市、县各级红十字会的备灾救助基金现有2000多万元。“六大”以来，全省各级红十字会共募集、拨发救灾救助款物近9000万元，支援外省灾区款物700多万元。每年元旦、春节前，江苏省红十字会都举行大规模的扶贫慰问活动。为帮助某些特困群体，江苏省红十字会接受杨健良博士3万支干扰素无偿援助30名慢性粒细胞白血病人。美资企业A.O史密斯公司通过江苏省红十字会对86名特困学生捐资助学40多万元，首期合作五年。各地红十字会举办的“母亲工程”、“希望之家”、老年康复（护理）院、“博爱幼儿园”，许多地方红十字会建立的“博爱医疗基金”、“博爱助学基金”、“绿卡工程”（帮助下岗职工就医）等等，在社会上产生了积极的效应。句容市红十字会秘书长张金榜在家境不宽裕的情况下，收养两名孤儿，被广为传颂。红十字会的救灾救助工作，在帮助灾民战胜困难、恢复生产，帮助其他脆弱人群摆脱困难，得到生活、学习的基本保证方面起了积极作用。

志愿服务，造福群众。发展社区服务是政府职能转变、加强社区建设、维护社会稳定的必然要求，“服务人民、奉献社会”是党和政府提出的精神文明创建活动的宗旨。在省和各地都有一批红十字志愿工作者及其开展多项服务的基础上，江苏省红十字会自1996年起开始有组织、有计划地发展志愿者队伍，两次召开全省红十字志愿服务工作会议，提出了“组织志愿工作者参与社会服务、造福群众”的要求。江苏省和各市红十字会都建立了红十字志愿服务工作委员会，并制定了相应的组织规程和管理办法。各地基本达到了“五个一”的要求，即一个组织（工作委员会）、一支队伍（志愿工作者）、一套制度（志愿工作者队伍及其服务活动的规章制度）、一定内容（志愿服务活动）、一套措施（落实工作计划）。南通市红十字会在社会上公开招聘592名志愿者组成服务小组，南京市红十字会在社区建立了93个红十字志愿服务工作站，盐城大丰市在县、乡两级建立了100多个红十字志愿服务小组，苏州市在园林、工矿、教育等系统和街道建立红十字志愿服务组织，形成“条、块”结合的服务网络，徐州市杨春芳为会长的“红十字志愿工作者联谊会”已坚持志愿服务18年，发展到300多人。目前，全省有250多万会员时常参加志愿服务活动，还有相对稳定、经常参加服务活动的红十字志愿工作者骨干队伍7万多人。他们坚持把为特殊困难者的重点服务和面向大众的便民服务相结合。对孤、老、残、特困下岗职工等困难对象调查、登记，落实志愿服务人员、时间和内容，经常在社区为居民提供维修、安装、保健、法律咨询等排忧解难的服务。2001年4月，国际联合会主席海贝格到我省红十字会和南京市红十字志愿服务工作站考察后讲：“我到过许多国家，可以很负责地说，你们的志愿服务工作是很杰出的。我要将你们的经验带走，并与其他国家红十字会共享。”

群众救护，保护生命。“人人享受卫生保健”是政府的承诺和职责，减少伤残对保证生产、发展经济都很重要，“保护人的生命和健康”是红十字会的宗旨之一。

江苏省红十字会在公安、交通、卫生等部门支持下，以国道、省道沿线卫生院（室）为依托，建立了500多个红十字救护点，江苏省红十字会拨款260多万元支持救护点建设，省公路局资助40多万元设置了统一规范、醒目的红十字救护点标志牌。各地红十字会对救护点人员进行统一培训，救护点的管理、服务逐步规范，对减少和减轻交通事故的伤亡起了重要作用，盐城市33个救护点一年中就抢救2427人，被群众誉为“交通线上生命的保护神”。为规范和推动群众性救护培训，江苏省红十字会先后举办了救护培训师资学习班和全省群众现场救护比赛，与台湾高雄市红十字会水上救生大队在南京共同举办了水上救生培训。“六大”以来，全省红十字会开展群众救护培训达216万人次，水上救生培训2万多人次，心肺复苏89万多人次，创伤救护培训110万多人次。江苏省红十字会与江苏电视台联合摄制了6集科普片《创伤的现场救护》，在省电视台连续播出。群众性救护培训和宣传工作，普及和提高了群众卫生保健知识和现场自救互救技能，发挥了救死扶伤的重要作用。

学校工作。培育新人，全面提高青少年

学生的素质是贯彻新时期教育方针、培育“四有”新人的要求。江苏省有红十字青少年会员190多万，是红十字会的一支重要力量，同时，也是通过红十字活动帮助青少年全面提高素质的组织基础。江苏省红十字会“六大”后与省教育厅共同召开红十字青少年工作会议，要求各地红十字会从精神文明建设和培养一代新人的高度，重视并开展学校红十字工作。全省各级各类学校红十字会开展了丰富多彩的活动。一是通过入会教育、知识培训、知识竞赛、征文征画、社会调查、夏（冬）令营等形式，让红十字青少年增加对社会、国情的认识和对红十字运动基本知识的了解，掌握现场救护的基本技能；培养自理、自立能力等等。“六大”以来，全省有1469所学校，29.7万名红十字青少年参加了全国“我心中的红十字”绘画、征文竞赛；参加各种知识竞赛150多万人次，夏（冬）令营26万多人次，卫生救护知识学习120多万人次，社会调查21万多人次。二是组织青少年会员参加各种扶危济困、敬老助残、服务他人、助人为乐的公益活动。对孤寡老人“三定一包”的服务坚持不懈，并形成服务记载、交接班和评比制度；救灾救助募捐、资助孤儿、帮助生活困难或面临失学的学生等活动中，都有红十字青少年奉献的爱心；设立学校卫生监督岗、创建卫生城和环境保护，创“无烟学校”、“为古城献良策”等活动都有红十字青少年参与；节假日和世界红十字日、助残日、敬老日等节日在公共场所开展维修、咨询、宣传等便民利民服务和送温暖慰问活动，更离不开红十字青少年；一些地区创办的红十字青少年互助金，对因大病重病、意外伤害、家庭贫困的青少年进行补助，成为社会保障和“希望工程”的重要补充。三是组织红十字青少年以多种形式学习红十字会法、国际人道法和无偿献血、防病保健等方面的知识。各地教育部门和建有红十字会的学校，把红十字工作放在重要位置，从组织领导、活动载体、宣传阵地、经费、时间等方面予以支持和保证，推动学校红十字工作的规范化建设，向“活动主题化、工作制度化、资料档案化、服务社会化、管理规范化”方向发展并产生了一批示范学校。学校红十字工作使青少年在实践活动中逐步培养和树立了集体主义、爱国主义精神和关心他人、同情弱者、乐于奉献的风尚，受到了学生、家长、学校和社会的欢迎。全省各级红十字会在宣传推动无偿献血，开展遗体和器官捐赠，台湾事务服务和对港、澳及国际交流，响应中央西部大开发号召、促进东西部红十字事业共同发展，宣传生命和保健科学知识、抵制邪教“法轮功”，在农村建立基层组织，开展扶贫帮困、参与农村文化建设等方面也做了大量工作，在社会上产生了积极的影响，使红十字会作为政府人道工作助手的作用多方面得以体现。同时，也初步展示了人道救助团体的新形象。我们所做的工作和取得的成绩是在党和政府的关心和支持下取得的，也是各级红十字会、广大红十字会干部努力奋斗的结果。但是还有许多工作有待开拓，已做的工作还应做得更好、更有成效。

我们将认真学习贯彻中国红十字会七届二次理事会精神，发扬江泽民主席倡导的五种精神，更加自觉、主动地当好政府人道工作的助手，在社会上更加鲜明地展示红十字会“从事人道主义工作的社会救助团体”的形象，为建设有中国特色红十字事业做出贡献!

努力实践“三个代表”重要思想

赵 辉

江泽民总书记在建党80周年的纪念大会上发表的讲话，系统回顾总结了党的80年光辉历程和基本经验，全面阐述了“三个代表”重要思想的科学内涵，深刻回答了新的历史条件下加强和改进党的建设需要解决的重大问题，进一步阐明了党在新世纪的历史任务和奋斗目标。我们从事红十字会工作的同志应当努力实践“三个代表”重要思想。

天津市红十字会近年来围绕救灾、救护、救助及青少年道德教育而实施的“四项工程”，突出了“以人为本”的人道主义宗旨。在全市红十字会初步形成备灾救灾网，为灾区提供近2000万元的救灾款物；每年筹集几百万元资金救助困难人群达3000多人；每年培训红十字急救员达3万多人；1700多所大中小学的18万红十字青少年在开展卫生防病宣传教育、帮助困难人群的助人为乐活动、敬老奉献服务基地建设等项活动中，以服务社会、服务他人的实际行动，提高了青少年的思想道德水平。我们实施的“四项工程”得到天津市各级领导的高度重视和社会各界的赞誉，特别是受到了广大群众的欢迎。这充分说明我们红十字会从事的人道救助事业是社会发展的需要，是广大人民群众的愿望，体现了先进文化的发展方向，是实践江泽民总书记“三个代表”重要思想的实际行动。努力实践“三个代表”重要思想，是红十字会工作适应新形势发展和时代的要求。红十字会工作必须按照“三个代表”的要求开展工作，把江泽民总书记“七一”讲话精神贯彻到红十字会各项工作中去。

我们要做到：一、自觉地把思想认识从那些不合时宜的观念、做法和体制中解放出来，坚持解放思想、实事求是，坚持科学态度，大胆进行探索，使我们的业务指导思想、任务的确定、各项决策更加符合客观实际。二、要进一步加强天津市红十字会机关党的建设，要严格按照讲话精神，从思想作风、工作作风、领导作风、学风以及生活作风等方面全面强党的思想、政治、组织、作风建设。三、认真研究确定红十字会工作任务，做到与社会主义精神文明建设更加广泛紧密合；大力宣传人主义精神，在确定红十字会的各项作中要充分体现代表先进文化的发展方向。四、要努力拓展救灾、救助、救护工作的领域，不断丰富其内容，扩大服务对象。我们要把大多数困难群众的愿望、需求作为确定工作任务的出发点和归点，尽可能为他办更多的好事实事，为天津市的经济发展、社会稳定做贡献。五、加强各级红十字会组织的干部队伍建设，按照讲话精神，红十字事业的发展需要一支高素质的专兼职干部队伍，以适应新形势的需要，因此要以改革精神，按照新时期对于部的要求，选拔、培养优秀的年轻干部；要对现有干部进行培训，全面提高素质。

舆论先行　重点突出
锐意进取　加速发展

刘琳娜

当前，红十字会工作面临着良好的发展机遇，同时，也面对许多严峻的挑战。如何抓住机遇，迎接挑战，开创工作新局面？深入学习江泽民总书记“七一”重要讲话，努力实践“三个代表”重要思想，全面落实中国红十字会第七次全国会员代表大会精神，我们的工作思路是：舆论先行，重点突出，锐意进取，加速发展。近年来主要抓好以下工作：

一、舆论先行，重点突出

国际红十字会运动历史悠久，我国红十字会法颁布施行也有数年，但红十字会的影响还很不够。要做好红十字会工作，宣传工作必须先行。我们的具体做法是：

1. 高层次协调，多部门配合，加大宣传力度

为了进一步宣传红十字人道、博爱、奉献的精神，使更多的人了解红十字会，支持、资助红十字事业，我们将2000年定为宣传年，成立了宣传工作领导小组，由中共辽宁省委宣传部副部长担任组长，加大了宣传工作领导力度。我们协调各方面力量，取得省委宣传部、省政府文教办、省教委等有关部门以及新闻媒体的支持和配合，多次召开新闻发布会，与有关部门及新闻记者共商宣传计划。我们提出宣传红十字会，做到《辽宁日报》一年有一个专版，辽宁电视台一年至少有一个专题节目，全省一年至少搞一次专题的大型活动。据统计，2000年我们与辽宁电视台联合制作了两部宣传红十字运动知识和红十字会宗旨、性质、任务的专题片，先后有14家新闻单位报道了辽宁省红十字会的工作及活动近40次。现在正在进行的建立中国造血干细胞捐献者资料库工作也收到了较好的宣传效果。2001年“五八”期间，我们成功地联合辽宁电力有限公司开展了有奖知识答卷活动，辽电出资，两家共同出题，《辽宁晚报》承办，社会效果较好。

2. 以活动促宣传，树立红十字会的良好的形象

以宣传带动工作，以工作促进宣传的效果。采取集中宣传与常年宣传结合的方法，扩大红十字会的影响。去年“五八”期间，我们把宣传的重点定位在对社会各界人士的开发宣传上，辽宁省红十字会先后召开了部分理事及社会各界有关人士参加的座谈会，与沈阳市红十字会联合举办大型纪念活动，张榕明副省长参加了上述活动并在座谈会上作了重要讲话。为了推动群众性初级现场救护培训工作的开展，辽宁省红十字会舆论先行，扩大影响，免费为省直机关司机、省高速公路交警等进行初级现场救护培训，举办全省学校红十字会工作委员会成立暨救助辽西四市贫困儿童食品发放仪式，组织学校红十字会员进行“我心中的红十字”专场演出。沈阳市铁西区有一个自发的老年自行车队，他们主动找上门来，要免费、义务为红十字会进行宣传，做我们的志愿工作者。我们也主动支持他们，给他们提供宣传品，他们打着“辽宁省红十字会老年自行车队”的旗帜，由沈阳到北京一路宣传，并在省内进行宣传讲演。

3. 上下一盘棋，搞宣传工作的全省联动

除了搞好省会的宣传工作，我们还注意全省各级红十字会的联动，全省每年都有宣传工作计划，各市红十字会也加强了宣传工作，采取不同形式，广泛深入地宣传红十字会法和红十字运动基本知识。沈阳市举办了由全市红十字青少年参加的“万人健身操比赛”，通过比赛宣传红十字精神。辽阳市副市长、市红十字会会长姜军在全市开展备灾募捐活动期间，发表电视讲话，为红十字会工作鼓劲。阜新市在搞募捐活动的三四个月中，新闻媒体先后 12 次报道红十字会工作。

二、锐意进取，加速发展

去年初，辽宁省红十字会根据副省长、省红十字会会长张榕明的提议，决定在全省开展一次以备灾为主题的募集衣服活动。中国红十字会总会领导对辽宁省红十字会的募捐工作给予重视及肯定，要求我们在募捐工作中不断总结经验，积极探索出一条新路子来。我们召开了全省红十字会秘书长工作会议，认真学习李岚清副总理的指示精神，再一次提高对募捐工作的认识。大家认识到，此次募捐已不是平常意义的募捐，它的意义就在于要探索出一条备灾募捐的新路子来。

为确保工作顺利开展，辽宁省红十字会采取了以下一些措施：一是分市包点，责任到人。从会长、秘书长到工作人员都分别包市到人，落实责任制，指导督促各市募捐工作。二是典型引路。沈阳市红十字会募捐衣物工作已开展多年，积累了一些经验。我们及时抓住典型，在全省推广沈阳市红十字会的经验，并实地参观了沈阳市红十字会募捐站。三是建立激励机制。辽宁省红十字会制定了“备灾募捐活动的评奖条件”，设立了三个奖位。用奖励先进的办法，激励各市完成好这项工作。四是分类实施。一切从实际出发，实事求是，及时调整工作思路，使灾民得到及时的救助。五是发挥备灾中心的作用。在备灾募捐活动中，省红十字会充分发挥备灾中心的职能作用及人员、场地等优势，让备灾中心参与此项工作。六是组织义卖。2001 年，辽宁省遭到严重的旱灾，缺衣不是主要困难，我们决定将部分募捐衣物变值义卖。我们反复学习李岚清副总理的讲话，提高认识，使大家认识到，对募捐衣物进行整理、挑选、义卖更能有效地救助灾民，拓宽备灾救灾工作领域，符合红十字会工作的宗旨。

辽宁省红十字会的工作才刚刚起步，省红十字会管理体制也刚理顺。辽宁省红十字会决心在中国红十字会总会、中共辽宁省委、省政府的领导下，向兄弟省区市红十字会学习，克服困难，积极进取，开创红十字事业的新局面。

以科学发展观为指导
推进红十字事业可持续发展

张心宝

坚持以人为本，树立全面、协调、可持续的科学发展观，对于红十字会工作来说具有非常重要的战略意义。

一、立足新的形势任务，创新发展思路

面对转型期新旧体制的交织、市场化竞争的加剧和发展不均衡风险等一些经济社会新特点，红十字会怎样抓住机遇加快发展？

答案应该是：（一）强化政府助手作用。红十字会已经成为经济和社会协调发展的积极力量。贯彻落实科学发展观，就要进一步强化全局观念，把握政府工作的重点，紧紧围绕政府的中心工作，加大人道主义救助的工作力度，切实当好政府助手。我们的长期任务是救助弱势群体，但每一时期的救助对象不可能完全一致，这就要紧紧围绕政府工作的大目标，把我们的工作纳入政府工作的补充，发挥助手作用。（二）强化以人为本理念。坚持以人为本，为人民群众办实事、解难事、做好事。人民群众的需要，就是我们工作的着眼点和着力点，比如灾区群众、鳏寡孤独和特困家庭，这些最需要救助的群众，我们帮他们解决一些实际困难，使之得到基本的生存和发展，就可以为社会稳定和文明做贡献，形成全社会关心弱势群体的良好氛围。（三）强化特色亮点品牌。不断创出自己的品牌，才能形成全社会积极参与支持红十字会工作的良好社会氛围。近年来，我省提出要把造血干细胞库、遗体捐献、初级卫生救护、温暖送千家、博爱在齐鲁"活动等有红十字会特色的活动做成自己的亮点工程，成为为弱势群体服务、为全面建设小康社会做贡献的人道主义具体行动。

二、立足新的历史定位，创新工作机制

我国红十字会现阶段处于"开创时期"新的历史定位，要求我们务必遵循社团组织运行机制的规律，充分发挥自身优势，探索适应红十字会工作的新路子，真正建立起充满生机与活力、密切联系群众、符合自身特点的群众团体组织机构和运行机制。（一）完善法制保障。在论证、制定、实施山东省实施红十字会法、献血法和《山东省遗体捐献条例》的实践中，充分体验到依法建会、依法治会、依法兴会的重要性。在政府、人大的立法过程中，起到宣传和提高认识的作用，特别是通过各级人大、各级政府依法支持、资助、监督、保障红十字会工作，为发展红十字会创造了良好氛围。这些经验昭示我们，要寻求红十字事业的持续健康发展，必须不断完善法制保障，使整个红十字会系统在完善的法制环境中运行。（二）完善管理体制。我会自2002年理顺管理体制后，相继有济宁、青岛、济南、枣庄市红十字会理顺了管理体制。实践证明，哪里理顺了管理体制，哪里政府支持、资助、保障、监督红十字会工作的力度就大，红十字会独立自主开展工作的能力就强，工作就有起色，事业发展就快。（三）完善运行机制。山东省红十字会先后制定印发了市、县红十字会工作规范、基层红十字会工作规范、救灾工作实施细则、基金管理办法、募捐箱管理办法、加强造血干细胞捐献者资料库建设的意见、卫生救护培训工作实施方案等规范性文件，使各项工作有章可循，基本步入了制度化、科学化、规范化的发展道路。在自然灾害和突发事件的救助中，我们要求红十字会第一时间赶到现场实施救助，收到了好的效果。我们还要进一步创新思路，改进作风，强化改革措施，完善运行机制，并自觉主动地参与到公共卫生体系建设、应急机制建设和社会保障体系的建设中来，在规范制度、完善服务、增强实力和活力上加大工作力度，形成制度完善、运行科学、反应迅速的反应机制和运行机制。

三、立足经济社会发展需要，创新服务格局

在社会主义市场经济条件下，政府职能的转变给红十字会提供了良好的发展机遇。

适应需要，创新服务格局，是摆在红十字会工作者面前的一项重要课题。（一）优化服务内容。必须用发展的眼光、新的工作思路探究红十字会工作新的服务内容，在做好传统工作的基础上，紧紧围绕红十字会的宗旨和职能，多做一些既有短期效应、又有远期效应的项目，使各项业务工作都能在适应需要、丰富内容、增强实力、夯实基础、保持领先、创造经验等六个方面见成效，不断有新起色、上新台阶，真正做足做好为经济社会发展服务的文章。（二）优化服务网络。随着红十字会工作服务领域的拓宽和发展，建设科学完善的服务网络，成为增强红十字事业发展后劲的重要保障。如造血干细胞捐献者资料库建设，从宣传发动、血样采集、资料查询、配型成功、移植成功需要我们做一系列大量的工作，必须有一个完整科学有效的服务体系。（三）优化服务队伍。要进一步建立健全组织机构，加强基层组织建设，红十字工作者要不断提高自身素质，在技能方面也应有特长。同时，要不断发展新的会员和志愿者，逐步形成以骨干会员为主体、广大志愿者为基础的工作队伍。

四、立足可持续发展，创新理论体系

要实现红十字事业可持续发展，必须深入总结历史和基层经验，学习借鉴国外经验，建设和创新红十字会工作的理论体系，以实践丰富理论，以理论推动和指导实践，努力实现红十字事业的可持续发展。（一）开发首创精神。要超常规发展，就要有创造性思维。基层蕴藏着巨大的首创精神，好的经验首先来自基层。多年来，我们积极培养、树立、推广青岛、济宁市红十字会等先进典型，起到很好的示范带动效应。我们通过对农村红十字会工作进行全面调研，提出了今后加强农村红十字会工作的基本思路。我们要把红十字事业搞成轰轰烈烈的大事业，必须特别开发基层的首创精神。要进一步转变作风，大兴调查研究之风，经常深入基层，研究新问题、探讨新思路、创造新经验、开拓新渠道。（二）开发理论研究。只有理论上的升华，才能提高工作的前瞻性和创造性，必须从思想上、政治上、领导上重视理论研究，下大力气培养和发展一批理论水平高、有基层实践经验的专门人才，紧密结合中央的大政方针，准确把握实际工作情况，虚心借鉴国内外先进经验，不断加强红十字会工作的理论研究，不断提出适应新时代要求、符合红十字会工作特点的理论和决策依据，推进红十字事业向纵深发展。（三）开发宣传效应。国际红十字运动的影响和中国红十字会的百年历史为我国红十字事业的发展提供了巨大的无形资产。红十字事业是一项伟大而高尚的事业，但红十字会工作却是一项艰苦而细致的工作，需要多少代勇于奉献的人们不懈奋斗。只要我们真正统一思想，舍得付出心血，切实强化“三为”、完善“三制”、优化“三素”、开发“三潜”，我们的红十字会工作一定会有更大的作为，我们的红十字事业一定会有一个更加美好的明天。

与时俱进、开拓创新是红十字事业实现新跨越的动力

张　波

2004 年正值中国红十字会建会 100 周

年，四川省红十字会也走过了92年的风雨历程。处在面临全面建设小康社会重要的战略机遇期，当前红十字事业的发展要求我们必须坚持与时俱进，一些陈旧落后的运作模式已不能适应新的发展要求，必须大胆开拓创新。实践证明，与时俱进、开拓创新是红十字事业不断实现自身发展新跨越的动力源泉。

一、与时俱进、开拓创新就是要牢牢把握新的历史方位

“三个代表”重要思想的出发点和落脚点是代表广大人民的根本利益，这正是红十字会作为社团组织长期奉行“人道、博爱、奉献”精神的本质所在，只有充分认识这一点，才能准确找到红十字事业发展在整个社会主义事业发展中的地位和坐标，更加明确自己的责任和使命，激发工作的认同感和成就感，为红十字事业发展提供不断的动力源泉。

红十字事业发展必须在自身新的历史定位上与时俱进。中国红十字会会长彭珮云在庆祝中国红十字会建会100周年纪念大会上指出“虽然中国红十字会走过了辉煌的100周年，但现阶段处于‘开创时期’”，这一论断确定了当前我国红十字事业发展的历史定位。四川省红十字会同各兄弟省、市、区红十字会一样，只能正视这一正确定位，而不能盲目逾越这个客观现实。只有勇于进取，不断开拓创新，才能在“开创时期”争取实现红十字会的跨越式发展。这要求我们必须在遵循社团组织运行规律的基础上，充分发挥自身优势，努力探索适应红十字会工作的新路子。

二、与时俱进、开拓创新就是要牢固树立和认真落实科学发展观

全面协调和可持续发展的发展观要求我们以人为本，更加重视通过社会事业的全面发展，以不断改善老百姓的生存状况，提高人民群众的生活水平。在科学发展观的整体构架中，凸显了我们红十字事业的地位和作用，拓展了红十字会的作为空间。正是在这一发展理念的鼓舞和指导下，四川省红十字会去年以来各项工作取得了崭新的成果：抗击非典争当排头兵；救灾备灾及时有力；重弱者，救助活动广泛开展；造血干细胞捐献者资料库建设取得新的突破；重基层，社区红十字服务工作取得新进展。实践证明，只有致力于行善事、办好事，红十字这块金字招牌才会更加鲜亮，更具社会感召力，只要我们在科学发展观中找准自己的位置，不断拓展业务空间，就一定会创造出更多的发展机会。

三、与时俱进、开拓创新就是要大胆运用市场经济规律办事

社会主义市场经济制度作为我国的基本经济制度的确立和完善，是现阶段一大鲜明的时代特色。红十字事业的发展要敢于和善于运用市场经济规律，自觉投身到市场经济浪潮之中，锻炼自身的生存、发展本领。去年以来，四川省红十字会在这方面作了一些探索和实践，通过“会企合作”方式，为红十字事业的发展构建了一些新的平台。如与四川博瑞集团合作，共同开展百周年系列庆祝活动。与广州白云山中药厂联合，在11个市为社区群众开展中老年心血管疾病的防治咨询和免费体检等公益活动。此外，形成了更加灵活有效的用人机制。尽管这方面的探索成效明显，但作为一个亟待进一步开拓的重大课题，必须做坚持不懈的努力。

四、与时俱进、开拓创新就是要具备更

加开放的世界眼光

作为三大国际性组织之一的红十字会，本身就是国际合作与援助的产物，它的发展具有鲜明的国际性和开放性。国内红十字会的发展必须坚定不移地走对外开放的路子，具备更加开放的世界眼光，在争取国际合作与援助上下功夫。要坚持以项目为突破口，发挥国际影响和品牌优势，千方百计以项目求合作，以项目争援助，以项目促建设，以项目增活力。近两年，四川省红十字会正是抓住机遇，成功地争取并实施了一批国际合作与援助项目：通过积极争取，我们赢得欧盟人道主义援助办公室、亚洲国际团结协会援助我省改水改厕项目，援助资金 20 万欧元；争取到加拿大红十字会改水改厕项目和乡村卫生院建设项目；通过周到细致的工作，争取到加拿大援助艾滋病项目，及由香港盲人辅导会、亚洲防盲基金会、美国心连心国际组织共同捐赠的“复明 8 号”眼科手术车为580 例白内障患者进行手术；2004年是四川省实施挪威援助甘孜项目的第四年，在长期的合作中，我们逐步形成了一套完整的年度项目报批制度、分季度预算制度、分阶段项目中期评估制度、审计制度，坚持与国际惯例接轨，实现了项目的定期督导制度，被挪威红十字会誉为“甘孜模式”。正是基于长期以来的良好合作和显著成效，每年的援助资金达到 160 万元人民币。与此同时，本着开放精神，我们还不失时机地拓展国内合作空间，争取兄弟省（区、市）的支持。

世易时移，贵在与时俱进；承前启后，重在开拓创新。站在中国红十字会建会 100 周年的里程碑前，如何使现阶段所处的“开创时期”变成超常规发展时期，是致力于红十字事业的每一位同志应该认真思考的课题。我们当前在工作中所做的一些探索，只是个开端，还需要不断拓展和深化。但我们坚信，与时俱进、开拓创新的精神将始终是推进我们红十字事业不断实现跨越式发展的动力源泉。

创新是“率先”和“出色”的前提

李雪奴

一、把“率先”和“出色”作为最大的工作目标

彭珮云会长在七届四次理事会上指出：“红十字会所做的工作都是为了人的生命和健康，就是保护和发展生产力；弘扬人道、博爱、奉献精神，符合中国先进文化的前进方向；努力改善最易受损害群体的境况，与代表最广大人民的根本利益是完全一致的。”在红十字会工作中，坚持为人民办实事、做好事、解难事是代表最广大人民的根本利益的要求所决定的，是实现这一利益的具体体现和重要保证。红十字会的工作要贴近最易受损害人群的生活，了解他们的境况和要求，急他们之所急，想他们之所想，办他们之所盼。因此，我们深深地认识到，做好北京市红十字会在新时期和新阶段的工作，全面学习贯彻“三个代表”重要思想，对北京市率先基本实现现代化、举办一届历史最出色的奥运会具有重大的现实意义和深远的历史意义。而“率先”和“出色”就是北京市红十字会当好政府有力助手的工作目标。

北京市红十字会机关现有行政编制21人、事业编制6人。设置1室4部。经市编办批准的直属事业单位5个。全市红十字基层组织2559个，会员71.2万人（其中青少年会员24.3万人）。近年来，在中共北京市委、人大、政府、政协的领导和支持下，在总会的指导和帮助下，我们集中力量筹建了以“999”（救护、救助、救灾）专用电话为通信系统的“北京市红十字会紧急救援中心”。该“中心”于2001年9月19日正式开通，截至2003年8月31日，在全市设立救护急救站45个，拥有救护车102辆，急救车出诊14.4万台次，救治病人14.5万例，参加大型救助130多次，并与18家大医院组成了“北京市红十字会‘999’急救医疗协作集团”。“999”成立以来共接待了22个国家和地区红十字会、138个国内团队的参观访问。到中国访问的红十字国际委员会主席雅各布·凯伦博格一行给予“999”以高度评价。

2003年春夏，在抗击非典斗争中，在消毒用品、药品、防护用品、温度计等出现短缺的情况下，北京市红十字会立即启动预案、开展募捐。社会各界纷纷献出爱心，两个多月的时间，共募集善款2700多万元，各种物资折合人民币5000多万元。我们用最快的速度将款物及时送到小汤山、佑安、地坛等医院发热门诊和全市弱势群体手中，并通过《红十字在行动》专刊向市民宣传预防非典的知识，消除市民的恐慌心理，有力地支援了抗击非典的斗争，北京市红十字会受到了中共北京市委、市政府的表扬。

2003年下半年，淮河、黄河流域发生严重的洪涝灾害，我们积极行动，在总会的指导下，在全市范围内开展了为灾区募捐活动。首批325万元的款物以最快速度发送到14个受灾省区市。

二、今后一个时期的工作重点

今后一个时期，北京市红十字会的工作重点工作是：以“三个代表”重要思想为指导，以发展创新为动力，以努力开创首都特点的红十字事业为目标，以依法建会、依法治会、依法兴会为保障，牢固树立群众意识、首都意识、创新意识、大局意识和务实意识，进一步理顺体制、创新机制、强化宣传、增强活力、提高素质、服务奥运，努力为首都的物质文明、政治文明和精神文明建设做出更大贡献。

北京市18个区县都建立了红十字会，95%以上的街道、75%以上的乡镇建立了基层红十字会组织。在教育、厂矿、旅游等行业和志愿工作者中建立了6个红十字工作委员会。但是，面对不断发展变化的国际国内形势，面对社会主义市场经济体制建立的要求，红十字会的工作还有许多不适应的地方。比如：资源短缺、竞争激烈、人才缺乏、创新不够等，特别是管理体制不顺严重影响事业发展。目前，北京市18个区县中只有通州区红十字会理顺了管理体制，其他区县仍挂靠在卫生局。今后，我们工作的一个重点就是按照红十字会法的规定和“七大”以来历次理事会的要求，争取中共北京市委、市政府及编制部门的大力支持，力争早日理顺区县红十字会的管理体制，为北京市红十字会工作的顺利开展打下坚实的组织基础。

兴起学习贯彻“三个代表”重要思想新高潮，关键是坚持与时俱进。一是要解放思想。随着改革的深化和社会主义市场经济体制的建立，面对不同劳动性质、不同就业方式、不同地区、不同职业中人的具体情况，要求我们要因地制宜地开展工作。例如：募捐工作，就要针对不同的人群，采取不同的劝募、激励办法，激发人们救灾扶贫的热情和动力。二是要创新机制。按照“三个代表“重要思想的要求，根据社会主义市场经济发展的需要，紧密结合红十字会工作的性质和特点，认真研究社团发展的规律，努力探索贴近群众、适应社团工作的充满生机活力的工作机制。使制度建设适应社会主义市场经济发展的需要；适应红十字事业全面发展的需要，适应依法管理、增强红十字会工作活力的需要。三是要争取支持。我们要通过广泛的宣传，扩大影响，充分赢得政府的帮助，政策的支持；我们要通过扎实的工作，赢得社会各界的信任，壮大红十字会组织；我们要以灵活的工作方式和激励机制，强化会费的收缴，使北京市红十字会的工作得到扎实开展。

2008 年北京奥运会将办成“绿色奥运、科技奥运、人文奥运”。红十字会与红新月会国际联合会与国际奥委会也签订了长期合作协议。北京市红十字会要紧紧抓住这个千载难逢的机遇，勇敢地迎接挑战，为服务“新北京、新奥运”做好准备。要激发队伍的整体活力，以服务奥运为切入点，大力营造有利于专兼职工作者成长并发挥作用的良好氛围，让每一个成员思想上专心、工作上尽心、生活上舒心，调动好、保护好、发挥好他们的积极性、主动性和创造性。要加强急救员队伍和志愿者队伍建设。2008 年北京奥运会仅志愿服务工作者就需要 10 万名。北京市红十字会要充分利用这个大好时机，制定出切实可行的发展规划，主动争取市委、市政府的支持，全面推进奥运会培训计划。到 2004 年，全市参加卫生救护培训并取得红十字急救员证书的人数要达到每 150 人中有 1 人；到 2008 年达到每 80 人中有 1 人。我们还要积极拓展培训渠道，对参加奥运会志愿服务的人员进行救护知识和救护技能的培训。

2004 年，将迎来中国红十字会百年诞辰，这是中国红十字事业的大事、喜事。明年上半年，北京市红十字会还将召开第八次会员代表大会，进行换届选举并制定今后五年的发展规划。我们要紧紧抓住机遇，用“三个代表”重要思想统领各项工作，以饱满的精神状态开创北京市红十字会工作的新局面。

打造红十字特色的品牌

王振川

社区服务是红十字会一项传统工作。总会在总结过去开展社区红十字服务的基础上，同民政部联合发出了《关于开展社区红十字服务工作的通知》，确定了红十字社区服务的基本原则、目标和任务。黑龙江省红十字会社区服务基本工作思路和品牌战略构想是：

（一）工作基本思路

1. 充分认识到社区服务对红十字事业的“三个有利于”。一是有利于把红十字会人道主义工作做到实处。红十字会的宗旨是“扶危济困”，而特困人群最小单位是在社区，了解社区状况，把社区人群作为服务对象，既有的放矢，又落到实处；二是有利于宣传和发动群众。就红十字会组织性质和人道主义特点来看，人民群众既是红十字会的服务对象，又是依靠的力量；三是有利于资源共享。有了政府的支持，政府有关部门齐抓共管，避免机构重复、人员重叠、经费多投的浪费现象。2. 红十字会在社区服务中抓准“三个切入点”。一是红十字会的卫生救护工作和WTO初级卫生保健相结合，达到实现红十字“保护人的生命和健康”的宗旨；二是红十字会赈济救护与政府扶贫工作相结合，达到实现红十字会“改善易受损群体生活境况”的任务；三是红十字会弘扬“人道、博爱、奉献”与社会主义精神文明建设相结合，达到传播红十字运动原则的目的。3. 建立三种具有红十字特色的“三个工作基地”。一是结合备灾救灾工作建立社区内募捐站（中心），常年接收城市“减负”物资，使其具有接受、清洗、消毒、打包、储藏多功能，为救灾服务；二是结合“保护人的生命和健康”，在社区内建立红十字卫生服务站，对低保和因病致贫人群开展以医疗，救助为内容的帮扶工作；三是结合传播红十字运动知识和国际人道法，建立红十字会活动室，把传播工作寓于娱乐中，达到弘扬人道主义精神，组织志愿工作者，发展会员之目的。4. 红十字社区服务要达到“三个效益”。一是赈济救护达到促进社会稳定效果；二是营造一个人人为我和我为人人的人道氛围；二是提高生活质量、改善生活环境，达到建设文明社区的目的。

（二）品牌战略构想

1. 要有品牌意识。回顾过去众多人道救助和社区服务活动时，除了“温暖送到家、博爱在龙江”以及“三定一包”等活动外，很多活动没有形成规模，只是随机的、一次性的。如何能使有限的款物在人道工作中发挥两个效益，达到真正雪中送炭目的，又如何在社会上募集到更多的善款，增强赈济救护实力，开展更广泛的救助工作，品牌工程则是鱼和熊掌可兼得的途径。这不仅可以提高作为宣传红十字社会团体的文化品位，还会在打造一个具有诚信的品牌工程的同时，募集到更多善款，改善易受损人群的境况。2. 如何打造品牌工程。在这方面要因地制宜：一是总结经验，与时俱进。如黑龙江红十字会“三定一包”已有十年的工作经验，打造品牌，不一定是另起炉灶，要总结10年工作的经验与教训，去粗取精，必有益处。又如总会的“博爱送万家”各地分会要统一使用这个名称，长期坚持下去，就是红十字会的品牌。二是创立“注册”品牌。民政部和中国红十字会联合下发了《关于开展红十字社区服务的通知》是一个契机，可办一个“XXX社区服务工程”；造血干细胞捐献者资料库的建设，可从白血病儿童居多、治疗费用耗资大的特点出发，搞一个名牌医疗救助工程。三是按信息化、系统化要求组建工程体系，包括组织体系建立、计划制定（含宗旨、目标、政策、程序、规则），甚至包括监督机制的完善，使工程程序运行。四是宣传与推广。品牌工程的形成与宣传分不开，介绍红十字性质、任务，声明工程宗旨，启迪社会，接受监督，形成区域性后再推广。

重在实践　贵在落实

尼　玛

胡锦涛同志在“七一”讲话中指出：

"全面贯彻落实'三个代表'重要思想，关系党和国家工作的全局，关系实现全面建设小康社会的宏伟目标，关系中华民族的伟大复兴，关系中国特色社会主义事业的长远发展。"

学习贯彻"三个代表"重要思想，重在实践、贵在落实，关键要以"三个代表"重要思想为根本指针，坚持立党为公，执政为民，用"三个代表"重要思想统领红十字会的各项工作，全面推进红十字事业取得新进展。改革开放以来，特别是中央实施西部大开发战略以来，西部各省（区）的经济进入了一个持续快速、健康发展的新阶段。各省（区）红十字会无论在组织建设、法制建设以及备灾救灾、卫生救护、宣传与人道法传播、社区服务、推动无偿献血、造血干细胞捐献者资料库建设等方面均取得了很大的发展，为发展西部的红十字人道救助事业，推动中国特色红十字事业的发展做出了积极贡献。新世纪新阶段，机遇与挑战并存。在本世纪的头 20 年，对中国红十字会各级组织来说，更是一个必须紧紧抓住并且可以大有作为的重要战略机遇期，必须在为实现"全面建设惠及十几亿人口的更高水平的小康社会"宏伟目标的奋斗中，不断开拓、不断创新并有所作为；必须在依法理顺地方红十字会管理体制、建立健全基层红十字会组织、提高红十字会社会知名度、增强红十字会救灾救助实力等方面取得成效。一是各级红十字会要以"三个代表"重要思想为根本指针，解决好涉及红十字会建设全局性、长期性的工作，如理顺体制、建立机制、完善政策、健全制度等方面的问题；二是要牢牢把握"三个代表"重要思想的本质——立党为公，执政为民，以实现好、维护好、发展好最广大人民的根本利益为根本出发点和落脚点，以改善最易受损害群体的境况为目标，千方百计做好救灾、救助、救护、社区服务等主要工作；三是广大专（兼）职工作者要时刻做到心里装着群众，凡事想着群众，工作依靠群众，一切为了群众，坚持权为民所有、情为民所系、利为民所谋，为群众诚心诚意办实事，尽心竭力解难事，坚持不懈做好事；四是要以"三个代表"重要思想为指导，按照党中央关于加强和改进党的建设的一系列重大部署和要求，不断加强红十字会的领导班子和干部队伍建设，努力建设一流的干部队伍、培养一流的工作作风、创造一流的工作业绩。

胡锦涛同志"七一"重要讲话中指出："到最困难的地方去，到群众意见多的地方去，到工作推不开的地方去，同那里的干部和群众一道，努力排忧解难，化解矛盾，打开工作局面。"作为红十字会的专（兼）职干部，特别是中共党员领导干部，读了胡锦涛同志关于"三个必须去"的论述后，一定有一种豁然开朗的感觉。"三个必须去"的要求，不仅明确了我们下一步的工作目标和工作重点，也指出了具体的工作思路和工作方法。我们要按照彭珮云会长在七届四次理事会上关于"红十字会所做的工作都是为了人的生命和健康，就是保护和发展生产力；弘扬'人道、博爱、奉献'精神，符合中国先进文化的前进方向；努力改善最易受损害群体的境况，与代表最广大人民的根本利益是完全一致的"论述，把红十字会的工作开展到最需要的地方去，给那里的人民群众、特别是脆弱群体送去党和政府的关心，送去红十字会的关爱。

到最困难的地方去。把红十字会的工作

扎实、深入地开展到最困难的地方，是困难地区各族人民群众的迫切需要，也是法律赋予红十字会的神圣职责。困难的地方大多经济落后、群众贫困、交通不便，各族群众生产生活中的困难也最多、最大，最需要红十字会的人道救助。特别是西部的少数民族地区，生产力总体水平不高、经济欠发达、自然灾害频繁、抗灾自救能力低的问题非常突出。到灾区，为灾民送医送药、送衣送粮，解决他们的燃眉之急；到贫困地区，对贫困农牧民问寒问暖、扶贫帮困，解决他们的生产生活困难，就是对“三个代表”重要思想的最好实践。

到群众意见最多的地方去。到群众意见多的地方开展工作，是红十字会作为政府人道工作助手的职责所在，也是红十字会作为党联系群众的桥梁和纽带作用的要求。群众有意见、意见多，往往是他们的利益被忽视、被冷落，如医疗保健、卫生救护、入托入学等社区服务问题，如下岗职工问题、城（乡）贫困人口问题、贫困学生受教育以及“三农”问题等。这些地方的许多群众面临着诸多生产生活困难急待解决，红十字会应该根据当地党委、政府的整体工作部署，自觉地到这些地方去，把宣传党的路线、方针、政策和开展红十字人道主义工作有机结合起来，帮助他们解决生产生活的实际困难。

到工作推不开的地方去。把红十字会的工作重点放到工作推不开的地方去，是实现红十字会工作整体推进的必然出路。一些地区红十字会的工作和红十字事业的现状某种意义上表明，红十字会工作越是推不开、走不动的地方，越是需要红十字人道救助事业的地方，在这些地方发展红十字事业，是红十字会的重要职责之一。到这样的地方去，给这些地方的红十字会以支持、以援助，帮助他们理清工作思路、制定工作规划，帮助他们走出窘境，对于整体推进各省（区、市）乃至全国红十字会各级组织的工作具有十分重要的意义。

筹资工作存在的主要问题及对策

桂 忠

要想有地位，必须有作为；要想有作为，必须有实力；要想有实力，必须去筹资。这已成为广大红十字工作者的共识。多年来，红十字会在开展募捐和社会救助工作方面做出了显著的成绩，也受到了社会各界的称赞。但是，面对当前新形势、新任务的要求，筹资难、实力弱一直是制约红十字事业发展的主要因素之一。目前，除个别地区筹资工作开展得较好外，总的讲省级以下红十字会的筹资工作水平还较低，筹资渠道过窄，效果还不尽如人意。现就红十字会筹资工作存在的主要问题及对策做一粗浅探讨。

一、红十字会筹资工作存在的主要问题

（一）筹资宣传工作不到位，红十字会的知名度不高，主要表现是：

1. 筹资工作宣传力度不够大，宣传的思路、方式过于传统化，针对性不强，红十字会的社会知名度还不高。特别是有能力支持红十字会的工商企业界对红十字会的宗旨、性质、任务了解不够，使筹资渠道过窄。

2. 对筹资工作的总结表彰不够及时，

筹资信息的收集、反馈、通报及筹资的公关联络工作不到位。对捐赠者希望树立公众形象的需求重视不够，结果常常是“一锤子买卖”，丢失了许多筹资资源。

3. 筹资策划人才缺乏，不善于打造自己的品牌，相关政策和红十字会的无形资产开发利用不足。

（二）筹资工作适应市场经济能力弱，主要表现是：

1. 对如何在市场经济条件下做好筹资工作的理论政策研究不够重视，在筹资工作中计划经济的手段多一些，而采用市场经济运作的方式少一些，筹资工作适应市场经济的能力较弱。

2. 对筹资的相关政策没有用足用活，思路不宽，渠道过窄，筹资资源稀缺，缺乏广泛的合作伙伴。

3. 多数省级以下红十字会由于机构、人员因素，尚无专门的筹资机构和专门人才，致使筹资工作水平普遍较低，筹资工作存在着“三多三少”现象。即应急性募捐多，经常性募捐少；依靠上级支持多，自力更生少；募捐的物资多，资金少。.

（三）筹资工作面临新的挑战。

1. 观念的挑战：新的形势、新的任务要求红十字会的筹资工作要与市场经济相适应，应大胆解放思想，与时俱进，从观念上彻底转变思维方式和工作方式，用市场经济的观点和手段解决筹资问题。

2. 竞争的挑战：随着我国经济和政治体制改革步伐的加快，政府职能的转变，小政府、大社会的格局正在形成，许多社会事务将交由社团和中介组织承担。随之 NGO 组织，如各类慈善机构、基金会、救助中心等有增多的趋势，筹资的竞争对手也在增多，竞争愈来愈激烈。

3. 人才的挑战：大家常说，要想有地位，必须有作为；要想有作为，必须有实力。作为也好，实力也罢，都是由人来实现的。筹资工作也不例外，需要有一批专门从事筹资工作的人才，如宣传策划人才、经济管理人才、公关人才、外语人才等。正像总会领导多次强调的那样，红十字事业面临宣传、筹资和人才的三大挑战，其中人才挑战是最大的挑战。

二、做好红十字会筹资工作的对策

（一）转变观念，适应市场经济发展的要求，学会在市场经济条件下求生存，谋发展。

我们的思维和决策也要向市场经济靠拢，把握市场经济的脉搏，把发展红十字事业与市场经济结合起来，正确处理好人道事业与市场经济、无偿与有偿的关系，在市场经济中寻求发展空间和发展优势。其次，要改进筹资宣传工作，既要注重形式，更要注重内容，要有针对性，针对不同的筹资对象采取不同的宣传方式，并对宣传效果进行评估。三是加强筹资工作的理论政策研究，把现有的政策用足用活，挖掘新的筹资资源。

（二）提高公众形象，培养诚信度

公众形象是慈善机构的生命力所在，诚信是市场经济的身份证。在市场经济条件下，上至政府机关，下到企业及社会成员，失信问题比较普遍。红十字会在这方面有很大的优势；我们要紧紧抓住这个优势，做好筹资文章。一是要善于宣传自己的公益形象，唤起社会公众的爱心，以争取公众的支持。俗话说，体育靠比赛，卫生靠检查，文艺靠汇演，红十字会靠宣传。二是要建立新闻发布制度，定期通报和发布救助工作信息，及时向社会反馈募捐资金使用信息，让捐资者放心，让社会公众满意。三是及时向捐赠者提供准确详实的报告，加强对所筹资金使用情况的检查监督和审计，确保不出问题。尊重捐赠者的意愿也非常重要。四是要向企业学习，善于策划打造自己的品牌，制定品牌战略；善于吸引和发挥社会知名人士在筹资宣传中的名人效应。如近年来开展的造血干细胞捐献、复明、博爱送万家等活动，以及中山、厦门等地开展的慈善募捐活动，就是很好的品牌工程。

（三）建立专门的筹资机构，培养筹资人才

地市级以上红十字会应建立专门的筹资机构，负责筹资工作的研究、策划和组织实施。同时要注重培养和吸引人才，特别是宣传策划、经济管理、市场营销、公共关系、法律等综合人才非常需要。将培养筹资人才作为人才兴会战略的重要内容。用感情留人、事业留人、待遇留人。

（四）与筹资对象保持良好的合作关系，拓宽筹资渠道。

除尊重捐赠人的意愿外，应重视与筹资对象的沟通与联络，通过举办联谊会、研讨会、答谢酒会、座谈会等，联络感情，发展友谊，在联络中发布筹资信息。还要加强对外交流和合作，用足用活有关政策和规定，挖掘筹资资源，拓宽筹资渠道。

抓住三大机遇　促进事业发展

张国强

改革开放以来，浙江省各级红十字会组织在党委、政府的重视支持下，依法建会，依法兴会，开展了大量的人道主义的救援、救护、救助工作，为弘扬人道、博爱、奉献的红十字精神，推进“三个文明”建设和构筑社会主义和谐社会做出了积极贡献。当前，浙江省红十字工作成绩很大、问题很多、机遇很好，需要我们认真研究，悉心把握，全力开拓。从目前的形势看，我们红十字事业正面临前所未有的三大机遇，认得清、抓得住，就能趁势而上，创造新的辉煌。

第一个机遇是中国红十字会第八次全国会员代表大会的胜利召开。

这次“八大”，莅临大会的党和国家领导人之多，大会影响之深远，都是前所未有的。国家主席胡锦涛任中国红十字会名誉会长，党和国家领导人接见了大会代表。胡锦涛总书记作了重要讲话，提出：“红十字事业是一项造福人类的崇高事业”；“在这个历史进程中是可以大有作为”。紧接着国务院办公厅下发了关于加强红十字会工作的文件，要求各地注意解决红十字会发展当中出现的突出问题，其中就包括理顺管理体制的问题。文件明确提出：“要按照红十字会法的规定，地方各级人民政府要高度重视、关心和支持红十字会工作，把支持红十字事业的发展作为义不容辞的重要责任；要把支持红十字会工作摆到重要议事日程，纳入地方经济发展计划；要进一步完善红十字会机关管理体制，要帮助解决好各级红十字会工作人员参照公务员管理的问题”等等。只要我们真正地把文件精神宣传到位，对红十字会的工作会有一个大的促进和提高。

第二个机遇是构建社会主义和谐社会的大好机遇。

中共十六大把社会更加和谐作为全面建设小康社会的目标之一。近期，胡锦涛总书记又多次强调构筑社会主义和谐社会的重要性、必要性。他指出：我们所要建设的和谐社会应该是民主法制、公平正义、诚信友爱、充满活力、安定有序、人与自然和谐相处的社会主义和谐社会。作为以开展社会救助、帮助弱势群体，推动社会公平公正为己任的红十字会组织，有责任为建设和谐社会做贡献。从红十字会组织的宗旨、特征分析，红十字会的工作与建设和谐社会联系之紧，关联之大，涉及面之广是前所未有的。比如，红十字会以非政府组织的独特身份参与到相关利益群体的事务或矛盾中，发挥桥梁和纽带作用，这种桥梁和纽带作用主要体现在三个方面：即党和政府与人民群众之间的桥梁和纽带；先富群体与弱势人群之间的桥梁和纽带；在救援、救护、救助中援助方与受援方之间的桥梁和纽带。

第三个机遇是为印度洋海啸赈灾的机遇。

此次因海啸而开展的赈灾工作是对红十字会组织宣传工作的一次大检验，是红十字事业发展的一次大机遇。这次红十字会赈灾工作中，捐款人数之多，捐款数额之大，影响范围之广也是前所未有的。全国红十字会系统捐款总数已达 3.5 个亿，浙江达 1600 万元，跻身全国省级红十字会第五，这也是浙江历史上从未有过的。通过这次赈灾活动，红十字会在我省的影响力和知名度有了大幅度的提高。如果我们能趁热打铁，创新思路，积极争取、落实党和国家关于关心支持红十字会工作的各项方针政策，构筑红十字事业的长效机制，红十字事业就能因此做大做强，上一个新的台阶。

我们不但要有勇气，更要用智慧来抓住机遇，用好机遇。我想应从三个方面去把握。

首先是能够正确地认识机遇。

对机遇的认识大家可能各有不同。依我之见，机遇有时像定时的班车，一趟赶不上就永远落下一班；机遇有时是一种希望，它可能只有百分之一，但当你抓住它时就变成百分之百；机遇有时只是一种平台，让你潜藏的才能有了用武之地，可以大显身手。机遇更是一种挑战，一种压力，甚至是一种风险，需要勇敢地去面对，需要提高自己对挑战、压力和风险的承受力。只要我们用马克思主义的辩证唯物主义认识机遇，用邓小平建设有中国特色社会主义理论和“三个代表”思想为指导去把握机遇，机遇就一定会垂青于我们。

其次是主动并且能动地寻找和把握机遇。

有一句话叫机遇永远赐于有准备的人。在工作上等靠要是永远不会有机遇的。所谓“踏破铁鞋无觅处，得来全不费功夫”，实际上已经踏破了一双铁鞋。这里蕴含的其实是从量变到质变的哲学道理。非政府组织同样有竞争，有时也是很激烈的竞争，不充分准备，不主动出击，就是看到了机遇，也会让人家在我们的眼前把机遇抢走。失去了机遇就等于失去了发展。因此一定要调整好心态，夯实工作基础，充满激情地投身到这项崇高而伟大的事业中，坚定信心随时做好把握机遇的各种准备，就一定能够无往而不胜。

三是因地制宜，突出重点，充分用好机遇。

红十字工作虽有百年历史，但其发展充

满坎坷，在我国仍属初创时期。各项工作是百事待举，现在又正逢好时机，可以说是红十字工作的春天来了，各项工作确实都应该抓好。但各地的状况不一样，发展也不平衡，各项工作都一样重，眉毛胡子一把抓，最终会顾此失彼，什么也做不好，反而会影响对机遇的充分利用。因此一定要按照中国红十字会“八大”的精神和省红十字会近期的工作要求，结合各地区实际，因地制宜、因事制宜，善于抓住重点，抓主要矛盾和矛盾的主要方面，把全年的工作排排队，分清轻重缓急，以点带面，有效推进各项工作的开展。

调查与研究

会史轶闻

1950 年总会改组前后的人和事

朱子会

今年是中国红十字会诞生一百周年。在这一百年中，1950 年 8 月的总会改组，是一个重大的历史转折，在中国红十字会百年发展史中占有极其重要的地位。它给红十字会注入了新的生命力，使红十字运动与人民解放运动、人道主义与社会主义结合起来，不仅揭开了中国红十字会的新篇章，而且拓展了国际红十字运动的新领域。

作为这个转折和结合的一个重要标志，就是 1952 年中国红十字会以新的面貌——中华人民共和国红十字会的身份参加了国际红十字组织，成为新中国参与国际组织的第一个社团，承担起开拓人民外交、维护世界和平和人道主义的救援工作，在国内和国际上都发挥了比过去更为重要的作用。

这个历史性的转折，是历史发展的必然。但它能在新中国成立还不到一年时就发生，则有人为的因素。主要是人民敬爱的周恩来总理的高瞻远瞩，站在人类历史发展的高度和时代潮流涌动的前头，观察到人道主义工作和红十字运动在人类社会文明进步中的重要作用，紧紧把握时机，及时做出决策改组总会，使它归属人民为人民所利用。关于周总理在这方面的决策和改组总会情况，总会编写出版的《中国红十字会的九十年》已有叙述，我就不重复了。我在这里要写的是总会改组前后其他一些共产党人所做的工作对周总理的决策所起的作用。这些人都已作古，我作为这段历史的见证人，有责任把他们的事迹写出来，以资纪念。同时，亦可反映出中国共产党人的人道主义情怀。

一

1949年春，解放战争逼近南京，国民党政权分崩离析，党政军机关有的搬到广州，有的迁台北。总会会长蒋梦麟随国民政府行政院去了台北，秘书长胡兰生住在总会上海办事处，两个副秘书长曾大钧、汤蠡舟均去上海从事其他职业。南京于1949年4月23日解放。总会一些年轻职员为谋红十字会和自己的生存与出路，自发成立职工会与外界联系。我当时任总会组训处组织课课长，被推为职工会主席。曾向解放军南京市军管会申请接管总会，当以红十字会系涉外团体未得应允。

5月，上海解放，胡兰生决定将总会搬往上海与上海办事处合并。我于7月到上海即以红十字职工会身份参加上海医务工会，并当选为常务理事和总务部长。当时医务工会主席为吴涤苍（后来改任上海第二医学院党委书记），她听我反映红十字会情况后，乃介绍我去见上海市军管会外事处处长张振亚与卫生处处长杨振亚，他们商议后告诉我说，中央人民政府即将成立，稍待一些时日，红十字会归属问题即可解决。1949年12月初，我再次去见杨振亚，他说，我们经过研究，认为你们积极要求归靠人民政府是对的，但这不是上海市军管会能解决的问题，你们可以推举代表去北京向中央人民政府有关部门反映，我们可以帮助联系。我将这个意见报告胡兰生，他说，红十字会是中立机构，红十字国际委员会驻远东代表（当时驻上海）有指示，在国民政府没有完全垮台之前，红十字会不能轻举妄动。但在上海医务工会的支持下和上海市军管会的引导下，我们终于说服了胡兰生同意于1950年2月在上海召开红十字会工作检讨会议，讨论红十字会何去何从。参加会议的有各大中城市红十字会负责人50多人，上海市军管会外事处、卫生处和上海医务工会各派一负责人列席，他们只是听会，未作任何表态。会议决定组织一个代表团去北京向中央人民政府有关部门汇报工作，推举胡兰生为团长，我为秘书，南京、西安、重庆、武汉、北平等5个红十字分会会长为团员。经上海市军管会卫生处与刚成立的中央卫生部联系，代表团于1950年3月底到北京。

卫生部对这项工作很重视，指定医政处长鲍敬桓等人负责接待工作，安排在东单米市大街基督教青年会招待所住宿，第二天上午接我们到卫生部部长李德全办公室作汇报，参加听取汇报的有李德全部长、苏井观副部长、办公厅副主任薛公绰、监察室主任戴济民、副主任周越华及部长秘书等10多人，由胡兰生和我分别陈述了总会及分会组织、资产、业务活动等情况及要求接管的意见。汇报结束后，李部长说，部党组书记贺诚同志今天上午有事未能参加这个会，他晚上要去青年会看望你们，下一步工作由他告诉你们。果然，当天晚上7时左右贺诚同志即来到青年会会客室召见胡兰生和我，听取我们简要汇报后即说，红十字会工作很重要，你们态度也很好，卫生部即将你们今天汇报的意见整理出来呈报周总理，你们回去等候消息。翌日代表团即解散，各回原处。

二

1950年4月底，上海市军管会卫生处转来卫生部通知，说周总理对红十字会工作已作了批示，让红十字会总会迁到北京改组，由中国人民救济总会和卫生部共同主持改组工作，要胡兰生、朱子会二人即去北京商谈改组事宜。因此，我随胡兰生于5月初二次赴京。首先到中国人民救济总会见伍云甫秘书长，他告说，根据周总理指示精神，救济总会与卫生、外交部等有关部门研究，提出4点意见：

1. 鉴于红十字会的组织特性和历史特点，采取改组而不是接管方式，将旧中国红十字会改为新中国红十字会；

2. 总会搬到北京，现有人员包括领导层除不愿继续从事红十字工作外全部留用；

3. 总会所有资产要妥善保管，不得随意处理；

4. 将设在北京市东城区干面胡同的民国初年建造的原中国红十字会总会旧址收回，作为总会迁京后的会址。

我们听后喜出望外完全赞成。当即决定胡兰生回沪筹划迁京工作，我暂留北京办理会址收回事务。

设在干面胡同的总会旧址，由于几十年社会变革已几度易主，解放后民政部门在这里办了一个大型幼儿园，要其立即腾让有很多困难。我在伍云甫秘书长指点下直接寻找了北京市民政局副局长马玉槐，他立即应允说，我们共产党人处理内部事务矛盾，向来是小道理服从大道理，你们红十字会是全国性社团，这个房屋又本是你们的，现在要在这里建立新中国红十字会，这是大事，不管有多大困难，一定要让出来，到你们召开改组会议时一定全部腾空。后来马玉槐局长几次亲临现场解决问题，如他所说期限实现。这给总会迅速迁京改组解决了第一个难题。

胡兰生因其经历和受红十字国际委员会驻远东代表思想的影响，对总会之靠向共产党靠向人民政府原是有顾虑的、被动的，对改组工作比较低调，对改组后能保留其秘书长职务亦存有疑虑。伍云甫同志知道这个情况后立即报告周总理，总理于1950年7月在中南海怀仁堂召开的民主人士座谈会特别邀请胡兰生参加，胡兰生不明底细，到会坐在最后一排，总理不认识胡兰生，开会前特地问了一声：红十字会胡兰生先生来了没有？胡站起来答曰：我就是胡兰生。总理立即向他招手说：请胡兰生到前排来就座。总理的这个举措立即改变了胡兰生的消沉思想和卑怯心态，回去后仍兴奋不已，逢人便说此事。伍云甫便趁机告诉他说，胡先生，总理的意见改组后不仅保留你秘书长职务，还要你当副会长哩！自此胡兰生就像换了一个人，对改组工作非常积极。从而扫除了总会改组中另一个消极因素。

总会改组中的第三个问题，是改组后的名称问题。在起草新会章时有些人提出要改名为中华人民共和国红十字会，以标识新旧中国之分。后来查阅历史资料，辛亥革命后将大清红十字会改为民国的红十字会时即叫“中国红十字会”，并未冠以“中华民国”字样。将此情况报告周总理，总理指示应尊重红十字会历史传统，名称不改，改组后仍称“中国红十字会”。因此，改组会议通过的新会章第一条就明确规定：“本会定名为中国红十字会”。

总会改组会议于1950年8月20日举行。会议名称叫做“中国红十字会改组协商会议”，是参照“中国人民政治协商会议”模式，具有全国红十字会代表会议的功能。根据事前协商，参加改组协商会议的人员，由三方面人士组成，一是旧中国红十字会总会人员，包括留在大陆上的副会长、常务理事、秘书长和职工会代表。二是中央人民政府有关部门代表，包括内务部、外交部、卫生部、民族事务委员会、华侨事务委员会、司法部和北京市人民政府。三是社会团体代表，包括中国人民救济总会、全国总工会、全国妇联、全国青联、全国文联和全国侨联。会议主席团也由三方面主要代表组成，即中国人民救济总会秘书长伍云甫、中央卫生部副部长苏井观和旧中国红十字会总会秘书长胡兰生。充分体现了会议代表的广泛性和协商的民主性。改组会议选出的理事会以上领导人员均呈报政务院，由周总理署名给聘书。这些做法完全符合国际红十字运动组织规则。

正是由于采取了上述各项措施，使得红十字国际委员会和国际红十字会协会两个国际组织不得不承认改组后的中国红十字会的合法性，很快接纳她参加各种国际会议，将后来在台湾拼凑起来的中华民国红十字会彻底排除在国际组织之外。

三

完成改组并在国际组织中取得合法地位后，新中国红十字会面临的主要问题是，国内工作包括组织和业务如何开展和发展？为此，总会内部曾有一番争论而且持续很长时期。一种意见强调红十字会组织的群众性和普遍性，人道主义工作内涵很多，认为和平时期除了自然灾害救济和社会福利工作外，还应多致力于群众卫生工作，承担起爱国卫生运动的基层组织作用，主张红十字会基层组织要大发展。另一种意见是，在社会主义制度下，人民群众的生老病死都要依靠政府机构，红十字会没有多少工作可做也没有力量去做。为了应对国际活动的需要，在一些大城市设置几个红十字会机构即可，毋须大发展。随着国家计划经济体制的逐渐形成和党内左倾思想的逐渐抬头，上述后一种意见逐渐占了上风，使国内工作逐渐萎缩下来。

在此情况下，伍云甫担任了总会的党组书记，成为掌管总会实际工作的主要领导人。为了开创红十字会工作的新局面，他做了两年重要事情，一件是利用一次开会与周总理见面机会，写了一张便条请示总理，意思是红十字会工作是大发展还是小发展。总理当即批示：适当发展。他即以此为依据安排部署了红十字会国内工作。第二件事是将中国人民救济总会从锡拉胡同搬迁到干面胡同与中国红十字会总会合署办公，实际上是收救济总会并入红十字会总会，以充实红十字会的业务。他的理由是，救济工作是要随着国家经济建设发展而逐渐消失的，红十字会则不然，它的宗旨和任务是“讲人道、讲卫生”，到了共产主义社会还有事可做，前途是广阔长远的。在他这个理念指引下，总会和各地分会又都活跃起来。可是，好景不长，到了1958年，由于左倾思想和计划经济体制进一步强化，以及人事上的变化，总会国内工作终于停顿下来，机构和人员全合并到卫生部爱国卫生运动办公室。这个举措，没有请示周总理，到1961年秋总理才知道，批评了有关领导人，指令总会立即与卫生部分开，搬回干面胡同原址。这时我已被下放到山西省闻喜县从事农村卫生工作了。

时光易逝，一晃三十年。当我1992年离休回北京，受总会领导人之器重，让我参与审核《中国红十字的九十年》书稿，帮助总会政策研究室做点研究工作时，我欣喜地看到改革开放之后中国红十字会工作已走上正轨，生机勃勃，欣欣向荣，我既兴奋又感慨。正如一位诗人所说的：天，不会总是阴的，风雨过后，阳光就会出来。写到这里，我突然想起法国著名文学家雨果在《悲惨世界》一书中的一句话："在绝对正确的革命之上，还存在着绝对正确的人道主义"。我谨以此献给中国红十字会诞生一百周年。

吴飞英：中国红十字会会徽图案设计者

张希林

在中国红十字会百年历史长河中，有一些璀璨耀眼的"明星"，被人们景仰和赞颂；还有许多默默无闻的"凡星"，随着岁月的流逝，渐渐被人们淡忘。

吴飞英，就是这样一颗鲜为人知的"凡星"。

对于全国红十字工作者来说，有一个标志是再熟悉不过了，这就是中国红十字会会徽：金黄色橄榄枝环绕白底红十字；可是提起吴飞英，又是再陌生不过了。有谁会把这陌生的名字和熟悉的标志联系在一起？可正是这陌生的名字，编织了寓意深刻的人道花环，被我们高擎和挥舞。

这是一个不该忘记的名字，光阴荏苒，弥足珍贵。

为了弄清中国红十字会会徽问题，笔者向几位不同时期在总会工作过的老同志请教（包括旧中国时在总会工作的沈新路、朱子会，建国初在总会工作的蔡壬癸、张玉芳、马天民，"文革"后在总会工作的曲折、葛志林等），并查阅大量历史资料，经过认真分析，可以清晰地得出一个结论，中国红十字会会徽的图案最初被采用是在建国后，即中国红十字会协商改组以后，而图案的设计者应为吴飞英。

1920年7月17日，吴飞英出生在浙江省嘉善县一个开设酱园兼糟坊的家庭里。中学毕业后在上海和嘉善的小学任教。

1937年，抗日战争的烽火燃遍神州。年近弱冠的吴飞英，正书生意气，参加了嘉善县抗日后援会组织的抗日救亡宣传队。他们一路唱歌，演抗日街头剧，刷抗日标语，浩浩荡荡，来到湖南长沙市。国民党长沙市党部认为该队是非法组织，下令予以解散。20多个小青年四散而去，吴飞英因无门路，在长沙流浪生活一月有余。后巧遇原宣传队副队长王某，由他介绍吴飞英去红十字会救护总队部工作。

从此，吴飞英与红十字结下了不解之缘；红十字也融入了吴飞英的生活甚至生命。

抗战八年，吴飞英一直随救护总队部转战湖南、贵州和重庆。曾在事务科做些后勤服务工作；后被分配到医务科专职美术工作，画大幅地图，绘制各种统计图表，把当时救护总队的动向，在地图上移动小旗标注。

1945 年，抗战胜利。救护总队撤销，人员解散。吴飞英因有绘画专长被总会留下。后随总会“轻舟返都队”历尽艰险返回南京。

新中国成立后，吴飞英在中国红十字会总会发行的《新中国红十字》（后曾改为《爱国卫生》）月刊担任美术编辑，负责封面设计、插图等。（在 1951 年《新中国红十字》8－11 期“卫生常识讲话”急救栏目中，我们可以看到吴飞英配的插图）其间，曾于 1958 年 12 月，随 13 位同志下放河南武陟县劳动锻炼一年，1960 年 12 月，随同中央万名下放干部到浙江余姚，与农民同吃同住同劳动。1963 年，历尽坎坷的吴飞英，终于叶落归根，调回故乡嘉善，分配在人民银行担任储蓄宣传工作。1982 年 8 月，退休。

当笔者辗转向吴飞英了解会徽图案的设计情况时，他非常认真地写了几份材料，详细介绍了相关情况并附寄了一张身着西装的彩色照片。从耄耋老人那饱经风霜的面容和略显凝滞的眼神中，可以感觉到一种悲凉和沧桑，同时也将我们带入历史的时空隧道……

在现有可查的历史资料中，最早出现与现今采用的会徽外形上相近的图案，是 1913 年出版的《人道指南》和《中国红十字会杂志》上使用的标志：左侧嘉禾（长得饱满的稻穗——笔者注）右侧橄榄枝环绕白底红十字。在《中国红十字会杂志》上并有一说明：红十字会标识万国一例，惟土耳其改用红月牙，忌讳也。本会创始之初即于十字旁加花纹沿传已久兹仍之，惟改用嘉禾藉合于国徽云尔。

在 1913 年根据章程设计的五级会员徽章图式上，均采用了白底红十字环绕左侧嘉禾右侧橄榄枝的图案。关于这个图案的设计者已无从查考，而该图案与现今采用的会徽图案外形虽然相似，但区别也是一目了然的。在旧中国红十字会的历史资料中，未曾发现现今采用会徽的图案，除上面提到的图案外，常见的多为白底红十字标志。

据吴飞英回忆，1944 年，他在贵阳图云关红十字救护总队任总务科事务员时接受了一项任务，负责印制一批信封。看到信封上光是一个红十字标志，显得太单调了。想到各国红十字会寄来的信件也不光是一个红十字，均加了一些花样，有的加了个圆圈，有的加了些线条等装饰，于是，就“自作主张”加了点花色，在红十字下端画了半圆形的橄榄叶，象征“和平”、“博爱”之意。（这可能是吴飞英的第一次尝试）

新中国成立后，中国红十字会总会建了一个大会议室，需要做一个红十字标志装饰一下，吴飞英领受任务后依据自己的思路（延续和发展），设计了一个立体式灯光木制的红十字标志，他又一次“自作主张”，在红十字周围加了象征和平的金色橄榄叶作为花边图案，得到领导的认可。“说实在的，当时任何人都没注意，连我自己也不过是想尝试一下，加上装饰，使红十字显得饱满不单调而已。”“后来就一直沿用下来，形成现在的红十字会会徽。”

吴飞英当年设计制作的立体灯光红十字标志，现已不复存在，在能够查到的照片资料中亦遍寻不着。但是，从下列线索中，吴飞英的设计思路依稀可见：

1951 年，总会印制的《新中国与新红十字》小册子中，采用了橄榄枝环绕白底红十字图案（单侧 9 组，每组为 3 叶并列)；

1954 年，为纪念中国红十字会成立 50 周年发行的纪念邮票一枚，图案与现今采用会徽的图案一般无二（单侧橄榄叶 8 组)；

1957 年，全国红十字工作会议会场上悬挂的红十字标志，为橄榄枝环绕白底红十字（单侧橄榄叶 14 组)；

1963 年，李德全在纪念红十字运动 100 周年大会讲话的照片上，可见会场悬挂的红十字标志，为橄榄枝环绕白底红十字（单侧橄榄叶 14 组)；

1979 年，第三次全国会员代表大会会场悬挂的红十字标志，为齿轮与麦穗环绕白底红十字；

1985 年，第四次全国会员代表大会会场悬挂的红十字标志，为橄榄枝环绕白底红十字（单侧橄榄叶 3 组，正中下方有“中国”两字。据葛志林回忆，这个图案是他根据蔡壬癸提供的原有资料设计的)；

1990 年，第五次全国会员代表大会会场悬挂的红十字标志，为橄榄枝环绕白底红十字（单侧橄榄叶 8 组)。并且由大会通过的章程明确规定“中国红十字会使用金黄色橄榄枝环绕的白底红十字标志作为会徽”(这是中国红十字会历史上首次用章程的形式确定使用会徽)。

随后，第六次、第七次、第八次全国会员代表大会通过的章程，除规定“中国红十字会会徽为金黄色橄榄枝环绕的白底红十字”外，还都附有带比例的会徽式样。

由此可见，吴飞英设计的橄榄枝环绕的白底红十字图案，从建国初期，就作为中国红十字会的标志被用于正式、公开场合，虽然不同时期的图案略有变化（主要区别在橄榄枝的数量不同，有 9 组、8 组、3 组、14 组之别；而 1979 年采用的齿轮与麦穗图案，则从一个侧面反映了“文革”对红十字会的影响)，但象征“和平”、“博爱”的主题却始终未变；只是到了 1990 年，才正式被确定为中国红十字会会徽。

历史总是在偶然与必然的轮回中选择前进的方向。回顾中国红十字会会徽演变进化的过程和历史，我们可以清楚地看到，中国红十字会会徽图案的设计，既包含了中华文化的精髓，又吸收了西方文明的养分；由一个简单装饰的标志最后确定为会徽，浸透了许多人的心智，经历了漫长的时间砥砺，在带有相当大偶然性的同时又反映出一定的必然性。偶然、简约，必然、规范，似乎验证了这样一条历史的法则。

对于红十字工作者来说，当我们看到白底红十字标志时，对红十字运动之父——亨利·杜南先生的景仰之情会油然而生；我想，当我们看到金黄色橄榄枝环绕的白底红十字时，有一个名字不该忘记，那就是——吴飞英。

课 题 研 究

中国红十字会发展战略

王　名　杨喜兰　夏洪艳
刘彦霞　刘　烨

编者按：2004 年 5 月至 10 月，中国红十字会总会委托清华大学 NGO 研究所开展了“如何将中国红十字会建设成为充满生机与活力、密切联系群众、符合自身特点的社团组织”的发展战略课题研究。该课题研究将理论分析与实证研究相结合，采取分类型、分层次、分地区的方法，通过深入的问卷调查、座谈及项目调研访谈的方式，进行了大量的实地考察和数据研究，所形成的研究报告内容翔实，对全国各级红十字会的工作实践具有很大的理论指导意义。从本期始，本报将分期摘要刊登报告内容，以展开这方面的研讨，促进红十字事业的发展。

第一部分　本次课题研究的背景、目标及方法

一、研究背景

在中国社会转型时期，随着经济的市场化、政府的小型化、社会的多元化，以及公益意识的增强，社会对中国红十字会的组织结构、规章制度、业务流程、价值体系、基本行为规范等提出了更高的要求。与我国大部分其他 NGO 一样，中国红十字会也存在着动力不足、活力不足的问题。例如：组织发展所必要的法律制度、社会支持、文化背景和经济基础等还不完善；政社不分；筹款机制、专业人才、管理能力、可持续发展能力的不足；决策与治理结构不合理等等。这些问题都是限制中国红十字会全面发展的重要因素，有必要对红十字会组织发展的状况进行深入的研究和分析，准确把握问题的根本所在，探讨切实可行的解决方案。

二、研究目标

在实证研究与理论分析的基础上，提出切合中国国情和红十字会自身特点的改革思路，探索在新型社会关系和治理结构下使中国红十字会与政府、社会、公众之间实现良性互动与最优资源动员的合理路径，推进中国红十字会理顺体制与组织能力建设，并针对一些重要问题提出改进措施和政策建议。

核心问题：如何把中国红十字会建设成为充满生机与活力、密切联系群众、符合自身特点的社团组织？

主要围绕以下五个方面的问题进行研究：

（一）中国红十字会的治理与决策机制是怎样的？应怎样积极有效地发挥理事会的作用？

（二）中国红十字会的筹款机制与能力是否符合实际需求？包括筹款的渠道、形式、劝募方案、年度筹款能力、筹款设计与能力的评估。

（三）中国红十字会的人力资源发展状况如何？应当如何招人、用人、留人？

（四）中国红十字会与党和政府之间的关系是怎样的？应当建立怎样的一种关系？

（五）中国红十字会的公信度如何？通过何种方式进一步提高公信度？包括诚信与形象、外部监督与内部沟通。

三、研究对象及方法

（一）研究对象

本次课题研究确定了北京、黑龙江、江苏、云南、青海五个省（市）红十字会为实地调研对象。在这五个省（市）的调研中，分层次、分类型进行，纵向上分为省（市）、地（市）、县（区）、乡、村、社区，横向上分为学校、医院、血液中心、骨髓库、戒毒所等。

（二）研究方法

1. 问卷调查

设计了“中国红十字会基本情况”和“中国红十字会公众认知度”两种调查问

卷，都分别包含封闭式和开放式问题。问卷采用选样的方式，通过邮局在同一时间寄至五个省级红十字会，再由各省级红十字会发放到所选的市、县、乡等基层红十字会。五个省（市）共发放公众认知度问卷1500份，回收1380份，回收率92%；发放红十字会组织基本情况问卷1250份，回收697份，回收率55.7%。

2. 座谈会

在课题调研过程共召开26次座谈会。五个省（市）红十字会都组织了广泛参与的座谈会，参加人员包括：红十字会专兼职人员、专家学者、会员、志愿者、媒体工作者等。与会者就研究内容充分发言，相互沟通，使研究者获得了大量所需的一手资料。

3. 项目访谈

调研中，在座谈会的基础上，由当地红十字会推荐，选择了10个典型的项目和活动进行专题调研访谈，使问题讨论更加深入。

4. 领导专访

课题研究过程中，分别对中国红十字会会长彭珮云，常务副会长江亦曼，原常务副会长王立忠三位领导进行专访，使研究者对问题的把握更加准确和深入。

第二部分　本次研究的主要发现和问题

一、组织体制及关系

（一）组织体制

中国红十字会总会及省级红十字会完全理顺管理体制，有独立的机构、编制、人员、财政等，专职工作人员参照国家公务员管理，掌握一定的公共资源（如政府政策、社会支持等）；地市级红十字会的体制还没有完全理顺，有的地市级红十字会在形式上没有理顺，但工作独立开展，有的由当地卫生局的一两名人员兼职；大部分县（区）级红十字会没有理顺体制，挂靠在当地卫生部门，工作由卫生部门人员兼做，受到的制约较多，日常工作开展不利。

（二）与政府的关系

调研发现，红十字会与政府之间是一种特殊的关系。总会、省级红十字会与政府的关系密切；地市级及以下红十字会由于体制没有完全理顺，无法独立开展工作，在角色上更像政府的一个部门。

（三）基于组织体制和关系的整体情况，红十字会存在的优劣势是：

1. 优势：①与政府的关系密切，拥有获得政府支持的条件；②理顺管理体制为红十字会取得属于自己的资源、独立自主地开展工作提供了条件。

2. 劣势：①套用政府工作模式，缺少社团应有的活力；②过度依赖政府和政府的过度干预，使红十字会缺乏自主性和创新性；③体制没有理顺的红十字会不拥有属于自己的职能，无法获取资源，无法发挥其独特的作用；④政府对红十字会的重视程度还不够，红十字会的社会地位不高。

二、组织治理与管理

（一）理事会情况

总会、省级红十字会的决策机构均为理事会，理事构成包括政府官员、社会人士、志愿者、专家学者等，其中政府官员居多。地市级及以下红十字会由于体制没有完全理顺，大部分理事会是一种形式。整体来看，理事会作用发挥不乐观，有的地方从来没有开过理事会，不少理事属于“挂名理事”。

（二）会长作用发挥情况

省级及以下红十字会的名誉会长大多数是各级政府的一把手兼任，会长大多数是各级政府的副职兼任，同时分管其他工作，因此，亲自参与指导红十字会的实际工作有限。

（三）组织制度情况

1. 财务制度　总会、省级红十字会及理顺体制的地市级红十字会有严格的财务制度，对于捐赠款项的收支情况能够向社会公开，社会公信度较高。存在的问题是，缺少对组织财务的外部审计，有外部审计的仅占10.5%。

2. 筹款机制　调研发现，红十字会缺少稳定的、经常的资金来源。各级红十字会都把筹款作为难题，缺少筹款的艺术、手段和方法。

3. 项目运作制度　调研表明，通过项目运作拉动整体工作效果明显。但是基层红十字会缺少规范化和专业化的项目管理方法，使项目运作潜力不能充分发挥。

（四）基于组织治理与管理整体情况，红十字会存在的优劣势是：

1. 优势：①有较为严格的理事会制度，为组织治理得当、决策高效提供了制度条件；②省级及以下红十字的会长为政府的领导，使红十字会争取更多的政府支持和公共资源成为可能；③财务制度，尤其是捐赠款项的使用公开、监督严格，使组织的公信度较高。

2. 劣势：①存在理事会有名无实、理事不理事的情况，使决策存在不科学、不规范的隐患；②项目管理缺少规范性和专业性，因此会失去更多的项目资源；③会长作用发挥少，不容易获得更多的政府资源；④筹款机制不完善，缺少可持续发展的动力条件。

三、资源动员情况

（一）专职工作人员　相对于红十字会所承担的工作任务来说，红十字会的专职工作人员少，整体素质有待提高。

（二）会员　会员整体数量不多，有的地方会员的底数不清，会费收缴有困难，会员参与活动也较少。

（三）志愿者　有自己的志愿者队伍，志愿者参与活动多的红十字会更具活力。对志愿者的管理制度不健全，影响了积极性。

（四）监督机构　对省级以下的红十字会的监督，以上一级红十字会检查为主，来自社会的监督较少。65.5%的红十字会工作人员认为有必要建立独立的监督机构。

（五）激励竞争机制　组织内部缺少激励竞争机制，长期沿用政府的工作模式，缺少应有的自主性。在选拔人才方面，缺乏公开与透明，在一定程度上影响了工作人员的积极性。

（六）根据资源动员的整体情况，红十字会存在的优劣势是：

1. 优势：①会员、志愿者发展潜力大；②大部分红十字会表示愿意接受来自社会方面的监督，这将为建立健全红十字会的监督体系提供重要的条件；③政府、社会、公众对红十字会事业越来越多的关注，为红十字会发展提供了有利环境。

2. 劣势：①制度约束限制了会员、志愿者的发展，使其作用不能充分发挥；②内部缺少激励竞争机制，不利于吸引、留住优秀人才；③没有形成与社会资源共享的局面，限制全面发展；④对红十字会的理论研究和支持体系滞后，与红十字会发展的需求不相适应。

第三部分 关于中国红十字会的SWOT分析

SWOT分析，即优势、劣势、机遇和挑战分析。SWOT分析方法的基本原则是每一个NGO（非政府组织）的战略设计以已之长，攻敌之短，利用机会，避免威胁。对于中国红十字会来说，也有内在的优势和劣势，外在的机会和威胁。外部威胁会随着组织内部劣势影响而不断增加；组织内部劣势也随着外部威胁影响而进一步强化。因此红十字会必须能够充分利用外部发展机会，及时克服组织内部的不足，使其劣势进一步减少。

根据调研结果，对中国红十字会的SWOT分析如下：

一、六大优势

（一）特殊的地位，与政府的合作关系；

（二）百年历史，有良好的公信度；

（三）有明确的红十字精神、组织宗旨和目标；

（四）《中华人民共和国红十字会法》的颁布，为红十字事业提供了法律保障；

（五）国际性组织，项目来源充分；

（六）有庞大的会员队伍和志愿者队伍。

二、六大劣势

（一）管理体制行政色彩浓重，自主性差；

（二）决策与治理结构不完善，组织制度化程度差；

（三）筹款能力不足，筹款体制和机制不健全；

（四）运作经费不足，资金来源少；

（五）专职人员少，流动性大，人力资源整体素质不高；

（六）组织内部缺乏竞争和激励机制。

三、主要机遇

（一）政府改革、职能转变和服务型政府的建设，为红十字会在更加广泛的范围内获得政府支持、承担政府委托职能，并与之深度合作提供了机遇；

（二）加强政府执政能力的建设和法治政府的建设，以及社会团体相关立法的进展，对红十字会运作的进一步规范化、制度化和法治化提出了要求；

（三）稳定的经济增长，和谐社会的建设，全社会公益精神和志愿精神的培育光大，为红十字会更加广泛地动员社会资源提供了发展空间；

（四）转型期出现各种社会问题，两极分化、老龄化、城市化等趋势加速，艾滋病等突出社会问题频发并引起广泛关注，为红十字会的发展和业务拓展提供了广阔的空间；

（五）对外开放的深化和国际化的发展，为红十字会在相关领域开展广泛和深层次的国际合作提供了新的机遇。

四、主要挑战

（一）政府改革、政治改革、即将启动的事业单位改革和正在修订的社团管理条例，都将加大红十字会在治理上和监管上面临的压力，对红十字会的管理提出了挑战；

（二）转型时期和市场经济条件下各种社会问题交叉、交织发生所形成的错综性、复杂性和长期性，对红十字会的社会适应性和有效性提出了挑战；

（三）随着《基金会管理条例》的颁布实施，国外著名的劝募机构、大型基金会以及企业基金会等多层面竞争者的出现，对红十字会的能力建设特别是公益募款能力提出了挑战。

五、总的结论和看法

（一）红十字会的百年历史充满辉煌与曲折，奠定了良好的社会公信度基础，存在巨大的发展潜力；

（二）红十字会的全球网络庞大而健全，并与各级政府构建了密切合作的关系，有着特殊的功能和地位；

（三）在转型中国，红十字会的发展存在矛盾：一方面要按照党和政府的要求，满足建设和谐社会的各种公益需要；另一方面又受到资源的约束和制度的约束；

（四）各级红十字会正在积极参与社会变革并努力探索自身的变革，开始形成实践中的一些创新模式；

（五）随着政府改革和政治改革，随着市场经济与和谐社会的建设，中国红十字会既存在良好的发展机遇，又面临许多大的挑战；

（六）经过不断努力，抓住机遇、发挥优势、迎接挑战、战胜劣势，我们相信：红十字会一定能够建设成为充满生机与活力、密切联系群众、符合自身特点的新型公益社会团体。

第四部分　关于组织体制和关系方面的对策和建议

一、继续推进组织体制理顺，合理分布红十字会的基层组织

调研发现，理顺体制对红十字会工作的全面发展有巨大的推动作用。随着体制的理顺，一方面，红十字会将不再过度依赖政府，逐步拥有自己独立的资源和职能；另一方面，政府也不再过多干预红十字会的工作，从而使红十字会真正独立自主地发挥其在人道领域中的独特作用。

策略一：进一步推进地市及以下红十字会理顺体制

在总会和省级红十字会理顺体制的基础上，要逐步理顺地市及以下红十字会管理体制，争取当地政府的支持，包括资金、人员、待遇、政策等方面的支持。在运作过程中，可充分运用理事所掌握的资源，调动理事的积极性，为推进体制理顺做出努力。

策略二：合理分布红十字会的基层组织

调研发现，有的县级红十字会没有发挥实际作用，所有的工作都可以由政府部门完成，红十字会组织并不拥有属于自己的职能和工作任务。可以尝试考虑按各地的社会发展实际状况进行合理分布，使红十字会的工作真正落到实处。从红十字会的宗旨和作用出发，实事求是地研究怎样的组织分布模式是最有效的。

二、建立和保持红十字会与政府之间的合作关系

对政府与红十字会的关系，《中华人民共和国红十字会法》第五条规定：人民政府对红十字会给予支持和资助，保障红十字会依法履行职责，并对其活动进行监督；红十字会协助人民政府开展与其职责有关的活动。

调研结果显示，实践中的情况与《中华人民共和国红十字会法》还有差距。政府对红十字会过度干预和红十字会过度依赖政府的现象存在。红十字会的自主性和自治性较差，这种状态影响着红十字事业的健康发展。

策略一：建立红十字会与政府的合作关系

调研结果证明：红十字会与政府之间的合作关系是互动、互补和相互依存的。没有红十字会的努力，只有政府在法规、政策、优惠措施等许多方面的支持，不会形成真正意义上的相互合作；相反，没有政府的各种支持，只有红十字会的单方面努力也不会形成双方的合作。红十字会与政府的合作将产生双方受益和和谐社会进一步发展的良好局面。

策略二：依法办会，争取更多的政府资源

真正落实好《中华人民共和国红十字会法》可以为红十字会提供争取政府资源的更多机会，使红十字会有效地动员资源，更好地为社会服务。政府的网络非常健全，非常庞大，各个职能部门都有自己的基层网络，如果红十字会能利用这种资源，可大大提高组织效率。红十字会应充分利用现有的制度安排，保持与名誉会长和会长的经常性的沟通，使领导更加了解和重视红十字会的工作。

策略三：尝试从政府选择向社会选择的转变

从社会与中国红十字会的发展趋势来看，社会选择是一种更加符合历史发展趋势的社团管理方式。调研结果表明：当前红十字会是由政府选择的结果，但社会选择已经开始以各种途径渗透到红十字会的发展现实中来了。在政府选择中，政府是选择的主体；在社会选择模式中，社会（公民和企业）是主体。与政府选择相比较，社会选择适用于市场经济体制，适用于正在建设中的公民体制，适用于多元的文化环境。社会选择模式下的红十字会独立性较高，更注重为弱势群体服务。

第五部分　关于组织治理与管理方面的策略与建议

一、完善中国红十字会组织的决策与治理结构

调研结果表明，各地红十字会的决策与治理结构不同程度地存在着一些问题，有相当一部分理事会作用发挥得不乐观。

决策与治理结构是完善红十字会运行机制的关键所在，是红十字会组织管理的核心内容。作为社团的红十字会，要有能力适应外部环境与条件的千变万化，最重要的是有合理的决策与治理结构，这种结构建立在合理有效的理事会制度上。

策略一：充分认识理事会的核心作用

红十字会的理事会由会员代表大会选举产生，在会员代表大会闭会期间，由理事会执行其决议。理事会成员来自社会各界，包括红十字专兼职工作人员、社会知名人士、专家、学者、政府机构的代表、社会团体代表以及企事业单位的代表等。这些人所组成

的理事会成为掌握红十字会发展方向的舵手。因此，对理事会给予充分的重视是完善理事会制度的前提。

策略二：进一步明确理事会的职责，并传播到组织中的每一个人

理事会如何发挥核心作用？应该具有哪些重要职能？这是红十字会在决策与治理当中应该明确的主要问题。作为重要的决策与治理机构，理事会应在组织与外界的合作与互动中发挥核心作用。一些学者认为理事会应扮演四种角色：促成者、政治倡议者、缓冲者、价值护卫者。具体来说，理事会有以下六项职责：

一是决定组织的宗旨与目标。红十字会作为国际性的社团组织，有统一的宗旨和使命。作为各级红十字会的理事会，最首要的任务就是要清楚地界定本组织的核心任务和达到的主要目标，制定运作的程序。在运作过程中，定期检查组织的行动是否与宗旨和目标一致。

二是决定组织的计划。理事会应参与制定组织的年度计划，根据红十字会组织本身发展的特点，提出有利于长期发展的可行计划，并监督计划的执行情况。

三是筹款。理事会成员负有筹款的任务。他们运用多种方式进行筹款，使红十字会组织能够获得充裕的经费来源。

四是预算和财务监督。理事会要审核与批准预算，监督财务制度的执行情况。

五是选举领导人。理事会要选举红十字会组织的行政领导人，如秘书长等，并定期评估和鉴定其工作绩效。

六是作为与外界沟通联系的桥梁。每一位理事都要代表组织与外界保持良好的沟通，尽力提高组织的公信度和公众形象，并为组织宣传和辩护。

策略三：使理事会成员结构趋于合理，充分发挥每一位理事的积极作用

理事会应有能力承担起红十字会组织的核心任务，这主要取决于每一位理事的能力。这就要求选择那些对红十字会组织宗旨和精神高度认同、真正热爱红十字会事业、有组织和领导能力、有动员和整合社会资源能力的人到理事会当中来，发挥每一个人的作用。同时，根据工作实际，及时调整不合格的理事和挂名理事。

策略四：明确规定对理事会的监督主体与监督方式

作为红十字会的决策与治理机构，理事会也要接受监督。理事会的监督主体可以是会员、政府、捐赠者和受益者，明确监督途径和方式，如会员代表大会，有捐赠者、受益者等参加的联席会；在办公室设“理事意见箱”或公开的电子邮箱，给大家充分发表意见的机会和渠道。

策略五：充分发挥秘书长的职能作用

在红十字会组织中，理事会制度的有效推行和贯彻，有赖于一位优秀的秘书长。秘书长是红十字会的行政主管的负责人，理事会的职能是否能够有效发挥，在很大程度上取决于秘书长的作为。

二、完善红十字会的筹款机制

调研表明，筹款困难和资金缺乏是各地红十字会组织面临的最大困难之一，而筹款机制的不完善，缺少筹款的艺术、手段和方法是造成这种困难的主要原因。筹款活动应遵循一定的步骤：成立筹款小组；细分市场，确定目标；设定筹款目标；设计、实施筹款计划；评估、总结筹款活动。

策略一：在红十字会组织内部建立专门

负责筹款的职位（部门或人）

筹款是红十字会重要的工作内容之一，应选拔有市场意识、工作能力强的人员负责。主要负责制定年度筹款计划，包括初步确定筹款方式、筹款渠道、劝募对象等，具体实施筹款过程，对每一次筹款活动进行总结，并对年度筹款结果进行评估。

策略二：善于分析筹款市场

作为国际性组织，红十字会有优势使筹款市场尽量扩大和延伸，以获得更多资金支持。筹款市场分析的目标是要说明：捐款人和潜在的捐款人有哪些？他们为什么捐款？他们为什么不捐款？如何才能使他们捐款？

1. 个人市场

捐款人的动机主要包括内在动机和外在影响力两个方面。在我国，个人捐赠占资金来源总数的比例还比较低，这和我国人均收入水平、捐赠的减免税措施没有到位有关系。但这个市场的发展空间很大，随着我国人们生活水平的提高和法律环境的完善，个人捐赠的幅度将会大大提高。

2. 企业市场

20 世纪 90 年代后，越来越多的企业把参与社会公益看作新的竞争武器，尤其是跨国公司向公益事业捐赠的意识更为强烈。企业捐赠更重视回报。一般企业参与公益活动的目的：①减免税；②树立企业形象；③社会责任；④增加销售；⑤企业内部关系的改善。企业捐款除现金、债券外，还有产品、劳务、设施、技术等形式。

在企业市场的挖掘和运用中，红十字会具有很大的优势，即向红十字会捐赠的企业可获得减免税政策，这对企业来说是一种很大的回报。红十字会可以注意发展企业的员工成为红十字会的志愿者，坚持经常性的在企业开展宣传、动员和筹款工作。志愿者可以利用在员工聚会或发奖金的机会，讲述红十字会许多感人故事，从而获得认同和支持。

3. 基金会市场或国际资助组织

大多数的基金会或国际组织都有捐款的义务，尤其是国际基金会，它们的任务就是为值得捐赠的项目提供资金。对于红十字会来说，本身具有国际性的特点，更应该努力寻找国际资助机构的资助，获得帮助。

4. 政府市场

政府资助的方式有奖励、减免税政策、项目委托、政府购买服务、公设民营等形式。

在中国社会转型期，政府机构精简和职能社会化将大量原有的政府职能推向了社会，需要非营利组织来承担。在市场经济条件下，实行政府买服务是一种有效的方式：一种形式是政府采购，这是建立在公开竞争基础上的一种采购机制，即政府把钱拿出来，对于一些社会服务进行公开招标，谁能办政府把钱给谁；另一种形式是政府委托，即政府职能采用委托的方式来完成。

红十字会承担着一部分政府的职能，是政府在人道领域里的助手。《中华人民共和国红十字会法》第五条也明确规定了政府对红十字会进行资助。因此，对于红十字会来说，应该争取政府的资助。

5. 联合劝募组织

美国等国家都有专门的筹款组织，这些联合劝募组织在市场上统一筹款，并根据一定规则合理分配给各种 NGO。这种形式在我国也是一种发展方向。

策略三：拓展筹款的方式

调查显示，红十字会，尤其在基层红十

字会，筹款机制中存在着过度依赖个人关系的问题；同时，红十字会定向救灾筹款的方式较多，而日常筹款活动欠缺，缺少经常的、稳定的资金来源。在筹款竞争日趋激烈的环境中，红十字会应该考虑如何拓展筹款的方式，以多种形式获得资金，包括计划的捐款、主要捐款（大额，特殊捐款）、年度的捐款（年度活动）。

策略四：及时评估组织筹款的绩效

红十字会对于每一次的筹款，应通过成果评估，找出缺点，加以改进，提高效率。及时评估筹款绩效对下一次筹款会产生重要影响，还将会影响到组织的声誉和其他方面的工作。

根据调研情况，对于红十字会，筹款的绩效评估主要包括：

①筹款报告：包括筹款的总人数、收入总额、总成本、金额、筹款净收入、筹款的成本回收率、捐赠结构、达到目标的百分比、竞争者的比较等；

②员工的工作绩效和激励；

③间接成本；

④成本收益分析。

三、建立和完善红十字会组织内部的管理制度

调研发现，目前中国红十字会尤其在基层红十字会，自身能力建设明显滞后，组织内部的管理制度不够完善，使组织效率受损。

策略一：强调组织内部的竞争与激励机制

调研表明，红十字会组织内部欠缺竞争与激励机制，影响着工作人员的热情与积极性。在组织内部，建立公平、公开的竞争制度，有助于提高人员的工作积极性，从而提高组织效率。方法有：

1. 加强组织内部人员之间的交流和学习，使职位的交换与个人的工作业绩结合起来；

2. 红十字会组织在选拔人才时，可注意考虑到基层红十字会的人才，使他们拥有同等的竞争机会，一方面有利于红十字会广罗人才，另一方面对红十字会的工作人员也是一种重要的激励方法。

策略二：规范红十字会组织财务管理制度

调研表明：红十字会在组织财务管理方面存在不规范的问题，尤其体现在财务报告制度和外部审计制度方面。规范的财务管理，不仅有助于红十字会组织内部效率的提高和运作成本的降低，而且有助于对外树立形象，提高组织的公信度。

1. NGO 健全的财务管理标准是：

①未来 7－10 年中，组织的收入大于支出；②至少有 90 天的现金准备；③年收入至少 5% 来自原始捐赠所产生的收益；④适度的财务杠杆；⑤有经营性收入；⑥预算计划与实际相吻合或接近。

2. 建立外部审计制度

外部审计制度对于提高组织公信度十分重要，可以向捐赠者公示捐赠款项得到审计部门良好管理的证据。外部审计也有助于组织内部财务制度的完善。

外部审计的内容有：①审查财务报告；②对财务报告的缺陷提出建议；③按会计原则，提供对组织财务人员的技术性帮助；④查阅会计账目及报表等原始记录；⑤分析账设置；⑥分析组织的投资；⑦查阅捐赠记录。

策略三：规范红十字会的项目管理

项目对于红十字会整体工作具有重要的作用，项目运作方式是推动红十字事业健康发展的有效方式。健全、规范的项目管理可以为红十字会争取更多的国际国内资源。调研发现，在那些项目多、项目管理较好的红十字会，组织的工作显得有活力。

红十字会是一个特殊的社会团体，具有自己的特点。在实施项目管理中，需要遵循以下原则：

1. 紧扣组织宗旨。一般来说，对于众多的可行项目，应该优先选择那些和红十字宗旨和当前的战略规划目标相吻合的项目。

2. 重视申请环节。红十字会的项目通常向组织外部申请，例如基金会、中介机构、国际组织、政府部门、企业等，做好项目选择、可行性分析、项目建议书写等申请环节，有利于提高申请的成功率，保证项目的运作效果。

3. 注重运作效率。红十字会开展项目虽然不以营利为目的，但这并不表示项目管理不用顾及效率，这是一种误解。在红十字会的项目管理中，也需要控制成本、优化资源，提高效率。

4. 规范化管理。红十字会组织有自身的特点，组织的领导如会长、秘书长等管理者都是按届选举产生的，而且还有组织外部的人加盟。因此，一套简单而高效的规范化管理程序，有利于项目管理的可持续性。

红十字会项目运作管理的程序：①项目申请。设计项目，可行性论证，撰写项目建议书；②项目的启动和计划；③组织实施；④控制与管理；⑤项目评估。项目设计评估、项目目标评估、项目成果评估、经济效益评估、组织实施评估；项目管理能力评估；受益者评估。

第六部分　关于资源动员方面的对策和建议

一、提高红十字会组织的人力资源管理能力

调研发现，红十字会在对志愿者、会员及专兼职工作人员的管理上存在许多不完善的地方。奉献、志愿、爱心、公益是在红十字会组织中提到最多的词语，但这并不意味着红十字会不需要人力资源管理。而实践证明红十字会更要通过人力资源管理形成组织的核心能力与竞争优势。红十字会的人力资源管理有自己的特点，即大部分志愿者到红十字会不仅是为了生计，更是为了一种理想，这是红十字会人力资源管理最大的优点，但同时也要考虑，怎样才能调动人员的工作热情，又要赋予工作特殊的意义。

对于红十字会，人力资源管理的内涵涉及到组织开展活动和组织自身发展中的聘人（人力资源规划、工作分析、招聘和选拔录用）、用人（培训、考核、职业生涯规划）、留人（组织宗旨、文化、激励、适当的薪酬）等重要的方面。

策略一：建立并完善志愿者管理体系

调研结果表明，在红十字会组织中，有一支庞大的志愿者队伍。志愿者是红十字会组织重要的社会资源，志愿者管理是红十字会组织管理的一个重要方面。

志愿者是非营利组织的精神所在。理性的、策略的和成功的志愿者管理将产生持续不断的感召力和凝聚力，从而吸引越来越多的志愿者参与到社会公益事业中来。志愿者服务的普及和志愿精神的光大，不仅为非营

利组织的发展提供重要的人力资源，而且从根本上改善人类活动，推动人类社会的文明进步。

作为社团组织，志愿性的特点在红十字会的工作中尤为突出。

（一）在红十字会设立专门的志愿者管理职位（部门或人）

这个职位（部门或人）负责制定志愿者的招募、志愿者工作和活动规划、活动记录及效果评估。对志愿者工作进行宣传，吸引更多热心公益的人加入进来。这个职位的人员也可由日常型志愿者组成。

（二）发展多种类型的志愿者

红十字会的志愿者根据工作性质，可分为三种类型：

第一类是管理型志愿者。加入理事会或担任顾问，是红十字会领导层的成员，参与组织的决策与治理。

第二类是日常型志愿者。参加组织日常工作并担任一定的角色，包括策划、管理、协调、组织等。

第三类是项目型志愿者。主要参加各种项目或活动，为之提供支持，主要集中在项目或活动开展期间，一旦项目或活动结束，志愿服务也告一段落。

调研结果表明，在基层的红十字会中，第三类即项目型志愿者比较多，而前两类即管理型和日常型志愿者数量较少。因此，各地红十字会可以根据当地的工作特点，发展多种类型的志愿者，让志愿精神体现在各项工作当中，让志愿者在各项工作中发挥作用。

（三）志愿者管理的原则

调研结果表明，红十字会对志愿者的管理制度并不完善。根据红十字会的工作特点，在志愿者的管理方面，应注意以下几个原则：

一是志愿者的定位。要有一个全面的计划，对志愿者的工作进行分析，确认志愿者的职责和任务。

二是平等承诺。红十字会组织内的员工，包括领导者、管理者和一般员工，都需要有一个承诺：将志愿者视为红十字会组织中的一员，员工应明确志愿服务对组织来说不仅是必要的，而且是光荣的，要懂得尊重志愿劳动及其价值。

三是公开招募、择优录用。志愿者的主要标准有：良好的品德、较强的专业能力、认同组织宗旨、富有同情心、成熟稳定等。

四是教育和培训。志愿者加入红十字会组织，要根据实际工作情况接受培训，不断提高志愿者的工作能力，这也是吸引志愿者的一个重要因素，因为他们通过志愿服务获得了自我发展的机会，在工作中身心都会得到满足。

五是指导、协助。志愿者管理部门及时对志愿者进行沟通及必要的咨询和协助。

六是及时记录。重视各项志愿者相关的记录，包括个人档案、工作记录和总结等，将其及时整理归档，形成志愿者队伍信息库。

七是鼓励和重用。通过各种激励措施，保持志愿者的工作热情和积极性，对志愿者的工作热情加以表彰。同时，发展合适的志愿者加入理事会也很重要，使他们负起领导和管理的职责来。

八是提供必要经费。在开展服务过程中所需要的各种必要开支，如交通费等，以及必要的工作补贴等，红十字会组织都要提供。

九是绩效评估。针对志愿者的工作表现以及完成的工作量和服务效果等，进行系统的评估和鉴定，同时要把评估的结果及时通知志愿者本人。通过绩效评估可改进工作，加强志愿者与组织的联系，促进志愿者服务质量的提高。

（四）志愿者管理中应注意的问题

调研结果表明，有一些红十字会的志愿者在工作过程中存在不满意的情况。研究发现，志愿者不满意的地方通常表现在如下几个方面：志愿活动的安排和潜在志愿者期待的活动相左；缺乏对志愿者必要的回报；缺乏适当的培训与管理；相对于全职工作来说，志愿者感觉他们做的不过是低半级的另类工作；对他们的时间要求不合适；缺乏个人成就感。

策略二：提高红十字会工作人员（指专兼职人员）的整体素质，努力形成组织文化与价值体系。

调研结果表明，目前，基层红十字会的工作人员的整体素质有待于提高，以适应组织工作的新形势。红十字会工作人员是红十字会保持生机与活力的源泉，人员的素质、工作能力和工作水平很大程度上决定了红十字事业的发展。红十字会作为国际性的社团组织，需要专业化、知识化的高级人才和精英。

（一）创建学习型组织，让工作人员有危机感

在日常工作中使工作人员清醒地看到红十字会当前的发展形势和未来的趋势，知道现在和将来的红十字会到底需要什么样的人才，从而产生危机感，激励他们积极进取。

在组织内部创造良好的学习风气，鼓励工作人员努力学习专业知识、业务知识、外语知识、计算机知识及其他社会知识。可以在组织的工作人员中设立“学习进步奖”等，并给予适当的奖励，以激励更多的人努力学习，创建学习型的红十字会组织。

（二）加强对工作人员规范化的培训

红十字会组织内部定期举办业务知识培训或讲座，为组织内人员之间的交流和学习创造机会和条件。培训或讲座的内容应紧紧结合红十字会的工作实际，与工作人员的实际工作经历相关，这样能激发大多数人员的学习兴趣。

鼓励工作人员参加总会及其他形式的培训和学习，如请专家来讲座，这种方式能帮助工作人员开阔视野，开拓思路，提高他们的业务素质和工作水平。

（三）制定合理的报酬与激励机制，吸引和留住优秀人才

红十字会的专职工作人员和企事业单位的职工与政府的公务员一样，同样需要运用报酬机制来调动其积极性。红十字会要发展壮大，必须吸引越来越多的优秀人才加入红十字会组织，而要留住人才，就必须有较好的报酬水平。

调研结果表明：红十字会人员的工作量要大于其他公务员的工作量，而红十字会工作人员的报酬却相对较低，这也在一定程度上影响了工作人员的积极性。

报酬制度的制定受到外在因素和内在因素的影响。制定报酬制度，确定每一特定职务或岗位的具体薪酬水平，以及薪酬的支付和提升形式等。

除报酬外，红十字会有特色的激励因素在于非金钱、非物质的东西，这种激励是非常重要的。赫茨伯格认为非营利组织中除报酬之外最重要的五个激励因素是：一是成就

感；二是成就得到肯定；三是工作本身；四是责任感；五是个人的成长与进步的机会。他的研究表明：激励员工最重要的办法是改变工作内容，让工作本身变得更具挑战性和激发性。

（四）强调组织人员之间的合作与竞争精神，形成组织的文化与价值体系

调研结果证明：在目前红十字会组织中，缺少竞争的精神，这种情况影响着工作人员的积极性，阻碍着工作方法的改进与工作效率的提高。

组织内部的互信、互动、互助和经常的沟通，以及民主、透明、公正的管理政策，是激发员工士气、形成团队精神的重要条件。只有这样，才有可能形成组织自己的文化与价值体系。

策略三：重视并发挥红十字会会员的作用

调研结果显示，各地红十字会都拥有自己的会员队伍，而问题是会员在红十字会的日常工作中并没有发挥太大的作用。

（一）重温中国红十字会章程中关于会员的权利和义务的规定

在每次会员代表大会上，应共同学习探讨章程中规定的红十字会会员的权利和义务内容，并鼓励会员结合自己的工作实际进行交流，找出自身存在的差距，加以改进。让“红十字会会员”的意识深入人心，并发挥积极的作用。

（二）加深会员对红十字会组织的认同感和归属感

对组织有了强烈的认同感和归属感，才能积极热情地投入到组织的工作中。红十字会组织可以通过以下的方式使会员加深对组织的感情：

1. 在会员中加大对红十字会的宣传力度，可以采用多种形式，如宣传品、讲座、知识竞赛等，宣传内容包括红十字精神、红十字会的宗旨和使命、红十字会近年来的工作业绩、红十字会在社会上良好信誉度等，让会员产生荣誉感。

2. 开展评选优秀会员活动，对表现突出的红十字会会员给予表彰和奖励，颁发纪念品等。

3. 在红十字会内部和利用媒体对有突出贡献的红十字会会员加大宣传力度，让社会上更多的人和组织认同红十字会员，在构建和谐社会中发挥作用。

策略四：明确规定红十字会名誉会长和会长的职责

调研结果显示：各地红十字会的名誉会长和会长都是各地政府的一、二把手，这种形式看上去对红十字会的事业发展大有益处，而在调研中我们也发现，名誉会长和会长能够发挥实际作用的很少，大多只是挂名。

研究表明，名誉会长和会长如果能经常尽其职责，不仅能够帮助红十字会争取更多的政府资源，而且有利于红十字会的全面发展。

建议在红十字会章程中或地方法规中加入一条：名誉会长和会长的职责，使名誉会长和会长的职责具体化和明确化。如规定名誉会长和会长每年至少两次听取红十字会的工作汇报，或至少两次亲自参与红十字会的活动。在充分了解和掌握红十字会工作情况的基础上，对红十字会工作中的困难给予重视，以此提出指导性意见，并指定相关职能部门落实。

策略五：增加和规范对红十字会人员

（专兼职人员、会员、志愿者）的培训

培训是红十字会组织适应环境变化、提升工作人员素质、开展能力建设的重要环节，也是人力资源管理的核心内容之一。

根据调研结果研究，红十字会的培训可分为四种形式：新员工的上岗培训、在职员工的组织内培训、在职员工的外派培训、员工终身教育。

对新员工进行上岗培训，有助于新员工溶入红十字会这一群体，消除冲击造成的不确定感和焦虑，有助于培养员工对组织的归属感和责任感。

在职员工的组织内培训，主要是通过组织内部定期或不定期举办的培训。

在职员工的外派培训分为两种，一是选派到正规的大学申请获得学位，二是参加单一学科或讲座的培训班。

员工终身教育是时代发展的需要，对于红十字会来说尤其重要。

二、进一步提高中国红十字会的公信度

公信度的建立主要包括监督、问责、评估体系的建立与完善，以及中国红十字会的宣传。

调研表明：相比于其他社团，目前中国红十字会在社会与公众中公信度情况良好。当前，组织之间竞争的一个重要内容即为组织公信度的竞争，较高的组织公信度会为组织带来更多关注与支持。

随着红十字会组织内环境及外部环境的变化，如何进一步提高中国红十字会的公信度，以提高组织竞争能力的问题凸显出来：如监督与评估制度欠缺，自律、他律机制不足等。这也是中国社团共性的问题。

中国红十字会的发展特点具有 NGO 的三个特点，即非营利性、非政府性、志愿公益性或互益性。在监督、问责与评估体系的建立和完善方面，完全可以借鉴国内外成功 NGO 的理论和方法。

策略一：建立并完善对中国红十字会的监督体系

关于 NGO 社会监督体系的整体构想：

透明——定期财务报告；公开义务化和法律化

参与——资助者、受益者、行政者、利害相关者、服务者、专家学者、媒体、其他同类组织等

法治——立法、执法、知法、依法、守法、用法

评估——问责、绩效、使命、能力

互律——相互沟通、透明、约束、竞争

自律——制度建设、能力建设、文化建设

策略二：强调中国共产党对红十字会的监督

党对红十字会的监督完全符合中国国情和红十字会自身发展的特点。这种监督方式比行政监督方式更有效，效果也好。

策略三：建立规范的问责机制

学习或借鉴美国 NGO 的问责机制：

第一道防线——政府的监督，《中华人民共和国红十字会法》第五条已作出明确规定。

第二道防线——独立的第三方评估。这种方式的监督往往比政府的监督有效得多，而且与政府监督相比，它的另一个优势在于，它不仅不会限制好的 NGO 发展，相反，还会淘汰不良的 NGO，同时促进健康的 NGO 组织更好发展。如美国“全国慈善信息局”NCIB、“更好事务局委员会”CBBB，目前两个机构已合并。

第三道防线——NGO 的同行互律。如美国基金会理事会、国家基金募集协会。

第四道防线——媒体与公众的监督与评估。

第五道防线——NGO 的自律。如设立监事会和专职的监督员。

策略四：建立起完整的评估框架

资料来源：邓国胜，《非营利组织评估》，社会科学文献出版社，2001.12。

第一个模块解决的主要问题是组织的筹款难题；第二个模块解决的主要问题是组织如何发展规划，如何增强组织的凝聚力、吸引人才等问题；第三个模块解决的主要问题是组织由于缺乏竞争导致的效率低下、服务质量不高的问题；第四个模块解决的主要问题是长期以来组织的能力欠发达的问题。

需要注意的是，以上四个子模块解决的并不是一个层面的东西。有的重在治本，有的重在治标。总的来说，每个子评估模块都试图解决某一个问题，各个子评估模块既相互独立，又相互构成一个相对有机的整体。

策略五：加大宣传力度，扩大中国红十字会的影响力

调研表明，各地红十字会的宣传工作都是薄弱环节，而大部分组织认为，宣传对于促进红十字会的全面发展有着很重要的作用。

（1）各地红十字会建立自己的宣传网络。

通过建立与政府、企业、其他 NGO 的联系，扩大红十字会的宣传力度。

（2）加大对《中华人民共和国红十字会法》的宣传力度。依法办会、依法兴会、依法治会，使红十字会法真正起到保障和推动红十字事业发展的作用。

三、建立并保持红十字会与其他部门的互动关系，实现资源共享

调研表明：与其他社团相比，红十字会的社会地位较低，这种情况与中国红十字会在社会公益领域中发挥的重要作用形成巨大反差。这个问题产生的原因是多方面的。从红十字会本身来讲，虽然红十字会与许多部门已经建立较好的关系，但从长远看，并没有形成一种良性运转的机制，包括红十字会与政府、企业、社区、捐赠者、受益者、国内和国际 NGO 的互动关系。

策略一：加强与企业的对话

现代企业文化把建立新型社区、投资社会公益事业列入重要内容，越来越多的企业参与到了社会公益中来。这对企业和红十字会来说都是一个机遇。红十字会可利用现有的减免税政策发展企业捐赠，同时，注意发展企业员工作为红十字会的志愿者，形成长期的、可持续发展的趋势。

策略二：密切与社区之间的关系

调研表明：社区资源不容忽视，红十字进社区的工作已取得了明显的效果，依托社区可以做大量的社会公益工作。

社区工作的特点使社区本身拥有大量的政府和社会资源。同时，红十字会的工作内容与特点也适合把社区当作社会公益基地。红十字会的宣传、扶贫和帮助其他弱势群体的工作都可以以社区为基础。建立与社区的关系可以帮助红十字会与社区实现资源共享。

可以建立与社区组织（如居民委员会、其他社区 NGO）的联席会制度，让社区更加了解、参与红十字会的工作。

策略三：加深与国际、国内其他组织之间的来往与交流

充分利用红十字会国际性的特点，开阔

视野与思路，通过上网、培训、会议、项目交流等多种方式，与其他组织建立良好的互动关系，及时获得信息及其他资源。

四、建立对中国红十字会组织发展的研究和支持体系

调研结果证明：中国红十字会目前的发展状况和未来的发展趋势，需要科学化、专业化、经常性的理论研究的支持体系，而这是目前中国红十字会所欠缺的。

策略一：在红十字组织内部建立专门的调查研究部门

中国红十字会百年的历程是辉煌的，也充满着探索与曲折。百年实践中的经验与教训值得分析和总结，为中国红十字会今后的发展提供依据指导。

而要使对红十字会组织的调查研究成为一种制度，有效的办法是，在红十字会组织内部建立专门的调查研究部门，承担起重要的调查研究任务。这个部门负责组织开展对红十字会组织各个方面的深入研究，出现问题及时提出解决的理论依据及科学的方案策略，有助于提高组织的决策效率。

对于研究成果的报告，可以进行出版，使红十字会拥有属于自己的研究报告，这将有助于红十字会扩大影响，引起更多关注，获得更多资源，提高红十字会的社会地位，从而促进红十字事业的健康发展。为此可以聘请一至两名相关领域的专家加入调查研究部门。

策略二：加强与相关学术机构的交流与合作

中国红十字会的发展取得了巨大的成就，这是不可否认的。而伴随着公民社会的发展脚步，中国红十字会又有了更高更新的目标。

在这种情况下，加强与相关学术机构的交流与合作，显得尤其重要。例如，可以通过案例研究、项目运作、研讨会、讲座等渠道密切红十字会与学术机构的关系。一方面通过对中国红十字会的研究，可以为学术机构对中国社团的整体研究提供帮助。另一方面，学术机构可以以客观、公正、科学的态度，运用先进的理论知识与技术，为中国红十字会的发展提供理论支持，为解决问题提供合理有效方案。

山东省农村红十字会工作调查报告

张心宝　玄兴华　金汝华
马俊娥　王书华　张建国
王景新　金　桥　王永军

为摸清农村红十字会工作的现状和需求，探索新形势下在农村开展红十字会工作的新路子，在山东大学专家学者指导下，山东省红十字会于 2001 年第 4 季度在全省开展了农村红十字会工作情况调研，取得了第一手资料，获得了有意义的成果。现报告如下。

第一部分　调查内容与方法

一、调查内容

（一）县级红十字会工作状况

主要是县级红十字会的组织结构、人员组成、经费来源与支出、工作内容、对乡、村级红十字组织的指导作用、会员发展情况，以及县级有关领导对红十字会工作的认识、重视程度及具体表现。

（二）乡、村级红十字组织发展情况

主要是乡、村红十字会组织建设及活动开展、活动经费、办公条件及人员配备、会员发展等情况及红十字会人道救助占整个社会福利的比重。

（三）人们对农村红十字会工作的认识

主要是县、乡、村红十字工作者及群众对红十字知识的了解情况、对红十字会工作的认可度、欢迎度、参与度，红十字会活动的方法与形式。

二、调查方法

采取问卷调查、集中座谈、入户访谈、现场考察、听取汇报等形式。

（一）随机抽样。将山东省所有市按经济状况好、中、差三个水平随机抽样，在每一个经济水平上各抽取 1 个市，3 市各抽取 3 个县（市、区，下同），9 县各抽取 3 个乡（镇，下同），27 个乡各抽取 2 个行政村，每村各抽取 5 位村民（其中 1 位为村干部），进行问卷调查。全省共调查 9 个县、27 个乡、54 个村、270 位村民。

（二）集中培训。由省红十字会组织统一培训。9 个县中，每县选 4 位调查员（其中 1 位来自县，3 位来自各样本乡），共 36 人参加培训。

（三）组织调查。县红十字会组织调查员入户调查，在被调查的每个乡组织一次乡干部讨论会，并现场查看红十字会组织建设及工作情况。

9 个县分别填写“县级红十字会组织建设与发展情况调查表（问卷一）”；每个县分别由正副书记、正副县长和县政府办公室主任填写“对红十字会工作认知和重视程度调查表（问卷四）”。

27 个乡分别填写“乡（镇）红十字会组织建设与发展情况调查表（问卷二）”；每个乡分别由正副书记、正副乡长和乡秘书填写“对红十字会工作认知和重视程度调查表（问卷五）”。

54 个村分别填写“村红十字会组织建设与发展情况调查表（问卷三）”；270 位村民分别填写“农村居民对红十字会组织认知、需求、满意度调查表（问卷六）。

（四）汇总整理。有关市红十字会将材料统一收集报省红十字会。省红十字会负责指导整个调查工作，并对调查结果进行汇总整理和分析。

第二部分　调查结果

根据本次调查的抽样原则，选定烟台市的栖霞、蓬莱、龙口三市为经济状况较好地区的样本，以淄博市的沂源县和张店、博山区为经济状况中等地区的样本，以菏泽市的东明县、单县和牡丹区为经济欠发达地区的样本。样本县的县均人口分别为 58.95.54.36.98.19 万人；年人均纯收入分别为 3684.32.3218.45.2109.27 元；其基本情况见表 1。样本县基本情况单因素方差分析结果（详见表 2）表明，组间具有显著性差异（$F=2.42$，$P<0.05$），符合样本遴选原则，具有山东省三个不同经济区域的代表性。

表1　样本县（市、区）基本情况一览表

抽样点	乡镇数	人口数（万人）	年人均纯收入（元）	人均收入<300元人数	人均收入<500元人数
栖霞市	19	65.96	3345	700	2100
蓬莱市	14	48.57	3481	——	——
龙口市	20	62.31	4202	——	——
沂源县	13	56.00	2324	11200	20400
张店区	9	58.47	3876	346	1153
博山区	12	48.60	3458	978	2066
东明县	13	68.10	2038	——	——
牡丹区	21	112.43	2173	4670	9850
单　县	20	114.06	2089	1660	5980

表2　样本县（市、区）基本情况单因素方差分析

组	计数	计和	均数	方差
乡镇数	9	141	15.66666667	19
人口	9	634.5	70.5	633.069
人均纯收入	9	26986	2998.444444	708572.2778
低于300元	8	19554	2444.25	14825119.36
低于500元	8	41549	5193.625	49022962.84
获得救济的人数	9	64447	7160.777778	83062615.69

方差分析

差异源	SS	df	MS	F	P-value	F crit
组间	354030397.5	5	70806079.5	2.915626822	0.02280588	2.41736
组内	1117111296	46	24285028.17			
总计	1471141693	51				

一、农村红十字会组织建设与发展现况调查结果

（一）县级红十字会组织建设与发展情况：

1. 发展会员情况：

9个样本县共有红十字会会员74640名，其中团体会员31751个单位，个人会员20410名，学生会员22479名。各县级红十字会发展会员的具体情况见表3。表中可见，各县级红十字会均发展了团体会员，只是数量不均；就个人会员来看，除沂源县是空白外，其他县均有发展，但数量从15名到9860名不等，差异十分显著；学生会员只有3个县有，差异更加显著。

表3 样本县（市、区）红十字会组织发展会员情况一览表

抽样点	团体会员数	个人会员数	学生会员数	合计数
栖霞市	26	3975	0	4001
蓬莱市	48	15	4800	4863
龙口市	28	2976	0	3004
沂源县	19546	0	1209	20755
张店区	14	1303	0	1317
博山区	8430	9860	16470	34760
东明县	29	1681	0	1710
牡丹区	2160	210	0	2370
单　县	1470	390	0	1860
合　计	31751	20410	22479	74640

2. 组织机构建设及人员配置情况：

9个县全部建立了县红十字会，建会率达100%。县红十字会办公地点除单县设在县政府外，其余均设在卫生局内，占89%。县红十字会办公室人员编制总数23人，县均2.5人，其中3个县红十字会办公室尚未列编；县级红十字会办公室实有人数为20人，县均2.2人。5个县级红十字会办公室主任是专职干部，另4个县均是县卫生局副局长兼任（见表4）。

表4 样本县（市、区）红会组织机构建设与人员配置情况一览表

县名	是否成立县级红十字会	县级红十字会办公地点	县红会办公室编制人数	县红会办公室实有人数	县红会办主任的专（兼）职情况
栖霞市	已成立	卫生局	0	3	兼职
蓬莱市	已成立	卫生局	2	1	专职
龙口市	已成立	卫生局	3	3	兼职
沂源县	已成立	卫生局	5	2	专职
张店区	已成立	卫生局	0	1	兼职
博山区	已成立	卫生局	0	1	兼职
东明县	已成立	卫生局	5	2	专职
牡丹区	已成立	卫生局	3	2	专职
单　县	已成立	县政府	5	5	专职

3. 县级红十字会活动经费额度及来源情况：

9 个县级红十字会 2000 年度的活动经费总额为 84545 元，其中张店、牡丹两区没有活动经费，其余 7 县当年活动经费最低为 2000 元，最高为 30000 元，县均年度活动经费为 9393. 89 元。

各县实际拥有的活动经费数额及经费来源情况见表 5。调查情况表明，红十字会的活动经费来源主要是靠会员会费（5 县,），其次是政府拨款（3 县），上级资助及社会、个人捐赠等其他途径提供的活动经费最少（各为 1 县）。

表 5　样本县（市、区）2000 年活动经费及经费来源情况一览表

县名	活动经费（元）	经费来源					
		政府拨款	上级红会资助	社会捐赠	个人捐赠	会员会费	其他途径
栖霞市	9000	——	——	——	——	√	——
蓬莱市	10000	√	——	——	——	√	——
龙口市	30000	√	——	——	——	——	——
沂源县	16345	——	√	——	√	√	——
张店区	——	——	——	——	——	——	——
博山区	11200	——	——	——	——	——	√
东明县	2000	——	——	——	——	√	——
牡丹区	——	——	——	——	——	——	——
单　县	6000	√	——	√	——	√	——

4. 县级红十字会近年来开展的工作或活动情况：

县级红十字会近年来开展的主要工作或活动项目（见表 6）。其中开展救灾救助、参与无偿献血、宣传红十字运动基本知识 3 项活动为各县都开展的工作。此外有 6 个县红十字会开展了发展会员工作，5 个县红十字会开展了普及卫生救护和防病知识、慈善募捐活动，2 个县红十字会开展过红十字青少年活动。只有蓬莱市红十字会还开展过上述七项活动之外的工作：一是建立了 1 处社区卫生服务门诊部；二是在 206 国道建立了 4 处红十字急救站。

表6　样本县（市、区）近年来红十字会主要开展的工作或活动一览表

县名	栖霞	蓬莱	龙口	沂源	张店	博山	东明	牡丹	单县
开展救灾救助活动	√	√	√	√	√	√	√	√	√
参与无偿献血活动	√	√	√	√	√	√	√	√	√
宣传红十字运动基本知识	√	√	√	√	√	√	√	√	√
普及卫生救护和防病知识		√	√	√	√	√			
开展慈善募捐活动		√			√		√	√	√
开展青少年活动				√		√			
发展会员	√	√	√	√		√			√
其他活动内容		√							

5. 各县（市、区）2000年度获得救助的人数及获得救助的途径调查：

9个县共有64447人次通过不同途径、获得过不同程度的救助，县均救助人数为7161人；其中沂源、牡丹过万人，分别达到27645人和16846人。东明县受助人数最少，只有487人。各县获得救助的途径详见表7。

表7　样本县（市、区）2000年获得救助、救济的人数及途径一览表

县名	获得救济的人数	获救济的途径				
		民政部门	红十字会	社会团体	个人捐赠	其他途径
栖霞市	5400	√	—	√	√	—
蓬莱市	1862	√	—	—	—	—
龙口市	5032	√	√	√	—	—
沂源县	27645	√	√	—	√	—
张店区	1328	√	√	—	√	—
博山区	2247	√	√	√	√	—
东明县	487	√	—	—	—	—
牡丹区	16846	√	—	—	√	—
单　县	3600	√	√	√.	√	—

表7结果显示：各县民政部门是灾、困、贫、病、残等救助对象获得救助的主要途径，并已得到社会各界的公认。9个县中，有单县、龙口、沂源、张店、博山5个县红十字会参与了辖区内的救灾、救助活动。各县通过红十字会组织获得救助的人数依次为1350人、240人、1137人、183人、724人，分别占当年本辖区获得救济总人数

的 37.5%、4.77%、4.11%、13.78%、32.22%。5县红十字会共救助灾、困、贫、病、残等对象3634人次，占5县当年获得救济总人次数（39852人次）的9.12%。

（二）乡级红十字会组织建设与发展情况

1. 乡（镇）一般情况概况：

27个样本乡共有1002个村，平均每个乡有31个村；总人口98.8856万，乡均36624人；年人均纯收入2799.19元，其中人均收入低于300元的4099人，占总人口的0.42%，人均收入低于500元的9357人，占总人口的0.95%。

2. 乡（镇）红十字会组织建会率及其地区差异：

9个县共有乡建制141个，有114个乡建立了红十字会，建会率80.85%。按经济分层看乡建会率，烟台市为90.57%（48/53），淄博市为85.29%（29/34），菏泽市为68.52%（37/54）。在经济欠发达地区，东明县、牡丹区的乡建会率达到100%。这说明经济状况与红十字会的建立确有不可忽视的影响，但不是决定性因素。

3. 样本乡镇红十字会组织的建设情况：

27个乡有25个建立了红十字会，建会率为92.6%，高于样本县全部乡的红十字会建会率。乡红十字会的会长，有4个乡是党委副书记、乡长兼任，3个乡是专职党委副书记兼任，13个乡是副乡长兼任，5个乡是乡卫生院院长兼任。乡领导兼任同级红十字会会长职务的占80%。乡红十字会办公室设在乡政府内的3个，占12%；设在乡卫生院的22个，占88%，其工作人员全部是兼职。

样本乡红十字会共有团体会员9379名，个人会员7548名，学生会员2315名。建立村红十字组织51个，乡均拥有村红十字组织2个。

4. 乡级红十字会活动经费及其经费来源：

25个乡红十字会，2000年度共获得活动经费14644元，每个乡红十字会平均585.76元。按经费水平分层比较，上、中、下三个层次的乡红十字会分别拥有活动经费7865元、250元和6529元，经费多少与经济水平不成正比。在有活动经费的乡红十字会中，年超1000元的仅有4个，最多的5000元，最少的仅100元，差异十分显著。

调查显示，有10个乡红十字会是依靠会员会费这一途径获得活动经费的，占25个乡红十字会的40%；各有4个乡红十字会在2000年度分别获得了政府拨款、上级红十字会资助、个人捐赠，或其他途径的资助；只有2个乡红十字会2000年度获得过社会捐赠。由此可见，乡红十字会的活动经费主要还是来源会费。

5. 乡级红十字会近年来开展工作的情况：

统计问卷的结果显示，25个乡红十字会开展的工作仍以“宣传红十字运动基本知识”、“开展救灾救助活动”、“参与无偿献血活动”三项为主要工作，分别占88.9%、70.4%和66.7%；开展普及卫生救护和防病知识、慈善募捐活动、青少年活动、发展会员等项工作的，均未过半，最高比例为44.4%，最低比例为25.9%。

表8　样本乡（镇）红十字会近年来主要开展的工作（活动）情况

活动内容	开展活动的乡镇		未开展此项活动的乡镇	
	数量	百分比	数量	百分比
开展救灾救助活动	19	70.4	8	29.6
参与无偿献血活动	18	66.7	9	33.3
宣传红十字运动基本知识	24	88.9	3	11.1
普及卫生救护和防病知识	12	44.4	15	55.6
开展慈善募捐活动	7	25.9	20	74.1
开展青少年活动	9	33.3	18	66.7
发展会员	8	29.6	19	70.4
其他活动内容	0	0.0	27	100.0

6. 各乡2000年度获得救济的人数及获得救济的途径：

2000年，27个乡中共有8482人次从不同途径获得了相应的救济，占总人口的0.86%，占人均收入低于500元人群的90.65%；在受助的人群中，由红十字会救助的1001人，占11.8%，这与通过县红十字会获得的数据基本一致。27个乡获得救济的途径见表9。

表9　27个乡（镇）2000年获得救济的途径一览表

救济途径	通过该途径获得救济的乡镇数	构成比	排序
民政部门	26	96.3	1
上级红十字会	11	40.7	2
本乡镇红十字会	7	25.7	4
社会团体捐赠	7	25.9	5
个人捐赠	9	33.5	3
其他救济途径	1	3.7	6

（三）村级红十字会组织建设与发展情况

1. 概况：

54个样本村总人口为67772人，最多的村有3200人，最少的村只有134人，村均1255±694人。54个村的人均纯收入为2509.04元，人均收入低于300元的有1830人，占总人口的2.70%；人均收入低于500元的有2859人，占总人口的4.22%；这两个比例均高于乡的数据。

2. 村级红十字会组织的建设情况：

54个村有16个村建立了村红十字组织，占29.6%。这16个村红十字会办公室有5个设在村委会，占9.3%；有8个设在村卫生室，占14.8%；还有3个另外单设专门的办公室，占5.6%。

16个村红十字会的负责人，有8个村由村支部书记兼任，3个村由村委会主任兼任，4个村由乡村医生兼任，有1份问卷对此未作回答。

16个村红十字组织共有会员1549人；有7个村发展了学生会员，但仅有113人。

3. 村级红十字组织的活动经费及经费来源：

16个村红十字组织中只有11个有活动经费，共16264元；最多的6000元，最少的170元，村均1478.55元。

村红十字组织的经费来源见表10。调查表明，村红十字组织活动经费来源主要靠会费，其次是村提留；这说明其获得活动经费的途径更加有限。

表10 村级红十字组织活动经费来源情况一览表

经费来源	通过该途径获得经费的村数	占11个村级红会的百分比	占54个样本村数的百分比
从村提留中拨款	6	54.5	11.1
上级红会资助	5	45.5	9.3
社会团体捐赠	2	18.2	3.7
个人捐赠	1	9.1	1.9
会员交纳会费	8	72.7	14.8
其他来源	0	0.0	0.0

4. 村级红十字组织开展的主要工作或活动情况：

虽然调查的样本村有54个，但由于只有16个村建立了村红十字组织，因此村红十字组织工作情况的分析，只统计了16个村的活动情况（见表11）。结果显示，村红十字组织近年来开展的活动也是以“救灾救助”和“参与无偿献血”为最普遍、最多的项目，开展最少的是“慈善募捐活动”。

表11 16个村级红十字组织近年来主要开展的工作（活动）情况

活动内容	开展活动的		未开展此项活动的	
	数量	百分比	数量	百分比
开展救灾救助活动	13	81.25	3	18.75
参与无偿献血活动	12	75.00	4	25.00
宣传红十字运动基本知识	8	50.00	8	50.00
普及卫生救护和防病知识	7	43.75	9	56.25
开展慈善募捐活动	3	18.75	13	81.25

活动内容	开展活动的		未开展此项活动的	
	数量	百分比	数量	百分比
开展青少年活动	8	50.00	8	50.00
发展会员	7	43.75	9	56.25
其他活动内容	0	0.00	16	100.00

5. 样本村2000年度获得救济的人数及救济途径情况：

54个样本村中共有713人次从不同途径获得了相应的救济，占样本村总人口的1.05%，占人均收入低于500元人群的24.94%；在受助的人群中，由红十字会救助的118人，占受救助人群的16.55%。

表12 2000年获得救济的途径一览表

救济途径	通过该途径获得救济的行政村数	构成比	排序
民政部门	51	94.44	1
上级红十字会	12	22.22	2
社会团体捐赠	10	18.52	3
个人捐赠	4	7.41	4
其他救济途径	3	5.56	5

按经济水平高、中、低三层进行分层统计比较发现，受救济人数分别为211人、134人和368人，各占自层人口数的0.71%、0.71%、1.89%，组间无显著性差异。但村红十字组织救助的人数差异明显，经济水平居高、中层的村红十字组织均未参加过救灾救济工作，村红十字组织参与救济的118人全部集中在经济欠发达地区。

二、县、乡领导和村民对红十字会组织认知情况的调查结果

（一）县、乡领导对红十字会认知情况：

1. 调查对象的现任职务：

分管红十字会工作的县级领导共48人接受了本次调查，其中县委书记6人，占12.5%；县委副书记15人，占31.3%；县长4人，占8.3%；副县长20人，占41.7%；局长3人，占6.3%。县委副书记、副县长合计35人，占73%，是调查对象的主体。

分管红十字会工作的乡级领导共调查了134人，其中乡党委书记20人，占14.9%；乡党委副书记40人，占29.9%；乡长20人，占14.9%；副乡长39人，占29.1%；卫生院院长15人，占11.2%。调查对象的主体也是乡党委副书记和副乡长，共79人，占59%。

2. 是否为会员：

48名分管红十字会工作的县级领导，20人是红十字会会员，占41.7%。

134名分管红十字会工作的乡级领导，46人是红十字会会员，占34.3%。

3. 对《中华人民共和国红十字会法》的知晓情况：

被调查的县、乡领导均知道有《红十字会法》。但能够准确答出颁布年份的，县级领导中有34人，占85%；乡级领导中有71人，占67.6%。

按经济水平分层比较发现，菏泽市的县、乡两级领导100%回答正确，淄博市74.6%回答正确，烟台市仅40.6%回答准确。

4. 对红十字会活动经费来源的主要观点：

该项调查在问卷中设定了两种选择，即每位被调查者都选择两个答案，其中1个为主要来源，1个为次要来源。

红十字会活动经费的主要来源：县级领导认同政府拨款的26人，占55.3%；认同会费的21人，占44.7%。乡级领导认同政府拨款的77人，占58.3%；认同会费的39人，占29.8%；认同捐赠的16人，占12.1%。

红十字会活动经费的第二项来源：县级领导有2人未予回答，46份有效问卷中，有28人认同社会团体捐赠，占60.9%；11人认同会员会费，占23.9%；4人认同个人捐赠，占15.2%。乡级领导有25人未予回答，109份有效问卷中有62人认同社会团体捐赠，占56.9%；31人认同会员会费，占28.4%；14人认同个人捐赠，占12.8%；有2人认同政府拨款，占1.8%。如果将捐赠项合并统计，县、乡领导的认同率分别达到76.1%和69.7%。

5. 对红十字会主要职责的认知情况：

县、乡两级领导对红十字会主要工作职责的认知情况见表13。

表13 县、乡领导对红十字会主要职责的认知情况一览表

红十字会的主要职责	县级领导（人数）		乡级领导（人数）	
	确认	未确认	确认	未确认
开展救灾的准备工作	47	1	119	15
普及卫生救护和防病知识	39	9	90	44
参与输血献血工作，推动无偿献血活动	44	4	122	12
开展红十字青少年活动	24	24	50	84
参加国际人道主义救援工作	37	11	81	53
宣传国际红十字的基本原则	29	19	69	65
依照国际红十字基本原则，完成人民政府委托事宜	30	18	68	66
依照日内瓦公约及其附加议定书的有关规定开展工作	18	30	32	102

6. 对乡、村两级建立红十字组织必要性的认识：

对在乡、村两级建立红十字会组织必要性的认识，48 位县级领导中，有 46 位认为有必要，占 95.8%；2 人认为没有必要，占 4.2%。134 位乡级领导中，有 129 位认为有必要，占 96.3%；5 人认为没有必要，占 3.7%。

7. 对农村开展红十字会活动对两个文明建设作用的认识：

县、乡两级领导均 100% 认为在农村开展红十字会活动对两个文明建设有促进作用。考虑到乡领导更接近农民，在对乡领导的问卷中我们特意增加了一问："如在农村开展红十字会工作老百姓会欢迎吗"？结果除 1 名乡领导未予回答外，133 名乡领导认为老百姓会欢迎。

（二）农民群众对红十字会组织认知情况：

按照设计，本次调查共应调查村民 270 人，调查中共发放问卷 270 份，实际回收问卷 265 份，剔除 2 份不合格问卷，有效问卷共 263 份，回收有效问卷率为 97.4%。符合调查预案设计要求。

263 名村民，男性 171 名，占 65%；女性 92 名，占 35%。年龄最大 75 岁，最小 16 岁，平均年龄为 43.73 ±11.89 岁。

1. 一般调查内容统计分析结果：

263 位村民对红十字会工作相关问题的认知情况见表 14。调查表明，53 人参加过红十字会组织的活动，占 20.2%，其中一半为"偶而参加"。否认"村红十字会对需要救助的贫困家庭有过帮助"的人中，有 128 人是回答"不知道"或"不清楚"，占 48.7%。表示不欢迎在农村开展红十字活动的人中大多数是"不清楚"或"不知道"，只有 3 人明确回答"不欢迎"。

表 14　263 位村民对红十字会工作相关问题的认知情况

问卷内容	是		否	
	人数	百分比	人数	百分比
您听说过《中华人民共和国红十字会法》	176	66.9	87	33.1
您认为有必要建立村级红十字会组织	212	80.9	50	19.1
如果村里建立红十字会组织，您愿意参加	222	84.4	41	15.6
您现在是红十字会会员	33	12.5	230	87.5
您参加过红十字会组织的活动	53	20.2	210	79.8
如果村红十字会组织对贫困家庭进行互助你愿意参加	231	87.8	32	12.2
您曾经接受过红十字会的帮助	26	9.9	237	90.1
村里红十字会对需要救助的贫困家庭有过帮助	90	34.2	173	65.8
您认为在农村开展红十字会工作老百姓是欢迎的	191	72.9	71	27.1

2. 村民对红十字会主要职责的了解程度：

问卷列了红十字会的8项主要职责，请村民根据自己了解的情况作出回答。结果见表15。村民对红十字会主要职责的最高知晓率为56.3%，最低知晓率为10.6%。这说明，绝大多数村民对红十字会的主要职责不知晓。

表15 263位村民对红十字会职责的了解程度

红十字会的职责	确认		否认	
	人数	百分比	人数	百分比
开展救灾的准备工作	148	56.3	115	43.7
普及卫生救护和防病知识	132	50.2	131	49.8
参与输血献血工作，推动无偿献血活动	127	48.3	136	51.7
开展红十字青少年活动	67	25.5	196	74.5
参加国际人道主义救援工作	107	40.7	156	59.3
宣传国际红十字的基本原则	98	37.3	165	62.7
依照日内瓦公约及其附加议定书的有关规定开展工作	28	10.6	235	89.4
完成人民政府委托事宜	51	19.4	212	80.6

3. 村民认为红十字会可以在农村重点开展的工作内容：

问卷设了“防灾救灾”、“村民互助”、“宣传教育”、“防病治病与救护”、“无偿献血”和“其他”6项选择，请村民选出自己认为红十字会可以在农村重点开展的工作。各项内容依村民选择计频排序分别为：（1）防灾救灾171人次、（2）防病治病与救护158人次、（3）村民互助135人次、（4）无偿献血106人次、（5）宣传教育103人次、（6）其他为34人次。

4. 村民对村红十字组织平时做过的工作的认知程度：

问卷就村红十字组织应该开展的工作，请被调查的村民对村红十字组织已经做过的工作予以确认，结果见表16。调查显示，村民对村红十字会工作的知晓率、认同率很低，最高项为17.9%，最低项为6.1%。

表16 村民对村红十字组织开展过的工作确认情况

村级红十字会做过的工作	确认		否认	
	人数	百分比	人数	百分比
为特困户组织救济活动	47	17.9	216	82.1
宣传防病治病的知识	39	14.8	224	85.2
组织开展对意外伤害的救护	21	8.0	242	92.0
访问并帮助孤寡老人	42	16.0	221	84.0

村级红十字会做过的工作	确认		否认	
	人数	百分比	人数	百分比
调解村民纠纷	19	7.2	244	92.8
开展文明知识宣传教育	16	6.1	247	93.9
帮助办理红白喜事	20	7.6	243	92.4

（三）开放式问卷获得的调查结果：

县、乡、村三级调查问卷中，均设计了开放式问题请被调查者回答。其中县、乡两级开放式问题相同：一是“您最希望红十字会在农村开展哪些工作”？二是“谈谈您对红十字会工作的希望和建议”。村级开放式问卷为“您对红十字会这个人道主义社会救助团体有什么意见和建议”？

1. 县级领导最希望红十字会在农村开展哪些工作？

48 位县级领导的观点主要有以下 5 个方面：备灾救灾被列为红十字会在农村应开展的首要工作，占 77.08%；其次是普及救护及防病知识，占 66.67%；推动无偿献血和扶危济困分别以 37.5% 和 35.42% 的比例位居第三、四位；开展红十字青少年活动占 16.67%。

按不同经济发展水平分类比较发现，经济发展水平对县级领导对在农村应开展的红十字会工作主观认识有一定影响，表现在 6 项工作的重要程度排序上存在明显地区差异。烟台市前三位排序依次为“普及救护及防病知识”、“无偿献血”和“备灾救灾”；淄博市前三位排序依次为“备灾救灾”、“扶危济困”和“普及救护及防病知识”；而菏泽市前三位排序则为“备灾救灾”、“普及救护及防病知识”和“扶危济困”。

2. 乡级领导最希望红十字会在农村开展哪些工作？

134 位乡级领导的观点主要有以下 5 个方面：备灾救灾工作以 76.12% 的认同率，被列为红十字会在农村应开展的首要工作；其次是普及救护及防病知识，占 50%；推动无偿献血工作以 29.1% 的比例位居第三；普及红十字运动知识、宣传红十字运动精神占 17.16%；参与国际人道主义援助占 4.5%。前三位的排序与县级领导相同，表明县乡两级领导对红十字会最宜在农村开展什么工作认识上是一致的；在后两位的排序上，乡级领导认为应“普及红十字运动知识、宣传红十字运动精神”源自对农村红十字工作的具体实践需求；提出农村红十字会要“参与国际人道主义援助”的乡级领导虽然比例不高，但却标示出值得注意的一个发展趋向，特别是我国加入 WTO 后的影响，其意义显得尤为重要。

乡级领导对在农村开展红十字会工作的认识基本没有经济水平上的差异。唯一可能受经济水平影响的结果是：6 名提出农村红十字会“参与国际人道主义援助”的乡级领导全部来自烟台市。

3. 县、乡领导对红十字会工作的希望和建议：

48 位县级领导对今后红十字会工作的希望和建议主要集中在以下三个方面：一是

希望红十字会要加强对自身的宣传，扩大在群众中的影响，逐步达到独立开展工作之目的，占56.25%；二是政府应加大对红十字会的支持力度，强化红十字会的组织建设，红十字会应积极协助政府开展相关工作，占43.75%；第三，政府财政部门增加红十字会的活动经费应是红十字会活动经费的主要来源，在此基础上，红十字会要积极争取社会各界的支持，有35.42%的人认同这一观点。

134名乡领导对红十字会工作的希望和建议，也集中反映在以上三个方面，总体排序也完全一致。未发现经济发展状况影响的显著差异。

经济发展水平对红十字会组织未来期望的影响较为明显。经济较发达地区特别强调加强自身的宣传，希望通过一系列活动，动员群众把红十字会工作搞好；经济中等地区特别关注政府支持力度，对红十字会工作的定位着眼于协助政府开展工作上；而经济相对欠发达地区则更加关注社会各界、特别是政府的支持，增加活动经费的期望值特别高。

4. 农村村民对红十字会工作的希望和建议：

农村村民对红十字会的希望和建议可概括为：（1）上级多给村红十字会以支持和领导；（2）多在农村开展红十字会的宣传教育，把红十字会真正办到农民中间去；（3）多开展扶贫募捐活动，援助农村孤寡老人及残疾人，形成村民互助的良好氛围。

第三部分　调研结论

一、山东省农村红十字会工作已经取得了较好的成效

调查结果显示，县级红十字会建会率达到100%；乡红十字会建会率达到80.5%；村红十字组织建会率亦达到了29.6%。

在人员配置上，县红十字会办公室的实有人数达到县均2.2人，有5个县配备了专职办公室主任，占55.6%。红十字会会长一职，大多数是当地党政领导兼任，说明红十字会的组织建设已经得到政府的重视。

在开展红十字会工作的具体实践中，各县、乡均不同程度地开展过救灾救助、无偿献血、卫生救护防病宣教、慈善募捐、发展会员等活动。这些工作得到了村民的基本确认。

二、红十字会在农村开展工作不仅非常必要，而且已具备了较好的群众基础

本次调查证实，95%以上的县、乡领导和80.9%的村民认为有必要建立农村红十字组织，而且84.4%的村民表示愿意参加，并且有87.8%的村民表示愿意参加村红十字会组织的对贫困家庭进行的互助活动。

三、红十字会在农村开展工作的不足与未曾重视之处，需要在今后的工作中加以改进和完善

（一）红十字会组织建设发展不平衡，地区间存在较大差异。

首先从组织机构建设上看，虽然各县都建立了县红十字会，但近半数县红十字会未设专职干部；乡红十字会均无专职人员。其次，各县间红十字会发展会员人数亦存在较大差异。

（二）农村红十字会的宣传力度不够，工作尚欠吸引力。

调查显示，分管红十字会工作的领导，是红十字会会员的比例比较低，了解红十字

运动基本知识不多。村民中红十字会会员少，对《红十字会法》和红十字会主要职责的知晓率比较低。说明在农村开展红十字会工作，宣传和普及红十字基本知识的任务十分繁重，而且影响重大。

另一方面，村民对村红十字组织已经做过的工作的知晓率亦很低，只有 34.2% 的人知道“红十字会对需要救助的贫困家庭有过帮助”。这有两种可能的解释，一是村红十字会开展的工作的确很少；二是村红十字会虽然开展过工作，但工作面窄，影响力小。无论哪种解释，都说明农村红十字会工作需要扎扎实实地多做一些实际工作，并广泛发动群众参与。

（三）农村红十字会开展的活动范围局限，缺少创新成果范例。

县、乡、村三级红十字会组织开展的活动，由上而下呈现范围越来越窄、项目越来越少的倾向。这说明农村红十字会开展的工作，多是上级红十字会部署的，被动应付的成份较大，创造性开展工作较少。

（四）农村红十字会活动经费少，来源单一，影响工作开展。

从红十字会活动经费额度上看，经费明显不足。各县、乡红十字会间活动经费有显著差异，但与经济发展水平不成正比。

从活动经费的来源途径看，县、乡红十字会均主要是会员会费；政府拨款较少，通过捐赠等其它途径获得经费的更少。

由于经费来源途径单一，渠道狭窄，农村红十字组织活动经费特别困难，以至相关活动无法开展，制约了农村红十字会工作的深入发展。

（五）农村红十字会参与救灾济困的工作力度不足，成效不大。

从调查情况看，无论是活动内容还是活动形式，农村红十字组织开展的救灾济困活动是给农村群众留下较深印象的重要活动。但县、乡红十字会参与的救灾救助活动比重比较低，与民政部门相比，无论在救助范围、救助力度还是社会影响方面，均有较大差距。客观上是实力不强，但主观努力不够，也是一个重要原因。

（六）红十字会工作人员的观念更新不够。

从各级红十字会领导对开展农村红十字会工作的希望与建议看，最突出的问题仍是思想观念上的落后，具体表现是：对红十字会活动的经费来源过于依赖政府，存在“没有政府拨款就无法开展工作”的等靠思想；在开展工作的方式方法上思路单一，突破不了传统工作思路，特别是面对 21 世纪全球经济一体化和中国加入 WTO 后所带来的挑战和机遇，开拓创新意识不强，难以做到与时俱进。

第四部分　对策建议

总结本次对山东省农村红十字会工作情况的调查研究，我们提出以下对策建议：

一、解放思想，更新观念

调查表明，影响农村红十字会发展的最大障碍，仍然是观念问题。主要表现在思想不解放、思路狭隘、工作方法单一，普遍存有等、靠、要的思想和畏难发愁情绪，缺乏开拓创新精神，难以迎接挑战、把握机遇、加快发展。因此，要在新形势下卓有成效地开展农村红十字会工作，必须在解放思想、更新观念上下功夫，才能与时俱进，开拓创新，全面推进农村红十字事业的深入健康发展。具体要落实在“二个新”上：

（一）观念要新。关键是要克服等、靠、要的依赖思想和畏难发愁情绪、消极保守等惰性思想，在解放思想、与时俱进上下功夫。要自觉地把思想从那些不合时宜的观念、做法和体制的束缚中解放出来，决不能认为建立农村红十字会是可有可无的事情，决不能认为农民不愿意参与红十字会，决不能认为农村红十字会无所作为。要把发展农村红十字事业放到全面建设小康社会，开创中国特色社会主义事业新局面的大局中，纳入到农村“两个文明”建设中，切实增强事业心、责任感，创造性地开展工作。要发扬自力更生、艰苦奋斗的精神，知难而进，勇于进取。发展农村红十字事业，既不能依赖政府批机构、给编制、列预算，也不能依赖群众的自发活动，必须在政府领导下，全心全意依靠农民群众，坚持从群众中来，到群众中去，发挥群众的独创精神和互助精神；必须耐心、细致、持久地宣传动员群众，启发他们参与红十字工作的自觉性，变“要我做”为“我要做”，开发蕴藏在群众中的自救意识和互救能力。要坚决克服遇到困难就畏难发愁的情绪，勇于面对挑战，注意发挥自身优势和特点，拓宽发展渠道，开辟工作领域，争取支持，增强实力，在改革中发展、壮大自己。

（二）思路要新。要用发展的办法解决前进中的问题，决不拘泥于固定的模式和传统的方法形式。凡是符合红十字宗旨的各种人道主义服务活动，凡是能为政府分忧，为易受损害人群解难的工作，都要积极探索新的思路。要充分利用国家对发展红十字事业的各项优惠政策；充分挖掘农村中先富起来的群众的慈善义举；充分活跃红十字会开展的各项活动，充分展现红十字会扶危济困活动的实际效果。这几年的实践证明，农民群众非常欢迎科技、文化、卫生下乡和扶危济困活动。比如让群众得实惠的“微笑行动”、“复明工程”、“科技扶贫”、“开发扶贫”和“送温暖活动”等，都极受农民群众欢迎。我们要通过开展这些活动，融入群众的情感之中。

二、健全组织，壮大队伍

从调查情况看，农村红十字会工作的不平衡，首先是基层组织建设的不平衡；而经济发展水平不是影响红十字会组织建设的决定因素。因此，积极建立健全农村红十字组织，壮大农村红十字队伍，是发展农村红十字事业的基础。只有尽快把农村红十字组织建立健全起来，做到有组织、有人员、有经费，才能更好地有作为、有贡献、有影响。要坚持抓好“三支队伍”：

（一）推选好的领头人。要推选有助人为乐思想、热心为村民办事、村民信得过，又有组织活动能力的人担任乡、村红十字会会长、副会长。要培训一批热爱红十字事业、热情为农民服务的志愿人员，能有思路、有办法，能组织村民开展工作。并通过活动，增强他们的自豪感和向心力。

（二）建好红十字会员队伍和志愿者队伍。要宣传组织农民群众自觉参加红十字会工作，特别是积极动员、吸收农村退伍军人和中学毕业生为主体的有志青年加入到红十字事业中来，建立一支有一定数量的相对稳定的会员队伍和志愿者队伍。要不拘一格发展会员和志愿者，有钱的出钱，有力的出力，互助互惠，让红十字队伍在农村活跃起来。

（三）抓好红十字青少年队伍。中小学

生处于成长期，思想活跃，愿意为他人作奉献。在城市开展红十字青少年活动的经验证明，学校建立红十字组织并组织青少年开展一系列有益于身心健康的活动，有利于促进学校德育教育，受到社会和家长的广泛欢迎。我们也应当在农村中小学中建立红十字组织，把青少年组织起来，让他们参与社区活动，在自己的家乡调查研究，到有困难的家庭志愿服务。这既是扶危济困工作的巨大潜力，也是农村中小学生素质教育的很好升华。

三、加强宣传，优化环境

农村红十字会工作之所以发展缓慢，一个很重要的原因，就是有相当一部分领导和农民群众不了解红十字会。因此，必须加强对农村红十字会工作的宣传。要拓展宣传阵地，在充分利用红十字会现有的舆论阵地的基础上，广泛联合、动员社会媒体，大造声势，开展有影响的社会宣传活动，提高宣传效果；要充分利用生动感人的典型事例、好人好事来宣传群众，启迪人们的爱心，增强人们的奉献意识和参与意识，形成全社会了解红十字会、关心支持红十字会、积极参与红十字会的良好社会氛围。各级红十字会要乐于和善于深入到农村基层去，了解红十字会工作与农民群众的结合点和切入点，根据干部、群众不同层次的思想、文化、经济需求，采取喜闻乐见的宣传方式，以最基础的内容，广泛宣传红十字会的性质、职能和作用，宣传国家支持红十字会工作的政策，让农村基层干部和农民群众知道“什么是红十字组织”、“能干什么工作”，以及“我能干什么”，使他们知道“农村需要红十字会，红十字会需要农村”的道理，知道“怎样参加红十字会工作”，激发他们自救互助的群体意识。既要使农民有兴趣、愿意参加活动，形成乐于助人、奉献爱心的良好风气，又要使他们真正得到实惠，在他们遇到困难的时候能及时得到红十字会的救助、关爱，从而提高对红十字会的认知度、信任度，增强的主动参与意识。

四、广聚财源，增强实力

红十字会经费不足，经济实力薄弱，这是制约红十字事业发展的一个重要因素。各级红十字会都要坚持依法筹集资金，建立经常性、多层次的筹资渠道，争取政府投一点，社会捐一点，会费收一点，实业得一点，上级助一点，不断增强实力，保障各项工作的开展，增强事业发展的后劲。要重点抓好“五个渠道”：

（一）积极争取政府支持，加大财政投入。从调查看，在现阶段，政府支持仍然是各级红十字会的主要经费来源之一。给予基层红十字会一定的业务活动经费，对保证红十字会工作的顺利开展是非常必要的。如果每个县都能像龙口市那样，每年给红十字会三、五万元的专项经费，并支持其开展几项有特色的活动，对农村红十字会工作的开展和农村精神文明建设是至关重要的。

（二）大力开展募捐工作，争取社会资助。各级红十字会要解放思想，大胆实践，充分用好、用活国家给予的优惠政策，依法开展募捐工作，把经常性募捐与专项募捐结合起来，创造性地做好资金募集工作。要选好主题、选好项目、选好口号；要日积月累，积少成多；要常有题目，勤搞活动，不能毕其功于一役。要广泛发动乡镇企业和民营企业家加入到人道主义救助事业中来，通过“企业为我做贡献，我为企业做宣传”，实现红十字事业与企业宣传形象的“双赢”

效果。

（三）做好会费收缴工作，增加会费收入。积极发展热心于人道主义事业的团体会员单位，广泛吸收和组织更多的各界群众参加红十字会，扩大会费收入。现在会费收缴工作存在范围小、数量少的问题，要破除“不好意思收”和“不值得收”的陈腐观念，旗帜鲜明地收缴会费；要把交纳会费形成制度，定期收缴，使每一名会员都自觉交纳会费。每个会员几元钱，就会集腋成裘。

（四）兴办社会福利事业，“以副养会”。各级红红十字会都要重视机制创新，把事业当成产业办，兴产业带动事业发展。要根据市场需求和科学论证，有计划、有重点地兴办与红十字会宗旨相符的社会公益事业和其他经济实体，搞好经营管理，“以副养会”，增加收入，促进事业发展。有的基层单位把门市部与红十字急救站联合搞，平时可以创收，有紧急情况时就地救护，已取得好的效果，值得推广借鉴。

（五）上级红十字会要积极扶持。县级以上红十字会要关心和重视农村红十字会工作的发展，除了对发生自然灾害和突发事件的地方进行救助以外，每年要为农村红十字会做几件有影响、有力度的实事，把救助弱势群体的重点放到农村，加大支持力度，例如“博爱送温暖”活动，从上到下，逐级拿出一点，就会增加群众的受益面，增强基层红十字会的活力。

五、有所作为，树好形象

要坚持有作为才有地位的思想，以卓有成效的工作和人道主义的良好形象赢得各级领导、社会各界和广大农村群众的支持。要着重在“实”和“亮”上下功夫，有所作为，树好形象。

（一）“实”，就是求真务实。在新形势下，各级红十字会要大力发扬深入实际、调查研究、解决实际问题的作风，苦干实干，开拓进取，不断提高红十字会的工作水平。要深入了解广大农民群众的需要，增强工作的针对性，多做一些该做、可做、能做的好事、实事，把红十字会工作真正做到农民群众中去。要根据农村居住分散和季节特点开展活动，把集中活动放在晚上，放在农闲，农忙时分工帮困，农闲时开展群众性文化活动。我省一些县红十字会，结合本地实际，开展“结对帮户”和“博爱杯”、“董永匾”评选表彰活动，改善了社会风气，受到各界好评。今后更要紧密结合农村两个文明建设，把红十字会工作纳入文明乡镇、文明村建设之中，纳入到农村社会主义道德建设、法制建设中，结合科技、教育、卫生“三下乡”活动，大力普及卫生救护及防病知识；结合农民红白喜事、邻里关系、赡养老人、家庭和睦等具体事件，开展互帮互助活动，大力宣传社会公德和人道主义精神；结合备灾救灾活动，扩大救助范围，提高救助效果。

（二）“亮”，就是创建亮点。在做“实”的基础上，根据当地情况和群众需求，选择具有代表性、影响大的服务项目，以广大农民群众特别是其中的弱势群众最大受益为目标，每年都要做一两件对群众影响大、有特点、有效果的活动，例如，扶持几户脱贫，资助几名失学儿童，帮助几位孤寡老人等，要从小处着眼，把“小事”做大。对发生在辖区内的突发事件，对灾、困、贫、病、残等救助对象要给予关注，及时进行救助，把这些活动创建成红十字会工作的品牌，使之成为红十字事业的“亮点工程”，成为群众喜爱的象征。

中国红十字会的血液事业与造血干细胞移植事业

洪俊岭

按照国际上红十字负责血液事业的惯例，及中国红十字会保护人的生命和健康，促进人类和平进步事业的宗旨，在人道、博爱、奉献的红十字精神指导下，中国红十字会历来参与、运作我国的血液事业，积累了丰富的经验。中国红十字会是从事人道主义工作的社会救助团体。为救助千百万白血病患者的生命，政府委托中国红十字会建设中国造血干细胞捐献者资料库。它是红十字会人道主义救助工作新的服务领域，为解救千百万白血病患者的生命奠定了坚实的基础。中国红十字会为国家的血液事业和造血干细胞移植事业做出了突出贡献。

第一部分　血液事业

红十字在血液事业中的理念

血液事业的基本理念在文明社会，无论在任何情况下均不能对他人身体的一部分提出自己的主张。临床所使用的理疗急救血液，是从活的人体上得到的同种移植体，与等价交换的原则无关，只有健康的人有了提供血液的意愿，并将其付诸行动，才能使患者得到血液。

如何得到患者所需的血液，其理念有着天壤之别，一种观点认为，血液也是一种“物”，就像劳动可以得到报酬一样，血液也使个人所有物，与自己所拥有的劳动能力可以交换没有什么差别，当然血液也可以买卖。另一种观点则是人类自身的尊严为立脚点，重点考虑“道德”问题，血液是人类身体一部分，以此进行营利买卖是反道德、反社会正义的，应当提倡个人自愿的服务行为为基础的无偿献血。

从制度上看，把临床用血归于个人的责任常常导致卖血制度，鉴于血液的特殊性，以公共社会行为来保证血液的理念自然而然会采取社会无偿献血方式。

各国红十字会与血液事业在欧洲，从历史上看基本是以人道、博爱为基调来运作血液事业的，没有把血液当作营利买卖的对象。原因可能与其长期受基督教的道德观念影响有关，他们无论是在血液伦理方面，还是在血液技术方面都处于较好的运营状态。这一基本理念在红十字国际会议关于推进血液事业的决议中可以更多地了解到，目前，各国红十字会与血液事业的关系大致如下：

1. 红十字会全面负责本国血液事业的国家有：

澳大利亚、比利时、加拿大、荷兰、芬兰、印度尼西亚、日本、韩国、卢森堡、瑞士、泰国等。

2. 红十字会较多负责本国血液事业的国家有：

奥地利、孟加拉、中国、智利、埃及、菲律宾、印度、伊朗、意大利、墨西哥、挪威、秘鲁、土耳其、美国、德国等。

3. 政府主管血液事业、红十字会参与献血者募集的国家有：

阿尔及利亚、巴西、保加利亚、英国、

法国、匈牙利、马来西亚、波兰、沙特阿拉伯、新加坡、瑞典、前南斯拉夫和前苏联等国。

另外以色列是由红大卫盾组织，丹麦是由童子军来支撑本国的血液事业，在社会主义国家体系中一般都是采用中央集权的方式管理。

血液事业与红十字会的关系大致如上所述，从中可以看到很多国家的红十字在血液事业中都占有重要的位置。在这重大的背景下，从本世纪三十年代起国际红十字会就不断做出各种决议，对各国红十字会提出积极参与血液事业的要求，就目前全世界范围内血液事业所取得的巨大成绩来说，红十字会组织的确起到了不可低估的作用。

血液事业的基本原则。

一般来说，血液事业在发达国家已成为国家卫生政策的要素，采取了十分积极的国家及规模的行动，发展中国家也正在积极采取措施，力图使血液事业得到健康的发展。以全面无偿献血作为血液事业的基石，根据国防红十字的决议和忠告，血液事业的理念和原则大致可做如下表述：

1. 血液事业必须在无偿献血的大原则下谋求发展；

以相互扶助的精神和自愿的服务为动机的献血绝不能伴有丝毫的强制；

献血者及血液机构都不能谋求金钱利益，必须提倡和鼓励自发并且无偿献血。

2. 为保证献血者安全和健康，必须采取万全的措施；

3. 献血事业不可介入人种、国籍、宗教、性别等因素；

4. 献血者与受血者除特别必要的情况时，应是相互匿名的；

5. 为达到治疗目的，以对受血者的安全，有效输血为基础，有必要建立血液事业的相关组织。

国际红十字组织及世界卫生组织关于血液事业的决议和建议

（一）第16届国际红十字会与红新月会联合会理事会（1936. 巴黎）

国际红十字组织意识到血液事业的重要性，因此，国际红十字会与红新月会联合会（以下简称联合会）一贯主张应以联合会为中枢，各国红十字会在血液事业上全力以赴，积极促进这一事业的发展。其最初的表现是1936年在巴黎召开的第16届联合会上通过的第22号决议，该决议对各国红十字会提出建议，指出今后的工作方针，并希望各国红十字会在血液事业中起到中心作用。

理事会认为，为使得到国民普遍注视的血液事业得到发展，红十字会积极参加这一新的事业是可能的。联合会将继续向各国红十字会提供这方面的有关信息。

（二）第19届联合会理事会（1946. 牛津）

国际红十字会组织，最早以正式决议形式提出的血液事业问题是第二次世界大战后的1946年在英国牛津召开的第19届联合会理事会上，在该次会议的第40号决议中强调，无论是战时还是平时，血液事业都是十分重要的。更值得注意的是，在这个决议里最早通过了“对供血者提供的血液不应支付报酬”的无偿献血原则。

在世界各国已经全面认同并实施了无偿献血制度的今天，人们很难想像在50年前世界大战刚刚结束，世界秩序还处于混乱状态时，我们的先驱们清晰明确地提出无偿献血的原则是多么难能可贵！在此后历年的决议中，时常会涉及到献血方式、献血制度问题，但是基本观点都是出于此次会议。

（三）第 17 届红十字国际会议（1948. 斯德哥尔摩）

1948 年在斯德哥尔摩召开了第 17 届红十字国际会议。这次根据各国红十字会积极参加血液事业的情况，建议红十字会在协助政府建立血液中心的同时，希望血液的使用和供给，尽可能地实行无偿原则并予以普遍实施。当时在参与输血问题各个机构中，红十字会组织开始考虑与世界卫生组织加强配合。此后世界卫生组织与血液事业关系日益深厚，这完全是以这次会议的有关决议为开端的。

（四）第 21 届联合会理事会（1950. 蒙特卡洛）

1950 年，在蒙特卡洛召开的第 21 届联合会理事会，再次强调了血液事业的重要性，通过了各国红十字会要在必要的场所建立红十字会血液中心，为加强管理，应制作好献血者的名簿等项决议，从此次会议更可以看出国际红十字组织参与血液事业的积极姿态。这个决议的内容完全体现红十字以人道、博爱为宗旨的非营利团体，担当血液事业最适合的自信心和社会责任感。

（五）第 19 届红十字国际会议（1957. 新德里）

1957 年，在新德里召开了第 19 届红十字国际会议，本次会议的决议中，建议各国红十字会需进行关于血液事业的人道主义教育和制订献血者的募集计划。

（六）第 25 届联合会理事会（1959. 雅典）

1959 年在雅典召开的这次国际红十字会与红新月会联合会的理事会，要求各国红十字会与政府紧密配合，将在血液事业中以营利为目的的各种团体组织在适当的时机排除到血液事业之外，为此，要十分注重人道主义教育。

在 50 年代末期，各国的血液事业已基本成形，在落实 1948 年红十字会国际会议决议方面也取得了初步成效，这次会议在涉及今后无偿献血工作程序安排时，又再一次对参与血液事业的营利性组织提出了批评。

（七）国际红十字会 100 周年纪念大会（1963. 日内瓦）

1963 年在日内瓦召开了国际红十字会 100 周年纪念会议上，号召各国红十字会为募集更多的定期献血者而努力工作，随着输血工作的普及，需注意请本国的卫生行政部门多给予支持，并强调与世界卫生组织和国际输血协会（ISBT）搞好配合。

作为接受本次会议建议的一种行动，此次会后成立了红十字血液专家会议（The Working Group of Red Corss Blood Transfusion Experts）。按照需要，制定了定期会议制度。第一次专家会议 1972 年在瑞士的伯尔尼、第二次专家会议 1973 年在伊朗的德黑兰召开。两次会议，包括以后召开的若干次会议，都是作为落实红十字会国际会议决议的一个环节而展开的。

（八）第 20 届红十字国际会议卫生社会青少年委员会（1965. 维也纳）

1965 年在维也纳召开的第 20 届红十字国际会议的卫生社会青少年委员会上，呼吁不要把血液当作商品进行买卖，只有无偿献血才是正确的选择，要在人的心理和社会发展研究的基础上，注重符合人类正义要求的广告宣传，要设定国家的和国际的献血日，在创造献血思想的社会氛围时，特别要对青少年进行深入宣传，这是今后各国红十字在血液事业中的重要工作内容。

（九）第22届红十字国际会议（1973.德黑兰）

在与有偿供血（卖血）的巨大势力并存，各国红十字会毫不懈怠地发展无偿献血事业的情况下，1973年在德黑兰召开了这次红十字国际会议，在回顾和再次确认了此前数次会议关于血液事业各项决议的基础上，对各国红十字会在推动以无偿献血为核心的血液事业所取得的成果进行了评价，并要求各国红十字会要在人道主义原则基础上谋求血液事业的发展，要与本国政府紧密配合。并且叙述了这种努力的最终目的是为了给患者提供最安全、及时、有效的血液。

这次会议中首次提出了“红十字献血者”的定义，这可视为红十字会多年从事血液事业的结晶之作。

红十字献血者的定义为“不要报酬，将自己提供的血液完全委托给红十字组织”。会议指出，自发自愿的献血才是红十字血液事业的根基，主张与类似美国血液银行协会搞的预存血制度划清界限。

献血是无偿的奉献，献血者不应接受直接的感谢和物质的报酬，但是以下待遇是合理的，不应视为物质报酬：1. 软饮料，2. 营养品补充，3. 献血前的体格检查，4. 献血当日的有薪休假，5. 到血液中心时的迎送，6. 献血后受到的适当照顾。

（十）世界卫生组织总干事的报告（1975. 日内瓦）

从上世纪60年代后期，血浆制品的需要量大增，血浆产业迅速发展。鉴于此种倾向与世界卫生组织关系密切，1975年，在日内瓦召开的世界卫生组织总会上，世界卫生组织总干事就此作了详细的报告，其核心为：“在发展中国家，由于民间企业获利心理的促使，将血液低价收买过来然后出口的状况，国际红十字会与红新月会联合会以及世界卫生组织的专门机构都曾提出过批评，对这种重大的问题世界卫生组织不会坐视。”

这里所说的血液实质上是指血浆，几乎都是由血浆成分单采收集来的，采（浆）血方法是双程单采，每周数次从同一供血者身上采血的现象极为普遍。这种方法十年前始于中南美洲。有些国家对此已出台了限制措施。1973年，世界卫生组织曾经就单采术对供血者身体的影响以及单采血浆商业化程度进行了调查，并召开了专门委员会会议，会议认为，当时确有商业性采浆的证据，但尚未形成社会问题，仍属个人的、小范围的商业活动，并未达到要求各国卫生行政机关出面干涉的程度。

（十一）世界卫生组织与联合会第二次咨询委员会会议（1975年）

作为红十字血液专家会议的继续，1974年召开了世界卫生组织和国际红十字会与红新月会联合会之间的第2次咨询委员会议，会议的主题仍然是血浆单采商业化问题，委员会还特别研究了前年在德黑兰召开的第22届红十字国际会议决议履行情况。咨询委员会提出了应注意的10个问题；

1. 几乎所有的血浆都是有偿采取的，以供制作白蛋白等血浆制品用。

2. 发展中国家的商业性单采，由于供浆者的频繁供浆，导致营养不良，处于很危险的状态，特别是对那些食品不足的国家的供浆者，多次采浆身体铁份不足，导致难以恢复的危险。

3. 血液的买卖，像酒精和毒品中毒一样，对于一些人来说，卖血成为唯一的收入来源。

4. 靠卖血而不是无偿献血制造的血液制品，对于接受治疗的患者来说，也存在着感染肝炎等血液感染疾病的危险。

5. 卖血现象成为妨碍建立由献血保障临床用血的服务体系的障碍，带来了临床用血不足问题。比如，检测稀有血型的抗血清就很难采集。

6. 商业性的采浆的实态很难掌握，根据各国卫生行政机构的调查，商业采浆是十分普遍的，而血浆的进出口，又完全是金钱利益所致，在发展中国家，每升血浆只有2~4美元，而在发达国家则为20~40美元。

7. 贫穷的人们为了获得金钱利益将于自己身体健康密不可分的血液供给发达国家的富人使用，这是当时血液供求关系的现状。由于是有偿的，所以供血者甘愿冒着健康上的危险去供血。更可悲的是，供血者并不知道其中危险程度，可以说是在无知的状态下，签署了供浆同意书。

8. 由于血液成本及输血医疗技术的原因，贫穷的发展中国家的血液正在大量地流向富有发达的国家。

9. 许多国家还没有完整的输血服务体系及血浆单采等关联业务的法律规章。

10. 由于商业主义的买卖血液，特别是血浆单采的“血液贸易”，涉及到人身健康及伦理道德，因此，世界卫生组织会议就上述的事实应进行充分的研讨。

以上是1975年世界卫生组织总干事的报告内容，由此可看出，按照商业体系进行的血浆产业已经十分盛行，同时在世界范围内也敲响了警钟。

前面提到的在德黑兰发表的红十字国际会议的忠告，也是在以上背景下提出的。

（十二）世界卫生组织会议的劝告

在世界卫生组织总干事的报告和德黑兰国际红十字委员会决议的基础上，世界卫生组织会议再次提出如下劝告。

1. 对世界卫生组织成员国的劝告

（1）以无偿献血为基础，推进由国家设立或者相当于这一水准的团体进行血液服务系统的开发工作。

（2）迅速制定与采血业务相关的法律及设立维护供血者和受血者身体健康的必要措施。

总干事提出如下要求

（1）为了推进献血事业，应与红十字组织协手对各加盟国进行援助。

（2）协助各国搞好以无偿献血为基础的国与国之间的血液需求的供给体制。

（3）对在发展中国家进行商业性采浆的做法，要从健康和道德的观点上继续进行调查。

（4）为了保障供血者与受血者的健康，应建立血液及血液制品的GMP（医药品的制造管理及质量管理标准）。

（5）以上事项的进展情况要定期向世界卫生组织大会作出报告。

（十三）国际红十字会与红新月会联合会关于“血液贸易”问题的通知（1975年）

在世界卫生组织就血液问题提出劝告的同时，红十字国际联合会也在同一年（1975年），就“血液贸易”问题致函各国红十字会。

该通知书的主要内容为：以血浆单采为

主的商业性采血问题，涉及到发展中国家的血液输出，供血者的健康保障等，联合会对此等问题的严重性表示极大的关注和忧虑，希望各国政府对以上问题采取适当的措施。通知中还回顾了红十字组织和世界卫生组织关于血液问题的重要会议精神，其主旨仍然是要全力排除血液事业中的商业性质，还特别强调了红十字组织的名誉不容损毁，表明了对血液商品化明确的反对态度。

另外，这种意见在国际输血学会（ISBT）也引起了共鸣，同年（第14届.1975.赫尔辛基）的学会总会上，ISBT表明了同样的态度，并呼吁与世界卫生组织及红十字组织等国际组织协手共谋血液事业的健康发展。

（十四）红十字联合会与世界卫生组织联合会议（柏林）

血液事业在20世纪70年代发展的重要标志是成分输血的出现。

1975年在柏林召开的红十字联合会与世界卫生组织的联合会议上，在讨论血浆单采问题的同时，也研究了成分输血的动向。会议认为，血液的需求，应建立在民众无偿献血的基础之上，在着力推进血液成分制剂时，血浆的供求中相当部分不一定依靠商业性的采浆行为。血浆单采只不过是弥补其成分输血的不足部分而已，不应成为成分输血的主要角色。

会议强调指出，即使进行成分采血，也应像全血的无偿采集一样，朝着无偿献血的方向过渡。营利团体的采浆及其买卖对无偿献血体制的威胁应引起高度重视。

（十五）第23届红十字国际会议(1977年.布加勒斯特)

1977年在布加勒斯特召开的第23届红十字国际会议上，经过红十字血液专家会议，通过了如下有关决议，其主旨为各国政府及红十字会要充分认识到应以国民自愿地参加献血来发展血液事业，并希望以认识为基础，义无反顾地开展无偿献血工作，并采纳了根据红十字血液专家会议提出的准则及规定。该决议也仍然贯彻了排除血液事业中营利行为的精神。

1. 广泛、有效地向临床供给血液、血液成分及血浆制品，是社会的责任，是否能做到以高水平的服务和最低的成本最大限度地满足临床需要的关键在于管理血液事业的组织是否摆脱了营利的动机；

2. 向临床提供血液、血液成分及血浆制品，无论在何种情况下，都属于人道性质的，提供此项服务的组织，对所服务的区域应承担相应的义务；

3. 血液事业应在全国范围内开展，并置于国家卫生行政当局的监督之下。

4. 为了保障供血者和受血者的健康，在采血、调制和供给的每一环节上，都应高度遵守医学的、伦理的标准；

5. 血液、血液成分以及血浆制品是现代世界人民生命健康的必需品，它来自人类本身。最小限度的消费，最高标准的质量，充分的供应是血液事业不可缺的特征。

（十六）第24届红十字会国际联合会大会（马尼拉）

1981年在马尼拉召开的第24届国际红十字会与红新月会联合会大会，注意到了成分输血在医学输血领域的快速发展，会议指出，成分输血的出现，使得有限的血液资源得到了充分合理的利用，临床用血一直紧张的状态得到了有效缓解，这是十分值得提倡的。会议认为，临床用血的相对缓解，无偿献血的更大范围地被人们接受，更加突显了有偿采浆企业营利行为有悖伦理道德。在这个原则问题上，国际红十字组织完全支持世界卫生组织忠告，主张血液事业要离开营利行为远些，再远些。

附录：

一、输血史话

兰德斯泰纳（Karl Landsteiner），一个不能被遗忘的名字；输血，一个古老又年轻的话题；让我们穿越历史的隧道，回顾过去，展望未来。

输血作为医疗急救的重要手段已毋庸置疑。全球每年有近亿人次献血，以解救生命垂危的伤兵患者。输血、献血越来越与人类的生产、生活密切相关了。但这并非从来就有的，现代化的输血医疗仅仅是近百年来的事情。就在进入20世纪之时，人类受传统的血液观的束缚，对血液还充满了迷惘、恐惧和神往。

近百年血液观和输血技术的变化与发展与人类近代科学技术的发展与形成完全是同步的，回顾一下人类对血液的认识过程及输血、献血的发展史，对我们做好血液工作，充分认识血液事业与社会生产生活的关系是极有裨益的。

二、原始的血液观

人的皮肤一旦被划破，马上会流出鲜血，皮肤破损愈厉害，流血愈多，最后就可能导致失血性死亡。人体伤口流出的血液从鲜红，逐渐变为紫黑，进而凝固，这在原始人的头脑里打下了深刻的印记：血液即是生命也是死亡。他们在崇拜蕴藏着生命的血液的同时，更惧怕血液中所包含着的“死”的阴影。人们都自觉不自觉地祈念着能与血液中的这个阴影分离开来。因此，在原始人的医疗行为中，凡是涉及到血液的，基本上可以说是以刺络放血为主，这一直持续到现代输血观念的出现为止。

进入到现代社会，人类的血液观、输血观发生了质的变化，从传统的输全血进入到成分输血时代。古代人一直惧怕的血液中的“死”的阴影，已经被感染症的病原体、免疫抗体等科学认识所取代。其实，对血液科学的、正确的认识来自于人类本身一贯祈求安全、有效地延续生命的强烈愿望和不懈的摸索。

古代人认为血液中蕴含着生命，因而会将新鲜血液直接喝下，奴隶主会用奴隶的血洗浴以达到返老还童、强壮身体的目的。在古罗马的竞技场，一个经过殊死搏斗被打倒的角斗士将要死亡时，观看者往往涌入场内争相吸吮决斗士流出的血液，以期待决斗士的力量转移到自己身上。他们笃信刚刚流出的血液最具生命力，由此我们可以找到现代临床医生为什么在给病人输血时总是认为血液越新鲜越好的深刻历史根源。

在古代人心目中血液的生命力是以返老还童、增添力量为中心的，因此还衍生了血液决定性格，决定体质的拟想。在历史上曾有过放血治疗精神病的例子。

像麻风病这类疑难病症的治疗，那就更离不开血液了，在日本的一出古典戏剧中就演出过为了治好儿子的麻风病，而把自己的血液抽取出来让儿子喝的悲惨场面。12世纪德国诗人 Hartmann 还曾在他的诗歌里描述了发生在被称为中世纪医学发祥地意大利的萨莱诺的这样一个故事：一位纯情少女在知道只有用纯洁处女心脏的血液才能治好她心爱的心上人——一位骑士的麻风病后，她毅然走上了切开自己心脏取血的手术台……

三、放血疗法的风潮

Galenos 的生理学说是在进行了多种动物试验的基础上建立起来的，而且富有哲理性，他认为：人体内的血液循环绝不是一成不变的量，而是不断由肝脏一点点制造出来的，并送往全身参加血循环的。

在 12 ~ 13 世纪的德国僧院里，僧侣们必须履行一年数次放血的义务。在 15 世纪的中叶，刚刚发明了活字印刷，就出现了“放血保健全年行事表”，以提醒人们定期放血，以保健康。对于当时的医学来说，灌肠和放血，即“排除疗法”是最有效的治疗手段。

但是，在历史上，反对放血疗法，批驳“放血万能”的也大有人在。反对者的观点基本上与“液体病理学”相反，是提倡“固体病理学”的。能完整批驳长期以来支配医学届的生理学错误的第一人是威廉．哈维（William Harvey）（1578 ~ 1657）。

四、最初在人身上输血的尝试

传说在人身上尝试输血的第一人是罗马教皇 Innocent 八世，这件事发生在 1492 年。因无详细记载，很难想像在哈维（Harvey）发现血液循环理论之前的一百多年前如何真正实施输血，倒是很有可能是让患者直接喝下年轻力壮人的血。

1615 年德国化学家 A. Libavius（1546 ~ 1616）已将输血方法著书立传，他用两根银管将青年人与老年人的动脉连结起来，目的是使老人返老还童，但他所写是输血实践的总结还是自认为应该这样做而没有做就不得而知了。在 1639 年，英国发明家 Francis. Potter 牧师就产生了在人体上输血的设想，1652 年他在致 Harvey 的友人 J. Aubrey 的信中，详细解释了用雏鸡的胃以及动物膀胱等连结象牙管制成输血器具，这是在那个时代受到哈维（Harvey）的影响所进行的一种新尝试。

在法国，身为数学和哲学教授的路易十四皇帝的御医 Jean Baptiste Denis 几乎也在这个时间，在狗身上的相互输血获得了成功。1667 年 6 月 15 日，一个因长期发烧曾多次施行放血治疗的 15 岁的孩子成为 Denis 在人身上输血的第一个病人，他再次给患病的孩子放了 3 盎司血之后，将其静脉与羊的颈动脉连接，给其输注了 9 盎司羊血，嗣后，这个孩子竟奇迹般地好了，一扫过去嗜睡和精神错乱的状态。Denis 信心大增，决心要做更多的病例，以证明输血疗法的作用。在一位患有躁狂症病人的妻子的要求下，他开始了以输血治疗躁狂症的手术，第一次是在患者正在发病时，给他输注了一头性情温和的小牛身上的 5 ~ 6 盎司血，这次输血后患者病情有所好转。数日后，第二次输血后，患者主诉脉搏加快，头上出冷汗，肾部疼痛并伴有恶心，第二天的尿呈黑色，这是典型的输血反应引起的症状。患者于两个月后恢复。之后患者又发生躁狂，在其妻的再三要求下，虽然进行了输血，但未能成功，患者于第二天死亡。那些一直记恨 Denis 的人借机诬告他与患者的妻子合谋害死了患者，并引起了诉讼案。经过长时间的法庭争论和调查，真相大白，实际上是患者的妻子毒死了其夫，法庭终于宣判 Denis 无罪。然而，一直反对 Denis 的巴黎医师会不断地给巴黎大学医学部做工作，使输血这一有益的实验处于不可能进行的状态。10 年后的 1678 年，法国颁布法律，明令禁止在人身上输血。随之，英国也参照该法令，颁布了禁止文书。从此，世人渐渐淡薄了人身上的输血疗法。当时较为盛行的说法则是动物血可以治疗精神病，可以改变性格，如输了羊血的狗会长出羊毛和羊角，狐狸输了羊血性格会变得乖巧，这使人们似乎感到输血的害处比益处要多得多。

五、人与人之间输血实践的创始者

英国的 Richard Lower 的法国的 Denis 到底谁先在人体上进行了输血实验呢？在嗣后的长时间里，成为两国争论不休的问题，后来发现了 Denis 在伦敦一家刊物上的投稿，日期是1667 年7 月22 日，文中详述了在人身上进行输血的过程，最后，两国终于达成了这样的共识，Lower 是在两只动物之间进行输血的成功者，而 Denis 是用动物血输给人的创始者。

争论其实到此并没有完结，在围绕着英国的 Blundell 和美国的 Philip Syng Physick 两人之间谁最先在人与人之间进行了输血实践还引发了一场争论。

James Blundell（1790～1878）在这方面的业绩已有 1818 年登载于学术杂志的论文为凭证，但也有人认为他并不是人与人之间输血实践的第一人，这一荣誉应属美国的 P. S. Physick。而他的输血实践则是在 1795 年，人们提出了如下例证：在 1825 年，美国的医学杂志报道了 Blundell 第一例输血成功的事迹，在这篇报道的注释中，特别说明了 Blundell 是一位多产作家，而 Physick 是一位寡产作家，虽然早在30 年前就进行过人与人之间的输血实验，只是没有进行报道罢了。这两位输血界的前辈，均毕业于英国的同一所大学，但 Blundell 是在 Physick 之后21 年的同校之友，以当时医学外科泰斗 J. Hunter 算起的话，Physick 是他的学生，而 Blundell 则属他的学生的学生。他是受到同学 J. H. Leacock 在 1817 年发表的“同种输血”这一论文的启发，而大胆地进行了这一实践。实际上美国的 Physick 确是人与人之间输血的第一人。

但是 Blundell 划时代的同种输血概念的创立，并不是建立在血液免疫学的基础之上的，仍然没有走出从动物实验推论的范围。1825 年最初报道了人与人之间第一例的输血成功的消息，引起了很多追随者，然而就在这种热烈的气氛中，Blundell 自己却因输血副作用不断产生而对人与人输血抱着十分慎重的态度，决不敢轻易尝试。

与其谈论 Blundell 的功绩，倒不如说作为产科医生的他经常目睹妇女分娩时因失血过多导致死亡，产生了输血是否可以使产妇脱离死亡的危险的念头，以此为动力，进行了大量的动物实验和输血器具的改良，在医疗领域导入了血液循环的概念，作为补充疗法的输血学进入了新的阶段。

从现代输血学的观点来看，不懂得血型为何物的 Blundell 的输血是十分危险的，完全是一种十分冒险的做法，成功的概率很低。因此，当人们未能看到人与人之间输血的确实成效后，再度使异种输血复活。1854 年欧洲流行霍乱上时，J. Bovell 曾认为乳汁可以在体内变成血液，而给病人输注牛奶；1881 年 Schwarz 曾主张生理盐水可以代替血液，之后瑞士的 J. L. Bischoff 就曾用生理盐水输给产后大出血的产妇。

1874 年，英国的 W. Highmore 曾认为在没有供血者的时候，可以将产妇流出的血液收集起来，进行自身输血，并认为这种做法是救治产后大出血的唯一的办法。

当时输血最大的困难是血液凝固问题。把纤维除去以防止血液凝固的实验是从1821年由Pre'vost（法文）和Dumas（法文）开始的，1850年由Brown Se'quard（法文）等人投入使用，19世纪70年代初的普法战争中也使用了这种方法。在1897年，Stocker在他的一部怪异小说中曾有过这样的描写，“她看起来既年轻又纯洁，没有必要使用脱纤维素”，由此可了解到当时使用脱纤维素抗血凝的一个侧面。

这个时期的美国，从1861年起打了5年南北战争，其间，在战场上有输血记录的有2例。第一例是1864年7月，给一名为B. E. Fryer的37岁的伤兵进行左脚截肢手术，约输了16盎司的血，最后结果是死亡。第二例是同年8月，由E. Bentley医生给一名因右脚负伤发生坏疽的19岁伤兵施行右脚截肢手术，输了2盎司血，这个伤兵被救活了。

六、兰德斯泰纳（Landsteiner）发现了血型

结束19世纪输血界混迷历史的是兰德斯泰纳（Karl Landsteiner）（1868～1943）发现了血型。

1899年Shattok报告了某类患者的红细胞与他人的血清交叉混合时会发生凝集，并推断这是肺炎和风湿病患者的特异反应。为了证明这一推论的合理性，维也纳医生兰德斯泰纳（Landsteiner）将健康人的血细胞和其他健康人的血清交叉混合，发现血液仍然也会发生凝集。1900年，他采集了包括自己的血液在内的5名同事的血样，进行血细胞与血清的分离，做相互反应实验，不仅发现了3种不同的反应类别，还证明了血细胞和血清的反应态势完全是相反的。

兰德斯泰纳（Landsteiner）将以上发现于1901年发表在维也纳的医学杂志上，该论文把现在所说的O型定名为第I类反应；A型为II类反应；B型为III类反应。当时为什么没有AB型的报道呢？原来在他的被实验的22名人员中，本身就没有AB型的人，白种人AB型的比率大约占人群3%～5%，当时没有AB型的发现是可以理解的。遗憾的是，第二年兰德斯泰纳（Landsteiner）的学生Altred von Decastello和Sturli又增加了实验人员的数量，发现了第IV类反应（AB型）时，他却把这一发现当成一种例外，没有作为一种独立的血型来考虑。直到1906年，Jansky再次负责对当时的研究报告进行复查确认时，才明确了I、II、III、IV型的命名法。在此期间，美国的Moss于1910年发表了与上述顺序完全相反的命名方法，同年德国的Dungern和Hirszfeld亦发表了以O. A. B. AB来命名的方法，一时间，关于血型的命名方法十分混乱，莫衷一是。直到1928年，当时的国际联盟的卫生委员会，集中了血清标准委员会的意见，明确了以Dungern和Hirszfeld的命名方法为统一、正式的命名方法，由此，全世界的血型的名称才被统一。

兰德斯泰纳（Landsteiner）发现了血型，这在人类输血史上具有划时代的意义，它不但解开了自Blundell以来因输血造成死亡的恐惧之谜，还对今后的血液事业的发展奠定了理论基础，但是这一发现并没有引起人们深刻而广泛的注意。

1908年Ottenberg在给病人输血时，强调了交叉配血的必要性，但是即便是第一次输血也不进行血型化验。美国在1909年出版了第一部输血技术专著《出血与输血》，作者 G. W. Crile 竟仍然无视兰德斯泰纳（Landsteiner）关于血液凝集的免疫学理论，仍然引导读者走入误区，强调输血前只做溶血试验即可。

七、输血技术的改良与进步

直到现代，O 型血是万能供血者的说法还在很多人头脑中占据地位，这是 Ottenberg 最初提出来的。

1940 年以后，随着血液研究的不断深入，医学界才明了新生儿幼稚红细胞增多症的原因是母子 RH 血型不合所致。为给孩子换血，最初使用的是辊筒式泵，经过不断改良摸索，于 1947 年确定了三方活栓的换血方法。

RH 血型的发现成为在血液中不断发现新血型的一个开端，由此输血才真正进入及时、安全、有效的时代。

现在，人类在兰德斯泰纳（Landsteiner）发现血型建立了血液免疫学的基础上，取得了突飞猛进的成绩，可以说现在的 10 年所取得的成绩，相当于过去一个世纪的总和还要多。即便这样，当我们回首过去时，从 Galenos 到 Harvey，从 Denis 到 Blundell，再到兰德斯泰纳（Landsteiner），完全是一个在黑暗中摸索探讨的年代，应当说，输血事业在开始阶段可谓为一段不幸的历史。

八、克服血液的凝固性

1900 年，兰德斯泰纳（Landsteiner）发现了血型，首次宣告开辟了现代输血的道路，但是将输血作为一项事业正常地开展起来，还需作出艰苦的努力，其中最大的困难也就是如何克服在输血过程中供血的血液的凝固问题。

1774 年，曾有英国人 W. Hewson 利用中性盐抗凝的记载；1868 年 J. B. Hisks 使用磷酸钠抗凝，不幸导致受血者中毒身亡；1890 年瑞士的 Arthush 和 Pages 用草酸盐和枸缘酸盐抗凝，虽然取得了实验阶段的成绩，但没有能达到实用化；1892 年 Landois 考虑使用水蛭素抗凝，但该方法危险性大，终未能采用……

奠定现代输血事业基础的外部因素是第一次世界大战的爆发。战争需要救治伤病员是众所周知的。在第一次世界大战期间，3 个国家的 4 名科学家几乎是在同一时间段，独立地发表了解决血液凝固的方法。1914 年比利时的 A. Hustin、1915 年阿根廷的 L. Agote、美国的 Rishard. Lewisohn 和 R. Weil，他们同时找到了用枸缘酸钠的方法抗凝。

战争中由于救治伤员的需要，战场救护方面强烈地希望从人与人之间的直接输血过渡到间接输血，但是，大战的最初两年中，由于血液保存几乎不可能，为了防止血液凝固，只能将输血器具涂上石蜡，进行输血。到了 1916 年在法国战场，加拿大远征军的 B. L. Robertson 才开始使用注射器进行输血。

1917 年美国的参战，其远征军的医务总监力主用枸缘酸钠抗凝，这才使输血救治的病例增加。1918 年美国的大尉军医 O. H. Robertson 开始使用于 1916 年由 P. Rous 和 J. R. Turner 发明的枸缘酸钠加葡萄糖制成的保存液，使血液的保存时间达到 26 天。战后的 1927 年，征求了各医疗专家的意见，有 26 名同意使用加枸缘酸钠的保存血液；3 名同意使用石蜡涂层法；同意使用注射器法的 1 名；同意使用 Kimpton – Brown 法的 1 名。过去珍贵的记录材料，才使我们大体看出过渡时期的输血事业的实态。所谓 Kimpton – Brown 法（二氏管）是

1913 年开始使用的，是一种将形似冲洗器的器皿密栓，使用橡皮球加压的输血器具，这可以说是中世纪以来所考虑到的各种直接输血器具中的一种，在间接输血的初期也曾使用过。

九、血液保存方法的进步

虽然就直接与间接的输血方法有着激烈的争论，但是，1923 年 F. B. Seibert 发现了蒸馏水中的热源物质，进一步了解了保存血液的副作用源于细菌污染，便要求在操作过程中严格无菌操作，从而使输血副作用大大降低，进而使这场争论平息下来。保存血在医疗输血中的坚固地位是由 1943 年 J. F. Loutit 和 P. L. Mollison 两人发明了 ACD 保存液得以加强。

从 1936 年爆发的西班牙 3 年内战和 1939 年开始的第二次世界大战使血液事业的必要性更得到充分认识。

西班牙战争中的输血主要是在英法志愿军医务人员中进行的。根据 1936 年巴塞罗纳战场和 1937 年马德里战场的记录，战伤救治中仅有一小部分使用了直接输血法，主要是用添加了枸橼酸钠的保存血。献血者均为 18 ~50 岁的志愿者，在那时就制定了献血者的选择标准、血型检查标准，可以说从那时起便产生了血液事业的雏形。

当时为了谋求输血的简单化，或者说还没有意识到血液必须同型相输的深刻含义，把 AB 型和 A 型划为一类，输注 A 型血；把 B 型和 O 型划为一类，输注 O 型血。一般每次采血 500ml，加 50ml 的 3.8% 的枸缘酸钠，用玻璃瓶为容器，采用吸引法进行采血。献血员在采血时，拳头一松一攥的方式直到现在仍然被采用。采得的血液储存在 1℃冰箱中，可保存 3 周。

据 1937 年马德里战场的统计，对 99 名战伤者进行了输血治疗，其中 61 例死亡，而多次输血的 12 例患者有 11 例死亡。在保存血不够时和因大量输入保存血而导致枸缘酸钠中毒时，仍然采用直接输血方式。

十、昙花一现的尸体血输血

西班牙内战期间，最引人注目的是有人提出了用尸体作为血源的提案。同时，1937 年苏联的 S. S. Ydin（俄文）发表了用 1000 例尸体采血进行输血的论文，在全世界引起震惊。

以提出“血液银行”概念而名噪输血界的 Bernand Fantus 亦曾有过这种念头，但是真正付诸实践的是 Yudin。Yudin 在 1932 年就已在莫斯科急救医院中开始了尸体输血，并相应建立了有关设施。

1936 年美国伊利诺伊大学的 M. Visscher 曾访问过莫斯科，并参观了 Yudin 的尸体采血的设施，这给他留下了极为深刻的印象。回国后，他曾向该大学的外科提出协助要求，用那些没有亲戚朋友的重伤患者的血去救助他人，并要求在停尸间设置采血装置。这一意见未获批准，这主要是基于人道观点的考虑。

十一、血库（血液银行）的创立及采血化验程序

Bernand Fantus1874 年生于匈牙利的布达佩斯，在维也纳和美国的伊利诺伊大学接受教育。他于 1937 年 3 月 15 日首先在美国的伊利诺伊州的库克县创立了血库（血液银行）。

在建血库之初，他首先用狗血做了一系列实验，证明了用 2.5% 的枸缘酸钠生理食盐水 70ml、采血 500ml 为最佳配比，这样的血在 4℃温度下，可以保存 10 天。

该机构最初的名称是“血液保存研究所”，改称“血液银行”完全是后来业务发展的需要，并非 Fantus 的初衷。

供血者均是患者的亲戚朋友，但输血量不断增加，迫使其扩大采血对象，开始买血，一般向供血者支付 20～50 美元。供血者日渐增多，其中不少是低收入者、流浪者、喝酒成瘾者。为了解决财源问题，Fantus 用捐款建立了专项基金，并增加了工作人员。

当时的采血是要求空腹进行的，因为进食后容易造成脂肪血。当时的采血容器是锥形烧瓶，加 2.5% 枸缘酸钠生理盐水 70ml，在橡胶塞上插 2 根玻璃管，一根是采血管，一根是塞了棉球的导气管。采血时要对供血者的采血部位进行碘酒和酒精的消毒，并用 1.5% 普鲁卡因进行局麻。采血方法是将锥形烧瓶放在 18 英寸的下方，因为要靠重力使血液流入瓶中。

血型检查是用玻片法，可在 5 分钟之内进行判定。梅毒检查用康氏法，若是阳性的话，再用乏色曼氏反应法判定。

在采血容器上要贴标签，上有采血日期、供血者住所、姓名、民族和采血者姓名。放在 4℃条件下保存，18 小时以后可以出库，有效时间为 10 天。

以上为血液事业初起时期，欧美血液银行的大致业务纲要，也是欧美长年输血研究积累起来的宝贵经验。

十二、供血者的募集方法和血液事业

血液事业是在血液、输血的研究发展到一定程度上发生和发展的，最初级的工作形势就是动员人们来献血，即募集献血者。最早从事这一工作的是英国红十字会的 Percy Oliver 于 1921 年成立的献血者协会以及随后于 1926 年苏联的 A. A. Bagdasarow 在莫斯科开始的募集献血员活动。美国于 1927 年在纽约首先成立了有偿供血者的组织。1928 年同样在纽约成立了性质完全不同的志愿者的无偿献血组织。当时无论哪个国家，什么性质的组织都是派遣献血者到患者的病房进行直接输血（枕边输血）。派遣献血员是献血者组织即血液事业的主要任务。

自 1937 年 Fantus 尝试建立血液银行，这种形势很快在美国全国的医院扩展开来，同时美国红十字会也制订了在全国各地兴建血液中心的计划，并且着手从纽约的罗切斯特开始建立了第一个红十字会的血液中心，不依附于医院的独立动作的血液银行也开始出现，1947 年在美国的达拉丝成立了美国血液银行协会。到 1962 年时，全美设在医院内部的血液银行有 4400 个；红十字会的血液中心有 55 个，独立运营的血液银行有 123 个。

十三、血浆制品的开发

战争给输血学的进步以巨大影响，第二次世界大战末期，Edwin J. Cohn 开发的血浆蛋白的分离方法可以说使打开了血液事业的新局面。

血浆中的各种有效成分，经过生物化学的处理，就成为制剂，与其他新药一样用于对症的患者。其主要成分白蛋白是构成身体的基本成分，在医疗领域有着极广泛的用途，当然也就不愁销路。在 1914 年，Abel 等人发表了顺利地抽取马的免疫血清的论文，这一技术的出现，说明人类已掌握了从全血中将血浆分离出来，再将红细胞等有形成分返给供血者的血浆成分单采技术。这一技术的产生同时也刺激了血液的商品化，形成了一个血浆产业，而由此引发的另一负面效应就是血浆制品的先进国家从发展中国家掠夺性的低价购进血浆，这就是常年以来受到国际上普遍批判的“血液贸易”。

十四、各国输血研究设施的建立

在60年代中期，由C. E. Huggins、H. T. Merymin、C. R. Valeri等发明了红细胞冷冻保存技术，现在被广泛使用的CPD保存液则是1961年由J. G. Gibson等发明的。

了解作为血液事业核心的血液即输血技术研究机构的状况，特别是追溯其创建的时间，可以了解到这个国家血液事业发展的源流。现就主要国家的血液即输血技术研究机构创建年代列举如下：

法国：1923年（巴黎）

苏联：1926年（莫斯科）

荷兰：1939年（阿姆斯特丹）

澳大利亚：1939年（墨尔本）

英国：1940年（诺丁汉）

加拿大：1947年（温哥华）

美国：1948年（纽约）

西德：1952年（杜塞尔多夫）

服务性的献血才是社会福利的基点

血液事业离不开血液的提供者，而血液又是人体的一部分。将血液无偿地提供给患者还是有价地卖出，也就是献血还是卖血，是血液事业的根本问题。

按照血液事业自发产生的情况来看，血液事业最初产生于临床现场医务人员的一种自我奉献精神，后来扩展到亲戚朋友之间，当这种献血仍不能满足临床需要时，便产生了为临床无偿提供血液的团体和有偿卖血者以及组织，于是采血供血作为一种社会事业建立起来。但在最初，无论是有偿卖血还是无偿献血，都是派遣供血者到患者的病房，进行直接输血，嗣后，血液的需要量不断加大，有的城市成立了血液银行。可以说，从血液事业的产生之日起，就产生了两种根本对立的哲学观点，由于各国的社会环境不同，国民个性的差别，各自选择了不同体系。

从战时血液服务的经验引导出无偿献血的脉络，包括国家和红十字会在内，都将血液事业作为公益事业顺利开展，这是欧洲各国的主体；这与献血与卖血并存，一直呈混沌状态的美国血液事业形成鲜明对照。

1970年，英国社会学家R. M. Titmuss在其著作中，将供血者分为8种类型，在批评了美国的卖血的同时，也对欧洲各国盛行的献血制度给予褒扬，认为唯有全社会的无偿献血才是社会福利的基点，世界卫生组织于1975年以来也多次向世界各国发出呼吁，要从人道主义观点出发，以无偿献血来保障临床用血，并以此为基础建立自给自足的无偿献血体系。

这正是国际红十字会早已制订的最终目标。

国际血液募集状况分析

血液一直被视为活力与健康之源。经过了人类对血液的盲目崇拜和恐惧阶段后，直到本世纪初，随着兰德斯坦纳在1900年发现了ABO血型系统，人类现代输血史才真正开始。其后对Rh因子的发现以及一系列血液科学研究的成果，无疑都使血液的重要性更淋漓尽致地体现到医疗服务中，输血正日益成为现代医学的一个必备手段。

据估算，全世界每年要有上亿人次提供血液方可满足各级各类医疗机构的临床用血，如此大的用血量，是通过何种渠道得以满足的呢？一下就此问题作一个初步的分析。

纵观国际输血事业，虽然至今仍有血液商品化倾向，但从总脉络来看，国际社会对无偿献血情有独钟。国际社会一直认为，为消除血液商品化是人类进步的需要，人的生命本身从道德规范来说，从生命的开始到终结，不应有营利和投机活动，只有当血液是非商业化时，才可避免过度的血液开发使用及过高的价格。

无偿献血与有偿供血的争论一直在持续，但从供者与受者的共同利益考虑，无偿献血的好处是显而易见的。

——最重要的是道德上的优势。无偿献血实质上是参加了一次利他主义行动，一次为了他人不思回报的行动。献血员的血液被看作是一种馈赠，一种对一个或多个需血者的慷慨解囊的表现，捐血者的行为，确立了他本人与另一部分人的友善关系。

——无偿献血作为对人的一种友善行为，无须像卖血者那样掩盖自身的弱点，他会向医生如实地讲述清自己的身体状况，从而避免不健康的血液流入临床，这对输血安全是至关重要的。

据资料分析，输入商品来源的血液及血制品，随之而来的是输血后传染疾病危险性的增加。非甲非乙肝炎在无偿和有偿的两种体系中竟然有 10 倍的差别。由此可以看出献血者为何安全，卖血者为何缺乏安全性的原因，这是由供血者的不同性质所决定的。

血液事人类治疗疾病的用品，而不应是商业利益的目标，这应该是输血事业的方针、原则。但是，我们认真分析一下当前各国的血液收集方式，便会发现，这个方针原则还未全面落实。当今世界血液来自三个途径：

——有偿供血，主要是职业卖血者提供，与之相关系的采血部门只具有有限的责任感，血液的价格受供需情况的支配。

——互惠供血，即受血者必须寻求血源，以补充其本人所用的血液，通过该途径来减少本人和家庭的昂贵血费。

——无偿供血，即受血者不期待任何报酬。经验表明，这种血液是所有血液安全的基础，是满足一个国家血液要求的最有效途径。很多意识到这一点的政府，已经或正在考虑同坐适当的法案，以确立无偿献血在本国的地位。无论这个国家是富有的还是贫穷的，都存在着对血液的需求，如若不考虑输血安全，那就从根本上失去了输血的意义。

目前，红十字会在 95% 的国家和地区有效参与了输血工作。它鼓励其会员国支持政府做出的努力，并在国家输血领域中克尽职责。联合会通常与 WHO 及 ISBT 一起向许多国家派遣专家，她自己也向许多国家派遣了输血顾问，起到了很好的作用。

当然，很多国家的血液事业并非红十字会主持，但无偿献血仍然搞的很出色。如欧洲除芬兰、荷兰以外的国家，中国的台湾及澳门地区等等。

从历史上看，澳大利亚、加拿大、新西兰、荷兰、缅甸等国家，从未经历过卖血阶段，自从有了血液事业就是无偿的。日本、韩国、台湾、香港等国家和地区，又都是从卖血过渡到完全无偿献血的。还有一些国家，如美国、墨西哥，还存在一些卖血比例，卖血者主要集中在商业性采浆范围。但世界血液事业的发展总趋势是无偿献血。各国政府，特别是现在仍存在卖血行为的国家政府均在想方设法提高无偿献血的比例，缩小甚至消除卖血的比例。

中国输血事业之我见

自从17世纪血液循环的奥秘被揭示以来，特别是19世纪末叶第一例输血治疗手术成功以来，围绕着临床医疗用血的收集方式这一主旋律，人类就自编自导了交织着奉献与索取的血液畅想曲。

据估算，全国各医疗单位每年用于临床的血量为2000万单位以上（以每单位200毫升计），这些血液要用5吨重卡车装，可以浩浩荡荡800辆！而且，我国目前医疗每年以8～13%的需求量在增加。

血液，既是人的生命的重要组成部分，又是医疗事业、救人治病的宝贵资源。从这个意义上说，血液是“生命之河”。

那么，我国目前的输血事业处于何种状况呢？

我国输血事业的“贫血”现状

据统计：我国大中城市400多，但血站只有140多个，有三分之二的城市没有血站，全国2000多县城，更不在话下，由于全国缺乏完善的组织、宣传系统，使我国拥有目前世界上最为庞大的、数以百计万计的卖血大军。

输血事业是一个国家综合国力和国民素质的体现。我国目前每年献血人次不到全国人口的2%，这其中：无偿献血。1.6%，义务献血43.8%，卖血还是我国供血队伍中的“主力军”

卖血不仅有悖人类精神文明，而且带来种种严重后果。有个别地区，整家整户甚至整村以卖血为生，不从事生产劳动，农田荒芜，人员体质下降。这样的“卖血专业户”、“卖血专业村”，虽然得到金钱，却沦丧了道德。而且在这支卖血大军中，出现了吸血鬼式的“血把头”、“血霸”。为了在短期内多次卖血，有些人抽血前大量喝水稀释血液，还有些卖血者因血液不合格，便弄虚做假，雇人代替验血，然后冒名顶替去卖血。据北京市红十字血液中心抽查结果表明，正常人血细胞和血浆的比积约为50%，个体卖血者则不足33%，血质明显下降。至于血液质量低下造成的恶果就更为惨重了。我国某大城市曾做过一次调查，从有卖血习惯地区采来的血液，丙型肝炎阳性率48%。1990年，某市血站一次供应的血液使15人输血后产生严重反应，其中3人死亡。

卖血，是输血事业的“败血症”！

1978年11月24日，国务院以“国发〔1978〕242号”文件批转了卫生部“关于加强输血工作的请示报告”，明确指出“实行公民义务献血制度，是改变我国输血工作落后面貌，解决医疗和战备储备用血的一项根本办法。”这个文件标志着我国输血事业进入一个新的里程。十几年来，凡认真推行公民义务献血的城市都基本扭转了临床医疗缺血现象，提高了血液质量。公民义务献血已成为我国供血队伍的一支生力军。但“义务献血”，在不少地方正被“长休假高补贴”的歪风扭曲成变相的“集体卖血”。各地在推行义务献血的同时，相应规定了以“营养费”形式出现的“报酬”额，而已公民义务献血的人基本又都堂而皇之地领取营养费。

义务者，是按法律规定应尽之责任。当盖着政府大印的年度献血指标发到各单位时，单位首长就成了热锅上的蚂蚁。三番五次地动员，响应不足以完成任务指标，于是物质刺激就成了没有办法的办法，虽然有关部门一直反对这样做。献血后额外补贴刚刚刮起来时，只是单位里除国家应付的营养费外，再给上二、三十元；短短几年内，随着公民义务献血难度加大，额外补贴二、三百元已俯拾皆是，四、五百元的也不为新鲜了。有人估算过，光北京市每年花在献血后的额外补贴就达5000万元左右。更有甚者，一些企事业单位完不成上级下达的指标，就另辟路径，找个体卖血者，冒充本单位职工顶替指标；有些血霸则抓住机会大捞一把，将自己控制的卖血者介绍到所需要的单位，供血后，卖血仅能得到营养费，而血霸则按一定比例拿走该单位的额外补贴。单位完成了任务还多少节约了一些额外补贴费用，卖血者借机卖了血，血霸从中发一笔财，可谓“三全齐美”。

公民义务献血作为一种制度来实行，在世界上是空前的，它是具有中国特色的血液收集方式。国外输血工作的组织者们在为临床医疗动员众献血时，绝对享受不到我国以政府任务形式下达献血指标的殊荣。但是，它也像动脉硬化一样，正在使我国的血液事业走入困境。

血是无价的，献血是人类爱的奉献，是人道主义集中体现。无偿献血是中国血液事业的唯一途径和目标。可惜的是，目前我国国民对血的认识还处于非常低的水准，绝大多数人还有待进行“启蒙”。在我国，无偿献血人次只占不到全国人口的2%。1989年在马尼拉召开的世界卫生组织亚太地区输血会议上，中国无偿献血排名倒数第一！而这种落后状况目前并无根本性的改变。

一个文明古国、泱泱大国，在输血事业上处于如此地位，不能不说这是我们的“国耻”。中国输血事业贫血状况长期下去，早晚一天，“东亚病夫”的帽子会被人重新扣上！

打一场全民动员的“血仗”

输血事业，既是卫生事业的一个组成部分，又是一项具有很强群众性、政策性的社会工作，它需要广大人民群众的理解，更需要各级领导的支持。卫生部和中国红十字会曾于1990年发出通知，提出了在20年之内在全国范围实现无偿献血的目标。应该说，这是我国输血史上具有战略意义的决策。为达到这一目的，我认为应该从以下四个方面努力：

一、国家有关部门要制定出20年实现无偿献血的具体规划。在当前我国有偿供血特别是卖血还占较大比例的前提下，没有一个强有力的专门的领导机构，只凭地方的自然发展是不行的。20年内实现无偿献血的目标，从1991年到2010年，即每一年都要实现5%的无偿献血，才能保证目标的实现。然而，1991年已经过去了，过去的一年为这一远大目标做了哪些工作？全国范围无偿献血达到5%了吗？我们已经进入到新的一年，这一年中，实现10%无偿献血的具体措施是什么？来年的打算是什么？没有一个强有力的专门机构去研究、制定、布置、检查、落实，就很可能会落空！

二、要加强对全国人民的血液常识和献血常识、献血的社会意义的宣传教育，让人们都了解献血的科学概念和人道主义实质。去年，有人就北京市输血工作中的问题写信给何鲁丽副市长，她看过所反映的问题后，一针见血地指出根本问题是献血宣传工作太差。对本应充满人道主义、人类爱心的社会性工作，只寄希望于行政命令、金钱刺激，而不下功夫向社会宣传、取得大家的理解，那必定是要碰钉子的。国外献血工作大都以宣传开路，主管部门全方位、多层次地大规模开展宣传工作，既利用广播、电视、报刊、小册子等，也动员社会名流和国家领导人身体力行参加献血，给群众做出榜样。美国总统卡特在任期间就在电视广播中说过他献血的体会，日本血液中心的采血车也照样开到执政的自民党总部去采血，这些都使民众留下印象，也鼓舞了一大批人士积极加入到献血的行列。许多国家对宣传的投入可以说是“不惜血本”。如果我们将目前用于“买血”的钱拨出那怕是三分之一用于无偿献血的宣传，几年之后，恐怕无偿献血所抵消的有偿买血将极为可观！

三、以红十字会组织为基础，建立起我国输血事业管理系统。目前，我国输血工作基本上处于粗放管理阶段，各自为政，发展不平衡。是搞无偿献血，还是维持卖血制度，全凭地方的自我感觉。我国有关部门提出20年内实现无偿献血的号召，因没有组织系统的保障，很难全面落实。红十字会是以人道、博爱、奉献为宗旨的社会群众组织，是政府的助手，就其本身性质来说，开展宣传、组织群众性无偿献血工作最为适宜：它不以赢利为目的，一切从社会公益出发，以群众性卫生救护和社会福利为己任，很容易得到群众的理解和信赖。红十字会的基层组织遍及全国各个角落，有着良好的组织条件。以红十字会为主体，将全国输血管理工作联成网络，与卫生行政部门分工合作，明确职责，国家的意志可以畅通地抵达基层，并且有了贯彻落实的组织保障。

四、搞无偿献血要勇于实践。这几年无偿献血中虽然存在一些组织管理问题，但总的来说是发展了。其实，搞无偿献血在宣传工作的基础上，主要在于实践。这是一项群众性工作，要敢于到群众中摸索经验。杭州市红十字会在市内繁华地带设置采血椅，以满足群众的献血热情。北京市前几年在西单街头搞了一次无偿献血活动，事先怕冷场，特意安排了事先报名的几十名同志献血；结果，活动一开始，就吸引了很多人，气氛这热烈，是组织者始料不及的，这些都说明群众是具有相当觉悟的。我们如果坐在办公室里怕这怕那，不去亲身体会，发展也只能停留在口头上。

这些是笔者一些不成熟看法，希望它能起到抛砖引玉的作用，引起大家对献血事业的关心和重视，更期待各界人士能积极出主意，想办法，献计献策。希望能在不久的将来，我国的输血事业能以崭新的面貌出现在世界的东方。

献血有益健康

自从献血成为临床医疗的一种特殊手段以来，科学界一直在研究这样一个课题－献血与健康的关系。适量献血无碍健康已被全世界几十个国家千百万献血者所证实，我国也有“献血无碍健康，只需小小勇气”的献血宣传口号。但献血对广大无偿献血者自身的健康究竟是“无碍”还是“有益”？国内外有关人士在做了大量科学细致的调查研究工作后得出了结论：献血有益健康！

一、适量献血会使人更加健康、长寿

人进入成年之后，血细胞主要由骨髓来制造，平均每天可造出15亿个血细胞（约40毫升血量的细胞），同时也有相应数量的血细胞衰老死亡。骨髓造血功能也同全身其他器官一样，随着年龄的增长而逐渐减退。坚持长期适量献血的人，由于骨髓造血系统不断受到激发，保持较旺盛的新陈代谢，不断产生出更具生命活力的年轻血细胞，新鲜的血细胞的比例明显高于未献过血的人。

科学家们应用流体变形学和血液动态学，对血液与献血的关系进行了研究，认为血液的流动与血液的粘稠度、红细胞的可变性、血浆蛋白的浓度等因素有关。当血液的粘稠度增高时，血流的速度就变得缓慢，局部血液发生停滞、缺氧、凝血因子活性增高和和营养障碍，引起血管壁的改变，从而容易引起血栓、脑血管意外和心肌梗塞等病症，这就是“高粘度症候群”。常见的症状有头晕、头痛、听力障碍、末梢神经感觉异常等。

当人们献血后，特别是单献红细胞、血小板等有形成分，会降低血液粘稠度，从而使血液流速加快，脑血流量也随之增加，供氧量加大，人会感到身体轻松、头脑清醒。

据世界著名医学家卡尔等人调查，1916年1月以前出生的献血者332人，与在同一地区出生而且年龄和性别类似的未献血者339人做了比较，献血者平均寿命为70.1岁，未献血者为67.5岁。结果表明献血者存活率显著高于未献血者，献血总量较多的人存活年龄也较长。

所以说，坚持长期适量捐血的人会更健康、长寿。1997年3月菲律宾总统拉莫斯第41次参加无偿献血（每次250毫升），以此来做为他69岁生日的纪念。他常说：献血使他年轻20岁。看来这句话不是玩笑话。

二、献血可减少冠心病的发病率

近年来，我国青岛医学医院附属医院内科的专家，以“关于多次献血者血液稀释状态与动脉压及心脑血管病的关系”为课题，对多次献血者127例、高血压病患者87例、缺血性患者60例进行了血液流变学对照性研究，结果证明：献血者对心脑血管系统有良好的远期影响，对减少心脑血管病的发病率具有积极的预防作用。

1984－1989年，芬兰科学院院士萨洛宁教授和她的研究小组对本国2782名42岁至60岁之间的男子进行了调查分析。结果表明，献过血的人五年半后患冠心病的比例比没有献过血的人少86%。在另一项研究中，对献血1－12次的1532名献血员跟踪观察发现，结果仅一人发生急性心肌梗塞。同时对未献过血的2306人进行对照观察，有226人发生心肌梗塞，发生率竟高达9.8%，与献血组有明显区别。

又据美国堪萨斯大学医学中心心血管疾病研究小组对655名献过血的人和约3000名未献过血的人进行的跟踪调查，结果发现在过去3年中献过血的男子患心血管疾病的只有未献过血的人的1/2，患某些心血管疾病的危险只有后者的1/3。

研究人员解释说，这一现象与体内铁元素的贮存量减少有关。铁元素在人体合成投送化酶过程中起催化剂作用。献血后体内铁元素贮存量可以明显减少，献血员每献出500毫升血液相当于排出200－500毫克铁，因而人体合成的氧化酶相应减少，这样血液中的脂质被氧化的数量就小，从而就减少了附着在血管壁上的沉积物，降低了心血管疾病的发病率。

我国和芬兰及美国科学家的研究结果均表明，献过血的男子患心血管疾病的危险性将大为降低。为此，芬兰的医生们建议男子每年最少献血一次，这样既有利于预防患心血管疾病，又有利于他人，是一举两得的好事。

三、献血可减少癌症的发病率

铁质是人体不可缺少的元素之一，但铁质过高又绝非好事，据最近《国际癌症》期刊报道，如果男子体内的铁质含量超过正常值的10%，罹患癌症的机率就会提高。

至于女子，由于有月经期间的流血现象，常会失去大量的铁质。所以在研究中就未发现铁质含量与妇女罹患癌症的几率有特殊的关系。

那么，男子如何排除体内过多的铁质以减少罹患癌症的几率呢？医学家认为，唯一的方法是通过流血排除过多的铁质，因而鼓励体内铁质含量过高的男子们可以定期献血，这样对人对己都有好处。

四、献血能净化人的心灵

梵语说：救人一命，胜造七级浮屠。意思是说救人性命是功德无量的好事善事。施善，在帮助他人的过程中，心中自然而然地会涌起欣慰之感。同时，一个人坚信活在世上对他人有益，对社会有益，会消除自卑感，增强对生活的自信心。施善，可使心理状态获得平衡，而平衡的心理状态是预防许多疾病的基础。科学家还发现，助人为乐与人为善的思想和行动有益于人体免疫系统功能的建立和完善，情绪对免疫系统的作用是显而易见的。健康的情绪通过神经、体液、内分泌系统沟通大脑及其他组织和器官，长期处于良性的动态平衡状态，使人增强抵抗感染的能力，从而免受各种疾病的侵袭。因而可以说，做好事、做善事，在帮助别人的同时，也帮助了自己。香港有一幅献血招贴画，其宣传口号是“施比受更有福”，说的就是这个意思。

无偿献血者用自己的鲜血延续、挽救了他人的生命，体现了人类共同生存、珍惜生命、友爱互助的高尚情操。献血使心灵得到慰藉，使人生更加充实。快乐的心绪是健康长寿必备的因素之一。

一人储血　全家享用
一年储血　五年享用

上海“家庭储血互助”通过专家鉴定

被誉为从有偿献血到无偿献血“阶梯”的“家庭储血互助”近日在上海通过专家鉴定，从而开辟了我国献血组织形式的一个新领域。

上海市科委邀请的各地数位工作专家一致认为：家庭储血互助办法将个人履行献血义务与家庭成员用血权益结合起来，经理论测算和实践经验，证明不但可以确保临床血液供应，在储血基金的偿还能力上也是可行的，可以起到家庭储血互助的社会保险作用，是我国现阶段推行的公民义务献血的有益补充，也是实现全民无偿献血的有效途径之一。

上海市的“家庭储血互助”是在该市的金山县进行试点并通过鉴定的。它的基本原则是“储血一份，还血五份；一人储血，全家享受；一年储血，五年享用”。从而达到了家家储血、互帮互助的目的。“家庭储血互助”方法一改过去农民自费输血、用血率大大低于城市公费医疗者的局面，解决了农民因病致贫的困难，完善了农民的卫生保健制度。

据悉，上海市的血液管理部门正在将“家庭储血互助”的基干逐步向市内的过渡、集体企事业单位推广，为逐步过渡到全民无偿献血，打下较好的基础。一些出席鉴定会的外地同志也表示将在本地着手进行家庭储血互助的试点工作。

做一个快乐的献血人

自从临床医疗急救领域导入输血技术以来，国际红十字组织和世界卫生组织十分注重血液的来源与质量问题。

在长期的组织、发动工作实践中，这些国际组织结合人类社会发展、道德教育、法制建设等，逐步与各国输血组织之间认同了“没有献血就没有输血，没有无偿献血就没有安全输血”的方针原则，并以此来规范各国输血事业的发展。

血液是人类特殊的资源，教育人民群众献出自己一点可以再生的血液，以救助他人的生命，是国际红十字组织及各国红十字会的重要使命和职责。因此，在中华人民共和国红十字会法中，也明确了中国红十字积极参与输血献血、推动无偿献血的职责。

据有关资料表明，澳大利亚、加拿大、新西兰等国家从未经历过卖血阶段，自从有了血液事业，临床用血就是靠公民无偿献血来保障；日本、韩国、台湾、香港等国家和地区则都是从卖血过渡到安全无偿献血的。还有一些国家如美国、墨西哥还存在着一定的卖血比例，卖血者主要集中在商业性血浆加工原料范围内。大的历史脉络表明，血液事业的总趋势是无偿献血，各国政府、特别是现在仍存在卖血行为的国家，均在想方设法提高无偿献血的比例、缩小卖血比例直至消除卖血。

据资料分析，输入商业性来源的血液及血液制品，有增加输血后传染病的危险。丙型肝炎在有偿和无偿献血的两种体系中，阳性率竟有10倍之差。并且，卖血制度的存在，客观上起到了培植拜金主义温床的作用，供血者与卖血者之间形成了金钱交换关系，严重败坏了社会风气，血液质量下降，供血者和受血者的健康得不到保障。

世界血液事业发展到今天，已经近一个世纪时间，其间，红十字会与红新月会协会（现红十字会与红新月会国际联合会）自1936年起就意识到血液事业的重要性，要求各国红十字会全力促进本国血液事业的发展，提出组织本国人民积极参加献血活动，是十分符合红十字宗旨的行为，国际红十字组织将向各国提供一切有关的情报。

1946年，红十字会与红新月会协会第19次理事会在牛津召开，这次会议强调了血液在战时及平时都有着十分重要的作用，特别强调了供血者提供的血液无代价的。这是第一次以正式文件形式通过的无偿献血原则。此后又多次向世界各国发出呼吁，各国临床用血应由民众的自愿无偿献血来保障，并敦促各国政府要全力摒弃血液事业中的商业性组织，向患者提供安全有效的血液。为使无偿献血事业的发展更加规范化，以使各国在组织工作有共同的指导原则，1991年在布达佩斯召开的红十字会与红新月会国际联合会大会上，在第34号决议中再一次重申了无偿献血者的定义：“出于自愿提供自身的血液、血浆或其他血液成人而不收任何报酬的人称为自愿无偿献血者。无论是现金或礼品都可视为金钱的替代，包括休假和旅游等，而小型纪念品和茶点，以及支付交通费用则是合理的。”

根据国际红十字和世界血液事业的决议和忠告精神，血液事业的发展应当遵循如下原则：血液事业必须在无偿献血的基础上谋求发展，献血是相互帮助、无私奉献精神的体现，决不能带有强制性。无论是在献血者方面，还是在受血者方面，都不能以金钱和利益作为行为动机。

目前，我国临床用血的大部分不是靠有偿供血者提供，由于存在金钱利益的驱动，影响了血液事业的健康发展，供血者队伍的不纯，也使血液质量下地和，给社会事业负面影响。近年来，我国政府对输血工作给予了高度重视，1992 年 7 月，李铁映同志在接见美国官复原职时，明确提出了中国输血事业的总方向应该是无偿献血，并要求逐步扩大无偿献血的比例。中国红十字会配合主管部门在大力宣传无偿献血，广大人民群众逐步接受了无偿献血的概念。由中国红十字会总会和卫生部联合颁发的旨在鼓励和表彰无偿献血高尚行为的无偿献血奖杯（奖励给无偿献血达 3400 毫升者）在 1989 年第一次颁发时，获奖者仅有七位，由于宣传组织工作的不断深入，获奖者 1995 年时总计已达 170 位。预计在今年秋季召开的无偿献血者表彰会还将有 110 名获此殊荣，这充分说明了无偿献血思想正在逐步深入人心，展示了无偿献血的美好前景。全部实行无偿献血可以保证血液质量，促进精神文明建设的优越性越来越明显地展现出来。

据估算，全世界每年都要有上亿人次提供血液方可满足各级各类医疗机构的临床用轿。然而，献血是有一定标准的，献血时除对身体做各项检查，对血液进行严格的检验外，各国对献血的年龄和两倍欠献血的间隔都做了明确的规定。从总的情况来看，我国对献血者献血量、年龄范围和献血间隔的规定是比较从严掌握的，比如日本的献血年龄为 16 – 64 岁，献血间隔为 1 个月，虽然献血是规定为 200 – 400 毫升，但他们特别鼓励人们献 400 毫升，现在全日本 00 毫升者的比例已接近全部献血者的一半。欧美各国献血量一般每次为 400 – 500 毫升。我国卫生部规定，公民参加献血的年龄范围为 18 – 55 岁，献血间隔不少于 3 个月，每次献血量为 200 – 400 毫升。

我国是一个有着悠久文化传统的国家，但也不可否认地存在着一大堆认识偏颇，比如“身体发肤受之父母，不可毁损……”这种观念或多或少地影响着人们参加献血的积极性。一部分人片面地认为献血会伤身、会减少抵抗力等等。其实，输血技术自本世纪发展起来的同时，就已用它的实践有力地说明了献血决不会影响身体健康，一种医疗手段的建立和发展，不应得不会以损害一部分人的身体健康为代价的。可以设想，全世界每年上亿人次的献血，治愈了大量的伤病患者，如果救治患者是以这些献血人的健康为代价的，输血技术还有存在的意义吗？从血液的生理卫生角度来年，血液也是有生命的物质，各种血液万分都有其生长发育、衰老残废的过程，就拿血液中的红细胞业说，它的寿命也只有 120 天，也就是说，我们身体中现在的红想来想去完全不是 120 天之前的红细胞了。政党人南粤 00 诧后，血管中的循环血的容量在 1 – 2 小时内即可恢复到水平，这是因为人体中的“小血库”得到血液减少的信号，将“库存血”释放，以补充政党的血循环量，骨髓受到血液减少的刺激，会用比平时快 7 倍速度加紧造血，使各种血液成分很快恢复到水平。据测试，红细胞在献血后的 8 – 10 天可完全恢复到献血前的水平。

有人担心献血后身体“亏”了，就大吃大喝，甚至还弄些所谓补品来吃，其实，这都是没有必要的。就我国人民的平均生活水平来看，日常的营养摄取量就足够了，盲目大吃大喝说不定还会吃坏身体，或者会引起肥胖，献血后只要短期内不做剧烈运动，注意饮食营养的搭配，1－2 天不要使针眼沾水以防感染就足够了。

其实，科学地献血不但不会损害身体，还对身体健康有益呢。献血后，由于一系列的生理变化，还可刺激骨髓造血机能、加快造血，可以降低血液的粘滞度、减少某些心血管疾病的发生。

献血是人与人之间的红色纽带，是一种爱心的奉献，让我们拿出一点勇气，挽起袖管，伸出胳臂，献出一点可以再生的血液，去救助那些急需血液救助的伤病患者，做一个快乐的献血人！

台湾捐血事业亲见亲闻

今年 4 月，我随大陆输血协会代表团参观考察了台湾的捐血事业。台湾有过一段将血液作为“红金”进行交易的历史。经过 20 年的努力，卖血已成为历史，血液事业也已成为人们倾注爱心、互敬互助的一块丰沃田地了。因我们都是炎黄子孙，文化传统一脉相承，台湾由“卖血”转变为“捐血”的经验，更显得有借鉴价值。

一、“血浓于水”情真浓

到台湾“出差”，对一般人来说近乎是奢望，我也不例外。

由于种种原因，我们一行八人在办理赴台手续时屡遭“返工”，把负责办手续的同志搞得筋疲力尽，访问时间一拖再拖，真有去台湾比出国还难的感觉。

可能是办赴台手续的艰难给大家的心情给大家蒙上了一层阴影，到台湾后会是什么样子？会不会发生不愉快的场面？人人心中都有几分忐忑。但当我们在桃园机场办好入境手续，来到机场大厅，见到台湾血液基金会董事长，著名医学博士、已逾 80 高龄的魏火曜先生、基金会执行长张菊先生等不辞辛苦专程来迎接的场面时，便把那几分不安置于脑后。张执行长告诉我们，台湾 6 个捐血中心的主任及台北医学、输血界名流近 50 人都恭候在我们所住的富华饭店准备为大家接风洗尘，有的中心主任还要连夜驾车回到自己所在的城市。可想而知，为迎接我们的到来，台湾同道们可以说是不遗余力了。

两岸输血界同仁一见如故，畅谈友情，让我确有一种宾至如归的感觉。最使我感到惊奇的是，两岸隔绝半个世纪，然而思维方式、语言表达、接人待物都非常相近，那么一拍即合。与台湾同胞接触，绝无置身陌生之地的感觉，就像是在南方的某大城市出差一样。

为接待好我们一行，基金会做了周密的安排，用张执行长的话说：我们知道的全都告诉你们，你们想知道的，也全部告诉你们，叫做“知无不言，言无不尽”，真诚地希望通过这次访台，达到两岸输血界同仁更广泛地交流的目的。

访问期间，我们拜访了台北、新竹、高雄、台南、台中、花莲等 6 个城市的捐血中心及医疗机构，每到一地，主人都准备好专门为我们编写的文字简报材料，并配妥录像或幻灯，虽然我们几乎每天移动，一天又有若干参观访问内容，但每一项具体安排都是按照我们刚到台北时得到的一份日程表进行的，由此可对血液基金会运筹能力有一了解。

1949 年国民党退台时，约有 60 多万大陆人士到台湾，现在全岛6个捐血中心的主任中，有三位是那时到台湾的。在与他们接触中，思乡情绪溢于言表，他们对大陆十几年发生的巨大变化感到欢欣鼓舞。新竹捐血中心的武梅村主任，虽已年届古稀，但仍精神抖擞，几十年虽身处异乡，但仍操一口道地河南口音。他感慨地说，初来台湾时总认为过不多久就会返回大陆，所以一直单身过日子，看到回家无望，才在40岁时成家立业。武主任的身世，反映了相当一批大陆去台人员的境况。台北捐血中心主任程毓斌先生，是一位颇有名气的医学博士，他曾在日本有过很高的学术地位和生活条件，但当有人胁迫他加入日本籍，成为日本人时，他毅然决然离开了日本，他说我在美国有自己的家，在巴拿马有自己的产业，但走到哪里都是堂堂正正的中国人。谈到大陆的国际地位不断提高时他说，我最佩服大陆的外交部长钱其琛先生，美国老想在世界上称霸，钱先生就敢与美国针锋相对！

二、蔡培火先生首创捐血运动协会蒋氏父子全力支持倡导，高层人士身体力行

按照国际输血界通行的标准，无偿捐血者占一个国家或地区总人口5%以上，即被认为是发达水平。台湾近年的统计，捐血人数已达5.9%，当之无愧地跨入了先进行列。台湾捐血系无偿，用血只收工本费，遍布全岛的捐血中心、捐血站、捐血车每天都接待怀着一颗爱心、自愿无偿捐血的人们。但台湾也曾是一个把血液当作“红金”，赤裸裸地进行交易的社会。医院临床用血基本上被“血牛”的把技，与大陆某些地区的“血霸”别无二致，这里不再赘述。可贵的是，台湾有一批仁人志士，致力于改变这一时弊，经过多年努力，一举摘掉了“卖血”的帽子，跨入了世界先进行列。

首先对卖血制度进行反击的是台湾红十字会副会长蔡培火先生。据介绍，蔡先生军人出身，在抗日战争中立过功勋，在台湾任红十字会副会长期间，痛感卖血制度乃一在社会时弊，于国于民遗害无穷。他挺身而出，召集一批挚友和社会热心人士，发起成立了“台湾捐血运动协会”，彻底割除卖血这这一社会毒瘤。初创时期的困难是不言而喻的，资金、房舍、人才都成问题，民众对无偿捐血还没有完全认识，但他们怀着一颗赤诚之心，高举“捐血救人”的旗帜，奔走于社会各界，宣传卖血制度的危害和实行捐血的好处。当时的“总统”蒋介石在1974年给该协会题词：“捐血运动的倡导，为济世活人的义举，捐血者的行为就是义，而其动机则是发乎仁，故此一运动，不仅有裨国民保健，而于互助的德性之弘扬，亦深具意义”。

国民党主席蒋经国在1981年召开的国民党中央常委会上，谈到捐血问题时首先提出了“血浓于水”的口号，并亲自号召党的主席、秘书长等党内高级干部要以身作则身体力行，凡符合捐血条件者，均应积极参加捐血，为台湾高层人士树立了一代新风，党政高级干部凡符合条件者，大都能参加捐血活动。

台湾时任“法务部长”马英九自愿定期来捐血中心捐血被人们传为佳话。就在我们访台的第二天，共进晚餐时，台北捐血中心的一位职员悄声告诉张先生：马英九部长下班后，在台北捐血中心刚刚捐完血离去。我问他捐了多少次了，这位职员一时答不上来，但他说，马先生每三个月都来捐一次血，而且都是在他下班后，有时捐500毫升，有时捐250毫升，他来捐血都是轻车简从，从不事先打招呼。马英九40左右年龄，仪表堂堂，被称为台湾“青年才俊”，很受年轻人特别是女青年爱戴。张执行长说，马英九自愿做个捐血人，不知有多少人效仿呢，这真可为是名人效应啊。

三、完善的组织体系和一流的管理系统

1974年4月9日成立的台湾捐血运动协会是台湾开始从卖血到捐血转变的重要标志，从此，台湾地区逐步推展无偿捐血，即把血液从商品交易的沼泽中分离出来，临床用血靠捐血者的无私奉献来满足。为有效地执行捐血作业，自1974年8月起，十几年的时间里，相继成立了台北、台中、台南、高雄、花莲、新竹捐血中心。目前，全岛捐血中心的布局基本完成，据张执行长判断，这个布局可稳定10～20年。通过参观访问，我们了解到，这6个捐血中心的业务涵盖全岛每个角落，就连澎湖、金门等外岛也被列入业务范围。为使业务畅达、方便捐血者，全岛还设有分属这6个捐血中心的16个捐血站，并配有近百辆移动捐血车，轮流在繁华地区采血。

捐血运动协会当初被列为民间团体，归属于“内政部”管辖，随着协会工作的不断深入，越来越成为“卫生署”在医疗血事业中不可缺少的组织部门。为适应这一需要，1990年在原协会基础上，设置了“财团法人捐血事业基金会”，原协会所属的捐血中心，改隶于基金会，即被“行政院卫生署”认可，原捐血运动协会则继续辅助推行捐血事业的宣传工作，并在各捐血中心成立联络中心，负责会员之联系及管理工作。为增进与外界的交流，提高输血管理水平，捐血基金会于1992年7月正式更名为血液基金会，进一步明确了血液基金会在台湾血液事业中的主导地位，成为“卫生署”在血液事业中的支柱。

随着电脑的普及，台湾血液基金会从基金会捐血中心、捐血站乃至每一台捐血车，于去年9月1日全实行了电脑联网作业，任何一名捐血者从报名登记开始。就纳入其电脑管理范围，采血→检验→入库→供血→检验结果的通知，完全由电脑准确无误地操作。由于有了电脑系统，台湾的各类统计数字也是一按即出，为其科学决策起到很好的参考作用。

按发达国家或地区的标准，台湾使用电脑管理采供血工作并无特别新奇之处，但台湾血液基金会在电脑的采购使用上另辟路径，从上到下的所有电脑都是租赁来的。张执行长告诉我们：“租比买更合算，电脑更新换代很快，买来的成了自家的‘死财产’，跟不上市场的变化；租来的有电脑公司的人员指导，操作人员可放心大胆地使用，还可定时更新，总支出要便宜得多，可常用常新。”可见基金会的运营策略确实高人一筹。

四、捐血救人已深入人心没有行政金钱利益驱使

访问中，每到一地，捐血中心、捐血站、捐血车的作业是必不可少的参观项目，无论在哪里，都可以看到“快乐的捐血人”。天时地利和睦多了或被金钱或被行政驱使蜂蛹在血站的场面，再看看这些心情坦荡、无怨无悔自愿来捐血的人们，敬佩之情由衷而生。据统计，台湾年捐血量为100多万单位（250毫升/单位），占总人口的5.9%，也就是说，一年要有100多万人次参加捐血，这些捐血人没有一个是靠行政命

令、金钱而来的；从体制上来说，这些捐血人也根本受不到任何组织的压力，如果说马英九等政界要人捐血还可以得到一些政治资本的话，那么千千万万普普通通的捐血人则是没有什么利益可得的。如果一定要说他们能得到什么，那只是捐出自的血，救活一个心灵慰藉。

据1993年的统计，21～30岁年龄段为捐血人的主流，占捐血者总数的37.4%，而17～20岁的捐血者则占28.7%，从职业上看，从学生社团血占总数的25.6%．台湾有关部门认为，青年积极参加捐血，不但可解决临床用血问题，更重要的是体现了他们积极参与精神，对社会风气有积极影响。

在离开台湾的前两天，本业评价安排我们参观台北市容，这是一个星期天的下午，风和日丽，我们兴致勃勃地登上了采血车观看他们街道采血的状况，这时一个年轻的母亲带头两个小宝宝走上车来，经过简单的体检就开始采血了。她告诉我们，这是她第一次捐血，以前捐血，但没碰上合适的机会，今天她带自己的两个孩子来这里游玩正巧碰上捐血车，就来捐血的一席话，那么自然、这位母亲的行动，无疑给了她的孩子以无声的教育。

本来我计划“五八”期间在北京参加献血，可能是受到此情此景的感召，考虑到访台已接近尾，再无重大活动，于是挽起袖子捐了250毫升。虽然身体略感疲劳，但当时的心境是奇好无比。

台湾捐血意识如此深入人心，彻底抹掉了卖血的污渍，其秘诀在哪里呢？据我个人所见主要有如下几点：

一是有完善统一的组织机构，汇集了一大批致力于此的仁人志士。基金会董事长魏火曜先生就是台湾医学界极有声望的人物，他的弟子遍布全岛，县城有极高的能力；张执行长曾是服务于军界的将军，他做事果断，思维敏捷，是魏董事长倚为重要领导人物，各捐血中心的领导人亦是当地英才，有的是退休的“国大代表”，有的原是地方政府要员，他们一旦参与此项事业就极其投入地工作，使得基金会系统这架机器非常有效地转动起来。

二是充分认识到捐血绝非单纯的医学问题，而是社会问题。于是这项工作的展开，绝非个别组织和个人的独立行为，会社会都积极参与。国际狮子会、扶轮社、青年会、妇女会等社团不仅是一般参与，而是经常调志愿者随采血车到街头，摇旗呐喊。从国民党中新近分离出的“新国民党连线”，在激烈的政党斗争中，还抽出精力，在台北办了以“爱心连线热血情”为主题的捐血活动。1993年一年，台湾各捐血中心就得到社会各界捐赠的大型采血车11台。

三是调动了民众的参与意识，他们平淡淡的一句“我捐血是为了救人”道出了一片热诚之心，捐血者遍布社会各行各业、各个阶层。政治主张可有不同，职业也可因人而异，社会地位亦有高低，但他们在做一个“快乐的捐血人”方面可为殊途同归。

四是简朴而肃穆的表彰方式也进一步激发了民众．各捐血中心都当地捐血50次的人名镌刻在捐血中心的显要位置，每个捐血中心都按统一规定在每年4月份对该区的捐血人按次数级别进行表彰，同时表彰对此做出贡献的有关团体。一般当地要员都出席并发表贺词。

台湾人民是我们一脉相承的同胞兄弟，文化传统一样、语言文字一样，甚至过去卖血的历史也和我们一样。他们在血液事业上先我们一步跨入国际先进行列，可以说是我们最能学，也最易学的榜样。

台湾同胞能做到的事情，我们为什么不能呢？

注释：本文作者时任中国红十字会总会血液事业部副部长、中国输血协会副秘书长。是年4月间，作者应邀参加大陆中国输血协会访问团来台湾访问，先后以十四天时间，拜会了中华血液基金会和所属台北等六个捐血中心，参观了台大等五所一级教学医院行脚由北而南，自西向东，然后经北回铁路从花莲到台北，足迹可谓遍及台湾各地。

作者留台期间，全程以敏锐的观察力，客观公正的态度，勤做笔记。返回大陆后，即撰成《台湾捐血事业亲见亲闻》稿一篇，刊于《博爱》双月刊。

海峡两岸血液事业交流备忘录签订

应中国红十字会总会的邀请，台湾“中华血液基金会”董事长林国信一行9人，于1998年7月8日至16日，在北京及东北三省进行了参观访问。

访问期间时任常务副会长顾英奇在北京会见并宴请了林国信一行。双方签署了旨在加强海峡两岸血液事业友好交流，进一步促进无偿献血工作的“两岸血液事业交流备忘录”。根据该“备忘录”两岸血液事业将在六年内进行广泛的交流与合作，每年都有专业技术人员相互往来。

林国信先生一行分别访问了北京市红十字血液中心、中国红十字会本溪血液中心、哈尔滨市红十字中心血站、吉林市红十字中心血站、延吉市红十字血站和大连市红十字血液中心，与当地红十字会及血站的专家及工作人员进行了座谈，相互介绍了各自开展无偿献血的进程、现状和宣传、组织、管理等方面的情况。

林国信一行对大陆的友好访问，对加强两岸血液事业交流，促进无偿献血事业的发展将大有裨益。

第二部分　中国造血干细胞移植事业

中华骨髓库名称的由来

4月16日至17日，在中国红十字会召开了非血缘关系供者骨髓移植工作小组扩大会议。

自1992年3月14日中国红十字会在人民大会堂举行该项工作新闻发布会以来，社会反响强烈，报名者和咨询者络绎不绝，新闻界对此项工作的进展极为关注。为进一步落实骨髓移植非血缘关系供者的登记和HLA的核测、建立检索中心站等项工作，领导小组邀请北京、上海、浙江、辽宁4个白细胞（HLA）实验室的负责人和4省（市）红十字会、卫生厅（局）的领导参加了会议。会上，大家一致同意将中国红十字会领导的骨髓检索中心定名为“中华骨髓库”，该检索中心和该项工作的办公机械设在中国红十字会总会；围绕登记、建设等进行了讨论；研究确定了一室（办公室）三组（组宣组、集资组、专家组）的职责、分工及成员，以及工作的程序和经费的筹措等问题。

国外骨髓移植库初探

随着骨髓移植技术的出现，白血病、重

症再生不良性贫血等是不治之症的概念已成为历史，所谓骨髓移植就是将健康人的骨髓液输注给患者，达到根治的目的。

骨髓移植分为用患者自身骨髓的称自体移植，用同胞（兄弟姐妹）间的称同种移植，一卵双生儿间是的称同性移植，没有血缘关系的称同种异体移植。自体移植虽然是一种治疗白血病的重要方法，但成功率较低，复发率较高；同胞间的骨髓移植虽有四分一的可能性，但随着家庭子女人数越来越少，特别是中国实行“一对夫妇只生一个孩子”的政策，也不能解决问题；无血缘关系的骨髓移植供者中，从500——10000人中才能发现一例白细胞血型（HLA）相符的，虽然几率很低，但是他走出了家庭的小圈子，相信面对亿万人群的社会，只要建立起志愿捐献骨髓的检索库，有足够的志愿者，那么白血病患者的治愈就完全成为可能。

为此，美国、欧洲、日本等国一些热心人士的奔走下，纷纷建立了非血缘关系骨髓移植供着检索库，旨在从更广泛的人群中，找出可以给患者提供骨髓移植的供者。建立这样的骨髓库，首要的是要大力宣传其救人生命的意义，鼓励人们的利他主义，因为捐献骨髓比献血需更大的勇气。据资料统计，目前骨髓移植库已进入正常运营的国家有英国、美国、法国、加拿大、荷兰、德国、芬兰、澳大利亚、瑞士、比利时等，其中有些国家是有红十字会参与的。

到1990年7月为止，一共召开过三次国际骨髓移植合作计划会议，会议希望能组成由100万志愿者参加的“国际骨髓移植库”以利于在世界范围内挽救任何一个白血病患者。遗憾的是，目前登记的捐献者绝大多数是欧美白人，HLA抗原频率与欧美人有着不同的东方人很难从中得到实惠。

人类的需要是任何一项事业成功的原动力。1973年，英国一个2岁的小女孩因患白血病，需要进行骨髓移植，但她的亲属中没有一个能与之配型，而当时又没有非血缘关系的供者检索库。最后，她的孩子未得救，但是孩子的母亲出于对所有白血病患者的同情心，四处奔走，积极呼吁建立非血缘关系的供者检索库，在社会各界的支持下，1974年终于组建成功，到1986年已有十万人登记，并且已有100多人成功地接受了骨髓移植。美国骨髓库的建立过程与英国大致相同，70年代末期，10岁的少女罗拉．格雷夫斯被诊断为白血病，她的父亲在美国所有血液中心的登记者中终于找到了与女儿HLA相同的供者，女儿得救了，老格雷夫斯在喜悦兴奋之余，没有忘记为其他血液病患者分忧，他在西雅图的血液中心，设立了美国第一个以自己女儿名字命名的“罗拉·格雷夫斯骨髓移植财团”，开创了美国的血缘骨髓移植事业的新纪元。之后，美国许多社会名流纷纷上书议会和政府，终于在1988年获得美国卫生部的承认，并拨款资助，到1991年5月，全美申请捐献骨髓的志愿人员已达30多万人。

在欧美强大骨髓库活动影响下，日本也奋起直追，他们力争建立具有日本人特点的骨髓库，以造福于日本人民。近年，他们已成立了全国骨髓库推进联络协议会，各地也相应的建立了13个地方组织，已有几千人登记报名，日本人不无骄傲地说，占世界人口一半的东方人中，还只有日本建有骨髓库。

各国在骨髓库的建立过程中，正在不断

地对此项事业进行完善，在评估、司法、补偿、标准化等问题上还有很多要探讨研究的课题。

据悉，中国的骨髓库的建立已初有端倪，相信在不久的将来，在各界人士的奋斗下，一个全世界规模最大，服务范围最广，完全体现中国人群特点的非血缘骨髓移植检索库就会悄然出现在世界的东方。

“中华骨髓库”实现零的突破

全国首例非血缘供者外周血　造血干细胞在上海移植成功

10 月 7 日下午，上海市红十字会、上海市卫生局联合在中国红十字会上海华山医院小礼堂举行新闻发布会，向社会郑重宣布，全国受理非血缘供者外周血造血干细胞移植术成功。上海市政协副主席、红十字会会长谢丽娟出席了新闻发布会，会议由上海市卫生局副局长、市红十字会常务副会长袁惠章主持。中国红十字会副会长、中国非血缘关系骨髓移植供者工作领导小组副组长孙柏秋专程赶赴上海出席了会议。

这次移植术是于当年 8 月 22 日在华山医院进行的，以华山、新华、长海等有关医疗机构组成了专家医疗小组，确保了移植的顺利成功。病人是来自杭州的 11 岁的男孩高天翀，他已有五年的白血病病史，当年 5 月因病复发到上海治疗。为病人提供造血干细胞的是中国建设银行上海分行的职员孙伟同志。他是去年 11 月响应红十字会的号召积极献爱心，挽救白血病患者的活动中，报名登记捐献骨髓的。他的白细胞分型的资料经检测后，存入设在中国红十字会总会的中华骨髓库。由于配型资料的准确无误和专家们精湛的医疗技术，在上海市卫生局高度重视和同仁们共同努力下，病人接受移植一个半月以来，状态平稳，已初步度过了危险期。这次移植术的成功，标志着我国对白血病的治疗步入国际先进水平，也是中华骨髓库自 1992 年建立以来零的突破。

被医学界称为造血系统恶性肿瘤的白血病，在我国发病率为十万分之三，患者常见于儿童及青壮年。治疗白血病，目前最佳治疗手段应是造血干细胞的移植，使病人重建造血功能，十几年来，此项技术在先进国家及地区已迅速展开，华山医院副院长谢毅教授在新闻发布会上介绍说：进入 90 年代，特别是近几年来，外周造血干细胞的移植术，将会较快取代从骨髓中提取干细胞的移植过程，因为外周血干细胞的移植主要有以下几个优点，一是造血功能重建快，感染与出血的机会少；二是节省大量抗生素并减少输用血液成分；三是供者献出干细胞后，恢复很快，有益于动员更多的志愿者献出爱心。可以说，我国这次外周干细胞移植的成功，跨越了骨髓血干细胞移植的阶段，已进入救治白血病患者技术的国际先进领域。

在新闻发布会上，有关负责人对上海首先成功地进行了这一移植术表示衷心的祝贺，并向与会新闻记者介绍了中国红十字会主持“中华骨髓库”的有关情况。该中华骨髓库是经卫生部的批准，由陈敏章部长担任名誉组长，顾英奇常务副会长任组长的中国非血缘关系供者领导小组组建的数据库。特别指出，救治白血病患者离不开供者，由于人类白细胞配型的多异性，一般来说，能找到与患者配型相合的比例为万分之一，在当时中华骨髓库数据只有三千分之一的情况下，能为高天翀小患者检索到相同的配型，应该说是带有一定偶然性的，我们还应积极创造条件，扩大库容，为挽救更多的白血病患者的生命，今后的工作任重而道远。

会后，总会负责人和上海市的有关领导到病房看望了正在康复中的小患者高天翀。

台湾佛教慈济慈善事业基金会访问中国红十字会总会

日前，台湾佛教慈济慈善事业基金会副总执行长林碧玉女士及德融法师、德恂法师、张惠美小姐一行4人访问了中国红十字会总会。

林女士一行在中国红十字访问期间，受到了钱正英会长的热情款待，总会负责人就开展两岸非血缘关系骨髓移植供者工作的交流合作与林女士一行进行了会谈。

台湾佛教慈济慈善事业基金会成立于1966年，其创立人证严法师是一位早年出家的女子，创建之初，证严法师从做婴儿鞋开始，把用汗水换来的所得全部周济给穷人。现在，她们的慈济事业已发展到拥有医院、医学院、护士专科学校等。林女士和两位法师，都是慈济事业的“全职志工”，即在基金会中担任日常工作，但不拿该会一分报酬。林女士说，即便是为慈善的工作到岛外出差，其费用也是自理。她说，在慈济事业中，大约有1000名像她这样“全职志工”。非血缘关系的骨髓移植，是拯救重症血液病人的唯一医疗手段，十几年来发达国家和地区都在尝试这一方式。台湾慈济慈善事业基金会于1993年8月正式开始实施这项工作，在这一年多的时间里，已经有6万多名供者报名参加，其数据已输入骨髓移植数据库。目前，已有十几名患者在该库找到了与之相配的数据。

不向恐怖主义低头

——紧急生命传递

在刚刚进入新世纪的2001年的9月11日，那件震撼世界的恐怖事件对骨髓库的影响也是巨大的。在日本，恐怖事件发生的当天，有三名已经做好骨髓移植前一切准备的白血病患者正在等待着由美国提供的骨髓。可是，由于美国政府为应对这次恐怖事件，下令全国机场禁止飞行器起降，运送这些骨髓液的定期航班也因此取消了。从决定临时包机，启动紧急运输程序到骨髓液顺利运抵日本实现移植，有关人员展现出决不向恐怖主义低头的精神风貌。

噩　梦

这是美国一个普通的早上，一觉醒来的A先生稍有些激动，因为他在几小时后就要作为三名美国的骨髓供者之一，为远在日本的患者献出骨髓了。与日本不同，美国捐献骨髓的供者大多是当日入住医院，采集骨髓手术后当日即出院的做法。为打发入院前的时间，他随便用手中的遥控器翻看电视节目，突然，令人难以置信的画面映现在眼前，——震惊世界的“911”恐怖事件发生了！

与此同时，在地球的另一边，日本的三名患者已经做好移植前的处理，静静地躺在无菌室里，他们分别住在关东的两个医院和近畿的一个医院。本来是安排在12日和13日进行骨髓移植的，虽然他们因为骨髓移植前化疗处理的影响，身体十分疲惫和虚弱，但是一想到救命的骨髓就要从美国运来，又抑制不住心中的喜悦。此时是日本的12日。

恐怖事件发生后，美国政府立即宣布，“911”是同时多发性恐怖事件，全面禁止了在全国范围内的飞行器起降，得知这一消息的美国国家骨髓库一片骚然，因为此时此刻他们正在操作着跨国境的给患者采集骨髓的工作。这些患者都是已经做好移植前的化疗处理，等待着从美国运送去的骨髓液！致死量的化疗剂量已经在患者身上发挥着作用，没有及时的骨髓移植，无疑就是宣告患者的死亡！

延　期

美国国家骨髓库迅速做出决定：因所有航班均被取消，骨髓液的采集延期！由此，日本骨髓移植推进财团负责国际事务的企划管理委员会即开始了与美国国家骨髓库的彻夜电话交涉。

位于东京新宿的财团事务局，早上6点工作人员就开始工作了，每一个人的脸上都带有几分紧张。他们都为等待美国的骨髓的患者揪着心。

“这样等下去，救命的骨髓什么时候才能运过来呢？”

“若是禁飞命令一直持续下去怎么办？”

“即便解除了禁飞令，运送途中再禁飞岂不是更糟！”

所有职员头脑中都充满着问号，但是，因为情报来源所限，谁都不可能知道禁飞令何时解除。

日美间的时差约为12小时，昼夜正好相反。日本方面无论多么着急，很多事情还必须等到美国的白天才能办理。

决　断

13日凌晨，美国国家骨髓库发来了电子邮件，称：可以采用包机的形式将骨髓液送往日本，美方可以取得联邦航空局的飞行许可。

定期航班不能飞行，只能指望包机了。但是，包机费用为13万5000美元，约合1600万日元。这笔巨资怎么出？经过大家的讨论，很快有了结论：一架包机同时将3人份的骨髓液运来，所产生的运费决不能让患者负担，我们要通过募捐筹集运费！

事务局的提案经过相关程序报到决策层，获得了迅速批准，其间各个环节顺利通过。

合　作

做完前期处理的患者，本身的白血球已经接近于零，没有任何抵抗力。病人所在医院的医务人员全力采取防感染措施，但是，采集的延期导致移植必须延期，对于没有任何抵抗力的患者来说意味着什么，是不言而喻的。

患者所在医院紧急联络了脐带血库，日本有9个区域性的脐带血库，约有6000分HLA份分型资料，供社会公开查询，医院通过因特网为患者在脐带血库中寻找配型相近的供者，以备万一。

接到日本方面的“包机运髓”决定的美国骨髓库，马上采取措施，与采集医院协调，将供者的采集时间与飞行计划机密配合，14日凌晨0时，运输费用承担确认文书以传真形式发往美国方面，获得了作为紧急事态下的特别通关许可。此时，日本骨髓移植推进财团、卫生部、财政部、国土交通部等相关部委结成一个紧密工作体，全力以赴为骨髓液能顺畅到达日本而努力。

日方认真研究了骨髓液到达后尽可能快地送到医院的路线，由于双方交涉和所必需的准备时间的原因，双方直到15日才确定到达时间为当日的下午7点30分。搭载着A先生等三位捐献者骨髓液的双引擎商务喷气式飞机从美国西海岸起飞时，一切均是按预定方案进行，但因这架小型飞机续航能力较短，要在太平洋的三个岛屿上添加燃料，万一到达日本的时间有变化，那么，随后的日程都要变，有关人员时刻与飞行当局保持着密切联络，飞机在岛上着陆或起飞时，均与航空公司用电话或电子邮件保持联系。以利于随时调整计划。

放　心

羽田机场一片繁忙，大型喷气式飞机频繁起降，似乎就在众多飞机的缝隙中，15日下午7点24分，一架8人座的小型包机降落在三号跑道上，未引起任何人的注意。

飞机到达停机坪后，工作人员终于看到了手提骨髓液专用箱的飞行员，日方工作人员迅速将其引导到国际入境处，当在手提行李检查处等候的移植医院的医生看到这支专用箱时，时间是7点30分。因为是三人的骨髓液，人命关天，不能出现任何差错，工作人员反复确认了专用箱中的交接文书，与患者的ID番号核对无误后，才与对方签字交接。

在媒体记者照相机的连续不断的闪光中工作人员走出大厅，骨髓液箱装入献血供给事业团的紧急运送车。

在当晚9点，NHK的综合新闻播送了包机着陆时的情景。财团事务局内欢声一片。

8点整，紧急运送车将关东两个医院的骨髓液直接送到，近畿医院患者的那份骨髓，则换乘国内班机经由关西机场送至医院。三位患者均在16日凌晨进行了骨髓移植。

善　意

骨髓库的本来业务是将骨髓液送至移植医院就结束了，但是这次不行，还必须要如期缴纳包机费，无论什么形式，必须要募集到足够的资金以支付包机费。

专用资金的募集定名为“为包机募捐”。1600万不是个小数字，若募集不上来的话……此时正是日本经济不景气的时候，工作人员无不捏了一把汗，但是，后来的事实证明，这些担心都是杞人忧天，包机运送骨髓液的行动引起了社会的巨大反响，到十月中旬，就突破了既定募集资金目标。

一场在恐怖事件的阴影中开展的跨国界的骨髓移植救助活动画上了圆满的句号。

中华骨髓库建设中的伦理问题初探

提　要

在我国，造血干细胞捐献者资料库（以下称中华骨髓库）的建设是一项新兴的事业，是一项需要较大资金投入、公民广泛参与、技术保障条件严格、医疗水平较高的社会慈善事业。它的产生和发展体现了我国综合国力的迅速提升。随着中华骨髓库规模日益扩大，越来越多的病人将从造血干细胞移植中获得新生。要将骨髓库建大、建强，还要有伦理道德领域的软件的支持，不然，一个看似巨大的造血干细胞数据库，缺乏社会伦理的根基，有可能走向偏颇。本文以科学的发展观为指导，以人的全面发展为基本理念，探讨中华骨髓库建设过程中的伦理问题。

（一）伦理研究在建设中华骨髓库中的意义

白血病是一种血液系统的恶性肿瘤，在全球的发病率呈上升趋势，我国每年新增约四至六万名白血病患者，被列入十大高发性肿瘤之一。造血干细胞移植是目前医治白血病的最有效的医疗手段。在医疗实践中发现，造血干细胞移植还为血液系统恶性疾病、实体瘤、免疫性疾病、遗传性疾病等提供了有效的治疗手段，目前全球已经有超过10万人接受了造血干细胞移植。1965年，第一例异基因骨髓移植获得成功，1990年Thomas因骨髓移植中的创造性贡献获诺贝尔奖，足见造血干细胞移植在医疗领域的重要地位。

中国红十字会领导的中华骨髓库自从2001年重新启动以来，截至2004年底，已累计入库数据24万人份，为患者和移植医院提供检索服务5800多人次，1600多位患者初配成功，201位志愿者为患者捐献了造血干细胞，中华骨髓库在中国的医疗体系中正在起到越来越重要的作用。

人体的免疫系统是精密而高效率的防卫系统，可以识别和抵抗细菌或病毒的入侵，同样也能辨识出移入体内的造血干细胞，移植排斥是异体移植面临的最大的挑战，因此寻求完全配型相合的供者是移植的关键。要在茫茫人群中找到完全相合的非亲缘供者的机会往往要几十万分之一，犹如大海捞针。

这里就发生了超出医疗领域的社会问题，要使需要移植的病患得救，就要有一批了解造血干细胞知识、乐于捐献的志愿者。将这批志愿者发动好、组织好、一旦需要就义无反顾地实施捐献就成了中华骨髓库的重要工作。正是这一看似与医疗行为无关，但又密不可分的工作，构成了伦理问题的重点。伦理犹如交通法规之于交通，如果偏离了伦理规则，社会行为的交通秩序就可能发生混乱。

汉语中“伦理”一词，系“人伦之理”。是指人际关系中所应当遵守的规则。要办好事，首先要有相应的规则。由于文化传统的不同常会引发伦理之争。器官移植（包括血液，造血干细胞），用健康人或脑死亡者的健全器官，移植到需要又合适的患者身上，这在西方并未引起太大的争议，西方国家自有血液事业起，就是走的无偿献血的道路这一点就可以得到证明。器官移植在中国的命运则遇到了传统的挑战。《孝经》中早就有言：身体发肤，受之父母，不得毁伤。作为一项不可违逆的孝道，保持身体的完整至关重要。孔子曾说过，君子死，冠不免。即使死了也必须是“完尸”，连帽子都不能免去，才对得起列祖列宗和上天神灵，何况与生俱来的身体器官！这样一种观念和礼法，经过几千年的教化，在中国人的心目中可以说根深蒂固，成为某种“文化基因”。直到现在有些人一听到献血献髓就谈虎色变，理由便是自己身上的东西怎么能随便给他人，伤了元气怎么了得！等等。

任何社会的存在和发展都不可能离开伦理与道德的支撑，正是社会的伦理与公共道德，以及各个不同的社会群体的人们所具有的特殊伦理与特殊道德，在实际地支撑着该社会的各种制度及其运作。中华骨髓库的建设也是这样，没有千千万万无私奉献的志愿者，再好的医疗技术和移植手段也只能束之高阁，白血病人就永远得不到有效的救治。伦理道德是一种无形的力量和理性杠杆，对我们所处的世界起着一种“软调节”的独特作用，遵守造血干细胞移植的伦理规范，会使骨髓库的发展更加健康有序。

（二）建设中华骨髓库中的伦理问题分析

中华骨髓库建设中的伦理问题涉及到捐献者、患者、医务人员以及以他们为中心辐射到的很多方面，以下就几个重点问题作一粗浅分析。

1. 捐献者的自愿无偿原则

中华骨髓库的建设是以人道、博爱、奉献为基石，汇集一切有爱心人士的心愿，以自己的造血干细胞，去救助一位不曾相识的患者，“自愿”和“无偿”是一切问题的出发点。大家知道，造血干细胞是人体的一部分，从生理角度说，是可以再生的，但是从生命角度说又是生命的一部分，无法用金钱衡量的，生命是万物之灵，此时此刻谁能用金钱来衡量捐献者的救助行为呢？

坚持捐献造血干细胞的自愿无偿原则，是基于生命无价的价值观，任何企图在为患者提供造血干细胞中牟取物质利益的行为，都是对生命至上理念的亵渎。十来年前，我国的临床用血大部分还是由卖血者提供，被境外人士视为“民智未开”，讥讽我们愚昧，随着我国人民生活水平的提高，教育的普及，道德水准的增进，在临床用血上，我们已经有了彻底的改变，以卖血来满足临床用血的历史已经一去不复返了！但是我们不得不正视的现实是，在捐献造血干细胞挽救白血病病人方面我们还有很长的路要走。我们还不时听到“让我捐献造血干细胞，先说给我多少钱”；“我救人家了，到时候谁救我呀”。生命无价，任何带有功利色彩的评价都是不合适的，甚至是亵渎性的。功利论所强调的所谓人性趋乐避苦、个人利益是善恶标准的说教，与那些不计名利、不计报酬、以救治他人生命为快乐的捐献者们的道德品质是格格不入的。那种勇于捐献、舍己为人的精神境界，显示了他们的崇高品德和伟岸的人格。

到目前为止，我国二百多位捐献者的无私奉献行为，已经为我们今后的发展理念作出了明确展示，“自愿”和“无偿”的捐献行为不但是我们的旗帜，更是体现出对生命的尊重。对志愿捐献者的概念可作如下表述：无任何外界压力，为救助垂危的患者，不谋求任何物质回报和受者的直接感谢，基于爱心自愿捐出自己的造血干细胞的人被称为造血干细胞志愿捐献者。

2、捐献者无特定捐献对象原则

捐献与接受行为倘若发生在同一个家庭成员之间，那一定是有特定对象的捐献行为。这里说的捐献造血干细胞是指非血缘关系的、非特定对象的捐献，是面对所有需要救治的患者的，这位患者可能是本国的，也可能是外国的。总之，作为一个品格健全的志愿者，在报名登记的那一刻起，就应该将自己的视野放大到最大，一旦配型成功，受者可能是与你是同城而居的陌路人，也有可能是远在地球另一边的患者。曾有一个高校的老师得了白血病，学生们十分敬重这位老师，听说只有造血干细胞移植才能挽救老师的生命，一部分学生自发地组织起来到捐献机构要求捐献造血干细胞，但是他们首先声明，捐献行为是特定地给他们敬爱的老师的，如果与老师不能配型成功，他们将收回各自的检测报告单。他们的要求理所当然的被拒绝了，理由很简单，造血干细胞捐献者资料库是面向大众建立的慈善性服务机构，它的服务对象不分性别、年龄、种族、国籍和社会地位，任何别有他图的行为均与骨髓库的宗旨是相违背的。中华骨髓库的爱心大使、造血干细胞捐献者杨曦同志在他的一篇散文诗中，对捐献造血干细胞的意义作了最好的诠释：“今天，我心怀一个梦！我有一个梦，终有一天，中国造血干细胞捐献者资料库中的血样能够从现在的10万份增加到100万份、1000万份，使每一个前来配型的患者都能在这里找到生命的希望，让世界上少一个哭泣的母亲，多一个团圆的家庭。今天，我心怀一个梦！我有一个梦，终有一天，造血干细胞捐献者的人数会越来越多，队伍会越来越壮大，而我们，也不用再像讲述一个传奇故事一样向别人介绍我们的捐献经历”。

中华骨髓库正是张扬了一种超越家庭，超越国界，面向整个人类的大爱之心。所以才将一定要建成一个服务于全球华人的中华骨髓库作为远大的奋斗目标。

3. 登记报名与捐献行为一致原则

捐献报名登记时，为使登记者更加明确有关事项和相关义务，要在制式的同意书上签字，它起到了使报名者在登记时要深思熟虑的作用。但是，尽管同意书上有关条款已经写的很详细，但还是有一部分登记者在与患者配型初步相合后，表示不履行捐献义务，使管理人员陷入窘境。

这种人基本上分为两种情况，一是登记时没有进行认真考虑，头脑一热，把当时的报名登记与将来可能的捐献割裂开来；再一种情况是，报名时就不情愿，往往是被集体报名捐献活动“裹胁”来的。这两种人的情况不同，但在对自己的行为不负责任这一点上是完全一致的。

你既已经承诺要做生命的种子，就要承担起点燃生命希望的义务。据统计，报名的志愿者中，与患者配型相合后，有百分之二十左右的人反悔，改变自己的初衷，给资料库带来了极大的浪费。我们先来算一笔经济账。一人份的检测费为500元人民币，加上保存管理、数据传输、样品递送等费用就要600元人民币，一个一百万人的资料库，如果有20%的反悔率，将有多么大的一笔资金就付之东流了！这还只是经济上的损失，如若想到垂危的患者刚刚为找到了相合的供者，企盼着生命之火重新燃起时，这位供者不同意捐献的消息就是对他的致死一击！

所以，我们要坚决地将建库的质量放在第一位，绝不能盲目追求建库数量，固然没有数量就谈不上质量，但也不要忘记没有质量的数量更可怕。我们还是要强调，报名捐献时要深思熟虑，一旦与患者配型相合就要义无反顾捐献，这不也是人格魅力的体现吗！

4. 患双方无需相见原则

造血干细胞移植，挽救生命，实质上是一种生命的馈赠，此中包含了人类最真挚的大爱情怀，我们所倡导的，患者接受了移植，要对人类之爱心存感激，将来重返社会，要想着以自己的力量回报社会就足够了；供者捐献了造血干细胞，也不必清楚地了解输给了哪一位患者，只要知道的确有一位患者万里挑一，幸运地与自己的配型相合，我们的大家庭里又多了一个欢乐的笑脸就可心满意足了。

供患双方不发生任何联系，是国际上的惯行规则，是这一领域的伦理规范。我国某市曾发生过这样的事情，一位患者了解到有一位供者与他配型成功，但供者方面有些原因不能马上捐献，于是就兴师动众找到这位供者的家里，有找到供者的工作单位，这位供者感到很恼怒，险些打消了捐献的念头。

在我们的社会还没有实现“大同”的情况下，各人的家庭背景、经济状况、社会角色多有不同，差异很大，所以我们提倡捐献者和受赠者以共同的人类之爱心，宽容厚道的对待施受关系。当然，在实施移植手术时，临床上还要对两者进行必要的空间隔离，也是保证这一原则得以贯彻的技术手段。

5. 社会关注原则

建设骨髓库是一项社会公益事业，国外成功经验表明，社会各界的支持和参与，是建成骨髓库的重要因素。根据我国人类遗传基因的多样性，建成一个具有临床意义的骨髓库至少要有100万志愿者的加入。这样的一个规模的人群已经是社会的一部分，按照社会统计学中“知道”某一件事与“亲身参与”某一件事人群的比例为1：300的计算公式，中国人就有3亿人初步了解中华骨髓库。要给大众一个正确的信息，引导人们积极参与骨髓库的建设，是社会关注原则的首要任务。

骨髓库建设说到底是利用最广泛的社会资源，以民众的参与来解决民众自己的事，也就是取之于民，用之于民。作为我们国家给予建库的最大支持就是提供了来自于国家彩票公益金的支持。这几年，中华骨髓库还陆续收到中国民主建国会、西安杨森、中国平安保险公司、美国福特基金会等单位以及社会上一些热心人士的资金赞助。

自从中华骨髓库建库以来，由于技术要求原因，产生大量血液样品在各地之间邮寄的要求，因这是一件新生事物，往往要反复向邮政部门说明情况，才能得到邮寄服务，有时会因不能及时邮寄，延误了救治工作，这一情况被国家邮政总局了解到后，他们及时下发了文件，要求各地邮政机构密切配合这一工作的开展，使曾经困惑我们的血液样品邮寄问题得到了彻底解决。

报刊、电台、电视台、网络等媒体给与了特别的支持，几年来各种体裁的相关文章发表几千份，中央电视台的焦点访谈、现场直播、人物专访等形式的宣传使中华骨髓库更加受到人们的关注。

一位经骨髓移植治愈的康复者，饱含着对不知名的捐赠者的敬意开通了一个网站，两年的时间，这个网站已经成宣传造血干细胞捐献知识、交流捐献体会、传递移植信息、反映群众呼声的阵地，形成了遍及全国大部分省份的网络体系。

应该说，没有社会的关注就没有中华骨髓库的今天，社会关注为中华骨髓库的健康发展起到了积极的推动作用。

6. 对患者特别关照原则

在人类社会的早期，人们就萌发了生命神圣的概念，如《内经·素问》中就指出：“天覆地载，万物备悉，莫贵于人。”从医学一产生，这种观念就成为其追求的社会目标。我国古代称医术为仁术，意即是一门“救人生命”“活人性命”的科学技术。因此生命神圣论成了医疗活动和从医人员恪守的伦理观。“医乃仁术”被普遍信奉为职业伦理原则。

一旦罹患白血病等重症血液疾病，在对生命造成危机的同时，对于一个家庭来说，也是一个极为沉重的经济负担，他们对生的渴望和面临的困境，是常人很难体会的，对他们更要爱护有加，才可使他们得到心灵的安慰。医生和有关人员应该向病人提供必需的信息，包括可能的预知结果和面临的风险，让病人对移植有充分的理解，并尊重病人自主作出的决定，医务人员一定对术后抗排斥、抗感染等治疗措施均应有详细方案，对准备和已经实施移植的病人应该注意其保密权和隐私权，不得随意将其作为宣传的对象。曾经有一家医院禁不住媒体的打探，在未得到本人及家长同意的情况下，将住在该院的一个白血病少年的移植情况透露出去，使得本来想瞒住爷爷奶奶的家长感到很气愤，后经多方调解，才使事态平息。为当事人保密，尊重供者和患者的隐私权，是骨髓库伦理建设中的重要方面。

（三）结论

根据世界上许多国家较成熟的经验和我国的国情，尽早制定一部包括造血干细胞移植在内的器官移植法，为移植制定更为详细的“规矩”，对我国这一事业的正常开展和健康发展是十分重要的。但是，建库中的伦理建设问题与立法有着同等重要的位置。它就像一辆车上的两个轮子，缺一不可。从以上分析可以看出，伦理这一社会要素在其中起着中心支撑点的作用。在中华骨髓库的建设中，特别是起始阶段，要加强伦理问题的研究，重视伦理问题建设是骨髓库良性发展的不可或缺的有效手段，我们要加强道德观念的建设，形成科学、文明的社会风尚。

到目前为止，全球范围大约有 50 个国家成立了骨髓库，据 BMDW（Bone Marrow Donoi's Worldwide）统计，到 2004 年 7 月为止，全世界已登记的造血干细胞志愿者达 9，219，052 份。我国利用经济快速发展的大好时机，及时启动了骨髓库的建设，据测算，今年我国就可以使库容量达到 30 万人份，跻身为亚洲最大的骨髓库。我们还要看到一个现实，我国的人口基数大，如此规模的骨髓库距离为大多数患者找到相合的配型差距还很大，建库任务还很繁重。佛说，救人一命，胜造七级浮屠。我们说，同在蓝天下，施受皆有福！健康适龄的人们，卷起你们的衣袖，加入到志愿者的队伍，让世界少一些眼泪，多一些欢笑，我们就是和谐社会的创造者！

援藏行动与媒体传播的实践心得

李兰颂

援藏行动与媒体传播，在新中国人道救助领域和民族团结事业中，均有创造性建树；同时，援藏行动给媒体传播提供了充沛的新闻事实，媒体传播为援藏行动高扬了明晰的舆论理念。为此笔者所述实践心得如下：

一、援藏行动给媒体传播提供了充沛的新闻事实

1. 援藏，'97 复明行动的缘起

这里，笔者介绍的是在各项援藏行动中颇具特点、又是笔者从始至终亲身经历的'97 复明行动。这项由中国红十字基金会赴西藏志愿医疗队完成的工作，以创下六项第一的纪录，于 1998 年 10 月被国家民委授予民族团结进步模范单位称号；有 4 名同志被授予民族团结进步模范个人称号。'97 复明行动的主办单位是中国红十字基金会、中央电视台和光明集团。正是因为有了如此的组合，才使得这一行动冲破千难万险，终于获取切实成果，给媒体传播提供了充沛的新闻事实。

1996 年 12 月 20 日，中国红十字基金会召开了成立大会。中国红十字基金会荣誉会长宋平明确指示：要在人道救助领域为人民多办实事。1997 年 4 月间，受中国红十字基金会会长委托，中国红十字基金会常务副会长在中南海向宋平汇报工作时，宋平又具体指示，天津派眼科医生去甘肃作白内障复明手术很见实效，这个方法值得借鉴。7 月，西藏自治区人民政府副主席、自治区红十字会会长次仁卓嘎，她刚到北京就向中国红十字会总会负责同志谈到，由于高海拔、强日照、缺氧气、少蔬菜等原因，西藏自治区各地市白内障致盲者较多，高发地占人口总数的 11.06%，目前至少有 50000 名藏胞渴望及早接受白内障复明治疗。中国红十字会总会领导当即要求由中国红十字基金会牵头，迅速组建眼科专家医疗队赴藏工作，并提议将此举命名为 '97 复明行动。'97 复明行动组委会组成，宋平担任名誉主任，并再次在中南海听取了专题汇报。《'97 复明行动计划》，在西藏自治区红十字会的配合下初步拟订。很快，这项计划得到中央电视台台长、中国红十字基金会名誉副会长杨伟光的支持，他委派本台广告部主任谭希松，联络全国人大代表、光明集团总裁冯永明，参与主办 '97 复明行动。光明集团捐赠资金人民币 60 万元。中国红十字基金会荣誉会长宋平，全国政协副主席、中国红十字会会长钱正英，中央电视台台长、中国红十字基金会名誉副会长杨伟光，中国红十字会常务副会长、中国红十字基金会会长顾英奇等出席了欢送暨捐赠仪式。宋平向医疗队郑重授旗，钱正英向捐赠单位颁发证书。

2. 媒体，'97 复明行动的彩屏

人道救助，得道多助；媒体先行，传播广泛……基金会搞活动为什么能找到电视台？最初的动议，多少与笔者在新闻单位工作有关。1997 年 7 月，笔者从哈尔滨日报社太阳岛周刊社社长任上调到中国红十字基金会副秘书长职，刚到任就接手援藏工作。怎样草拟计划，如何组织实施，自然动用了“在办报刊中搞活动，在搞活动中办报刊”的成功经验。新闻眼在哪儿？在笔者的建议下，中国红十字基金会找到中央电视台，拜访杨伟光以后无疑促成了最大的亮点——媒体，'97 复明行动的彩屏。

中央电视台的加盟，增强了中国红十字基金会赴西藏志愿医疗队的实力，为完好呈现这一新美而绚丽的雪域彩屏提供了保障。全中国、全世界都知道、关注着 '97 复明行动，是因为开始有了中央电视台的行动，与此同时，新华通讯社也有记者组随医疗队全程报道。《人民日报》、《光明日报》、《人民政协报》、《中国红十字报》、《健康报》、《北京日报》、《黑龙江日报》、《西藏日报》、《澳门日报》（见附录）等成百上千家媒体，均对 '97 复明行动 · 中国红十字基金会赴西藏志愿医疗队的工作情况做出反应，给予了全力的支持。这就非同小可了，医疗队所到之处、所遇关卡，都受到欢迎，能顺利通过。从 7 月 28 日开始筹备到 9 月 12 日正式出发，仅用 46 天即派出一个组织措施得力、队员思想过硬、医疗技术强干、专科设施齐备的医疗队；从联络各方到筹措资金，能如此迅速是不多见的，与舆论营造更不无关系。事实证明，'97 复明行动从计划到总结的每一个过程甚至细小环节，都向媒体提供了新闻，而也都有媒体参与，都不能没有媒体参与。由此推论，在新中国人道救助领域和民族团结事业中，媒体作用与传播效能也是功不可没的。

二、媒体传播为援藏行动高扬了明晰的舆论理念

1. 援藏，’97 复明行动的特点

’97 复明行动·中国红十字基金会赴西藏志愿医疗队的眼科专家及辅助人员，主要来自北京市同仁医院、哈尔滨医科大学第一临床医学院、西藏自治区第一人民医院、日喀则地区人民医院。中国红十字基金会、中央电视台、新华通讯社派员参加了医疗队的指挥组和记者组的工作，而另两个组是手术组和设备组。这一构成，既是客观需要，也是一般组队所难具备的。再有，全队在藏工作人员 22 人，其中汉族 12 人，藏族 8 人，汉藏合亲后代被当地称作团结族的 2 人。正是这样一个援藏行动与媒体传播的高效组合，从 9 月 12 日出队至 10 月 26 日收队历时 45 天，双休日和国庆节等 16 个法定节假日全在超负荷并超常规的奋力工作中，还在高原反映十分明显的情况下日出勤 12 小时；大家不怕山高路远，深入偏远边境地带以至于雅鲁藏布大峡谷，使用 69 车次，行程 13859 公里，为山南地区的浪卡子、洛扎、措美和隆子县，林芝地区的工布江达、林芝、波密和察隅县适应症患者，共作白内人工晶体置换复明手术 508 例，复明率 100%、无感染及并发症，同时初诊 1569 例，复诊 1859 人次。在援藏行动与媒体传播中，手术组和记者组的工作是齐头并进的。像记者全然不会摆弄手术刀一样，医生对于社会工作明显十分生疏。每天都有难题出现，记者和医生相比，由于职业特点所致，价值取向和解决方式经常需要互补，否则很难达到预期效果。这种交流与碰撞几乎随时发生。笔者所处了位置是主办单位在西藏的唯一代表，具体抓指挥组和记者组的工作；指挥组主管全队，记者组采访全程；而实际上指挥组更像后勤组，记者组很像参谋组，对手术组和设备组的服务任务压倒一切。例如，分别在北京、拉萨、哈尔滨等迎送仪式上揭幕的《’97 复明行动·中国红十字基金会赴西藏志愿医疗队新闻摄影汇报展览》，既是唯一真实而全面的 ’97 复明行动资料汇总，也形象生动地再现了医疗队在西藏为众多藏胞服务奉献送光明的工作生活情景。在当时那么危险和艰苦的情况下，谁还能写几个字，真是一图抵万言呀！摄影就是写真，成为唯一发言。这类事只有职业记者想得到、做得来。但是记者经常冒险，不听医生劝阻，什么脑水肿以及肺水肿，全然不顾，十分任性。

2. 媒体，’97 复明行动的定格

怎样看待 ’97 复明行动·中国红十字基金会赴西藏志愿医疗队的工作呢？媒体的参与、印证、参谋、调研的作用，在其中全过程真是显而易见。行动的缘起、彩屏、特点、定格等事项，没有媒体加盟，实在难以想像，那将是另一种境况了。对此，笔者所参与的指挥组和记者组反复调查研究，取得可靠数据，报请西藏自治区红十字会并自治区人民政府，由自治区人民政府副主席、自治区红十字会会长次仁卓嘎代表政府发布新闻时说：’97 复明行动·中国红十字基金会赴西藏志愿医疗队，高扬奉献主题，促进民族团结，工作科学严谨，创下六项第一，即——这是第一次由国家红十字会（含媒体及医疗）选派的援藏眼科专家医疗队；第一次以最快速度（仅用 48 小时）就由京、津、沪将50件、1200公斤重的眼科器械、药品、敷料运抵拉萨；第一次在西藏以完备的眼科设施保证了手术的高超档次，并使用了当代眼科先进器械超声乳化仪；第一次大面积实施了白内障人工晶体置换复明手术（此前包括国外眼科援藏项目，多数限于白内障囊外复明手术后配眼镜，而不是治眼球）；第一次设立了藏族眼科专家手术组，由藏族眼科医生亲自大比例地实施白内障人工晶体置换复明手术；第一次在西藏对白内障适应症患者的筛选、门诊、手术、用药、住院、观察等全部实行免费。

在欢迎暨表彰仪式上，钱正英等领导饶有兴致地参观了《'97复明行动·中国红十字基金会赴西藏志愿医疗队新闻摄影汇报展览》。钱正英发表了热情洋溢的讲话，她说：一个半月前，我们在这里欢送医疗队从北京出发，大家乘坐飞机的时刻，正值中共十五大开幕，这是令人难忘的。一个半月后，我们在这里欢迎医疗队从拉萨凯旋，同志们不畏艰险，排除万难，为众多藏胞服务奉献送光明，也是令人钦佩的。她赞扬医疗队的同志个个都是模范，都有模范事迹。正是如此，为贯彻中共十五大精神，进一步巩固和发展平等、团结、互助的社会主义民族关系，国家民委决定对中央、国务院有关部委、直属机构，各民主党派、人民团体，解放军、武警部队在促进民族团结进步事业做出突出贡献的单位和个人进行表彰，授予中国红十字基金会赴西藏志愿医疗队（全部133个单位）民族团结进步模范单位称号，授予'97复明行动组委会并医疗队等4人（全部120人）民族团结进步模范个人称号，同时向模范单位和个人颁发了荣誉证书、奖状、奖章和奖品。

总之，援藏行动与媒体传播的实践心得，是以生命为代价换取的。针对'97复明行动·中国红十字基金会赴西藏志愿医疗队而言，笔者坚持以为，援藏行动给媒体传播提供了充沛的新闻事实，媒体传播为援藏行动高扬了明晰的舆论理念。

附录：

复明行动与新闻报道的发稿索引

《人民日报》：1997年9月25日（消息）

标题：中国红十字基金会赴西藏义诊

作者：王仁倜

《人民日报》：1997年12月12日（通讯）

标题：雪山光明行

——记中国红十字基金会赴西藏志愿医疗队

作者：徐江善　李兰颂

《人民日报》（海外版）：1997年9月11日（消息）

标题：'97复明行动开始实施

首批500名藏胞将喜见光明

作者：傅振国

《人民日报》（海外版）：1997年9月19日（消息）

标题：中国红十字会组织医疗队

在西藏实施“复明行动”

作者：朱新兵　多　穷

《人民日报》（海外版）：1997年11月10日（消息　摄影）

标题：红十字医疗队赴藏

500 藏胞重见光明

作者：陈斌华　党　果

新华通讯社：1997 年 10 月 27 日（消息）

标题：中国红十字医疗队使 500 余名
藏族白内障致盲患者重见光明

作者：陈斌华

新华通讯社：1997 年 11 月 7 日（通讯）

标题：雪域高原光明行
——记中国红十字基金会赴西藏志愿医疗队

作者：徐江善　李兰颂

《澳门日报》：1997 年 9 月 11 日（消息）

标题：中国红十字基金会等机构主办
第一批志愿医疗队将奔赴西藏
众多白内障致盲患者有望复明
免费实施一个半月适应症手术

作者：新华通讯社

《光明日报》：1998 年 10 月 3 日（随笔摄影）

标题：国庆日，在世界屋脊

作者：李兰颂

中央电视台（一套节目·新闻联播）：1997 年 9 月 10 日

标题：'97 复明行动开始实施

作者：王　宪　刘晓军

中央电视台（四套节目·中国新闻）：1997 年 9 月 10 日

标题：红十字医疗队赴西藏壮行暨捐赠仪式举行

作者：李荣国　孔琳琳

中央电视台（四套节目·中国新闻）：1997 年 9 月 22 日

标题：中国红十字基金会
赴西藏志愿医疗队
'97 复明行动已开展手术

作者：李荣国　孔琳琳

中央电视台（四套节目·中国新闻）：1997 年 9 月 23 日

标题：'97 复明行动在工布江达县作第一例手术

作者：李荣国　孔琳琳

中央电视台（一套节目·晚间新闻）：1997 年 10 月 27 日

标题：'97 复明行动告捷

作者：王　宪　刘晓军

中央电视台（四套节目·中国新闻）：1997 年 10 月 27 日

标题：红十字医疗队为藏胞成功
作白内障复明手术 508 例

作者：李荣国　孔琳琳

人民政协报：1997 年 9 月 11 日（消息）

标题：为藏胞带去光明
'97 复明行动拉开帷幕

作者：王宁江

《中国红十字报》：1997 年 9 月 12 日（消息）

标题：'97 复明行动赴藏医疗队
欢送暨捐赠仪式在京举行
宋平钱正英杨伟光顾英奇等出席

作者：武星户

《中国红十字报》：1997 年 10 月 31 日（消息）

标题：高扬奉献主题　促进民族团结
工作科学严谨　创下六项第一
'97 复明行动告捷
钱正英出席欢迎暨表彰仪式

作者：方　一　莫寒梅

《中国红十字报》：1997年11月7日（通讯　摄影）

标题：我们从北京出发
——'97复明行动在西藏

作者：李兰颂

《中国红十字报》：1997年11月28日（消息）

标题：哈医大重奖援藏人员

作者：陈英云

《中国红十字报》：1999年2月26日（消息）

标题：国家民委授予民族团结进步模范称号/中国红十字基金会赴西藏志愿送疗队为模范单位/宋平、钱正英、杨伟光、顾英奇从始至终给予支持鼓励

作者：张　峻　李　艳

《博爱》（双月刊）：2000年1月第一期

标题：圣地日喀则（节选）

作者：李兰颂

《博爱》（双月刊）：1999年9月第五期

标题：林芝写真（节选）

作者：李兰颂

《博爱》（双月刊）：1999年7月第四期

标题：山南纪实（节选）

作者：李兰颂

《博爱》（双月刊）：1999年11月第六期

标题：日光城拉萨（节选）

作者：李兰颂

《博爱》（双月刊）：1999年5月第三期

标题：援藏行动与媒体传播的实践心得

作者：李兰颂

《健康报》：1997年9月11日（消息）

标题：'97复明行动拉开帷幕
宋平钱正英为首批赴藏医疗队员送行

作者：魏　萍

《健康报》：1997年10月30日（消息）

标题：情满雪域高原　温暖西藏患者
红十字会'97复明行动大获成功

作者：魏　萍

《中国妇女报》：1997年9月12日（消息）

标题：北京：中国'97复明行动启程

作者：叶　林

《中国妇女报》：1997年10月31日（消息）

标题："天使"为藏胞送光明
中国'97复明行动创红十字会六项纪录

作者：叶　林

《西藏日报》：1997年9月23日（消息）

标题：中国红十字基金会志愿医疗队
'97复明行动赴山南林芝工作

作者：西藏自治区红十字会

《西藏日报》：1997年10月28日（消息）

标题：'97复明行动创下六项纪录
我区508例患者重见光明

作者：扎巴贡觉

《西藏日报》：1997年11月29日（通讯　摄影）

标题：光明行

——记中国红十字基金会赴西藏志愿医疗队

作者：徐江善　李兰颂

《西藏日报》：1997 年 12 月 5 日（消息）

标题：'97 复明行动在波密手术
123 名白内障患者复明

作者：于奇郎

《北京日报》：1997 年 9 月 14 日（消息）

标题：首批医疗队赴藏实施“复明行动”

作者：李维宁

《北京晚报》：1997 年 10 月 2 日（通讯）

标题：为了藏族同胞的期待

作者：朱新兵　多　穷

北京电视台：1998 年 5 月 8 日（专题）

标题：红基会援藏医疗队

作者：创意空间栏目组

黑龙江日报：1997 年 10 月 30 日（消息）

标题：全国 '97 复明行动计划结束
哈医大一院援藏手术组载誉归来

作者：史凤芝　张长虹

《黑龙江日报》：1997 年 11 月 7 日（通讯　摄影）

标题：西藏原来这么美

作者：张长虹　白香东

《黑龙江日报》：1997 年 11 月 10 日（消息）

标题：哈医大一院援藏手术组受奖励

作者：张清环　张长虹

《生活报》：1997 年 9 月 8 日（消息）

标题：哈医大一院赴藏送光明

作者：史凤芝

《生活报》：1997 年 10 月 30 日（消息）

标题：哈医大一院援藏手术组载誉归来
西藏挺好　我们也挺好
这支医疗队为众多藏胞送去光明

作者：张清环　史凤芝　高宇红

《生活报》：1997 年 11 月 2 日（通讯摄影）

标题：'97 复明行动在西藏
哈医大一院眼科手术组工作纪实

作者：高宇红　才巴扎西　张清环

《哈尔滨日报》：1997 年 10 月 9 日（消息）

标题：行程万余里　复明数百人
哈医大一院赴藏手术组载誉而归

作者：史凤芝

《哈尔滨日报》：1997 年 10 月 30 日（通讯）

标题：患者的光明是我最亮的前途
——记哈医大一院眼科副教授刘平

作者：左　楠

《新晚报》：1997 年 9 月 8 日（消息）

标题：中国红十字基金会发起援藏行动
哈医大一院三医生肩负重担

作者：史凤芝　刘铁瑛

《新晚报》：1997 年 10 月 30 日（消息）

标题：哈医大一院援藏手术组载誉归哈
中国红十字会总会给与高度评价

作者：史凤芝

《新晚报》：1997 年 11 月 11 日（消息）

标题：'97 复明行动立功
医大重奖光明使者

作者：衣晓峰　史凤芝

《北方时报》：1997 年 11 月 4 日（通讯

摄影）

标题：山重水复　同胞情深

’97复明行动哈医大一院援藏手术组载誉归来

作者：敖艳华

《黑龙江晨报》：1997年10月30日（消息）

标题：行程万余里　高原送光明

哈医大援藏手术组载誉而归

作者：史凤芝　刘琼瑞

先进经验

先进集体简介

关于表彰全国红十字会系统先进集体和先进工作者的决定

（2004年）

（全文见本年鉴文献篇）

北京市西城区红十字会

2004年6月理顺管理体制。北京市西城区红十字会，在区委、区政府的领导下，多年来出色完成北京市红十字会制定的各项工作目标和任务，多次被北京市红十字会、市人事局评为市红十字会系统先进集体，为北京市和西城区“三个文明”建设做出了应有的贡献。该区红十字会全体干部政治、业务素质高，努力争创一流的红十字会工作水平，得到市红十字会充分肯定，得到北京市其他区（县）红十字会的认可并为他们提供了很多切实可行的经验。工作能做到制度化、规范化，基层组织建设扎实、工作活跃，会费收缴率达100%，能够积极开展跨区域的人道救助活动，充分发挥了区红十字会的社会救助功能。在2003年的抗击非典斗争中，主动开展卫生宣传、慰问、接受捐赠活动，充分发挥了政府在人道领域里的补充和助手作用。

天津市大港区红十字会

2002年1月经区编办批准机构单独设置，理顺管理体制。始终坚持讲学习、讲政治、讲正气，团结协作和求真务实的工作作风。为宣传贯彻红十字会法，几年来举办20期红十字会法培训班，普及人数35000余人，培训骨干会员千余人。四年来共募集资金170万元，建设了区红十字会救灾备灾中心，设立20个红十字募捐站，培训救护员8200人。2000年至2003年连续四年被市政府评为无偿献血先进单位，2001年被市红十字会、市人事局评为先进集体，2000年至2002年被市红十字会评为市红十字会目标管理工作优秀单位。

河北省保定市红十字会

目前理顺了管理体制。领导班子求真务实，救灾工作成绩突出，注重文明建设，在社区红十字服务、无偿献血、造血干细胞捐献者资料库建设工作省内领先。积极发展红十字事业，宣传贯彻红十字会法，为促进当地社会稳定、经济发展和精神文明建设做出了积极贡献。多次受到保定市委、政府的充分肯定和省红十字会的表彰。曾被省红十字会、省人事厅评为省红十字系统先进集体。

山西省大同市城区红十字会

把依法独立开展备灾救灾、社会服务、无偿献血等工作作为重点，并使其逐步规范化、制度化，推进红十字事业向更深更广发展。组织开展敬老助残、助人为乐、抚慰济困等活动，致力于帮助弱势群体。组织红十字青少年开展卫生救护训练，提高他们自救互救能力。在做好各项工作的同时，加大宣传力度，以出宣传板报、建立永久性标语、放录音带、入院入户、发传单等形式，宣传红十字会法，扩大红十字会的社会影响。

内蒙古自治区呼和浩特市红十字会

2000 年 12 月理顺管理体制。在自治区红十字会的领导下，先后解决了办公用房、备灾救灾仓库建设及资金紧张等问题，为红十字会的生存奠定了基础，促进了红十字事业的发展。2002 年率先在全区开展群众性卫生救护培训，截至 2003 年 11 月，累计培训 4.6 万人次，范围由交通运输行业扩展到饮食服务行业。同时积极参与无偿献血和遗体捐献工作，顺利完成扶贫复明手术 170 例。积极参与非典防治工作，机关工作人员直接到呼和浩特防非指挥部后勤保障组工作，共接收捐赠款物价值 2600 万元，并开通了救助网站。1999 年被区献血办评为内蒙古自治区无偿献血宣传报道先进集体，2003 年被市委、市政府授予抗击非典先进集体。

辽宁省辽阳市红十字会

2001 年 12 月理顺管理体制。积极开展社会救助、“红十字博爱送万家”等活动，两年来，向 610 户贫困户和低保户捐赠了价值 12.5 万元的物资，为 180 名农民义诊，还深入农村，为老党员体检并捐赠药品、物品。接受澳门红十字会捐资 15 万元修建 1200 平方米的新校舍，建成辽宁省第一所博爱小学。这些活动赢得了良好的社会声誉。2002 年配合总会《人人健康工程》项目在全市区幼儿园、小学开展健康检查，成为全国第一个开展这项工作的市。积极推动无偿献血活动，五年来，累计参加无偿献血达 12 万人次，献血量达 24 吨，被中国红十字会总会、卫生部授予“全国无偿献血先进城市”。非典期间，深入基层进行宣传，开通捐赠热线电话，接收款物价值 63 万元。

吉林省通化市红十字会

目前已理顺管理体制。于 1987 年恢复工作以来，健全和完善市、县、乡三级自然灾害监测报告网络。为进一步增强全市各级红十字会救灾应急反应能力，配备了救灾专用电话和电传机，使灾情信息畅达。加大对外宣传力度，不断提高红十字会的社会知名度。每年均以五八世界红十字纪念日为契机，组织全市范围大型宣传活动。以救灾为重点，充分发挥人道主义救助团体的作用。积极推动无偿献血工作，确保临床使用质量和安全。抗非典期间，组织全市各级红十字会共募集款物折合人民币 524 万多元，受到当地政府和人民群众的好评。进一步加强对募捐、救灾物资的管理，做到专人、专库、专账。

黑龙江省佳木斯市红十字会

2001 年理顺管理体制。认真学习贯彻

"三个代表"重要思想有新成就，一是打造"学习型"机关，开展经常性的政治理论学习，二是理论联系实际开展红十字理论研究，三是红十字事业传播工作有新飞跃。加强领导班子建设有新效果，一是领导班子发挥模范作用，二是全会上下团结一心干工作，三是围绕市中心工作讲大局。发扬"人道、博爱、奉献"的红十字精神有新发展，一是工作勇于创新，想大事，抓大事，二是坚持改革组织创新，三是社区红十字服务工作不断拓展。积极探索"共享型"、"奉献型"、"服务型"红十字服务进社区工作的新路子，争取到市委、政府把红十字进社区用文件形式加以规范，培育了13个典型推动红十字社区服务工作。社区红十字服务工作强化"三个文明"建设有新举措，一是与市文明办联合下发《关于在全市开展"十佳爱心奉献标兵"评比活动实施办法的通知》，二是开展扶危济困和社会救助工作。1995年被中国红十字会授予先进集体，1998年被中国红十字会授予抗洪抗震救灾先进集体，同年被黑龙江省佳木斯市人民政府授予无偿献血标兵单位。

上海市南汇区红十字会

依法理顺管理体制后，认真总结工作经验，在保证体制单列、经费独立的前提下，开展调研，采取积极措施，与各镇红十字会签定了目标责任书，制定了考核制度、活动制度。区红十字会还在区属机关、事业、企业等各单位建立了红十字会救灾联络员网络，每年以多种形式对救灾联络员进行培训。2002年，区红十字会把"千万人帮千家"活动作为全年工作的重点，通过募捐与帮困活动互动的形式，抓住各种时机做宣传活动，顺利完成了年初制定的红十字人道救助基金突破100万元的目标。2003年区红十字会拟定了"2003南汇区红十字会爱心大行动"系列计划，让一些优秀的民营企业家奉献爱心，关爱社会，使更多的人参与到"博爱"的行列中来。1996年－2001年被上海市红十字会、市人事局评为市红十字会系统先进集体。

江苏省徐州市红十字会

2002年理顺管理体制。坚持依法建会、依法治会和依法兴会。注重发展基层组织建设，至2002年底，有基层组织671个，会员32.9万人。理顺管理体制后加强内部管理，开创红十字会工作新局面。积极开展募捐工作，建立了备灾救灾基金，成立了抗灾救灾小组，组建了17支医疗救护队，选拔了370名义务人员为救护队员。积极开展无偿献血的宣传、动员工作，在1999年总会召开的无偿献血表彰大会上，有34人获金杯奖，38人获金牌奖，77人获银牌奖，2001年被卫生部、中国红十字会总会评为无偿献血先进城市。1983年组建了全国第一家红十字志愿工作者小组。2002年被省红十字会、省人事厅评为省红十字系统先进集体。

浙江省瑞安市红十字会

2004年7月理顺管理体制。围绕红十字会宗旨，积极开展备灾救灾、社会救助和社会服务工作。对内加强机关建设，完善各项规章制度，争取政策支持；对外积极加强宣传，通过报纸、广电等媒体宣传红十字会工作，扩大红十字会的影响，争取社会各界参与发展红十字事业。努力拓宽募捐筹资渠道，开展书画义卖等活动，从1998年至2003年，共募集善款900多万元。积极开展"帮助贫困生上大学"、"复明工程"、

“无偿献血”等活动，发挥了作为政府人道领域工作的助手作用。1998 年被总会授予抗洪赈灾先进集体，2002 年被省红十字会、省人事厅评为省红十字系统先进集体。

安徽省宿州市红十字会

2002 年 4 月理顺管理体制后，不断加强机关建设，规范工作程序。本着“人道、博爱、奉献”精神，不断开拓进取，创造性地开展工作。非典期间，接收捐赠款物价值 64 万余元，并及时分发。积极开展卫生救护培训工作，五年来培训驾驶员、电业员等数十万人。推动无偿献血工作，全市累计献血达 1000ml 以上者已有 1200 多人，从 1998 年起全市临床用血 100% 来自无偿献血，2002 年获得全省无偿献血先进城市。大力宣传红十字会法，营造“人人献爱心，支持红十字”的社会氛围，增强红十字会的吸引力和感染力。2003 年被省红十字会评为卫生救护先进单位。

福建省南安市红十字会

2000 年 12 月理顺管理体制。坚持学习贯彻红十字会法，利用各种机会宣传，每年利用“五八”搞纪念活动，印发宣传材料。当地新闻媒体宣传广播经常报道红十字会工作。积极开展卫生救护培训，已培训 8180 人次。推动无偿献血事业，自 1996 年实现零突破以来，截至 2003 年 11 月，全市参加无偿献血 35892 人次，献血总量居全省之首。遗体捐献工作实现零突破。依法开展募捐工作，筹集博爱基金，实施博爱救助，开展“人人献爱心生命救助大行动”活动，2002 年筹集资金 254 万元，2003 年筹集 350 万元，建立了红十字博爱基金。加强学校红十字工作，在红十字青少年中开展人道主义教育，2003 年底在全市学校成立红十字会，引导青少年参加红十字活动。拓展人道主义服务领域，努力替政府分忧。积极开展对外交往。曾被福建省、泉州市授予无偿献血先进单位，2000 年被福建省授予救助扶贫先进单位。

江西省南昌市红十字会

理顺管理体制后，认真开展宣传、贯彻《中华人民共和国红十字会法》，以此为先导，促进红十字会各项工作，成为近年来南昌市红十字事业不断进步和发展的一个重要标志，使各项业务工作逐步走上规范化、制度化的轨道，得到总会和省红十字会领导的肯定和好评。市红十字会大力开展红十字“三项博爱工程”建设，各项业务工作均取得明显成效。近年来共募集到现金 687 万元，在全市重建了 10 所卫生院、4 所小学和一个移民建镇点，募集到价值约 1000 万元的药品和物资，对 34.55 万受灾群众进行了救助和救护。

山东省济宁市红十字会

2002 年 7 月理顺了管理体制。在全省地级市中率先建立了红十字会网站，扩大了社会影响。市政府制定了《济宁市实施〈中华人民共和国红十字会法〉实施办法》，是全国三家制定出台红十字法规的市级地方政府之一。连续四年开展了“温暖送千家，博爱在齐鲁”活动，筹措救助资金 150 多万元，救助特困群众 12000 多户。坚持对机动车驾驶员进行卫生救护知识培训，每年接受培训 5000 多人，有效地减少了意外伤害的死亡率和致残率。在抗击非典中接受捐款捐物价值 278 万余元，采集 26 万多毫升血液经过检验合格后送往北京。在自然灾害中，及时向上级报告灾情，同时向社会发出救灾捐款倡议，组织救助物资。

河南省红十字会

目前已理顺管理体制。省红十字会领导班子带领全体同志开展各项人道主义救助工作，取得突出成绩。在全国率先实现县以上区域全部成立红十字会组织，完成了总会年度理顺省红十字会管理体制的任务。积极开展救灾救助工作。在2000年前接受价值1.2亿元救灾物资的基础上，近几年又接受捐赠近1.1亿元的救灾救助款物。连续三年在全省范围内开展“送温暖助万家”募捐救助活动，募集价值486.3万元的救助物资，对30000户。近12万困难群众、下岗职工、特困学生进行了救助。在抗击非典斗争和去年的洪涝灾害中，全省红十字会共接受款物价值7919.55万元和救灾物资价值1500余万元，并以最快的速度发放到抗击非典一线的人员和灾民手中。造血干细胞资料库建设取得较快进展，报名捐献的3万余人，已检测入库6550份资料。年度累计进行配型检索60余人次，配型成功14人，造血干细胞捐献4人。

湖北省黄冈市蕲春县红十字会

着力加强组织建设，夯实事业发展基础。蕲春县红十字会建会10年来，以乡、镇红十字会工作为基点，整体推进，发展基层组织，重视组织网络建设。加大宣传力度，利用红十字会法颁布周年之际，举办培训班，普及红十字会法及红十字运动知识。救灾工作中，及时掌握灾情信息，依靠村民代表评议，确定救助对象，集中发放救灾物资，其工作多次获得上级领导的好评。2000年被黄冈市红十字会、人事局评为“抗洪救灾先进单位”。

湖南省红十字会

目前已理顺管理体制。省红十字会在会党组领导下，积极开展备灾救灾工作。今年接收国内外捐助款物1000余万元；发放救灾物资12批，价值860余万元。香港红十字会捐资10所乡镇卫生院重建工作按质按期完工。欧盟援建的5000个生态旱厕已经全部验收合格。造血干细胞捐献者资料库管理工作有了新的突破。今年共上传数据10097人份。在财政预算十分紧张的情况下，想方设法安排30万元资金采购卫生救护知识培训教具，按时完成了6期“彩票公益金”卫生救护师资培训班。编印了“备灾培训手册”，举办一期备灾培训班，培训学员近100人次。在抗击非典中，主动配合政府职能部门，充分发挥助手作用，得到省委省政府的充分肯定。

广东省肇庆市广宁县红十字会

1991年理顺管理体制。目前，该县各镇（乡）均已建立起红十字会，形成了县、镇、村三级红会组织网络，共有组织机构110个，会员16000人。建会15年来，在政府指导下，坚持依法兴会，与时俱进。积极开展“三救”工作，1997年投资175万元建起了广东省内县级首家备灾救灾中心，创办了第一个红十字会经济实体—红十字会专科门诊部。积极组织卫生救护培训，并做到使其与安全生产相结合，与社区人道主义服务相结合。广泛开展关怀弱势群体工作，连续10年免费为该县环卫工人体检，并举办义诊、义修、助学、助困等献爱心活动。2002年、2003年岗位目标责任考核中分别被广宁县委、县政府授予优秀奖。

海南省儋州市红十字会

2002年8月理顺管理体制。在备灾救灾工作中，积极策划，组织赈灾义演，深入灾区，在两次岛内特大风暴以及1998年特大洪灾中共筹集 86 万元善款，用于本地救灾工作。普及卫生救护防病知识，开展初级卫生救护培训，受益人群达 4000 多人次，涉及多个行业。作为全省最早开展无偿献血活动市县之一，积极宣传贯彻无偿献血法，多次获得省嘉奖和表彰。在组织建设方面，以“加强自身建设，健全基层组织，依靠志愿队伍，拓展工作局面”为指导思想，发展组织，壮大队伍。曾被中国红十字会总会评为“抗洪抗震救灾先进集体”。

四川省泸州市红十字会

2001 年理顺管理体制。认真贯彻落实红十字会法，坚持理事会制度，每年至少召开两次常务理事会议，研究布置红十字会工作。救灾工作，卓有成效。非典期间，与有关大公司联系，接受捐款 16.8 万余元，并用于公共卫生防疫体系应急机制。重视宣传工作，通过有关报刊等媒体及“五八”等纪念日，宣传红十字事业，使红十字会深入人心。社区红十字服务工作初见成效，对各县（区）红十字会实行年度目标管理考核。逐步形成了市红十字会系统的救助服务网络。积极推动无偿献血，重视加强造血干细胞捐献工作。开展群众性卫生救护培训。曾被省红十字会评为省红十字会目标管理一等奖。

重庆市开县红十字会

积极开展各项业务工作，不断开创红十字会工作新局面。该会确定以宣传与组织建设为突破口，利用讲座、义诊等形式，联系新闻媒体，积极开展宣传活动，扩大红十字会的社会影响。建立了备灾救灾基金，五年来向社会各界募捐 82.8 万元，救助弱势群体 8000 余人次。在 2003 年“12·23”井喷事故中，红十字会组织会员冒着生命危险前往现场搭建帐篷，设立临时救治点，为群众发放棉衣、口罩，并通过红十字会渠道争取到 240 余万元救灾款。在 2004 年的特大洪涝灾害中，积极开展募捐，组织医疗小分队深入灾区对伤病员进行救治工作，受到了群众的好评。被市委、市政府授予“12·23 井喷事故抢险救灾救助工作先进集体”，多次受到重庆市红十字会和开县县委、县政府的表彰。

贵州省贵阳市红十字会

2001 年 11 月理顺管理体制后，以红十字会的宗旨为目标，发扬“人道、博爱，奉献”的红十字精神，积极开展救灾、救护和救助、无偿献血及红十字青少年等工作。参与市人大等部门草拟出台了《贵阳市捐献遗体和角膜办法》，翻印《红十字会法》等相关法规 6 万份。在去年开展“红十字博爱送万家”活动中，筹集捐款 10049 元，衣服 4016 件，都及时发到弱势群体手中。统一制作了红十字募捐箱 21 个，现已有 9 个单位与他们签订了合作意向书。与市急救中心、基层红十字会举办卫生救护知识培训 40 期，受训人数 4180 人次。对市属团体会员单位收缴会费率达 100%。在非典期间，为缓解贵阳市临床用血的不足，市红十字会积极配合市献血办组织、宣传无偿献血活动，大部分县级红十字会提前超额完成了献血任务，超额 388 人，血量为 77，600 毫升。被省卫生厅、省红十字会授予无偿献血先进单位。

云南省红十字会备灾救灾中心

云南省红十字会目前已理顺管理体制。该中心由奥地利红十字会和省政府投资 110 万元兴建的。自从班子成立后，致力于备灾救灾工作。七年中，在昆明辖区平均每年募集救灾物资和现款价值57.6万元；平均每年入（出）库22万箱价值683万元的物资。为拓展红十字事业，利用世博会等时机积极争取项目和援助，不仅引进了资金，也学到了先进的技术和管理经验。认真贯彻落实国家红十字会的有关精神，加强内部建设。全体职工积极报名参加造血干细胞捐献工作。曾被省红十字会评为省抗洪救灾先进单位。

西藏自治区拉萨市城关区红十字会

认真履行红十字会职责，主动协助政府开展人道主义救助活动，在普及卫生救护知识、送医送药到社区、扶危济困，为弱势群体献爱心等方面做了大量工作。经常组织会员开展街头宣传活动，特别是利用“五·八”等纪念日，普及红十字运动基本知识，扩大红十字会影响。近几年，该会在春节、藏历新年来临之际，开展“红十字博爱送万家”活动，仅2003年就为辖区内的困难农牧民和城市特困居民送去了价值13400元的生活用品。在2003年抗击非典斗争中，该区红十字会会员坚持24小时值班制，连续50个昼夜放弃与家人团聚，工作深受群众的赞扬和好评。

陕西省宝鸡市红十字会

2002年11月理顺管理体制。多年来坚持依法建会，依法治会和依法兴会，工作重点突出，坚持搞好备灾救灾工作。近5年来，开展大型救济救灾活动37次，为3万多户特困户，6万余名灾民，200多位孤寡老人提供人道服务。在学校红十字青少年工作中，开展争创“红十字示范学校”和城乡学校“手拉手”“结对子”活动。积极参与推动无偿献血工作，编印宣传资料15种30余万份，举办无偿献血法文艺演唱会，策划、拍摄无偿献血活动纪实片，组织动员适龄公民参与无偿献血活动。认真实施挪威红十字会合作项目。在组织发展和人员培训及信息传播等方面迈出新步伐。曾三次获中国红十字会“先进集体”荣誉，获宝鸡市无偿献血促进奖“先进单位”荣誉。

青海省红十字会

理顺管理体制后，制定了《青海省实施〈中华人民共和国红十字会法〉办法》，以法律形式明确各级红十字会机构、编制、权利及义务等问题，可操作性较强，为红十字事业沿着健康轨道发展提供了保障。救灾工作稳步发展，在1998年抗洪救灾工作中，募集4000余万元，受益人数达100余万人次，派出医疗队300余支。至2000年至2003年送温暖活动中，发放价值1000余万元的救助款物，受益人数达15万人次。青海省红十字会时刻关注弱势群体，积极开展对老、弱、病、残、孤和特困户的救助活动。开展了机动车驾驶员卫生救护培训工作，使红十字会的社会影响大大增强。宣传工作扎实、有效，红十字青少年工作稳中推进，对外交往日益频繁。曾被中国红十字会总会评为“98抗洪抗震先进集体”，被省直机关精神文明办评为“青海省直机关精神文明单位”。

宁夏回族自治区红十字会

目前已理顺管理体制。带领全区各级红十字会积极开展自然灾害的救助工作，1998年向“三江”洪涝灾区捐赠救灾款物价值100多万元。长期在宁夏南部贫困山区开展赈济救助活动，先后从区内外筹集衣被总重量70多吨、粮食50多吨、食品2000多箱、药品价值400多万元，救助灾民和贫困户3万余户。2003年配合总会开展“红十字博爱送万家”活动，募集价值50万元物资，对2500户下岗失业人员、革命老区军烈属和特困户进行慰问，把党和政府的关怀送到千家万户。积极开展项目合作，同美国红十字会合作，在宁夏固原河川乡实施改厕、改水和健康教育项目，该项目建成后，大大改善该地区卫生、医疗、生活条件，受益群众达2万多人。积极参与改善贫困地区基础教育事业建设，资助新建“博爱”学校两所，救助贫困学生2万多名；积极开展卫生救护培训工作，先后举办救护培训班50余期，培训人员5万余人次。积极参与抗击非典斗争，募集价值170多万元款物，支持一线医务工作者抗击非典，由于工作突出，成绩显著，被评为宁夏抗击非典先进集体。

新疆维吾尔自治区红十字会

目前已理顺管理体制。自治区红十字会认真宣传贯彻落实红十字会法，大力开展救灾备灾、社区服务、群众性卫生救护培训，艾滋病预防教育等红十字会各项业务。近年来，特别在组织机构建设、救灾备灾、艾滋病预防教育工作中成绩突出。目前全区有14个地级红十字会已理顺管理体制，占地级红十字会的86.6%，有48个县级红十字会机构独立设置，占县级红十字会50.5%。2003年自治区红十字会开展了“红十字博爱送万家”系列活动，共慰问2500户困难家庭，慰问物资价值50万元。去年该区地震，自治区红十字会积极参与抗震救灾，第一时间赶赴灾区，积极发布募捐呼吁，共募集救灾款物价值2600余万元，并援建了灾区1个乡卫生院，69个村卫生室，4个学校和1个地区备灾救灾中心，1个县红十字会备灾救灾仓库；自治区红十字会先后举办了预防艾滋病各类培训班400余期，近万名青年参加了培训，卫生救护知识培训累计达40余万人。连续两年机关创建了自治区级文明机关，机关还十分重视干部职工的培训与教育，提高干部职工的综合素质，机关各项工作规范化、制度化。自治区红十字会各项工作都得到了自治区党委政府及社会各界的好评。曾被中国红十字会总会评为抗震救灾先进集体，获“红十字运动基本知识传播”二等奖。

数据篇

▲蕉荫著本草　（中国画）　刘大为 作

▲ 救死扶伤（书法）　赵朴初 作

▲ 红实图（中国画）　石虎 作

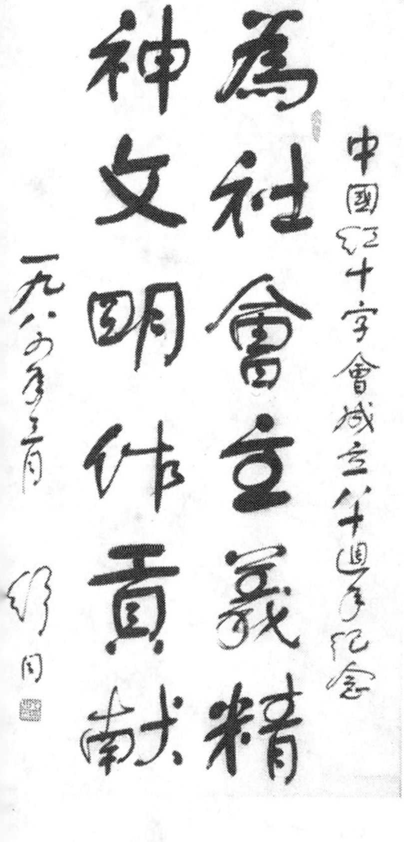

◀ 贺八十周年（书法）舒同 作

◀ 牡丹（中国画）　李蝉 作

以上均为中国红十字会收藏的捐赠作品

人、财、物数据资料

中国红十字会基层组织、会员、志愿者

数据统计

（截至2004年底）

1. 红十字会会员数（包括团体会员单位）：23501850
2. 红十字青少年会员数：12554489
3. 红十字会基层组织数：82459
4. 红十字志愿者数：516744

省级红十字会理顺管理体制情况

一 览 表

制表：总会事业发展部政策法规处

2005年3月31日

序号	名称	理顺时间	三定方案	规格	厅级领导职数	正副处长职数	编制人数		建立党组	党组织归口	干部归口	财政归口	
							行政	事业					
1	北京	1990.12	有	正厅	1正1副	9	21		6	已建	市直工委	市委宣传部	市财政
2	天津	1979.05	有	正厅	1正2副	9	26		3	已建	市直工委	市委组织部	市财政
3	河北	2001.11	有	副厅	1副	5	12			已建	省卫生厅	省委宣传部	省财政
4	山西	2004.6	有	副厅	1副	4			9	已建	省直工委	省委组织部	省财政
5	内蒙古	1995.05	有	正厅	1正1副	4（2正）	13			已建	区直工委	区委组织部	区财政
6	辽宁	2000.12	有	副厅	1正	6（4正）	15			已建	省直工委	省委组织部	省财政

序号	名称	理顺时间	三定方案	规格	厅级领导职数	正副处长职数	编制人数		建立党组	党组织归口	干部归口	财政归口	
							行政	事业					
7	吉林	1997.07	有	副厅	1副	4	11			已建	省直工委	省委组织部	省财政
8	黑龙江	2001.06	有	副厅	1副	4（1正）	12			已建	省委组织部	省财政	
9	上海	2001.02	有	正厅	1正1副	9	30			已建	市直工委	市组织部	市财政
10	江苏	2002.01	有	副厅	1副	5（4正）	9		7	已建	省直工委	省委组织部	省财政
11	浙江	2002.01	有	副厅	1副	4	10			已建	省卫生厅	省委组织部	省财政
12	安徽	2000.08	未	副厅	1副	2			12	未建	省直工委	政府办公厅	省财政
13	福建	2001.01	未	副厅					18	已建			
14	江西	2001.01	有	副厅	1副	5（3正）	14		3	已建	省直工委	省委组织部	省财政
15	山东	2001.06	有	副厅	1副				14	未建	省直工委	省委组织部	省财政
16	河南	2000.01	有	副厅	1副	4（1正）	14		2	未建	市直工委	省委组织部	省财政
17	湖北	2001.05	有	副厅	1副	4（正）	10			已建	省直工委	省委组织部	省财政
18	湖南	2000.01	有	副厅	1副	3	14		2	已建	省直工委	省委组织部	省财政
19	广东	2000.06	有	副厅		3			19	已建		省委组织部	省财政
20	广西	1998.08	有	副厅	1副	7	7		9	已建	区直工委	区委组织部	区财政
21	海南	2001.11	有	未理顺					5	建党支部	省直工委	省委组织部	省财政
22	四川	2001.04	有	副厅	1副	4			20	已建	省卫生厅	省委组织部	省财政
23	重庆	2000.06	有	正厅	1正	7	14		2	已建	政府办	政府办公厅	市财政
24	贵州	2000.12	有	副厅	1副	8			16	已建 4－10	省直工委	省委组织部	省财政
25	云南	1998.12	有	副厅	1副	7			24	已建	省直工委	省直工委	省财政
26	西藏	2002.02	有	副厅	1副	4（1正）			11	已建	区卫生厅	区卫生厅	区财政
27	陕西	2001.02	有	副厅	1副	6			13	已建	省直工委	省委组织部	省财政
28	甘肃	2003.12	有	副厅	1副	5			12	未建	省直工委	省委组织部	省财政
29	青海	1998.08	有	副厅	1副	4			29	已建	省直工委	省委组织部	省财政
30	宁夏	2001.03	有	副厅	1副	3（2正）			15	未建	区直工委	政府办公厅	区财政
31	新疆	1998.12	有	正厅	1正	6			17	已建	区直工委	区委组织部	区财政

注：

1. 28个省、自治区、直辖市红十字会有“三定方案”，安徽、福建、山东3省没有；
2. 25个省、自治区、直辖市红十字会建立党组；海南省人数少，建立党支部；
3. “厅级领导”一栏中，“正”指正厅、“副”指副厅。

建立中共党组的省级红十字会名单

截至2005年10月，经省、自治区、直辖市党委批准建立红十字会中共党组的有以下红十字会：

1. 北京市红十字会；
2. 天津市红十字会；
3. 河北省红十字会；
4. 山西省红十字会；
5. 内蒙古自治区红十字会；
6. 辽宁省红十字会；
7. 吉林省红十字会；
8. 黑龙江省红十字会；
9. 上海市红十字会；
10. 江苏省红十字会；
11. 浙江省红十字会；
12. 福建省红十字会；
13. 江西省红十字会；
14. 山东省红十字会；
15. 湖北省红十字会；
16. 湖南省红十字会；
17. 广东省红十字会；
18. 广西壮族自治区红十字会；
19. 四川省红十字会；
20. 重庆市红十字会；
21. 贵州省红十字会；
22. 云南省红十字会；
23. 西藏自治区红十字会；
24. 陕西省红十字会；
25. 青海省红十字会；
26. 新疆维吾尔自治区红十字会。

接受捐赠资金及彩票公益金收支情况报告

（2005年2月25日）

受中国红十字会执行委员会的委托，根据第八届常务理事会关于“今后总会每年应向理事会（或工作会议）报告红十字会经费的来源和使用情况，各级地方红十字会每年应向同级理事会报告经费的来源及使用情况”的决议，有关方面负责人就2004年中国红十字会总会接受捐赠资金、彩票公益金收支情况及接受印度洋海啸救援捐款情况通报如下：

一、接受捐赠资金及彩票公益金收支情况

2004年总会接受捐赠资金及彩票公益金收入16591万元，2003年结余8190万元，2004年支出18447万元，本年结余6334万元。

（一）接受捐赠资金收支情况

2004年总会接受捐赠资金收入5594万元，其中总会2732万元、香港特别行政区红十字会（以下简称香港分会）项目1778万元、红十字会与红新月会国际联合会（以下简称国际联合会）项目1084万元。2003年结余3713万元，其中总会1585万元、香港分会项目257万元、国际联合会项目1871万元。2004年接受捐赠资金支出6072万元，其中总会1465万元、香港分会项目 1728 万元、国际联合会项目 2879 万元。本年结余 3235 万元，其中总会 2852 万元、香港分会项目 76 万元、国际联合会项目 307 万元。

（二）彩票公益金收支情况

2004 年总会彩票公益金收入预算 10997 万元，其中总会本级 9917 万元、地方分会 1080 万元。2003 年结余 4477 万元，其中总会本级 2288 万元、地方分会 2189 万元。本年支出 12375 万元，其中总会本级 9106 万元、地方分会 3269 万元。本年结余 3099 万元（不含地方分会）。

2004 年总会本级彩票公益金执行数为 9106 万元，其中备灾救灾项目支出 4326 万元，用于采购粮食、帐篷、棉衣、棉被、净水剂、消杀药及“送温暖”物资等；卫生救护项目支出 390 万元，总会举办卫生救护师资培训班 39 期；中国造血干细胞捐献者资料库建设项目支出 4390 万元，当年捐献者资料入库 128557 人份。总会本年结余 3099 万元，其中备灾救灾项目结余 196 万元、卫生救护项目结余 189 万元、中国造血干细胞捐献者资料库建设项目结余 2700 万元（检测费、网络建设费）及项目行政费 14 万元。

（三）接受捐赠资金及彩票公益金收支情况分析

2004 年总会积极探索适应社会主义市场经济的筹资新路子，努力拓宽筹资渠道，积极争取项目资金，提高资金的使用效益，取得了良好效果。

在纪念中国红十字会建会一百周年系列活动中，总会在财政支持 200 万元经费的基础上，充分利用红十字会的无形资产，相继成功举办了纪念建会百年座谈会、纪念大会、百年成就展、书画展、演唱会等大型宣传活动；编辑出版了纪念建会百年画册、纪念银币、邮票、邮折以及《中国红十字会百年录》、《奋进中的红十字事业》等各种宣传品、纪念品和书刊；通过新闻媒体集中宣传中国红十字会建会百年所取得的重要成就，以及丰富多彩的庆百年活动，使更多的人了解红十字会，在社会上产生了广泛影响，也是我会积极探索适应社会主义市场经济体制下筹资新路子的一次尝试。

2004 年我国自然灾害呈现突发、分散、时间跨度大的特点，给人民的生命和财产造成严重损失。总会先后投入价值 3513 万元救灾款物，对内蒙古、云南、湖南等 21 个省级红十字会的救助工作给予支持。据统计，去年总会和地方分会用于救灾的款物已达到 1 亿元。在紧急救灾工作中，彩票公益金采购的备灾物资发挥了积极作用，大大提高了总会救灾工作的快速反应能力。

2004 年总会投入 968 万元，各级红十字会配套 4636.92 万元，继续开展“红十字博爱送万家”活动。总会在春节期间为 20 个省、自治区和直辖市的受灾地区和贫困地区的困难家庭“送温暖”。去年 6 月，组织开展了东北三省慰问“五老”（老党员、老红军、老模范、老抗联、老工人）活动。总会及地方分会投入的 5604.92 万元的款物，使 112.36 万人从中受益。

2004 年，总会在加强国际和地区交流的基础上，积极争取境外合作项目资金。当年新增国际联合会的救助水灾项目、加拿大及瑞典红十字会的防治艾滋病项目、日本红十字会的备灾管理项目、荷兰红十字会的能力建设项目、丹麦红十字会的农村备灾合作项目、挪威红十字会的改水改厕项目及澳门特别行政区红十字会的救灾项目等。目前，总会开展的国际及地区合作项目已覆盖26个省、自治区和直辖市，项目的开展增强了地方红十字会组织与能力建设，提升了红十字会地位和作用。

2004年，彩票公益金结余的主要原因是上一年度防非典工作影响了项目执行，在2005年底将所有延续执行项目全部完成，届时结余款也将全部使用。去年，为加强彩票公益金项目管理，总会制定了《中国红十字会总会彩票公益金项目支出绩效考评办法（试行）》，组织了彩票公益金项目绩效考评。为提高彩票公益金使用的透明度，体现公开、公平、公正，有利于社会监督的原则，聘请中介公司对考评情况进行了专家评审。评审结果显示：彩票公益金项目资金使用效果良好，管理规范，项目取得了很好的社会效益。

二、接受海啸救援捐款工作情况

2004年12月26日印度洋海啸发生后，在执委会的领导下，迅速反应、全力以赴投入海啸救援，作了大量艰苦细致和卓有成效的工作。

（一）收入情况

截至2005年2月20日总会接受海啸救援捐款总额33225万元，其中总会接收11544万元、地方分会接收21681万元。这些捐款来自银行28291万元（含网上手机27万元），占捐款总额的85%；来自邮局385万元，占捐款总额的1%；来自现场4549万元，占捐款总额的14%。

据统计，总会接收海啸救助捐款共计22419笔，单位1172笔，捐款金额29272万元；个人21247笔，捐款金额3953万元。捐款1000万元以上的单位有中国石油天然气集团公司1257万元、中国佛教协会1135万元、中国远洋运输（集团）公司1000万元、北京国美电器有限公司1000万元；捐款500万元以上的个人有网易公司丁磊先生1000万元，辽宁铁岭惠源集团董事长惠学新500万元。总会本级接收捐款在10万元以上的单位和个人共计73笔，捐款金额9501万元，占总会本级接收捐款总额的82%。总会已收到来自31个省级及新疆生产建设兵团红十字会的捐款21681万元，排名前五位是上海4000万元、广东3016万元、北京1671万元、江苏1305万元和辽宁1163万元。地方分会捐款到达总会账户金额在95%以上（含95%）的省级红十字会有：黑龙江、青海、内蒙古、福建、重庆、北京、河北、湖北及甘肃。

（二）支出情况

海啸发生后，总会在第一时间，通过国际联合会拨付15万美元；2004年12月30日、31日通过多边和双边渠道拨付51万美元；2005年1月6日总会将接收社会捐款折合200万美元救援款拨出；之后又提供了800万美元的援助款。1月19日我会将接受的首批价值1077余万元人民币的救灾物资运抵印度尼西亚。这些物资包括帐篷、毛毯、发电机、食品、矿泉水、家用电器等。中国国际航空公司为我会提供了价值约450万元人民币的包机运输费用。至此，总会共向11个受灾国和国际红十字组织提供了1066万美元的援款（折合人民币8900万元）及价值1077余万元人民币的救灾物资。

目前，大规模的接受社会捐赠工作已告一段落，总会接收的全部捐款将根据国际红十字运动的基本原则、国际联合会救助规则和受灾国的实际情况，陆续用于受灾国的救援工作和重建项目。同时，我们还将做好准备接受海啸救援捐赠款物的审计工作。

报告完毕。

募集捐赠款物数据资料

印度洋海啸救援

中国红十字会接受部分单位捐款名单

（登载的单位捐款数额为 1 万元以上，1 万元以下的捐款情况请查看中国红十字会网站：http：//www. chineseredcross. org. cn. 捐款统计截至2005 年3 月30 日）

部分单位捐款名单

中国石油天然气集团公司机关 ¥12，568，378. 90
中国佛教协会 ¥11，349，178. 61
中国远洋（集团）公司 ¥10，000，000. 00
北京国美电器有限公司 ¥10，000，000. 00
中国石油化工股份有限公司 ¥5，000，000. 00
联想（北京）有限公司 ¥4，138，250. 00
国家电网公司 ¥3，600，000. 00
中国电信集团公司 ¥3，068，407. 00
中国移动通信有限公司 ¥3，000，000. 00
国家邮政局 ¥2，000，000. 00
华泰财产保险股份有限公司 ¥1，000，000. 00
天津市应氏服饰有限公司转来中国美术家协会 ¥1，000，000. 00
北京世纪朝阳房地产开发有限公司 ¥1，000，000. 00
ABB（中国）有限公司 ¥1，000，000. 00
中国工商银行计划财物部 ¥1，000，000. 00
中国平安保险（集团股份公司工会工作委员会） ¥1，000，000. 00
中国海洋石油总公司 ¥863，141. 00
中国石油化工集团 ¥761，134. 00
中国航天科技集团公司第一研究院 ¥572，509. 42
金伯利（中国）投资有限公司 ¥528，000. 00
阳城县北留镇皇城村 ¥500，000. 00
中国航天科技集团公司 ¥445，555. 10
中国惠普有限公司工会 ¥300，000. 00
丰田汽车（中国）投资有限公司 ¥300，000. 00
北京罗顿沙河高教园区建设发展有限公司 ¥300，000. 00
中国银行北京市分行 ¥263，908. 80

朗讯科技（中国）有限公司 ¥263，106. 05
孚日家纺股份有限公司 ¥260，000. 00
国际商业机器中国有限公司 ¥246，560. 00
北京儿童艺术剧院李宗盛、周华键演唱会 ¥200，000. 00
商务部及机关全体职工 ¥198，532. 58
东莞玖龙纸业有限公司 ¥198，177. 00
南京美埃科技有限公司 ¥185，741. 00
北京李宁体育用品有限公司 ¥177，502. 00
北京市水利局工会 ¥162，810. 90
强生（中国）有限公司 ¥150，000. 00
美国友邦保险有限公司北京分公司 ¥150，000. 00
玖龙纸业太仓有限公司 ¥136，300. 00
龙纸业太仓有限仅限 ¥136，300. 00
中国人民大学 ¥136，274. 30
大同煤矿集团有限责任公司 ¥120，000. 00
香港万豪亚太管理有限公司 ¥118，939. 05
中国通用技术（集团）控股有限责任公司 ¥118，054. 40
宁夏加宁铝业有限公司 ¥118，054. 40
中建国基建设公司北京院大成南方山东广东上海公司 ¥117，726. 02
成都印钞公司工会 ¥117，242. 80
石油化工（华东） ¥116，000. 00
广东外语外贸大学附设外语学校 ¥108，701. 57
中国电力投资集团公司 ¥107，755. 00
戴尔（中国）有限公司厦门总部 ¥105，333. 20
国家人口计生委科学技术研究所 ¥102，279. 00
北京金英马影视文化有限责任公司 ¥100，000. 00
中国伊斯兰教协会 ¥100，000. 00
金川集团有限公司 ¥100，000. 00
北京凯恒房地产有限公司 ¥100，000. 00
中国拍卖行协会 ¥100，000. 00
中国外轮理货总公司 ¥100，000. 00
北京时之尚广告有限公司 ¥100，000. 00
北京中交建设工程招标有限公司全体员工 ¥100，000. 00
北京永晖投资有限公司 ¥100，000. 00
山东东阿阿胶股份公司 ¥100，000. 00
宣武医院 ¥100，000. 00
张也官方网站张也歌迷俱乐部 ¥100，000. 00
中国新兴建设开发总公司 ¥100，000. 00
北京碧水庄园房地产有限公司 ¥100，000. 00
索尼（中国）有限公司 ¥100，000. 00
一汽丰台汽车销售有限公司 ¥100，000. 00
松下电器（中国）有限公司 ¥100，000，00
信息产业电子第十一设计研究院有限公司 ¥100，000. 00
德尔集团委托北京景志豪业商贸有限公司 ¥100，000. 00
深圳市宝安区沙井人民医院 ¥100，000. 00
中外运—敦豪国际航空快件有限公司 ¥97，356. 89
北京国华电力有限责任公司 ¥93，917. 10
民族文化宫 ¥93，869. 22

百胜咨询上海有限公司转杭州肯德基有限公司 ¥93，718. 00
北京天鸿集团公司 ¥92，056. 05
北京瑞星科技股份有限公司 ¥87，470. 00
北京福来灵克公关咨询有限公司 ¥87，300. 00
北京美缇赏贸有限公司 ¥85. 103. 02
中国医药集团总公司 ¥85，029. 80
安永华明会计师事务所 ¥84，800. 00
松下电器（中国）有限公司 ¥83，752. 44
中国银联股份有限公司 ¥82，290. 00
青松建材化工股份有限公司 ¥80，000. 00
中英人寿保险有限公司北京分公司 ¥80，000. 00
河北朔黄铁路发展有限公司 ¥77，641. 00
苏州新加坡国际学校 ¥77，555. 00
百胜咨询上海有限公司转百胜餐饮（广东）有限公司 ¥76，285. 68
北京中侨福利基金会 ¥76，180. 00
福建炼油化工有限公司工会 ¥75，247. 50
中国红十字会院外物资供应站 ¥74，383. 70
北京景山学校全体师生 ¥73，294. 73
中国人民大学附属中学 ¥72，160. 09
绵竹市教育局机关 ¥70，012. 80
联想集团爱心员工 ¥69，932. 40
河北赵县柏林寺乐金荣 ¥66，606. 50
美标（中国）有限公司 ¥65，702. 20
华夏银行股份有限公司总行营业部 ¥65，289. 41
百胜咨询上海有限公司转百胜咨询（上海）有限公司 ¥64，421. 32
百胜咨询上海有限公司转百胜餐饮（深圳）有限公司 ¥63，512. 00
北京后代网络信息技术 ¥62，000. 00
广州西卡建筑材料有限公司 ¥60，000. 00
中国人口出版社出版发行社 ¥60，000. 00
北京康乐计划生育药具中心 ¥60，000. 00
北京晓通网络科技有限公司 ¥60，000. 00
美国美铝亚洲有限公司北京办事处员工 ¥59，540. 00
北京四方继保自动化股份有限公司 ¥58，751. 00
中国恒天集团公司 ¥57，482，30
国务院新闻办公室 ¥56，000. 00
云南省个旧市沙甸区民政办 ¥55，767. 40
北京智天嘉联市场顾问有限公司 ¥55，400. 00
湛江东海欧艺美电器有限公司 ¥55，218. 00
长春香格里拉大酒店有限公司 ¥55，000. 00
大连经济技术开发区中小企业信用担保有限责任公司 ¥55，000. 00
安捷伦科技有限公司 ¥54，346. 00
北京市文化局机关 ¥53，765. 00
亚信科技（中国）有限公司全体员工 ¥52，384. 44
滇东电业局结算中心 ¥51。547. 00
达飞轮船（中国）船务有限公司深圳分公司 ¥50，318. 50
中央芭蕾舞团 ¥50，000. 00
苏州美集国际物流有限公司 ¥50，000. 00
深圳赤湾石油基地股份有限公司 ¥50，000. 00
北京阳光北联数码科技有限公司 ¥50，000. 00
威海长青房地产开发有限公司 ¥50，000. 00
北京精联嘉明广告有限公司 ¥50，000. 00

奥特斯（中国）有限公司 ￥50，000. 00
北京海德金硕广告有限公司 ￥50，000. 00
航联保险经纪有限公司 ￥50，000. 00
中国国际友谊促 ￥50，000. 00
北京正远监理有限公司 ￥50，000. 00
北京灵素医药科技开发有限公司 ￥50，000. 00
中国华侨经济文化基金会 ￥50，000. 00
北京八达岭索道有限公司 ￥50，000. 00
中国人口报社 ￥50，000. 00
人生杂志社 ￥50，000. 00
台州泛澳车架制造有限公司 ￥50，000. 00
中国人口宣传教育中心 ￥50，000. 00
盘绵北方沥青股有限公司 ￥50，000. 00
两岸奥美（北京）信息咨询服务有限公司 ￥50，000. 00
广东康宝电器有限公司 ￥50，000. 00
温州市赐方安全印刷有限公司 ￥50，000. 00
北京吉事多纺织品经营有限公司 ￥50，000. 00
北京松联通迅器材有限公司 ￥50，000. 00
北京高德投资有限公司 ￥50，000. 00
中国包装协会 ￥50，000. 00
北京明天幼雅集团 ￥49，744. 40
文昌市民政局 ￥49，276. 00
中国国际航空汕头事业发展公司 ￥48，500. 00
百胜咨询上海有限公司转南京南京肯德基有限公司 ￥47，985. 00
国家人口和计划生育委员会办公厅 ￥47，721. 00
北京农业职业学校 ￥47，698. 55
百胜咨询上海有限公司转上海必胜客有限公司 ￥47，097. 00
北京华远集团 ￥46，496. 00
百胜咨询上海有限公司转北京肯德基有限公司捐款 ￥46，495. 00
美国联邦保险股份有限公司上海分公司上海分公司 ￥45，000. 00
电信科学技术研究所 ￥44，588. 89
文昌市民政局 ￥43，346. 00
戴尔（中国）有限公司上海办事处 ￥42，800. 00
太平洋顶峰（中国）投资有限公司 ￥42，525. 00
中国中旅公司 ￥42，490. 00
北京华侨事业基金会 ￥41，850. 00
北京电力变电公司 ￥41，670. 00
北京化工股份有限公司全体员工 ￥41，640. 00
中国中化集团公司 ￥41，490. 30
上海达能饼干食品有限公司 ￥40，000. 00
西安南效基督教会 ￥40，000. 00
万宝至马达（上海）有限公司 ￥40，000. 00
恩斯克投资有限公司 ￥40，000. 00
中国煤炭地质总局全体员工 ￥39，932. 00
状态服装设计（珠海）有限公司（何朝晖） ￥39，080. 00
莱州强信精密机械有限公司 ￥38，852. 80
百胜咨询上海有限公司转百胜餐饮（沈阳有限公司） ￥38，441. 00
北京东方森茂科技发展有限公司 ￥38，033. 18
北京安贞医院 ￥37，606. 00
北京国联视讯信息技术股份有限公司 ￥37，552. 08
路歌苏家屯基督教会捐款 Y37，490. 20
广州保洁有限公司 ￥37，024. 60

中国人民财产保险股份有限公司 ¥36，260.00
北京空中信使信息技术有限公司 ¥36，188.50
添好工艺制品（深圳）有限公司 ¥36，000.00
中国电子进口总公司358名职工 ¥35，820.00
江苏宜兴实验中学全校师生 ¥35，491.80
北京市伊斯兰教协会 ¥35，333.50
福建省南安市红濑商会 ¥35，200.00
深圳天诚家具有限公司 ¥35，000.00
厦门有巢房地产代理有限公司 ¥34，909.00
百胜咨询上海有限公司转天津肯德基有限公司 ¥34，145.00
戴尔（中国）有限公司上海分公司 ¥33，940.00
日电通迅有限公司 ¥33，800.00
黄添寿（深圳）上沙实业股份有限公司股民员工 ¥33，391.90
圆裕电子公司 ¥33，259.00
北京疾病预防控制中心 ¥33，100.00
昆山圆裕电子科技公司 ¥31，943.00
中国建筑材料科学研究院 ¥31，755.00
广州市第二公共汽车公司工会委员会 ¥31，713.00
山西省公路局工会 ¥31，300。00
太阳计算机系统中国有限公司 ¥31，150.00
中国新时代控股（集团）公司 ¥30，840.00
爱德曼国际公共（中国）有限公司 ¥30，781.80
北京夏晖食品有限公司 ¥30，748.00
湖南省交通规划勘察设计工会 ¥30，653.90
深圳柏坤电子有限公司 ¥30，401.00
中国兵器装备集团公司京区职工 ¥30，272.90
吴纯欢代布吉高级中学师生 ¥30，113.00
华侨大学 ¥30，087.30
北京国际饭店 ¥30，081.00
颜氏家族基金会 ¥30，000.00
上海豪都房地产开发经营有限公司 ¥30，000.00
中国轻工工艺品进出口商会 ¥30，000.00
中国人口与发展研究中心 ¥30，000.00
太平洋服务（中国有限公司） ¥30，000.00
北京埃坷特机电技术有限公司 ¥30，000.00
北京六一仪器广 ¥30，000.00
保尔沃特冶金技术（北京）有限公司 ¥30，000.00
麦肯光明有限公司 ¥30，000.00
东莞万宝至电机设备制造有限公司 ¥30，000.00
百盛咨询上海有限公司转北京必胜客比萨饼有限公司 ¥29，577.20
北京太和四元桥汽车配件市场有限公司 ¥29，313.60
中国建筑工程总公司 ¥29，299.00
北京新兴医院 ¥28，714.10
中国港湾建设总公司 ¥28，360.00
北京戏曲艺术职业学院 ¥28，222.00
北京汇佳幼儿园 ¥28，072.03
中国中期期货经济有限公司 ¥28，050.00
北京清华工美建筑装饰工程有限公司 ¥27，954.00

北京大华弘景期刊发行有限公司　￥27，606．00
朝阳区小红门乡龙爪树村委会　￥27，346．00
深圳天音通信发展有限公司　￥27，319．10
戴尔（中国）有限公司大连分公司　￥26，643．00
迪保金融设备有限公司北京办事处　￥26，620．33
赫斯基注朔系统（上海）有限公司　￥26，552．50
北京人民检察院第二分院　￥26，500．00
香港爱迪达所罗门国产采购有限公司广州办事处　￥26，464．25
中国电子信息产业集团公司　￥26，330．00
北京群胜网科技有限公司　￥26，220．00
维尔软件（北京）有限公司工商银行　￥25，850．00
工商银行北京海淀支行　￥25，337．51
北京丽都假日饭店　￥25，103．00
中国乒乓球、羽毛球队海啸赈灾义赛会场　￥25，026．00
北京国利能源投资有限公司　￥24，795．00
北京铿腾电子科技有限公司　￥24，600．00
欧特克咨询（上海）有限公司　￥24，256．00
诸暨荣怀学校　￥24，239．00
宁波诺于汉大学（筹）　￥24，092．80
北京嘉年华会商务会馆　￥24，002．70
道达尔石化佛山有限公司　￥23，962．00
威斯特中国　￥23，710．00
港中旅国际旅行社有限公司　￥23，649．34
湖南省湘潭市第一中学团委　￥23，365．00
唐开元（广州莱诚鞋业）　￥22，668．00
百胜咨询上海有限公司转百胜餐饮（武汉）有限公司　￥22，603．00
上海欧迪芬内衣精品有限公司北京分公司　￥22，592．00
中美大都人寿保险有限公司　￥22，389．00
其他应付款　￥22，326．00
阿托菲纳（中国）投资有限公司广州分公司　￥22，326．00
法界众生　￥22，130．00
河北省华北柴油机有限责任公司　￥22，106．00
中国侨联机关党委　￥22，096．00
北京清华工美建筑装饰工程有限公司　￥22，046．00
北京法语培训中心　￥21，727．00
北京古玩城市长集团有限责任公司　￥21，664．80
中国轻工集团公司　￥21，607．00
百胜咨询上海有限公司转苏州肯德基有限公司　￥21，540．00
北京电力公司输电公司　￥21，540．00
金色摇篮潜能开发婴幼园　￥21，265．33
安永华明会计师事务所　￥21，200．00
夏晖食品药（广州）有限公司　￥20，946．00
国家税务总局　￥20，800．00
北京天元律师事务所　￥20，755．00
国家食品药品监督管理局　￥20，722．00
浙江苍南县龙港高级中学全体师生　￥20，501．00
北京突破电器有限公司　￥20，449．00
中国老年保健协会　￥20，000．00
意法半导体（上海）有限公司北京办事处捐款　￥20，000．00
新乡台硝化工有限公司　￥20，000．00

厦门禹洲房地产开发有限公司 ￥20，000. 00
纬达科仪（上海）有限公司 ￥20，000. 00
网之易信息技术北京有限公司 ￥20，000. 00
汪江龙（黑龙江密山市光复街金龙公司） ￥20，000. 00
上海盈东贸易有限公司 ￥20，000. 00
上海三瀚实业有限公司 ￥20，000. 00
迁西县国土资源局 ￥20，000. 00
盘锦辽河油田金海麦克发有限责任公司 ￥20，000. 00
缅甸克钦东部省迈扎央经济特区管理委员会 ￥20，000. 00
吉林省健道生物科技有限 ￥20，000. 00
惠普科技（上海）有限公司 ￥20，000. 00
广东东莞市远梦家用纺织品有限公司 ￥20，000. 00
法界众生 ￥20，000. 00
北京首佳房地产评估有限公司 ￥20，000. 00
北京赛福货运公司 ￥20，000. 00
北京华瑞创业贸易有限公司 ￥20，000. 00
北京富桦明电子有限公司 ￥20，000. 00
北京福奈特洗衣服务有限公司 ￥20，000. 00
北京鼎维原房地产开发公司 ￥20，000. 00
北京慈文影视制作有限公司 ￥20，000. 00
北京博瑞杰国际影视文化传播有限公司 ￥20，000. 00
北京华贸有限公司 ￥20，000. 00
北京华贸工贸有限公司 ￥20，000. 00
海南华加达投资有限公司 ￥20，000. 00
北京博大万源物业管理中心 ￥20，000. 00
安庆恒昌机械制造 ￥20，000. 00
北京金华汉桥技术有限责任公司 ￥20，000. 00
北京积水潭医院 ￥19，938. 80
邯郸机务段工会 ￥19，889. 00
民革中央 ￥19，865. 00
百胜咨询上海有限公司转无锡肯德基有限公司 ￥19，700. 00
工行王府井支行 ￥19，131. 00
联合矿产（天津）有限公司 ￥19，022. 00
贵州省贵阳市云岩区小学红十字会 ￥北，989. 00
北京京都会计师事务所 ￥18，750. 00
中国协和医科大学基础医学研究所 ￥18，638. 71
博士视听系统（上海）有限公司 ￥18，630. 00
北京电力试验研究中心 ￥18，515. 00
中国工商银行地安门支行 ￥18，433. 00
北京市人民检察院 ￥18，255. 00
佛山市南海区东兴商贸实业有限公司 ￥18，000. 00
中部科技有限公司 ￥18，000. 00
内蒙古呼伦贝尔市鄂温克族自治旗统战民族宗教事务局 ￥17，770. 50
民生证券有限责任公司员工 ￥17，734. 70
惠州天祥电子有限公司 ￥17，717. 50
中国科学院声学研究所 ￥17，641. 00
《爱无边界》中国媒体博爱行动全体单位个人 ￥17，594. 00
华北高速公路股份有限公司 ￥17，548. 00
太平洋顶峰（中国）投资有限公司 ￥17，350. 00
工行亚运村支行全体员工 ￥17，350. 00
北京市运输管理局机关后勤服务中心 ￥17，145. 00

北京力迈学校 ¥17，113．70
戴尔（中国）有限公司北京分公司 ¥17，000．00
中国水利电力物资有限公司全体员工 ¥16，818．00
先正达（中国）投资有限公司 ¥16，765．00
北京科技经营管理学院 ¥16，660．17
北京双圆工程咨询监理有限公司 ¥16，533．50
中央社会学院 ¥16，520．00
中国电工设备总公司 ¥16，509．00
中国土木工程集团公司 ¥16，439．30
北京建筑材料经贸集团总公司 ¥16，213．30
北京海狮洗涤技术服务中心 ¥16，186．00
威海金海湾国际饭店有限公司 ¥16，146．50
北京市第四中学 ¥16，101．60
中国医学科学院肿瘤医院 ¥16，004．00
长江商学院 ¥16，000．00
北京市工商行政管理局海淀分局 ¥15，830．00
吉百利中国食品有限公司 ¥15，825．00
大营门基督教会 ¥15，789．50
河北大学研究生会 ¥15，785．95
中国核工业建设集团公司直属单位 ¥15，767．00
中国平安财产保险股份有限公司东莞中心之公司 ¥15，733．10
北京新东方学校 ¥15，631．00
武警四川省消防总队胡长友 ¥15，489．50
百胜咨询上海有限公司转厦门肯德基有限公司 ¥15，433．00
黄亦文（广东省肇庆市第一中学） ¥15，372．00
北京太申祥和山庄（国际敬老院） ¥15，269．63
龙源电力集团公司 ¥15，260．00
华夏证券 ¥15，190．00
北京会新物业管理有限责任公司 ¥15，091．20
王妍代广东曼妮芬公司员工 ¥15，058．00
国家林业局森林病虫害防治总站 ¥15，050．00
武汉大西洋连铸设备工程有限公司 ¥15，000．00
四川省仪陇宏程劳务开发公司 ¥15，000．00
深圳正峰印刷有限公司员工 ¥15，000．00
深圳正峰印刷有限公司 ¥15，000．00
深圳麦基机械有限公司 ¥15，000．00
上海强生制药有限公司 ¥15，000．00
科麦奇中国石油有限公司 ¥15，000．00
大连西卡建筑材料有限公司 ¥15，000．00
人口与计划生育杂志社 ¥15，000．00
东莞美维电路有限公司 ¥14，938．60
中国林业国际合作集团公司 ¥14，927．00
百胜咨询上海有限公司转长沙肯德基有限公司 ¥14，906．00
艾普斯电源（天津）有限公司北京分公司 ¥14，711．50162
团工会 ¥14，527．50
四川人民检察院计划财务装备处 ¥14，506．00
北京力迈学校 ¥14，435．60
无名公司全体员工 ¥14，200．00
秦皇岛烟草机械有限公司 ¥ 14，190．00
佛山市理想卫浴有限公司 ¥14，088．00

北京歌华文化发展集团 ￥14，030. 00
戴尔（中国）有限公司广州办事处 ￥14，000. 00
松下电器研究开发中国有限公司 ￥13，810. 00
特变电工山东鲁能泰山电缆有限公司 ￥13，750. 00
美国罗门哈斯中国公司 ￥13，735. 00
北京海外交流协会 ￥13，700. 00
嘉实基金管理有限公司 ￥13，637. 00
IBM ￥13，510. 00
浑源县卫生局 ￥13，450. 00
中国人民对外友好协会全体员工 ￥13，340. 00
国家花样滑冰队 ￥13，230. 00
中国康辉旅行社有限责任公司 ￥13，16300
北京德宾行汽车贸易有限公司 ￥13，145. 00
北京新奥传媒有限公司 ￥13，120. 00
太阳计算机系统中国有限公司 ￥13，050. 00
宋庆龄基金会职工 ￥13，010. 00
北方交大附属中学 ￥13，003. 74
珠海市怡信测量科技有限公司 ￥13，000. 00
东莞厚街新塘华瑞健身器材厂 ￥13，000. 00
南京百科净化工程有限公司 ￥12，984. 00
内蒙古库都尔森工公司工会 ￥12，961. 00
深圳思纬市场咨讯有限公司北京分公司 ￥12，945. 00
北京城外诚家居广场 ￥12，905. 35
施维雅天津制药有限公司 ￥12，900. 00
欧文斯科宁（中国）投资有限公司 ￥12，700. 00
甘肃环境保卫局机关党委 ￥12，660. 00
库车金禾石油化工技术服务有限公司 ￥12，600. 00
深圳市英通达实业发展有限公司 ￥12，557. 60
北京松下精工有限公司 ￥12，540. 00
中央办公厅 ￥12，500. 00
北京面酷餐饮有限公司毛头火锅餐厅 ￥12，500. 00
中交公路规划设计院全体员工 ￥12，468. 00
北京石油学院附属中学全体师生 ￥12，463. 00
漳州炜亮机械有限公司 ￥12，440. 00
百胜咨询上海有限公司转百胜餐饮（沈阳）有限公司哈尔滨分公司 ￥12，435. 00
阜阳市工商局三里分局及个私协会 ￥12，379. 00
中国人保控股公司 ￥12，330. 00
爱尔康中国眼科产品有限公司 ￥12，320. 00
北京松联通讯器材有限公司员工 ￥12，266. 70
澳斯邦生物工程有限公司 ￥12，250. 00
北京师范大学出版社 ￥12，230. 00
广州西卡建筑材料有限公司 ￥12，227. 67
山西省公路运输工会 ￥12，200. 00
中国佛学院北京法源寺法师居士 ￥12，180. 00
文昌市民政局 ￥12，100. 00
北京雪亮眼镜有限公司 ￥12，081. 00
北京正东电子动力集团有限公司 ￥12，076. 00
重庆国际外语学校 ￥12，000. 00
库柏科技有限公司 ￥12，000. 00

高伟坤律师事务所北京办事处 ¥12，000．00
哈里伯顿国际公司中国区全体员工 ¥11，982．00
德意志银行股份有限公司上海分行 ¥11，965．53
北京市经济管理干部学院 ¥11，959．21
北京奥德行丰田汽车销售服务有限公司 ¥11，931．50
上海市中怡律师事务所 ¥11，920．00
吉林北方捷凯传动轴有限公司 ¥11，872．00
新桥乡人民群众 ¥11，852．00
中国船级社南京分社 ¥11，850．00
LDYEEMAN ¥11，845．00
中国人寿保险（集团）公司 ¥11，830．00
英特尔（中国）有限公司北京分公司全体员工 ¥11，810．00
广东伽懋毛织时装有限公司 ¥11．560．00
中国航空油料集团公司 ¥11，500．00
招商基金管理有限公司（招商基金员工） ¥11，470．00
北京中医药大学东方医院 ¥11，462．00
江苏省黄桥中校分校 ¥11，452．60
港澳中心瑞士酒店全体中外方员工 ¥11，430．00
工商行转 ¥11，426．00
丰田汽车（中国）投资有限公司热心员工 ¥11，410．10
北京松下彩色显像管有限公司工会 ¥11，376．40
中国卫星通信集团公司 ¥11，362．00
河北省玉田县林南仓中学 ¥11，320．90
中国人民解放军空军北京幸福村干休所 ¥11，290．00
海南新思路装饰工程有限公司三亚分公司 ¥11，285．00
中国科学技术馆 ¥11，240．00
北京牡丹电子集团有限责任公司 ¥11，212．60
北京姜杰钢琴城文化艺术中心 ¥11，210．00
北京市司法局全体员工 ¥11，200．00
联创国际广告有限公司 ¥11，170．00
山西省交通建设工程监理总公司 ¥11，135．00
三峡大学 ¥11，123．70
丰台区晓月苑小学 ¥11，105．45
双凌精密铸造厂 ¥11，098．00
技阳塑料制品上海有限公司 ¥11，050．00
百胜咨询上海有限公司转青岛肯德基有限公司 ¥11，045．00
中国民主建国会中央委员会 ¥11，030．00
湖南省交通厅 ¥10，990．00
山西省交通高级技工学校 ¥10，960．50
偃师高中团委 ¥10，938．90
北京北邮物业管理有限责任公司 ¥10，931．60
广州市瑞狮广告有限公司 ¥10，919．00
周宇雁代上海杭默沙东公司员工 ¥10，913．10
可可西里国家级自然保护区管理局 ¥10，830．00
中山市古镇灯饰广告有限公司 ¥10，800．00
四川省捷成劳务有限责任公司 ¥10，800．00
曲艺家协会 ¥10，706．00
长江商学院 EMBA 三期四班 ¥10，700．00
百胜咨询上海有限公司转大连肯德基有限公

司 ¥10，695.00
广州市东山区八旗二马路小学 ¥10，655.61
恒信企业 ¥10，630.00
深圳市龙岗区龙岗镇新明泰五金店联合置地房地产开发有限公司 ¥10，330.00
同一首歌晚会募捐箱 ¥10，316.60
北京阳光加信广告有限公司 ¥10，310.00
河南省京密高级中学 ¥10，306.00
山西省临汾市第四中学校全体师生 ¥10，253.10
南海东软信息技术职业学院 ¥10，243.67
北京大学生体育馆 ¥10，200.00
桂平市教育财务核算中心 ¥10，172.46
马家堡基督教会 ¥10，158.84
滨州学院团委学生会 ¥10，144.80
东莞厚街电力有限公司 ¥10，115.00
北京方庄物业管理有限责任公司 ¥10，103.00
中国医学科学院实验室动物研究所 ¥10，045.00
江苏长寿集团有限公司 ¥10，030.80
金百万 ¥10，020.00
淮南联合大学 ¥10，020.00
北京博凯智能全纳幼儿园 ¥10，010.20
维永科技（深圳）有限公司 ¥10，008.00
珠海新中达机电公司 ¥10，000.00
周末相声俱乐部 ¥10，000.00
中基嘉源进出口有限责任公司 ¥10，000.00
中国四达国际经纪技术合作公司深圳分公司（信诺赖军） ¥10，000.00
中国民主促进会中央委员会办公厅 ¥10，000.00
中国老教协儿童早期教育委员会 ¥10，000.00
中国国际文化传播中心 ¥10，000.00
中电智能卡有限责任公司 ¥10，000.00
徐凤兰代苏州新吉阳房地产经纪有限公司 ¥10，000.00
厦门宇诠复材料科技有限公司 ¥10，000.00
厦门市思明区雅柔服饰店 ¥10，000.00
吴江市铜罗且剂厂 ¥10，000.00
维奥输配电（广州）有限公司 ¥10，000.00
威海长青房地产开发有限公司 ¥10，000.00
天津索道国际工贸有限公司北京销售分公司 ¥10，000.00
深圳市中保开发有限公司 ¥10，000.00
上海仙都进出口有限公司 ¥10，000.00
上海万达安全金属有限公司 ¥10，000.00
上海诺朗国际贸易有限公司南京办事处 ¥10，000.00
上海茂威贸易有限公司 ¥10，000.00
南京三超金刚石工具有限公司 ¥10，000.00
绵阳开元电力集团股份有限公司 ¥10，000.00
绵阳开元磁性材料有限公司 ¥10，000.00
马来西亚斯堪海运公司北京办事处 ¥10，000.00
隆山洛基国际贸易（上海）有限公司 ¥10，000.00
江苏淮安洪泽国税局 ¥10，000.00
核工业四一六院 ¥10，000.00
国家广播电影电视总局培训中心 ¥10，000.00

广州伊狮路贸易有限公司 ¥10，000．00
广州维奥伊林变压器有限公司 ¥10，000．00
阜阳市龙腾万霖房地产开发有限公司 ¥10，000．00
福清市金星贸易有限公司 ¥10，000．00
佛山顺德区东升建筑装饰工程有限公司 ¥10，000．00
佛山市南海区盐步吉泰安合金材料经营部 Y10，000，00
鄂州古楼街道办事处机关居民区居委会全体干部 ¥10，000．00
德阳华地石油器材公司 ¥10，000．00
道达尔石化咨询北京有限公司 ¥10，000．00
丹阳市金象化工厂 ¥10，000．00
成飞宾馆 ¥10，000．00
常熟市通盈机械制造有限公司捐款 ¥10，000．00
北京洲际资源环保科技有限公司 ¥10，000．00
北京中影评影视文化发展有限公司 ¥10，000．00
北京中经名广告公司 ¥10，000．00
北京中际北视物业管理有限公司 ¥10，000．00
北京中电兴发科技有限公司 ¥10，000．00
北京中北电视艺术中心有限公司 ¥10，000．00
北京壹仟壹夜餐厅 ¥10，000．00
北京星雅兴业装饰设计有限公司 ¥10，000．00
北京信息职业技术学院师生 ¥10，000．00
北京鑫世都广告有限公司 ¥10，000．00
北京鑫宝源影视投资有限公司 ¥10，000．00
北京新隆国际酒店管理有限公司 ¥10，000．00
北京先锋环宇电子商务有限公司 ¥10，000．00
北京市德道众经贸有限公司 ¥10，000．00
北京深蓝诺特科技有限公司 ¥10，000．00
北京赛维亚医疗器械有限公司 ¥10，000．00
北京铭华泰克技贸有限责任公司 ¥10，000．00
北京美录互联数码科技发展有限公司 ¥10，000．00
北京京福文商贸有限公司 ¥10，000．00
北京京都世纪文化发展有限公司 ¥10，000．00
北京金泽太和国际文化有限公司 ¥10，000．00
北京集美组建设计有限公司 ¥10，000．00
北京吉亚半导体材料有限公司 ¥10，000．00
北京华大保险公估有限公司 ¥10，000．00
北京恒言投资有限公司 ¥10，000．00
北京恒高中视广告有限公司 ¥10，000．00
北京国服信汽车贸易有限公司 ¥10，000．00
北京东方同华商贸有限公司 ¥10，000．00
北京岛津医疗器械有限公司 ¥10，000．00
北京淡水红树林餐饮中心 ¥10，000．00
北京大威德文化有限公司 ¥10，000．00
北京大径万易生物医药科技发展有限公司 ¥10，000．00
北京比特伟业科技有限公司 ¥10，000．00

北京安路通交通设施有限公司 ¥10，000.00
保洁浪拜迪公司 ¥10，000.00
包头升华医药有限公司 ¥10，000.00
安兴纸业（深圳）有限公司 ¥10，000.00
安泰科技股份有限公司 ¥10，000.00
受普森（北京）国际经贸有限公司 ¥10，000.00
艾威胜航空技术咨询有限公司 ¥10，000.00
工商行转 ¥10，000.00
工商行转 ¥10，000.00
基督家庭教会 ¥10，000.00

地方红十字会捐款名单

上海市红十字会	¥54，610，000.00
广东省红十字会	¥39，664，560.91
北京市红十字会	¥21，002，651.95
江苏省红十字会	¥20，050，000.00
浙江省红十字会	¥14，725，052.63
辽宁省红十字会	¥12，596，632.00
云南省红十字会	¥12，000，000.00
福建省红十字会	¥10，905，201.25
广西壮族自治区红十字会	¥10，664，225.02
河北省红十字会	¥10，454，712.00
山东省红十字会	¥10，131，211.00
安徽省红十字会	¥8，043，406.61
四川省红十字会	¥7，535，966.00
重庆市红十字会	¥6，650，000.00
海南省红十字会	¥6，500，000.00
山西省红十字会	¥6，400，000.00
湖北省红十字会	¥5，650，000.00
湖南省红十字会	¥4，500，000.00
吉林省红十字会	¥4，286，695.60
江西省红十字会	¥4，269，000.00
新疆维吾尔自治区红十字会	¥3，762，000.00
贵州省红十字会	¥3，134，487.58
内蒙古自治区红十字会	¥3，000，000.00
西藏自治区红十字会	¥2，650，000.00
天津市红十字会	¥2，644，100.00
河南省红十字会	¥2，630，124.62
黑龙江省红十字会	¥2，400，000.00
陕西省红十字会	¥2，226，427.60
甘肃省红十字会	¥1，496，674.45
宁夏回族自治区红十字会	¥1，000，000.00
青海省红十字会	¥606，260.06
新疆生产建设兵团红十字会	¥73，365.50

部分个人捐款名单

丁 磊	¥30，000，387．41
惠学新	¥5，000，000．00
赵 坤	¥103，000．00
王 勇	¥100，000．00
何泽川	¥100，000．00
李松彬	¥100，000．00
何泽川	¥100，000．00
许远望	¥57，246．80
代成文	¥50，000．00
陈利花	¥50，000．00
奚爱华	¥50，000．00
一诚会	¥50，000．00
刘 欢	¥50，000．00
林辉勇	¥50，000．00
周 祥	¥50，000．00
周 祥	¥50，000．00
秦 芳	¥50，000．00
风调雨顺	¥50，000．00
海 燕	¥39，646．72
谭计好	¥38，300．00
王定瑶	¥35，267．00
刁桂贤	¥35，000．00
代金荣	¥30，000．00
张婷婷	¥30，000．00
圣 辉	¥30，000．00
张 行	¥30，000．00
赵曙华	¥30，000．00
吴 军	¥30，000．00
叶先生	¥30，000．00
张国香	¥30，000．00
张洪福	¥30，000．00
林 红	¥30，000．00
林 红	¥30，000．00

救助情况

中国红十字会1999年至2004年救助统计表

年代	总会 （款物合计，万元）	备注	省会 （款物合计，万元）	备注
1999	5324 3359 2061 1343 100 （小计：12187）	执行98年水灾重建项目 灾害救助（现金） 灾害救助（物资） 台湾地震捐款 送温暖活动	500	送温暖活动
2000	7400 150 （小计：7550）	包括省会的募捐 送温暖活动	970	送温暖活动
2001	160 4887 （小计：5047）	送温暖活动 灾害救助，包括省会	1500	送温暖活动
2002	180 1642 6166 （小计：7988）	送温暖活动 灾害救助（现金） 灾害救助（物资）	2710 5777 7365 （小计：5852）	送温暖活动 灾害救助（现金） 灾害救助（物资）
2003	600 6757 1671 1383 （小计：10411）	送温暖活动 灾害救助（现金） 灾害救助（物资） 新疆地震款物	4800 2636 2384 1228 （小计：11048）	送温暖活动 灾害救助款物（自救） 灾害救助款物（互救） 新疆地震款物
2004	800	送温暖活动		
合计	43983		29870	两项合计： 73853万元

注：1）以上数字不含“非典”救助；2）1999－2001的数字来自于同年的年报；3）送温暖的数字来自于社区服务处的统计表。

资讯篇

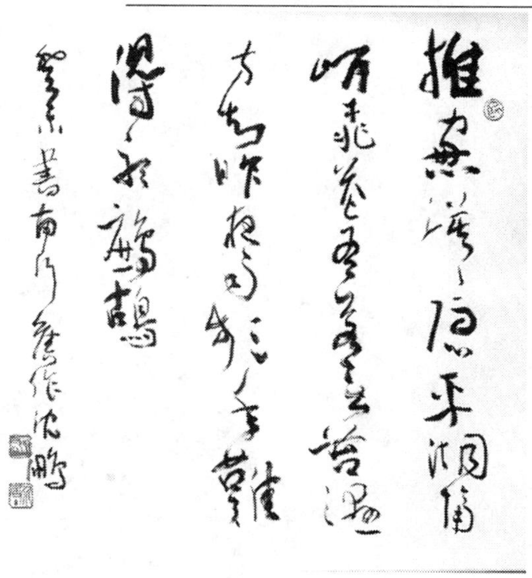

▲ 南行（书法） 沈鹏 作

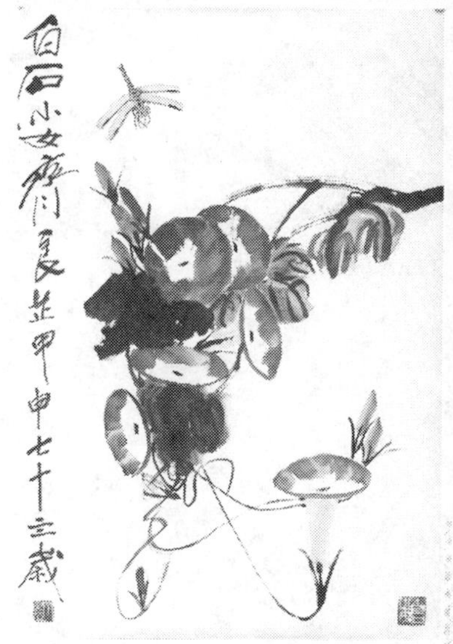

▲牵牛花（中国画） 齐良芷 作

▲ 博爱矜慈（书法） 李铎 作

▲ 水牛图（中国画） 黄胄 作

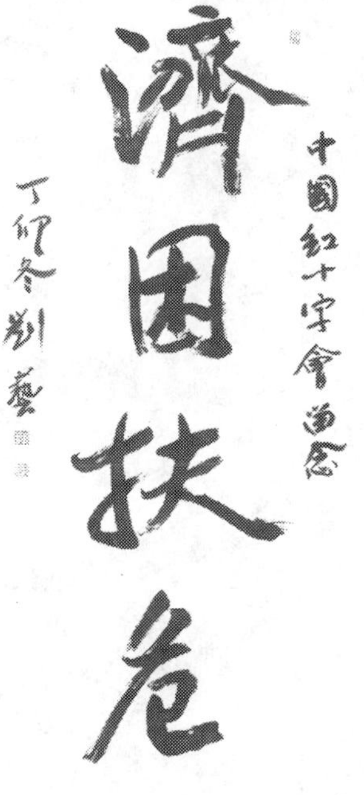

▶济困扶危（书法） 刘艺 作

以上均为中国红十字会收藏的捐赠作品

公共词条与篇目

国际委员会与国际联合会

红十字国际委员会

成立日期：1863年。该组织系瑞士民间团体，由于历史的原因，其特殊中立地位一直得到历次日内瓦公约的正式承认。

宗旨：根据《日内瓦公约》以及国际红十字与红新月运动章程所赋予的使命和权力，在国际性或非国际性的武装冲突和内乱中，以中立者的身份，开展以保护和救助战争和冲突受害者的人道主义活动。

主要负责人：主席凯伦伯格博士，于1999年就任至今。

总部：在瑞士日内瓦。网址为：http：//www. icrc. org/。

出版物：《年报》（Annual Report）；《国际红十字评论》（Internation Review of Red Cross），季刊，英、法文。

组织机构：（1）代表大会：最高权力机构。制定工作原则和总政策并监督委员会的全部活动。代表大会由国际委员会委员组成。委员以自行遴选的方式在瑞士公民中选举产生，每四年选举一次。（2）执行理事会：负责指导日常事务和监督行政管理工作，成员由代表大会选举产生。

主要活动：包括探视战俘和被拘押的平民，协助战俘的交换，为战乱情况下的受害者提供医疗服务和救济。开展国际间的寻人工作帮助失散亲人团聚，传播国际人道法也是其重要活动之一。

同中国的关系：2003年，中国继续积极参加红十字国际委员会活动。

2003年11月11—15日，红十字国际委员会亚太地区总干事麦斯特等来华，就红十字国际委员会在华设立办事处事与外交部进行会谈。

红十字会与红新月会国际联合会

成立日期：1919年。

宗旨：激励、鼓舞、协助和促进各国家红十字会与红新月会开展旨在防止和减轻人类痛苦的各种形式的人道主义活动，从而为维护和增进世界和平做出贡献。

成员：各国国家红十字会或红新月会，目前有181个正式成员。

主要负责人：主席托罗苏亚雷斯（西班牙人）为联合会最高领导人，2001年11月当选，任期4年。秘书长马库·尼斯卡拉（芬兰人），2003年11月上任。

总部：在瑞士日内瓦。网址：http//ifrc. org/。

出版物：《聚焦》（Spotlight），季刊。

《国际融合》（Transfusion Intemational），季刊。《青年公报》（Youth Bulletin），季刊。《年报》（Annual Report）。《世界灾害年度报告》（World Disasters Report）。均为英文、法文。

组织机构：（1）大会：联合会最高权力机构，由其成员国家红会的代表组成，每两年举行一次。（2）领导委员会：是联合会大会闭幕期间的最高决策机构，由联合会主席、5 名副主席和 20 名国家红会成员组成，每年举行两次常会。其职能主要有负责和促进大会决议的解释、执行和实施，准备下届大会的议程，并向联合会主席提供咨询，指导联合会秘书处的工作等。（3）秘书处：负责日常工作。秘书长为最高行政长官，由领导委员会推荐、主席任命。

主要活动：宣传红十字与红新月运动原则，救灾，备灾，与各国红十字会或红新月会合作开展各项人道主义工作。

同中国的关系：2003 年，中国继续积极参与国际红十字运动。

10 月 19—25 日，中国红十字会副会长孙爱明率团出席红十字会与红新月会国际联合会领导委员会例会。

11 月 4—6 日，红十字会与红新月会国际联合会东亚地区会议在北京召开。日本、蒙古、韩国、朝鲜红十字会官员及中国红十字会副会长江亦曼、秘书长苏菊香参加了会议。

12 月 2—6 日，中国红十字会常务副会长王立忠率团出席第 28 届红十字会与红新月会国际大会。

驻华代表机构：红十字会与红新月会国际联合会于 2000 年 2 月在北京设立东亚地区办事处。驻华代表：阿里斯特尔·亨利（英国人），2003 年 5 月上任。办公地点：北京建国门外大街外交公寓 4251 号。电话：010－65327662/63/64。

国际红十字与红新月运动章程及七项基本原则

1986 年 10 月第二十五届红十字国际大会修改并通过

目　　录

序　　言

红十字与红新月国际大会声明：各国红十字会和红新月会、红十字国际委员会和红十字会与红新月会国际联合会合在一起构成了一个世界性的人道主义运动，其任务是防止并减轻无论发生在何处的人类疾苦；保护人的生命和健康；保障人类尊严，尤其是在发生武装冲突和其他紧急情况的时候；为预防疾病、增进健康和社会福利而工作；鼓励志愿服务，鼓励本运动的成员随时做好准备提供帮助，鼓励对那些需要本运动保护和帮助的人持有普遍的同情感。

红十字与红新月国际大会重申，在履行其职责时，本运动恪守其基本原则：

人道：

国际红十字与红新月运动的本意是要不加歧视地救护战地伤员。在国际和国内两方面，努力防止并减轻人们的疾苦，不论这种痛苦发生在什么地方。本运动的宗旨是保护人的生命和健康；保障人类尊严；促进人与人之间的相互了解、友谊和合作，促进持久和平。

公正：

本运动不因国籍、种族、宗教信仰、阶级和政治见解而有所歧视，仅根据需要，努力减轻人们的疾苦，优先救济困难最紧迫的人。

中立：

为了继续得到所有人的信任，本运动在冲突双方之间不采取立场，任何时候也不参与带有政治、种族、宗教或意识形态的争论。

独立：

本运动是独立的。虽然各国红十字会或红新月会是本国政府的人道工作助手并受本国法律的制约，但必须经常保持独立，以便任何时候都能按本运动的原则行事。

志愿服务：

本运动是个志愿救济运动，绝不期望以任何方式得到利益。

统一：

任何一个国家只能有一个红十字会或红新月会。它必须向所有的人开放，必须在全国范围内开展人道主义工作。

普遍：

国际红十字和红新月运动是世界性的。在运动中，所有红会享有同等地位，负有同样责任和义务，相互支援。

国际红十字与红新月运动再次提出：本运动所信奉的箴言“战时行善”和“通过人道获得和平”，共同表达了运动的理想。

国际红十字与红新月运动宣告：通过它的人道主义工作和理想的传播，本运动正在促进持久和平。和平不仅仅是没有战争，而且还是各国和人民之间积极合作。合作应以尊重、自由、独立、国家主权、平等、人权为基础，以公平合理地分配资源，满足人民需求为基础。

第一章 总 则

第一条 定义

1. 国际红十字与红新月运动（简称“运动”）包括按本章程第四条规定所承认的各国红十字会和红新月会（简称“各国红会”）、红十字国际委员会（简称“国际委员会”）和红十字会与红新月会国际联合会（简称“联合会”）。

2. 本运动的成员除在本章程范围内保持其独立外，任何时候都应依照基本原则行事，为完成共同任务而开展各自的工作，并互相合作。

3. 本运动的成员同1929年7月27日或1949年8月12日签定的日内瓦公约缔约国一道参加红十字与红新月国际大会（简称“国际大会”）。

第二条 日内瓦公约缔约国

1. 日内瓦公约缔约国遵照公约、本章程以及国际大会决议，同本运动的成员合作。

2. 每一缔约国均应敦促在其领土上建

立国家红会，并鼓励其发展。

3. 所有国家，特别是已承认了在本国建立的国家红会的国家，应尽可能支持本运动成员工作；本运动的成员也将根据各自的章程，尽可能地支持各国的人道主义活动。

4. 任何时候各国都应尊重本运动的成员信守其基本原则。

5. 本运动的成员对本章程之贯彻应不影响各国之主权，还须对国际人道主义法的各项条款给予应有的尊重。

第二章　本运动的成员

第三条　各国红十字会和红新月会

1. 各国红会系本运动的基本成员和重要力量。它们依据自身的章程和本国立法从事符合本运动的任务和基本原则的人道主义活动。各国红会支持政府当局为满足各自国家人民的需要而开展的人道主义工作。

2. 在国内，各国红会是独立自主的全国性团体，为其志愿工作者和专职人员的活动提供了一个必不可少的组织机构。通过开展有益于社会的教育、卫生和社会福利等方面的活动，各国红会与政府当局在预防疾病、增进健康、减轻人类疾苦等方面合作。

同政府当局一道，各国红会组织紧急救济活动和其他活动，救助日内瓦公约规定的武装冲突受难者、自然灾害的灾民，以及遭受其他灾害需要救助的灾民。

它们传播并帮助政府传播国际人道主义法。在这方面各国红会应积极主动。它们宣传本运动的原则和理想，并协助也在宣传这些原则和理想的政府。它们还与政府合作，确保国际人道主义法得到尊重，保护红十字与红新月标志。

3. 在国际上，各国红会在资源允许的范围内，救助日内瓦公约规定的武装冲突受难者和自然灾害以及其他灾害的灾民。这类救济可以是服务和人员的方式，也可以是物质、经费和道义的方式，并应通过有关国家红会、国际委员会或联合会提供。

只要办得到，各国红会应为需要援助的红会的发展工作做出贡献，以便加强整个运动的力量。

本运动成员间的国际援助，将依照章程第五条和第六条进行协调。接受这种援助的一国红会，需在本国国内进行协调，并应视情况征得国际委员会和联合会的同意。

4. 为了完成这些任务，各国红会招聘、培训和派遣执行任务所需的人员。各国红会应鼓励每个人，特别是青年人参与该会的工作。

5. 根据联合会章程，各国红会有义务支援联合会的工作，如有可能，它们应志愿支援国际委员会的人道主义活动。

第四条　承认各国红会的条件

一个国家的红会如欲得到第五条第2节（2）款的承认，须具备下列条件：

1. 它应建立在一个独立的国家领土上，而且改善战地武装部队伤者病者境遇之日内瓦公约已在该国生效。

2. 是该国唯一的全国性的红十字会或红新月会，并由一个中央机构领导；在与本运动的其他成员交往时，中央机构是唯一有资格代表该会的。

3. 本国合法政府已依照日内瓦公约和国家立法正式承认它为志愿救护团体，担任政府当局的人道主义工作助手。

4. 具有独立的地位，从而得以按照本

运动的基本原则进行活动。

5. 采用日内瓦公约规定的红十字或红新月为其名称和标志。

6. 组织机构应能便于履行该会章程所确定的任务，并在平时就做好准备，一旦发生武装冲突，应能履行公约所规定的法定任务。

7. 该会活动须遍及本国领土。

8. 在吸收志愿工作者和专职工作人员时，不得考虑种族、性别、阶级、宗教和政治见解。

9. 严守本章程，爱护团结本运动各成员的友谊，并与本运动各成员合作。

10. 尊重本运动的基本原则，以国际人道主义法指导其活动。

第五条　红十字国际委员会

1. 国际委员会1863年成立于日内瓦。它得到日内瓦公约和历届红十字国际大会的正式承认，是一个独立的人道主义团体，具有合法地位。委员从瑞士公民中互选产生。

2. 根据该委员会的章程，国际委员会的职责主要是：

（1）维护并宣传本运动的基本原则，即人道、公正、中立、独立、志愿、统一和普遍；

（2）承认会约第四条所规定的承认条件的任何新成立或改组的国家红会，并通告其他国家红会；

（3）承担日内瓦公约所赋予的任务，为忠实执行适用于武装冲突的国际人道主义法而努力，并受理有关违反该法的诉讼；

（4）作为特别在国际和其他武装冲突以及内乱时进行人道主义工作的中立团体，应始终致力于保护和救助受此类冲突与其直接结果影响的军人和平民中的受难人员；

（5）确保日内瓦公约规定的中央查人局工作运转正常；

（6）考虑到战争不可避免，应与各国红会、军民医疗单位以及其他有关当局合作，致力于训练医务人员和准备医疗器械；

（7）为了解和传播适用于武装冲突的国际人道主义法知识而努力工作，并为发展该法做好准备；

（8）执行国际大会委托的工作。

3. 国际委员会可以其特殊中立和独立团体以及中间人的身份，对属于其职责范围内的各项人道主义性质的工作采取主动行动，并考虑需要此类团体研究的一切问题。

4.（1）国际委员会应与各国红会保持密切联系。经取得同意，国际委员会将与各国红会就共同关心的问题进行合作，例如，武装冲突时的准备工作，尊重、发展、批准日内瓦公约，宣传基本原则和国际人道主义法。

（2）如发生本条第2节（4）款提及的并需要协调来自其他国家红会的援助的情况，国际委员会应和该国红会或有关国家合作，根据与联合会缔结的协议协调此类援助。

5. 在本章程范围内，并根据第三、第六和第七条的规定，国际委员会和联合会将就共同关心的问题保持密切联系。

6. 国际委员会亦应同各国政府当局及其认为对其工作有助的任何国家的或国际的机构保持联系。

第六条　红十字会与红新月会国际联合会

1. 红十字会与红新月会国际联合会由各国红十字会与红新月会组成。遵照自己的章程进行活动。享有法人团体应有的一切权利和义务。

2. 联合会是一个独立的人道主义组织，其性质是非政府、非政治、非种族、非教扼的。

3. 联合会的宗旨是经常激励、鼓舞、便利和促进各国红会所从事的各种各样的人道主义活动，目的在于防止并减轻人类疾苦，从而为维护和促进世界和平作出贡献。

4. 为了实现第 3 节所定的宗旨并以本运动的基本原则和国际大会决议为依据，参照本章程第三、第五和第七各条的规定，联合会在本章程范围内并以其自身章程为依据，特别有以下职责；

（1）作为各国红会之间联络、协调和学习的常设机构，根据各国红会的要求向它们提供帮助；

（2）鼓励和促进在所有国家建立和发展独立并获承认的国家红会；

（3）采用一切可能的方法向所有灾民提供救济；

（4）在灾害救济准备、救济活动的组织及其实施等方面向国家红会提供援助；

（5）根据国际大会通过的《红十字与红新月灾害救济原则与条例》组织、协调和指导国际救济活动；

（6）鼓励和协调各国红会与本国政府机构合作参与旨在保障公共健康和增加社会福利的活动；

（7）鼓励和协调各国红会交流关于对儿童和青年进行人道主义国际理想教育以及发展各国青少年之间的友好关系；

（8）协助国家红会从全体国民中招募会员，并对他们进行运动的基本原则和理想的教育；

（9）根据与国际委员会签定的协议，向武装冲突的受害者提供帮助；

（10）帮助国际委员会促进和发展国际人道主义法，并与其合作，在各国红会中宣传国际人道主义法和基本原则；

（11）在国际上，尤其是处理涉及联合会大会通过的决定和建议等方面的事宜，担任其成员红会的正式代表，并担任成员红会独立完整的监护人和其利益的保护人；

（12）执行国际大会委办的任务；

5. 在每个国家，联合会应通过该国红会或经其同意进行活动，并须遵守该国的法律。

第七条　协作

1. 本运动的各成员应根据各自的章程和本章程第一、第三、第五、第六各条的规定，相互合作。

2. 国际委员会和联合会应在各级保持经常的相互联系，以便根据需要保护和帮助人们的最高利益，协调两机构的工作。

3. 在本章程和各自章程的范围内，国际委员会和联合会应就协调两机构的工作相互达成协议。如由于某种原因而不存在上述协议，第五条第 4 节（2）款和第六条第 4 节（9）款应不再适用；国际委员会和联合会应参照本章程其他规定解决有关两机构各自活动范围的问题。

4. 本运动各成员在各自有关章程范围内，依据共同使命和基本原则的精神，开展地区性的合作。

5. 本运动各成员在保护自身独立和特性的同时，应尽量同活跃在人道主义领域内的其他团体合作，只要这类团体寻求与本运动类似的目的，并准备尊重本运动各成员信守的基本原则。

第三章 法定机构

红十字与红新月国际大会

第八条 定义

国际大会是本运动的最高审议机构。本运动各成员的代表与日内瓦公约缔约国代表一道参加大会会议。缔约国履行公约规定的职责，并根据本章程第二条全面支持本运动的工作。代表们一道审查并决定共同感兴趣的人道主义事务和其他有关事务。

第九条 成员

1. 国际大会的成员有各国红会、国际委员会。联合会和日内瓦公约缔约国的代表团。

2. 每个代表将拥有平等的权利，即一票表决权。

3. 一个代表只能属于一个代表团。

4. 一个代表团不得由另一个代表团或另一个代表团的成员代替。

第十条 职能

1. 国际大会完全遵循基本原则，致力于本运动的统一和任务的完成。

2. 国际大会努力尊重和发展国际人道主义法以及其他特别与本运动有关的国际公约。

3. 唯国际大会有权：

（1）修改本章程和《国际红十字与红新月运动议事规则》（简称“议事规则”）；

（2）在其成员要求下，就章程和规则的解释及实施所出现的分歧做出最后决定；

（3）对常设委员会、国际委员会和联合会根据第十八条第2节（2）款向大会提出的问题做出决定。

4. 国际大会按个人身份选举本章程第十六条第1节（1）款规定的常设委员会委员时，应考虑委员的个人资历和平均地域分配的原则。

5. 在本章程以及议事规则的范围内，国际大会恪以决议的形式通过所做出的决定、建议和宣言。

6. 国际大会可根据国际委员会和联合会的章程以及本章程，向两组织指派工作。

7. 国际大会认为需要，经出席大会而又参加表决的三分之二的多数成员同意，制定有关诸如议责和颁发奖章的规定。

8. 根据议事规则，国际大会可在会议期间设立附属机构。

第十一条 程序

1. 除非另作决定，国际大会每4年召开一次。大会应由一个国家红会中央机构或国际委员会或联合会依照上届国际大会或第十八条第1节（1）款规定的常设委员会的委托而召集。对国家红会、国际委员会或联合会在大会期间提出主办下届会议的建议，应予以优先的考虑。

2. 如遇特殊情况，常设委员会可改变国际大会的地点和时间；常设委员会可主动地或根据国际委员会、联合会或至少三分之一的国家红会的建议，采取行动。

3. 国际大会选举大会主席、副主席、秘书长、副秘书长和其他会议官员。

4. 国际大会的所有与会者应遵循基本原则，提交的所有文件须符合这些原则。为了使国际大会的讨论赢得大家的信任，主席和所有当选负责主持会议的官员应确保任何发言人不管在任何时候都不得涉及政治、种族、宗教和意识形态性质的争端。国际大会主席团按议事规则规定，在批准散发文件前也应采用同样标准。

5. 除有权参加国际大会的成员外，第十八条第1节（4）款提到的观察员可参加大会的各种会议，大会另定除外。

6. 国际大会不得修改国际委员会或联合会章程，也不得做出与本章程或国际大会决议相抵触的决议。

7. 国际大会应努力按议事规则规定的全体一致的原则通过决议；如达不到全体一致，将按规则进行投票表决。

8. 除受本章程规定的限制外，国际大会也受其议事规则的约束。国际红十字与红新月运动代表会议。

第十二条　定义

国际红十字与红新月运动代表会议（简称“代表会议”），系本运动各成员的代表集会及讨论有关本运动集体事宜的机构。

第十三条　成员

1. 代表会议成员包括各国红会、国际委员会和联合会的代表团。

2. 每个代表团均有平等的权利，即一票表决权。

第十四条　职能

1. 代表会议在本章程的范围内，应对国际大会、常设委员会、各国红会、国际委员会或联合会可能提出的有关本运动的所有问题发表意见，或在必要时做出决议

2. 如在国际大会开幕前举行会议，代表会议应：

（1）向国际大会提出担任第十一条第3节所提的职务的人选；

（2）通过国际大会的暂定议程。

3. 在本章程范围内，代表会议以决议形式通过决定、建议或宣言。

4. 尽管有第十条第7节的一般规定，代表会议可由出席会议而又参加表决的代表的三分之二多数修改亨利·杜南奖章规则。

5. 代表会议可向国际大会提出任何问题。

6. 代表会议可向本运动任何成员提出问题，要求考虑。

7. 必要时，代表会议可由出席会议而又参加表决的代表三分之二多数通过设立附属机构，指明任务、任期和成员。

8. 对于按本章程专属国际大会权极限以内的任何问题，代表会议不得作最后决定，也不得作出同国际大会决议相抵触的决定，或国际大会已经决定可保留列人下届会议议程的问题的决定。

第十五条　程序

1. 在每届国际大会前，召开代表会议；任何时候如有三分之一的国家红会或国际委员会、联合会或常设委员会要求，代表会议也可召开。原则上，代表会议与每届联合会大会同期召开；代表会议也可主动召开会议。

2. 代表会议选举其主席和副主席。代表会议、联合会大会以及同时召开的国际大会，应由不同的人主持。

3. 代表会议的所有参加者应尊重基本原则，提交代表会议的所有文件亦应遵循这些原则。为了使会议的讨论赢得大家的信任，主席和所有当选负责主持会议的官员应确保任何发言人不管在何时都不得涉及政治、种族、宗教和意识形态性质的争端。

4. 除有资格参加代表会议的成员外，如代表会议没有另作决定，第十八条第4节（3）款提到的那些来自即将被承认的国家红会（即在可预见的将来有可能得到承认

的国家红会）的观察员，可参加代表会议。

5. 代表会议应努力按议事规则规定的全体一致的原则通过决议，如达不到全体一致，将根据议事规则进行表决。

6. 代表会议应遵循议事规则。在必要时，代表会议可以出席会议而参加表决的成员的三分之二多数对议事规则加以补充，除非国际大会另有决定。

红十字与红新月常设委员会

第十六条　定义

红十字与红新月常设委员会（本章程称“常设委员会”）系两届国际大会期间的大会代表机构，执行第十八条规定的职能。

第十七条　成员

1. 常设委员会由9名委员组成，即：

（1）5名来自不同国家红会的成员，每名成员均由国际大会按第十条第4节以个人身份选举产生，任职至下届国际大会闭幕或至下届常设委员会正式成立时为止。

（2）2名系国际委员会代表，其中1名应为国际委员会主席。

（3）2名联合会代表，其中1名应为联合会主席。

2. 如第1节（2）款或（3）款提到的成员不能参加常设委员会某次会议，他可指定一名代理人参加该会议，只要该代理人不是常设委员会的成员。如第1节（1）款提及的成员出缺，常设委员会本身可任命上次选举得票最多而未中选的候选人担任成员。只要该候选人不是现任成员的同一国家红会成员，如果表决票数相等，平均地域分配原则将是决定性因素。

3. 常设委员会至少应在下届国际大会开会前一年邀请该届国际大会东道组织的一位代表以咨询人身份参加其会议。

第十八条　职能

1. 常设委员会应为下届国际大会做出以下安排：

（1）选定国际大会地址并确定日期，如果前届大会未就此做出决定或者根据第十一条第2节规定由于特殊情况需要；

（2）制定大会日程；

（3）准备大会暂定议程，以便提交代表会议；

（4）全体一致确定第十一条第5节提及的观察员名单；

（5）召集大会，争取多数人参加。

2. 在国际大会休会期间，在最后由大会裁定的条件下，常设委员会应解决：

（1）有关本章程和议事规则的解释与实施所引起的意见分歧；

（2）国际委员会或联合会可能向该委员会提出的有关两机构间分歧的问题。

3. 常设委员会应：

（1）促进本运动工作的和谐，并就此在各成员间进行协调；

（2）鼓励并敦促贯彻国际大会的决议；

（3）根据上述目的，审查涉及本运动整体的所有问题。

4. 常设委员会应为下次代表会议做出安排：

（1）选定代表会议的会址和会期；

（2）准备代表会议的暂定议程；

（3）全体一致地确定第十五条第4节提到的观察员名单。

5. 常设委员会颁发亨利·杜南奖章。

6. 常设委员会可向代表会议提出任何有关本运动的问题。

7. 常设委员会可一致同意设立必要的

专门机构并指定这类机构的成员。

8. 在行使职能时并在国际大会最后裁定条件下，常设委员会应视情况需要采取任何措施，但本章程规定的本运动各个成员的独立性与主动性，应经常得到严格的保证。

第十九条　程序

1. 常设委员会至少每年应召开两次会议。主席可主动地或应委员会3名成员的要求，召开非常会议。

2. 常设委员会总部设在日内瓦。由主席选定并经多数成员同意，常设委员会可异地举行会议。

3. 常设委员会应与国际大会同时同地召开。

4. 所有决议均须由出席成员的多数表决通过，除非本章程或议事规则另有规定。

5. 常设委员会应从成员中选举一名主席和一名副主席。

6. 在本章程和议事规则的范围内，常设委员会应制定自己的议事规则。

第四章　最后条款

第二十条　修改

修改本章程和议事规则的任何提案均须列入国际大会的议程，并且至少提前6个月将提案文本交大会所有成员。在听取了国际委员会和联合会的意见后，任何修改均须经出席国际大会而又参加表决的代表的三分之二多数通过。

第二十一条　生效

1. 本章程将取代1952年第十八届国际大会通过的章程。凡与本章程抵触的早期规定应即废止。

2. 本章程将从1986年11月8日生效。

红十字会与红新月会国际联合会、国际奥林匹克委员会备忘录

国际奥林匹克委员会和红十字会与红新月会国际联合会共同认为，在普遍的基本道德准则的基础上，所有人类均享有在肉体和精神上憧憬和谐发展，享受和平并具有尊严的生活的权力。

国际奥委会和奥林匹克运动的整体目标是通过组织不含有任何歧视的体育活动和宣扬奥林匹克精神教育青年人从而为建设一个和平和更加美好的世界做出贡献。奥林匹克精神包括友谊、团结和公平竞赛的原则。为达到这一整体目标，国际奥委会需要与其他组织合作，并在其能力之内，参与提供救助、促进和平的活动。

国际联合会依照红十字与红新月运动的基本原则鼓舞、协助和促进作为其成员的各国红十字会和红新月会开展旨在改善最易受损人群境遇的人道主义活动。国际联合会促进各国红会之间的合作，以便加强他们能够更有效地开展灾害管理、卫生和社会服务等工作的能力。

国际奥委会和国际联合会决定依据各自的宗旨和原则开展合作以促进国际团结并为可持续的人类发展做出特别贡献。国际奥委会和国际联合会将鼓励国家奥委会和国家红会为达到上述目的而开展的各种活动，特别是在为弱势易损人群提供帮助和志愿服务方面。为此，双方同意建立联合工作组以便开

展和维护在国家范围内的合作伙伴关系。联合工作组每年至少举行一次会议。

除非协议一方以书面形式通知另一方要求中断协议，本协议将长期有效。

本协议以英文和法文两种语言为原本，2003年5月16日签署于西班牙马德里市。

红十字会与红新月会国际联合会主席
胡安·马努埃尔·苏亚雷斯·托罗
国际奥林匹克委员会主席
雅克·罗格

2010战略 动员人道的力量改善易受损人群的生活

红十字会与红新月会国际联合会第12届大会通过
1999年10月26日，日内瓦

目　　录

《2010战略》阅读指南

《2010战略》是包括一整套相互联系着的策略的集合文件，其目的是指导国际联合会如何面对并迎接下一个十年的人道需求的挑战。阅读指南旨在指导和帮助读者正确通读这份文件。

战略概要 阐述本战略的要领和试图达到的目标。

第一章是战略的起点。它介绍了制定战略的过程，总结了国际联合会在90年代期间从评估中所吸取的经验，并对今后十年全球发展趋势进行探讨。

第二章是文件的核心。它明确了国际联合会的任务和三大战略方向以及在借鉴90年代工作的基础上力争达到的十大预计成效。战略方向阐述了有关易损性、重点工作领域以及通过能力建设发展运转良好的国家红会及建立合作与长期伙伴关系等重要问题。预计成效则根据战略方向的变化提供确认具体任务和衡量工作进展的依据和框架。

第三章论述了有关新战略的宣传和执行工作，参与工作各方的责任和资金来源。

第四章阐述本战略对于红十字与红新月运动的价值，以及更为重要的是，对于运动受益者及其它相关者的贡献，他们包括社会、政府、国内和国际伙伴以及企盼红十字和红新月能够帮助建立更为人道社会的所有的人。

一、战略概要

《2010 战略》吸取并借鉴了 90 年代的经验和教训，在国际联合会内外进行广泛咨询的基础上分析了外部环境的变化趋势，从而确定了以下目标宣言：

动员人道的力量改善易受损人群的生活

改善易受损人群的生活

当今的世界是一个不断变化和进步的世界，但同时又是一个严重灾害日益频发，不平等和暴力现象愈加普遍的世界。政府将提供服务的责任更多地交给商业市场和不断增多的志愿团体来完成。在这种危机与机会并存的环境中，《2010 战略》将推动红十字/红新月的活动更加适应所在地易受损人群的需要。《2010 战略》意识到能力过于分散和单薄的危险，从而建议要强调红十字会能够增加更大价值的工作。为保证行动的统一性，确定了四项核心领域；强调从而能有统一的行动，更高质量的服务，更突出的特点和更明确的倡导地位。通过核心工作，国际联合会能够促进对人的尊重，减轻和减少因灾害引起的痛苦，提高社区内的卫生和关怀，努力创造出一个更为安全的世界。

动员人道的力量

国际联合会具有的相对优势并不仅仅在于它所承担的工作，还在于它的工作方式及由各国红十字会和红新月会组成的全球网络。《2010 战略》将能力建设列为工作重点，以炼造运转良好的国家红会，其能动员充足的人力和财力确保核心领域工作。战略为通过项目合作，拥有长期伙伴关系、资金和更积极地倡导来建立一个强有力的共同有效工作的全球红会网络指明了道路。

与仅仅涉及目标改变的《九十年代战略工作计划》不同，《2010 战略》是指导国际联合会整体工作的纲领。战略目标的实现既是每一个国家红会的职责，也是他们共同的职责，同样也是国际联合会领导机构和秘书处的职责。

尽管《2010 战略》并非一个一成不变的文件，随着不断变化和改进的工作进程，它需要定期审定更新，然而，在今后的十年中，它为作为红十字运动组成部分的国际联合会在其迎接人道挑战的方面确定了明确的方向。

第一章　进程与背景

《2010 战略》是建立在对国际联合会过去十年发展情况的总结以及对世界发展趋势反思的基础上制定的。1998 年，作为制定未来新战略的第一步，联合会对其发展情况以及《九十年代战略工作计划》的成效进行了评估；许多文件被审阅，从世界上一些国家红会征集来的调查表经过分析，同时还对来自红十字运动自身和其他兄弟组织的 250 多人进行了咨询。在制定战略的全过程中联合会一直在直接参与：在 1998 年和 1999 年召开的所有法定会议中，《2010 战略》都被列入会议议程。联合会还组织了许多的讨论会，设立了专门的电子邮件信箱征询意见，并两次把战略草案寄发各国红会广泛征求反馈意见。

为此，联合会起草了题为《从九十年代学习》的评估报告以及其他评论文件，为制定《2010 战略》奠定基础。读者可以参阅本文件“进一步研读”部分。

二、从九十年代学习/目前的能力

评估结论表明国际联合会具有的竞争优势，即它拥有一个由各国红会所组成的全球志愿网络，应该得到进一步的加强和提高。它的另一优势则是它与红十字运动其他成员共同享有的宗旨、价值观、标志、历史和声誉。

通过各国红会的网络，国际联合会在90年代惠及的易受损人群要比80年代多许多。但是，这个成绩是通过扩大服务范围下降服务质量达到的。接受咨询的人们都对国际联合会的力量会因缺乏重点而下降表示担心。

评估结果还表明国际联合会在90年代对长期的人道危机的救援是成功的，同时在许多情况下，通过救援活动国家红会的能力建设得到加强。虽然在整个90年代中，国际联合会愈加重视适用的可持续发展地方能力的建设，并在政策和手段上得到发展，但仍有不少人认为这些对国际联合会一向以救济占主导地位的文化传统和结构并没有很大的影响，作用也很小。

国际联合会在90年代里遇到的其他主要问题是：因为难以招募和留住志愿工作者，致使志愿工作者的人数大幅度减少；分享政府的发展资金有限；国际联合会在全球范围内的募捐未达到预期结果。此外，在各国和国际上的资源动员工作的不尽人意也被认为是国际联合会在90年代中的主要错误或错失机会的典型。

在外部关系和信息通讯方面，国际联合会虽然取得了长足的进步，今后要走的路依然漫长，尤其是在帮助国家红会处理与政府和其他组织的关系上仍须努力。国际联合会需要进一步明确“倡导”的含义，以及如何在国内和国际不同层次上具体推进这项工作。兄弟组织十分赞赏国际联合会在倡导方面的所做的努力，但同时又批评国际联合会没有发挥更为积极的作用。在90年代中的大部分时间里，国际联合会与红十字国际委员会之间的激烈竞争关系给整个红十字运动带来非常负面的影响。1997年在塞维利亚召开的代表会议通过的新协议为两个组织更好地合作带来了机会和希望，这正是大家所希望看到的。

要切实落实“联合工作”的概念，并保证国际联合会的方针政策符合工作需要和国家红会的实际情况。在这方面，虽取得一些成绩，但仍是任重道远。

《九十年代战略工作计划》对国际联合会的发展的贡献是统一了思想，有了共同的语言并提供了一个切实可行的计划框架。回顾和反思过去，不难看出，国际联合会的许多变化和进展是实践《九十年代战略工作计划》提出的目标和挑战的结果。

三、外界的趋势和不确定性

当今世界瞬息万变，未来发展不可预测。但是，此战略的制定必须考虑到国际联合会在今后10年中将生活在一个什么样的世界之中。虽然，可以断定许多外界因素将对易受损人群和红十字会和红新月会的工作产生影响，它们将如何发展仍难以预料。

全球化将可能导致产生一个既结合又互

相依赖，对思想理念、资金、货物和人的流动更少限制的世界。这将带来机遇（贸易、信息、科技、在新兴市场中的私人投资等等），也带来危机（金融动荡、短期资金流动的危险、传染病的流行等等）。目前的发展趋势可能对人类发展产生积极的影响，但也可能加速经济发展的不平衡性。在1960年，占全世界总人口百分之二十的富裕国家人民的收入是最穷困国家人民（也占世界总人口的百分之二十）收入的30倍，然而到了1995年，这一比例扩大到82倍。全球化的进程将把最贫困的人们远远的抛在后面，不论是国家之间还是一国之内，贫富的差距将进一步扩大。动员富裕群体的力量，关注贫穷群体的需要正是红十字会与红新月会的基本责任。

国家将尽可能组成地区性的集团和全球性质的跨国公司，这将具有举足轻重的影响力。政府在向超国家组织和条约移交权力和向地方政府下放权力时，似乎丧失了一些自主权。国家和社会其它组织间的力量均势将会继续转移，政府较少地参与提供服务的活动，强调市场应答和市民自身解决问题的能力。在这种情况下，政府和私人企业在不断竞争的能够向社区提供有效志愿服务的成员中，寻求新型的伙伴关系。在政府退出提供服务的同时鼓励地方和市民的积极参与，这预示着在提供服务中责任的转变，即从拿工资的雇员到非正式的照顾者的转变。

城市化现象增加，既带来了好处也产生了问题，生活在拥挤的贫民窟和非法集居地的人们实际上得不到任何服务。国内流离失所者和难民的数量也有可能增加。国内和国际的移民数量，特别是年轻人从南方国家移民到北方国家的数量预计会激增。在世界的许多地方，老龄人口数量正在快速增长，他们寻求年轻人的支持，加大了对业已存在的卫生保健和养老制度的压力。

在同环境恶化的斗争过程中，国家和国际上努力不足，导致灾害的发生更加频繁和严重，给社会带来极为深远的影响。沿海和江河流域洪灾不断，影响到更多的人口，导致饮用水供应的减少及疾病的传播。

在发展中国家，很多人由于传染病而丧生，如腹泻、急性呼吸道感染和麻疹，贫穷和营养不良使他们雪上加霜。新出现的和再次爆发的流行病（如疟疾、肺结核和艾滋病）不仅危害人类健康，而且威胁人类的进步。如果趋势不被有效遏止的话，与不良生活习惯有关的非传播性疾病将会引起更多的疾病和死亡。

在发展的核心内容中，人类安全主要指保护人类免受那些来自灾害、饥饿、疾病和突发有害事件扰乱日常生活等威胁。无论在富裕的国家还是在贫穷的国家，人类的生命正在遭受事故和暴力的日益威胁。工业事故和交通事故在许多国家是15－30岁人群中威胁最大的三种死亡因素之一。

这些趋势导致人们更频繁地使用暴力，大量的致命小型武器充斥市场。由于国家作用的日益下降和非国家行为暴力者的增多，日内瓦公约及其公正、中立的原则变的难以理解和实行。确保对红十字会和红新月会标志的尊重变成了一项主要的挑战。宗教和价值观的改变成为塑造红十字会和红新月会行动范畴的有效力量。

新兴的发展理论强调面向市场的政策，鼓励能够创造就业机会的增长，加强地区机构，提供那些私人市场不能有效、公平提供的重要的公共服务。地区机构对发展的影响和重要性的有关证据显示，能力建设成为发展合作的一项重要目标。

四、从分析到行动

对外部因素的回顾使我们能分析那些难以预测的趋势和问题——许多可能被遗漏了，而另外一些则可能还没有出现。国际联合会需要继续监视这种环境，并加以适应。但是，这也需要交流对未来的看法，在此基础上建立它的战略。

对人道环境的分析，为明确国际联合会行动的重点提供了依据。当今世界局势紧张，暴力频发，由灾害和经济危机引发的对人道主义救济的需求在不断增加，政府将提供服务的任务交给了市场和不断竞争的志愿部门：对红十字会和红新月会来说，这是一个机会和挑战并存的世界。

国际联合会是各国红十字会和红新月会的联合体，几乎在每个国家都存在，她有超过1亿的志愿者以及一系列的原则，加上优越的法律基础和令人尊敬的标志，使得联合会能够超越政治和社会的局限开展工作。这些特殊的性质使得联合会能够以其他组织所不能的方式达到目标。《2010战略》就是决定如何利用这些优势以改善易受伤害人们的生活。

第二章 任务、战略方向与预期成效

五、国际联合会的任务

无论人们生活在大城市还是在偏僻的乡村，无论说什么语言，他们都希望自己的子女和家庭幸福、安定与和谐，享有经济和医疗保障，具有个人尊严和社区提供帮助。但是在新的千年到来之际，许多人却处在非常危险的境地，他们所享有的最低社会和经济安全和尊严的地位受到威胁，他们是易受损害的群体。由各国红会和志愿者组成的这一独特的国际联合会正在通过发动人道的力量来改善易受损人群的生活。

国际联合会是国际红十字和国际红新月运动的一部分，章程体现了其宗旨，其人道主义的原则是：防止和减轻任何地方人类的疾苦，保护生命和健康，保障对人的尊重。任务声明的第一部分“改善易受损人群的生活”包含了这些目标，同时还加上了能力建设、可持续性发展和保障尊严的内容。

国际联合会通过“动员人道的力量”提供支持和团结。各国红会十字会对所有的人开放，任何人都能在红十字会/红新月会中找到自己的位置，为帮助他人和为社区问题找到解决方法实现自己的职责。对受益人、志愿者和捐助者的动员正是这种责任的体现。通过“动员人道的力量”这种方式，红十字会和红新月会赋予了人们力量，促进了合作与长久的和平。

值得为这些目标工作！

六、改善易受损人群的生活

对国际联合会而言，“易受损人群”指的是那些生存或享有最低社会、经济安全和人的尊严受到威胁，处境危险的人群。

易受损是一个相对和不断变化的概念。它是和某人或某一社区在特定时间处理特定问题的能力相联系。易受损包含了贫穷的因素，也包括无助、无保障，面对危险、打击和沮丧时无能为力的情况。在为改善个人生活的努力中，红十字会和红新月会将重点放在了最为要紧的事情上：最易受损人群。

《从九十年代学习》评估报告为我们展

示了在使易受损这一概念具有可操作性时遇到的困难。为了更好的理解红十字会/红新月会的工作、为减少易受损和进行能力建设所采用的方法，我们将它们分成三部分：

帮助人们做好准备预防灾难，避免处于增加他们易受损害的环境。

帮助那些由于突然的灾难或危机使他们的易受损程度加深的人们。

通过减轻易受损程度和提高社会、经济安全和尊严方面始终受到威胁人们能力的境遇以减轻伤害。这种境遇称作“结构性易受损性”。

每一部分都需要不同的方法，这些计划因地制宜，将注意力放在红十字会/红新月会最能发挥作用的地方，使所有的人都将从计划中受益。

（一）根据当地的易损程度和能力做出反应

减轻易受损程度和增加能力，要求对当地现实非常了解。只有了解情况才能够做出敏锐的和能够做出迅速反应的计划。各国红会系统和地方分支机构为解决这一挑战提供了途径。为了使各国红会的计划有更多的反响，需要重点注意以下三步：

改善易受损人群的能力、技能和财力，增强他们掌握自己命运的能力。

使用和继续发展可以了解易受损性和确定当地情况的手段和能力。认识到男性和女性在家庭、社区和社会中扮演的不同角色，并能够在种族、民族和宗教等更为广阔的范围内，制定出针对他们各自不同的弱点和能力的计划。

不同计划的潜在影响和红十字会/红新月会的相对优势，为决定工作重点提供了基础。因为易受损性是不断变化的，因此这一工作也将是经常性的。在确定当地易受损性和能力的过程中，需要审议所有现在开展的和可能要开展的各项活动，它们涉及的范围非常广泛。然而，红十字会/红新月会的智力、人力和财力资源不应当被不分重点地平均使用。我们应该认识到其它组织可能在某些领域比红十字会/红新月会更有作为。如同以下所论，已经达成共识的“核心领域”应该成为我们工作的主要支柱，并以此为基础在地方、国家和国际的范围内增进我们的工作。但是，对易受损性和各国红十字会优势的具体分析，也不排除开展其他不同的工作和活动的可能性。

（二）重点领域

各国红会活动的多样性应该得到尽力保持，因为它反映了易受损性在不同地方的表现也不尽相同。然而，对一些核心工作领域而言，大多数国家红会都取得了经验，并且在今后十年里所有地区国家红会针对核心领域开展相应工作的需求也将增长。

核心领域是“共同领域”，这有助于国家红会融入到联合会中，成为其中的一员；为他们共同工作，相互学习提供了机会。核心领域是国际联合会建立集体智慧和声誉的基石。各国红会将为这些核心领域的发展做出贡献，国际联合会将会给予相应指导和支持。

正如图表所示，红十字会/红新月会行动的核心领域将会被优先集中考虑；这并不影响各国红十字会/红新月会在其它领域开展自己认为必要的活动。

核心领域包括：

对运动基本原则和人道主义价值的宣传

对灾害的反应

对灾害的预防

社区卫生和关怀

这些核心领域是一个整体，同时也是相互关联的，它为集中力量专注于有限的工作领域提供了机会。这包括两个方面：提供服务和宣传。

国际联合会将四个核心领域的重点放在能力建设上，这有助于提供质量更好的服务和支持，更明确的宣传角度。这将促进各国红会和国家合作伙伴以及国际联合会和国际组织之间建立合作协议。联合会将为每个核心领域制订质量标准并将其作为政策。联合会还将在其范围内建立起包括自我评估和同行评估在内的评估机制，以衡量在所有核心领域中取得的进展，并将所获得的经验应用于未来的发展计划。

明确国际联合会的核心领域有助于明确秘书处的工作重点，即在这四个核心领域中支持和建设国家红会的能力，促进成员之间的合作，同时在灾害救助中对国际援助进行协调/指导。

战略方向

各国红会的工作应包括能够应对当地的易受损情况并且将重点集中于最有最能够有所作为的领域；将共同的重点放在促进运动基本原则和人道主义价值；对灾害的救助和准备，以及社区卫生和关怀

（三）核心领域中的重点

1. 促进运动基本准则和人道主义价值

在一个不断孤立、局势紧张和日益暴力的世界中，红十字会/红新月会必须努力捍卫个人和社区的价值观，因为这些价值观鼓励对他人的尊重，以及共同合作以寻求解决社区间的愿望。国际联合会处在一个非常特殊的位置上，通过她的宗旨、基本原则和标志所拥有的尊重来实现这些目的。联合会应该与红十字国际委员会紧密协调在这一领域中的行动。

确定核心领域的目的不仅仅是使那些人们——工作人员或志愿者，政府机关或民间机构，或是整个社区——了解这些原则和价值观，更重要的是影响他们的行为。

2. 重点考虑的方面包括：

在内部开展对于基本原则的理解

新的计划要确保红十字会/红新月会的志愿者和工作人员理解基本原则，并能够在和平、灾难和武装冲突时以基本原则为基准为易受损人群开展工作。

3. 提高政府和民间组织的认识

开展活动使政府和民间组织了解各国红会及运动的任务，珍视和保护它们的独立和标志，无论在和平还是战争的环境下都能尽其所能，帮助红会。

4. 影响社区内的行为

整体上看这些基本原则首先要被红十字会/红新月会自己所认同和遵守。但是，当关系到外部宣传时不是所有的基本原则都是同样适用的。红十字会/红新月会中一些关于价值观念的声明完全是为了外部的宣传（例如“在人道性原则中对人的尊重”）；其它则与内部组织有关（例如“普遍性原则”）。对这些基本原则和对国际联合会大会及国际大会决议的分析，以下被运动正式宣布的价值观被认为是对外部宣传至关重要的：

对生命、健康和个人尊严的保护

对人的尊重

在国别、种族、性别、宗教信仰、阶级或政治观点基础上的无歧视性原则

人们之间相互理解、友谊、合作和永久和平

志愿者服务

各国红会一直将传播基本原则和国际人道法作为自身的传统工作，运动各组成部分应继续将这一重点工作进行下去。一些红会已经参与到对前面提到的价值观进行宣传，以影响社区内的行为。他们的活动包括反对歧视（例如对寻求庇护者、移民、艾滋病患者和残疾人的歧视）；杜绝暴力，建立一种在处理社区中不同意见时的非暴力文化。上述分析和各国红会的经验将用来发展新的方案和计划，在国际联合会的支持下由各国红会执行。

对这些价值观的宣传也将为建立新的以及加强已有的同商业界的联系奠定了基础，而商业界正在日益关注明确和履行社会职责的问题。

对灾害的反应

尽管人们一直在努力减轻自然和人为灾害，但是世界范围内灾害发生的频率和影响程度预计将会增加。但是灾害不相称地影响着贫困者：超过 90% 因为灾害引起的死亡发生在发展中国家；同时，由此引起的经济损失所占国民生产总值的比例是工业国家的 20 倍。动荡和武装冲突将继续引发人民利益。为了在灾害发生前、过程中和之后更好的发挥作用，红十字会/红新月会必须有效利用作为一个国家性组织的优势，与她的国际网络共同：

动员网络的力量进行救助

每年，各国红会既向小规模、地方性灾害的受害者提供他们的基本所需，也为那些引人关注的大规模的灾害提供紧迫和迅速的救助。当灾害超出国家能力时，他们可以请求国际网络帮助和动员国际社会的支持。

提高合作机制的速度和效率

最近的经验表明平衡协调需要（在《灾害救济原则与条例》和《塞维利亚协议》中强调）反应速度和捐献社区可见度的重要性和困难程度。在总结经验的基础上，目前的反应机制应进行评估和发展。

通过救济活动增加能力建设

灾害救助项目应该利用灾害幸存者的能力，赋予他们再次掌握自身命运的力量并且加强地方机构。国际联合会支持的国际救灾行动目的之一一直是建设各国红会对灾害的反应能力。

恢复和重建

充分利用红会在有关国家开展的活动，更加系统化地开展恢复和重建工作。

设定和提高标准

在灾害反应中强调质量和标准的工作必须继续进行，并根据《行为准则》加以制定和目前的工作要按照全球项目的方法进行。通过《世界灾害报告》和相关活动，国际联合会将继续开展宣传工作。

对灾害的预防

国家和地方的灾害计划应当将各国红会的任务和责任描述为政府的助手。国家红会将在承认地方应对和减轻危险人群处境战略中发挥作用，帮助他们为将来的灾害找到合适和可以持续解决的方案。为了在备灾方面取得更大的效果，《2010 战略》确认了四个优先考虑的方面：

加强备灾计划

风险、易受损性和对能力的评估，是增进理解人类在灾害面前的易受损性和将学到的知识应用到预防计划中的工具。生活在灾害易发地区和受社会－经济衰退影响的人口的易受损程度不断增加。国际联合会必须在提高能力，对风险和易受损性的改变模式进行监督和采取行动方面进行投资。同红十字国际委员会协调，加强对发生武装冲突的国家红会的支持。

建立有效的灾害反应机制

有效的灾害反应是一个在所有程度上非常明晰的反应计划，对所有重要参与者（政府、国家红会和非政府组织）的核心职责进行规定。国家红会可以通过对灾害反应计划的有力倡导和发展适当的行动机制，做出贡献。在社区范围内，地方分会可以帮助建立个人风险和现有资源为基础的预测计划。各国红会还可以鼓励建立社区紧急委员会负责计划、指导、协调救灾和备灾工作。红十字会/红新月会还必须保证在灾害发生后，它的灾害反应系统仍可以继续有效地工作。正如在灾害反应部分提到的，当国家能力无法应对灾害时，国际联合会的能力将会加大，这是它的相对优势之一；但是这要求对全球备灾进行投资。

提高社区意识和公共教育

在灾害高发社区中对灾害和易受损性具有较高的意识和对基本应对战略有所了解将减少生命和财产的损失。国家红会将积极行动，提高公众对潜在危险的意识和通过风险处理以减少或降低灾害的影响。并且，红十字会/红新月会能够促进早期预警系统被当地社区评估、理解并采取相应的行动。通过它们的分会系统和活动满足社区的需要，红十字会/红新月会能在这方面起到很重要的补充作用。

灾害的减少和降低

减少和降低灾害的活动是一项巨大的挑战；这要求地方上有很强的能力，并且成为整个发展战略的一部分。许多国家红会已经活跃在不同的与健康、水/卫生和环境有关的减灾活动中。整体经验应该总结，以确定地方参加减灾活动的基本要求和关键步骤。

社区中的卫生和关怀

总的来说，保证卫生和社会福利制度的完整，满足人口的需要，特别是对易受损人群的满足应该是政府的职责。《2010 战略》确定了重点，通过这些能够最大限度的发挥红十字会/红新月会的补充作用和对社区卫生和福利的影响力。

志愿者、家庭成员、伙伴和朋友是社区中向易受损人群提供日常和精神支持的人。国家从积极提供服务活动中的退出，社会安全网的失效和不断增长的老龄人口将增加志愿者的负担，非正式的关怀提供者在将来会面临这些挑战。红十字会/红新月会同社区相结合，通过其庞大的志愿系统，为社区范围内的其它非正式的关怀提供者提供关心和支持，为提供正式服务和家庭服务之间架起了一座桥梁。将这一领域中的经验进行总结、系统化和发展是非常重要的。

虽然各国红会被公认在提供急救服务和培训方面处于领先地位，但还应进一步认识和利用旨在减少个人和社区在疾病、事故、伤害和暴力中的易受损程度的急救活动所提供的切入点和优势。

当正式的医疗体系不能触及某些地区和人群，或者由于灾害而使 这一体系突然崩溃的时候，国家红会将临时采取更为广泛的卫生 保健措施，同时鼓励和支持各种正式系统的参与。红十字会/红新月会重点关注的领域包括卫生教育和以社区为基础的各种活动，其目的是预防和控制传播性疾病、腹泻、急性呼吸道感染和其它引起儿童死亡、生殖健康、营养和环境卫生方面的疾病。

红十字会/红新月会网络为“连接”国

际和地区卫生团体提供了一个独特的机会，沟通双方共同关心的事务、信息和其它内容，成为达到新目标的催化剂。

七、动员人道的力量

国际联合会的网络系统和工作使得它与众不同。许多组织只是专注于某个核心领域，只有国际联合会通过各国红会组成的全球系统，通过一系列的指导原则，逐步建设和加强文明社会的完整性，而它的法律基础和标志使它能更有效的提供服务。

每个国家中有一个强有力的国家红会和志愿系统使得红十字会/红新月会能够同当地社区进行工作，在内部确定他们的需求并找到解决办法，进行能力建设，减少易受损性。成员的普遍性和有能力作为整体开展工作，使它具有全球的影响力并开展持久的合作。具有能够影响决策者的能力，提供服务和对红十字会/红新月会的认可，使得它能够以其它组织不能的方式，为支持人道主义的目标动员力量。

（一）运转良好的国家红会

地方机构是发展的重要挑战。事实表明它们对发展（和人道主义）成果的影响越来越多。能力建设成为发展合作新方法的重要因素。国际联合会要更好地利用它在人道主义和发展社区方面的优势。

红十字会/红新月会通过行动在基本人权的各个方面做出了贡献。但是享受权利也意味着承担责任。红十字会/红新月会的基本原则强调了人们之间互助的责任，志愿行动就表示承担这种责任。通过它那独特的工作方式，红十字会/红新月会的贡献已经不再局限于直接提供服务和宣传领域了。作为社区成员的志愿者，他们能够提供“空间”联合起来为社区问题找到解决之道。这有助于社会的稳定，对社会建设和社区发展有着直接的影响。作为包含国家红会参与的全球联合会的一部分，红十字会/红新月会帮助个人和社区之间建立“联系”和直接为建设一个更加充满人情味的社会做出贡献。

国际联合会确定了国家红会的能力建设就是发展其成员能够为改善易受损人群生活不断增进能力；加强红会（总部、分会和地方组织）在所有核心领域有效的开展工作。能力建设所要求的高瞻远瞩和执着精神没有完全融入到红十字会/红新月会的文化中，依然被应对紧急救助所左右。

下面的问题要优先考虑：

一个良好运转并具有负责精神的领导是建立红会能力的核心。国 际联合会的领导、各国红会和秘书处在达到“运转良好的红会”的特征标准的过程中起着重要的支持和指导作用。红会的完整性问题影响到整个红十字会/红新月会运动。在秘书处的支持下，建立新的机制以保证领导在这些情况下提供积极的监督和及时的帮助；和红十字国际委员会的协调，对所有的能力建设都很重要，而且在这 里显得格外突出。

在许多国家的红会中部分人口的利益没有被充分代表。达到良好 的平衡不仅对于保证公平、平等和没有歧视是重要的，也是保证 所有的行动能够取得最大的影响。国际联合会必须在这一点上取得可评估的进展，即红十字的决策层必须能够代表所有人群，特别是在性别平等、青年和少数民族的代表性上。

由各种人员构成的多样化全球网络是红十字会/红新月会的宝贵财富；志愿人员在提供地方服务和加强社会方面发挥着重要作用。对志愿人员的征募、训练和保持等问题是各国红会必须强调的。红十字会/红新月会是所有那些希望参加志愿活动人们的“家”，红十字会/红新月会保持工作的兼容性和对所有社区成员的开放性是非常重要的。在传统的成员形式外，国际联合会将为鼓励志愿人员的参与寻找新的途径。一个组织的成员决定了该组织的能力和知识程度；为领导和雇员加大领导发展计划是一个应当优先考虑的问题。

在对从 90 年代学习的评估中，许多被采访者认为寻求财政资源是 90 年代犯下的主导错误/错失机会，并且是下个 10 年的主要挑战。作为补救措施，改进项目设计、评估、报告和资源发展计划将会 使资金得到多元化的发展。为了实现战略中提出的能力建设目标，红十字会/红新月会必须发展长期的双边和多边伙伴关系，需要从 政府人道主义和发展分配中得到更为稳定的资金。对未来的一项 战略投资就是发展和国家私营企业的关系，和跨国企业开展合作。可靠的财政管理和责任制度是取得持续发展，稳定的资金支持的关键。

通讯必须看成是能力建设的一个重点，有必要以综合的方法对红十字会/红新月会行动和价值观进行竞争性和专业性的宣传。全球能力建设的目标包括将通讯与红会的结构结为一体，增加技能和知识，发展连贯和具有长远的通讯战略。

战略方向

运做良好的国家红会能够动员力量支持和开展它们的人道主义任务，为社会建设做出贡献

（二）有效的合作

强有力的国家红会首先需要强有力的联合会。为了有效的利用集体资源，联合会成员必须能够“作为一个联合体工作”，下面的重点将会帮助实现此目标：

合作项目

共享信息和知识的发展已经成为了可能，尤其是现在迅速、经济地分享经验的科技已经存在。改进合作项目来源于以下几个方面：

次地区合作的加深，次地区红会之间分享知识，为共同解决问题提供讨论场所；地区会议是学习的另外一个重要途径；

发展、支持和实施面向结果的合作战略，为良好的人道主义和能力建设合作项目提供指导框架。这就要求国际联合会秘书处和代表团像“合作的建筑师”那样，不再纠缠于双边和多边援助谁的功过是非上；

将国家红会在国内项目得到的经验与在国际工作上获得的经验相联系，特别是有关核心领域的活动。这将成为红十字会/红新月会的相对优势。

展开新一轮的活动，鼓励和支持新的捐助者，包括在想法、人力和财力方面的捐助者。

发展和实施运动共同的战略

《从 90 年代学习》的评估报告确认了塞维利亚协议为建立一种规范的关系提供了机会。国际联合会将采取措施达到这一目标，并且和红十字国际委员会一道，发展和实施运动的共同战略。这个范围是不可能被预先设定，至少应该将保证在所有层次上的更好合作，探求共享的环境分析、服务和基础建设等，包括对两大组织任务和责任的再思考，这可以使运动的组织更好的结合起来。

长期的合作伙伴和资金支持

在这方面国际联合会承受着改进效率和

效果的巨大压力；协调和伙伴关系仍然是捐助者和受援者希望寻求改进的领域。例如：

在国家层面上，各国红会重视与政府保持更良好和更牢固的双边联系，同时也考虑和大学、媒体和其它社会机构保持类似的关系。

有效利用国际会议提供的机会，发展国际联合会与联合国、世界银行和地区发展银行的多边合作关系，这就要求国家红会提供更大的支持并开展更有选择性和持续性的外部联系工作。

在国内和国际商业界探求伦理关系。

动员人力和影响决策者

通过动员人力和影响决策者能够取得很多成果——无论是通过私人性质的面对面交谈还是通过公共舆论的宣传——或通过提供服务。为了增强这种能力，国际联合会将开展红十字会/红新月会人道主义外交和宣传活动，无论在公共场合还是在私人范围，在核心领域、限定时间和监督框架基础上建立起为易理解的目标开展工作。在此领域与红十字国际委员会的协调是尤为重要的。

对国际联合会的信息和地位进行宣传

明确的地位和宣传能力对于完成国际联合会的工作是至关重要的。有必要对现在对它名称的使用和视觉图像以及每年的全球宣传和在千禧年经验所得到好处的项目进行审核。

战略方向

通过项目合作、长期的伙伴关系和资助以及更多的、更活跃的宣传使红十字会/红新月会和她的支持者开展有效的合作

八、对预计成效的总结

通过对《从 90 年代学习》的评估展示了在测评战略工作计划落实情况中所遇到的困难。确定有限的成效，监督在国家和国际范围内战略的变化是非常困难的。《2010 战略》明确了一系列可以预测到的结果，突出了在战略方向上的一些变化，为帮助衡量取得的进步提供了框架：

第一个预计成果是衡量在规划和能力建设方面取得的进步。这包括核查计划，为核心领域制定质量标准，为衡量在这些领域和能力建设方面的进步开发一种联合会范围内的评估体系。这些体系大部分将建立在自我评估和同等机构核查方法的基础上，它们的发展需要从国际联合会领导和秘书处得到支持和发展新的机制。

第二部分与各国红会改善他们的财政和人力资源有关；集中发展不同类型的志愿者参与，发展决策机构使其具有更广泛的性别、青年和种族的代表性。这也将衡量财政资源的多样性和稳定性。这些结果将应用并监督国际联合会秘书处的工作。

第三部分预计成果包括衡量不断加大宣传力度的效果。

第四部分试图衡量国际联合会作为整体开展工作，特别是在为建立长期伙伴关系的合作战略发展方面的进展。它也对各国红会在国际上发展合作所做的贡献进行衡量。

战略方向和预计成果总结于下表。国际联合会在衡量和整理关于战略变化的信息中取得了经验，这些预计成果需要进一步发展，对指标和时间需进一步确定。

战略方向	预计成果
有重点负责任 国家红会的工作应该对地方易受损性负责。重点放置于红会能增加最大价值的领域。整体重点在促进运动的基本原则和人道价值，备灾，救灾，和社区卫生与关怀。	国家红会应根据当地的易受损程度、潜在影响、其他组织的能力和红十字/红新月的相对优势，决定建立、开展或是停止自己的工作。
	在国内和国际的层面上通过政策制订，对每一个核心领域的宣传和提供服务制订的质量标准
	联合会范围的评估系统应能够对达到运作良好的国家红会的特征和开展核心领域工作的进程进行衡量和评估。
运作良好的国家红会 运作良好的国家红会可支持开展他们的人道使命，对建立文明社会做出贡献。	国家红会与以不同模式参与的志愿者一起工作。决策机构在性别、少数民族和青年的代表性上将更好地反映人口的组成。
	国家红会有更多样化和持续的财政资源基础。
	红十字会积极开展以核心领域为基础的宣传，以动员人力和对决策产生影响。
一起有效地工作 红十字会/红新月会和他的支持者通过项目合作、长期伙伴和资助以及更积极地宣传一起有效地	大家一致通过的一套完整的合作战略，勾画出人道和能力建设的合作项目。
	增加对信息的利用，展示在地区和全球经验共享和学习。
	更多的国家红会致力于在国际上开展长期的发展合作。
	所有的成员共同发展和落实运动战略。

第三章　交流和实施

九、实现《2010 战略》

《2010 战略》作为国际联合会未来十年的主要指南。然而，把理念放在纸上，并不能改变一个组织的行动方式。

《2010 战略》所强调的重点，将引导负责任的运转良好的国家红会有效地合作。这些重点需要适时的实行新的机制和体系，需要转向长期的合作伙伴关系和资助，要求在目前占主导地位的紧急情况反应模式的同时，还要广泛地创立新的能力建设模式。为实现《2010 战略》，国际联合会的所有成员要熟悉它的内容，理解它的意义，并真正地承诺于：

提高对《2010 战略》现实和主要战略点的认识，建立联合会为实施战略是每个人责任的承诺。将它作为联合会这十年发展的中心工作，并保证它是一个“有生命力的活信息”。需要进行教育宣传，使该战略普及于每个国家红会和整个国际联合会。这将涉及开展培训和宣传材料，把《2010 战略》包括进代表培训和培训课程，以保证各国红会人员和联合会代表，在为国家红会工作时，不论专业如何，都可以将该战略作为工作中的主要工具。

实施——为了更有效果，不仅要努力精心规划，还要相互支援。这需要《2010 战略》成为国际联合会各级组织筹划工作并相互交流的框架。下述意见和事实表明国际联合会不同层次的规划应相互联系和加强：

《2010 战略》为国家红会制订长期战略规划（国家发展规划）提供了一个起始点和框架。帮助各国红会将全球战略和任务与各国现实相适应的指导方针已经制订；

在各方面都同意的情况下，区域和国家合作战略将提供良好发展和支持的人道主义和能力建设项目的框架，并明确地与秘书处的整体规划和财政预算联系起来。

秘书处的规划和预算必须体现出秘书处对《2010 战略》的贡献，并使日内瓦和地区代表团以一种为成员国和实施方易于接近和理解的方式联系起来；

所有需要国际援助的规划和项目，都应使用新的市场调查工具，来体现与国际联合会工作之能力建设和长期人道主义援助明显有关和独特方式的特点。这可通过特别紧急呼吁进行补充。

十、职责

当联合会名称从协会变成国际联合会的时候，新的名称包含了各国红会，联合会的领导和秘书处的集体性。

在制定本战略时，在参阅联合会章程的过程中，会不断出现这样一个问题，即“我们需要一个什么样的联合会”。这个问题难以简单的回答。联合会的紧急情况反响作用，与强调各国红会合作的组织发展很不相同。我们应该继续并促进这一讨论，以明确什么类型的组织可以更好的完成各国红会交给国际联合会的任务。

在联合会章程里，国家红会确定了国际联合会参与的活动范围。在国际联合会大会上，通过了指导国内和国际活动的共同政策，具体的工作交由联合会的机构去完成并授予他们相应权力。当实施《2010 战略》或联合会大会的其他政策决议时，有两个不同的方面：

第一种情况是国家红会根据自己的国情单独行动。在这种情况下，各国红会根据本国的法律框架，资源，地方需求和能力，确定自己的目标。但是，在这种情况下，各国红会仍然是联合会的成员，必须遵守所同意的政策方针。

第二种情况是国家红会集体行动——和秘书处一起—以达到共同的目标。各国红会自己决定如何或为实现这些目标做出何种程度的贡献，并在已同意的方针指导下，集体参与联合会的活动，促进共同目标的实现。

《2010 战略》就像以前的《90 年代战略工作计划》一样，为国际联合会的机构提供了一个规划工作框架，为各国红会集体或独立工作提供了方向：

国家红会独立工作：国家红会负责在《2010 战略》的框架内，制定和实施本国的长期战略。很多战略目标，只有他们的承诺和实践，才能实现。建立在地方能力基础上和为易受损人群工作的计划，对大家都是一种挑战，因为它在发展每个核心领域。国家红会的领导和管理应使系统到位，保证质量，并朝着运转良好的国家红会的特征而奋斗。还应了解，如要我们的工作网络继续保持相对优势，每个志愿者和每个工作人员都要在国内外为加强它而负起责任。

国家红会集体行动：通过支持加强国家红会的力量，在各核心领域提供服务以促进能力建设，加强整体联系，致力于地区和国家间合作战略的实现。

国际联合会领导机构：领导前进方向，监督工作进展，保证完整性。《2010战略》将成为国际联合会各法定机构的重点，联合会的各专业委员会都应在他们的特定专业领域对《2010战略》的实施和监督提供帮助。

国际联合会秘书处：负责在核心领域提供建议和指导，协调和指导救灾工作的国际支持，支持国家红会的能力建设。它还应鼓励各国红会加强团结，提供各国协调行动的框架。它应在以下领域代表各国红会发挥主导作用：国际联合会在国际社会中的责任，交流，知识管理，全球资源的动员。

十一、为《2010战略》提供资金：资源设想

全球经济状况对国家红会和国际联合会的资源能力以及对他们的服务需求均有影响。虽然像灾害那样的事件需要额外的资源（通常能够得到），但是在20世纪90年代的后半部分，政府对社会服务和发展援助的拨款有所减少。项目质量，通讯和募集资金能力，使用资金的方式—能够控制的重要因素——将决定实施本战略获得资源的可能性。

红会系统的资金使用情况，过去较少受到关注，这也许需要以激烈的方式加以变革。一些国家红会有较多的财产和资金。随着能力建设在国家和国际上重点的更新，未来的工作应考虑如何最好的使用现有资金，以支持发展红会的事业。

在下一个10年的初期，可以利用的资源大致相当于目前的水平。然而，从长期看，资源应该增加。将工作置于核心领域，应具有更好的工作效率和资助伙伴。在强调建立更强的国家红会和发展项目能力时，应力争得到政府的发展资金和与政府建立长期关系。必须增加国际的资金动员，以支持能力建设。援助国红会有责任更成功地获得政府的资助，以进行这方面的工作。

秘书处在为联合会项目开发资源时，必须在执理会有关增收政策审核结论的指导下进行。这些政策确定了下列各项有关资源动员的首要任务：

支持各国红会和他们的政府。

寻求并与国家红会合作，从地区和国际组织那里找到跨国的资金募集机会。

确定跨国资金募集的创新性方法，包括企业领域。

《2010战略》的前身，《九十年代战略工作规划》只涉及变化的目标。《2010战略》，将指导国际联合会的整体行动。因此，虽然实施具体的变化需要动员新的资源，《2010战略》不会为实施目标另外提出财政预算，但会提出在国内和国际层次上重新分配现有资源的指导意见。

第四章 《2010战略》的附加价值

《2010战略》确定的战略方向和预期成果将给国际联合会带来的益处可归纳如下：

国家红会独立工作将从项目中获益，这些项目，能更好的对地方易受损性和能力做出反应，有更牢固的资源基础，较强的交流/宣传能力，和通过联合会范围内评估及知识发展系统获得的更高的相互学习能力。

国家红会集体行动可以从以下方面受益：相互一致的形象和计划框架，有利于能力建设活动的良好环境，便于协调行动的合作战略以及长期的伙伴关系和资助。

志愿者将有更多的机会参加志愿活动和自我提高。通过鲜明的组织形象，志愿者将更好地理解如何做出贡献。决策的职位将更好的反映人口构成。

《2010 战略》还将通过以下方式对运动的发展做出贡献：

一个在能力建设方面更为活跃的联合会

强大的国家红会伙伴

明确的合作战略

更有凝聚力的手段（运动战略）

然而，《2010 战略》的总目的是给受益人和其它参与方带来附加的价值。参与方包括政府，本国和国际的合作伙伴和公众。他们都期望红会能帮助建造一个更加人道的社会。下面的图表展示了在主要领域可以取得的成就。

受益人

减少了易受损性，增加了能力

基于能力和易损性分析基础上的有效的项目

对可依赖红会的信任

在核心领域的质量标准和更加顾客导向的质量保证机制

更加活跃的宣传

国家政府：

增强了地方的应对能力：更加强有力的国家红会，补充国家体制不能涵盖的领域

国家红会更能参与核心领域国家的政策制定

通过红会协调地加入国际合作

国家和国际伙伴

以地方为基础的国际合作在红会能发挥作用的领域更有效的共同工作

联合会范围内的评估体系，可反馈于政策和项目发展中，这可作为一个学习和提高的过程

核心领域提供更具有凝聚力的伙伴关系基础

社会和公众

更加富足的文明社会，更加容忍，更少暴力

更加理解红会是做什么的及人们如何支持她

更安全的社区，对人类更加尊重

进一步研读

（略）

词汇表

下列词汇在《2010 战略》中出现，它们的含义是：

宣传：表明支持赞同一个人，一项事业或政策。

关怀：（向弱势的人）提供物质的帮助、安慰或感情支持。

能力建设：指下列两个不同但相关的概念。一是提高国家红会的能力，开发或最有效地使用新的或现有资源，以可持续的方式完成运动的人道使命。二是提高社区，家庭和个人的能力，使之较少易受损性，更能享受有创造性的生活。

运作良好的国家红会特点：国家红会应达到的一系列被广泛认同的标准，包括关于

它的基础，能力和表现。（1995 年联合会大会 30 号决议通过）

文明社会：广义为非政府，非商业，有组织的群体，他们通过有组织的，集体的表达实现文化的、社会的、人道的和其他的目的。

核心领域：指各国红会共有的项目领域，为之奋斗并期待联合会的支持和指导。联合会将把它的集体力量和声誉放在这些领域内，它们是：促进运动的基本原则和人道价值；救灾；备灾和社区卫生与关怀。

发展：指两个不同但相关的概念。一是指社区，家庭和个人的增强，更充分地享受有创造性的生活，成为较少易受损的过程。二是指国家红会的加强，以更好的完成人道使命。

灾害：社区或个人生命，生存受到威胁。社会经济结构受到侵害的一种势态。

备灾：个人和社区事先计划的，及时的，有效的对付未来灾害的活动。

灾害反应（救灾）：满足受灾人们需求的协调活动。

财力资源发展：以多样化和可持续的方式建立国家红会的财力资源，将财务的自给自足，能够自行支付工作和主要行政开销做为国家红会的目标。

急救（卫生救护）：紧急情况下提供的保护和拯救生命的措施，在情况稳定或专业人员救治前使伤害减少到最小范围。红会的卫生救护培训包括如何预防伤害和疾病的信息。

性别问题：男女之间的社会差异，因时间和文化有很大的变化。

性别平衡：在一个组织各个层次的男女职位分配。分配平衡是男女平等的一个重要条件。

日内瓦公约：日内瓦公约是包含在国际人道法内的一系列规则，它以人道的原因，旨在限制武装冲突的影响。它们保护不参战或不再参战的人员。它们限制交战的形式和方式。

健康：不但没有疾病，而且在生理，心理，社会行为规范上都处于完整的状态。

人道价值：是指体现人道主义行动的价值。基于红十字运动基本原则上的价值包括：保护生命，健康，尊严，尊重别人，不管其国籍，种族，性别，宗教，信仰，阶级或政治观点的不同，而承担帮助别人的责任。

完整性：人或组织的行为与言语，道德等相一致。

国内流离失所人群：由于暴力，灾难等外部原因，被迫离开家园或习惯居住的地点，但未越过国际承认的边界线的人群。法律上，保护国内流离失所人群应由他们的政府负责。

非正式关怀者：指无偿关心或照顾弱势亲属或朋友的人。

使命：一个机构的整体目的和宗旨，确定它所代表的以及所要实现的目标。

减轻（灾害）：减缓或减少灾害影响的措施

政策：已通过的政策为国家红会、秘书处和代表团等的行动提供指导。在完成使命中，以此为参考，保证做出与此一致的决定；政策为组织和在组织中工作的人员确定了行为界限。

恢复：灾难后采取的行动，使基本服务恢复功能，修复身体上的损伤和社区的设施，开展使经济恢复的活动并支持幸存者心理和行为规范的措施。

难民：由于种族、宗教、国籍、某社团成员、或政治观念等各种原因，因恐惧，在本国国土之外，无法或不愿得到本国保护的人；或无国籍者，由于恐惧，在其原居住地之外，无法或不愿返回者。

资源开发：为国家红会开发稳定的，多样的可利用手段，包括人力资源（职工，志愿者），财力资源，物质资源。

塞维利亚协议：1997 年在塞维利亚召开的代表会议上通过，是关于国际红十字与红新月运动组成部分在国际活动中如何组织的协议。

社会福利：有组织体制的机构和服务，以帮助个人和群体获得满意的生活、健康和个人社会关系，使他们充分发挥能力，提高他们的生活并协调家庭和社区的需求。

参与者（红十字会/红新月会）：对红十字会/红新月会行为感兴趣的群体，组织和机构。

战略方向：全球战略内的重点，通过此战略，一个组织将朝着完成其使命的方向迈进。

战略：联合会在各个层次完成其使命的手段和方式。

志愿者：并非出于个人的物质的需求、经济利益或外部社会、经济和政治的压力，相信自己的活动有意于社区而自愿贡献自己服务的个人。

易受损（人）：在社会，经济安全和人类尊严处于最低限度情况下，其生活能力和生存条件处于危险境况的人。

2005 年世界灾害报告

前言　信息：生死攸关的资源

回顾 2004 年发生的事件，令人震惊的是有许多灾难本来是可以避免的——只要在信息和通讯方面能够做得更好一些。对于数以万计的人们来说，灾难是在没有收到任何预报的情况下突然发生的。去年 12 月发生的海啸造成大规模伤亡并导致许多人无家可归，与此相关的文字占据了今年《世界灾害报告》的很大篇幅。虽然世界各地的科学家都有足够的技术记录发生在苏门达腊外海并导致这场悲剧的强烈地震，但是他们没有办法把将会发生的情况以及如何应对的措施告诉人们。当政府的预警系统不能履行职能的时候，民间网络起了作用。12 月 26 日清晨，居住在新加坡的维贾亚库马．库纳赛卡杨（Vijayakumar Gunasekaran）从广播中听到海啸的消息后立刻给住在印度东海岸纳拉瓦都（Nallavadu）的家人报警，结果那里的3，630 个村民得以及时撤离并搬迁到安全地区。

早期预警的功效是不言而喻的，及时并准确的信息本身就可以挽救生命。在 2004 年的飓风季节，大多数加勒比海国家都曾在风暴来临之前成功地向本国人民发布预警，从而挽救了无数生命。他们成功的关键，是将人而不是技术放在警报系统的中心和重点。

在古巴，灾害相关教育已经列入学校课程的一部分，每年的飓风季节之前都要进行撤离疏散的演练。在牙买加，像帕利亚．格林利夫（Patricia Greenleaf）这样的红十字志愿工作者，在飓风来前 48 小时走街串巷用喇叭提醒人们做好预防准备。自下而上地建立防灾意识有助于自上而下地传达预警信息。

信息不仅能够挽救生命，还能减轻灾害带来的痛苦。对于劫后无家可归饱受身心痛苦的幸存者而言，能够查询失散亲友的下落，明了能够获得多少赔付，知道去何处栖身，或者知道一些灾害是怎么回事的常识，都是至关重要的。

在印度尼西亚的亚齐省，红十字志愿工作者使用卫星电话帮助 3400 多个灾民与家人团聚。在斯里兰卡，许多人认为海啸是上天对人类的惩罚。比利时红十字会的救灾人员向他们讲解科学知识，消除愚昧和恐惧。

一旦吃住问题得到基本解决，幸存者马上急切地想知道如何重新工作，如何参加重建，如何参与救济组织和政府的恢复计划。泰米尔邦是印度受灾最重的地区，当地人民自己组织起一个协作小组，对 100 个受灾乡村进行调查后，将灾民的首要需求报告给政府官员，作为制定救助计划的依据。与灾民保持联系是十分重要的，救助组织可以借此提高救助工作的透明度、信誉和信任度。

良好的信息通讯对确保救灾工作的成效和准确寻找并锁定救助对象同样重要。海啸之后，妇女的特殊需求往往被忽视。大批不适用的衣物和旧衣服充斥南亚地区的仓库和路边。评估并传达不需要的物资品种的信息实际上与传达需求的信息一样至关重要——可以节省宝贵的时间、金钱和资源。

与此同时，许多不在媒体聚光之下的长期灾害和危机正在悄无声息地吞噬着生命。西非的撒哈拉地区由于干旱和蝗灾饱受饥荒之苦，2005 年中期约有 900 万人的生命处于威胁之中。尽管早有警告，但撒哈拉的灾害还是被苏丹达富尔危机和印度洋的灾害掩盖了。提高媒体对世界上被忽视的人道主义灾难的关注，确保全球救助行动的公平合理，已是当务之急。

由此可见，国际救助组织的工作成效并不都是一样的。信息本身就可以拯救生命。然而，我们在收集和传播信息方面还有空白和差距。值得庆幸的是今年的《世界灾害报告》报道了许多范例。我希望这样的范例越来越多。

首先，救助组织应该认识到准确及时的信息本身就是一种救助资源，或许也是易受损群体惟一能够负担得起的备灾手段。

其次，我们对媒体、捐助者和广大公众宣传和对话时应该强调特别关注那些经受被忽视的灾难之苦的人们。

最后也是最重要的，我们应该非常重视与受灾人民的对话和交流。因为这样做不仅会提高救助工作的成效，更为重要的是把正确的信息传达给他们，让灾民对自己的生活有更多的自主权。

红十字会与红新月会国际联合会秘书长
马库·尼斯卡拉

第一章　数据还是对话？信息在灾害中的作用

今年出版的《世界灾害报告》的研究题目包括救助者和被救助者之间的联络沟通以及其对易受损群体的作用。报告探讨了在灾前、灾中和灾后不同阶段中信息是如何被处理的；研究了与之相关的方面，如与灾民的对话咨询、需求评估、风险分析和信息分享。报告还涉及了本地媒体和国际媒体的作用，以及在人道救助中信息的影响和进行沟通交流所需要的技能。

信息本身就是一种重要的救助的形式——但是人道组织对此并没有足够的认识。受灾群众需要信息如同需要水、食物、医药和庇护。信息能够挽救生命，保护资源，还可能是易受损群体惟一能够负担得起的备灾手段。但是，救助组织往往只为自己的需要搜集救灾信息，不重视与他们的服务对象沟通和交流救灾信息。

早期预警的功效是不言而喻的，及时并准确的信息本身就可以挽救生命。拿古巴来举例，由于公众的灾害意识较强，飓风导致的死亡人数就比邻国低许多。古巴人十分注意通过媒体传播的气象警报，他们知道灾害来临时应该做什么和如何躲避。易受损群体在各个层次上与政府部门保持密切联系。而海地正相反，政治暴力和毁灭森林使海地人承受更大的灾害伤亡。

古巴的成功表明仅有科学技术是远远不够的——信息只有被受到灾害威胁的群众分享时才能发挥作用。举例来说，2004 年 12 月的海啸发生之前，得到最多信息的是太平洋地区的科学家，但是他们无法将信息传递给将要受到海啸冲击的人民。

灾害打击之后，紧急救灾行动应该建立在针对幸存者需求和能力的评估的基础上。但是以往的调查表明，在很多情况下，救济组织的早期救助行动往往是凭借猜测，并没有准确的需求信息作依据。导致这种情况有许多原因：救济组织之间的竞争；来自媒体和捐款人的压力；大批空运而来亟待转运分发的救济物资，等等。结果是一些受灾群体的需求得不到满足。海啸救援行动的一个重要教训就是救济组织如何将紧急救助与及时的需求评估结合起来。

以往的救灾行动，包括海啸，留下的另一个教训就是救济组织之间协调不好就会导致重复和浪费。海啸之后的一个月里有 200 多个救济组织在亚齐活动，但是只有不到百分之二十的组织向联合国协调员提供工作报告。国际组织一向互不通气，更不要说与受灾群体的沟通和交流了。灾区的一些民间组织倒是在这方面做出了榜样，例如在印度南部的非政府组织就成立了协调机构，在100多个受灾乡村中搜集情况并向救济组织通报灾情。

在救灾过程中，影响救济组织和灾民关系的重要原则就是协商和透明。但是，总结亚齐救灾工作就会发现不足恰恰是这个方面。救灾工作者对于应该将什么样的信息传达给灾民—— 特别是那些身心受到摧残的灾民，感到困惑。在一味强调需要紧急行动的压力之下，救济组织面对涌入的大量“非限定”捐款缺乏战略规划，但又急需展示救灾成就，加上不重视与当地群众的联系并且也不懂如何沟通，信息的传达和交流就这样被抛弃了。

对于缓慢形成的灾害而言，协商的情况要好许多。2003年津巴布韦发生食物短缺，拯救儿童基金（英国）就在当地建立信息反馈委员会，儿童们可以就食品分发问题发表自己的意见。事实证明，在救济组织和灾民之间能否建立相互信任，救灾工作的透明度起到关键作用。

除了收集反馈不足外，救济组织在与灾民沟通信息，满足他们的精神需要方面，还有许多应该改进的地方。海啸之后，有些救济组织运用卫星电话帮助灾民寻找失散的亲友。在斯里兰卡，比利时红十字会的工作人员向灾民解释为什么会发生海啸的科普知识，破除认为灾害是上天对人类的惩罚的迷信。灾区本地的媒体在向灾民传播重要信息方面可以起到重要作用，然而在海啸之后，他们得不到外界的帮助。

对穷人，特别是家庭妇女们，无线电广播是获取信息的重要来源。除了传播有关紧急灾害的相关信息外，精心制作的广播剧可以帮助减少当前灾害的危害。例如在阿富汗，英国广播公司用当地语言制作的肥皂剧在电台连续播出之后，就改变了许多听众对地雷和传染病危害的认识。

让我们再看看国际媒体的作用吧。有些救灾工作者指责记者没有更多地报道和宣传世界上一些“被遗忘的灾害”。当海啸连续几周充斥新闻头条，引发破纪录的公众捐款时，一些由于战乱、干旱和疾病导致的慢性灾害几乎被人们遗忘了。不仅如此，大多数救济组织本身就没有将主要力量放在最需要救助的地方和人民身上，他们往往会追逐媒体的报道和捐款的走向。

有事实表明，当今的媒体比以往对灾情给予更多的报道。但是，人道工作者与记者之间的交流对话显然是不够的。作为把人道需求的信息传递给更广阔的世界的传播者，救济组织应该付出更多的努力，把那些被忽视的灾害向捐款人、记者和公众通告。

数字化技术和英特网已经使得新闻通讯更加现代化了，相形之下救济组织则落后了。信息技术带来了令人兴奋的种种可能，因为它自身就是一种援助方式。由于有了移动电话，早期预警、灾害救济和减低风险都发了革命性变化。举例来说，2001年古吉拉特发生地震后，当地的妇女组织SEWA给它的200名工作人员配发了手机，这样她们无需返回总部就可相互联络。SEWA甚至还运用卫星电视与外派工作人员进行电视会议，向公众播放与政府官员的座谈会。

对于信息技术在救灾工作中的作用而言，海啸救援是一个转折点。新的诸如“人对人”和“博客”等通讯交流方式已经展现成效。救济组织可以通过使用“博客”网站，与“博客”们交换有关救灾和需求的信息，提高工作成效。救济组织应该帮助易受损群体获得更多类似的信息手段。

总而言之，救济组织与受灾群体之间的信息交流和联络仍然是十分差的。国际红十字与红新月运动和参与救灾的非政府组织共同遵守的行动准则号召救济组织应该鼓励当地人民参与决策。同时，Sphere 标准也充分地赋予人们“知情权”。现在，植根本地的非政府组织的数量和能量都在不断的增长，他们也在不断地要求参与协商的权利。技术的发展使得易受损群体手中掌握更多的权利。信息本身就是一种权利。国际组织运用信息是让自己获得更多的权利还是让他人获取权利呢？以下建议或许能够帮助改善救济组织与受益人之间的联络和交流：

认同信息本身就是一种救助方式；

向捐款人、记者和公众宣传被忽视的灾害的紧迫性；

分享有关灾害评估的信息；

加强对救灾工作的公众审计；

支持易受损群体更方便地获取技术；

与当地政府和社会网络共同构建分享信息的伙伴关系。

津巴布韦的儿童要求回复的权利

17 岁的杰西卡·佩祖拉住在津巴布韦一个名为穆托拉尚加的常年饥荒的村子里。2003 年，英国的拯救儿童基金（SCF）开始在村里分发食品。过了一段时间，拯救儿童基金在检查工作时发现救灾过程中许多村民，特别是儿童觉得他们被忽视了。接受救济的村民并不清楚他们拥有的权利和责任。因为怕得罪人，他们往往不愿意在村民大会上对不公平的事情进行争辩。孩子们则抱怨分发点太远，东西太重，而且往往在上学时间分发物资。

为此，拯救儿童基金于 2003 年 9 月成立了儿童意见反馈委员会来搜集意见，让儿童自己征集建议并开展宣传。这是因为儿童作为救助的主要对象可以发现一些大人们不能或者不愿意看见的东西。

在接下来的 8 个月里，70 个孩子从同伴中搜集了许多宝贵的反馈意见。比如，被领养的儿童反映他们的监护人经常霸占他们的口粮，或者强迫他们长时间劳动后才分给他们吃的东西，还有的监护人则把救济食品淘换啤酒喝。意见反馈委员会极力督促村民尊重儿童的权利。据杰希卡介绍，“现在村里的人都知道什么是虐待儿童了，也知道尊重儿童权利的重要性了。自从儿童意见反馈委员会成立以后，我再也没有听说在穆托拉尚加有虐待被领养的孩子的事了。”

第一章素材的主要提供者是托尼·沃克斯。沃克斯曾为乐施会（OXFAM）工作了 27 年，其中有 9 年担任该组织的全球紧急救助协调人。他现在是灾害和战乱救助评估工作的独立咨询人。本栏故事的提供人是英国拯救儿童基金的工作人员克里斯·迈克福。

第二章　告诉你的邻居，快逃！加勒比地区飓风预警

从 2004 年 8 月到 11 月，飓风袭击加勒比地区多达 9 次，至少 2000 人丧生，成千上万人流离失所，经济损失高达 600 亿美元。海地死难者的人数最多，虽然古巴、牙买加和多米尼加共和国的灾情也十分严重，但是这几个国家的死难者人数相对较少，为

什么呢？这是因为这些国家了解了相关知识并做了预警工作。这一章将告诉我们，当地组织和对飓风的了解与及时、准确地做出高科技预报一样重要。

2004年间，古巴向世人证明了它是如何有效地在飓风来袭时保护人民的生命安全。8月，当飓风查理袭击古巴时，造成了7万座房屋严重毁坏，4人死亡；而一个月以后，当飓风伊万来袭时，超过200万居民已经提前撤离，没有一人丧命。

古巴有一个世界级水平的气象站，15个省级分站。他们与美国科学家共享数据，预测飓风的轨道。在飓风预计登陆时间的72小时之前，在国家电视台发布预警的同时，国家预防委员会制定撤离计划并确定避难场所。在学校教授飓风知识，并在飓风频发季节到来之前举行避难演习。大部分的成年人都受过一定程度的教育，所以在有关部门和预报员发出预警时能够立刻明白。

在飓风预计登陆前48小时之内，政府在高危地区发出预警，当地政府确保居民能够及时撤离；12小时之内，确保每位需要撤离的居民到达避难所，用木板封上房屋的窗户，清扫碎瓦片。这些在古巴都是法律的要求，在查理和伊万飓风袭击时被强制执行。“并不需要太多的钱就能做好工作，这是我们从古巴学到的最好经验。”奥德利·马林，一位牙买加红十字会志愿者如是说。

在伊万飓风袭击之前，牙买加前总理在国家电台和电视台敬告民众，飓风已经在格林纳达导致39人丧生。在美国的帮助下，牙买加气象局预测出飓风的登陆地点。牙买加红十字会和教会灾难委员会发出街道预警，通过手机通知居民，检查避难所，观测河流是否有泛滥的迹象，并借来私人交通工具帮助盲人和残疾人撤离。

自从1988年吉尔伯特飓风以来，牙买加的备灾工作取得了很大的进步。国家备灾办公室将容易发生洪水和山崩的地区制成地图，完善社区预警系统，使公众全年保持警惕。六月是“备灾月”，在这个月中将组织各种备灾实践演习。这些努力取得了显著的成果，当伊万飓风袭击时，死亡人数下降至17人。

多米尼加共和国与它的邻居海地共和国共有临近小岛伊思帕尼奥拉岛的所有权。九月中旬，热带风暴珍妮在这一地区带来了前所未有的降雨，河流泛滥。23名多米尼加人死亡，四万人得到救援，两百万人受影响。在这一天之前，气象机构发布风暴预警，并用地图标出风暴的可能路径。消息传达到每个地区，广播台不断重播风暴将要来临的消息。一些人接到了他们在波多黎各亲戚们的电话，亲戚在电视上看到风暴将要来临的新闻。当地的市长骑马或是骑摩托车到偏远的乡下通知居民。尽管如此，人们注意到了风暴的来临却忽略了洪水的暴发。许多人决定不转移，因为他们的房屋可以抵抗风暴，但是第二天，一些人从睡梦中醒来时却发现他们的房屋四周洪水泛滥。十一户家庭中就有一户当夜是在树上度过的，直到家庭自制的救生筏将他们营救出来。

在海地的边境，热带风暴珍妮淹没了沿海小镇格纳伊夫。洪水在30分钟内上涨了两米，夺取了1800人的生命并导致800人失踪。同样的风暴，为什么海地的伤亡人数比多米尼加多了一百倍？珍妮摧毁了树林，造成山体滑坡和山崩。总统阿利斯德在几个月前的突然离任造成了社会的动荡和骚乱。早期预警系统需要当地政府做好准备，监控，预警并做好人员撤离。但是他们只是纸上谈兵，并没有付诸行动。

海地的气象中心缺乏信息资源。国家应急处理中心并没有有效的运作，并没有在格纳伊夫发布预警。许多当地居民认为山脉将阻挡风暴的袭击，他们对即将发生的灾难没有任何思想准备。在最近的六十年中，飓风已经夺去了17000海地人的生命。很明显，海地需要帮助，来增强它的备灾和预警系统。

有效的飓风预警不仅需要科学技术，而且需要人与人之间的信息交流。以下是加勒比地区的成功秘诀：1. 飓风预测：与美国共享它的预测工具，在飓风来临之前3－4天成功进行预测。除此之外，古巴还运用了自身的雷达和电脑模式。存在的挑战——准确的预测出飓风的强度。2. 全国范围内的预警：政府在3－5天之前做出警报，在飓风预计登陆的24小时之前做好预防工作。3. 当地政府：把预警传达到每个易受灾地区，当地官员必须掌握预警和撤离的可用资源。预警应该包括比强风危害更大的洪水和山崩发生的可能性。如果当地政府能力较弱，预警链就将被破坏。4. 公众参与：即使在古巴政府都不可能事必躬亲。包括非政府组织、红十字会、教会、青少年组织在内都必须投入到备灾和预警工作中。5. 人民意识与行动：这是古巴飓风备灾取得成功的关键。提高公众意识运动是非常基本的，包括学校教育和实践操练。

早期预警技术是比较容易掌握的部分，而真正的挑战在于，如何让它受益于民。1. 高危地区的民众应该了解，当接到飓风预警时他们应该做什么。教育普及对此有很大的帮助。2. 将预警具体化：除了全国预警之外，还必须做出各地洪水和山崩的预报。3. 鼓励民众参与：如果当地民众参与设计与维护，早期预警系统更有可能获得成功。4. 各地经验的积累：个人的经历和口头流传的经验很可贵，但并不总是被信赖的。我们应该有批判地接受并对之进行补充。5. 通过学校提高意识：意识到飓风的危害性的学生在他们的家庭及四周邻居中进行宣传，这比成人宣传更容易被接受。6. 把预警和降低危害联系起来：从根本上解决易受飓风袭击的原因是必要的，如不可避免的城市化和对森林的滥采滥伐。

牙买加的社区灾害反应小组

“我很高兴能在风暴来临之前通知其他人。”帕特里西亚．格林里夫如是说。她是牙买加红十字会西达山谷地区灾害反应小组的成员。在伊万飓风来临前48小时，她与许多其他的志愿者一道，在街道用扩音器通知群众。他们鼓励处于社会边缘的弱势群体和有特殊需要的人们，如老人和精神病患者，在自家门口悬挂一面白旗或是其他东西来告知其他人当撤离时他们需要帮助。

加勒比地区近50年内遭遇的最强的飓风——伊万飓风刚刚以每小时250千米的速度横扫了格林纳达地区，夺去了39人的生命，摧毁了90%的建筑物。牙买加红十字会发动其所有机构和1.2万名志愿者投身高危预防工作，他们在全国范围内开放了近1000个社区避难所。

2004年9月11日，当历史上最强的伊万飓风袭击牙买加时，帕特里西亚和她的灾害反应小组已经做好了预警措施。他们准备了一张地图，详细标出可能受灾的地区。他们很清楚西达山谷地区最易受灾的群众的住处。他们和当地红十字会一起草拟了灾害反应计划。他们受过搜寻、救援、创伤救护等方面的训练，并装备了医疗工具箱、扩音器、铁铲、绳索、防水靴和头盔。除了大范围的经济损失，西达山谷地区没有一位人员死亡。

本章资料的主要提供者是本·韦斯内尔，维克托·路易斯，阿伦·雷维尔和劳德斯·梅尔勒斯。韦斯内尔是伦敦经济学院发展研究所、日本京都大学灾害预防研究所的独立研究员。路易斯是一位独立咨询师和以研究多米尼加共和国为主的社会学家。雷维尔是拉丁美洲社会科学机构秘书处和拉丁美洲社会备灾研究网风险和灾害研究项目的协调员。梅尔勒斯是一名社会学家，负责拉丁美洲社会科学机构多米尼加项目的协调工作。牙买加红十字会应急服务与行动部主任鲁斯·克里斯霍伦为本章提供了资料。

第三章 西部非洲蝗灾：警告早，反应慢

经过多年干旱和2004年的蝗虫灾害，西部非洲撒哈拉地区贫瘠无果，2005年有9百多万人口面临着严重的食物短缺。村民们从蚁丘中寻找散落的食物，儿童营养不良，婴幼儿死亡率剧增。但是谁关心呢？发出的警告没人注意，对食品援助呼吁反应迟缓。撒哈拉危机本可以避免——但为什么没能避免呢？

60年代末，西部非洲经历过持久的干旱，但是2003年至2004年的雨水为沙漠蝗虫创造了理想的滋生条件。2003年7月，北部非洲山脉生长的蝗虫侵入到撒哈拉，然后在那里开始繁殖。

2003年6月，该地区出现了大批蝗虫云集的消息。同年10月，联合国粮农组织向捐助人发出了第一次灾害临近的警告，并建议要加强管理。2004年2月，联合国粮农组织发出了筹募900万美元的呼吁，但未能筹集到资金，因捐助人被达尔福尔的事情搞得心烦意乱。其间，蝗虫剧增。7月份，粮农组织警告说，情况“极其危急”，并另外紧急呼吁1亿美元。

1个月后，撒哈拉蝗虫灾害成为80年代末以来最严重的蝗灾。毛里塔尼亚和马里是当时受灾最重的国家，他们的官员报告说，他们没有足够的杀虫剂和喷洒设备。在马里，派去控制蝗虫的惟一一架直升机到8月末才能开始喷洒。国际媒体开始报道无助的农民用敲罐或晃动棍子的方法试图赶走吃他们庄稼的蝗虫的场面。

8月底，在一次地区的紧急会议上，塞内加尔宣布已调动部队进行灭蝗。6周后，联合国简伊格兰说，蝗灾对人的生存的威胁比非洲地区任何战争都大。1.5亿人赖以生存的希望就这样眼睁睁地被毁掉了。

捐助人提供的资金姗姗来迟。虽然喷洒杀虫剂能够帮助控制蝗虫，但是对于很多农民来说喷洒来得太晚了——尤其是偏远地区的农民，在喷洒杀虫剂以前，他们早就失去了自己的庄稼。

总的来说，蝗灾在毛里塔尼亚毁坏了160万公顷的农田，占全部谷类作物的一半。在尼日尔，蝗虫吃去了国家谷类作物的15%，占牲畜赖以生存饲料的40%。2004年底，由于摩洛哥和阿尔及利亚政府采取的措施以及阿特拉斯山脉寒冷的冬天，才使蝗灾得到了控制。

但是这并不意味着灾害的结束，因为蝗灾发生在每年收割期之前。2005 年春季，无助的农民不得不吃掉他们用来播种的玉米种子。他们卖掉牲畜来买食品，由于粮食的价格翻倍，因此牲畜的价格降低。

2005 年 4 月，广泛报道了严重营养不良和食品不安全的情况。毛里塔尼亚和尼日尔三分之一的人口——480 万人——面临着饥饿。在毛里塔尼亚和马里，三分之一五岁以下的儿童患营养不良。在尼日尔，35 万五岁以下的儿童面临着严重的营养不良。婴幼儿死亡率创下历史纪录。急性呼吸道感染传播，在布基纳法索，有 300 万人感染。村民们只好采集树叶来做他们每日的饭菜。

农村人口不断地向城市移民，以寻求食品和工作。农民和不断拥进的牲畜主拼命争夺牧场，加剧了他们之间的紧张关系。在布基纳法索，一个 500 户人家的村庄就在复仇的冲突中被烧掉了。

情况怎么变得如此恶化？2004 年的教训之一是缺乏国家预警制度和控制蝗虫的队伍。尽管欧洲负责控制蝗虫的官员使用了卫星图象和数字地图追踪蝗虫，但他们也没有什么办法来控制它们。缺少用来保护庄稼以及喷洒杀虫剂的飞机，国家管理人员的技术匮乏，这些都是十分可怕的。防止区域间蝗虫传播的机制也同样薄弱。监督和抵御蝗灾需要地区间密切的合作，因为虫害是没有界限的。

美国国际开发署的报告说：“国际社会对紧急状态做出的缓慢反应导致了要花很高的费用来控制灾害。”捐助人在 2003 年 7 月同意用 100 万美元控制蝗虫的威胁，而迟缓的反应意味着最终要花比所需费用高出 100 倍的经费。

对于缺乏快速的反应，到底应该谴责谁呢？一些捐助人说世界粮农组织对危机知道的太晚，他们抱怨说粮农组织的警告强调的不够充分。但是世界粮农组织根本就没有意识到，大多数的捐助人以及这些地区的政府根本就不了解蝗灾能糟糕到什么程度。

世界粮农组织反驳说，大多数捐助人在蝗虫已经形成巨大灾害之前没有做出反应，如果没有电视新闻来告诉世界，捐助人恐怕行动得更加迟缓，也不会那么慷慨。今后，对于世界粮农组织来说，在第一批蝗虫出现后，就要尽快加以通报。

一名地区专家认为，援助机构没有收集到究竟需要哪些必要的营养食品的信息，没有这个基本的数据，整个的信息流程是粗略的、支离破碎的，使捐助人对灾害的程度不明确，由于对问题不理解，也不会引起记者们的注意。

过去的经历证实，捐助机构必须要尽力使媒体和捐助人共同参加以应对潜在的慢性灾害。仅靠发出呼吁和发布新闻还不够，需要动员大量媒体来呼吁关注危机和可能的风险。

2004 年蝗灾的袭击造成了破坏性的后果。成千上万的人们面临着营养不良甚至饥饿和死亡。如果人们关注早期的警报信息，就会避免这一切。2005 年中，援助机构再次呼吁救助，以避免干旱和蝗虫引起的食品危机。而很多援助工作者有着同样的感觉，即他们的呼吁无人理睬。

建　议

在财政和管理上的适当的预警：把抗御蝗灾筹募资金剩余的部分用于加强地区和国家预警反应管理机制。蝗虫易发国家的捐助人和政府必须保证，这些资金要分配给这些机构，用以维持他们长期备灾的素质和能力。这需要对资金的支出和透明的管理做出政治上的承诺。

更好的有影响的数据：数据收集是支离破碎的，因此很难掌握国家和地区灾情的范围。援助机构应交流数据以建立更大的灾情范围的网络，并与国际媒体和捐助人交流此信息。

加强宣传活动：使援助机构尽快行动起来的最好方法，是通过媒体将需要援助的信息传达到发达国家选举人的家里去。援助机构应寻找更积极并具有创造性的多媒体战略，让尽可能多的人了解出现的人道危机，促使政府尽快做出反应。

创造更大的威胁知晓率的地区机制：应在地区一级尽更大的努力，保持捐助人、政府和当地居民对蝗灾、饥荒威胁以及对未来的灾害应如何防范的知晓率。2004 年蝗灾的主要教训是大多数人忘记了蝗虫的破坏性是什么。

本章撰稿者是自由作家简·米里甘，他的专业是人道主义和发展问题。

第四章　亚齐的信息黑洞

2004 年 12 月 26 日，亚齐遭到了海啸的侵袭。这场导致 16.4 万人死亡或失踪、超过 40 万人无家可归的灾难很快就成为了历史上报道最为广泛、募集捐款最多的事件。200 多家人道主义组织——以及来自数十个国家的 3，000 支军队——投入到了救灾工作之中。

本章内容主要针对灾害发生后第一个月内信息的传播问题。信息交流是否畅通？有哪些欠缺？缺少信息协调对于幸存者有什么影响？

在巨大的困难面前，当地人首先采取了互助的方式。在军队的帮助下，红十字会的志愿者们承担了搬运遇难者尸体及分发食物和水的工作。一些救援机构——包括印度尼西亚的民间机构和红十字会——工作的开展得益于对当地情况的了解。但即便如此，他们基线调查的数据并不完整，而政府的信息也被认为是过时的。

临近的国家迅速采取了行动。语言和文化的差异并没有成为这些救援队伍的障碍，他们的出现满足了灾区紧急需要。许多国际组织从欧美派来工作人员，而他们本可以雇佣当地的专家。

最初，救援机构只是根据推测进行救灾物资分配 - 他们忙于后勤事务，没有时间进行详细评估、开展与受灾人群的讨论。他们对灾情最重的西部沿海地区的情况一无所知。“我们是在黑暗中摸索前进。”一名救援人员如是说。

国际组织推测幸存者最需要的是水、食物以及帐篷，尽管这个推测是正确的，但是他们错误地认为印尼人民自己没有能力满足、至少是部分地满足这些需求。国际组织也没有制止灾民依靠外界援助存活的误传。

在公路、桥梁和港口都被毁坏的情况下，运送救援物资的惟一方法就是空运。在印尼的请求下，国外的军用飞机在几天内就到达了亚齐。由于直升机数量有限，而运送目的地很多，飞机不能在一个地点长时间停留，但是可以进行迅速的灾情评估，为幸存者提供指导，第二天运来救灾物资并将伤员运走。

印尼军队与外国军队进行了卓有成效的合作，但军民之间的合作并不成功。最初没有专业人员在军民之间进行协调，说服军队同意提供信息或允许救援人员乘坐军队飞机进行需求评估。然而，大多数人认为，没有军队的介入，可能会引起极大的混乱。

随着媒体对这次灾害的宣传力度的增加，越来越多的机构纷纷来到亚齐，做好了看到灾区惨象的准备。但当1月4日，救援人员来到被称为“废墟”的西部沿海城市米拉务时，他们惊奇地发现印尼军方及政府给予了灾难幸存者周到的照顾。一场争夺受益人的战争开始了。一些机构对自己掌握的信息进行了严密的封锁，确保自己的“生意”不受威胁。几周之内，亚齐的“人道空间”显得异常拥挤。协调工作变得困难。200多个机构中，仅有46个向联合国协调员提交了报告。联合需求评估寥寥无几。

语言成为了障碍，联合国的会议语言是英语，而政府会议通常使用印尼语。由于不了解彼此在什么地方开展了什么工作，有的村子收到了过多的救援物资，而有一些却被忽视了。

这些协调问题产生的主要原因归根结底都是一个：资金过多。几乎每个组织都有能力租用直升机或者船只来开展各自的需求评估、物资发放，以及实现自身宣传的目的。往日那种非政府组织等待与联合国合作来开展项目的局面扭转过来了。

灾难发生一个月之后，救援工作积极进行。然而尽管有众多的组织参与，仍有一些迫切的需求被忽视了。大多数组织聚集在亚齐受灾严重的西部海岸地区——而东部海岸地区15万名流离失所的灾民却没有得到足够的救助。与此同时，尽管有20多万名无家可归的人被其他家庭收留，但这些家庭在灾害发生后的第一个月中几乎未得到援助。

人们高度“关注”的医疗救援工作吸引了最多的组织参与：22个民间卫生机构同时在西部沿海地区的同一个地方开展项目。班达亚齐成立了十个国际性的灾区医院，没有一个得到充分利用。外科医生数量过多。一名驻米拉务的联合国观察员看到“20名外科医生争夺1名病人”。然而接生员和护士的数量不足。妇女们在没有任何医疗措施的情况下生产－联合国评价这是一种“不能接受的风险”。

大多数国际组织通过村子的首领进行需求评估及物资发放。但是也有少数组织——考虑到当地社会严格的父权制度——挑选了一些女性工作人员进行妇女需求评估。没有男人在场，亚齐的妇女们提出对内衣、头巾、卫生巾以及避孕药的需求，并对所遭到的性虐待进行控诉。

总而言之，在亚齐，信息收集工作面临许多问题。灾害发生地区复杂的地理情况为运输造成了极大的困难。分布在绵延数百公里的海岸线上的小村庄被海啸摧毁，并且与外界隔绝。救援人员难以及时开展营救工作，也没有开展物资运送工作所需要的详细评估。各组织之间的竞争，以及花掉大额预算的压力，阻碍了信息的共享。

大量国际救援机构毫无秩序地涌入亚齐，为幸存者提供援助、防止饥饿和疾病的蔓延。但是人力物力的重复投入以及各组织之间树立形象的竞争使他们丧失了思考的能力。难道就因为捐款人慷慨解囊，就可以让某些组织只顾树立自身形象而各自为政吗？一些建议应该自始至终采纳：

在评估工作上投入更多的人力，以便救

灾人员能够集中精力做赈济工作。评估小组的组成须包含本地雇员。

任命一名实地信息协调员，以便在紧张的救援工作过程中，能够为决策制定提供灵通的消息。

通过确定具体机构协调领域内、机构间的评估，为所有机构提供基线信息，以此开展联合评估，

招募足够的军民联络人员，协调相互间的信息沟通问题。

与当地民间机构合作，而不是挖走它们的工作人员。这样做可以避免误会的产生以及削弱当地机构的力量。

与当地不同的机构合作，避免权利失衡现象的长期存在，从而防止救灾物资分配不公平的情况的发生。

在父权社会体制及有性暴力倾向存在的情况下，要尤其优先考虑女性的需要。

三个失实的报道——事实上还有更多

失实的报道：幸存者是需要依赖外部援助的“受害人”。近 30 年来，亚齐一直处于武装冲突的局势下，那里的人民已经掌握了相当多的求生技巧。媒体大都热衷于渲染灾难的破坏性和损失的严重性，而对当地的灾后重建能力—包括当地居民拥有庞大家族和信奉伊斯兰教的情况—避而不谈。人们在报道中所看到的多是灾民的帐篷，但实际上大多数幸存者都居住在寄宿家庭里。在英国 BBC 关于亚齐省的 67 个报道中，对于灾民自救的内容提到了不到三次。只有印尼本国的媒体注重宣传亚齐人民的勇气与团结精神。

失实的报道：大量儿童在海啸中沦为孤儿。2 月 15 日，路透社——根据印尼政府和联合国儿童基金会提供的数据——报道说：“海啸之后，有 1 万名亚齐儿童在寻找他们的父母。”事实上，失去子女的父母人数比孤儿人数更多，因为在海啸的遇难者中儿童的人数要比成年人多。截至 2 月底，只有 60 名儿童被确认为是“举目无亲的未成年人”——即没有熟识的成年人赡养的儿童。

失实的报道：尸体传播传染病。面对海啸过后灾区成千上万具尸体，媒体和当局都认为应该尽快掩埋尸体，以避免疾病的传播。但是，世界卫生组织反复地强调尸体不具传染性。在绝大多数的情况下，细菌在宿主死亡后数小时内即会丧失生命力。世界卫生组织谴责亚齐的这种集体掩埋是“侵犯遇难者家属人权的行为”。

本章内容由现驻印尼雅加达的自由记者埃尔兰达·雅克美特撰写。

第五章 南亚海啸重建过程中的信息共享

“我不想要新锅——现在有的已经够用了。我想知道的是下个月我的家人能住在哪儿?”印度寡妇 Parvita 说道。她的话也道出了海啸三个星期后许多幸存者面对未来真切的心声。

在印度，海啸卷走了 1.6 万人的生命，造成 100 多万人受灾。非政府组织用了数周时间在海啸受灾地区进行最基本的需求评估。而源源不断涌入的救灾物品、资金使各个非政府组织忙于竞争可援助空间而不互通信息。

在印度红十字会的支持下，印度政府开

展的适时反应赢得了众多赞誉。然而，大量的救助信息却并没有被及时地传达到村落或边缘群体，如不可接触者。

空前的媒体覆盖令人匆忙应对。众多机构忽略了开展不适当长期重建项目所要承受的风险。例如，过多的船只捐赠可能会造成捕捞过度的风险。一些经验丰富的非政府组织协同当地人一起进行项目评估，借此激发人们对其项目效果的反馈。

在 Tamil Nadu，一些强势的民间社团组织为了信息共享而建立起地区网，并借此与政府探讨需求并推动首要问题的落实。其中运作最好的网络是 Nagapattinam NGO coordination cell，该网络在海啸后三天便开展工作，已吸引了400多个非政府组织会员加入网络。“CELL”的志愿者们每天要拜访100多个村落，以了解救助工作与受援人群实际需要之间的差距。这些信息将被反馈给政府和非政府组织用于改进救助工作。

在援助机构聚焦沿海渔民时，却忽视了其他一些人：晒鱼卖鱼的妇女，包鱼送鱼的达立人（即所谓不可接触的贱民阶层），编篮人、修网人、船木匠和内陆渔业社团。“外来人员不知道以往损坏的船只和鱼网可以送给其他人进行维修。实际上是该地的整体经济遭到了破坏，而不仅限于渔业。”一个当地激进分子说道。

信息搜集偏重于男性，而低估了女性对渔业经济的贡献。但是对女性需求的疏忽已经导致了严重后果，特别是一些寡妇，她们现在已经身陷图圄，负债累累。

等级制度是另一个阻碍人们获取信息和援助的屏障。达立人抱怨渔夫不让他们得到援助。有经验的救助工作者在收集信息时都是直接与边缘人群联系，从不通过任何中介人。

海啸的范围之广使通讯更加困难。在信息共享方面，国际组织比当地社团的反应更加迟缓。为此，TAMIL NADU 人提出了一些重要建议：

共享需求评估结果，以推进救助方面的相关信息互享。·通过简单易行的手段加强与当地信息网络的链接。·计划评估时要考虑整体社群，而不仅局限于所定家庭。·倾听灾民的呼声，特别在紧急阶段后。·支持民主协商，将最易受损群体的根本利益置于重建工作日程的首要位置。

距印度大陆1500公里是 ANDAMAN 和 NICOBAR 岛，这两个岛正好位于海啸通过的地带。“我想这里有2万人死于海啸。”一位议会中的岛屿成员2月初时说道。而官方的统计数字是1927人死亡，5555人失踪。

该地的地理情况使统计更为困难。众多群岛分布在800公里的海岸线周围，很多人被大浪卷入海中。尽管2001人口普查统计有356152名岛民，但当地观察员推测岛民数量接近于45万人。军方承认官方发布的死亡人数不包括非法移民。

3个月后，死亡人数变更为近5000人。但是只要受害者还是失踪在寻，他们的亲属就不能领取政府发给每人2300美元的抚恤金。

同时，援助机构很难在岛屿进行单独的访问评估。印度军方最初的回应是不允许非政府组织进入灾区。截至1月中旬，已有71个非政府组织排在等待进入受灾岛许可名单之中。直到3月份解除禁令。

在斯里兰卡，海啸夺走了3.5万个生命，50多万人无家可归。妇女的死亡人数超过男性。因为对多数妇女而言，学游泳是文化禁忌。她们在最紧要关头忙着聚拢孩子，以免孩子走散——这也造成了最致命的延误。而且当地妇女的传统服装也令逃跑或游泳变得几乎不可能。许多年轻的未婚女孩就死在家里，只因迫于没有男性亲属陪伴不许外出的习俗。

据女性社团称，紧急救援活动是大规模的“性别盲点”。只有少数组织为妇女提供了卫生用品、内衣和适当的衣物。孕妇和待产妇女没有得到足够的照料。妇女因不得不和陌生男人共处一个避难所而感到紧张不安。

媒体对女性的兴趣只停留在搜集受害者的故事上面。营救和暂住避难所期间的强奸和暴力新闻层出不穷，这引发了一系列具有轰动效应的报道，并迫使当局派遣警察和士兵看守营地。

激进主义者利用媒体激发人们的男女平等意识。YOUNG ASIA 电视台与受灾妇女一起制作电视节目，为重建家园出谋划策。

女性社团推动了受灾女性参与决策的权利。她们的努力在 4 月份时终成正果，政府通过了一项议案，确保在所有救助和重建机制中男女平等和女性的发言权。

与此同时，海啸也给人们造成了深度的心理和生理损伤。多数遭遇过大型灾害的人都需要一个相对的心理康复过程。其中 5% -10% 的人可能需要长期的专业心理帮助。鉴于当地有限的心理医生，援助机构该如何帮助幸存者进行心理康复呢？

丹麦红十字会基于其在北斯里兰卡内战时积累的经验帮助海啸幸存者进行心理康复。海啸过后的人们更加愧疚与痛苦，因为他们觉得很难将目前的困境归罪于大海。一些机构发现驱除迷信会有助于心理康复。比利时红十字会对幸存者解释了引发海啸的科学原因，这有助于帮助人们减少这场灾难是神的惩罚等诸如此类的感觉。一个斯里兰卡的非政府组织通过在报纸上做广告，说明海啸发生的几率之低来帮助在校学生进行心理康复，借以说明海滩仍然是玩乐的好地方。其他机构也通过广播、电视和报纸等向人们进行宣传。

美国红十字会的 oseph Prewitt Diaz 和他的工作组已经在南亚地区培训了 1 万名红十字“应对危机技术人员”。海啸过后，他们鼓励人们重新开始正常生活：一起吃饭、继续日常生活或开始工作。据 Prewitt Diaz 说，一旦人们开始积极地投入到各自的生活中去，“难民就成了胜者”。

海浪蹂躏后马尔代夫信息畅通

尽管马尔代夫的死亡人数不过 100 多人，这个由散落的珊瑚岛构成的岛国还是受到海啸的重创，30 万居民中的三分之二受灾，180 个岛屿毁坏严重。对于一个海岸线长达 868 公里的国家来说，这场灾难无疑是一场噩梦。但是在最初几周的关键时期，救助工作开展得还是非常顺利。

成功的关键在于“国家安全服务部”（NSS），一个以紧急救助为宗旨的政府机构。同时，首都马累在信息共享、援助物资分发和督促外来参与者通过政府统一协调行动方面也起到了独一无二的桥梁作用。

开展紧急救助活动的最初几个小时，具体信息还是比较匮乏。现代通讯的主要方式移动通讯网络在受灾岛上全部瘫痪，所以损失和伤亡数字也不得而知。几小时之内，政府决定在进行需求评估前分发救灾物资。一周后，所有岛屿上的通讯网络得以恢复，随之情况也越来越明朗。

与至少有100多个非政府组织进驻的斯里兰卡相比，海啸后在马尔代夫只有7个大型的国际性非政府组织在此开展工作。没有了大批涌入的国外救助人员和物资，有助于进行信息共享和相互协调，国际联合会官员Qasim Zahid说，政府与各国际组织之间的信息沟通非常迅捷，而且最为重要的是信息准确。“政府会和我们分享一切他们所了解的情况，他们非常公开。”当地政府还起到一个重要作用：岛屿的首领在国外组织抵达前就已经进行了自我评估。

本章的主要撰稿人：Anna Jefferys 是一位从事人道主义通讯、英国儿童救助组织政策方法方面的自由撰稿人；Anna Jefferys 是 Tehelka 周报资深作家。该报总部位于印度马德里，Anna Jefferys 今年曾三次前往安达曼岛进行报道；Kumudini Samuel 和 Sepali Kottegoda 是女权主义者和斯里兰卡非政府组织妇女与媒体协会执行主席；Lena Eskeland 是国际联合会负责南亚海啸活动的报告代表；John Tulloch 是国际联合会驻南亚地区报告官员。

第六章　在数字时代的媒体人道问题报道

媒体有关2004年12月26日海啸的报道占据了世界新闻的醒目位置并一直持续到翌年一月，成为现代历史上进行得最长的灾害报道。海啸的发生预示了捐赠潮的到来。援助工作者又担心海啸的发生转移了捐赠人的资金和媒体的注意，而忽视了世界上其他“隐藏性灾害”。

许多援助机构认为媒体对世界上危机的报道是有选择的，而且套路陈旧。但他们仍然渴望被宣传，希望能为灾害救济募集到更多的资金，受到更多的关注。

本章分析了新闻记者和人道工作者之间的关系，并提出问题：援助机构如何推进媒体报道使之更合理地反映人类的苦难？

新闻的看法反映了业已存在的标准。编辑按死亡率将报道分类。然而灾害并不通常是容易解释的，它在一定范围内产生的死亡和破坏必然引起受众的关心和了解欲望。相反，乏味的报道内容就很难引起人们的关注。

商业的需要强化了记者对报道内容数量上的追求。今天，电视新闻的内容几乎是一半新闻，一半娱乐。所以我们不难理解像火山爆发和海啸这些新闻所具有的很高的新闻价值。反之，那些长期存在的危机就不是这样。

新闻通常是数字游戏，非政府组织需要向记者提供漂亮的数据。美国一个非政府组织发表的民主刚果人口死亡调查披露说，自1998年以来这个国家因战争、疾病和营养不良死亡的人数有380万。所以说，有些有关危机的报道与此相比不过是点缀。

对刚果战争报道的障碍包括距离遥远、杂乱无章的零星战斗和复杂的政治局势。只有在一些特别地区如 Bunia 的冲突，或对某些专题（儿童兵、强奸）的报道才取得一些进展。相反，2002年1月在 Nyiragongo 爆发的火山，导致记者蜂拥而至，尽管这场灾难死亡人数不到100人。

尽管非政府组织不满对他们行动的报道，但哥伦比亚大学教授史蒂夫．罗斯的研究表明，对援助工作的媒体报道正在增加。在全球的英文出版物上，对非洲艾滋病的有关报道从 1998 年的 3607 篇增加到 2003 年的 19375 篇。

罗斯批评记者们缺乏人道方面的专业知识和消息来源，预算不足、焦躁、对危机不敏感。同时，他也批评非政府组织缺乏媒体训练，不愿公开信息，在与媒体关系上营销不力、不愿开发互联网的信息传播。

人道工作宣传者必须努力工作以增加那些隐藏性危机的可见性。培养与记者的关系远比发新闻稿更重要，而这一点通常被忽视。要知道记者们更感兴趣的是新闻来源。

重要的是有目的地选择一些记者做工作。比如环境方面的记者就比其他记者更有可能报道旱灾的情况，只要这些新闻是“热点”。救援机构必须随时对此保持清醒，不能有任何官僚习气。

搞清楚新闻和时事之间的区别是有用的。“被遗忘的”灾难产生长期的日复一日的影响。一些够不上新闻的东西如危机之类的报道更具时事的特点——特别在一些新闻网站是这样。

同时，期刊也制造着新闻。最近发达世界的热浪和飓风包装了媒体的兴趣，引起全球升温和“自然灾害”。与气候变化有关的惊恐和犯罪充斥版面。

此外，援助机构还必须使用数字宣传的技术，如摄影、声像等，以向因缺乏经费而不能到实地采访的新闻记者提供这些资料。2004 年，数字技术极大地促进了在达尔福尔（Darfur）的电视报道。由于卫星电话上窄带传输高质量图像技术的应用，“存储与转发”数字压缩文件使传输从偏远地区拍摄的电视新闻报道产生了变革。非政府组织的新闻工作者组织电视记者的实地采访就可利用这一先进技术。

但是，太多的电视报道又带来其自身的缺陷。媒体的快速报道在数小时内就使突发灾害充满感情色彩，颇具影响力，从而强化了公众的资金援助和持续的行动需求。这就可能刺激高调的救援干预而没有坚实的评估基础。在救援机构更多地投入了解灾区需要的时候，一些媒体应受到批评。在它们的晚间新闻报道里，专机飞上云天，而没有关于评估的报道。

高调宣传的另一个结果是可能募集更多的钱款。法国无国界医生组织在 1 月 3 日结束其海啸呼吁，这时该组织在一周内募集的捐款是两个月中为达尔福尔募捐款的 6 倍多。一些组织承认他们在负责地使用这些捐款时遇到麻烦。

在斯里兰卡的一名救援人员说：“当从欧洲把瓶装水空运到海啸灾区的时候，人们当然需要问一下这样做是否真有必要。”因为援助的原则要求灾害反应建立在当地可接受的范围内。

但是在灾害期间，记者和救援工作人员是互相需要的——他们都是形象的天使。在新闻中批评救援机构看来是犯忌的——这是基于公众信心不应该遭到损害的前提。但是这一点可能在改变。罗斯教授说：新闻记者以一比四的比例增加了对救援组织的批评和怀疑。灾害专家约翰？特维格认为，记者们应该避免简单的答案：“媒体治疗灾害是老路子了，救助工作既可能是英勇的，又可能是失败的——两者必居其一。”

媒体的发展趋势其实有利于人道工作，如：气候变化的突出影响不断加强，录像采集技术的进步，非洲作为地理政治问题的突出方面，贫困和恐怖主义之间的联系，媒体监督的发展以及 2015 千年发展目标等。互联网与 24 小时新闻的播出极大地增加了人道工作的宣传空间。

然而非政府组织必须因势利导，顺应潮流。要争分夺秒、培养专门记者、采用新的技术、发展扎实的媒体技巧、少发新闻稿而多举办发布会、提供更多地实地报道而少发评论。

总之，人道组织必须拥有更好的新闻内容。人道宣传者需要关注人的命运，因为这是读者们的反应所在。越贴近这些内容与新闻或研究工作相似，就越能引起记者们的注意——就能为公众接受。

商业的把戏：如何“卖出”被遗忘的紧急情况

根据对全世界 200 种英文报纸的分析，在六周时间里，有关海啸的专栏长度超过世界 10 大“被遗忘”紧急事件的报道总和。媒体瞬间变得无比慷慨，到 2005 年 2 月，国际社会已向海啸灾民每人捐助了 500 美元，与此相比，对长达 18 年的乌干达战争难民的捐助才每人不过 50 美分。

如何使援助机构在媒体上提升那些长期和复杂的紧急状况的可见度？以下是一些实用的技巧：

投资媒体关系，举办宣传培训和专家指导，可在地方一级媒体举办此类活动。

和媒体保持对话：向媒体提供有关复杂紧急状况的背景材料，但注意不要在截稿 15 分钟前做这事。

运用数字材料：如死亡数字等可向记者提供。以便他们运用数字和发挥其意想不到的力量。

引用大人物的名字：尽管这样做有争议，但列举名人所作所为有一定效果。新闻报道往往跟随知名人士并将报道结束在原因分析上。

增强形象性：在报道事件中，没有什么比好的图片更有说服力。救灾时，援助机构可提供使用的图片。

创造性和前瞻性：通过个人的角度讲述大的事件；确定在新闻里所做的内容；组织记者的行程。

决不放弃：在此工作中，坚持就是真正的付出。

Alex Wynter 提供本章文稿，他是前商业电视新闻制作人。本栏文章由 Tim Large 撰写，他是 Reuters’ AlertNet 编辑。

第七章　阿富汗的无线电广播：挑战知觉，改变行为

尽管信息技术有了新的发展，传统的无线电广播在灾害、冲突和疾病的危险中仍然是与人们保持直接快速通讯的一个重要形式。

本章节调查了如何运用无线电广播去建立灾害预警、降低危险以及促进和谐。它集中介绍了 BBC 的肥皂剧《新家新生活》，该剧自 1994 年 5 月以来在阿富汗以两种当地语言每周三次播出。本章节体现了精心准备的专业制作广播可以改变人们的行为这一现象。

在 20 世纪 80 年代，大部分阿富汗人认为 BBC 关于与苏联的阿富汗战争的报道是公正的。在战争中，旅行是危险的，人们相互隔绝并且心存恐惧，广播成为了可靠新闻

与评论的首要来源。许多阿富汗人在买电池方面花费巨大，那些没有收音机的人就和邻居一起收听。

将节目从播放新闻扩展到为每日的生存者提供建议之间有着良好的发展空间。在阿富汗的乡村地区，大多数学校和卫生中心都被破坏了。土地中散布着数百万的杀伤性地雷。农民在耕种和饲养牲畜方面面临着新的挑战。非政府组织如要提供基础服务则需要有关的信息支持。阿富汗国家无线电台不能提供足够的有关的信息。

因为伦敦过于遥远而阿富汗过于危险，BBC决定在巴基斯坦城市白沙瓦制作《新家新生活》。这需要招募150名在巴基斯坦的阿富汗难民作为职员——包括作家、演员、制片人、教育家和评估组。

故事情节包含了女英雄Gulalai的传奇故事和村庄首领Jabbar Khan以及他的小丑Nazir的怪异行为，Gulalai的关于卫生健康工作的活动是女性听众的行为榜样。该剧的滑稽情节和黑色幽默在阿富汗非常受欢迎。

该剧同时也针对严肃的话题——非法行为、儿童健康、滥用毒品、农民生计、森林采伐、地雷意识、强迫婚姻以及男性不育。女性的教育和工作在该剧中自始至终受到拥护。

《新家新生活》的流行得益于它的节奏明快和良好构思的故事情节以及出色的表演。观众逐渐习惯了几个月来集中于特定主题的多线索交叉结构，而不是枯燥和说教的形式。如果希望重要的话题可以被接受和遵照的话，重复是非常重要的。

该剧并非公然政治化，但是其故事情节是有争议的。尽管如此，研究者认为这个节目为禁忌话题创造了一个可以在家庭内部进行讨论的虚构空间，这是改变社会规范的第一步。

在这样一个家长制的社会，保持社论的平衡非常重要。尽管该剧有着浓厚的职业女性色彩，塔利班分子依然是该剧热情的听众，他们被自己喜欢的角色的未来剧情所吸引。

BBC通过援助机构的帮助进行节目重播和发行卡通杂志，使节目的影响最大化。与非政府组织的紧密合作起了主要的作用，他们对故事情节的草稿进行评论，并且在文化和技术方面给予建议。同时也对观众进行定期的咨询。

然而，重要的测试是关于该剧是否影响了人们的行为。有几个非常有力的例子。一名乡村妇女在她的日记中写道："1996年11月28日：一个接种疫苗的小组来到了我们的村庄，我问他们如果老年人阻止他们为人们接种疫苗怎么办。他们回答说，几年前这里的人们允许孩子们接种疫苗但是不允许妇女接种。现在他们收听过该剧之后，大多数人知道了他们应该接种疫苗并且也同意妇女接种疫苗。"

1998年塔利班统治时期，一位记者报道说："一名被称作Imam Jam的妻子的妇女说Gulalai的例子使她决心让自己的女儿们出去工作。"

同时，1998年进行了一项中立的调查以评估使阿富汗人知晓地雷危害的最有效途径。研究者在86个社区的5.7万名群众中进行了民意测验。3个防范地雷危害的组织同BBC一起接受了评估。调查显示："仅考虑受地雷影响的地区，1994年之后（该剧开始广播的年份）不收听《新家新生活》的人成为地雷受害者的可能性是收听者的2

倍。这些令人鼓舞的数据与其它3个直接（面对面）的培训项目没有显著效果的情况形成了鲜明的对比。”

尽管如此，媒体在危险期的影响可以通过与援助机构的合作得到大大的加强。在1994年11月，BBC广播电台与援助机构协商共同发起一个为期一周的全国范围的停火活动，这是16年内在阿富汗的第一个停火活动，100万名儿童和30万名妇女通过此活动接种了疫苗。随后产生了许多的停火活动和国家免疫日，有一个活动紧邻在2001年10月联合军队入侵阿富汗之前。

在战后的阿富汗，媒体自由被庄严地载入法律，并且在援助资金的帮助下，大约有40个独立的社区FM电台成立了。它们能否在短期资金用完之后继续繁荣发展还有待观察。对外国广播公司（如BBC）来说，这些电台的发展分流了听众。《新家新生活》可能再不会像过去一样有影响力，尽管一项于2005年3月进行的中立调查显示它仍然是这个国家最知名的广播节目。

通过改进的卫星传送系统、对广播的放宽规则和新的数码技术的帮助，对受到冲突和危机威胁的人们来说，广播仍然有着重要有益的社会通讯作用。

运用广播与危机中的人们进行重要问题的通讯的10条经验如下：可靠、有趣且能提供信息；保证有途径收听广播；鼓励听众的参与；在黄金时段制作高质量的节目；与援助机构或政府成为伙伴；招募最好的当地员工；认真研究和监控角色的榜样作用；运用日常用语；为重要的主题排序以使观众能吸收信息；坚持长期运作。

马达加斯加应对艾滋病的当地节目

马达加斯加的国家HIV患病率估计为1.7%——明显低于其他的撒哈拉以南国家。政府致力于提高人们对此疾病的意识和改变性行为以避免HIV传染病的暴发。

该国预防战略的一个重要部分是对广播的运用，由安德鲁·里斯信托公司（Andrew Lees Trust，简称ALT）作为先锋。ALT为广播项目工作了6年，这是一个包括24个当地非政府组织和17个广播电台参与在内的创举，通过发条或者太阳能收音机为30万人提供教育项目。为了研究和制作当地的节目，ALT为当地的非政府组织推广人员而不是广播员提供培训。广播的花费低于每个活动每人一美元。

但是为没受过教育的听众解释复杂的医疗问题是一个挑战——尤其是当人们相信疾病是被邪恶灵魂占据的象征时。一家广播公司使用一个农业类推来解释HIV/AIDS有合理的起因。传统来讲，农民的土地被用仙人掌类植物制成的栅栏保护着，以避免被放牧或破坏性的动物所侵害。这个广播节目用安坦卓瑞语编写了两个妇女之间的对话，一名妇女解释昆虫（代表HIV病毒）如何破坏了起保护作用的栅栏（代表免疫系统）。接着，当地的动物（代表机会感染）就可以进入到土地（代表人类的身体）并且进行破坏。

评估显示这个独特的广播剧在当地被经常提及的节目中位居第二。评估员还发现在目标城镇Ambovombe中，超过80%的听众知道HIV/AIDS并且能够说出一种保护措施，而在这个广播剧之前的数据为33%。

戈登·亚当是媒体支持（位于苏格兰

的一个非政府组织和顾问，致力于发展非洲南部和阿富汗的通讯项目）的董事，也是BBC普什图语部门的前任主管。本章节根据他的一篇文章改写，原文将发表在《通讯与社会改变——通讯发展的再思考》。（Tufte，Thomas and Hemer，Oscar（eds.），Media，Communication and Social Change - Rethinking Communication for Development，Nordicom，University of Gothenburg.）。亚当也为此本文提供了资料。

第八章　灾情数据：减少灾害风险的基础

灾情数据可以帮助我们了解灾害影响趋势，研究发展与灾害风险的关系。本章简要介绍四种国际常用的灾情数据库：EM - DAT，NatCat，Sigma 和 DesInventar。接着笔者分析了灾情数据的采集、验证、发布过程，提出一些问题和改进建议。

灾情数据库越来越重要，我们可以把数据放入各种分析工具中，帮助我们确定减灾工作的重点。特别是印度洋海啸发生后，灾情数据库还用于发展早期预警体系。

EM - DAT 全称为紧急灾害数据库，由布鲁塞尔的灾害流行病学研究中心维护。作为最完整的国际灾情数据库，它对死亡10人以上的灾害提供可靠的经济损失和人员伤亡数据。

EM - DAT 目前对决策和计划的贡献不大，主要是因为缺少系统化、标准化的当地和全国灾情数据收集系统。这对 EM - DAT 是特别大的挑战。因为 EM - DAT 的数据来源于当地和各国。EM - DAT 按照国家分类，因此很难通过它了解国家以下层面的灾情。

NatCat 和 Sigma 属于非常复杂的数据库，由慕尼黑再保险公司和瑞士再保险公司分别维护。只要知道保险损失，NatCat 有一套自创的计算重大灾害经济（除旱灾外）损失的方法。他们的数据得到了实地灾情损失的证实。

Sigma 收集每年重大自然灾害和技术灾害造成的保险财产损失、经济损失和人员损失。不像 NatCat 和 EM - DAT 按照国家分类，Sigma 按照灾情分类。这两个再保险公司的资料也有局限，他们对保险程度不高的国家了解很少。这样，他们缺乏非洲、亚洲、拉美等地，特别是农村地区的资料。

DesInventar 由一个非政府组织同盟维护，覆盖拉美和加勒比海地区的16个国家。美国、巴西、哥伦比亚、南非、印度等国家还有次级的（Sub - national）国家数据库。

DesInventar 的特色是基层灾情损失数据多。它收集人员和经济损失数据，但通常记录的灾民人数比其他数据库略高。媒体是 DesInventar 突出的信息来源。DesInventar 希望能收集灾害的长远影响和基础设施的损失，但很难完整全面地收集这些信息。

过去20年，灾情数据收集进展很快，但仍有一些挑战：

明确各种灾害的定义：

旱灾是致命性最强的自然灾害，也是最难研究的灾害。因为我们缺乏对旱灾的时空限制下统一的定义。我们无法将旱灾与其他灾情作影响比较。水土流失、武装冲突、艾滋病等环境和人文因素使我们很难判断旱灾到底是原因还是结果，是损失还是损失的环境因素。

在像米其飓风这样影响数国的灾害中，

我们有时会重复计算灾情数据，因为对单个国家和整个事件的报道没有完全分开。

另一个棘手的挑战是对灾害有“层次”的报道。一些灾害例如地震或洪水会导致更多的灾害，例如山体滑坡。如果当地没有遵循统一的灾情报告方式，我们就无法了解准确的灾害损失数据。在这个领域的最新突破是一个国际规范协议的出台，它规定了统一的全球灾害标识（GLIDE）。

数据采集的标准化和系统化

由于缺少统一的标准，基层灾害数据经常由临时协调的当地媒体、政府、公民社会团体报灾体系收集。基层的数据再通过中间组织收集整理，报到国际灾情数据库中记录。然而中间组织也缺乏统一标准来组织数据，经常会由于专业、政治、经济等原因夸大或缩小数据。

对灾害影响的每一种关键指标都有一定的局限。死亡人数是最“清楚”的损失指标。但死亡和失踪常常会造成不确定性，因为有些国家将失踪12个月以上的人才认定为死亡。因此经常会看到对灾害死亡人数不一致的报告。受灾人口的数据就更有争议了，因为对“受灾”，国际社会尚没有一个标准的定义。

最成问题的是关于经济损失的数据。在过去30多年里，只有不到30%的自然灾害报告了宏观经济损失。发展中国家的数据最少。在经济损失报告方面也缺乏统一的方法。2003年对伊朗巴姆地震经济损失的报告从3270万美元到10亿美元不等。生计损失也是缺乏规范的记录方式。

灾害流行病学研究中心已经制定了一套排序系统，用于选择数据来源。这改进了资料来源透明度，但不能解决数据收集的标准化和系统化问题。国际数据库缺乏资源去协调基层数据收集。在这方面做得最好的慕尼黑再保险公司也只有60个国家分公司开展灾情影响评估。

公众获得数据的机会：

NatCat和Sigma数据库对公众没有全面开放，数据库的公众网站也有改进空间。越来越多的组织对灾情资料感兴趣，他们要求更多地了解数据库的信息。

为了改进国际灾害数据库的质量，我们急需系统地、统一地收集基层灾情数据。这需要包括：灾害开始和结束日期；灾害空间参照体系；递进灾害的区分；人员影响的衡量；经济影响的衡量（包括二级影响）；生计损失的衡量；生态影响的衡量；灾情数据的专业收集和使用。要提高当地数据收集的水平，我们需要在中级层面上开展更多的改善统一化和透明度的工作。

关于有风险地区的社会、经济、生态方面的基线数据可以增加灾情损失数据的准确度。灾情数据管理者不可能自己开展基线调查，但是他们可以参与这项工作。

这些建议有的与联合国2005－2015《兵库行动框架》一致，强调灾情数据分析和灾害风险减少。2005年5月，联合国人道主义事务协调办公室建立了全球灾害警报系统，可以在灾后24小时内提供最初数据。同时，全球风险识别项目也开始启动，该项目基于现有的灾情数据库，可以改进对灾情影响测量的准确性和全面性。

几点建议

给政府、收集数据的组织（包括国际红十字与红新月运动）和国际数据管理者的建议：

1. 地方和中央都要培养负责系统地收集灾害影响有关数据的人员

2. 统一灾害数据收集的方法，主要是：

1）测算经济损失。

2）将生态损失计算在内。

3. 统一对如旱灾等复杂人道主义危机的准确定义。

4. 在地方、全国、国际各层面上建立灾害信息数据流系统。

5. 鼓励数据库之间数据共享，不仅可以避免重复，而且能互相印证数据的真实性。

6. 让公众有更多的机会了解相关数据。

本文作者：马克派林（Mark Pelling），伦敦皇家学院环境发展系高级讲师

中国红十字会总会及省、自治区、直辖市、铁路、商业系统、生产建设兵团、特别行政区分会联络方式

●中国红十字会总会

地址：北京市东城区北新桥三条8号

邮编：100007

电话：010－84025890

电子信箱：redcross@chineseredcross.org.cn

中国红十字会网址：http://www.chineseredcross.org.cn

●中国红十字会总会机关服务中心

【联络方式】

地址：北京市东城区北新桥三条8号

邮政编码：100007

电话/传真：010－64023704

电子信箱：redcross@chineseredcross.org.cn

●中国红十字会总会报刊社

【联络方式】

地址：北京市东城区干面胡同43号

邮政编码：100010

《中国红十字报》编辑部电话/传真：010－65254766

《中国红十字报》编辑部电子信箱：editor@cnrcpress.com

《博爱》期刊编辑部电话：010－65254012

《博爱》期刊编辑部电子信箱：editor@cnrcpress.com

中国红十字年鉴编辑部电话/传真：010－65249584

中国红十字年鉴编辑部电子信箱：zhnj2004@yahoo.com.cn

●中国红十字基金会

【联络方式】

地址：北京市东城区干面胡同53号

邮政编码：100010

电话/传真：010－65124154

电子信箱：crcf@crcf.org.cn

网址：http://www.crcf.org.cn

●中国造血干细胞捐献者资料库管理中心

【联络方式】

地址：北京市东城区干面胡同53号

邮政编码：100010

电话：010－65126600

传真：010－65594434

电子信箱：bmb@redcross.org.cn

网址：http://www.cmdp.com.cn/

http://www.bmb.redcross.org.cn/

●中国红十字会总会训练中心

【联络方式】

地址：北京市东城区干面胡同53号

邮政编码：100010

电话：010－65124447（中继线）

电子信箱：dongxiaona2003@163. com

●中国红十字会援外物资供应站

【联络方式】

地址：上海市徐汇区桂林路35号

邮政编码：200235

电话：021－64750400

●北京市红十字会

地址：北京市宣武区太平街19号（陶然亭公园内）

邮编：100050

电话：63558766　63556189（传真）

电子信箱：beijing@redcross. org. cn

网址：www. bjredcross. org. cn

捐赠电话：83558512/83539946/83536017（传真）

接受捐赠户名：北京市红十字会基金管理办公室

开户行：北京商业银行德外支行

账号：7001201050515－81

●北京市东城区红十字会

地址：北京市东城区美术馆后街12号楼

联系人：范有余

邮政编码：100010

救助热线：010－64033179/64070652

●北京市宣武区红十字会

地址：北京市宣武区南莱园51号区政府综合服务楼441室

联系人：王秀丽

邮政编码：100054

救助热线：010－83975516

●北京市朝阳区红十字会

地址：北京市朝阳区日坛北街33号

联系人：周秀玲

邮政编码：100020

救助热线：010－65094673

传真：010－65094674

●北京市通州区红十字会

地址：北京市通州区永顺西街69号

联系人：董淑玲

邮政编码：101101

救助热线：010－60514834

●北京市西城区红十字会

通讯地址：北京市西城区白云观北里6号楼

联系人：王丽青

邮政编码：100045

救助热线：010－63408072/63493205

●天津市红十字会

地址：天津市和平区陕西路16号

邮编：300020

电话：022－27300121

传真：022－27312349

电子信箱：tjredcross@tjredcross. com

网址：http：//www. tjredcross. com/

捐赠电话：022－27300620/27302132（传真）

接受捐赠户名：天津市红十字募捐站

开户行：工行和平路分理处

账号：0302010209034957907

●河北省红十字会

地址：石家庄市合作路42号

邮编：050051

电话：0311－85989814

传真：0311－87046792

网址：http：//www. hebredcross. org

捐赠电话：0311－85989814/85989812/87046792（传真）

接受捐赠户名：河北省红十字会

开户行：中国银行石家庄泰华支行

账号：00330208091001

●河北省邯郸市红十字会

地址：邯郸市陵园路77号邯郸市卫生局转市红十字会

联系人：曹雪梅

邮政编码：056001

救助热线：0310-3013162

传真：0310-3013162

电子信箱：qinging001@163.com

●河北省西柏坡救援中心（平山县红十字医院）

地址：河北省平山县建设北大街

联系人：李贵芳

邮政编码：050400

救助热线：0311-82901660

传真：0311-82901660

●山西省红十字会

地址：太原市东华门23号

邮政编码：030013

电话：0351-3580815

传真：0351-3580815

电子信箱：：zuotong66@163.com

捐赠电话：0351-3580561

接受捐赠户名：山西省红十字会

开户行：中国银行太原市北城支行

账号：40975698092001

●山西省大同市天镇县红十字会

地址：山西省大同市天镇县红十字会

联系人：张如升

邮政编码：038200

救助热线：13935263269

●内蒙古自治区红十字会

地址：内蒙古呼和浩特市赛汗区昭乌达路352号石油化工研究院六楼

邮编：010010

电话：0471-4961188、4967101

传真：0471-4908610

电子信箱：：nmgredcross@nmgredcross.org.cn

网址：http://www.nmgredcross.org.cn

捐赠电话：0471-4932905/4967401/4957549/3336455

接受捐赠户名：内蒙古自治区红十字会

开户行：中国农业银行呼和浩特市鼓楼支行

账号：5-510101040004334

●内蒙古自治区呼和浩特市红十字会

地址：内蒙古自治区呼和浩特市新华东街1号市党政机关办公大楼940，941室

联系人：鲁剑钧

邮政编码：010010

救助热线：0471-4606129

传真：0471-4606129

●内蒙古自治区包头市红十字会

地址：内蒙古自治区包头市稀土高新区民族东路20号

联系人：丁鹏程

邮政编码：010010

救助热线：0472-5175536

传真：0472-5100229

电子信箱：red@btredcross.org

●内蒙古自治区包头市昆都仑区红十字会

地址：内蒙古自治区包头市昆都仑区党政大楼212房

联系人：王东

邮政编码：014010

救助热线：0472-5305336

传真：0472－5310126

●内蒙古自治区兴安盟红十字会

地址：内蒙古自治区乌兰浩特市新桥西街文化楼

联系人：孙海

邮政编码：137400

救助热线：0482－8319090

传真：0482－8319188

电子信箱：xinganmenghonghui@163.com

●内蒙古自治区宁城县红十字会

地址：内蒙古自治区宁城县物资局四楼

联系人：高玉祥

邮政编码：024200

救助热线：0476－4233748

●内蒙古自治区赤峰市红山区红十字会

地址：内蒙古自治区赤峰市红山区昭乌达路南段路东红山区政府院内

联系人：季占东

邮政编码：024000

救助热线：0476－8351117

传真：0476－8351117

●内蒙古自治区克什克腾旗红十字会

地址：内蒙古自治区赤峰市克什克腾旗经棚镇应昌路公路管理1区原办公楼201

联系人：林少岭

邮政编码：025350

救助热线：0476－5230995

传真：0476－5230995

●内蒙古自治区敖汉旗红十字会

地址：内蒙古自治区赤峰市敖汉旗红十字会

联系人：宋成贺

邮政编码：024300

救助热线：0476－4339516

●内蒙古自治区赤峰市红十字会

地址：内蒙古自治区赤峰市红山区鑫刚大厦四楼西侧

联系人：卞涌馨

邮政编码：024000

救助热线：0476－8337590

传真：0476－8337590，8354964

●内蒙古自治区阿鲁科尔沁旗红十字会

地址：内蒙古自治区赤峰市阿鲁科尔沁旗红十字会

联系人：毛景文

邮政编码：025550

救助热线：0476－7232953

传真：0476－7232953

电子信箱：bx000301@yahu.com.cn

●内蒙古自治区赤峰市巴林右旗红十字会

地址：内蒙古自治区赤峰市巴林右旗红十字会

联系人：陈拉坦敖其尔

邮政编码：025150

救助热线：0476－6216698

传真：0476－6216698

●内蒙古自治区林西县红十字会

地址：内蒙古自治区林西县红十字会

联系人：赵凤海

邮政编码：025250

救助热线：0476－5322234

传真：0476－5322234

电子信箱：lxcybsj066@163.com

●内蒙古自治区赤峰市松山区红十字会

地址：内蒙古自治区赤峰松山大街松山区红十字会

联系人：李雪岩

邮政编码：024005

救助热线：0476－8468244

传真：0476－8466252

●辽宁省红十字会

地址：辽宁省沈阳市和平区太原北街2号

邮编：110001

电话：024－23448158

电子信箱：yhy851101@sina. com

捐赠电话：024－23448155/23448158（传真）

接受捐赠户名：辽宁省红十字救助基金

开户行：农行和平广场支行营业厅

账号：182—185001040000460

●辽宁省辽阳市红十字会

地址：辽宁省辽阳市民主路38号

联系人：吴素贤

邮政编码：111000

传真：0419－2122495

●辽宁省大连市红十字会

地址：辽宁省大连市西岗区西安街3号

联系人：乔善春

邮政编码：116011

救助热线：0411－83708282

传真：0411－83708282

电子信箱：dlredcross@163. com

●辽宁省大连市普兰店市红十字会

地址：辽宁省大连市普兰店市孛兰路北段

联系人：刘作广

邮政编码：116200

救助热线：0411－83125237

传真：0411－83112176

●辽宁省大连市旅顺口区红十字会

地址：大连市旅顺口区黄河路82号

联系人：李学力

邮政编码：116041

救助热线：0411－86395333

传真：0411－86395231

●辽宁省大连市庄河市红十字会

地址：辽宁省大连市庄河市昌盛街

联系人：郭连君

邮政编码：116400

救助热线：0411－89706217

传真：0411－89706196

●辽宁省大连市瓦房店市红十字会

地址：辽宁省大连市瓦房店市西长春路西段

联系人：桑喜超

邮政编码：116300

救助热线：0411－85726843

传真：0411－85687213

●辽宁省大连市金州区红十字会

地址：辽宁省大连市金州区香水路149号

联系人：赵丹

邮政编码：116100

救助热线：0411－87693208

传真：0411－87695407

●吉林省红十字会

地址：吉林省长春市人民大街1486号

邮编：130051

电话：0431－8919277

传真：0431－8919277

电子信箱：jlredcross2000@yahoo. com. cn

网址：www. jlredcross. org. cn

捐赠电话（传真）：0431－8906590

接受捐赠户名：吉林省红十字会

开户行：交行营业部

账号：221000601012015147297

●黑龙江省红十字会

地址：黑龙江省哈尔滨市南岗区十字街33号

邮编：150008

电话：0451－82729867

传真：0451－82713508

电子信箱：zxp_1958@yahoo.com.cn

捐赠电话：0451－82712120

接受捐赠户名：黑龙江省红十字会

开户银行：交通银行哈尔滨分行革新支行

账号：000662010149750020

●上海市红十字会

地址：上海市静安区北京西路1400弄19号

邮编：200040

电话：021－62476963

传真：021－62478001

捐赠电话：021－62476966/62794755

救助热线：021－62476966

接受捐赠户名：上海市红十字人道救助基金

开户行：上海交通银行静安支行

账号：066687—00149005337

●上海市杨浦区红十字会

地址：上海市许昌路426号

联系人：徐晨

邮政编码：200082

救助热线：021－55212331

●上海市徐汇区红十字会

地址：上海市漕溪北路336号902室

联系人：郭萍

邮政编码：200030

救助热线：021－64647403

●上海市黄浦区红十字会

地址：上海市延安东路300号西楼1408室

联系人：钱湘文

邮政编码：200002

救助热线：021－63365880

●上海市闸北区红十字会

地址：上海市洛川东路151号4楼

联系人：陶福珍

邮政编码：200072

救助热线：021－56338686

●上海市卢湾区红十字会

地址：上海市兴安路96弄94号3楼

联系人：袁晴弟

邮政编码：200020

救助热线：021－53060138

●上海市普陀区红十字会

地址：上海市北石路540弄25号

联系人：戴国民

邮政编码：200333

救助热线：021－52835077

●上海市虹口区红十字会

地址：上海市海南路15号101室

联系人：杨明华

邮政编码：200080

救助热线：021－63250125

●上海市静安区红十字会

地址：上海市康定路809号

联系人：于琳

邮政编码：200040

救助热线：021－32180170

●上海市长宁区红十字会

地址：上海市武夷路333号1楼

联系人：陈家洛

邮政编码：200050

救助热线：021－62254202

●上海市闵行区红十字会

地址：上海市莘东路521号北二楼217－219室

联系人：康蓓蕾

邮政编码：200240

救助热线：021－64926562

●上海市宝山区红十字会

地址：上海市樟岭路2号北五楼508室

联系人：沙亚珍

邮政编码：201900

救助热线：021－56603886

●上海市浦东新区红十字会

地址：上海市德平路289号1107室

联系人：林瑾葆

邮政编码：200136

救助热线：021－50372774

●上海市嘉定区红十字会

地址：上海市金沙路257号

联系人：宋培令

邮政编码：201800

救助热线：021－59530302

●上海市金山区红十字会

地址：上海市石化象州路32号203室

联系人：薛美华

邮政编码：201500

救助热线：021－57319556

●上海市青浦区红十字会

地址：上海市青浦城中北路119号

联系人：张国成

邮政编码：201700

救助热线：021－59735160

●上海市松江区红十字会

地址：上海市谷阳北路343号

联系人：潘益时

邮政编码：201600

救助热线：021－37810051

●上海市南汇区红十字会

地址：上海市惠南镇拱极路2391号

联系人：宋辰

邮政编码：201300

救助热线：021－58000826

●上海市奉贤区红十字会

地址：上海市大寺路15号

联系人：陆艳

邮政编码：201300

救助热线：021－67116623

●上海市崇明县红十字会

地址：上海市城内东门学宫路401号

联系人：黄萍

邮政编码：202150

救助热线：021－69693647

●江苏省红十字会

地址：江苏省南京市中山北路49号机械大厦13楼

邮编：210008

电话：025—57713291

传真：025—57713271

电子信箱：njhn2000@yahoo. com. cn

网址：www. jsredcross. org. cn

捐赠电话：025—57717090/57714527/57713898

传真：025－57717090/57713271。

接受捐赠户名：江苏省红十字会

开户行：中国光大银行南京分行中山北路支行

账号：077340100304014063

●江苏省南京市红十字会

地址：江苏省南京市北京东路43号－1

联系人：周毅

邮政编码：210008
救助热线：025－83612986
传真：025－83612907

●江苏省无锡市红十字会

地址：江苏省无锡市后西溪19号
联系人：吴选声
邮政编码：214001
救助热线：0510－2707192
传真：0510－2707192

●江苏省常州市红十字会

地址：江苏省常州市红梅南路37号
联系人：孙育林
邮政编码：213003
救助热线：0519－8155025
传真：0519－8155335

●江苏省溧阳市红十字会

地址：江苏省溧阳市南环路18号
联系人：王东育
邮政编码：213300
救助热线：0519－7269371
传真：0519－7269371

●江苏省苏州市红十字会

地址：江苏省苏州市体育场路4号
联系人：郝如一
邮政编码：215006
救助热线：0512－65233429
传真：0512－65233429
电子信箱：rendao@ publicl. sz. js. cn

●江苏省常熟市红十字会

地址：江苏省常熟市环城东路64号
联系人：张伟怡
邮政编码：215500
救助热线：0512－52713169

●江苏省张家港市红十字会

地址：江苏省张家港市东环路3号
联系人：顾一文
邮政编码：215600
救助热线：0512－58987103
传真：0512－58987107

●江苏省太仓市红十字会

地址：江苏省太仓市县府街10号
联系人：黄淑娟
邮政编码：215400
救助热线：0512－53523246
传真：0512－53523246

●江苏省吴江市红十字会

地址：江苏省吴江市笠泽路138号
联系人：吴恒菁
邮政编码：215200
救助热线：0512－63488362
传真：0512－63482313

●江苏省昆山市红十字会

地址：江苏省昆山市同丰西路458号
联系人：刘超英
邮政编码：215300
救助热线：0512－57366380
传真：0512－57366380

●江苏省平江区红十字会

地址：江苏省苏州市皮市街228号－230号
联系人：任芳
邮政编码：215005
救助热线：0512－67273047
传真：0512－67296318

●江苏省苏州市沧浪区红十字会

地址：江苏省苏州市十梓街389号
联系人：宁咏梅
邮政编码：215006
救助热线：0512－65245974

●江苏省苏州市金阊区红十字会

地址：江苏省苏州市广济南路 268 号
联系人：钟梅
邮政编码：215008
救助热线：0512－65337046
传真：0512－65336728

●江苏省苏州市虎丘区红十字会

地址：江苏省苏州市运河路 8 号
联系人：徐娟梅
邮政编码：215011
救助热线：0512－68093978
传真：0512－68254358

●江苏省苏州市相城区红十字会

地址：江苏省苏州市相城区行政中心 10 号楼
联系人：孙秀珍
邮政编码：215131
救助热线：0512－85182662
传真：0512－85182662

●江苏省苏州市吴中区红十字会

地址：江苏省苏州市吴中东路 101 号
联系人：仰惠娟
邮政编码：215128
救助热线：0512－65271619
传真：0512－65271619

●江苏省盐城市红十字会

地址：江苏省盐城市开放大道 79 号
联系人：李书万
邮政编码：224002
救助热线：0515－8335632

●江苏省镇江市红十字会

地址：江苏省镇江市将军巷 9 号
联系人：周以泰
邮政编码：212001
救助热线：0511－5017507
传真：0511－5017507

●江苏省丹阳市红十字会

地址：江苏省丹阳市云阳镇健康路丹阳市卫生局内
联系人：徐子洋
邮政编码：212300
救助热线：0511－6521120
传真：0511－6522253

●江苏省通州市红十字会

地址：江苏省通州市金沙镇建设路 93 号
联系人：邹宪章
邮政编码：226300
救助热线：0513－6514487/6116355
传真：0513－6514487

●浙江省红十字会

地址：杭州市秋涛北路 324 号
邮编：310020
电话：（0571）86466691
传真：（0571）86466692
网址：http：//www. zjredcross. org. cn
电子信箱：zfc@ zjredcross. org. cn
fhp@ zjredcross. org. cn
救灾救助热线：（0571）86469000
卫生救护培训热线：（0571）86457999
造血干细胞捐赠热线：（0571）86461999
开户行：中国工商银行杭州市武林支行
银行账号：1202024309014402947
开户名：浙江省红十字会

●浙江省杭州市红十字会

地址：浙江省杭州市孝女路 2 号
联系人：吴德水
邮政编码：310006
救助热线：0571－87083005

传真：0571－87070879

●**浙江省杭州市上城区红十字会**

地址：浙江省杭州市上城区华藏寺巷21幢6楼

联系人：方关行

邮政编码：310009

救助热线：0571－87010063

传真：0571－87010063

●**浙江省杭州市下城区红十字会**

地址：浙江省杭州市下城区竹竿巷8号5楼

联系人：王其伟

邮政编码：310006

救助热线：0571－87067026

传真：0571－87067026

●**浙江省杭州市西湖区红十字会**

地址：浙江省杭州市西湖区外东山弄32号3楼

联系人：齐红

邮政编码：310013

救助热线：0571－87993799

传真：0571－87993799

●**浙江省杭州市拱墅区红十字会**

地址：浙江省杭州市拱墅区拱宸桥台州路1号1210室

联系人：李健

邮政编码：310015

救助热线：0571－88259738

传真：0571－88259738

●**浙江省杭州市江干区红十字会**

地址：浙江省杭州市江干区庆春东路1号北6楼

联系人：张静

邮政编码：310016

救助热线：0571－86974929

传真：0571－86974929

●**浙江省杭州市滨江区红十字会**

地址：浙江省杭州市滨江区行政中心社发局内

联系人：陈冠英

邮政编码：310051

救助热线：0571－87702089

传真：0571－87702091

●**浙江省杭州市萧山区红十字会**

地址：浙江省杭州市萧山城厢街道崇化63幢2号

联系人：孙先传

邮政编码：311200

救助热线：0571－82680241

传真：0571－82678800

●**浙江省杭州市余杭区红十字会**

地址：浙江省杭州市余杭区临平将军殿弄

联系人：朱坤地

邮政编码：311100

救助热线：0571－86238954

传真：0571－86238954

●**浙江省杭州市临安市红十字会**

地址：浙江省杭州市临安市政府内

联系人：谢壮红

邮政编码：311300

救助热线：0571－63746266

传真：0571－63734290

●**浙江省杭州市富阳市红十字会**

地址：浙江省杭州市富阳镇桂花路17—4

联系人：吴炽华

邮政编码：311400

救助热线：0571－63317264

传真：0571－63317264

●浙江省杭州市桐庐县红十字会

地址：浙江省杭州市桐庐县桐庐镇劳动路

联系人：黄秀雄

邮政编码：311500

救助热线：0571－64627087

传真：0571－64627087

●浙江省杭州市建德市红十字会

地址：浙江省杭州市建德市新安江镇江滨路1号

联系人：陈伯乐

邮政编码：311600

救助热线：0571－64720075

传真：0571－64720075

●浙江省杭州市淳安县红十字会

地址：浙江省杭州市淳安县千岛湖镇行岗路1号

联系人：余衍贵

邮政编码：311700

救助热线：0571－64825991

传真：0571－64812246

●浙江省瑞安市红十字会

地址：浙江省瑞安市安阳新区市政府大院综合楼314－318室

联系人：周锦文

邮政编码：325200

救助热线：0577－65812900

传真：0577－65828179

电子信箱：rahszh@163. com

●安徽省红十字会

地址：合肥市长江中路221号

邮编：230001

电话：（0551）2601935

传真：（0551）2601935

网址：http：//www. 96399. org

电子信箱：anhuirc@sohu. com

救灾救助热线：（0551）96399

造血干细胞捐赠热线：（0551）96399

开户行：中国工商银行合肥市四牌楼支行

银行账号：1302010109008828152

开户名：安徽省红十字会

●安徽省宿州市红十字会

地址：安徽省宿州市淮海路77号

联系人：徐淑敏

邮政编码：234000

救助热线：0557－3022805

传真：0557－3022805

电子信箱：szredcross@163. com

●安徽省马鞍山市红十字会

地址：安徽省马鞍山市佳山路梨苑1号卫生大厦8层

联系人：何少锋

邮政编码：243000

救助热线：0555－2366511

传真：0555－2366518

电子信箱：wsjhhb@hotmail. com

●安徽省当涂县红十字会

地址：安徽省当涂县姑孰镇提署东路177号

联系人：姚卫东

邮政编码：243100

救助热线：0555－6720601

传真：0555－6711256

●安徽省六安市叶集改革发展试验区红十字会

地址：安徽省六安市叶集改革发展试验区卫生局

联系人：台德学

邮政编码：237431

救助热线：0564－6497210

传真：0564－6497210

电子信箱：yshyujn@mail. la. ah163. net

●**安徽省六安市红十字会**

地址：安徽省六安市卫生局内

联系人：沈永平

邮政编码：237001

救助热线：0564－3379206

传真：0564－3379206

电子信箱：luho_ 2005@yahoo. com. cn

●**安徽省黄山市红十字会**

通讯地址：安徽省黄山市屯溪区北海路174号

联系人：张松

邮政编码：245000

救助热线：0559－2353644

传真：0559－2353644

电子信箱：zhso721@yahoo. com

●**安徽省黄山市黟县红十字会**

地址：安徽省黄山市黟县广安路1号

联系人：张华旗

邮政编码：245500

救助热线：0559－5522044

传真：0559－5522187

电子信箱：wsj2004@yahoo. com. cn

●**安徽省黄山市徽州区红十字会**

地址：安徽省黄山市徽州区黄山路233号

联系人：王海波

邮政编码：245061

救助热线：0559－3511900

传真：0559－3582093

电子信箱：huizhouhonghui@126. com

●**安徽省黄山市黄山区红十字会**

地址：安徽省黄山市黄山区红十字会办公室

联系人：胡菊萍

邮政编码：245700

救助热线：0559－8530368

传真：0559－8532412

●**安徽省芜湖市红十字会**

地址：安徽省芜湖市渡春路2号

联系人：曹林

邮政编码：241000

救助热线：0553－3837406

传真：0553－3837406

电子信箱：caolin68@163. com

●**安徽省芜湖县红十字会**

地址：安徽省芜湖县湾址镇芜湖南路延伸段8号

联系人：施斌生

邮政编码：241100

救助热线：0553－8810942

传真：0553－8810947

●**安徽省繁昌县红十字会**

地址：安徽省繁昌县繁阳镇中心花园6号

联系人：王赋斌

邮政编码：241200

救助热线：0553－7872350

传真：0553－7872350

电子信箱：fcxwsjbgs@yahoo. com. cn

●**安徽省芜湖市镜湖区红十字会**

地址：安徽省芜湖市北京东路97号镜湖区政府大楼二楼

联系人：章建中

邮政编码：241000

救助热线：0553－3122059

传真：0553－3122012

●**安徽省芜湖市新芜区红十字会**

地址：安徽省芜湖市长江路 35 号新芜区政府卫生区内

联系人：王秀芝

邮政编码：241000

救助热线：0553－3878584

传真：0553－3878584

电子信箱：whksy@ kwq. gov. cn

●**安徽省芜湖市马塘区红十字会**

地址：安徽省芜湖市利民路 418 号（马塘区政府内）

联系人：孙建新

邮政编码：241000

救助热线：0553－4835375

传真：0553－4835375

●**安徽省全椒县红十字会**

地址：安徽省全椒县外环路卫生局大楼

联系人：张文金

邮政编码：239500

救助热线：0550－5197001

电子信箱：qjredcross@ 163. com

●**安徽省明光市红十字会**

地址：安徽省明光市红十字会

联系人：张献奎

邮政编码：239400

救助热线：0550－8021454

传真：0550－8021454

●**安徽省定远县红十字会**

地址：安徽省定远县定城镇曲阳大街北段

联系人：张洪

邮政编码：233200

救助热线：0550－4021317

传真：0550－4021317

●**安徽省来安县红十字医院**

通讯地址：安徽省来安县第二人民医院

联系人：温月发

邮政编码：239236

救助热线：0550－5960627

传真：0550－5960499

●**安徽省凤阳县红十字会**

地址：安徽省凤阳县红十字会（府城镇洪武路 26 号）

联系人：顾守斌

邮政编码：233100

救助热线：0550－6711955

传真：0550－6721706

●**安徽省天长市红十字会**

地址：安徽省天长市卫生局办公楼内

联系人：朱玉刚

邮政编码：239300

救助热线：0550－7042635

传真：0550－7042639

●**安徽省滁州市红十字会**

地址：安徽省滁州市委大院 048 信箱

联系人：史庆荣

邮政编码：239000

救助热线：0550－3034831

传真：0550－3034831

●**安徽省滁州市琅琊区红十字会**

地址：安徽省滁州市琅琊路 102 号

联系人：刘文章

邮政编码：239000

救助热线：0550－3012051

传真：0550－3012051

●**福建省红十字会**

地址：福建省福州市湖前路 58 号

邮政编码：350001

电话：0591—87841850　87841854

传真：0591 - 87835854

电子信箱：fujian@ redcross. org. cn

网址：www. fjredcross. org. cn

捐赠电话：0591 — 87841804

接受捐赠户名：福建省红十字会博爱工程基金

开户行：中国银行福州鼓屏支行

账号：811100486508094001

●福建省厦门市红十字会

地址：福建省厦门市同安路2号天鹭大厦B座

联系人：杨碧英

邮政编码：361003

救助热线：0592 - 2131572

传真：0592 - 2102282

电子信箱：xmhsz@ sohu. com

●江西省红十字会

地址：江西省政府大院内西二路10号2楼

邮政编码：330046

电话：0791 - 6250075

传真：0791 - 6252815

网址：www. jxredcross. org. cn

电子信箱：jx_ hsz@ sina. com

救助热线：0791 - 6210586

接受捐赠户名：江西省红十字会

开户行：中国工商银行南昌市省政府大院分理处

帐号：1502206509024926606

●江西省上饶市红十字会

地址：江西省上饶市滨江东路7号（赣印3楼）

联系人：刘春英

邮政编码：334000

救助热线：0793 - 8239193

传真：0793 - 8239193

●江西省上饶县红十字会

地址：江西省上饶县红十字会

联系人：林建华

邮政编码：334100

救助热线：0793 - 8441490

●江西省广丰县红十字会

地址：江西省广丰县红十字会

联系人：蒋丽涛

邮政编码：334600

救助热线：0793 - 2632566

●江西省玉山县红十字会

地址：江西省玉山县红十字会

联系人：吴柏巨

邮政编码：334700

救助热线：0793 - 2557314

●江西省横峰县红十字会

地址：江西省横峰县红十字会

联系人：唐智明

邮政编码：334300

救助热线：0793 - 5785702

●江西省铅山县红十字会

地址：江西省铅山县红十字会

联系人：卢松瑞

邮政编码：334500

救助热线：0793 - 5329910

●江西省弋阳县红十字会

地址：江西省弋阳县红十字会

联系人：方文生

邮政编码：334400

救助热线：0793 - 5883150

●江西省德兴市红十字会

地址：江西省德兴市红十字会

联系人：詹赤钢

邮政编码：334200

救助热线：0793－7511802

●江西省鄱阳县红十字会

地址：江西省鄱阳县红十字会

联系人：黄松泉

邮政编码：333100

救助热线：0793－6270325

●江西省余干县红十字会

地址：江西省余干县红十字会

联系人：王旺水

邮政编码：335100

救助热线：0793－3203040

●江西省万年县红十字会

地址：江西省万年县红十字会

联系人：张万春

邮政编码：335500

救助热线：0793－3832619

●江西省婺源县红十字会

地址：江西省婺源县红十字会

联系人：程红亮

邮政编码：333200

救助热线：0793－7351890

●江西省南昌市西湖区红十字会

地址：江西省南昌市西湖区万福寺18号（西湖区政府内）

联系人：王敏

邮政编码：330025

救助热线：0791－6597497

传真：0791－6597497

电子信箱：xhqwsj@163. com

●江西省赣州市章贡区红十字会

地址：江西省赣州市阳明路26号

联系人：廖琦

邮政编码：341000

救助热线：0797－8296337

传真：0797－8298254

●江西省宜春市红十字会

地址：江西省宜春市红十字会（市政府办公楼6楼）

联系人：吴海璐

邮政编码：336000

救助热线：0795－3286985

传真：0795－3286985

电子信箱：whr0602@yahoo. com. cn

●江西省新余市红十字会

地址：江西省新余市堎上路218号

联系人：柳莲英

邮政编码：338000

救助热线：0790－6457001

传真：0790－6423322

电子信箱：hxm5766@sina. com

●江西省南昌市红十字会

地址：江西省南昌市民德路411号院内9号楼一楼

联系人：李安海

邮政编码：330008

救助热线：0791－6776042

传真：0791－6787359

●江西省萍乡市红十字会

地址：江西省萍乡市芙蓉宾馆907室

联系人：杨爱民

邮政编码：337000

救助热线：0799－6879182

传真：0799－6879182

●江西省崇义县红十字会

地址：江西省崇义县城章源大道1511号

联系人：郭运君

邮政编码：341300

救助热线：0797－3812459

传真：0797－3820101

电子信箱：cxcycws@126. com

●江西省景德镇市红十字会

地址：江西省景德镇市珠山路原市政府大院内

联系人：陈琦

邮政编码：333000

救助热线：0798－8223040

传真：0798－8223040

●江西省乐平市红十字会

地址：江西省乐平市卫生局

联系人：吴晓琴

邮政编码：333300

救助热线：0798－6214292

传真：0798－6214287

●江西省南昌市进贤县红十字会

地址：江西省进贤凤凰街108号

联系人：胡荣华

邮政编码：331700

救助热线：0791－5665211，2802361

传真：0791－7077055

●江西省赣州市红十字会

地址：江西省赣州市新赣南路5号

联系人：张燕萍

邮政编码：341000

救助热线：0797－8239114

传真：0797－8239114

●江西省九江市红十字会

地址：江西省九江市滨湖路7号

联系人：金衍荣

邮政编码：332000

救助热线：0792－8227693

传真：0792－8227693

电子信箱：honghui@jiujiang. gov. cn

●江西省浔阳区红十字会

地址：江西省浔阳区政府院内

联系人：高云霞

邮政编码：332000

救助热线：0792－8115421

●江西省庐山区红十字会

地址：江西省九江市十里大道1480号

联系人：钱振华

邮政编码：332000

救助热线：0792－8251369

●江西省九江县红十字会

地址：江西省九江县二中路

联系人：韦红兵

邮政编码：332100

救助热线：0792－6819622

传真：0792－6819622

●江西省庐山红十字会

地址：江西省庐山管理局院内

联系人：张婷

邮政编码：332900

救助热线：0792－8288379

●江西省瑞昌市红十字会

地址：江西省瑞昌市赤乌路111号

联系人：刘瑞萍

邮政编码：332200

救助热线：13317921383

●江西省武宁县红十字会

地址：江西省武宁县交通路175号

联系人：刘合雄

邮政编码：332300

救助热线：0792－2772801

传真：0792－2772801

●江西省修水县红十字会

地址：江西省修水县凤凰路29号

联系人：彭建宁

邮政编码：332400

救助热线：0792－7226479

●江西省永修县红十字会
地址：江西省永修县西二路
联系人：陈龙
邮政编码：330300
救助热线：0792－3223619

●江西省德安县红十字会
地址：江西省德安县东风路60号
联系人：熊礼宾
邮政编码：330400
救助热线：0792－4360712

●江西省星子县红十字会
地址：江西省星子县匡庐路282号
联系人：熊元星
邮政编码：332800
救助热线：0792－2670836

●江西省都昌县红十字会
地址：江西省都昌县东风大道130号
联系人：曹仁元
邮政编码：332600
救助热线：0792－5232766

●江西省彭泽县红十字会
地址：江西省彭泽县龙城大道830号
联系人：查义秀
邮政编码：332700
救助热线：0792－5663852

●江西省湖口县红十字会
地址：江西省湖口县三星大道
联系人：沈国华
邮政编码：332500
救助热线：0792－6326710

●江西省共青经济开发区红十字会
地址：江西省共青社会发展局内
联系人：王晓光
邮政编码：332020
救助热线：0792－4357661

●江西省庐山区红十字医院
地址：江西省九江市三里街114号
联系人：梅翠霞
邮政编码：332000
救助热线：0792－8580792
传真：0792－8580792
电子信箱：haolonghsjhr@126. com

●江西省武宁县红十字会急救中心
地址：江西省武宁县建设路5号
联系人：罗会晏
邮政编码：332300
救助热线：0792－999
传真：0792－2767586

●山东省红十字会
地址：山东省济南市青年东路1号
邮编：250011
电话：0531－86908197
传真：0531－86917935
电子信箱：shandong@sdredcross. org
网址：www. sdredcross. org. cn
捐赠电话：0531－86917935
开户行：济南市工商银行历下区分行支行
账号：1602003009008827157

●山东省青岛市红十字会
地址：山东省青岛市隆德路9号
联系人：岳立成
邮政编码：266071
救助热线：0532－85976999

●山东省威海市红十字会
地址：山东省威海市青岛北路28号
联系人：张萍
邮政编码：264200
救助热线：0631－5300001

●山东省济南市红十字会

地址：山东省济南市经二纬六路10号
联系人：刘成海
邮政编码：250021
救助热线：0531－87081598

●山东省济宁市红十字会

地址：山东省济宁市吴泰闸105号
联系人：谢龙利
邮政编码：272000
救助热线：0537－3151999

●山东省即墨市红十字会

地址：山东省即墨市振华街144号
联系人：杨洪信
邮政编码：266200
救助热线：0532－88519999
传真：0532－88519999
电子信箱：jmredcross@163. com

●青岛经济技术开发区（黄岛区）红十字会

地址：青岛经济技术开发区长江中路369号509室
联系人：宋森
邮政编码：266555
救助热线：0532－86988663
传真：0532－86988666

●山东省青岛市崂山区红十字会

地址：山东省青岛市苗岭路15号
联系人：赵增顺
邮政编码：266061
救助热线：0532－88962951
传真：0532－88962950

●山东省胶南市红十字会

地址：山东省胶南市珠海路51号
联系人：王磊
邮政编码：266400
救助热线：0532－86169110
传真：0532－86175390
电子信箱：jnnsnzn@126. com

●山东省莱西市红十字会

地址：山东省莱西市威海东路19号
联系人：孙秀凤
邮政编码：266600
救助热线：0532－81879762
传真：0532－88468700

●河南省红十字会

地址：郑州市政七街32号
邮编：450003
电话：0371－65955321
传真：0371－65961296
电子信箱：hnredcross 200586@ sina. com
网址：www. henanredcross. org
捐赠电话：0371－65944750/65944729/65961296（传真）
接受捐赠户名：河南省红十字会
开户行：浦东发展银行郑州分行健康路支行
账号：65376040154900000061

●河南省郑州市红十字会

地址：河南省郑州市伊河路151号
联系人：王万鹏
邮政编码：450007
救助热线：0371－67170099
传真：0371－67170800
电子信箱：haifang22@126. com

●河南省焦作市红十字会

地址：河南省焦作市解放中路（工业楼）328号
联系人：陈晓栋
邮政编码：454002
救助热线：0391－3933224

传真：0391－3933224

●河南省安阳市红十字会

地址：河南省安阳市东风路25号

联系人：牛茂修

邮政编码：455000

救助热线：0372－5918897

传真：0372－5918890

●湖北省红十字会

地址：武汉市武昌区水果湖洪山则路63号茶港小区写字楼9层

邮编：430071

电话：027—87325005

传真：027—87325268

电子信箱：hbredcroess@yahoo. com. cn

接受捐赠户名：湖北省红十字会

开户行：中国银行刘家湾支行

账号：13044108094001

●湖北省武汉市红十字会

地址：湖北省武汉市江岸区胜利街155号

联系人：刘彤

邮政编码：430014

救助热线：027－82835768

●湖北省黄石市红十字会

地址：湖北省黄石市武汉路203号

联系人：程燕莉

邮政编码：435000

救助热线：0714－6221833

传真：0714－6259440

电子信箱：chyl1963@sina. com

●湖北省石首市红十字会

通讯地址：湖北省石首市文峰路

联系人：赖光平

邮政编码：434400

救助热线：0716－7273437

传真：0716－7277268

●湖北省大冶市红十字会

通讯地址：湖北省大冶市保康巷26号卫生局

联系人：王如意

邮政编码：435100

救助热线：0714－8719105

传真：0714－8730385

电子信箱：wry5819@tom. com

●湖南省红十字会

地址：湖南省长沙市五一大道492号粮油贸易大厦11楼

邮编：410011

电话：0731－2584999

传真：0731－2584928

网址：www. hnredcross. gov. cn

接受捐赠电话：0731－2584968

接受捐赠户名：湖南省红十字会

开户行：长沙市商业银行浏阳河支行

银行账号：9402013160001398

●广东省红十字会

地址：广州市先烈南路17号大院

邮编：510060

电话：020－83825686

传真：020－83825686

电子信箱：gdredcross@gdredcross. org. cn

捐赠专用账号：3602010709000314124

户名：广东省红十字会

开户行：中国工商银行广州市东风东路支行

●广东省广州市红十字会

地址：广东省广州市麓景路狮带岗1号

联系人：刘进兴

邮政编码：510091

救助热线：020－83598400

●广东省深圳市红十字会

地址：深圳市田贝一路21号卫生局内

联系人：陈壮

邮政编码：518020

救助热线：0755－25601682

●广东省深圳市盐田区红十字会

地址：广东省深圳市盐田区行政文化中心515室

联系人：曾晓莲

邮政编码：518081

救助热线：0755－25228515

传真：0755－25228100

电子信箱：ytqwsj0217@21cn. com

●广西壮族自治区红十字会

地址：广西壮族自治区南宁市新竹路20号（广西科学活动中心6楼）

邮编：530022

电话：0771－5860326（传真）、5870362

电子信箱：gxhh888@126. com

网址：www. gxhh. org

接受捐赠户名：广西区红十字会

开户行：南宁市工行桃源支行

账号：2102108009249007743

●广西壮族自治区昭平县红十字会

地址：广西昭平县昭平镇北秀街1号

联系人：潘亮臣

邮政编码：546800

救助热线：0774－6682154

传真：0774－6682154

●广西壮族自治区柳州铁路局红十字会

地址：广西壮族自治区柳州市鹅山路三区一号柳州铁路局红十字会办公室

联系人：朱立健

邮政编码：545007

救助热线：0772－3922521

传真：0772－3920651

●广西壮族自治区岑溪市红十字会

地址：广西壮族自治区梧州岑溪市工农路156号

联系人：唐钊安

邮政编码：543200

救助热线：0774－8232171

传真：0774－8222549

●广西壮族自治区北海市红十字会

地址：广西壮族自治区北海市海城区北部湾西路8号

联系人：黄家智

邮政编码：536000

救助热线：0779－3031332

传真：0779－3031332

●广西壮族自治区平果县红十字会

地址：广西壮族自治区平果县马头镇东街65号

联系人：蓝湖

邮政编码：531400

救助热线：0776—5825931

电子信箱：pghw931@163. com

●广西壮族自治区灵山县中医院

地址：广西壮族自治区钦州市灵山县灵城镇燕山路

联系人：黄荣海

邮政编码：535400

救助热线：0777－6527777

传真：0777－6522689

电子信箱：gxlszyy@163. com

●广西壮族自治区容县红十字会

地址：广西壮族自治区容县容州镇西上

街 277 号

联系人：何烈琪

邮政编码：537500

救助热线：0775－5320557

传真：0775－5322096

●广西壮族自治区南丹县红十字会

地址：广西壮族自治区南丹县民生街县卫生局内

联系人：杨新科

邮政编码：547200

救助热线：0778－7215594

传真：0778－7212800

电子信箱：ndhh594@3126. com

●广西壮族自治区全州县红十字会

地址：广西壮族自治区全州县桂黄中路 114 号

联系人：唐忠胤

邮政编码：541500

救助热线：13768030966

传真：0773－4815333

●广西壮族自治区田东县红十字会

地址：广西壮族自治区田东县平马镇朝阳路 2 号

联系人：冯雪梅

邮政编码：531500

救助热线：0776－5222345

传真：0776－5231816

电子信箱：tdrcs@163. com

●广西壮族自治区柳江县红十字会

地址：广西壮族自治区柳江县柳南路县卫生局内

联系人：刘苏克

邮政编码：545100

救助热线：0772－7212279

传真：0772－7217466

●广西壮族自治区桂平市红十字会

地址：广西壮族自治区桂平市桂南中路市卫生局内

联系人：卢旭航

邮政编码：537200

救助热线：0775－3382092

传真：0775－3385223

●海南省红十字会

地址：海口市流芳路 8 号

邮编：571100

电话：0898－65331824

传真：0898－65304627

网址：hainanredcross. org

捐赠电话：0898－65331824/65331817/65366647

接受捐赠户名：海南省红十字会

开户行：市工行国兴大道分理处

账号：2201028629024900508

●重庆市红十字会

地址：重庆市渝中区学田湾正街 69 号

邮编：400015

电话：023－63859905　63621893

传真：023－63859905

电子信箱：bgs@cqrc. org

网址：www. cqrc. org（中文实名：重庆市红十字会）

●四川省红十字会

地址：四川省成都市文庙西街 80 号

邮政编码：610041

电话：028—86138841

传真：028—86138841

电子信箱：sichuanredcross@yahoo. com. cn

网址：http://www. sichuanredcross. org. cn

捐赠电话（传真）：028—86153300
银行户名：四川省红十字会
开户行：工商银行滨江支行
账号：4402204009024905774

●贵州省红十字会

地址：贵州省贵阳市中华北路242号省政府大院5号楼3楼
邮编：550004
电话：0851—6857817
传真：0851—6824372
电子信箱：guizhouhsz@ tom. com
网址：www. gzredcross. org
捐赠电话：0851—6831361（传真）
接受捐赠户名：贵州省红十字会
开户行：中国银行贵阳市云岩支行
账号：00742808092

●云南省红十字会

地址：云南省昆明市关上中路85号（政通大厦7楼）
邮编：650200
电话：0871－7195099】196666
传真：0871－7195088
电子信箱：wjq129@ vip. sina. com
网址：http：//www. ynredcross. com
捐赠电话：0871－7192222、7193333
接受捐赠户名：云南省红十字会
开户行：中国银行云南省分行营业部
账号：01726008092001

●西藏自治区红十字会

地址：西藏自治区拉萨市鲁定南路25号
邮编：850001
电话：0891—6860067
传真：0891—6861825
电子信箱：trc@ publac. ls. xz. cn
捐赠电话：0891—6862530
接受捐赠户名：西藏自治区红十字会
开户行：中国银行西藏自治区分行
账号：00164008092001

●陕西省红十字会

地址：陕西省西安市未央路123号
邮编：710016
电话：029－86512638
传真：029－86512638
电子信箱：shszhway@ shaanxi. gov. cn
网址：http：//www. snredcross. org. cn/
捐赠电话：029－86530614/86515482（传真）
接受捐赠户名：陕西省红十字会
开户行：中行经济技术开发区支行
账号：0104211149026980930001

●甘肃省红十字会

地址：甘肃省兰州市畅家巷57号
邮编：730030
电话：0931－8813473
传真：0931－8813472
电子信箱：gsshszh2005@ 126. com
捐赠电话：0931－8813471 0931－8735130
接受捐赠户名：甘肃省红十字会
开户行：工商银行兰州金城支行
账号：2703000609024940126

●青海省红十字会

地址：青海省西宁市西大街12号
邮编：810000
电话：0971－8252284
传真：0971－8252292
接受捐赠户名：青海省红十字会
开户行：工商银行西大街支行
账号：0609026445729

●**宁夏回族自治区红十字会**

地址：宁夏回族自治区银川市解放西街101 号

邮编：750001

电话：0951 -5055705

传真：0951 -5055972

电子信箱：lyp006@163. com

网址：www. nxredcross. org. cn

捐赠电话：0951 -5046999/5055705/5055972（传真）

接受捐赠户名：宁夏回族自治区红十字会

开户行：银川市商业银行营业部

账 号：100010189800000408

●**新疆维吾尔自治区红十字会**

地址：乌鲁木齐市延安路边123 号

邮编：830001

电话：010 -2577879 2567191

传真：0991 -2570705 2556420

电子信箱：xjrc123@126. com

捐赠电话：0991 -2570705/2577879/2565243（传真）

接受捐赠户名：新疆维吾尔自治区红十字会

开户行：中国银行乌鲁木齐市解放南路支行

账号：366000085008091001

●**中国铁路红十字会**

地址：北京市复兴路10 号铁道部劳卫司医政处

邮编：100844

电话：51844987

传真：51841957

电子信箱：liangbochou1945@hotmail. com

●**中国商业系统红十字会**

地址：北京市复兴门内大街45 号

邮政编码：100801

电话：010 -66094501

传真：010 -66094544

电子信箱：shanghong9@sohu. com

捐赠电话：010 -66094501、66094554、66094544（传真）

接受捐赠户名：中国商业系统红十字会

开户行：中国工商银行北京分行长安支行西单分理处

账号：0200013392000033 89

●**新疆生产建设兵团红十字会**

地址：新疆乌鲁木齐市光明路15 号

邮政编码：830002

电话：0991 -2890820

传真：0991 -2890820

电子信箱：lly2368526@126. com

捐赠电话：0991 -2890820

接受捐赠户名：兵团财务局（兵团红十字会）

开户行：农行兵团分行乌鲁木齐市建设路支行

账号：703101040000073

●**香港特别行政区红十字会**

地址：香港夏悫道33 号香港红十字会总部

电话：（852）28020021

传真：（852）28027359

电子信箱：info@redcross. org. hk

网址：http://www. redcross. org. hk

●**澳门特别行政区红十字会**

办事处：澳门新口岸宋玉生广场235 至287 号中土大厦三楼“亨利·杜南”中心

电话：853 -313003

传真：853 -313024

电子信箱：secretariat@redcross.org.mo
网址：www.redcross.org.mo
捐款电话：（853）313003/（853）313024（传真）

捐款户名：澳门红十字会
银行：中国银行（澳门支行）
账号：01-01-20787663（澳门币）、01-112-384823（港币）

图书在版编目(CIP)数据

中国红十字年鉴:2004/2005 创刊号/《中国红十字年鉴》编辑部编.—北京:台海出版社,2006.2

ISBN 7-80141-442-X

Ⅰ.中… Ⅱ.中… Ⅲ.红十字会—中国—2004~2005—年鉴 Ⅳ.D632.1-54

中国版本图书馆 CIP 数据核字(2005)第 145367 号

中国红十字年鉴:2004/2005 创刊号

ZHONGGUO HONGSHIZI NIANJIAN:2004/2005 CHUANGKANHAO

编　　者:中国红十字年鉴编辑部
责任编辑:吕　莺
特邀编辑:李兰颂　傅　虹　冯志国
封面设计:李兰颂　傅　虹　冯志国
彩页设计:刘　澈
责任校对:陆　湘　李　荣
出版发行:台海出版社
经　　销:全国新华书店
印　　刷:北京铁科华腾印刷有限公司
开　　本:787 毫米×1092 毫米　1/16
印　　张:69
字　　数:1600 千字
插　　页:68
印　　数:1-2500
版次印次:2006 年 2 月第 1 版　2006 年 2 月第 1 次印刷
台海出版社(北京景山东街 20 号)
邮政编码:100009　　电话:010-84045799
ISBN 7-80141-442-X　　定价:330.00 元

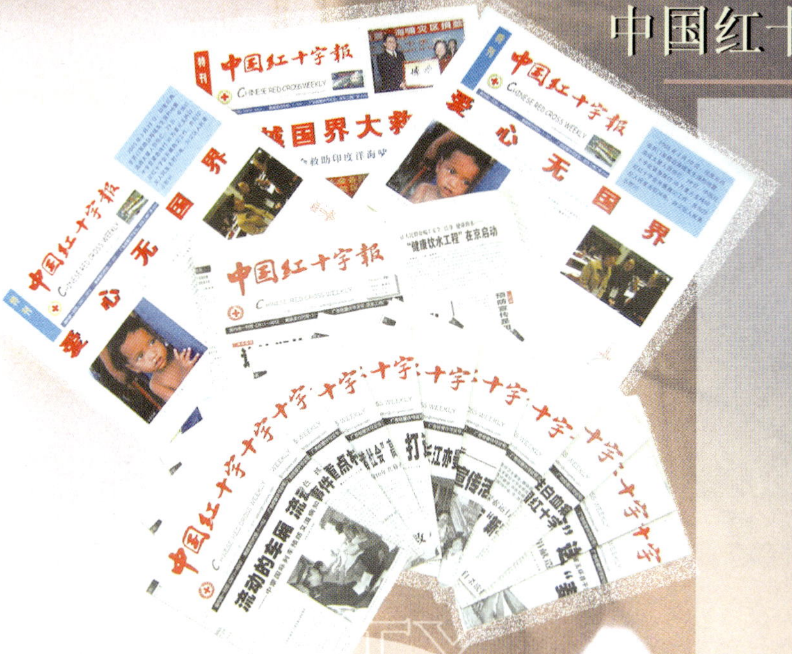

中国红十字会总会主管主办

《中国红十字报》由中国红十字会总会主管主办，是一张有影响力、具有权威性的人道主义大报。它创办于1986年，面向国内外发行。《中国红十字报》紧紧围绕红十字“人道、博爱、奉献”之宗旨，努力为救助者与被救助者搭建沟通的桥梁，为各地日益兴旺的红十字事业提供交流的平台，为所有热心社会公益事业的有识之士提供释放爱心的天地及发表真知灼见的论坛。

《中国红十字报》的主要栏目有“来自基层”“新闻快评”、“救助行动”、“特别关注”“热点时评”、“红十字论坛”、“红十字青少年”、“红十字社区”、“志愿服务”、“国际新闻”等。

《博爱》期刊是中国红十字会总会主管主办、以人道救助为宗旨、以讲述亲情、友情、爱情、人际之情为主的情感类生活期刊。《博爱》刊名“博爱”二字为孙中山先生手书，它创刊于1913年，是迄今为止我国历史最悠久的跨时代期刊之一。《博爱》期刊国内外公开发行，与世界130多个国家和地区的红十字组织交换。《博爱》期刊大十六开64页，彩色四封，图文并茂。每月1日出版。《博爱》的主打栏目有“亲情树”、“名人家事”、“街坊”、“朋友”、“真情讲述”、“同桌的你”、“心灵之约”、“人在旅途”、“多棱镜”、“美文”、“我是志愿者”、“寻找旧友热线”、“健康快车”等。

《博爱》您最忠实的朋友

关注民生、记录情感、在亲情、友情、爱情、人际之情的讲述中凸现世道人心

北京市红十字会

▲ 中共中央政治局委员、北京市委书记、北京市红十字会名誉会长刘淇，北京市市长、北京市红十字会名誉会长王岐山参加北京市红十字会第八次会员代表大会。

▲ 全国政协副主席周铁农率政协考察组参观博爱超市。

◀ 中国红十字会会长彭珮云为北京市红十字会点击开通网站。

北京市红十字会成立于1928年10月29日，2004年6月8日，北京市红十字会隆重召开了第八次会员代表大会，掀开了
的篇章。

1、理顺区县红十字会管理体制：2004年全市18个区县红十字会均成为市编办批准的独立设置的社会团体机构，规格
正处级，目前专职干部全部配备到位。

2、开展“博爱在京城”救助系列活动：增强救助实力和能力。提出“第一时刻”，为政府分忧，为百姓解难。实施
济工作的“七个一”配套工程，加大对本市的救助力度。2004年为印度洋的地震、海啸募捐2553.09万元人民币，荣获中国
十字会颁发的“印度洋海啸救援最佳组织奖”。2004年推出“博爱在京城”的系列救助活动。共筹集款物折合人民币2475
万元，支援了云南、新疆、广西、福建等12个省(区)救灾款物折合人民币435万元；用于本市救灾救助款物折合人民币1368
万元。使120万人受益。加强造血干细胞的捐献和移植工作，库中有志愿者血样37140人份，已完成检测 HLA分型数据24761
份，有28位志愿者成功捐献了造血干细胞。

3、启动了北京市中小学生、婴幼儿住院医疗互助金，凡有北京市户籍（包括已患病的孩子），每人每年交纳50元人
币，最高可累计享受到8万元的住院医疗费用保障。2004年已有66.9万人参加，累计为12698人次支付了医疗费用。有8人
高报销8万元。

4、社区红十字服务突出特色：提出了“六进社区”的工作方针，东城、西城、宣武、崇文、通州区红十字会获“
国社区红十字服务示范区”称号。探索募捐救助工作的新模式和长效机制，推广建立了“红十字博爱超市”（集募捐接收站
博爱超市、志愿工作者服务站三位一体）。

5、对外交流与交往活跃：北京市红十字会已获得因公出国（境）人员的独立审批权和因公出国（境）任务独立申报
及外事经费的单列。与韩国、日本、美国、加拿大、乌克兰、罗马尼亚6个国家首都或地区红十字会签署了友好交流协议
2004年以来，先后接待了韩国、瑞士、美国、新西兰等50多个国家及首都红十字会的来访，共728人次。应邀出访了瑞士
澳大利亚等16个国家和地区。密切了与香港、澳门特别行政区红十字会及台湾红十字组织的交往。

▲ 北京市副市长、红十字会会长孙安民为北京集美捐赠价值350万元的抗非典物资颁发证书。

▲ 中国红十字会常务副会长江亦曼等、北京市红十字会领导与歌唱家关牧村一起慰问敬老院里的老八路。

▲中国红十字会副会长兼秘书长郭长江（中）为贫困学生发放救济款。

◀ 国际联合会主席托罗为北京市红十字会题词。

▲北京市红十字会常务副会长李雪奴在地坛医院看望艾滋病患者。

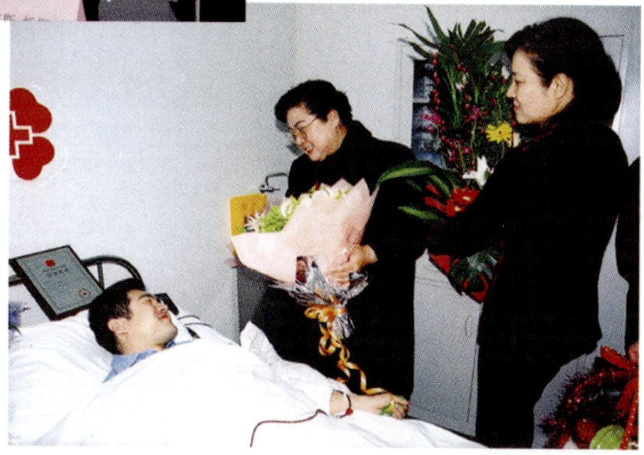

▲ 北京市红十字会领导慰问干细胞捐献者杨曦。

外宾参观北京市红十字会备灾仓库。

▲ 百名书画家献爱心笔会。

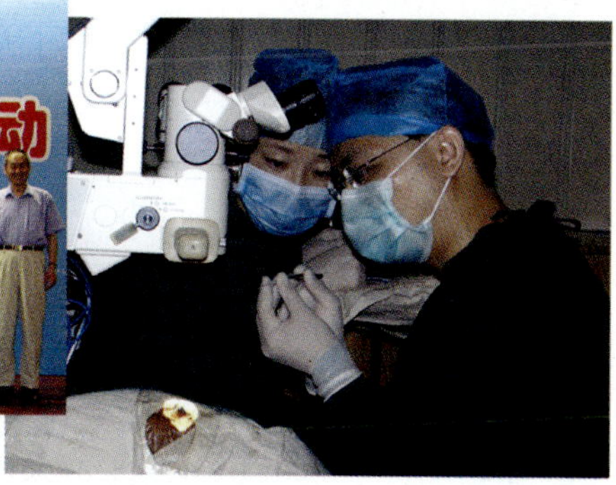

▲ 北京市红十字会免费为白内障患者复明，图为美籍华人陈刚博士正在为患者手术。

北京市东城区红十字会

北京市东城区红十字会1953年建会，至今已有52年的历史。东城区红十字会现有基层组织361个，会员60184人，红十字志愿工作者3176人，持证“初级急救员”3422人。东城区红十字会多次受到上级红十字会和有关部门的表彰，1989年、1992年获全国红十字会系统先进集体，2005年被中国红十字总会和中华人民共和国民政部授予“全国社区红十字服务示范区”。从1993年—2003年每年均获北京市红十字会系统先进集体。1998年至今8次为印度洋海啸和全国各地灾区募捐874.3万元，先后支援友好市区和兄弟红十字会60.9万元，区域内救助120.7万元。分别获北京市红十字会募捐救灾工作“最佳组织奖”“特别贡献奖”、“组织发动优秀奖”等。2004年11月区机构编制委员会下发了“关于调整北京市东城区红十字会机理体制的通知”，将红十字会机关列为区政府直接联系的独立设置的群众团体。机构规格调整为正处级。2005年1月完独立设置，8月搬到了新的办公地址。

▲ 东城区区委副书记、区长、区红十字会名誉会长卢彦参加区红十字会纪念“五 八”世界红十字日活动。

▲ 2001年重阳节，北京市东城区红十字会会长毛桂芬（左一）、常务副会长郭锁香（右一）慰问百岁老人。

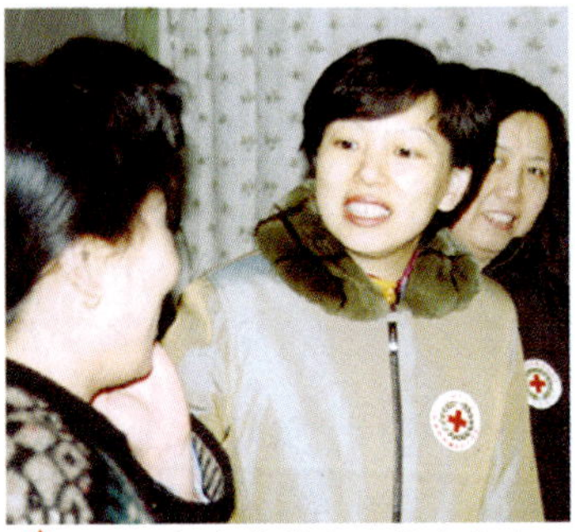

▲ 2006年春节前夕，北京市东城区红十字会会长章冬梅慰问困难家庭。

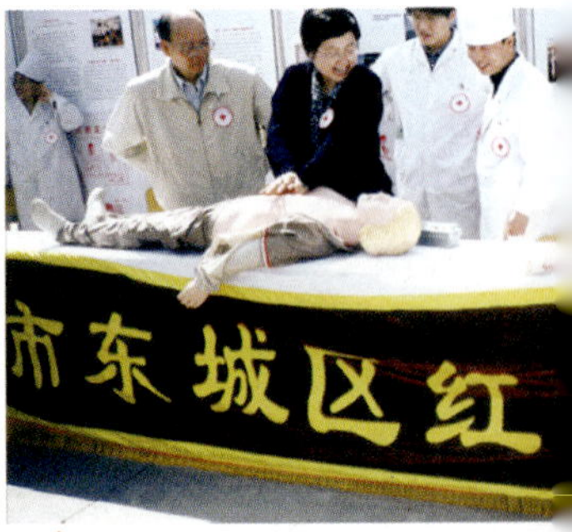

▲ 北京市东城区红十字会会长朱蓉先（左二）和原东城区红十字会会长蓝天柱（左一）在地坛公园纪念“五八”世界红十字日活动中演示和传授救护技术。

◀ 北京市红十字会系统应对灾难救护演练。

▲ 2005年五八世界红十字日，举办“自救互救—红十字在行动”大型纪念活动。

◀ 图为北京二中红十字青少年进行救护演练。

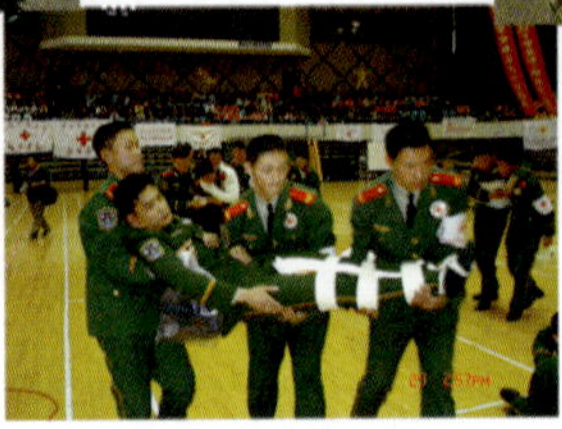

◀ 武警六支队十三中队代表东城区红十字会参加北京市红十字会系统应对灾难救护演练。

▲中担投资信用担保有限公司捐款

北京市西城区红十字会

北京市西城区红十字会1953年建会。2004年11月理顺管理体制。2005年，成立了中共党组，袁利任党组书记；成立少儿住院医疗互助金管理办公室；召开了西城区红十字会第八次会员代表大会，选举产生了新一届理事会领导班子。

在北京市西城区委、区政府和北京市红十字会的领导、支持和指导下，西城区红十字会认真履行《中华人民共和国红十字会法》，弘扬“人道、博爱、奉献”精神，建立了一支无私奉献的红十字会员、红十字志愿者队伍；形成了多层的组织网络结构；构筑了以“博爱在京城”为龙头的立体化社会募捐救助体系；拓展了救护培训的新领域；树立了学校红十字会工作与德育教育双促进的新理念；搭建了社区红十字服务新平台；开启了以少儿互助金为依托的保障少年儿童健康成长的生命绿舟。荣获中国红十字会先进集体、全国社区红十字服务示范区、北京市红十字会先进集体和区防治非典型肺炎工作先进集体等荣誉称号。

2004年5月，以社会经济形态下不以盈利为目的准市场运行方式，开办了全国第一家“红十字博爱商店”，搭建了以博爱对接真情互动、以人的需求为本、变输血为造血的按照民愿实现方式去帮助贫困人员的人本化、经常化的救助平台。

▲ 北京市西城区委书记、区红十字会名誉会长吕锡文参加社区红十字服务活动。

▲ 北京市西城区副区长、区红十字会会长陈蓓在全国政协副主席周铁农带队视察红十字会工作时向全国政协委员视察团领导进行汇报。

▲ 北京市西城区长、区红十字会名誉会长林铎，市红十字会常务副会长李雪奴为红十字博爱商店开业剪彩。

▲ 北京市西城区委副书记、区红十字会名誉会长楚国清参加红十字会“两节”送温暖活动。

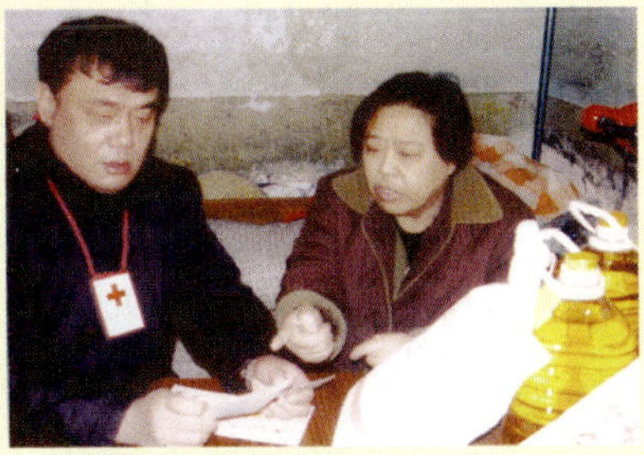

▲ 北京市西城区副区长、原区红十字会会长许伟慰问困难家庭。

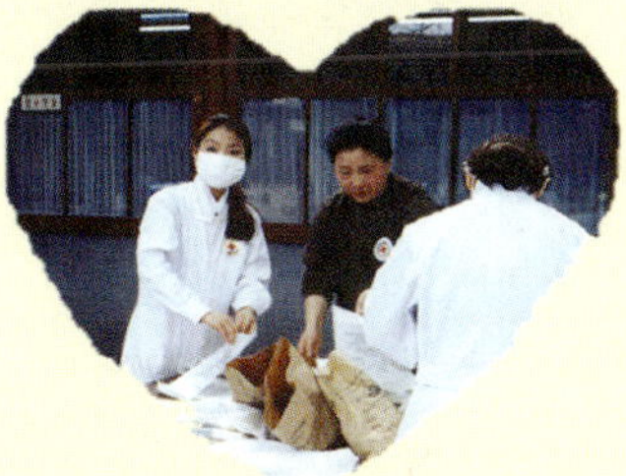

▲ “非典”期间，北京市西城区红十字会干部自己动手为低保人员配制中草药。

▲ 袁利常务副会长向为海啸捐款的北京八中红十字青少年颁发捐款证书。

北京市朝阳区红十字会

北京市 朝阳区红十字会作为政府在人道救助领域的助手，建立于 1957 年 11 月，当时名称为东郊区红十字会，挂靠在区卫生局。1958 年随着区政府更名改为朝阳区红十字会，目前已有 48 年历史。

2004 年底，按照中国红十字会总会的要求，朝阳区红十字会理顺了管理体制，机构独立设置，级别升格为正处，编制增加到 8 人，并于 2005 年 6 月人员全部到位。2005 年 7 月朝阳区红十字会召开第七次会员代表大会，选举产生了新一届理事会，区委书记李士祥、区长陈刚任名誉会长，副区长关三多任会长，共有理事 103 名，常务理事 21 名。全区 22 个街道、20 个地区（乡）全部建立了红十字会，210 所学校建立了红十字会组织，成立朝阳区红十字学校工作委员会；全区共有红十字团体会员单位 347 个，会员 86581 人，区域内的红十字会组织网络基本形成。

按照职责要求组织卫生救护知识培训班 104 期，4500 人取得初级急救员证书；组建亚运村红十字志愿者服务队、朝阳区 CBD 红十字志愿者协会和司堃范爱心工作室，共有 400 余名志愿者参与红十字志愿服务活动；依据《红十字会法》开展社会募捐救助工作，共为抗洪救灾、抗击非典、印度洋海啸和特困群体募集善款 1500 万元。支援了长江、淮河等流域地区及内蒙古、西藏、河北等 20 多个省、自治区的救灾工作，援助北京及外省市困难学生 308 人，孤儿 36 名，孤老病残困难家庭 2500 户，为 26 位白内障患者免费实施了复明手术，为 1233 位老人办理了“助老卡”，10.6 万青少年加入北京市中小学生、婴幼儿住院医疗互助金。先后获得北京市红十字会系统先进集体 19 个，先进个人 21 名。

北京市朝阳区红十字会认真履行红十字会法赋予的职责，以弘扬人道主义为基本宗旨，以改善最易受损群体境遇为基本目标，遵循红十字七项基本原则，围绕人道主义救灾救助、自救互救、红十字青少年和社会服务等四项工程，开展各项红十字活动。

▲ 2005 年 7 月 15 日北京市朝阳区红十字会召开第七次会员代表大会。

▲ 北京市朝阳区区长、区红十字会名誉会长陈刚出席大会并讲话。

▲ 北京市朝阳区红十字会常务副会长宋凤泽向“博爱助学”者颁发荣誉证书。

◀ 北京市朝阳区副区长、区红十字会会长关三多参加“博爱在京城、博爱在朝阳”大型募捐活动。

◀ 亚运村社区群众进行自救互救演练。

▲ 北京市朝阳区红十字会秘书长司爱华参加“博爱助老”活动。

北京市宣武区红十字会

北京市宣武区红十字会成立于1953年。2004年9月，经北京市编制委员会批准，区红十字会机关列为区政府直接系的独立设置的群众团体机构，机构规格为正处级。现有基层红十字会组织146个，红十字会员39490人。

五十多年来，北京市宣武区红十字会承担并完成了不同历史时期的工作任务，为“保护人的生命和健康、发扬人主义精神、促进和平进步事业”做出了积极的贡献。在救灾救助、普及卫生救护知识、参与社区服务、开展红十字少年活动、传播人道法、对外友好交流等方面取得了可喜的成绩。北京市宣武区红十字会将一如既往地为“发展红字事业，贡献和谐社会”目标而努力！

▲ 北京市宣武区红十字会荣获民政部、中国红十字会总会联合颁发的《全国社区红十字会服务示范区》称号（中国红十字会江亦曼常务副会长向副区长、区红十字会会长王瑞珠颁发奖牌）。

▲ 北京市宣武区副区长、区红十字会会长王瑞珠同志在“博爱在京城”大型募捐活动中积极捐款。

▲ 联系区红十字会工作的区委副书记仲兆军同志入户慰问因大病造成生活困难的公安干警。

▲ 红十字会与红新月会国际联合会主席托罗到宣武区参观访问。

▲ 红十字青少年进行救护演练。

▲ 红十字青少年到敬老院看望老人。

▲ 北京市宣武区红十字会“博爱专柜”为困难群体提供了生活帮助。

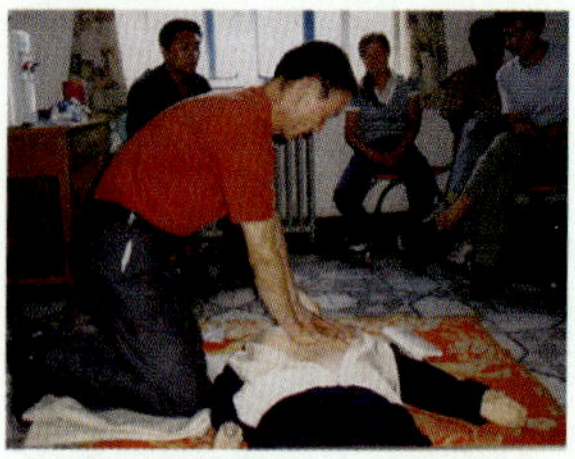

▲ 在通州区红十字会自救互救培训班上，学员们正在进行心肺复苏实际操作练习。

▲ 2005年3月28日，中国红十字会会长彭珮云、常务副会长江亦曼等领导赴通州区调研、视察红十字会工作。图为彭会长视察社区“爱心超市”。

▲ 2005年5月8日，区红十字会在国防教育广场开展纪念五八世界红十字日宣传活动。

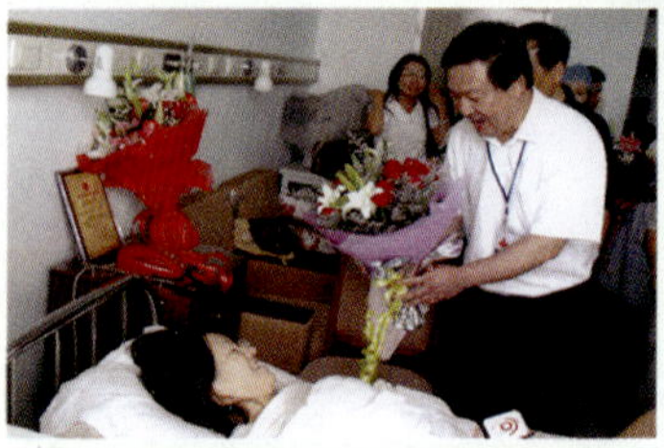

▲ 2005年8月1日，北京市通州区红十字会常务副会长王青春带着鲜花看望通州捐献造血干细胞第一人陆秋，并带去慰问金2000元和慰问品。

▲ 2005年1月18日，北京市通州区红十字会会长于世疆、常务副会长王青春，向贫困户发放慰问品。

北京市通州区红十字会

北京市通州区红十字会成立于1957年，48年间经历了“成立、合并、撤消、恢复、独立建制”五个发展阶段。1998年底，区红十字会与区卫生局“挂靠分离”、独立建制；1999年1月，区财政局开始对区红十字会专户拨款；2000年8月组建党支部：2003年1月完成机关工会组织建设；2004年11月，区红十字会机关机构规格由副处级调整为正处级。通州区红十字会有专职工作人员12名。机关内设办公室、业务部、少儿住院互助金办公室、财务室,有基层红十字组织155个，有红十字会员6.3万人，占全区常住人口的10.5%，全区11个乡镇、4个街道办事处全部建立了红十字组织。几年来，通州区红十字会在社会募捐、救灾救助、自救互救培训、社区红十字服务等方面取得了突出的成绩。自1998年起，区红十字会已连续3届荣获北京市红十字会系统先进集体；“非典”期间，区红十字会相继被区委、区直机关工委评为抗“非典”先进单位、先进党支部；2003～2004年被区精神文明办评为年度精神文明先进单位；2005年被中国红十字会总会和国家民政部授予“全国社区红十字服务示范区”称号。

▲2005年7月27日，区红十字会在怀柔生存岛举办“学会生存”为主题的青少年暑期夏令营。

▲ 2005年五八世界红十字日期间，通州区红十字会举办“爱心杯”红十字知识有奖竞赛活动。图为比赛现场。

天津市红十字会

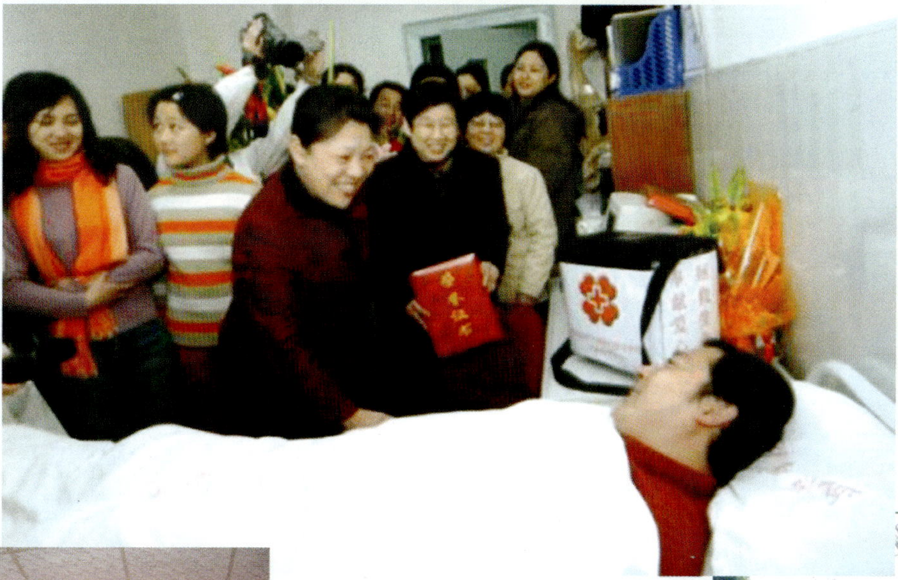

◀ 天津市副市长、红十字会名誉会长张俊芳亲切看望天津市首位造血干细胞捐献者商海涛。

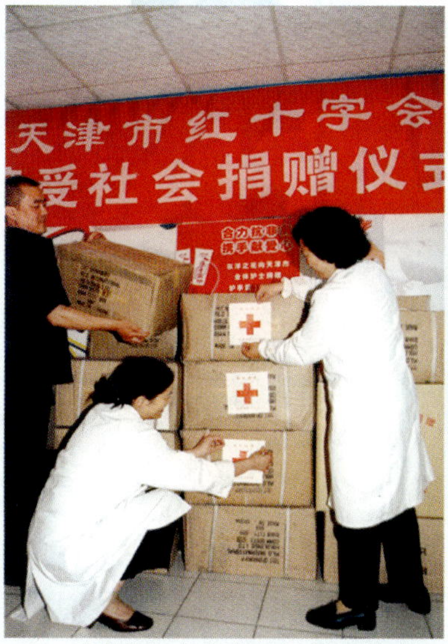

▲ 天津市红十字会每年都开展“红十字博爱助万家”活动，工作人员正在整理来自社会各界募捐的救灾救助物资，并及时发放给本市困难户和支援兄弟省市受灾地区。

▲ 天津市红十字会坚持抓好卫生救护培训工作，图为救护师资培训班的学院正在练习救护技术。

▲ 天津市红十字会与市委教卫工委、市教委、津报集团开展了“红十字博爱助学”活动，每年救助近万名特困学生。图为设置在大学校园里的“红十字校园募捐箱”。

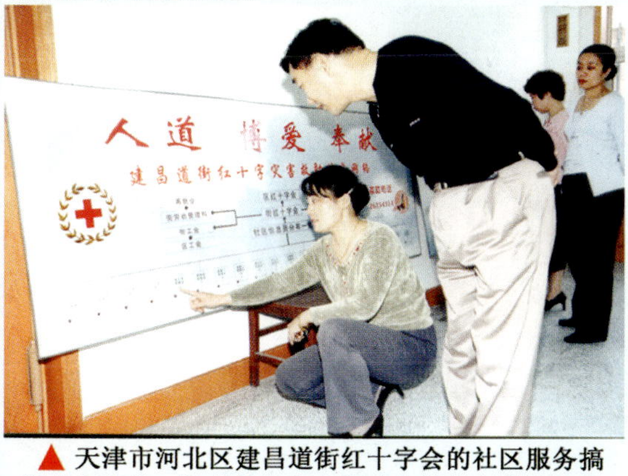

▲ 天津市河北区建昌道街红十字会的社区服务搞得有声有色，这是他们在全街建立的救灾救助信息网站。

▲ 天津市“红十字青山年敬老奉献志愿服务”活动覆盖了全市所有养老院，图为青少年志愿者为敬老院的老人们表演节目。

河北省红十字会

▲ 河北省红十字会第三次会员代表大会于2004年6月16日在石家庄市胜利召开。中国红十字会总会彭珮云会长莅临大会，省委、省政府主要领导出席大会并分别做重要指示。

▲ 河北省于2004年启动香港社区备灾项目。图为中国红十字会总会、香港红十字会以及我省各级红十字会有关人员到围场县宝元昌村入户考察。

▲ 近年来，河北省红十字会备灾救灾和社会救助工作全面加强。图为省红十字会专职副会长张淑琴为保定易县泥石流灾区群众发放慰问物品。

▲ 在中国红十字会总会的大力支持下，河北省红十字会“博爱送万家——春节送温暖”活动力度明显加强。图为总会及省、市红十字会领导参加2004年度春节送温暖活动启动仪式，孙士彬会长在仪式上讲话。

▲ 河北煤炭医学院周伟同学放弃考研机会，毅然捐献造血干细胞，挽救白血病患者生命，成为我省造血干细胞捐献第一人。图为周伟同学顺利捐献造血干细胞后，省红十字会专职副会长张淑琴为其送行。

▲ 近年来，河北省红十字会对外交流活动日益活跃。2004年6月，金恪炫社长率团对我省进行回访。图为省、市红十字会领导与韩国代表团成员合影留念。

山西省红十字会

▲ 2004年11月，山西省省长、省红十字会名誉会长张宝顺在山西省红十字会第五次会员代表大会上，接见与会代表。

▲ 山西省副省长、省红十字会会长王昕在2003年五八世界红十字日期间为抗击非典捐款。

▲ 在2005年元旦、春节期间开展的“红十字博爱送万家”活动中，中国红十字会、山西省红十字会领导深入山庄窝铺访贫问寒送温暖。

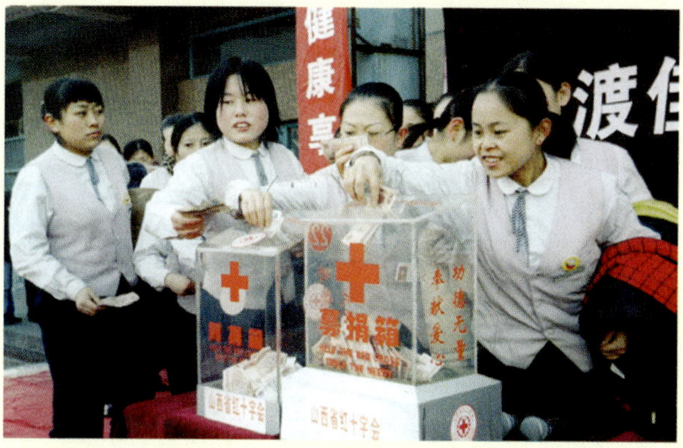

▲ 图为山西省城群众踊跃向印度洋海啸灾民捐款，伸出援助之手，奉献一份爱心。

▼ 为降低山西省交通事故伤病员的致残率和死亡率，省红十字会举办了公安交警救护师资培训班，以提高其事故现场救护救助能力。

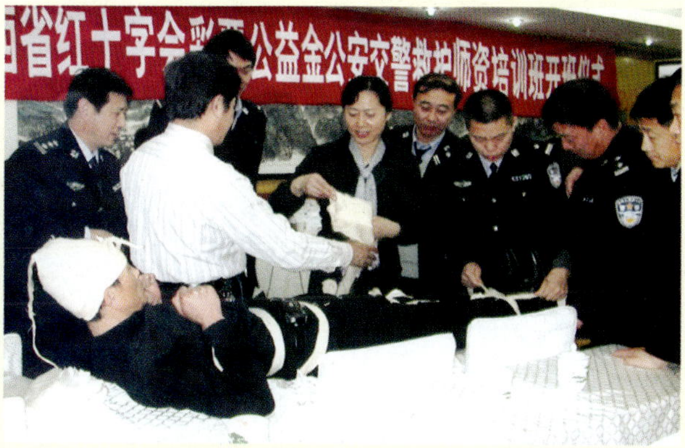

▲ 为使更多的人加入到捐献造血干细胞队伍中来，2005年9月，山西省红十字会举行了“三晋捐髓第一人”新闻发布会。

生命不息 奋斗不止

云曙碧同志从事红十字会工作十八年来，致力于社会公益事业，以全心全意为人民服务的实际行动实践着“三个代表”重要思想，为内蒙古红十字事业的发展做出了突出的贡献，被中国红十字会总会表彰为“云曙碧精神”，成为全国红十字工作者学习的楷模。

她亲自抓了内蒙古自治区红十字会的筹建、恢复工作。通过不懈努力和执著追求，使内蒙古红十字会1987年恢复工作，并得到了快速的发展。

她筹集经费300多万元，于1995年建成了一座面积为2600平方米的集办公、培训和物资仓储为一体的培训中心，成为全国第一家建起“根据地”的省级红十字会。

她先后在5个盟市创办了红十字会血站，为无偿献血工作提供了基地，推动了全区的血液事业的发展。

她积极争取国内外及社会各界的援助，为灾区群众送医送药、发粮食、盖民房、建学校。她还多次1000元、2000元、5000元、10000元地向灾区人民捐款。

她帮助白内障患者重见光明，从2000年发起了“复明扶贫行动”，为674名白内障患者免费实施了复明手术。

她将利用自己积蓄和子女送给她的15万元，资助了275名贫困学生；她还动员大儿子所在的公司出资40多万元，资助336名学生完成了学业。

她从自治区红十字会会长的领导岗位上退下来以后，把普及艾滋病预防知识，作为自己的一项主要工作。她利用自己大儿子所在公司捐助的50万元，组成专业的艾滋病预防宣传小组，亲自带队深入城镇社区、农村牧区举办培训班，义务宣传有关艾滋病的预防知识。

云曙碧同志虽然已是耄耋之年，但她仍然壮志不已。生命不息，奋斗不止，全心全意为人民服务，是她永远追求的目标。

▲ 哈尔滨市红十字中心血站外景。

▲ 坐落在哈尔滨市繁华地段的“爱心献血屋”。

哈尔滨市红十字中心血站

自《中华人民共和国献血法》颁布施行以来，哈尔滨市红十字中心血站全体员工殚精竭虑，锐意进取，发扬自立、自强、吃苦耐劳、团结拼搏、信誉第一的精神，以其博爱的胸怀和移山撼岳的气概，使血液之河汹涌澎湃，谱写了一曲曲激动人心的赞歌。1998年以来，全市临床供血100%来自非行政命令性自愿无偿献血。值得一提的是，2004年，全市年供血量达21吨，跻身于全国超大型血站行列。血站还通过改革和创新，实行了采血战略转移，基本实现了采血200毫升向400毫升转变；献全血向献成分血转变。2003年和2004年连续两年在全国无偿献血表彰大会上，哈尔滨被评为全国无偿献血先进城市。为“人道、博爱、奉献”的红十字精神谱写了光辉篇章。

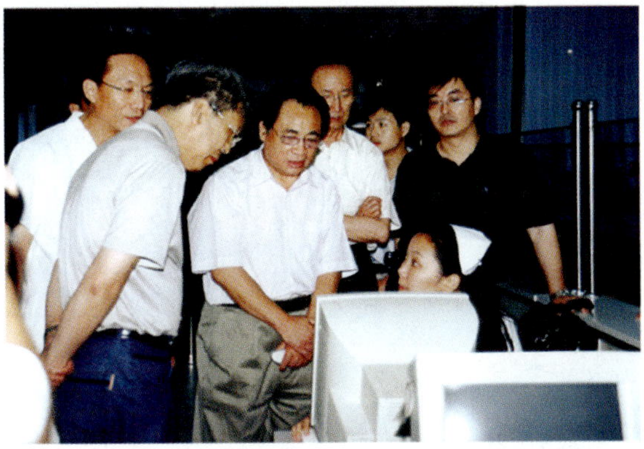

▲ 国家督察组领导检查黑龙江省血液中心，输血者的登记档案。

▲ 通过质量管理体系认证审核。

▲ 外国朋友在咨询无偿献血。

▲ 组织下乡开展无偿献血风霞耐心的文艺表演。

上海市红十字会

上海市中国红十字会的诞生地，上海的红十字活动，在总会创始时即有所开展。

到1995年底，上海19个区、县都建立了红十字会组织。2004年，上海市编制委员会发文，全市区县红十字会编制独立。

上海现有60余万名红十字会员，7千多个基层红十字组织。市红十字会建立了完善的理事会，理事会下设10个工作委员会，开展了各类救灾、社会服务、组织建设、宣传、无偿献血表彰、遗体捐献、造血干细胞捐献登记验血、查寻亲人，与国外友好往来、红十字青少年、募捐、中小学生与婴幼儿住院医疗互助基金等工作，取得了一定成绩。

◀ 从1997年至2005年10月，中国造血干细胞捐献者资料库上海分库已入库55000余人份，实现配对成功67例。

▶ 上海市中小学生、婴幼儿住院医疗互助基金（简称“少儿住院基金”）自1996年成立至今已为近60万患病少儿支付4亿5千余万元医疗费用，为有效减轻患儿家庭经济负担，为稳定一方，构建和谐社会做出积极贡献。

▲ 2004年底至2005年初，印度洋发生海啸灾难，上海市民以极大的热情奉献爱心，共捐款达6000万。图为坐着轮椅的老太太带着儿孙辈前来捐款。

▲ “千万人帮千家”已成上海市红十字会帮困工作品牌。2004-2005年度上海市区县及基层红十字会共向各类困难人群发放帮困款物资2000余万元。

创业绩 树形象 求发展

——上海市青浦区徐泾镇光联村红十字会

青浦区徐泾镇光联村位于上海市西郊，东临闵行区，南接松江区，北靠318国道，距上海虹桥机场4公里。地理置优越、交通便捷、经济实力较强，被誉为“万里国道第一村”。

近年来，光联村坚持以邓小平理论和“三个代表”重要思想为指导，树立和落实科学的发展观，解放思想、与俱进创业绩，经济发展保持良好势头，农村城市化建设逐步推进，人民生活水平不断提高，社会秩序稳定有序，建和精神文明建设不断加强，先后被评为市级、区级“五好”党支部、市级文明村、市农口系统文明村等光荣称号。

光联村作为徐泾镇的龙头村，不仅有着地域优势和经济优势，在红十字工作方面也显示出自己的强势。村党支十分重视红十字会工作，十分注重爱的奉献，深刻认识到做好红十字会工作，广泛传播“人道、博爱、奉献”红字精神是构建和谐家园，维护社会稳定的一项重要任务。红十字会成立以来，村党支部认真学习贯彻《中华人民和国红十字会法》，把弘扬红十字精神，保护人的生命和健康，改善最易受损害群体境况作为党支部工作的一项要内容，努力实践“三个代表”重要思想，竭诚为人民群众办实事、做好事，把红十字会工作同社会主义精神文建设紧密结合起来，将“关爱社会、关爱生命”落到实处，他们经常深入村民家庭，了解群众关心的问题，抓困群众急需帮助解决的问题。村党员干部开展与特困家庭帮扶结对活动，对因病致贫和遭受意外灾害的特困家庭开募捐帮困活动；并对孤、老、病、困等弱势群体予以医疗救助，为家庭经济困难、身体残疾的村民解决就业及生保障问题，光联村还通过多种形式积极传播红十字理念，不断扩大红十字会影响，组织动员广大党员群众积极参无偿献血和各类自然灾害、突发事件的救助等活动，弘扬人道主义精神，把党的温暖送到千家万户。在各项人道助活动中，村干部带头，共产党员在前，充分体现出村党支部的凝聚力和广大党员的先进性。

随着徐泾镇城市建设新一轮发展蓝图的绘就，光联村将会面临更多机遇和挑战。村领导认为：立党为公、执政民是我们工作的出发点和归宿点，弘扬红十字精神，开展人道救助工作是我们的光荣职责，我们将再接再厉，努把村红十字会工作提高到新的水平，为打造“绿色青浦”构建和谐社会作出新的更大的贡献。

▲ 光联村党支部书记、主任、镇红十字会理事潘雪明同志慰问村困难家庭。

▲ 光联村委会干部及村红十字会干部共同探讨村红十字会工作。

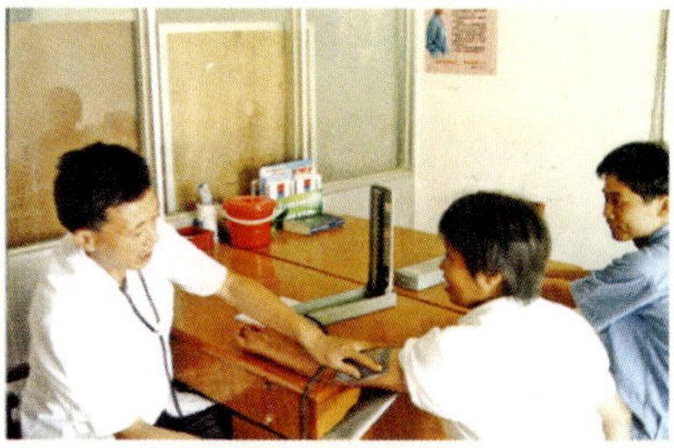

▲ 光联村红十字卫生站工作场景。

江苏省红十字会

江苏省红十字会领导与捐献造血干细胞志愿者合影留念。

江苏省境内建立红十字组织并开展活动近100年的历史。新中国成立后，在中共江苏省委和省人民政府及有关部门的支持下，江苏省红十字会于1956年成立。《中华人民共和国红十字会法》和《江苏省实施〈中华人民共和国红十字会法〉办法》颁布实施以来，全省红十字事业进入了新的发展阶段。目前，全省13个省辖市、106个县（市、区）都建立了红十字会，有8000多个基层组织250多万个会员。至2005年10月，省和11个省辖市红十字会及5个县级红十字会已理顺了管理体制，审核南京市红十字会建立了党组。自1998年以来，全省红十字会共募集并发放救灾救助款物近1.4亿元；还为援助印度洋海啸灾区募捐款近3000万元；省红十字会机关连续八年在元旦、春节前夕开展“博爱送万家”扶贫帮困慰问活动，将2000多万元款物和从社会募集的近百万件衣被送到困难群众手上。近十年来，全省红十字会对500万人进行初级救护培训，并在省内主要公路沿线建立500多个红十字救护点。“江苏省造血干细胞捐献者资料库管理中心”成立以来，截至2005年10月底已采集标本4.6万多例，入库资料3万余例，接受检索470多人，有990多位志愿者与300多个患者分型相合，已实现捐献40人。全省还建有700多个社区红十字服务站，有2.8万多名志愿工作者在社区开展各种形式的服务活动。全省红十字会在创建红十字示范校、建立青少年大病互助金和国际及台港澳红十字组织友好交流等方面也做了大量工作。江苏省红十字会多次被中国红十字会总会、国家人事部和中共江苏省委、省人民政府授予“先进集体”荣誉称号。

救护比赛。

社会救助。

赈灾济贫。

江苏通州市红十字会

▲ 中共通州市委书记、市红十字会名誉会长陈照煌参加世界红十字日纪念活动，接受电视台记者采访。

▲ 通州 市政协副主席、市红十字会会长徐松康（中），市教育局局长、市红十字会副会长张宏俊（左），市红十字会常务副会长邹宪章（右）在“红十字博爱送万家活动”物资发放仪式上。

▲ 通州市第四次会员代表大会现场。

江苏省通州市红十字会于1989年9月恢复成立。现有基层组织179个，有会员15.1万人；并建立了学校、卫生、基金管理、志愿服务等四个专门工作委员会。建会以来，通州市红十字会在市委、市政府和上级红十字会的领导和指导下，贯彻执行国家关于红十字会工作的法规，依法全面履行职责，务实、有序、创新地开展各项工作，有效地发挥了政府助手作用。

一、开展群众性卫生救护和培训：从1993年起，市红十字会持续开展了机动车驾驶员卫生救护培训工作和定期组织学校红十字会健康知识和急救技能竞赛，取得了良好效果。

二、积极开展备灾救灾救助工作：1995年11月，建立了“红十字备灾救助基金“，捐款活动每年5至8月在市级机关、市红十字会理事成员单位和基层组织中进行，已累计募集“基金”本金270万余元。

三、红十字青少年工作的规范管理：自1992年开始，对学校红十字会实行规范化管理，与市教育局联合制订了《通州市学校红十字会工作规范化管理考核评分标准》。十多年来，通过创建红十字青少年工作“达标学校”、示范学校，并建立三年一轮的复查制度，使全市学校红十字会工作在规范化机制下良性运作。至2004年底，通州市110所学校红十字会全部达标。

1993年，市红十字会和市教育局联合建立了《通州市中小学生重症住院医疗互助金》，十多年来，共为1684人次的患病住院学生报销医疗费612.99万元，减轻了患重症住院中小学生的医疗费负担，解除了学生家长和学校的后顾之忧。1995年设立了孤儿助学金，已补助孤儿学生2200余人次，支付补助金百万余元，让孤儿感受到社会的关心和温暖，充分体现了社会主义互助共济和救死扶伤的人道主义精神。

▲ 学校红十字会在举行募捐活动。

▲ 通州市红十字会每年举办红十字知识竞赛，图为活动现场。

南京市红十字会大事记

1911-1988 年

1911年10月，辛亥革命爆发，国民革命军进攻南京，于启泰绸缎店店主于恩绂捐款，与宋培之、陈履源等筹建南京红十字分会，设办事处于雨花台同善堂。1913年7月22日，中国红十字会南京分会成立。是时，癸丑战役打响，南京红十字分会随即进行救护、救济和尸体掩埋等工作。先后三个月，掩埋军民骸骨尸棺7350具，筑冢3327个，立总碑18座。1937年7-12月，总会从前线输送2万多名伤员到南京，南京红十字分会积极参与救护工作，为伤兵代写家信；南京沦陷后又组织了2个掩埋队掩埋军民尸体，坚持了6个多月，被迫终止。1946年5月，中华民国红十字会南京分会恢复成立，并设红十字诊疗所。1953年2月6日，南京市卫生局主持召开“中国红十字会南京分会协商代表会议”，成立了南京红十字分会第一届理事会。同年，南京市编制委员会核定南京市红十字分会工作人员编制14名。1957年5月31日，南京红十字分会召开代表会议，选举出第二届理事会，并将中国红十字会南京分会改名南京市红十字会。1958年12月2日，南京市红十字会召开会员代表大会，选举出第三届理事会。1962年南京市红十字会召开代表会议，选举出第四届理事会。会议提出整顿和健全各级红十字会，至196年12月，全市有12个区（县）级红十字会和1205个红十字卫生站完成整顿，登记会员44353人。1963年－1966年，南京市红十字会大力开展国防救护训练。三年中共训练群众救护员25000余人，组成救护队（组）1833个，在全市形成群众救护网。197年6月23日，南京市革命委员会决定“恢复南京市红十字会”。1980年4月24－25日，南京市红十字会召开第五次代表会议，选举出第五届理事会。同年，恢复和建立160个红十字卫生站。1981年夏天，南京市红十字会开始举办红十字青少年夏令营。1983年，南京市红十字会首次开展纪念五八世界红十字日活动。同年9月，市编委核定南京市红十字会行政编制8名。1985年，募得捐款447090元援助非洲灾民。同年开始心肺复苏训练，当年培训急救员1156名。1986年，开展行业卫生救护培训，在供电、铁路、游泳池、市政公用等系统中对安全员、电工、救生员、班组长等进行培训。同年4月，市红十字会首次承担了国际马拉松赛的现场救护任务。同年，在部分公共场所设置红十字募捐箱。1987年11月，台湾当局开放民众赴大陆探亲。从此，市红十字会增加了台湾事务服务工作项目。1988年4月25－26日，南京市红十字会召开第六次代表会议，选举出第六届理事会。

1990-1999 年

1990年起与南京市公安局合作，在公安、公交系统对机动车驾驶员进行救护知识的培训。1991年2月5日，南京市中小学红十字工作委员会成立。同年夏天，南京发生特大洪涝，市红十字会将募集的价值158万元人民币和价值数百万元的物品及时分到受灾的区县和地区。同年10月23－24日，南京市红十字会召开第七次代表大会，选举出第七届理事会。1994年11月15－16日南京市红十字会召开第八次会员代表大会，选举出45名理事组成第八届理事会。同年在南京市周边国道两旁建立了46个公路沿红十字救护点。1996年11月20日，成立“南京医科大学红十字志愿捐献遗体登记接受站”和“南京铁道医学院红十字志愿捐献遗体登记接受站”。1997年2月22日，“南京市红十字会捐献遗体志愿者之友”正式成立。同年，制订了《南京市红十字志愿工作者管理办法（暂行）》。并在11月，市政府批准《南京市红十字会机关机构改革方案》，核定南京市红十字会机关人员编制名。1998年3月28日，南京市红十字会肾病患者之友成立。同年4月28日。南京市红十字新闻工作者志愿服务委员会成立。并在夏天南京遭受特大洪灾中，先后28次到抗洪第一线和灾区，送医送药及分发社会各界捐赠的款物1319.66万元。还在市、区（县）红十字会相继成立了“红十字志愿工作者领导小组”。至年底，全市已建立91个社区红十字志愿工作者活动站（组织）。1999年4月，开展了“港宁携手送温馨”关怀病人交流活动。并用南京旺旺食品有限公司捐赠100万元人民币建立“南京市红十字旺旺爱医疗基金”。同年11月，“南京癸丑掩埋阵亡军士纪念碑”护碑亭落成。

2000-2004 年

2000年南京市红十字会与南京市洪武北路小学共同创建了江苏省第一所以红十字会命名的小学“南京市红十字会小学”年7月，南京市红十字会成立“救灾领导小组”。9月，成立“传播工作领导小组”。2001年6月8日，“南京红十字眼库”在市第一医院正式挂牌。同年9月29日，“南京志愿捐献遗体者纪念林”在栖霞山红景园落成。并与市民政局联合对捐献遗体的做出规定。2002年10月29日，南京市红十字会与国际SOS（医疗控股）有限公司联合成立“南京国际（SOS）紧急救援诊所”。年4－6月，南京市红十字会为抗击“非典”一线募集款物934.5万元。同年9月，南京市红十字会创建开通了“南京市红十字站”。2004年8月5日，南京市红十字会理顺管理体制，机构规格为市副局级。由刘霞任党组书记、专职副会长，调整后总编为行政编制10名、行政附属编制2名。同年11月11日，南京市红十字会与德国弗莱明—斯普里瓦尔德红十字分会签署了合作协从2005年起双方将互相派员在中西医结合、老年康复、红十字青少年等方面开展交流、学习。12月18日至22日，南京市红十选拔培训的5名队员赴香港参加“两岸红十字百周年精英荟萃”急救及灾难应变比赛，取得第三名。

南京市红十字会作为中国红十字会的一个地方组织，成立于1913年7月22日。自筹建时起南京市红十字会就积极从事战地救护、难民救济和尸骨掩埋等工作。现仅存的1座“南京癸丑掩埋军民纪念碑”于1988年11月重立于南京东郊灵谷寺风景区内。

1949年后，南京市红十字会遵照会章，大力宣传红十字会的性质与任务，努力实践红十字会的宗旨，充分发挥了政府人道领域的助手作用。2004年底，全市有区（县）级红十字会13个、基层红十字会组织653个，成人会员25810人，青少年会员33669人；有31个公路沿线红十字救护点、25个红十字冠名单位和376个社区红十字志愿工作者活动站；有南京地区17家媒体组成的南京市红十字新闻工作者志愿服务委员会、近4千人登记捐献遗体的捐献遗体志愿者之友、730人参加的肾病患者之友等志愿服务群体；在全市宾馆、机场、银行、超市等地放置红十字募捐箱106个；建有“红十字备灾救助基金”、“红十字旺旺博爱医疗基金”，以及“南京市红十字会综合门诊部”、“南京市红十字会老年康复医院”、“南京国际（SOS）紧急救援诊所”等实体。

2004年，开展全市性大型宣传活动3次；全市举办群众性卫生救护知识普及讲座631次，组织各种形式夏令营54个，举办各种竞赛活动　133场，发放宣传资料6.7万份；全年电视新闻或专题播发市红十字会活动40档，广播20档，报刊99篇。

全年培训新机动车驾驶员初级卫生救护知识113828人次，培训紧急救护师997人；在东南大学等5所高校安装急救箱129只；完成市第22届元旦万人健身长跑运动会、南京赛区16场全国足球中甲联赛等大型体育赛事现场救护保障21场。

全年有10.6万余人参与无偿献血，共采集无偿献血量2770万毫升；2004年底，有2569份造血干细胞捐献者资料入库。

全年南京市红十字会新增备灾救助基金11.96万元，募集善款52.83万元，新投放募捐箱16个，募集发放款物110万元。

苏州市红十字会

▲ 苏州宗教界是捐款最早的团体之一。

▲ 靠拾荒捡废品过日子也要表心意。

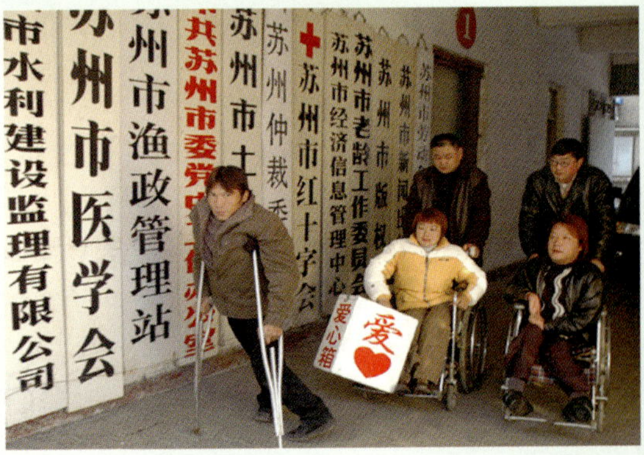

▲ 残疾人也来献爱心。

▲ 苏州各中小学和幼儿园的孩子们踊跃捐款。

▲ 广场大型募捐活动。

▲ 捐款人群如潮涌。

▲ 歌星谢霆锋向苏州市红十字会捐2万元。

为印度洋海啸灾民救援募捐
——苏州市红十字会接收捐款700万

2004年12月26日，印度洋强烈地震引发海啸，给东南亚和非洲部分国家及人民带来一场劫难。苏州市红十字会在去年12月31日接到上级通知2小时内，就通过新闻媒体向全市人民发出募捐赈灾紧急呼吁，公布了红十字会的捐赠热线电话、汇款银行账号和地址。

元旦期间，苏州市红十字会安排专人值班，接受咨询和接待捐赠。苏州市红十字会还赶制了一批募捐箱在闹市区设放，又制作了一万枚寓意爱心无国界图案的“爱心贴”，给前来捐赠人们贴上“爱心符号”。苏州市红十字会还联合媒体与企业，组织了7次大型的现场捐款活动。

全市各单位和广大市民慷慨解囊，自发捐款。红十字会里人流不息，络绎不绝。在20多天的时间里，仅苏州本级红十字会共接待捐款1152人次，接到咨询电话505次，开出捐款收据841张。

苏州市和五个所辖县级市有关海啸募捐的新闻报道达300多篇次。新华社、中央电视台、上海电视台、新华日报、扬子晚报、江苏广电新闻频道等媒体也对相关情况作了报道。

苏州市两级地方红十字会共募捐人民币700.2万元，（其中市区266万，5个县级市434.2万），位居全省第一，所募款项均按规定上交江苏省红十字会。这次对印度洋地震海啸灾区募捐活动，在规模、影响和数量上都创下了苏州市红十字会历史之最。

▲ 中共江苏省委常委、苏州市委书记、市红十字会名誉会长带头捐款。

▶ 郊区农妇赶来捐款。

▲ 红十字会工作人员在商场劝募。

昆山市红十字会

昆山市红十字会认真学习贯彻落实中国红十字会第八次全国会员代表大会精神，以纪念中国红十字会诞生100周年为契机，以改善最易受损害群体境况为工作重点，在社会各界人士的共同努力下，顺利展各项工作。

2004年，昆山市召开了第三次会员代表大会，聘请了中共昆山市委书记曹新平为新一届的名誉会长，并为今后五年的工作制定出了规划。目前，昆山市共有基层组织103个，其中乡镇红十字会7个，学红十字会67个，团体会员单位27个，企业红十字会2个，红十字会员共计30000名。

铸造“生命工程”　发挥保护生命健康作用——

1、做好宣传发动，促进造血干细胞捐献工作发展。利用各种形式广泛宣传造血干细胞捐献知识，并在全市广大志愿者中间动员宣传。特别是继周萍、曹伟两位医务人员成功捐献造血干细胞后，使昆山市捐献造血干细胞工作在全市迅速掀起了新的高潮。目前，昆山市造血干细胞采样达1600份，位居全国县级市前列。

2、参与无偿献血，倡导爱心助人。昆山市红十字会认真组织无偿献血志愿者俱乐部活动，广泛招募无偿献血志愿者，已有7000余位志愿者加入到了无偿献血志愿者行列。

3、积极开展卫生救护培训，为创建健康城市尽责尽力。根据昆山市政府要求，从2002年起昆山开展创建健康城市活动，群众性卫生救护知识也被列入指标，并重点对外资企业、社区居民、消防队员、幼儿园保健老师、高一新生开展卫生救护培训。目前，昆山市接收救护知识普及培训的人数近5万人次。

构筑“爱心工程”　推进扶贫帮困工作——

2004年春节前，昆山市红十字会走访慰问了8个乡镇的36户贫困户，送去了价值11万元的慰问金和日常生活用品；对1万余名“新昆山人子女”进行了免费体检、建立健康档案和常见病防治；为3个白血病家庭送去了4万余元的捐款；为12月26日的印度洋海啸共募得捐款人民币1681748.93元；继续资助结对六年的四川省隆昌县147位西部贫困儿童，汇去了 71200元学费帮助他们完成学业，并安排隆昌县的12位医生在昆山市级医院免费进修一年。

开展红十字志愿服务　夯实红十字工作基础——

2004年，成立了“昆山市红十字志愿者协会”，先后制定了“昆山市红十字志愿者组织规程”、“昆山市红十字志愿者管理办法”，推动和规范了志愿者队伍建设和参与社区服务的工作。目前，我市红十字志愿者注册人员近10000名，志愿服务内容涉及“无偿献血、造血干细胞捐献、社区服务、卫生救护培训、红十字青少年服务、宣传工作服务”等6个领域。

加强红十字青少年工作　促进学生素质教育——

全市各学校把学校红十字会工作与学校德育工作有机地结合起来。举办了“庆百年红十字知识竞赛”、“红十字青少年消防演习”、“红十字青少年文艺汇演”等活动，为提高红十字青少年的综合素质发挥了重要作用。目前，昆山市有67所学校成立了红十字会组织。

突出宣传重点　展示红十字会形象——

以纪念中国红十字会建会“百年”和学习“八大”会议精神为重点，在重大活动和重要节日期间开展了一系列内容丰富、形式多样的宣传活动，充分利用多家媒体，做到大型活动及时报道，全年各类报刊上稿68篇，展示了昆山市红十字会的良好形象。昆山市红十字会的“一报一刊”订阅工作也连续10年获得总会和江苏省红十字会的表彰。

▲ 造血干细胞捐献

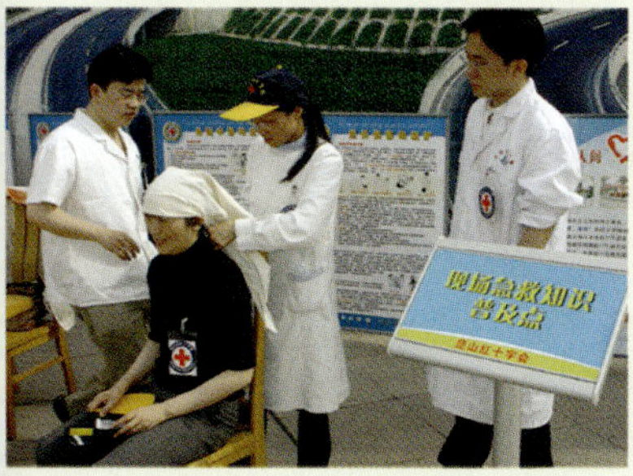

▲ “五八”广场宣传活动。

▲ 台湾某企业慰问聋哑儿童。

▲ 昆山市红十字会第三次代表大会。

▲ 成立无偿献血俱乐部。

▲ 昆山市红十字会罗氏助学基金捐赠仪式。

▲ 志 愿 者 服 务。

▲ 救 灾 扶 贫。

无锡市红十字会

无锡市红十字会建于1924年，到目前为止，全市二市（县）七区都成立了红十字会。全市有基层红十字会组织301个，团体会员单位84个，会员239899人，其中青少年会员211454人。

2004年，无锡市红十字会以中国红十字会百年华诞为契机，加大社会宣传，先后举办“人道的力量”文艺演出，编印《红十字宣传手册》和《无锡红十字会建会80周年纪念册》。开展学校红十字工作管理规范达标活动，有33所学校率先达标。争创全国红十字服务示范区活动初见成效，南长区和惠山区获得首批全国社区红十字服务示范区称号。全市连续三年开展“关爱生命、人道万人捐”活动，共募集红十字备灾救助基金743.12万元，新建了白血病骨髓移植专项救助金；募集造血干细胞志愿者2708人，有4人正式捐献；向970户特困家庭发放人道救助金73.22万元，其中有10位骨髓移植的白血病人获专项救助金16万元。在年底为援助海啸灾区，成功举办了大型捐款电视直播晚会，向中国红十字会总会捐款500万元。

▲ 无锡市开展“关爱生命，人道万人捐”活动以来，社会各界为红十字备灾救助基金捐款。

▶ 中共无锡市委书记、市红十字会名誉会长杨卫泽在援助海啸捐款直播晚会上向中国红十字会捐款五百万元。

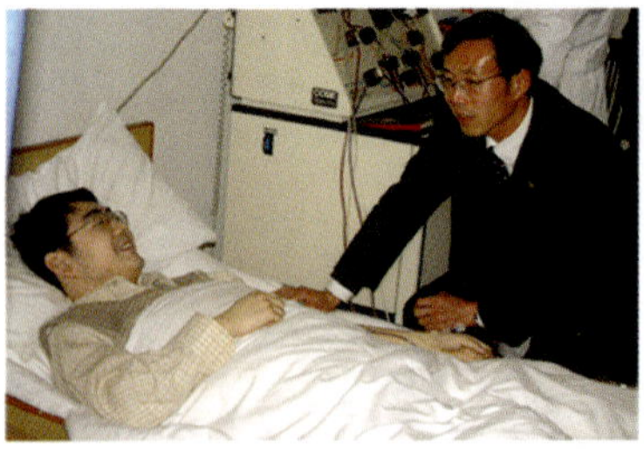

◀ 无锡市首位造血干细胞志愿捐献者周国东看望在沪捐髓的胡万里。

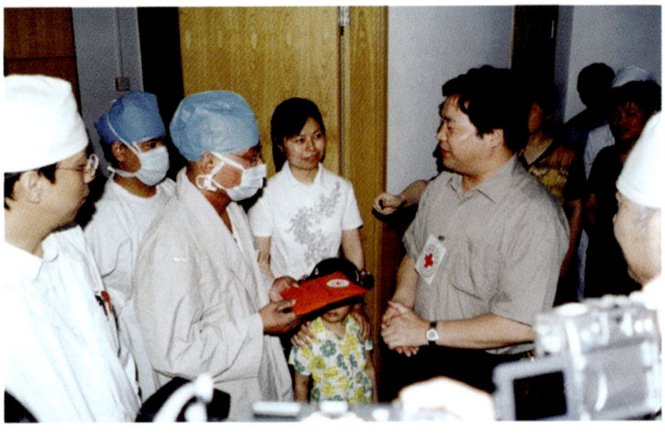

◀ 无锡市副市长、市红十字会会长麻建国向接受骨髓移植的白血病人发放专项救助金二万元。

◀ 江苏省社区红十字服务工作现场交流会在无锡召开。

江苏省盐城市红十字会

盐城市红十字运动始于1915年，1985年恢复组织并开展工作。现有市和9个县（市、区）地方红十字会及896个基层红十字会，会员78.6万人。在盐城市委、市政府的关怀重视和上级红十字会指导下，红十字事业长足发展。二十年来，盐城市红十字会累计向340万人次灾民、孤儿、麻风病人、城市低保对象、特困户发放了上亿元救灾送温暖物资。组织群众参加现场救护，在市境设置33个红十字救护点，对驾驶员、建筑工人、电工进行初级卫生救护知识培训累计达26.2万人次，大大降低了事故发生率和事故死亡率，有效地保障了人民群众的身体健康。在全市中小学普遍建立红十字会组织，在青少年中积极开展体现红十字会宗旨的各项活动，创办红十字青少年互助金，救助了33700人次2700万元，保护青少年的健康成长和促进学校精神文明建设。筹资270万元援建了两所博爱小学、开办6个红十字博爱班，使一些孤儿、贫困学生在红十字精神的照耀下茁壮成长。全市红十字会系统还秉承人道主义宗旨，在扶危济困、防病治病、社区服务、无偿献血、遗体捐献、传播国际人道法和中国造血干细胞捐献者资料库建设等方面成绩斐然，市红十字会连续八年获得江苏省红十字会目标管理考核一等奖，荣获“全国红十字会工作先进集体”称号，为中国红十字事业的发展做出了积极的贡献。

2002年，盐城市红十字会理顺了管理体制，成为由市政府直接领导联系的社会团体。市人民政府出台了《关于进一步加强红十字会工作的意见》文件，市政府表彰红十字会工作先进集体和个人，红十字会工作列入全市社会事业发展规划。市红十字会现有一座办公、仓储、培训1187平方米综合楼，汽车两部，直属医院一所，固定资产636万元。盐城市红十字会理顺体制以来，坚持求真务实作风，创新工作思路，拓展工作领域，加大救助力度，各项工作呈现

▲ 中共盐城市委书记张九汉、市长赵鹏带头为海啸灾区捐款。

▲ 盐城市人大常委会副主任、市红十字会会长杜容先等领导视察红十字会街头宣传活动。

▲ 徐恒荀副市长在捐献干细胞采样仪式上动员讲话。

安徽省红十字会

安徽省红十字会成立于1956年，2000年依法理顺管理体制。1991年以来，共收到20多个国家和地区红十字组织捐赠的救灾款物总价值近3亿元，重建乡镇卫生院、村卫生站、中小学校、自来水厂400多个，为人民群众做了大量实事，为全省经济建设和社会发展做出了积极贡献。

近年来，安徽省红十字会走上了健康发展的快车道。2003年抗击“非典”期间，全省红十字会积极配合做好“非典”防治工作，并依法开展社会募捐工作，共接收捐赠款物1637万元，及时将捐赠款物全部用于“非典”防治和救助。淮河流域洪涝灾害发生以后，省红十字会全力以赴投入抗洪救灾。抗洪救灾期间，接收社会捐赠、争取各界援助并发放救灾款物价值2001万元。2005年，为印度洋海啸灾区募集捐款1026万元。

安徽省各级红十字会开展了形式多样的救护培训和各项人道救助工作。无偿献血、造血干细胞捐献、遗体（器官）捐献、艾滋病预防宣传、红十字青少年活动、社区红十字服务以及人道法传播、对外联络等工作都取得了新的进展。

▲ 2005年，中国红十字会彭珮云会长在安徽调研工作，并深入困难群众家中问寒问暖。

▲ 2005年9月，韩国红十字会会长韩完相访问安徽。图为黄山市市长、红十字会名誉会长李宏鸣会见韩国客人。

▲ 马钢集团向安徽省红十字会捐款180万元，安徽省政府副秘书长谢广祥接受捐赠并向马钢集团赠送荣誉牌匾。

▲ 2003年5月，安徽华信药业捐赠价值100万元的药品支持抗击非典。

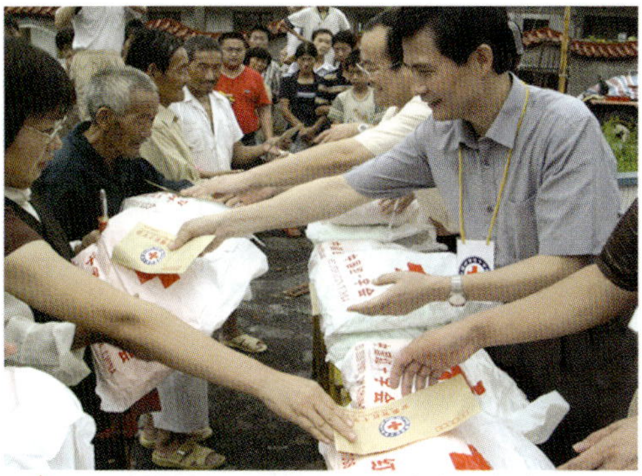

▲ 2005年7月，安徽省灵璧县遭受龙卷风袭击，省红十字会及时赶往灾区救助灾民。图为王强副会长在分发救灾款物。

▲ 安徽省红十字会发起“安徽情，世界心”大型募捐活动，为印度洋海啸灾民募集捐款1026万元。

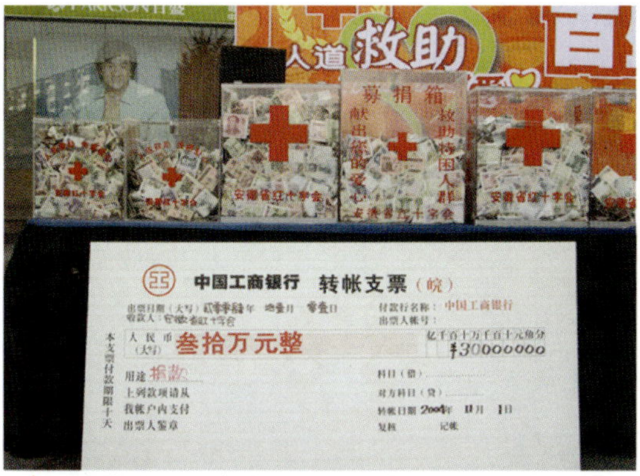

▲ 安徽省红十字会和合肥百盛开展“人道救助，传递爱心活动”，一个月募集捐款32万元。

▲ 安徽省启动造血干细胞捐献工作，大学生红十字志愿者积极参加活动。

▲ 安徽省红十字会遗体捐献者纪念碑在合肥建立。

▲ 图为合肥寿春中学学生踊跃向印度洋海啸受灾地区捐款。

▲ 图为安徽省政府机关幼儿园小朋友向灾区捐赠衣被。

▲ 安徽省红十字会举办大学生人道体验夏令营，图为大学生在贫困山区和小学生一起活动。

▲ 安徽省红十字会举办艾滋病预防青年同伴教育培训班。

合肥市红十字会

安徽省合肥市会成立于1957年，1985年恢复工作。近二十年来，本着“救死扶伤、扶危济困、敬老助残、助人为乐的宗旨，充分发挥地方政府的助手作用，认真履行《中华人民共和国红十字会法》所赋予的职责；积极开展救援工程生命工程和爱心工程；参加国家救灾和扶贫行动，救助易受损害人群，取得了可喜的进展。在开展传统业务的同时，断拓展新的工作领域，以丰富多彩的实践，展现了“从事人道主义工作社会救助团体”的新形象，使合肥市红十字事有了全新的发展。

在“救援工程”方面，向国内外受灾严重地区捐款捐物折合人民币近1000万元。两次被总会和卫生部评为先进集体

在“生命工程”方面，除开展传统的卫生救护培训外，还积极组织、宣传、动员市民参加无偿献血，开展骨髓捐献传采样工作，在合肥市荣获“无偿献血先进城市”称号，作出了自己的贡献。

在“爱心工程”方面，免费为福利院的13名残疾儿童、抗美援朝退伍军人做矫形、复明手术；向大、中、小学校贫学生捐款，向城市特困职工、农村特困户“献爱心、送温暖”活动，共计捐款捐物折合人民币200余万元

“国际交流”方面，1989年，合肥市红十字会与美国哥伦比亚市分会建立友好会际关系并长期保持着十分紧密的联系

随着合肥市红十字会事业的不断发展，会员人数由原来的3万发展到10万余人，同时涌现出一大批热心红十字事业的愿工作者，先后有10人被国家人事部、中国红十字会总会等评为先进个人。

▲ 中国红十字会会长彭珮云在合肥市红十字会名誉会长车俊（左一）、会长张雪平（左二）的陪同下，参观合肥市红十字会眼科医院。

▲ 合肥市红十字会名誉会长、市长郭万清视察红十字会工作。

▲合肥市人大副主任甄长琢（右二）在合肥市红十字会副会长陈社新（左二）的陪同下，向受灾地区捐赠物资。

▲ 合肥市政协主席周富如在副会长陈社新（左一）的陪同下慰问五保户。

▲ 合肥市红十字会秘书长赵胜利（左一）获得“全国红十字会系统先进工作者”荣誉称号。

▲ 合肥市红十字会接待美国哥伦布市红十字青少年代表团。后排（左一）为市红十字会办公室副主任李卫东。

▲ 合肥市红十字会举行“国际联合会捐赠物资发放仪式”。

滁州市红十字会

滁州市红十字会成立于1991年4月，1999年独立建制。八年中，滁州市红十字会不断弘扬和传播人道、博爱、奉献的红十字精神，工作领域从卫生系统拓展到学校、企业、社区、农村。先后成立了青少年工作委员会、企业家工作委员会，开展了筹资募捐、社会救助、卫生救护培训等一系列工作，三次荣获中国红十字会总会表彰。在中国红十字会“八大”上，史庆荣副会长作为全国红十字会系统先进工作者代表受到党和国家领导人的亲切接见。

在构建和谐新滁州的路途上，滁州市红十字会将继续弘扬红十字精神，发挥政府在人道领域的助手作用，架好桥梁，做好纽带，为构建和谐社会作出更大的贡献。

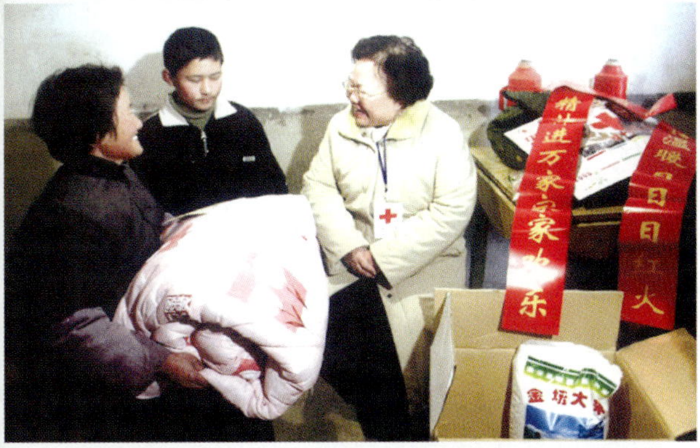

▲ 中国红十字会会长彭珮云在“博爱送万家”活动中，深入滁州困难群众家中。

▲ 第七届中国红十字会副会长孙爱明在滁州发放救灾款。

▲ 2005年，滁州市红十字会第二次会员代表大会召开。

▶ 滁州职业技术学院学生向海啸灾区踊跃捐款。

▲ 滁州市红十字会领导到儿童福利院看望孤残儿童。

◀ 2004年中国红十字会召开的第八次代表大会上滁州市红十字会史庆荣副会长荣获“全国红十字会系统先进工作者”荣誉称号。

宿州市红十字会

宿州市红十字会成立于1991年，2002年4月理顺管理体制。十几年来，市红十字会不断拓展人道工作领域，依法履行各项职责，在备灾救灾、人道救助、普及卫生救护知识、社区红十字服务、宣传推动无偿献血等方面都取得了显著成绩。独立建会3年来，共收到捐赠款物近400万元，救助弱势群体10余万人次，开展救护培训12万人次。在全省建立第一个社区红十字会，第一所博爱学校，第一家爱心超市（募捐站、志愿者服务站）。2004年，宿州市红十字会荣获“全国红十字会系统先进集体”称号。

▲ 宿州市红十字会常务副会长徐淑敏（左一）向灾民发放救灾粮。

▲ 宿州市红十字会建立了全省第一家红十字爱心超市。图为特困户在“爱心超市”免费领到了大米。

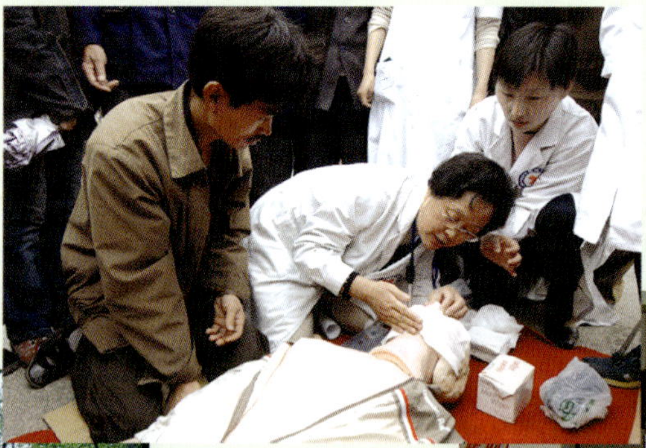

◀ 宿州市红十字会的专职救护师资向群众现场演示并传授“心肺复苏术”。

▲ “三胞胎”特困家庭是宿州市红十字会的长期帮扶户。

▲ 宿州市红十字会组织志愿者深入社区为60以上老人进行体检。

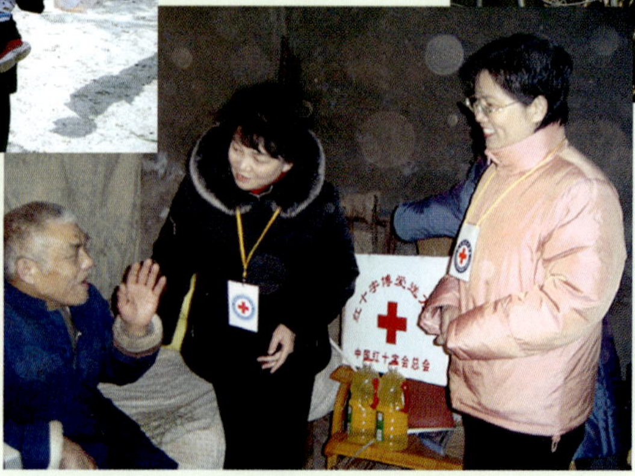

◀ 春节前夕，宿州市红十字会开展“红十字博爱送万家”活动，慰问孤残老人。

浙江省瑞安市红十字会

1991年5月，一个波澜不惊的日子，浙江省瑞安市红十字会成立，犹如瑞安飞云江每天潮起潮落一样自然。当“人道、博爱、奉献”的旗帜在瑞安大地升起时，充满爱心的“红十字”形象便在瑞安民众的心中升起并久久飘扬。

十几年来，瑞安市红十字会紧紧围绕“弘扬人道主义”的宗旨，大力宣传红十字会法，积极开展备灾救灾、社会救助和社会服务等多方面工作。已建立基层组织119个，发展会员7万余人。2002年被浙江省红十字会、省人事厅评为全省红十字会系统先进集体。2004年被国家人事部、中国红十字会总会评为全国红十字会系统先进集体。

长期以来，瑞安市红十字会积极开展了形式多样的募捐活动，以募集更多的爱心款物，2004年至2005年8月共募集爱心款8426179.86元，物资194326元.用于各类社会救助款物7222743.46元，受惠群众达6千多人（户）。组织卫生救护培训2万多人次。从2001年开始连续5年开展帮助贫困生上大学活动，累计为830名贫困生助学，捐资共计达300多万元。

在瑞安市红十字会的发动、组织下，爱心、善心唤起万众之心，点点滴滴，分分毫毫，汇聚成一条条爱的溪流，滋润着老弱之躯、病残之身，为不幸的人们增添了几许身心的温暖，几许直面人生的信心。

▲ 瑞安市政协主席、市红十字会名誉会长张女珍（右二）带领红十字会人员慰问外来务工人员。

▲ 瑞安市委副书记、市红十字会名誉副会长黄寿龙（中）参与红十字博爱送万家活动。

▲ 瑞安市副市长、市红十字会会长林济晚（中）带领红会人员赈济灾民。

▲ 林济晚在募捐现场。

▲ 瑞安市红十字会专职副会长周锦文（左一）下基层组织募捐。

▲ 红十字青少年上街劝捐。

▲ 市民踊跃为印度洋海啸地区捐款。

南昌市红十字会

南昌是中国最早成立红十字会的城市之一。九十三年来，南昌市红十字会奉行国际红十字人道主义理念，弘扬“人道、博爱、奉献”的红十字精神，无论在战时、灾时，还是在平时，始终如一地致力于“改善最易受损害群体境况”，特别是在《中华人民共和国红十字会法》颁布施行后，南昌市红十字会面向全社会开展大量卓有成效的人道主义救助工作，如在九八年抗洪救灾工作中募集1000余万元物资救助34.4万人，募捐687万元在我市修建11所卫生院和4所小学和一个移民建镇点，2003年募款360万元有力地支援了我市抗非典斗争，2005年又募款100余万元支援印度洋海啸灾区。南昌市红十字会在南昌地区群众中享有很高的声誉。

如今的南昌市红十字会已发展成为拥有259个基层组织，77755名会员的独立从事人道主义工作的社会救助团体。在建立备灾救灾网络和群众性自救互救网络，协助政府参与自然灾害、突发事件的救助；传播国际人道法和红十字基本运动知识，普及卫生救护和防病知识，开拓社区红十字服务、红十字青少年活动、无偿献血和造血干细胞捐献等诸多人道主义工作领域，认真履行《中华人民共和国红十字会法》赋予的神圣职责，充分发挥自身优势和独特作用，为构建和谐平安南昌作出更大贡献！

▲ 南昌市市长、市红十字会名誉会长李豆罗，副市长、市红十字会会长罗慧芬等陪同中国红十字会会长彭珮云视察象山社区红十字健康服务站。

▲ 中国红十字会常务副会长江亦曼在省市红十字会领导的陪同下，到南昌市白血病患者芦松家慰问。

▲在江西省红十字会的引介下，中国红十字会基金会、天狮集团捐款20万元用于重建南昌市麻丘镇中心小学。图为江西省红十字会常务副会长方娅向重建小学授牌。

▲ 南昌市红十字会副会长李安海向青少年传播红十字运动基本知识。

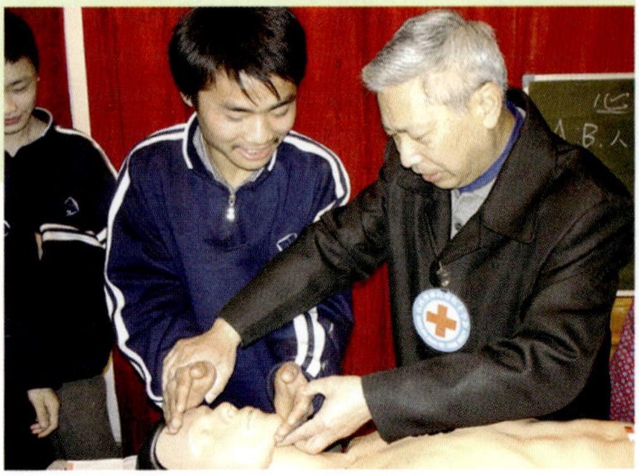

▲ 南昌市红十字会大力开展群众性现场初级卫生救护培训，图为红十字志愿者正在为中学生讲解心肺复苏术。

福建省红十字会

2005 年全面启动“弘扬人道精神，共建和谐社会—红十字系列博爱救助行动”

红十字义诊 红十字复明 红十字助学 红十字帮困

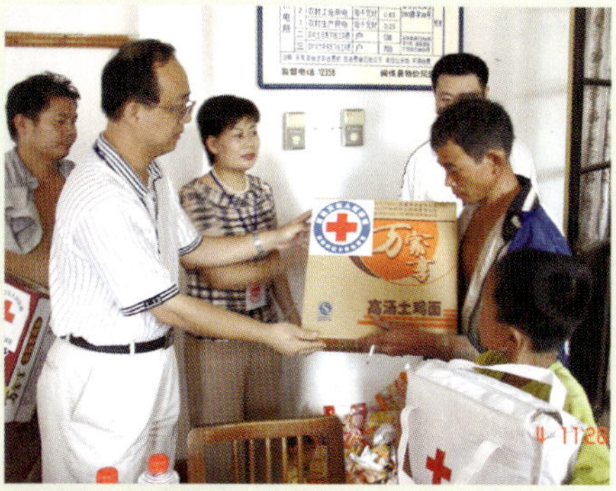

红十字复明。

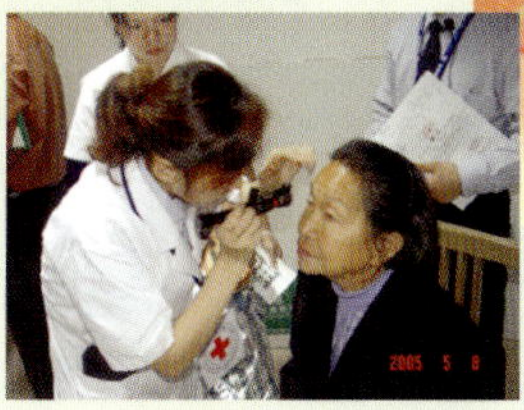

红十字助学。

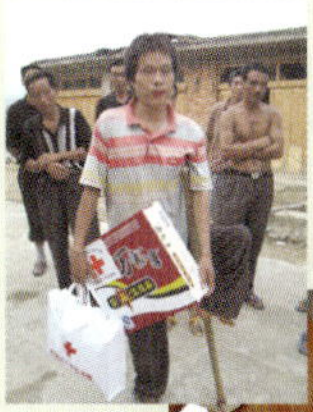

红十字帮困。

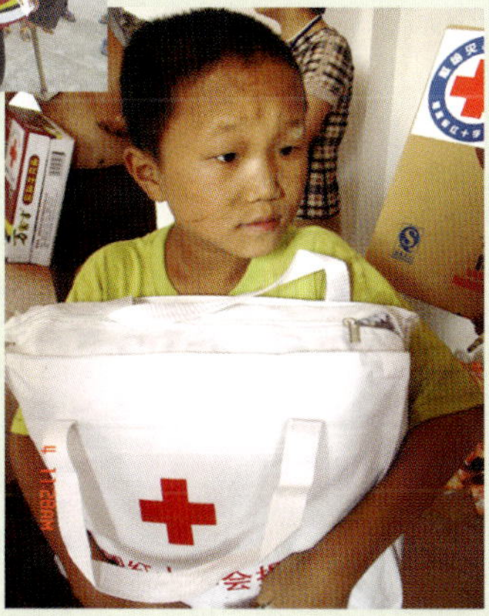

红十字义诊。

厦门市红十字会

2005年，厦门市红十字会召开了第九次会员代表大会，理顺了管理体制，加强了领导，创新了思路，拓宽服务领域，各项工作再创佳绩。一是以荣获全国社区红十字服务示范市（区）为新的起点，推进社区红十字服工作步入新的发展阶段，健全红十字志愿服务体系，评选并表彰了13个优秀示范社区、121个示范社区、13个区红十字服务先进单位和一大批先进个人。二是实施帮困助医到农村，爱心服务进社区取得新进展，红十字民门诊”为801名“三无”人员发放了总额为24万余元的免费医疗卡，医疗点扩增至38家，方便了受助的对象就医。同时，资助特困农民参加新型农村合作医疗1.1万余名，帮助他们建立了医疗救助的长效机制。三是将红十字会“博爱超市”的布点延伸到各区，组织流动博爱超市到农村，并在集美大学创办了红十字助学博爱超市。目前全市已有8家红十字博爱超市，先后收到社会各界捐赠物资14.45万余件，折合人民币380.09万余元，已有1.万余户低保困难户、农村特困户和1200余名贫困学童领到博爱超市提供的帮扶物资。四是拓展对台服务，开辟生救助“绿色通道”，实施两岸医疗救援接力活动，护送17名患病的台胞、6名海上遇险台湾渔船民由厦金航线直航回金门和台湾。五是持续开展万人献爱心活动，1至10月，募集捐款757万余元，实施大病救助476人，用款117.8余元；资助先心患儿进行手术，用款16万元。六是开展红十字助学活动，1至10月帮助117名贫困生，助学用款20.余元，初步形成了红十字手拉手助学服务体系。七是积极开展赈灾救灾活动，募集赈灾款物661.7万余元；为海啸区、“珊瑚”、“龙王”台风及闽江灾区受灾群众发送赈灾款物共计600.3万余元。八是加强了红十字青少年工作兴办各类夏令营十五期，创建红十字模范校四所。

▲ 彭珮云会长一行考察厦门市集美区红十字会“博爱超市”运行情况。

▲ 厦门市红十字会隆重举行第九次会员代表大会，选举产生了新一届领导集体。

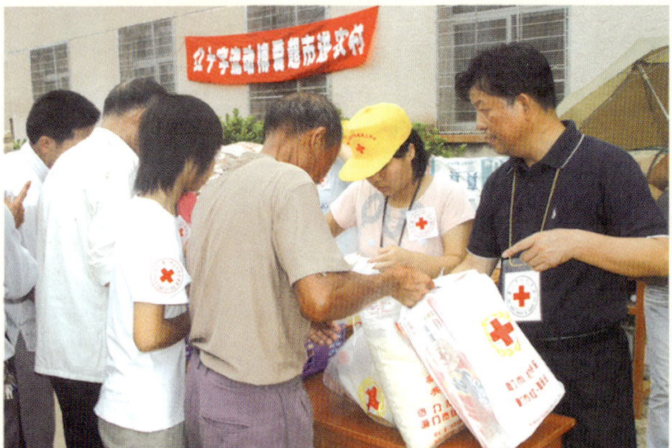

▲ 厦门市红十字会流动“博爱超市”开进边远的同安农村，为农村困难户免费提供帮扶物资。

▲ 集美大学红十字会助学博爱超市开张营运，首批受助的贫困学生在助学博爱超市免费选领了帮扶物资。

◀ 厦门市、区红十字会在城乡38家医疗单位设立红十字惠民门诊医疗点，图为在农村定点医疗单位授牌。

▲ 厦门市13所职业学校师生会员走上街头，举办2005年万人献爱心宣传服务活动。图为市领导参加活动，并与志愿服务的师生亲切交谈。

▲ 厦门市红十字会年年举办红十字爱心助学手拉手夏令营，携手企业家和社会爱心人士开展助学活动。

▲ 厦门市红十字会举办红十字志愿者培训班，建立健全红十字志愿服务体系。

▲ 厦门市广大市民踊跃为印度洋海啸灾区捐款赈灾，掀起献爱心的热潮。

▲ 厦门市红十字会积极开展赈灾活动，将大米、食用油、即食面、风雨衣等救灾物资及时发送到受灾群众的手中。

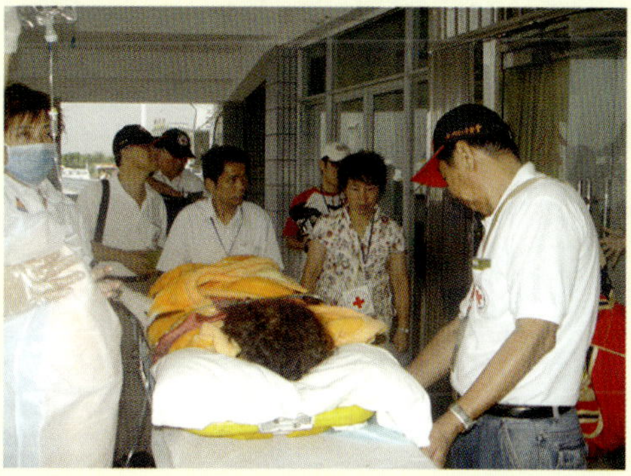

▲ 厦门市红十字会会同口岸单位为厦门、金门两地红十字合作实施医疗生命救助救援，护患病台胞返台开辟绿色通道。

山东省红十字会

山东省红十字会在省委、省政府的领导下，在中国红十字会总会的指导下，以邓小平理论和“三个代表”重要思想为指导，认真贯彻落实党的十六大、十六届三中、四中全会精神，深入学习贯彻中国红十字会“八大”会议精神，解放思想，开拓创新，无私奉献，扎实工作，各项工作取得了新的成绩，为全省经济社会发展作出了积极贡献。

▲ 山东省副省长、省红十字会会长王军民，省红十字会副会长张心宝向中国红十字会总会捐赠“百年辉煌”百米画卷。中国红十字会会长彭珮云、常务副会长王立忠、总会党组书记江亦曼接收画卷。

▲ 山东省副省长、省红十字会会长王军民参加无偿献血。

▲ 山东省暨济南市红十字会开展纪念红十字会建会100周年大型广场宣传。

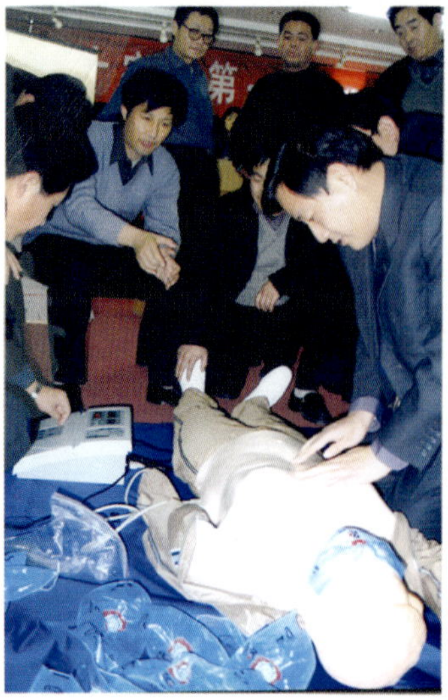

▲ 卫生救护师资培训班上，学员进行操作练习。

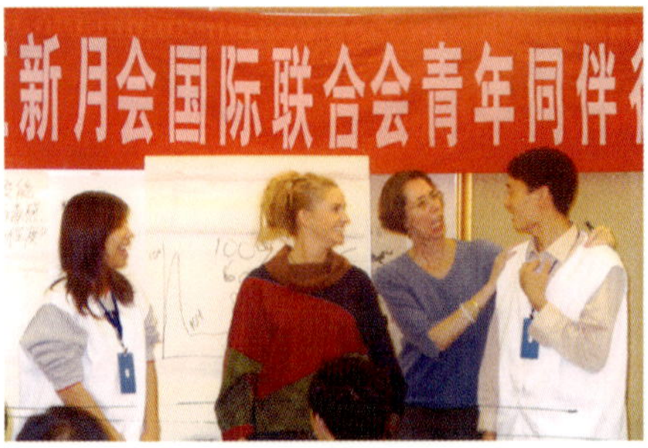

▲ 预防艾滋病青年同伴行主持人培训班。

▲ 瑞典红十字会凯霞女士参加预防艾滋病宣传活动。

▲ 在高校开展大学生预防艾滋病签名活动。

山东省青岛市红十字会

◀ 青岛市红十字会举办中国红十字会建会百年、青岛市红十字会建会90年纪念活动。

▲ 青岛市红十字会第六次会员代表大会上，青岛市市长夏耕被推选为市红十字会名誉会长。

近年来，青岛市红十字会坚持以邓小平理论和“三个代表”重要思想为指导，坚持依法建会、依法治会、依法兴会，认真履行红十字会法赋予的职责，积极参与突发公共卫生事件应急机制建设，备灾救灾、救助弱势群体，募集款物支援抗击非典，救助灾民、特困家庭、特困学生，开展特困农民大病救助、特困儿童医疗救助取得明显效果，2005年推出的“微尘”品牌入选为全国十大公益之星；普及初级救护知识培训10万余人；无偿献血工作保持全国先进水平，成为全市精神文明建设的重大成果，青岛市连续四次被评为无偿献血先进城市；全市有11375人捐献造血干细胞血样，谢振华、王安正等7人实现了非血缘关系造血干细胞移植捐献；发展志愿者1.6万人，建立红十字志愿者服务基地10余处，红十字志愿服务品牌——博爱相助被评为全市10大志愿服务品牌之一；在全省率先建立了红十字遗体捐献者纪念林，有500多名市民签定了志愿捐献遗体协议书，40位市民实现了捐献；成功承办了国际无偿献血研讨会，海峡两岸红十字青少年夏令营，先后接待10余个国家地区红十字会的访问，与美国马霍宁市、韩国大邱市红十字会建立友好关系，对外交流合作领域不断拓展。

今年4月，中国红十字会常务副会长江亦曼、副省长、省红十字会会长王军民来青岛调研，对青岛市红十字会基层组织建设、社区、学校、志愿者、农村大病医疗救助等工作给予充分肯定。7月，山东省红十字会在青岛市召开了全省红十字会工作现场会，总结推广青岛市经验。9月召开的全国红十字青少年工作会议上、青岛市实验小学代表全省红十字学校作大会交流，得到了彭珮云会长等会领导的肯定和亲切接见。

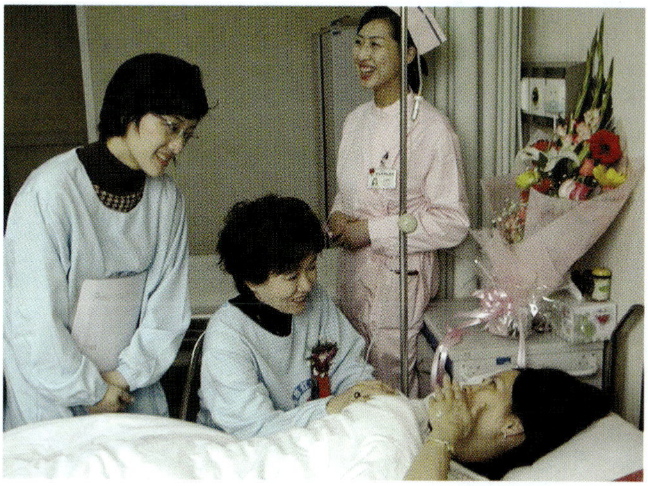

▲ 韩国驻青总领事夫人金金龙积极参加全国红十字会国际志愿者服务活动。

◀ 积极开展“奉献他人、延续生命”的遗体捐献宣传，建成我省首个“志愿捐献遗体者奉献林”和“捐献遗体志愿者之友”。

▲ 济南市第一位外籍红十字志愿者卡洛琳（中）为特困中学生辅导英语。

▼ 2005年4月8日济南市红十字会会长陪同中国红十字会会长彭珮云一行在济南调研。

▲ 济南市红十字会常务副会长常毅（右二）在北村办事处指导博爱互助中心工作。

山东省济南市红十字会

济南市红十字会成立于1911年，是中国最早建会的地方红十字会之一。2003年7月济南市政府下文，济南市红十字会实现独立设置。在上级红十字会的指导下，济南市红十字会坚持以科学的发展观为指导，依法治会，依法建会、依法兴会，按照“一年打基础，二年上台阶，三年创一流”的总体工作思路，开拓创新，加快发展，在备灾救灾、普及卫生救护知识、推动无偿献血、建设造血干细胞捐献者资料库、开展红十字青少年活动和志愿者服务活动、传播国际人道法和红十字运动基本知识以及参加人道主义救援工作等方面都付出了艰辛的努力，赢得了广泛的社会赞誉，很好的发挥了政府在人道主义领域的参谋助手作用。以“动员人道力量，改善最易受损群体境况”为目标，设立了“红十字爱心工程”、“妇女大病救助”等项目，成立了济南市第一家公益性“儿童孤独症及智能开发训练中心”。

2005年，济南市红十字会将加强组织建设作为主要工作任务，努力构建充满生机活力、体现红十字会自身特点的组织机构和运行机制。目前，全市共有基层组织630个，团体会员148个，会员23万人，学校红十字会120个，红十字青少年会员16万人，有10个志愿者工作基地和一个高校红十字志愿者联合会，志愿工作者达到70000余人。济南市红十字事业正逐步走向正规化，展现出蓬勃发展的良好前景。

▲ 济南市红十字会为困难家庭先心病患儿实施救助。图为济南电视台《泉城夜话》栏目在对康复患儿家庭进行采访。

▲ 2005年6月1日，济南市红十字会会长刘善鹏（右1）为“济南市红十字会儿童孤独症即智能开发中心揭牌。

▲ 济南市妇女大病住院治疗救助金启动

▲ 威海市红十字会接受群众为印度洋海啸捐款。

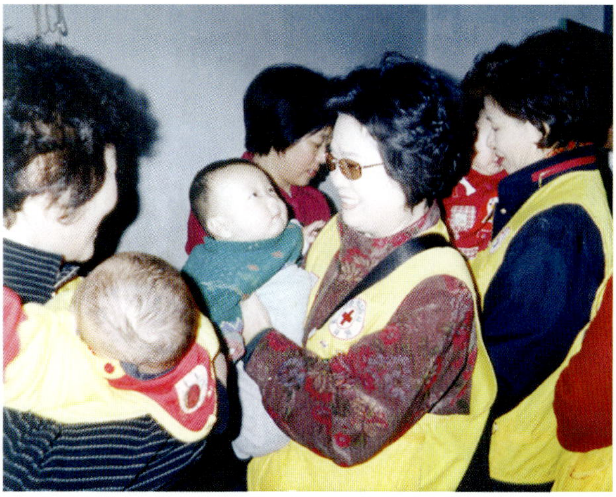

▲ 韩国富川市红十字会一行20多人来威海市红十字会进行交流访问，图为她们在看望福利院的儿童。

山东省威海市红十字会

威海市位于山东半岛最东端，辖荣成、文登、乳山三市和环翠区，总面积5436平方公里，总人口249万。威海市红十字会自1987年随着地级威海市的建立而成立，十几年来，在市委、市政府及上级红十字会的正确领导和大力支持下，各项工作开展得有声有色，多次受到市政府和上级红十字会的表彰。2005年6月理顺了管理体制，由市卫生局代管改由市政府领导联系，市政府同时下发文件《关于进一步加强红十字工作意见》，理顺体制后给各项工作都有了新的起色，并且稳步健康地向前发展。

▲ 威海市红十字会在市区各大商场、机场、银行、饭店等公共场合设置了50个募捐箱，并配以宣传刊板，引起市民的共鸣，捐款热情很高。

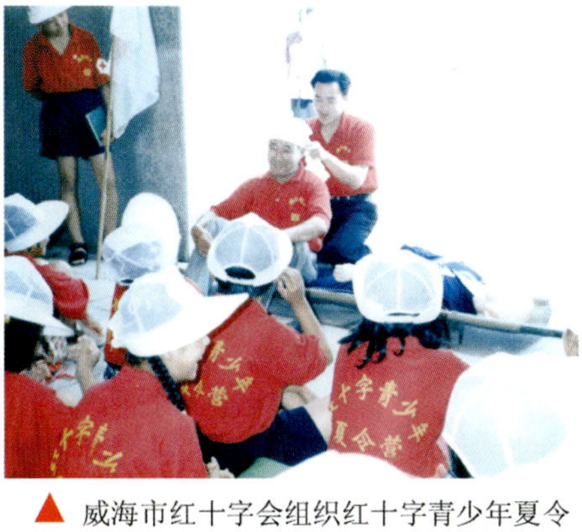

▲ 威海市红十字会组织红十字青少年夏令营，图为红十字会工作人员为同学教授急救的四大技术。

▲ 小朋友为白血病患者邢慧颖捐款。

▲ 威海市红十字会聘请解放军404医院的医生在为红十字青少年进行现场救护的搬运表演。

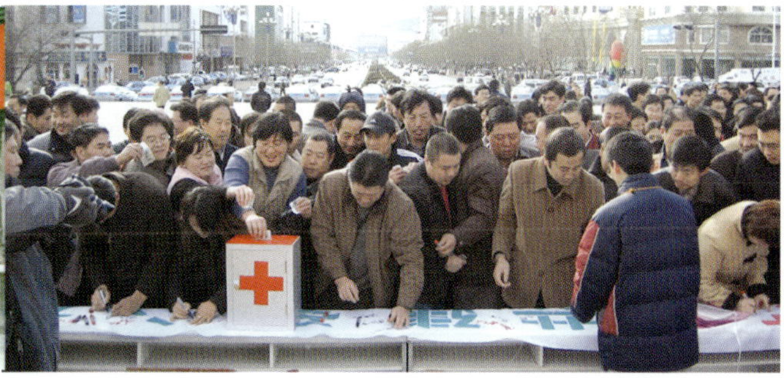

▲ 印度洋海啸灾难发生后，威海市民积极为灾区捐款。

◀中国红十字会会长彭珮云（左四）在中共济宁市市委书记、市红十字会名誉会长贾万志（左二）的陪同下调研邹城市红十字会农村基层组织建设。

▶ 中共济宁市委副书记、市红十字会名誉副会长张振川（左一）和济宁市人民政府副市长、市红十字会会长陈颖（左二）等领导慰问农村困难群众。

山东省济宁市红十字会

——加强农村红十字会工作

济宁市把建立健全农村基层组织作为红十字会工作的方向，加强红十字会工作的网络化建设，使最具有群众性、社会性、代表性特点的农村红十字会组织不断发展壮大，在农村“两个文明”建设中发挥了重要作用。

各级政府高度重视红十字会基层组织建设工作，2002年8月，理顺了济宁市红十字会的管理体制。济宁市红十字会积极协调各县市区党政主要领导，督促各地加快县级红十字会改革的步伐，到2003年12个县级红十字会基本理顺了管理体制，成为依照红十字会法和章程独立自主地开展工作的社会团体，配备了专职红十字会干部，解决了编制及经费问题，为农村红十字会工作快速持续发展提供了组织保证。今年市政府专门下发了《关于加强农村红十字会工作的通知》。邹城市、汶上县、任城区、市中区、微山县、鱼台县由政府下文，在乡镇、村建立了基层红十字会组织或红十字联络站，目前全市建立农村红十字基层组织3229个，发展农村会员8万多人。其中乡镇红十字会组织146个，乡镇的建会率达到了100%，村级红十字会组织3080个，在村（居）的建会率达到了60%，全市初步形成了县乡村三级红十字组织网络。2004年年底，济宁市红十字会进一步总结全市红十字会基层组织建设的经验，制定了《济宁市农村红十字会工作规范（试行）》，制定并完善了农村红十字会工作考核评比制度等一系列工作制度，逐步建立健全了岗位责任制、目标管理责任制，促进了农村红十字会工作规范化、制度化、提高了工作效率和质量，使农村红十字会工作沿着规范化的轨道不断发展。

全市各级红十字会组织紧紧围绕地方经济社会发展和人民群众生产生活的实际需要，开展了科技扶贫、文化宣传、医疗服务、环境保护等多种形式的文化科技卫生服务活动，募集款物价值达300多万元，开展助学、助教、白血病和多胞胎等弱势群体救助以及对灾民的基本生活救助，使50000多特困农民受益。农村红十字会充分发挥了社会“调压器”的作用。

济宁市红十字会积极协助政府推行新型农村合作医疗制度，保障特困群众的身体健康。从2004年开始，连续两年在全市范围内开展了新型农村合作医疗募捐活动，动员城市帮助农村，城市居民帮助农民，在全市掀起了为特困农民加入新型合作医疗献爱心的热潮，累计募集资金600多万元。两年来，济宁市红十字会启动了“红十字农村医疗救助工程”，共对4个新型合作医疗试点县投入50多万元，资助特困农民参加合作医疗50000人次，1.5个百分点，增加了农民的医疗报销数额。市、县两级红十字会在支援特困农民参合的同时，还开展了大病医疗救助活动，投入近20万元，为550户参保后医药费超过2万元的困难家庭每户补助3000元，减轻了农民群众的医疗负担；对没有实行新型合作医疗的8个县投资60余万元，对1000多户因病致贫的城镇烧伤、白血病、尿毒症患者和农村特困大病患者实施了救助，每户救助200元——3000元不等。红十字农村合作医疗救助基金成为了新型农村合作医疗制度的补充，红十字会切实起到了政府实施社会保障中拾遗补缺的作用。

▲ 济宁市红十字会发放救灾物资。

▲ 济宁市人民政府副市长、市红十字会会长陈颖（右二）、市政府副秘书长、市红十字会副会长贺雷（右四）、市红十字会常务副会长季庆林（右三）等领导到微山察看灾情。

▲ 济宁市红十字会新型农村合作医疗募捐现场。

明哲方丈简历

明哲，字日晶，俗名张玉祥，1925年3月出生于山东济宁市八里营一户耕读农家。7岁开始在本村上私塾，通读、背诵四书五经，至高中毕业。1948年，在上海圆明讲堂礼上　圆下　瑛老法师剃度出家，在福州鼓山涌泉寺做沙弥，学习佛教法规功课等。1950年，在福州舍利院向大德高僧慈舟老法师受“三坛大戒”　，并学习戒律、华严经教义。1952年，任厦门南普陀寺寺务委员兼任僧伽学习班教师。1954年，在五台山清凉桥吉祥寺，亲近能海上师学习《密宗五大论》之一《现观庄严论》藏传佛教的教义和修法。此后应五台山碧山寺净如方丈邀请，担任五台山华严法会的副讲。1956年，考入新中国佛教高级学府中国佛学院本科。1979年，接到中国佛教协会会长赵朴初和正果副会长的文函，进驻中国佛教协会任法源寺监院，兼任中国佛教协会文物馆组长。1980年7月，任中国佛学院教务长、监学等职。1984年，应日本邀请代表赵朴初会长参加高野山密宗道场揭碑庆典，并访问东京、京都佛教团体和寺院。1987年7月，任赴美弘法团副团长，带领70僧人参加旧金山万佛城举办的水、陆、空法会。1987年11月，任山东佛教协会第一届会长，为山东省政协委员。1988年6月，荣膺青岛湛山寺方丈、青岛政协常委。1992年，率青岛市佛教协会赴港进行了佛教文化交流，并蒙香港湛山寺住持宝灯法师代倓老传天台宗法嗣四十五代。1997年，应法国巴黎佛教显密同修会邀请赴巴黎讲学，并传授居士三皈五戒。1998年12月，荣膺青岛市佛教协会第二届会长。2002年4月，率青岛市佛教协会赴台湾进行友好访问，受到台湾诸山长老热情的接待。同年，还举办了山东省首届传授三坛大戒法会，邀请美国、台湾和香港等国内外十大高僧主持法会，受戒僧众来自全国17个省、市，共400多人。2003年12月，率青岛市佛教协会友好访问团出访了新加坡、马来西亚、泰国及香港，其间蒙新加坡佛教总会盛情接待，并安排“佛教与人生佛学”讲座。在率团访问泰国时，泰国僧王热情厚待礼遇，亲切交谈并相互赠送佛像、法宝等礼品。2004年，山东湛山佛学院成立，明哲方丈任院长。

青岛湛山寺简介

青岛湛山寺，始建于1934年，由近代名僧倓虚法师创建。是中国佛教天台宗最年轻的名刹和青岛市规模最大的佛教寺院。湛山寺分东、西、中三进院落，中院包括山门、天王殿、大雄宝殿、三圣殿、藏经楼共五进，属明代建筑风格。各殿匾额均为赵朴初亲笔题写。各殿佛像是香樟木雕刻或泥塑而成，贴有金箔，佛像庄严慈悲。东院安养院，现开设佛缘宾寓素香斋，供各地来寺信士食宿方便。西院有倓虚法师纪念堂，保存着倓虚法师舍利。山门前的一对石狮子是明代艺术珍品。正门上“湛山寺”等字迹均为倓虚法师所书。寺前放生池，又名荷花湾。1935年，兴办湛山寺佛学院弘扬天台。中国近代名僧弘一大师、慈舟法师等曾来寺讲学，最盛时学僧达160多人，其优秀僧才至今仍弘法于美国、加拿大、香港等地。湛山寺於1986年由政府拨巨款修葺后对外开放。1988年，请中国佛教协会常务理事明哲法师膺任湛山寺方丈，举行盛大的佛像开光仪式，中国佛教协会会长赵朴初亲临出席庆典。1989年，兴建钟鼓二楼，使湛山寺庄严圣地更显风光。1996年，翻修改建放生池，在荷花池中建玉石观音，下有观音甘露泉，侧有“二兰亭”、吉祥桥，前有流水亭与药师佛塔遥互辉映，塔内四壁供奉千尊药师佛像，层层都有四面佛像，金色庄严，实为岛城佛教圣地一大景观。湛山寺在1998年被市旅游局评为“青岛十佳旅游风景点”。2001年，新建一座藏经楼，保存有八部藏经。新建大斋堂可容纳500人用斋，并建文化楼一座。2002年，举办传授三坛大戒法会，请国内外十大高僧主持法会。并开办有僧伽学习班、五明佛学研修班，培养僧俗人才。2004年继承倓老办学懿德，遵依赵朴老培养人才遗训，力为山东省培养爱国爱教，遵纪守法，拥护中国共产党的正确领导和社会主义制度，具足正信，严持净戒，住持正法，能从事弘法利生，管理教会、寺院和培养佛学研究的高级人才。当年秋，蒙经国家宗教事务局正式批准为省级佛学院，取名为山东湛山佛学院，明哲方丈被任命为院长。择优录取新学僧40余名。于10月22日举行了隆重的首届开学典礼。

▲2004年中国红十字会总会、湖北省红十字会、武汉市红十字会联合举办“红十字博爱送万家”活动主会场。

近年来，武汉市红十字会在市委、市政府领导下，在中国红十字会总会和省红十字会的大力支持下，以“三个代表”重要思想为指导，高举人道主义旗帜，认真学习十六大精神，认真贯彻落实中国红十字会总会七届四次理事会及第八次会员代表大会精神，在社区服务、卫生救护培训、筹建遗体捐献纪念林、赈灾救助等方面做出了显著的成绩，为我市精神文明建设和扶助弱势群体做出了积极的贡献。

随着中国红十字会总会倡导的“三项工程”（救援工程、爱心工程、生命工程）建设的深入发展，市红十字会不断探索以建构和谐社会为目标，以救灾、救助、救护为主体，以无偿献血宣传、组织遗体捐献、角膜和骨髓移植为抓手，以卫生救护培训网点建设为依托，以社区服务建设为载体，逐渐形成了颇具武汉特色的红十字人道主义事业格局。

为广泛筹集市红十字人道救助基金，进一步增强市红十字会减灾、救灾和社会救助能力，市红十字会于2004年开展了两项工作，被市领导称为“两大亮点”。一是正式启动了通过发行“人道救助基金”公益明信片进行募捐活动。这一活动得到了广大市民积极支持，社会各界争相为筹集“人道救助基金”善款奉献爱心，募集捐款470余万元。

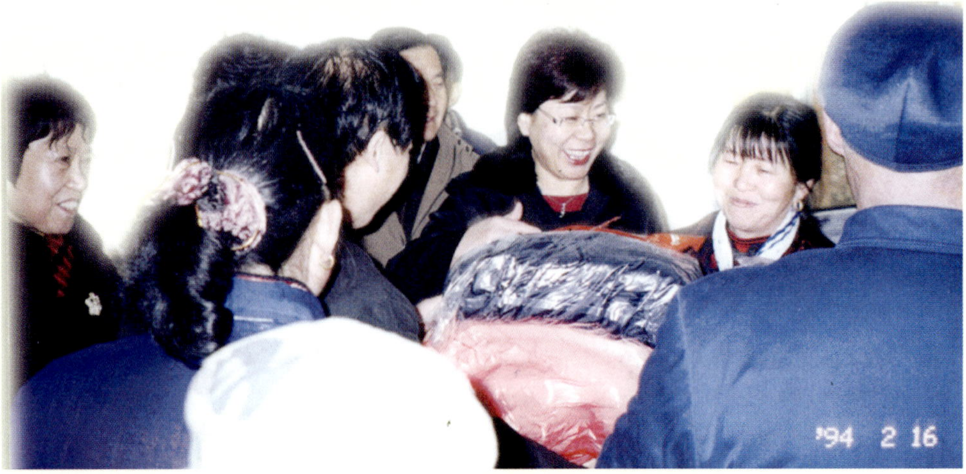

▲ 武汉市副市长、市红十字会会长刘顺妮同志2004年春节前夕赴黄陂区慰问特困户。

志存高远 脚踏实地

武汉市红十字会努力拓展红十字事业为建设和谐社会贡献力量

▲ 湖北省、武汉市红十字会领导与参加骨髓捐献的志愿人员合影。

▲ 武汉市红十字会秘书长桂顺利发表讲话。

▶ 世界红十字日街头义诊活动。

二是12月26日，印度洋发生强烈地震及海啸灾难，给沿岸国家造成严重人员伤亡。灾情发生后，市红十字会闻风而动，积极响应国际红十字会和中国红十字会总会发出的救灾呼吁，于12月31日通过新闻媒体向社会发出了救灾呼吁。社会各界反响极为热烈，捐款非常踊跃，到武汉市红十字会奉献爱心的市民络绎不绝，累计向印度洋海啸灾民的捐款超过130多万元。

2004年，武汉市红十字会向灾区援助，累计向弱势群体（包括孤、寡、病、残、困）及帮助失学儿童就学，救助重症患者等款物117万元，受益人数2.1万名，为重症大病患者筹资11万元，受益人数213人。

2004年，武汉市红十字会开展的卫生救护培训，参训人员累计2.31万名，其中培训红十字急救员7000多名。

大力拓展“生命工程”，是武汉市红十字会的工作特色之一。截至目前，共有1281名志愿者申请登记捐献遗体，其中27人实施了捐献，3人捐献眼角膜。2004年，湖北省红十字会下达给武汉市中华骨髓库湖北分库入库人数800名指标，市红十字会完成2400名，超额完成了任务。

今后，武汉市红十字会将在总会、省红十字会和市委、市政府领导下，团结一心、扎实工作，不断开拓人道事业工作领域，不断满足弱势群体对红十字工作提出的新的要求，不断开创红十字会工作的新局面。

▲ 2004年遗体捐赠志愿者纪念证发放仪式现场。

▲ 武汉市青山区红十字青少年青少年敬老活动。

▲ 武汉市东西湖区文家湾社区红十字工作站。

深圳市红十字会

深圳市红十字会创建于1983年，是具有独立法人的社会救助团体，依照《中华人民共和国红十字法》，开展救灾备灾、扶贫济困、初级卫生救护训练、无偿献血、器官捐赠、红十字青少年活动等人道领域工作。

目前全市共有区级红十字会6个，基层组织262个会员21180人，志愿工作者近千人。

赈灾备灾

1991年市红十字会为华东华中特大水灾灾区募集捐款80多万元，救灾药品170多万元，协助香港红十字会转运救灾物资700多万元；1998年，为三江流域水灾灾区筹集善款2300多万元，救灾物资600多万元。在江西、湖北、湖南、黑龙江、内蒙等省重建22所灾区卫生院、5所灾区学校、2个灾民新村、2口饮用水井。2002年为陕西水灾筹集善款135万元。2003年在抗击非典中，募集资金733万元、物资802万元。2004年12月启动的深圳市红十字医疗救助专项资金共筹集资金2300万元。2005年1月，在印度洋海啸赈灾中筹集善款1776万元，6月为广东水灾筹得善款140万元。

无偿献血、器官捐献

1993年5月8日世界红十字纪念日，首次组织会员上街进行无偿献血的宣传，当年就有55人无偿献血，实现了无偿献血零的突破。到目前为止，深圳市累计捐血人数达80万人次，连续四次获得全国无偿献血先进城市称号。

1999年开展遗体、器官（造血干细胞）宣传、登记、组织、发动工作。2000年8月1日成立了造血干细胞深圳分库，目前检测入库资料将近11000份；全市有14000多人登记捐献骨髓、眼角膜及其他器官，有11人身后捐献了遗体，73人捐献了眼角膜，39人捐献了造血干细胞。2003年10月《深圳市器官捐赠与移植条例》颁布实施后，对器官捐献工作起到了积极的推动作用。

扶贫济困

积极参与社会救助活动，2001年至今，资助四川、安徽等省34名贫困山区儿童重返校园。2001年成立关怀地中海贫血患儿服务队，2004及2005年连续两年为家庭贫困的46名地中海贫血患儿提供每年每人6000元的医疗救助；2003年启动"微笑工程"，为广西、河南、山西等12个省市的400多名唇腭裂患者筹集善款160万元，为他们施行修补手术。从1989年开始，年年定期到惠州市麻风病院慰问麻风病人。

卫生救护

积极开展行业性院前急救卫生培训，先后为公安消防、宾馆、外资企业等数十家单位员工进行急救培训，累计举办各类急救班、讲习班、培训班90多次，参加人数近万人次。

红十字青少年

红十字青少年工作丰富多彩，全市70％的学校建立了红十字会，共有红十字青少年会员12000多名。1988年由深圳红会首创的深、港、澳、穗、珠五地区红十字青少年夏令营至今延续了17年，加强了五地区红十字青少年的交流与沟通。深圳红十字青少年多次参加在中国举行的国际夏令营及赴台湾参加海峡两岸夏令营活动，培养了青少年助人为乐的人道精神。

▲ 深圳市红十字会在2005年为印度洋海啸灾区募集善款达1761万元，为全国同等级市第一名。图为由市红十字会主办的为印度洋海啸灾区募捐大型义演活动现场。

▲ 2005年广东部分地区发生洪涝灾害，深圳市红十字会积极动员捐款捐物，图为市红十字会向广东省河源灾区捐款。

▲ 曹波战友献血。

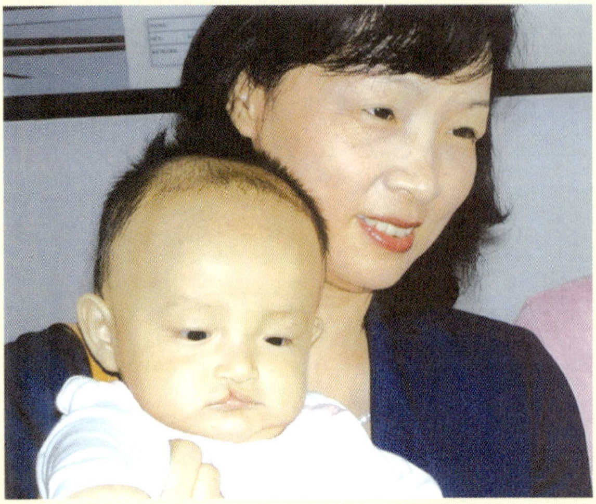

◀ 为关爱有残疾障碍的儿童，深圳市红十字会于2003年启动了为唇、腭裂患儿免费手术的"微笑工程"，先后为来自广东、安徽、湖北、河南等13个省、市的四百多位唇腭裂儿童进行了手术治疗。

▲深圳红十字会与深圳博爱医院集团联合成立了深圳市“红十字·博爱公共卫生医疗救助义工队”，是全国首支公共卫生突发应急义工医疗队。图为红十字博爱医疗队奔赴广东洪灾地区进行医疗救护。

▲每年年节时分，深圳市红十字会都组织会员对深圳社会福利中心、部分区级福利中心等福利机构进行慰问，为孤寡老人、孤儿送去日用品，慰问金。

▲ 为充分利用筹集资金，更好地履行职能，深圳市红十字会经充分调研与准备，与企业共同兴建了深圳首家中外合作医院——龙珠医院，2005年举行了封顶仪式。

▲深圳市红十字会积极开展社会救助，关心弱势群体，图为市红会党支部组织党员利用业余时间慰问地中海贫血病患儿。

▲ 深圳市红十字会依照《中华人民共和国红十字会法》和《中华人民共和国献血法》利用各种形式积极开展无偿献血、器官捐赠的宣传、动员工作。图为市红会举办捐献遗体器官骨髓签名活动。

▲ 非典期间，深圳市红十字会积极发动社会力量进行捐款捐物，图为红会领导正在接受观澜高尔夫球会义赛捐款。

前进中的广州市红十字事业

广州市红十字会成立于1904年。近十年来，广州市各级红十字会认真贯彻执行《中华人民共和国红十字会法》，坚持依法建会、依法兴会，积极开展各项活动。在开展救灾、救护、救助以及人道领域工作中为社会做了大量的工作，发挥了政府人道工作助手的作用，受到各级政府和社会的好评，为全面建设小康社会，构建和谐广州作出了积极的贡献。

▲ 近十年来，广州市红十字会共筹集社会捐赠的救灾款物一亿多元，为受灾和贫困地区群众提供了帮助。图1会长陈传誉（右3）、常务副会长黄炯烈（右2）、副会长欧阳炳惠（左1）积极参加社会捐款活动。

▲广州市红十字会会长陈传誉前往少数民族地区开展慰问活动。

▲ 广州市红十字会积极参与和支持我市开展创建全国文明城市活动。图为会长陈传誉（中）在市人大、广州电视台举办的羊城论坛节目中向市民宣传捐献骨髓、器官、遗体的意义。

▲经过多年努力，广州实现了临床用血全部来源于无偿献血。图为广州市红十字会会长陈传誉、常务副会长黄炯烈积极参加无偿献血活动。

▲广州市红十字会副会长欧阳炳惠（左二）带领大学生会员前往梅州地区开展扶贫考察夏令营活动。

▲ 各级红十字会积极开展“红十字博爱送万家”活动。

▲ 募捐现场。

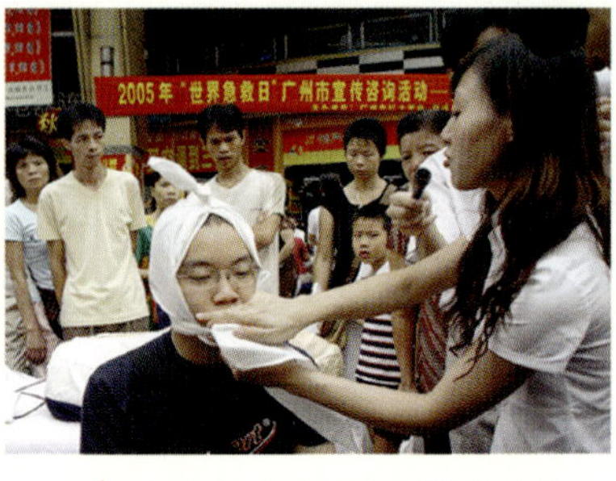

▲ 各级红十字会积极推广和普及群众性卫生救护知识教育。

▲ 广西壮族自治区红十字会前任会长吴恒到山区送温暖。

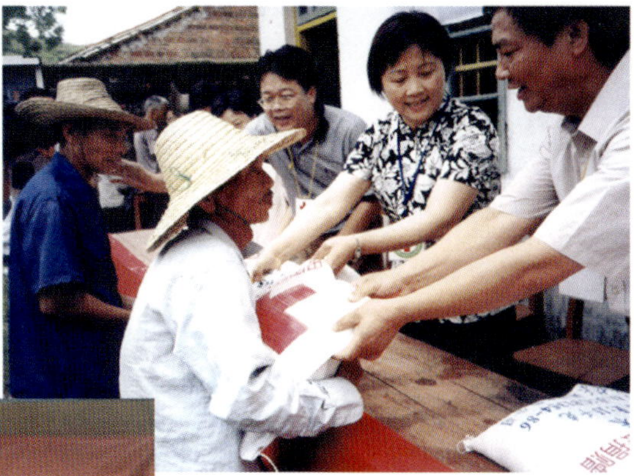

▲ 广西壮族自治区红十字会会长刘新文给洪涝灾区群众发放救灾物资。

▲ 广西红十字会驻会领导接收海啸捐款。

广西壮族自治区红十字会

广西壮族自治区红十字会活动始于1910年。1910年，广西梧州市成立了广西第一个红十字会组织。1963年，广西壮族自治区红十字会正式成立。1998年，广西红十字会实现了机构独立设置。2001年，“六大”会议以后，当时的自治区副主席吴恒出任广西红十字会会长，在他的主持下落实了“三定”方案，机关定为副厅级，内设办公室、组织发展部、救助救护部3个处级机构，人员编制16名，政协、卫生、民政、财政等单位为副会长单位，驻会有专职副会长2人，秘书长1人，使广西壮族自治区红十字会工作走上了正轨。因工作变动原因，2004年8月，广西壮族自治区副主席刘新文担任会长。

一直以来各级领导对广西红十字会工作都非常重视，在社会各界的大力支持和参与下，广西红十字会认真履行《中华人民共和国红十字会法》和《广西实施〈中华人民共和国红十字会法〉办法》所赋予的神圣职责，积极配合政府开展各项人道救助工作，并取得了显著成绩。

▲“温暖2005”捐献造血干细胞大型宣传活动现场。

▲ 志愿者指导市民进行救护培训。

▲ 欧盟人道主义办公室援建广西宾阳县那宁村改水项目通水仪式。

桂林市中心血站

桂林市中心血站是国家设立于桂林市辖区内的唯一的法定采（集）供（应）血机构，承担着桂林市五城区12县480万人民的医疗临床供血重任。自1988年建站和1993年桂林市无偿献血工作开展以来，自始至终得到了桂林市委、市人大、市政府、市政协领导的高度重视和大力支持以及市卫生局的关怀，各项工作都取得了较显著的成绩，许多工作也走在广西前列。目前血站固定资产约1000多万元。业务用房建筑面积2800多平方米。仪器设备：主要有贝克曼离心机、全自动酶标仪、洗板机、全自动酶免检测系统、血球计数仪、半自动生化仪、血库冰箱及紧急送血车、献血车等一批先进设备。站内建成了局域网，并对采供血工作进行全程计算机管理，为加强血液质量建立并通过了ISO9000质量管理体系认证。1998年10月日《中华人民共和国献血法》颁布实施后，血站的管理和科研工作走上了法制化管理轨道，并先后取得了许多荣誉和成绩。其中2002年2月1日，荣获广西壮族自治区无偿献血先进集体称号。

2003年5月20日，科研成果“用丈夫淋巴细胞治疗原因不明习惯性流产”获科技进步三等奖。

2004年9月27日，血站通过自治区国债项目技术评审验收，成绩名列广西第一。目前，血站能按国家要求制备各种血液和血液成份，并对每一份血液及血液成份进行两次严格检测，从而确保了临床用血安全。临床用血已全面实现100%来自无偿献血。血站职工先后799人次参加无偿献血，总献血量159800毫升，先后有30人被国家卫生部、中国红十字会授予无偿献血金、银、铜奖及金杯奖，桂林市被授予全国无偿献血先进城市。

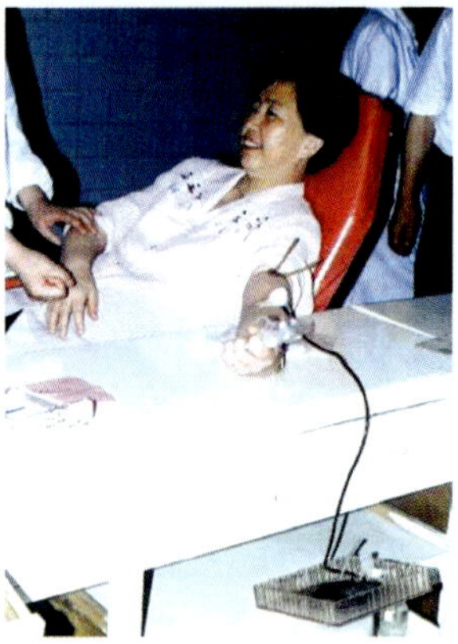

▲ 广西桂林市人民政府副市长汤杰正在无偿献血。

▲ 血站外景-新落成的广西桂林市中心血站。

▲ 世行专家视察血站。

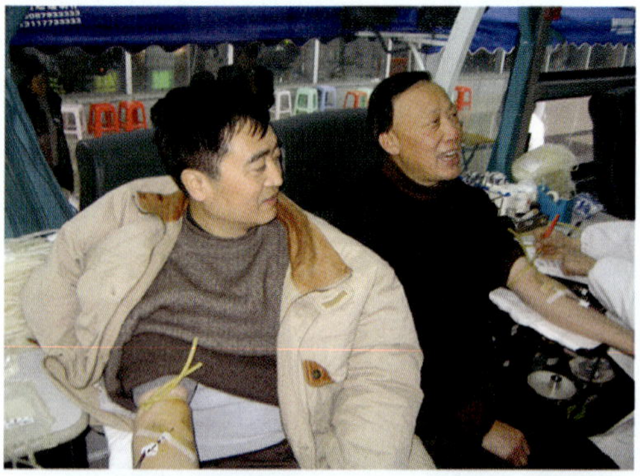

▲ 广西桂林市卫生局凌霄局长（左一）和康美华副局长无偿献血。

▲ 血站积极开展宣传无偿献血。

▲ 广西桂林市中心血站赵斌站长正在宣传无偿献血知识。

甘肃省酒泉市中心血站

▲ 当地驻军部队积极参加无偿献血。

酒泉市中心血站成立于1994年，是酒泉市唯一的专业性采供血机构，承担全市7个县（市）24家医院及乡镇卫生院和酒泉卫星基地医院的临床供血任务，年临床供血量达150万毫升。

自开展无偿献血以来全市已自愿无偿献血近3万人次，累计献血量达600万毫升，自愿无偿献血率达100%。

建站十年来没有发生一例输血传染疾病，血站化验室在省部级的临检中心组织的室间质量评比中，均获质量合格证书。

近年来血站不断提高成分血制备技术和输血相关服务水平，现根据临床需要提供各类成分血外，可配合临床医院开展血浆置换、治疗性单采、外周造血干细胞采集和骨髓处理。目前临床输血比例已达98%以上。

拟建的酒泉市中心血站大楼。▶

甘肃省甘南州中心血站

▲ 卫春平站长工作照。

甘肃省甘南州中心血站于2000年7月经甘肃省卫生厅、甘南州人民政府批准设置。依靠国债血站建设项目于2003年7月建成并投入使用。2004年7月17日甘南州中心血站挂牌并正式运转，为促进民族地区的无偿献血事业开了一个好头，通过一年多的努力，实现了临床用血100%来源于无偿献血。

目前，全站职工14人，专业技术人员11人，占职工总数的79%，其中中级专业技术人员5人。已有86%的人员通过全国采供血机构岗位培训考核。

为保障好州内4.5万平方公里区域七县一市14个医疗用血单位临床用血和紧急抢救用血，血站全体职工的团结协助，共同进取，赢得了社会各界的好评，并获得了甘肃省红十字会、省人事厅颁发的“全省红十字会系统先进集体”荣誉称号和奖牌。同时为民族地区的输血事业做出贡献。

▲ 积极开展街头无偿献血知识宣传。

甘肃省陇南市中心血站

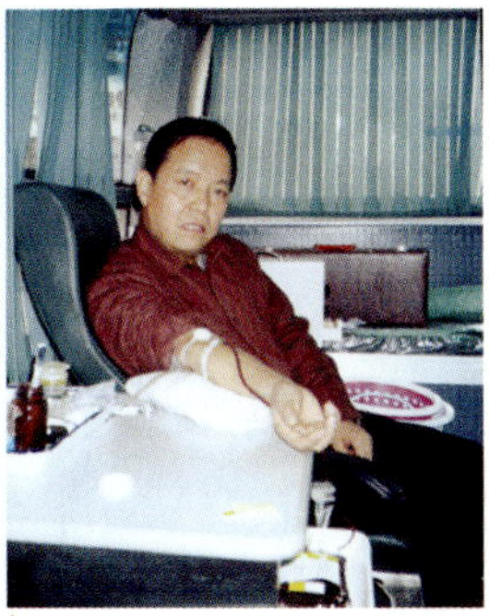

▲ 站长李生春在2004年1月13日带头无偿献血。

▲ 2005年3月9日血站“保持共产党员先进性教育”活动中，市委副书记刘醒初（右一）、副市长何兴林（中）、市卫生局局长朱继周（左一）检查学习情况。

甘肃省陇南市中心血站是由国债项目投资兴建的。血站建筑面积2190平方米。2003年8月底建成并投入使用，现有工作人26人。

在市委、市政府的正确领导下，经全体职工的共同努力，全站职工通过了卫生部的统一考核，获得了上岗证。

特别是在2004年8月通过了省组织的执业验收，取得了《血站执业验收》。为了进一步提高专业技术和保证血液质量，2004年5月，业务骨干到陕西省血液中心进行深层次的培训，保证了临床用血的安全性、有效性和科学性。

血站依据对《中华人民共和国献血法》和有关无偿献血知识进行了形式多样的宣传，使广大市民对无偿献血有了正确的认识。采供血由武都区延伸到其它各县，通过近两年的工作，血站取得了一些成绩，今后全站职工将百尺竿头，更进一步努力做得更好。

上海市徐汇区建襄小学

上海市徐汇区建襄小学创办于1958年，是一所大型公办学校，在区域内享有一定声誉。学校分两个校区，总校位于岳阳路255号，分校位于永嘉路420号，校园环境优雅、整洁。

学校现有32个教学班，1300多名学生，教职工90人。近年来，学校经过基建、绿化，校容校貌焕然一新。学校拥有大队部、心理咨询室、美术室、阅览室、自然常识实验室等专用室，为学生的全面发展提供了有利的条件。

学校有着“文明、守纪、勤奋、向上”的良好校风，在四十多年的办学历程中，学校形成了务实、严谨、扎实的教风，办学水平在区里始终名列前茅，学校系上海市行为规范示范学校、上海市健康促进学校、徐汇区文明单位和区教科研先进集体。先后获科技、文艺、体育、卫生先进集体、交通安全先进集体、全国红旗大队等光荣称号。

学校十分注重师资队伍的建设，拥有一支教学功底扎实、富有敬业奉献和创新精神的教师队伍。同时，学校还注意在继承传统的“教好每一个学生”教育思想的基础上，不断开拓。20世纪90年代，学校进行了“情感教育”的实践与研究，致力于师生之间的情感交流，促进师生的情感体验，在区里形成了一定的影响。进入21世纪后，学校结合教改形势，利用学校与中科院上海分院毗邻，多年来一直拥有科技特色学校的光荣称号，学校的计算机教学在市内享有声誉等得天独厚的条件，以课题《构建在现代信息平台上的小学生自主学习的研究与实践》为突破口，积极开展课改活动，全面提高学生的能力。目前，学校正积极开展《小学知识管理校本制度的建构和运行研究》，以制度保证学校教育教学知识从积累—共享—创新的全过程能够健康地运行，从而提升学校的校本培训和校本研究的整体效能。

学校还在原有基础上加强了学校的计算机特色和科技教育特色。校内现有两个计算机机房，曾多次代表徐汇区参加全国、全市的计算机教学展示活动，许多学生的计算机作平还屡屡获得全国、市、区级计算机比赛的佳绩。学校自建的“建襄信息网”网站以“新、快、广”的特点在社会、家长、同行中拥有很好的口碑。

建襄小学正以奋发有为的精神向前迈进，为培养符合新世纪要求的创新人才不断努力着。

用爱心点燃的明灯

——青海省红十字会常务副会长尼玛侧记

在青海雪域高原有这样一个单位常为人们记忆，她就是——青海省红十字会！与此同时，还有这样一个名字也广为人们所传诵，她就是——尼玛，青海省红十字会常务副会长。尼玛，藏族的女儿，她用自己的一颗爱心温暖着一个又一个需要救助的弱者。在青海，哪里有自然灾害的掳掠，哪里就有红十字会的救助，哪里有弱势群体的求助，哪里就有尼玛的身影……

艰 难 创 业

那是1998年的春天，从牧区一线回来的尼玛受组织委派到青海省红十字会任专职副会长。赴任报到的那天，眼前的景象使尼玛的心凉了半截，所谓的省级红十字会原来只是省卫生厅下属的“医药卫生学会”的一个科，只有半间办公室（另一半是库房）和四张残缺的桌子。人是需要一点精神的，这种精神对尼玛来说，就是她工作20多年来炼就的雷厉风行、开拓创新、追求完美的个性风采。为了把青海红十字会“家”建起来，尼玛用一个“跑”拉开了她火红事业的序幕——她跑机构、跑编制、跑办公场地、跑财政预算……。1998年8月，在政府部门精简机构、压缩编制的情况，省委、省政府依法理顺了省红十字会管理体制。在之后的几年里，在尼玛同志的不懈努力下，青海省红十字会从无到有，从小到大，办公室由原来的一间扩展到了20多间，内设机构有办公室、机关党委、宣传救护处、救灾赈济处、联络部，同时还建立了“青海省红十字会备灾救灾中心”一个下属机构；正式工作人员由原来的5人，增加到20多人，拥有固定资产500万元，救灾物资储备从原来的零上升到目前的800多万元的存量，争取国内外捐助款物合人币8000余万元。青海省红十字会的“家”终于建了起来，然尔尼玛却消瘦了。

立 法 护 航

建家之后就要立业，立业就要从立法开始，青海的红十字事业要发扬光大，必须要有法律护航。为此，尼玛在亲自起草《青海省实施〈中华人民共和国红十字会法〉办法》（草案）和《立法说明》的基础上，四处奔走，废寝忘食。从2001年5月至9月间，尼玛邀请省人大有关领导赴州、地、市开展红十字立法调研，在完成省内的调研后，又配合省人大的同志到北京、内蒙、新疆等地进行立法调研。2002年4月1日《实施办法》成功颁布施行。中国红十字会总会对青海省的《实施办法》给予了高度的赞扬，称“青海省的这个《实施办法》值得各地学习、借鉴”。《实施办法》颁布施行后，有力地促进了青海各级红十字会地机构建设。目前，全省县级以上按行政区域全部建立了红十字会地方组织，基层组织由1998年的129个发展到现在的750个，会员由3万多人发展到现在的10万余人；全省各级红十字会的专（兼）职干部增加到了400多人，甚至在著名黄教名刹塔尔寺也成立全国唯一的僧人红十字基层组织。

爱 心 无 价

在尼玛的心中永远装着弱势群体，她的心、她的情、她的爱，全部倾注着她热爱的事业。在尼玛同志的领导下，“送温暖、献爱心”现已成为青海省红十字会的代言词。

2001年7月8日青海部分地区突然遭受严重的洪涝和冰雹灾害，灾情就是号令，尼玛拖着疲惫的身子走进了灾区，一位60多岁回族老人接过她手上的面粉和现金后，携老伴双双跪倒在地，激动地说：共产党就是太阳，红十字会就春风，我们一定要克服困难，重建家园。老人的肺腑之言深深感动了尼玛的心，激励着她为红十字的人道救助事业奉献一生。

为了救助2岁的先天性耳聋患儿朵梅多吉，从2002年5月——2004年7月，尼玛同志根据中央领导以及省委、省政府领导的指示，先后7次陪同患儿及其父母前往北京治病，并在北京同仁医院为朵梅多吉成功地植入了电子耳蜗，使其从此告别了无声世界。2004年7月，尼玛同志邀请北京同仁医院院长韩德民博士一行专程来青海为朵梅多吉免费语音调试和语言训练。

建 言 献 策

作为青海省政协委员，尼玛同志以饱满的热情悉心体察民情民意，关爱贫困弱势群体，并积极参政议政、建言献策，发挥了一名政协委员应有的作用。。2003年尼玛同志赴化隆县调研时了解到，该县塔加乡既不通长途汽车。也不通电话。各族群众所需生产生活必需品只能徒步50公里山路，到甘肃的大河家乡采购。调研结束后，她及时将以上两件问题写成提案，呈送省政协九届二、三次会议。她的建议引起国家有关部门和省政府的高度重视，在修建 “巴——官公路”时，将塔加乡的交通问题一并解决。另外，2002年以来，尼玛同志以提案形式两次将“青海省红十字会备灾救灾中心”的建设问题交我省及全国“两会”。经多方努力，计划投资760万元的青海省红十字会备灾救灾中心终于列入2005年的基建项目。

8年来，尼玛不停的奔走于雪域高原、风餐露宿。在她的带领下，青海省红十字会累计募集并发送救灾救助款物折合人民币达8000余万元，益人数达300余万人次；向灾区及贫困地区组派红十字医疗队200余支、3000多人次，免费救治各族群众100多万人次。

一分耕耘，一分收获。尼玛的真诚、尼玛的爱心、尼玛的奉献，赢得了社会真情的微笑；党和政府更是对尼玛高尚的品格给予很高的赞誉。1998年尼玛同志被中国红十字会总会评为“98抗洪抗震先进个人”；2002年她先后被人事部、中国红十字会授予“全国红十字会系统先进工作者”称号、被省直机关工委授予“优秀共产党员”光荣称号；同年尼玛光荣地当选“中共青海省第十次代表大会”代表和政协青海省第十届委员会委员；2004年2月27日，尼玛作为青海省妇女干部的优秀代表，被中华全国妇女联合会授予“全国三八红旗手称号”，是全国红十字会系统唯一获此殊荣的人。

8月28日，造血干细胞资料库新疆分库在乌鲁木齐市人民广场进行首次血样采集。

新疆维吾尔自治区红十字会

▲ 中央政治局委员、自治区党委书记王乐泉接见第三次会员代表大会代表并发表重要讲话。

▲ 新疆维吾尔自治区副主席、红十字会会长库热西·买合苏提（中）与新成立的自治区红十字会党组成员合影。书记王建共（左三）、党组成员阿不都热依木·阿不都拉（右二）、党组成员钟儒兴（左一）。

◀ 10月12日新疆维吾尔自治区红十字会召开第三次会员代表大会。

▶ 运送救灾物资支援102团因八一水库垮坝灾区。

《中国红十字年鉴·2004/2005创刊号》

中国红十字会1904年成立101年以来的第一部大型文献汇编

甘肃省白银市中心血站

白银市中心血站始建于1991年，是白银市唯一的采供血机构，是甘肃省红十字会“先进集体”，全市文明“示范窗口”、行风建设先进“示范窗口”和“巾帼文明示范岗”单位。

血站占地面积13.68亩，建有采供血综合楼一幢，建筑面积2250平方米。拥有大型采血车、进口血细胞分离机等先进的大型采供血设备30多台（件）。供血范围涵盖全市136所各级各类医疗单位，服务人口175万。可供应全血和各种成分血。

血站始终坚持“以质量求生存、以技术促发展”的建站目标和“厚德、人道、拼搏、奉献”的服务宗旨。狠抓血液质量管理和人性化服务，健全了各项规章制度、操作规程。规范了采供血原辅材料、检验试剂的进货渠道。依法开展采供血工作，确保了血液质量。多年来没有发生一例经血液传播疾病。

无偿献血工作由过去的指令性献血基本实现了自愿无偿献血。2000年有两个无偿献血先进单位受到省级表彰，1人获得个人无偿献血银质奖，3人获得个人无偿献血铜质奖。无偿献血工作呈现出可持续发展的势头，成分输血也取得突破性进展。

▲ 白银市中心血站赵平华站长

▲ 白 银 荣 誉